2024

전효진 믿고 듣는 즐거움

소방행정법
전범위 모의고사
+실전기출

> "합격은 단순히 운에 의해 얻어지는 것이 아니다.
> 순전히 숫자의 차이에서 갈린다.
> 시간을 아껴 남보다 더 많이 공부하면 된다.
> 1년이란 시간은 누구에게나 공평하지 않은가?"

[소|방|행|정|법]
CONTENTS

문제편

전범위 모의고사

1회	**006**
2회	**014**
3회	**021**
4회	**028**
5회	**036**
6회	**043**
7회	**050**
8회	**058**

실전기출

1회	**068**
2회	**075**
3회	**081**
4회	**087**
5회	**093**
6회	**097**
7회	**101**
8회	**112**
9회	**124**
10회	**135**
11회	**146**
12회	**154**

해설편

전범위 모의고사

1회	166
2회	176
3회	186
4회	196
5회	206
6회	215
7회	225
8회	235

실전기출

1회	246
2회	254
3회	262
4회	270
5회	276
6회	283
7회	290
8회	301
9회	313
10회	324
11회	334
12회	344

믿고 듣는 즐거움

전효진
소방행정법

전범위 모의고사
+실전기출

제1회 전범위 모의고사

01
다음 설명으로 옳지 않은 것은? (다툼이 있는 경우 판례에 의함)

① 행정입법의 진정입법부작위에 대한 헌법소원은, 행정청에게 헌법에서 유래하는 행정입법의 작위의무가 있고 상당한 기간이 경과하였음에도 불구하고 행정입법의 제정권이 행사되지 않은 경우에 인정된다.
② '2014년도 건물 및 기타물건 시가표준액 조정기준'의 각 규정들은 일정한 유형의 위반 건축물에 대한 이행강제금의 산정기준이 되는 시가표준액에 관하여 행정자치부장관으로 하여금 정하도록 한 위 건축법 및 지방세법령의 위임에 따른 것으로서 대외적인 구속력이 있는 법규명령으로서의 효력을 가진다.
③ 법률에서 위임받은 사항에 관하여 대강을 정하고 그중의 특정 사항을 범위를 정하여 하위법령에 다시 위임하는 경우에는 재위임이 허용되나, 이러한 법리는 조례가 지방자치법에 따라 주민의 권리제한 또는 의무부과에 관한 사항을 법률로부터 위임받은 후, 이를 다시 지방자치단체장이 정하는 '규칙'이나 '고시' 등에 재위임하는 경우에는 적용되지 아니한다.
④ 법률이 공법적 단체 등의 정관에 자치법적 사항을 위임한 경우에는 헌법 제75조가 정하는 포괄적인 위임입법의 금지는 원칙적으로 적용되지 않는다.

02
행정상 강제집행에 대한 다음 설명 중 옳지 않은 것은? (다툼이 있는 경우 판례에 의함)

① 행정상 강제집행을 위해서는 의무부과의 근거법규 외에 별도의 법적 근거를 요한다.
② 이행강제금을 부과·징수할 때마다 그에 앞서 시정명령 절차를 다시 거쳐야 할 필요는 없다고 보아야 한다.
③ 이행강제금은 간접강제의 일종으로서 그 이행강제금 납부의무는 상속인 기타의 사람에게 승계될 수 없는 일신전속적인 성질의 것이므로 이미 사망한 사람에게 이행강제금을 부과하는 내용의 처분이나 결정은 당연무효이다.
④ 「건축법」상의 이행강제금과 관련하여, 시정명령을 받은 의무자가 시정명령에서 정한 기간을 지나서 시정명령을 이행한 경우, 이행강제금이 부과되기 전에 그 이행이 있었다 하더라도 시정명령상의 기간을 준수하지 않은 이상 이행강제금을 부과하는 것은 정당하다.

03
질서위반행위규제법이 정하고 있는 질서위반행위에 대한 설명으로 옳지 않은 것은?

① 과태료는 당사자가 과태료 부과처분에 대하여 이의를 제기하지 아니한 채 이의제기 기한이 종료한 후 사망한 경우에는 그 상속재산에 대하여 집행할 수 있다.
② 행정청은 당사자가 납부기한까지 과태료를 납부하지 아니한 때에는 납부기한을 경과한 날부터 체납된 과태료에 대하여 100분의 5에 상당하는 가산금을 징수한다.
③ 행정청의 과태료 부과처분에 대해 법령이 정하는 절차에 따라 이의제기를 하게 되면 그 처분은 바로 효력을 상실한다.
④ 고의 또는 과실이 없는 질서위반행위에 대해서는 과태료를 부과하지 않는다.

04

손실보상에 대한 설명으로 옳은 것은? (다툼이 있는 경우 판례에 의함)

① 헌법 제23조 제3항에 규정된 '정당한 보상'은 상당보상을 의미한다는 것이 헌법재판소의 입장이다.
② 사업시행자, 토지소유자 또는 관계인은 수용재결에 불복할 때에는 재결서를 받은 날부터 90일 이내에, 이의신청을 거쳤을 때에는 이의신청에 대한 재결서를 받은 날부터 60일 이내에 각각 행정소송을 제기할 수 있다.
③ 건물의 일부만 수용되어 잔여부분을 보수하여 사용할 수 있는 경우 그 건물 전체의 가격에서 수용된 부분의 비율에 해당하는 금액과 건물 보수비를 손실보상액으로 평가하여 보상하면 되고, 잔여건물에 대한 가치하락까지 보상해야 하는 것은 아니다.
④ 토지소유자가 손실보상금의 증액을 구하는 행정소송을 제기하는 경우에는 사업시행자가 아니라 토지수용위원회를 피고로 하여야 한다.

05

다음 설명으로 옳지 않은 것은? (다툼이 있는 경우 판례에 의함)

① 국가배상법 제2조 제1항 단서에서 '군인·군무원·경찰공무원 또는 예비군대원'에 대하여 이중배상에 관한 배제조항을 두고 있으며, 헌법재판소는 이중배상을 금지하는 이러한 단서를 합헌으로 보았다.
② 전투경찰순경은 이중배상청구가 금지되는 경찰공무원에 해당하지만, 공익근무요원은 이에 해당하지 않는다.
③ 군인·군무원·경찰공무원의 경우에는 헌법상으로도 이중배상배제가 인정되는 자로 규정되어 있다.
④ 도로·하천, 그 밖의 공공의 영조물(營造物)의 설치나 관리에 하자(瑕疵)가 있기 때문에 타인에게 손해를 발생하게 하였을 때에는 국가나 지방자치단체는 그 손해를 배상하여야 한다. 이 경우 군인·군무원의 2중배상금지에 관한 규정은 적용되지 않는다.

06

행정법의 일반원칙에 관한 판례의 태도로 옳지 않은 것은? (다툼이 있는 경우 판례에 의함)

① 헌법재판소는 평등의 원칙과 신뢰보호의 원칙을 행정의 자기구속의 원칙의 근거로 삼고 있으나, 대법원은 이를 인정하지 않는다.
② 지방자치단체장이 사업자에게 주택사업계획승인을 하면서 그 주택사업과는 아무런 관련이 없는 토지를 기부채납하도록 하는 부관을 주택사업계획승인에 붙인 경우, 그 부관은 부당결부금지의 원칙에 위반되어 위법이다.
③ 위법한 행정처분이 수차례에 걸쳐 반복적으로 행하여졌다 하더라도 그러한 처분이 위법한 것인 때에는 행정청에 대하여 자기구속력을 갖게 된다고 할 수 없다.
④ 행정청은 권한 행사의 기회가 있음에도 불구하고 장기간 권한을 행사하지 아니하여 국민이 그 권한이 행사되지 아니할 것으로 믿을 만한 정당한 사유가 있는 경우에는 그 권한을 행사해서는 아니 된다. 다만, 공익 또는 제3자의 이익을 현저히 해칠 우려가 있는 경우는 예외로 한다.

07

행정소송에 대한 설명으로 옳지 않은 것은? (다툼이 있는 경우 판례에 의함)

① 집행정지사건 자체에 의하여도 신청인의 본안청구가 적법한 것이어야 한다는 것을 집행정지의 요건에 포함시키는 것이 옳다.
② 사정판결을 하는 경우 처분의 위법성은 변론종결시를 기준으로 판단하여야 한다.
③ 기반시설부담금의 납부를 지체하여 발생한 지체가산금이 환급 대상에서 제외된다는 취지의 환급거부결정은 원고의 환급신청 중 일부를 거부하는 처분으로서 항고소송의 대상이 된다.
④ 취소소송의 기각판결이 확정되면 기판력은 발생하나, 기속력은 발생하지 않는다.

08

「공공기관의 정보공개에 관한 법률」의 적용과 관련하여 옳은 것은? (다툼이 있는 경우 판례에 의함)

① 정당한 사유 없이 반복적으로 동일 대상에 대한 정보를 청구하거나 민원 처리에 관한 법률에 따른 민원으로 처리된 정보를 다시 청구하는 공개청구의 남용이 있는 경우 질서위반행위규제법에 따른 과태료 부과처분의 대상이 된다.
② 정보공개거부결정의 취소를 구하는 소송에서는 각 행정청의 정보공개심의회가 피고가 된다.
③ 공개청구의 대상이 되는 정보가 이미 다른 사람에게 공개되어 널리 알려져 있다거나 인터넷 등을 통하여 공개되어 인터넷검색 등을 통하여 쉽게 알 수 있는 경우에는 정보공개거부처분을 다툴 소의 이익이 인정되지 않는다.
④ 비공개대상인 진행 중인 재판에 관련된 정보라 함은 재판에 관련된 일체의 정보가 이에 해당하는 것이 아니고, 진행 중인 재판의 심리 또는 재판 결과에 구체적으로 영향을 미칠 위험이 있는 정보에 한정된다.

09

위헌법률에 근거한 행정행위의 효력에 관한 대법원 판례로서 옳은 것(○)과 옳지 않은 것(×)을 올바르게 조합한 것은?

> ㉠ 위헌인 법률에 근거한 행정처분이 당연무효인지의 여부는 위헌결정의 소급효와는 별개의 문제로서, 위헌결정의 소급효가 인정된다고 하여 위헌인 법률에 근거한 행정처분이 당연무효가 된다고는 할 수 없다.
> ㉡ 위헌법률심판제도에 있어서의 구체적 규범통제의 실효성을 보장한다는 차원에서 당해 사건에 대해서는 헌법재판소의 위헌결정은 장래효 원칙의 예외로서 소급효를 인정해야 한다.
> ㉢ 위헌결정의 효력은 그 결정 이후에 당해 법률이 재판의 전제가 되었음을 이유로 법원에 제소된 일반사건에도 미치므로, 이미 취소소송의 제기기간을 경과하여 확정력이 발생한 행정처분의 경우에도 위헌결정의 소급효가 미친다고 보아야 할 것이다.
> ㉣ 위헌결정 이후에 조세채권의 집행을 위한 새로운 체납처분에 착수하거나 이를 속행하는 것은 더 이상 허용되지 않고, 나아가 이러한 위헌결정의 효력에 위배하여 이루어진 체납처분은 그 사유만으로 하자가 중대하고 객관적으로 명백하여 당연무효라고 보아야 한다.

① ㉠(×), ㉡(×), ㉢(○), ㉣(×)
② ㉠(×), ㉡(○), ㉢(○), ㉣(○)
③ ㉠(○), ㉡(○), ㉢(×), ㉣(×)
④ ㉠(○), ㉡(○), ㉢(×), ㉣(○)

10

행정절차에 관한 설명으로 옳지 않은 것은? (다툼이 있는 경우 판례에 의함)

① 국가공무원법상 직위해제처분은 당해 행정작용의 성질상 행정절차를 거치기 곤란하거나 불필요하다고 인정되는 사항 또는 행정절차에 준하는 절차를 거친 사항에 해당하므로, 처분의 사전통지 및 의견청취 등에 관한 행정절차법의 규정이 별도로 적용되지 않는다.
② 구「군인사법」상 보직해임처분에는 처분의 근거와 이유 제시 등에 관한 구「행정절차법」의 규정이 별도로 적용되지 아니한다.
③ 행정청이 토지형질변경허가신청을 불허하는 근거규정으로 '도시계획법 시행령 제20조'를 명시하지 아니하고 '도시계획법'이라고만 기재하였으나, 신청인이 자신의 신청이 개발제한구역의 지정 목적에 현저히 지장을 초래하는 것이라는 이유로 구 도시계획법 시행령 제20조 제1항 제2호에 따라 불허된 것임을 알 수 있었던 경우에는 그 불허처분이 위법하지 않다.
④ 행정절차법에서 정한 처분절차를 준수하였는지는 소송요건 심사단계에서 고려할 요소이지, 본안에서 처분이 적법한가를 판단하는 단계에서 고려할 요소가 아니다.

11

다음 설명으로 옳지 않은 것은? (다툼이 있는 경우 판례에 의함)

① 당초 행정처분의 근거로 제시한 이유가 실질적인 없다고 보는 이상, 결국 소송단계에서 처분사유를 추가하여 주장할 수 없다.
② 행정심판에서는 처분청은 당초 처분의 근거로 삼은 사유와 기본적 사실관계가 동일성이 있다고 인정되는 한도 내에서만 다른 사유를 추가 또는 변경할 수 있는 것은 아니다.
③ 처분청이 처분 당시 적시한 구체적 사실을 변경하지 아니하는 범위 내에서 단지 처분의 근거 법령만을 추가·변경하는 경우에 법원은 처분청이 처분 당시 적시한 구체적 사실에 대하여 처분 후 추가·변경한 법령을 적용하여 처분의 적법 여부를 판단할 수 있다.
④ 행정소송규칙에서는 "행정청은 사실심 변론을 종결할 때까지 당초의 처분사유와 기본적 사실관계가 동일한 범위 내에서 처분사유를 추가 또는 변경할 수 있다."고 규정되어 있다.

12

다음 설명으로 옳지 않은 것은? (다툼이 있는 경우 판례에 의함)

① 조례 제정권의 범위를 벗어나 국가사무를 대상으로 한 무효인 조례의 규정에 근거하여 지방자치단체의 장이 행정처분을 한 경우 그 행정처분은 하자가 중대하나, 명백하지는 아니하므로 당연무효에 해당하지 아니한다.
② 법률관계나 사실관계에 대하여 그 법령의 규정을 적용할 수 없다는 법리가 명백히 밝혀지지 아니하여 해석에 다툼의 여지가 있는 때 과세관청이 그 법령의 규정을 적용하여 과세처분을 하였다면 그 하자는 중대하고도 명백하다고 할 것이다.
③ 법령 규정의 문언만으로는 처분 요건의 의미가 분명하지 아니하여 그 해석에 다툼의 여지가 있었더라도 이에 대한 법원이나 헌법재판소의 분명한 판단이 있었다면 합리적 근거 없이 이에 벗어난 행정처분의 하자는 당연무효이다.
④ 민원사무를 처리하는 행정기관이 민원조정위원회를 개최하면서 민원인에게 그 회의일정 등을 사전에 통지하여야 함에도 불구하고 그러하지 아니한 경우에 이러한 사정만으로 곧바로 그 민원사항에 대한 행정기관의 장의 거부처분이 위법하다고 볼 수는 없다.

13

다음 설명으로 옳지 않은 것은? (다툼이 있는 경우 판례에 의함)

① 조례는 행정대집행법상의 대체적 작위의무 부과의 근거가 되는 법령에 해당한다.
② 해가 지기 전에 대집행에 착수한 경우라고 할지라도 해가 진 후에는 대집행을 할 수 없다.
③ 건물의 점유자가 철거의무자일 때에는 건물철거의무에 퇴거의무도 포함되어 있는 것이어서 별도로 퇴거를 명하는 집행권원이 필요하지 않다.
④ 공유재산 대부계약이 적법하게 해지된 이상 그 점유자의 공유재산에 대한 점유는 정당한 이유 없는 점유라 할 것이고, 따라서 지방자치단체의 장은 지방재정법 제85조에 의하여 행정대집행의 방법으로 그 지상물을 철거시킬 수 있다.

14

다음 설명으로 옳지 않은 것은? (다툼이 있는 경우 판례에 의함)

① 수산제조업 신고에 있어서 담당 공무원이 관계법령에 규정되지 아니한 서류를 요구하여 신고서를 제출하지 못하였다는 사정만으로는 신고가 있었던 것으로 볼 수 없다.
② 행정관청은 일단 제출된 설립신고서와 규약의 내용을 기준으로 노동조합법 제2조 제4호 각 목의 해당 여부를 심사하되, 설립신고서를 접수할 당시 그 해당 여부가 문제된다고 볼 만한 객관적인 사정이 있는 경우에 한하여 설립신고서와 규약 내용 외의 사항에 대하여 실질적인 심사를 거쳐 반려 여부를 결정할 수 있다.
③ 식품위생법상의 영업자지위승계신고를 수리하는 경우, 영업시설을 인수하여 영업자의 지위를 승계한 자에 대하여 사전통지를 하고, 그에게 의견제출의 기회를 주어야 한다.
④ 행정기본법은 수리를 요하는 신고에 대하여 규정하고 있다.

15

행정지도에 대한 설명으로 가장 옳지 않은 것은?

① 세무당국이 주류거래를 일정기간 중지하여 줄 것을 요청한 행위는 항고소송의 대상이 될 수 없다.
② 행정지도는 그 목적 달성에 필요한 최소한도에 그쳐야 하며, 행정지도의 상대방의 의사에 반하여 부당하게 강요하여서는 아니 된다.
③ 행정관청이 건축허가시에 도로의 폭에 대해 행정지도를 하였다면 법규에 의한 도로지정이 있었던 것으로 볼 수 없다.
④ 행정지도는 과잉금지의 원칙을 따르며, 비강제적인 행위이나, 행정기관은 행정지도의 상대방이 이에 따르지 않았다는 이유로 불이익을 부과할 수 있다.

16

통치행위에 관한 판례의 내용으로 가장 적절한 것은? (다툼이 있는 경우 판례에 의함)

① 대통령의 비상계엄의 선포나 확대 행위는 고도의 정치적·군사적 성격을 지니고 있는 행위라 할 것이므로, 그 계엄선포의 요건 구비 여부나 선포의 당·부당을 판단할 권한이 사법부에는 없다고 할 것이고, 비상계엄의 선포나 확대가 국헌문란의 목적을 달성하기 위하여 행하여진 경우에라도 법원은 그 자체가 범죄행위에 해당하는지의 여부에 관하여 심사할 수 없다.
② 독립유공자서훈취소가 대통령이 국가원수로서 행하는 행위라고 하더라도 법원이 사법심사를 자제하여야 할 고도의 정치성을 띤 행위라고 볼 수는 없다.
③ 남북정상회담의 개최는 고도의 정치적 성격을 지니고 있는 행위라 할 것이므로 특별한 사정이 없는 한 그 당부를 심판하는 것은 사법권의 내재적·본질적 한계를 넘어서는 것이 되어 적절하지 못하고, 그 과정에서 기획재정부장관에게 신고하지 아니하거나 통일부장관의 협력사업 승인을 얻지 아니한 채 북한측에 사업권의 대가 명목으로 송금한 행위 자체는 사법심사의 대상이 될 수 없다.
④ 신행정수도건설이나 수도이전의 문제는 그 자체로 고도의 정치적 결단을 요하므로 사법심사의 대상에서 제외되고, 고도의 정치적 결단에 의하여 행해지는 국가작용의 경우 그것이 국민의 기본권 침해와 직접 관련되는 경우에도 헌법재판소의 심판대상이 될 수 없다.

17

인·허가의제에 대한 설명으로 옳지 않은 것은? (다툼이 있는 경우 판례에 의함)

① 주된 인·허가에 관한 사항을 규정하고 있는 법률에서 주된 인·허가가 있으면 다른 법률에 의한 인·허가를 받은 것으로 의제한다는 규정을 둔 경우, 주된 인·허가가 있으면 다른 법률에 의한 인·허가가 있는 것으로 보는 데 그치고, 거기에서 더 나아가 다른 법률에 의하여 인·허가를 받았음을 전제로 하는 그 다른 법률의 모든 규정들까지 적용되는 것은 아니다.

② 모든 인·허가의제사항에 관하여 일괄하여 사전 협의를 거쳐야 하는 것은 아니므로, 의제된 인·허가만 취소 내지 철회함으로써 사업계획에 대한 승인의 효력은 유지하면서 해당 의제된 인·허가의 효력만을 소멸시킬 수 있다.

③ 국토의 계획 및 이용에 관한 법률상의 개발행위허가로 의제되는 건축신고가 개발행위허가의 기준을 갖추지 못한 경우, 행정청이 수리를 거부할 수 있다.

④ 주택건설사업계획 승인처분에 따라 의제된 인·허가가 위법함을 다투고자 하는 이해관계인은, 주택건설사업계획 승인처분의 취소를 구해야지 의제된 인·허가의 취소를 구해서는 아니 되며, 의제된 인·허가는 주택건설사업계획 승인처분과 별도로 항고소송의 대상이 되는 처분에 해당하지 않는다.

18

항고소송의 원고적격에 대한 판례의 입장으로 옳지 않은 것은? (다툼이 있는 경우 판례에 의함)

① 국민권익위원회가 소방청장에게 인사와 관련하여 부당한 지시를 한 사실이 인정된다며 이를 취소할 것을 요구하기로 의결하고 내용을 통지하자 그 국민권익위원회 조치요구의 취소를 구하는 사안에서의 소방청장은 행정소송의 원고적격을 가진다.

② 법인의 주주가 그 처분으로 인하여 궁극적으로 주식이 소각되거나 주주의 법인에 대한 권리가 소멸하는 등 주주의 지위에 중대한 영향을 초래하게 되는데도 그 처분의 성질상 당해 법인이 이를 다툴 것을 기대할 수 없고 달리 주주의 지위를 보전할 구제방법이 없는 경우에는 주주도 그 처분에 관하여 직접적이고 구체적인 법률상 이해관계를 가진다고 보이므로 그 취소를 구할 원고적격이 있다.

③ 예탁금회원제 골프장에 가입되어 있는 기존 회원은 그 골프장 운영자가 당초 승인을 받을 때 정한 예정인원을 초과하여 회원을 모집하는 내용의 회원모집계획서에 대한 시·도지사의 검토결과통보의 취소를 구할 법률상 이익이 없다.

④ 재단법인 갑 수녀원은, 매립목적을 택지조성에서 조선시설용지로 변경하는 내용의 공유수면매립목적 변경 승인처분에 대하여 원고적격이 없다.

19

공법상 계약에 관한 설명으로 옳지 않은 것을 모두 고른 것은? (다툼이 있는 경우 판례에 의함)

㉠ 「국가를 당사자로 하는 계약에 관한 법률」에 따라 국가가 당사자가 되는 이른바 공공계약은 공법상 계약에 해당한다.
㉡ 갑 주식회사가 국책사업인 '한국형 헬기 개발사업'(Korean Helicopter Program)에 개발주관사업자 중 하나로 참여하여 국가 산하 중앙행정기관인 방위사업청과 체결한 '한국형헬기 민군겸용 핵심구성품 개발협약'은 공법상 계약이다.
㉢ 중대한 하자 있는 공법상 계약은 취소할 수 있다.
㉣ 중소기업기술정보진흥원장이 갑 주식회사와 체결한 '중소기업 정보화지원사업 지원대상인 사업의 지원에 관한 협약'의 해지 및 그에 따른 환수통보는 항고소송의 대상이 아니다.

① ㉠, ㉢
② ㉡, ㉢
③ ㉡, ㉣
④ ㉠, ㉣

20

「행정기본법」 제1장 총칙에서 규정하고 있는 기간의 계산에 대한 설명으로 옳지 않은 것은?

① 행정에 관한 기간의 계산에 관하여는 행정기본법 또는 다른 법령 등에 특별한 규정이 있는 경우를 제외하고는 「민법」을 준용한다.
② 법령 등 또는 처분에서 국민의 권익을 제한하거나 의무를 부과하는 경우 권익이 제한되거나 의무가 지속되는 기간의 계산에 있어 기간을 일, 주, 월 또는 년(年)으로 정한 경우에는 기간의 첫날을 산입한다.
③ 법령 등 또는 처분에서 국민의 권익을 제한하거나 의무를 부과하는 경우 권익이 제한되거나 의무가 지속되는 기간의 계산에 있어 기간의 말일이 토요일 또는 공휴일인 경우에는 기간은 그 다음 날에 만료한다.
④ 법령 등(훈령·예규·고시·지침 등을 포함한다)을 공포한 날부터 시행하는 경우에는 공포한 날을 시행일로 한다.

21

행정의 법 원칙에 대한 설명으로 옳지 않은 것은? (다툼이 있는 경우 판례에 의함)

① 수익적 행정행위의 취소나 철회는 신뢰보호원칙의 적용영역이기도 하고 비례원칙의 적용영역이기도 하다.
② 행정의 법 원칙 중 행정의 자기구속의 원칙은 행정기본법에 명문으로 규정되어 있지 않다.
③ 재량권행사의 준칙인 규칙이 그 정한 바에 따라 되풀이 시행되어 행정관행이 이룩되게 되면, 평등의 원칙이나 신뢰보호의 원칙에 따라 행정기관은 그 상대방에 대한 관계에서 그 규칙에 따라야 할 자기구속을 당하게 된다.
④ 청원경찰의 인원감축을 위한 면직처분대상자를 선정함에 있어서 초등학교 졸업 이하 학력소지자 집단과 중학교 중퇴 이상 학력소지자 집단으로 나누어 각 집단별로 같은 감원비율 상당의 인원을 선정한 것은 평등원칙에 위반되어 무효라고 보아야 한다.

22

행정상 손실보상에 관한 설명으로 옳지 않은 것은? (다툼이 있는 경우 판례에 의함)

① 토지수용위원회의 수용재결에 대한 이의절차는 실질적으로 행정심판의 성질을 갖는 것이므로 토지수용법에 특별한 규정이 있는 것을 제외하고는 행정심판법의 규정이 적용된다고 할 것이다.
② 하천법 제50조에 의한 하천수 사용권은 공익사업을 위한 토지 등의 취득 및 보상에 관한 법률 제76조 제1항에서 손실보상의 대상으로 규정하고 있는 '물의 사용에 관한 권리'에 해당한다.
③ 사업시행자가 이주대책을 수립하고자 하는 때에는 미리 관할 지방자치단체의 장과 협의하여야 한다.
④ 공익사업을 위한 토지 등의 취득 및 보상에 관한 법률상 행정청이 아닌 사업시행자가 이주대책을 수립·실시하는 경우에 이주정착지에 대한 도로 등 통상적인 생활기본시설에 필요한 비용은 지방자치단체가 부담하여야 한다.

23

행정입법에 관한 내용으로 옳은 것을 모두 고른 것은? (다툼이 있는 경우 판례에 의함)

> ㉠ 공공기관의 운영에 관한 법률 제39조 제2항, 제3항에 따라 입찰참가자격 제한기준을 정하고 있는 구 공기업·준정부기관 계약사무규칙 [별표 2], 제3항 등은 비록 부령의 형식으로 되어 있으나 실질은 행정규칙이다.
> ㉡ 국립묘지안장대상심의위원회 운영규정은 국가보훈처장이 심의위원회의 운영에 관하여 구 국립묘지의 설치 및 운영에 관한 법률 및 시행령에서 위임된 사항과 그 시행에 필요한 사항을 규정함을 목적으로 하여 국가보훈처훈령으로 제정된 것으로서, 영예성 훼손 여부 등에 관한 판단의 기준을 정한 행정청 내부의 사무처리준칙이다.
> ㉢ 구 화물자동차법에 운행정지처분으로 규정된 '중대한 교통사고 또는 빈번한 교통사고로 많은 사상자를 발생하게 한 경우'에 1인의 중상자가 발생한 경우도 포함시킨 시행령은 위임범위를 벗어난 것으로서 무효이다.
> ㉣ 국토계획법 및 국토의 계획 및 이용에 관한 법률 시행령이 정한 이행강제금의 부과기준은 법규명령이기는 하나 그 기간내지 금액은 확정적인 것이 아니라 최고한도라고 할 것이다.

① ㉠, ㉢
② ㉡, ㉢, ㉣
③ ㉠, ㉡, ㉣
④ ㉠, ㉡, ㉢

24

「국가배상법」상 손해배상책임에 대한 설명으로 옳지 않은 것은? (다툼이 있는 경우 판례에 의함)

① 담당공무원이 주택구입대부제도와 관련하여 지급보증서제도에 관해 알려주지 않은 조치는 법령위반에 해당하지 않는다.
② 헌법재판소 재판관의 위법한 직무집행의 결과 잘못된 각하결정을 함으로써 청구인으로 하여금 본안판단을 받을 기회를 상실하게 한 이상, 설령 본안판단을 하였더라도 어차피 청구가 기각되었을 것이라는 사정이 있다고 하더라도 침해로 인한 정신상 고통에 대하여는 위자료를 지급할 의무가 있다.
③ 피해자에게 손해를 직접 배상한 경과실이 있는 공무원은 특별한 사정이 없는 한 국가에 대하여 국가의 피해자에 대한 손해배상책임의 범위 내에서 공무원이 변제한 금액에 관하여 구상권을 취득한다.
④ 형벌에 관한 법령이 헌법재판소의 위헌결정으로 소급하여 효력을 상실하였거나 법원에서 위헌·무효로 선언된 경우, 그 법령이 위헌으로 선언되기 전에 그 법령에 기초하여 수사가 개시되어 공소가 제기되고 유죄판결이 선고되었다면 국가의 손해배상책임이 발생한다.

25

다음 설명으로 옳지 않은 것은? (다툼이 있는 경우 판례에 의함)

① 지방법무사회가 법무사의 사무원 채용승인 신청을 거부하거나 채용승인을 얻어 채용 중인 사람에 대한 채용승인을 취소하는 것은 처분에 해당하고, 이러한 처분에 대해서는 처분 상대방인 법무사뿐 아니라 그 때문에 사무원이 될 수 없게 된 사람도 이를 다툴 원고적격이 인정된다.
② 당사자소송의 경우 민사집행법상 가처분에 관한 규정이 준용되지 않는다.
③ 국가유공자 등 예우 및 지원에 관한 법률에 따른 여러 개의 상이에 대한 국가 유공자요건비해당처분에 대한 취소소송에서 그중 일부 상이만이 국가유공자요건이 인정되는 상이에 해당하는 경우, 국가유공자요건비해당처분 중 그 요건이 인정되는 상이에 대한 부분만을 취소하여야 한다.
④ 인가·허가 등 수익적 행정처분을 신청한 여러 사람이 서로 경원관계에 있는 경우, 허가 등 처분을 받지 못한 사람이 자신에 대한 거부처분의 취소를 구할 원고적격과 소의 이익이 있다.

제2회 전범위 모의고사

01
다음 판례에 대한 설명으로 옳지 않은 것은? (다툼이 있는 경우 판례에 의함)

① 농지개량조합과 그 직원과의 관계는 사법상의 근로계약관계가 아닌 공법상의 특별권력관계이다.
② 사법인(私法人)인 학교법인과 학생의 재학관계는 사법상 계약에 따른 법률관계에 해당한다.
③ 국유재산의 관리청이 행정재산의 사용·수익을 허가하는 행위는 강학상 특허에 해당하나, 그 후 사용·수익하는 자에 대한 사용료 부과는 사경제주체로서 행하는 사법상의 이행청구이다.
④ 중학교 의무교육의 위탁관계는 초·중등교육법 제12조 제3항, 제4항 등 관련 법령에 의하여 정해지는 공법적 관계이다.

02
행정행위의 부관에 관한 판례의 내용으로 옳지 않은 것은? (다툼이 있는 경우 판례에 의함)

① 사도변경허가처분에 명시된 공사기간은 사도개설허가 자체의 존속기간을 정한 것으로 사도개설허가에서 정해진 공사기간 내에 준공검사를 받지 못하였다면 사도개설허가는 당연히 실효된다.
② 부담의 이행으로 사법상 매매 등의 법률행위를 한 경우에는 그 부관은 특별한 사정이 없는 한 법률행위를 하게 된 동기 내지 연유로 작용하였을 뿐이므로 이는 법률행위의 취소사유가 될 수 있음은 별론으로 하고 그 법률행위 자체를 당연히 무효화하는 것은 아니다.
③ 건축행정청은 신청인의 건축계획상 하나의 대지로 삼으려고 하는 '하나 이상의 필지의 일부'가 관계법령상 토지분할이 가능한 경우인지를 심사하여 토지분할이 관계 법령상 제한에 해당되어 명백히 불가능하다고 판단되는 경우에는 토지분할 조건부 건축허가를 거부하여야 한다.
④ 부담은 행정청이 행정처분을 하면서 일방적으로 부가할 수도 있지만 부담을 부가하기 이전에 상대방과 협의하여 부담의 내용을 협약의 형식으로 미리 정한 다음 행정처분을 하면서 이를 부가할 수도 있다.

03

행정절차에 관한 설명으로 옳은 것(○)과 옳지 않은 것(×)을 바르게 조합한 것은? (다툼이 있는 경우 판례에 의함)

> ㉠ 행정청이 처리기간이 지나 처분을 하였다면 이는 처분을 취소할 절차상 하자로 볼 수 있다.
> ㉡ 외국인의 출입국에 관한 사항은 「행정절차법」이 적용되지 않으므로, 미국국적을 가진 교민에 대한 사증거부처분에 대해서도 처분의 방식에 관한 「행정절차법」 제24조는 적용되지 않는다.
> ㉢ 처분, 신고, 확약, 위반사실 등의 공표, 행정계획, 행정상 입법예고, 행정예고 및 행정지도의 절차에 관하여 다른 법률에 특별한 규정이 있는 경우를 제외하고는 행정절차법에서 정하는 바에 따른다.
> ㉣ 단순·반복적인 처분 또는 중대한 처분이지만 당사자가 그 이유를 명백히 알 수 있는 경우 처분의 이유 제시를 생략할 수 있다.

① ㉠(○), ㉡(○), ㉢(×), ㉣(×)
② ㉠(○), ㉡(○), ㉢(×), ㉣(○)
③ ㉠(×), ㉡(×), ㉢(○), ㉣(×)
④ ㉠(×), ㉡(○), ㉢(○), ㉣(○)

04

다음 설명으로 옳지 않은 것은? (다툼이 있는 경우 판례에 의함)

① 미얀마 국적의 갑이 위명(僞名)인 을 명의의 여권으로 대한민국에 입국한 뒤 을 명의로 난민 신청을 하였으나 법무부장관이 을 명의를 사용한 갑을 직접 면담하여 조사한 후 갑에 대하여 난민불인정 처분을 한 사안에서의 그 처분의 취소를 구하는 갑은 행정소송의 원고적격을 가진다.
② 외국인이 대한민국과의 실질적 관련성 내지 법적으로 보호가치가 있는 이해관계를 형성한 경우에도 사증발급 거부처분의 취소를 구할 원고적격이 인정되지 않는다.
③ 2종 교과용 도서에 대하여 검정신청을 하였다가 불합격결정처분을 받은 자는 자신이 검정신청한 교과서의 과목과 전혀 관계가 없는 과목의 교과용 도서에 대한 합격결정처분에 대하여는 그 취소를 구할 법률상의 이익이 없다.
④ 대학생들이 전공이 다른 교수를 임용함으로써 학습권을 침해당하였다는 이유를 들어 교수임용처분의 취소를 구할 소의 이익이 없다.

05

다음 판례의 태도로 옳은 것은?

① 어떠한 처분의 근거가 행정규칙에 규정되어 있다면 항고소송의 대상이 되는 행정처분에 해당하지 아니한다.
② 정부 간 항공노선의 개설에 관한 잠정협정 및 비밀양해각서와 건설교통부 내부지침에 의한 항공노선에 대한 운수권배분처분은 항고소송의 대상이 되는 행정처분이 아니다.
③ 근로복지공단이 사업주에 대하여 하는 개별 사업장의 사업종류 변경결정은 사업종류 결정의 주체, 내용과 결정기준을 고려할 때 확인적 행정행위로서 처분에 해당한다.
④ 종합소득세 부과처분을 위한 과세관청의 세무조사결정은 항고소송의 대상이 되는 행정처분이 아니다.

06

행정행위의 하자승계에 대한 설명으로 옳지 않은 것은? (다툼이 있는 경우 판례에 의함)

① 도시·군계획시설결정과 실시계획인가는 도시·군 계획시설사업을 위하여 이루어지는 단계적 행정절차에서 별도의 요건과 절차에 따라 별개의 법률효과를 발생시키는 독립적인 행정처분이므로 선행처분인 도시·군계획시설결정에 하자가 있더라도 그것이 당연무효가 아닌 한 원칙적으로 후행처분인 실시계획인가에 승계되지 않는다.
② 표준지공시지가결정이 위법한 경우에는 그 자체를 행정소송의 대상이 되는 행정처분으로 보아 그 위법 여부를 다툴 수 있지만, 수용보상금의 증액을 구하는 소송에서 선행처분으로서 그 수용대상 토지 가격 산정의 기초가 된 비교표준지공시지가결정의 위법을 독립한 사유로 주장할 수 없다.
③ 「도시 및 주거환경정비법」상 사업시행계획과 관리처분계획은 서로 독립하여 별개의 법적효과를 발생시키는 것으로서 이 사건 사업시행계획의 수립에 관한 취소사유인 하자가 이 사건 관리처분계획에 승계되지 아니하므로, 위 취소사유를 들어 이 사건 관리처분계획의 적법 여부를 다툴 수는 없다.
④ 서로 독립하여 별개의 효과를 목적으로 하는 선행처분과 후행처분의 경우 선행처분의 불가쟁력이나 구속력이 그로 인하여 불이익을 입게 되는 자에게 수인한도를 넘는 가혹함을 가져오며, 그 결과가 당사자에게 예측가능한 것이 아닌 경우에는 국민의 재판받을 권리를 보장하고 있는 헌법의 이념에 비추어 선행처분의 후행처분에 대한 구속력은 인정될 수 없다.

07

행정계획에 관한 설명으로 옳지 않은 것은? (다툼이 있는 경우 판례에 의함)

① 판례에 의하면 장래 일정한 기간 내에 일정한 처분을 구하는 신청을 할 법률상 지위에 있는 자의 국토이용계획 변경신청에 대한 거부행위는 예외적으로 행정소송의 대상이 된다.
② 행정주체가 행정계획을 입안·결정하는 데에는 광범위한 계획재량을 가지더라도, 행정계획에 관련된 자들의 이익을 공익 상호 간과 사익 상호 간까지 비교·교량하여야 할 필요는 없다.
③ 국토이용계획은 계획의 확정 후에 어떤 사정의 변동이 있다고 하여 지역주민이나 일반 이해관계인에게 일일이 그 계획의 변경을 신청할 권리를 인정하여 줄 수 없음이 원칙이다.
④ 산업단지개발계획상 산업단지 안의 토지소유자로서 산업단지개발계획에 적합한 시설을 설치하여 입주하려는 자는 산업단지지정권자 또는 그로부터 권한을 위임받은 기관에 대하여 산업단지개발계획의 변경을 요청할 수 있는 법규상 또는 조리상 신청권이 인정되며, 신청에 대한 거부행위는 항고소송의 대상이 된다.

08

다음 행정심판에 대한 설명으로 옳지 않은 것은? (다툼이 있는 경우 판례에 의함)

① 행정심판위원회는 당사자의 권리 및 권한의 범위에서 직권으로 심판청구의 신속하고 공정한 해결을 위하여 조정을 할 수 있지만, 그 조정이 공공복리에 적합하지 아니하거나 해당 처분의 성질에 반하는 경우에는 그러하지 아니하다.
② 대통령의 처분 또는 부작위에 대하여는 다른 법률에서 행정심판을 청구할 수 있도록 정한 경우 외에는 행정심판을 청구할 수 없다.
③ 청구인이 경제적 능력으로 인해 대리인을 선임할 수 없는 경우에는 위원회에 국선대리인을 선임하여 줄 것을 신청할 수 있다.
④ 재결에 판결에서와 같은 기판력이 인정되는 것은 아니어서 재결이 확정된 경우에도 처분의 기초가 된 사실관계나 법률적 판단이 확정되고 당사자들이나 법원이 이에 기속되어 모순되는 주장이나 판단을 할 수 없게 되는 것은 아니다.

09

공법상 계약에 대한 설명으로 옳은 것은? (다툼이 있는 경우 판례에 의함)

① 성질상 쌍방적 행위이므로 쌍방적 행정행위도 여기에 해당된다.
② 국립의료원 부설 주차장에 관한 위탁관리용역운영계약은 공법상 계약에 해당한다.
③ 계약직공무원 채용계약해지의 의사표시는 일반공무원에 대한 징계처분과는 달리 일정한 사유가 있을 때에 국가 또는 지방자치단체가 채용계약 관계의 한쪽 당사자로서 대등한 지위에서 행하는 의사표시로 이해되지만 계약해지의 의사를 표시함에 있어서 행정절차법상 근거와 이유를 제시하여야 하는 점에 있어서는 처분과 동일하다.
④ 구 산업집적활성화 및 공장설립에 관한 법률에 따른 산업단지 입주계약의 해지 통보는 행정청인 관리권자로부터 관리 업무를 위탁받은 한국산업단지공단이 우월적 지위에서 그 상대방에게 일정한 법률상 효과를 발생하게 하는 것으로서 항고소송의 대상이 되는 행정처분에 해당한다.

10

공공기관의 정보공개제도에 관한 판례의 내용으로 옳지 않은 것은? (다툼이 있는 경우 판례에 의함)

① 어떠한 정보가 국가·지방자치단체 등의 사경제작용의 주체라는 지위에서 행한 사업과 관련된 정보는 공개대상정보가 될 수 없다.
② 「공공기관의 정보공개에 관한 법률」 제9조 제1항 제1호에서 '법률이 위임한 명령'에 의하여 비밀 또는 비공개 사항으로 규정된 정보는 공개하지 아니할 수 있다고 할 때의 '법률이 위임한 명령'이란 정보의 공개에 관하여 법률의 구체적인 위임 아래 제정된 법규명령을 의미한다.
③ 공공기관은 공개 청구된 정보가 공공기관이 보유·관리하지 아니하는 정보인 경우로서 민원 처리에 관한 법률에 따른 민원으로 처리할 수 있는 경우에는 민원으로 처리할 수 있다.
④ 학교폭력대책자치위원회의 회의록은 공공기관의 정보공개에 관한 법률 제9조 제1항 제1호의 '다른 법률 또는 법률이 위임한 명령에 의하여 비밀 또는 비공개 사항으로 규정된 정보'에 해당한다.

11

행정소송에 대한 설명으로 옳은 것은? (다툼이 있는 경우 판례에 의함)

① 납세의무자에 대한 국가의 부가가치세 환급세액 지급의무는 부당이득반환의무에 해당하므로, 그에 대한 지급청구는 민사소송의 절차에 따라야 한다.
② 지방자치단체와 민간투자사업 실시협약을 체결한 당사자는 공법상 당사자소송에 의하여 그 실시협약에 따른 재정지원금의 지급을 구하여야 한다.
③ 당사자소송의 경우 법원은 필요하다고 인정할 때에는 직권으로 증거조사를 할 수 있으나, 당사자가 주장하지 아니한 사실에 대하여는 판단하여서는 안 된다.
④ 보조사업자에 대한 지방자치단체의 보조금반환청구는 공법상 권리관계의 일방 당사자를 상대로 하여 공법상 의무이행을 구하는 청구로서 항고소송의 대상이다.

12

확약에 관한 설명으로 옳지 않은 것은? (다툼이 있는 경우 판례에 의함)

① 확약에 관한 행정기본법 규정은 없다.
② 유효한 확약은 권한을 가진 행정청에 의해서만 그리고 권한의 범위 내에서만 발해질 수 있다.
③ 확약이 있은 후에 사실적·법률적 상태가 변경되었다면, 그와 같은 확약은 행정청의 별다른 의사표시를 기다리지 않고 실효된다.
④ 어업권면허에 선행하는 우선순위결정은 행정청이 우선권자로 결정된 자의 신청이 있으면 어업권면허처분을 하게 하는 것을 약속하는 행위로서 그 우선순위결정에 공정력과 불가쟁력이 인정된다.

13

취소소송의 제소기간에 대한 설명으로 옳지 않은 것은? (다툼이 있는 경우 판례에 의함)

① 무효의 하자가 있는 처분에 대해 취소소송을 제기하는 경우에도 취소소송의 제소기간을 준수하여야 한다.
② 제소기간의 준수 여부는 당사자가 주장하지 않아도 법원이 직권으로 조사해야 한다.
③ 통상 고시에 의하여 행정처분을 하는 경우에는 그 처분의 효력이 불특정 다수인에게 일률적으로 적용되는 것이므로 그 행정처분에 이해관계를 갖는 자가 고시가 있었다는 사실을 현실적으로 알았는지 여부와 관계없이 고시가 효력을 발생하는 날 행정처분이 있음을 알았다고 보아야 한다.
④ 법령에서 규정한 행정심판청구기간을 도과한 후에 행정심판을 청구하여 재결 받은 후 재결서정본을 송달받은 날부터 90일 내에 제기한 취소소송은 제소기간을 준수한 것으로 본다.

14

개인정보 보호에 대한 설명으로 옳지 않은 것은?

① 개인정보처리자의 고의 또는 중대한 과실로 인하여 개인정보가 분실·도난·유출·위조·변조 또는 훼손된 경우로서 정보주체에게 손해가 발생한 때에는 법원은 그 손해액의 3배를 넘지 아니하는 범위에서 손해배상액을 정할 수 있다.
② 단체소송의 소는 피고의 주된 사무소 또는 영업소가 있는 곳, 주된 사무소나 영업소가 없는 경우에는 주된 업무담당자의 주소가 있는 곳의 지방법원 본원 합의부의 관할에 전속한다.
③ 단체소송을 허가하거나 불허가하는 결정에 대하여는 즉시항고할 수 있다.
④ 단체소송의 당사자는 변호사를 소송대리인으로 선임하여야 한다.

15

행정법상 신고에 대한 설명으로 옳지 않은 것은? (다툼이 있는 경우 판례에 의함)

① 회원제골프장에 대한 신고는 수리를 요하는 신고로서 시·도지사 등의 검토결과 통보는 수리행위로서 행정처분에 해당한다.
② 「체육시설의 설치·이용에 관한 법률」 제20조에 의한 신고는 적법하게 요건을 갖추어 신고하였을지라도 도지사의 수리행위가 있어야 유효하다.
③ 행정관청으로서는 법령에서 규정하는 시설기준을 갖추어 축산물판매업 신고를 하는 경우 당연히 그 신고를 수리하여야 하고, 적법한 요건을 갖춘 신고의 경우에는 행정관청의 수리처분 등 별단의 조처를 기다릴 필요 없이 그 접수시에 신고로서의 효력이 발생한다.
④ 수리를 요하는 신고란 사인이 행정청에 대하여 일정한 사항을 통지하고 행정청이 이를 수리함으로써 법적 효과가 발생하는 신고를 말하며, 실정법상 등록으로 표현되는 경우가 있다.

16

행정입법에 대한 설명 중 가장 적절한 것은? (다툼이 있는 경우 판례에 의함)

① 교육부장관이 내신성적산정지침을 시·도교육감에게 통보한 것은 행정처분으로 볼 수 있다.
② 상위법령의 시행에 필요한 세부적 사항을 정하기 위하여 행정관청이 일반적 직권에 의하여 제정하는 이른바 집행명령은 근거법령인 상위법령이 개정되면 특별한 규정이 없는 이상 실효되는 것이 원칙이다.
③ 법률의 시행령이나 시행규칙의 내용이 모법의 입법 취지와 관련 조항 전체를 유기적·체계적으로 살펴보아 모법의 해석상 가능한 것을 명시한 것에 지나지 아니하는 때에는 모법에 이에 관하여 직접 위임하는 규정을 두지 아니하였다고 하더라도 이를 무효라고 볼 수는 없다.
④ 서울특별시가 정한 개인택시운송사업면허지침은 재량권행사의 기준으로 설정된 행정청의 법규명령에 해당한다.

17

다음 중 행정행위의 공정력에 대한 판례의 태도로 옳지 않은 것은?

① 처분은 권한이 있는 기관이 취소 또는 철회하거나 기간의 경과 등으로 소멸되기 전까지는 유효한 것으로 통용된다. 다만, 무효인 처분은 처음부터 그 효력이 발생하지 아니한다.
② 연령 미달의 결격자인 甲이 자신의 형인 乙의 이름으로 운전면허시험에 응시·합격하여 교부받은 운전면허는 취소되지 않는 한 유효하므로, 甲의 운전행위는 무면허 운전에 해당하지 않는다.
③ 행정청이 침해적 행정처분인 시정명령이 위법하나 무효가 아닌 경우 위 시정명령이 취소되지 않는 한 유효하므로 시정명령을 위반한 사람에 대하여 시정명령위반죄가 성립한다.
④ 행정처분이 위법임을 이유로 배상을 청구할 경우, 그 행정처분의 취소판결이 있어야만 피고에게 손해배상청구를 할 수 있는 것은 아니다.

18

행정예고에 대한 설명으로 가장 옳지 않은 것은?

① 행정청은 정책등안(案)의 취지, 주요 내용 등을 관보·공보나 인터넷·신문·방송 등을 통하여 공고하여야 한다.
② 행정예고기간은 예고 내용의 성격 등을 고려하여 정하되, 특별한 사정이 없으면 20일 이상으로 한다.
③ 행정청은 매년 자신이 행한 행정예고의 실시현황과 그 결과에 대한 통계를 작성하고, 이를 관보·공보 또는 인터넷에 공고하여야 한다.
④ 행정청은 원칙적으로 국민생활에 매우 큰 영향을 주는 사항이나 많은 국민의 이해가 상충되는 사항에 대한 정책 등, 법률에 규정된 사항에 대해서만 행정예고를 시행하여야 한다.

19

행정벌에 대한 설명으로 옳지 않은 것은? (다툼이 있는 경우 판례에 의함)

① 어떤 행정법규 위반행위에 대해 과태료를 과할 것인지 행정형벌을 과할 것인지는 기본적으로 입법재량에 속한다.
② 농지법상 이행강제금 부과처분은 항고소송의 대상이 되는 처분에 해당하므로 이에 불복하는 경우 항고소송을 제기할 수 있다.
③ 이행강제금은 간접강제의 일종으로서 그 이행강제금 납부의무는 상속인 기타의 사람에게 승계될 수 없는 일신전속적인 성질의 것이므로 이미 사망한 사람에게 이행강제금을 부과하는 내용의 처분이나 결정은 당연무효이다.
④ 과태료 사건은 다른 법령에 특별한 규정이 있는 경우를 제외하고는 당사자의 주소지의 지방법원 또는 그 지원의 관할로 한다.

20

다음 중 항고소송의 대상으로 판례가 처분성을 인정한 것은 모두 몇 개인가?

┌─────────────────────────────────┐
│ ㉠ 개별공시지가결정
│ ㉡ 국세환급거부결정
│ ㉢ 공정거래위원회의 고발조치
│ ㉣ 건축법령상 건축주명의변경신고에 대한 수리거부
│ ㉤ 원자로 및 관계시설의 부지사전승인처분
│ ㉥ 병무청장의 병역의무 기피자의 인적사항 공개결정
└─────────────────────────────────┘

① 3개   ② 4개
③ 5개   ④ 6개

21

공무원의 징계책임에 대한 판례의 내용으로 가장 옳지 않은 것은?

① 파면처분 취소소송의 사실심 변론종결 전에 금고 이상의 형을 선고받아 당연퇴직된 경우에도 해당 공무원은 파면처분의 취소를 구할 이익이 있다.
② 공무원에게 징계사유가 인정되는 이상 관련 형사사건의 유죄확정 전에도 해당 공무원에 대하여 징계처분을 할 수 있지만 형사사건에서 무죄가 확정된 경우에는 동 징계처분은 당연무효가 된다.
③ 징계위원회의 심의과정에 반드시 제출되어야 하는 공적사항이 제시되지 않은 상태에서 결정한 징계처분은 징계양정이 결과적으로 적정한지 그렇지 않은지와 상관없이 법령이 정한 징계절차를 지키지 않은 것으로서 위법하다.
④ 수 개의 징계사유 중 그 일부가 독립하여 징계사유가 되지 않는다 하더라도, 인정되는 타의 일부 징계사유만으로도 징계처분을 함에 족하다고 인정되는 경우에는 그 징계처분 자체가 무효로 되거나 취소되어야 한다고 볼 수 없다.

22

행정행위의 하자에 대한 판례의 입장으로 옳지 않은 것은?

① 폐기물처리시설 설치촉진 및 주변지역지원 등에 관한 법률에서 정한 입지선정위원회가 군수와 주민대표가 선정·추천한 전문가를 포함시키지 않은 채 임의로 구성되어 의결한 경우 폐기물처리시설 입지결정처분의 하자는 중대하고 명백하므로 무효사유에 해당한다.
② 개발부담금 부과처분을 하면서 납부고지서에 납부기한을 법정납부기한보다 단축하여 기재한 경우라 하더라도, 그 부과처분이 위법하게 되는 것은 아니다.
③ 부동산을 양도한 사실이 없음에도 세무당국이 부동산을 양도한 것으로 오인한 양도소득세 부과처분은 당연무효이다.
④ 과세관청이 과세예고 통지 후 과세전적부심사 청구나 그에 대한 결정이 있기 전에 국세부과처분을 한 경우, 특별한 사정이 없는 한 그 하자가 중대·명백하다고 볼 수 없어 당연무효가 아닌 취소사유에 해당한다.

23

행정상 손해배상에 관한 설명으로 옳지 않은 것은? (다툼이 있는 경우 판례에 의함)

① 국가배상법이 정한 손해배상청구의 요건인 '공무원의 직무'에는 국가나 지방자치단체의 권력적 작용뿐만 아니라 비권력적 작용도 포함되지만, 단순한 사경제의 주체로서 하는 작용은 포함되지 않는다.
② 구청 세무과 소속 공무원 갑이 을에게 무허가건물 세입자들에 대한 시영아파트 입주권 매매행위를 한 경우 외형상 직무범위 내의 행위라고 볼 수 없다.
③ 공무원이 직무수행 중 불법행위로 타인에게 손해를 입힌 경우, 피해자에게 손해를 직접 배상한 경과실이 있는 공무원은 국가에 대하여 구상권을 취득하지 못한다.
④ 생명·신체의 침해로 인한 국가배상을 받을 권리는 양도하거나 압류하지 못한다.

24

「공익사업을 위한 토지 등의 취득 및 보상에 관한 법률」상의 사업인정에 관한 설명 중 옳지 않은 것은? (다툼이 있는 경우 판례에 의함)

① 사업인정은 특정한 사업이 공용수용을 할 만한 공익사업에 해당함을 인정하는 국가의 행위로서 그 성질은 확인행위가 아니라 형성행위이다.
② 사업인정단계에서의 하자를 다투지 아니하여 이미 쟁송기간이 도과한 수용재결단계에 있어서는 위 사업인정처분에 중대하고 명백한 하자가 있어 당연무효라고 볼만한 특단의 사정이 없다면 그 처분의 불가쟁력에 의하여 사업인정처분의 위법, 부당함을 이유로 수용재결처분의 취소를 구할 수 없다.
③ 토지소유자가 사업인정의 고시일로부터 1년 이내에 토지수용위원회에 재결신청을 하지 않으면 사업인정고시가 있은 날로부터 1년이 되는 날에 사업인정은 실효된다.
④ 사업인정은 고시한 날부터 효력이 발생한다.

25

행정행위의 취소·철회에 대한 설명으로 옳은 것을 모두 고른 것은? (다툼이 있는 경우 판례에 의함)

> ㄱ. 명문의 규정을 불문하고 처분청 및 감독청은 철회권을 가진다.
> ㄴ. 변상금 부과처분에 대한 취소소송이 진행 중이라도 그 부과권자로서는 위법한 처분을 스스로 취소하고 그 하자를 보완하여 다시 적법한 부과처분을 할 수도 있다.
> ㄷ. 수익적 행정처분의 경우 상대방의 신뢰보호와 관련하여 직권취소가 제한되나 그 필요성에 대한 입증책임은 기존 이익과 관리를 침해하는 처분을 한 행정청에 있다.
> ㄹ. 수익적 행정처분에 대한 취소권 등의 행사는 기득권의 침해를 정당화할 만한 중대한 공익상의 필요 또는 제3자의 이익보호 의 필요가 있는 때에 한하여 허용될 수 있다는 법리는, 처분청이 수익적 행정처분을 직권으로 취소·철회하는 경우에 적용되는 법리일 뿐 쟁송취소의 경우에는 적용되지 않는다.

① ㄱ, ㄴ
② ㄴ, ㄷ
③ ㄷ, ㄹ
④ ㄴ, ㄷ, ㄹ

제3회 전범위 모의고사

01

위헌·위법인 법령에 근거한 행정처분의 효력에 대한 설명으로 옳지 않은 것은?

① 대법원은 위헌인 법률에 근거한 행정처분에 불가쟁력이 발생한 경우에는 위헌결정의 소급효를 인정하지 않는다는 입장이다.
② 대법원은 조세 부과의 근거가 되었던 법률규정이 그 후 위헌으로 선언된 경우라도 위헌법률의 집행력을 배제하는 명문의 규정이 없는 이상 위헌결정 이후에 조세채권의 집행을 위한 새로운 체납처분에 착수하거나 이를 속행하더라도 이를 위법하다고 볼 수 없다는 입장이다.
③ 대법원은 행정처분 이후에 처분의 근거법령에 대하여 헌법재판소 또는 대법원이 위헌 또는 위법하다는 결정을 하게 되면, 당해 처분은 법적 근거가 없는 처분으로 하자 있는 처분이고 그 하자는 중대한 것이지만, 위헌 또는 위법하다는 결정이 있기 전에는 객관적으로 명백하다고 보기 어려우므로 취소사유에 그치는 것으로 본다.
④ 헌법재판소는 행정처분 자체의 효력이 쟁송기간 경과 후에도 존속 중이고 그 행정처분의 근거가 된 법규가 위헌으로 선고되는 경우, 그 행정처분을 무효로 하더라도 법적 안정성을 크게 해치지 않는 반면에, 그 하자가 중대하여 그 구제가 필요한 경우에는 당연무효사유로 보아 무효확인을 구할 수 있다고 결정하였다.

02

판례상 원고적격이 인정되지 않는 것은?

① 담배 일반소매인으로 지정되어 있는 기존업자가 신규 담배 구내소매인 지정처분을 다투는 경우
② 교육부장관이 사학분쟁조정위원회의 심의를 거쳐 학교법인의 이사와 임시이사를 선임한 데 대하여 그 대학교의 교수협의회와 총학생회
③ 산업집적활성화 및 공장설립에 관한 법률 제13조에 따라 공장설립을 승인하는 처분을 한 경우, 공장설립으로 수질오염 등이 발생할 우려가 있는 취수장에서 물을 공급받는 부산광역시 또는 양산시에 거주하는 주민들
④ 분뇨관련영업허가를 받은 기존업자가 다른 업자에 대한 영업허가처분을 다투는 경우

03

다음 중 개인정보 보호법 및 이와 관련한 판례로 옳지 않은 것은?

① 시장·군수 또는 구청장이 개인의 지문정보를 수집하고, 경찰청장이 이를 보관·전산화하여 범죄수사목적에 이용하는 것은 모두 개인정보자기결정권을 제한하는 것이다.
② 정보주체는 개인정보처리자의 고의 또는 과실로 인하여 개인정보가 분실·도난·유출·위조·변조 또는 훼손된 경우에는 300만원 이하의 범위에서 상당한 금액을 손해액으로 하여 배상을 청구할 수 있다. 이 경우 해당 개인정보처리자는 고의 또는 과실이 없음을 입증하지 아니하면 책임을 면할 수 없다.
③ 개인정보처리자는 정보주체가 필요한 최소한의 정보 외의 개인정보 수집에 동의하지 아니한다는 이유로 정보주체에게 재화 또는 서비스의 제공을 거부하여서는 아니 된다.
④ 이미 공개된 개인정보를 정보주체의 동의가 있었다고 객관적으로 인정되는 범위에서 수집·이용·제공 등 처리를 할 때에라도 이를 영리목적으로 이용하는 이상 원칙적으로 별도의 동의를 받아야 한다.

04

항고소송에 대한 설명으로 옳지 않은 것은? (다툼이 있는 경우 판례에 의함)

① 취소소송의 제소기간을 판단함에 있어서 "처분이 있음을 안 날"이라 함은 통지 등의 방법에 의하여 고지받아 당사자가 처분이 있었다는 사실을 현실적으로 안 날을 의미한다.
② 「국세기본법」상의 이의신청에 대한 재조사결정에 따른 심사청구기간이나 심판청구기간은 이의신청인이 후속처분의 통지를 받은 날부터 기산된다.
③ 고시에 의한 행정처분의 상대방이 불특정 다수인인 경우, 그 행정처분에 이해관계를 갖는 자가 고시 또는 공고가 있었다는 사실을 현실적으로 안 날에 행정처분이 있음을 알았다고 보아야 한다.
④ 한국방송공사 사장은 해임처분 무효확인 또는 취소소송 계속 중 임기가 만료되어 해임처분의 무효확인 또는 취소로 지위를 회복할 수 없다고 할지라도, 그 무효확인 또는 취소로 해임처분일부터 임기만료일까지의 기간에 대한 보수지급을 구할 수 있는 경우에는 해임처분의 무효확인 또는 취소를 구할 법률상 이익이 있다.

05

공공기관의 정보공개에 관한 법령의 내용에 대한 설명으로 옳지 않은 것은? (다툼이 있는 경우 판례에 의함)

① 정보의 공개 및 우송 등에 소요되는 비용은 실비의 범위에서 청구인의 부담으로 한다. 다만 그 액수가 너무 많아서 청구인에게 과중한 부담을 주는 경우에는 비용을 감면할 수 있다.
② 지방자치단체는 그 소관사무에 관하여 법령의 범위에서 정보공개에 관한 조례를 정할 수 있다.
③ 한국증권업협회는 증권회사 상호간의 업무질서를 유지하고 유가증권의 공정한 매매거래 및 투자자보호를 위하여 구성된 회원조직으로, 증권거래법 또는 그 법에 의한 명령에 대하여 특별한 규정이 있는 것을 제외하고는 민법 중 사단법인에 관한 규정을 적용받으므로 구 공공기관의 정보공개에 관한 법률 시행령상의 '특별법에 의하여 설립된 특수법인'에 해당하지 않는다.
④ 학술·연구를 위하여 일시적으로 체류하는 외국인은 정보공개 청구를 할 수 있다.

06

행정행위의 하자의 승계에 대한 설명으로 옳지 않은 것은? (다툼이 있는 경우 판례에 의함)

① 과세관청의 소득처분과 그에 따른 소득금액 변동통지가 있는 경우 원천징수하는 소득세의 납세의무에 관하여는 이를 확정하는 소득금액변동통지에 대한 항고소송에서 다투어야 하고 소득금액 변동통지가 취소사유에 불과한 경우 징수처분에 대한 항고소송에서 이를 다툴 수는 없다.
② 근로복지공단이 사업종류 변경결정을 하면서 실질적으로 행정절차법에서 정한 처분절차를 준수하지 않아 사업주에게 방어권행사 및 불복의 기회가 보장되지 않아 사업주가 사업종류 변경결정에 대해 제소기간 내에 취소소송을 제기하지 않았다고 하더라도 각각의 산재보험료 부과처분에 대한 쟁송절차에서는 선행처분인 사업종류 변경결정의 위법성을 주장할 수 없다.
③ 친일반민족행위진상규명위원회의 최종발표(선행처분)과 독립유공자법 적용배제자 결정(후행처분)은 별개의 처분이지만 선행처분의 후행처분에 대한 구속력을 인정할 수 없으므로 선행처분의 위법을 이유로 후행처분의 효력을 다툴 수 있다.
④ 과세처분과 체납처분 사이에는 취소사유인 하자의 승계가 인정되지 않는다.

07

다음 중 옳지 않은 것은? (다툼이 있는 경우 판례에 의함)

① 음주운전으로 인해 운전면허를 취소하는 경우의 이익형량에서 음주운전으로 인한 교통사고를 방지할 공익상의 필요가 취소의 상대방이 입게 될 불이익보다 강조되어야 하는 것은 아니다.
② 경찰공무원이 그 단속의 대상이 되는 신호위반자에게 먼저 적극적으로 돈을 요구한 경우 그 받은 돈이 1만원에 불과하더라도 당해 경찰공무원을 해임처분한 것은 재량권의 일탈·남용이 아니다.
③ 운전면허 취소사유에 해당하는 음주운전을 적발한 경찰관의 소속 경찰서장이 사무착오로 위반자에게 운전면허정지처분을 한 상태에서 위반자의 주소지 관할 지방경찰청장이 위반자에게 운전면허취소처분을 한 것은 선행처분에 대한 당사자의 신뢰 및 법적 안정성을 저해하는 것으로서 허용될 수 없다.
④ 경찰관이 난동을 부리는 범인을 검거하기 위하여 가스총을 사용할 경우에는 최소한의 안전수칙을 준수함으로써 장비사용으로 인한 사고발생을 미리 막아야 할 주의의무가 있다.

08

행정행위의 부관에 관한 설명으로 옳지 않은 것은? (다툼이 있는 경우 판례에 의함)

① 행정청은 처분에 재량이 없는 경우에는 법률에 근거가 있는 경우에 부관을 붙일 수 있다.
② 관할 행정청은 운송사업자가 조건을 위반하였다면 여객자동차법 제85조 제1항 제38호에 따라 감차명령을 할 수 있으며, 감차명령은 행정소송법 제2조 제1항 제1호가 정한 처분으로서 항고소송의 대상이 된다.
③ 부담부 행정행위는 부담을 이행하여야 주된 행정행위의 효력이 발생한다.
④ 부담 이외의 부관으로 인하여 권리를 침해당한 자는 부관부 행정행위 전체에 대해 취소소송을 제기하거나, 행정청에 부관이 없는 행정행위로 변경해 줄 것을 청구한 다음 그것이 거부된 경우 거부처분 취소소송을 제기할 수 있다.

09

다음 중 취소소송에 대한 설명으로 옳지 않은 것은? (다툼이 있는 경우 판례에 의함)

① 행정처분의 당연무효를 선언하는 의미에서 그 취소를 구하는 행정소송을 제기하는 경우에는 전치절차와 그 제소기간의 준수 등 취소소송의 제소요건을 갖추어야 한다.
② 행정처분에 대한 무효확인과 취소청구는 서로 양립할 수 없는 청구로서 선택적 청구로서의 병합이나 단순 병합만 허용되고 주위적·예비적 청구로서의 병합은 허용되지 아니한다.
③ 일반적으로 행정처분의 무효확인을 구하는 소에는 원고가 그 처분의 취소를 구하지 아니한다고 밝히지 아니한 이상, 그 처분이 만약 당연무효가 아니라면 그 취소를 구하는 취지도 포함되어 있는 것으로 보아야 한다.
④ 동일한 처분에 대하여 무효확인의 소를 제기하였다가 그 처분의 취소를 구하는 소를 추가적으로 병합한 경우, 주된 청구인 무효확인의 소가 적법한 제소기간 내에 제기되었다면 추가로 병합된 취소청구의 소도 적법하게 제기된 것으로 볼 수 있다.

10

다음 중 다른 법률에 당해 처분에 대한 행정심판의 재결을 거치지 아니하면 취소소송을 제기할 수 없다는 규정이 있는 때에도 행정소송법 제18조 제3항에 따라 행정심판을 제기함이 없이 취소소송을 제기할 수 있는 경우가 아닌 것은?

① 동종사건에 관하여 이미 행정심판의 기각재결이 있는 때
② 처분의 집행 또는 절차의 속행으로 생길 중대한 손해를 예방하여야 할 긴급한 필요가 있는 때
③ 행정청이 사실심의 변론종결 후 소송의 대상인 처분을 변경하여 당해 변경된 처분에 관하여 소를 제기하는 때
④ 처분을 행한 행정청이 행정심판을 거칠 필요가 없다고 잘못 알린 때

11
다음 중 판례의 태도와 다른 것은?

① 비상장주식의 양도가 현저히 유리한 조건의 거래로서 부당지원행위에 해당하는지 여부에 관하여 판단함에 있어서 공정거래위원회의 부당한 지원행위의 심사지침(2002. 4. 24. 개정되기 전의 것)은 국민에게 대외적 구속력을 가지는 법규명령이다.
② 구 청소년보호법 시행령 제40조 [별표6]의 위반행위의 종별에 따른 과징금 처분기준의 법적 성격은 법규명령이다.
③ 구 주택건설촉진법 시행령 제10조의3 제1항 [별표1]의 영업정지 처분기준은 법규명령이다.
④ 행정규칙의 내용이 상위법령이나 법의 일반원칙에 반하는 것이라면 법치국가원리에서 파생되는 법질서의 통일성과 모순금지 원칙에 따라 그것은 법질서상 당연 무효이고, 행정내부적 효력도 인정될 수 없다.

12
다음 중 행정심판법에 관한 설명으로 옳지 않은 것은?

① 청구인이 경제적 능력으로 인해 대리인을 선임할 수 없는 경우에는 위원회에 국선대리인을 선임하여 줄 것을 신청할 수 있다.
② 위원회는 신청에 따른 국선대리인 선정 여부에 대한 결정을 하고, 지체 없이 청구인에게 그 결과를 통지하여야 한다. 이 경우 위원회는 심판청구가 명백히 부적법하거나 이유 없는 경우 또는 권리의 남용이라고 인정되는 경우에는 국선대리인을 선정하지 아니할 수 있다.
③ 위원회는 당사자의 권리 및 권한의 범위에서 당사자의 동의를 받아 심판청구의 신속하고 공정한 해결을 위하여 조정을 할 수 있다. 다만, 그 조정이 공공복리에 적합하지 아니하거나 해당 처분의 성질에 반하는 경우에는 그러하지 아니하다.
④ 조정의 경우 재결과 같은 기속력은 인정되지 않는다.

13
행정의 실효성 확보수단에 대한 설명으로 옳지 않은 것은? (다툼이 있는 경우 판례에 의함)

① 지방국세청장이 조세범칙행위에 대하여 고발을 한 후에 동일한 조세범칙행위에 대하여 통고처분을 하여 조세범칙행위자가 이를 이행하였다면 고발에 따른 형사절차의 이행은 일사부재리의 원칙에 반하여 위법하다.
② 서울특별시 수도조례 및 하수도사용조례에 기한 과태료는 최종적으로 질서위반행위규제법에 의한 절차에 의하여 판단되어야 하므로, 그 과태료 부과처분은 행정청을 피고로 하는 행정소송의 대상이 되는 행정처분이라고 볼 수 없다.
③ 시정명령이란 행정법령의 위반행위로 초래된 위법상태의 제거 내지 시정을 명하는 행정행위를 말하는 것으로서, 그 위법행위의 결과가 더 이상 존재하지 않는다면 시정명령을 할 수 없다.
④ 행정대집행의 절차가 인정되는 경우에는 따로 민사소송의 방법으로 공작물의 철거, 수거 등을 구할 수는 없다.

14
다음 중 개인정보 보호법에 대한 설명으로 옳지 않은 것은?

① 개인정보 보호에 관한 사무를 독립적으로 수행하기 위하여 국무총리 소속으로 개인정보 보호위원회를 둔다.
② 보호위원회는 상임위원 2명(위원장 1명, 부위원장 1명)을 포함한 9명의 위원으로 구성한다.
③ 위원장과 부위원장은 정무직 공무원으로 임명한다.
④ 위원장은 국회에 출석하여 보호위원회의 소관 사무에 관하여 의견을 진술할 수 있으나, 국무회의에 출석·발언할 수 없다.

15

다음 공공기관의 정보공개에 관한 법률에 대한 설명으로 옳지 않은 것은? (다툼이 있는 경우 판례에 의함)

① 정보공개청구권자의 권리구제 가능성 등은 정보의 공개 여부 결정에 아무런 영향을 미치지 못한다.
② 이미 다른 사람에게 공개하여 널리 알려져 있다거나 인터넷이나 관보 등을 통하여 공개하여 인터넷 검색이나 도서관에서의 열람 등을 통하여 쉽게 알 수 있다는 사정만으로는 소의 이익이 없다고 할 수 없다.
③ 정보에 대한 공개를 요구받은 공공기관으로서는 비공개사유에 해당하지 않는 한 이를 공개하여야 할 것이고, 만일 이를 거부하는 경우라 할지라도 어느 부분이 비공개사유에 해당하는지를 주장·입증하여야만 할 것이며, 그에 이르지 아니한 채 개괄적인 사유만을 들어 공개를 거부하는 것은 허용되지 아니한다.
④ 정보공개거부처분의 취소를 구하는 소송에서 공공기관이 청구정보를 증거 등으로 법원에 제출하여 법원을 통하여 그 사본을 청구인에게 교부 또는 송달되게 하여 결과적으로 청구인에게 정보를 공개하는 셈이 되었다면, 이러한 방법에 의한 공개도 공공기관의 정보공개에 관한 법률에 의한 공개라고 볼 수 있다.

16

다음 설명으로 옳지 않은 것은?

① 행정절차법에서는 행정계획에 관한 규정을 두고 있다.
② 계획법규범은 목표는 제시하지만 그 목표실현을 위한 수단은 구체적으로 제시하지 않는 목적프로그램의 형식을 취하는 것을 특징으로 한다.
③ 통상적인 재량행위와 계획재량은 양적인 점에서 차이가 있을 뿐 질적인 점에서는 차이가 없다는 견해는 형량명령이 계획재량에 특유한 하자이론이라기보다는 비례의 원칙을 계획재량에 적용한 것이라고 한다.
④ 계획재량과 일반행정재량 사이에는 어떠한 양적·질적 차이도 존재하지 아니한다고 보는 것이 통설적 견해이다.

17

행정절차에 관한 내용으로 옳지 않은 것은? (다툼이 있는 경우 판례에 의함)

① 행정절차법은 행정지도의 원칙으로 비례원칙을 규정하고 있다.
② 공무수탁사인은 수탁받은 공무를 수행하는 범위 내에서 행정주체이고, 「행정절차법」이나 「행정소송법」에서는 행정청이다.
③ 행정처분의 이유로 제시한 수개의 처분사유 중 일부가 위법하면, 다른 처분사유로써 그 처분의 정당성이 인정되더라도 그 처분은 위법하다.
④ 육군3사관학교 생도에 대한 퇴학처분과 같이 신분을 박탈하는 징계처분은 행정절차법의 적용이 제외되는 경우인 행정절차법 시행령 제2조 제8호에 해당하지 않는다.

18

판례의 입장으로 옳지 않은 것은?

① 각 군 참모총장이 군인 명예전역수당 지급대상자 결정절차에서 국방부장관에게 수당지급대상자를 추천하는 행위는 항고소송의 대상이 되는 행정처분에 해당한다.
② 국립대학교 총장의 임용권한은 대통령에게 있으므로, 교육부장관이 대통령에게 임용제청을 하면서 대학에서 추천한 복수의 총장 후보자들 중 일부를 임용제청에서 제외한 행위는 처분에 해당한다.
③ 갑 도지사가 도에서 설치·운영하는 을 지방의료원을 폐업하겠다는 결정을 발표하고 그에 따라 폐업을 위한 일련의 조치가 이루어진 후 을 지방의료원을 해산한다는 내용의 조례를 공포하고 을 지방의료원의 청산절차가 마쳐진 경우, 갑 도지사의 폐업결정은 항고소송의 대상에 해당하지만 취소를 구할 소의 이익을 인정하기 어렵다.
④ 교육공무원법상 승진후보자 명부에 의한 승진심사 방식으로 행해지는 승진임용에서 승진후보자 명부에 포함되어 있던 후보자를 승진임용인사발령에서 제외하는 행위는 항고소송의 대상인 처분에 해당한다.

19

행정행위의 부관에 대한 설명으로 가장 옳지 않은 것은? (다툼이 있는 경우 판례에 의함)

① 행정절차법에 '부관'에 대하여 비례원칙을 규정하고 있다.
② 부담이 처분 당시 법령을 기준으로 적법하다면 처분 후 부담의 전제가 된 주된 행정처분의 근거 법령이 개정됨으로써 행정청이 더 이상 부관을 붙일 수 없게 되었다 하더라도 곧바로 위법하게 되거나 그 효력이 소멸하게 되는 것은 아니다.
③ 처분을 하면서 처분과 관련한 소의 제기를 금지하는 내용의 부제소특약을 부관으로 붙이는 것은 허용되지 않는다.
④ 도로점용허가의 점용기간은 행정행위의 본질적인 요소에 해당한다고 볼 것이어서 부관인 점용기간에 위법사유가 있다면 이로써 도로점용허가처분 전부가 위법하게 된다.

20

위법한 행정행위의 취소에 대한 설명으로 옳지 않은 것은? (다툼이 있는 경우 판례에 의함)

① 처분청은 그 처분의 성립에 하자가 있는 경우 이를 취소할 별도의 법적 근거가 없다고 하더라도 직권으로 이를 취소할 수 있다.
② 과세처분에 대한 이의신청에 따른 직권취소에도 특별한 사정이 없는 한 불가변력을 인정한다.
③ 광업권취소처분 후 광업권 설정의 선출원이 있는 경우에도 취소처분을 취소하여 광업권을 복구시키는 조치는 적법하다.
④ 행정청은 위법 또는 부당한 처분의 전부나 일부를 소급하여 취소할 수 있다. 다만, 당사자의 신뢰를 보호할 가치가 있는 등 정당한 사유가 있는 경우에는 장래를 향하여 취소할 수 있다.

21

다음 부작위위법확인에 대한 설명으로 옳지 않는 것은? (다툼이 있는 경우 판례에 의함)

① 부작위위법확인판결이 내려진 경우에는 행정청에 판결의 취지에 따른 재처분의무가 인정될 뿐 그에 대하여 간접강제까지 허용되는 것은 아니라고 할 것이다.
② 소제기의 전후를 통하여 판결시까지 행정청이 그 신청에 대하여 적극 또는 소극의 처분을 함으로써 부작위상태가 해소된 때에는 소의 이익을 상실하게 되어 당해 소는 각하를 면할 수가 없는 것이다.
③ 지방자치단체가 조례를 통하여 노동운동이 허용되는 사실상의 노무에 종사하는 공무원의 구체적 범위를 규정하지 않고 있는 것에 대하여 버스전용차로 통행위반 단속업무에 종사하는 자가 부작위위법확인의 소를 제기하였으나 상고심 계속 중에 정년퇴직한 경우, 소의 이익이 상실되었다.
④ 부작위위법확인의 소는 부작위상태가 계속되는 한 그 위법의 확인을 구할 이익이 있다고 보아야 하므로 원칙적으로 제소기간의 제한을 받지 않는다. 그러나 행정심판 등 전심절차를 거친 경우에는 행정소송법 제20조가 정한 제소기간 내에 부작위위법확인의 소를 제기하여야 한다.

22

행정조사에 관한 설명으로 옳지 않은 것은? (다툼이 있는 경우 판례에 의함)

① 행정기관은 유사하거나 동일한 사안에 대하여는 가급적 공동조사 등을 실시하지 않도록 노력해야 한다.
② 세무조사가 과세자료의 수집 또는 신고내용의 정확성 검증이라는 본연의 목적이 아니라 부정한 목적을 위하여 행하여진 것이라면 이는 세무조사에 중대한 위법사유가 있는 경우에 해당하고 이러한 세무조사에 의하여 수집된 과세자료를 기초로 한 과세처분 역시 위법하다.
③ 세무공무원의 조사행위가 실질적으로 납세자 등으로 하여금 질문에 대답하고 검사를 수인하도록 함으로써 납세자의 영업의 자유 등에 영향을 미치는 경우에는 조사행위가 '현지확인' 절차에 따른 것이더라도 재조사가 금지되는 세무조사에 해당된다.
④ 토양환경보전법상 토양오염실태조사를 실시할 권한은 시·도지사에게 있으나 토양오염실태조사가 감사원 소속 감사관의 주도하에 실시되었다는 사정만으로 그에 기초하여 내려진 토양정밀조사명령이 위법하다고 할 수 없다.

23

행정소송법상 소의 종류 변경에 대한 다음 설명 중 옳은 것을 모두 고른 것은? (다툼이 있는 경우 판례에 의함)

> ㉠ 소의 종류의 변경은 직권으로도 가능하다.
> ㉡ 항소심에서도 소의 종류의 변경은 가능하다.
> ㉢ 당사자소송을 항고소송으로 변경하는 것은 허용된다.
> ㉣ 소의 종류의 변경에 따른 피고의 변경은 교환적 변경에 한한다고 봄이 상당하므로 예비적 청구만이 있는 피고의 추가경정신청은 예외적 규정이 있는 경우를 제외하고는 원칙적으로 허용되지 않는다.

① ㉠, ㉡
② ㉠, ㉢, ㉣
③ ㉡, ㉢, ㉣
④ ㉡, ㉣

24

다음 설명으로 옳지 않은 것은? (다툼이 있는 경우 판례에 의함)

① 노동위원회가 근로기준법 제33조에 따라 이행강제금을 부과하는 경우 그 30일 전까지 하여야 하는 이행강제금 부과 예고는 '계고'에 해당한다.
② 건축주 등이 장기간 건축철거를 명하는 시정명령을 이행하지 아니하였다면, 비록 그 기간 중에 시정명령의 이행 기회가 제공되지 아니하였다가 뒤늦게 시정명령의 이행 기회가 제공된 경우라 하더라도, 행정청은 이행 기회가 제공되지 아니한 과거의 기간에 대한 이행강제금까지 한꺼번에 부과할 수 있다.
③ 체납자 등에 대한 공매통지는 국가의 강제력에 의하여 진행되는 공매에서 체납자 등의 권리 내지 재산상의 이익을 보호하기 위하여 법률로 규정한 절차적 요건이라고 보아야 하며, 공매처분을 하면서 체납자 등에게 공매통지를 하지 않았거나 공매통지를 하였더라도 그것이 적법하지 아니한 경우에는 절차상의 흠이 있어 그 공매처분이 위법하게 되는 것이지만, 공매통지 자체가 그 상대방인 체납자 등의 법적 지위나 권리·의무에 직접적인 영향을 주는 행정처분에 해당한다고 할 것은 아니다.
④ 직접강제는 다른 강제집행수단으로 의무이행을 확보할 수 없을 때 최후의 수단으로 인정되어야 한다.

25

손실보상에 관한 설명 중 옳지 않은 것은? (다툼이 있는 경우 판례에 의함)

① 보상액의 산정은 협의에 의한 경우에는 협의성립 당시의 가격을, 재결에 의한 경우에는 수용 또는 사용의 재결 당시의 가격을 기준으로 한다.
② 환매권의 발생기간을 제한한 것은 사업시행자의 지위나 이해관계인들의 토지이용에 관한 법률관계 안정, 토지의 사회경제적 이용 효율 제고, 사회일반에 돌아가야 할 개발이익이 원소유자에게 귀속되는 불합리 방지 등을 위한 것이라 하더라도, 그 입법목적은 정당하다고 할 수 없다.
③ 토지수용위원회의 재결이 있은 후 수용하거나 사용할 토지나 물건이 토지소유자 또는 관계인의 고의나 과실 없이 멸실되거나 훼손된 경우 그로 인한 손실은 사업시행자가 부담한다.
④ 토지에 대한 보상액은 가격시점에 있어서의 현실적인 이용상황과 일반적인 이용방법에 의한 객관적 상황을 고려하여 산정한다.

제4회 전범위 모의고사

01
판례에 따를 때, 사법관계에 해당하는 것을 모두 고른 것은?

㉠ 국유재산 무단점유자에 대한 변상금 부과처분
㉡ 지방자치단체의 관할구역 내에 있는 각급 학교에서 학교회계 직원으로 근무하는 것을 내용으로 하는 근로계약
㉢ 지방자치단체에 근무하는 청원경찰의 근무관계
㉣ 국가연구개발사업규정에 근거하여 국가 산하 중앙행정기관의 장과 참여기업인 甲 회사가 체결한 위 협약의 법률관계
㉤ 공익사업을 위한 토지 등의 취득 및 보상에 관한 법률에 의한 협의취득
㉥ 환매권의 행사
㉦ 서울특별시지하철공사 임직원의 근무관계

① ㉠, ㉡, ㉢, ㉥
② ㉠, ㉢, ㉤, ㉥
③ ㉡, ㉢, ㉤, ㉦
④ ㉡, ㉤, ㉥, ㉦

02
다음 설명으로 옳지 않은 것은? (다툼이 있는 경우 판례에 의함)

① 행정청이 사인의 신청을 받고 그 신청에 따른 행위를 하지 않겠다고 거부한 행위가 항고소송의 대상이 되는 처분이 되기 위한 요건은 사인이 행정청에 대하여 그 신청에 따른 행정행위를 해줄 것을 요구할 수 있는 법규상 또는 조리상의 신청권이 있어야 한다.
② 환경영향평가대상사업에 대하여 환경영향평가절차를 거쳤다면 비록 그 환경영향평가의 내용이 다소 부실하다 하더라도 그 부실로 인하여 당연히 당해 승인 등 처분이 위법하게 되는 것은 아니다.
③ 건축허가권자가 건축불허가처분을 하면서 그 처분사유로 건축불허가 사유뿐만 아니라 구 소방법에 따른 소방서장의 건축부동의 사유를 들고 있다고 하여 그 건축불허가처분 외에 별개로 건축부동의처분이 존재하는 것이 아니므로, 그 건축불허가처분을 받은 사람은 그 건축불허가처분에 관한 쟁송에서 건축법상의 건축불허가 사유뿐만 아니라 소방서장의 부동의 사유에 관하여도 다툴 수 있다.
④ 거부처분의 처분성을 인정하기 위한 전제요건이 되는 신청권은 신청인이 그 신청에 따른 단순한 응답을 받을 권리를 넘어서 신청의 인용이라는 만족적 결과를 얻을 권리를 의미한다.

03

경찰작용에 대한 설명으로 옳지 않은 것은? (다툼이 있는 경우 판례에 의함)

① 행정청이 행정대집행의 방법으로 건물철거의무이행을 실현하는 과정에서 부수적으로 건물 점유자에 대한 퇴거조치를 실현하려 하자 점유자들이 이를 위력을 행사하여 방해하는 경우에, 행정청은 '경찰관 직무집행법'에 근거한 위험발생 방지조치 또는 형법상 공무집행방해죄의 범행방지 내지 현행범체포의 차원에서 경찰의 도움을 받을 수도 있다.

② 경찰관이 구체적 상황 하에서 그 인적·물적 능력의 범위 내의 적절한 조치라는 판단에 따라 범죄수사 직무를 수행한 경우, 그것이 객관적 정당성을 상실하여 현저하게 불합리하다고 인정되지 않는다면 그와 다른 조치를 취하지 아니한 부작위는 국가배상책임의 요건인 법령위반에 해당하지 않는다.

③ 경찰관은 필요한 때에는 최소한의 범위 안에서 가스총을 사용할 수 있으나, 최소한의 안전수칙을 준수함으로써 장비사용으로 인한 사고 발생을 미리 막아야 할 주의의무가 있다.

④ 손실발생의 원인에 대하여 책임이 있는 자는 경찰관의 적법한 직무집행으로 인하여 자신의 책임에 상응하는 정도를 초과하는 재산상의 손실을 입은 경우에도 손실보상을 받을 수 없다.

04

다음 중 행정행위에 대한 설명으로 옳지 않은 것은? (다툼이 있는 경우 판례에 의함)

① 허가는 위험방지를 목적으로 하므로 내용상 무위험성, 전문성, 신뢰성을 요건으로 한다고 보는 것이 일반적이다.

② 허가는 상대방에게 금지를 해제하여 본래의 자연적 자유를 회복시켜 주는 명령적 행위로 보는 것이 종래 통설·판례이다.

③ 허가에 붙은 기한이 그 허가된 사업의 성질상 부당하게 짧아서 이 기한이 허가자체의 존속기간이 아니라 허가조건의 존속기간으로 해석되는 경우에는 허가 여부의 재량권을 가진 행정청은 허가조건의 개정만을 고려할 수 있고, 그 후 당초의 기한이 상당 기간 연장되어 그 기한이 부당하게 짧은 경우에 해당하지 않게 된 때라도 더 이상의 기간연장을 불허가할 수는 없다.

④ 침익적 행정행위는 기속행위로, 수익적 행정행위는 재량행위로 보는 학설을 효과재량설이라고 한다.

05

행정계획에 관한 설명으로 가장 옳지 않은 것은? (다툼이 있는 경우 판례에 의함)

① 행정절차법에 행정계획에 대한 규정이 있다.

② 국민의 기본권에 직접적으로 영향을 끼치고 법령의 뒷받침에 의해 실시될 것이라고 예상될 수 있다면 비구속적 행정계획안의 경우 헌법소원의 대상이 될 수 있다.

③ 환지예정지 지정이나 환지처분은 이를 항고소송의 대상이 되는 처분이라고 볼 수 있으나, 환지계획은 항고소송의 대상이 되는 처분에 해당한다고 할 수가 없다.

④ 「국토의 계획 및 이용에 관한 법률」에 따른 도시기본계획은 일반 국민에 대한 직접적인 구속력은 인정되지 않지만, 도시의 장기적 개발방향과 미래상을 제시하는 도시계획 입안의 지침이 되기에 행정청에 대한 직접적인 구속력은 인정된다.

06

다음 중 행정절차법상 청문 및 공청회에 관한 설명으로 가장 옳지 않은 것은?

① 행정청은 공청회를 마친 후 처분을 할 때까지 새로운 사정이 발견되어 공청회를 다시 개최할 필요가 있다고 인정할 때에는 공청회를 다시 개최할 수 있다.
② 행정청이 인허가 등의 취소를 할 때 청문을 한다.
③ 행정청은 청문을 마친 후 처분을 할 때까지 새로운 사정이 발견되어 청문을 재개할 필요가 있다고 인정할 때에는 청문조서 등을 되돌려 보내고 청문의 재개를 명할 수 있다.
④ 청문의 주재자는 당사자 등이 주장하지 아니한 사실에 대하여는 조사할 수 없다.

07

「공공기관의 정보공개에 관한 법률」에 대한 설명으로 옳지 않은 것은? (다툼이 있는 경우 판례에 의함)

① 공공기관의 정보공개에 관한 법률 제9조 제1항 제1호에서 법률이 위임한 명령에 의하여 비밀 또는 비공개사항으로 규정된 정보는 공개하지 아니할 수 있다고 할 때의 법률이 위임한 명령이란 정보의 공개에 관하여 법률의 구체적인 위임 아래 제정된 법규명령을 의미한다.
② 정보공개제도는 공공기관이 보유·관리하는 정보를 그 상태대로 공개하는 제도이므로, 전자적 형태로 보유·관리하는 정보를 검색·편집하여야 하는 경우는 새로운 정보의 생산으로서 정보공개의 대상이 아니다.
③ 통일에 관한 사항으로서 공개될 경우 국가의 중대한 이익을 현저히 해칠 우려가 있다고 인정되는 정보는 비공개대상정보에 해당한다.
④ 공공기관의 정보공개 담당자(정보공개 청구대상 정보와 관련된 업무 담당자를 포함한다)는 정보공개 업무를 성실하게 수행하여야 하며, 공개 여부의 자의적인 결정, 고의적인 처리 지연 또는 위법한 공개 거부 및 회피 등 부당한 행위를 하여서는 아니 된다.

08

다음 중 무효등확인소송에 관한 설명으로 옳지 않은 것을 모두 고른 것은? (다툼이 있는 경우 판례에 의함)

> ㉠ 무효확인소송에서는 집행정지가 인정되지 않는다.
> ㉡ 행정처분의 무효확인판결은 확인판결이라고 하여도 행정처분의 취소판결과 같이 소송당사자는 물론 제3자에게도 미치는 것이다.
> ㉢ 무효등확인소송에 있어서는 그 무효를 구하는 사람에게 그 행정처분에 존재하는 하자가 중대하고 명백하다는 것을 주장·입증할 책임이 있다.
> ㉣ 무효등확인소송에 있어서도 간접강제가 인정된다.

① ㉠, ㉡
② ㉡, ㉢
③ ㉢, ㉣
④ ㉠, ㉣

09

행정소송에 대한 판례의 입장으로 옳지 않은 것은?

① 주택건설사업계획 승인처분에 따라 의제된 인·허가가 위법함을 다투고자 하는 이해관계인은, 주택건설사업계획 승인처분의 취소를 구할 것이 아니라 의제된 인·허가의 취소를 구하여야 하며, 의제된 인·허가는 주택건설사업계획 승인처분과 별도로 항고소송의 대상이 되는 처분에 해당한다.
② 부가가치세 증액경정처분의 취소를 구하는 항고소송에서 납세의무자는 과세관청의 증액경정사유만 다툴 수 있을 뿐이지 당초 신고에 관한 과다신고사유는 함께 주장하여 다툴 수 없다.
③ 금융기관 임원에 대한 금융감독원장의 문책경고는 상대방의 권리·의무에 직접 영향을 미치는 행정소송의 대상이 되는 처분이다.
④ 「교육공무원법」상 승진후보자 명부에 의한 승진심사 방식으로 행하여지는 승진임용에서 승진후보자 명부에 포함되어 있던 후보자를 승진임용인사발령에서 제외하는 행위는 항고소송의 대상이 되는 행정처분에 해당한다.

10

다음 중 행정형벌에 관한 설명으로 가장 옳지 않은 것은? (다툼이 있는 경우 판례에 의함)

① 행정범의 경우 해석에 의해 과실행위도 처벌한다는 뜻이 명확한 경우에는 명문의 규정이 없더라도 과실범을 처벌할 수 있다는 것이 판례의 입장이다.
② 행정범의 경우 자기의 행위가 법령에 의하여 죄가 되지 아니하는 것으로 오인한 행위는 그 오인에 정당한 이유가 있는 때에는 벌하지 않는다.
③ 지방자치단체가 기관위임사무를 수행하던 중 도로법 규정에 의한 위반행위를 한 경우, 지방자치단체는 도로법 제86조의 양벌규정에 따라 처벌대상이 되는 법인에 해당한다.
④ 종업원 등이 저지른 행위의 결과에 대한 법인의 독자적인 책임에 관하여 전혀 규정하지 않은 채, 단순히 법인이 고용한 종업원 등이 업무에 관하여 범죄행위를 하였다는 이유만으로 법인에 대하여 형사처벌을 하도록 규정하고 있다면 이는 책임주의원칙에 반한다.

11

「행정소송법」상 행정소송에 해당하지 않는 것은? (다툼이 있는 경우 판례에 의함)

① 행정재산의 사용·수익 허가에 따른 사용료를 미납한 경우에 부과된 가산금의 징수를 다투는 소송
② 국가를 당사자로 하는 계약에 관한 법률에 의하여 국가기관이 특정기업의 입찰참가자격을 제한하는 경우
③ 피고 조달청장이 원고에 대하여 한 6개월간의 나라장터 종합쇼핑몰(국가종합전자조달시스템) 거래정지 조치
④ 한국철도시설공단이 갑 주식회사에 대하여 시설공사 입찰참가 당시 허위 실적증명서를 제출하였다는 이유로 향후 2년간 공사낙찰적격심사시 종합취득점수의 10/100을 감점한다는 내용의 통보를 한 사안에서, 위 통보를 다투는 소송

12

다음 중 행정소송법상의 제소기간에 관한 서술로 가장 옳지 않은 것은? (다툼이 있는 경우 판례에 의함)

① 고시에 의한 행정처분의 상대방이 불특정 다수인인 경우, 그 행정처분에 이해관계를 갖는 자는 고시가 있었다는 사실을 현실적으로 알았는지 여부에 관계없이 고시가 효력을 발생하는 날부터 90일 이내에 취소소송을 제기하여야 한다.
② '처분이 있음을 안 날'은 처분이 있었다는 사실을 현실적으로 안 날을 의미하므로, 처분서를 송달받기 전 정보공개 청구를 통하여 처분을 하는 내용의 일체의 서류를 교부받았다면 그 서류를 교부받은 날부터 제소기간이 기산된다.
③ 행정청이 법정 심판청구기간보다 긴 기간으로 잘못 알린 경우에 그 잘못 알린 기간 내에 심판청구가 있으면 그 심판청구는 법정 심판청구기간 내에 제기된 것으로 본다는 취지의 행정심판법 규정은 행정소송에 적용되지 않는다.
④ 감액처분으로도 아직 취소되지 않고 남은 부분을 다투고자 하는 경우 항고소송의 대상과 제소기간 준수 여부의 판단기준이 되는 처분은 당초 처분이다.

13

「행정조사기본법」상 행정조사에 대한 설명으로 옳지 않은 것은?

① 국세기본법 제81조의4 제2항에 따라 금지되는 재조사에 기하여 과세처분을 하는 것은 특별한 사정이 없는 한 그 자체로 위법하나 과세관청이 그러한 재조사로 얻은 과세자료를 과세처분의 근거로 삼지 않았다면 다르게 보아야 한다.
② 조사대상자가 조사대상 선정기준에 대한 열람을 신청한 경우에 행정기관은 그 열람이 당해 행정조사업무를 수행할 수 없을 정도로 조사활동에 지장을 초래한다는 이유로 열람을 거부할 수 있다.
③ 행정기관은 법령 등에서 행정조사를 규정하고 있는 경우에 한하여 행정조사를 실시할 수 있다. 다만, 조사대상자의 자발적인 협조를 얻어 실시하는 행정조사의 경우에는 그러하지 아니하다.
④ 행정조사를 행하는 행정기관에는 법령 및 조례·규칙에 따라 행정권한이 있는 기관뿐만 아니라 그 권한을 위임 또는 위탁받은 법인·단체 또는 그 기관이나 개인이 포함된다.

14

다음 중 국가배상에 관한 설명으로 가장 옳지 않은 것은? (다툼이 있는 경우 판례에 의함)

① 산업기술혁신촉진법령에 따른 중앙행정기관과 지방자치단체 등의 인증신제품 구매의무는 공공 일반의 전체적인 이익을 도모하기 위한 것으로 봄이 타당하고, 신제품 인증을 받은 자의 재산상 이익은 법령이 보호하고자 하는 이익으로 보기는 어려우므로, 지방자치단체가 위 법령에서 정한 인증신제품 구매의무를 위반하였다고 하더라도, 이를 이유로 신제품 인증을 받은 자에 대하여 국가배상책임을 지는 것은 아니다.

② 상호 보증은 외국의 법령, 판례 및 관례 등에 의하여 발생요건을 비교하여 인정되면 충분하고 반드시 당사국과의 조약이 체결되어 있을 필요는 없으나, 당해 외국에서 구체적으로 타국 국민에게 국가배상청구를 인정한 사례가 존재하지 않는다면 실제로 인정될 것이라는 기대를 하기 어려우므로 상호 보증을 인정할 수 없다.

③ 국가배상법에서는 국가배상책임의 주체를 국가 또는 지방자치단체로 규정하고 있다.

④ 행정입법에 관여한 공무원이 입법 당시의 상황에서 다양한 요소를 고려하여 나름대로 합리적인 근거를 찾아 어느 하나의 견해에 따라 경과규정을 두는 등의 조치 없이 새 법령을 그대로 시행하거나 적용하였더라도 이러한 경우에까지 국가배상법 제2조 제1항에서 정한 국가배상책임의 성립요건인 공무원의 과실이 있다고 할 수는 없다.

15

행정강제에 대한 설명으로 옳지 않은 것은? (다툼이 있는 경우 판례에 의함)

① 관계 법령상 행정대집행의 절차가 인정되어 행정청이 행정대집행의 방법으로 건물의 철거 등 대체적 작위의무의 이행을 실현할 수 있는 경우에는 따로 민사소송의 방법으로 그 의무의 이행을 구할 수 없다.

② 의무자가 동의한 경우 해가 뜨기 전이나 해가 진 후에도 대집행을 할 수 있다.

③ 법령상의 용도 이외에 사용하는 행위를 금지하는 부작위의무의 위반은 대집행의 대상이 될 수 없다.

④ 대집행에 대하여는 행정심판을 제기할 수 없다.

16

「공익사업을 위한 토지 등의 취득 및 보상에 관한 법률」에 따른 행정상 손실보상 및 그 불복절차에 대한 설명으로 옳지 않은 것은? (다툼이 있는 경우 판례에 의함)

① 사업시행자, 토지소유자 또는 관계인은 토지 수용위원회의 수용재결에 불복할 때에는 재결서를 받은 날부터 90일 이내에, 이의신청을 거쳤을 때에는 이의신청에 대한 재결서를 받은 날부터 60일 이내에 각각 행정소송을 제기할 수 있다.

② 손실보상금에 관한 당사자 간의 합의가 성립하면, 그 합의내용이 토지보상법에서 정하는 손실보상 기준에 맞지 않는다고 하더라도 합의가 적법하게 취소되는 등의 특별한 사정이 없는 한 추가로 토지보상법상 기준에 따른 손실보상금 청구를 할 수 없다.

③ 수용재결에 불복하여 취소소송을 제기하는 때에는 이의신청을 거친 경우에도 수용재결을 한 중앙토지수용위원회 또는 지방토지수용위원회를 피고로 하여 수용재결의 취소를 구하여야 하고, 다만 이의신청에 대한 재결자체에 고유한 위법이 있음을 이유로 하는 경우에는 그 이의재결을 한 중앙토지수용위원회를 피고로 하여 이의재결의 취소를 구할 수 있다.

④ 토지소유자 등과 사업시행자 간의 성실한 협의 이후에 이루어지는 절차인 토지수용위원회의 수용재결이 있은 후에는 토지소유자 등과 사업시행자가 다시 협의하여 토지 등의 취득이나 사용 및 그에 대한 보상에 관하여 임의로 계약을 체결할 수 없다.

17

다음 중 행정법상 신고에 관한 설명으로 옳지 않은 것은? (다툼이 있는 경우 판례에 의함)

① 정보통신매체를 이용하여 원격평생교육을 불특정 다수인에게 학습비를 받고 실시하기 위해 인터넷 침·뜸 학습센터를 평생교육시설로 신고한 경우, 관할 행정청은 신고서 기재사항에 흠결이 없고 형식적 요건을 모두 갖추었더라면 신고대상이 된 교육이나 학습이 공익적 기준에 적합하지 않다는 등의 실체적 사유를 들어 신고 수리를 거부할 수는 없다.

② 허가대상 건축물의 양수인이 구 건축법 시행규칙에 규정되어 있는 형식적 요건을 갖추어 시장·군수 등 행정관청에 적법하게 건축주의 명의변경을 신고한 경우라 하더라도 행정관청은 실체적인 이유를 내세워 신고 수리를 거부할 수 있다.

③ 인·허가의제 효과를 수반하는 건축신고는 행정청이 그 실체적 요건에 관한 심사를 한 후 수리하여야 하기 때문에 수리를 요하는 신고이다.

④ 구 유통산업발전법은 기존의 대규모점포의 등록된 유형 구분을 전제로 '대형마트로 등록된 대규모점포' 일체를 규제 대상으로 삼고자 하는 것이 그 입법 취지이므로 대규모점포의 개설 등록은 이른바 '수리를 요하는 신고'로서 행정처분에 해당한다.

18

행정행위의 직권취소 및 철회에 대한 설명으로 가장 옳지 않은 것은? (다툼이 있는 경우 판례에 의함)

① 한 사람이 여러 종류의 자동차 운전면허를 취득하는 경우뿐 아니라 이를 취소 또는 정지함에 있어서도 서로 별개의 것으로 취급하는 것이 원칙이다.

② 행정청이 여러 종류의 자동차운전면허를 취득한 자에 대해 그 운전면허를 취소하는 경우, 취소사유가 특정 면허에 관한 것이 아니고 다른 면허와 공통된 것이거나 운전면허를 받은 사람에 관한 것일 경우에는 여러 면허를 전부 취소할 수 있다.

③ 산업재해보상보험법상 보험급여 지급결정을 취소하는 처분이 적법한 이상, 이에 터 잡아 잘못 지급된 보험급여액에 해당하는 금액을 징수하는 처분도 적법하다고 보아야 한다.

④ 행정처분을 한 처분청은 처분의 성립에 하자가 있는 경우 별도의 법적 근거가 없더라도 직권으로 이를 취소할 수 있다고 봄이 원칙이므로, 국민연금법이 정한 수급요건을 갖추지 못하였음에도 연금 지급결정이 이루어진 경우에는 이미 지급된 급여 부분에 대한 환수처분과 별도로 지급결정을 취소할 수 있다.

19

행정입법에 대한 판례의 입장으로 옳지 않은 것은?

① 헌법재판소는 대법원규칙인 구 법무사법 시행규칙에 대해, 법규명령이 별도의 집행행위를 기다리지 않고 직접 기본권을 침해하는 것일 때에는 헌법 제107조 제2항의 명령·규칙에 대한 대법원의 최종심사권에도 불구하고 헌법소원심판의 대상이 된다고 한다.

② 대법원은 구 여객자동차 운수사업법 시행규칙 제31조 제2항 제1호, 제2호, 제6호는 구 여객자동차 운수사업법 제11조 제4항의 위임에 따라 시외버스운송사업의 사업계획변경에 관한 절차, 인가기준 등을 구체적으로 규정한 것으로서 행정청 내부의 사무처리준칙을 규정한 행정규칙에 불과하다고 할 수는 없다고 한다.

③ 2014년도 건물 및 기타물건 시가표준액 조정기준은 건축법 및 지방세법령의 위임에 따른 것이지만 행정규칙의 성격을 가진다.

④ 헌법재판소는 법률이 일정한 사항을 행정규칙에 위임하더라도 그 위임은 전문적·기술적 사항이나 경미한 사항으로서 업무의 성질상 위임이 불가피한 사항에 한정된다고 한다.

20

행정소송의 피고적격에 대란 설명으로 가장 옳지 않은 것은? (다툼이 있는 경우 판례에 의함)

① 조례가 항고소송의 대상이 되는 경우 피고는 지방자치단체의 집행기관으로서 조례로서의 효력을 발생시키는 공포권이 있는 지방자치단체의 장이다.
② 대리권을 수여받은 데 불과하여 그 자신의 명의로는 행정처분을 할 권한이 없는 행정청의 경우 대리관계를 밝힘이 없이 그 자신의 명의로 행정처분을 하였다면 그에 대하여는 처분명의자인 당해 행정청이 항고소송의 피고가 되어야 하는 것이 원칙이다.
③ 행정소송법 제39조는, "당사자소송은 국가·공공단체 그 밖의 권리주체를 피고로 한다."라고 규정하고 있다. 이것은 당사자소송의 경우 항고소송과 달리 '행정청'이 아닌 '권리주체'에게 피고적격이 있음을 규정하는 것일 뿐, 피고적격이 인정되는 권리주체를 행정주체로 한정한다는 취지가 아니므로, 이 규정을 들어 사인을 피고로 하는 당사자소송을 제기할 수 없다고 볼 것은 아니다.
④ 국가공무원법에 의한 처분, 기타 본인의 의사에 반한 불리한 처분이나 부작위에 관한 행정소송을 제기할 때에 대통령의 처분 또는 부작위의 경우에는 법무부장관을 피고로 한다.

21

행정행위의 하자에 대한 설명으로 옳은 것은? (다툼이 있는 경우 판례에 의함)

① 도로관리청이 도로점용허가를 함에 있어서 특별사용의 필요가 없는 부분을 도로점용허가의 점용장소 및 점용면적으로 포함한 흠이 있고 그로 인하여 점용료 부과처분에도 흠이 있게 된 경우, 흠 있는 부분에 해당하는 점용료를 감액하는 것은 당초 처분 자체를 일부 취소하는 변경처분이 아니라 흠의 치유에 해당한다.
② 철거명령이 당연무효인 경우에는 그에 근거한 후행행위인 건축물철거 대집행계고처분도 당연무효이다.
③ 행정행위의 내용상의 하자는 치유의 대상이 될 수 있으나, 형식이나 절차상의 하자에 대해서는 치유가 인정되지 않는다.
④ 제소기간이 이미 도과하여 불가쟁력이 생긴 행정처분에 대하여는 개별 법규에서 그 변경을 요구할 신청권을 규정하고 있거나 관계 법령의 해석상 그러한 신청권이 인정될 수 있는 등 특별한 사정이 있더라도 국민에게 그 행정처분의 변경을 구할 신청권이 있다고 볼 수는 없다.

22

행정정보공개에 관한 판례의 입장으로 옳지 않은 것은?

① 정보공개법 제9조 제1항 제5호에서의 '감사·감독·검사·시험·규제·입찰계약·기술개발·인사관리·의사결정과정 또는 내부검토과정에 있는 사항'은 비공개대상정보를 예시적으로 열거한 것이라고 할 수 없다.
② 예산집행의 내용과 사업평가 결과 등 행정감시를 위하여 필요한 정보 등 공개를 목적으로 작성되고 이미 정보통신망 등을 통하여 공개된 정보는 해당 정보의 소재 안내의 방법으로 공개한다.
③ 청구대상정보를 기재할 때는 사회 일반인의 관점에서 청구대상정보의 내용과 범위를 확정 할 수 있을 정도로 특정하여야 한다.
④ 정보공개청구권은 법률상 보호되는 구체적인 권리이므로 청구인이 공공기관에 대하여 정보공개를 청구하였다가 거부처분을 받은 것 자체가 법률상 이익의 침해에 해당한다.

23

다음 실효성 확보수단에 대한 설명으로 옳지 않은 것은? (다툼이 있는 경우 판례에 의함)

① 병무청장이 병역법 제81조의2 제1항에 따라 병역의무 기피자의 인적사항 등을 인터넷 홈페이지에 게시하는 등의 방법으로 공개한 경우, 이는 항고소송의 대상에 해당되지 않는다.
② 세무서장 등은 납세자가 허가·인가·면허 및 등록을 받은 사업과 관련된 소득세, 법인세 및 부가가치세를 대통령령으로 정하는 사유 없이 체납하였을 때에는 해당 사업의 주무관서에 그 납세자에 대하여 허가 등의 갱신과 그 허가 등의 근거 법률에 따른 신규 허가 등을 하지 아니할 것을 요구할 수 있다.
③ 대집행에 요한 비용은 「국세징수법」의 예에 의하여 징수할 수 있다.
④ 매점의 명도는 대체적 작위의무에 해당하지 아니하여 대집행의 대상이 아니다.

24

국가배상책임에 관한 다음 설명 중 옳은 것(○)과 옳지 않은 것(×)을 바르게 조합한 것은? (다툼이 있는 경우 판례에 의함)

> ㉠ '공공의 영조물'에는 철도시설물인 대합실과 승강장 및 도로상에 설치된 보행자 신호기와 차량 신호기도 포함된다.
> ㉡ 사실상 군민(郡民)의 통행에 제공되고 있던 도로라고 하여도 군(郡)에 의하여 노선인정 기타 공용개시가 없었던 이상이 도로를 '공공의 영조물'이라 할 수 없다.
> ㉢ '공공의 영조물'이란 국가 또는 지방자치단체가 소유권, 임차권 그 밖의 권한에 기하여 관리하고 있는 경우를 의미하고, 그러한 권원 없이 사실상의 관리를 하고 있는 경우는 제외된다.
> ㉣ 공사 중이며 아직 완성되지 않아 일반 공중의 이용에 제공되지 않는 옹벽은 국가배상법 제5조 제1항 소정의 영조물에 해당하지 않는다.

① ㉠(○), ㉡(○), ㉢(×), ㉣(×)
② ㉠(×), ㉡(×), ㉢(○), ㉣(×)
③ ㉠(○), ㉡(○), ㉢(×), ㉣(○)
④ ㉠(×), ㉡(○), ㉢(○), ㉣(○)

25

질서위반행위규제법의 내용으로 옳지 않은 것은?

① 행정청의 과태료 부과에 불복하는 당사자는 과태료 부과통지를 받은 날부터 60일 이내에 해당 행정청에 서면으로 이의제기를 할 수 있고, 이 경우 행정청의 과태료 부과처분은 그 효력을 상실한다.
② 심신(心神)장애로 인하여 행위의 옳고 그름을 판단할 능력이 없거나 그 판단에 따른 행위를 할 능력이 없는 자의 질서위반행위는 과태료를 부과하지 아니한다.
③ 신분에 의하여 성립하는 질서위반행위에 신분이 없는 자가 가담한 때에는 신분이 없는 자에 대하여도 질서위반행위가 성립한다.
④ 검사는 과태료를 최초 부과한 행정청에 대하여 과태료 재판의 집행을 위탁할 수 있고, 지방자치단체의 장이 이에 따라 집행을 위탁받은 경우에는 그 집행한 금원(金員)은 당해 국고 수입으로 한다.

제5회 전범위 모의고사

01
다음 중 처분에 대한 판례의 입장으로 옳지 않은 것은? (다툼이 있는 경우 판례에 의함)

① 공무원의 당연퇴직 인사발령은 이른바 관념의 통지에 불과하여 행정소송의 대상이 되지 아니한다.
② 사인 간의 법률관계의 존부를 공적으로 증명하는 법무법인의 공증행위는 항고소송의 대상이 되는 처분이다.
③ 자동차운전면허대장상 일정한 사항의 등재행위는 행정소송의 대상이 되는 독립한 행정처분으로 볼 수 없다.
④ 기반시설부담금의 납부를 지체하여 발생한 지체가산금이 환급대상에서 제외된다는 취지의 환급거부결정은 원고의 환급신청 중 일부를 거부하는 처분으로서 항고소송의 대상이 된다.

02
강학상 허가에 대한 설명으로 옳지 않은 것은? (다툼이 있는 경우 판례에 의함)

① 산림형질변경허가의 신청대상지역이 법령상의 금지 또는 제한지역에 해당하지 않더라도 환경의 보전 등을 위한 중대한 공익상의 필요가 있을 경우, 그 허가를 거부할 수 있다.
② 허가신청에 대한 결정이 있기 전에 허가기준을 정한 법령이 개정된 경우에는 특별한 사정이 없으면 개정된 허가기준이 적용된다.
③ 구 「학원의 설립·운영에 관한 법률」 제5조 제2항에 의한 학원의 설립인가는 강학상의 이른바 인가에 해당하는 것으로서 그 인가를 받은 자에게 특별한 권리를 부여하는 것이고 일반적인 금지를 특정한 경우에 해제하여 학원을 설립할 수 있는 자유를 회복시켜 주는 것이 아니다.
④ 구 석유판매업허가는 소위 대물적 허가의 성질을 갖는 것이므로 양도인의 허가취소사유가 양수인에게 승계된다.

03
다음 중 행정지도에 관한 설명으로 가장 옳은 것은? (다툼이 있는 경우 판례에 의함)

① 행정기본법에서는 행정지도에 대하여 규정하고 있다.
② 행정지도는 어떠한 경우에도 헌법소원의 대상이 될 수는 없다.
③ 행정절차법에서는 행정지도의 원칙으로 비례의 원칙을 규정하고 있다.
④ 판례에 따르면 위법한 행정지도에 따라 행한 사인의 행위는 정당한 행위가 된다.

04
다음 중 판례가 당사자소송으로 본 것을 모두 고른 것은?

> ㉠ 하천법에 의한 손실보상청구권의 확인을 구하는 소송
> ㉡ 고용보험법에 따라 국가로부터 중소기업 청년인턴제사업을 위탁받은 乙 회사가 보조금 수령자인 甲 회사에 대하여 부정수급 청년인턴지원금 반환을 구하는 소송
> ㉢ 지방소방공무원이 소속 지방자치단체를 상대로 초과근무수당의 지급을 구하는 소송
> ㉣ 국방부장관의 인정에 의하여 퇴역연금을 지급받아 오던 중 법령의 개정에 따른 퇴역연금액 감액조치에 대하여 이의가 있는 퇴역연금수급권자가 감액조치의 효력을 다투고자 하는 소송

① ㉠, ㉡
② ㉠, ㉡, ㉢
③ ㉠, ㉢, ㉣
④ ㉢, ㉣

05

행정상 입법에 대한 설명으로 옳지 않은 것은? (다툼이 있는 경우 판례에 의함)

① 규정형식상 부령(시행규칙)으로 정한 과징금 부과처분의 기준은 행정청 내부의 사무처리준칙을 규정한 행정규칙에 지나지 않지만, 대통령령(시행령)으로 정한 과징금 부과처분기준은 대외적 구속력이 있는 법규명령에 해당한다.
② 제재적 행정처분이 그 처분에서 정한 제재기간의 경과로 인하여 그 효과가 소멸되었으나, 부령인 시행규칙 또는 지방자치단체의 규칙의 형식으로 정한 처분기준에서 제재적 행정처분을 받은 것을 가중사유나 전제요건으로 삼아 장래의 제재적 행정처분을 하도록 정하고 있는 경우, 선행처분을 받은 상대방은 비록 그 처분에서 정한 제재기간이 경과하였다 하더라도 선행처분의 취소를 구할 법률상 이익이 있다.
③ 공공기관의 운영에 관한 법률에 따라 입찰참가자격 제한기준을 정하고 있는 구 공기업·준정부기관 계약사무규칙, 국가를 당사자로 하는 계약에 관한 법률 시행규칙은 대외적으로 국민이나 법원을 기속하는 효력이 없다.
④ 법규명령에 대하여 헌법소원을 제기할 수 있는가에 대하여 우리 헌법재판소는 이를 부정하고 있다.

06

행정절차상의 하자에 대한 설명으로 가장 타당하지 않은 것은? (다툼이 있는 경우 판례에 의함)

① 군인사법령에 의하여 진급예정자명단에 포함된 자에 대하여 수사과정 및 징계과정에서 비위행위에 대한 충분한 해명기회를 가졌더라도 진급 선발을 취소하는 처분을 함에 있어서 '행정절차법'상 사전통지·의견진술의 기회를 부여하여야 한다.
② 「행정절차법」의 청문배제사유인 '당해 처분의 성질상 의견청취가 현저히 곤란하거나 명백히 불필요하다고 인정될 만한 상당한 이유가 있는 경우'는 당해 행정처분의 성질에 의하여 판단하여야 하는 것이지, 청문통지서의 반송 여부, 청문통지의 방법 등에 의하여 판단할 것은 아니다.
③ 행정절차법에서는 절차상 하자 있는 행정행위의 효력에 관한 별도의 규정을 두고 있지 않다.
④ 행정청이 당사자와의 사이에 도시계획사업의 시행과 관련된 협약을 체결하면서 관계 법령 및 행정절차법에 규정된 청문의 실시 등 의견청취절차를 배제하는 조항을 둔 경우, 청문의 실시에 관한 규정의 적용이 배제되거나 청문을 실시하지 않아도 되는 예외적인 경우에 해당한다.

07

사인의 공법행위로서의 신고에 대한 설명으로 옳은 것은? (다툼이 있는 경우 판례에 의함)

① 식품접객업 영업신고에 대해서는 「식품위생법」이 「건축법」에 우선 적용되므로, 영업신고가 「식품위생법」상의 신고요건을 갖춘 경우라면 그 영업신고를 한 해당 건축물이 「건축법」상 무허가건축물이라도 적법한 신고에 해당된다.
② 구 「건축법」에 의한 인·허가의제 효과를 수반하는 건축신고는 일반적인 건축신고와는 달리 특별한 사정이 없는 한 행정청이 그 형식적 요건에 관한 심사를 한 후 수리하여야 한다.
③ 부가가치세법상의 사업자등록 직권말소행위는 불복의 대상이 되는 행정처분으로 볼 수 있다.
④ 주민등록전입신고는 수리를 요하는 신고에 해당하지만, 이를 수리하는 행정청은 거주의 목적에 대한 판단 이외에 부동산투기 목적 등의 공익상의 이유를 들어 주민등록전입신고의 수리를 거부할 수는 없다.

08

행정상 손실보상에 대한 설명으로 옳지 않은 것은? (다툼이 있는 경우 판례에 의함)

① 헌법재판소는 헌법 제23조 제3항의 '공공필요'는 '국민의 재산권을 그 의사에 반하여 강제적으로라도 취득해야 할 공익적 필요성'을 의미하고, 이 요건 중 공익성은 기본권 일반의 제한사유인 '공공복리'보다 좁은 것으로 보고 있다.
② 영업손실에 관한 보상에 있어서 영업의 휴업과 폐지를 구별하는 기준은 당해 영업을 다른 장소로 실제로 이전하였는지의 여부에 달려 있다.
③ 잔여지에 현실적 이용상황 변경 또는 사용가치 및 교환가치의 하락 등이 발생하였더라도 그 손실이 토지가 공익사업에 취득·사용됨으로써 발생한 것이 아닌 경우에는 손실보상의 대상이 되지 않는다.
④ 토지수용으로 인한 보상액을 산정함에 있어서 당해 공공사업과 관계없는 다른 사업의 시행으로 인한 개발이익은 이를 배제하지 아니한 가격으로 평가하여야 한다.

09

개인정보 보호법에 대한 설명으로 옳지 않은 것은?

① 가명처리함으로써 원래의 상태로 복원하기 위한 추가 정보의 사용·결합 없이는 특정 개인을 알아볼 수 없는 정보도 개인정보 보호법상의 개인정보에 해당한다.
② "개인정보파일"이란 개인정보를 쉽게 검색할 수 있도록 일정한 규칙에 따라 체계적으로 배열하거나 구성한 개인정보의 집합물(集合物)을 말한다
③ "과학적 연구"란 기술의 개발과 실증, 기초연구, 응용연구 및 민간 투자 연구 등 과학적 방법을 적용하는 연구를 말한다.
④ 개인정보 보호에 관한 사무를 독립적으로 수행하기 위하여 행정안전부 소속으로 개인정보 보호위원회를 둔다.

10

다음 중 가장 옳지 않은 것은? (다툼이 있는 경우 판례에 의함)

① 재단법인의 임원 취임이 재단법인의 정관에 근거한다 할지라도 이에 대해 주무관청이 당연히 인가하여야 하는 것은 아니며 인가 여부를 재량으로 결정할 수 있다.
② 자동차관리법상 자동차관리사업자로 구성하는 사업자단체인 조합 또는 협회 설립인가 신청에 대하여 설립인가 여부를 결정할 재량을 가진다.
③ 「출입국관리법」상 체류자격 변경허가는 신청인에게 당초의 체류자격과 다른 체류자격에 해당하는 활동을 할 수 있는 권한을 부여하는 일종의 설권적 처분이다.
④ 이사취임승인은 학교법인의 임원선임행위를 보충하여 법률상의 효력을 완성시키는 보충적 행정행위로서 인가 여부를 재량으로 결정할 수 있다.

11

행정심판에 대한 설명으로 옳지 않은 것은? (다툼이 있는 경우 판례에 의함)

① 간접강제 결정서 정본은 간접강제 결정에 대한 행정소송의 제기와 관계없이 민사집행법에 따른 강제집행에 관하여는 집행권원과 같은 효력을 가진다.
② 인용재결의 기속력은 피청구인과 그 밖의 관계 행정청에 미치고, 행정심판위원회의 간접강제 결정의 효력은 피청구인인 행정청이 소속된 국가·지방자치단체 또는 공공단체에 미친다.
③ 청구인이 간접강제 결정에 불복하는 경우 그 결정에 대하여 행정소송을 제기할 수 없다.
④ 간접강제 결정에 기초한 강제집행에 관하여 이 법에 특별한 규정이 없는 사항에 대하여는 「민사집행법」의 규정을 준용한다.

12

취소소송에 관한 설명으로 옳지 않은 것은? (다툼이 있는 경우 판례에 의함)

① 거부행위의 처분성을 인정하기 위한 전제요건이 되는 신청권의 존부는 구체적 사건에서 신청인이 누구인가를 고려하지 말고 관계 법규에서 일반 국민에게 그러한 신청권을 인정하고 있는가를 살펴 추상적으로 결정하여야 한다.
② 취소소송에서 인용판결이 확정되더라도 처분청이 당해 처분을 취소하여야 취소의 효과가 발생한다.
③ 보조금 교부결정 취소처분에 대하여 법원이 효력정지 결정을 하면서 주문에서 그 법원에 계속 중인 본안소송의 판결 선고시까지 처분의 효력을 정지한다고 선언하였을 경우, 본안소송의 판결 선고에 의하여 정지결정의 효력은 소멸하고 이와 동시에 당초의 보조금 교부결정 취소처분의 효력이 당연히 되살아난다.
④ 어떤 행정처분을 위법하다고 판단하여 취소하는 판결이 확정되면 행정청은 취소판결의 기속력에 따라 그 판결에서 확인된 위법사유를 배제한 상태에서 다시 처분을 하거나 그 밖에 위법한 결과를 제거하는 조치를 할 의무가 있다.

13

행정법관계에서 법령의 적용 등에 대한 설명으로 옳지 않은 것은?

① 법령등(훈령·예규·고시·지침 등을 포함한다. 이하 이 조에서 같다)의 시행일을 정하거나 계산할 때 법령등을 공포한 날부터 시행하는 경우에는 공포한 날을 시행일로 한다.
② 법령등(훈령·예규·고시·지침 등을 포함한다. 이하 이 조에서 같다)의 시행일을 정하거나 계산할 때 법령등을 공포한 날부터 일정 기간이 경과한 날부터 시행하는 경우 법령등을 공포한 날을 첫날에 산입한다.
③ 현행법상 국가에 대한 금전채권의 소멸시효에 대하여는 「민법」의 규정이 그대로 적용되지 않는다.
④ 현행법상 행정목적을 위하여 제공된 행정재산에 대해서는 공용폐지가 되지 않는 한 「민법」상 취득시효규정이 적용되지 않는다.

14

행정계획에 관한 설명으로 옳은 것은? (다툼이 있는 경우 판례에 의함)

① 대법원은 '4대강 살리기 마스터플랜'에 대한 취소소송과 집행정지사건에서 처분성을 긍정하면서도 집행정지에 관해서는 요건미비를 이유로 인정하지 않았다.
② 도시 및 주거환경정비법에 기초하여 주택재건축정비사업조합이 수립한 사업시행계획은 인가·고시를 통해 확정되어도 이해관계인에 대한 직접적인 구속력이 없는 행정계획으로서 독립된 행정처분에 해당하지 아니한다.
③ 국공립대학의 총장직선제 개선 여부를 재정지원 평가요소로 반영하고 이를 개선하지 않을 경우 다음 연도에 지원금을 삭감 또는 환수하도록 규정한 교육부장관의 '대학교육역량강화사업 기본계획'은 헌법소원의 대상이 된다.
④ 관리처분계획은 토지 등의 소유자에게 구체적이고 결정적인 영향을 미치는 것으로서 조합이 행한 처분에 해당하므로 항고소송의 방법으로 그 무효확인이나 취소를 구할 수 있다.

15

다음 설명 중 옳지 않은 것을 모두 고른 것은? (다툼이 있는 경우 판례에 의함)

㉠ 공정거래위원회의 '표준약관 사용권장행위'는 사업자 등의 권리·의무에 직접 영향을 미치는 행정처분으로서 항고소송의 대상이 된다.
㉡ 구 임대주택법상 분양전환승인 중 분양전환가격을 승인하는 부분은 분양전환에 따른 분양계약의 매매대금 산정의 기준이 되는 분양전환가격의 적정성을 심사하여 그 분양전환가격이 적법하게 산정된 것임을 확인하고 임대사업자로 하여금 승인된 분양전환 가격을 기준으로 분양전환을 하도록 하는 처분으로서 분양계약의 효력을 보충하여 그 효력을 완성시켜주는 강학상 인가에 해당한다.
㉢ 공유재산의 관리청이 정한 사용·수익허가의 기간에 대해서는 독립하여 행정소송을 제기할 수 없다.
㉣ 소관청이 토지대장상의 소유자명의변경신청을 거부한 행위는 항고소송의 대상이 되는 행정처분에 해당한다.

① ㉠, ㉡
② ㉡, ㉣
③ ㉠, ㉢
④ ㉢, ㉣

16

다음 설명 중 옳은 것(○)과 옳지 않은 것(×)을 바르게 조합한 것은? (다툼이 있는 경우 판례에 의함)

> ㉠ 헌법재판소는 텔레비전방송수신료는 국민의 기본권실현에 관련된 영역에 속하고, 수신료금액의 결정은 납부의무자의 범위 등과 함께 수신료에 관한 본질적인 중요한 사항이라고 판단한 바 있다.
> ㉡ 지방자치단체의 학생인권조례안이 헌법과 법률의 테두리 안에서 이미 관련 법령에 의하여 인정되는 학생의 권리를 열거하여 그와 같은 권리가 학생에게 보장되는 것임을 확인하고 학교생활과 학교 교육과정에서 학생의 인권 보호가 실현될 수 있도록 내용을 구체화하고 있는 데 불과할 뿐 교사나 학생의 권리를 새롭게 제한하는 것이라고 볼 수 없다면, 상위법령의 위임이 없더라도 법률유보의 원칙에 위배되지 않는다.
> ㉢ 행정처분이 수차례에 걸쳐 반복적으로 행하여졌다 하더라도 그러한 처분이 위법한 것인 때에는 행정청에 대하여 자기구속력을 갖게 된다고 할 수 없다.
> ㉣ 기본권 제한에 관한 법률유보의 원칙은 '법률에 근거한 규율'뿐만 아니라 '법률에 의한 규율'을 요청하는 것이므로, 기본권의 제한에는 법률의 근거가 필요할 뿐만 아니라 기본권 제한의 형식도 법률의 형식일 것을 요한다.

① ㉠(○), ㉡(○), ㉢(×), ㉣(×)
② ㉠(×), ㉡(×), ㉢(○), ㉣(○)
③ ㉠(○), ㉡(×), ㉢(×), ㉣(○)
④ ㉠(○), ㉡(○), ㉢(○), ㉣(×)

17

항고소송에 대한 설명으로 옳지 않은 것은? (다툼이 있는 경우 판례에 의함)

① 항고소송에서 원고가 피고를 잘못 지정하였다면 법원은 석명권을 행사하여 피고를 경정하게 하여 소송을 진행하여야 한다.
② 처분의 취소를 구하는 취소소송에 당해 처분의 취소를 선결문제로 하는 부당이득반환소송이 병합된 경우, 처분을 취소하는 판결이 확정되어야 법원은 부당이득반환청구를 인용할 수 있다.
③ 거부처분이 재결에서 취소된 경우 재결에 따른 후속처분이 아니라 그 재결의 취소를 구하는 것은 실효적이고 직접적인 권리구제수단이 될 수 없어 분쟁해결의 유효적절한 수단이라고 할 수 없으므로 법률상 이익이 없다.
④ 한국방송공사 사장은 해임처분 무효확인 또는 취소소송 계속 중 임기가 만료되어 해임처분의 무효확인 또는 취소로 지위를 회복할 수 없다고 할지라도, 그 무효확인 또는 취소로 해임처분일부터 임기만료일까지의 기간에 대한 보수지급을 구할 수 있는 경우에는 해임처분의 무효확인 또는 취소를 구할 법률상 이익이 있다.

18

행정심판에 관한 설명으로 옳지 않은 것은? (다툼이 있는 경우 판례에 의함)

① 심판청구에 대한 재결이 있으면 그 재결 및 같은 처분 또는 부작위에 대하여 다시 행정심판을 청구할 수 없다.
② 행정청이 행정심판 청구기간 등을 고지하지 아니하였다고 하여도 처분의 상대방이 처분이 있었다는 사실을 알았을 경우에는 처분이 있은 날로부터 90일 이내에 심판청구를 하여야 한다.
③ 당사자의 신청을 거부하거나 부작위로 방치한 처분의 이행을 명하는 재결이 있으면 행정청은 지체 없이 이전의 신청에 대하여 재결의 취지에 따라 처분을 하여야 한다.
④ 중앙행정심판위원회는 심판청구를 심리·재결할 때에 처분 또는 부작위의 근거가 되는 명령 등이 법령에 근거가 없거나 상위 법령에 위배되거나 국민에게 과도한 부담을 주는 등 크게 불합리하면 관계 행정기관에 그 명령 등의 개정·폐지 등 적절한 시정조치를 요청할 수 있다.

19

정보공개제도에 대한 설명으로 옳지 않은 것은? (다툼이 있는 경우 판례에 의함)

① 오로지 담당공무원을 괴롭힐 목적으로 행사하는 정보공개청구라고 하더라도 그것만으로 정보공개를 거부할 수는 없다.
② 공공기관이 공개청구대상 정보를 청구인이 신청한 공개방법 이외의 방법으로 공개하는 결정을 한 경우, 정보공개청구 중 정보공개방법 부분에 대하여 일부 거부처분을 한 것이다.
③ 공공기관이 그 정보를 보유·관리하고 있지 아니한 경우에는 특별한 사정이 없는 한 정보공개를 구하는 자에게 정보공개거부처분의 취소를 구할 법률상의 이익이 없다.
④ 「공공기관의 정보공개에 관한 법률」 제5조 제1항은 "모든 국민은 정보의 공개를 청구할 권리를 가진다."라고 규정하고 있는데, 여기에서 말하는 국민에는 권리능력 없는 사단인 시민단체도 포함된다.

20

「공익사업을 위한 토지 등의 취득 및 보상에 관한 법률」에 따른 손실보상에 대한 설명으로 옳지 않은 것은? (다툼이 있는 경우 판례에 의함)

① 주거용 건물의 거주자에 대하여는 주거 이전에 필요한 비용과 가재도구 등 동산의 운반에 필요한 비용을 보상하여야 한다.
② 이의신청에 대한 재결에 대하여 기한 내에 행정소송이 제기되지 않거나 그 밖의 사유로 이의신청에 대한 재결이 확정된 때에는 「민사소송법」상의 확정판결이 있은 것으로 본다.
③ 편입토지·물건 보상, 지장물 보상, 잔여 토지·건축물 손실보상 또는 수용청구의 경우에는 원칙적으로 개별 물건에 따라 하나의 보상항목이 되지만, 잔여 영업시설 손실보상을 포함하는 영업손실보상의 경우에는 '전체적으로 단일한 시설 일체로서의 영업' 자체가 보상항목이 되고, 세부 영업시설이나 공사비용, 휴업기간 등은 영업손실보상금 산정에서 고려하는 요소에 불과하다.
④ 공익사업의 시행으로 토석채취허가를 연장받지 못한 경우 그로 인한 손실은 적법한 공권력의 행사로 가하여진 재산상의 특별한 희생으로서 손실보상의 대상이 된다.

21

「국가배상법」에 대한 설명으로 옳지 않은 것은? (다툼이 있는 경우 판례에 의함)

① 서울특별시 강서구 교통할아버지사건과 같은 경우 공무를 위탁받아 수행하는 일반 사인(私人)도 「국가배상법」 제2조 제1항에 따른 공무원이 될 수 있다.
② 가해공무원의 과실여부에 대한 입증책임은 원고에게 있다.
③ 공무원의 직무집행이 법령이 정한 요건과 절차에 따라 이루어진 것이라면 특별한 사정이 없는 한 공무원의 행위는 법령에 적합한 것이나, 그 과정에서 개인의 권리가 침해된 경우에는 법령적합성이 곧바로 부정된다.
④ 헌법에 의하여 부과되는 국가의 구체적인 입법의무 자체가 인정되지 않는 경우에는 애당초 부작위로 인한 불법행위가 성립할 여지가 없다.

22

행정조사에 대한 설명으로 옳지 않은 것은? (다툼이 있는 경우 판례에 의함)

① 행정조사를 행하는 행정기관에는 법령 및 조례·규칙에 따라 행정권한이 있는 기관뿐만 아니라 그 권한을 위임 또는 위탁받은 법인·단체 또는 그 기관이나 개인이 포함된다.
② 행정조사는 법령등 또는 행정조사운영계획으로 정하는 바에 따라 정기적으로 실시함을 원칙으로 한다.
③ 「행정조사기본법」에 의하면, 조사목적달성을 위한 시료채취로 조사대상자에게 손실이 발생하였더라도 행정기관의 장은 이에 대한 보상책임을 지지 않는다.
④ 행정기관이 조사대상자의 자발적인 협조를 얻어 실시하는 행정조사의 경우에는 법령 등에서 행정조사를 규정하고 있지 아니한 경우에도 행정조사를 실시할 수 있다.

23

통고처분에 대한 설명으로 옳지 않은 것은? (다툼이 있는 경우 판례에 의함)

① 통고처분은 조세범, 관세범, 출입국사범, 교통사범 등의 경우 허용된다.
② 행정청이 벌금·과료에 상당하는 금액의 납부를 통고하며 당사자가 법정기간 내에 통고된 내용을 이행한 때에 처벌절차는 종료된다.
③ 통고처분은 법관에 의한 재판을 받을 권리를 침해한다든가 적법절차의 원칙에 저촉된다고 볼 수 없다.
④ 지방국세청장이 조세범칙행위에 대하여 형사고발을 한 후에 동일한 조세범칙행위에 대하여 한 통고처분은 특별한 사정이 없는 한 위법하지만 무효는 아니다.

24

「행정대집행법」상 대집행에 대한 판례의 입장으로 옳지 않은 것은?

① 토지·건물의 인도의무는 대체성이 없으므로 대집행의 대상이 될 수 없는 의무이다.
② 1장의 문서로 위법건축물이 자진철거를 명함과 동시에 소정기한 내에 철거의무를 이행하지 않을 시 대집행할 것을 계고할 수 있다.
③ 한국토지주택공사가 구 대한주택공사법 및 같은법 시행령에 의해 대집행 권한을 위탁받아 실시한 경우 그 비용은 민사소송절차에 의해 징수할 수 없다.
④ 공유재산 대부계약의 적법한 해지에 따라 원상회복을 위하여 실시하는 지상물 철거의무는 대집행의 대상이 되지 않는다.

25

항고소송의 원고적격에 대한 판례의 입장으로 옳지 않은 것은?

① 국민권익위원회가 소방청장에게 인사와 관련하여 부당한 지시를 한 사실이 인정된다며 이를 취소할 것을 요구하기로 의결하고 내용을 통지하자 그 국민권익위원회 조치요구의 취소를 구하는 사안에서의 소방청장은 행정소송의 원고적격을 가진다.
② 대학교 총학생회는 교육부장관의 해당 대학교 학교법인의 임시이사선임처분의 취소를 구할 원고적격이 있다.
③ 하자 있는 건축물에 대한 사용검사처분의 무효확인 및 취소를 구하는 구 「주택법」상 입주자는 행정소송의 원고적격을 가진다.
④ 미얀마 국적의 갑이 위명(僞名)인 을 명의의 여권으로 대한민국에 입국한 뒤 을 명의로 난민 신청을 하였으나 법무부장관이 을 명의를 사용한 갑을 직접 면담하여 조사한 후 갑에 대하여 난민불인정 처분을 한 사안에서의 그 처분의 취소를 구하는 갑은 행정소송의 원고적격을 가진다.

제6회 전범위 모의고사

01
행정행위의 효력에 대한 설명으로 옳지 않은 것은? (다툼이 있는 경우 판례에 의함)

① 행정행위의 불가변력은 당해 행정행위에 대하여서만 인정되는 것이고, 동종의 행정행위라 하더라도 그 대상을 달리할 때에는 이를 인정할 수 없다.
② 과세처분에 관한 불복절차에서 불복사유가 옳다고 인정하고 이에 따라 필요한 처분을 하였을 경우, 동일 사항에 관하여 이를 번복하고 다시 종전의 처분을 되풀이 할 수 있다.
③ 행정처분이 불복기간의 경과로 인하여 확정될 경우, 그 확정력은 처분으로 법률상 이익을 침해받은 자가 당해 처분이나 재결의 효력을 더 이상 다툴 수 없다는 의미일 뿐, 처분의 기초가 된 사실관계나 법률적 판단이 확정되고 당사자들이나 법원이 이에 기속되어 모순되는 주장이나 판단을 할 수 없게 되는 것은 아니다.
④ 위법한 행정대집행이 완료되면 계고처분의 무효확인 또는 취소를 구할 소의 이익은 없다 하더라도, 미리 그 계고처분의 취소판결이 있어야만 그 계고처분이 위법임을 이유로 손해배상청구를 할 수 있는 것은 아니다.

02
다음 설명으로 옳지 않은 것은? (다툼이 있는 경우 판례에 의함)

① 과세처분에 대하여 증액경정처분이 있는 경우 당초처분은 증액경정처분에 흡수되어 소멸하므로 소멸한 당초처분의 절차적 하자는 존속하는 증액경정처분에 승계된다.
② 과세관청이 과세예고 통지 후 과세전적부심사 청구나 그에 대한 결정이 있기 전에 국세부과처분을 한 경우, 그 절차상 하자가 중대하고도 명백하여 무효라고 할 것이다.
③ 과세처분에 관한 납세고지서의 송달이 「국세기본법」의 규정에 위배되는 부적법한 것으로서 송달의 효력이 발생하지 아니하는 이상, 그 과세처분은 무효이다.
④ 하나의 납세고지서로 본세와 여러 종류의 가산세를 함께 부과하는 경우에 납세고지서에 가산세의 종류와 세액의 산출근거 등을 따로 구별하지 않고 가산세의 합계액만을 기재하였다면 그 부과처분은 위법하다.

03
「개인정보 보호법」에 관한 설명으로 옳지 않은 것은?

① 개인정보 분쟁조정위원회의 조정안을 제시받은 당사자가 제시받은 날부터 15일 이내에 수락 여부를 알리지 아니하면 조정을 거부한 것으로 본다.
② 개인정보 분쟁조정위원회의 조정을 분쟁당사자가 수락하는 경우, 조정의 내용은 민법상 화해와 동일한 효력을 갖는다.
③ 개인정보와 관련한 분쟁의 조정을 원하는 자는 개인정보 분쟁조정위원회에 분쟁조정을 신청할 수 있다.
④ 정보주체는 개인정보처리자가 이 법을 위반한 행위로 손해를 입으면 개인정보처리자에게 손해배상을 청구할 수 있다. 이 경우 그 개인정보처리자는 고의 또는 과실이 없음을 입증하지 아니하면 책임을 면할 수 없다.

04

「행정절차법」의 적용에 대한 설명으로 옳지 않은 것은? (다툼이 있는 경우 판례에 의함)

① 신청에 대한 거부처분은 특별한 사정이 없는 한 「행정절차법」 제21조 제1항의 '당사자에게 의무를 부과하거나 권익을 제한하는 처분'에 해당하지 않으므로 사전통지의 대상이 아니다.
② 외국인의 난민인정에 대하여는 행정절차법 제23조(처분의 이유제시)가 적용된다.
③ 국적법 제5조의 귀화는 성질상 행정절차를 거치기 곤란하거나 거칠 필요가 없다고 인정되어 처분의 이유제시 등을 규정한 행정절차법이 적용되지 않는다.
④ 국가공무원법상 직위해제처분은 당해 행정작용의 성질상 행정절차를 거치기 곤란하거나 불필요하다고 인정되는 사항 또는 행정절차에 준하는 절차를 거친 사항에 해당하므로, 처분의 사전통지 및 의견청취 등에 관한 행정절차법의 규정이 별도로 적용되지 않는다.

05

행정행위에 대한 설명으로 가장 옳지 않은 것은? (다툼이 있는 경우 판례에 의함)

① 약사의 의약품 개봉판매행위에 대하여 구 약사법령에 근거하여 15일의 업무정지에 갈음하는 과징금(788만원) 부과처분을 한 것은 재량권의 일탈·남용에 해당하지 않는다.
② 행정의사가 외부에 표시되어 행정청이 자유롭게 취소·철회할 수 없는 구속을 받게 되는 시점에 처분이 성립하고, 그 성립 여부는 행정청이 행정의사를 공식적인 방법으로 외부에 표시하였는지를 기준으로 판단해야 한다.
③ 무권한의 행위는 원칙적으로 무효라고 할 것이므로, 5급 이상의 국가정보원 직원에 대해 임면권자인 대통령이 아닌 국가정보원장이 행한 의원면직처분은 당연무효에 해당한다.
④ 법무부장관의 입국금지결정이 그 의사가 공식적인 방법으로 외부에 표시된 것이 아니라 단지 그 정보를 내부 전산망인 출입국관리정보시스템에 입력하여 관리한 것에 지나지 않은 경우, 이는 항고소송의 대상에 해당되지 않는다.

06

무효등확인소송에 대한 설명으로 옳지 않은 것은? (다툼이 있는 경우 판례에 의함)

① 판례에 의하면, '무효확인을 구할 법률상 이익'이 있는지를 판단할 때 행정처분의 무효를 전제로 한 이행소송 등과 같은 직접적인 구제수단이 있는지를 따져보아야 한다.
② 사정판결은 취소소송에서만 허용되고 무효등확인소송에는 허용되지 않는다.
③ 절차상 또는 형식상 하자로 무효인 행정처분에 대하여 행정청이 적법한 절차 또는 형식을 갖추어 동일한 행정처분을 한 경우, 종전의 무효인 행정처분에 대하여 무효확인을 구할 법률상 이익이 없다.
④ 간접강제제도는 부작위위법확인소송에는 준용되나, 무효등확인소송에는 허용되지 않는다.

07

다음 설명으로 옳지 않은 것은? (다툼이 있는 경우 판례에 의함)

① 개인택시운송사업자의 운전면허가 아직 취소되지 않았더라도 운전면허 취소사유가 있다면 행정청은 명문 규정이 없더라도 개인택시운송사업면허를 취소할 수 있다.
② 개인택시운송사업의 양도·양수가 있고 그에 대한 인가가 있은 후 그 양도·양수 이전에 있었던 양도인의 귀책사유로 양수인의 개인택시운송사업 면허를 취소할 수 있다.
③ 신청자격에 미달하게 되어 허위의 주민등록등본을 작성, 제출하는 등 사위의 방법으로 개인택시 운수사업면허를 받은 경우, 그 후 면허관청의 사정으로 면허신청자격을 완화하였다 하더라도 그 면허 취소사유인 하자가 치유되었다고 할 수는 없다.
④ 피고가 개인택시를 면허함에 있어서 개인택시면허심사회의를 구성할 때 그 심사위원 중에 공무원 아닌 사람이 포함되어 있다고 하여 특별한 규정이 없는 이상 이를 무효라고 할 이유가 없다.

08

공무원관계의 변경·소멸에 관한 설명으로 옳지 않은 것은? (다툼이 있는 경우 판례에 의함)

① 동일한 사유로 직위해제처분이 있은 후 다시 해임처분을 하여도 일사부재리의 원칙에 반하지 않는다.
② 직위해제처분에 대해 소정기간 내에 소청심사청구나 행정소송을 제기하지 않은 상황에서, 그 후에 직권면직처분에 대한 행정소송에서 직위해제처분의 취소사유를 들어 다시 위법을 주장할 수 없다.
③ 공무원이 한 사직의 의사표시는 그에 터잡은 의원면직처분이 있을 때까지는 원칙적으로 이를 철회할 수 있다. 다만, 의원면직처분이 있기 전이라도 사직의 의사표시를 철회하는 것이 신의칙에 반한다고 인정되는 특별한 사정이 있다면 그 철회는 허용되지 아니한다.
④ 사인의 공법행위인 공무원의 사직의 의사표시에는 그 법률관계의 특수성도 있지만 개인의 자유로운 의사결정을 존중하여야 하므로 '민법' 제107조의 비진의의사표시에 관한 규정이 준용된다.

09

인·허가의제에 대한 설명으로 가장 옳은 것은? (다툼이 있는 경우 판례에 의함)

① 반드시 법률에 명시적인 근거가 있어야 하는 것은 아니다.
② 건축불허가처분을 받은 사람은 그 건축불허가처분에 관한 쟁송에서 건축법상의 건축불허가 사유뿐만 아니라 같은 도시계획법상의 형질변경불허가 사유나 농지법상의 농지전용불허가 사유에 관하여도 다툴 수 있다.
③ 신청된 주된 인·허가절차만이 아니고, 의제되는 인·허가를 위하여 거쳐야 하는 주민의견청취 등의 절차도 거쳐야 한다.
④ 주된 인·허가에 관한 사항을 규정하고 있는 A법률에서 주된 인·허가가 있으면 B법률에 의한 인·허가를 받은 것으로 의제한다는 규정을 둔 경우, B법률에 의하여 인·허가를 받았음을 전제로 하는 B법률의 모든 규정이 적용된다.

10

행정입법에 관한 설명으로 옳은 것은? (다툼이 있는 경우 판례에 의함)

① 법률의 위임에 의해 효력을 갖게 된 법규명령이 법률의 개정으로 위임의 근거가 없어지게 되면 소급하여 무효인 법규명령이 된다.
② 감사원규칙은 총리령·부령과 마찬가지로 헌법에 명시적 근거가 있으므로 법규명령으로서의 효력을 갖는다.
③ 법령의 위임이 없음에도 법령에 규정된 처분 요건에 해당하는 사항을 부령에서 변경하여 규정한 경우에는 그 부령의 규정은 행정청 내부의 사무처리 기준 등을 정한 것으로서 행정조직 내에서 적용되는 행정명령의 성격을 지닌다.
④ 명령·규칙이 헌법에 위반되는 여부가 재판의 전제가 된 경우에 헌법재판소가 이를 최종적으로 심사한다.

11

사인(私人)의 공법행위로서 신고에 관한 설명으로 옳지 않은 것을 모두 고른 것은? (다툼이 있는 경우 판례에 의함)

> ㉠ 「수산업법」상의 어업의 신고는 행정청의 수리에 의하여 비로소 그 효과가 발생하는 이른바 '수리를 요하는 신고'에 해당한다.
> ㉡ 적법한 요건을 갖추어 당구장업 영업신고를 한 경우 행정청이 그 신고에 대한 수리를 거부하였음에도 영업을 하면 무신고 영업이 된다.
> ㉢ 행정관청은 노동조합으로 설립신고를 한 단체가 노동조합 및 노동관계조정법 제2조 제4호 각 목에 해당하는지 여부를 실질적으로 심사할 수 없다.
> ㉣ 건축법에 따른 착공신고가 반려되었음에도 당해 건축물의 착공을 개시하면 시정명령, 이행강제금, 벌금 등의 대상이 될 우려가 있으므로 행정청의 착공신고 반려행위는 항고소송의 대상이 된다.

① ㉠, ㉡   ② ㉡, ㉢
③ ㉠, ㉢   ④ ㉡, ㉣

12

허가에 대한 설명으로 가장 적절하지 않은 것은? (다툼이 있는 경우 판례에 의함)

① 어업에 관한 허가 또는 신고의 경우에는 어업면허와 달리 유효기간연장제도가 마련되어 있지 아니하므로 그 유효기간이 경과하면 그 허가나 신고의 효력이 당연히 소멸하며, 재차 허가를 받거나 신고를 하더라도 신고의 기간만 갱신되어 종전의 어업허가나 신고의 효력 또는 성질이 계속된다고 볼 수 없고 새로운 허가 내지 신고로서의 효력이 발생한다.
② 일반적으로 행정처분에 효력기간이 정하여져 있는 경우에는 그 기간의 경과로 그 행정처분의 효력은 상실되고, 다만 허가에 붙은 기한이 그 허가된 사업의 성질상 부당하게 짧은 경우에는 이를 그 허가 자체의 존속기간이 아니라 그 허가조건의 존속기간으로 보아 그 기한이 도래함으로써 그 조건의 개정을 고려한다는 뜻으로 해석할 수는 있다.
③ 건축허가권자는 건축허가신청이 건축법 등 관계 법규에서 정하는 어떠한 제한에 배치되지 않는 이상 당연히 같은 법조에서 정하는 건축허가를 하여야 하고, 중대한 공익상의 필요가 없는데도 관계 법령에서 정하는 제한사유 이외의 사유를 들어 요건을 갖춘 자에 대한 허가를 거부할 수는 없다.
④ 유료직업 소개사업의 허가갱신은 허가취득자에게 종전의 지위를 계속 유지시키는 효과를 갖는 것이며 갱신 후에는 갱신 전의 법위반사항을 불문에 붙이는 효과를 발생하는 것이므로, 갱신이 있은 후에는 갱신 전의 법위반사실을 근거로 허가를 취소할 수 없다.

13

행정입법에 관한 설명 중 옳지 않은 것은? (다툼이 있는 경우 판례에 의함)

① 위임명령이 법률에서 위임받은 사항에 관하여 대강을 정하고 그중 특정사항을 범위를 정하여 하위법령에 다시 위임하는 것은 허용된다.
② 명령·규칙 그 자체에 의하여 직접 기본권이 침해되었을 경우 그 명령·규칙은 헌법재판소법 제68조 제1항의 헌법소원심판의 대상이 된다는 것이 헌법재판소의 입장이다.
③ 법령의 위임이 없음에도 법령에 규정된 처분요건에 해당하는 사항을 부령에서 변경하여 규정하였다면 그 부령의 규정은 행정청 내부의 사무처리기준 등을 정한 행정명령(행정규칙)의 성격을 지닐 뿐이다.
④ 검찰보존사무규칙은 검찰청법 제11조에 기하여 제정된 법무부령이므로, 불기소사건 기록의 열람·등사의 제한을 정하고 있는 검찰보존사무규칙 제22조는 법규명령으로서 효력을 가진다.

14

다음 판례의 입장으로 옳지 않은 것은?

① 자동차운전면허대장상 일정한 사항의 등재행위는 행정소송의 대상이 되는 독립한 행정처분으로 볼 수 없다.
② 자동차의 등록 직권말소는 항고소송의 대상인 처분에 해당한다.
③ 행정행위의 부관 중 조건이나 기한은 독립하여 행정소송의 대상이 될 수 없으나, 부담은 독립하여 행정소송의 대상이 될 수 있다.
④ 헌법재판소는 국가인권위원회에의 진정에 대한 각하 및 기각결정은 항고소송의 대상이 되는 행정처분에 해당하지 않는다.

15

행정행위의 하자의 승계에 대한 설명으로 옳지 않은 것은? (다툼이 있는 경우 판례에 의함)

① 표준지공시지가 결정에 위법이 있는 경우 수용보상금의 증액을 구하는 소송에서 수용대상 토지가격 산정의 기초가 된 비교표준지공시지가 결정의 위법을 독립된 사유로 주장할 수 없다.
② 행정대집행법상 선행처분인 계고처분의 하자는 대집행영장발부통보처분에 승계된다.
③ 개별공시지가 결정에 대한 재조사 청구에 따른 감액조정에 대하여 더 이상 불복하지 아니한 경우에는 선행처분의 불가쟁력이나 구속력이 수인한도를 넘는 가혹한 것이거나 예측불가능하다고 볼 수 없어 이를 기초로 한 양도소득세 부과처분 취소소송에서 다시 개별공시지가 결정의 위법을 당해 과세처분의 위법사유로 주장할 수 없다.
④ 국토의 계획 및 이용에 관한 법률상 도시·군계획시설결정의 하자는 실시계획인가에 승계되지 아니한다.

16

행정상 강제수단에 관한 설명으로 옳지 않은 것은? (다툼이 있는 경우 판례에 의함)

① 체납자는 공매처분취소소송에서 다른 권리자에 대한 공매통지의 하자를 이유로 공매처분의 취소를 구할 수 없다.
② 「국세징수법」상 체납자 등에 대한 공매통지는 체납자 등의 법적 지위나 권리·의무에 직접적인 영향을 주는 행정처분에 해당하지 아니하므로 공매통지가 적법하지 아니한 경우에도 그에 따른 공매처분이 위법하게 되는 것은 아니다.
③ 한국자산관리공사가 압류재산을 인터넷을 통하여 재공매하기로 한 결정은 항고소송의 대상이 될 수 없다.
④ 압류처분 후 과세처분의 근거법률이 위헌으로 결정된 경우에 체납자의 압류해제신청을 거부한 행정청의 행위는 위법하다.

17

다음 중 판례의 입장으로 옳지 않은 것은?

① 국유재산의 무단점유와 관련하여 「국유재산법」에 의한 변상금 부과·징수가 가능한 경우에는 변상금 부과·징수의 방법에 의해서만 국유재산의 무단점유·사용으로 인한 이익을 환수할 수 있으며, 그와 별도로 민사소송의 방법으로 부당이득반환청구를 하는 것은 허용되지 않는다.
② 국유 일반재산인 대지에 대한 계약이 해지되어 국가가 원상회복으로 지상의 시설물을 철거하려는 경우, 「행정대집행법」에 따라 대집행을 하여야 하고 민사소송의 방법으로 시설물의 철거를 구하는 것은 허용되지 않는다.
③ 제3자가 아무런 권원 없이 국유재산에 설치한 시설물에 대하여 행정청이 대집행을 실시하지 아니하는 경우, 그 국유재산에 대한 사용청구권을 가지고 있는 사인은 국가를 대위하여 민사소송으로 그 시설물의 철거를 구할 수 있다.
④ 국유 일반재산의 대부료 징수에 관하여 국세 체납처분의 예에 따른 간이하고 경제적인 특별한 구제절차가 마련되어 있으므로, 특별한 사정이 없는 한 민사소송으로 일반재산의 대부료 지급을 구하는 것은 허용되지 않는다.

18

다음 무효확인소송에 대한 설명으로 옳지 않은 것은? (다툼이 있는 경우 판례에 의함)

① 본안소송이 무효확인소송인 경우에도 집행정지가 가능하다.
② 행정처분에 대한 무효확인과 취소청구는 서로 양립할 수 없는 청구로서 주위적·예비적 청구로서만 병합이 가능하고, 선택적 청구로서의 병합은 허용되지 않는다.
③ 대법원은 종래 무효확인소송에서 요구해 왔던 보충성을 더 이상 요구하지 않는 것으로 판례태도를 변경하였다.
④ 무효확인소송에서 처분의 무효확인에 대한 주장·입증책임은 피고인 행정청이 부담한다.

19

행정소송에 대한 판례의 입장으로 옳지 않은 것은?

① 구「도시 및 주거환경정비법」상 조합설립추진위원회 구성승인처분을 다투는 소송 계속 중에 조합설립인가처분이 이루어졌다면 조합설립추진위원회 구성승인처분의 취소를 구할 법률상 이익은 없다.
② 건축허가처분의 취소를 구하는 소를 제기하기 전에 건축공사가 완료된 경우에는 소의 이익이 없으나, 소를 제기한 후 사실심 변론종결일 전에 건축공사가 완료된 경우에는 소의 이익이 있다.
③ 학교법인 임원취임승인의 취소처분 후 그 임원의 임기가 만료되고 구「사립학교법」 소정의 임원결격사유기간마저 경과한 경우 취임승인이 취소된 임원에게 취임승인취소처분의 취소를 구할 소의 이익이 있다.
④ 갑 도지사가 도에서 설치·운영하는 을 지방의료원을 폐업하겠다는 결정을 발표하고 그에 따라 폐업을 위한 일련의 조치가 이루어진 후 을 지방의료원을 해산한다는 내용의 조례를 공포하고 을 지방의료원의 청산절차가 마쳐진 경우, 갑 도지사의 폐업결정은 항고소송의 대상에 해당하지만 소의 이익을 인정하기 어렵다.

20

다음 행정벌에 대한 설명으로 옳지 않은 것은?

① 자신의 행위가 위법하지 아니한 것으로 오인하고 행한 질서위반행위는 그 오인에 정당한 이유가 있는 때에 한하여 과태료를 부과하지 아니한다.
② 양벌규정에 의한 영업주의 처벌은 금지위반행위자인 종업원의 처벌에 종속하는 것이 아니라 독립하여 그 자신의 종업원에 대한 선임감독상의 과실로 인하여 처벌되는 것이므로 종업원의 범죄성립이나 처벌이 영업주 처벌의 전제조건이 될 필요는 없다.
③ 과태료 재판은 이유를 붙인 결정으로써 하며, 결정은 당사자와 검사에게 고지함으로써 효력이 발생하고, 당사자와 검사는 과태료 재판에 대하여 즉시항고할 수 있으며 이 경우 항고는 집행정지의 효력이 없다.
④ 행정청이 질서위반행위에 대하여 과태료를 부과하고자 하는 때에는 미리 당사자에게 과태료 부과의 원인이 되는 사실, 과태료 금액 및 적용법령 등을 통지하고 10일 이상의 기간을 정하여 의견을 제출할 기회를 주어야 한다.

21

손실보상에 대한 설명으로 가장 적절하지 않은 것은? (다툼이 있는 경우 판례에 의함)

① 공공필요의 요건에 관하여, 공익성은 추상적인 공익 일반 또는 국가의 이익 이상의 중대한 공익을 요구하므로 기본권 일반의 제한사유인 공공복리보다 넓게 보는 것이 타당하다.
② 대법원은 하천구역 편입토지에 대한 손실보상청구권이 공법상의 권리라는 입장이다.
③ 헌법 제23조 제3항에서 규정한 '정당한 보상'이란 원칙적으로 피수용재산의 객관적인 재산가치를 완전하게 보상하여야 한다는 완전보상을 뜻하는 것이지만, 공익사업의 시행으로 인한 개발이익은 완전보상의 범위에 포함되는 피수용토지의 객관적 가치 내지 피수용자의 손실이라고는 볼 수 없다.
④ 문화재보호구역의 확대 지정이 당해 공공사업인 택지개발사업의 시행을 직접 목적으로 하여 가하여진 것이 아님이 명백하다면, 토지의 수용보상액은 그러한 공법상 제한을 받는 상태대로 평가하여야 한다.

22

다음 설명으로 옳지 않은 것은? (다툼이 있는 경우 판례에 의함)

① 행정심판을 청구하여 기각재결을 받은 후 재결 자체에 고유한 위법이 있음을 주장하며 그 기각재결에 대하여 취소소송을 제기한 경우, 수소법원은 심리 결과 재결 자체에 고유한 위법이 없다면 각하판결을 하여야 한다.
② 변상금 부과처분에 대한 취소소송이 진행중이라도 변상금부과권의 권리행사에 법률상의 장애사유가 있는 경우에 해당한다고 보기는 어렵고, 따라서 그 변상금부과권의 소멸시효는 진행된다.
③ 취소된 행정처분을 기초로 하여 새로 형성된 제3자의 권리가 취소판결 자체의 효력에 의해 당연히 그 행정처분 전의 상태로 환원되는 것은 아니다.
④ 잘못 지급된 보상금 등에 해당하는 금액을 징수하는 처분을 해야 할 공익상 필요와 그로 인하여 당사자가 입게 될 기득권과 신뢰의 보호 및 법률생활 안정의 침해 등의 불이익을 비교·교량한 후, 공익상 필요가 당사자가 입게 될 불이익을 정당화할 만큼 강한 경우에 한하여 보상금 등을 받은 당사자로부터 잘못 지급된 보상금 등에 해당하는 금액을 환수하는 처분을 하여야 한다.

23

개인정보 보호법에 관한 설명으로 옳지 않은 것은? (다툼이 있는 경우 판례에 의함)

① 개인정보 보호위원회는 개인정보처리자가 특정 개인을 알아보기 위한 목적으로 가명정보를 처리한 경우 전체 매출액의 100분의 2 이하에 해당하는 금액을 과징금으로 부과할 수 있다.
② 법률정보 제공 사이트를 운영하는 甲 주식회사가 乙 대학교 법학과 교수로 재직 중인 丙의 개인정보를 별도 동의 없이 위 법학과 홈페이지 등을 통해 수집하여 위 사이트 내 법조인 항목에서 유료로 제공하더라도 위법하다고 할 수 없다.
③ 살아 있는 개인에 관한 정보로서 해당 정보만으로는 특정 개인을 알아볼 수 없더라도 다른 정보와 쉽게 결합하여 알아볼 수 있는 정보는 「개인정보 보호법」 소정의 '개인정보'에 해당한다.
④ 정보주체와의 계약의 체결 및 이행을 위하여 불가피하게 필요한 경우에도 정보주체의 별도 동의 없이 개인정보처리자가 개인정보를 수집할 수 있으며 그 수집 목적의 범위에서 이용할 수 있다.

24

행정지도에 관한 설명으로 옳지 않은 것은 모두 몇 개인가? (다툼이 있는 경우 판례에 의함)

> ㉠ 교육인적자원부장관의 국·공립대학총장들에 대한 학칙시정요구는 대학총장의 임의적인 협력을 통하여 사실상의 효과를 발생시키는 행정지도의 일종으로 헌법소원의 대상이 되는 공권력행사라고 볼 수 없다.
> ㉡ 행정지도가 말로 이루어지는 경우에 상대방이 행정지도의 취지 및 내용, 행정지도를 하는 자의 신분을 적은 서면의 교부를 요구하면 그 행정지도를 하는 자는 직무 수행에 특별한 지장이 없으면 이를 교부하여야 한다.
> ㉢ 위법한 행정지도에 따라 행한 사인의 행위는 법령에 명시적으로 정함이 없는 한 위법성이 조각된다고 할 수 없다.
> ㉣ 위법한 행정지도로 손해가 발생한 경우 국가 등을 상대로 손해배상을 청구할 수 있으나, 이 경우 「국가배상법」 제2조가 정한 배상책임의 요건을 갖추어야 한다.

① 1개 ② 2개
③ 3개 ④ 4개

25

행정법의 법원(法源)에 대한 설명 중 가장 옳지 않은 것은? (다툼이 있는 경우 판례에 의함)

① 학교급식을 위해 국내 우수농산물을 사용하는 자에게 식재료나 구입비의 일부를 지원하는 것 등을 내용으로 하는 지방자치단체의 조례안은 '1994년 관세 및 무역에 관한 일반협정'에 위반되어 그 효력이 없다.
② '남북 사이의 화해와 불가침 및 교류협력에 관한 합의서'는 국가 간의 조약 또는 이에 준하는 것으로 볼 수 없고, 따라서 국내법과 동일한 효력이 인정되는 것도 아니다.
③ 마라케쉬협정은 적법하게 체결되어 공포된 조약이지만, 그로 인하여 새로운 범죄를 구성하거나 범죄자에 대한 처벌이 가중될 수 없다.
④ 행정청은 법령 등의 해석 또는 행정청의 관행이 일반적으로 국민들에게 받아들여졌을 때에는 공익 또는 제3자의 정당한 이익을 현저히 해칠 우려가 있는 경우를 제외하고는 새로운 해석 또는 관행에 따라 소급하여 불리하게 처리하여서는 아니 된다.

제7회 전범위 모의고사

01
법규명령에 대한 설명 중 옳지 않은 것은?

① 행정규제에 관한 법령이 전문적·기술적 사항이나 경미한 사항으로서 업무의 성질상 위임이 불가피한 사항에 관하여 구체적으로 범위를 정하여 위임한 경우에는 고시 등으로 정할 수 있다.
② 형사처벌에 관한 위임입법은 특히 긴급한 필요가 있거나 미리 법률로써 자세히 정할 수 없는 부득이한 사정이 있는 경우에 한하여 허용된다.
③ 공공기관의 운영에 관한 법률에 따라 입찰참가자격 제한기준을 정하고 있는 구 공기업·준정부기관 계약사무규칙, 국가를 당사자로 하는 계약에 관한 법률 시행규칙은 대외적으로 국민이나 법원을 기속하는 효력이 없다.
④ 법률에서 위임받은 사항을 전혀 규정하지 않고 하위의 법규명령에 재위임하는 것은 원칙적으로 불가능하지만, 행정의 효율성을 도모해야 할 특단의 사정이 있는 경우에는 이러한 재위임도 허용될 수 있다.

02
조세에 관한 다음 설명 중 가장 옳지 않은 것은? (다툼이 있는 경우 판례에 의함)

① 과세관청이 사업자등록을 관리하는 과정에서 위장사업자의 사업자명의를 직권으로 실사업자의 명의로 정정하는 행위는 항고소송의 대상이 되는 행정처분이 아니다.
② 국세환급금결정이나 이 결정을 구하는 신청에 대한 환급거부결정 등은 납세의무자가 갖는 환급청구권의 존부나 범위에 구체적이고 직접적인 영향을 미치는 처분이 아니어서 항고소송의 대상이 되는 처분이라고 볼 수 없다.
③ 신고납세방식 조세에서 과세표준 등의 신고행위나 이에 기초한 과세처분이 객관적으로 타당한 법적 근거와 합리성이 없는 때에는 그 하자는 중대할 뿐 아니라 명백하여 무효이다.
④ 이미 그 존재와 범위가 확정되어 있는 조세의 과오납부액이나 환급세액은 납세자가 공법상 당사자소송으로 그 환급을 청구할 수 있다.

03
행정행위에 관한 다음 설명 중 옳은 것(○)과 옳지 않은 것(×)을 바르게 조합한 것은? (다툼이 있는 경우 판례에 의함)

㉠ 출입국관리법상 체류자격 변경허가는 설권적 처분에 해당하며, 기속행위의 성격을 가진다.
㉡ 개발촉진지구 안에서 시행되는 지역개발사업에 관한 지정권자의 실시계획승인처분은 설권적 처분의 성격을 가진 독립된 행정처분이다.
㉢ 행정소송법 제27조에 의하면 행정청의 재량에 속하는 처분이라도 재량권의 한계를 넘거나 그 남용이 있는 때에는 법원은 이를 취소하여야 한다.
㉣ 야생동·식물보호법상 곰의 웅지를 추출하여 비누, 화장품 등의 재료를 사용할 목적으로 곰의 용도를 '사육곰'에서 '식·가공품 및 약용재료'로 변경하겠다는 내용의 국제적 멸종위기종의 용도변경승인행위는 재량행위이다.

① ㉠(○), ㉡(×), ㉢(×), ㉣(×)
② ㉠(×), ㉡(○), ㉢(○), ㉣(○)
③ ㉠(×), ㉡(○), ㉢(×), ㉣(○)
④ ㉠(○), ㉡(×), ㉢(○), ㉣(×)

04

신고에 대한 설명으로 옳지 않은 것은? (다툼이 있는 경우 판례에 의함)

① 행정청은 비산먼지배출사업신고서가 구 대기환경보전법에서 정한 형식적 요건을 모두 갖춘 경우에는 특별한 사정이 없는 한 이를 수리하여야 한다.
② 신고의 수리는 타인의 행위를 유효한 행위로 받아들이는 행정행위를 말하며, 이는 강학상 법률행위적 행정행위에 해당한다.
③ 정보통신매체를 이용하여 학습비를 받고 불특정 다수인에게 원격평생교육을 실시하기 위한 신고는 자기완결적 신고이므로 형식적 요건을 모두 갖추어 신고한 경우, 행정청이 실체적 사유를 들어 신고수리를 거부할 수 없다.
④ 새로 숙박업을 하려는 자가 기존에 다른 사람이 숙박업 신고를 한 적이 있는 시설 등의 소유권 등 정당한 사용권한을 취득하여 법령에서 정한 요건을 갖추어 신고하였다면, 행정청으로서는 특별한 사정이 없는 한 이를 수리하여야 하고, 기존의 숙박업 신고가 외관상 남아있다는 이유로 이를 거부할 수 없다.

05

법률유보원칙에 대한 판례의 입장으로 옳지 않은 것은?

① 대법원은 구 도시 및 주거환경정비법 제28조 제4항 본문이 사업시행인가 신청시의 동의요건을 조합의 정관에 포괄적으로 위임한 것은 헌법 제75조가 정하는 포괄위임입법금지의 원칙이 적용되지 않으므로 이에 위배된다고 할 수 없다고 하였다.
② 집회나 시위 해산을 위한 살수차 사용은 집회의 자유 및 신체의 자유에 대한 중대한 제한을 초래하므로 살수차 사용요건이나 기준은 법률에 근거를 두어야 한다.
③ 법규에 명문의 근거가 없음에도 환경보전이라는 중대한 공익상의 이유로 산림훼손허가를 거부하는 것은 법률유보의 원칙에 비추어 허용되지 않는다.
④ 비록 국토지리정보원이 발행한 국가기본도상에 표시된 해상경계가 특별한 사정이 없는 한 그 자체로 불문법상 해상경계선으로 인정될 수는 없다고 할지라도, 국가기본도에 표시된 해상경계선을 기준으로 하여 과거부터 현재에 이르기까지 관할 행정청이 반복적으로 처분을 내리고, 지방자치단체가 허가, 면허 및 단속 등의 업무를 지속적으로 수행하여 왔다면 국가기본도상의 해상경계선은 여전히 지방자치단체 관할 경계에 관하여 불문법으로서 그 기준이 될 수 있다.

06

다음 설명으로 옳지 않은 것은? (다툼이 있는 경우 판례에 의함)

① 계약직공무원 채용계약해지의 의사표시를 하는 경우 행정절차법에 의하여 근거와 이유를 제시하여야 하는 것은 아니다.

② 보조사업자에 대한 지방자치단체의 보조금반환청구는 공법상 권리관계의 일방 당사자를 상대로 하여 공법상 의무이행을 구하는 청구로서 당사자소송의 대상이다.

③ 법관이 이미 수령한 명예퇴직수당액이 구 법관 및 법원공무원 명예퇴직수당 등 지급규칙 제4조 [별표 1]에서 정한 정당한 수당액에 미치지 못한다고 주장하며 차액의 지급을 신청한 것에 대하여 법원행정처장이 거부하는 의사를 표시한 경우, 그 의사표시를 행정처분으로 볼 수 있다.

④ 지방계약직공무원에 대해서도, 채용계약상 특별한 약정이 없는 한, 「지방공무원법」, 「지방공무원 징계 및 소청규정」에 정한 징계절차에 의하지 않고서는 보수를 삭감할 수는 없다.

07

A는 공공기관 B에게 B의 예산집행내역과 지출증빙서 등에 관하여 정보공개청구를 하였다. 이에 관한 설명 중 옳지 않은 것은? (다툼이 있는 경우 판례에 의함)

① A가 사본 또는 복제물의 교부를 원하는 경우에 공개대상 정보의 양이 너무 많아 정상적인 업무수행에 현저한 지장을 초래할 우려가 있는 경우가 아니라면, B는 열람과 병행하는 방식으로 공개할 수 없다.

② A는 정보공개 청구 후 20일이 경과하도록 정보공개 결정이 없는 때에는 정보공개 청구 후 20일이 경과한 날부터 30일 이내에 B에 문서로 이의신청을 할 수 있다.

③ B는 이의신청을 받은 날부터 7일 이내에 그 이의신청에 대하여 결정하고 그 결과를 청구인에게 지체 없이 문서로 통지하여야 한다.

④ B의 정보비공개결정에 대한 A의 이의신청이 각하 또는 기각되었을 경우에 A는 행정심판 또는 행정소송을 제기할 수 있으나, 정보비공개결정에 대해 이의신청을 거치지 않고 바로 행정심판 또는 행정소송을 제기할 수는 없다.

08

다음 설명으로 가장 옳지 않은 것은?

① 국가공무원법상 직위해제처분의 무효확인 또는 취소소송 계속 중 정년을 초과하여 직위해제처분의 무효확인 또는 취소로 공무원 신분을 회복할 수는 없다고 할지라도, 그 무효확인 또는 취소로 직위해제일부터 직권면직일까지 기간에 대한 감액된 봉급 등의 지급을 구할 수 있는 경우에는 직위해제처분의 무효확인 또는 취소를 구할 법률상 이익이 있다.

② 인사규정 등에서 직위해제처분에 따른 효과로 승진·승급에 제한을 가하는 등의 법률상 불이익을 규정하고 있는 경우에는 직위해제처분을 받은 근로자는 이러한 법률상 불이익을 제거하기 위하여 그 실효된 직위해제처분에 대한 구제를 신청할 이익이 있다.

③ 공정거래위원회가 부당한 공동행위를 한 사업자에게 과징금 부과처분(선행처분)을 한 뒤, 다시 자진신고 등을 이유로 과징금 감면처분(후행처분)을 한 경우, 선행처분과 후행처분은 각각 별개의 처분이므로 선행처분의 취소를 구할 법률상 이익이 있다.

④ 공정거래위원회가 부당한 공동행위에 대한 시정명령 및 과징금 부과와 자진신고 감면 여부를 분리 심리하여 별개로 의결한 다음 과징금 등 처분과 별도의 처분서로 감면기각처분을 한 경우 처분의 상대방이 각 처분에 대하여 함께 또는 별도로 불복할 수 있고, 과징금 등 처분과 감면기각처분의 취소를 구하는 소를 함께 제기한 경우, 감면기각처분의 취소를 구할 소의 이익이 인정된다.

09

행정의 실효성 확보수단에 관한 설명으로 옳지 않은 것을 모두 고르면? (다툼이 있는 경우에는 판례에 의함)

㉠ 불법게임물을 발견한 경우 관계공무원으로 하여금 영장 없이 이를 수거하여 폐기하게 할 수 있도록 규정한 구 음반·비디오물 및 게임물에 관한 법률의 조항은 급박한 상황에 대처하기 위해 행정상 즉시강제를 행할 불가피성과 정당성이 인정되지 않으므로 헌법상 영장주의에 위배된다.
㉡ 행정법규 위반에 대한 제재로서 가하는 영업정지처분은 반드시 현실적인 행위자가 아니라도 법령상 책임자로 규정된 자에게 부과되고, 특별한 사정이 없는 한 위반자에게 고의나 과실이 없더라도 부과할 수 있다.
㉢ 하나의 행위가 2 이상의 질서위반행위에 해당하는 경우에는 각 질서위반행위에 대하여 정한 과태료 중 가장 중한 과태료를 부과한다. 이 경우를 제외하고 2 이상의 질서위반행위가 경합하는 경우에는 가장 중한 과태료에 그 1/2을 가산한다. 다만, 다른 법령(지방자치단체의 조례를 포함한다.)에 특별한 규정이 있는 경우에는 그 법령으로 정하는 바에 따른다.
㉣ 행정기관의 장이 행정조사대상 선정기준에 대한 열람신청을 받은 때에는 행정기관이 당해 행정조사업무를 수행할 수 없을 정도로 조사활동에 지장을 초래하는 경우와 내부고발자 등 제3자에 대한 보호가 필요한 경우를 제외하고 신청인이 조사대상 선정기준을 열람할 수 있도록 하여야 한다.

① ㉠, ㉡
② ㉠, ㉢
③ ㉢, ㉣
④ ㉡, ㉣

10

「개인정보 보호법」상 개인정보 단체소송에 대한 설명으로 옳지 않은 것은?

① 단체소송의 원고는 변호사를 소송대리인으로 선임하여야 한다.
② 단체소송에 관하여 개인정보 보호법에 특별한 규정이 없는 경우에는 민사소송법을 적용한다.
③ 개인정보 보호법상 요건을 갖춘 소비자단체는 개인정보처리자가 집단분쟁조정을 거부하거나 집단분쟁조정의 결과를 수락하지 아니한 경우에는 법원에 권리침해 행위의 손해배상·금지·중지를 구하는 소송을 제기할 수 있다.
④ 단체소송의 절차에 관하여 필요한 사항은 대법원규칙으로 정한다.

11

다음 판례 입장으로 옳지 않은 것은?

① 묘지공원과 화장장의 후보지를 선정하는 과정에서 추모공원건립추진협의회가 후보지 주민들의 의견을 청취하기 위하여 그 명의로 개최한 공청회는 행정절차법에서 정한 절차를 준수하여야 하는 것은 아니다.
② 퇴직연금의 환수결정에 앞서 당사자에게 의견진술의 기회를 주지 아니하여도 행정절차법 제22조 제3항이나 신의칙에 어긋나지 아니한다.
③ 기소유예 처분에 대한 진정이 지청에서 공람종결된 경우, 이는 행정절차법 소정의 사전통지의 예외사유에 해당하지 아니한다.
④ 행정청이 당사자와의 사이에 도시계획사업의 시행과 관련된 협약을 체결하면서 관계 법령 및 행정절차법에 규정된 청문의 실시 등 의견청취절차를 배제하는 조항을 둔 경우, 청문의 실시에 관한 규정의 적용이 배제되거나 청문을 실시하지 않아도 되는 예외적인 경우에 해당한다.

12

「국가배상법」에 대한 설명으로 옳은 것은? (다툼이 있는 경우 판례에 의함)

① 공무원에 대한 전보인사가 법령이 정한 기준과 원칙에 위배되거나 인사권을 다소 부적절하게 행사한 것으로 볼 여지가 있더라도, 그 사유만으로 당연히 해당 전보인사가 불법행위를 구성한다고 볼 수는 없다.
② 국가배상법이 정하는 손해배상청구의 요건인 '공무원의 직무'란 국가나 지방자치단체의 권력적 작용만을 의미하고, 행정지도와 같은 비권력적 행정작용은 포함되지 않는다.
③ 식품의약품안전청장이 구 식품위생법상의 규제권한을 행사하지 않아서 미니컵 젤리가 수입·유통되어 이를 먹던 아동이 질식사 하였다면 국가는 이에 대한 손해배상책임을 부담해야 한다.
④ 헌법에 의하여 일반적으로 부과된 의무가 있음에도 불구하고 국회가 그 입법을 하지 않고 있다면 국가배상법상 배상책임이 인정된다.

13

행정심판에 대한 내용으로 옳지 않은 것은? (다툼이 있는 경우 판례에 의함)

① 대통령의 처분 또는 부작위에 대하여는 다른 법률에서 행정심판을 청구할 수 있도록 정한 경우 외에는 행정심판을 청구할 수 없다.
② 취소심판의 재결로서 처분취소재결, 처분변경재결, 처분변경명령재결을 할 수 있으며, 처분취소명령재결은 할 수 없다.
③ 재결이 확정된 경우 처분의 기초가 된 사실관계나 법률적 판단이 확정되고 당사자들이나 법원은 이에 모순되는 주장이나 판단을 할 수 없게 된다.
④ 행정심판위원회는 심판청구서를 받은 날로부터 60일 이내에 재결을 하여야 하는데, 부득이한 사정이 있는 경우에는 위원장이 직권으로 30일을 연장할 수 있다.

14

행정의 법 원칙과 관련하여 옳지 않은 것은? (다툼이 있는 경우 판례에 의함)

① 실권의 법리는 일반적으로 신뢰보호원칙의 적용영역의 하나로 설명되고 있으나, 판례는 신의성실원칙의 파생원칙으로 본다.
② 행정청은 권한 행사의 기회가 있음에도 불구하고 장기간 권한을 행사하지 아니하여 국민이 그 권한이 행사되지 아니할 것으로 믿을 만한 정당한 사유가 있는 경우에는 그 권한을 행사해서는 아니 된다. 다만, 공익 또는 제3자의 이익을 현저히 해칠 우려가 있는 경우는 예외로 한다.
③ 건축설계를 위임받은 건축사가 상세계획지침에 의한 건축한계선의 제한이 있다는 사실을 간과한 채 건축설계를 하고 이를 토대로 건축물의 신축 및 증축 허가를 받은 경우 신축허가에 대한 건축주의 신뢰는 보호되어야 한다.
④ 개인의 신뢰이익에 대한 보호가치는 법령에 따른 개인의 행위가 국가에 의하여 일정방향으로 유인된 신뢰의 행사인지 아니면 단지 법률이 부여한 기회를 활용한 것으로서 원칙적으로 사적 위험부담의 범위에 속하는 것인지 여부에 따라 달라진다.

15
행정소송에 관한 설명으로 옳지 않은 것은?

① 「교육공무원법」상 승진후보자 명부에 의한 승진심사 방식으로 행하여지는 승진임용에서 승진후보자 명부에 포함되어 있던 후보자를 승진임용인사발령에서 제외하는 행위는 항고소송의 대상이 되는 행정처분에 해당한다.
② 국립대학교 총장의 임용권한은 대통령에게 있으므로, 교육부장관이 대통령에게 임용제청을 하면서 대학에서 추천한 복수의 총장 후보자들 중 일부를 임용제청에서 제외한 행위는 처분에 해당하지 않는다.
③ 경찰공무원시험승진후보자명부에 등재된 자가 승진 임용되기 전에 감봉 이상의 징계처분을 받은 경우, 임용권자가 당해인을 시험승진후보자명부에서 삭제한 행위는 행정처분에 해당하지 않는다.
④ 상표권의 말소등록이 이루어져도 법령에 따라 회복등록이 가능하고 회복신청이 거부된 경우에는 그에 대한 항고소송이 가능하므로 상표권의 말소등록행위 자체는 항고소송의 대상이 될 수 없다.

16
행정행위의 부관에 대한 설명으로 옳지 않은 것은? (다툼이 있는 경우 판례에 의함)

① 공유수면매립준공인가처분을 하면서 매립지 일부에 대하여 한 국가 및 지방자치단체에의 귀속처분은 공유수면매립법 제14조의 효과 일부를 배제하는 부관을 붙인 것이므로 이러한 행정행위의 부관에 대하여는 독립하여 행정소송의 대상으로 삼을 수 없다.
② 행정처분에 부담인 부관을 붙인 경우, 부관이 무효라면 부담의 이행으로 이루어진 사법상 매매행위도 당연히 무효가 된다.
③ 부담이 처분 당시 법령을 기준으로 적법하다면 처분 후 부담의 전제가 된 주된 행정처분의 근거 법령이 개정됨으로써 행정청이 더 이상 부관을 붙일 수 없게 되었다 하더라도 곧바로 위법하게 되거나 그 효력이 소멸하게 되는 것은 아니다.
④ 법정부관에 대하여는 행정행위에 부관을 붙일 수 있는 한계에 관한 일반적인 원칙이 적용되지 아니한다.

17
「질서위반행위규제법」의 내용에 대한 설명으로 옳은 것은?

① 지방자치단체의 조례상의 의무를 위반하여 과태료를 부과하는 행위는 질서위반행위에 해당되지 않는다.
② 법원의 과태료 재판이 확정된 후 법률이 변경되어 그 행위가 질서위반행위에 해당하지 아니하게 된 때에는 변경된 법률에 특별한 규정이 없는 한 과태료의 집행을 면제한다.
③ 과태료는 행정청의 과태료 부과처분이 있은 후 3년간 징수하지 아니하면 시효로 인하여 소멸한다.
④ 행정청의 과태료 부과에 대한 이의제기는 과태료 부과처분의 효력에 영향을 주지 아니한다.

18
다음 판례의 설명으로 옳지 않은 것은?

① 폐기물처리업의 허가를 받기 위하여는 먼저 사업계획서를 제출하여 허가권자로부터 사업계획에 대한 적정통보를 받아야 하는데, 부적정통보는 허가신청 자체를 제한하는 등 개인의 권리 내지 법률상의 이익을 개별적이고 구체적으로 규제하고 있어 행정처분에 해당한다.
② 구 원자력법 제11조 제3항에 따른 원자로 및 관계 시설의 부지사전승인처분은 나중에 건설허가처분이 있게 되면 부지사전승인처분의 취소를 구하는 소는 소의 이익을 잃게 된다.
③ 어업권면허에 선행하는 우선순위결정은 강학상 확약에 불과하고 행정처분은 아니므로, 우선순위결정에 공정력이나 불가쟁력과 같은 효력은 인정되지 않는다.
④ 방산물자 지정취소는 당해 방산물자에 대하여 방산업체로 지정되어 이를 생산하는 자의 권리·의무에 직접 영향을 미치는 행위라고 할 수 없어 항고소송의 대상이 되는 행정처분에 해당하지 아니한다.

19

다음 설명으로 옳지 않은 것은? (다툼이 있는 경우 판례에 의함)

① 과징금 부과처분의 경우 원칙적으로 위반자의 고의·과실을 요하지 아니하나, 위반자의 의무 해태를 탓할 수 없는 정당한 사유가 있는 등의 특별한 사정이 있는 경우에는 이를 부과할 수 없다.
② 법령에 과징금의 임의적 감경사유가 있음에도 이를 전혀 고려하지 않았다면 그 과징금 부과처분은 재량권을 일탈·남용한 위법한 처분이지만, 감경사유에 해당하지 않는다고 오인하여 과징금을 감경하지 않은 것에 불과한 경우에는 그러하지 아니하다.
③ 과징금 부과처분이 법이 정한 한도액을 초과하여 위법할 경우 법원으로서는 그 전부를 취소할 수밖에 없고, 그 한도액을 초과한 부분이나 법원이 적정하다고 인정되는 부분을 초과한 부분만을 취소할 수 없다.
④ 행정청이 과징금 부과처분을 한 후 부과처분의 하자를 이유로 감액처분을 한 경우, 감액처분에 의하여 감액된 부분에 대한 부과처분 취소청구는 이미 소멸하고 없는 부분에 대한 것으로서 소의 이익이 없어 부적법하다.

20

다음 설명 중 옳은 것은? (다툼이 있는 경우 판례에 의함)

① 거부에 대한 의무이행심판에는 청구기간의 제한과 사정재결, 집행정지 규정이 적용되지 않는다.
② 재결의 형성력은 행정심판위원회가 직접 처분의 취소·변경 등을 하지 않은 처분의 변경명령재결 또는 의무이행명령재결의 경우에 발생한다.
③ 지방자치단체 상호 간의 권한쟁의는 행정법원의 관할에 속한다.
④ 거부처분이 재결에서 취소된 경우 재결에 따른 후속처분이 아니라 그 재결의 취소를 구하는 것은 실효적이고 직접적인 권리구제수단이 될 수 없어 분쟁해결의 유효 적절한 수단이라고 할 수 없으므로 법률상 이익이 없다.

21

「행정조사기본법」상의 행정조사에 관한 설명으로 옳지 않은 것은?

① 행정기관은 유사하거나 동일한 사안에 대하여는 공동조사 등을 실시함으로써 행정조사가 중복되지 아니하도록 하여야 한다.
② 조사원이 조사목적의 달성을 위하여 시료채취를 하는 경우에는 그 시료의 소유자 및 관리자의 정상적인 경제활동을 방해하지 아니하는 범위 안에서 최소한도로 하여야 한다.
③ 조사원이 현장조사 중에 자료·서류·물건 등을 영치하는 경우에 조사대상자의 생활이나 영업이 사실상 불가능하게 될 우려가 있는 때에는 조사원은 증거인멸의 우려가 있는 경우가 아니라면 사진촬영 등의 방법으로 영치에 갈음하여야 한다.
④ 행정조사는 그 실효성 확보를 위해 정기조사를 원칙으로 한다.

22

행정의 실효성 확보수단에 대한 설명으로 옳지 않은 것은? (다툼이 있는 경우 판례에 의함)

① 병무청 인터넷 홈페이지에 공개 대상자의 인적사항 등이 게시되는 경우 그의 명예가 훼손되므로, 공개 대상자는 자신에 대한 공개결정이 병역법령에서 정한 요건과 절차를 준수한 것인지를 다툴 법률상 이익이 있다.
② 이행강제금은 대체적 작위의무의 위반에 대하여도 부과될 수 있다.
③ 공매에 있어서 공매재산에 대한 감정평가나 매각예정가격이 잘못되어 공매재산이 부당하게 저렴한 가격으로 공매된 경우 그 공매처분은 당연무효가 된다.
④ 사용자가 이행하여야 할 행정법상 의무의 내용을 초과하는 것을 '불이행 내용'으로 기재한 이행강제금 부과 예고서에 의하여 이행강제금 부과 예고를 한 다음 이를 이행하지 않았다는 이유로 이행강제금을 부과하였다면, 초과한 정도가 근소하다는 등의 특별한 사정이 없는 한 이행강제금 부과처분은 위법하다.

23

행정상의 법률관계와 소송형태 등에 관한 설명으로 옳지 않은 것은? (다툼이 있는 경우 판례에 의함)

① 도시 및 주거환경정비법상의 주택재건축정비사업 조합을 상대로 관리처분계획안에 대한 조합 총회결의의 무효확인을 구하는 소는 공법관계이므로 당사자소송을 제기하여야 한다.

② 국가를 당사자로 하는 계약에 관한 법률에 따라 국가가 당사자로 되는 입찰방식에 의한 사인과 체결하는 이른바 공공계약은 국가가 사경제의 주체로서 상대방과 대등한 위치에서 체결하는 사법상의 계약이다.

③ 국유재산법에 따른 국유재산의 무단점유자에 대한 변상금 부과·징수권은 민사상 부당이득반환청구권과 법적 성질을 달리하므로, 국가는 무단점유자를 상대로 변상금 부과·징수권의 행사와 별개로 국유재산의 소유자로서 민사상 부당이득반환청구의 소를 제기할 수 있다.

④ 초·중등교육법상 사립중학교에 대한 중학교 의무교육의 위탁관계는 사법관계에 속한다.

24

행정상 손실보상에 관한 설명으로 옳지 않은 것은? (다툼이 있는 경우 판례에 의함)

① 잔여지수용청구의 의사표시는 관할 토지수용위원회에 하여야 하므로, 원칙적으로 사업시행자에게 한 잔여지매수청구의 의사표시를 관할 토지수용위원회에 한 잔여지수용청구의 의사표시로 볼 수 없다.

② 잔여지 수용 청구가 있으면 그 잔여지에 있는 물건에 대한 권리를 가진 자는 관할 토지수용위원회에 그 권리의 존속을 주장할 수 없게 된다.

③ 잔여지에 현실적 이용상황 변경 또는 사용가치 및 교환가치의 하락 등이 발생하였더라도 그 손실이 토지가 공익사업에 취득·사용됨으로써 발생한 것이 아닌 경우에는 손실보상의 대상이 되지 않는다.

④ 공익사업을 위한 토지 등의 취득 및 보상에 관한 법률상 행정청이 아닌 사업시행자가 이주대책을 수립·실시하는 경우에 이주정착지에 대한 도로 등 통상적인 생활기본시설에 필요한 비용은 사업시행자가 부담한다.

25

국가배상에 관한 판례의 입장으로 옳지 않은 것은?

① 공무원의 직무상 불법행위로 손해를 입은 피해자의 국가배상청구권의 소멸시효기간이 지났으나 국가가 소멸시효완성을 주장하는 것이 권리남용으로 허용될 수 없어 배상책임을 이행한 경우에는, 소멸시효완성 주장이 권리남용에 해당하게 된 원인행위와 관련하여 공무원이 원인이 되는 행위를 적극적으로 주도한 경우에도, 국가가 공무원에게 구상권을 행사하는 것은 신의칙상 허용되지 않는다.

② 수익적 행정처분인 허가 등을 신청한 사안에서 공무원이 신청인의 목적 달성에 필요한 안내나 배려 등을 하지 않았다는 사정만으로 직무집행에 있어 위법한 행위를 한 것이라고 보아서는 아니 된다.

③ 재판에 대하여 불복절차 내지 시정절차 자체가 없는 경우에 부당한 재판으로 인하여 불이익 내지 손해를 입은 자는 국가배상을 청구할 수 있다.

④ 인사업무담당 공무원이 다른 공무원의 공무원증 등을 위조한 행위에 대하여 실질적으로는 직무행위에 속하지 아니한다 할지라도 외관상으로 국가배상법 제2조 제1항의 직무집행 관련성이 인정된다.

제8회 전범위 모의고사

01

다음 중 개인적 공권에 관한 설명 중 옳지 않은 것은? (다툼이 있는 경우 판례에 의함)

① 인간다운 생활을 할 권리로부터는 인간의 존엄에 상응하는 생활에 필요한 "최소한의 물질적인 생활"의 유지에 필요한 급부를 요구할 수 있는 구체적인 권리가 상황에 따라서는 직접 도출될 수 있다고 할 수는 있다.

② 헌법상의 모든 기본권은 행정상 법률관계에 있어 개인적 공권이 된다.

③ 헌법 제32조 제1항이 규정하는 근로의 권리는 사회적 기본권으로서 국가에 대하여 직접 일자리를 청구하거나 일자리에 갈음하는 생계비의 지급청구권을 의미하는 것이 아니라 고용증진을 위한 사회적·경제적 정책을 요구할 수 있는 권리에 그치며, 근로의 권리로부터 국가에 대한 직접적인 직장존속청구권이 도출되는 것도 아니다.

④ 납골당 설치장소에서 500m 내에 20호 이상의 인가가 밀집한 지역에 거주하는 주민들에게는 납골당이 누구에 의하여 설치되는지를 따질 필요 없이 납골당 설치에 대하여 환경이익 침해 또는 침해 우려가 있는 것으로 사실상 추정되어 원고적격이 인정된다.

02

다음 판례의 내용으로 옳지 않은 것은?

① 임용 당시 공무원임용 결격사유가 있었다면 비록 국가의 과실에 의하여 임용결격자임을 밝혀내지 못하였다 하더라도 그 임용행위는 당연무효로 보아야 한다.

② 공립교육기관의 장에 의하여 공립유치원의 임용기간을 정한 전임강사로 임용된 유치원 교사의 자격이 있는 자는 임시직 공무원으로 그에 대한 해임처분의 시정 및 수령 지체된 보수의 지급을 구하는 소송은 민사소송의 대상이지 행정소송의 대상이 아니다.

③ 국가가 임용결격사유가 있는 자에 대하여 당초의 임용처분을 취소함에 있어서는 신의칙 내지 신뢰보호의 원칙을 적용할 수 없고, 그러한 의미의 취소권은 시효로 소멸되는 것도 아니다.

④ 임용결격자가 공무원으로 임용되어 사실상 근무하여 왔다고 하더라도 피임용자는 퇴직급여청구권을 행사할 수 없다.

03

「공공기관의 정보공개에 관한 법률」에 따른 정보공개에 대한 설명으로 옳지 않은 것을 모두 고른 것은? (다툼이 있는 경우 판례에 의함)

> ㉠ 공개청구된 정보가 인터넷을 통하여 공개되어 인터넷 검색을 통하여 쉽게 알 수 있다는 사정만으로 비공개결정이 정당화될 수는 없다.
> ㉡ 국회의원 갑 등이 '각급학교 교원의 교원단체 및 교원노조 가입현황 실명자료'를 인터넷을 통하여 공개한 행위는 위법한 행위로 평가할 수 없다.
> ㉢ 직무를 수행한 공무원의 성명·직위는 비공개 대상 정보이다.
> ㉣ 공공기관의 정보공개에 관한 법률상 공개청구의 대상이 되는 정보란 공공기관이 직무상 작성 또는 취득하여 현재 보유·관리하고 있는 문서에 한정되고, 그 문서는 반드시 원본이어야 한다.

① ㉠, ㉡
② ㉠, ㉢
③ ㉡, ㉢, ㉣
④ ㉣

04

개인적 공권과 원고적격에 관한 판례의 내용으로 옳지 않은 것은? (다툼이 있는 경우 판례에 의함)

① 국가기관인 시·도 선거관리위원회 위원장은 국민권익위원회가 그에게 소속 직원에 대한 중징계요구를 취소하라는 등의 조치요구를 한 것에 대해서 취소소송을 제기할 원고적격을 가진다고 볼 수 없다.
② 지방자치단체장이 잠정적으로 내린 공사중지명령 원인사유가 해소된 경우에는 해당 명령의 상대방은 당해 공사중지명령의 해제를 요구할 수 있는 권리를 갖는다.
③ 자연물인 도롱뇽 또는 그를 포함한 자연 그 자체로서는 소송을 수행할 당사자능력을 인정할 수 없다.
④ 제주특별자치도지사가 절대보존지역을 변경(축소)하고 고시한 경우, 절대보존지역의 유지로 주민들이 가지는 주거 및 생활환경상 이익은 반사적 이익이므로 지역주민회 등은 위 처분을 다툴 원고적격이 없다.

05

다음 설명으로 옳지 않은 것은? (다툼이 있는 경우 판례에 의함)

① 보조금 교부결정 취소처분에 대하여 법원이 효력정지결정을 하면서 주문에서 그 법원에 계속 중인 본안소송의 판결 선고시까지 처분의 효력을 정지한다고 선언하였을 경우, 본안소송의 판결 선고에 의하여 정지결정의 효력은 소멸하고 이와 동시에 당초의 보조금 교부결정 취소처분의 효력이 당연히 되살아난다.
② 수도권매립지관리공사가 한 입찰참가자격을 제한처분은 행정소송의 대상이 되는 행정처분이 아니므로 효력정지신청은 부적법하다.
③ 집행정지의 결정에 대한 즉시항고에는 결정의 집행을 정지하는 효력이 있다.
④ 거부처분의 효력정지는 그 거부처분으로 인하여 신청인에게 생길 손해를 방지하는 데 아무런 보탬이 되지 아니하여 그 효력정지를 구할 이익이 없다.

06

「행정기본법」에 의할 때 명시적으로 사후에 부관을 변경할 수 있는 경우가 아닌 것은?

① 법률에 근거가 있는 경우
② 변경이 미리 유보되어 있는 경우
③ 당사자의 동의가 있는 경우
④ 사정이 변경되어 부관을 새로 붙이거나 종전의 부관을 변경하지 아니하면 해당 처분의 목적을 달성할 수 없다고 인정되는 경우

07

행정입법에 관한 설명 중 옳지 않은 것은? (다툼이 있는 경우 판례에 의함)

① 법률이 세부적인 사항을 대통령령으로 정하도록 위임하였으나 대통령령이 아직 제정되지 않은 경우 이러한 행정입법부작위는 행정소송의 대상이 되지 않으므로 헌법소원심판의 대상이 된다.
② 구 석유 및 석유대체연료의 수입·판매부과금의 징수, 징수유예 및 환급에 관한 고시(산업자원부고시)와 구 소요량의 산정 및 관리와 심사(관세청고시)의 각 규정들은 법령보충규칙으로 대외적 효력을 가진다.
③ 한국수력원자력 주식회사가 조달하는 기자재, 용역 및 정비공사, 기기수리의 공급자에 대한 관리업무 절차를 규정함을 목적으로 제정·운용하고 있는 '공급자관리지침' 중 등록취소 및 그에 따른 일정 기간의 거래제한조치에 관한 규정들은 공공기관으로서 행정청에 해당하는 한국수력원자력 주식회사가 상위법령의 구체적 위임 없이 정한 것이어서 대외적 구속력이 없는 행정규칙이다.
④ 국립묘지안장대상심의위원회 운영규정은 국가보훈처장이 심의위원회의 운영에 관하여 구 국립묘지의 설치 및 운영에 관한 법률 및 시행령에서 위임된 사항과 그 시행에 필요한 사항을 규정한 법령보충규칙이다.

08

다음 설명으로 옳지 않은 것은? (다툼이 있는 경우 판례에 의함)

① 비관리청의 항만시설 무상사용기간의 산정 기준이 되는 총사업비를 관리청이 적법한 기준에 미달하게 산정하여 통보한 경우, 그 산정통보는 항고소송의 대상인 처분이다.
② 건축물대장을 직권말소한 행위는 국민의 권리관계에 영향을 미치는 것으로서 항고소송의 대상이 되는 행정처분에 해당한다.
③ 국민연금법상 장애연금 지급을 위한 장애등급결정을 하는 경우에는 원칙상 장애연금지급을 결정할 당시가 아니라 장애연금지급청구권을 취득할 당시의 법령을 적용한다.
④ 과세관청의 사업자등록 직권말소행위는 폐업사실의 기재일 뿐 그에 의하여 사업자로서의 지위에 변동을 가져오는 것이 아니라는 점에서 항고소송의 대상이 되는 행정처분으로 볼 수 없다.

09

행정행위의 하자에 관한 설명으로 옳지 않은 것은? (다툼이 있는 경우 판례에 의함)

① 행정청이 사전에 교통영향평가를 거치지 아니한 채 '건축허가 전까지 교통영향평가 심의필증을 교부받을 것'을 내용으로 하는 부관을 붙여서 한 실시계획변경 및 공사시행변경 인가처분은 중대하고 명백한 흠이 있다고 할 수 없으므로 이를 무효로 보기는 어렵다.
② 환경영향평가법령의 규정상 환경영향평가를 거쳐야 할 사업인 경우에, 환경영향평가를 거치지 아니하였음에도 불구하고 사업승인처분을 한 것은 중대하고 명백한 하자가 있어 당연무효이다.
③ 학교보건법의 규정에 의하면 학교환경위생정화구역 내에서 금지된 행위 및 시설의 해제 여부에 관한 행정처분 시 학교환경위생정화위원회의 심의를 거치도록 되어 있는바, 위 심의에 따른 의결은 행정처분에 실질적 영향을 미칠 수 있으므로 위 심의를 누락한 채 행해진 행정처분은 당연무효이다.
④ 과세전적부심사에 대한 결정이 있기 전이라도 과세처분을 할 수 있는 예외사유로 정하고 있다는 등의 특별한 사정이 없는 한, 과세예고 통지 후 과세전적부심사청구나 그에 대한 결정이 있기도 전에 과세처분을 하는 것은 절차상 하자가 중대하고 명백하여 무효이다.

10

개인정보 보호에 대한 설명으로 옳지 않은 것은?

① 분쟁조정위원회는 분쟁조정 신청을 받은 날부터 60일 이내에 이를 심사하여 조정안을 작성하여야 한다. 다만, 부득이한 사정이 있는 경우에는 분쟁조정위원회의 의결로 처리기간을 연장할 수 있다.
② 분쟁조정위원회는 분쟁조정 신청을 받았을 때에는 당사자에게 그 내용을 제시하고 조정 전 합의를 권고할 수 있다.
③ 당사자가 조정내용을 수락한 경우 분쟁조정위원회는 조정서를 작성하고, 분쟁조정위원회의 위원장과 각 당사자가 기명날인하여야 하며 이러한 경우 조정의 내용은 재판상 화해와 동일한 효력을 갖는다.
④ 개인정보 분쟁조정위원회는 집단분쟁조정의 당사자인 다수의 정보주체 중 일부의 정보주체가 법원에 소를 제기한 경우에는 그 조정절차를 중지하지 아니하고, 이를 당사자에게 알려야 한다.

11

재량행위에 대한 판례의 입장으로 옳지 않은 것은?

① 국립교육대학 학생에 대한 징계처분이 교육적 재량행위라는 이유만으로 사법심사의 대상에서 당연히 제외되는 것은 아니다.
② 국토의 계획 및 이용에 관한 법률상 개발행위허가는 허가기준 및 금지요건이 불확정개념으로 규정된 부분이 많아 그 요건에 해당하는지 여부는 행정청의 재량판단의 영역에 속한다.
③ 수익적 행정처분의 하자가 당사자의 사실은폐나 기타 사위의 방법에 의한 신청행위에 기인한 것이라면, 그 자신이 처분에 관한 신뢰이익을 원용할 수 없음은 물론 행정청이 이를 고려하지 않았다 하여도 재량권의 남용이 되지 않고, 당사자의 사실은폐나 기타 사위의 방법에 의한 신청행위가 제3자를 통하여 소극적으로 이루어졌다고 하여 달리 볼 것이 아니다.
④ 난민인정 결정은 기속행위이므로 법무부장관은 난민인정 결정의 취소 여부를 결정할 재량이 없다.

12

다음 중 행정의 법 원칙에 관한 설명으로 옳지 않은 것은? (다툼이 있는 경우 판례에 의함)

① 처음 임용된 때부터 약 36년 동안 전혀 이의를 제기하지 않다가, 정년을 1년 3개월 앞두고 호적상 출생 연월일을 기준으로 정년의 연장을 요구하는 것은 신의성실의 원칙에 반한다.
② 행정절차법은 신뢰보호의 원칙은 물론 신의성실의 원칙에 관해 명시적으로 규정하고 있다.
③ 행정기본법은 부당결부금지의 원칙에 관하여 명시적으로 규정하고 있다.
④ '진실·화해를 위한 과거사정리위원회'가 피해자 등의 진실규명신청에 따라 진실규명신청 대상자를 희생자로 확인 또는 추정하는 진실규명결정을 하고 피해자 등이 그 결정에 기초하여 상당한 기간 내에 권리행사를 한 경우, 국가가 소멸시효 완성을 주장하는 것은 신의성실 원칙에 반하는 권리남용에 해당한다.

13

다음 중 행정청의 과태료 부과와 그 징수에 관한 설명으로 가장 옳지 않은 것은?

① 행정청이 질서위반행위에 대하여 과태료를 부과하고자 하는 때에는 미리 당사자에게 대통령령으로 정하는 사항을 통지하고, 10일 이상의 기간을 정하여 의견을 제출할 기회를 주어야 한다.
② 과태료를 부과받은 당사자는 신용카드 및 직불카드로도 과태료를 납부할 수 있다.
③ 과태료는 당사자가 과태료 부과처분에 대하여 이의를 제기하지 아니한 채 이의제기 기한이 종료한 후 사망한 경우에는 그 상속재산에 대하여 집행할 수 있다.
④ 행정청의 과태료 부과에 불복하는 당사자는 과태료 부과 통지를 받은 날부터 90일 이내에 해당 행정청에 서면으로 이의제기를 할 수 있다.

14

다음 재판관할에 관한 설명으로 가장 옳지 않은 것은? (다툼이 있는 경우 판례에 의함)

① 원고가 고의 또는 중대한 과실 없이 행정소송으로 제기하여야 할 사건을 민사소송으로 잘못 제기한 경우, 수소법원이 행정소송에 대한 관할을 가지고 있지 않다면 소를 각하하여야 한다.
② 토지의 수용 기타 부동산 또는 특정의 장소에 관계되는 처분 등에 대한 취소소송은 그 부동산 또는 장소의 소재지를 관할하는 행정법원에 이를 제기할 수 있다.
③ 국가의 사무를 위임 또는 위탁받은 공공단체 또는 그 장에 대하여 취소소송을 제기하는 경우에는 대법원소재지를 관할하는 행정법원에 제기할 수 있다.
④ 손해배상청구와 같은 민사소송이 행정소송에 관련청구로 병합되기 위해서는 그 청구의 내용 또는 발생원인이 행정소송의 대상인 처분 등과 법률상 또는 사실상 공통되거나, 그 처분의 효력이나 존부유무가 선결문제로 되는 등의 관계에 있어야 함이 원칙이다.

15

다음 중 항고소송의 대상이 되는 '처분'에 대한 설명으로 가장 옳지 않은 것은? (다툼이 있는 경우 판례에 의함)

① 금강수계 중 상수원 수질보전을 위하여 필요한 지역의 토지 등의 소유자가 국가에 그 토지 등을 매도하기 위하여 매수신청을 하였으나 유역환경청장이 이를 거절한 경우, 그 매수 거부행위는 행정처분에 해당하지 않는다.
② 건축주가 토지소유자로부터 토지사용승낙서를 받아 그 토지 위에 건축물을 건축하는 대물적 성질의 건축허가를 받았다가 착공에 앞서 건축주의 귀책사유로 해당 토지를 사용할 권리를 상실한 경우, 토지소유자는 건축허가의 철회를 신청할 수 있어 이와 같은 신청을 거부한 행위는 항고소송의 대상이 된다.
③ 중요무형문화재 보유자의 추가인정 여부는 행정청의 재량에 속하고, 특정 개인에게 자신을 보유자로 인정해 달라는 법규상 또는 조리상 신청권이 있다고 할 수 없어, 중요무형문화재인 경기민요 보유자 추가인정 신청에 대한 거부는 항고소송의 대상이 되지 않는다.
④ 업무상 재해를 당한 甲의 요양급여 신청에 대하여 근로복지공단이 요양승인 처분을 하면서 사업주를 乙 주식회사로 보아 요양승인 사실을 통지하자, 乙 회사가 甲이 자신의 근로자가 아니라고 주장하면서 사업주 변경신청을 하였으나 근로복지공단이 거부 통지를 한 경우, 근로복지공단의 거부통지는 항고소송의 대상이 되는 행정처분이 되지 않는다.

16

행정입법에 대한 판례의 입장으로 옳은 것은?

① 조례에 대한 법률의 위임은 법규명령에 대한 법률의 위임과 같이 반드시 구체적으로 범위를 정하여 하여야 한다.
② 대법원은 군법무관의 보수의 구체적 내용을 시행령에 위임했음에도 불구하고 행정부가 시행령을 제정하지 않은 것이 불법행위에 해당한다고 하였다.
③ 법령의 위임관계는 반드시 하위 법령의 개별조항에서 위임의 근거가 되는 상위 법령의 해당 조항을 구체적으로 명시하고 있어야 한다.
④ 죄형법정주의의 원칙상 위임입법에 관한 헌법 제75조는 처벌법규에는 적용되지 아니한다.

17

「행정기본법」에 대한 설명으로 옳지 않은 것은?

① 행정청은 재량이 있는 경우에는 법률로 정하는 바에 따라 완전히 자동화된 시스템(인공지능 기술을 적용한 시스템을 포함한다)으로 처분을 할 수 있다.
② 행정청은 재량이 있는 처분을 할 때에는 관련 이익을 정당하게 형량하여야 하며, 그 재량권의 범위를 넘어서는 아니 된다.
③ 제재처분의 근거가 되는 법률에는 제재처분의 주체, 사유, 유형 및 상한을 명확하게 규정하여야 한다. 이 경우 제재처분의 유형 및 상한을 정할 때에는 해당 위반행위의 특수성 및 유사한 위반행위와의 형평성 등을 종합적으로 고려하여야 한다.
④ 행정청은 법령등에 따른 의무를 위반한 자에 대하여 법률로 정하는 바에 따라 그 위반행위에 대한 제재로서 과징금을 부과할 수 있다.

18

행정행위의 부관에 대한 판례의 입장으로 옳지 않은 것은?

① 행정청이 수익적 행정처분을 하면서 부가한 부담이 처분 당시 법령을 기준으로 적법하더라도 처분 후 부담의 전제가 된 주된 행정처분의 근거 법령이 개정됨으로써 행정청이 더 이상 부관을 붙일 수 없게 되었다면 이러한 부담은 근거 법령 개정시부터 곧바로 위법하게 되거나 그 효력이 소멸한다.
② 공유재산에 대하여 40년간 사용허가기간을 신청한 것에 대해 행정청이 20년간 사용허가한 경우에 허가기간에 대해서 독립하여 행정소송을 제기할 수 없다.
③ 기부채납의 부관이 당연무효이거나 취소되지 않은 이상 토지소유자는 위 부관으로 인하여 증여계약의 중요부분에 착오가 있음을 이유로 증여계약을 취소할 수 없다.
④ 행정처분에 부가한 부담이 무효인 경우에도 그 부담의 이행으로 한 사법상 법률행위가 당연히 무효가 되는 것은 아니며 행정처분에 부가한 부담이 제소기간의 도과로 불가쟁력이 생긴 경우에도 그 부담의 이행으로 한 사법상 법률행위의 효력을 다툴 수 있다.

19

취소소송에 있어서 협의의 소익에 관한 설명으로 옳지 않은 것은? (다툼이 있는 경우 판례에 의함)

① 갑이 자신 명의로 이전등록된 자동차의 등록을 직권말소한 처분에 대한 취소소송 계속 중에 위 자동차에 관하여 종전과 다른 번호로 을과 공동소유로 다시 신규등록이 된 경우 위 직권말소 처분의 취소를 구할 소의 이익이 있다.
② 행정청이 영업허가신청 반려처분의 취소를 구하는 소의 계속 중 사정변경을 이유로 위 반려처분을 직권취소함과 동시에 위 신청을 재반려하는 내용의 재처분을 한 경우라도 당초의 반려처분의 취소를 구할 이익이 있다.
③ 제재적 행정처분의 효력이 소멸한 경우에도 행정규칙에 의해 당해 처분의 존재가 가중처분의 전제가 되는 경우 처분의 취소를 구할 이익이 있다.
④ 고등학교졸업이 대학입학자격이나 학력인정으로서의 의미밖에 없다고 할 수 없으므로 고등학교졸업학력검정고시에 합격하였다 하여 고등학교 학생으로서의 신분과 명예가 회복될 수 없는 것이니 퇴학처분을 받은 자로서는 퇴학처분의 위법을 주장하여 그 취소를 구할 소송상의 이익이 있다.

20

정보공개제도에 관한 설명으로 옳지 않은 것은? (다툼이 있는 경우 판례에 의함)

① 정보공개청구권은 법률상 보호되는 구체적인 권리이므로 청구인이 공공기관에 대하여 정보공개를 청구하였다가 거부처분을 받은 것 자체가 법률상 이익의 침해에 해당한다.
② 제3자의 비공개요청이 있다는 사유만으로 정보공개법상 정보의 비공개사유에 해당한다고 볼 수 없다.
③ 정보공개거부처분사유인 공공기관의 정보공개에 관한 법률 제9조 제1항 제4호 및 제6호의 사유는 같은 항 제5호의 사유와 기본적 사실관계의 동일성이 없다.
④ 공공기관의 정보공개에 관한 법률상 공개청구의 대상이 되는 정보란 공공기관이 직무상 작성 또는 취득하여 현재 보유·관리하고 있는 문서에 한정되는 것은 아니다.

21

행정절차법에 관한 설명으로 옳지 않은 것은? (다툼이 있는 경우 판례에 의함)

① 처분의 전제가 되는 '일부' 사실만 증명된 경우이거나 의견청취에 따라 행정청의 처분 여부나 처분 수위가 달라질 수 있는 경우라면 의견청취가 불필요하다고 인정되는 예외사유에 해당하지 않는다.
② 처분상대방이 이미 행정청에 위반사실을 시인하였다는 사정은 사전통지의 예외가 적용되는 '의견청취가 현저히 곤란하거나 명백히 불필요하다고 인정될 만한 상당한 이유가 있는 경우'에 해당한다.
③ 영유아보육법상 보조금 반환명령 당시 사전통지 및 의견제출의 기회가 부여되었다 하더라도 그 사정만으로 평가인증취소처분이 사전통지 등을 하지 아니하여도 되는 예외사유에 해당한다고도 볼 수 없다.
④ 대통령에 의한 한국방송공사 사장의 해임에는 행정절차법이 적용된다.

22

판례의 입장으로 옳지 않은 것은?

① 대학교 총학생회는 교육부장관의 해당 대학교 학교법인의 임시이사선임처분의 취소를 구할 원고적격이 있다.
② 부동산 실권리자명의 등기에 관한 법률 제5조에 의하여 부과된 과징금 채무는 대체적 급부가 가능한 의무이므로 과징금을 부과받은 자가 사망한 경우 그 상속인에게 포괄승계된다.
③ 신축건물의 준공처분을 하여서는 안 된다는 내용의 부작위 청구소송은 허용되지 않는다.
④ 국민건강보험공단에 의한 '직장가입자 자격상실 및 자격 변동 안내' 통보 및 '사업장 직권탈퇴에 따른 가입자 자격 상실 안내' 통보는 가입자 자격이 변동되는 효력을 가져오므로 항고소송의 대상이 되는 처분에 해당한다.

23

행정구제제도에 대한 판례의 입장으로 옳지 않은 것은?

① 조세심판에서의 재결청의 재조사결정에 따른 행정소송의 제소기간은 이의신청인 등이 후속 처분의 통지를 받은 날부터 기산된다.
② 행정소송의 결과에 따라 권리 또는 이익의 침해 우려가 있는 제3자는 당해 행정소송에 참가할 수 있으며, 이 때 참가인인 제3자는 실제로 소송에 참가하여 소송행위를 하였는지 여부를 불문하고 판결의 효력을 받는다.
③ 행정소송의 제기요건은 법원의 직권조사사항이므로 행정소송에 있어서 처분청의 처분권한 유무는 직권조사사항이다.
④ 청구취지를 변경하여 종전의 소가 취하되고 새로운 소가 제기된 것으로 변경되었다면 새로운 소에 대한 제소기간 준수 여부는 원칙적으로 소의 변경이 있은 때를 기준으로 한다.

24

위헌법령에 근거한 행정처분의 효력에 대한 대법원 판례의 입장으로 옳지 않은 것은?

① 취소소송의 제소기간을 경과하여 확정력이 발생한 행정처분에는 위헌결정의 소급효가 미치지 않는다.
② 근거법률의 위헌결정 이전에 이미 부담금 부과처분과 압류처분 및 이에 기한 압류등기가 이루어지고 각 처분이 확정된 경우에는 기존의 압류등기나 교부청구로도 다른 사람에 의하여 개시된 경매절차에서 배당을 받을 수 있다.
③ 헌법재판소의 위헌결정의 효력은 위헌제청을 한 당해 사건은 물론 위헌제청신청은 아니하였지만 당해 법률 또는 법률의 조항이 재판의 전제가 되어 법원에 계속 중인 사건에도 미친다.
④ 압류 후 부과처분의 근거법률이 위헌으로 결정된 경우에 압류처분은 취소사유가 있는 것이므로 압류를 해제하여야 할 것이다.

25

손실보상에 대한 다음 설명 중 옳지 않은 것은? (다툼이 있을 경우 판례에 의함)

① 지장물인 건물은 통상 적법한 건축허가를 받았는지 여부에 관계없이 손실보상의 대상이 되나, 주거용 건물이 아닌 위법건축물의 경우에는 그 위법의 정도가 관계법령의 규정이나 사회통념상 용인할 수 없을 정도로 크고 객관적으로도 합법화될 가능성이 거의 없어 거래의 객체도 되지 아니하는 경우에는 예외적으로 수용보상 대상이 되지 아니한다.
② 손실보상금에 관한 당사자 간의 합의가 성립하면, 그 합의내용이 토지보상법에서 정하는 손실보상 기준에 맞지 않는다고 하더라도 합의가 적법하게 취소되는 등의 특별한 사정이 없는 한 추가로 토지보상법상 기준에 따른 손실보상금 청구를 할 수 없다.
③ 하나의 수용재결에서 여러가지의 토지, 물건, 권리 또는 영업의 손실의 보상에 관하여 심리·판단이 이루어졌을 때, 피보상자는 재결 전부에 관하여 불복하여야 하고 여러 보상항목들 중 일부에 관해서만 개별적으로 불복할 수는 없다.
④ 적법하게 시행된 공익사업으로 인하여 이주하게 된 주거용 건축물 세입자의 주거이전비보상청구권은 공법상의 권리이고, 따라서 그 보상을 둘러싼 쟁송은 공법상의 법률관계를 대상으로 하는 행정소송에 의하여야 한다.

믿고 듣는 즐거움

전효진
소방행정법

전범위 모의고사
+실전기출

01

「행정기본법」의 내용으로 옳지 않은 것은?

① 행정에 대한 기간의 계산에 관여하는 「민법」 또는 다른 법령등에 특별한 규정이 있는 경우를 제외하고는 「행정기본법」에 따른다.
② 당사자의 신청에 따른 처분은 법령 등에 특별한 규정이 있거나 처분 당시의 법령 등을 적용하기 곤란한 특별한 사정이 있는 경우를 제외하고는 처분 당시의 법령 등에 따른다.
③ 국가와 지방자치단체는 소속 공무원이 공공의 이익을 위하여 적극적으로 직무를 수행할 수 있도록 제반 여건을 조성하고, 이와 관련된 시책 및 조치를 추진하여야 한다.
④ 행정청은 공법상 계약의 상대방을 선정하고 계약 내용을 정할 때 공법상 계약의 공공성과 제3자의 이해관계를 고려하여야 한다.

02

신뢰보호의 원칙에 관한 설명으로 옳은 것은? (다툼이 있는 경우 판례에 의함)

① 「행정절차법」은 처분의 방식으로 문서주의를 표방하고 있으므로, 행정청의 공적 견해 또는 표명은 묵시적으로 표시되어서는 안 된다.
② 신뢰보호의 원칙은 공익 또는 제3자의 정당한 이익을 현저히 해칠 우려가 있는 경우에도 부정되어야 하는 것은 아니다.
③ 실권의 법리는 법의 일반원리인 신의성실의 원칙에 바탕을 둔 파생원칙이므로 권력관계에는 적용되지 않는다.
④ 병무청 담당부서의 담당공무원에게 공적 견해의 표명을 구하는 정식의 서면질의 등을 하지 아니한 채 총무과 민원팀장에 불과한 공무원이 민원봉사차원에서 상담에 응하여 안내한 것을 신뢰한 경우, 신뢰보호의 원칙이 적용되지 아니한다.

03

행정상 법률관계에 관한 설명으로 옳지 않은 것은? (다툼이 있는 경우 판례에 의함)

① 국가가 사경제의 주체로서 상대방과 대등한 지위에서 체결하는 계약의 본질적인 내용은 사인 간의 계약과 다를 바가 없으므로 사적 자치와 계약자유의 원칙을 비롯한 사법의 원리가 원칙적으로 적용된다.
② 국가가 수익자인 수요기관을 위하여 국민을 계약상대자로 하여 체결하는 요청조달계약에는 다른 법률에 특별한 규정이 없는 한 당연히 「국가를 당사자로 하는 계약에 관한 법률」이 적용된다.
③ 요청조달계약에 적용되는 「국가를 당사자로 하는 계약에 관한 법률」 조항은 국가가 사경제 주체로서 국민과 대등한 관계에 있음을 전제로 한 사법관계에 대한 규정뿐만 아니라, 고권적 지위에서 국민에게 침익적 효과를 발생시키는 행정처분에 대한 규정까지 적용된다.
④ 한국자산관리공사가 국유재산 중 일반재산에 관하여 그 처분을 위임받아 매도하는 것은 행정청이 공권력의 주체라는 우월적 지위에서 행하는 공법상의 행정처분이 아니라 사경제 주체로서 행하는 사법상의 법률행위에 해당하여 헌법소원심판의 대상이 되는 공권력의 행사에 해당하지 않는다.

04

신고에 관한 설명으로 옳지 않은 것은? (다툼이 있는 경우 판례에 의함)

① 법령 등에서 행정청에 일정한 사항을 통지함으로써 의무가 끝나는 신고를 규정하고 있는 경우, 신고가 법령 등에 규정된 형식상의 요건에 적합하면 신고서가 접수기관에 도달된 때에 신고 의무가 이행된 것으로 본다.
② 「행정절차법」에서는 수리를 요하는 신고를 규정하고 있고, 「행정기본법」에서는 수리를 요하지 않는 신고를 규정하고 있다.
③ 법령 등으로 정하는 바에 따라 행정청에 일정한 사항을 통지하여야 하는 신고로서 법률에 신고의 수리가 필요하다고 명시되어 있는 경우에는 행정청이 수리하여야 효력이 발생한다.
④ 「유통산업발전법」상 대규모점포의 개설 등록은 수리를 요하는 신고로서 행정처분에 해당한다.

05

행정행위에 관한 설명으로 옳지 않은 것은? (다툼이 있는 경우 판례에 의함)

① 친일반민족행위자재산조사위원회의 국가귀속결정은 당해 재산이 친일재산에 해당한다는 사실을 확인하는 이른바 준법률행위적 행정행위의 성격을 가진다.
② 사업자등록증에 대한 검열은 납세의무자임을 확인하는 준법률행위적 행정행위로서의 확인에 해당한다.
③ 지적공부 소관청의 지목변경신청 반려행위는 국민의 권리관계에 영향을 미치는 것으로서 항고소송의 대상이 되는 행정처분에 해당한다.
④ 인감증명행위는 출원자의 현재 사용하는 인감에 대하여 구체적인 사실을 증명하는 것일 뿐이므로 무효확인을 구할 법률상 이익이 없다.

06

재량행위에 관한 설명으로 옳지 않은 것은? (다툼이 있는 경우 판례에 의함)

① 행정청의 재량에 기한 공익판단의 여지를 감안하여 법원은 독자의 결론을 도출함이 없이 당해 행위에 재량권의 일탈·남용이 있는지 여부만을 심사한다.
② 행정청의 전문적인 정성적 평가 결과는 판단의 기초가 된 사실인정에 중대한 오류가 있거나 그 판단이 사회통념상 현저하게 타당성을 잃어 객관적으로 불합리하다는 등의 특별한 사정이 없는 한 법원이 당부를 심사하기에 적절하지 않으므로 가급적 존중되어야 한다.
③ 처분의 근거 법령이 행정청에 처분의 요건과 효과 판단에 일정한 재량을 부여하였으나, 행정청이 자신에게 재량권이 없다고 오인하여 처분으로 달성하려는 공익과 그로써 처분상대방이 입게 되는 불이익의 내용과 정도를 전혀 비교형량하지 않은 채 처분을 하였다고 하더라도, 그 자체로 재량권 일탈·남용으로 해당 처분을 취소하여야 할 위법사유가 되지는 않는다.
④ 구 「사행행위등 규제법」에 의한 허가의 경우 허가신청이 적극적 요건에 해당하는지 여부를 판단하는 것은 재량행위라 할 수 있겠으나 허가제한사유에 해당되는 경우에는 적극적 요건에 해당하는지 여부를 판단할 필요는 없다.

07

「도시 및 주거환경정비법」에 관한 설명으로 옳지 않은 것은? (다툼이 있는 경우 판례에 의함)

① 조합설립인가처분은 단순히 사인들의 조합설립행위에 대한 보충행위로서의 성질을 갖는 것에 그치지 않는다.
② 사업시행계획이 무효인 경우 그에 대한 인가처분이 있다고 하더라도 사업시행계획이 유효한 것으로 될 수 없다.
③ 관리처분계획에 대하여 인가·고시가 있는 경우에 총회결의의 하자를 이유로 그 효력 유무를 다투는 확인의 소를 제기하는 것은 특별한 사정이 없는 한 허용된다.
④ 조합원 지위를 상실한 토지 등 소유자는 주택재개발사업에 대한 사업시행계획에 당연무효의 하자가 있는 경우, 사업시행계획의 무효확인 또는 취소를 구할 법률상 이익이 있다.

08

행정행위의 효력에 관한 설명으로 옳지 않은 것은? (다툼이 있는 경우 판례에 의함)

① 이미 취소소송의 제기기간을 경과하여 확정력이 발생한 행정처분에는 그 근거가 되는 법률에 대한 위헌결정의 소급효가 미치지 않는다.
② 행정처분이 아무리 위법하다고 하여도 그 하자가 중대하고 명백하여 당연무효라고 보아야 할 사유가 있는 경우를 제외하고는 행정소송 등에 의하여 적법히 취소될 때까지는 아무도 그 하자를 이유로 그 효과를 부정하지 못한다.
③ 민사소송에 있어서 어느 행정처분의 당연무효 여부가 선결문제로 되는 때에는 이를 판단하여 당연무효임을 전제로 판결할 수 있다.
④ 불가쟁력이 발생한 부담금 부과처분의 근거 법률에 대한 위헌결정이 있으면, 후행 압류처분의 취소를 구하는 소송에서 재판의 내용과 효력에 대한 법률적 의미가 달라진다.

09

행정행위의 부관에 대한 설명으로 옳지 않은 것은? (다툼이 있는 경우 판례에 의함)

① 행정청은 처분에 재량이 없는 경우에는 법률에 근거가 있는 경우에 부관을 붙일 수 있다.
② 허가의 목적달성을 사실상 어렵게 하여 그 본질적 효력을 해하는 부관은 적법하지 않다.
③ 행정처분에 부과한 부담이 무효가 된 경우라도, 특별한 사정이 없는 한 부담의 이행으로 행한 사법상 매매 등의 법률행위 자체를 당연히 무효화하는 것은 아니다.
④ 부담의 전제가 된 주된 처분의 근거 법령이 개정됨으로써 행정청이 더 이상 부관을 붙일 수 없게 되었다면, 특별한 사정이 없는 한 그 부담의 효력은 소멸하게 된다.

10

행정처분의 취소와 철회에 관한 설명으로 옳지 않은 것은? (다툼이 있는 경우 판례에 의함)

① 행정청은 부당한 처분의 전부나 일부를 소급하여 취소할 수 있다.
② 행정청은 인허가 등을 취소하는 처분을 할 때는 원칙적으로 청문을 하여야 한다.
③ 행정청은 당사자에게 권리나 이익을 부여하는 처분을 취소하려는 경우, 당사자가 중대한 과실로 처분의 위법성을 알지 못하면 취소로 인하여 입게 될 불이익을 취소로 달성되는 공익과 비교·형량하여야 한다.
④ 행정청은 중대한 공익을 위하여 필요한 경우 적법한 처분의 전부 또는 일부를 장래를 향하여 철회할 수 있다.

11

행정입법에 관한 설명으로 옳지 않은 것은? (다툼이 있는 경우 판례에 의함)

① 일반적으로 법률의 위임에 의하여 효력을 갖는 법규명령의 경우, 구법에 위임의 근거가 없어 무효였더라도 사후에 법개정으로 위임의 근거가 부여되면 그때부터는 유효한 법규명령이 된다.
② 법령에서 행정처분의 요건 중 일부 사항을 부령으로 정할 것을 위임한 데 따라 시행규칙 등 부령에서 이를 정한 경우에 그 부령의 규정은 국민에 대해서도 구속력이 있는 법규명령에 해당한다.
③ 상급행정기관이 소속 공무원이나 하급행정기관에 대하여 세부적인 업무처리절차나 법령의 해석·적용 기준을 정해 주는 행정규칙은 상위법령에 반하지 않는다고 하더라도 상위법령의 구체적 위임이 있지 않는 한, 행정조직 내부적으로도 효력을 가지지 못하고 대외적으로도 국민이나 법원을 구속하는 효력이 없다.
④ 법령보충적 행정규칙은 물론이고, 재량권 행사의 준칙이 되는 행정규칙이 그 정한 바에 따라 되풀이 시행되어 행정관행이 이루어지고 행정의 자기구속원리에 따라 대외적 구속력을 가지는 경우에는 헌법소원의 대상이 될 수 있다.

12

행정상 사실행위에 관한 설명으로 옳지 않은 것은? (다툼이 있는 경우 판례에 의함)

① 권력적 사실행위가 행정처분의 준비단계로서 행하여지거나 행정처분과 결합된 경우에는 행정처분에 흡수·통합되어 불가분의 관계에 있다 할 것이므로 행정처분이 취소소송의 대상이 되지만, 처분과 분리하여 따로 권력적 사실행위를 다툴 실익이 있다.

② 비권력적 사실행위는 공권력의 행사에 해당하지 않지만, 행정청이 우월적 지위에서 일방적으로 강제하는 권력적 사실행위는 헌법소원의 대상이 되는 공권력의 행사에 해당한다.

③ 도지사가 도에서 설치·운영하는 지방의료원을 폐업하겠다는 결정을 발표하고 그에 따라 폐업을 위한 일련의 조치를 한 경우, 폐업결정은 공권력의 행사로서 행정처분에 해당한다.

④ 일반적으로 어떤 행위가 헌법소원의 대상이 되는 권력적 사실행위에 해당하는지 여부는 당해 행정주체와 상대방과의 관계, 그 사실행위에 대한 상대방의 의사·관여 정도·태도, 그 사실행위의 목적·경위, 법령에 의한 명령·강제 수단의 발동 가부 등 행위가 행하여질 당시의 구체적 사정을 종합적으로 고려하여 개별적으로 판단해야 한다.

13

행정계획에 관한 설명으로 옳지 않은 것은? (다툼이 있는 경우 판례에 의함)

① 구 도시계획법령에 따르면 도시계획의 입안에 있어 해당 도시계획안의 내용을 공고 및 공람하여야 하는데, 이러한 공고 및 공람 절차에 하자가 있으면 도시계획결정은 위법하다.

② 국토해양부, 환경부, 문화체육관광부, 농림수산식품부가 합동으로 2009. 6. 8. 발표한 '4대강 살리기 마스터플랜'은 행정기관 내부에서 사업의 기본방향을 제시하는 것일 뿐, 국민의 권리·의무에 직접 영향을 미치는 것은 아니라고 할 것이어서 행정처분에 해당하지 아니한다.

③ 재건축정비사업조합의 사업시행계획은 행정주체의 지위에서 수립한 구속적 행정계획으로서 인가·고시를 통해 확정되면 독립된 행정처분에 해당한다.

④ 구 「환경정책기본법」 제25조의2에 따라 사전환경성검토를 거쳐야 하는 행정계획이나 개발사업에 대하여 사전환경성검토를 거친 경우, 그 부실의 정도가 사전환경성검토 제도를 둔 입법 취지를 달성할 수 없을 정도가 아니더라도 그 부실로 인하여 행정계획은 위법하게 된다.

14

행정상 계약에 관한 설명으로 옳지 않은 것은? (다툼이 있는 경우 판례에 의함)

① 행정청은 법령 등을 위반하지 아니하는 범위에서 행정목적을 달성하기 위하여 필요한 경우에는 공법상 법률관계에 대한 계약을 체결할 수 있다.

② 국가가 당사자가 되는 이른바 공공계약은 사경제 주체로서 상대방과 대등한 위치에서 체결하는 사법상 계약이다.

③ 국가와 사인 사이에 계약이 체결되었다면 법령에 따라 작성해야 하는 계약서가 따로 작성되지 않았다고 하더라도 효력이 있다.

④ 「공공기관의 운영에 관한 법률」에 따른 입찰참가자격 제한 조치는 행정처분에 해당한다.

15

행정절차에 관한 설명으로 옳지 않은 것은? (다툼이 있는 경우 판례에 의함)

① 고시의 방법으로 불특정 다수인을 상대로 의무를 부과하거나 권익을 제한하는 처분의 경우 그 상대방에게 의견 제출의 기회를 주어야 한다.
② 정보통신망을 이용하여 전자문서로 송달하는 경우에는 송달받을 자가 지정한 컴퓨터 등에 입력된 때에 도달된 것으로 본다.
③ 과세처분에 대한 전심절차가 모두 끝나고 상고심의 계류 중에 세액산출근거의 통지가 있었다고 하여 이로써 과세처분의 하자가 치유되었다고는 볼 수 없다.
④ 행정청이 허가를 거부하는 처분을 함에 있어 당사자가 그 근거를 알 수 있을 정도로 상당한 이유를 제시하였다면, 구체적 조항 및 내용까지 명시하지 않았더라도 그로 말미암아 그 처분이 위법하게 되지는 않는다.

16

「공공기관의 정보공개에 관한 법률」에 관한 설명으로 옳지 않은 것은? (다툼이 있는 경우 판례에 의함)

① 국민의 정보공개청구가 오로지 공공기관의 담당공무원을 괴롭힐 목적으로 정보공개청구를 하는 경우처럼 권리의 남용에 해당하는 것이 명백한 경우에는 정보공개청구권의 행사가 허용되지 아니한다.
② 정보공개청구권자인 국민에는 자연인은 물론 법인, 권리 능력 없는 사단·재단도 포함되고, 법인, 권리능력 없는 사단·재단 등의 경우에는 설립목적을 불문한다.
③ 공개청구의 대상이 되는 정보란 공공기관이 직무상 작성 또는 취득하여 현재 보유·관리하고 있는 문서에 한정되며, 그 문서가 반드시 원본일 필요는 없다.
④ '진행 중인 재판에 관련된 정보'에 해당한다는 사유로 정보공개청구를 거부하기 위하여는 그 정보가 진행 중인 재판에 관련된 일체의 정보일 뿐만 아니라, 진행 중인 재판의 소송기록 그 자체에 포함된 내용의 정보에 해당하여야 한다.

17

행정대집행에 관한 설명으로 옳지 않은 것은? (다툼이 있는 경우 판례에 의함)

① 타인이 대신하여 행할 수 있는 행위가 조례에 의하여 직접 명령된 경우에는 행정대집행의 대상이 될 수 있다.
② 위법건축물에 대한 철거명령 및 계고처분에 불응하자 제2차로 계고처분을 행한 경우, 제2차 계고처분은 항고소송의 대상인 행정처분에 해당한다.
③ 대집행비용은 「국세징수법」의 예에 의하여 징수할 수 있다.
④ 계고처분은 독립한 처분으로서, 위법건축물에 대한 철거 명령과 동시에 발령할 수 있다.

18

행정질서벌에 관한 설명으로 옳은 것은? (다툼이 있는 경우 판례에 의함)

① 과태료 부과와 형사처벌은 그 성질이나 목적이 다를 바가 없으므로 과태료 부과 후에 형사처벌을 할 경우 이중처벌 금지원칙에 반한다.
② 과태료와 같은 행정질서벌은 행정질서유지를 위한 의무의 위반이라는 객관적 사실에 대하여 과하는 제재이므로 현실적인 행위자가 아니더라도 법령상 책임자로 규정된 자에게 부과된다.
③ 자신의 행위가 위법하지 아니한 것으로 오인하고 행한 질서위반행위에 대하여는 그 오인에 정당한 이유가 있는 때에도 과태료를 부과한다.
④ 질서위반행위 후 법률이 변경되어 그 행위가 질서위반행위에 해당하지 아니하게 되면 법률에 특별한 규정이 없는 한 변경되기 전의 법률을 적용한다.

19

행정의 실효성 확보수단에 관한 설명으로 옳지 않은 것은? (다툼이 있는 경우 판례에 의함)

① 「소방기본법」상 소방본부장, 소방서장 또는 소방대장이 소방활동을 위하여 긴급하게 출동할 때에는 소방자동차의 통행과 소방활동에 방해가 되는 주차 또는 정차된 차량 및 물건 등을 제거하거나 이동시킬 수 있는 것은 즉시강제에 해당한다.
② 「건축법」상 시정명령을 받은 자가 이를 이행하면 이미 부과된 이행강제금은 징수하여야 하지만, 새로이 이행강제금을 부과하지는 않는다.
③ 통고처분에 대하여 이의가 있으면 통고내용을 이행하지 않음으로써 고발되어 형사재판절차에서 통고처분의 위법·부당함을 다툴 수 있으므로 행정소송의 대상으로서의 처분성이 인정되지 않는다.
④ 조세 부과의 근거가 되었던 법률규정이 위헌결정되었다 하더라도, 그에 기한 과세처분이 위헌결정 전에 이루어졌다면 위헌결정 이후에 조세채권의 집행을 위한 새로운 체납처분에 착수할 수 있다.

20

국가배상책임의 요건에 관한 설명으로 옳지 않은 것은? (다툼이 있는 경우 판례에 의함)

① 「국가배상법」이 정한 손해배상청구의 요건인 '공무원의 직무'에는 국가나 지방자치단체의 권력적 작용뿐만 아니라 비권력적 작용도 포함되지만 단순한 사경제의 주체로서 하는 작용은 포함되지 않는다.
② 공무원에게 부과된 직무상 의무의 내용이 전적으로 또는 부수적으로 사회구성원 개인의 안전과 이익을 보호하기 위하여 설정된 것이라면, 그와 같은 의무를 위반함으로 인하여 피해자가 입은 손해에 대하여는 상당인과관계가 인정되는 범위 내에서 배상책임이 성립한다.
③ 항고소송에서 위법한 것으로서 취소된 행정처분이 객관적 정당성을 상실하였다고 인정될 정도에 이른 것이 아닌 경우, 당해 행정처분은 공무원의 고의 또는 과실에 의한 불법행위를 구성하게 된다.
④ 공무원 개인이 지는 손해배상책임에서 중과실이란 공무원에게 통상 요구되는 정도의 상당한 주의를 하지 않더라도 약간의 주의를 한다면 손쉽게 위법·유해한 결과를 예견할 수 있는 경우임에도 만연히 이를 간과한 경우와 같이, 거의 고의에 가까운 현저한 주의를 결여한 상태를 의미한다.

21

행정상 손실보상제도에 관한 설명으로 옳지 않은 것은? (다툼이 있는 경우 판례에 의함)

① 구 「소하천정비법」에 따라 소하천구역으로 편입된 토지의 소유자가 사용·수익에 대한 권리행사에 제한을 받아 손해를 입고 있는 경우, 손실보상을 청구할 수 있을 뿐만 아니라, 관리청의 제방부지에 대한 점유를 권원 없는 점유와 같이 보아 관리청을 상대로 손해배상이나 부당이득의 반환을 청구할 수 있다.
② 구 「전염병예방법」에 의한 피해보상제도가 수익적 행정처분의 형식을 취하고는 있지만, 구 「전염병예방법」의 취지와 입법 경위 등을 고려하면 그 실질은 피해자의 특별한 희생에 대한 보상에 가까우므로 그 인정 여부는 객관적으로 합리적인 재량권의 범위 내에서 타당하게 결정하여야 한다.
③ 제방부지 및 제외지가 유수지와 더불어 하천구역이 되어 국유로 되는 이상 그로 인하여 소유자가 입은 손실은 특별한 희생에 해당하고, 보상방법을 유수지에 대한 것과 달리할 아무런 합리적인 이유가 없으므로 소유자에게 손실을 보상하여야 한다.
④ 「국토의 계획 및 이용에 관한 법률」에서 규정하는 도시계획시설사업은 도로·철도·항만·공항·주차장 등 교통시설, 수도·전기·가스공급설비 등 공급시설과 같은 도시계획시설을 설치·정비 또는 개량하여 공공복리를 증진시키고 국민의 삶의 질을 향상시키는 것을 목적으로 하고 있으므로, 그 자체로 공공필요성의 요건이 충족된다.

22

자신이 소유한 모텔에서 성인 乙과 청소년 丙을 투숙시켜 이성 혼숙하도록 한 사실이 적발되어 A도 관할 B군 군수 丁으로부터 「공중위생관리법」에 따라 영업정지 3개월의 처분을 받은 甲이 처분의 취소를 구하는 행정심판을 청구하려는 경우, 이에 관한 설명으로 옳지 않은 것은?

① 본 사안은 이른바 행정심판전치주의가 적용되지 않으므로, 甲은 행정심판을 거치지 아니하고도 곧바로 취소소송을 제기할 수 있다.
② 본 사안에서 丁의 영업정지처분에 대한 불복은 A도 행정 심판위원회가 심리·재결한다.
③ 행정심판위원회가 甲의 청구를 기각하는 재결을 한 경우, 甲은 재결서의 정본을 송달받은 날부터 90일 이내에 행정소송을 제기할 수 있다.
④ 행정심판위원회가 甲의 청구를 인용하는 재결을 한 경우, 丁이 인용재결의 취소를 구하는 행정소송을 제기할 수 있다.

23

「행정소송법」에 따른 법률상 이익에 관한 설명으로 옳지 않은 것은? (다툼이 있는 경우 판례에 의함)

① 행정처분의 무효확인 또는 취소를 구하는 소에서, 비록 행정처분의 위법을 이유로 무효확인 또는 취소 판결을 받더라도 그 처분에 의하여 발생한 위법상태를 원상으로 회복시키는 것이 불가능한 경우에는 원칙적으로 그 무효확인 또는 취소를 구할 법률상 이익이 없다.
② 행정청이 한 처분등의 취소를 구하는 것보다 실효적이고 직접적인 구제수단이 있음에도 처분등의 취소를 구하는 것은 특별한 사정이 없는 한 분쟁해결의 유효적절한 수단이라고 할 수 없어 법률상 이익이 없다.
③ 지방의회 의원에 대한 제명의결 취소소송 계속 중 의원의 임기가 만료되었다면, 제명의결시부터 임기만료일까지의 기간에 대한 월정수당의 지급을 구할 수 있다고 하더라도 그 제명의결의 취소를 구할 법률상 이익이 없다.
④ 행정처분이 취소되면 그 처분은 취소로 인하여 그 효력이 상실되어 더 이상 존재하지 않는 것이고, 그 처분을 대상으로 한 취소소송의 경우 법률상 이익이 없다.

24

항고소송의 대상이 되는 처분에 관한 설명으로 옳지 않은 것은? (다툼이 있는 경우 판례에 의함)

① 과태료의 부과 여부 및 그 당부는 최종적으로 「질서위반행위규제법」의 절차에 의하여 판단되어야 한다고 할 것이므로, 그 과태료 부과처분은 행정청을 피고로 하는 항고소송의 대상이 되는 처분이라고 볼 수 없다.
② 행정청의 행위가 항고소송의 대상이 되는 처분에 해당하는지가 불분명한 경우에는 그에 대한 불복방법 선택에 중대한 이해관계를 가지는 상대방의 인식가능성과 예측가능성을 중요하게 고려해서 규범적으로 판단해야 한다.
③ 어떠한 처분의 근거나 법적인 효과가 행정규칙에 규정되어 있다고 하더라도, 그 처분이 행정규칙의 내부적 구속력에 의하여 상대방에게 권리의 설정 또는 의무의 부담을 명하거나 기타 법적인 효과를 발생하게 하는 등으로 그 상대방의 권리·의무에 직접 영향을 미치는 행위라면, 이 경우에도 항고소송의 대상이 되는 처분에 해당한다고 보아야 한다.
④ 「총포·도검·화약류 등의 안전관리에 관한 법률」에 따른 총포·화약안전기술협회가 회비납부의무자에 대하여 한 회비납부통지는 항고소송의 대상이 되는 처분에 해당하지 않는다.

25

항고소송의 피고에 관한 설명으로 옳지 않은 것은? (다툼이 있는 경우 판례에 의함)

① 항고소송은 원칙적으로 소송의 대상인 처분등을 외부적으로 그의 명의로 행한 행정청을 피고로 하여야 하는 것이다.
② 「행정소송법」 제14조에 의한 피고경정은 사실심 변론종결에 이르기까지 허용된다.
③ 처분등이 있은 뒤에 그 처분등에 관계되는 권한이 다른 행정청에 승계된 때에는 그 처분등에 대한 사무가 귀속되는 국가 또는 지방자치단체를 피고로 한다.
④ 대리기관이 대리관계를 표시하고 피대리 행정청을 대리하여 행정처분을 한 때에는 피대리 행정청이 피고가 되어야 한다.

제2회 실전 기출문제
[소방공무원 9급 2022. 4. 8. 시행]

01
'행정기본법'에 대한 설명으로 옳지 않은 것은?

① 행정작용은 법률에 위반되어서는 아니 되며, 국민의 권리를 제한하거나 의무를 부과하는 경우와 그 밖에 국민생활에 중요한 영향을 미치는 경우에는 법률에 근거하여야 한다.
② 행정청은 권한 행사의 기회가 있음에도 불구하고 장기간 권한을 행사하지 아니하여 국민이 그 권한이 행사되지 아니할 것으로 믿을 만한 정당한 사유가 있는 경우에는 그 권한을 행사해서는 아니 된다. 다만, 공익 또는 제3자의 이익을 현저히 해칠 우려가 있는 경우는 예외로 한다.
③ 즉시강제는 다른 수단으로는 행정목적을 달성할 수 없는 경우에만 허용되며, 이 경우에도 최소한으로만 실시하여야 한다.
④ 행정청은 법률로 정하는 바에 따라 처분에 재량이 있는 경우에도 완전히 자동화된 시스템으로 처분을 할 수 있다.

02
행정행위의 하자로서 무효사유가 아닌 것은? (다툼이 있는 경우 판례에 의함)

① 국토계획법령이 정한 도시계획시설사업의 대상 토지의 소유와 동의요건을 갖추지 못하였음에도 도시계획시설사업의 사업시행자 지정처분을 한 경우
② 조세부과처분의 근거가 되었던 법률규정에 대하여 위헌결정이 내려진 후 체납처분을 한 경우
③ 학교환경위생정화위원회의 심의절차를 누락한 채 학교환경위생정화구역에서의 금지행위 및 시설해제 여부에 관한 행정처분을 한 경우
④ 납세자가 아닌 제3자의 재산을 대상으로 압류처분을 한 경우

03
행정행위의 취소와 철회에 대한 설명으로 옳지 않은 것은? (다툼이 있는 경우 판례에 의함)

① 과세관청은 과세처분의 취소를 다시 취소함으로써 이미 효력을 상실한 원부과처분을 소생시킬 수 없다.
② 구 '영유아보육법'상 어린이집 평가인증의 취소는 철회에 해당하므로, 평가인증의 효력을 과거로 소급하여 상실시키기 위해서는 특별한 사정이 없는 한 별도의 법적 근거가 필요하다.
③ 행정처분을 한 행정청은 처분의 성립에 하자가 있는 경우라도 별도의 법적 근거가 없으면 직권으로 이를 취소할 수 없다.
④ 세무조사가 과세자료의 수집 또는 신고내용의 정확성 검증이라는 본연의 목적이 아니라 부정한 목적을 위하여 행하여진 것이라면 이는 세무조사에 중대한 위법사유가 있는 경우에 해당하고, 이러한 세무조사에 의하여 수집된 과세자료를 기초로 한 과세처분 역시 위법하다.

04

신뢰보호의 원칙에 대한 설명으로 옳지 않은 것은? (다툼이 있는 경우 판례에 의함)

① 행정청이 공적인 견해에 반하는 행정처분을 함으로써 달성하려는 공익이 행정청의 공적 견해표명을 신뢰한 개인이 그 행정처분으로 인하여 입게 되는 이익의 침해를 정당화할 수 있을 정도로 강한 경우에는 그 행정처분은 위법하지 않다.
② 과세관청이 질의회신 등을 통하여 어떤 견해를 대외적으로 표명하였더라도 그것이 중요한 사실관계와 법적인 쟁점을 제대로 드러내지 아니한 채 질의한 데 따른 것이라면, 공적인 견해표명에 의하여 정당한 기대를 가지게 할 만한 신뢰가 부여된 경우로 볼 수 없다.
③ 폐기물처리업에 대하여 관할 관청의 사전 적정통보를 받고 막대한 비용을 들여 요건을 갖춘 다음 허가신청을 한 경우, 행정청이 청소업자의 난립으로 효율적인 청소업무의 수행에 지장이 있다는 이유로 불허가처분을 하였다 할지라도 신뢰보호의 원칙에 반하지 아니한다.
④ 법원이 '질서위반행위규제법'에 따라서 하는 과태료 재판은 원칙적으로 행정소송에서와 같은 신뢰보호의 원칙 위반 여부가 문제되지 아니한다.

05

법치행정의 원리에 대한 설명으로 옳지 않은 것은? (다툼이 있는 경우 판례에 의함)

① 국회가 형식적 법률로 직접 규율해야 할 필요성은 규율대상이 기본권 및 기본적 의무와 관련된 중요성을 가질수록, 그에 관한 공개적 토론의 필요성 또는 상충하는 이익 사이의 조정 필요성이 클수록 더 증대된다.
② 국가계약의 본질적인 내용은 사인 간의 계약과 다를 바가 없어 법령에 특별한 규정이 있는 경우를 제외하고는 사법의 규정 내지 법원리가 그대로 적용되므로, 국가와 사인 간의 계약은 국가계약법령에 따른 요건과 절차를 거치지 않더라도 유효하다.
③ 지방의회의원에 대하여 유급보좌인력을 두기 위해서는 법률의 근거가 필요하다.
④ 납세의무자에게 조세의 납부의무뿐만 아니라 스스로 과세표준과 세액을 계산하여 신고하여야 하는 의무까지 부과하는 경우에는 신고의무불이행에 따른 불이익의 내용을 법률로 정하여야 한다.

06

행정입법에 대한 설명으로 옳지 않은 것은? (다툼이 있는 경우 판례에 의함)

① 법률의 시행령이나 시행규칙은 법률의 위임이 없으면 개인의 권리·의무에 관한 내용을 변경·보충하거나 법률이 규정하지 아니한 새로운 내용을 정할 수는 없으므로, 모법에 이에 관하여 직접 위임하는 규정을 두지 아니하였다면 당연히 이를 무효라고 보아야 한다.
② 법률에서 군법무관의 보수의 구체적 내용을 시행령에 위임했음에도 불구하고 행정부가 정당한 이유 없이 시행령을 제정하지 않은 것은 불법행위이므로 이에 대하여 국가배상청구를 할 수 있다.
③ 일반적으로 법률의 위임에 따라 효력을 갖는 법규명령의 경우에 위임의 근거가 없어 무효였더라도 나중에 법 개정으로 위임의 근거가 부여되면 그때부터는 유효한 법규명령으로 볼 수 있다.
④ 행정처분이 법규성이 없는 내부지침 등의 규정에 위배된다고 하더라도 그 이유만으로 처분이 위법하게 되는 것은 아니며, 내부지침 등에서 정한 요건에 부합한다고 하여 반드시 그 처분이 적법한 것이라고 할 수도 없다.

07

「개인정보 보호법상」 개인정보 보호제도에 대한 설명으로 옳은 것은?

① 살아 있는 개인에 관하여 알아볼 수 있는 정보라도 가명처리함으로써 원래의 상태로 복원하기 위한 추가정보의 사용·결합 없이는 특정 개인을 알아볼 수 없게 된 정보는 이 법에 따른 개인정보에 해당하지 아니한다.
② 개인정보 보호위원회는 대통령 직속 기관으로 대통령이 직접 지휘·감독한다.
③ 정보주체가 자신의 개인정보에 대한 열람을 공공기관에 요구하고자 할 때에는 공공기관에 직접 열람을 요구하거나 대통령령으로 정하는 바에 따라 개인정보 보호위원회를 통하여 열람을 요구할 수 있다.
④ 개인정보처리자는 당초 수집 목적과 합리적으로 관련된 범위에서 정보주체에게 불이익이 발생하는지 여부, 암호화 등 안전성 확보에 필요한 조치를 하였는지 여부 등을 고려하더라도 정보주체의 동의 없이는 개인정보를 제3자에게 제공할 수 없다.

08

신문사 기자 갑(甲)은 A광역시가 보유·관리하고 있던 시의원 을(乙)과 관련이 있는 정보를 사본 교부의 방법으로 공개하여 줄 것을 청구하였다. 이에 대한 설명으로 옳지 않은 것은? (다툼이 있는 경우 판례에 의함)

① 정보공개청구권자가 선택한 공개방법에 따라 정보를 공개하여야 하므로, 원칙적으로 A광역시는 사본 교부가 아닌 열람의 방법으로는 공개할 수 없다.
② 을(乙)의 비공개 요청이 있는 경우 A광역시는 공개를 하여서는 아니 되고, 만일 공개하였다면 을(乙)에 대하여 손해배상 책임을 지게 된다.
③ 을(乙)의 의견을 듣고 A광역시가 공개를 거부하였다면, 갑(甲)과 을(乙) 사이에 아무런 법률상 이해관계가 없다고 할지라도 갑(甲)은 A광역시의 거부에 대하여 항고소송으로 다툴 수 있다.
④ A광역시가 「공공기관의 정보공개에 관한 법률」상 비공개 대상 정보임을 이유로 비공개 결정을 한 경우, A광역시는 당초 처분의 근거로 삼은 사유와 기본적 사실관계가 동일성이 있다고 인정되는 한도 내에서만 항고소송에서 다른 공개거부 사유를 추가하거나 변경할 수 있다.

09

행정입법의 사법적 통제에 대한 설명으로 옳지 않은 것은? (다툼이 있는 경우 판례에 의함)

① 조례가 집행행위의 개입 없이도 그 자체로서 직접 국민의 권리의무나 법적 이익에 영향을 미치는 등의 법률상 효과를 발생하는 경우 그 조례는 항고소송의 대상이 되는 행정처분에 해당한다.
② 행정청이 행정입법 등 추상적인 법령을 제정하지 아니하는 행위는 법률이 시행되지 못하게 됨으로써 행정입법을 통해 구체화되는 개인의 권리를 침해하는 것으로, 항고소송의 대상이 된다.
③ 어떠한 처분의 근거나 법적인 효과가 행정규칙에 규정되어 있다고 하더라도, 그 처분이 상대방의 권리·의무에 직접 영향을 미치는 행위라면 항고소송의 대상이 되는 행정처분에 해당한다.
④ 법령의 규정이 특정 행정기관에게 법령 내용의 구체적 사항을 정하도록 권한을 부여하여 특정 행정기관이 행정규칙을 정하였으나 그 행정규칙이 상위 법령의 위임범위를 벗어났다면, 그러한 행정규칙은 대외적 구속력을 가지는 법규명령으로서의 효력이 인정되지 않는다.

10

사인의 공법행위에 대한 설명으로 옳지 않은 것은? (다툼이 있는 경우 판례에 의함)

① 주민등록신고는 행정청이 수리한 경우에 비로소 신고의 효력이 발생한다.
② 장기요양기관의 폐업신고와 노인의료복지시설의 폐지신고는 행정청이 그 신고를 수리한 경우, 신고서 위조 등의 사유가 있더라도 그대로 유효하다.
③ 「의료법」에 따라 정신과의원을 개설하려는 자가 법령에 규정되어 있는 요건을 갖추어 개설신고를 한 경우 행정청은 원칙적으로 이를 수리하여 신고필증을 교부하여야 하고, 법령에서 정한 요건 이외의 사유를 들어 의원급 의료기관 개설신고의 수리를 거부할 수는 없다.
④ 가설건축물 존치기간을 연장하려는 건축주 등이 법령에 규정되어 있는 제반 서류와 요건을 갖추어 행정청에 연장신고를 한 때에는 행정청은 원칙적으로 이를 수리하여 신고필증을 교부하여야 하고, 법령에서 정한 요건 이외의 사유를 들어 수리를 거부할 수 없다.

11

행정계획에 대한 설명으로 옳지 않은 것은? (다툼이 있는 경우 판례에 의함)

① 행정청은 구체적인 행정계획의 입안·결정에 관하여 광범위한 형성의 재량을 가진다.
② 행정청이 행정계획을 입안·결정할 때 이익형량을 전혀 행하지 아니하였다면, 그 행정계획 결정은 재량권을 일탈·남용한 것으로 위법하다.
③ (구)「도시계획법」 및 지방자치단체의 도시계획조례상 규정된 도시기본계획은 장기적·종합적인 개발계획으로서 행정청에 대한 직접적 구속력을 가지지 않는다.
④ 개발제한구역으로 지정되어 있는 부지에 묘지공원과 화장장 시설들을 설치하기로 하는 도시계획시설결정은 위법하다.

12

행정벌에 대한 설명으로 옳지 않은 것은? (다툼이 있는 경우 판례에 의함)

① 지방자치단체 소속 공무원이 지방자치단체 고유의 자치사무를 처리하면서 위반행위를 한 경우 지방자치단체도 양벌규정에 따라 처벌대상이 되는 법인에 해당한다.
② 지방국세청장이 조세범칙행위에 대하여 고발을 한 후에 동일한 조세범칙행위에 대하여 통고처분을 하는 경우, 이러한 통고처분은 법적 권한 소멸 후 이루어진 것으로 특별한 사정이 없는 한 효력이 없고 조세범칙 행위자가 이를 이행하였더라도 일사부재리의 원칙이 적용될 수 없다.
③ 경찰서장이 범칙행위에 대하여 통고처분을 하더라도 통고처분에서 정한 납부기간까지는 검사가 공소를 제기할 수 있다.
④ 하나의 행위가 둘 이상의 질서위반행위에 해당하는 경우에는 각 질서위반행위에 대하여 정한 과태료 중 가장 중한 과태료를 부과한다.

13

「행정심판법」에 대한 설명으로 옳지 않은 것은?

① 청구인이 피청구인을 잘못 지정한 경우에는 위원회는 직권으로 또는 당사자의 신청에 의하여 결정으로써 피청구인을 경정할 수 있다.
② 행정심판위원회는 심판청구의 대상이 되는 처분보다 청구인에게 불리한 재결을 할 수 있다.
③ 중앙행정심판위원회는 위법 또는 불합리한 명령 등의 시정조치를 관계 행정기관에 요청할 수 있다.
④ 법령의 규정에 따라 공고하거나 고시한 처분이 재결로써 취소되거나 변경되면 처분을 한 행정청은 지체 없이 그 처분이 취소 또는 변경되었다는 것을 공고하거나 고시하여야 한다.

14

행정행위에 대한 설명으로 옳지 않은 것은? (다툼이 있는 경우 판례에 의함)

① 재량에 의한 행정처분이 그 재량권의 한계를 벗어난 것이어서 위법하다는 점은 그 행정처분의 효력을 다투는 자가 이를 주장·입증하여야 하고, 처분청이 그 재량권의 행사가 정당한 것이었다는 점까지 주장·입증할 필요는 없다.
② 행정청이 제재처분 양정을 하면서 처분 상대방에게 법령에서 정한 임의적 감경사유가 있는 경우, 그 감경사유까지 고려하고도 감경하지 않은 채 개별처분기준에서 정한 상한으로 처분을 한 경우에는 재량권을 일탈·남용하였다고 보아야 한다.
③ 허가신청 후 허가기준이 변경된 경우에는 원칙적으로 처분시의 기준인 변경된 허가기준에 따라서 처분하여야 한다.
④ 학교법인의 임원이 교비회계 자금을 법인회계로 부당 전출하였고, 업부 집행에 있어서 직무를 태만히 하여 학교법인이 이를 시정하기 위한 노력을 하였으나 결과적으로 대부분의 시정 요구 사항이 이행되지 아니하였던 점 등을 고려하면, 교육부장관의 임원승인취소처분은 재량권을 일탈·남용한 것으로 볼 수 없다.

15

행정행위에 대한 설명으로 옳은 것은? (다툼이 있는 경우 판례에 의함)

① 건축물의 건축이 「국토의 계획 및 이용에 관한 법률」상 개발행위에 해당할 경우 그 건축의 허가권자는 개발행위허가가 의제되는 건축허가신청이 국토계획법령이 정한 개발행위허가기준에 부합하지 아니하면 이를 거부할 수 있다.
② 주택건설사업계획 승인처분에 따라 의제된 인·허가의 위법함을 다투고자 하는 이해관계인은 의제된 인·허가의 취소를 구할 것이 아니라, 주된 처분인 주택건설사업계획 승인처분의 취소를 구하여야 한다.
③ 「하천법」에 의한 하천의 점용허가는 강학상 허가에 해당한다.
④ 「출입국관리법」상 체류자격 변경허가는 기속행위이므로 신청인이 관계법령에서 정한 요건을 충족하면 허가권자는 신청을 받아들여 허가해야 한다.

16

행정행위의 부관에 대한 설명으로 옳은 것은? (다툼이 있는 경우 판례에 의함)

① 수익적 행정처분에 있어서는 법령에 특별한 근거규정이 있는 경우에 한하여 부관을 붙일 수 있다.
② 행정처분에 붙인 부관인 부담이 무효가 되면 그 부담의 이행으로 한 사법상 법률행위도 당연히 무효가 된다.
③ 사정변경으로 인하여 당초에 부담을 부가한 목적을 달성할 수 없게 된 경우에도 부관의 사후변경은 허용되지 않는다.
④ 행정청이 종교단체에 대하여 기본재산전환인가를 하면서 인가조건을 부가하고 그 불이행시 인가를 취소할 수 있도록 한 경우, 인가조건의 의미는 철회권을 유보한 것이다.

17

행정절차의 하자에 대한 설명으로 옳지 않은 것은? (다툼이 있는 경우 판례에 의함)

① 환경영향평가를 거쳐야 하는 대상사업에 대하여 한경경향평가를 거치지 아니하였음에도 불구하고 승인 등 처분이 행해진 경우, 그 행정처분은 당연무효이다.
② 행정청이 사전환경성검토협의를 거쳐야 할 대상사업에 관하여 법의 해석을 잘못한 나머지 세부용도지역이 지정되지 않은 개발사업 부지에 대하여 사전환경성검토협의를 할지 여부를 결정하는 절차를 생략한 채 승인 등의 처분을 하였다면, 그 행정처분은 당연무효이다.
③ 환경영향평가를 거쳐야 할 대상사업에 대해 환경영향평가 절차를 거쳤으나 그 내용이 다소 부실한 경우, 그 부실의 정도가 환경영향평가를 하지 아니한 것과 같은 정도가 아닌 한 당해 승인 등 처분이 위법하게 되는 것은 아니다.
④ 환경영향평가 대상지역 밖의 주민이라 할지라도 공유수면매립면허처분 등으로 인하여 그 처분 전과 비교하여 수인한도를 넘는 환경피해를 받거나 받을 우려가 있는 경우에는, 이를 입증함으로써 그 처분 등의 무효확인을 구할 원고적격을 인정받을 수 있다.

18

행정상 손해배상에 대한 설명으로 옳은 것은? (다툼이 있는 경우 판례에 의함)

① 국회의원은 원칙적으로 정치적 책임을 질 뿐이므로 헌법에 따른 구체적 입법의무를 부담하고 있음에도 그 입법에 필요한 상당한 기간이 경과하도록 고의 또는 과실로 그 입법의무를 이행하지 아니하는 경우 그 배상책임이 인정되기 어렵다.
② 주무 부처인 중앙행정기관이 입법 예고를 통해 법령안의 내용을 국민에게 예고한 적이 있다면, 그것이 법령으로 확정되지 아니하였다고 하더라도 국가는 위 법령안에 관련된 사항에 대해 이해관계자들에게 어떠한 신뢰를 부여한 것으로 볼 수 있다.
③ 공무원에게 부과된 직무상 의무의 내용이 전적으로 또는 부수적으로 사회구성원 개인의 안전과 이익을 보호하기 위하여 설정된 것이라면, 공무원이 그와 같은 직무상 의무를 위반함으로써 피해자가 입은 손해에 대해서는 상당인과관계가 인정되는 범위에서 국가가 배상책임을 진다.
④ 「금융위원회의 설치 등에 관한 법률」의 입법 취지에 비추어 볼 때, 금융감독원에 금융기관에 대한 검사·감독 의무를 부과한 법령의 목적이 금융상품에 투자한 투자자 개인의 이익을 직접 보호하기 위한 것이라고 할 수 있으므로, 피고 금융감독원 및 그 직원들의 위법한 직무집행과 해당 저축은행의 후순위사채에 투자한 원고들이 입은 손해 사이에 상당인과관계가 인정된다.

19

행정상 손실보상에 대한 설명으로 옳지 않은 것은? (다툼이 있는 경우 판례에 의함)

① 손실보상과 손해배상은 근거규정 및 요건·효과를 달리하지만 손실보상청구권에 '손해전보'라는 요소가 포함되어 있어 실질적으로 같은 내용의 손해에 관하여 양자의 청구권이 동시에 성립한다면 청구권자는 어느 하나만을 선택적으로 행사할 수 있을 뿐이다.

② 공사업시행지구 밖에서 발생한 간접손실에 관하여 그 피해자와 사업시행자 사이에 협의가 이루어지지 아니하고, 그 보상에 관한 명문의 근거 법령이 없는 경우라고 하더라도 공공사업의 시행으로 인하여 그러한 손실이 발생하리라는 것을 쉽게 예견할 수 있고, 그 손실의 범위도 구체적으로 특정할 수 있다면 그 손실보상에 관하여 관련 규정 등을 유추적용할 수 있다.

③ 수용재결에 불복하는 취소소송을 제기하는 때에는 이의신청을 거친 경우에도 이의신청에 대한 재결 자체에 고유한 위법이 없는 한 수용재결을 한 중앙토지수용위원회 또는 지방토지수용위원회를 피고로 하여 수용재결의 취소를 구하여야 한다.

④ 어떤 보상항목이 공익사업을 위한 토지 등의 취득 및 보상에 관한 법령상 손실보상대상에 해당함에도 관할 토지수용위원회가 법리를 오해함으로써 손실보상대상에 해당하지 않는다고 잘못된 내용의 재결을 한 경우에는, 피보상자는 관할 토지수용위원회를 상대로 그 재결에 대한 취소소송을 제기하여야 한다.

20

항고소송의 대상에 대한 설명으로 옳지 않은 것은? (다툼이 있는 경우 판례에 의함)

① 병무청장의 요청에 따른 법무부장관의 입국금지결정은 법무부장관의 의사가 공식적인 방법으로 외부에 표시되어 입국 자체를 금지하는 것으로서 그 입국금지결정은 항고소송의 대상이 될 수 있는 처분에 해당한다.

② 병무청장이 「병역법」에 따라 병역의무 기피자의 인적사항 등을 인터넷 홈페이지에 게시하는 등의 방법으로 공개한 경우 병무청장의 공개결정을 항고소송의 대상이 되는 행정처분으로 보아야 한다.

③ 시장이 감사원으로부터 「감사원법」에 따라 징계의 종류를 정직으로 정한 징계 요구를 받게 되자 감사원에 징계 요구에 대한 재심의를 청구하였고, 감사원이 재심의 청구를 기각한 경우, 감사원의 징계 요구와 재심의결정은 항고소송의 대상이 되는 행정처분이라고 할 수 없다.

④ 「국방전력발전업무훈령」에 따른 연구개발확인서 발급은 개발업체가 전력지원체계 연구개발사업을 성공적으로 수행하여 군사용 적합판정을 받고 경우에 따라 사업관리기관이 개발업체에게 수의계약의 방식으로 국방조달계약을 체결할 수 있는 지위가 있음을 인정해 주는 확인적 행정행위로서 처분에 해당한다.

제3회 실전 기출문제 [소방공무원 9급 2021. 4. 3. 시행]

01

행정벌에 대한 설명으로 옳지 않은 것은? (다툼이 있는 경우 판례에 의함)

① 과태료는 행정상의 질서유지를 위한 행정질서벌에 해당할 뿐 형벌이라 할 수 없어 죄형법정주의의 규율대상에 해당하지 않는다.

② 행정형벌은 행정법상 의무위반에 대한 제재로 과하는 처벌로 법인이 법인으로서 행정법상 의무자인 경우 그 의무위반에 대하여 형벌의 성질이 허용하는 한도 내에서 그 법인을 처벌하는 것은 당연하며, 행정범에 관한 한 법인의 범죄능력을 인정함이 일반적이나, 지방자치단체와 같은 공법인의 경우는 범죄능력 및 형벌능력 모두 부정된다.

③ 과태료 재판은 이유를 붙인 결정으로써 하며, 결정은 당사자와 검사에게 고지함으로써 효력이 발생하고, 당사자와 검사는 과태료 재판에 대하여 즉시항고할 수 있으며 이 경우 항고는 집행정지의 효력이 있다.

④ 행정청이 질서위반행위에 대하여 과태료를 부과하고자 하는 때에는 미리 당사자에게 과태료 부과의 원인이 되는 사실, 과태료 금액 및 적용법령 등을 통지하고 10일 이상의 기간을 정하여 의견을 제출할 기회를 주어야 한다.

02

행정상 강제집행에 대한 설명으로 옳지 않은 것은? (다툼이 있는 경우 판례에 의함)

① 대집행은 비금전적인 대체적 작위의무를 의무자가 이행하지 않는 경우 행정청이 스스로 의무자가 행하여야 할 행위를 하거나 제3자로 하여금 행하게 하는 것으로, 그 대집행의 대상은 공법상 의무에만 한정하지 않는다.

② 행정청이 대집행에 대한 계고를 함에 있어서 의무자가 스스로 이행하지 아니하는 경우 대집행할 행위의 내용과 범위가 구체적으로 특정되어야 하지만, 그 내용 및 범위는 대집행계고서에 의해서만 특정되어야 하는 것은 아니고 그 처분 전후에 송달된 문서나 기타 사정을 종합하여 이를 특정할 수 있으면 족하다.

③ 비상시 또는 위험이 절박한 경우에 있어 당해 행위의 급속한 실시를 요하여 대집행영장에 의한 통지절차를 취할 여유가 없을 때에는 이 절차를 거치지 아니하고 대집행할 수 있다.

④ 개발제한구역 내의 건축물에 대하여 허가를 받지 않고 한 용도변경행위에 대한 형사처벌과 건축법 제83조 제1항에 의한 시정명령 위반에 대한 이행강제금 부과는 이중처벌에 해당하지 아니한다.

03

행정절차법에 대한 설명으로 옳지 않은 것은?

① 공청회는 다른 법령 등에서 공청회를 개최하도록 규정하고 있는 경우 또는 당해 처분의 영향이 광범위하여 널리 의견을 수렴할 필요가 있다고 행정청이 인정하는 경우에 개최된다.
② 행정응원을 위하여 파견된 직원은 당해 직원의 복무에 관하여 다른 법령 등에 특별한 규정이 없는 한, 응원을 요청한 행정청의 지휘·감독을 받는다.
③ 행정응원에 소요되는 비용은 응원을 요청한 행정청이 부담하며, 그 부담금액 및 부담방법은 응원을 행하는 행정청의 결정에 의한다.
④ 송달이 불가능하여 관보, 공보 등에 공고한 경우에는 다른 법령등에 특별한 규정이 있는 경우를 제외하고 공고일부터 14일이 경과한 때에 그 효력이 발생한다. 다만, 긴급히 시행하여야 할 특별한 사유가 있어 효력발생 시기를 달리 정해 공고한 경우에는 그에 따른다.

04

행정행위에 대한 설명으로 옳지 않은 것은? (다툼이 있는 경우 판례에 의함)

① 개발제한구역 내의 건축물의 용도변경에 대한 예외적 허가는 그 상대방에게 제한적이므로 기속행위에 속하는 것이다.
② 농지처분의무통지는 단순한 관념의 통지에 불과하다고 볼 수 없고, 상대방인 농지소유자의 의무에 직접 관계되는 독립한 행정처분으로서 항고소송의 대상이 된다.
③ 행정청이 구 식품위생법 규정에 의하여 영업자지위 승계신고를 수리하는 처분은 종전의 영업자의 권익을 제한하는 처분에 해당하므로, 행정청은 이를 처리함에 있어 종전의 영업자에 대하여 처분의 사전통지, 의견청취 등 행정절차법상의 처분절차를 거쳐야 한다.
④ 부담은 행정청이 행정행위를 하면서 일방적으로 부가할 수도 있지만 부담을 부가하기 이전에 상대방과 협의하여 부담의 내용을 협약의 형식으로 미리 정한 다음 행정행위를 하면서 부가할 수도 있다.

05

행정행위의 존속력에 관한 설명으로 옳지 않은 것은? (다툼이 있는 경우 판례에 의함)

① 불가변력은 처분청에 미치는 효력이고, 불가쟁력은 상대방 및 이해관계인에게 미치는 효력이다.
② 불가쟁력이 생긴 경우에도 국가배상청구를 할 수 있다.
③ 불가변력이 있는 행위가 당연히 불가쟁력을 발생시키는 것은 아니다.
④ 불가쟁력은 실체법적 효력만 있고, 절차법적 효력은 전혀 가지고 있지 않다.

06

행정심판법상 위원회에 대한 설명으로 옳지 않은 것은?

① 중앙행정심판위원회의 비상임위원은 일정한 요건을 갖춘 사람 중에서 중앙행정심판위원회 위원장의 제청으로 국무총리가 성별을 고려하여 위촉한다.
② 중앙행정심판위원회의 회의는 위원장, 상임위원 및 위원장이 회의마다 지정하는 비상임위원을 포함하여 총 15명으로 구성한다.
③ 행정심판법 제10조에 의하면, 위원장은 제척신청이나 기피신청을 받으면 제척 또는 기피 여부에 대한 결정을 한다.
④ 중앙행정심판위원회는 위원장 1명을 포함하여 70명 이내의 위원으로 구성한다.

07

다음 설명 중 옳지 않은 것은? (다툼이 있는 경우 판례에 의함)

① 건설부장관(현 국토교통부장관)이 행한 국립공원지정처분에 따른 경계측량 및 표지의 설치 등은 처분이 아니다.
② 행정지도가 구술로 이루어지는 경우 상대방이 행정지도의 취지·내용 및 신분을 기재한 서면의 교부를 요구하면 당해 행정지도를 행하는 자는 직무수행에 특별한 지장이 없는 한 이를 교부하여야 한다.
③ 조례가 집행행위의 개입 없이도 그 자체로서 직접 국민의 구체적인 권리·의무나 법적 이익에 영향을 미치는 등의 법률상 효과를 발생하는 경우 그 조례는 항고소송의 대상이 되는 행정처분에 해당한다.
④ 행정계획은 현재의 사회·경제적 모든 상황의 조사를 바탕으로 장래를 예측하여 수립되고 장기간에 걸쳐 있으므로, 행정계획의 변경은 인정되지 않는다.

08

다음 설명 중 옳지 않은 것은? (다툼이 있는 경우 판례에 의함)

① 원고가 단지 1회 훈령에 위반하여 요정출입을 하다가 적발된 정도라면, 면직처분보다 가벼운 징계처분으로서도 능히 위 훈령의 목적을 달성할 수 있다고 볼 수 있는 점에서 이 사건 파면처분은 이른바 비례의 원칙에 어긋난 것으로 위법하다고 판시하였다.
② 수입 녹용 중 일정성분이 기준치를 0.5% 초과하였다는 이유로 수입 녹용 전부에 대하여 전량 폐기 또는 반송처리를 지시한 처분은 재량권을 일탈·남용한 경우에 해당한다고 판시하였다.
③ 청소년유해매체물로 결정·고시된 만화인 사실을 모르고 있던 도서대여업자가 그 고시일로부터 8일 후에 청소년에게 그 만화를 대여한 것을 사유로 그 도서대여업자에게 금 700만원의 과징금이 부과된 경우, 그 과징금 부과처분은 재량권을 일탈·남용한 것으로서 위법하다고 판시하였다.
④ 사법시험 제2차 시험에 과락제도를 적용하고 있는 (구) 사법시험령 제15조 제2항은 비례의 원칙, 과잉금지의 원칙, 평등의 원칙에 위반되지 않는다고 판시하였다.

09

개인정보 보호법상 개인정보 단체소송에 대한 설명으로 옳지 않은 것은?

① 단체소송의 원고는 변호사를 소송대리인으로 선임하여야 한다.
② 단체소송에 관하여 개인정보 보호법에 특별한 규정이 없는 경우에는 민사소송법을 적용한다.
③ 법원은 개인정보처리자가 분쟁조정위원회의 조정을 거부하지 않을 경우에만, 결정으로 단체소송을 허가한다.
④ 단체소송의 절차에 관하여 필요한 사항은 대법원규칙으로 정한다.

10

행정소송법에 대한 설명으로 옳은 것은? (다툼이 있는 경우 판례에 의함)

① 민중소송 및 기관소송은 법률이 정한 자에 한하여 제기할 수 있다.
② 판례는 행정소송법상 행정청의 부작위에 대하여 부작위위법확인소송과 작위의무이행소송을 인정하고 있다.
③ 행정소송법상 항고소송은 취소소송·무효등확인소송·부작위위법확인소송·당사자소송으로 구분한다.
④ 국가 또는 공공단체의 기관이 법률에 위반되는 행위를 한 때에 직접 자기의 법률상 이익과 관계없이 그 시정을 구하기 위하여 제기하는 소송을 기관소송이라 한다.

11

국가배상법에 대한 설명으로 옳지 않은 것은? (다툼이 있는 경우 판례에 의함)

① 판례는 자동차손해배상 보장법은 배상책임의 성립요건에 관하여는 국가배상법에 우선하여 적용된다고 판시하였다.
② 헌법재판소는 국가배상법 제2조 제1항 단서 이중배상금지규정에 대하여 헌법에 위반되지 아니한다고 판시하였다.
③ 생명·신체의 침해로 인한 국가배상을 받을 권리는 양도는 가능하지만, 압류는 하지 못한다.
④ 판례는 국가배상법 제5조의 영조물의 설치·관리상의 하자로 인한 손해가 발생한 경우, 피해자의 위자료 청구권이 배제되지 아니한다고 판시하였다.

12

행정상의 법률관계와 소송형태 등에 관한 설명으로 옳지 않은 것은? (다툼이 있는 경우 판례에 의함)

① 도시 및 주거환경정비법상의 주택재건축정비사업 조합을 상대로 관리처분계획안에 대한 조합 총회결의의 무효확인을 구하는 소는 공법관계이므로 당사자소송을 제기하여야 한다.
② 국가를 당사자로 하는 계약에 관한 법률에 따라 국가가 당사자로 되는 입찰방식에 의한 사인과 체결하는 이른바 공공계약은 국가가 사경제의 주체로서 상대방과 대등한 위치에서 체결하는 사법상의 계약이다.
③ 국유재산법에 따른 국유재산의 무단점유자에 대한 변상금 부과·징수권은 민사상 부당이득반환청구권과 법적 성질을 달리하므로, 국가는 무단점유자를 상대로 변상금 부과·징수권의 행사와 별개로 국유재산의 소유자로서 민사상 부당이득반환청구의 소를 제기할 수 있다.
④ 2020년 4월 1일부터 시행되는 전부개정 소방공무원법 이전의 경우, 지방소방공무원의 보수에 관한 법률관계는 사법상의 법률관계이므로 지방소방공무원이 소속 지방자치단체를 상대로 초과근무수당의 지급을 구하는 소송은 행정소송상 당사자소송이 아닌 민사소송절차에 따라야 했다.

13

행정행위의 성립과 효력에 관한 설명으로 옳은 것은? (다툼이 있는 경우 판례에 의함)

① 일반적으로 행정행위가 주체·내용·절차와 형식의 요건을 모두 갖추고 외부에 표시된 경우에 행정행위의 존재가 인정된다.
② 행정청의 의사가 외부에 표시되어 행정청이 자유롭게 취소·철회할 수 없는 구속을 받게 되는 시점에 행정행위가 성립하는 것은 아니며, 행정행위의 성립 여부는 행정청의 의사를 공식적인 방법으로 외부에 표시하였는지 여부를 기준으로 판단해야 한다.
③ 행정절차법은 행정행위 상대방에 대한 송달받을 자의 주소 등을 통상적인 방법으로 확인할 수 없는 경우에 한하여, 공고의 방법에 의한 송달이 가능하도록 규정하고 있다.
④ 상대방 있는 행정처분이 상대방에게 고지되지 아니한 경우에도 상대방이 다른 경로를 통해 행정처분의 내용을 알게 된다면 그 행정처분의 효력이 발생한다.

14

행정대집행에 관한 설명으로 옳지 않은 것은? (다툼이 있는 경우 판례에 의함)

① 대집행의 근거법으로는 대집행에 관한 일반법인 행정대집행법과 대집행에 관한 개별법 규정이 있다.
② 대집행의 요건을 충족한 경우에 행정청이 대집행을 할 것인지 여부에 관해서 소수설은 재량행위로 보나, 다수설과 판례는 기속행위로 본다.
③ 대집행의 절차인 '대집행의 계고'의 법적 성질은 준법률행위적 행정행위이므로 계고 그 자체가 독립하여 항고소송의 대상이나, 2차 계고는 새로운 철거의무를 부과하는 것이 아니고 대집행기한의 연기 통지에 불과하므로 행정처분으로 볼 수 없다는 판례가 있다.
④ 계고처분의 후속절차인 대집행에 위법이 있다고 하여 그와 같은 후속절차에 위법성이 있다는 점을 들어 선행절차인 계고처분이 부적법하다는 사유로 삼을 수는 없다.

15

행정지도에 관한 설명으로 옳지 않은 것은? (다툼이 있는 경우 판례에 의함)

① 행정지도란 행정기관이 그 소관 사무의 범위에서 일정한 행정목적을 실현하기 위하여 특정인에게 일정한 행위를 하거나 하지 아니하도록 지도, 권고, 조언 등을 하는 행정작용을 말한다.
② 행정지도 중 규제적·구속적 행정지도의 경우에는 법적 근거가 필요하다는 견해가 있다.
③ 교육인적자원부장관(현 교육부장관)의 (구)공립대학 총장들에 대한 학칙시정요구는 고등교육법령에 따른 것으로, 그 법적 성격은 대학총장의 임의적인 협력을 통하여 사실상의 효과를 발생시키는 행정지도의 일종으로 헌법소원의 대상이 되는 공권력의 행사로 볼 수 없다.
④ 행정지도가 강제성을 띠지 않은 비권력적 작용으로서 행정지도의 한계를 일탈하지 아니하였다면, 그로 인해 상대방에게 어떤 손해가 발생하였다고 해도 행정기관은 그에 대한 손해배상책임이 없다.

16

행정조사에 관한 설명으로 옳은 것(○)과 옳지 않은 것(×)을 바르게 표기한 것은? (다툼이 있는 경우 판례에 의함)

> ㉠ 행정조사는 그 실효성 확보를 위해 수시조사를 원칙으로 한다.
> ㉡ 행정절차법은 행정조사절차에 관한 명문의 규정을 일부 두고 있다.
> ㉢ (구) 국세기본법에 따른 금지되는 재조사에 기초한 과세처분은 특별한 사정이 없는 한 위법하다.
> ㉣ 우편물 통관검사절차에서 이루어지는 우편물의 개봉, 시료채취, 성분분석 등의 검사는 행정조사의 성격을 가지는 것으로 압수·수색영장 없이 진행되었다고 해도 특별한 사정이 없는 한 위법하다고 볼 수 없다.

	㉠	㉡	㉢	㉣
①	×	×	○	○
②	×	○	×	○
③	○	×	○	×
④	×	○	○	○

17

행정행위에 관한 설명으로 옳지 않은 것은? (다툼이 있는 경우 판례에 의함)

① 행정행위의 부관 중 행정행위에 부수하여 그 상대방에게 일정한 의무를 부과하는 행정청의 의사표시인 부담은 그 자체만으로 행정소송의 대상이 될 수 있다.
② 현역입영대상자는 현역병입영통지처분에 따라 현실적으로 입영을 하였다 할지라도, 입영 이후의 법률관계에 영향을 미치고 있는 현역병입영통지처분을 한 관할 지방병무청장을 상대로 위법을 주장하여 그 취소를 구할 수 있다.
③ 재량행위가 법령이나 평등원칙을 위반한 경우뿐만 아니라 합목적성의 판단을 그르친 경우에도 위법한 처분으로서 행정소송의 대상이 된다.
④ 허가의 신청 후 법령의 개정으로 허가기준이 변경된 경우에는 신청할 당시의 법령이 아닌 행정행위 발령 당시의 법령을 기준으로 허가 여부를 판단하는 것이 원칙이다.

18

행정행위의 하자에 관한 설명으로 옳지 않은 것은? (다툼이 있는 경우 판례에 의함)

① 행정처분의 대상이 되는 법률관계나 사실관계가 있는 것으로 오인할 만한 객관적인 사정이 있고 사실관계를 정확히 조사하여야만 그 대상이 되는지 여부가 밝혀질 수 있는 경우에는 비록 그 하자가 중대하더라도 명백하지 않아 무효로 볼 수 없다.
② 조례 제정권의 범위를 벗어나 국가사무를 대상으로 한 무효인 조례의 규정에 근거하여 지방자치단체의 장이 행정처분을 한 경우 그 행정처분은 하자가 중대하나, 명백하지는 아니하므로 당연무효에 해당하지 아니한다.
③ 보충역편입처분에 하자가 있다고 할지라도 그것이 중대하고 명백하지 않는 한, 그 하자를 이유로 공익근무요원 소집처분의 효력을 다툴 수 없다.
④ 부동산에 관한 취득세를 신고하였으나 부동산매매계약이 해제됨에 따라 소유권 취득의 요건을 갖추지 못한 경우에는 그 하자가 중대하지만 외관상 명백하지 않아 무효는 아니며 취소할 수 있는 데 그친다.

19

국가배상책임에 관한 설명으로 옳지 않은 것은? (다툼이 있는 경우 판례에 의함)

① 국가배상법에서는 공무원 개인의 피해자에 대한 배상책임을 인정하는 명시적인 규정을 두고 있지 않다.
② 공무원증 발급업무를 담당하는 공무원이 대출을 받을 목적으로 다른 공무원의 공무원증을 위조하는 행위는 국가배상법 제2조 제1항의 직무집행관련성이 인정되지 않는다.
③ 군교도소 수용자들이 탈주하여 일반 국민에게 손해를 입혔다면 국가는 그로 인하여 피해자들이 입은 손해를 배상할 책임이 있다.
④ 국가배상법 제2조 제1항 단서에 의해 군인 등의 국가배상청구권이 제한되는 경우, 공동불법행위자인 민간인은 피해를 입은 군인 등에게 그 손해 전부에 대하여 배상하여야 하는 것은 아니며 자신의 부담부분에 한하여 손해배상의무를 부담한다.

20

다음 설명 중 옳지 않은 것은? (다툼이 있는 경우 판례에 의함)

① 지방자치단체가 옹벽시설공사를 업체에게 주어 공사를 시행하다가 사고가 일어난 경우, 옹벽이 공사 중이고 아직 완성되지 아니하여 일반 공중의 이용에 제공되지 않았다면 국가배상법 제5조 소정의 영조물에 해당한다고 할 수 없다.
② 김포공항을 설치·관리함에 있어 항공법령에 따른 항공기 소음기준 및 소음대책을 준수하려는 노력을 하였더라도, 공항이 항공기 운항이라는 공공의 목적에 이용됨에 있어 그와 관련하여 배출하는 소음 등의 침해가 인근 주민들에게 통상의 수인한도를 넘는 피해를 발생하게 하였다면 공항의 설치·관리상에 하자가 있다고 보아야 한다.
③ 가변차로에 설치된 두 개의 신호기에서 서로 모순되는 신호가 들어오는 고장으로 인하여 사고가 발생한 경우, 그 고장이 현재의 기술 수준상 부득이한 것으로 예방할 방법이 없는 것이라면 손해발생의 예견가능성이나 회피가능성이 없어 영조물의 하자를 인정할 수 없다.
④ 영조물 설치자의 재정사정이나 영조물의 사용목적에 의한 사정은, 안전성을 요구하는 데 대한 참작사유는 될 지언정 안전성을 결정지을 절대적 요건은 아니다.

제4회 실전 기출문제

01

기속행위와 재량행위에 대한 설명으로 옳은 것은? (다툼이 있는 경우 판례에 의함)

① 법원은 최근 기존의 입장을 변경하여 재량행위 외에 기속행위나 기속적 재량행위에도 부관을 붙일 수 있는 것으로 보고 있고, 이러한 부관이 있는 경우 특별한 사정이 없는 한 당사자는 부관의 내용을 이행하여야 할 의무를 진다.

② 건축허가를 하면서 일정 토지를 기부채납하도록 하는 내용의 허가조건을 붙였다면 원칙상 취소사유로 보아야 한다.

③ 건축법상 건축허가신청의 경우 심사 결과 그 신청이 법정요건에 합치하는 경우라 할지라도 소음공해, 먼지 발생, 주변인 집단민원 등의 사유가 있는 경우 이를 불허가 사유로 삼을 수 있고, 그러한 불허가처분이 비례원칙 등을 준수하였다면 처분 자체의 위법성은 인정될 수 없다.

④ 법이 과징금 부과처분에 대한 임의적 감경규정을 두었다면 감경 여부는 행정청의 재량에 속한다고 할 것이나, 행정청이 감경사유가 있음에도 이를 전혀 고려하지 않았거나 감경사유에 해당하지 않는다고 오인한 나머지 과징금을 감경하지 않았다면 그 과징금 부과처분은 재량권을 일탈하거나 남용한 위법한 처분으로 보아야 한다.

02

행정절차법상 행정절차에 대한 설명으로 옳은 것은?

① 행정청은 처분을 할 때 필요하다고 인정하는 경우에 청문을 할 수 있다.

② 행정청은 해당 처분의 영향이 광범위하여 널리 의견을 수렴할 필요가 있다고 인정하는 경우에 청문을 실시할 수 있다.

③ 행정청이 당사자에게 의무를 부과하거나 권익을 제한하는 처분을 함에 있어 청문이나 공청회를 거치지 않은 경우에는 당사자에게 의견제출의 기회를 주어야 한다.

④ 행정청이 처분을 할 때에는 긴급히 처분을 할 경우를 제외하고는 모든 경우에 있어 당사자에게 그 근거와 이유를 제시하여야 한다.

03

사정판결에 대한 설명으로 옳은 것은? (다툼이 있는 경우 판례에 의함)

① 행정청의 재량에 속하는 처분이라도 재량권의 한계를 넘거나 그 남용이 있는 때에는 법원은 이를 취소할 수 있고, 재량권 일탈·남용에 관하여는 피고인 행정청이 증명책임을 부담한다.

② 법원은 사정판결을 하기 전에 원고가 그로 인하여 입게 될 손해의 정도와 배상방법, 그 밖의 사정을 조사하여야 한다.

③ 사정판결을 하는 경우 법원은 처분의 위법함을 판결의 주문에 표기할 수 없으므로 판결의 내용에서 그 처분 등이 위법함을 명시함으로써 원고에 대한 실질적 구제가 이루어지도록 하여야 한다.

④ 원고는 취소소송이 계속된 법원에 당해 행정청에 대한 손해배상 청구 등을 병합하여 제기할 수 없으므로, 손해배상 청구를 담당하는 민사법원의 판결이 먼저 내려진 경우라 할지라도 이 판결의 내용은 취소소송에 영향을 미치지 아니한다.

04

취소소송에 대한 설명으로 옳은 것은?

① 취소소송은 처분등을 대상으로 하나, 재결취소소송은 처분 및 재결 자체에 고유한 위법이 있음을 이유로 하는 경우에 한한다.
② 행정소송법 제23조 제2항 소정의 행정처분 등의 효력이나 집행을 정지하기 위한 요건으로서의 '회복하기 어려운 손해'라 함은 특별한 사정이 없는 한 금전적 보상을 과도하게 요하는 경우, 금전보상이 불가능한 경우, 그 밖에 금전보상으로는 사회관념상 행정처분을 받은 당사자가 참고 견딜 수 없거나 또는 참고 견디기가 현저히 곤란한 경우의 유형, 무형의 손해를 일컫는다.
③ 취소소송은 처분등이 있음을 안 날부터 90일 이내에, 처분등이 있은 날부터 1년 이내에 제기할 수 있고, 다만 처분등이 있은 날부터 1년이 경과하여도 정당한 사유가 있다면 취소소송을 제기할 수 있다.
④ 집행정지의 결정을 신청함에 있어서는 그 이유에 대한 소명을 반드시 필요로 하는 것은 아니므로 정당한 사유 등 특별한 사정이 있다면 재판부는 그 소명 없이 직권으로 집행정지에 대한 결정을 하여야 한다.

05

행정행위의 하자에 대한 설명으로 옳은 것은? (다툼이 있는 경우 판례에 의함)

① 하자 있는 행정행위의 치유는 원칙적으로 허용되나, 국민의 권리나 이익을 침해하지 않는 범위 내에서 인정된다.
② 행정소송에서 행정처분의 위법 여부는 행정처분이 있을 때의 법령과 사실상태를 기준으로 하여 판단하여야 하고 처분 후 법령의 개폐나 사실상태의 변동이 있다면 그러한 법령의 개폐나 사실상태의 변동에 의하여 처분의 위법성이 치유될 수 있다.
③ 법률관계나 사실관계에 대하여 그 법률의 규정을 적용할 수 없다는 법리가 명백히 밝혀지지 아니하여 그 해석에 다툼의 여지가 있는 경우에, 행정관청이 이를 잘못 해석하여 행정처분을 하였다면 그 처분의 하자는 객관적으로 명백하다고 볼 것이나, 중대한 것은 아니므로 이를 이유로 무효를 주장할 수는 없다.
④ 도시 및 주거환경정비법상 주택재건축사업의 추진 위원회가 조합을 설립하고자 하는 때에는 토지소유자 등이 일정 수 이상 동의하여야 하는데, 조합설립인가 처분이 이러한 요건을 충족하지 못한 상태에서 이루어졌다면 그러한 처분은 위법하고, 토지소유자 등의 추가 동의서가 추후에 제출되어 법정요건을 갖추었다 할지라도 설립인가처분의 위법성이 치유되는 것은 아니다.

06

행정조사에 대한 설명으로 옳지 않은 것은?

① 행정조사는 법령 등의 준수를 유도하기보다는 법령 등의 위반에 대한 처벌에 중점을 두어야 한다.
② 행정조사는 조사대상자의 자발적 협조를 얻어서 실시하는 경우에는 개별 법령의 근거규정이 없어도 할 수 있다.
③ 행정기관의 장은 법령 등에서 규정하고 있는 조사사항을 조사대상자로 하여금 스스로 신고하도록 하는 자율신고제도를 운영할 수 있다.
④ 조사원이 조사목적을 달성하기 위하여 시료채취를 하는 경우에는 그 시료의 소유자 및 관리자의 정상적인 경제 활동을 방해하지 아니하는 범위 안에서 최소한도로 하여야 한다.

07

공법상 계약에 대한 설명으로 옳은 것은? (다툼이 있는 경우 판례에 의함)

① 중소기업기술정보진흥원장과 '갑' 주식회사가 체결한 중소기업 정보화지원사업을 위한 협약의 해지 및 그에 따른 환수통보는 공법상 당사자소송에 의한다.
② 계약의 해지의사표시를 하기 위해서는 행정절차법에 따라 근거와 이유를 제시하여야 한다.
③ 계약에 의한 의무불이행에 대해서는 원칙적으로 행정대집행법이 적용된다.
④ 계약에 관하여는 행정절차법에 명문의 규정을 두고 있다.

08

행정입법에 대한 설명으로 옳은 내용만을 모두 고른 것은? (다툼이 있는 경우 판례에 의함)

> ㉠ 위임명령이 위임내용을 구체화하는 단계를 벗어나 새로운 입법을 한 것으로 평가할 수 있다면, 위임의 한계를 벗어난 것으로서 허용되지 않는다.
> ㉡ 법률이 공법적 단체 등의 정관에 자치법적인 사항을 위임한 경우, 포괄적 위임입법 금지가 원칙적으로 적용된다.
> ㉢ 상급행정기관이 하급행정기관에 대하여 업무처리지침이나 법령의 해석적용에 관한 기준을 정하여 발하는 이른바 행정규칙은 일반적으로 대외적 구속력을 갖는다.

① ㉠
② ㉠, ㉡
③ ㉠, ㉢
④ ㉡, ㉢

09

행정의 실효성 확보수단에 대한 설명으로 옳은 것은? (다툼이 있는 경우 판례에 의함)

① 건축법상 이행강제금은 형벌에 해당하므로 이중처벌금지의 원칙이 적용된다.
② 양벌규정에 의한 영업주의 처벌은 금지위반행위자인 종업원의 처벌에 종속되는 것이다.
③ 도로교통법상 경찰서장의 통고처분은 항고소송의 대상이 되는 처분이다.
④ 건물철거의무에 퇴거의무도 포함되어 있어 건물철거 대집행 과정에서 부수적으로 건물의 점유자들에 대한 퇴거조치를 할 수 있다.

10

행정법의 일반원칙에 대한 설명으로 옳지 않은 것은? (다툼이 있는 경우 판례에 의함)

① 신뢰보호원칙에 위반하는 경우 그 행정행위는 위법하며, 판례는 이 경우 취소사유로 보지 않고 무효로만 보았다.
② 행정주체가 행정작용을 함에 있어서 상대방에게 이와 실질적 관련이 없는 의무를 부과하거나 그 이행을 강제하여서는 아니 된다.
③ 행정절차법상 규정이 없는 경우에도 행정권 행사가 적정한 절차에 따라 행해지지 아니하면 그 행정권 행사는 적법절차의 원칙에 반한다.
④ 자기구속의 원칙이 인정되는 경우 행정관행과 다른 처분은 특별한 사정이 없는 한 위법하다.

11

다음 설명 중 옳은 내용만을 모두 고른 것은? (다툼이 있는 경우 판례에 의함)

> ㉠ 국가기관인 소방청장은 국민권익위원회를 상대로 조치요구의 취소를 구할 당사자능력이 없기 때문에 항고소송의 원고적격이 인정되지 않는다.
> ㉡ 기속행위나 기속적 재량행위인 건축허가에 붙인 부관은 무효이다.
> ㉢ 행정심판을 거친 경우에 취소소송의 제소기간은 재결서의 정본을 송달받은 날부터 90일 이내이다.
> ㉣ 과태료는 행정벌의 일종으로 형벌과 마찬가지로 형법 총칙이 적용된다.

① ㉠, ㉡
② ㉠, ㉣
③ ㉡, ㉢
④ ㉢, ㉣

12

공법상 시효에 대한 설명으로 옳지 않은 것은?

① 관세법상 납세자의 과오납금 또는 그 밖의 관세의 환급청구권은 그 권리를 행사할 수 있는 날부터 5년간 행사하지 아니하면 소멸시효가 완성된다.
② 판례는 공법상 부당이득반환청구권은 사권(私權)에 해당되며, 그에 관한 소송은 민사소송절차에 따라야 한다고 보고 있다.
③ 소멸시효에 대해 국가재정법은 국가의 국민에 대한 금전채권은 물론이고 국민의 국가에 대한 금전채권에도 적용된다.
④ 공법의 특수성으로 인해 소멸시효의 중단·정지에 관한 민법 규정은 적용되지 않는다.

13

행정지도에 대한 내용으로 옳지 않은 것은?

① 행정기관은 상대방이 행정지도에 따르지 아니하였다는 이유로 불이익 조치를 하여서는 아니 된다.
② 행정절차에 소요되는 비용은 원칙적으로 행정청이 부담하도록 규정되어 있다.
③ 행정지도의 상대방은 당해 행정지도의 방식·내용 등에 관하여 행정기관에 의견을 제출할 수 없다.
④ 행정지도는 그 목적달성에 필요한 최소한도에 그쳐야 한다.

14

다음 설명 중 옳지 않은 것은? (다툼이 있는 경우 판례에 의함)

① 질서위반행위규제법상의 질서위반행위는 고의 또는 과실이 있는 경우에 과태료를 부과할 수 있다.
② 질서위반행위의 성립은 행위 시의 법률을 따르고 과태료 처분은 판결 시의 법률에 따른다.
③ 행정청은 질서위반행위가 발생하였다는 합리적 의심이 있어 그에 대한 조사가 필요하다고 인정하는 경우에 법정조사권을 행사할 수 있다.
④ 행정질서벌인 과태료는 형벌이 아니므로 행정질서벌에는 형법총칙이 적용되지 않는다.

15

다음 중 특허에 해당하지 않는 것은? (다툼이 있는 경우 판례에 의함)

① 귀화허가
② 공무원임명
③ 개인택시운송사업면허
④ 사립학교 법인이사의 선임행위

16

다음 설명 중 옳지 않은 것은? (다툼이 있는 경우 판례에 의함)

① 일정한 행정목적을 실현하기 위하여 상대방인 국민에게 임의적인 협력을 요청하는 비권력적 사실행위를 행정지도라 한다.
② 행정지도를 하는 자는 그 상대방에게 그 행정지도의 취지 및 내용을 밝혀야 하지만 신분은 생략할 수 있다.
③ 상대방의 의사에 반하여 부당하게 강요하는 행정지도는 위법하다.
④ 행정지도에는 법률의 근거가 필요하지 않다는 것이 판례의 태도이다.

17

행정법의 일반원칙과 관련한 판례의 태도로 옳은 것은?

① 연구단지 내 녹지구역에 위험물저장시설인 주유소와 LPG충전소 중에서 주유소는 허용하면서 LPG충전소를 금지하는 시행령 규정은 LPG충전소 영업을 하려는 국민을 합리적 이유 없이 자의적으로 차별하여 결과적으로 평등원칙에 위배된다는 것이 헌법재판소의 태도이다.
② 하자 있는 처분이 국민에게 권리나 이익을 부여하는 이른바 수익적 행정행위인 때에는 취소하여야 할 공익상 필요와 취소로 인하여 당사자가 입게 될 기득권과 신뢰보호 및 법률생활안정의 침해 등 불이익을 비교 교량한 후 공익상 필요가 당사자가 입을 불이익을 정당화할 만큼 강하지 않아도 이를 취소할 수 있다는 것이 판례의 태도이다.
③ 숙박시설 건축허가 신청을 반려한 처분에 관해 학생들의 교육환경과 인근 주민들의 주거환경 보호라는 공익이 그 신청인이 잃게 되는 이익의 침해를 정당화할 수 있을 정도로 크므로, 위 반려처분은 신뢰보호의 원칙에 위배되지 않는다는 것이 판례의 태도이다.
④ 옥외집회의 사전신고의무를 규정한 구 집회 및 시위에 관한 법률 제6조 제1항 중 '옥외집회'에 관한 부분은 과잉금지원칙에 위배하여 집회의 자유를 침해하는 것으로 볼 수 있다는 것이 헌법재판소의 태도이다.

18

행정행위의 부관에 대한 설명으로 옳지 않은 것은? (다툼이 있는 경우 판례에 의함)

① 사정변경으로 인하여 당초에 부담을 부가한 목적을 달성할 수 없게 된 경우에도 부관의 사후변경은 그 목적달성에 필요한 범위 내에서 예외적으로 허용된다는 것이 판례의 태도이다.
② 행정행위의 부관의 유형 중에서 장래의 불확실한 사실에 의해서 행정행위의 효력을 소멸시키는 것은 해제조건이다.
③ 지방국토관리청장이 일부 공유수면매립지에 대하여 한 국가 또는 직할시(현 광역시) 귀속처분은 법률효과의 일부배제에 해당하는 것으로 행정행위의 부관의 유형으로 볼 수 없다는 것이 판례의 태도이다.
④ 부담과 조건의 구별이 명확하지 않은 경우에는 부담으로 보는 것이 행정행위의 상대방에게 유리하다고 본다.

19

행정강제수단에 대한 설명으로 옳지 않은 것은? (다툼이 있는 경우 판례에 의함)

① 행정기관은 법령 등에서 행정조사를 규정하고 있는 경우에 한하여 행정조사를 실시할 수 있지만 조사대상자의 자발적인 협조를 얻어 실시하는 경우에는 그러하지 아니하다.
② 화재진압작업을 위해서 화재발생현장에 불법주차차량을 제거하는 것은 급박성을 이유로 법적 근거가 없더라도 최후수단으로서 실행이 가능하다.
③ 해가 지기 전에 대집행을 착수한 경우에는 야간에 대집행 실행이 가능하다.
④ 건축법상 이행강제금 납부의 최초 독촉은 항고소송의 대상이 되는 행정처분에 해당한다는 것이 판례의 태도이다.

20

국가배상에 대한 판례의 태도로 옳지 않은 것은?

① 성폭력범죄의 수사를 담당하거나 수사에 관여하는 경찰관이 피해자의 인적사항 등을 공개 또는 누설함으로써 피해자가 손해를 입은 경우, 국가의 배상책임이 인정된다는 것이 판례의 태도이다.
② 음주운전으로 적발된 주취운전자가 도로 밖으로 차량을 이동하겠다며 단속 경찰관으로부터 보관 중이던 차량 열쇠를 반환받아 몰래 차량을 운전하여 가던 중 사고를 일으킨 경우, 국가배상책임이 인정되지 않는다는 것이 판례의 태도이다.
③ 지방자치단체장이 설치하여 관할 지방경찰청장에게 관리권한이 위임된 교통신호기의 고장으로 인하여 교통사고가 발생한 경우, 지방자치단체뿐만 아니라 국가도 손해배상책임을 부담한다는 것이 판례의 태도이다.
④ 군수 또는 그 보조 공무원이 농수산부장관으로부터 도지사를 거쳐 군수에게 재위임된 국가사무(기관위임 사무)인 개간허가 및 그 취소사무를 처리함에 있어 고의 또는 과실로 타인에게 손해를 가한 경우, 국가배상법 제6조에 의하여 지방자치단체인 군이 비용을 부담한다고 볼 수 있는 경우에 한하여 국가와 함께 손해배상책임을 부담한다.

01

「행정심판법」에 관한 설명으로 옳지 않은 것은?

① 중앙행정심판위원회는 위원장 1명을 포함하여 70명 이내의 위원으로 구성한다.
② 행정심판의 대상에는 처분 또는 부작위의 위법성뿐만 아니라 부당성도 포함된다.
③ 부작위에 대한 의무이행심판청구에 있어서는 심판청구기간의 제한이 없다.
④ 취소심판 및 의무이행심판에 대해서는 사정재결을 할 수 없다.

02

「행정소송법」에 관한 설명으로 옳지 않은 것은?

① 행정청의 처분등의 효력 유무 또는 존재 여부를 확인하는 소송은 무효등확인소송이다.
② 국가 또는 공공단체의 기관이 법률에 위반되는 행위를 한 때에 직접 자기의 법률상 이익과 관계없이 그 시정을 구하기 위하여 제기하는 소송은 기관소송이다.
③ 「행정소송법」은 행정소송사항에 관하여 개괄주의를 채택하였지만, 민중소송은 예외적으로 열기주의를 채택하였다.
④ 당사자소송에 관하여 법령에 제소기간이 정하여져 있는 경우 그 기간은 불변기간으로 한다.

03

국민권익위원회에 관한 설명으로 옳지 않은 것은?

① 18세 이상의 국민은 공공기관의 사무처리가 법령 위반 또는 부패행위로 인하여 공익을 현저히 해하는 경우 대통령령으로 정하는 일정한 수 이상의 국민의 연서로 감사원에 감사를 청구할 수 있다.
② 공직자 행동강령의 시행·운영 및 「행정심판법」에 따른 중앙행정심판위원회의 운영에 관한 업무를 수행한다.
③ 누구든지 부패행위를 알게 된 때에는 이를 위원회에 신고할 수 있다.
④ 위원장과 위원의 임기는 각각 3년으로 하되 1차에 한하여 연임할 수 있다.

04

행정상 즉시강제에 관한 설명으로 옳지 않은 것은? (다툼이 있는 경우 판례에 의함)

① 「소방기본법」상 소방활동에 방해가 되는 물건 등에 대한 강제처분은 행정상 즉시강제에 해당한다.
② 행정상 즉시강제는 권력적 사실행위이므로, 항고소송의 대상이 되는 처분성이 인정된다.
③ 「식품위생법」상 영업소 폐쇄명령을 받은 자가 영업을 계속할 경우 강제폐쇄하는 조치는 행정상 즉시강제에 해당한다.
④ 행정상 즉시강제에서 그 목적을 달성할 수 없는 지극히 예외적인 경우에만 헌법상 사전영장주의원칙의 예외가 인정된다.

05

「개인정보 보호법」에 관한 설명으로 옳지 않은 것은? (다툼이 있는 경우 판례에 의함)

① 개인정보자기결정권의 보호대상이 되는 개인정보는 공적 생활에서 형성되었거나 이미 공개된 개인정보까지도 포함한다.
② 개인정보 분쟁조정위원회는 집단분쟁조정의 당사자인 다수의 정보주체 중 일부의 정보주체가 법원에 소를 제기한 경우에는 그 조정절차를 중지하고, 이를 당사자에게 알려야 한다.
③ 개인정보 분쟁조정위원회 위원장은 위원 중에서 공무원이 아닌 사람으로 개인정보 보호위원회 위원장이 위촉한다.
④ 개인정보를 처리하거나 처리하였던 자로부터 직접 개인정보를 제공받지 아니하더라도, 개인정보를 처리하거나 처리하였던 자가 업무상 알게 된 개인정보를 누설하거나 권한 없이 다른 사람이 이용하도록 제공한 것이라는 사정을 알면서도 영리 또는 부정한 목적으로 개인정보를 제공받은 자라면, 「개인정보 보호법」상 벌칙의 대상자가 된다.

06

항고소송의 대상에 관한 설명으로 옳지 않은 것은? (다툼이 있는 경우 판례에 의함)

① 행정행위의 부관은 부담의 경우를 제외하고는 독립하여 항고소송의 대상이 아니다.
② 교도소장이 수형자를 '접견내용 녹음·녹화 및 접견시 교도관 참여대상자'로 지정한 행위는 항고소송의 대상이 된다.
③ 「병역법」상 신체등위판정은 항고소송의 대상이 된다.
④ 건축물대장 소관청의 건축물대장 작성신청 반려행위는 항고소송의 대상이 된다.

07

행정행위의 하자에 관한 설명으로 옳지 않은 것은?

① 무효인 행정행위에는 공정력, 불가쟁력이 인정되지 않는다.
② 처분의 근거가 되었던 법률규정에 대하여 위헌결정이 내려진 후 행한 처분의 집행행위는 당연무효이다.
③ 선행행위가 무효인 경우에는 후행행위도 당연히 무효이다.
④ 하자 있는 행정행위의 치유는 행정경제를 도모하기 위하여 원칙적으로 허용된다.

08

다음은 행정소송법과 행정심판법의 내용이다. ( ) 안에 들어갈 내용으로 옳은 것은?

- 행정소송에 관하여 행정소송법에 특별한 규정이 없는 사항에 대하여는 법원조직법과 민사소송법 및 (가)의 규정을 준용한다.
- 취소소송은 처분등이 있은 날부터 (나)을 경과하면 이를 제기하지 못한다. 다만, 정당한 사유가 있는 때에는 그러하지 아니하다.
- 행정심판은 처분이 있었던 날부터 (다)이 지나면 청구하지 못한다. 다만, 정당한 사유가 있는 경우에는 그러하지 아니하다.

	(가)	(나)	(다)
①	형사소송법	1년	90일
②	민사집행법	1년	180일
③	형사소송법	180일	90일
④	민사집행법	180일	180일

09

다음 중 공법관계에 해당하지 않는 것은? (다툼이 있는 경우 판례에 의함)

① 「공익사업을 위한 토지 등의 취득 및 보상에 관한 법률」에 따른 협의취득
② 공공하수도의 이용관계
③ 시립합창단원의 위촉
④ 미지급된 공무원 퇴직연금의 지급청구

10

공공기관의 정보공개에 관한 법률에 관한 설명으로 옳지 않은 것은? (다툼이 있는 경우 판례에 의함)

① 국가안전보장·국방·통일·외교관계 분야 업무를 주로 하는 국가기관의 정보공개심의회 구성시 최소한 3분의 1 이상은 외부 전문가로 위촉하여야 한다.
② 공개될 경우 부동산 투기로 특정인에게 이익 또는 불이익을 줄 우려가 있다고 인정되는 정보는 비공개대상에 해당한다.
③ 학교폭력대책자치위원회의 회의록은 공공기관의 정보공개에 관한 법률 제9조 제1항 제1호의 '다른 법률 또는 법률이 위임한 명령에 의하여 비밀 또는 비공개사항으로 규정된 정보'에 해당하지 않는다.
④ 정보공개청구에 대하여 공공기관이 비공개결정을 한 경우, 청구인이 이에 불복한다면 이의신청절차를 거치지 않고 행정심판을 청구할 수 있다.

11

행정조사에 관한 설명으로 옳지 않은 것은? (다툼이 있는 경우 판례에 의함)

① 세무조사결정은 항고소송의 대상이 된다.
② 행정조사기본법에 의하면, 조사목적달성을 위한 시료채취로 조사대상자에게 손실이 발생하였더라도 행정기관의 장은 이에 대한 보상책임을 지지 않는다.
③ 행정절차법은 행정조사에 관한 명문의 규정을 두고 있지 않다.
④ 우편물 통관검사절차에서 이루어지는 성분분석 등의 검사가 압수·수색영장 없이 이루어졌다 하더라도 특별한 사정이 없는 한 위법하지 않다.

12

다음 설명으로 옳지 않은 것은? (다툼이 있는 경우 판례에 의함)

A : 사립학교법인 임원의 선임에 대한 승인
B : 정비조합 정관변경에 대한 인가
C : 공유수면사용에 대한 허가

① A 행위는 기본행위의 효력을 완성시켜 주는 형성적 행위이다.
② B 행위는 기본행위의 효력을 완성시켜 주는 보충적 행위이다.
③ C 행위는 법률관계의 존부를 확인하는 행위이다.
④ 기본행위가 무효이면 A 행위는 무효가 된다.

13

다음 설명 중 옳은 것만을 모두 고른 것은? (다툼이 있는 경우 판례에 의함)

㉠ 건축허가는 대물적 허가의 성질을 가진다.
㉡ 지방경찰청이 횡단보도를 설치하여 보행자 통행방법 등을 규제하는 것은 행정처분이다.
㉢ 행정절차법은 불가쟁력이 발생한 행정행위에 대한 재심사청구를 규정하고 있다.
㉣ 철회권이 유보된 경우의 철회에는 이익형량의 원칙이 적용되지 않는다.

① ㉠, ㉡ ② ㉠, ㉣
③ ㉡, ㉢ ④ ㉢, ㉣

14

국가배상법에 관한 설명으로 옳지 않은 것은? (다툼이 있는 경우 판례에 의함)

① 외국인이 피해자인 경우 해당 국가와 상호보증이 있을 때에만 국가배상법을 적용한다.
② 가해 공무원에게 경과실이 있는 경우 공무원 개인은 손해배상책임을 부담한다.
③ 배상심의회에 대한 배상신청은 임의절차이다.
④ 국가·지방자치단체의 구상권은 가해 공무원에게 고의 또는 중과실이 있는 경우에 한하여 인정된다.

15
판례상 행정처분으로 인정되는 것은?

① 어업권면허에 선행하는 우선순위결정
② 계약직공무원 채용계약해지의 의사표시
③ 행정규칙에 의한 불문경고조치
④ 국가공무원 당연퇴직의 인사발령

16
행정상 손실보상에 관한 설명으로 옳지 않은 것은? (다툼이 있는 경우 판례에 의함)

① 헌법 제23조 제3항에 규정된 '정당한 보상'은 상당보상을 의미한다는 것이 헌법재판소의 입장이다.
② 토지수용으로 인한 보상액을 산정함에 있어서 당해 공공사업과 관계없는 다른 사업의 시행으로 인한 개발이익은 이를 배제하지 아니한 가격으로 평가하여야 한다.
③ 공익사업을 위한 토지 등의 취득 및 보상에 관한 법률상의 잔여지수용청구는 매수에 관한 협의가 성립되지 아니한 경우에만 할 수 있으며, 그 사업의 공사완료일까지 하여야 한다.
④ 사업시행자의 이주대책 수립·실시의무를 정하고 있는 공익사업을 위한 토지 등의 취득 및 보상에 관한 법률상 규정은 당사자의 합의에 의하여 적용을 배제할 수 없는 강행법규이다.

17
판례상 행정행위에 관한 설명으로 옳지 않은 것은?

① 출입국관리법상 체류자격 변경허가는 설권적 처분의 성격을 가지므로, 허가권자는 허가 여부를 결정할 수 있는 재량을 가진다.
② 유기장 영업허가는 유기장영업권을 설정하는 설권행위이다.
③ 한의사면허는 경찰금지를 해제하는 명령적 행위에 해당한다.
④ 개인택시운송사업면허는 특정인에게 권리나 이익을 부여하는 재량행위이다.

18
신뢰보호원칙에 관한 설명으로 옳지 않은 것은? (다툼이 있는 경우 판례에 의함)

① 신뢰보호원칙은 판례뿐만 아니라 실정법상의 근거를 가지고 있다.
② 수익적 행정행위가 수익자의 귀책사유가 있는 신청에 의해 행하여졌다면 그 신뢰의 보호가치성은 인정되지 않는다.
③ 행정기관의 선행조치로서의 공적인 견해표명은 반드시 명시적인 언동이어야 한다.
④ 처분청 자신의 공적 견해표명이 있어야만 하는 것은 아니며, 경우에 따라서는 보조기관인 담당 공무원의 공적인 견해표명도 신뢰의 대상이 될 수 있다.

19
행정절차법의 적용이 배제되는 경우가 아닌 것은? (다툼이 있는 경우 판례에 의함)

① 헌법재판소의 심판을 거쳐 행하는 사항
② 지방의회의 의결을 거치거나 동의 또는 승인을 받아 행하는 사항
③ 감사원이 감사위원회의의 결정을 거쳐 행하는 사항
④ 육군3사관학교의 사관생도에 대한 퇴학처분

20
국가배상법 제2조에서 규정하는 '공무원'으로 볼 수 없는 것은? (다툼이 있는 경우 판례에 의함)

① 의용소방대 설치 및 운영에 관한 법률에 따라 소방서장이 임명한 의용소방대원
② 구청 소속 청소차량 운전원
③ 지방자치단체에 근무하는 청원경찰
④ 지방자치단체로부터 어린이보호 등의 공무를 위탁받아 집행하는 교통할아버지

제6회 실전 기출문제 [소방공무원 9급 2018. 4. 7. 시행]

01
행정쟁송법상의 처분에 관한 설명으로 옳지 않은 것은? (다툼이 있는 경우 판례에 의함)

① 공무수탁사인의 공무를 수행하는 공권력 행사도 처분에 해당한다.
② 처분성이 있는 법규명령의 효력이 있는 행정규칙은 항고소송의 대상이 된다.
③ 구 청소년보호법에 따른 청소년유해매체물 결정 및 고시처분은 당해 유해매체물의 소유자 등 특정인만을 대상으로 한 행정처분이 아니라 일반 불특정 다수인을 상대방으로 하여 일률적으로 각종 의무를 발생시키는 행정처분이다.
④ 국가인권위원회의 성희롱결정과 이에 따른 시정조치의 권고는 불가분의 일체로 행하여지는 것인데, 이는 비권력적 사실행위로서 행정소송의 대상이 되는 행정처분이 아니다.

02
행정질서벌에 관한 설명으로 옳지 않은 것은?

① 질서위반행위규제법은 고의 또는 과실이 없는 질서위반행위는 과태료를 부과하지 않는다고 규정한다.
② 당사자와 검사는 과태료 재판에 대하여 즉시항고를 할 수 있다. 이 경우 항고는 집행정지의 효력이 있다.
③ 신분에 의하여 성립하는 질서위반행위에 신분이 없는 자가 가담한 때에는 신분이 없는 자에 대하여는 질서위반행위가 성립하지 않는다.
④ 신분에 의하여 과태료를 감경 또는 가중하거나 과태료를 부과하지 아니하는 때에는, 그 신분의 효과는 신분이 없는 자에게는 미치지 아니한다.

03
행정상 강제징수에 관한 설명으로 옳지 않은 것은?

① 국세납부의무의 불이행에 대하여는 국세징수법에서 강제징수를 인정하고 있다.
② 독촉은 이후에 행해지는 압류의 적법요건이 되며 최고기간 동안 조세채권의 소멸시효를 중단시키는 법적 효과를 갖는다.
③ 국세징수법상의 독촉, 압류, 압류해제거부 및 공매처분에 대하여는 이의신청을 제기할 수 있고, 심사청구와 심판청구의 결정을 모두 거친 후에 행정소송을 제기할 수 있다.
④ 과세관청이 체납처분으로서 행하는 공매는 우월한 공권력의 행사로서 행정소송의 대상이 되는 공법상의 행정처분이며 공매에 의하여 재산을 매수한 자는 그 공매처분이 취소된 경우에 그 취소처분의 위법을 주장하여 행정소송을 제기할 법률상 이익이 있다.

04
행정조사에 관한 설명으로 옳지 않은 것은? (다툼이 있는 경우 판례에 의함)

① 시료채취로 조사대상자에게 손실을 입힌 경우 그 손실보상에 관한 명문규정이 있다.
② 행정절차법은 행정조사에 관한 명문의 규정을 마련하고 있다.
③ 행정조사의 성격을 가지는 우편물의 개봉, 시료채취, 성분분석 등의 검사는 압수, 수색영장 없이 가능하다.
④ 세무조사결정은 납세의무자의 권리, 의무에 직접 영향을 미치는 공권력의 행사에 따른 행정작용으로서 항고소송의 대상이 된다.

05
국가배상책임의 성립요건에 관한 설명 중 옳지 않은 것은?

① 공무수탁사인도 국가배상법 제2조의 공무원으로 보아야 한다.
② 판례는 행정기관이 실질적으로 공무를 수행하는 경우에도 국가배상법상의 공무원으로 보지 않는다.
③ 판례는 입법내용이 헌법의 문언에 명백히 위배됨에도 불구하고 국회가 굳이 당해 입법을 한 것과 같은 특수한 경우에 한하여 위법 및 과실을 인정하고 있다.
④ 판례는 기판력이 재판행위로 인한 국가배상책임의 인정을 배제하지 않는다고 본다.

06
행정계획의 사법적 통제에 관한 설명으로 옳지 않은 것은?

① 행정계획에 대한 사법적 통제와 관련하여서는 계획재량이 중요한 의미를 가진다.
② 계획재량은 재량행위의 일종이므로 일정한 법치국가적 한계가 있다.
③ 형량명령은 계획을 수립함에 있어 관계되는 모든 이익을 정당하게 형량하여야 한다는 행정법의 일반원칙이다.
④ 계획재량, 형량명령 및 형량명령의 하자에 관한 이론은 판례에는 반영되고 있지 아니하다.

07
통고처분에 관한 설명으로 옳지 않은 것은?

① 통고처분은 현행법상 조세범, 관세범, 출입국관리사범, 교통사범 등에 대하여 인정되고 있다.
② 통고처분에 의해 부과된 금액(범칙금)은 벌금이다.
③ 판례는 통고처분을 행정소송의 대상이 되는 행정처분이 아니라고 보고 있다.
④ 판례는 통고처분에 의해 부과된 범칙금을 납부한 경우 다시 처벌받지 아니한다고 규정하고 있는 것은 범칙금의 납부에 확정재판의 효력에 준하는 효력을 인정하는 취지로 해석하고 있다.

08
행정절차법상 행정상 입법예고를 하지 않아도 되는 사유에 해당하지 않는 것은?

① 법령 등을 제정·개정 또는 폐지하려는 경우
② 상위 법령 등의 단순한 집행을 위한 경우
③ 입법내용이 국민의 권리·의무 또는 일상생활과 관련이 없는 경우
④ 신속한 국민의 권리 보호 또는 예측 곤란한 특별한 사정의 발생 등으로 입법이 긴급을 요하는 경우

09
공공기관의 정보공개에 관한 법률상 정보공개에 관한 설명으로 옳지 않은 것은?

① 공공기관은 제10조에 따라 정보공개의 청구를 받으면 그 청구를 받은 날부터 30일 이내에 공개 여부를 결정하여야 한다.
② 정보의 공개 및 우송 등에 드는 비용은 실비(實費)의 범위에서 청구인이 부담한다.
③ 행정안전부장관은 전년도의 정보공개 운영에 관한 보고서를 매년 정기국회 개회 전까지 국회에 제출하여야 한다.
④ 지방자치단체는 그 소관 사무에 관하여 법령의 범위에서 정보공개에 관한 조례를 정할 수 있다.

10
통치행위에 관한 설명으로 옳지 않은 것은? (다툼이 있는 경우 판례에 의함)

① 통치행위는 정부에 의해 이루어지는 것이 일반적이며, 국회에 의해 이루어질 수도 있다.
② 일반사병의 이라크 파견 결정은 성격상 국방 및 외교에 관련된 고도의 정치적 결단을 요하는 문제이다.
③ 판례는 대통령의 금융실명거래 및 비밀보장에 관한 긴급재정·경제명령의 발령을 통치행위로 보았다.
④ 통치행위를 포함하여 모든 국가작용은 국민의 기본권적 가치를 실현하기 위한 수단이라는 한계를 반드시 지켜야 하는 것은 아니다.

11

사인의 공법행위에 관한 설명으로 옳지 않은 것은? (다툼이 있는 경우 판례에 의함)

① 적법한 사인의 공법행위가 있는 경우에 발생하는 효과는 개별법규가 정한 바에 따르며, 행정청에 가해지는 기본적인 효과는 처리기간 내에 특별한 사유가 없는 한 처리하여야 할 의무가 발생한다.
② 수리를 요하지 아니하는 신고의 경우에 신고에 하자가 있다면 보정되기까지는 신고의 효과가 발생하지 않는다.
③ 사인의 공법행위로서 신고는 사인이 공법적 효과의 발생을 목적으로 행정주체에 대하여 일정한 사실을 알리는 행위로서 행정청에 의한 실질적 심사가 요구되는 행위를 말한다.
④ 판례는 대물적 영업의 양도의 경우 명시적인 규정이 없는 경우에도 양도 전에 존재하는 영업정지사유를 이유로 양수인에 대해서도 영업정지처분을 할 수 있다고 보고 있다.

12

행정소송에 관한 설명으로 옳지 않은 것은? (다툼이 있는 경우 판례에 의함)

① 행정처분에 대한 무효확인과 취소청구는 서로 양립할 수 없는 청구로서 주위적·예비적 청구로서만 병합이 가능하고 선택적 청구로서의 병합이나 단순병합은 허용되지 않는다.
② 판례는 항고소송에 있어서 행정청은 피고적격이 인정되며, 국가기관인 시·도 선거관리위원회 위원장과 충북대학교 총장의 당사자능력을 인정하였다.
③ 지방의회가 의결한 조례가 그 자체로서 직접 주민의 권리·의무에 영향을 미쳐 항고소송의 대상이 되는 경우에도 그 피고는 조례를 공포한 지방자치단체의 장이 된다.
④ 처분은 행정청이 행한 구체적 사실에 관한 법집행 행위이므로 일반적·추상적 행위는 처분이 아니나, 그 효력이 다른 집행행위의 매개 없이 그 자체로서 직접 국민의 구체적인 권리와 의무나 법률관계를 규율하는 성격을 가지는 처분법규는 처분이 된다.

13

<보기>에서 판례가 취소소송의 원고적격을 부정한 것을 모두 고른 것은?

<보기>
㉠ 목욕탕영업허가에 대하여 기존 목욕탕업자
㉡ 부교수임용처분에 대하여 같은 학과의 기존교수
㉢ 당초 병원설치가 불가능한 용도에서 병원설치가 가능한 용도로 건축물 용도를 변경하여 준 처분에 대하여 인근의 기존 병원경영자
㉣ 교도소장의 접견허가거부처분에 대하여 그 접견신청의 대상자였던 미결수

① ㉠, ㉢
② ㉠, ㉡, ㉢
③ ㉡, ㉢, ㉣
④ ㉠, ㉡, ㉢, ㉣

14

행정의 실효성 확보수단에 관한 설명으로 옳지 않은 것은? (다툼이 있는 경우 판례에 의함)

① 건물의 명도의무는 대집행의 대상이 될 수 없다.
② 위법건축물에 대한 철거 대집행계고처분에 불응하여 제2차 계고를 한 경우 제2차 계고는 행정처분이 아니므로 행정쟁송의 대상이 될 수 없다
③ 이행강제금은 대체적 작위의무에 대해서도 부과할 수 있다.
④ 이행강제금은 형벌과 병과할 수 없다.

15

행정행위의 효력에 관한 설명으로 옳지 않은 것은?

① 행정행위의 불가쟁력은 형식적 존속력이라고도 한다.
② 행정심판위원회의 재결에는 불가변력이 인정된다.
③ 불가변력은 행정행위의 상대방 및 이해관계인에 대한 구속력이고, 불가쟁력은 처분청 등 행정기관에 대한 구속력이다.
④ 불가쟁력이 발생한 행정행위일지라도 불가변력이 없는 경우에는 행정청 등 권한 있는 기관은 이를 직권으로 취소할 수 있다.

16
행정법의 일반원칙에 관한 설명으로 옳지 않은 것은? (다툼이 있는 경우 판례에 의함)

① 비례의 원칙에 의할 때 공무원이 단지 1회 훈령에 위반하여 요정 출입을 하였다는 사유만으로 한 파면처분은 위법하다.
② 행정의 자기구속의 원칙은 평등원칙 및 신뢰보호의 원칙과 밀접한 관련을 지니고 있다.
③ 부당결부금지의 원칙은 행정작용을 함에 있어서 그와 실체적 관련이 없는 상대방의 반대급부를 조건으로 하여서는 안 된다는 원칙을 말한다.
④ 신뢰보호의 원칙에서 행정기관의 공적인 견해표명은 명시적이어야 하고 묵시적인 경우에는 인정되지 아니한다.

17
신청에 관한 기술 중 옳은 것은? (다툼이 있는 경우 판례에 의함)

① 행정청에 대하여 처분을 구하는 신청은 문서로 하여야 하지만, 일반민원의 신청은 구술이나 전화로 할 수 있다.
② 신청에 대해 서류 등이 미비할 경우, 바로 접수를 거부할 수 있다.
③ 흠결된 서류의 보완이 주요서류의 대부분을 새로 작성함이 불가피하게 되어 사실상 새로운 신청으로 보아야 할 경우, 접수를 거부하거나 반려할 수 있다.
④ 신청인은 신청서가 일단 접수되면, 신청한 내용을 보완하거나 변경 또는 취하할 수 없다.

18
법령 등에서 행정청에 일정한 사항을 통지함으로써 의무가 끝나는 신고를 규정하고 있는 경우에 행정청이 신고인에게 보완을 요구하고 상당한 기간 내에 보완을 하지 않을 경우 되돌려 보낼 수 있는 경우가 아닌 것은?

① 신고서의 기재사항에 흠이 있는 경우
② 신고의 내용이 현저히 공익을 해친다고 판단되는 경우
③ 필요한 구비서류가 첨부되어 있지 아니한 경우
④ 그 밖에 법령 등에 규정된 형식상의 요건에 부합하지 아니한 경우

19
행정법의 법원(法源)으로서 헌법이 직접 규정하고 있지 않은 것은?

① 감사원규칙
② 중앙선거관리위원회규칙
③ 지방자치단체의 자치에 관한 규정
④ 대통령령, 총리령, 부령

20
법규명령의 통제에 관한 기술 중 옳지 않은 것은? (다툼이 있는 경우 판례에 의함)

① 헌법은 대법원이 명령에 대한 심사권한이 있음을 직접 규정하고 있다.
② 대법원은 유신헌법상 긴급조치가 법률이 아니므로 대법원이 심사권을 가진다고 판시하였다.
③ 명령 등이 헌법이나 법률에 위반되어 대법원에서 무효라고 선언하여도 당해 사건에만 적용이 배제될 뿐 형식적으로는 존재하므로 판결확정 후 대법원은 행정안전부장관에게 통보하도록 하고 있다.
④ 행정처분 후, 대법원에서 처분의 근거 명령 등이 무효라고 선언된 경우 당해 행정처분은 무효사유에 해당한다.

01

법치행정에 관한 설명으로 옳지 않은 것은? (다툼이 있는 경우 판례에 의함)

① '행정기본법'에 명문 규정을 두고 있다.
② 행정작용은 국민의 권리를 제한하거나 의무를 부과하는 경우와 그 밖에 국민생활에 중요한 영향을 미치는 경우에는 법률에 근거하여야 한다.
③ 일반적으로 처분이 주체·내용·절차와 형식의 요건을 모두 갖추고 외부에 표시된 경우에는 처분의 존재가 인정된다.
④ 행정청이 처분을 하는 때에는 다른 법령 등에 특별한 규정이 있는 경우를 제외하고는 문서로 하여야 하는 것이 원칙이다.
⑤ 구 '소방시설 설치·유지 및 안전관리에 관한 법률'에 따른 소방공무원의 시정보완명령 고지가 구두로 행하여졌다면 그 내용이 적법하다 하더라도 해당 처분은 취소사유에 해당한다.

02

'행정기본법'상 기간의 계산에 관한 설명으로 옳지 않은 것은?

① 행정에 관한 기간의 계산에 관하여는 '행정기본법' 또는 다른 법령등에 특별한 규정이 있는 경우를 제외하고는 '민법'을 준용한다.
② 법령등 또는 처분에서 국민의 권익을 제한하거나 의무를 부과하는 경우 권익이 제한되거나 의무가 지속되는 기간을 일, 주, 월 또는 연으로 정한 경우에는 국민에게 불리한 경우가 아니라면 기간의 첫날을 산입한다.
③ 법령등 또는 처분에서 국민의 권익을 제한하거나 의무를 부과하는 경우 권익이 제한되거나 의무가 지속되는 기간의 말일이 토요일 또는 공휴일인 경우에는 국민에게 불리한 경우가 아니라면 기간은 그 익일로 만료한다.
④ 법령등의 시행일을 정하거나 계산할 때에는 법령등을 공포한 날부터 시행하는 경우 공포한 날을 시행일로 한다.
⑤ 법령등의 시행일을 정하거나 계산할 때에는 법령등을 공포한 날부터 일정 기간이 경과한 날부터 시행하는 경우 법령등을 공포한 날을 첫날에 산입하지 아니한다.

03

'행정기본법'상 행정의 입법활동에 관한 설명으로 옳지 않은 것은?

① 국가나 지방자치단체가 법령등을 제정·개정·폐지하고자 하거나 그와 관련된 활동을 할 때에는 헌법과 상위 법령을 위반해서는 아니 되며, 헌법과 법령등에서 정한 절차를 준수하여야 한다.
② 행정의 입법활동은 일반 국민 및 이해관계자로부터 의견을 수렴하고 관계 기관과 충분한 협의를 거쳐 책임 있게 추진되어야 한다.
③ 법령등의 내용과 규정은 다른 법령등과 조화를 이루어야 하고 법령등 상호 간에 중복되거나 상충되지 아니하여야 한다.
④ 법령등은 일반 국민이 그 내용을 쉽고 명확하게 이해할 수 있도록 알기 쉽게 만들어져야 한다.
⑤ 행정의 입법활동의 절차 및 정부입법계획의 수립에 관하여 필요한 사항은 정부의 법제업무에 관한 사항을 규율하는 부령으로 정한다.

04

신고에 관한 설명으로 옳은 것은? (다툼이 있는 경우 판례에 의함)

① '체육시설의 설치·이용에 관한 법률'상 당구장업은 적법한 요건을 갖춘 신고를 접수한 행정청의 수리행위가 있어야 신고로서의 효력이 발생한다.
② 인·허가의제의 효과를 수반하는 건축신고는 일반적인 건축신고와는 달리 특별한 사정이 없는 한 행정청이 그 실체적 요건에 관한 심사를 한 후 수리하여야 하는 신고이다.
③ 봉안시설 설치 신고가「장사 등에 관한 법률」관련 규정의 모든 요건에 맞는 신고라 하더라도 신고인은 봉안시설을 곧바로 설치할 수는 없고 행정청의 수리행위가 있어야 하며 신고필증 교부행위가 필요하다.
④ 사업양도·양수에 따른 허가관청의 지위승계신고의 수리에서 수리대상인 사업양도·양수가 존재하지 않거나 무효라 하더라도 수리행위가 당연무효는 아니라 할 것이므로 양도자는 허가관청을 상대로 위 신고수리처분의 무효확인소송을 제기할 수 없다.
⑤ '수산업법' 제47조 소정의 어업의 신고는 이른바 자기완결적 신고라 할 것이므로 관할관청의 적법한 수리가 없었다 하더라도 적법한 어업신고가 있는 것으로 볼 수 있다.

05

처분시 법 적용의 기준에 관한 설명으로 옳지 않은 것은? (다툼이 있는 경우 판례에 의함)

① 당사자의 신청에 따른 처분은 법령등에 특별한 규정이 있거나 처분 당시의 법령등을 적용하기 곤란한 특별한 사정이 있는 경우를 제외하고는 처분 당시의 법령등에 따른다.
② 새로운 법령등은 법령등에 특별한 규정이 있는 경우를 제외하고는 그 법령등의 효력 발생 전에 완성되거나 종결된 사실관계 또는 법률관계에 대해서는 적용되지 아니한다.
③ 허가신청 후 허가기준이 변경되었다 하더라도 그 허가관청이 허가신청을 수리하고도 정당한 이유 없이 그 처리를 늦추어 그사이에 허가기준이 변경된 것이 아닌 이상 변경되기 이전의 허가기준에 따라서 처분을 하여야 한다.
④ 근거 법령이 개정된 경우에 경과규정에서 달리 정함이 없는 한 개정 법령에서 정한 기준에 의하는 것이 원칙이나, 개정 전 법령의 존속에 대한 국민의 신뢰가 개정 법령의 적용에 관한 공익상의 요구보다 더 보호가치가 있다고 인정되는 경우에는 그 적용이 제한될 수 있다.
⑤ 법령등을 위반한 행위의 성립과 이에 대한 제재 처분은 법령등에 특별한 규정이 있는 경우를 제외하고는 법령등을 위반한 행위 당시의 법령등에 따르지만, 법령등을 위반한 행위 후 법령등의 변경에 의하여 그 행위가 법령등을 위반한 행위에 해당하지 아니하거나 제재처분 기준이 가벼워진 경우로서 해당 법령등에 특별한 규정이 없는 경우에는 변경된 법령등을 적용한다.

06

처분의 하자에 관한 판례의 내용으로 옳지 않은 것은?

① 과징금을 부과하면서 여러 개의 처분사유에 터 잡아 하나의 과징금 부과처분을 하였고 그 처분사유들 중 일부에 위법이 있으나 그 부분이 과징금 부과처분에 영향을 미치지 아니하였다면 그 부과처분을 위법하다고 할 수 없다.

② 단속 경찰관이 자신의 명의로 운전면허정지처분 통지서를 작성·교부하였다면 권한 없는 자에 의하여 행하여진 점에서 무효의 처분에 해당한다.

③ 구 '학교보건법'상 학교환경위생정화구역에서의 금지행위 및 시설의 해제 여부에 관한 행정처분을 함에 있어 학교환경위생정화위원회의 심의절차를 누락한 것은 취소사유가 된다.

④ 행정처분의 하자가 중대하고 명백한 것인지 여부를 판별함에 있어서는 그 법규의 목적, 의미, 기능 등을 목적론적으로 고찰함과 동시에 구체적 사안 자체의 특수성에 관하여도 합리적으로 고찰하여야 한다.

⑤ '4대강 살리기 사업' 중 한강 부분에 관한 각 하천공사시행계획 및 각 실시계획승인처분에 보의 설치와 준설 등에 대한 예비타당성조사를 실시하지 아니한 하자는 예산 자체의 하자가 되며 이에 따라 해당 하천 부분에 관한 각 하천공사시행계획 및 각 실시계획승인처분의 하자도 인정된다.

07

처분의 취소와 철회에 관한 설명으로 옳지 않은 것은? (다툼이 있는 경우 판례에 의함)

① 행정청은 위법 또는 부당한 처분의 전부나 일부를 소급하여 취소할 수 있으나, 당사자의 신뢰를 보호할 가치가 있는 경우에는 장래를 향하여 취소할 수 있다.

② 과세관청이 조세부과처분을 취소하면 해당 처분은 효력이 상실되지만, 이후 이를 다시 취소하는 경우에는 그 조세부과처분의 효력은 당연히 회복된다.

③ 처분의 취소 사유는 원칙적으로 처분의 성립 당시에 존재하였던 하자를 말하고, 철회 사유는 처분이 성립된 이후에 새로이 발생한 것으로서 처분의 효력을 존속시킬 수 없는 사유를 말한다.

④ 행정청이 종교단체에 대하여 기본재산전환인가를 함에 있어 인가조건을 부가하고 그 불이행 시 인가를 취소할 수 있도록 하였다면 그 인가조건은 부관으로서 철회권의 유보에 해당한다.

⑤ 수익적 처분에 대한 취소권 등의 행사는 기득권의 침해를 정당화할 만한 중대한 공익상의 필요 또는 제3자의 이익보호의 필요가 있는 때에 한하여 허용되며, 이러한 법리는 쟁송취소에는 적용되지 않는다.

08

선결문제에 관한 판례의 내용으로 옳지 않은 것은?

① 민사소송에 있어서 행정처분의 당연무효 여부가 선결문제로 되는 때에는 이를 판단하여 당연무효임을 전제로 판결할 수 있고, 반드시 행정소송 등의 절차에 의하여 그 취소나 무효확인을 받아야 하는 것은 아니다.
② 과세처분에 하자가 있는 경우 하자의 정도와 상관없이 조세를 이미 납부한 자는 부당이득반환청구소송을 제기할 수 있으며, 민사법원은 이를 판단할 수 있다.
③ '국토의 계획 및 이용에 관한 법률'에 따른 처분이나 조치명령에 따라야 할 의무위반을 이유로 형사처벌을 하기 위해서는 그 처분이나 조치명령이 적법한 것이어야 하므로 형사법원은 해당 조치명령의 위법성을 판단할 수 있다.
④ 연령미달의 결격자인 피고인이 형의 이름으로 운전면허시험에 응시하여 교부받은 운전면허는 당연무효가 아니고 취소되지 않는 한 유효하므로 피고인의 운전행위는 무면허운전에 해당하지 아니한다.
⑤ 무단으로 공유재산 등을 사용·수익·점유하는 자가 관리청의 변상금부과처분에 따라 그에 해당하는 돈을 납부한 경우라면 위 변상금부과처분이 당연무효이거나 행정소송을 통해 먼저 취소되기 전에는 사법상 부당이득반환청구로써 위 납부액의 반환을 구할 수 없다.

09

부관에 관한 설명으로 옳은 것은? (다툼이 있는 경우 판례에 의함)

① 부담은 행정청이 행정처분을 하면서 일방적으로 부가할 수도 있지만 부담을 부가하기 이전에 상대방과 협의하여 부담의 내용을 협약의 형식으로 미리 정한 다음 행정처분을 하면서 이를 부가할 수 있다.
② 주된 행정처분의 근거법령이 개정됨으로써 행정청이 더 이상 그 부담을 붙일 수 없게 되었다면 그 부담은 당연무효가 된다.
③ 재량행위에 대해서는 법령상 특별한 근거가 없는 한 부관을 붙일 수 없고 만약 부관을 붙였다고 할지라도 무효이다.
④ 행정처분에 부수하여 그 처분의 상대방에게 일정한 의무를 부과하는 부담은 주된 행정처분과 독립하여 그 자체만으로 행정쟁송의 대상이 될 수 없다.
⑤ 주택재건축사업시행의 인가는 행정청의 기속행위에 속하므로 처분청으로서는 공익상 필요 등에 의하여 필요한 범위 내에서 여러 조건(부담)을 부과할 수 없다.

10

행정계획에 관한 설명으로 옳지 않은 것은? (다툼이 있는 경우 판례에 의함)

① 도시기본계획에 대한 항고소송을 제기할 수 없지만 환지계획에 대해서는 항고소송으로 다툴 수 있다.
② 도시계획의 입안에 있어 공고 및 공람 절차에 하자가 있는 도시계획결정은 위법하다.
③ 국토이용계획변경신청을 거부하는 것이 실질적으로 해당 행정처분 자체를 거부하는 결과가 되는 경우에는 항고소송의 대상이 되는 행정처분에 해당한다.
④ 도시계획구역 내 토지 등을 소유하고 있는 주민에게 도시계획 입안을 요구할 수 있는 법규상 또는 조리상의 신청권이 있는 경우 그 신청에 대한 거부행위는 항고소송의 대상이 된다.
⑤ 행정주체가 행정계획을 입안·결정함에 있어서 이익형량을 전혀 행하지 아니하거나 이익형량의 고려 대상에 마땅히 포함시켜야 할 사항을 누락한 경우 또는 이익형량을 하였으나 정당성과 객관성이 결여된 경우에 그 행정계획결정은 형량에 하자가 있어 위법하다.

11

공법상 계약에 관한 설명으로 옳은 것은? (다툼이 있는 경우 판례에 의함)

① 지방자치단체가 근무기간을 정하여 임용하는 공무원으로 시민옴부즈만을 채용하는 행위는 공법상 계약에 해당한다.
② 국가를 당사자로 하는 계약이나 「공공기관의 운영에 관한 법률」의 적용대상인 공기업이 일방 당사자가 되는 모든 계약은 공법상 계약으로 본다.
③ 기부채납은 기부자의 소유재산을 지방자치단체의 공유재산으로 무상증여하도록 하는 지방자치단체의 일방적 의사표시인 행정처분에 해당한다.
④ 공공사업의 시행자가 그 사업에 필요한 토지를 협의취득하는 행위는 공행정주체로서 행하는 공법상 계약에 해당한다.
⑤ 중앙행정기관인 방위사업청과 부품개발 협약을 체결한 기업이 협약을 이행하는 과정에서 환율 변동 및 물가 상승 등 외부적 요인으로 발생한 초과비용 지급에 대한 소송은 민사소송에 의한다.

12

행정절차에 관한 설명으로 옳지 않은 것은? (다툼이 있는 경우 판례에 의함)

① '국가공무원법'상 직위해제처분은 당해 행정작용의 성질상 행정절차를 거치기 곤란하거나 불필요하다고 인정되는 사항 또는 행정절차에 준하는 절차를 거친 사항에 해당하므로 처분의 사전통지 및 의견청취 등에 관한 '행정절차법'의 규정이 별도로 적용되지 않는다.
② 침익적 행정처분은 물론 수익적 행정처분의 신청에 대한 거부처분도 특별한 사정이 없는 한 사전통지와 의견제출절차의 대상이 된다.
③ 행정청이 근거 법률에 의하여 영업자지위승계신고를 수리하는 처분은 종전 영업자의 권익을 제한하는 처분이라 할 것이고 행정청은 종전의 영업자에 대하여 근거 법률 소정의 행정절차를 실시하고 처분을 하여야 한다.
④ 행정청이 침익적 처분을 함에 있어 '행정절차법'상 예외에 속하는 경우가 아닌 한 당사자에게 사전통지를 하지 않고 의견제출절차를 거치지 않았다면 독립적 취소사유가 된다.
⑤ 행정청이 당사자와의 합의를 통해 청문의 실시 등 의견청취절차를 배제하더라도 해당 합의로 인해 청문의 실시에 관한 규정의 적용을 배제할 수 있다고 볼 만한 법령상의 규정이 없는 한 청문을 실시하지 않아도 되는 예외적인 경우에 해당한다고 할 수 없다.

13

정보공개에 관한 설명으로 옳은 것은? (다툼이 있는 경우 판례에 의함)

① '공공기관의 정보공개에 관한 법률' 제9조 제1항 제4호의 '진행 중인 재판에 관련된 정보'에 해당한다는 사유로 정보공개를 거부하려면 그 정보가 진행 중인 재판의 소송기록 자체에 포함된 내용이어야만 한다.
② '공공기관의 정보공개에 관한 법률' 제9조 제1항 제6호 본문 규정에 따라 비공개대상이 되는 정보는 성명·주민등록번호 등 개인식별정보에 한정된다.
③ '공공기관의 정보공개에 관한 법률' 제9조 제1항 제5호의 '공개될 경우 업무의 공정한 수행에 현저한 지장을 초래한다고 인정할 만한 상당한 이유가 있는 경우'란 공개될 경우 업무의 공정한 수행이 객관적으로 현저하게 지장을 받을 것이라는 고도의 개연성이 존재하는 경우를 의미한다.
④ '공공기관의 정보공개에 관한 법률' 제5조 제1항의 국민에는 자연인은 물론 법인을 포함하지만 권리능력 없는 사단이나 재단은 이에 해당하지 아니한다.
⑤ 공공기관은 '공공기관의 정보공개에 관한 법률'상 개별적 비공개사유에 해당하는 경우 이에 대한 주장이나 입증 없이 개괄적인 사유의 제시만으로 그 공개를 거부할 수 있다.

14

행정대집행에 관한 설명으로 옳지 않은 것은? (다툼이 있는 경우 판례에 의함)

① 토지나 건물의 인도·명도의무는 대집행의 대상이 될 수 없다.
② 대집행은 대체적 작위의무에 대하여 행사할 수 있는 것이 원칙이지만 부작위의무의 위반에 대하여도 가능하다.
③ 대집행비용납부명령의 취소를 청구하는 소송에서 선행처분인 계고처분이 위법한 것이기 때문에 그 계고처분을 전제로 행하여진 대집행비용납부명령의 효력을 다툴 수 있다.
④ 계고를 함에 있어서 그 행위의 내용과 범위는 반드시 시정명령서나 대집행계고서에 의하여서만 특정되어야 하는 것은 아니고, 그 처분 전후에 송달된 문서나 기타 사정을 종합하여 이를 특정할 수 있으면 족하다.
⑤ '공익사업을 위한 토지 등의 취득 및 보상에 관한 법률'에 의한 협의취득 시 건물소유자가 협의취득대상 건물에 대하여 약정을 하고서 불이행한 경우, 그 건물의 강제철거에 대해서는 '행정대집행법'이 적용되지 아니한다.

15

과징금에 관한 설명으로 옳지 않은 것은? (다툼이 있는 경우 판례에 의함)

① 초기에는 의무위반으로 취득한 경제적 이익을 박탈하기 위한 행정상 제재수단으로 도입되었으나 최근에는 영업정지에 갈음하여 부과되는 형태로 많이 활용되고 있다.
② 과징금은 한꺼번에 납부하는 것이 원칙이나 행정청은 과징금을 부과받은 자가 재해 등으로 재산에 현저한 손실을 입어 전액을 한꺼번에 내기 어렵다고 인정될 때에는 그 납부기한을 연기하거나 분할납부하게 할 수 있다.
③ '부동산 실권리자명의 등기에 관한 법률'상 실권리자명의 등기의무를 위반한 명의신탁자에 대한 과징금의 부과처분은 재량행위에 해당하므로 조세를 포탈하거나 법령에 의한 제한을 회피할 목적이 아닌 경우에는 이를 부과하지 않거나 전액 감면할 수 있다.
④ 금전상 제재인 과징금은 법령이 규정한 범위 내에서 그 부과처분 당시까지 부과관청이 확인한 사실을 기초로 일의적으로 확정되어야 할 것이지, 추후에 부과금 산정기준이 되는 새로운 자료가 나왔다고 하여 새로운 부과처분을 할 수 있는 것은 아니다.
⑤ 구 '독점규제 및 공정거래에 관한 법률'에서 부당지원행위 주체에 대하여 형사처벌과 함께 과징금 부과처분을 할 수 있도록 규정한 것은 헌법상 이중처벌금지원칙에 반하는 것은 아니다.

16

행정상 즉시강제에 관한 설명으로 옳지 않은 것은? (다툼이 있는 경우 판례에 의함)

① 지방의회에서의 사무감사·조사를 위한 증인의 동행명령장제도는 현행범 체포와 같이 사후에 영장을 발부받지 아니하면 목적을 달성할 수 없는 긴박성이 있다고 인정할 수 있다.
② 행정강제는 행정상 강제집행을 원칙으로 하며, 법치국가적 요청인 예측가능성과 법적 안정성에 반하고 기본권 침해의 소지가 큰 권력작용인 행정상 즉시강제는 예외적으로 인정되는 강제수단이다.
③ 행정상 즉시강제의 경우 법관의 영장을 기다려서는 그 목적을 달성할 수 없으므로 원칙적으로 영장주의가 적용되지 아니한다.
④ '경찰관 직무집행법' 제4조 제1항 제1호에서 규정하는 '술에 취한 상태로 인하여 자기 또는 타인의 생명·신체와 재산에 위해를 미칠 우려가 있는' 피구호자에 대한 보호조치는 행정상 즉시강제에 해당한다.
⑤ 행정상 즉시강제는 엄격한 실정법상의 근거를 필요로 할 뿐만 아니라 그 발동에 있어서는 법규의 범위 안에서도 다시 행정상의 장해가 목전에 급박하고 다른 수단으로는 행정목적을 달성할 수 없는 경우이어야 한다.

17

행정조사에 관한 설명으로 옳지 않은 것은? (다툼이 있는 경우 판례에 의함)

① 행정조사는 조사목적을 달성하는 데 필요한 최소한의 범위 안에서 실시하여야 하며, 다른 목적 등을 위하여 조사권을 남용하여서는 아니 된다.
② 조사대상자의 자발적인 협조를 전제할 뿐 조사거부에 대한 어떠한 제재도 없는 임의적 행정조사라면 법령상 명확한 위임 근거가 없다고 하더라도 가능하다.
③ 부과처분을 위한 과세관청의 질문조사권이 행하여지는 세무조사의 경우 납세자 또는 그 납세자와 거래가 있다고 인정되는 자 등은 세무공무원의 과세자료 수집을 위한 질문에 대답하고 검사를 수인하여야 할 법적 의무를 부담한다.
④ 행정조사를 실시하고자 하는 행정기관의 장은 '통계법' 제3조 제2호에 따른 지정통계의 작성을 위하여 조사하는 경우에 반드시 서면으로 조사대상자에게 행정조사목적 등을 통지하여야 한다.
⑤ 음주운전 여부에 대한 조사 과정에서 운전자 본인의 동의를 받지 아니하고 법원의 영장 없이 채혈조사를 한 결과를 근거로 한 운전면허 정지·취소처분은 특별한 사정이 없는 한 위법한 처분으로 볼 수밖에 없다.

18

개인정보 보호에 관한 설명으로 옳은 것은? (다툼이 있는 경우 판례에 의함)

① 개인정보처리자의 '개인정보 보호법' 위반에 대한 손해배상의 경우, '국가배상법'상 배상책임과 마찬가지로 정보주체가 고의나 과실을 입증해야 한다.
② '개인정보 보호법'에 따르면 개인정보처리자는 개인정보의 처리 목적에 필요한 범위에서 개인정보의 정확성, 안전성 및 최신성이 보장되도록 하여야 한다.
③ 집단분쟁조정의 기간은 '개인정보 보호법' 제49조 제2항에 따른 공고가 종료된 날의 다음 날부터 30일 이내로 하며, 부득이한 사정이 있는 경우에는 분쟁조정위원회의 의결로 처리기간을 연장할 수 있다.
④ 이미 공개된 개인정보를 정보주체의 동의가 있었다고 객관적으로 인정되는 범위 내에서 처리를 할 때는 정보주체의 별도의 동의는 불필요하다고 보아야 하고, 별도의 동의를 받지 아니하였다고 하여 '개인정보 보호법'을 위반한 것으로 볼 수 없다.
⑤ '개인정보 보호법'에 따라 개인정보를 보호해야 하는 개인정보처리자는 스스로 또는 다른 사람을 통하여 개인정보를 처리하는 공공기관과 법인을 말하며 단체 및 개인은 포함되지 않는다.

19

공공시설 등의 하자로 인한 배상책임에 관한 설명으로 옳지 않은 것은? (다툼이 있는 경우 판례에 의함)

① '국가배상법'상 영조물이란 학문상의 공물을 뜻하며 도로 등과 같은 인공공물뿐만 아니라 동산 및 동물도 이에 포함된다.
② 예산부족 등 재정사정은 영조물의 안전성 정도에 관하여 참작사유는 될 수 있을지언정 절대적인 면책사유는 되지 않는다.
③ '국가배상법'은 공공의 영조물의 설치나 관리에 하자가 있기 때문에 타인에게 손해를 발생하게 하였을 때에는 국가나 공공단체가 그 손해를 배상하여야 함을 규정하고 있다.
④ 이미 존재하는 하천의 제방이 계획홍수위를 넘고 있다면 그 하천은 용도에 따라 통상 갖추어야 할 안전성을 갖추고 있다고 보아야 하고, 새로운 하천시설을 설치할 때 기준으로 삼기 위하여 제정한 '하천시설기준'이 정한 여유고를 확보하지 못하고 있다는 사정만으로 바로 안전성이 결여된 하자가 있다고 볼 수는 없다.
⑤ 영조물의 설치·관리하자란 영조물이 그 용도에 따라 통상 갖추어야 할 안전성을 갖추지 못한 상태에 있음을 말하며, 안전성의 구비 여부는 당해 영조물의 구조, 본래의 용법, 장소적 환경 및 이용상황 등의 여러 사정을 종합적으로 고려하여 구체적·개별적으로 판단하여야 한다.

20

행정상 손실보상에 관한 설명으로 옳지 않은 것은? (다툼이 있는 경우 판례에 의함)

① 매립면허 고시 이후 매립공사가 실행되어 관행어업권자에게 실질적이고 현실적인 피해가 발생한 경우에만 구 '공유수면매립법'에서 정하는 손실보상청구권이 발생한다.
② 사업인정고시는 수용재결절차로 나아가 강제적인 방식으로 토지소유자나 관계인의 권리를 취득·보상하기 위한 요건으로서 영업손실보상청구를 위해서는 반드시 사업인정이나 수용이 전제되어야 한다.
③ 국가는 손실발생의 원인에 대하여 책임이 없는 자가 경찰관의 적법한 직무집행에 자발적으로 협조하거나 물건을 제공하여 생명·신체 또는 재산상의 손실을 입은 경우에도 정당한 보상을 하여야 한다.
④ '공익사업을 위한 토지 등의 취득 및 보상에 관한 법률'상 보상액의 산정에 있어 재결에 의한 경우에는 수용 또는 사용의 재결 당시의 가격을 기준으로 하고, 해당 공익사업으로 인하여 토지등의 가격이 변동되었을 때에는 이를 고려하지 아니한다.
⑤ 국립공원구역지정 후 토지를 종래의 목적으로도 사용할 수 없거나 토지를 사적으로 사용할 수 있는 방법이 없이 공원구역 내 일부 토지소유자에 대하여 가혹한 부담을 부과하면서 아무런 보상규정을 두지 않은 경우에는 비례의 원칙에 위반되어 당해 토지소유자의 재산권을 과도하게 침해하는 것이라고 할 수 있다.

21

행정심판에 관한 설명으로 옳지 않은 것은? (다툼이 있는 경우 판례에 의함)

① 의무이행심판은 당사자의 신청에 대한 행정청의 위법 또는 부당한 거부처분이나 부작위에 대하여 일정한 처분을 하도록 하는 행정심판이다.
② 임시처분제도는 '행정심판법' 제30조 제2항에 따른 집행정지로 목적을 달성할 수 있는 경우에는 허용되지 아니한다.
③ 인용재결이 확정된 경우 처분의 기초가 되는 사실관계나 법률적 판단이 확정되고 당사자나 법원은 이에 기속되어 모순되는 주장이나 판단을 할 수 없다.
④ 인용재결의 기속력은 재결의 주문 및 그 전제된 요건사실의 인정과 판단에 미치고, 종전 처분이 재결에 의하여 취소되었다 하더라도 종전 처분 시와는 다른 사유를 들어서 처분을 하는 것은 기속력에 저촉되지 않는다.
⑤ 취소심판에서도 항고소송과 마찬가지로 처분청은 당초 처분의 근거로 삼은 사유와 기본적 사실관계가 동일성이 있다고 인정되는 한도 내에서만 다른 사유를 추가 또는 변경할 수 있다.

22

행정소송에 관한 설명으로 옳지 않은 것은? (다툼이 있는 경우 판례에 의함)

① 소송 계속 중 처분청이 행정처분을 직권으로 취소하면 그 처분은 더 이상 존재하지 않게 되어 소의 이익이 없지만 예외적으로 취소를 통해 회복되는 권리나 이익이 남아 있는 경우에는 그 처분의 취소를 구할 소의 이익이 인정된다.
② 행정청이 영업자에게 행정제재를 한 후 그 처분을 영업자에게 유리하게 변경하였고 그 변경처분에 의해 유리하게 변경된 내용의 행정제재가 위법하다고 소를 제기한 경우 제소기간의 준수 여부는 변경처분을 기준으로 판단한다.
③ 행정처분의 무효확인을 구하는 소에는 원고가 그 처분의 취소를 구하지 아니한다고 밝히지 아니한 이상 그 처분이 만약 당연무효가 아니라면 그 취소를 구하는 취지도 포함되어 있는 것으로 보아야 한다.
④ 과징금 납부명령과 같이 행정청의 제재처분에 재량이 인정되는 행위에 대하여 재량하자가 인정되는 경우에는 재량권의 범위 내에서 어느 정도가 적정한 것인지 판단할 수 없으므로 일부의 위반행위를 기초로 한 과징금액의 산정자료가 없는 경우에는 그 전부를 취소해야 하고 일부취소는 허용되지 아니한다.
⑤ 당사자의 신청에 대한 행정청의 거부처분이 있는 경우에는 행정청이 당사자의 신청에 대하여 상당한 기간 내에 일정한 처분을 하여야 할 법률상 응답의무를 이행하지 아니함으로써 야기된 부작위라는 위법상태를 제거하기 위하여 제기하는 부작위위법확인소송은 허용되지 아니한다.

23

항고소송의 소송요건에 관한 설명으로 옳은 것은? (다툼이 있는 경우 판례에 의함)

① '병역법'상 지방병무청장의 병역처분, '공기업·준정부기관 회계사무규칙'에 의한 한국전력공사의 부정당업자제재처분 및 구청장의 주택건설사업계획승인처분은 항고소송의 대상이 된다.
② 행정청의 상수원보호구역변경처분에 대해 그 상수원으로부터 급수를 받는 인근 지역주민은 해당 처분에 대한 취소를 구할 법률상 이익이 인정된다.
③ '행정소송법' 제12조의 법률상 이익은 직접적이고 구체적·개인적인 이익을 말하며 행정의 적법성 보장을 위해 간접적이거나 사실적·경제적 이익이라도 보호가치가 있는 경우에는 원고적격을 인정한다.
④ 거부처분의 처분성을 인정하기 위한 전제요건이 되는 신청권의 존부는 구체적 사건에서 관계 법규의 해석에 의하여 구체적으로 결정되는 것이고 신청인이 그 신청에 따른 단순한 응답을 받을 권리를 넘어서 신청의 인용이라는 만족적 결과를 얻을 권리를 의미한다.
⑤ 구 '주택법'상 건축물의 입주예정자는 그 건축물에 대한 사용검사처분의 무효확인이나 취소를 통해 건축물의 하자 상태 등을 제거하거나 법률적 지위가 달라진다 할 것이므로 사용검사처분의 취소를 구할 법률상 이익이 인정된다.

24

공무원 관계의 변동에 관한 설명으로 옳지 않은 것은? (다툼이 있는 경우 판례에 의함)

① 임용 당시에 공무원 임용 결격사유가 있었다면 비록 국가의 과실로 임용 결격자임을 밝혀내지 못하였다 하더라도 그 임용행위는 당연무효로 보아야 한다.
② 임용행위가 당연무효임에도 계속 근무하여 온 퇴직자에 대한 퇴직급여 중 적어도 '근로기준법'상 퇴직금에 상당하는 금액은 지급되어야 한다.
③ 직위해제는 공무원의 신분을 보유하게 하면서 직무를 잠정적으로 박탈하는 행위로서 징계처분에 해당하지 않는다.
④ 시험승진후보자명부에 등재된 자가 승진임용되기 전에 감봉 이상의 징계처분을 받은 경우, 위 징계처분을 받은 자를 시험승진후보자명부에서 삭제하는 행위는 행정처분에 해당한다.
⑤ 재직 중 장애를 입은 공무원이 「지방공무원법」에서 정한 '직무를 감당할 수 없을 때'에 해당하는지 여부는 담당하고 있던 기존 업무를 감당할 수 있는지만을 기준으로 판단할 것이 아니라 소속 공무원의 수, 업무 분장과 다른 업무로 조정이 용이한지 등을 포함하여 종합적으로 고려하여 판단하여야 한다.

25

공물의 사용관계에 관한 설명으로 옳지 않은 것은? (다툼이 있는 경우 판례에 의함)

① 재래시장 내 점포의 소유자는 점포 앞 도로에 좌판을 설치·이용할 수 있는 권리를 가진다고 할 수 없다.
② 해안도로 및 해변도로가 개설되고 녹지공간이 조성됨으로써 어선어업자들이 해수욕장의 백사장 등에서 어선을 양륙·정박하거나 어구의 수리·보관 등을 하는 것이 불가능함에 따른 피해는 특별한 사정이 없는 한 손실보상의 대상이 될 수 없다.
③ 일반공중의 교통에 공용되는 도로의 점용은 일반인의 자유사용을 배제할 수 있는 특별한 사용에 해당하여 도로의 보통사용이나 다른 사용형태와 양립하지 못한다.
④ 국유재산의 관리청이 행정재산의 사용·수익을 허가한 다음 그 사용·수익하는 자에 대하여 하는 사용료 부과는 순전히 사경제주체로서 행하는 사법상의 이행청구라 할 수 없고 항고소송의 대상이 되는 행정처분이라 할 것이다.
⑤ 하천의 점용허가권은 특허에 의한 공물사용권의 일종으로서 하천의 관리주체에 대하여 일정한 특별사용을 청구할 수 있는 채권에 지나지 아니하고 대세적 효력이 있는 물권이라 할 수 없다.

01

신뢰보호의 원칙에 관한 설명으로 옳은 것은? (다툼이 있는 경우 판례에 의함)

① 납세자에게 신뢰의 대상이 되는 공적인 견해가 표명되었다는 사실은 과세처분의 적법성에 대한 증명책임이 있는 과세관청이 주장·입증하여야 한다.
② 「국세기본법」 제18조 제3항에서 말하는 비과세관행이 성립하려면 상당한 기간에 걸쳐 과세를 하지 않은 객관적 사실이 존재하면 충분하고, 나아가 과세관청 자신이 그 사항에 관하여 과세할 수 있음을 알면서도 어떤 특별한 사정 때문에 과세하지 않는다는 주관적인 의사까지 요구되는 것은 아니다.
③ 폐기물관리법령에 따른 관할 관청의 폐기물처리업 사업계획에 대한 적정통보는 그 사업부지 토지에 대한 국토이용계획변경신청을 승인하여 주겠다는 취지의 공적인 견해표명을 한 것으로 볼 수 있다.
④ 행정청이 착오로 인하여 국적이탈을 이유로 주민등록을 말소한 행위를 법령에 따라 국적이탈이 처리되었다는 견해를 표명한 것으로 볼 수는 없으며, 상대방이 이러한 주민등록말소를 통하여 자신의 국적이탈이 적법하게 처리된 것으로 신뢰하였다고 하더라도 이는 보호할 가치 있는 신뢰에 해당하지 않는다.
⑤ 담당 공무원으로부터 국립공원 인근 자연녹지지역에서 토석채취허가가 법적으로 가능할 것이라는 말을 듣고 관련 토지를 매수하는 등 많은 비용을 투자하고 형질변경 및 토석채취허가를 신청한 사람에 대해 관할 행정청이, 해당 토지에서 토석채취작업을 하면, 주변의 환경·풍치·미관 등이 크게 손상될 우려가 있다는 이유를 들어 이를 불허가처분 하는 것은 신뢰보호원칙에 반한다고 볼 수 없다.

02

행정법상 법률요건과 법률사실에 관한 설명으로 옳지 않은 것은? (다툼이 있는 경우 판례에 의함)

① 「국유재산법」상 변상금부과처분에 대한 취소소송이 진행되는 동안에는 그 부과권의 소멸시효는 진행하지 아니한다.
② 금전의 급부를 목적으로 하는 국가의 권리의 경우 소멸시효의 중단·정지 그 밖의 사항에 관하여 다른 법률의 규정이 없는 때에는 「민법」의 규정을 적용한다.
③ 조세채권의 소멸시효기간이 완성된 후에 부과된 과세처분은 당연무효이다.
④ 특별시장 등이 거짓이나 부정한 방법으로 화물자동차 유가보조금(부정수급액)을 교부받은 운송사업자 등으로부터 부정수급액을 반환받을 권리에 대해서는 「지방재정법」에서 정한 5년의 소멸시효가 적용된다.
⑤ 제3자가 체납자가 납부해야 할 체납액을 체납자 명의로 완납한 경우, 제3자는 국가에 대하여 부당이득반환을 청구할 수 없다.

03

사인(私人)의 공법행위에 관한 설명으로 옳지 않은 것은? (다툼이 있는 경우 판례에 의함)

① 사인의 공법행위의 특수한 성격과 어긋나지 않는 범위에서는 「민법」상의 법률행위에 관한 규정이 적용될 수 있다.
② 사인의 공법행위에는 부관을 붙일 수 없다.
③ 공무원이 한 사직 의사표시의 철회나 취소는 그에 터잡은 의원면직처분이 있을 때까지 할 수 있는 것이고, 일단 면직처분이 있고 난 이후에는 철회나 취소할 여지가 없다.
④ 노인의료복지시설의 폐지신고는 수리를 필요로 하는 신고로서 행정청이 그 신고를 수리하였더라도 위조 등의 사유가 있어 신고행위 자체가 효력이 없다면, 그 수리행위는 수리행위 자체에 중대·명백한 하자가 있는지를 따질 것도 없이 당연히 무효이다.
⑤ 사업양도·양수에 따른 허가관청의 지위승계신고의 수리는 사업양도·양수가 존재하지 않거나 무효인 때에는 당연히 무효이고, 사업의 양도행위가 무효라고 주장하는 양도자는 민사쟁송으로 양도·양수행위의 무효를 구하여야지 허가관청을 상대로 하여 행정소송으로 위 수리처분의 무효확인을 구할 법률상 이익은 인정되지 않는다.

04

행정입법에 관한 설명으로 옳지 않은 것은? (다툼이 있는 경우 판례에 의함)

① 구 「도시 및 주거환경정비법」에서 주택재개발사업시행인가 신청시 토지 등 소유자의 동의요건을 재개발조합의 정관에 포괄적으로 위임하고 있는 것은 헌법 제75조에서 정하고 있는 포괄위임입법금지 원칙에 위배된다.
② 일반적으로 법률의 위임에 따라 효력을 갖는 법규명령의 경우에 그 위임의 근거가 없어 무효였더라도 나중에 법 개정으로 위임의 근거가 부여되면, 그 법규명령이 위임의 한계를 벗어난 해석규정으로 인정되지 않는 한, 그때부터는 유효한 법규명령으로 볼 수 있다.
③ 행정규칙의 내용이 상위법령에 반하는 것이라면 법원은 해당 행정규칙이 법질서상 부존재하는 것으로 취급하여 행정기관이 한 조치의 당부를 상위법령의 규정과 입법 목적 등에 따라서 판단하여야 한다.
④ 법령이 일부 개정된 경우에는 기존 법령 부칙의 경과규정을 개정 또는 삭제하거나 이를 대체하는 별도의 규정을 두는 등의 특별한 조치가 없는 한 개정 법령에 다시 경과규정을 두지 않았다고 하여 기존 법령 부칙의 경과규정이 당연히 실효되는 것은 아니다.
⑤ 추상적인 법령에 관한 제정의 여부 등은 그 자체로서 국민의 구체적인 권리의무에 직접적 변동을 초래하는 것이 아니어서 부작위위법확인소송의 대상이 될 수 없다.

05

행정행위의 효력에 관한 설명으로 옳지 않은 것은? (다툼이 있는 경우 판례에 의함)

① 부동산에 대한 실질적 소유자가 아닌 명의수탁자에 대하여 행해진 양도소득세 부과처분에 취소할 수 있는 위법사유가 있는 경우에는 민사소송절차에서 그 처분의 효력을 부인하여 위 양도소득세 채권이 존재하지 아니하는 것으로 인정할 수 있다.
② 관할 소방서장으로부터 소방시설 불량사항에 관한 시정보완명령을 받고도 따르지 아니하였다는 내용으로 기소된 사안에서, 담당 소방공무원이 시정보완명령을 구술로 고지하였다면, 이러한 행정처분은 당연무효이고 행정형벌을 부과할 수 없다.
③ 「소하천정비법」에 따라 행정청으로부터 시정명령을 받은 사람이 이를 위반한 경우, 그로 인하여 같은 법에서 정한 처벌을 하기 위해서는 그 시정명령이 적법해야 하고, 시정명령이 당연무효가 아니더라도 위법하다고 인정되는 한 그 위반죄가 성립될 수 없다.
④ 병역의무자가 현역병 입영대상자로 병역처분을 받고 징집되어 군부대에 들어갔다면, 설령 그 병역처분에 흠이 있다고 하더라도 그 흠이 당연무효에 해당하는 것이 아닌 이상, 그 사람은 입영한 때부터 현역의 군인으로서 「군형법」의 적용대상이 된다.
⑤ 어떠한 행정처분이 위법하다고 할지라도 그 자체만으로 곧바로 그 행정처분이 공무원의 고의 또는 과실로 인한 불법행위를 구성한다고 단정할 수는 없고, 공무원의 고의 또는 과실의 유무에 대하여는 별도의 판단을 요한다.

06

행정행위의 부관에 관한 설명으로 옳지 않은 것은? (다툼이 있는 경우 판례에 의함)

① 행정청이 종교단체에 대하여 기본재산전환인가를 함에 있어 인가조건을 부가하고 그 불이행시 인가를 취소할 수 있도록 한 경우, 그 부관은 철회권의 유보이다.
② 공유수면매립준공인가 중 매립지 일부에 대하여 한 국가귀속처분은 법률효과의 일부를 배제하는 부관에 해당하고, 이러한 부관에 대하여는 독립하여 행정소송의 대상으로 삼을 수 없다.
③ 어업면허처분을 함에 있어 그 면허의 유효기간을 1년으로 정한 경우, 그 유효기간만의 취소를 구하는 행정소송은 허용될 수 없다.
④ 행정처분에 부가된 부담이 제소기간의 도과로 불가쟁력이 생긴 경우, 부담의 이행으로 한 사법상 매매 등의 법률행위도 효력이 확정되므로 그 법률행위의 유효 여부를 별도로 다툴 수 없다.
⑤ 토지형질변경행위 허가에 붙은 기부채납의 부관에 따라 국가에 기부채납을 한 경우, 기부채납의 부관이 당연무효이거나 취소되지 않은 이상 토지소유자는 위 부관으로 인하여 증여계약의 중요 부분에 착오가 있음을 이유로 증여계약을 취소할 수 없다.

07

행정행위의 철회에 관한 설명으로 옳지 않은 것은? (다툼이 있는 경우 판례에 의함)

① 처분청이 처분 후에 원래의 처분을 그대로 존속시킬 필요가 없게 된 사정변경이 생겼거나 중대한 공익상의 필요가 발생한 경우에는 별도의 법적 근거가 없어도 별개의 행정행위로 이를 철회할 수 있다고 하여 상대방 등에게 그 철회·변경을 요구할 신청권까지를 부여하는 것은 아니다.
② 처분 당시에 별다른 하자가 없었는데 처분을 존속시킬 필요가 없게 된 사정변경이 생겼음을 이유로 철회를 할 경우, 수익적 행정행위의 경우는 침익적 행정행위의 경우와는 달리 법적 근거가 필요하다.
③ 행정행위의 철회는 장래에 향하여 원행정행위의 효력을 상실시키는 효력을 갖는다.
④ 영업허가의 철회 당시 상대방이 그 취지를 알고 있었다거나 그 후 알게 되었다는 사정은 이유제시의 생략 사유가 아니다.
⑤ 제1종 보통면허로 운전할 수 있는 차량을 운전면허정지 기간 중에 운전한 경우 이와 관련된 원동기장치자전거 면허까지 취소할 수 있다.

08

행정계획에 관한 판례의 입장으로 옳지 않은 것은?

① 이미 고시된 실시계획에 포함된 상세계획은 대외적 구속력이 있는 행정계획으로서 이에 따라 관리되는 토지 위의 건물의 용도를 상세계획 승인권자의 변경승인 없이 임의로 변경하여 신청한 영업신고를 수리하지 않고 영업소를 폐쇄한 처분은 적법하다.
② 비구속적 행정계획안이라도 국민의 기본권에 직접적으로 영향을 끼치고, 앞으로 법령의 뒷받침에 의하여 그대로 실시될 것이 틀림없을 것으로 예상될 수 있을 때에는 공권력행사로서 헌법소원의 대상이 될 수 있다.
③ 도시계획시설의 지정으로 말미암아 당해 토지의 이용가능성이 배제되거나 또는 토지소유자가 토지를 종래 허용된 용도로도 사용할 수 없기 때문에 이로 말미암아 현저한 재산적 손실이 발생하는 경우라 하더라도, 이는 사회적 제약의 범위를 넘지 않는 것으로 국가나 지방자치단체는 이에 대한 보상을 해야 하는 것은 아니다.
④ 행정주체가 행정계획을 입안·결정함에 있어서 이익형량을 전혀 행하지 아니하거나 이익형량의 고려 대상에 마땅히 포함시켜야 할 사항을 누락한 경우 또는 이익형량을 하였으나 정당성과 객관성이 결여된 경우, 그 행정계획결정은 형량에 하자가 있어 위법하게 된다.
⑤ 장래 일정한 기간 내에 관계 법령이 규정하는 시설 등을 갖추어 일정한 행정처분을 구하는 신청을 할 수 있는 법률상 지위에 있는 자의 국토이용계획변경신청을 거부하는 것이 실질적으로 당해 행정처분 자체를 거부하는 결과가 되는 경우에는 예외적으로 그 신청인에게 국토이용계획변경을 신청할 권리가 인정된다.

09

「행정절차법」상 의견청취절차에 관한 설명으로 옳은 것은? (다툼이 있는 경우 판례에 의함)

① 보건복지부장관은 국민건강보험법령상 요양급여의 상대가치 점수 변경 또는 조정 고시에 의한 처분을 하는 경우 상대방에게 의견제출의 기회를 주어야 한다.
② 「도로법」에 의한 도로구역변경고시는 의견청취의 대상이 되는 처분이다.
③ 사회복지시설에 대하여 특별감사를 실시한 후 행한 감사결과 지적사항에 대한 시정지시는 그 성질상 당사자의 사전 의견청취가 불필요하다고 볼 상당한 이유가 인정되는 경우에 해당한다.
④ 퇴직연금의 환수결정은 당사자에게 의무를 과하는 처분으로서 퇴직연금환수 결정에 앞서 당사자에게 의견진술의 기회를 주어야 한다.
⑤ 행정청이 온천지구임을 간과하여 지하수 개발·이용신고를 수리하였다가 의견제출기회를 주지 아니한 채 그 신고수리처분을 취소하고 원상복구명령의 처분을 한 경우, 행정지도방식에 의한 사전고시나 그에 따른 당사자의 자진폐공의 약속 등 사유가 있으면 의견청취절차에 해당하여 위법하지 않다.

10

「행정절차법」상 행정예고절차에 관한 설명으로 옳은 것은?

① 행정청은 정책, 제도 및 계획(이하 "정책등")을 수립·시행하거나 변경하려는 경우 국민생활에 매우 큰 영향을 주거나 많은 국민의 이해가 상충되는 사항 그리고 널리 국민의 의견을 수렴할 필요가 있는 사항에 한하여 행정예고를 하여야 한다.
② 행정청이 정책등을 수립·시행하거나 변경하려는 경우라도 법령의 단순한 집행을 위한 때에는 예고를 하지 아니할 수 있다.
③ 긴급한 사유로 예고가 현저히 곤란한 경우에도 행정청은 정책등을 예고하여야 한다.
④ 공공의 안전 또는 복리를 현저히 해할 상당한 우려가 있는 경우에는 행정예고에 관한 규정을 적용하지 아니한다.
⑤ 정책등의 내용이 국민의 권리·의무 또는 일상생활과 관련이 없더라도 행정청은 예고를 하여야 한다.

11

정보공개제도에 관한 설명으로 옳지 않은 것은? (다툼이 있는 경우 판례에 의함)

① 정보공개청구권은 헌법 제21조에 의하여 보장되는 알 권리에 근거하여 인정되고, 알 권리는 자유권적 성질과 청구권적 성질을 함께 가진다.
② 「공공기관의 정보공개에 관한 법률」 제4조 제1항에서 '정보공개에 관하여 다른 법률에 특별한 규정이 있는 경우'에 해당한다고 하여 정보공개법의 적용을 배제하기 위해서는, 특별한 규정이 '법률'이어야 하고, 정보공개의 대상 및 범위, 정보공개의 절차 등의 내용에서 정보공개법과 달리 규정하고 있는 것이어야 한다.
③ 「공공기관의 정보공개에 관한 법률」에서 정한 공개대상 정보는 정보 그 자체가 아닌 제2조 제1호에서 예시하고 있는 매체 등에 기록된 사항을 의미한다.
④ 사립대학교는 국비의 지원을 받는 범위 내에서만 공공기관의 성격을 가지므로 정보가 그에 해당하지 않는 경우 공개청구의 대상이 되지 아니한다.
⑤ 정보의 공개방법 및 절차에 비추어 당해 정보에서 비공개대상정보에 관련된 기술 등을 제외 혹은 삭제하고 나머지 정보만을 공개하는 것이 가능하고 나머지 부분의 정보만으로도 공개가치가 있는 경우 정보의 부분 공개가 허용된다.

12

행정조사에 관한 설명으로 옳지 않은 것은? (다툼이 있는 경우 판례에 의함)

① 납세자 등이 대답하거나 수인할 의무가 없고 납세자의 영업의 자유 등을 침해하거나 세무조사권이 남용될 염려가 없는 조사행위는 원칙적으로 「국세기본법」 제7장의2 내의 각 규정이 적용되는 세무조사에 해당한다고 볼 것은 아니다.
② 우편물 통관검사절차에서 이루어지는 우편물의 개봉, 시료채취, 성분분석 등의 검사는 행정조사의 성격을 가지는 것으로서 수사기관의 강제처분이라고 볼 수 있으므로, 압수·수색영장 없이 우편물의 개봉, 시료채취, 성분분석 등 검사가 진행되었다면 특별한 사정이 없는 한 위법하다.
③ 과세자료의 수집 또는 신고내용의 정확성 검증이라는 그 본연의 목적이 아니라 부정한 목적을 위하여 세무조사가 행하여진 것이라면 이러한 세무조사에 의하여 수집된 과세자료를 기초로 한 과세처분 역시 위법하다.
④ 「마약류 불법거래 방지에 관한 특례법」에 따른 조치의 일환으로 특정한 수출입물품을 개봉하여 검사하고 그 내용물의 점유를 취득한 행위는 사전 또는 사후에 영장을 받아야 한다.
⑤ 조사 과정에서 운전자 본인의 동의를 받지 아니하고 또한 법원의 영장도 없이 채혈조사를 한 결과를 근거로 한 운전면허 정지·취소 처분은 특별한 사정이 없는 한 위법한 처분에 해당한다.

13

공법상 계약에 관한 설명으로 옳지 않은 것은? (다툼이 있는 경우 판례에 의함)

① 계약직 공무원 채용계약 해지의 의사표시의 무효확인을 구하는 당사자소송의 경우 즉시확정의 이익이 요구된다.
② 서울특별시립무용단 단원의 위촉은 공법상 계약에 해당하며, 따라서 그 단원의 해촉에 대하여는 공법상 당사자소송으로 그 무효확인을 청구할 수 있다.
③ 지방계약직 공무원에 대하여는 채용계약상 특별한 약정이 없는 한 「지방공무원법」, 「지방공무원 징계 및 소청규정」에 정한 징계절차에 의하지 않고서는 보수를 삭감할 수 없다.
④ 국립의료원 부설 주차장에 관한 위탁관리용역 운영계약은 공법상 계약에 해당한다.
⑤ 계약직 공무원 채용계약 해지의 의사표시에는 「행정절차법」에 의한 근거와 이유제시를 하여야 하는 것은 아니다.

14

행정의 실효성 확보수단에 관한 설명으로 옳은 것은? (다툼이 있는 경우 판례에 의함)

① 행정법규 위반에 대한 제재조치는 법령상의 책임자로 규정된 자가 아닌 현실적 행위자에게 부과되어야 하고, 특별한 사정이 없는 한 위반자에게 고의나 과실이 있어야 부과할 수 있다.
② 행정청이 행정제재수단으로 사업정지 또는 과징금을 부과할 것인지, 과징금의 경우 얼마로 할 것인지의 재량이 부여된 경우 과징금부과처분이 법이 정한 한도액을 초과하여 위법한 경우 법원은 그 초과된 부분만을 취소할 수 있다.
③ 공정거래위원회가 위반행위에 대한 과징금을 부과하면서 여러 개의 위반행위에 대하여 외형상 하나의 과징금 납부명령을 하였으나 여러 개의 위반행위 중 일부의 위반행위에 대한 과징금 부과만이 위법하고 소송상 그 일부의 위반행위를 기초로 한 과징금액을 산정할 수 있는 자료가 있는 경우에는, 하나의 과징금 납부명령일지라도 그 일부의 위반행위에 대한 과징금액에 해당하는 부분만을 취소하여야 한다.
④ 세법상 가산세는 행정상 제재로서 납세자의 고의·과실은 고려되지 않으므로 설령 납세자에게 그 의무해태를 탓할 수 없는 정당한 사유가 있는 경우라도 이를 부과할 수 있다.
⑤ 국가기관이 행정목적 달성을 위하여 언론을 통해 행정상 공표의 방법으로 실명을 공개함으로써 타인의 명예를 훼손한 경우라면 사인의 행위에 의한 경우보다 훨씬 엄격한 기준이 요구되므로 국가기관이 공표 당시 이를 진실이라고 믿었고 또 그렇게 믿을 만한 상당한 이유가 있더라도 위법성이 인정된다.

15

행정벌에 관한 설명으로 옳은 것은? (다툼이 있는 경우 판례에 의함)

① 지방자치단체가 국가의 기관위임사무를 처리하는 경우에도 별도의 독립한 공법인으로서 「자동차관리법」 제83조의 양벌규정에 의한 처벌대상이 된다.
② 경찰서장이 범칙행위에 대하여 「경범죄처벌법」상 통고처분을 하였다면, 통고처분에서 정한 범칙금 납부기간까지는 원칙적으로 경찰서장은 즉결심판을 청구할 수 없지만 검사는 동일한 범칙행위에 대하여 공소를 제기할 수 있다.
③ 「도로교통법」상 경찰서장의 통고처분은 행정청에 의한 행정처분에 해당하여 그 처분에 대하여 이의가 있는 경우 처분의 취소를 구하는 행정소송을 제기하거나 그 범칙금의 납부를 이행하지 아니함으로써 경찰서장의 즉결심판청구에 의하여 법원의 심판을 받을 수 있다.
④ 「질서위반행위규제법」에 따르면 행정청의 과태료 부과처분에 대하여 당사자가 이의제기를 통해 불복할 수 있고, 이의제기가 있게 되면 행정청의 과태료 부과처분은 그 효력을 상실한다.
⑤ 「서울특별시 수도조례」 및 「서울특별시 하수도 사용조례」에 근거한 과태료 부과처분은 행정소송의 대상이 되는 행정처분이라고 볼 수 있다.

16

행정대집행에 관한 설명으로 옳은 것은? (다툼이 있는 경우 판례에 의함)

① 「공익사업을 위한 토지 등의 취득 및 보상에 관한 법률」에 의한 토지 등의 협의취득시 건물소유자가 협의취득 대상 건물에 대한 철거의무를 부담하겠다는 취지의 약정을 하였음에도 이러한 철거의무를 불이행한 경우 행정대집행을 할 수 있다.

② 계고서라는 명칭의 1장의 문서로서 일정 기간 내에 위법건축물의 자진철거를 명함과 동시에 그 소정 기한 내에 자진철거를 하지 않을 때에는 대집행할 뜻을 미리 계고한 경우라도 「건축법」에 의한 철거명령과 「행정대집행법」에 의한 계고처분은 독립하여 있는 것으로서 각 그 요건이 충족되었다고 볼 것이다.

③ 「건축법」에 위반하여 철거의무가 있는 건물이라 하더라도 그 철거의무를 대집행하기 위한 계고처분을 하려면 다른 방법으로는 이행의 확보가 어려운 사정만 있으면 충분하며 이러한 사정이 없다는 주장·입증책임은 건물의 소유자가 부담한다.

④ 법령에 규정된 절대적 금지나 허가를 유보한 상대적 금지를 위반한 경우 비록 당해 법령에서 그 위반자에 대하여 위반으로 생긴 유형적 결과의 시정을 명하는 행정처분의 권한을 인정하는 규정을 두고 있지 않더라도 위 금지규정을 위반한 결과를 시정하기 위하여 행정대집행을 할 수 있다.

⑤ 계고처분과 대집행비용납부명령은 그 목적을 달리하여 별개의 법률효과를 발생시키는 처분이므로 이미 불가쟁력이 발생한 계고처분에 존재하는 하자를 이유로 아무런 하자가 없는 대집행비용납부명령의 효력을 다툴 수 없다.

17

공무원의 직무상 불법행위로 인한 손해배상에 관한 설명으로 옳지 않은 것은? (다툼이 있는 경우 판례에 의함)

① 헌법재판소 재판관이 청구기간 내에 제기된 헌법소원 심판청구 사건의 청구기간을 오인하여 각하결정을 한 경우, 이에 대한 불복절차 내지 시정절차가 없는 때에는 국가배상책임을 인정할 수 있다.

② 준공검사업무를 담당하는 공무원이 준공검사를 현저히 지연시켰고 그러한 지연이 직무에 충실한 보통 일반의 공무원을 표준으로 할 때 객관적 정당성을 상실하였다고 인정될 정도에 이른 경우에는 「국가배상법」 제2조의 위법성이 인정된다.

③ 이중배상금지가 적용되지 않는 다른 법률에 의한 보상청구가 가능한 경우에 다른 법률상 보상청구권이 시효완성된 경우에도 국가배상을 청구할 수 있다.

④ 공무원이 고의 또는 중과실로 직무상 불법행위를 한 경우에는 피해자는 공무원에 대해 선택적 청구가 가능하나 단순 경과실에 의한 경우에는 선택적 청구가 부정된다.

⑤ 민간인과 직무집행 중인 군인 등의 공동불법행위로 인하여 직무집행 중인 다른 군인 등이 피해를 입은 경우, 민간인이 피해 군인 등에게 자신의 귀책부분을 넘어서 배상한 경우에는 국가 등에게 구상권을 행사할 수 있다.

18

행정상 손실보상에 관한 설명으로 옳지 않은 것은? (다툼이 있는 경우 판례에 의함)

① 국가가 소유자를 상대로 취득시효 완성을 원인으로 한 소유권이전등기청구를 함으로써 토지의 소유권을 취득할 수 있는 지위에 있었는데도 권리를 제때 행사하지 않고 있던 중에 토지가 하천구역에 편입되어 국유로 되고 토지소유자에게 손실보상청구권이 발생하자 비로소 취득시효 완성 주장을 하는 경우에는 원래 소유자의 손실보상청구를 배척할 수 있다.
② 「특수임무수행자 보상에 관한 법률」 및 동법 시행령의 규정들만으로 바로 특수임무수행자 중에서 보상금 등 지급대상자가 확정된다고 볼 수 없고, '특수임무수행자 보상심의위원회'의 심의·의결을 거쳐 특수임무수행자로 인정되어야만 비로소 보상금 등 지급대상자로 확정될 수 있다.
③ 어느 수용대상 토지에 관하여 특정 시점에서 용도지역 등의 지정 또는 변경을 하지 않은 것이 특정 공익사업의 시행을 위한 것일 경우, 용도지역 등의 지정 또는 변경이 이루어진 상태를 상정하여 토지가격을 평가하여야 한다.
④ 토지소유자 등이 수용재결에 대해 이의신청을 거친 후 취소소송을 제기하는 경우에 그 대상은 이의신청에 대한 재결 자체에 고유한 위법이 없는 한 수용재결이다.
⑤ 개발제한구역의 지정으로 인한 개발가능성의 소멸과 그에 따른 지가의 하락이나 지가상승률의 상대적 감소는 토지 소유자가 감수해야 하는 사회적 제약의 범주에 속하는 것으로 보아야 한다.

19

「행정심판법」상 간접강제 제도에 관한 설명으로 옳지 않은 것은?

① 행정심판의 재결의 기속력에 따른 재처분의무를 이행하지 않은 경우에 재결의 실효성을 확보하기 위하여 행정청에 일정한 배상을 명령하는 제도이다.
② 행정심판위원회는 사정의 변경이 있는 경우에는 당사자의 신청에 의하여 간접강제결정의 내용을 변경할 수 있다.
③ 행정심판위원회는 청구인의 신청 또는 직권으로 간접강제를 결정할 수 있다.
④ 청구인은 「행정심판법」상 간접강제에 관한 행정심판위원회의 결정에 불복하는 경우 그 결정에 대하여 행정소송을 제기할 수 있다.
⑤ 간접강제결정의 효력은 피청구인인 행정청이 소속된 국가·지방자치단체 또는 공공단체에 미치며, 결정서 정본은 간접강제결정에 불복하는 행정소송의 제기와 관계없이 「민사집행법」에 따른 강제집행에 관하여는 집행권원과 같은 효력을 가진다.

20

다음 <보기>에서 항고소송의 대상적격에 관한 설명으로 옳지 않은 것만을 고른 것은? (다툼이 있는 경우 판례에 의함)

<보기>

㉠ 「교육공무원법」상 승진후보자 명부에 의한 승진심사 방식으로 행해지는 승진임용에서 승진후보자 명부에 있던 후보자를 승진임용 인사발령에서 제외하는 행위는 행정처분에 해당한다.
㉡ 군의관이 수행하는 「병역법」상 신체등위 판정은 그에 따라 「병역법」상의 권리의무가 정해지는 것이므로 행정처분에 해당한다.
㉢ 한국토지주택공사가 택지개발사업의 시행자로서 손실보상대상자들에 대한 생활대책의 수립·시행에 있어 생활대책대상자에 해당하지 않는다는 결정을 하고 그 결정에 대한 당사자들의 이의신청에 따른 재심사 결과로도 선정되지 않았다는 동일한 결론의 재심사통보를 받았다면, 그 재심사통보는 단순히 업무처리의 적정 및 편의를 위한 조치에 불과하므로 항고소송의 대상이 되지 아니한다.
㉣ 요양급여의 적정성 평가 결과 전체 하위 20% 이하에 해당하는 요양기관이 건강보험심사평가원으로부터 받은 입원료 가산 및 별도 보상 적용 제외 통보는 해당 요양기관의 권리 또는 법률상 이익에 직접적 영향을 미치는 공권력 행사에 해당하여 항고소송의 대상이 된다.
㉤ 「표시·광고의 공정화에 관한 법률」 위반으로 인한 공정거래위원회의 경고의결은 당해 표시·광고의 위법을 확인하되 구체적인 조치까지는 명하지 아니하는 것으로 사업자의 자유와 권리를 제한하는 행정처분에 해당하지 아니한다.
㉥ 「진실·화해를 위한 과거사정리 기본법」에 따른 과거사정리위원회의 진실규명결정은 피해자 등에게 진실규명 신청권 및 그 결정에 대한 이의신청권 등이 부여되고, 그 결정에서 규명된 진실에 따라 국가가 법률상 의무를 부담하게 된다는 점 등에서 항고소송의 대상이 된다.

① ㉠, ㉢, ㉤
② ㉡, ㉢, ㉣
③ ㉡, ㉢, ㉤
④ ㉡, ㉢, ㉥
⑤ ㉣, ㉤, ㉥

21

항고소송의 원고적격에 관한 내용으로 옳지 않은 것은? (다툼이 있는 경우 판례에 의함)

① 법학전문대학원 설치인가신청을 하였으나 인가처분을 받지 못한 대학은 처분의 상대방이 아니더라도 다른 대학에 대하여 이루어진 설치인가처분의 취소를 구할 법률상 이익이 있다.
② 콘크리트제조업종의 공장입지지정승인처분이 취소됨으로 인하여 다른 지역에 거주하면서 그 공장설립예정지에 인접한 토지를 소유하고 있거나 그 지상에 묘소를 두고 있는 자가 분진, 소음, 수질오염 등의 피해를 입을 우려에서 벗어나는 이익은 그 입지지정승인처분의 근거법률에 의하여 보호되는 직접적이고 구체적인 법률상 이익이라고 할 수 없다.
③ 개발제한구역 안에서의 공장설립을 승인한 처분이 위법하다는 이유로 쟁송취소되었다면 인근 주민들의 환경상 이익이 침해될 위험이 종료되었다고 할 것이므로 인근 주민들이 더 나아가 그 승인처분에 기초한 공장건축허가처분에 대하여 취소를 구할 법률상 이익은 없다.
④ 직행형 시외버스운송사업자에 대한 사업계획변경인가처분으로 인하여 기존의 고속형 시외버스운송사업자의 노선 및 운행계통과 일부 중복되고 기존업자의 수익감소가 예상된다면, 기존의 고속형 시외버스운송사업자는 직행형 시외버스운송 사업자에 대한 사업계획변경인가처분의 취소를 구할 법률상의 이익이 있다.
⑤ 토사채취로 인하여 생활환경의 피해를 입으리라고 예상되는 인근 지역 주민들의 주거·생활환경상의 이익은 토사채취허가의 근거법률에 의하여 보호되는 직접적이고 구체적인 법률상 이익이라고 할 수 있다.

22

항고소송의 집행정지에 관한 설명으로 옳지 않은 것은? (다툼이 있는 경우 판례에 의함)

① 과징금을 납부하기 위하여 무리하게 외부자금을 차입할 경우 자금사정이 악화되어 회사의 존립 자체가 위태롭게 될 정도의 중대한 경영상의 위기를 맞게 될 우려가 있다는 사정은 집행정지 요건인 회복하기 어려운 손해에 해당한다.

② 회복하기 어려운 손해예방의 필요 등 집행정지의 적극적 요건에 관한 주장·소명책임은 원칙적으로 신청인에게 있으나, 공공복리에 중대한 영향을 미칠 우려가 없을 것 등 집행정지의 소극적 요건에 대한 주장·소명책임은 행정청에 있다.

③ 집행정지결정을 한 후에라도 본안소송이 취하되어 소송이 계속하지 아니한 것으로 되면 집행정지결정은 당연히 그 효력이 소멸되고 별도의 취소 조치를 필요로 하는 것은 아니다.

④ 항고소송의 대상이 되는 행정처분의 효력이나 집행 혹은 절차속행 등의 정지를 구하는 신청은 「행정소송법」상 집행정지신청의 방법으로서만 가능할 뿐이고 「민사소송법」상 가처분의 방법으로는 허용될 수 없다.

⑤ 보조금 교부결정의 일부를 취소한 행정청의 처분에 대하여 법원이 효력정지결정을 하면서 주문에서 그 법원에 계속 중인 본안소송의 판결 선고시까지 처분의 효력을 정지한다고 선언하였을 경우, 본안소송의 판결 선고에 의하여 정지결정의 효력은 소멸하지만 당초의 보조금교부결정취소처분의 효력이 당연히 되살아나는 것은 아니다.

23

부작위위법확인소송에 관한 설명으로 옳지 않은 것은? (다툼이 있는 경우 판례에 의함)

① 조례를 통하여 노동운동이 허용되는 사실상의 노무에 종사하는 공무원의 구체적 범위를 규정하지 않고 있는 것에 대하여 부작위위법확인의 소를 제기하였으나 상고심 계속 중에 정년퇴직한 경우에 소의 이익은 인정되지 않는다.

② 행정청이 당사자의 신청에 대하여 거부처분을 한 경우에는 부작위위법확인소송의 원고적격이 없거나 위 항고소송의 대상인 위법한 부작위가 있다고 볼 수 없어 그 부작위위법확인의 소는 부적법하다.

③ 부작위위법확인소송에 대해서도 행정심판과 취소소송의 관계를 준용하여 임의적 전치가 원칙이며, 다른 법률이 정한 경우에만 예외적으로 행정심판전치주의가 적용된다.

④ 신청에 대하여 처분을 하여야 할 법률상 의무란 처분요건이 충족된 경우에 상대방의 신청에 따라 처분을 하여야만 하는 기속행위에만 인정되고, 처분의 가부, 선택 여부가 행정청의 재량에 달려있는 재량행위에는 인정되지 않는다.

⑤ 국회의원에게는 대통령 및 외교통상부장관의 특임공관장에 대한 인사권 행사 등과 관련하여 대사의 직을 계속 보유하게 하여서는 아니된다는 요구를 할 수 있는 법규상 또는 조리상 신청권이 인정되지 않는다.

24

행정청의 권한에 관한 설명으로 옳지 않은 것은? (다툼이 있는 경우 판례에 의함)

① 대리기관이 대리관계를 표시하고 피대리 행정청을 대리하여 행정처분을 한 경우, 행정처분에 대한 항고소송의 피고적격은 피대리 행정청에 있다.
② 행정권한의 내부위임은 행정관청이 법률에 따라 특정한 권한을 다른 행정관청에 이전하여 수임관청의 권한으로 행사하도록 하는 것이어서 권한의 법적인 귀속을 변경하는 것이므로 법률이 허용하고 있는 경우에 한하여 인정된다.
③ 도지사 등은 「정부조직법」과 「행정권한의 위임 및 위탁에 관한 규정」에 정한 바에 의하여 위임기관의 장의 승인이 있으면 그 규칙이 정하는 바에 의하여 그 수임된 권한을 시장, 군수 등 소속기관의 장에게 다시 위임할 수 있다.
④ 행정사무의 처리와 관련하여 등기, 소송 등에 관한 사무처리를 위탁하는 촉탁은 행정청의 권한의 이전을 수반하지 않는다는 점에서 권한의 위임과 구별된다.
⑤ 행정청의 권한의 위임이 있는 경우 위임청은 그 사무를 처리할 권한을 상실하고 그 사항은 수임청의 권한으로 되고 항고소송에서 수임청이 피고가 된다.

25

공물에 관한 판례의 입장으로 옳지 않은 것은?

① 토지에 대하여 도로로서의 도시계획시설결정 및 지적승인만 있었을 뿐 그 도시계획사업이 실시되었거나 그 토지가 자연공로로 이용된 적이 없는 경우에는 도시계획결정 및 지적승인의 고시만으로는 아직 공용개시행위가 있었다고 할 수 없으므로 그 토지가 행정재산이 되었다고 할 수 없다.
② 공유수면인 갯벌은 자연의 상태 그대로 공공용에 제공될 수 있는 실체를 갖추고 있는 자연공물로서 간척에 의하여 사실상 갯벌로서의 성질을 상실하였더라도 당시 시행되던 국유재산법령에 의한 용도폐지를 하지 않은 이상 당연히 일반재산으로 된다고는 할 수 없다.
③ 원래 일반재산이던 것이 행정재산으로 된 경우 일반재산일 당시에 취득시효가 완성되었다고 하더라도 행정재산으로 된 이상 이를 원인으로 하는 소유권이전등기를 청구할 수 없다.
④ 해수욕장의 백사장을 어선업자들이 어선을 양육·정박시키거나 어구의 수리·보관 등의 용도로 사용하여 왔다면 이는 공공용물의 일반사용에 대한 특별한 이해관계를 갖는 경우에 해당하므로 개발사업 시행으로 위 백사장을 통과하는 해변도로가 개설되고 녹지공간이 조성됨으로 인하여 이와 같은 일반사용이 제한된다면 이러한 불이익에 대하여는 손실보상이 주어져야 한다.
⑤ 보존재산인 국유임야를 매각할 당시 처분권한이 없던 세무서장이 보존재산을 일반재산으로 입찰공고를 하여 매각하였다고 하더라도 보존재산인 국유임야에 대한 묵시적 공용폐지의 의사표시가 있었다고 볼 수 없다.

01

행정의 법률적합성에 관한 설명으로 옳지 않은 것은?

① 기본권 제한에 관한 법률유보원칙은 '법률에 근거한 규율'을 요청하는 것이므로, 그 형식이 반드시 법률일 필요는 없다 하더라도 법률상의 근거는 있어야 한다는 것이 헌법재판소의 입장이다.
② 어떠한 사안이 국회가 형식적 법률로 스스로 규정하여야 하는 본질적 사항에 해당되는지는 구체적 사례에서 관련된 이익 내지 가치의 중요성, 규제 또는 침해의 정도와 방법 등을 고려하여 개별적으로 결정하여야 한다는 것이 대법원의 입장이다.
③ 지방의회에서 근로자를 두어 의정활동을 지원하는 것은 개별 지방의회에서 정할 사항이 아니라 국회의 법률로 규정하여야 할 입법사항에 해당한다는 것이 대법원의 입장이다.
④ 조합의 사업시행인가 신청시의 토지등소유자의 동의 요건은 토지등소유자의 재산상 권리·의무에 관한 본질적인 사항으로 법률유보의 원칙이 반드시 지켜져야 하는 영역이라는 것이 대법원의 입장이다.
⑤ 구 한국방송공사법상 국회의 결정이나 관여를 배제한 채 한국방송공사로 하여금 수신료금액을 결정해서 문화관광부장관의 승인을 얻도록 한 것은 법률유보원칙에 위반된다는 것이 헌법재판소의 입장이다.

02

손실보상에 관한 설명으로 옳지 않은 것은? (다툼이 있는 경우 판례에 의함)

① 도시계획시설사업은 도시계획시설을 설치·정비 또는 개량하여 공공복리를 증진시키고 국민의 삶의 질을 향상시키는 것을 목적으로 하고 있으므로, 도시계획시설사업은 그 자체로 공공필요성의 요건이 충족된다.
② 재산권 보장에 의하여 보호되는 재산권의 범위에는 동산·부동산에 대한 모든 종류의 물권은 물론, 재산가치가 있는 모든 사법상의 채권과 특별법상의 권리 및 재산가치 있는 공법상의 권리 등이 포함된다.
③ 간척사업의 시행으로 종래의 관행어업권자에게 구 공유수면매립법에서 정하는 손실보상청구권이 인정되기 위해서는 공유수면 매립면허의 고시가 있다면 충분하고 매립면허 고시 후 매립공사가 실제 실행될 필요는 없다.
④ 공익사업을 위한 토지 등의 취득 및 보상에 관한 법률이 정하는 기준에 따르지 아니하고 손실보상액에 관한 합의를 하였다고 하더라도 그 합의가 착오 등을 이유로 적법하게 취소되지 않는 한 유효하다.
⑤ 공익사업으로 인하여 영업을 폐지하거나 휴업하는 자는 공익사업을 위한 토지 등의 취득 및 보상에 관한 법률에 규정된 재결절차를 거치지 않은 채 곧바로 사업시행자를 상대로 영업손실보상을 청구할 수 없다.

03

다음 〈보기〉에 '특정인에 대하여 새로운 권리·능력 또는 포괄적 법률관계를 설정하는 행위(가)'와 '제3자의 법률적 행위를 보충하여 그 법률상의 효과를 완성시키는 행정행위(나)'에 해당하는 것을 바르게 짝지은 것은? (다툼이 있는 경우 판례에 의함)

―― 〈보기〉――
㉠ 출입국관리법상 체류자격 변경허가
㉡ 사립학교법인 임원에 대한 취임 승인
㉢ 국적법에 따른 귀화허가
㉣ 개발촉진지구 안에서 시행되는 지역개발사업에 관한 지정권자의 실시계획승인처분
㉤ 재단법인 정관변경허가

	㉠	㉡	㉢	㉣	㉤
①	(가)	(가)	(나)	(나)	(가)
②	(가)	(나)	(가)	(가)	(나)
③	(가)	(나)	(가)	(나)	(나)
④	(나)	(가)	(나)	(가)	(가)
⑤	(나)	(나)	(가)	(가)	(나)

04

행정입법에 관한 설명으로 옳지 않은 것은? (다툼이 있는 경우 판례에 의함)

① 행정소송에 대한 대법원 판결에 의하여 대통령령이 법률에 위반된다는 것이 확정된 경우에는 대법원은 지체 없이 그 사유를 행정안전부장관에게 통보하여야 한다.
② 구법에 위임의 근거가 없어 무효인 법규명령이더라도 사후에 법개정으로 위임의 근거가 부여되면 그때부터 유효한 법규명령이 된다.
③ 명령·규칙 그 자체로 기본권이 침해되었을 경우에는 이에 대한 헌법소원심판을 청구할 수 있고, 그 경우 제소요건은 당해 법령이 구체적 집행행위를 매개로 하지 않고 직접적·현재적으로 국민의 기본권을 침해하고 있어야 한다.
④ 하위법령의 규정이 상위법령의 규정에 저촉되는지 명백하지 않지만 하위법령의 의미를 상위법령에 합치되는 것으로 해석하는 것이 가능한 경우, 하위법령이 상위법령에 위반된다는 이유로 쉽게 무효를 선언할 것은 아니다.
⑤ 법령불소급의 원칙에 따르면 법령의 효력발생 전에 완성된 요건 사실에 대하여 당해 법령을 적용할 수 없음은 물론이고, 계속 중인 사실이나 그 이후에 발생한 요건 사실에 대한 경우까지도 법령적용이 제한되는 것으로 해석된다.

05

행정규제기본법이 적용될 수 있는 것은?

① 선거관리위원회가 하는 사무
② 감사원이 하는 사무
③ 과태료의 부과 및 징수에 관한 사항
④ 조세의 부과 및 징수에 관한 사항
⑤ 지방의회의 의결을 거쳐서 하는 사무

06

다음 〈보기〉에서 행정소송법상 협의의 소의 이익에 관한 설명으로 옳은 것만을 고른 것은? (다툼이 있는 경우 판례에 의함)

─────────< 보 기 >─────────

㉠ 제재적 행정처분(선행처분)이 제재기간의 경과로 인하여 그 효과가 소멸되었으나, 부령인 시행규칙에서 제재적 행정처분을 받은 것을 가중사유로 삼아 장래의 제재적 행정처분을 하도록 정하고 있다면, 선행처분의 취소를 구할 법률상 이익이 있다.

㉡ 제소 후 취소대상 행정처분이 기간의 경과 등으로 그 효과가 소멸하더라도, 동일한 소송 당사자 사이에서 동일한 사유로 위법한 처분이 반복될 위험성이 있어 행정처분의 위법성 확인 내지 불분명한 법률문제에 대한 해명이 필요한 경우에는 그 처분의 취소를 구할 법률상 이익이 있다.

㉢ 지방의회 의원에 대한 제명의결 취소소송 계속 중 의원의 임기가 만료된 경우, 제명의결의 취소로 의원의 지위를 회복할 수는 없으므로 제명의결 시부터 임기만료일까지의 기간에 대한 월정수당의 지급을 구할 수 있다 하더라도 그 제명의결의 취소를 구할 법률상 이익을 인정할 수 없다.

㉣ 행정처분의 무효확인 또는 취소를 구하는 소가 제소 당시에는 소의 이익이 있어 적법하였더라도, 소송 계속 중 처분청이 다툼의 대상이 되는 행정처분을 직권으로 취소했다면 원칙적으로 소의 이익이 소멸하여 부적법하다.

㉤ 처분청의 직권취소에도 불구하고 완전한 원상회복이 이루어지지 않아 무효확인 또는 취소로써 회복할 수 있는 다른 권리나 이익이 남아 있더라도 그 처분의 취소를 구할 소의 이익을 인정할 수 없다.

① ㉠, ㉡, ㉣
② ㉠, ㉢, ㉤
③ ㉠, ㉣, ㉤
④ ㉡, ㉢, ㉣
⑤ ㉡, ㉢, ㉤

07

부관에 관한 설명으로 옳지 않은 것은? (다툼이 있는 경우 판례에 의함)

① 어업에 관한 허가 또는 신고는 어업면허와 마찬가지로 유효기간이 경과해도 그 허가나 신고의 효력이 당연히 소멸되는 것은 아니므로 재차허가를 받거나 신고를 하면 허가나 신고의 기간이 갱신되어 종전의 어업허가나 신고의 효력 또는 성질이 계속된다고 볼 수 있다.

② 건축허가를 하면서 일정 토지를 기부채납 하도록 하는 내용의 허가조건은 부관을 붙일 수 없는 기속행위 내지 기속적 재량행위인 건축허가에 붙인 부담이거나 또는 법령상 아무런 근거가 없는 부관이어서 무효이다.

③ 수익적 행정처분에 있어서는 부담을 부가하기 이전에 상대방과 협의하여 부담의 내용을 협약의 형식으로 미리 정한 다음 행정처분을 하면서 이를 부가할 수 있다.

④ 건축행정청은 신청인의 건축계획상 하나의 대지로 삼으려고 하는 '하나 이상의 필지의 일부'가 관계법령상 토지분할이 가능한 경우인지를 심사하여 토지분할이 관계 법령상 제한에 해당되어 명백히 불가능하다고 판단되는 경우에는 토지분할 조건부 건축허가를 거부하여야 한다.

⑤ 행정행위의 부관은 그 자체로서 직접 법적 효과를 발생하는 독립된 처분이 아니므로 현행 행정쟁송제도 아래서는 부관 그 자체만을 독립된 쟁송의 대상으로 할 수 없는 것이 원칙이나, 부담의 경우에는 행정쟁송의 대상이 될 수 있다.

08

경찰관의 직무에 관한 판례의 설명으로 옳지 않은 것은?

① 주거지에서 음악 소리를 크게 내거나 큰 소리로 떠들어 이웃을 시끄럽게 하는 행위는 「경범죄 처벌법」 제3조 제1항 제21호에서 경범죄로 정한 '인근소란 등'에 해당하고, 경찰관은 「경찰관 직무집행법」에 따라 경범죄에 해당하는 행위를 예방·진압·수사하고, 필요한 경우 제지할 수 있다.

② 경찰관이 음주운전 단속시 운전자의 요구에 따라 곧바로 채혈을 실시하지 않은 채 호흡측정기에 의한 음주측정을 하고 1시간 12분이 경과한 후에야 채혈을 하였다는 사정만으로는 위 행위가 법령에 위배된다거나 객관적 정당성을 상실하여 운전자가 음주운전 단속과정에서 받을 수 있는 권익이 현저하게 침해되었다고 단정하기 어렵다.

③ 경찰관이 농민들의 시위를 진압하고 시위과정에 도로상에 방치된 트랙터 1대에 대하여 이를 도로 밖으로 옮기거나 후방에 안전표지판을 설치하는 것과 같은 위험 발생방지조치를 취하지 아니한 채 그대로 방치하고 철수하여 버린 결과, 야간에 그 도로를 진행하던 운전자가 위 방치된 트랙터를 피하려다가 다른 트랙터에 부딪혀 상해를 입은 사안에서 대법원은 국가의 배상책임을 인정하지 않았다.

④ 경찰관의 주취운전자에 대한 권한 행사가 관계법률의 규정 형식상 경찰관의 재량에 맡겨져 있다고 하더라도, 그러한 권한을 행사하지 아니한 것이 구체적인 상황하에서 현저하게 합리성을 잃어 사회적 타당성이 없는 경우에는 경찰관의 직무상 의무를 위배한 것으로서 위법하게 된다.

⑤ 음주운전으로 적발된 주취운전자가 도로 밖으로 차량을 이동하겠다며 단속경찰관으로부터 보관 중이던 차량열쇠를 반환받아 몰래 차량을 운전하여 가던 중 사고를 일으킨 경우, 국가배상책임은 인정된다.

09

행정행위의 무효와 취소에 관한 설명으로 옳지 않은 것은? (다툼이 있는 경우 판례에 의함)

① 법률에 근거하여 행정처분이 발하여진 후에 헌법재판소가 그 행정처분의 근거가 된 법률을 위헌으로 결정하였다면 이러한 사유는 특별한 사정이 없는 한 그 행정처분의 취소소송의 전제가 될 수 있을 뿐 당연무효사유는 아니다.

② 위헌결정의 소급효가 인정된다고 하여 위헌인 법률에 근거한 행정처분이 당연무효가 된다고는 할 수 없고 오히려 이미 취소소송의 제기기간을 경과하여 확정력이 발생한 행정처분에는 위헌결정의 소급효가 미치지 않는다.

③ 법령 규정의 문언만으로는 처분 요건의 의미가 분명하지 아니하여 그 해석에 다툼의 여지가 있었더라도 이에 대한 법원이나 헌법재판소의 분명한 판단이 있었다면 합리적 근거 없이 이에 벗어난 행정처분의 하자는 당연무효이다.

④ 과세처분 이후 조세 부과의 근거가 되었던 법률규정에 대해서만 위헌결정이 내려진 경우, 그 과세처분과는 별개의 후속 행정처분인 체납처분은 위법하다고 볼 수 없다.

⑤ 법률관계나 사실관계에 대하여 그 법령의 규정을 적용할 수 없다는 법리가 명백히 밝혀지지 아니하여 해석에 다툼의 여지가 있는 때에는 과세관청이 이를 잘못 해석하여 과세처분을 하였더라도 그 하자는 명백하다고 할 수 없다.

10

공법상 계약에 해당하는 것만을 〈보기〉에서 있는 대로 고른 것은? (다툼이 있는 경우 판례에 의함)

< 보 기 >
㉠ 공공기관의 운영에 관한 법률의 적용 대상인 공기업이 일방 당사자가 되는 계약
㉡ 지방자치단체와 사인 간 체결한 자원회수시설 위탁운영협약
㉢ 지방자치단체와 유한회사 간 체결한 터널 민간투자사업 실시협약
㉣ 서울특별시립무용단 단원의 위촉

① ㉠, ㉡
② ㉠, ㉣
③ ㉢, ㉣
④ ㉠, ㉡, ㉢
⑤ ㉡, ㉢, ㉣

11

행정상 강제집행에 관한 판례의 설명으로 옳지 않은 것은?

① 건물의 점유자가 철거의무자일 때에는 건물철거의무에 퇴거의무도 포함되어 있는 것이어서 별도로 퇴거를 명하는 집행권원이 필요하지 않다.
② 구 토지수용법상 피수용자 등이 기업자에 대하여 부담하는 수용대상 토지의 인도의무는 행정대집행법에 의한 대집행의 대상이 될 수 있다.
③ 상당한 의무이행기간을 부여하지 아니한 대집행계고처분 후에 대집행영장으로써 대집행의 시기를 늦춘 경우 그 계고처분은 대집행의 적법절차에 위배한 것으로 위법한 처분이라고 할 것이다.
④ 법령에 의하여 대집행권한을 위탁받아 공무인 대집행을 실시하기 위하여 지출한 비용을 행정대집행법 절차에 따라 징수할 수 있음에도 민사소송절차에 의하여 그 비용의 상환을 청구한 것은 소의 이익이 없어 부적법하다.
⑤ 후행처분인 대집행비용납부명령 취소청구소송에서 선행처분인 계고처분이 위법하다는 이유로 대집행비용납부명령의 취소를 구할 수 있다.

12

공무원의 위법한 직무집행행위로 인한 배상책임에 관한 설명으로 옳지 않은 것은? (다툼이 있는 경우 판례에 의함)

① 인사업무담당 공무원이 다른 공무원의 공무원증 등을 위조한 행위는 실질적으로 직무행위에 속하지 아니하므로 국가배상법상의 직무집행으로 볼 수 없다.
② 국가배상법이 정한 손해배상청구의 요건인 '공무원의 직무'에는 국가나 지방자치단체의 권력적 작용뿐만 아니라 비권력적 작용도 포함된다.
③ 국가배상법상 '법령을 위반하여'에는 인권존중·권력남용금지·신의성실과 같이 공무원으로서 마땅히 지켜야 할 준칙이나 규범을 지키지 아니하고 위반한 경우가 포함된다.
④ 국가배상법상의 손해배상의 기준은 배상심의회의 배상금지급기준을 정함에 있어서의 하나의 기준을 정한 것에 지나지 아니하는 것이고 이로써 배상액의 상한을 제한한 것으로 볼 수 없다.
⑤ 피해자에게 손해를 직접 배상한 경과실이 있는 공무원은 특별한 사정이 없는 한 국가에 대하여 국가의 피해자에 대한 손해배상책임의 범위 내에서 공무원이 변제한 금액에 관하여 구상권을 취득한다.

13

정보공개청구권에 관한 설명으로 옳지 않은 것은? (다툼이 있는 경우 판례에 의함)

① 공공기관의 정보공개에 관한 법률상 공개청구의 대상이 되는 정보란 공공기관이 직무상 작성 또는 취득하여 현재 보유·관리하고 있는 문서에 한정되는 것이기는 하나, 그 문서가 반드시 원본일 필요는 없다.
② 청구인이 정보공개와 관련한 공공기관의 결정에 대하여 불복이 있거나 정보공개 청구 후 20일이 경과하도록 정보공개 결정이 없는 때에는 행정심판법에서 정하는 바에 따라 행정심판을 청구할 수 있다.
③ 정보공개를 요구받은 공공기관이 공공기관의 정보공개에 관한 법률에서 정한 비공개사유에 해당하는지를 주장·증명하지 아니한 채 개괄적인 사유만을 들어 공개를 거부하는 것은 허용되지 아니한다.
④ 정보공개청구권은 법률상 보호되는 구체적인 권리이므로 청구인이 공공기관에 대하여 정보공개를 청구하였다가 거부처분을 받은 것 자체가 법률상 이익의 침해에 해당한다.
⑤ 공공기관의 정보공개에 관한 법률이 예정하고 있지 아니하지만 우회적인 방법으로 정보를 공개하였다면, 해당 정보의 비공개결정의 취소를 구할 소의 이익은 소멸된다.

14

개인정보 보호법에 관한 설명으로 옳지 않은 것은? (다툼이 있는 경우 판례에 의함)

① 가명정보는 원래의 상태로 복원하기 위한 추가 정보의 사용·결합 없이는 특정 개인을 알아볼 수 없는 정보이기 때문에 개인정보에 해당하지 않는다.
② 법률정보 제공 사이트를 운영하는 甲 주식회사가 乙 대학교 법학과 교수로 재직 중인 丙의 개인정보를 별도 동의 없이 위 법학과 홈페이지 등을 통해 수집하여 위 사이트 내 법조인 항목에서 유료로 제공하더라도 위법하다고 할 수 없다.
③ 검사 또는 수사관서의 장이 수사를 위하여 구 전기통신사업법 제54조 제3항, 제4항에 의하여 전기통신사업자에게 통신자료의 제공을 요청하고, 이에 전기통신사업자가 위 규정에서 정한 형식적·절차적 요건을 심사하여 이용자의 통신자료를 제공하였다면, 특별한 사정이 없는 한 이로 인하여 이용자의 개인정보자기결정권이나 익명표현의 자유 등이 위법하게 침해된 것은 아니다.
④ 정보주체와의 계약의 체결 및 이행을 위하여 불가피하게 필요한 경우에도 정보주체의 별도 동의 없이 개인정보처리자가 개인정보를 수집할 수 있으며 그 수집 목적의 범위에서 이용할 수 있다.
⑤ 시설안전 및 화재 예방을 위하여 필요한 경우 공개된 장소에 영상정보기기를 설치·운영할 수 있다.

15

행정소송법상 원고적격에 관한 판례의 설명으로 옳지 않은 것은?

① 시외버스운송사업계획변경인가처분으로 시외버스 운행노선 중 일부가 기존의 시내버스 운행노선과 중복하게 되어 기존 시내버스사업자의 수익감소가 예상되는 경우, 기존의 시내버스운송사업자에게 위 처분의 취소를 구할 법률상의 이익이 있다.

② 인가·허가 등 수익적 행정처분을 신청한 여러 사람이 서로 경원관계에 있어서 한 사람에 대한 허가 등 처분이 다른 사람에 대한 불허가 등으로 귀결될 수밖에 없을 때 허가 등 처분을 받지 못한 사람은 원칙적으로 자신에 대한 거부처분의 취소를 구할 원고적격이 있다.

③ 행정처분의 근거 법규 또는 관련 법규에 그 처분으로써 이루어지는 행위 등 사업으로 인하여 환경상 침해 영향권의 범위가 구체적으로 규정되어 있는 경우, 그 영향권 밖의 주민들은 당해 처분으로 인하여 자신의 환경상 이익에 대한 침해 또는 침해 우려가 있음을 증명하여야만 원고적격이 인정된다.

④ 김해시장이 낙동강에 합류하는 하천수 주변의 토지에 구 산업집적활성화 및 공장설립에 관한 법률 제13조에 따라 공장설립을 승인하는 처분을 한 경우, 공장설립으로 수질오염 등이 발생할 우려가 있는 취수장에서 물을 공급받는 부산광역시 또는 양산시에 거주하는 주민들도 원고적격이 인정된다.

⑤ 상수원보호구역 설정의 근거가 되는 구 수도법 제5조 제1항 및 동 시행령 제7조 제1항은 상수원의 오염을 막아 양질의 급수를 받을 직접적이고 구체적인 지역주민들의 이익을 보호하고 있으므로 그 주민들에게는 상수원보호구역변경처분의 취소를 구할 법률상의 이익이 있다.

16

다단계 행정행위에 관한 판례의 설명으로 옳지 않은 것은?

① 폐기물처리업의 허가를 받기 위하여는 먼저 사업계획서를 제출하여 허가권자로부터 사업계획에 대한 적정통보를 받아야 하는데, 부적정통보는 허가신청 자체를 제한하는 등 개인의 권리 내지 법률상의 이익을 개별적이고 구체적으로 규제하고 있어 행정처분에 해당한다.

② 공정거래위원회가 부당한 공동행위를 행한 사업자로서 구 독점규제 및 공정거래에 관한 법률상 자진신고자에 대하여 과징금 부과처분(선행처분)을 한 뒤, 동법 시행령에 따라 다시 자진신고자에 대한 사건을 분리하여 자진신고를 이유로 과징금감면처분(후행처분)을 한 경우, 선행처분의 취소를 구하는 소를 구해야 한다.

③ 어업권면허에 선행하는 우선순위결정은 강학상 확약에 불과하고 행정처분은 아니므로, 우선순위결정에 공정력이나 불가쟁력과 같은 효력은 인정되지 않는다.

④ 자동차운송사업 양도양수인가신청에 대하여 행정청이 내인가를 한 후 그 본인가신청이 있음에도 내인가를 취소함으로써 다시 본인가에 대하여 따로 인가여부의 처분을 한다는 사정이 보이지 않는 경우 위 내인가취소를 인가신청거부처분으로 볼 수 있다.

⑤ 구 원자력법 제11조 제3항에 따른 원자로 및 관계 시설의 부지사전승인처분은 나중에 건설허가처분이 있게 되면 부지사전승인처분의 취소를 구하는 소는 소의 이익을 잃게 된다.

17

국가배상법 제5조의 손해배상책임에 관한 판례의 설명으로 옳지 않은 것은?

① 국토해양부장관이 하천공사를 대행하던 중 지방하천의 관리상 하자로 인하여 손해가 발생하였다면 하천관리청이 속한 지방자치단체는 국가와 함께 국가배상법 제5조 제1항에 따라 지방하천의 관리자로서 손해배상책임을 부담한다.
② 소음 등을 포함한 공해 등의 위험지역으로 이주하여 들어가 거주하는 경우와 같이 위험의 존재를 인식하거나 과실로 인식하지 못하고 이주한 경우에는 손해배상액의 산정에 있어 형평의 원칙상 과실상계에 준하여 감경 또는 면제사유로 고려하여야 한다.
③ 차량이 통행하는 도로에서 유입되는 소음 때문에 인근 주택의 거주자에게 사회통념상 일반적으로 수인할 정도를 넘어서는 침해가 있는지 여부는, 주택법 등에서 제시하는 주택건설기준보다는 환경정책기본법 등에서 설정하고 있는 환경기준을 우선적으로 고려하여 판단하여서는 아니 된다.
④ 보행자 신호기가 고장난 횡단보도 상에서 교통사고가 발생한 사안에서, 적색등의 전구가 단선되어 있었던 위 보행자 신호기는 그 용도에 따라 통상 갖추어야 할 안전성을 갖추지 못한 관리상의 하자가 있어 국가배상책임이 인정된다고 보아야 한다.
⑤ 김포공항에서 발생하는 소음 등으로 인근 주민들이 입은 피해는 사회통념상 수인한도를 넘는다면 김포공항의 설치·관리에 하자가 있다고 보아야 한다.

18

행정행위의 효력에 관한 설명으로 옳지 않은 것은? (다툼이 있는 경우 판례에 의함)

① 상대방 있는 행정처분은 특별한 규정이 없는 한, 상대방이 다른 경로를 통해 행정처분의 내용을 알게 된 경우에도 상대방에게 고지되지 않은 경우라면 행정처분의 효력이 발생한다고 볼 수 없다.
② 수익적 행정행위 신청에 대한 거부처분이 있은 후 당사자가 새로 신청하는 취지로 다시 신청하고, 이에 대해 행정청이 재차 거절한 경우 원칙적으로 새로운 거부처분에 해당한다고 보아야 한다.
③ 행정청이 의료법인의 이사에 대한 이사취임승인취소처분(제1처분)을 직권으로 취소(제2처분)한 경우, 제1처분과 제2처분 사이에 법원에 의하여 선임된 임시이사의 지위가 소멸되기 위해서는 법원의 해임결정이 있어야 한다.
④ 불가변력은 당해 행정행위에 대하여서만 인정되는 것이고, 동종의 행정행위라 하더라도 그 대상을 달리할 때에는 이를 인정할 수 없다.
⑤ 민사소송에 있어서 어느 행정처분의 당연무효 여부가 선결문제로 되는 때에는 이를 판단하여 당연무효임을 전제로 판결할 수 있고 반드시 행정소송 등의 절차에 의하여 그 취소나 무효확인을 받아야 하는 것은 아니다.

19

다음 〈보기〉에 행정소송법상 법원이 직권으로 할 수 있는 사항을 있는 대로 고른 것은?

〈보기〉
㉠ 처분변경으로 인한 소의 변경
㉡ 관련청구소송의 이송
㉢ 행정청의 소송참가
㉣ 집행정지
㉤ 처분 등에 관계되는 권한이 다른 행정청에 승계된 경우에 있어서 피고의 경정

① ㉠
② ㉡, ㉢
③ ㉡, ㉢, ㉣
④ ㉡, ㉢, ㉣, ㉤
⑤ ㉠, ㉡, ㉢, ㉣, ㉤

20

다음 <보기>에 공무원의 신분관계에 관한 설명으로 옳은 것(○)과 옳지 않은 것(×)을 바르게 짝지은 것은? (다툼이 있는 경우 판례에 의함)

―――――< 보 기 >―――――

㉠ 징계혐의자에 대한 감봉 1월의 징계처분을 견책으로 변경한 소청심사위원회의 결정이 있는 경우 견책으로 처한 소청결정에 대한 항고소송의 피고는 원칙적으로 소청심사위원회가 된다.
㉡ 직위해제처분을 받았다가 다른 직위를 부여받은 경우에는 그 직위해제처분의 무효를 구할 소의 이익은 없다.
㉢ 당연퇴직발령은 객관적 사실을 알리는 것으로 행정소송의 대상이 된다.
㉣ 과거 소년이었을 때 죄를 범하여 형의 집행유예를 선고받은 사람이 장교·준사관 또는 하사관(현 부사관)으로 임용된 경우, 그 임용은 당연무효이다.
㉤ 공무원의 직위해제처분과 면직처분 사이에는 하자의 승계가 부인된다.

	㉠	㉡	㉢	㉣	㉤
①	○	○	×	×	○
②	○	×	×	○	×
③	×	○	○	○	×
④	×	○	×	×	○
⑤	×	×	○	×	○

21

행정절차에 관한 설명으로 옳지 않은 것은? (다툼이 있는 경우 판례에 의함)

① 신청인이 신청에 앞서 행정청의 허가업무 담당자에게 신청서의 내용에 대한 검토의 요청에 대해서도 행정절차법 소정의 절차가 적용된다.
② 세액산출근거가 기재되지 아니한 납세고지서에 의한 부과처분은 강행법규에 위반하여 취소대상이 된다 할 것이므로 이와 같은 하자는 납세의무자가 그 후 부과된 세금을 자진납부하였다 하여 치유되는 것이라고는 할 수 없다.
③ 특별한 사정이 없는 한, 신청에 대한 거부처분은 행정절차법상의 처분의 사전통지대상이 된다고 할 수 없다.
④ 공무원연금관리공단의 퇴직연금의 환수결정에 앞서 당사자에게 의견진술의 기회를 주지 아니하여도 행정절차법이나 신의칙에 어긋나지 아니한다.
⑤ 행정처분의 상대방에 대한 청문통지서가 반송되었다거나, 행정처분의 상대방이 청문일시에 불출석하였다는 이유로 청문을 실시하지 아니하고 한 침해적 행정처분은 위법하다.

22

공법관계와 사법관계에 대한 설명으로 옳지 않은 것은? (다툼이 있는 경우 판례에 의함)

① 국립의료원 부설주차장에 대한 위탁관리용역운영계약은 공법관계로서 이와 관련한 가산금지급채무부존재에 대한 소송은 행정소송에 의하여야 한다.
② 산림청장이나 그로부터 권한을 위임받은 행정청이 산림법 등이 정하는 바에 따라 국유임야를 대부하거나 매각하는 행위는 사경제적 주체로서 상대방과 대등한 입장에서 하는 사법상 계약이라는 것이 판례의 입장이다.
③ 도시 및 주거환경정비법상의 재건축조합을 상대로 관리처분계획안에 대한 조합총회결의 효력 등을 다투는 소송은 공법상 법률관계에 관한 것이므로 이는 행정소송법상의 당사자소송에 해당한다.
④ 구 예산회계법(현 국가를 당사자로 하는 계약에 관한 법률)에 따라 체결되는 계약에 있어서 입찰금액의 착오 기재를 주장하고 공사계약 체결에 불응한 사업자에 대한 입찰참가자격정지처분은 민사소송의 대상이 된다.
⑤ 한국마사회가 조교사 및 기수의 면허를 부여하거나 취소하는 것은 일반사법상의 법률관계에서 이루어지는 단체 내부에서의 징계 내지 제재처분이다.

23

행정심판법에 관한 설명으로 옳지 않은 것은?

① 임시처분은 집행정지로 목적을 달성할 수 있는 경우에는 허용되지 아니한다.
② 행정심판위원회는 심판청구의 대상이 되는 처분보다 청구인에게 불리한 재결을 하지 못한다.
③ 재결에 의하여 취소되는 처분이 당사자의 신청을 부작위로 방치하는 것을 내용으로 하는 경우에는 그 처분을 한 행정청은 재결의 취지에 따라 다시 이전의 신청에 대한 처분을 하여야 한다.
④ 간접강제 결정서 정본은 간접강제 결정에 대한 행정소송의 제기와 관계없이 민사집행법에 따른 강제집행에 관하여는 집행권원과 같은 효력을 가진다.
⑤ 행정심판의 청구에 대한 재결이 있으면 그 재결 및 같은 처분 또는 부작위에 대하여 다시 행정심판을 청구할 수 없다.

24

조례제정권에 관한 설명으로 옳지 않은 것은? (다툼이 있는 경우 판례에 의함)

① 국가사무가 지방자치단체의 장에게 위임된 기관위임사무에 관한 사항은 원칙적으로 조례의 제정범위에 속하지 않는다.
② 법률의 위임 없이 보육시설 종사자의 정년을 규정한 '서울특별시 중구 영유아 보육조례 일부개정조례안'은 그 효력을 인정할 수 없으므로, 이 조례안에 대한 재의결은 무효이다.
③ 법률이 주민의 권리·의무에 관한 사항에 관하여 구체적으로 범위를 정하지 않은 채 조례로 정하도록 포괄적으로 위임한 경우에도 지방자치단체는 법령에 위반되지 않는 범위 내에서 주민의 권리·의무에 관한 사항을 조례로 제정할 수 있다.
④ 지방의회는 해당 지방의 실정에 맞게 집행기관에 대하여 법령에 규정이 없는 새로운 견제장치를 조례로 만들 수 있다.
⑤ 지방자치단체의 장은 합의제 행정기관을 설치할 고유의 권한을 가지며 이러한 고유권한에는 그 설치를 위한 조례안의 제안권이 포함된다.

25

다음 <보기> 사안에 관한 설명으로 옳지 않은 것은? (다툼이 있는 경우 판례에 의함)

<보기>

A광역시의 B구 소속 공무원 甲은 불법파업에 참가하였다. A광역시장은 B구청장으로 하여금 불법파업에 참가한 甲에 대한 '징계의결요구'를 지시·촉구하였다. 그러나 B구청장은 징계의결요구를 하지 않고 오히려 甲을 승진임용하였다. 이에 A광역시장은 B구청장에게 서면으로 총 세 차례나 甲에 대한 승진처분을 취소할 것을 지시(즉, 시정명령)하였다. 그러나 B구청장은 이 역시 응하지 않았다. 그러자 A광역시장은 甲에 대한 B구청장의 승진처분을 직접 취소하였다.

① 甲에 대한 B구청장의 승진처분은 자치사무에 해당한다.
② 「지방자치법」 제169조 제1항에서 정한 지방자치단체장의 명령·처분의 취소 요건인 '법령위반'에는 '재량권의 일탈·남용'이 포함된다.
③ 「지방자치법」 제169조 제1항은 지방자치단체의 자치행정 사무처리가 법령 및 공익의 범위 내에서 행해지도록 감독하기 위한 규정이므로 적용대상을 항고소송의 대상이 되는 행정처분으로 제한할 이유가 없다.
④ B구청장은 A광역시장이 甲에 대한 승진처분을 취소할 것을 지시한 시정명령에 대해 그 취소를 구하는 소송을 대법원에 바로 제기할 수 있다.
⑤ B구청장은 A광역시장이 甲에 대한 승진처분을 직접 취소한 것에 대하여 이의가 있으면 그 취소처분을 통보받은 날부터 15일 이내에 대법원에 소를 제기할 수 있다.

제10회 실전 기출문제 [소방간부 20. 1. 18. 시행]

01
행정행위와 행정계약에 관한 설명으로 옳지 않은 것은? (다툼이 있으면 판례에 의함)

① 도시계획사업의 시행자가 그 사업에 필요한 토지를 협의취득하는 행위는 사경제주체로서 행하는 사법상의 법률행위에 지나지 않는다.
② 구 학교시설사업 촉진법상 학교시설사업을 시행하고자 하는 자는 그 시행지에 포함된 토지에 대하여 시행계획의 승인이나 그 변경승인에서 정한 사업시행기간 내에 이를 매수하거나 수용재결의 신청을 하여야 하고, 그 시행기간 내 그 중 일부 토지에 대한 취득이 이루어지지 아니하면 그 일부 토지에 대한 시행계획 승인 등이 장래에 향하여 효력을 상실한다.
③ 읍·면장에 의한 이장의 임명 및 면직은 행정처분이다.
④ 수익적 행정행위에 철회원인이 있는 경우에 행정청은 자유로이 철회권을 행사할 수 없고, 철회에 일정한 제한이 있다.
⑤ 지방전문직 공무원 채용계약 해지의 의사표시에 대하여는 대등한 당사자 간의 소송형식인 공법상 당사자소송으로 그 의사표시의 무효확인을 청구할 수 있다.

02
행정지도에 관한 설명으로 옳은 것은? (다툼이 있으면 판례에 의함)

① 행정지도는 비권력적 사실행위이므로 당해 행정기관이 소관사무의 범위를 벗어나는 경우에도 허용된다.
② 행정지도는 처분이 아니므로 행정지도의 상대방은 해당 행정지도에 관하여 행정기관에 의견제출을 할 수 없다.
③ 구 재무부(현 기획재정부)의 주거래은행에 대한 행정지도(매각권유의 지시)가 위헌이라면, 주거래은행의 권유로 매각조건에 관한 오랜 협상을 통해 주식 매매계약이 성립되었다고 하더라도 구 재무부(현 기획재정부)의 행정지도는 강박이 되고 당해 주식 매매계약은 무효이다.
④ 행정지도는 항고소송이나 헌법소원의 대상이 되지 않는다.
⑤ 행정지도는 그 한계를 일탈하지 아니하였다면 그로 인하여 상대방에게 어떤 손해가 발생하였다 하더라도 행정기관은 그에 대한 손해배상책임이 없다.

03

사인의 공법행위에 관한 설명으로 옳은 것만을 <보기>에서 고른 것은? (다툼이 있으면 판례에 의함)

< 보 기 >

㉠ 공무원의 사직 의사표시는 그에 따른 면직처분 전까지 철회할 수 없다.
㉡ 납골당설치 신고는 수리를 요하는 신고이므로 신고필증의 교부가 필요하다.
㉢ 주민등록 전입신고를 받은 시장, 군수 또는 구청장의 심사대상은 전입신고자가 30일 이상 생활의 근거로 거주할 목적으로 거주지를 옮기는지 여부만으로 제한된다고 보아야 한다.
㉣ 행정관청에 적법하게 건축주의 명의변경을 신고하더라도 행정관청은 그 신고의 수리를 거부할 수 있다.
㉤ 구 체육시설의 설치·이용에 관한 법률 제18조에 의한 체육시설의 이용료 또는 관람료 변경신고는 행정청의 수리를 요하지 않는다.

① ㉠, ㉣
② ㉢, ㉣
③ ㉢, ㉤
④ ㉠, ㉡
⑤ ㉡, ㉤

04

행정조사에 관한 설명으로 옳지 않은 것은? (다툼이 있으면 판례에 의함)

① 행정기관은 조사목적에 적합하도록 조사대상자를 선정하여 행정조사를 실시하는 것을 원칙으로 하나 필요한 경우 제3자에 대하여도 조사할 수 있다.
② 행정기관은 이미 조사를 받은 조사대상자에 대하여 위법행위가 의심되는 새로운 증거를 확보한 경우에는 재조사할 수 있다.
③ 행정기관은 조사대상자의 법령위반행위의 예방 또는 확인을 위하여 긴급하게 실시하는 것으로서 일정한 주기 또는 시기를 정하여 정기적으로 실시하여서는 그 목적을 달성하기 어려운 경우에 수시조사를 할 수 있다.
④ 행정기관은 조사대상자의 자발적인 협조를 얻어 실시하는 행정조사인 경우, 행정조사기본법 제17조 제1항 본문에 따른 사전통지를 하여야 한다.
⑤ 세무조사결정은 납세의무자의 권리·의무에 직접 영향을 미치는 공권력의 행사에 따른 행정작용으로서 항고소송의 대상이 된다.

05

행정의 실효성 확보수단에 관한 설명으로 옳지 않은 것은? (다툼이 있으면 판례에 의함)

① 행정법규 위반에 대하여 가하는 제재조치는 행정목적의 달성을 위하여 행정법규 위반이라는 객관적 사실에 착안하여 가하는 제재이므로 반드시 현실적인 행위자가 아니라도 법령상 책임자로 규정된 자에게 부과되고, 특별한 사정이 없는 한 위반자에게 고의나 과실이 없더라도 부과할 수 있다.
② 아무런 권원 없이 국유재산에 설치한 시설물에 대하여 행정청이 행정대집행을 할 수 있음에도 민사소송의 방법으로 그 시설물의 철거를 구하는 것은 허용되지 않는다.
③ 구 공공용지의 취득 및 보상에 관한 특례법에 의한 협의 취득시 건물소유자가 협의취득대상 건물에 대하여 약정한 철거의무는 별도의 규정이 없는 한 행정대집행의 방법으로 강제이행할 수 없다.
④ 제1차로 창고건물의 철거 및 하천부지에 대한 원상복구명령을 하였음에도 불구하고 이에 불응하므로 대집행계고를 하면서 다시 자진철거 및 토사를 반출하여 하천부지를 원상복구할 것을 명한 경우, 대집행계고서에 기재된 자진철거 및 원상복구명령은 취소소송의 대상이 되는 독립한 행정처분이라 할 수 없다.
⑤ 위법한 행정대집행이 완료되면 그 처분의 무효확인 또는 취소를 구할 소의 이익은 없다 하더라도 미리 그 행정처분의 취소판결이 있어야만 그 행정처분의 위법임을 이유로 한 손해배상청구를 할 수 있다.

06

행정절차법에 관한 설명으로 옳지 않은 것은?

① 행정절차법의 적용범위는 처분, 신고, 확약, 위반사실 등의 공표, 행정계획, 행정상 입법예고, 행정예고 및 행정지도의 절차에 대한 것이다.
② 행정청의 관할이 분명하지 아니한 경우에는 해당 행정청을 공통으로 감독하는 상급 행정청이 그 관할을 결정하며, 공통으로 감독하는 상급 행정청이 없는 경우에는 각 상급 행정청이 협의하여 그 관할을 결정한다.
③ 당사자등은 배우자, 직계존속·비속, 형제자매, 당사자 등이 법인등인 경우 그 임원 또는 직원, 변호사, 행정청 또는 청문 주재자의 허가를 받은 자 등을 대리인으로 선임할 수 있다.
④ 송달받을 자의 주소 등을 통상적인 방법으로 확인할 수 없거나 송달이 불가능한 경우에는 관보 등에 공고하여야 하고, 이 경우 특별한 규정이 있는 경우를 제외하고는 공고일부터 14일이 지난 때에 그 효력이 발생한다.
⑤ 행정청은 국민에게 영향을 미치는 주요 정책 등에 대하여 국민의 다양하고 창의적인 의견을 널리 수렴하기 위하여 정보통신망을 이용한 정책토론을 실시해야 한다.

07

행정입법에 관한 설명으로 옳지 않은 것은? (다툼이 있으면 판례에 의함)

① 국회법은 행정입법에 대한 국회의 간접적 통제권을 인정하고 있다.
② 고시(告示)가 구체적인 규율의 성격을 갖는다면, 이는 행정처분에 해당한다.
③ 법령의 위임이 없음에도 법령에 규정된 처분 요건에 해당하는 사항을 부령에서 변경하여 규정한 경우, 그 부령의 규정은 행정청 내부의 사무처리 기준 등을 정한 것으로서 행정조직 내에서 적용되는 행정명령의 성격을 지닐 뿐 국민에 대한 대외적 구속력은 없다.
④ 법률에서 군법무관의 보수에 관한 구체적 내용을 시행령에 위임했음에도 불구하고 행정부가 정당한 이유 없이 시행령을 제정하지 않은 것은 불법행위에 해당하므로 국가배상청구의 대상이 된다.
⑤ 제재적 행정처분이 그 처분에서 정한 제재기간의 경과로 인하여 그 효과가 소멸되었다면, 그 처분이 후행처분의 가중적 요건사실이 되는 경우라도 선행처분의 취소를 구할 소의 이익이 없다.

08

행정계획에 관한 설명으로 옳지 않은 것만을 〈보기〉에서 고른 것은? (다툼이 있으면 판례에 의함)

〈 보 기 〉

㉠ 구 도시계획법 제19조 제1항에서는 도시계획이 도시기본계획에 부합되어야 한다고 규정하고 있으므로, 도시기본계획은 행정청에 대한 직접적 구속력이 있다.
㉡ 행정주체가 행정계획을 입안·결정하면서 이익형량을 전혀 하지 아니하거나 이익형량의 고려대상에 마땅히 포함시켜야 할 사항을 누락한 경우에는 그 행정계획결정은 이익형량에 하자가 있어 위법하게 될 수 있다.
㉢ 후행 도시계획의 결정을 하는 행정청이 선행 도시계획의 결정·변경 등에 관한 권한을 가지고 있지 아니한 경우, 선행 도시계획과 양립할 수 없는 내용이 포함된 후행 도시계획 결정은 무효이다.
㉣ 환지계획과 환지예정지 지정은 항고소송의 대상이 되는 행정처분이 아니다.
㉤ 채광계획인가로 공유수면점용허가가 의제되는 경우, 공유수면점용불허가결정을 이유로 채광계획을 인가하지 아니할 수 없다.

① ㉠, ㉡, ㉣
② ㉠, ㉣, ㉤
③ ㉠, ㉢, ㉤
④ ㉡, ㉢, ㉤
⑤ ㉡, ㉢, ㉣

09

행정행위의 부관에 관한 설명으로 옳지 않은 것은? (다툼이 있으면 판례에 의함)

① 지방국토관리청장이 일부 공유수면매립지에 대하여 한 국가 또는 직할시(현 광역시) 귀속처분은 독립하여 행정소송의 대상이 될 수 있다.

② 65세대의 주택건설사업에 대한 사업계획승인 시 '진입도로 설치 후 기부채납, 인근 주민의 기존통행로 폐쇄에 따른 대체 통행로 설치 후 그 부지 일부 기부채납'을 조건으로 붙인 것은 위법한 부관에 해당하지 않는다.

③ 부관은 면허 발급 당시에 붙이는 것뿐만 아니라 면허 발급 이후에 붙이는 것도 법률에 명문의 규정이 있거나 변경이 미리 유보되어 있는 경우 또는 상대방의 동의가 있는 경우 등에는 특별한 사정이 없는 한 허용된다.

④ 해제조건의 경우에 조건이 성취되면 행정행위의 효력은 당연히 소멸되지만, 부담의 경우에 부담에 의해 부과된 의무의 불이행은 행정행위의 철회사유가 된다.

⑤ 부담은 행정처분을 하면서 일방적으로 부가할 수 있으며, 부담을 부가하기 전에 상대방과 협의하여 협약의 형식으로 부가할 수 있다.

10

행정행위의 하자에 관한 설명으로 옳지 않은 것은? (다툼이 있으면 판례에 의함)

① 무효인 행정행위는 무효등확인심판 또는 무효등확인소송에 의해서만 다툴 수 있는 것이 아니고, 무효선언을 구하는 취소쟁송이나 무효를 전제로 한 민사소송으로도 다툴 수 있다.

② 하자 있는 행정처분이 당연무효가 되기 위해서는 그 하자가 중대하고 명백하여야 하고, 이를 판별함에 있어서는 법규의 목적·의미 등을 목적론적으로 고찰함과 동시에 구체적인 사안 자체의 특수성에 관하여도 합리적으로 고찰하여야 한다.

③ 하자의 승계에 있어 선행처분과 후행처분이 서로 독립하여 별개의 법률효과를 목적으로 하는 때에도 선행처분이 당연무효이면 선행처분의 하자를 이유로 후행처분의 효력을 다툴 수 있다.

④ 하자의 치유는 늦어도 처분에 대한 불복 여부의 결정 및 불복 신청에 편의를 줄 수 있는 상당한 기간 내에 하여야 한다.

⑤ 정당한 권한 없는 구 환경관리청장의 폐기물처리시설 설치승인처분은 권한 없는 기관에 의한 행정처분으로서 그 하자는 취소사유에 해당한다.

11

법률유보의 원칙에 관한 설명으로 옳지 않은 것은? (다툼이 있으면 판례에 의함)

① 법률유보의 원칙은 단순히 행정작용이 법률에 근거를 두기만 하면 충분한 것이 아니라, 국민의 기본권 실현과 관련된 영역에 있어서는 입법자가 그 본질적 사항에 대해서 스스로 결정하여야 한다는 것이다.
② 법률유보의 원칙은 법률에 근거한 규율을 요청하는 것이기 때문에 기본권 제한의 형식은 반드시 법률의 형식이어야 한다.
③ 법률에 개인택시운송사업자의 운전면허가 취소된 때에 그의 개인택시운송사업면허를 취소할 수 있도록 규정되어 있더라도, 관할관청은 개인택시운송사업자에게 운전면허 취소사유가 있다는 사유만으로 개인택시운송사업면허를 취소할 수 없다.
④ 산림훼손은 국토 및 자연의 유지와 수질 등 환경의 보전에 직접적으로 영향을 미치는 행위이므로, 허가관청은 국토 및 자연의 유지와 환경의 보전등 중대한 공익상 필요가 있다고 인정될 때에는 산림훼손허가를 거부할 수 있고, 그 경우 법규에 명문의 근거가 없더라도 거부처분을 할 수 있다.
⑤ 헌법재판소는 구 도시 및 주거환경정비법상 도시환경정비사업의 사업시행인가 신청시의 동의요건을 '토지등소유자가 자치적으로 정하여 운영하는 규약'에 정하도록 한 것(동의요건조항)은 법률유보원칙 내지 의회유보원칙에 위배된다고 판단했다.

12

통치행위에 관한 설명으로 옳은 것(○)과 옳지 않은 것(×)을 〈보기〉에서 바르게 조합한 것은? (다툼이 있으면 판례에 의함)

< 보 기 >

㉠ 한미연합 군사훈련의 일종인 2007년 전시증원연습을 하기로 한 대통령의 결정은 사법심사를 자제해야 하는 통치행위가 아니다.
㉡ 외국에의 국군의 파견결정은 고도의 정치적 판단이 요구되는 사안이므로 원칙적으로 사법심사는 자제되어야 한다.
㉢ 남북정상회담 개최와 대북송금 행위는 고도의 정치적 행위이므로 사법심사의 대상은 아니다.
㉣ 서훈취소는 법원이 사법심사를 자제해야 하는 고도의 정치성을 띤 행위가 아니다.
㉤ 통치행위로 인정되면 그에 관한 사법심사는 불가능하다.

① ㉠ (○), ㉡ (×), ㉢ (○), ㉣ (×), ㉤ (○)
② ㉠ (×), ㉡ (×), ㉢ (○), ㉣ (○), ㉤ (○)
③ ㉠ (×), ㉡ (○), ㉢ (○), ㉣ (○), ㉤ (×)
④ ㉠ (○), ㉡ (○), ㉢ (×), ㉣ (○), ㉤ (×)
⑤ ㉠ (○), ㉡ (○), ㉢ (×), ㉣ (×), ㉤ (×)

13

허가에 관한 설명으로 옳지 않은 것만을 〈보기〉에서 고른 것은? (다툼이 있으면 판례에 의함)

< 보 기 >

㉠ 개발제한구역 내에서 건축물의 건축 등에 대한 허가는 재량행위이다.
㉡ 허가신청 후 허가기준이 변경된 경우에는 신청 당시의 기준에 따라 처리되어야 한다.
㉢ 개인택시운송사업의 면허는 기속행위이다.
㉣ 구 식품위생법상 일반음식점영업허가신청에 대하여 관계 법령에서 정하는 제한 사유 외에 공공복리 등의 사유를 들어 거부할 수 없다.
㉤ 국토의 계획 및 이용에 관한 법률에 따른 토지의 형질변경허가를 수반하더라도 건축허가는 기속행위이다.

① ㉠, ㉢, ㉣
② ㉠, ㉣, ㉤
③ ㉡, ㉣, ㉤
④ ㉠, ㉡, ㉢
⑤ ㉡, ㉢, ㉤

14

행정법의 법원(法源)에 관한 설명으로 옳지 않은 것은? (다툼이 있으면 판례에 의함)

① 대통령의 위임을 받은 구 외교통상부장관(현 외교부장관)이 미합중국 국무장관과 발표한 '동맹 동반자 관계를 위한 전략대회 출범에 관한 공동성명'은 한국과 미합중국이 상대방의 입장을 존중한다는 내용만 담고 있으므로 조약에 해당한다고 볼 수 없다.
② 개발제한구역에서의 행위 제한에 관하여는 구 개발제한구역의 지정 및 관리에 관한 특별조치법이 구 국토의 계획 및 이용에 관한 법률에 대하여 특별법의 관계에 있다.
③ 무효인 규정에 의해 갑종근로소득세를 과세하는 것이 세무행정의 관례가 되어 있다면 그 무효인 규정은 행정관습법이 될 수 있다.
④ 헌법상 적법절차의 원칙은 행정절차의 영역에도 적용된다.
⑤ 처분의 하자가 당사자의 허위 방법에 의한 신청행위에 기인한 것이면 당사자는 신뢰이익을 주장할 수 없다.

15

행정법의 효력 및 법률관계에 관한 설명으로 옳지 않은 것은? (다툼이 있으면 판례에 의함)

① 행정법령이 개정된 경우에 이 법령의 경과규정에서 달리 정함이 없는 한 개정된 법령의 시행일부터는 개정된 법령과 그에서 정한 기준을 적용하는 것이 원칙이다.
② 진정소급입법은 헌법적으로 허용되지 않는 것이 원칙이지만, 일반적으로 국민이 소급입법을 예상할 수 있는 등 소급입법을 정당화할 수 있는 경우에는 예외적으로 진정소급입법이 허용된다.
③ 지방소방공무원이 자신이 소속된 지방자치단체를 상대로 제기한 초과근무수당의 지급을 구하는 청구에 관한 소송은 당사자소송의 절차에 따라야 한다.
④ 지방자치단체에 대한 금전채권의 소멸시효를 5년의 단기로 정하고 있는 지방재정법의 규정은 공법상 금전채권에만 적용된다.
⑤ 구 석탄산업법 시행령상 재해위로금 청구권은 개인의 공권으로서 그 공익적 성격에 비추어 당사자 합의에 의해 이를 미리 포기할 수 없다.

16

행정조직에 관한 설명으로 옳지 않은 것은? (다툼이 있으면 판례에 의함)

① 건설공사 시 문화재보전의 영향 검토에 관한 구 「문화재보호법」 제72조 제2항 및 동법 시행령 제43조의2 제1항에서 정한 '문화재청장과 협의'는 '문화재청장과 동의'를 의미하는 것은 아니다.

② 구 국토해양부장관(현 국토교통부장관)이 하천공사를 대행하던 중 지방하천의 관리상 하자로 인하여 손해가 발생하였다면 하천관리청이 속한 지방자치단체는 국가와 함께 「국가배상법」 제5조 제1항에 따라 지방하천의 관리자로서 손해배상책임을 부담한다.

③ 행정청은 독립적인 법인격이 인정되지 않으므로 행정청의 대외적인 권한행사의 법적 효과는 행정주체에게 귀속된다.

④ 행정관청 내부의 사무처리규정에 불과한 전결규정에 위반하여 원래의 전결권자가 아닌 보조기관 등이 처분권자인 행정관청의 이름으로 행정처분을 한 경우에는 그 처분은 무효가 아니다.

⑤ 대리권행사의 법적 효과는 피대리행정청이 속한 행정주체에게 귀속되며, 대리행위에 대한 항고소송은 피대리행정청을 피고로 제기하여야 한다.

17

경찰행정법에 관한 설명으로 옳지 않은 것은? (다툼이 있으면 판례에 의함)

① 국가나 지방자치단체에 근무하는 청원경찰의 근무관계는 사법상 고용계약 관계로 보기 어려우므로 그에 대한 징계처분의 시정을 구하는 소는 행정소송이다.

② 경찰관은 불심검문 시 질문을 하거나 동행을 요구할 경우 자신의 신분을 표시하는 증표를 제시하면서 소속과 성명을 밝히고 질문이나 동행의 목적과 이유를 설명하여야 하며, 동행을 요구하는 경우에는 동행 장소를 밝혀야 한다.

③ 「경찰관 직무집행법」에 따른 경찰관의 보호조치시 피구호자에 해당하는지는 구체적인 상황을 고려하여 경찰관 평균인을 기준으로 판단하되, 피구호자의 가족 등에게 피구호자를 인계할 수 있다면 특별한 사정이 없는 한 경찰관서에서 피구호자를 보호하는 것은 허용되지 않는다.

④ 경찰의 음주단속에 불응하여 도주하려다가 경찰관에게 검거되어 지구대로 「경찰관 직무집행법」에 따라 보호조치된 후 음주측정요구를 거부한 것은, 위법한 체포상태에서 이루어진 음주측정거부이므로 음주측정거부에 관한 「도로교통법」 위반죄로 처벌할 수 없다.

⑤ 군(郡) 도시과 단속계 요원인 청원경찰관이 「경찰관 직무집행법」 제2조에 따라 허가 없이 창고를 주택으로 개축하는 것을 단속하는 것은 정당한 공무집행에 해당하지 않는다.

18

공무원의 책임과 의무에 관한 설명으로 옳은 것은? (다툼이 있으면 판례에 의함)

① 공무원의 성실의무는 법적 의무로서 위반 시 징계의 대상이 될 수 있으며, 이는 근무시간 외에 근무지 밖에서 적용될 여지는 없다.
② 금품비위, 성범죄 등 대통령령으로 정하는 비위행위로 인하여 감사원 및 검찰·경찰 등 수사기관에서 조사나 수사 중인 자는 직위해제 대상이 되지 않는다.
③ 수사기관이 현행범인 공무원을 구속하려면 그 소속 기관의 장에게 미리 통보하여야 한다.
④ 공무원은 선거에서 특정 정당 또는 특정인을 지지 또는 반대하기 위하여 투표를 하거나 하지 아니하도록 권유할 수 있고, 문서나 도서를 공공시설 등에 게시하거나 게시하게 할 수 있다.
⑤ 공무원은 형의 선고, 징계처분 또는 「국가공무원법」에서 정하는 사유에 따르지 아니하고는 본인의 의사에 반하여 휴직·강임 또는 면직을 당하지 아니한다.

19

지방자치에 관한 설명으로 옳지 않은 것은? (다툼이 있으면 판례에 의함)

① 교육감이 담당 교육청 소속 국가공무원인 교사에 대하여 하는 징계의결 요구사무는 국가위임사무이며, 또한 사립 초등·중·고등학교 교사징계에 관하여 규정한 교육감의 징계요구권은 국가사무로서 시·도 교육감에 위임된 사무이다.
② 지방자치단체의 구역변경이나 폐치·분합이 있는 때에 새로 그 지역을 관할하게 된 지방자치단체가 그 사무와 재산을 승계하도록 규정되어 있으며, 「지방자치법」에 의해 규정된 '재산'은 현금 외의 모든 재산적 가치가 있는 물건 및 권리와 채무를 포함하고 있다.
③ 지방자치단체장이 처리하는 사무가 기관위임사무인가에 대한 것은 법령의 규정형식과 취지를 우선 고려하여야 하고, 사무의 성질이 전국적으로 통일적 처리가 요구되는 사무인지 그리고 경비부담과 최종적인 책임귀속의 주체 등을 고려하여 판단하여야 한다.
④ 학교의 장이 행하는 학교생활기록의 작성에 관한 교육감의 지도·감독사무는 국가사무이고, 교육능력개발평가사무는 기관위임사무에 해당한다.
⑤ 지방자치단체의 의결기관인 서울시의회는 기본권의 주체가 될 수 없다.

20

공공기관의 정보공개에 관한 법률에 관한 설명으로 옳지 않은 것은? (다툼이 있으면 판례에 의함)

① 정보공개거부처분의 취소소송에서 공공기관이 청구정보를 증거 등으로 법원에 제출한 것은 공공기관의 정보공개에 관한 법률상 공개에 해당된다.
② 공공기관이 청구인이 신청한 공개방법 이외의 방법으로 공개하기로 결정하였다면 이는 정보공개방법에 관한 부분에 대하여 일부 거부처분을 한 것이고, 청구인은 그에 대하여 항고소송으로 다툴 수 있다.
③ 공개가 거부된 정보에 공개 가능한 부분과 비공개에 해당하는 부분이 혼합되어 있고 두 부분을 분리할 수 있는 경우, 판결의 주문에서는 정보공개거부처분 중 공개가 가능한 정보에 관한 부분만을 취소한다고 표시하여야 한다.
④ 국민생활에 매우 큰 영향을 미치는 정책에 관한 정보 등 공개를 목적으로 작성되고 이미 정보통신망 등을 통하여 공개된 정보는 해당 정보의 소재(所在) 안내의 방법으로 공개한다.
⑤ 정보비공개결정의 취소소송에서 공개청구한 정보의 내용과 범위가 특정되었다고 볼 수 없는 경우, 법원은 공공기관에게 청구대상정보를 제출하도록 하여 이를 비공개로 열람·심사하는 등의 방법으로 그 대상정보의 내용과 범위를 특정시켜야 한다.

21

행정상 손해배상에 관한 설명으로 옳지 않은 것은? (다툼이 있으면 판례에 의함)

① 법령에 의해 대집행권한을 위탁받은 한국토지주택공사는 국가배상법 제2조에서 말하는 공무원에 해당하지 않는다.
② 구 수산청장으로부터 뱀장어에 대한 수출추천 업무를 위탁받은 수산업협동조합은 국가배상법 제2조에 따른 공무원에 해당한다.
③ 수사과정에서 여자 경찰관이 실시한 여성 피의자에 대한 신체검사가 그 방식 등에 비추어 피의자에게 큰 수치심을 느끼게 했을 것으로 보였다면 피의자의 신체의 자유를 침해하였다고 봄이 상당하다.
④ 시청 소속 공무원이 시장을 부패방지위원회에 부패혐의자로 신고한 후 동사무소로 하향 전보된 사안에서, 그 전보인사는 사회통념상 용인될 수 없을 정도로 객관적 상당성을 결여하였으므로 불법행위를 구성한다.
⑤ 소방공무원의 행정권한행사가 관계 법률의 규정형식상 소방공무원의 재량에 맡겨져 있는 경우에 소방공무원이 권한을 행사하지 아니한 것이 현저하게 합리성을 잃어 사회적 타당성이 없다면 소방공무원의 직무상 의무를 위반한 것으로서 위법하게 된다.

22

행정상 손실보상에 관한 설명으로 옳지 않은 것은? (다툼이 있으면 판례에 의함)

① 개발제한구역 지정으로 인하여 토지를 종래의 목적으로도 사용할 수 없거나 또는 더 이상 법적으로 허용된 토지이용의 방법이 없기 때문에 실질적으로 토지의 사용·수익의 길이 없는 경우에는 토지소유자가 수인해야 하는 사회적 제약의 한계를 넘는 것으로 보아야 한다.
② 도로구역 결정고시 전에 공장을 운영하다가 고시 후에 시로부터 3년 내에 공장을 이전할 것을 조건으로 공장설립허가를 받았더라도 그 공장부지가 수용되었다면 휴업보상의 대상이 된다.
③ 공익사업과 이로 인한 손실 사이에는 상당인과관계가 있어야 손실보상의 대상인 손실이 된다.
④ 지장물인 건물이 구 토지수용법상 손실보상의 대상이 되기 위해서는 적법한 건축허가를 받아 건축된 것이어야 한다.
⑤ 공공용물에 대한 일반사용이 적법한 개발행위로 제한됨으로 인한 불이익은 손실보상의 대상이 되는 특별한 손실에 해당하지 않는다.

23

국가공무원 甲은 음주 후 운전을 하다가 경찰관에게 적발되었는데 음주측정 결과 혈중알코올 농도가 0.1 %에 이르렀고, 이에 A지방경찰청장은「도로교통법」제93조 및 동법 시행규칙 제91조 제1항 [별표 28] 운전면허 취소·정지처분 기준에 따라 甲의 운전면허를 취소하였다. 이와 별도로 甲은 「도로교통법」 위반죄로 기소되어 재판 중이고, 소속기관에서는 징계위원회에 회부되었다. 이 사안에 관한 설명으로 옳지 않은 것은? (다툼이 있으면 판례에 의함)

① 위 「도로교통법 시행규칙」의 운전면허 취소·정지처분 기준은 행정청 내부의 사무처리준칙에 불과하여 재량권 일탈·남용 여부에 따라 위법 여부가 결정된다.
② 甲은 운전면허취소처분에 대하여 행정심판과 행정소송을 선택적으로 행사하여 불복할 수 있다.
③ 甲이 징계처분을 받은 경우에는 소청심사를 거쳐 행정소송을 제기할 수 있다.
④ 음주운전에 대한「도로교통법」 위반죄로 형사판결이 선고되어 확정되었다면 면허취소처분 또는 징계처분에 대한 행정쟁송에서 특별한 사정이 없는 한 형사판결의 사실판단과 배치되는 사실을 인정할 수 없다.
⑤ 甲에 대한 운전면허취소처분, 징계처분 및 형벌 사이에는 일사부재리원칙이 적용되지 않는다.

24

항고소송의 대상적격에 관한 설명으로 옳지 않은 것은? (다툼이 있으면 판례에 의함)

① 법무부장관의 입국금지결정이 그 의사가 공식적인 방법으로 외부에 표시된 것이 아니라 단지 그 정보를 내부 전산망인 출입국관리정보시스템에 입력하여 관리한 것에 지나지 않은 경우, 이는 항고소송의 대상에 해당되지 않는다.
② 구 예산회계법상 입찰보증금의 국고귀속조치는 국가가 사법상 재산권의 주체로서 행위하는 것이지 공권력을 행사하는 것이 아니므로 이에 관한 분쟁은 민사소송의 대상이 된다.
③ 어떠한 처분의 근거가 행정규칙에 규정되어 있다고 하더라도, 그 처분이 상대방에게 권리 설정 또는 의무 부담을 명하거나 기타 법적인 효과를 발생하게 하는 등으로 상대방의 권리·의무에 직접 영향을 미치는 행위라면, 이 경우에도 항고소송의 대상이 되는 행정처분에 해당한다고 보아야 한다.
④ 교육공무원법상 승진후보자 명부에 의한 승진 심사 방식으로 행해지는 승진임용에서 승진후보자 명부에 포함되어 있던 후보자를 승진임용인사발령에서 제외하는 행위는 항고소송의 대상인 처분에 해당하지 않는다.
⑤ 교육부장관이 대학에서 추천한 복수의 총장 후보자들 전부 또는 일부를 임용제청에서 제외하는 행위는 제외된 후보자들에 대한 불이익처분으로서 항고소송의 대상이 되는 처분에 해당한다.

25

행정소송법상 재결취소소송에 관한 설명으로 옳지 않은 것은? (다툼이 있으면 판례에 의함)

① 재결 자체의 고유한 위법이 있는 경우란 재결의 주체, 절차, 형식에 관한 위법뿐만 아니라 내용에 관한 위법도 포함한다.
② 인용재결의 당부를 그 심판대상으로 하고 있는 인용재결의 취소를 구하는 당해 소송에서는 재결청이 심판청구인의 심판청구원인 사유를 배척한 판단 부분이 정당한가도 심리·판단하여야 한다.
③ 행정처분에 대한 재결에 이유모순의 위법이 있다는 사유는 재결 자체에 고유한 하자로서 재결처분의 취소를 구하는 소송에서 이를 주장할 수 있고, 원처분의 취소를 구하는 소송에서도 그 취소를 구할 위법사유로서 주장할 수 있다.
④ 처분이 아닌 자기완결적 신고의 수리에 대한 심판청구는 행정심판의 대상이 되지 아니하여 부적법 각하하여야 함에도 인용재결한 경우 이는 재결 자체에 고유한 위법이 있다고 할 것이다.
⑤ 행정심판청구가 부적법하지 않음에도 각하한 재결은 심판청구인의 실체심리를 받을 권리를 박탈한 것으로서 재결 자체에 고유한 위법이 있는 경우에 해당한다.

01

이행강제금에 관한 설명으로 옳지 않은 것은? (다툼이 있는 경우 판례에 의함)

① 이행강제금의 부과에 관한 일반법은 존재하지 않으며, 건축법·농지법 등 개별법에서 인정되고 있다.
② 현행 건축법상 시정명령을 위반한 자와 관련하여 이행강제금은 대체적 작위의무위반으로 인한 행정대집행과 선택적 관계이다.
③ 이행강제금은 의무위반에 대한 제재보다 의무이행확보에 주안점이 있으므로 의무자가 의무를 이행하지 않으면 이행강제금의 부과를 반복할 수 있다.
④ 현행 건축법상의 이행강제금에 대한 불복은 비송사건절차법에 의하도록 규정하고 있으므로 이행강제금 부과처분은 항고소송의 대상이 될 수 없다.
⑤ 사용자가 이행하여야 할 행정법상 의무의 내용을 초과하는 것을 '불이행 내용'으로 기재한 이행강제금 부과예고서에 의하여 이행강제금 부과예고를 한 다음 이행강제금을 부과한 경우, 초과한 정도가 근소하다는 등의 특별한 사정이 없는 한, 이 이행강제금 부과예고 및 이행강제금 부과처분은 위법하다.

02

행정대집행법상 대집행의 대상이 되는 의무는? (다툼이 있는 경우 판례에 의함)

① 관계 법령을 위반하여 장례식장 영업을 하고 있는 자의 장례식장 사용정지의무
② 피수용자 등이 기업자에 대하여 부담하는 수용대상 토지의 인도의무
③ 공유재산 대부계약의 해지에 따라 원상회복을 위하여 실시하는 지상물 철거의무
④ 공원점용허가를 받아 설치한 매점의 소유자가 점용기간 만료 후에 그 매점으로부터 퇴거할 의무
⑤ 구 '공공용지의 취득 및 손실보상에 관한 특례법'에 따른 토지 등의 협의취득시 건물소유자가 매매대상 건물에 대한 철거의무를 부담하겠다는 취지의 약정을 한 경우, 그 철거의무

03

'질서위반행위규제법'에 관한 설명으로 옳지 않은 것은?

① 질서위반행위란 법률(지방자치단체의 조례를 포함)상의 의무를 위반하여 과태료를 부과하는 행위를 말한다.
② 14세가 되지 아니한 자의 질서위반행위는 과태료를 부과하지 아니한다. 다만, 다른 법률에 특별한 규정이 있는 경우에는 그러하지 아니하다.
③ 신분에 의하여 성립하는 질서위반행위에 신분이 없는 자가 가담한 때에는 신분이 없는 자에 대하여도 질서위반행위가 성립한다.
④ 과태료는 행정청의 과태료 부과처분이나 법원의 과태료 재판이 확정된 후 5년간 징수하지 아니하거나 집행하지 아니하면 시효로 인하여 소멸한다.
⑤ 행정청은 당사자가 납부기한까지 과태료를 납부하지 아니한 때에는 납부기한을 경과한 날부터 체납된 과태료에 대하여 100분의 5에 상당하는 가산금을 징수한다.

04

'국가배상법'상 공무원의 불법행위로 인한 국가배상책임에 관한 설명으로 옳지 않은 것은? (다툼이 있는 경우 판례에 의함)

① 공무원은 법률상 공무원뿐만 아니라 널리 공무를 위탁받아 실질적으로 공무에 종사하는 자를 포함하며, 공무를 위탁받은 사인도 포함된다.
② 지방자치단체가 '교통할아버지 봉사활동 계획'을 설립한 후, 이 계획에 따라 관할 동장이 선정한 '교통할아버지'도 공무원에 해당한다.
③ 식품의약품안전청장이 구 '식품위생법'상의 규제권한을 행사하지 않아서 미니컵 젤리가 수입·유통되어 이를 먹던 아동이 질식사하였다면 국가는 이에 대한 손해배상책임을 부담해야 한다.
④ 공무원에 대한 전보인사가 법령이 정한 기준과 원칙에 위배되거나 인사권을 다소 부적절하게 행사한 것으로 볼 여지가 있더라도, 그 사유만으로 당연히 해당 전보인사가 불법행위를 구성한다고 볼 수는 없다.
⑤ 손해의 발생에는 적극적 손해뿐만 아니라 소극적 손해를 포함하여 재산상 손해는 물론 생명, 신체, 정신적 손해를 모두 포함한다.

05

'국가배상법'상 영조물의 설치·관리의 하자로 인한 국가배상책임에 관한 설명으로 옳지 않은 것은? (다툼이 있는 경우 판례에 의함)

① 국가 또는 지방자치단체가 공공의 영조물을 소유권, 임차권 그 밖의 권한에 기하여 관리하고 있는 경우에는 국가배상책임이 있으나 사실상 관리하고 있는 경우에는 국가배상책임이 발생하지 않는다.
② 영조물 설치의 하자 유무는 객관적 견지에서 본 안전성의 문제이고, 그 설치자의 재정사정이나 영조물의 사용목적에 의한 사정은 안전성을 결정짓는 절대적 요건에는 해당하지 않는다.
③ 사격장이나 공항을 구성하는 물적 시설 그 자체에 있는 물리적·외형적 흠결이나 불비로 인하여 그 이용자에게 위해를 끼칠 위험성이 있는 경우에도 영조물의 설치·관리의 하자가 인정될 수 있다.
④ 사격장이나 공항과 같은 영조물 자체에 물적 결함이 존재하지 않는 경우에도 영조물의 설치·관리의 하자가 인정될 수 있다.
⑤ 영조물이 공공의 목적에 이용됨에 있어 그 이용상태 및 정도가 일정한 한도를 초과하여 제3자에게 사회통념상 수인할 것이 기대되는 한도를 넘는 피해를 입히는 경우에도 영조물의 설치·관리의 하자가 인정될 수 있다.

06

공용수용의 절차에 관한 설명으로 옳지 않은 것은? (다툼이 있는 경우 판례에 의함)

① '공익사업을 위한 토지 등의 취득 및 보상에 관한 법률'에 따른 사업인정은 특정한 사업이 토지 등을 수용할 수 있는 공익사업에 해당함을 인정하여 재산권의 수용을 설정하는 행정행위로 보아야 한다.
② 토지수용위원회는 '공익사업을 위한 토지 등의 취득 및 보상에 관한 법률'에 의한 사업인정 후 그 사업이 공익성을 결한다고 판단할 경우에 수용재결을 하지 않을 수 있다.
③ 사업시행자, 토지소유자 또는 관계인은 토지수용위원회의 재결에 대해 행정소송을 제기할 수 있으며, 이 경우 '행정소송법'상의 소송제기기간의 규정을 적용한다.
④ '공익사업을 위한 토지 등의 취득 및 보상에 관한 법률'에 따른 이의신청이나 행정소송의 제기는 사업의 진행 및 토지수용 또는 사용을 정지시키지 아니한다.
⑤ 보상금에 대한 증감을 다투는 소송에서 실질적 이해관계인은 피수용자와 사업시행자일 뿐, 재결청은 이해관계가 없으므로 '공익사업을 위한 토지 등의 취득 및 보상에 관한 법률'에서는 소송당사자에서 재결청을 제외하고 피고적격을 규정하고 있다.

07

행정심판에 관한 설명으로 옳지 않은 것은? (다툼이 있는 경우 판례에 의함)

① 부당한 처분에 대해서도 행정심판을 제기할 수 있다.
② 재결을 한 행정심판위원회는 재결에 위법이 있는 경우 이를 취소·변경할 수 있다.
③ 행정심판위원회는 의무이행심판청구가 이유가 있다고 인정하면 지체 없이 신청에 따른 처분을 하거나 처분을 할 것을 피청구인에게 명한다.
④ 심판청구에 대한 재결이 있는 경우에는 그 재결 및 같은 처분 또는 부작위에 대하여 다시 행정심판을 청구할 수 없다.
⑤ 처분청이 행정심판청구기간을 고지하지 아니한 때에는 심판청구기간은 처분이 있음을 안 경우에도 당해 처분이 있은 날로부터 180일이 된다.

08

행정소송에 관한 설명으로 옳지 않은 것은? (다툼이 있는 경우 판례에 의함)

① 현행 '행정소송법'상 행정청이 일정한 처분을 하지 못하도록 그 부작위를 구하는 청구는 허용되지 않는 부적법한 소송이므로 이러한 원고의 청구는 부적법 각하되어야 한다.
② 취소소송과 무효등확인소송은 기본적으로 서로 양립할 수 없는 청구이므로 주위적·예비적 청구로서의 병합은 가능하지만 선택적 청구로서의 병합, 단순병합은 허용되지 아니한다.
③ 단순위법의 하자가 있는 행정행위는 당사자소송을 통하여 그 효력을 부인할 수 있다.
④ 신축건물의 하자를 이유로 입주자나 입주예정자들이 사용검사처분의 무효확인이나 취소를 구할 법률상 이익은 인정되지 않는다.
⑤ '국유재산법'상 변상금부과처분에 의해 변상금을 납부한 청구인이 변상금부과처분에 의하여 이미 납부했던 금원을 민사소송을 제기하여 부당이득으로 반환받으려고 할 때 변상금부과행위에 무효의 하자가 있는 경우 민사법원은 이를 판단할 수 있다.

09

항고소송의 대상이 되는 것만을 〈보기〉에서 있는 대로 모두 고른 것은? (다툼이 있는 경우 판례에 의함)

< 보기 >

㉠ '건축법'상 공용건축물에 대한 건축협의 취소
㉡ 개별토지가격합동조사지침에 따른 개별공시지가 경정결정신청에 대한 행정청의 정정불가결정 통지
㉢ 국립대학교 학칙의 [별표 2] 모집단위별 입학정원을 개정한 학칙개정행위
㉣ '국세징수법'상 가산금 또는 중가산금의 고지
㉤ 공공기관 입찰의 낙찰적격 심사기준인 점수를 감점한 조치

① ㉠, ㉢
② ㉠, ㉣
③ ㉠, ㉡, ㉢
④ ㉠, ㉡, ㉣
⑤ ㉠, ㉢, ㉤

10

<보기>에서 공법상 당사자소송에 해당하는 것은 모두 몇 개인가? (다툼이 있는 경우 판례에 의함)

───── <보 기> ─────
㉠ 부가가치세 환급청구소송
㉡ 지방자치단체가 보조금 지급결정을 하면서 일정기한 내에 보조금을 반환하도록 하는 교부조건을 부가한 경우, 보조금을 교부받은 사업자에 대한 지방자치단체의 보조금반환청구소송
㉢ '민주화운동 관련자 명예회복 및 보상 등에 관한 법률'에 따른 보상심의위원회의 보상금 등 지급기각 결정을 다투는 소송
㉣ 공무원연금법령 개정으로 퇴직연금 중 일부금액의 지급이 정지되어 미지급된 퇴직연금의 지급을 구하는 소송

① 없음   ② 1개
③ 2개   ④ 3개
⑤ 4개

11

행정법상 일반원칙에 관한 설명으로 옳은 것은? (다툼이 있는 경우 판례에 의함)

① 재량준칙이 행정의 자기구속을 통해 법규성을 인정받는 것은 비례원칙에서 파생된 것이다.
② 신뢰보호원칙은 아직 명문상 원칙으로 나타나지는 않지만 판례를 통해 법원성을 인정받고 있다.
③ 신뢰보호원칙의 요건으로서 공적 견해 표명의 유무의 판단기준은 형식적인 권한분장에 구애될 것은 아니고 담당자의 조직상 지위와 임무, 구체적 언동의 경위들을 고려해 판단하여야 한다.
④ '행정절차법'은 개인의 신뢰보호를 위하여 행정행위가 취소 또는 철회되지 못함을 명문으로 규정하고 있다.
⑤ 행정청이 수입 녹용 중 전지 3대를 측정한 회분함량이 기준치를 0.5% 초과하였다는 이유로 수입녹용 전부에 대하여 전량 폐기 또는 반송 처리를 지시한 처분은 비례원칙에 위반한 재량권을 일탈·남용한 경우에 해당한다.

12

사인의 공법행위에 관한 설명으로 옳지 않은 것은? (다툼이 있는 경우 판례에 의함)

① 사인의 공법행위는 행정법관계에서 사인의 행위로서 공법적 효과를 발생시키는 일체의 행위를 말한다.
② 사인의 공법행위는 명문으로 금지되거나 성질상 불가능한 경우가 아닌 한, 그에 따른 행정행위가 행하여질 때까지 자유로이 철회하거나 보정할 수 있다.
③ 사인의 공법행위는 행정행위가 갖고 있는 구속력·공정력·존속력·집행력을 갖고 있지 않다.
④ 사인의 공법행위에는 부관을 붙일 수 없음이 원칙이다.
⑤ 전입신고자가 거주목적 이외에 다른 이해관계에 관한 의도를 가지고 있는지 여부도 주민등록 전입신고 수리 여부에 대한 심사시 고려되어야 한다.

13

행정규칙에 관한 설명으로 옳지 않은 것은? (다툼이 있는 경우 판례에 의함)

① 국세청훈령인 재산제세사무처리규정은 '소득세법' 시행령과 결합하여 대외적 효력을 발생한다.
② 행정각부의 장이 정하는 고시라 하더라도 그것이 특정 법령 규정에서 특정 행정기관에서 법령 내용의 구체적 사항을 정할 수 있는 권한을 부여할 경우, 그 형식과 상관없이 근거법령 규정과 결합하여 법규명령의 효력을 갖는다.
③ 구 '학원의 설립·운영에 관한 법률' 시행령에서 수강료에 관한 기준을 조례 등에 위임한다는 규정이 없다 하더라도 (당시) 제주도 학원의 설립·운영에 관한 조례나 이에 근거한 (당시) 제주도 학원업무지침상의 관련 규정이 그 내용을 보충하는 것이라면 법규명령으로 보아야 한다.
④ 상급기관이 하급 행정기관에 대하여 업무처리지침이나 법령에 해석적용에 관한 기준을 정하여 발하는 행정규칙은 일반적으로 행정조직 내부에서만 효력을 가질 뿐이며 대외적인 구속력을 갖지 않는다.
⑤ 행정규칙은 원칙적으로 헌법소원의 심판대상이 될 수 없으나, 재량권 행사의 준칙인 규칙이 그 정한 바에 따라 되풀이 시행되어 행정관행이 형성되고 행정기관이 그 상대방에 대하여 그 규칙에 따라 자기구속을 당하게 되는 경우 헌법소원의 대상이 될 수도 있다.

14

행정계획에 관한 설명으로 옳지 않은 것은? (다툼이 있는 경우 판례에 의함)

① 행정청은 많은 국민에게 불편이나 부담을 주는 사항에 관한 계획을 수립·시행하거나 변경하려는 경우에는 이를 예고하여야 한다.
② 문화재보호구역 내에 있는 토지소유자 등에게는 문화재보호구역의 지정해제를 요구할 수 있는 법규상 또는 조리상의 신청권을 인정할 수 있다.
③ 대법원은 '4대강 살리기 마스터플랜'에 대한 취소소송과 집행정지사건에서 처분성을 긍정하면서도 집행정지에 관해서는 요건미비를 이유로 인정하지 않았다.
④ 구 '하수도법' 제5조의2에 의하여 기존의 하수도 정비 기본계획을 변경하여 광역하수종말처리시설을 설치하는 등의 내용으로 수립한 하수도 정비 기본계획은 항고소송의 대상이 되는 행정처분이 아니다.
⑤ 도시계획시설인 주차장에 대한 건축허가신청을 받은 행정청으로서는 '건축법'상 허가요건뿐 아니라 국토의 계획 및 이용에 관한 법령이 정한 도시계획시설사업에 관한 실시계획인가요건도 충족하는 경우에 한하여 이를 허가하여야 한다.

15

행정행위의 부관에 관한 설명으로 옳지 않은 것은? (다툼이 있는 경우 판례에 의함)

① 도로점용허가에서 부관인 점용기간을 정함에 있어서 위법사유가 있다 하더라도 도로점용허가 전부가 위법하게 되지는 않는다.
② 기속행위인 건축허가에 붙인 부담은 무효이다.
③ 행정청이 종교단체에 기본재산전환인가를 함에 있어 인가조건을 부가하고 그 불이행시 인가를 취소할 수 있도록 한 경우, 인가조건의 의미는 철회권을 유보한 것이다.
④ 행정청이 관리처분계획에 대한 인가처분을 할 때에는 그 관리처분계획의 내용이 구 '도시 및 주거환경정비법' 기준에 부합하는지 여부 등을 심사·확인하여 그 인가 여부를 결정할 수 있을 뿐 기부채납과 같은 다른 조건을 붙일 수는 없다.
⑤ 기부채납 받은 행정재산에 대한 사용·수익허가에서 공유재산의 관리청이 정한 사용·수익허가의 기간은 그 허가의 효력을 제한하기 위한 행정행위의 부관으로서, 이러한 사용·수익허가의 기간에 대해서는 독립하여 행정소송을 제기할 수 없다.

16

대물적 행정행위의 이전성에 관한 설명으로 옳지 않은 것은? (다툼이 있는 경우 판례에 의함)

① 개인택시운송사업의 양도·양수가 있고 그에 대한 인가가 있은 후 그 양도·양수 이전에 있었던 양도인의 귀책사유로 양수인의 개인택시운송사업면허를 취소할 수 있다.
② 공중위생관리법령에 따라 공중위생영업이 양도·양수된 후 양수인이 그 후 행정청에 새로운 영업소 개설통보를 하였다면 양도인에 관한 사유로 양수인에 대하여 영업정지처분을 할 수 없다.
③ 사실상 영업이 양도·양수되었지만 아직 승계신고 및 수리처분이 있기 이전의 경우라면 행정제재 처분사유의 유무는 양도인을 기준으로 판단한다.
④ 채석허가를 받은 자에 대한 관할행정청의 채석허가취소처분에 대하여 수허가자의 지위를 양수한 양수인에게 그 취소처분의 취소를 구할 법률상 이익이 있다.
⑤ 사업의 양도행위가 무효라고 주장하는 양도자가 민사소송으로 양도·양수행위의 무효를 구함이 없이 사업양도·양수에 따른 허가관청의 지위승계 신고수리처분의 무효확인을 구할 법률상 이익이 있다.

17

행정행위의 취소와 철회에 관한 설명으로 옳은 것은? (다툼이 있는 경우 판례에 의함)

① 행정행위를 한 처분청은 그 행위에 하자가 있는 경우에는 별도의 법적 근거가 없더라도 스스로 이를 취소할 수 있다.
② 국유 일반재산 임대계약의 취소는 강학상 행정행위의 철회에 해당한다.
③ 부정한 수단으로 운전면허를 취득한 자에 대한 운전면허취소는 강학상 행정행위의 철회에 해당한다.
④ 과세관청은 과세부과처분의 취소에 당연무효가 아닌 위법사유가 있는 경우에 이를 다시 취소함으로써 원부과처분을 소생시킬 수 있다.
⑤ 영업허가취소처분이 행정쟁송절차에서 취소된 경우에, 그 영업허가취소처분이 있는 때로부터 그에 대한 취소가 확정되기 이전까지의 영업행위는 무허가 영업에 해당한다.

18

'공공기관의 정보공개에 관한 법률'(이하 '정보공개법'이라 함)에 관한 설명으로 옳은 것은? (다툼이 있는 경우 판례에 의함)

① 어떠한 정보가 국가·지방자치단체 등의 사경제 작용의 주체라는 지위에서 행한 사업과 관련된 정보는 공개대상정보가 될 수 없다.
② 공무원이 직무와 관계없이 개인적인 자격으로 간담회·연찬회 등 행사에 참석하고 금품을 수령한 정보는 정보공개법 제9조 제1항 제6호 단서에 해당하지 않아 비공개대상정보이다.
③ 정보공개청구대상정보가 이미 다른 사람에게 공개되어 널리 알려져 있다거나, 인터넷검색이나 도서관열람 등을 통해 쉽게 알 수 있다는 사정이 있다면 비공개결정은 정당화될 수 있다.
④ 교도소에 수용 중이던 재소자가 담당 교도관들을 상대로 가혹행위를 이유로 형사고소 및 민사소송을 제기하면서 그 증명자료의 확보를 위해 정보공개를 요청한 '근무보고서'는 비공개대상정보이다.
⑤ 정보공개법 제9조 제1항 제1호에서 '다른 법률 또는 법률에서 위임한 명령에 따라 비밀이나 비공개 사항으로 규정된 정보'를 비공개대상정보로 규정하고 있는데, 여기서 '법령에서 위임한 명령'이란 법규명령은 물론 행정규칙을 포함한다.

19

'행정절차법'에 따른 처분절차에 관한 설명으로 옳지 않은 것은? (다툼이 있는 경우 판례에 의함)

① 공무원 인사관계 법령에 의한 처분에 관한 사항 전부에 대해 '행정절차법'의 적용이 배제되는 것은 아니다.
② 물적 일반처분으로서 도로구역변경결정은 '도로법'에 따른 절차(고시·열람)와는 별개로 '행정절차법'상 사전통지나 의견청취의 대상이 되는 처분은 아니다.
③ 군인사법령에 의하여 진급예정자명단에 포함된 자에 대하여 수사과정 및 징계과정에서 비위행위에 대한 충분한 해명기회를 가졌더라도 진급 선발을 취소하는 처분을 함에 있어서 '행정절차법'상 사전통지·의견진술의 기회를 부여하여야 한다.
④ 거부처분을 함에 있어서 당사자가 그 근거를 알 수 있을 정도로 상당한 이유를 제시한 경우에는 당해 처분의 근거 및 이유를 구체적 조항 및 내용까지 명시하지 않았다고 하여 그 처분이 위법한 것은 아니다.
⑤ 절차상 또는 형식상 하자로 무효인 행정처분에 대하여 행정청이 적법한 절차 또는 형식을 갖추어 동일한 행정처분을 한 경우, 종전의 무효인 행정처분에 대하여 무효확인을 구할 법률상 이익이 있다.

20

행정의 실효성 확보수단에 관한 설명으로 옳지 않은 것은? (다툼이 있는 경우 판례에 의함)

① 의무위반자의 명단공표는 법에 근거가 있는 경우에 한하여 가능하다.
② '독점규제 및 공정거래에 관한 법률'상의 시정명령은 과거의 위반행위는 물론 가까운 장래에 반복될 우려가 있는 위반행위에 대해서도 할 수 있다.
③ '건축법'상 위법건축물이라고 하여 해당 건축물을 이용한 영업허가를 제한하는 것은 부당결부금지원칙에 반한다.
④ 지방자치단체의 장에 의한 수도의 공급거부는 항고소송의 대상이 된다.
⑤ 영업정지처분에 갈음하는 과징금을 부과할 것인지 아니면 영업정지처분을 내릴 것인지는 통상 행정의 재량에 속한다.

21

행정법상 권한행사의 방식에 관한 설명으로 옳지 않은 것은? (다툼이 있는 경우 판례에 의함)

① 권한의 위임은 권한의 법적 귀속을 변경하는 것이므로 법률이 위임을 허용하는 경우에 한하여 인정된다.
② 행정소송의 수행과 관련해 권한의 위임의 경우 위임기관이 행정소송의 피고가 되며, 내부위임의 경우에도 수임자가 자신의 명의로 처분을 하였더라도 수임기관이 아닌 위임기관이 행정소송의 피고가 된다.
③ 전결(專決)은 처분권자인 행정관청의 권한을 그의 보조기관이나 하급관청으로 하여금 사실상 행사하게 하는 것으로서 법률이 위임을 허용하지 않는 경우에도 인정된다.
④ 도로의 유지·관리에 관한 상위 지방자치단체의 행정권한이 행정권한 위임조례에 의하여 하위 지방자치단체에 위임되었다면 위임관청은 사무처리의 권한을 잃게 된다.
⑤ 행정기관의 장은 업무의 내용에 따라 보조기관 또는 보좌기관이나 해당 업무를 담당하는 공무원으로 하여금 위임전결하게 할 수 있으며, 그 위임전결 사항은 해당 기관의 장이 훈령이나 지방자치단체의 규칙으로 정한다.

22

공무원관계의 변경·소멸에 관한 설명으로 옳지 않은 것은? (다툼이 있는 경우 판례에 의함)

① 동일한 사유로 직위해제처분이 있은 후 다시 해임처분을 하여도 일사부재리의 원칙에 반하지 않는다.
② 직위해제처분에 대해 소정기간 내에 소청심사청구나 행정소송을 제기하지 않은 상황에서, 그 후에 직권면직처분에 대한 행정소송에서 직위해제처분의 취소사유를 들어 다시 위법을 주장할 수 없다.
③ 공무원이 한 사직의 의사표시는 그에 터잡은 의원면직처분이 있을 때까지는 원칙적으로 이를 철회할 수 있다. 다만 의원면직처분이 있기 전이라도 사직의 의사표시를 철회하는 것이 신의칙에 반한다고 인정되는 특별한 사정이 있다면 그 철회는 허용되지 아니한다.
④ 사인의 공법행위인 공무원의 사직의 의사표시에는 그 법률관계의 특수성도 있지만 개인의 자유로운 의사결정을 존중하여야 하므로 민법 제107조의 비진의의사표시에 관한 규정이 준용된다.
⑤ 징계면직이란 공무원이 공무원법상 요구되는 의무를 위반한 때, 그에 대하여 가해지는 제재로서의 징계처분에 의한 파면과 해임을 의미한다.

23

지방자치단체의 구역에 관한 설명으로 옳지 않은 것은? (다툼이 있는 경우 판례에 의함)

① 공유수면 관리 및 매립에 관한 법률에 따른 매립지가 속할 지방자치단체는 행정안전부장관이 결정한다.
② 헌법재판소는 현재 국가기본도상의 해상경계선을 공유수면에 대한 불문법상의 해상경계선으로 인정하고 있다.
③ 지방자치단체의 구역을 바꿀 때에는 법률로 정하되, 관할 구역의 경계변경은 대통령령으로 정한다.
④ 지방자치법 조항에 따라 지방자치단체를 폐지하거나 설치할 때에 주민투표법상의 주민투표를 한 경우라면 관계된 지방자치단체의 의회의 의견을 듣지 않을 수 있다.
⑤ 지방자치단체를 나누거나 합하여 새로운 지방자치단체가 설치되거나 지방자치단체의 격이 변경되면 그 지방자치단체의 장은 필요한 사항에 관하여 새로운 조례나 규칙이 제정·시행될 때까지 종래 그 지역에 시행되던 조례나 규칙을 계속 시행할 수 있다.

24

주민투표에 관한 설명으로 옳지 않은 것은? (다툼이 있는 경우 판례에 의함)

① 주민투표권은 헌법이 아니라 법률이 보장하는 참정권으로서 기본권 또는 헌법상 제도적으로 보장되는 주관적 공권으로 볼 수 없다.
② 지방자치법 규정에 따라 지방자치단체의 장은 어떠한 사항이나 모두 주민투표에 붙일 수 있는 것은 아니고 그 대상이 한정되어 있다.
③ 주민투표의 효력은 행정쟁송의 대상이 되지 않으며, 이에 대한 이의가 있는 경우 헌법재판소에 권한쟁의심판을 제기하여야 한다.
④ 서울특별시의 주민투표사무는 주민투표법에 특별한 규정이 있는 경우를 제외하고 서울특별시 선거관리위원회가 관리한다.
⑤ 출입국관리 관계 법령에 따라 국내에 계속 거주할 수 있는 자격을 갖춘 외국인으로서 조례로 정한 사람은 주민투표권이 있다.

25

경찰책임의 원칙에 관한 설명으로 옳지 않은 것은? (다툼이 있는 경우 판례에 의함)

① 경찰책임은 그 위해의 발생에 대한 고의·과실·위법성의 유무, 위험에 대한 인식여부 등을 묻지 않는다.
② 경찰책임이 없는 제3자에 대해 경찰권 발동으로 제3자가 특별한 손해를 입은 경우 손실보상을 해주어야 하는데 경찰관 직무집행법상 손실보상의 소멸시효는 손실이 있음을 안 날부터 5년, 손실이 발생한 날부터 10년이다.
③ 행위책임과 상태책임이 경합하는 경우에는 우선적으로 행위책임자에 대하여 경찰권이 발동될 수 있고, 동일인이 복합적인 책임을 지는 경우에는 하나의 책임을 지는 자보다는 복합적 책임을 지는 자가 우선적으로 경찰권 발동의 대상이 될 수 있다.
④ 경찰권은 원칙적으로 경찰책임자에게 발동되어야 하지만, 예외적으로 긴급한 경우에는 경찰책임이 없는 제3자(비책임자)에 대해서도 발동할 수 있다.
⑤ 휴대폰 가게 내의 TV에서 방영되는 월드컵 축구시합을 보려고 모여든 군중이 도로의 통행을 방해한 경우, 모인 군중에게 경찰책임이 귀속된다.

01

행정행위의 부관에 관한 설명으로 옳지 않은 것은? (다툼이 있으면 판례에 의함)

① 수익적 행정행위에 있어서는 법령에 특별한 근거규정이 없다고 하더라도 그 부관으로서 부담을 붙일 수 있으나, 비례의 원칙·부당결부금지의 원칙에 위반되지 않아야 적법하다.

② 행정행위의 부관인 부담에 정해진 바에 따라 당해 행정청이 아닌 다른 행정청이 그 부담상의 의무이행을 요구하는 의사 표시를 하였을 경우, 이러한 행위가 당연히 또는 무조건으로 「행정소송법」상 항고소송의 대상이 되는 처분에 해당한다고 할 수는 없다.

③ 행정행위의 부관으로 취소권이 유보되어 있는 경우, 당해 행정행위를 한 행정청은 그 취소사유가 법령에 규정되어 있는 경우뿐만 아니라 의무위반이 있는 경우, 사정변경이 있는 경우, 좁은 의미의 취소권이 유보된 경우 또는 중대한 공익상의 필요가 발생한 경우 등에도 그 행정처분을 취소할 수 있다.

④ 부담이 처분 당시 법령을 기준으로 적법하다면 처분 후 부담의 전제가 된 주된 행정처분의 근거 법령이 개정됨으로써 행정청이 더 이상 부관을 붙일 수 없게 되었다 하더라도 곧바로 위법하게 되거나 그 효력이 소멸하게 되는 것은 아니다.

⑤ 구 「공유수면매립법시행령」 제11조에 면허관청은 매립을 면허하는 경우에 공익상 또는 이해관계인의 보호에 관하여 필요하다고 인정하는 조건을 붙일 수 있다는 규정이 있을 경우 부관상의 이해관계를 갖는 자는 곧바로 법률상의 이해관계를 갖는 자라고 볼 수 있다.

02

행정행위의 무효와 취소의 구별에 관한 설명으로 옳지 않은 것은? (다툼이 있으면 판례에 의함)

① 납세자의 주소지를 관할하지 아니하는 세무서장이 한 증여세부과처분은 그 흠이 객관적으로 명백하여 당연무효이다.

② 하자 있는 행정처분이 당연무효가 되기 위하여는 그 하자가 법규의 중요한 부분을 위반한 중대한 것으로서 객관적으로 명백한 것이어야 하며, 하자가 중대하고 명백한 것인지 여부를 판별함에 있어서는 그 법규의 목적, 의미, 기능 등을 목적론적으로 고찰함과 동시에 구체적 사안 자체의 특수성에 관하여도 합리적으로 고찰하여야 한다.

③ 집합건물 중 일부 구분건물의 소유자인 피고인이 관할 소방서장으로부터 소방시설 불량사항에 관한 시정보완명령을 받고도 따르지 아니한 경우, 담당 소방공무원이 구술로 행정명령을 고지한 것은 당연 무효이므로 명령 위반을 이유로 행정형벌을 부과할 수 없다.

④ 취소소송과 무효확인소송은 서로 양립할 수 없으므로 단순병합이나 선택적 병합은 불가능하고 예비적 병합만 가능하다.

⑤ 동일한 행정처분에 대하여 무효확인의 소를 제기하였다가 그 후 그 처분의 취소를 구하는 소를 추가적으로 병합한 경우, 주된 청구인 무효확인의 소가 적법한 제소기간 내에 제기되었다면 추가로 병합된 취소청구의 소도 적법하게 제기된 것으로 봄이 상당하다.

03

행정절차에 관한 설명으로 옳지 않은 것은? (다툼이 있으면 판례에 의함)

① 취소처분의 근거와 위반사실의 적시를 빠뜨린 하자는 피처분자가 처분 당시 그 취지를 알고 있었다거나 그 후 알게 되었다 하여도 치유될 수 없다.
② 하나의 납세고지서에 의하여 복수의 과세처분을 함께 하는 경우에는 과세처분별로 그 세액과 산출근거 등을 구분하여 기재함으로써 납세의무자가 각 과세처분의 내용을 알 수 있도록 하여야 한다.
③ 세액산출근거가 기재되지 아니한 납세고지서에 의한 부과처분은 강행법규에 위반하여 무효이다.
④ 신청에 따른 처분이 이루어지지 아니한 경우에는 아직 당사자에게 권익이 부과되지 아니하였으므로, 특별한 사정이 없는 한 신청에 대한 거부처분이라고 하더라도 직접 당사자의 권익을 제한하는 것은 아니어서 처분의 사전통지대상이 된다고 할 수 없다.
⑤ 영업시간 제한 등 처분의 대상인 대규모 점포 중 개설자의 직영매장 이외에 개설자에게서 임차하여 운영하는 임대매장이 병존하는 경우에도, 전체 매장에 대하여 법령상 대규모 점포 등의 유지·관리책임을 지는 개설자만이 처분 상대방이 되고, 임대매장의 임차인이 별도로 처분 상대방이 되는 것은 아니므로, 사전통지·의견청취절차는 원고(대규모 점포 개설자)를 상대로 거치면 충분하다.

04

「공공기관의 정보공개에 관한 법률」에 관한 설명으로 옳지 않은 것은? (다툼이 있으면 판례에 의함)

① 「공공기관의 정보공개에 관한 법률」 제9조 제1항 제5호에서 규정하고 있는 '공개될 경우 업무의 공정한 수행에 현저한 지장을 초래한다고 인정할 만한 상당한 이유가 있는 경우'의 의미는 공개될 경우 업무의 공정한 수행이 객관적으로 현저하게 지장을 받을 것이라는 고도의 개연성이 존재하는 경우를 말한다.
② 정보공개청구자는 정보를 공공기관이 보유·관리하고 있을 상당한 개연성이 있다는 점에 대하여 입증할 책임이 있으나, 공개를 구하는 정보를 공공기관이 한때 보유·관리하였으나 후에 그 정보가 담긴 문서들이 폐기되어 존재하지 않게 된 것이라면 그 정보를 더 이상 보유·관리하고 있지 않다는 점에 대한 증명책임은 공공기관에 있다.
③ '한국증권업협회'는 증권회사 상호 간의 업무질서를 유지하고 유가증권의 공정한 매매거래 및 투자자 보호를 위하여 일정 규모 이상인 증권회사 등으로 구성된 회원조직으로서, 그 업무가 국가기관 등에 준할 정도로 공동체 전체의 이익에 중요한 역할이나 기능에 해당하는 공공성을 갖는다고 볼 수 있어, 「공공기관의 정보공개에 관한 법률 시행령」 제2조 제4호의 '특별법에 따라 설립된 특수법인'에 해당한다고 볼 수 있다.
④ '업무의 공정한 수행'이나 '연구·개발에 현저한 지장'이라고 하는 개념이 다소 추상적이긴 하지만, 각 시험마다 시험의 목적, 응시자격 등이 다양한 특성을 고려하여 시험정보의 공개범위 등에 관하여 추상적 기준만을 설정하고, 그 구체적인 범위는 개별 시험 주관기관의 전문적·자율적 판단에 맡기는 것이 바람직하다고 할 것이다.
⑤ 피청구인이 청구인에 대한 형사재판이 확정된 후 그 중 제1심 공판정 심리의 녹음물을 폐기한 행위는 법원행정상의 구체적인 사실행위에 불과할 뿐 이를 헌법소원심판의 대상이 되는 공권력의 행사로 볼 수 없다.

05

신뢰보호원칙 또는 신의칙에 관한 기술 중 옳은 것은? (다툼이 있으면 판례에 의함)

① 신뢰보호원칙은 신의칙 혹은 법적안정성에 근거를 둔 원칙으로 확고한 불문의 법원으로 자리를 잡았으나, 실정법에 명문으로 이러한 원칙을 선언하고 있는 경우는 없다.

② 신뢰보호원칙은 위법을 감내하고서라도 상대방의 신뢰를 보호하려는 것이며, 상대방의 신뢰이익은 항상 공익이나 제3자의 이익에 우선한다.

③ 운전면허 취소사유에 해당하는 음주운전으로 적발되었으나 사무착오로 위반자에게 운전면허정지처분을 한 후, 위반자에게 다시 운전면허취소처분을 한 것은 신뢰보호원칙에 위배된다.

④ 행정청의 언동은 법적인 권한이 있는 자의 것일 필요는 없으므로 병무청의 민원상담 공무원으로부터 보충역 편입대상자가 될 수 있다는 상담을 받았으나 실제로 현역 입영판정을 받았다면 신뢰보호원칙에 반한다.

⑤ 호적상 잘못 기재된 생년월일에 따라 임용된 공무원이 36년이 지난 후, 정년이 임박해서 호적 정정 및 정년연장을 신청하는 것은 본인의 귀책사유가 있는 경우로서 신의칙에 반하는 것이다.

06

「질서위반행위규제법」의 내용으로 옳지 않은 것은?

① 고의 또는 과실이 없는 질서위반행위는 과태료를 부과하지 아니한다.

② 자신의 행위가 위법하지 아니한 것으로 오인하고 행한 질서위반행위는 그 오인에 정당한 이유가 있는 때에 한하여 과태료를 부과하지 아니한다.

③ 과태료는 행정청의 과태료 부과처분이나 법원의 과태료 재판이 확정된 후 5년간 징수하지 아니하거나 집행하지 아니하면 시효로 인하여 소멸한다.

④ 행정청은 질서위반행위가 종료된 날부터 3년이 경과한 경우에는 해당 질서위반행위에 대하여 과태료를 부과할 수 없다.

⑤ 하나의 행위가 2 이상의 질서위반행위에 해당하는 경우에는 각 질서위반행위에 대하여 정한 과태료 중 가장 중한 과태료를 부과한다.

07

행정절차상 의견제출에 관한 설명으로 옳지 않은 것은?

① 당사자 등은 행정청의 처분이 있은 후에 그 처분의 관할 행정청에 서면으로 의견제출을 할 수 있다.

② 행정청은 의견제출을 거쳤을 때에는 신속히 처분하여 해당 처분이 지연되지 아니하도록 하여야 한다.

③ 행정청은 처분 후 1년 이내에 당사자 등이 요청하는 경우에는 의견제출을 받은 서류나 그 밖의 물건을 반환하여야 한다.

④ 당사자 등이 정당한 이유 없이 의견 제출기한까지 의견제출을 하지 아니한 경우에는 의견이 없는 것으로 본다.

⑤ 행정청은 처분을 할 때에 당사자 등이 제출한 의견이 상당한 이유가 있다고 인정하는 경우에는 이를 반영하여야 한다.

08

행정대집행에 관한 설명으로 옳지 않은 것은? (다툼이 있으면 판례에 의함)

① 행정청이 행정대집행의 방법으로 건물철거의무의 이행을 실현할 수 있는 경우에는 건물철거 대집행 과정에서 부수적으로 건물의 점유자들에 대한 퇴거조치를 할 수 있고, 점유자들이 적법한 행정대집행을 위력을 행사하여 방해하는 경우 「형법」상 공무집행방해죄가 성립하므로, 필요한 경우에는 「경찰관 직무집행법」에 근거한 위험발생 방지조치의 차원에서 경찰의 도움을 받을 수도 있다.

② 공유 일반재산의 대부료와 연체료를 납부기한까지 납부하지 아니한 경우에도 「공유재산 및 물품 관리법」 제97조 제2항에 의하여 지방세 체납처분의 예에 따라 이를 징수할 수 있고, 이와 같이 공유 일반재산의 대부료의 징수에 관하여도 특별한 사정이 없는 한 민사소송으로 공유 일반재산의 대부료의 지급을 구하는 것은 허용되지 아니한다.

③ 「행정대집행법」 제2조는 대집행의 대상이 되는 의무를 '법률(법률의 위임에 의한 명령, 지방자치단체의 조례를 포함한다)에 의하여 직접 명령되었거나 또는 법률에 의거한 행정청의 명령에 의한 행위로서 타인이 대신하여 행할 수 있는 행위'라고 규정하고 있으므로, 대집행계고처분을 하기 위하여서는 법령에 의하여 직접 명령되거나 법령에 근거한 행정청의 명령에 의한 의무자의 대체적 작위의무 위반행위가 있어야 한다.

④ 산림을 무단 형질변경한 자가 사망한 경우 당해 토지의 소유권 또는 점유권을 승계한 상속인은 그 복구의무를 부담한다고 봄이 상당하고, 따라서 관할 행정청은 그 상속인에 대하여 복구명령을 할 수 있다고 보아야 한다.

⑤ 공장등록이 취소된 후 그 공장시설물이 어떠한 경위로든 철거되어 다시 복구 등을 통하여 공장을 운영할 수 없는 상태라면, 대도시 안의 공장을 지방으로 이전할 경우 「조세특례제한법」상의 세액공제 및 소득세 등의 감면 혜택이 있고, 「공업배치 및 공장설립에 관한 법률」상의 간이한 이전절차 및 우선 입주의 혜택이 있는 경우라도, 그 공장등록취소처분의 취소를 구할 법률상의 이익이 있다고 할 수 없다.

09

「소방기본법」의 규정 내용으로 옳지 않은 것은?

① 소방기관이 소방업무를 수행하는 데에 필요한 인력과 장비 등에 관한 기준은 행정안전부령으로 정한다.

② 시·도지사는 소방활동에 필요한 소화전·급수탑·저수조를 설치하고 유지·관리하여야 한다.

③ 소방본부장이나 소방서장은 공장·창고가 밀집한 지역 등 화재가 발생할 우려가 높거나 화재가 발생하는 경우, 그로 인하여 피해가 클 것으로 예상되는 지역을 화재경계지구로 지정할 수 있다.

④ 소방본부장이나 소방서장은 「기상법」 제13조 제1항에 따른 이상기상의 예보 또는 특보가 있을 때에는 화재에 관한 경보를 발령하고 그에 따른 조치를 할 수 있다.

⑤ 소방본부장, 소방서장 또는 소방대장은 소방활동을 위하여 긴급하게 출동할 때에는 소방자동차의 통행과 소방활동에 방해가 되는 주차 또는 정차된 차량 및 물건 등을 제거하거나 이동시킬 수 있다.

10

항고소송에 관한 설명으로 옳지 않은 것은? (다툼이 있으면 판례에 의함)

① 취소소송은 위법한 처분으로 인해 발생한 위법상태의 제거를 위한 것이고, 취소소송의 판결은 유효한 행위의 효력을 소멸시키는 것이므로 형성소송에 속한다.

② 과세관청 내지 그 상급관청이나 수사기관의 강요로 합리적이고 타당한 근거도 없이 작성된 과세자료에 터 잡은 과세처분의 하자는 중대하고 명백한 하자로 볼 수 있다.

③ 「행정소송법」 제2조 소정의 행정처분이라고 하더라도 그 처분의 근거 법률에서 행정소송 이외의 다른 절차에 의하여 불복할 것을 예정하고 있는 처분은 항고소송의 대상이 될 수 없다.

④ 거부처분은 관할 행정청이 국민의 처분신청에 대하여 거절의 의사표시를 함으로써 성립되고, 그 이후 동일한 내용의 새로운 신청에 대하여 다시 거절의 의사표시를 한 경우에는 새로운 거부처분이 있는 것으로 본다.

⑤ 「행정소송법」상 행정청의 개념은 행정조직법상 의미의 행정청이 아니라 기능적으로 이해되어야 하므로, 「병역법」상 신체등위 판정은 행정청이라 볼 수 없는 군의관이 하도록 되어 있지만 이는 항고소송의 대상이 되는 행정처분이라 할 수 있다.

11

행정조사에 관한 설명으로 옳지 않은 것은?

① 행정조사의 실시는 행정기관의 장이 출석요구서, 보고요구서·자료제출요구서 등을 조사개시 7일 전까지 조사대상자에게 서면으로 통지함으로써 이루어진다.

② 조사원은 사전에 발송된 사항에 한하여 조사하되, 사전통지한 사항과 관련된 추가적인 행정조사가 필요할 경우에는 조사대상자에게 추가조사의 필요성과 조사내용 등을 서면이나 구두로 통보한 후 추가조사를 실시할 수 있다.

③ 조사대상자는 법률·회계 등의 관계 전문가로 하여금 행정조사 과정에 입회하게 하거나 의견을 진술하게 할 수 있다.

④ 조사대상자와 조사원은 조사과정을 방해받지 아니하는 범위 안에서 행정조사의 과정을 상호 협의하여 녹음하거나 녹화할 수 있다.

⑤ 행정기관의 장은 법령 등 특별한 규정이 있는 경우를 제외하고는 행정조사의 결과를 즉시 조사대상자에게 통지하여야 한다.

12

행정지도에 관한 설명으로 옳지 않은 것은? (다툼이 있으면 판례에 의함)

① 행정청이 행하는 비권력적인 사실행위로서 상대방의 이행을 강제할 수 없는 사실행위이므로 이에 대한 실정법적 근거가 필요하지 않고, 실제로 이에 대한 법률상 규정도 없으며, 다만 판례가 그 개념을 정의하고 있을 뿐이다.

② 행정청이 한국전력공사에 대해 특정 업소에 전기를 공급하지 말 것을 요청한 경우, 이러한 요청은 행정지도이므로 처분성이 인정되지 않는다.

③ 교육인적자원부장관의 대학총장들에 대한 학칙시정 요구는 대학총장의 임의적인 협력을 통하여 사실상의 효과를 발생시키는 행정지도의 일종이지만, 헌법소원의 대상이 되는 공권력의 행사라고 볼 수 있다.

④ 교육감이 학교법인에 대한 감사 실시 후 처리지시를 하고 그와 함께 그 시정조치에 대한 결과를 증빙서를 첨부한 문서로 보고하도록 한 것은, 항고소송의 대상이 되는 행정처분에 해당한다.

⑤ 위법한 행정지도로 인한 국가배상청구에 있어서 행정지도로 인해 손해가 발생했다는 사실만으로는 부족하고 행정지도가 한계를 넘어서 위법해야 하고, 나아가 이러한 행정지도와 손해발생 사이에 인과관계가 인정되어야 한다.

13

「국가배상법」상 손해배상제도에 관한 설명으로 옳지 않은 것은? (다툼이 있으면 판례에 의함)

① 국가가 일정한 사항에 관하여 헌법에 의하여 부과되는 구체적인 입법의무를 부담하고 있음에도 불구하고 그 입법에 필요한 상당한 기간이 경과하도록 고의 또는 과실로 이러한 입법의무를 이행하지 아니하는 경우에는 소정의 배상책임이 인정될 수 있다.

② 원고의 무죄를 입증할 수 있는 결정적인 증거에 해당하는데도 검사가 그 감정서를 법원에 제출하지 아니하고 은폐하였다면 검사의 그와 같은 행위는 위법하므로 국가는 배상책임을 진다.

③ 고의·과실의 유무는 국가가 아니라 공무원을 기준으로 판단하여야 하고, 공무원에게 고의·과실이 없으면 국가는 배상책임이 없다.

④ 어떠한 행정처분이 뒤에 항고소송에서 취소되었다면 그 자체만으로 그 행정처분이 곧바로 공무원의 고의 또는 과실로 인한 불법행위를 구성한다고 볼 수 있다.

⑤ 「국가배상법」 제2조 제1항의 '법령을 위반하여'라고 함은 인권존중·권력남용금지·신의성실과 같이 공무원으로서 마땅히 지켜야 할 준칙이나 규범을 지키지 아니하고 위반한 경우를 포함하여 널리 그 행위가 객관적인 정당성을 결여하고 있는 경우도 포함한다.

14

행정상 신고에 관한 기술 중 옳은 것은? (다툼이 있으면 판례에 의함)

① 「행정절차법」 제40조에 의하면 신고서가 접수기관에 도달한 때 신고의무가 이행된 것으로 보며, 이 경우 행정청은 신고서의 수리를 거부하거나 되돌려 보낼 수 없다.
② 대법원은 구 「건축법」 제9조 제1항(현 「건축법」 제14조 제1항)의 신고는 자기완결적 신고이므로 신고의 수리를 거부해도 처분성이 없다는 입장이다.
③ 수리를 요하는 신고는 행정청이 신고서를 심사한 후 수리행위가 있어야 적법한 신고가 있는 것이 되므로 수리 후 신고필증을 교부하여야 하고, 신고필증의 거부는 항고소송의 대상이 되는 처분에 해당한다.
④ 체육시설인 볼링장이 들어설 건물이 무허가 건물이어서 「건축법」에 위반되는 건물이라 하더라도 체육시설에 관한 법령상 요건을 갖추었다면 신고서를 반려할 수 없고, 반려한 경우라도 적법한 신고가 있는 것으로 된다.
⑤ 수리를 요하는 신고에 있어서 행정청이 신고서를 심사한 후 일정한 신고사항을 이행하도록 통지한 것은 수리와 별도로 항고소송의 대상이 되는 처분에 해당한다.

15

행정입법의 위임한계에 관한 설명으로 옳은 것은? (다툼이 있으면 판례에 의함)

① 위임 시 구체적으로 범위를 정하여 위임하여야 하며, 이 경우 해당 위임조문 자체에서 직접 이러한 구체성의 정도가 나타나야 한다는 것이 판례의 입장이다.
② 헌법에서 조세법률주의를 천명하고 있지만, 법률로 조세의 종목과 세율을 정했다면 조세부과에 관한 세부적인 사항은 법규명령에 위임할 수 있다.
③ 구 「사법시험령」은 집행명령이므로 동 명령에서 과락제도를 두는 것은 국민의 권리·의무에 직접 관련된 사항을 규정하는 것이므로 허용되지 않는다.
④ 처벌규정은 구체적으로 범위를 정할 경우 범죄구성요건의 위임이 허용될 수 있으며, 형벌의 종류와 형량도 위임할 수 있다는 것이 판례의 입장이다.
⑤ 자치입법에 대한 위임시 지방자치단체의 조례는 포괄적인 위임이 가능하지만, 공법인인 주택재개발조합의 정관에 대한 위임은 구체적으로 범위를 정해야 한다는 것이 판례의 입장이다.

16

공물에 관한 설명으로 옳지 않은 것은? (다툼이 있으면 판례에 의함)

① 「국유재산법」은 국유재산을 그 용도에 따라 행정재산과 일반재산으로 구분한다.
② 국유하천부지는 자연상태 그대로 공공용에 제공될 수 있는 실체를 갖추고 있는 이른바 자연공물로서 별도의 공용개시행위가 없더라도 행정재산이 되고, 그 후 본래의 용도에 공여되지 않는 상태에 놓이게 되면 국유재산법령에 의한 용도폐지를 하지 않더라도 당연히 일반재산으로 된다.
③ 공공용재산이란 국가가 직접 공공용으로 사용하거나 대통령령으로 정하는 기한까지 사용하기로 결정한 재산을 말한다.
④ 보존용재산이란 법령이나 그 밖의 필요에 따라 국가가 보존하는 재산을 말한다.
⑤ 공용재산이란 국가가 직접 사무용·사업용 또는 공무원의 주거용으로 사용하거나 대통령령으로 정하는 기한까지 사용하기로 결정한 재산을 말한다.

17

행정청의 권한위임에 관한 설명으로 옳은 것은? (다툼이 있으면 판례에 의함)

① 건설교통부장관이 유원지에 관한 도시계획시설결정 후, 이 결정권한이 시·도지사에게 위임되었더라도 종전 결정을 변경할 권한은 여전히 건설교통부장관에게 있다.
② 위임은 위임기관의 지휘·감독하에 있는 보조기관이나 하급행정기관 또는 대등한 행정기관에 대해 권한의 전부 또는 일부를 위임할 수 있다.
③ 위임전결규정에 위반하여 전결권자가 아닌 보조기관이 처분권자인 행정관청의 이름으로 행정처분을 하였다면 당연무효이다.
④ 행정권한의 내부위임은 법률이 위임을 허용하지 않는 경우에도 인정된다는 것이 판례의 입장이다.
⑤ 위임기관은 자신의 보조기관이나 하급행정기관에 대해 위임한 경우 지휘·감독권을 갖지만, 「행정권한의 위임 및 위탁에 관한 규정」은 자신의 지휘·감독 아래 있지 아니한 하급기관이나 수탁기관에 대해서는 지휘·감독권을 갖지 않는다고 규정하고 있다.

18

「정부조직법」에 관한 설명으로 옳지 않은 것은?

① 대통령은 국무총리와 중앙행정기관의 장의 명령이나 처분이 위법 또는 부당하다고 인정하면 이를 중지 또는 취소할 수 있다.
② 국무총리는 중앙행정기관의 장의 명령이나 처분이 위법 또는 부당하다고 인정될 경우에는 대통령의 승인을 받아 이를 중지 또는 취소할 수 있다.
③ 국가유공자 및 그 유족에 대한 보훈, 제대군인의 보상·보호 및 보훈선양에 관한 사무를 관장하기 위하여 국무총리 소속으로 국가보훈처를 둔다.
④ 공무원의 인사·윤리·복무 및 연금에 관한 사무를 관장하기 위해 행정안전부장관 소속으로 인사혁신처를 둔다.
⑤ 국무조정실장·국가보훈처장·인사혁신처장·법제처장·식품의약품안전처장 그 밖에 법률로 정하는 공무원은 필요한 경우 국무회의에 출석하여 발언할 수 있다.

19

행정소송 중 무효확인소송에 있어서 권리보호에 관한 설명으로 옳지 않은 것은? (다툼이 있으면 판례에 의함)

① 환지계획에 따른 환지교부 등 처분의 효력발생 이후에는 환지 전체의 절차를 다시 밟지 않는 한 그 환지의 일부만을 따로 떼어 변경할 길이 없다.
② 시장건물 부지로 제공되어 있는 대지 위에 근린생활시설을 위한 임시적인 가설건축물을 축조할 수는 없으므로 위 대지 위에 근린생활시설을 축조하려고 한 가설건축물축조신고를 반려한 처분은 적법하지 않다.
③ 정년의 초과 또는 사망하여 면직된 경우에는 설사 면직처분이 무효확인된다 하더라도 공무원의 권리 또는 법률상 지위의 불안이나 위험을 제거하기에 미흡하여, 면직처분 무효확인의 소가 필요하고도 적절한 것이라고 할 수 없다.
④ 무효임을 주장하는 과세처분에 따라 그 부과세액을 납부하여 이미 그 처분의 집행이 종료된 것과 같이 되어 버렸다면, 그 과세처분이 존재하고 있는 것과 같은 외관이 남아 있음으로써 장차 이해관계인에게 다가올 법률상의 불안이나 위험은 전혀 없다 할 것이다.
⑤ 사업시행자가 공공하수도사업으로 인하여 발생이 예상되는 하수 처리에 필요한 공공하수도 공사비용을 부담한 부분에 대하여는 이와 별도로 원인자부담금을 부과할 수 없다.

20

국가배상제도에서의 배상책임에 관한 설명으로 옳지 않은 것은? (다툼이 있으면 판례에 의함)

① 업주들로부터 뇌물수수행위를 방치한 것은 경찰관의 직무상 의무에 위반한 것으로, 국가는 이로 인한 정신적 고통에 대하여 위자료를 지급할 의무가 있다.
② 경매법원 공무원의 공유자 통지 등에 관한 절차상 과오는 경락인의 손해 발생에 대한 국가배상책임이 있다.
③ 무장공비와 격투 중에 있는 가족구성원이 위협받고 있던 중, 다른 가족구성원이 경찰관서에 3차례나 출동을 요청하였음에도 불구하고 즉시 출동하지 않아 무장공비에 의해 가족구성원이 사망한 사건에 대하여 국가는 배상책임이 있다.
④ 경찰서 대용감방에 배치된 경찰관 등으로서는 수감자들 사이에서 폭력행위 등을 예방하거나 폭력행위 등을 제지하여야 할 의무가 있음에도 불구하고, 이러한 주의의무를 게을리 하였다면 국가는 이로 인한 손해를 배상할 책임이 있다.
⑤ 유흥주점에 화재가 발생하여 여종업원들이 유독가스에 질식해 사망한 사안에서, 지방자치단체 담당 공무원의 위 유흥주점의 용도변경, 무허가 영업 및 시설기준에 위배된 개축에 대한 시정명령 등 「식품위생법」상 직무상 의무위반행위와 위 종업원들의 사망 사이에 상당인과관계가 존재한다.

21

지방자치단체의 조례에 관한 설명으로 옳지 않은 것은? (다툼이 있으면 판례에 의함)

① 「지방자치법」 제22조, 「행정규제기본법」 제4조 제3항에 의하면 지방자치단체가 조례를 제정함에 있어 그 내용이 주민의 권리제한 또는 의무부과에 관한 사항이나 벌칙인 경우에는 법률의 위임이 있어야 하므로, 법률의 위임 없이 주민의 권리제한 또는 의무부과에 관한 사항을 정한 조례는 효력이 없다.
② 지방자치단체는 널리 지방주민의 공공의 이익을 위한 사무를 그 고유사무로서 행할 수 있는 것인바, 기업체의 생산실적사실증명에 관한 사무는 달리 법령상의 위임 근거를 찾아볼 수 없으므로 이는 지방자치단체가 그 주민의 복지를 위한 고유사무처리에 수반하여 하는 사실증명업무라 할 것이다.
③ 지방자치단체의 자치권은 헌법상 보장을 받고 있으므로 비록 법령에 의하여 이를 제한하는 것이 가능하다고 하더라도 그 제한이 불합리하여 자치권의 본질을 훼손하는 정도에 이른다면, 이는 헌법에 위반된다고 보아야 할 것이다.
④ 조례에서 과세면제를 받고자 하는 자는 그 사실을 증명할 수 있는 서류를 갖추어 관할관청에 신청하여야 한다고 규정하고 있다면, 위의 면제신청에 관한 규정상 그 신청은 면제의 요건이라고 보아야 한다.
⑤ 지방자치단체의 장으로 하여금 지방자치단체가 설립한 지방공기업 등의 대표에 대한 임명권의 행사에 앞서 지방의회의 인사청문회를 거치도록 한 조례안은 지방자치단체의 장의 임명권에 대한 견제나 제약에 해당하므로 법령에 위반된다.

22

행정절차상 공표제도에 관한 설명으로 옳지 않은 것은? (다툼이 있으면 판례에 의함)

① 공표가 「행정절차법」상 처분에 해당하지 않는다고 할지라도 공표대상자의 보호를 위해 사전에 의견진술의 기회를 부여하여야 한다.
② 공표를 규정하는 법률도 당연히 비례원칙 등에 반하지 않아야 하고 무죄추정의 원칙에 반하지 않아야 한다.
③ 표현의 자유는 헌법상 최대한 보장을 받아야 하지만, 그에 못지 않게 개인의 명예나 사생활의 자유와 비밀 등 사적 법익도 보호되어야 할 것이다.
④ 신상공개제도는 청소년 성 매수자의 일반적 인격권과 사생활의 비밀의 자유가 제한되는 정도가 청소년 성 보호라는 공익적 요청에 비해 크다고 할 수 없다.
⑤ 위법한 공표의 구제수단에 관하여 공표 자체가 처분성이 인정되고 그 법적 효과의 취소를 상정할 수 있으므로 이를 취소소송으로 다툴 수 있다.

23

행정심판 재결의 효력에 관한 설명으로 옳지 않은 것은? (다툼이 있으면 판례에 의함)

① 변경재결이 있으면 원처분이 변경재결로 변경되어 존재하는 것이 된다.
② 심판청구를 인용하는 재결은 피청구인과 그 밖의 관계 행정청을 기속한다.
③ 거부처분에 대한 취소심판청구를 인용하는 재결이 있는 경우라도 행정청이 재처분의 의무를 부담하는 것은 아니다.
④ 기속력의 객관적 범위는 재결의 주문 및 재결이유 중 그 전제가 된 요건사실의 인정과 처분의 효력판단에 한정된다.
⑤ 신청에 따른 처분이 절차의 위법 또는 부당을 이유로 재결로써 취소된 경우 적법한 절차에 따라 신청에 따른 처분을 하거나 신청을 기각하는 처분을 하여야 한다.

24

행정법의 일반원칙에 관한 설명으로 옳지 않은 것은? (다툼이 있으면 판례에 의함)

① 개정 「게임산업진흥에 관한 법률」 부칙 제2조 제2항은 이 법이 일반게임제공업의 경우 허가제를 도입하면서 기존의 영업자에 대하여 적절한 유예기간을 부여함으로써 일반게임제공업자인 청구인들의 신뢰이익을 충분히 고려하고 있으므로, 위 조항이 과잉금지의 원칙에 위반하여 청구인들의 기본권을 침해하는 것이라고 볼 수 없다.
② 동사무소 직원이 행정상 착오로 국적이탈을 사유로 주민등록을 말소한 것을 신뢰하여 만 18세가 될 때까지 별도로 국적이탈신고를 하지 않았던 사람이 만 18세가 넘은 후 동사무소의 주민등록 직권 재등록 사실을 알고 국적이탈신고를 하자 '병역을 필하였거나 면제받았다는 증명서가 첨부되지 않았다'는 이유로 이를 반려한 처분은 신뢰보호의 원칙에 반하여 위법하다고 할 수 없다.
③ 시의 도시계획과장과 도시계획국장이 도시계획사업의 준공과 동시에 사업부지에 편입한 토지에 대한 완충녹지 지정을 해제함과 아울러 당초의 토지소유자들에게 환매하겠다는 약속을 했음에도 이를 믿고 토지를 협의매매한 토지소유자의 완충녹지지정해제신청을 거부한 것은, 행정상 신뢰보호의 원칙을 위반하거나 재량권을 일탈·남용한 위법한 처분이라고 할 수 있다.
④ 국가나 국가로부터 국유재산의 관리·처분에 관한 사무를 위탁받은 자가 국유재산의 무단 점유·사용을 장기간 방치한 후에 한 변상금 부과처분은 신뢰보호의 원칙에 반하지 않는다.
⑤ 행정청이 약제에 대한 요양급여대상 삭제 처분의 근거 법령으로 삼은 구 「국민건강보험 요양급여의 기준에 관한 규칙」 제13조 제4항 제6호는 헌법상 소급입법금지의 원칙 내지 신뢰보호의 원칙에 위배되지 않는다.

25

경찰권행사에 관한 설명으로 옳지 않은 것은? (다툼이 있으면 판례에 의함)

① 시간적·장소적으로 근접하지 않은 다른 지역에서 그 집회·시위에 참가하기 위하여 출발 또는 이동하는 행위를 함부로 제지하는 것은 「경찰관 직무집행법」상의 행정상 즉시강제인 경찰관의 제지 범위 내이므로 허용될 수 있다.
② 「경찰관 직무집행법」 제4조 제1항 제1호에서 규정하는 술에 취한 상태로 인하여 자기 또는 타인의 생명·신체와 재산에 위해를 미칠 우려가 있는 피구호자에 대한 보호조치는 경찰행정상 즉시강제에 해당하므로, 그 조치가 불가피한 최소한도 내에서만 행사되도록 발동·행사 요건을 신중하고 엄격하게 해석하여야 한다.
③ 경찰관의 제지조치가 적법한지 여부는 제지조치 당시의 구체적 상황을 기초로 판단하여야 하고 사후적으로 순수한 객관적 기준에서 판단할 것은 아니다.
④ 「경찰관 직무집행법」 제4조 제1항에 따른 보호조치 요건이 갖추어지지 않았음에도 경찰관이 범죄수사를 목적으로 피의자에 해당하는 사람을 위 조항의 피구호자로 삼아 의사에 반하여 경찰관서에 데려간 경우, 위법한 체포에 해당한다.
⑤ 경찰관은 「경찰관 직무집행법」 제3조 제1항에 규정된 대상자에게 질문을 하기 위하여 범행의 경중, 범행과의 관련성, 상황의 긴박성, 혐의의 정도, 질문의 필요성 등에 비추어 목적 달성에 필요한 최소한의 범위 내에서 사회통념상 용인될 수 있는 상당한 방법으로 대상자를 정지시킬 수 있고, 질문에 수반하여 흉기의 소지 여부도 조사할 수 있다.

믿고 듣는 즐거움

전효진
소방행정법
전범위 모의고사
+실전기출
정답 및 해설

소방행정법

제1회 전범위 모의고사

01 ③ 02 ④ 03 ② 04 ② 05 ④ 06 ① 07 ② 08 ④ 09 ④ 10 ④
11 ② 12 ② 13 ② 14 ② 15 ④ 16 ② 17 ④ 18 ② 19 ① 20 ③
21 ④ 22 ④ 23 ④ 24 ② 25 ②

01
정답 ③

③ ✗ 법률에서 위임받은 사항을 전혀 규정하지 않고 재위임하는 것은 복위임금지 원칙에 반할 뿐 아니라 위임명령의 제정 형식에 관한 수권법의 내용을 변경하는 것이 되므로 허용되지 않으나 위임받은 사항에 관하여 대강을 정하고 그중의 특정사항을 범위를 정하여 하위법령에 다시 위임하는 경우에는 재위임이 허용된다. 이러한 법리는 **조례**가 지방자치법 제22조 단서에 따라 주민의 권리제한 또는 의무부과에 관한 사항을 법률로부터 위임받은 후, 이를 다시 **지방자치단체장이 정하는 '규칙'이나 '고시' 등에 재위임하는 경우에도 마찬가지이다**(대판 2015. 1. 15, 2013두14238).

> 2021 국가직 9급 법률에서 위임받은 사항에 관하여 대강을 정하고 그중의 특정 사항을 범위를 정하여 하위법령에 다시 위임하는 경우에는 재위임이 허용된다. 이러한 법리는 조례가 지방자치법에 따라 주민의 권리제한 또는 의무부과에 관한 사항을 법률로부터 위임 받은 후, 이를 다시 지방자치단체장이 정하는 '규칙'이나 '고시' 등에 재위임하는 경우에도 마찬가지이다. (O)

① ○ 진정입법부작위에 대한 헌법소원의 경우, 헌법에서 기본권보장을 위하여 법령에 명시적인 입법위임을 하였음에도 입법자가 이를 이행하지 아니한 경우이거나, 헌법 해석상 특정인에게 구체적인 기본권이 생겨 이를 보장하기 위한 국가의 행위의무 또는 보호의무가 발생하였음이 명백함에도 입법자가 아무런 입법조치를 취하지 아니한 경우에 한하여 허용된다(헌재 2003. 6. 26, 2002헌마624 참조). 그리고 **행정입법의 (진정입법)부작위에 대한 헌법소원**이 인정되기 위해서는 행정청에게 헌법에서 유래하는 행정입법의 작위의무가 있어야 하고, 상당한 기간이 경과하였음에도 불구하고 행정입법의 제·개정권이 행사되지 않아야 한다(헌재 2018. 5. 29, 2018헌마277).

② ○ 건축법 제80조 제1항 제2호, 지방세법 제4조 제2항, 지방세법 시행령 제4조 제1항 제1호의 내용, 형식 및 취지 등을 종합하면, **'2014년도 건물 및 기타물건 시가표준액 조정기준'의 각 규정들은** 일정한 유형의 위반 건축물에 대한 이행강제금의 산정기준이 되는 시가표준액에 관하여 행정자치부장관으로 하여금 정하도록 한 위 건축법 및 지방세법령의 위임에 따른 것으로서 그 법령 규정의 내용을 보충하고 있으므로, **그 법령 규정과 결합하여 대외적인 구속력이 있는 법규명령으로서의 효력을 가지고**, 그중 증·개축 건물과 대수선 건물에 관한 특례를 정한 '증·개축 건물 등에 대한 시가표준액 산출요령'의 규정들도 마찬가지라고 보아야 한다(대판 2017. 5. 31, 2017두30764).

④ ○ **법률이 자치적인 사항을 공법적 단체의 정관으로 정하도록 위임한 경우 헌법 제75조, 제95조의 포괄위임입법금지원칙이 적용되는지 여부(소극)** 헌법 제75조, 제95조의 문리해석상 및 법리해석상 포괄적인 위임입법의 금지는 법규적 효력을 가지는 행정입법의 제정을 그 주된 대상으로 하고 있다. 위임입법을 엄격한 헌법적 한계 내에 두는 이유는 무엇보다도 권력분립의 원칙에 따라 국민의 자유와 권리에 관계되는 사항은 국민의 대표기관이 정하는 것이 원칙이라는 법리에 기인한 것이다. 즉, 행정부에 의한 법규사항의 제정은 입법부의 권한 내지 의무를 침해하고 자의적인 시행령 제정으로 국민들의 자유와 권리를 침해할 수 있기 때문에 엄격한 헌법적 기속을 받게 하는 것이다. 그런데 법률이 행정부가 아니거나 행정부에 속하지 않는 공법적 기관의 정관에 특정 사항을 정할 수 있다고 위임하는 경우에는 그러한 권력분립의 원칙을 훼손할 여지가 없다. 이는 자치입법에 해당되는 영역이므로 자치적으로 정하는 것이 바람직하다. 따라서 **법률이 정관에 자치법적 사항을 위임한 경우**에는 헌법 제75조, 제95조가 정하는 **포괄적인 위임입법의 금지는 원칙적으로 적용되지 않는다**고 봄이 상당하다(헌재 2006. 3. 30, 2005헌바31).

02
정답 ④

④ ✗ 건축법상의 이행강제금은 시정명령의 불이행이라는 과거의 위반행위에 대한 제재가 아니라, 의무자에게 시정명령을 받은 의무의 이행을 명하고 그 이행기간 안에 의무를 이행하지 않으면 이행강제금이 부과된다는 사실을 고지함으로써 의무자에게 심리적 압박을 주어 의무의 이행을 간접적으로 강제하는 행정상의 간접강제 수단에 해당한다. 이러한 이행강제금의 본질상 시정명령을 받은 의무자가 이행강제금이 부과되기 전에 그 의무를 이행한 경우에는 비록 시정명령에서 정한 기간을 지나서 이행한 경우라도 이행강제금을 부과할 수 없다(대판 2018. 1. 25, 2015두35116).

① ○ 행정상 강제집행을 위해서는 의무부과(하명)의 근거법규 외에 별도의 법적 근거를 요한다.

② ○ **이행강제금을 부과·징수할 때마다 그에 앞서 시정명령 절차를 다시 거쳐야 하는지 여부(소극)** 시정명령을 받은 후 그 시정명령의 이행을 하지 아니한 자에 대하여 이행강제금을 부과할 수 있고, 그 이행강제금을 부과하기 전에 상당한 기간을 정하여 그 기한까지 이행되지 아니할 때에 이행강제금을 부과·징수한다는 뜻을 문서로 계고하여야 하므로, 이행강제금의 부과·징수를 위한 계고는 시정명령을 불이행한 경우에 취할 수 있는 절차라 할 것이고, 따라서 이행강제금을 부과·징수할 때마다 그에 앞서 시정명령 절차를 다시 거쳐야 할 필요는 없다고 보아야 한다(대판 2013. 12. 12, 2012두19137).

③ ○ 구 건축법상의 **이행강제금은** 구 건축법의 위반행위에 대하여 시정명령을 받은 후 시정기간 내에 당해 시정명령을 이행하지 아니한 건축주 등에 대하여 부과되는 간접강제의 일종으로서 그 이행강제금 납부의무는 상속인 기타의 사람에게 승계될 수 없는 **일신전속적인 성질의 것**이므로 이미 사망한 사람에게 이행강제금을 부과하는 내용의 처분이나 결정은 **당연무효**이고, 이행강제금을 부과받은 사람의 이의에 의하여 비송사건절차법에 의한 재판절차가 개시된 후에 그 이의한 사람이 사망한 때에는 사건 자체가 목적을 잃고 절차가 종료한다(대결 2006. 12. 8, 2006마470).

03
정답 ②

② ✗

> 질서위반행위규제법 제24조(가산금 징수 및 체납처분 등) ① 행정청은 당사자가 납부기한까지 과태료를 납부하지 아니한 때에는 납부기한을 경과한 날부터 체납된 과태료에 대하여 **100분의 3에 상당하는 가산금**을 징수한다.

> 2019 소방간부 행정청은 당사자가 납부기한까지 과태료를 납부하지 아니한 때에는 납부기한을 경과한 날부터 체납된 과태료에 대하여 100분의 5에 상당하는 가산금을 징수한다. (×)

① ○

> 질서위반행위규제법 제24조의2(상속재산 등에 대한 집행) ① 과태료는 당사자가 과태료 부과처분에 대하여 이의를 제기하지 아니한 채 제20

조 제1항에 따른 기한이 종료한 후 사망한 경우에는 그 상속재산에 대하여 집행할 수 있다.
② 법인에 대한 과태료는 법인이 과태료 부과처분에 대하여 이의를 제기하지 아니한 채 제20조 제1항에 따른 기한이 종료한 후 합병에 의하여 소멸한 경우에는 합병 후 존속한 법인 또는 합병에 의하여 설립된 법인에 대하여 집행할 수 있다.

③ ⭕

질서위반행위규제법 제20조(이의제기) ① 행정청의 과태료 부과에 불복하는 당사자는 제17조 제1항에 따른 과태료 부과 통지를 받은 날부터 60일 이내에 해당 행정청에 서면으로 이의제기를 할 수 있다.
② 제1항에 따른 이의제기가 있는 경우에는 행정청의 과태료 부과처분은 그 효력을 상실한다.
③ 당사자는 행정청으로부터 제21조 제3항에 따른 통지를 받기 전까지는 행정청에 대하여 서면으로 이의제기를 철회할 수 있다.

④ ⭕

질서위반행위규제법 제7조(고의 또는 과실) 고의 또는 과실이 없는 질서위반행위는 과태료를 부과하지 아니한다.

04　　　　　　　　　　　　　　　　　　　정답 ②

② ⭕ 2018. 12. 31. 개정 공익사업을 위한 토지 등의 취득 및 보상에 관한 법률은, 토지수용위원회의 수용재결(제34조에 따른 재결)에 불복하는 경우, 행정소송 제소기간을 60일에서 90일로, 이의신청을 거쳤을 때는 이의 신청에 대한 재결서를 받은 날로부터 30일에서 60일로 늘려 국민의 재판청구권을 폭넓게 보장하였다(제85조 제1항).

공익사업을 위한 토지 등의 취득 및 보상에 관한 법률 제85조(행정소송의 제기) ① 사업시행자, 토지소유자 또는 관계인은 제34조에 따른 재결에 불복할 때에는 재결서를 받은 날부터 90일 이내에, 이의신청을 거쳤을 때에는 이의신청에 대한 재결서를 받은 날부터 60일 이내에 각각 행정소송을 제기할 수 있다. 이 경우 사업시행자는 행정소송을 제기하기 전에 제84조에 따라 늘어난 보상금을 공탁하여야 하며, 보상금을 받을 자는 공탁된 보상금을 소송이 종결될 때까지 수령할 수 없다.

① ❌ 헌법 제23조 제3항이 규정하는 **정당한 보상**이란 원칙적으로 피수용재산의 객관적인 재산가치를 완전하게 보상하는 것이어야 한다는 **완전보상(상당보상 ✕)을 의미**한다(헌재 1995. 4. 20, 93헌바20).

③ ❌ 지장물인 건물의 일부가 수용된 경우 잔여건물부분의 교환가치 하락분을 보상한다.

관련 잔여건물에 대하여 보수만으로 보전될 수 없는 가치하락이 있는 경우에는 공공용지의 취득 및 손실보상에 관한 특례법 시행규칙 제26조 제2항을 유추적용하여 잔여건물의 가치하락분에 대한 감가보상을 인정함이 상당하다(대판 2001. 9. 25, 2000두2426).

④ ❌ 토지소유자가 손실보상금의 증액을 구하는 행정소송을 제기하는 경우에는 '토지수용위원회'가 아니라 '사업시행자'를 피고로 하여야 한다(공익사업을 위한 토지 등의 취득 및 보상에 관한 법률 제85조 제2항).

공익사업을 위한 토지 등의 취득 및 보상에 관한 법률 제85조(행정소송의 제기) ② 제1항에 따라 제기하려는 행정소송이 보상금의 증감(增減)에 관한 소송인 경우 그 소송을 제기하는 자가 토지소유자 또는 관계인일 때에는 사업시행자를, 사업시행자일 때에는 토지소유자 또는 관계인을 각각 피고로 한다.

05　　　　　　　　　　　　　　　　　　　정답 ④

④ ❌ 국가배상법 제5조 제1항에 의한 손해배상책임의 경우에도 군인·군무원의 이중배상금지에 관한 국가배상법 제2조 제1항 단서가 준용된다.

국가배상법 제5조(공공시설의 하자로 인한 책임) ① 도로·하천, 그 밖의 공공의 영조물(營造物)의 설치나 관리에 하자(瑕疵)가 있기 때문에 타인에게 손해를 발생하게 하였을 때에는 국가나 지방자치단체는 그 손해를 배상하여야 한다. 이 경우 제2조 제1항 단서, 제3조 및 제3조의2를 준용한다.

2021 군무원 9급　도로·하천, 그 밖의 공공의 영조물(營造物)의 설치나 관리에 하자(瑕疵)가 있기 때문에 타인에게 손해를 발생하게 하였을 때에는 국가나 지방자치단체는 그 손해를 배상하여야 한다. 이 경우 군인·군무원의 2중배상금지에 관한 규정은 적용되지 않는다. (✕)

① ⭕ **군인의 국가 등에 대한 손해배상청구권을 제한하고 있는 국가배상법 제2조 제1항 단서가 헌법에 위반되는지 여부(소극)** 국가배상법 제2조 제1항 단서는 헌법 제29조 제1항에 의하여 보장되는 국가배상청구권을 헌법 내재적으로 제한하는 헌법 제29조 제2항에 직접 근거하고, 실질적으로 그 내용을 같이하는 것이므로 헌법에 위반되지 아니한다(헌재 2001. 2. 22, 2000헌바38).

국가배상법 제2조(배상책임) ① 국가나 지방자치단체는 공무원 또는 공무를 위탁받은 사인(이하 "공무원"이라 한다)이 직무를 집행하면서 고의 또는 과실로 법령을 위반하여 타인에게 손해를 입히거나, 「자동차손해배상 보장법」에 따라 손해배상의 책임이 있을 때에는 이 법에 따라 그 손해를 배상하여야 한다. 다만, 군인·군무원·경찰공무원 또는 예비군대원이 전투·훈련 등 직무 집행과 관련하여 전사(戰死)·순직(殉職)하거나 공상(公傷)을 입은 경우에 본인이나 그 유족이 다른 법령에 따라 재해보상금·유족연금·상이연금 등의 보상을 지급받을 수 있을 때에는 이 법 및 「민법」에 따른 손해배상을 청구할 수 없다.

② ⭕ 전투경찰순경은 이중배상청구가 금지되는 경찰공무원에 해당하지만, 공익근무요원은 이에 해당하지 않는다.

- 국가배상법 제2조 제1항 단서 소정의 "경찰공무원"이 "경찰공무원법상 경찰공무원"에 한정된다고 단정하기 어렵고, 오히려 경찰업무의 위험성을 고려하여 "경찰조직의 구성원을 이루는 공무원"을 특별취급하려는 것으로 보아야 할 것이므로 전투경찰순경은 국가배상법 제2조 제1항 단서 소정의 "경찰공무원"에 해당한다고 보아야 한다(대판 1995. 3. 24, 94다25414).
- 공익근무요원은 소집되어 공익분야에 종사하는 사람으로서 보충역에 편입되어 있는 자이기 때문에, 소집되어 군에 복무하지 않는 한 군인이라고 말할 수 없다. 따라서 공익근무요원이 국가배상법 제2조 제1항 단서의 규정에 의하여 국가배상법상 손해배상청구가 제한되는 군인·군무원·경찰공무원 또는 향토예비군대원에 해당한다고 할 수 없다(대판 1997. 3. 28, 97다4036).

③ ⭕ 군인·군무원·경찰공무원의 경우에는 헌법상으로도 이중배상배제가 인정되는 자로 규정되어 있다(헌법 제29조 제2항).

헌법 제29조 ① 공무원의 직무상 불법행위로 손해를 받은 국민은 법률이 정하는 바에 의하여 국가 또는 공공단체에 정당한 배상을 청구할 수 있다. 이 경우 공무원 자신의 책임은 면제되지 아니한다.
② 군인·군무원·경찰공무원 기타 법률이 정하는 자가 전투·훈련등 직무집행과 관련하여 받은 손해에 대하여는 법률이 정하는 보상 외에 국가 또는 공공단체에 공무원의 직무상 불법행위로 인한 배상은 청구할 수 없다.

06
정답 ①

① ✗ 재량권 행사의 준칙인 행정규칙이 그 정한 바에 따라 되풀이 시행되어 행정관행이 이루어지게 되면 **평등의 원칙이나 신뢰보호의 원칙에 따라** 행정기관은 그 상대방에 대한 관계에서 그 규칙에 따라야 할 **자기구속을 받게 되므로,** 이러한 경우에는 특별한 사정이 없는 한 그를 위반하는 처분은 평등의 원칙이나 신뢰보호의 원칙에 위배되어 재량권을 일탈·남용한 위법한 처분이 된다(대판 2009. 12. 24, 2009두7967). → 헌법재판소와 마찬가지로 대법원도 평등의 원칙과 신뢰보호의 원칙을 행정의 자기구속의 원칙의 근거로 삼고 있다.
② ○ 지방자치단체장이 사업자에게 주택사업계획승인을 하면서 그 **주택사업과는 아무런 관련이 없는 토지를 기부채납하도록 하는 부관을 주택사업계획승인에 붙인 경우, 그 부관은 부당결부금지의 원칙에 위반되어 위법**하지만, 지방자치단체장이 승인한 사업자의 주택사업계획은 상당히 큰 규모의 사업임에 반하여, 사업자가 기부채납한 토지 가액은 그 100분의 1 상당의 금액에 불과한 데다가, 사업자가 그 동안 그 부관에 대하여 아무런 이의를 제기하지 아니하다가 지방자치단체장이 업무착오로 기부채납한 토지에 대하여 보상협조요청서를 보내자 그때서야 비로소 부관의 하자를 들고 나온 사정에 비추어 볼 때 부관의 하자가 중대하고 명백하여 당연무효라고는 볼 수 없다고 한 사례(대판 1997. 3. 11, 96다49650).
③ ○ 위법한 행정처분이 수차례에 걸쳐 반복적으로 행하여졌다 하더라도 그러한 처분이 위법한 것인 때에는 행정청에 대하여 자기구속력을 갖게 된다고 할 수 없다(대판 2009. 6. 25, 2008두13132). → 불법 앞에 평등은 인정될 수 없으므로, 행정관행이 위법한 경우에는 행정의 자기구속의 원칙이 인정되지 않는다.
④ ○ 2021. 3. 23. 제정된 행정기본법 제12조(신뢰보호의 원칙) 제2항은 "실권의 법리"를 규정하고 있다.

행정기본법 제12조(신뢰보호의 원칙) ① 행정청은 공익 또는 제3자의 이익을 현저히 해할 우려가 있는 경우를 제외하고는 행정에 대한 국민의 정당하고 합리적인 신뢰를 보호하여야 한다.
② 행정청은 권한 행사의 기회가 있음에도 불구하고 장기간 권한을 행사하지 아니하여 국민이 그 권한이 행사되지 아니할 것으로 믿을 만한 정당한 사유가 있는 경우에는 그 권한을 행사해서는 아니 된다. 다만, 공익 또는 제3자의 이익을 현저히 해할 우려가 있는 경우는 예외로 한다.

07
정답 ②

② ✗ 사정판결의 경우에도 처분 등의 위법성은 처분시를 기준으로 판단하여야 한다. 사정판결의 대상이 되는 처분의 위법 여부에 대한 판단은 처분시를 기준으로 하고, 사정판결의 필요성 판단은 판결시(변론종결시)를 기준으로 하는 것이 일반적 견해이다(대판 1970. 3. 24, 69누29 참조).
① ○ 행정처분의 효력정지나 집행정지를 구하는 신청사건에서는 "**행정처분 자체의 적법 여부**"는 원칙적으로 판단의 대상이 아니고, 그 행정처분의 효력이나 집행을 정지할 것인가에 관한 행정소송법 제23조 제2항에서 정한 요건의 존부만이 판단의 대상이 되는 것이다. 다만, 집행정지는 행정처분의 집행부정지원칙의 예외로서 인정되는 것이고, 또 본안에서 원고가 승소할 수 있는 가능성을 전제로 한 권리보호수단이라는 점에 비추어 보면, 집행정지사건 자체에 의하여도 신청인의 "**본안청구가 적법한 것이어야 한다**"는 것을 집행정지의 요건에 포함시키는 것이 옳다(대결 2010. 11. 26, 2010무137).

심화 [1] 행정처분의 효력정지나 집행정지를 구하는 신청사건에서 집행정지사건 자체에 의하여도 신청인의 본안청구가 적법한 것이어야 한다는 것을 집행정지의 요건에 포함시켜야 하는지 여부(적극) 행정처분의 효력정지나 집행정지를 구하는 신청사건에서는 행정처분 자체의 적법 여부는 원칙적으로 판단의 대상이 아니고, 그 행정처분의 효력이나 집행을 정지할 것인가에 관한 행정소송법 제23조 제2항에서 정한 요건의 존부만이 판단의 대상이 되는 것이다. 다만, 집행정지는 행정처분의 집행부정지원칙의 예외로서 인정되는 것이고, 또 본안에서 원고가 승소할 수 있는 가능성을 전제로 한 권리보호수단이라는 점에 비추어 보면, 집행정지사건 자체에 의하여도 신청인의 본안청구가 적법한 것이어야 한다는 것을 집행정지의 요건에 포함시키는 것이 옳다.
[2] 행정소송의 대상이 되는 행정처분의 의미 행정소송의 대상이 되는 행정처분은, 행정청 또는 그 소속기관이나 법령에 의하여 행정권한의 위임 또는 위탁을 받은 공공기관이 국민의 권리의무에 관계되는 사항에 관하여 공권력을 발동하여 행하는 공법상의 행위를 말하며, 그것이 상대방의 권리를 제한하는 행위라 하더라도 행정청 또는 그 소속기관이나 권한을 위임받은 공공기관의 행위가 아닌 한 이를 행정처분이라고 할 수 없다.
[3] 수도권매립지관리공사가 갑에게 입찰참가자격을 제한하는 내용의 부정당업자제재처분을 하자, 갑이 제재처분의 무효 확인 또는 취소를 구하는 행정소송을 제기하면서 제재처분의 효력정지신청을 한 사안에서, 위 효력정지신청은 부적법함에도 그 신청을 받아들인 원심결정은 집행정지의 요건에 관한 법리를 오해한 위법이 있다고 한 사례 수도권매립지관리공사가 갑에게 입찰참가자격을 제한하는 내용의 부정당업자제재처분을 하자, 갑이 제재처분의 무효확인 또는 취소를 구하는 행정소송을 제기하면서 제재처분의 효력정지신청을 한 사안에서, **수도권매립지관리공사는 행정소송법에서 정한 행정청 또는 그 소속기관이거나 그로부터 제재처분의 권한을 위임받은 공공기관에 해당하지 않으므로,** 수도권매립지관리공사가 한 위 제재처분은 행정소송의 대상이 되는 행정처분이 아니라 단지 갑을 자신이 시행하는 입찰에 참가시키지 않겠다는 뜻의 사법상의 효력을 가지는 통지에 불과하므로, 갑이 수도권매립지관리공사를 상대로 하여 제기한 위 효력정지신청은 부적법함에도 그 신청을 받아들인 원심결정은 집행정지의 요건에 관한 법리를 오해한 위법이 있다고 한 사례(대결 2010. 11. 26, 2010무137).

③ ○ **기반시설부담금 납부의무자의 환급신청에 대하여 행정청이 전부 또는 일부 환급을 거부하는 결정은 행정청이 공권력의 주체로서 행하는 구체적 사실에 관한 법집행으로서 납부의무자의 권리·의무에 직접 영향을 미치므로 항고소송의 대상인 처분에 해당한다.** 행정청의 환급 거부대상이 기반시설부담금 그 자체가 아니라 그 납부지체로 발생한 지체가산금인 경우에도 달리 볼 것은 아니다(대판 2018. 6. 28, 2016두50990). → 피고(대전광역시 서구청장)는 2014. 9. 2. 원고에게 '이미 납부한 기반시설부담금 527,044,600원의 원금 및 법 제17조 제2항에 따라 2014. 9. 1.까지 발생한 환급가산금 28,313,260원은 환급할 예정이지만, 원고가 기반시설부담금의 납부를 지체하여 발생한 지체가산금 367,465,010원은 환급대상에서 제외된다'는 취지로 통보하였다(위 통보 중 지체가산금 환급거부 부분을 이하에서 '이 사건 환급거부통보'라고 한다). 이 사건 환급거부통보는 원고의 환급신청 중 일부를 거부하는 처분으로서 항고소송의 대상이 되는 처분에 해당한다.

2021 국회직 9급 기반시설부담금의 납부를 지체하여 발생한 지체가산금이 환급 대상에서 제외된다는 취지의 환급거부결정은 원고의 환급신청 중 일부를 거부하는 처분으로서 항고소송의 대상이 된다. (○)

④ ○ 기속력은 인용판결(취소판결)에만 인정되고, 기각판결에는 인정되지 않는다(행정소송법 제29조 제1항). 이에 반해 기판력은 인용판결과 기각판결에서 모두 인정된다.

08
정답 ④

④ ⭕ '진행 중인 재판에 관련된 정보'에 해당한다는 사유로 정보공개를 거부하기 위하여는 반드시 그 정보가 진행 중인 재판의 소송기록 그 자체에 포함된 내용의 정보일 필요는 없으나, 재판에 관련된 일체의 정보가 그에 해당하는 것은 아니고 진행 중인 재판의 심리 또는 재판결과에 구체적으로 영향을 미칠 위험이 있는 정보에 한정된다고 봄이 상당하다(대판 2011. 11. 24, 2009두19021).

① ❌ 공공기관은 해당 청구를 종결 처리할 수 있을 뿐, 과태료 부과처분의 대상은 아니다.

> **공공기관의 정보공개에 관한 법률 제11조의2(반복 청구 등의 처리)** ① 공공기관은 제11조에도 불구하고 제10조 제1항 및 제2항에 따른 정보공개 청구가 다음 각 호의 어느 하나에 해당하는 경우에는 정보공개 청구 대상 정보의 성격, 종전 청구와의 내용적 유사성·관련성, 종전 청구와 동일한 답변을 할 수밖에 없는 사정 등을 종합적으로 고려하여 해당 청구를 종결 처리할 수 있다. 이 경우 종결 처리 사실을 청구인에게 알려야 한다.
> 1. 정보공개를 청구하여 정보공개 여부에 대한 결정의 통지를 받은 자가 정당한 사유 없이 해당 정보의 공개를 다시 청구하는 경우
> 2. 정보공개 청구가 제11조 제5항에 따라 민원으로 처리되었으나 다시 같은 청구를 하는 경우

2021 경행특채 정당한 사유 없이 반복적으로 동일 대상에 대한 정보를 청구하거나 민원 처리에 관한 법률에 따른 민원으로 처리된 정보를 다시 청구하는 공개 청구의 남용이 있는 경우 질서위반행위규제법에 따른 과태료 부과처분의 대상이 된다. (✕)

② ❌ 공공기관의 정보공개에 관한 법률 제9조 제1항·제10조, 같은 법 시행령 제12조 등 관련 규정들의 취지를 종합할 때, 공개 청구된 정보의 공개 여부를 결정하는 법적인 의무와 권한을 가진 주체는 공공기관의 장이고, 정보공개심의회는 공공기관의 장이 정보의 공개 여부를 결정하기 곤란하다고 보아 의견을 요청한 사항의 자문에 응하여 심의하는 것에 불과하나(대판 2002. 3. 15, 2001추95). 따라서 정보공개거부처분을 한 행정청이 피고가 된다.

③ ❌ 공개청구의 대상이 되는 정보가 이미 다른 사람에게 공개되어 널리 알려져 있다거나 인터넷 등을 통하여 공개되어 인터넷검색 등을 통하여 쉽게 알 수 있다는 사정만으로는 소의 이익이 없다거나 비공개결정이 정당화될 수 없다(대판 2010. 12. 23, 2008두13392).

09
정답 ④

㉠ ⭕ 위헌인 법률에 근거한 행정처분이 당연무효인지의 여부는 위헌결정의 소급효와는 별개의 문제로서, 위헌 결정의 소급효가 인정된다고 하여 위헌인 법률에 근거한 행정처분이 당연무효가 된다고 할 수 없다(대판 1995. 12. 5, 95다39137).

㉡ ⭕ 법원의 제청 또는 헌법소원의 청구 등을 통하여 헌법재판소에 법률의 위헌결정을 위한 계기를 부여한 구체적인 사건, 즉 **당해 사건**에 대해서는 헌법재판소의 **위헌결정은 장래효원칙의 예외로서 소급효를 인정**해야 함은 위헌법률심판제도에 있어서의 구체적 규범통제의 실효성을 보장한다는 차원에서 헌법 제107조 제1항, 헌법재판소법 제41조, 제47조, 제75조 제3항, 제5항 내지 제8항의 해석상 당연한 것이라고 할 것이다(대판 2005. 10. 7, 2005두3356).

㉢ ❌ 위헌결정의 효력은 그 결정 이후에 당해 법률이 재판의 전제가 되었음을 이유로 법원에 제소된 **일반사건**에도 미치므로, 당해 법률에 근거하여 행정처분이 이루어진 후에 헌법재판소가 그 행정처분의 근거가 된 법률을 위헌으로 결정하였다면 결과적으로 행정처분은 법률의 근거가 없이 행하여진 것과 마찬가지로 볼 것이나, 다만 이미 취소소송의 제기기간을 경과하여 **확정력이 발생한 행정처분의 경우에는 위헌결정의 소급효가 미치지 않는다고 보아야 한다**(대판 2002. 11. 8, 2001두3181).

㉣ ⭕ 조세 부과의 근거가 되었던 법률규정이 위헌으로 선언된 경우, 비록 그에 기한 과세처분이 위헌결정 전에 이루어졌고, 그 과세처분에 대한 제소기간이 이미 경과하여 조세채권이 확정되었으며, 그 조세채권의 집행을 위한 체납처분의 근거규정 자체에 대하여는 따로 위헌결정이 내려진 바 없다고 하더라도, 위와 같은 위헌결정 이후에 조세채권의 집행을 위한 새로운 체납처분에 착수하거나 이를 속행하는 것은 더 이상 허용되지 않고, 나아가 이러한 **위헌결정의 효력에 위배되어 이루어진 체납처분은** 그 사유만으로 **하자가 중대하고 객관적으로 명백하여 당연무효**라고 보아야 한다(대판 2012. 2. 16, 2010두10907 전합).

10
정답 ④

④ ❌ 행정절차법에서 정한 처분절차를 준수하였는지는 **본안에서 "처분이 적법한가"를 판단하는 단계에서 고려할 요소**이지, 소송요건 심사단계에서 고려할 요소가 아니다(대판 2016. 8. 30, 2015두60617).

2021 국회직 8급 어떠한 처분에 법령상 근거가 있는지, 행정절차법에서 정한 처분절차를 준수하였는지는 본안에서 당해 처분이 적법한가를 판단하는 단계에서 고려할 요소이지, 소송요건 심사단계에서 고려할 요소가 아니다. (O)

① ⭕ **국가공무원법상 직위해제처분**은 당해 행정작용의 성질상 행정절차를 거치기 곤란하거나 불필요하다고 인정되는 사항 또는 행정절차에 준하는 절차를 거친 사항에 해당하므로, 처분의 사전통지 및 의견청취 등에 관한 행정절차법의 규정이 별도로 적용되지 않는다(대판 2014. 5. 16, 2012두26180).

② ⭕ **구 군인사법상 보직해임처분**은 구 행정절차법 제3조 제2항 제9호, 같은 법 시행령 제2조 제3호에 의하여 당해 행정작용의 성질상 행정절차를 거치기 곤란하거나 불필요하다고 인정되는 사항 또는 행정절차에 준하는 절차를 거친 사항에 해당하므로, 처분의 근거와 이유 제시 등에 관한 구 행정절차법의 규정이 별도로 적용되지 아니한다고 봄이 상당하다(대판 2014. 10. 15, 2012두5756).

2019 국회사무처 8급 구 「군인사법」상 보직해임처분에는 처분의 근거와 이유 제시 등에 관한 구 「행정절차법」의 규정이 별도로 적용되지 아니한다. (O)

심화 구 군인사법 제17조에 규정한 보직해임은 일반적으로 장교가 심신장애로 인하여 직무를 수행하지 못하게 되었을 경우, 당해 직무를 수행할 능력이 없다고 인정되었을 경우 등에 있어서 당해 장교가 장래에 있어서 계속 직무를 담당하게 될 경우 예상되는 업무상의 장애, 군 공무집행 및 행정의 공정성과 그에 대한 국민의 신뢰저해 등을 예방하기 위하여 인사권자에게 적시적인 인사 조치를 보장하는 수단으로서 당해 장교에게 직위를 부여하지 아니함으로써 직무에 종사하지 못하도록 하는 잠정적이고 가처분적인 성격을 가진 조치이다. 따라서 그 성격상 군인의 비위행위에 대한 공직질서 유지를 목적으로 행하여지는 징벌적 제재로서의 징계 등에서 요구되는 것과 같은 동일한 절차적 보장을 요구할 수는 없는바, 보직해임에 관한 구 군인사법 제17조 제3항에서 장교를 보직해임할 때에는 보직해임심의위원회의 의결을 거치도록 하며, 구 군인사법 시행령 제17조의5 제1항, 제3항에서 보직해임심의위원회는 회의개최 전에 회의일시, 장소 및 심의사유 등을 심의대상자에게 통보하여야 하고, 심의대상자는 보직해임심의위원회에 출석하여 소명하거나 소명에 관한 의견서를 제출할 수 있으며, 보직해임심의위원회가 의결을 한 경우에는 그 내용을 심의대상자에게 서면으로

통보하도록 함으로써 심의대상자에게 방어의 준비 및 불복의 기회를 보장하고 인사권자의 판단에 신중함과 합리성을 담보하게 하고 있다. 그렇다면 구 군인사법상 보직해임처분은 구 행정절차법 제3조 제2항 제9호, 같은 법 시행령 제2조 제3호에 의하여 당해 행정작용의 성질상 행정절차를 거치기 곤란하거나 불필요하다고 인정되는 사항 또는 행정절차에 준하는 절차를 거친 사항에 해당하므로, 처분의 근거와 이유 제시 등에 관한 구 행정절차법의 규정이 별도로 적용되지 아니한다고 봄이 상당하다(대판 2014. 10. 15, 2012두5756).

③ ⭕ 일반적으로 당사자가 근거규정 등을 명시하여 신청하는 인·허가 등을 거부하는 처분을 함에 있어 당사자가 그 근거를 알 수 있을 정도로 상당한 이유를 제시한 경우에는 당해 처분의 근거 및 이유를 구체적 조항 및 내용까지 명시하지 않았더라도 그로 말미암아 그 처분이 위법한 것이 된다고 할 수 없다. 행정청이 토지형질변경허가신청을 불허하는 근거규정으로 '도시계획법 시행령 제20조'를 명시하지 아니하고 '도시계획법'이라고만 기재하였으나, 신청인이 자신의 신청이 개발제한구역의 지정목적에 현저히 지장을 초래하는 것이라는 이유로 구 도시계획법 시행령 제20조 제1항 제2호에 따라 불허된 것임을 알 수 있었던 경우, 그 불허처분이 위법하지 아니하다(대판 2002. 5. 17, 2000두8912).

11
정답 ②

② ❌ **행정심판에서도** 행정처분의 취소를 구하는 항고소송처럼 처분청은 당초 처분의 근거로 삼은 사유와 기본적 사실관계가 동일성이 있다고 인정되는 한도 내에서만 다른 사유를 추가 또는 변경할 수 있다(대판 2014. 5. 16, 2013두26118).

① ⭕ 행정처분의 취소를 구하는 항고소송에서는 처분청이 당초 처분의 근거로 제시한 사유와 기본적 사실관계에서 동일성이 없는 별개의 사실을 들어 처분사유로 주장할 수 없다. 피고는 이 사건 소송에서 '이 사건 산업단지 안에 새로운 폐기물시설부지를 마련할 시급한 필요가 없다.'는 점을 이 사건 거부처분의 사유로 추가하였다. 그러나 **피고가 당초 처분의 근거로 제시한 사유가 실질적인 내용이 없다고 보는 이상, 위 추가 사유는 그와 기본적 사실관계가 동일한지 여부를 판단할 대상조차 없는 것이므로, 결국 소송단계에서 처분사유를 추가하여 주장할 수 없다**(대판 2017. 8. 29, 2016두44186). → 기존 산업단지개발계획의 변경을 구하는 이 사건 신청에 대해 피고가 거부처분을 하면서 이유를 제시하였다고 하려면, 신청을 인용하는 것이 법령 위반이라거나 종전 계획을 변경할 사정변경이 인정되지 않는다는 등 거부의 실질적인 이유를 당사자가 알 수 있도록 했어야 한다. 그런데 이 사건 처분서는 아무런 실질적인 내용 없이 단순히 신청을 불허한다는 결과만을 통보한 것이다. 이 사건 처분은 근거와 이유를 제시하지 않은 것으로서 위법하다고 보아야 한다.

2018 지방직 9급 당초 행정처분의 근거로 제시한 이유가 실질적인 내용이 없는 경우에도 행정소송의 단계에서 행정처분의 사유를 추가할 수 있다. (✕)

③ ⭕ **행정처분의 적법성을 판단함에 있어 처분후에 추가변경한 근거법령을 적용할 수 있는지 여부(적극)** 행정처분이 적법한가의 여부는 특별한 사정이 없는 한 처분 당시의 사유를 기준으로 판단하면 되는 것이고 처분청이 처분 당시에 적시한 **구체적 사실을 변경하지 아니하는 범위 안에서 단지 그 처분의 근거법령만을 추가변경하는 것은** 새로운 처분사유의 추가라고 볼 수 없으므로 이와 같은 경우에는 처분청이 처분 당시에 적시한 구체적 사실에 대하여 처분 후에 추가변경한 법령을 적용하여 그 처분의 적법 여부를 판단하여도 무방하다(대판 1988. 1. 19, 87누603). → 원고에 대한 이 사건 개인택시 운송사업면허취소처분을 하면서 처음에는 그것이 자동차운수사업법 제31조 제1항 제3호 소정의 면허취소사유에 해당한다고 보아 같은 조법을 적용하였다가 그 후 그 구체적 사실은 변경하지 아니한 채 적용법조로 같은 법 제31조와 같은법 시행규칙 제15조를 추가하여 원고에게 통고한 사실이 인정되는바, 사실이 위와 같다면 피고가 이 사건 운송사업면허의 취소사유로 삼은 것은 개인택시운송사업면허의 기본요건인 원고의 자동차운전면허가 취소되었다는 점이고 피고가 처분후에 적용법조를 추가하여 통고한 것은 단순한 법령적용의 오류를 정정한 것일뿐 그에 의하여 취소사유를 달리하는 것은 아니라 할 것이므로 원심으로서는 처분 당시에 적시한 구체적 사실인 원고의 자동차운전면허가 취소된 점에 관하여 피고가 처분 후에 추가로 통고한 근거법령을 적용하여 이 사건 취소처분의 적법 여부를 판단하여야 할 것이다.

④ ⭕

행정소송규칙 제9조(처분사유의 추가·변경) 행정청은 사실심 변론을 종결할 때까지 당초의 처분사유와 기본적 사실관계가 동일한 범위 내에서 처분사유를 추가 또는 변경할 수 있다.

12
정답 ②

② ❌ 어느 법률관계나 사실관계에 대하여 어느 법령의 규정을 적용하여 과세처분을 한 경우에 그 법률관계나 사실관계에 대하여는 그 법령의 규정을 적용할 수 없다는 법리가 명백히 밝혀져서 해석에 다툼의 여지가 없음에도 과세관청이 그 법령의 규정을 적용하여 과세처분을 하였다면 그 하자는 중대하고도 명백하다고 할 것이나, 그 법률관계나 사실관계에 대하여 그 법령의 규정을 적용할 수 없다는 법리가 명백히 밝혀지지 아니하여 해석에 다툼의 여지가 있는 때에는 과세관청이 이를 잘못 해석하여 과세처분을 하였더라도 이는 과세요건사실을 오인한 것에 불과하여 그 하자가 명백하다고 할 수 없다(대판 2018. 7. 19, 2017다242409).

① ⭕ 조례제정권의 범위를 벗어나 국가사무를 대상으로 한 무효인 서울특별시행정권한위임조례의 규정에 근거하여 구청장이 건설업영업정지처분을 한 경우, 그 처분은 결과적으로 적법한 위임 없이 권한 없는 자에 의하여 행하여진 것과 마찬가지가 되어 그 하자가 중대하나 명백한 것이라고 할 수 없으므로 이로 인한 하자는 결국 당연무효사유는 아니라고 봄이 상당하다(대판 1995. 7. 11, 94누4615 전합).

2021 소방직 9급 조례제정권의 범위를 벗어나 국가사무를 대상으로 한 무효인 조례의 규정에 근거하여 지방자치단체의 장이 행정처분을 한 경우 그 행정처분은 하자가 중대하나, 명백하지는 아니하므로 당연무효에 해당하지 아니한다. (O)

③ ⭕ 행정처분이 당연무효라고 하기 위해서는 처분에 위법사유가 있다는 것만으로는 부족하고 그 하자가 법규의 중요한 부분을 위반한 중대한 것으로서 객관적으로 명백한 것이어야 한다. 특히 법령 규정의 문언만으로는 처분요건의 의미가 분명하지 아니하여 그 해석에 다툼의 여지가 있었더라도 해당 법령 규정의 위헌 여부 및 그 범위, 법령이 정한 처분 요건의 구체적 의미 등에 관하여 **법원이나 헌법재판소의 분명한 판단이 있고**, 행정청이 그러한 판단 내용에 따라 법령 규정을 해석·적용하는 데에 아무런 법률상 장애가 없는데도 합리적 근거 없이 사법적 판단과 어긋나게 행정처분을 하였다면 **그 하자는 객관적으로 명백하다**고 봄이 타당하다(대판 2017. 12. 28, 2017두30122).

2021 소방간부 법령 규정의 문언만으로는 처분 요건의 의미가 분명하지 아니하여 그 해석에 다툼의 여지가 있었더라도 이에 대한 법원이나 헌법재판소의 분명한 판단이 있었다면 합리적 근거 없이 이에 벗어난 행정처분의 하자는 당연무효이다. (O)

④ ⭕ 민원사무를 처리하는 행정기관이 민원 1회방문 처리제를 시행하는 절차의 일환으로 민원사항의 심의·조정 등을 위한 **민원조정위원회를 개최하면서 민원인에게 회의일정 등을 사전에 통지하지 아니하였다 하더라도, 이러한 사정만으로 곧바로 민원사항에 대한 행정기관의 장의 거부처분에 취소사유에 이를 정도의 흠이 존재한다고 보기는 어렵다.** 다만 행정기관의 장의 거부처분이 재량행위인 경우에, 위와 같은 사전통지의 흠결로 민원인에

게 의견진술의 기회를 주지 아니한 결과 민원조정위원회의 심의과정에서 고려대상에 마땅히 포함시켜야 할 사항을 누락하는 등 재량권의 불행사 또는 해태로 볼 수 있는 구체적 사정이 있다면, 거부처분은 재량권을 일탈·남용한 것으로서 위법하다(대판 2015. 8. 27, 2013두1560).

> 2019 사회복지직 9급 민원사무를 처리하는 행정기관이 민원조정위원회를 개최하면서 민원인에게 그 회의일정 등을 사전에 통지하여야 함에도 불구하고 그러하지 아니한 경우에 이러한 사정만으로 곧바로 그 민원사항에 대한 행정기관의 장의 거부처분이 위법하다고 볼 수는 없다. (O)

13 정답 ②

② ❌ 해가 지기 전에 대집행을 착수한 경우에는 해가 진 후에도 대집행을 할 수 있다.

> 행정대집행법 제4조(대집행의 실행 등) ① 행정청(제2조에 따라 대집행을 실행하는 제3자를 포함한다. 이하 이 조에서 같다)은 해가 뜨기 전이나 해가 진 후에는 대집행을 하여서는 아니 된다. 다만, 다음 각 호의 어느 하나에 해당하는 경우에는 그러하지 아니하다.
> 1. 의무자가 동의한 경우
> 2. 해가 지기 전에 대집행을 착수한 경우
> 3. 해가 뜬 후부터 해가 지기 전까지 대집행을 하는 경우에는 대집행의 목적 달성이 불가능한 경우
> 4. 그 밖에 비상시 또는 위험이 절박한 경우

① ⭕ 지방자치단체의 조례는 행정대집행법상의 대체적 작위의무 부과의 근거가 된다(행정대집행법 제2조).

> 행정대집행법 제2조(대집행과 그 비용징수) 법률(법률의 위임에 의한 명령, 지방자치단체의 조례를 포함한다. 이하 같다)에 의하여 직접명령 되었거나 또는 법률에 의거한 행정청의 명령에 의한 행위로서 타인이 대신하여 행할 수 있는 행위를 의무자가 이행하지 아니하는 경우 다른 수단으로써 그 이행을 확보하기 곤란하고 또한 그 불이행을 방치함이 심히 공익을 해할 것으로 인정될 때에는 당해 행정청은 스스로 의무자가 하여야 할 행위를 하거나 또는 제삼자로 하여금 이를 하게 하여 그 비용을 의무자로부터 징수할 수 있다.

③ ⭕ 행정청이 행정대집행의 방법으로 건물철거의무의 이행을 실현할 수 있는 경우에는 건물철거 대집행 과정에서 부수적으로 건물의 점유자들에 대한 퇴거조치를 할 수 있고, 점유자들이 적법한 행정대집행을 위력을 행사하여 방해하는 경우 형법상 공무집행방해죄가 성립하므로, 필요한 경우에는 '경찰관 직무집행법'에 근거한 위험발생 방지조치 또는 형법상 공무집행방해죄의 범행방지 내지 현행범체포의 차원에서 경찰의 도움을 받을 수도 있다(대판 2017. 4. 28, 2016다213916). → 건물의 점유자가 철거의무자일 때에는 건물철거의무에 퇴거의무도 포함되어 있는 것이어서 별도로 퇴거를 명하는 집행권원이 필요하지 않다.

④ ⭕ 공유재산 대부계약이 적법하게 해지된 이상 그 점유자의 공유재산에 대한 점유는 정당한 이유 없는 점유라 할 것이고, 따라서 지방자치단체의 장은 지방재정법 제85조에 의하여 행정대집행의 방법으로 그 지상물을 철거시킬 수 있다(대판 2001. 10. 12, 2001두4078).

14 정답 ③

③ ❌ 영업자지위승계신고를 수리하는 처분은 종전의 영업자의 권익을 제한하는 처분이라 할 것이고 따라서 종전의 영업자는 그 처분에 대하여 직접 그 상대가 되는 자에 해당한다고 봄이 상당하므로, 행정청으로서는 위 신고를 수리하는 처분을 함에 있어서 행정절차법 규정 소정의 당사자에 해당하는 종전의 영업자에 대하여 위 규정 소정의 행정절차를 실시하고 처분을 하여야 한다(대판 2003. 2. 14, 2001두7015).

> 2021 국가직 7급 식품위생법상의 영업자지위승계신고를 수리하는 경우, 영업시설을 인수하여 영업자의 지위를 승계한 자에 대하여 사전통지를 하고, 그에게 의견제출의 기회를 주어야 한다. (✕)

① ⭕ 수산제조업을 하고자 하는 사람이 형식적 요건을 모두 갖춘 수산제조업 신고서를 제출한 경우에는 담당 공무원이 관계 법령에 규정되지 아니한 사유를 들어 그 신고를 수리하지 아니하고 반려하였다고 하더라도 그 신고서가 제출된 때에 신고가 있었다고 볼 것이나, 담당 공무원이 관계 법령에 규정되지 아니한 서류를 요구하여 신고서를 제출하지 못하였다는 사정만으로는 신고가 있었던 것으로 볼 수 없다(대판 2002. 3. 12, 2000다73612).

② ⭕ 행정관청은 일단 제출된 설립신고서와 규약의 내용을 기준으로 노동조합법 제2조 제4호 각 목의 해당 여부를 심사하되, 설립신고서를 접수할 당시 그 해당 여부가 문제된다고 볼 만한 객관적인 사정이 있는 경우에 한하여 설립신고서와 규약 내용 외의 사항에 대하여 실질적인 심사를 거쳐 반려 여부를 결정할 수 있다(대판 2014. 4. 10, 2011두6998).

④ ⭕

> 행정기본법 제34조(수리 여부에 따른 신고의 효력) 법령등으로 정하는 바에 따라 행정청에 일정한 사항을 통지하여야 하는 신고로서 법률에 신고의 수리가 필요하다고 명시되어 있는 경우(행정기관의 내부 업무 처리 절차로서 수리를 규정한 경우는 제외한다)에는 행정청이 수리하여야 효력이 발생한다.

15 정답 ④

④ ❌

> 행정절차법 제48조(행정지도의 원칙) ② 행정기관은 행정지도의 상대방이 행정지도에 따르지 아니하였다는 것을 이유로 불이익한 조치를 하여서는 아니 된다.

① ⭕ 항고소송의 대상이 되는 행정처분은 행정청의 공법상의 행위로서 상대방 또는 기타 관계자들의 법률상 지위에 직접적으로 법률적인 변동을 일으키는 행위를 말하는 것이므로 세무당국이 소외 회사에 대하여 원고와의 주류거래를 일정기간 중지하여 줄 것을 요청한 행위는 권고 내지 협조를 요청하는 권고적 성격의 행위로서 소외 회사나 원고의 법률상의 지위에 직접적인 법률상의 변동을 가져오는 행정처분이라고 볼 수 없는 것이므로 항고소송의 대상이 될 수 없다(대판 1980. 10. 27. 80누395).

② ⭕

> 행정절차법 제48조(행정지도의 원칙) ① 행정지도는 그 목적 달성에 필요한 최소한도에 그쳐야 하며, 행정지도의 상대방의 의사에 반하여 부당하게 강요하여서는 아니 된다.

③ ⭕ 건축법시행령 제64조 제1항의 규정에 비추어 행정관청이 건축허가시마다 도로의 폭이 4미터가 되도록 행정지도를 해왔다는 점만으로는 동법 제2조 제15호 나목의 규정에 의한 도로의 지정이 있었던 것으로 볼 수 없다(대판 1987. 7. 7. 87누240).

16 정답 ②

② ⭕ 독립유공자서훈취소가 대통령이 국가원수로서 행하는 행위라고 하

더라도 법원이 사법심사를 자제하여야 할 고도의 정치성을 띤 행위라고 볼 수는 없다(대판 2015. 4. 23, 2012두26920).

① ❌ 계엄선포의 요건 구비 여부나 선포의 당·부당을 판단할 권한이 사법부에는 없다고 할 것이나, 비상계엄의 선포나 확대가 **국헌문란의 목적**을 달성하기 위하여 행하여진 경우에는 법원은 **그 자체가 범죄행위에 해당하는지의 여부**에 관하여 심사할 수 있다(대판 1997. 4. 17, 96도3376 전합).

③ ❌ 남북정상회담의 개최는 고도의 정치적 성격을 지니고 있는 행위라 할 것이므로 특별한 사정이 없는 한 그 당부를 심판하는 것은 사법권의 내재적·본질적 한계를 넘어서는 것이 되어 적절하지 못하지만, 남북정상회담의 개최과정에서 재정경제부장관에게 신고하지 아니하거나 통일부장관의 협력사업 승인을 얻지 아니한 채 **북한측에 사업권의 대가 명목으로 송금한 행위 자체**는 헌법상 법치국가의 원리와 법 앞에 평등원칙 등에 비추어 볼 때 사법심사의 대상이 된다(대판 2004. 3. 26, 2003도7878).

④ ❌ **신행정수도건설이나 수도이전의 문제**가 정치적 성격을 가지고 있는 것은 인정할 수 있지만, 그 자체로 고도의 정치적 결단을 요하여 사법심사의 대상으로 하기에는 부적절한 문제라고까지는 할 수 없다. 다만, 이 사건 법률의 위헌 여부를 판단하기 위한 선결문제로서 **신행정수도건설이나 수도이전의 문제를 국민투표에 붙일지 여부에 관한 대통령의 의사결정**이 사법심사의 대상이 될 경우 위 의사결정은 고도의 정치적 결단을 요하는 문제여서 사법심사를 자제함이 바람직하다고는 할 수 있고, 이에 따라 그 의사결정에 관련된 흠을 들어 위헌성이 주장되는 법률에 대한 사법심사 또한 자제함이 바람직하다고는 할 수 있다. 그러나 **대통령의 위 의사결정이 국민의 기본권침해와 직접 관련되는 경우에는 헌법재판소의 심판대상이 될 수 있고**, 이에 따라 위 의사결정과 관련된 법률도 헌법재판소의 심판대상이 될 수 있다(헌재 2004. 10. 21, 2004헌마554).

대법원		통치행위 ○(사법심사 ✕)	통치행위 ✕(사법심사 ○)
	계엄	당·부당, 요건구비 여부	범죄인지(내란죄), 국헌문란의 목적
	가분행위 이론	남북정상회담의 개최	대북송금행위
	기타	• 군사시설보호구역의 설정·변경·해제 • 사면	대통령의 서훈취소

헌법재판소	통치행위 ○ (사법심사 ✕)	통치행위 ○, 기본권 ○, 사법심사 ○	통치행위 ✕(사법심사 ○)
	이라크파병결정	긴급재정·경제명령 (금융실명제사건)	2007년 전시증원연습 (한미연합 군사훈련)
	사면	신행정수도건설이나 수도이전의 문제를 "국민투표에 붙일지 여부에 관한 대통령의 의사결정"	신행정수도건설이나 수도이전의 문제 그 자체

17 정답 ④

④ ❌ 주택건설사업계획 승인처분에 따라 의제된 인·허가가 위법함을 다투고자 하는 이해관계인은, 주택건설사업계획 승인처분의 취소를 구할 것이 아니라 의제된 인·허가의 취소를 구하여야 하며, **의제된 인·허가**는 주택건설사업계획 승인처분과 **별도로 항고소송의 대상**이 되는 처분에 해당한다(대판 2018. 11. 29, 2016두38792).

① ⭕ 주된 인·허가에 관한 사항을 규정하고 있는 甲 법률에서 주된 인·허가가 있으면 乙 법률에 의한 인·허가를 받은 것으로 의제한다는 규정을 둔 경우에는, 주된 인·허가가 있으면 乙 법률에 의한 인·허가가 있는 것으로 보는데 그치는 것이고, 그에서 더 나아가 乙 법률에 의하여 인·허가를 받았음을 전제로 한 乙 법률의 모든 규정들까지 적용되는 것은 아니다(대판 2004. 7. 22, 2004다19715).

② ⭕ 구 중소기업창업 지원법에 따른 사업계획승인의 경우, 모든 인·허가의제사항에 관하여 일괄하여 사전 협의를 거쳐야 하는 것은 아니므로, **의제된 인·허가만 취소 내지 철회함으로써** 사업계획에 대한 승인의 효력은 유지하면서 해당 의제된 인·허가의 효력만을 소멸시킬 수 있다(대판 2018. 7. 12, 2017두48734). → 군수가 의제된 산지전용허가의 효력을 소멸시킴으로써 甲 회사의 구체적인 권리·의무에 직접적인 변동을 초래하는 점 등을 종합하면 의제된 산지전용허가 취소는 항고소송의 대상이 되는 처분에 해당하고, 산지전용허가 취소에 따라 사업계획승인은 산지전용허가를 제외한 나머지 인·허가 사항만 의제하는 것이다.

③ ⭕ **인·허가의제 효과를 수반하는 건축신고**는 일반적인 건축신고와는 달리, 특별한 사정이 없는 한 행정청이 그 실체적 요건에 관한 심사를 한 후 수리하여야 하는 이른바 '**수리를 요하는 신고**'로 보는 것이 옳다. 국토의 계획 및 이용에 관한 법률상의 개발행위허가로 의제되는 건축신고가 개발행위허가의 기준을 갖추지 못한 경우, 행정청이 수리를 거부할 수 있다(대판 2011. 1. 20, 2010두14954 전합).

18 정답 ③

③ ❌ 체육시설의 회원을 모집하고자 하는 자의 시·도지사 등에 대한 회원모집계획서 제출은 수리를 요하는 신고에서의 신고에 해당하며, 시·도지사 등의 검토결과 통보는 수리행위로서 행정처분에 해당한다. 기존회원은 위와 같은 회원모집계획서에 대한 시·도지사의 검토결과 통보의 취소를 구할 법률상의 이익이 있다고 보아야 한다(대판 2009. 2. 26, 2006두16243).

① ⭕ 국민권익위원회가 소방청장에게 인사와 관련하여 부당한 지시를 한 사실이 인정된다며 이를 취소할 것을 요구하기로 의결하고 내용을 통지하자 소방청장이 국민권익위원회 조치요구의 취소를 구하는 소송을 제기한 사안에서, **소방청장은 예외적으로 당사자능력과 원고적격을 가진다**고 한 사례(대판 2018. 8. 1, 2014두35379).

> **심화** [1] 국가기관 등 행정기관(이하 '행정기관 등'이라 한다) 사이에 권한의 존부와 범위에 관하여 다툼이 있는 경우에 이는 통상 내부적 분쟁이라는 성격을 띠고 있어 상급관청의 결정에 따라 해결되거나 법령이 정하는 바에 따라 '기관소송'이나 '권한쟁의심판'으로 다루어진다. 그런데 법령이 특정한 행정기관 등으로 하여금 다른 행정기관을 상대로 제재적 조치를 취할 수 있도록 하면서, 그에 따르지 않으면 그 행정기관에 대하여 과태료를 부과하거나 형사처벌을 할 수 있도록 정하는 경우가 있다. 이러한 경우에는 단순히 국가기관이나 행정기관의 내부적 문제라거나 권한 분장에 관한 분쟁으로만 볼 수 없다. 행정기관의 제재적 조치의 내용에 따라 '구체적 사실에 대한 법집행으로서 공권력의 행사'에 해당할 수 있고, 그러한 조치의 상대방인 행정기관이 입게 될 불이익도 명확하다. 그런데도 그러한 제재적 조치를 기관소송이나 권한쟁의심판을 통하여 다툴 수 없다면, 제재적 조치는 그 성격상 단순히 행정기관 등 내부의 권한 행사에 머무는 것이 아니라 상대방에 대한 공권력 행사로서 항고소송을 통한 주관적 구제대상이 될 수 있다고 보아야 한다. 기관소송 법정주의를 취하면서 제한적으로만 이를 인정하고 있는 현행 법령의 체계에 비추어 보면, 이 경우 항고소송을 통한 구제의 길을 열어주는 것이 법치국가원리에도 부합한다. 따라서 이러한 권리구제나 권리보호의 필요성이 인정된다면 예외적으로 그 제재적 조치의 상대방인 행정기관 등에게 항고소송 원고로서의 당사자능력과 원고적격을 인정할 수 있다.
>
> [2] 국민권익위원회가 소방청장에게 인사와 관련하여 부당한 지시를 한 사실이 인정된다며 이를 취소할 것을 요구하기로 의결하고 그 내용을 통지하자 소방청장이 국민권익위원회 조치요구의 취소를 구하는 소송을 제기한 사안에서, 행정기관인 국민권익위원회가 행정기관의 장에게 일정한 의무를 부과하는 내용의 조치요구를 한 것에 대하여 그 조치요구의 상대방인 행정기관의 장이 다투고자 할 경우에 법률에서 행정기관 사이의 기관소송을 허용하는 규정을 두고 있지 않으므로 이러한 조치요구를 이행할 의무를 부담하는 행정기관의 장으로서는

기관소송으로 조치요구를 다툴 수 없고, 위 조치요구에 관하여 정부 조직 내에서 그 처분의 당부에 대한 심사·조정을 할 수 있는 다른 방도도 없으며, 국민권익위원회는 헌법 제111조 제1항 제4호에서 정한 '헌법에 의하여 설치된 국가기관'이라고 할 수 없으므로 그에 관한 권한쟁의심판도 할 수 없고, 별도의 법인격이 인정되는 국가기관이 아닌 소방청장은 질서위반행위규제법에 따른 구제를 받을 수도 없는 점, 부패방지 및 국민권익위원회의 설치와 운영에 관한 법률은 소방청장에게 국민권익위원회의 조치요구에 따라야 할 의무를 부담시키는 외에 별도로 그 의무를 이행하지 않을 경우 과태료나 형사처벌까지 정하고 있으므로 위와 같은 조치요구에 불복하고자 하는 '소속기관 등의 장'에게는 조치요구를 다툴 수 있는 소송상의 지위를 인정할 필요가 있는 점에 비추어, 처분성이 인정되는 국민권익위원회의 조치요구에 불복하고자 하는 소방청장으로서는 조치요구의 취소를 구하는 항고소송을 제기하는 것이 유효·적절한 수단으로 볼 수 있으므로 소방청장은 예외적으로 당사자능력과 원고적격을 가진다고 한 사례(대판 2018. 8. 1, 2014두35379).

② ⭕ 일반적으로 법인의 주주는 당해 법인에 대한 행정처분에 관하여 사실상이나 간접적인 이해관계를 가질 뿐이어서 원고적격이 없는 것이 원칙이지만, 그 처분으로 인하여 주주의 지위에 중대한 영향을 초래하게 되는데도 그 처분의 성질상 당해 법인이 이를 다툴 것을 기대할 수 없고 달리 주주의 지위를 보전할 구제방법이 없는 경우에는 주주도 취소를 구할 원고적격이 있다(대판 2004. 12. 23, 2000두2648).

④ ⭕ 재단법인 갑 수녀원에 소속된 수녀 등이 쾌적한 환경에서 생활할 수 있는 환경상 이익을 침해받는다고 하더라도 이를 가리켜 곧바로 갑 수녀원의 법률상 이익이 침해된다고 볼 수 없고, 자연인이 아닌 재단법인 갑 수녀원은 쾌적한 환경에서 생활할 수 있는 이익을 향수할 수 있는 주체가 아니므로 매립목적을 택지조성에서 조선시설용지로 변경하는 내용의 공유수면매립목적 변경 승인처분으로 위와 같은 생활상의 이익이 직접적으로 침해되는 관계에 있다고 볼 수도 없으므로 원고적격이 없다(대판 2012. 6. 28, 2010두2005).

19   정답 ①

㉠ ❌ 국가를 당사자로 하는 계약이나 공공기관의 운영에 관한 법률의 적용 대상인 공기업이 일방 당사자가 되는 계약(이하 편의상 '공공계약'이라 한다)은 국가 또는 공기업(이하 '국가 등'이라 한다)이 사경제의 주체로서 상대방과 대등한 지위에서 체결하는 사법(私法)상의 계약으로서 본질적인 내용은 사인 간의 계약과 다를 바가 없으므로, 법령에 특별한 정함이 있는 경우를 제외하고는 서로 대등한 입장에서 당사자의 합의에 따라 계약을 체결하여야 하고 당사자는 계약의 내용을 신의성실의 원칙에 따라 이행하여야 하는 등[구 국가를 당사자로 하는 계약에 관한 법률 제5조 제1항] 사적 자치와 계약자유의 원칙을 비롯한 사법의 원리가 원칙적으로 적용된다(대판 2017. 12. 21, 2012다74076 전합).

| 관련판례 |
갑 지방자치단체가 을 주식회사 등 4개 회사로 구성된 공동수급체를 자원회수시설과 부대시설의 운영·유지관리 등을 위탁할 민간사업자로 선정하고 을 회사 등의 공동수급체와 위 시설에 관한 위·수탁 운영협약을 체결하였는데, 민간위탁 사무감사를 실시한 결과 을 회사 등이 위 협약에 근거하여 노무비와 복지후생비 등 비정산비용 명목으로 지급받은 금액 중 집행되지 않은 금액에 대하여 회수하기로 하고 을 회사에 이를 납부하라고 통보하자, 을 회사 등이 이를 납부한 후 회수통보의 무효확인 등을 구하는 소송을 제기한 사안에서, 위 협약은 갑 지방자치단체가 사인인 을 회사 등에 위 시설의 운영을 위탁하고 그 위탁운영비용을 지급하는 것을 내용으로 하는 용역계약으로서 상호 대등한 입장에서 당사자의 합의에 따라 체결한 사법상 계약에 해당한다(대판 2019. 10. 17, 2018두60588).

2020 지방직 7급 지방자치단체가 사인과 체결한 자원회수시설에 대한 위탁 운영 협약은 사법상 계약에 해당하므로 그에 관한 다툼은 민사소송의 대상이 된다. (O)

㉡ ⭕ 국책사업인 '한국형 헬기 개발사업'(Korean Helicopter Program)에 개발주관사업자 중 하나로 참여하여 국가 산하 중앙행정기관인 방위사업청과 '한국형헬기 민군겸용 핵심구성품 개발협약'을 체결한 갑 주식회사가 협약을 이행하는 과정에서 환율변동 및 물가상승 등 외부적 요인 때문에 협약금액을 초과하는 비용이 발생하였다고 주장하면서 국가를 상대로 초과비용의 지급을 구하는 민사소송을 제기한 사안에서, 위 협약의 법률관계는 공법관계에 해당하므로 이에 관한 분쟁은 행정소송으로 제기하여야 한다고 한 사례(대판 2017. 11. 9, 2015다215526).

㉢ ❌ 공법상 계약에는 공정력이 없으므로 중대명백설에 의하는 것이 아니다. 중대한 하자 있는 공법상 계약은 무효이다.

㉣ ⭕ 중소기업기술정보진흥원장이 갑 주식회사와 중소기업 정보화지원사업 지원대상인 사업의 지원에 관한 협약을 체결하였는데, 협약이 갑 회사에 책임이 있는 사업실패로 해지되었다는 이유로 협약에서 정한 대로 지급받은 정부지원금을 반환할 것을 통보한 사안에서, 협약의 해지 및 그에 따른 환수통보는 행정청이 우월한 지위에서 행하는 공권력의 행사로서 행정처분에 해당한다고 볼 수 없다(대판 2015. 8. 27, 2015두41449).

20   정답 ③

③ ❌, ② ⭕

| 행정기본법 제6조(행정에 관한 기간의 계산) ② 법령등 또는 처분에서 국민의 권익을 제한하거나 의무를 부과하는 경우 권익이 제한되거나 의무가 지속되는 기간의 계산은 다음 각 호의 기준에 따른다. 다만, 다음 각 호의 기준에 따르는 것이 국민에게 불리한 경우에는 그러하지 아니하다.
1. 기간을 일, 주, 월 또는 연으로 정한 경우에는 기간의 첫날을 산입한다.
2. 기간의 말일이 토요일 또는 공휴일인 경우에도 기간은 그 날로 만료한다. |

① ⭕

| 행정기본법 제6조(행정에 관한 기간의 계산) ① 행정에 관한 기간의 계산에 관하여는 이 법 또는 다른 법령등에 특별한 규정이 있는 경우를 제외하고는 「민법」을 준용한다. |

④ ⭕

| 행정기본법 제7조(법령등 시행일의 기간 계산) 법령등(훈령·예규·고시·지침 등을 포함한다. 이하 이 조에서 같다)의 시행일을 정하거나 계산할 때에는 다음 각 호의 기준에 따른다.
1. 법령등을 공포한 날부터 시행하는 경우에는 공포한 날을 시행일로 한다.
2. 법령등을 공포한 날부터 일정 기간이 경과한 날부터 시행하는 경우 법령등을 공포한 날을 첫날에 산입하지 아니한다.
3. 법령등을 공포한 날부터 일정 기간이 경과한 날부터 시행하는 경우 그 기간의 말일이 토요일 또는 공휴일인 때에는 그 말일로 기간이 만료한다. |

21   정답 ④

④ ✗ 청원경찰의 인원감축을 위한 면직처분대상자를 선정함에 있어서 초등학교 졸업 이하 학력소지자 집단과 중학교 중퇴 이상 학력소지자 집단으로 나누어 각 집단별로 같은 감원비율 상당의 인원을 선정한 것은 합리성과 공정성을 결여하고, 평등의 원칙에 위배하여 그 하자가 중대하다 할 것이나, 그렇게 한 이유가 시험문제 출제 수준이 중학교 학력수준이어서 초등학교 졸업 이하 학력소지자에게 상대적으로 불리할 것이라는 판단 아래 이를 보완하기 위한 것이었으므로 그 하자가 객관적으로 명백하다고 보기는 어렵다(대판 2002. 2. 8, 2000두4057). → 무효사유 ✗

① ○ 수익적 행정행위의 취소나 철회의 한계로 신뢰보호의 원칙과 비례원칙(=이익형량의 원칙)이 적용된다. 어느 하나의 원칙만 배타적으로 적용되는 것은 아니다.

② ○ 2021. 3. 23. 제정된 행정기본법은 행정의 법원칙으로, 법치행정의 원칙(제8조), 평등의 원칙(제9조), 비례의 원칙(제10조), 성실의무 및 권한남용금지의 원칙(제11조), 신뢰보호의 원칙 및 실권의 법리(제12조), 부당결부금지의 원칙(제13조)을 규정하고 있다. 그러나 행정의 자기구속의 원칙은 행정기본법에 명문으로 규정되어 있지 않다.

> **참고** 행정기본법 제2장 행정의 법 원칙
>
> **제8조(법치행정의 원칙)** 행정작용은 법률에 위반되어서는 아니 되며, 국민의 권리를 제한하거나 의무를 부과하는 경우와 그 밖에 국민생활에 중요한 영향을 미치는 경우에는 법률에 근거하여야 한다.
>
> **제9조(평등의 원칙)** 행정청은 합리적 이유 없이 국민을 차별하여서는 아니 된다.
>
> **제10조(비례의 원칙)** 행정작용은 다음 각 호의 원칙에 따라야 한다.
> 1. 행정목적을 달성하는 데 유효하고 적절할 것
> 2. 행정목적을 달성하는 데 필요한 최소한도에 그칠 것
> 3. 행정작용으로 인한 국민의 이익 침해가 그 행정작용이 의도하는 공익보다 크지 아니할 것
>
> **제11조(성실의무 및 권한남용금지의 원칙)** ① 행정청은 법령등에 따른 의무를 성실히 수행하여야 한다.
> ② 행정청은 행정권한을 남용하거나 그 권한의 범위를 넘어서는 아니 된다.
>
> **제12조(신뢰보호의 원칙)** ① 행정청은 공익 또는 제3자의 이익을 현저히 해칠 우려가 있는 경우를 제외하고는 행정에 대한 국민의 정당하고 합리적인 신뢰를 보호하여야 한다.
> ② 행정청은 권한 행사의 기회가 있음에도 불구하고 장기간 권한을 행사하지 아니하여 국민이 그 권한이 행사되지 아니할 것으로 믿을 만한 정당한 사유가 있는 경우에는 그 권한을 행사해서는 아니 된다. 다만, 공익 또는 제3자의 이익을 현저히 해칠 우려가 있는 경우는 예외로 한다.
>
> **제13조(부당결부금지의 원칙)** 행정청은 행정작용을 할 때 상대방에게 해당 행정작용과 실질적인 관련이 없는 의무를 부과해서는 아니 된다.

③ ○ 상급행정기관이 하급행정기관에 대하여 업무처리지침이나 법령의 해석적용에 관한 기준을 정하여 발하는 이른바 '행정규칙이나 내부지침'은 일반적으로 행정조직 내부에서만 효력을 가질 뿐 대외적인 구속력을 갖는 것은 아니므로 행정처분이 그에 위반하였다고 하여 그러한 사정만으로 곧바로 위법하게 되는 것은 아니다. 다만, 재량권 행사의 준칙인 행정규칙이 그 정한 바에 따라 되풀이 시행되어 행정관행이 이루어지게 되면 평등의 원칙이나 신뢰보호의 원칙에 따라 행정기관은 그 상대방에 대한 관계에서 그 규칙에 따라야 할 자기구속을 받게 되므로, 이러한 경우에는 특별한 사정이 없는 한 그를 위반하는 처분은 평등의 원칙이나 신뢰보호의 원칙에 위배되어 재량권을 일탈·남용한 위법한 처분이 된다(대판 2009. 12. 24, 2009두7967).

22   정답 ④

④ ✗, ③ ○

> **공익사업을 위한 토지 등의 취득 및 보상에 관한 법률 제78조(이주대책의 수립 등)** ① 사업시행자는 공익사업의 시행으로 인하여 주거용 건축물을 제공함에 따라 생활의 근거를 상실하게 되는 자(이하 "이주대책대상자"라 한다)를 위하여 대통령령으로 정하는 바에 따라 이주대책을 수립·실시하거나 이주정착금을 지급하여야 한다.
> ② 사업시행자는 제1항에 따라 이주대책을 수립하려면 미리 관할 지방자치단체의 장과 협의하여야 한다.
> ③ 국가나 지방자치단체는 이주대책의 실시에 따른 주택지의 조성 및 주택의 건설에 대하여는 「주택도시기금법」에 따른 주택도시기금을 우선적으로 지원하여야 한다.
> ④ 이주대책의 내용에는 이주정착지(이주대책의 실시로 건설하는 주택단지를 포함한다)에 대한 도로, 급수시설, 배수시설, 그 밖의 공공시설 등 통상적인 수준의 생활기본시설이 포함되어야 하며, 이에 필요한 비용은 사업시행자가 부담한다. 다만, 행정청이 아닌 사업시행자가 이주대책을 수립·실시하는 경우에 지방자치단체는 비용의 일부를 보조할 수 있다.
> ⑤ 주거용 건물의 거주자에 대하여는 주거 이전에 필요한 비용과 가재도구 등 동산의 운반에 필요한 비용을 산정하여 보상하여야 한다.
> ⑥ 공익사업의 시행으로 인하여 영위하던 농업·어업을 계속할 수 없게 되어 다른 지역으로 이주하는 농민·어민이 받을 보상금이 없거나 그 총액이 국토교통부령으로 정하는 금액에 미치지 못하는 경우에는 그 금액 또는 그 차액을 보상하여야 한다.
> ⑦ 사업시행자는 해당 공익사업이 시행되는 지역에 거주하고 있는 「국민기초생활 보장법」 제2조 제1호·제11호에 따른 수급권자 및 차상위계층이 취업을 희망하는 경우에는 그 공익사업과 관련된 업무에 우선적으로 고용할 수 있으며, 이들의 취업 알선을 위하여 노력하여야 한다.

① ○ 토지수용위원회의 수용재결에 대한 이의절차는 실질적으로 행정심판의 성질을 갖는 것이므로 토지수용법에 특별한 규정이 있는 것을 제외하고는 행정심판법의 규정이 적용된다고 할 것이다(대판 1992. 6. 9, 92누565).

② ○ 하천법 제50조에 의한 하천수 사용권은 공익사업을 위한 토지 등의 취득 및 보상에 관한 법률 제76조 제1항이 손실보상의 대상으로 규정하고 있는 '물의 사용에 관한 권리'에 해당한다(대판 2018. 12. 27, 2014두11601).
→ 손실보상액 산정의 기준이나 방법에 관하여 구체적인 법령의 규정이 없는 경우에는, 그 성질상 유사한 물건 또는 권리등에 대한 관련법령상의 손실보상액 산정의 기준이나 방법에 관한 규정을 유추적용할 수 있으므로, 하천수 사용권에 대한 '물의 사용에 관한 권리'로서의 정당한 보상금액은 어업권이 취소되거나 어업면허의 유효기간 연장이 허가되지 않은 경우의 손실보상액 산정 방법과 기준을 유추적용하여 산정할 수 있다.

> 2020 경행특채 하천법 제50조에 의한 하천수 사용권은 공익사업을 위한 토지 등의 취득 및 보상에 관한 법률 제76조 제1항에서 손실보상의 대상으로 규정하고 있는 '물의 사용에 관한 권리'에 해당한다. (○)
> 2021 국가직 7급 하천법 제50조에 따른 하천수 사용권은 공익사업을 위한 토지 등의 취득 및 보상에 관한 법률이 손실보상의 대상으로 규정하고 있는 '물의 사용에 관한 권리'에 해당한다. (○)

23   정답 ④

㉠ ○ 공공기관의 운영에 관한 법률 제39조 제2항, 제3항에 따라 입찰 참가자격 제한기준을 정하고 있는 구 공기업·준정부기관 계약사무규칙(2013. 11. 18. 기획재정부령 제375호로 개정되기 전의 것) [별표 2], 제3항 등은 비록 부령의 형식으로 되어 있으나 규정의 성질과 내용이 공기업·

준정부기관이 행하는 입찰참가자격 제한처분에 관한 **행정청 내부의 재량준칙을 정한 것에 지나지 아니하여 대외적으로 국민이나 법원을 기속하는 효력이 없으므로,** 입찰참가자격 제한처분이 적법한지 여부는 이러한 규칙에서 정한 기준에 적합한지 여부만에 따라 판단할 것이 아니라 공공기관의 운영에 관한 법률상 입찰참가자격 제한처분에 관한 규정과 그 취지에 적합한지 여부에 따라 판단하여야 한다. 다만, 그 재량준칙이 정한 바에 따라 되풀이 시행되어 행정관행이 이루어지게 되면 평등의 원칙이나 신뢰보호의 원칙에 따라 …… 위법한 처분이 된다(대판 2014. 11. 27, 2013두18964).

ⓒ ⭕ **국립묘지안장대상심의위원회 운영규정**은 국가보훈처장이 심의위원회의 운영에 관하여 구 국립묘지의 설치 및 운영에 관한 법률 및 시행령에서 위임된 사항과 그 시행에 필요한 사항을 규정함을 목적으로 하여 국가보훈처훈령으로 제정된 것으로서, 영예성 훼손 여부 등에 관한 판단의 **기준을 정한 행정청 내부의 사무처리준칙**이다(대판 2013. 12. 26, 2012두19571).

ⓒ ⭕ 구 화물자동차법에 운행정지처분으로 규정된 '중대한 교통사고 또는 빈번한 교통사고로 **많은 사상자**를 발생하게 한 경우'에 1인의 중상자가 발생한 경우도 포함시킨 시행령은 위임범위를 벗어난 것으로서 무효이다(대판 2012. 12. 20, 2011두30878 전합).

ⓔ ❌ 국토의 계획 및 이용에 관한 법률 제124조의2 제1항, 제2항 및 국토의 계획 및 이용에 관한 법률 시행령 제124조의3 제3항이 토지이용에 관한 이행명령의 불이행에 대하여 법령 자체에서 토지이용의무 위반을 유형별로 구분하여 이행강제금을 차별하여 규정하고 있는 등 규정의 체계, 형식 및 내용에비추어 보면, **국토계획법 및 국토의 계획 및 이용에 관한 법률 시행령이 정한 이행강제금의 부과기준은 단지 상한을 정한 것에 불과한 것이 아니라, 위반행위 유형별로 계산된 특정 금액을 규정한 것이므로 행정청에 이와 다른 이행강제금액을 결정할 재량권이 없다고 보아야 한다**(대판 2014. 11. 27, 2013두8653).

> **비교** 구 청소년보호법 제49조 제1항, 제2항의 위임에 따른 같은법시행령 제40조 [별표 6]의 위반행위의종별에따른과징금처분기준의 법적 성격(=법규명령) 및 그 과징금 수액의 의미(=최고한도액) 구 청소년보호법(1999. 2. 5. 법률 제5817호로 개정되기 전의 것) 제49조 제1항, 제2항에 따른 같은법시행령(1999. 6. 30. 대통령령 제16461호로 개정되기 전의 것) 제40조 [별표 6]의 위반행위의종별에따른과징금처분기준은 법규명령이기는 하나 모법의 위임규정의 내용과 취지 및 헌법상의 과잉금지의 원칙과 평등의 원칙 등에 비추어 같은 유형의 위반행위라 하더라도 그 규모나 기간·사회적 비난 정도·위반행위로 인하여 다른 법률에 의하여 처벌받은 다른 사정·행위자의 개인적 사정 및 위반행위로 얻은 불법이익의 규모 등 여러 요소를 종합적으로 고려하여 사안에 따라 적정한 과징금의 액수를 정하여야 할 것이므로 그 수액은 정액이 아니라 최고한도액이다(대판 2001. 3. 9, 99두5207).

24
정답 ④

④ ❌ 형벌에 관한 법령이 헌법재판소의 위헌결정으로 소급하여 효력을 상실하거나 법원에서 위헌·무효로 선언된 경우, 위헌 선언 전 위 법령에 기초하여 수사가 개시되어 공소가 제기되고 유죄판결이 선고되었다는 사정만으로 국가의 손해배상책임이 발생하는지 여부(소극) 형벌에 관한 법령이 헌법재판소의 위헌결정으로 소급하여 효력을 상실하였거나 법원에서 위헌·무효로 선언된 경우, **그 법령이 위헌으로 선언되기 전에 그 법령에 기초하여 수사가 개시되어 공소가 제기되고 유죄판결이 선고되었더라도, 그러한 사정만으로 수사기관의 직무행위나 법관의 재판상 직무행위가 국가배상법 제2조 제1항에서 말하는 공무원의 고의 또는 과실에 의한 불법행위에 해당하여 국가의 손해배상책임이 발생한다고 볼 수는 없다**(대판 2014. 10. 27, 2013다217962).

① ⭕ 甲이 경주보훈지청에 국가유공자에 대한 주택구입대부제도에 관하여 전화로 문의하고 대부신청서까지 제출하였으나, 담당 공무원에게서 주택구입대부금 지급을 보증하는 지급보증서제도에 관한 안내를 받지 못하여 대부제도 이용을 포기하고 시중은행에서 대출을 받아 주택을 구입함으로써 결과적으로 더 많은 이자를 부담하게 되었다고 주장하며 국가를 상대로 정신적 손해의 배상을 구한 사안에서, 주택구입대부제도에 있어서 지급보증서를 교부하는 취지와 성격, 관련 법령 등의 규정 내용, 지급보증서제도를 안내받지 못함으로 인하여 침해된 甲의 법익 내지 甲이 입은 손해의 내용과 정도, 관련 공무원이 甲이 입은 손해를 예견하거나 그 결과를 회피하기 위한 조치를 취할 수 있는 가능성의 정도 등 여러 사정을 종합하여 볼 때, 담당 공무원이 甲에게 주택구입대부제도에 관한 전화상 문의에 응답하거나 대부신청서의 제출에 따른 대부금지급신청안내문을 통지하면서 지급보증서제도에 관하여 알려주지 아니한 조치가 객관적 정당성을 결여하여 현저하게 불합리한 것으로서 고의 또는 과실로 법령을 위반하였다고 볼 수 없음에도, 담당 공무원에게 지급보증서제도를 안내하거나 설명할 의무가 있음을 전제로 그 위반에 대한 국가배상책임을 인정한 원심판결에 법리오해의 위법이 있다고 한 사례(대판 2012. 7. 26, 2010다95666).

> 2018 서울시 9급 담당공무원이 주택구입대부제도와 관련하여 지급보증서제도에 관해 알려주지 않은 조치는 법령위반에 해당하지 않는다. (⭕)

> **관련판례**
> 수익적 행정처분인 허가 등을 신청한 사안에서 공무원이 신청인의 목적 달성에 필요한 안내나 배려 등을 하지 않았다는 사정만으로 직무집행에 있어 위법한 행위를 한 것이라고 보아서는 아니 된다(대판 2017. 6. 29, 2017다211726). → 처음부터 하천점용허가가 의제되는 개발행위허가신청을 하거나 하천점용허가와는 별도로 개발행위허가신청을 하고 그 결과에 따라 후속행위를 하였어야 하는데도 하천점용허가만을 받은 상태에서 개발행위허가 없이 컨테이너를 설치한 잘못이 있고, 그 때문에 하천점용허가가 취소됨으로써 컨테이너 설치비용 상당의 손해를 입게 되었으므로, 갑 회사가 입은 손해는 갑 회사 스스로의 잘못에 기인한 것이어서 을 지방자치단체 소속 담당공무원의 행위와 갑 회사의 손해발생 사이에 상당인과관계가 있다고 보기 어렵다.

② ⭕ 헌법소원심판을 청구한 자로서는 헌법재판소 재판관이 일자 계산을 정확하게 하여 본안판단을 할 것으로 기대하는 것이 당연하고, 따라서 헌법재판소 재판관의 위법한 직무집행의 결과 잘못된 각하결정을 함으로써 청구인으로 하여금 본안판단을 받을 기회를 상실하게 한 이상, **(설령 본안판단을 하였더라도 어차피 청구가 기각되었을 것이라는 사정이 있다고 하더라도)** 잘못된 판단으로 인하여 헌법소원심판 청구인의 위와 같은 합리적인 기대를 침해한 것이고 이러한 기대는 인격적 이익으로서 보호할 가치가 있다고 할 것이므로 그 침해로 인한 **정신상 고통에 대하여는 위자료를 지급할 의무가 있다**(대판 2003. 7. 11, 99다24218).

③ ⭕ **공무원이 직무수행 중 불법행위로 타인에게 손해를 입힌 경우, 피해자에게 손해를 직접 배상한 경과실이 있는 공무원이 국가에 대하여 구상권을 취득하는지 여부(원칙적 적극)** 공무원이 직무수행 중 불법행위로 타인에게 손해를 입힌 경우에 국가 등이 국가배상책임을 부담하는 외에 공무원 개인도 고의 또는 중과실이 있는 경우에는 불법행위로 인한 손해배상책임을 지고, 공무원에게 경과실이 있을 뿐인 경우에는 공무원 개인은 손해배상책임을 부담하지 아니한다. 이처럼 **경과실이 있는 공무원이** 피해자에 대하여 손해배상책임을 부담하지 아니함에도 피해자에게 손해를 배상하였다면 그것은 채무자 아닌 사람이 타인의 채무를 변제한 경우에 해당하고, 이는 민법 제469조의 '제3자의 변제' 또는 민법 제744조의 '도의관념에 적합한 비채변제'에 해당하여 피해자는 공무원에 대하여 이를 반환할 의무가 없고, 그에 따라 피해자의 국가에 대한 손해배상청구권이 소멸하

여 국가는 자신의 출연 없이 채무를 면하게 되므로, **피해자에게 손해를 직접 배상한 경과실이 있는 공무원**은 특별한 사정이 없는 한 국가에 대하여 국가의 피해자에 대한 손해배상책임의 범위 내에서 공무원이 변제한 금액에 관하여 **구상권을 취득**한다고 봄이 타당하다(대판 2014. 8. 20, 2012다54478).

25   정답 ②

② ✗ **당사자소송**에 대하여는 행정소송법 제23조 제2항의 집행정지에 관한 규정이 준용되지 아니하므로(행정소송법 제44조 제1항 참조), 이를 본안으로 하는 가처분에 대하여는 행정소송법 제8조 제2항에 따라 **민사집행법상 가처분에 관한 규정이 준용**되어야 한다(대결 2015. 8. 21, 2015무26).

① ◯ 지방법무사회가 법무사의 사무원 채용승인 신청을 거부하거나 채용승인을 얻어 채용 중인 사람에 대한 채용승인을 취소하면, 상대방인 법무사로서도 그 사람을 사무원으로 채용할 수 없게 되는 불이익을 입게 될 뿐만 아니라, 그 사람도 법무사 사무원으로 채용되어 근무할 수 없게 되는 불이익을 입게 된다. …… 따라서 지방법무사회의 사무원 채용승인 거부처분 또는 채용승인 취소처분에 대해서는 처분 상대방인 법무사뿐만 아니라 그 때문에 **사무원이 될 수 없게 된 사람도 이를 다툴 원고적격이 인정되어야** 한다(대판 2020. 4. 9, 2015다34444). → 법무사규칙 제37조 제4항이 이의신청 절차를 규정한 것은 채용승인을 신청한 법무사뿐만 아니라 사무원이 되려는 사람의 이익도 보호하려는 취지로 볼 수 있다.

> 2021 국가직 9급 지방법무사회가 법무사의 사무원 채용승인 신청을 거부하여 사무원이 될 수 없게 된 자가 지방법무사회를 상대로 거부처분의 취소를 구하는 경우 → 원고적격 ○

③ ◯ 여러 개의 상이에 대한 국가유공자요건비해당처분에 대한 취소소송에서 그중 일부 상이가 국가유공자요건이 인정되는 상이에 해당하더라도 나머지 상이에 대하여 위 요건이 인정되지 아니하는 경우에는 **국가유공자요건비해당처분 중 위 요건이 인정되는 상이에 대한 부분만을 취소하여야 할 것이고, 그 비해당처분 전부를 취소할 수는 없다고 할 것이다**(대판 2012. 3. 29, 2011두9263).

> 2018 지방직 9급 국가유공자 등 예우 및 지원에 관한 법률에 따른 여러 개의 상이에 대한 국가유공자요건비해당처분에 대한 취소소송에서 그중 일부 상이만이 국가유공자요건이 인정되는 상이에 해당하는 경우, 국가유공자요건비해당처분 중 그 요건이 인정되는 상이에 대한 부분만을 취소하여야 한다. (○)

④ ◯ **인가·허가 등 수익적 행정처분을 신청한 여러 사람이 서로 경원관계에 있는 경우, 허가 등 처분을 받지 못한 사람이 자신에 대한 거부처분의 취소를 구할 원고적격과 소의 이익이 있는지 여부(원칙적 적극)** 인가·허가 등 수익적 행정처분을 신청한 여러 사람이 서로 경원관계에 있어서 한 사람에 대한 허가 등 처분이 다른 사람에 대한 불허가 등으로 귀결될 수밖에 없을 때 허가 등 처분을 받지 못한 사람은 신청에 대한 거부처분의 직접 상대방으로서 원칙적으로 자신에 대한 거부처분의 취소를 구할 **원고적격이 있고**, 취소판결이 확정되는 경우 판결의 직접적인 효과로 경원자에 대한 허가 등 처분이 취소되거나 효력이 소멸되는 것은 아니더라도 행정청은 취소판결의 기속력에 따라 판결에서 확인된 위법사유를 배제한 상태에서 취소판결의 원고와 경원자의 각 신청에 관하여 처분요건의 구비 여부와 우열을 다시 심사하여야 할 의무가 있으며, 재심사 결과 경원자에 대한 수익적 처분이 직권취소되고 취소판결의 원고에게 수익적 처분이 이루어질 가능성을 완전히 배제할 수는 없으므로, 특별한 사정이 없는 한 경원관계에서 허가 등 처분을 받지 못한 사람은 자신에 대한 거부처분의 취소를 구할 **소의 이익이 있다**(대판 2015. 10. 29, 2013두27517).

소방행정법

제2회   전범위 모의고사

01 ③ 02 ① 03 ③ 04 ② 05 ② 06 ② 07 ② 08 ① 09 ④ 10 ①
11 ② 12 ④ 13 ④ 14 ④ 15 ② 16 ③ 17 ③ 18 ④ 19 ② 20 ②
21 ② 22 ④ 23 ② 24 ⑤ 25 ④

01   정답 ③

③ ✗ **국유재산의 관리청의 사용료 부과의 성질** 국유재산의 관리청이 행정재산의 사용·수익을 허가한 다음 그 사용·수익하는 자에 대하여 하는 사용료 부과는 순전히 사경제주체로서 행하는 사법상의 이행청구라 할 수 없고, 이는 관리청이 공권력을 가진 우월적 지위에서 행한 것으로서 **항고소송의 대상이 되는 행정처분**이라 할 것이다(대판 1996. 2. 13, 95누11023).

① ◯ **농지개량조합과 그 직원과의 관계**는 사법상의 근로계약관계가 아닌 **공법상의 특별권력관계**이고, 그 조합의 직원에 대한 징계처분의 취소를 구하는 소송은 행정소송사항에 속한다(대판 1995. 6. 9, 94누10870).

② ◯ 사법인(私法人)인 학교법인과 학생의 재학관계는 사법상 계약에 따른 법률관계에 해당한다. 지방자치단체가 학교법인이 설립한 사립중학교에 의무교육대상자에 대한 교육을 위탁한 때에 그 학교법인과 해당 사립중학교에 재학 중인 학생의 재학관계도 기본적으로 마찬가지이다(대판 2018. 12. 28, 2016다33196).

④ ◯ **중학교 의무교육의 위탁관계**는 초·중등교육법 제12조 제3항, 제4항 등 관련 법령에 의하여 정해지는 **공법적 관계**로서, 대등한 당사자 사이의 자유로운 의사를 전제로 사익 상호간의 조정을 목적으로 하는 민법 제688조의 수임인의 비용상환청구권에 관한 규정이 그대로 준용된다고 보기도 어렵다(대판 2015. 1. 29, 2012두7387).

02   정답 ①

① ✗ 사도개설허가는 사도를 개설할 수 있는 권한의 부여 자체에 주안점이 있는 것이지 공사기간의 제한에 주안점이 있는 것이 아닌 점 등에 비추어 보면 이 사건 **사도변경허가처분에 명시된 공사기간**은 변경된 허가권자인 보조참가인에 대하여 공사기간을 준수하여 공사를 마치도록 하는 의무를 부과하는 **일종의 부담에 불과한 것**이지, 사도개설허가 자체의 존속기간(즉, 유효기간)을 정한 것이라 볼 수 없고, 따라서 보조참가인이 이 사건 제1 처분의 사도개설허가에서 정해진 공사기간 내에 사도로 준공검사를 받지 못하였다 하더라도, 이를 이유로 행정관청이 새로운 행정처분을 하는 것은 별론으로 하고, **사도개설허가가 당연히 실효되는 것은 아니다**(대판 2004. 11. 25, 2004두7023).

② ◯ 행정처분에 부담인 부관을 붙인 경우 부관의 무효화에 의하여 본체인 행정처분 자체의 효력에도 영향이 있게 될 수는 있지만, 그 처분을 받은 사람이 부담의 이행으로 사법상 매매 등의 법률행위를 한 경우에는 그 부관은 특별한 사정이 없는 한 법률행위를 하게 된 동기 내지 연유로 작용하였을 뿐이므로 이는 법률행위의 취소사유가 될 수 있음은 별론으로 하고 그 법률행위 자체를 당연히 무효화하는 것은 아니다. 또한, 행정처분에 붙은 부담인 부관이 제소기간의 도과로 확정되어 이미 불가쟁력이 생겼다면 그 하자가 중대하고 명백하여 당연무효로 보아야 할 경우 외에는 누구나 그 효력을 부인할 수 없을 것이지만, 부담의 이행으로서 하게 된 사법상 매매 등의 법률행위는 부담을 붙인 행정처분과는 어디까지나 별개의 법률행위이므로 그 부담의 불가쟁력의 문제와는 별도로 법률행위가 사회질서 위반이나 강행규정에 위반되는지 여부 등을 따져보아 그 법률행위의 유효 여부를 판단하여야 한다(대판 2009. 6. 25, 2006다18174).

③ ◯ 하나 이상의 필지의 일부를 하나의 대지로 삼으려는 건축허가 신

청에서 토지분할이 관계 법령상 제한에 해당되어 명백히 불가능하다고 판단되는 경우, 건축행정청이 토지분할 조건부 건축허가를 거부하여야 한다(대판 2018. 6. 28, 2015두47737). → 부관은 이행 가능하여야 하며, 특히 요건충족적 부관의 경우 해당 요건의 충족이 가능해야 한다.

④ ◎ 수익적 행정처분에 있어서는 법령에 특별한 근거규정이 없다고 하더라도 그 부관으로서 부담을 붙일 수 있고 그와 같은 부담은 행정청이 행정처분을 하면서 일방적으로 부가할 수도 있지만 부담을 부가하기 이전에 상대방과 협의하여 부담의 내용을 협약의 형식으로 미리 정한 다음 행정처분을 하면서 이를 부가할 수도 있다(대판 2009. 2. 12, 2008다56262).

03

정답 ③

㉠ ✖ 행정절차법이나 민원 처리에 관한 법률상 처분·민원의 처리기간에 관한 규정은 신청에 따른 사무를 가능한 한 조속히 처리하도록 하기 위한 것이다. **처리기간에 관한 규정은 훈시규정에 불과할 뿐 강행규정이라고 볼 수 없다. 행정청이 처리기간이 지나 처분을 하였더라도 이를 처분을 취소할 절차상 하자로 볼 수 없다.** 민원처리법 시행령 제23조에 따른 민원처리진행상황 통지도 민원인의 편의를 위한 부가적인 제도일 뿐, 그 통지를 하지 않았더라도 이를 처분을 취소할 절차상 하자로 볼 수 없다(대판 2019. 12. 13, 2018두41907).

㉡ ✖ 행정절차법의 적용이 제외되는 '외국인의 출입국에 관한 사항'이란 해당 행정작용의 성질상 행정절차를 거치기 곤란하거나 거칠 필요가 없다고 인정되는 사항이나 행정절차에 준하는 절차를 거친 사항으로서 행정절차법 시행령으로 정하는 사항만을 가리킨다고 보아야 한다. '외국인의 출입국에 관한 사항'이라고 하여 행정절차를 거칠 필요가 당연히 부정되는 것은 아니다. 외국인의 사증발급 신청에 대한 거부처분은 당사자에게 의무를 부과하거나 적극적으로 권익을 제한하는 처분이 아니므로, 행정절차법 제21조 제1항에서 정한 '처분의 사전통지'와 제22조 제3항에서 정한 '의견제출 기회 부여'의 대상은 아니다. 그러나 사증발급 신청에 대한 거부처분이 성질상 행정절차법 제24조에서 정한 '처분서 작성·교부'를 할 필요가 없거나 곤란하다고 일률적으로 단정하기 어렵다(대판 2019. 7. 11, 2017두38874). → 외국인의 사증발급 신청에 대한 거부처분에는 행정절차법 제24조(문서주의)가 적용된다. 피고(주 로스엔젤레스총영사관 총영사)는 2015. 9. 2. 원고의 아버지에게 전화로 처분결과를 통보하고 그 무렵 여권과 사증발급 신청서를 반환하였을 뿐이고 원고에게 처분이유를 기재한 사증발급 거부처분서를 작성해 주지 않았다. 원고의 재외동포(F-4) 체류자격 사증발급 신청에 대하여 피고가 6일만에 한 사증발급 거부처분이 문서에 의한 처분 방식의 예외로 행정절차법 제24조 제1항 단서에서 정한 '신속히 처리할 필요가 있거나 사안이 경미한 경우'에 해당한다고 볼 수도 없다. 따라서 피고의 사증발급 거부처분에는 행정절차법 제24조 제1항을 위반한 하자가 있다.

> 2020 국회직 8급 외국인의 출입국에 관한 사항은 「행정절차법」이 적용되지 않으므로, 미국국적을 가진 교민에 대한 사증거부처분에 대해서도 처분의 방식에 관한 「행정절차법」 제24조는 적용되지 않는다. (✕)

㉢ ◎

> 행정절차법 제3조(적용 범위) ① 처분, 신고, 확약, 위반사실 등의 공표, 행정계획, 행정상 입법예고, 행정예고 및 행정지도의 절차(이하 "행정절차"라 한다)에 관하여 다른 법률에 특별한 규정이 있는 경우를 제외하고는 이 법에서 정하는 바에 따른다.

㉣ ✖ 행정청은 처분을 할 때에는 신청 내용을 모두 그대로 인정하는 처분인 경우, 단순·반복적인 처분 또는 경미한 처분으로서 당사자가 그 이유를 명백히 알 수 있는 경우, 긴급히 처분을 할 필요가 있는 경우를 제외하고는 당사자에게 그 근거와 이유를 제시하여야 한다(행정절차법 제23조 제1항). 따라서 중대한 처분의 경우, 당사자가 그 이유를 명백히 알 수 있는 경우에도 당사자에게 처분의 근거와 이유를 제시하여야 한다.

> 행정절차법 제23조(처분의 이유 제시) ① 행정청은 처분을 할 때에는 다음 각 호의 어느 하나에 해당하는 경우를 제외하고는 당사자에게 그 근거와 이유를 제시하여야 한다.
> 1. 신청 내용을 모두 그대로 인정하는 처분인 경우
> 2. 단순·반복적인 처분 또는 경미한 처분으로서 당사자가 그 이유를 명백히 알 수 있는 경우
> 3. 긴급히 처분을 할 필요가 있는 경우
> ② 행정청은 제1항제2호 및 제3호의 경우에 처분 후 당사자가 요청하는 경우에는 그 근거와 이유를 제시하여야 한다.

04

정답 ②

② ✖ 원고는 대한민국에서 출생하여 오랜 기간 대한민국 국적을 보유하면서 거주한 사람이므로 **이미 대한민국과 실질적 관련성이 있거나 대한민국에서 법적으로 보호가치 있는 이해관계를 형성하였다**고 볼 수 있다. 또한 재외동포의 대한민국 출입국과 대한민국 안에서의 법적 지위를 보장함을 목적으로 「재외동포의 출입국과 법적 지위에 관한 법률」(이하 '재외동포법'이라 한다)이 특별히 제정되어 시행 중이다. 따라서 **원고는 이 사건 사증발급 거부처분의 취소를 구할 법률상 이익이 인정**되므로, 원고적격 또는 소의 이익이 없어 이 사건 소가 부적법하다는 피고의 주장은 이유 없다(대판 2019. 7. 11. 2017두38874).

┤ 관련판례 ├

사증발급 거부처분을 다투는 외국인은, 아직 대한민국에 입국하지 않은 상태에서 대한민국에 입국하게 해달라고 주장하는 것으로, **대한민국과의 실질적 관련성 내지 대한민국에서 법적으로 보호가치 있는 이해관계를 형성한 경우는 아니어서**, 해당 처분의 취소를 구할 법률상 이익을 인정하여야 할 법정책적 필요성도 크지 않다. 반면, 국적법상 귀화불허가처분이나 출입국관리법상 체류자격변경 불허가처분, 강제퇴거명령 등을 다투는 외국인은 대한민국에 적법하게 입국하여 상당한 기간을 체류한 사람이므로, **이미 대한민국과의 실질적 관련성 내지 대한민국에서 법적으로 보호가치 있는 이해관계를 형성한 경우**이어서, 해당 처분의 취소를 구할 법률상 이익이 인정된다고 보아야 한다. 나아가 중화인민공화국(이하 '중국'이라 한다) 출입경관리법 제36조 등은 외국인이 사증발급 거부 등 출입국 관련 제반 결정에 대하여 불복하지 못하도록 명문의 규정을 두고 있으므로, 국제법의 상호주의원칙상 대한민국이 중국 국적자에게 우리 출입국관리 행정청의 사증발급 거부에 대하여 행정소송 제기를 허용할 책무를 부담한다고 볼 수는 없다. 이와 같은 사증발급의 법적 성질, 출입국관리법의 입법 목적, 사증발급 신청인의 대한민국과의 실질적 관련성, 상호주의원칙 등을 고려하면, 우리 출입국관리법의 해석상 **외국인에게는 사증발급 거부처분의 취소를 구할 법률상 이익이 인정되지 않는다고 봄이 타당하다**(대판 2018. 5. 15, 2014두42506). → 대법원은 사증발급이 주권적 고권행위임을 이유로 사증발급 거부처분에 대한 외국인의 원고적격을 원칙적으로 부인하고, 다만 대한민국과의 실질적 관련성 내지 대한민국에서 법적으로 보호가치 있는 이해관계를 형성한 경우에 한하여 처분의 취소를 구할 법률상 이익을 인정하는 판결을 하였다. 위 판결은 외국인에게 예외적으로 원고적격이 인정하는 기준을 제시하였다는 점에서 의미가 있다.

> 2021 국회직 8급 외국인이라고 하더라도 대한민국과의 실질적 관련성 내지 법적으로 보호가치가 있는 이해관계를 형성한 경우에는 사증발급 거부처분의 취소를 구할 원고적격이 인정된다. (O)

① ◎ 미얀마 국적의 甲이 위명(僞名)인 '乙' 명의의 여권으로 대한민국

에 입국한 뒤 乙 명의로 난민 신청을 하였으나 법무부장관이 乙 명의를 사용한 甲을 직접 면담하여 조사한 후 甲에 대하여 난민불인정 처분을 한 사안에서, **처분의 상대방은** 허무인이 아니라 '乙'이라는 **위명을 사용한 甲**이라는 이유로, **甲은 처분의 취소를 구할 법률상 이익이 있다**고 한 사례(대판 2017. 3. 9, 2013두16852).

③ ◎ 2종 교과용 도서에 대하여 검정신청을 하였다가 불합격결정처분을 받은 자가 자신이 검정신청한 교과서의 과목(예: 한문, 영어, 음악)과 전혀 관계가 없는 과목(예: 수학, 미술)의 교과용 도서에 대한 합격결정처분에 대하여는 그 취소를 구할 법률상의 이익이 없다고 한 사례(대판 1992. 4. 24, 91누6634). → 행정처분의 상대방이 아닌 제3자라 하더라도 그 처분 등으로 인하여 법률상 보호되는 이익을 침해당한 경우에는 취소소송을 제기하여 그 당부의 판단을 받을 자격이 있는 것이나 자신의 이익과 전혀 관계가 없는 처분 등에 관하여는 취소를 구할 수 없는 것이다.

④ ◎ 대학생들이 전공이 다른 교수를 임용함으로써 학습권을 침해당하였다는 이유를 들어 교수임용처분의 취소를 구할 소의 이익이 없다고 한 사례(대판 1993. 7. 27, 93누8139). → 이 사건의 경우 원고들의 주장을 요약하면, 원고들은 서울시립대학교 세무학과에 재학중인 학생들로서 조세정책과목을 수강하고 있는데 피고가 경제학적으로 접근하여야 하는 조세정책과목의 담당교수를 행정학을 전공한 소외 원윤희로 임용함으로써 원고들의 학습권을 침해하였다는 것이나 설령 피고의 이 사건 임용처분으로 말미암아 원고들이 그 주장과 같은 불이익을 받게 되더라도 그 불이익은 간접적이거나 사실적인 불이익에 지나지 아니하여 그것만으로는 원고들에게 이 사건 임용처분의 취소를 구할 소의 이익이 있다고 할 수 없다.

05 정답 ③

③ ◎ 근로복지공단이 사업주에 대하여 하는 '**개별 사업장의 사업종류 변경결정**'은 개별 사업장의 사업종류 결정은 구체적 사실에 관한 법집행으로서 공권력을 행사하는 '**확인적 행정행위**'라고 보아야 한다. 근로복지공단의 사업종류 변경결정을 취소하는 판결이 확정되면, 그 사업종류 변경결정을 기초로 이루어진 국민건강보험공단의 각각의 산재보험료 부과처분은 그 법적·사실적 기초를 상실하게 되므로, 국민건강보험공단은 직권으로 각각의 산재보험료 부과처분을 취소하거나 변경하고, 사업주가 이미 납부한 보험료 중 정당한 액수를 초과하는 금액은 반환하는 등의 조치를 할 의무가 있다(대판 2020. 4. 9, 2019두61137). → 따라서 사업주로 하여금 국민건강보험공단을 상대로 개개의 산재보험료 부과처분을 다투도록 하는 것보다는, 분쟁의 핵심쟁점인 사업종류 변경결정의 당부에 관해서 그 판단작용을 한 행정청인 근로복지공단을 상대로 다투도록 하는 것이 소송관계를 간명하게 하는 방법일 뿐만 아니라, 분쟁을 조기에 근본적으로 해결하는 방법이기도 하다.

> 2021 국회직 8급 근로복지공단이 사업주에 대하여 하는 개별 사업장의 사업종류 변경결정은 사업종류 결정의 주체, 내용과 결정기준을 고려할 때 확인적 행정행위로서 처분에 해당한다. (O)

① ✗ 어떠한 처분의 근거가 행정규칙에 규정되어 있다고 하더라도, 그 처분이 상대방에게 권리의 설정 또는 의무의 부담을 명하거나 기타 법적인 효과를 발생하게 하는 등으로 그 상대방의 권리의무에 직접 영향을 미치는 행위라면, 이 경우에도 **항고소송의 대상이 되는 행정처분에 해당한다**(대판 2004. 11. 26, 2003두10251).

② ✗ 정부 간 항공노선의 개설에 관한 잠정협정 및 비밀양해각서와 건설교통부 내부지침에 의한 **항공노선에 대한 운수권배분처분**이 항고소송의 대상이 되는 행정처분에 해당한다고 한 사례(대판 2004. 11. 26, 2003두10251).

④ ✗ **부과처분을 위한 과세관청의 질문조사권이 행해지는 세무조사결정이 있는 경우** 납세의무자는 세무공무원의 과세자료 수집을 위한 질문에 대답하고 검사를 수인하여야 할 법적 의무를 부담하게 되는 점, 세무조사는 기본적으로 적정하고 공평한 과세의 실현을 위하여 필요한 최소한의 범위 안에서 행하여져야 하고, 더욱이 동일한 세목 및 과세기간에 대한 재조사는 납세자의 영업의 자유 등 권익을 심각하게 침해할 뿐만 아니라 과세관청에 의한 자의적인 세무조사의 위험마저 있으므로 조세공평의 원칙에 현저히 반하는 예외적인 경우를 제외하고는 금지될 필요가 있는 점, 납세의무자로 하여금 개개의 과태료 처분에 대하여 불복하거나 조사 종료 후의 과세처분에 대하여만 다툴 수 있도록 하는 것보다는 그에 앞서 세무조사결정에 대하여 다툼으로써 분쟁을 조기에 근본적으로 해결할 수 있는 점 등을 종합하면, **세무조사결정은 납세의무자의 권리·의무에 직접 영향을 미치는 공권력의 행사에 따른 행정작용으로서 항고소송의 대상이 된다**(대판 2011. 3. 10, 2009두23617).

06 정답 ②

② ✗ 표준지공시지가결정이 위법한 경우에는 그 자체를 행정소송의 대상이 되는 행정처분으로 보아 그 위법 여부를 다툴 수 있음은 물론, **수용보상금의 증액을 구하는 소송에서도** 선행처분으로서 그 수용대상 토지 가격 산정의 기초가 된 **비교표준지공시지가결정의 위법을 독립한 사유로 주장할 수 있다**(대판 2008. 8. 21, 2007두13845). → 표준지공시지가결정은 이를 기초로 한 수용재결 등과는 별개의 독립된 처분으로서 서로 독립하여 별개의 법률효과를 목적으로 하지만, 표준지공시지가는 이를 인근 토지의 소유자나 기타 이해관계인에게 개별적으로 고지하도록 되어 있는 것이 아니어서 인근 토지의 소유자 등이 표준지공시지가결정 내용을 알고 있었다고 전제하기가 곤란할 뿐만 아니라, 결정된 표준지공시지가가 공시될 당시 보상금 산정의 기준이 되는 표준지의 인근 토지를 함께 공시하는 것이 아니어서 인근 토지 소유자는 보상금 산정의 기준이 되는 표준지가 어느 토지인지를 알 수 없으므로, 인근 토지 소유자가 표준지의 공시지가가 확정되기 전에 이를 다투는 것은 불가능하다. 또한 위법한 표준지공시지가결정에 대하여 그 정해진 시정절차를 통하여 시정하도록 요구하지 않았다는 이유로 **위법한 표준지공시지가를 기초로 한 수용재결 등 후행 행정처분에서 표준지공시지가결정의 위법을 주장할 수 없도록 하는 것은 수인한도를 넘는 불이익을 강요하는 것으로서 국민의 재산권과 재판받을 권리를 보장한 헌법의 이념에도 부합하는 것이 아니다.**

① ◎ 도시·군계획시설결정과 실시계획인가는 도시·군계획시설사업을 위하여 이루어지는 단계적 행정절차에서 별도의 요건과 절차에 따라 별개의 법률효과를 발생시키는 독립적인 행정처분이다. 그러므로 선행처분인 **도시·군계획시설결정**에 하자가 있더라도 그것이 당연무효가 아닌 한 원칙적으로 후행처분인 **실시계획인가**에 승계되지 않는다(대판 2017. 7. 18. 2016두49938).

③ ◎ 「도시 및 주거환경정비법」상 **사업시행계획과 관리처분계획**은 서로 독립하여 별개의 법적 효과를 발생시키는 것으로서 이 사건 사업시행계획의 수립에 관한 취소사유인 하자가 이 사건 관리처분계획에 승계되지 아니하므로, 위 취소사유를 들어 이 사건 관리처분계획의 적법 여부를 다툴 수는 없다(대판 2014. 6. 12. 2012두28520).

④ ◎ 두 개 이상의 행정처분이 연속적으로 행하여지는 경우, (1) **선행처분과 후행처분이 서로 결합하여 1개의 법률효과를 완성하는 때에는** 선행처분에 하자가 있으면 그 하자는 후행처분에 승계되므로 선행처분에 불가쟁력이 생겨 그 효력을 다툴 수 없게 된 경우에도 선행처분의 하자를 이유로 후행처분의 효력을 다툴 수 있는 반면, (2) **선행처분과 후행처분이 서로 독립하여 별개의 법률효과를 목적으로 하는 때에는** ㉠ 선행처분에 불가쟁력이 생겨 그 효력을 다툴 수 없게 된 경우에는 선행처분의 하자가 중대하고 명백하여 당연무효인 경우를 제외하고는 선행처분의 하자를 이유로 후행처분의 효력을 다툴 수 없는 것이 원칙이나 ㉡ 선행처분과 후행처분이 서로 독립하여 별개의 효과를 목적으로 하는 경우에도 선행처분의 불가쟁력이나 구속력이 그로 인하여 불이익을 입게 되는 자에게 수인한도를 넘는 가혹함을 가져오며, 그 결과가 당사자에게 예측가능한 것이 아닌 경우에는 국민의 재판받을 권리를 보장하고 있는 헌법의 이념에 비추어 선행처분의 후행처분에 대한 구속력은 인정될 수 없다(대판 1994. 1. 25. 93누8542).

07
정답 ②

② ✗ 행정주체는 구체적인 행정계획을 입안·결정함에 있어서 비교적 광범위한 형성의 자유를 가진다고 할 것이지만, 행정주체가 가지는 이와 같은 형성의 자유는 무제한적인 것이 아니라 그 행정계획에 관련되는 자들의 이익을 **공익과 사익 사이에서는 물론**이고 **공익 상호 간과 사익 상호 간에도 정당하게 비교교량하여야** 한다는 제한이 있는 것이다(대판 1996. 11. 29, 96누8567).

① ○ 장래 일정한 기간 내에 관계 법령이 규정하는 시설 등을 갖추어 일정한 행정처분을 구하는 신청을 할 수 있는 법률상 지위에 있는 자의 국토이용계획변경신청을 거부하는 것이 실질적으로 당해 행정처분 자체를 거부하는 결과가 되는 경우에는 예외적으로 그 신청인에게 국토이용계획변경을 신청할 권리가 인정된다고 봄이 상당하므로, 이러한 신청에 대한 거부행위는 항고소송의 대상이 되는 행정처분에 해당한다(대판 2003. 9. 23, 2001두10936). → 폐기물처리사업계획의 적정통보를 받은 자는 장래 일정한 기간 내에 관계 법령이 규정하는 시설 등을 갖추어 폐기물처리허가신청을 할 수 있는 법률상 지위에 있다고 할 것인바, 피고(진안군수)로부터 폐기물처리사업계획의 적정통보를 받은 원고가 폐기물처리업허가를 받기 위하여는 이 사건 부동산에 대한 용도지역을 '농림지역 또는 준농림지역'에서 '준도시지역(시설용지지구)'으로 변경하는 국토이용계획변경이 선행되어야 하고, 원고의 위 계획변경신청을 피고가 거부한다면 이는 실질적으로 원고에 대한 폐기물처리업허가신청을 불허하는 결과가 되므로, 원고는 위 국토이용계획변경의 입안 및 결정권자인 피고에 대하여 그 계획변경을 신청할 법규상 또는 조리상 권리를 가진다고 본 사례

③ ○ 도시계획법(현 국토의 계획 및 이용에 관한 법률)상 주민이 행정청에 대하여 도시계획 및 그 변경에 대하여 어떤 신청을 할 수 있다는 규정이 없고, 도시계획과 같이 장기성, 종합성이 요구되는 행정계획에 있어서 그 계획이 일단 확정된 후 어떤 사정의 변동이 있다 하여 지역주민에게 일일이 그 계획의 변경을 청구할 권리를 인정해 줄 수도 없는 것이므로 지역주민에게 도시계획시설(여객자동차정류장)의 변경·폐지를 신청할 조리상의 권리가 있다고도 볼 수 없다(대판 1994. 12. 9, 94누8433).

④ ○ 산업단지개발계획상 **산업단지 안의 토지소유자로서** 산업단지개발계획에 적합한 시설을 설치하여 입주하려는 자는 산업단지지정권자 또는 그로부터 권한을 위임받은 기관에 대하여 **산업단지개발계획의 변경을 요청할 수 있는 법규상 또는 조리상 신청권이 있고**, 이러한 신청에 대한 거부행위는 항고소송의 대상이 되는 행정처분에 해당한다고 보아야 한다(대판 2017. 8. 29, 2016두44186).

08
정답 ①

① ✗

> **행정심판법 제43조의2(조정)** ① 위원회는 당사자의 권리 및 권한의 범위에서 **당사자의 동의를 받아**(직권으로 ✗) 심판청구의 신속하고 공정한 해결을 위하여 조정을 할 수 있다. 다만, 그 조정이 공공복리에 적합하지 아니하거나 해당 처분의 성질에 반하는 경우에는 그러하지 아니하다.
> ② 위원회는 제1항의 조정을 함에 있어서 심판청구된 사건의 법적·사실적 상태와 당사자 및 이해관계자의 이익 등 모든 사정을 참작하고, 조정의 이유와 취지를 설명하여야 한다.
> ③ 조정은 당사자가 합의한 사항을 조정서에 기재한 후 당사자가 서명 또는 날인하고 위원회가 이를 확인함으로써 성립한다.
> ④ 제3항에 따른 조정에 대하여는 제48조부터 제50조까지, 제50조의2, 제51조의 규정을 준용한다.

2021 행정사 행정심판위원회는 당사자의 동의가 없더라도 심판청구의 신속하고 공정한 해결을 위하여 조정을 할 수 있다. (✗)

② ○

> **행정심판법 제3조(행정심판의 대상)** ① 행정청의 처분 또는 부작위에 대하여는 다른 법률에 특별한 규정이 있는 경우 외에는 이 법에 따라 행정심판을 청구할 수 있다.
> ② 대통령의 처분 또는 부작위에 대하여는 다른 법률에서 행정심판을 청구할 수 있도록 정한 경우 외에는 행정심판을 청구할 수 없다.

③ ○

> **행정심판법 제18조의2(국선대리인)** ① 청구인이 경제적 능력으로 인해 대리인을 선임할 수 없는 경우에는 위원회에 국선대리인을 선임하여 줄 것을 신청할 수 있다.
> ② 위원회는 제1항의 신청에 따른 국선대리인 선정 여부에 대한 결정을 하고, 지체 없이 청구인에게 그 결과를 통지하여야 한다. 이 경우 위원회는 심판청구가 명백히 부적법하거나 이유 없는 경우 또는 권리의 남용이라고 인정되는 경우에는 국선대리인을 선정하지 아니할 수 있다.
> ③ 국선대리인 신청절차, 국선대리인 지원 요건, 국선대리인의 자격·보수 등 국선대리인 운영에 필요한 사항은 국회규칙, 대법원규칙, 헌법재판소규칙, 중앙선거관리위원회규칙 또는 대통령령으로 정한다.

④ ○ 재결이 확정된 경우, 처분의 기초가 되는 사실관계나 법률적 판단이 확정되고 당사자들이나 법원이 이에 기속되어 모순되는 주장이나 판단을 할 수 없는지 여부(소극) 행정심판의 재결은 피청구인인 행정청을 기속하는 효력을 가지므로 재결청이 취소심판의 청구가 이유 있다고 인정하여 처분청에 처분을 취소할 것을 명하면 처분청으로서는 재결의 취지에 따라 처분을 취소하여야 하지만, 나아가 **재결에 판결에서와 같은 기판력이 인정되는 것은 아니어서** 재결이 확정된 경우에도 처분의 기초가 된 사실관계나 법률적 판단이 확정되고 당사자들이나 법원이 이에 기속되어 모순되는 주장이나 판단을 할 수 없게 되는 것은 아니다(대판 2015. 11. 27, 2013다6759).

09
정답 ④

④ ○ 산업집적활성화 및 공장설립에 관한 법률에 따른 **산업단지 입주계약의 해지통보**는 단순히 대등한 당사자의 지위에서 형성된 공법상 계약을 계약당사자의 지위에서 종료시키는 의사표시에 불과하다고 볼 것이 아니라 행정청인 관리권자로부터 관리업무를 위탁받은 피고(한국산업단지공단)가 우월적 지위에서 원고에게 일정한 법률상 효과를 발생하게 하는 것으로서 **항고소송의 대상이 되는 행정처분**에 해당한다고 보아야 할 것이다(대판 2011. 6. 30, 2010두23859).

① ✗ 행정행위는 행정주체에 의해 일방적으로 행해지는 권력행위이지만, 공법상 계약은 행정주체와 국민 사이의 합의에 의해 행해지는 비권력행위라는 점에서 구별된다. 쌍방적 행정행위도 권력행위에 해당하므로, 비권력적 행위인 공법상 계약에 해당하지 않는다.

② ✗ **국유재산 등의 관리청이 하는 행정재산의 사용·수익에 대한 허가**는 순진히 사경제주체로서 행하는 사법상의 행위가 아니라 관리청이 공권력을 가진 우월적 지위에서 행하는 **행정처분**으로서 특정인에게 행정재산을 사용할 수 있는 권리를 설정하여 주는 **강학상 특허에 해당**한다(대판 2006. 3. 9, 2004다31074). → 국립의료원 부설 주차장에 관한 위탁관리용역운영계약의 실질은 행정재산에 대한 국유재산법 제24조 제1항의 사용·수익 허가로서, 행정처분(강학상 특허)에 해당 ○

③ ✗ 계약직공무원에 관한 현행 법령의 규정에 비추어 볼 때, **계약직공무원 채용계약해지의 의사표시**는 일반공무원에 대한 징계처분과는 달라서 항고소송의 대상이 되는 처분 등의 성격을 가진 것으로 인정되지 아니하고, 일정한 사유가 있을 때에 **국가 또는 지방자치단체가 채용계약 관계의 한쪽**

당사자로서 대등한 지위에서 행하는 의사표시로 취급되는 것으로 이해되므로, 이를 징계해고 등에서와 같이 그 징계사유에 한하여 효력 유무를 판단하여야 하거나, 행정처분과 같이 **행정절차법에 의하여 근거와 이유를 제시하여야 하는 것은 아니다**(대판 2002. 11. 26, 2002두5948). → 계약직공무원 채용계약해지의 의사표시는 공법상 계약의 해지에 해당하고, 공법상계약 및 그 해지에는 행정절차법이 적용되지 않는다.

10 정답 ①

① ✗ 정보공개법 제2조 제1호, 제3조에 의하면, 공공기관이 직무상 작성하여 관리하고 있는 정보는 정보공개법이 정하는 바에 따라 공개하여야 하는 것인바, 이 사건 정보는 피고가 주택건설사업과 분양업무라는 직무와 관련하여 작성하고 관리하는 정보임이 기록상 분명하므로, 정보공개법의 적용대상인 정보에 해당한다고 할 것이다. 따라서 이 사건 정보는 피고(대한주택공사)가 **사경제의 주체라는 지위에서 행한 사업과 관련된 정보**이니 정보공개법이 적용될 여지가 없다는 피고의 상고이유의 주장은 이유 없다(대판 2007. 6. 1, 2006두20587). → 대한주택공사의 아파트 분양원가 산출내역에 관한 정보는, 그 공개로 위 공사의 정당한 이익을 현저히 해할 우려가 있다고 볼 수 없어 구 공공기관의 정보공개에 관한 법률 제7조 제1항 제7호에서 정한 비공개대상정보에 해당하지 않는다고 한 사례

> 2019 소방간부 어떠한 정보가 국가·지방자치단체 등의 사경제 작용의 주체라는 지위에서 행한 사업과 관련된 정보는 공개대상정보가 될 수 없다. (✗)

② ⭘ 공공기관의 정보공개에 관한 법률 제9조 제1항 본문은 "공공기관이 보유관리하는 정보는 공개대상이 된다"고 규정하면서 그 단서 제1호에서는 "다른 법률 또는 **법률이 위임한 명령**(국회규칙·대법원규칙·중앙선거관리위원회규칙·대통령령 및 조례에 한한다)에 의하여 비밀 또는 비공개 사항으로 규정된 정보"는 이를 공개하지 아니할 수 있다고 규정하고 있는바, 그 입법 취지는 비밀 또는 비공개 사항으로 다른 법률 등에 규정되어 있는 경우는 이를 존중함으로써 법률 간의 마찰을 피하기 위한 것이고, 여기에서 '법률에 의한 명령'은 정보의 공개에 관하여 법률의 구체적인 위임 아래 제정된 법규명령(위임명령)을 의미한다(대판 2010. 6. 10, 2010두2913).

③ ⭘

> 공공기관의 정보공개에 관한 법률 제11조(정보공개 여부의 결정) ⑤ 공공기관은 정보공개 청구가 다음 각 호의 어느 하나에 해당하는 경우로서 「민원 처리에 관한 법률」에 따른 민원으로 처리할 수 있는 경우에는 **민원으로 처리할 수 있다.**
> 1. 공개 청구된 정보가 공공기관이 보유·관리하지 아니하는 정보인 경우
> 2. 공개 청구의 내용이 진정·질의 등으로 이 법에 따른 정보공개 청구로 보기 어려운 경우

> 2021 지방직 9급 공공기관은 공개 청구된 정보가 공공기관이 보유·관리하지 아니하는 정보인 경우로서 민원 처리에 관한 법률에 따른 민원으로 처리할 수 있는 경우에는 민원으로 처리할 수 있다. (⭘)

④ ⭘ 학교폭력대책자치위원회의 회의록은 비공개대상이다. 학교폭력예방 및 대책에 관한 법률 제21조 제1항, 제2항, 제3항 및 같은 법 시행령 제17조 규정들의 내용, 학교폭력예방 및 대책에 관한 법률의 목적, 입법 취지, 특히 학교폭력예방 및 대책에 관한 법률 제21조 제3항이 학교폭력대책자치위원회의 회의를 공개하지 못하도록 규정하고 있는 점 등에 비추어, **학교폭력대책자치위원회의 회의록은 공공기관의 정보공개에 관한 법률 제9조 제1항 제1호의 '다른 법률 또는 법률이 위임한 명령에 의하여 비밀 또는 비공개 사항으로 규정된 정보'에 해당**한다(대판 2010. 6. 10, 2010두2913).

11 정답 ②

② ⭘ 갑 광역자치단체와 터널 민간투자사업 실시협약을 체결한 당사자(을 유한회사)는 **공법상 당사자소송**에 의하여 그 실시협약에 따른 재정지원금의 지급을 구하여야 한다(대판 2019. 1. 31, 2017두46455). → 터널 민간투자사업 실시협약을 공법상 계약으로 본 사안

③ ✗ 당사자소송에도 직권심리에 관한 행정소송법 제26조가 준용된다(행정소송법 제44조 제1항).

> **행정소송법 제44조(준용규정)** ① 제14조 내지 제17조, 제22조, 제25조, 제26조, 제30조제1항, 제32조 및 제33조의 규정은 당사자소송의 경우에 준용한다.
> **행정소송법 제26조(직권심리)** 법원은 필요하다고 인정할 때에는 직권으로 증거조사를 할 수 있고, 당사자가 주장하지 아니한 사실에 대하여도 판단할 수 있다.

> 2021 군무원 9급 당사자소송의 경우 법원은 필요하다고 인정할 때에는 직권으로 증거조사를 할 수 있으나, 당사자가 주장하지 아니한 사실에 대하여는 판단하여서는 안 된다. (✗)

④ ✗ 지방자치단체가 보조금 지급결정을 하면서 일정 기한 내에 보조금을 반환하도록 하는 교부조건을 부가한 사안에서, 보조사업자의 지방자치단체에 대한 보조금 반환의무는 행정처분인 위 보조금 지급결정에 부가된 부관상 의무이고, 이러한 부관상 의무는 보조사업자가 지방자치단체에 부담하는 공법상 의무이므로, **보조사업자에 대한 지방자치단체의 보조금반환청구**는 공법상 권리관계의 일방 당사자를 상대로 하여 공법상 의무이행을 구하는 청구로서 행정소송법 제3조 제2호에 규정한 **당사자소송의 대상**이라고 한 사례(대판 2011. 6. 9, 2011다2951).

12 정답 ④

④ ✗ **어업권면허에 선행하는 우선순위결정**은 행정청이 우선권자로 결정된 자의 신청이 있으면 어업권면허처분을 하겠다는 것을 약속하는 행위로서 강학상 확약에 불과하고 행정처분은 아니므로, 우선순위결정에 **공정력이나 불가쟁력과 같은 효력은 인정되지 아니하며**, 따라서 우선순위결정이 잘못되었다는 이유로 종전의 어업권면허처분이 취소되면 행정청은 종전의 우선순위결정을 무시하고 다시 우선순위를 결정한 다음 새로운 우선순위결정에 기하여 새로운 어업권면허를 할 수 있다(대판 1995. 1. 20, 94누6529).

① ⭘ 행정기본법에 확약에 관한 규정은 존재하지 않는다.

> 참고 **행정기본법 주요내용**
> 가. 행정의 법 원칙 명문화(제8조부터 제13조까지)
>   헌법 원칙 및 그동안 학설과 판례에 따라 확립된 원칙인 법치행정·평등·비례·권한남용금지·신뢰보호·부당결부금지의 원칙 등을 행정의 법 원칙으로 규정함.
> 나. 법령 등 개정 시 신법과 구법의 적용 기준(제14조)
>   당사자의 신청에 따른 처분은 처분 당시의 법령 등을 따르고, 제재처분은 위반행위 당시의 법령 등을 따르도록 하되, 제재처분 기준이 가벼워진 경우에는 변경된 법령 등을 적용하도록 함.
> 다. 위법 또는 부당한 처분의 취소 및 적법한 처분의 철회(제18조 및 제19조)
>   (1) 행정청은 위법 또는 부당한 처분의 전부나 일부를 소급하여 취소할 수 있도록 하되, 당사자의 신뢰를 보호할 가치가 있는 등 정당한 사유가 있는 경우에는 장래를 향하여 취소할 수 있도록 함.
>   (2) 행정청은 적법하게 성립된 처분이라도 법률에서 정한 철회 사유에 해당하거나 법령 등의 변경으로 처분을 더 이상 존속시킬 필요가 없게 된 경우

등에는 그 처분의 전부 또는 일부를 장래를 향하여 철회할 수 있도록 함.
(3) 행정청이 당사자에게 권리나 이익을 부여하는 처분을 취소하거나 적법한 처분을 철회하려는 경우에는 취소·철회로 인하여 당사자가 입게 될 불이익을 취소·철회로 달성되는 공익과 비교·형량하도록 함.

라. **자동적 처분(제20조)**
인공지능 시대를 맞아 미래 행정 수요에 대비하기 위하여, 행정청은 처분에 재량이 있는 경우를 제외하고 법률로 정하는 바에 따라 완전히 자동화된 시스템으로 처분을 할 수 있도록 함.

마. **제재처분의 제척기간 제도 도입(제23조)**
행정청은 법령 등의 위반행위가 종료된 날부터 5년이 지나면 원칙적으로 해당 위반행위에 대하여 인가·허가 등의 정지·취소·철회, 등록 말소, 영업소 폐쇄와 정지를 갈음하는 과징금 부과처분을 할 수 없도록 함.

바. **인허가의제의 공통 기준(제24조부터 제26조까지)**
(1) 인허가의제 시 관련 인허가 행정청과의 협의 기간 및 협의 간주 규정 등 인허가의제에 필요한 공통적인 사항을 규정함.
(2) 인허가의제의 효과는 주된 인허가의 해당 법률에 규정된 관련 인허가에 한정하고, 주된 인허가로 의제된 관련 인허가는 관련 인허가 행정청이 직접 행하는 것으로 보아 관계 법령에 따른 관리·감독 등을 하도록 함.

사. **공법상 계약(제27조)**
행정의 전문화·다양화에 대응하여 공법상 법률관계에 관한 계약을 통해서도 행정이 이루어질 수 있도록 공법상 계약의 법적 근거를 마련하고, 공법상 계약의 체결 방법, 체결 시 고려사항 등에 관한 일반적 사항을 규정함.

아. **수리가 필요한 신고의 효력(제34조)**
법령 등으로 정하는 바에 따라 행정청에 일정한 사항을 통지하여야 하는 신고로서 법률에 신고의 수리가 필요하다고 명시되어 있는 경우에는 행정청이 수리하여야 효력이 발생하도록 함.

자. **처분에 대한 이의신청 제도 확대(제36조)**
(1) 일부 개별법에 도입되어 있는 처분에 대한 이의신청 제도를 확대하기 위하여, 행정청의 처분에 대해 이의가 있는 당사자는 행정청에 이의신청을 할 수 있도록 일반적 근거를 마련함.
(2) 행정청은 이의신청을 받은 날부터 14일 이내에 이의신청에 대한 결과를 통지하도록 하고, 이의신청에 대한 결과를 통지받은 후 행정심판이나 행정소송을 제기하는 경우에는 그 이의신청 결정을 통보받을 날부터 90일 이내에 제기하도록 하는 등 이의신청 제도의 공통적인 사항을 정함.

차. **처분의 재심사 제도 도입(제37조)**
제재처분 및 행정상 강제를 제외한 처분에 대해서는 쟁송을 통하여 더 이상 다툴 수 없게 된 경우에도 처분의 근거가 된 사실관계 또는 법률관계가 추후에 당사자에게 유리하게 바뀐 경우 등 일정한 요건에 해당하면 그 사유를 안 날부터 60일 이내에 행정청에 대하여 처분을 취소·철회하거나 변경하여 줄 것을 신청할 수 있도록 하되, 처분이 있은 날부터 5년이 지나면 재심사를 신청할 수 없도록 함.

카. **행정법제의 개선(제39조)**
정부는 권한 있는 기관에 의하여 위헌으로 결정되어 법령이 헌법이나 법률에 위반되는 것이 명백한 경우에는 해당 법령을 개선하여야 하고, 행정 분야의 법제도 개선 등을 위하여 필요한 경우 관계 기관 협의 및 전문가 의견 수렴을 거쳐 개선조치를 할 수 있도록 함.

② ◉ 유효한 확약은 권한을 가진 행정청에 의해서만, 그리고 권한의 범위 내에서만 발해질 수 있다.

③ ◉ 행정청이 상대방에게 장차 어떤 처분을 하겠다고 확약 또는 공적인 의사표명을 하였다고 하더라도, 그 자체에서 상대방으로 하여금 언제까지 처분의 발령을 신청을 하도록 유효기간을 두었는데도 그 기간 내에 상대방의 신청이 없었다거나 확약 또는 공적인 의사표명이 있은 후에 <u>사실적·법률적 상태가 변경되었다면</u>, 그와 같은 확약 또는 공적인 의사표명은 **행정청의 별다른 의사표시를 기다리지 않고 실효된다**(대판 1996. 8. 20, 95누10877).

13
정답 ④

④ ✕ 행정소송법 제18조 제1항, 제20조 제1항, 구 행정심판법 제18조 제1항을 종합해 보면, 행정처분이 있음을 알고 처분에 대하여 곧바로 취소소송을 제기하는 방법을 선택한 때에는 처분이 있음을 안 날부터 90일 이내에 취소소송을 제기하여야 하고, 행정심판을 청구하는 방법을 선택한 때에는 처분이 있음을 안 날부터 90일 이내에 행정심판을 청구하고 행정심판의 재결서를 송달받은 날부터 90일 이내에 취소소송을 제기하여야 한다. 따라서 처분이 있음을 안 날부터 90일 이내에 행정심판을 청구하지도 않고 취소소송을 제기하지도 않은 경우에는 그 후 제기된 취소소송은 제소기간을 경과한 것으로서 부적법하고, **처분이 있음을 안 날부터 90일을 넘겨 청구한 부적법한 행정심판청구에 대한 재결이 있은 후 재결서를 송달받은 날부터 90일 이내에 원래의 처분에 대하여 취소소송을 제기하였다고 하여 취소소송이 다시 제소기간을 준수한 것으로 되는 것은 아니다**(대판 2011. 11. 24, 2011두18786).

① ◉ **무효인 처분에 대하여 취소소송을 제기하는 경우**, 즉 행정처분의 당연무효를 선언하는 의미에서 그 취소를 청구하는 행정소송을 제기하는 경우, 형식적으로는 취소소송이므로 **제소기간 등 취소소송으로서의 소송요건을 갖추어야 소송이 적법**하게 된다(대판 1984. 5. 29, 84누175).

┌ 비교판례
취소사유 있는 처분에 대해 무효확인소송을 제기하는 경우 행정처분의 무효확인을 구하는 소에는 원고가 그 처분의 취소를 구하지 아니한다고 밝히지 아니한 이상 <u>그 처분이 당연무효가 아니라면 그 취소를 구하는 취지도 포함되어 있는 것으로 보아야 하고, 그와 같은 경우에 **취소청구를 인용하려면 먼저 취소를 구하는 항고소송으로서의 제소요건을 구비하여야**</u> 한다(대판 2018. 10. 25, 2015두38856).

② ◉ 취소소송은 행정소송법 제20조 제1항 단서에 규정된 경우를 제외하고는 취소 등의 원인이 있음을 안 날로부터 90일 이내에 제기하여야 하고(행정소송법 제20조 제1항 본문), **제소기간의 준수 여부는 소송요건으로서 법원의 직권조사사항**이다(대판 2013. 3. 14, 2010두2623). → 행정소송에서 제소기간 등의 소송요건은 공익적 성질을 가지는 것으로 법원의 직권조사사항이므로, 당사자가 주장하지 않아도 법원이 직권으로 조사해야 한다.

┌ 관련판례
행정소송에서 쟁송의 대상이 되는 **행정처분의 존부는 소송요건으로서 직권조사사항**이고, 자백의 대상이 될 수 없는 것이므로, 설사 그 존재를 당사자들이 다투지 아니한다 하더라도 그 존부에 관하여 의심이 있는 경우에는 이를 직권으로 밝혀 보아야 할 것이고, 사실심에서 변론종결시까지 당사자가 주장하지 않던 직권조사사항에 해당하는 사항을 상고심에서 비로소 주장하는 경우 그 직권조사사항에 해당하는 사항은 상고심의 심판범위에 해당한다(대판 2004. 12. 24, 2003두15195).

③ ◉ **고시 또는 공고에 의하여 행정처분을 하는 경우, 그에 대한 취소소송의 제소기간의 기산일(=고시 또는 공고의 효력발생일)** 통상 고시 또는 공고에 의하여 행정처분을 하는 경우에는 그 처분의 상대방이 불특정 다수인이고, 그 처분의 효력이 불특정 다수인에게 일률적으로 적용되는 것이므로, 그 행정처분에 이해관계를 갖는 자는 고시 또는 공고가 있었다는 사실을 현실적으로 알았는지 여부에 관계없이 **고시가 효력을 발생하는 날에 행정처분이 있음을 알았다고 보아야** 하고, 따라서 그에 대한 취소소송은 그 날로부터 90일 이내에 제기하여야 한다(대판 2006. 4. 14, 2004두3847).

14
정답 ④

④ ✗

개인정보 보호법 제53조(소송대리인의 선임) 단체소송의 원고(당사자 ✗)는 변호사를 소송대리인으로 선임하여야 한다.

① ○

개인정보 보호법 제39조(손해배상책임) ③ 개인정보처리자의 고의 또는 중대한 과실로 인하여 개인정보가 분실·도난·유출·위조·변조 또는 훼손된 경우로서 정보주체에게 손해가 발생한 때에는 법원은 그 손해액의 3배를 넘지 아니하는 범위에서 손해배상액을 정할 수 있다. 다만, 개인정보처리자가 고의 또는 중대한 과실이 없음을 증명한 경우에는 그러하지 아니하다.

② ○

개인정보 보호법 제52조(전속관할) ① 단체소송의 소는 피고의 주된 사무소 또는 영업소가 있는 곳, 주된 사무소나 영업소가 없는 경우에는 주된 업무담당자의 주소가 있는 곳의 지방법원 본원 합의부의 관할에 전속한다.

③ ○

개인정보 보호법 제55조(소송허가요건 등) ① 법원은 다음 각 호의 요건을 모두 갖춘 경우에 한하여 결정으로 단체소송을 허가한다.
1. 개인정보처리자가 분쟁조정위원회의 조정을 거부하거나 조정 결과를 수락하지 아니하였을 것
2. 제54조에 따른 소송허가신청서의 기재사항에 흠결이 없을 것
② 단체소송을 허가하거나 불허가하는 결정에 대하여는 즉시항고할 수 있다.

15
정답 ②

② ✗ 체육시설의 설치·이용에 관한 법률 제10조, 제11조, 제22조, 같은 법 시행규칙 제8조 및 제25조의 각 규정에 의하면, 체육시설업은 등록체육시설업과 신고체육시설업으로 나누어지고, 당구장업과 같은 신고체육시설업을 하고자 하는 자는 체육시설업의 종류별로 같은 법 시행규칙이 정하는 해당 시설을 갖추어 소정의 양식에 따라 신고서를 제출하는 방식으로 시·도지사에 신고하도록 규정하고 있으므로, 소정의 시설을 갖추지 못한 체육시설업의 신고는 부적법한 것으로 그 수리가 거부될 수밖에 없고 그러한 상태에서 신고체육시설업의 영업행위를 계속하는 것은 무신고 영업행위에 해당할 것이지만, 이에 반하여 적법한 요건을 갖춘 신고의 경우에는 행정청의 수리처분 등 별단의 조치를 기다릴 필요 없이 그 접수시에 신고로서의 효력이 발생하는 것이므로 그 수리가 거부되었다고 하여 무신고 영업이 되는 것은 아니다(대판 1998. 4. 24, 97도3121). → 체육시설의 설치·이용에 관한 법률 제20조에 의한 신고체육시설업의 신고는 수리를 요하지 않는 신고(=자기완결적 신고)이다.

체육시설의 설치·이용에 관한 법률 제10조(체육시설업의 구분·종류)
① 체육시설업은 다음과 같이 구분한다.
1. 등록 체육시설업 : 골프장업, 스키장업, 자동차 경주장업
2. 신고 체육시설업 : 요트장업, 조정장업, 카누장업, 빙상장업, 승마장업, 종합 체육시설업, 수영장업, 체육도장업, 골프 연습장업, 체력단련장업, 당구장업, 썰매장업, 무도학원업, 무도장업, 야구장업, 가상체험 체육시설업, 체육교습업, 인공암벽장업

① ○ 구 체육시설의 설치·이용에 관한 법률 등에 의하여 체육시설(예탁금회원제 골프장)의 회원을 모집하고자 하는 자는 시·도지사 등으로부터 회원모집계획서에 대한 검토결과 통보를 받은 후에 회원을 모집할 수 있다고 보아야 하고, 따라서 체육시설(예탁금회원제 골프장)의 회원을 모집하고자 하는 자의 시·도지사 등에 대한 회원모집계획서 제출은 수리를 요하는 신고에서의 신고에 해당하며, 시·도지사 등의 검토결과 통보는 수리행위로서 행정처분에 해당한다(대판 2009. 2. 26, 2006두16243).

③ ○ 행정관청으로서는 법령에서 규정하는 시설기준을 갖추어 축산물판매업 신고를 하는 경우 당연히 그 신고를 수리하여야 하고, 적법한 요건을 갖춘 신고의 경우에는 행정관청의 수리처분 등 별단의 조치를 기다릴 필요 없이 그 접수시에 신고로서의 효력이 발생하는 것이므로 그 수리가 거부되었다고 하여 미신고 영업이 되는 것은 아니라고 할 것이다(대판 2010. 4. 29, 2009다97925). → 축산물판매업 신고는 수리를 요하지 않는 신고(=자기완결적 신고)이다.

16
정답 ③

③ ○ 법률의 시행령은 법률에 의한 위임이 없으면 개인의 권리·의무에 관한 내용을 변경·보충하거나 법률에 규정되지 아니한 새로운 내용을 정할 수는 없지만, 시행령의 내용이 모법의 입법 취지와 관련 조항 전체를 유기적·체계적으로 살펴보아 모법의 해석상 가능한 것을 명시한 것에 지나지 아니하거나 모법 조항의 취지에 근거하여 이를 구체화하기 위한 것인 때에는 모법의 규율 범위를 벗어난 것으로 볼 수 없으므로, 모법에 이에 관하여 직접 위임하는 규정을 두지 않았다고 하더라도 이를 무효라고 볼 수 없다(대판 2016. 12. 1, 2014두8650).

> 2017 국가직 9급(하)·2021 국가직 9급·2021 국가직 7급 법률의 시행령이나 시행규칙의 내용이 모법의 입법 취지와 관련 조항 전체를 유기적·체계적으로 살펴보아 모법의 해석상 가능한 것을 명시한 것에 지나지 아니하는 때에는 모법에 이에 관하여 직접 위임하는 규정을 두지 아니하였다고 하더라도 이를 무효라고 볼 수는 없다. (O)

① ✗ 교육부장관이 내신성적 산정기준의 통일을 기하기 위해 대학입시기본계획의 내용에서 내신성적 산정기준에 관한 시행지침을 마련하여 시·도교육감에서 통보한 것은 행정조직 내부에서 내신성적 평가에 관한 내부적 심사기준을 시달한 것에 불과하며, 위 지침에 의하여 곧바로 개별적이고 구체적인 권리의 침해를 받은 것으로는 도저히 인정할 수 없으므로, 그것만으로는 현실적으로 특정인의 구체적인 권리·의무에 직접적으로 변동을 초래하게 하는 것은 아니라 할 것이어서 내신성적산정지침을 항고소송의 대상이 되는 행정처분으로 볼 수 없다(대판 1994. 9. 10, 94두33).

② ✗ 상위법령의 시행에 필요한 세부적 사항을 정하기 위하여 행정관청이 일반적 직권에 의하여 제정하는 이른바 집행명령은 근거법령인 상위법령이 폐지되면 특별한 규정이 없는 이상 실효되는 것이나, 상위법령이 개정됨에 그친 경우에는 개정법령과 성질상 모순, 저촉되지 아니하고 개정된 상위법령의 시행에 필요한 사항을 규정하고 있는 이상 그 집행명령은 상위법령의 개정에도 불구하고 당연히 실효되지 아니하고 개정법령의 시행을 위한 집행명령이 제정, 발효될 때까지는 여전히 그 효력을 유지한다(대판 1989. 9. 12, 88누6962).

④ ✗ 서울특별시가 정한 개인택시운송사업면허지침은 재량권행사의 기준으로 설정된 행정청의 내부의 사무처리준칙에 불과하므로, 대외적으로 국민을 기속하는 법규명령의 경우와는 달리 외부에 고지되어야만 효력이 발생하는 것은 아니다(대판 1997. 1. 21, 95누12941).

17
정답 ③

③ ✗ 관할관청이 침해적 행정처분인 시정명령을 하면서 피고인 乙에

게 행정절차법 제21조, 제22조에 따른 적법한 사전통지를 하거나 의견제출 기회를 부여하지 않았고 이를 정당화할 사유도 없으므로 시정명령은 절차적 하자가 있어 위법하고, **시정명령이 당연무효가 아니더라도 위법한 것으로 인정되는 이상** 피고인 乙이 시정명령을 이행하지 아니하였더라도 피고인 乙에 대하여 개발제한구역법 제32조 제2호 위반죄(**시정명령위반죄**)**가 성립하지 아니한다**(대판 2017. 9. 21, 2017도7321).

> 2018 국가직 7급 행정청이 침해적 행정처분인 시정명령을 하면서 사전통지를 하거나 의견제출 기회를 부여하지 않아 시정명령이 절차적 하자로 위법하다면, 그 시정명령을 위반한 사람에 대하여는 시정명령위반죄가 성립하지 않는다. (O)

① ○

> 행정기본법 제15조(처분의 효력) 처분은 권한이 있는 기관이 취소 또는 철회하거나 기간의 경과 등으로 소멸되기 전까지는 유효한 것으로 통용된다. 다만, 무효인 처분은 처음부터 그 효력이 발생하지 아니한다.

② ○ 연령미달의 결격자인 피고인 甲이 자신의 형인 乙의 이름으로 운전면허시험에 응시, 합격하여 교부받은 운전면허는 당연무효가 아니고 도로교통법 제65조 제3호의 사유에 해당함에 불과하여 취소되지 않는 한 유효하므로 피고인 甲의 운전행위는 무면허운전에 해당하지 아니한다(대판 1982. 6. 8, 80도2646).

④ ○ 위법한 행정대집행이 완료되면 그 처분의 무효확인 또는 취소를 구할 소의 이익은 없다 하더라도, 미리 그 행정처분의 취소판결이 있어야만, 그 행정처분의 위법임을 이유로 한 손해배상청구를 할 수 있는 것은 아니다(대판 1972. 4. 28, 72다337).

18 정답 ④

④ ✕ 행정예고의 대상이 국민생활에 매우 큰 영향을 주는 사항이나 많은 국민의 이해가 상충되는 사항에 대한 정책 등, 법률에 규정된 사항에 **한정되는 것은 아니다**

> 행정절차법 제46조(행정예고) ① 행정청은 정책, 제도 및 계획(이하 "정책등"이라 한다)을 수립·시행하거나 변경하려는 경우에는 이를 예고하여야 한다. 다만, 다음 각 호의 어느 하나에 해당하는 경우에는 예고를 하지 아니할 수 있다.
> 1. 신속하게 국민의 권리를 보호하여야 하거나 예측이 어려운 특별한 사정이 발생하는 등 긴급한 사유로 예고가 현저히 곤란한 경우
> 2. 법령등의 단순한 집행을 위한 경우
> 3. 정책등의 내용이 국민의 권리·의무 또는 일상생활과 관련이 없는 경우
> 4. 정책등의 예고가 공공의 안전 또는 복리를 현저히 해칠 우려가 상당한 경우

① ○

> 행정절차법 제47조(예고방법 등) ① 행정청은 정책등안(案)의 취지, 주요 내용 등을 관보·공보나 인터넷·신문·방송 등을 통하여 공고하여야 한다.

② ○

> 행정절차법 제46조(행정예고) ③ 행정예고기간은 예고 내용의 성격 등을 고려하여 정하되, 특별한 사정이 없으면 **20일 이상**으로 한다.

③ ○

> 행정절차법 제46조의2(행정예고 통계 작성 및 공고) 행정청은 매년 자신이 행한 행정예고의 실시 현황과 그 결과에 관한 통계를 작성하고, 이를 관보·공보 또는 인터넷 등의 방법으로 널리 공고하여야 한다.

19 정답 ②

② ✕ 농지법은 농지 처분명령에 대한 이행강제금 부과처분에 불복하는 자가 그 처분을 고지받은 날부터 30일 이내에 부과권자에게 이의를 제기할 수 있고, 이의를 받은 부과권자는 지체 없이 관할 법원에 그 사실을 통보하여야 하며, 그 통보를 받은 관할 법원은 비송사건절차법에 따른 과태료 재판에 준하여 재판을 하도록 정하고 있다(제62조 제1항, 제6항, 제7항). 따라서 농지법 제62조 제1항에 따른 **이행강제금 부과처분**에 불복하는 경우에는 **비송사건절차법에 따른 재판절차가 적용**되어야 하고, **행정소송법상 항고소송의 대상은 될 수 없다**(대판 2019. 4. 11, 2018두42955).

> 2020 국가직 7급 농지법상 이행강제금 부과처분은 항고소송의 대상이 되는 처분에 해당하므로 이에 불복하는 경우 항고소송을 제기할 수 있다. (✕)

① ○ 어떤 행정법규위반의 행위에 대하여 이를 단지 간접적으로 행정상의 질서에 장애를 줄 위험성이 있음에 불과한 경우로 보아 행정질서벌인 과태료를 과할 것인지 아니면 직접적으로 행정목적과 공익을 침해한 행위로 보아 행정형벌을 과할 것인지는 기본적으로 입법권자가 제반사정을 고려하여 결정할 입법재량에 속하는 문제이다(헌재 1998. 5. 28, 96헌바83).

③ ○ **이행강제금은 간접강제의 일종**으로서 그 이행강제금 납부의무는 상속인 기타의 사람에게 승계될 수 없는 **일신전속적인 성질의 것**이므로 이미 사망한 사람에게 이행강제금을 부과하는 내용의 처분이나 결정은 **당연무효이다**(대결 2006. 12. 8, 2006마470).

④ ○

> 질서위반행위규제법 제25조(관할 법원) 과태료 사건은 다른 법령에 특별한 규정이 있는 경우를 제외하고는 당사자의 주소지의 지방법원 또는 그 지원의 관할로 한다.

20 정답 ②

② 국세환급거부결정과 공정거래위원회의 고발조치는 처분성을 부정하였으며, 나머지는 모두 처분성을 긍정하였다.

㉠ 처분성 ✕ **개별공시지가의 결정**에 위법이 있는 경우에는 그 자체를 **행정소송의 대상이 되는 행정처분**으로 보아 그 위법 여부를 다툴 수 있음은 물론 이를 기초로 한 과세처분 등 행정처분의 취소를 구하는 행정소송에서도 선행처분인 개별공시지가결정의 위법을 독립된 불복사유로 주장할 수 있다(대판 1996. 5. 14, 93누10118).

㉡ 처분성 ✕ 국세기본법 제51조 및 제52조 국세환급금 및 국세가산금결정에 관한 규정은 이미 납세의무자의 환급청구권이 확정된 국세환급금 및 가산금에 대하여 내부적 사무처리절차로서 과세관청의 환급절차를 규정한 것에 지나지 않고 그 규정에 의한 국세환급금(가산금 포함)결정에 의하여 비로소 환급청구권이 확정되는 것은 아니므로, **국세환급금결정**이나 이 결정을 구하는 신청에 대한 **환급거부결정** 등은 납세의무자가 갖는 환급청구권의 존부나 범위에 구체적이고 직접적인 영향을 미치는 처분이 아니어서 **항고소송의 대상이 되는 처분이라고 볼 수 없다**(대판 1989. 6. 15, 88누6436 전합).

㉢ 처분성 ✕ **공정거래위원회의 고발조치**는 사직 당국에 대하여 형벌권 행

사를 요구하는 행정기관 상호 간의 행위에 불과하여 **항고소송의 대상이 되는 행정처분이라 할 수 없으며,** 더욱이 공정거래위원회의 고발 의결은 행정청 내부의 의사결정에 불과할 뿐 최종적인 처분은 아닌 것이므로 이 역시 항고소송의 대상이 되는 행정처분이 되지 못한다(대판 1995. 5. 12, 94누13794).

ⓔ 처분성○ 건축주명의변경신고에 대한 수리거부행위는 취소소송의 대상이 되는 처분에 해당한다(대판 1992. 3. 31, 91누4911).

ⓜ 처분성○ **원자로 및 관계 시설의 부지사전승인처분**은 그 자체로서 건설부지를 확정하고 사전공사를 허용하는 법률효과를 지닌 **독립한 행정처분**이기는 하지만, 건설허가 전에 신청자의 편의를 위하여 미리 그 건설허가의 일부 요건을 심사하여 행하는 사전적 부분 건설허가처분의 성격을 갖고 있는 것이어서 나중에 건설허가처분이 있게 되면 그 건설허가처분에 흡수되어 독립된 존재가치를 상실함으로써 그 건설허가처분만이 쟁송의 대상이 되는 것이므로, 부지사전승인처분의 취소를 구하는 소는 소의 이익을 잃게 되고, 따라서 부지사전승인처분의 위법성은 나중에 내려진 건설허가처분의 취소를 구하는 소송에서 이를 다투면 된다(대판 1998. 9. 4, 97누19588).

ⓑ 처분성○ **병무청장이 병역법 제81조의2 제1항에 따라 병역의무 기피자의 인적사항 등을 인터넷 홈페이지에 게시하는 등의 방법으로 공개한 경우, 병무청장의 공개결정이 항고소송의 대상이 되는 행정처분인지 여부(적극)** 병무청장이 하는 병역의무 기피자의 인적사항 등 공개는, 특정인을 병역의무 기피자로 판단하여 그 사실을 일반 대중에게 공표함으로써 그의 명예를 훼손하고 그에게 수치심을 느끼게 하여 병역의무 이행을 간접적으로 강제하려는 조치로서 병역법에 근거하여 이루어지는 공권력의 행사에 해당한다(대판 2019. 6. 27, 2018두49130). → 관할 지방병무청장이 1차로 공개 대상자 결정을 하고, 그에 따라 병무청장이 같은 내용으로 최종적 공개결정을 하였다면, 공개 대상자는 병무청장의 최종적 공개결정만을 다투는 것으로 충분하고, 관할 지방병무청장의 공개 대상자 결정을 별도로 다툴 소의 이익은 없어진다.

> 2020 군무원 7급 병무청장의 병역의무 기피자의 인적사항 공개결정은 취소소송의 대상이 되는 처분에 해당한다. (○)

21
정답 ②

② ✗ 공무원인 갑이 그 직무에 관하여 뇌물을 받았음을 징계사유로 하여 파면처분을 받은 후 그에 대한 형사사건이 항소심까지 유죄로 인정되었고 그 형사사건에서 갑이 수사기관과 법정에서 금품수수 사실을 자인하였으나 그 후 **대법원의 파기환송판결에 따라 무죄의 확정판결**이 있었다면 위 징계처분은 근거 없는 사실을 징계사유로 삼은 것이 되어 위법하다고 할 수는 있을지언정 그것이 객관적으로 명백하다고는 할 수 없으므로 위 **징계처분이 당연무효인 것은 아니다**(대판 1989. 9. 26, 89누4963).

① ○ **파면처분이 있은 후에 금고 이상의 형을 선고받아 당연퇴직된 경우에도 최소한 이 사건 파면처분이 있은 때부터 당연퇴직일자까지의 기간에 있어서는 파면처분의 취소를 구하여 그로 인해 박탈당한 이익의 회복을 구할 소의 이익이 있다**(대판 1985. 6. 25, 85누39).

③ ○ 징계위원회의 심의과정에 반드시 제출되어야 하는 공적사항이 제시되지 않은 상태에서 결정한 징계처분은 징계양정이 결과적으로 적정한지 그렇지 않은지와 상관없이 **법령이 정한 징계절차를 지키지 않은 것으로서 위법**하다(대판 2012. 6. 28, 2011두20505).

④ ○ 수개의 징계사유 중 일부가 인정되지 않더라도 인정되는 다른 징계사유만으로도 당해 징계처분의 타당성을 인정하기에 충분한 경우에는 그 징계처분을 유지하여도 위법하지 아니하다. 따라서 경찰 공무원이 담당사건의 고소인으로부터 금품을 수수하고 향응과 양주를 제공받았으며 이를 은폐하기 위하여 고소인을 무고하는 범죄행위를 하였다는 사유로 해임처분을 받은 경우, 위 징계사유 중 금품수수사실이 인정되지 않더라도 나머지 징계사유만으로도 해임처분의 타당성이 인정되어 재량권의 범위를 일탈·남용한 것이 아니다(대판 2002. 9. 24, 2002두6620).

22
정답 ④

④ ✗ 적법절차의 원칙은 형사소송절차에 국한되지 아니하고, 세무공무원이 과세권을 행사하는 경우에도 마찬가지로 준수하여야 하는 점 등을 고려하여 보면, 국세기본법 및 국세기본법 시행령이 과세전적부심사를 거치지 않고 곧바로 과세처분을 할 수 있거나 과세전적부심사에 대한 결정이 있기 전이라도 과세처분을 할 수 있는 예외사유로 정하고 있다는 등의 특별한 사정이 없는 한, **과세예고 통지 후 과세전적부심사 청구나 그에 대한 결정이 있기도 전에 과세처분을 하는 것은** 원칙적으로 과세전적부심사 이후에 이루어져야 하는 과세처분을 그보다 앞서 함으로써 과세전적부심사 제도 자체를 형해화시킬 뿐만 아니라 과세전적부심사 결정과 과세처분 사이의 관계 및 불복절차를 불분명하게 할 우려가 있으므로, 그와 같은 과세처분은 납세자의 절차적 권리를 침해하는 것으로서 **절차상 하자가 중대하고도 명백하여 무효**이다(대판 2016. 12. 27, 2016두49228).

① ○ 구 폐기물처리시설 설치촉진 및 주변지역 지원 등에 관한 법률에 정한 입지선정위원회가 그 구성방법 및 절차에 관한 같은 법 시행령의 규정에 위배하여 군수와 주민대표가 선정·추천한 전문가를 포함시키지 않은 채 임의로 구성되어 의결을 한 경우, 그에 터잡아 이루어진 폐기물처리시설 입지결정처분의 하자는 중대한 것이고 객관적으로도 명백하므로 **무효사유에 해당**한다고 한 사례(대판 2007. 4. 12, 2006두20150).

② ○ 개발부담금 부과처분을 하면서 납부고지서에 납부기한을 법정납부기한보다 단축하여 기재한 경우라 하더라도, 그 부과처분이 위법하게 되는 것은 아니다(대판 2002. 7. 23, 2000두9946). → 납부기한을 잘못 기재한 것만으로는 납부기한이 단축되는 효력이 발생되는 것이 아니고, 따라서 처분에 대한 불복 여부의 결정과 불복신청에 지장을 주었다고 단정하기 어렵다.

③ ○ 부동산을 양도한 사실이 없음에도 세무당국이 부동산을 양도한 것으로 오인하여 양도소득세를 부과하였다면 그 부과처분은 착오에 의한 행정처분으로서 그 표시된 내용에 중대하고 명백한 하자가 있어 당연무효이다(대판 1983. 8. 23, 83누179).

23
정답 ③

③ ✗ 공무원이 직무수행 중 불법행위로 타인에게 손해를 입힌 경우에 국가 등이 국가배상책임을 부담하는 외에 공무원 개인도 고의 또는 중과실이 있는 경우에는 불법행위로 인한 손해배상책임을 지고, 공무원에게 경과실이 있을 뿐인 경우에는 공무원 개인은 손해배상책임을 부담하지 아니한다. 이처럼 **경과실이 있는 공무원**이 피해자에 대하여 손해배상책임을 부담하지 아니함에도 피해자에게 손해를 배상하였다면 그것은 채무자 아닌 사람이 타인의 채무를 변제한 경우에 해당하고, 이는 민법 제469조의 '제3자의 변제' 또는 민법 제744조의 '도의관념에 적합한 비채변제'에 해당하여 피해자는 공무원에 대하여 이를 반환할 의무가 없고, 그에 따라 피해자의 국가에 대한 손해배상청구권이 소멸하여 국가는 자신의 출연 없이 채무를 면하게 되므로, **피해자에게 손해를 직접 배상한 경과실이 있는 공무원**은 특별한 사정이 없는 한 **국가에 대하여** 국가의 피해자에 대한 손해배상책임의 범위 내에서 공무원이 변제한 금액에 관하여 **구상권을 취득한다**고 봄이 타당하다(대판 2014. 8. 20, 2012다54478).

① ○ 국가배상법이 정한 손해배상청구의 요건인 '공무원의 직무'에는 국가나 지방자치단체의 권력적 작용뿐만 아니라 비권력적 작용도 포함되지만 **단순한 사경제의 주체로서 하는 작용은 포함되지 않는다**(대판 2004. 4. 9, 2002다10691).

② ⭕ **구청 세무과 소속 공무원 갑이 을에게 무허가건물 세입자들에 대한 시영아파트 입주권 매매행위를 한 경우 외형상 직무범위 내의 행위라고 볼 수 있는지 여부(소극)** 구청 공무원 갑이 **주택정비계장으로 부임하기 이전에** 그의 처 등과 공모하여 을에게 무허가건물철거 세입자들에 대한 시영아파트 입주권 매매행위를 한 경우 이는 갑이 개인적으로 저지른 행위에 불과하고 **당시 근무하던 세무과에서 수행하던 지방세 부과, 징수 등 본래의 직무와는 관련이 없는 행위**로서 외형상으로도 직무범위 내에 속하는 행위라고 볼 수 없다(대판 1993. 1. 15, 92다8514).

┤ 비교판례 ├

서울특별시 소속 건설담당직원이 무허가건물이 철거되면 그 소유자에게 시영아파트입주권이 부여될 것이라고 허위의 확인을 하여 주었기 때문에 그 소유자와의 사이에 처음부터 그 이행이 불가능한 아파트입주권 매매계약을 체결하여 매매대금을 지급한 경우, **공무원의 허위확인행위와 매수인의 손해 발생 사이에는 상당인과관계가 있다**(대판 1996. 11. 29, 95다21709).

④ ⭕

국가배상법 제4조(양도 등 금지) 생명·신체의 침해로 인한 국가배상을 받을 권리는 양도하거나 압류하지 못한다.

24 정답 ③

③ ❌

공익사업을 위한 토지 등의 취득 및 보상에 관한 법률 제23조(사업인정의 실효) ① 사업시행자가 제22조 제1항에 따른 사업인정의 고시가 된 날부터 1년 이내에 제28조 제1항에 따른 재결신청을 하지 아니한 경우에는 <u>사업인정고시가 된 날부터 1년이 되는 날의 다음 날</u>에 사업인정은 그 효력을 상실한다.

① ⭕ **토지수용을 위한 사업인정은 단순한 확인행위가 아니라 형성행위**이고 당해 사업이 비록 토지를 수용할 수 있는 사업에 해당된다 하더라도 행정청으로서는 그 사업이 공용수용을 할 만한 공익성이 있는지의 여부를 모든 사정을 참작하여 구체적으로 판단하여야 하는 것이므로 사업인정의 여부는 행정청의 재량에 속한다(대판 1992. 11. 13, 92누596).

② ⭕ 사업인정단계에서의 하자를 다투지 아니하여 이미 쟁송기간이 도과한 수용재결단계에 있어서는 위 사업인정처분에 중대하고 명백한 하자가 있어 당연무효라고 볼만한 특단의 사정이 없다면 **그 처분의 불가쟁력에 의하여 사업인정처분의 위법, 부당함을 이유로 수용재결처분의 취소를 구할 수 없다**(대판 1987. 9. 8, 87누395).

④ ⭕

공익사업을 위한 토지 등의 취득 및 보상에 관한 법률 제22조(사업인정의 고시) ③ 사업인정은 제1항에 따라 <u>고시한 날부터 그 효력이 발생한다.</u>

2021 국가직 7급 · 2021 경행특채 사업인정은 고시한 날부터 효력이 발생한다. (O)

25 정답 ④

㉠ ❌ 적법하게 성립된 처분이라도 법령등의 변경이나 사정변경이 있는 경우, 중대한 공익을 위하여 필요한 경우 등에는 법적 근거가 없더라도 그 처분을 한 행정청이 직권으로 처분을 철회할 수 있다는 것이 확립된 이론과 판례의 입장이었다. 다만, 구체적인 법 규정이 없어 제도적으로 불분명한 부분이 있었는데, 이를 해소하기 위하여 **행정기본법에서는 처분의 철회에 관한 일반적 규정을 두고 있다**(제19조). 한편, **명문의 규정이 없는 한, 감독청의 철회는 부정하는 것이 통설**이다.

행정기본법 제19조(적법한 처분의 철회) ① 행정청은 적법한 처분이 다음 각 호의 어느 하나에 해당하는 경우에는 그 처분의 전부 또는 일부를 장래를 향하여 철회할 수 있다.
  1. 법률에서 정한 철회 사유에 해당하게 된 경우
  2. 법령등의 변경이나 사정변경으로 처분을 더 이상 존속시킬 필요가 없게 된 경우
  3. 중대한 공익을 위하여 필요한 경우
② 행정청은 제1항에 따라 처분을 철회하려는 경우에는 철회로 인하여 당사자가 입게 될 불이익을 철회로 달성되는 공익과 비교·형량하여야 한다.

㉡ ⭕ 변상금 부과처분에 대한 취소소송이 진행 중이라도 그 부과권자로서는 위법한 처분을 스스로 취소하고 그 하자를 보완하여 다시 적법한 부과처분을 할 수도 있다(대판 2006. 2. 10, 2003두5686).

㉢ ⭕ 일정한 행정처분으로 국민이 일정한 이익과 권리를 취득하였을 경우(수익적 행정처분)에 종전 행정처분을 취소하는 행정처분은 이미 취득한 국민의 기존 이익과 권리를 박탈하는 별개의 행정처분으로 취소될 행정처분에 하자 또는 취소해야 할 공공의 필요가 있어야 하고, 나아가 행정처분에 하자 등이 있다고 하더라도 취소해야 할 공익상 필요와 취소로 당사자가 입게 될 기득권과 신뢰보호 및 법률생활안정의 침해 등 불이익을 비교·교량한 후 공익상 필요가 당사자가 입을 불이익을 정당화할 만큼 강한 경우에 한하여 취소할 수 있는 것이며, 하자나 **취소해야 할 필요성에 관한 증명책임**은 기존 이익과 권리를 침해하는 처분을 한 **행정청에 있다**(대판 2012. 3. 29, 2011두23375).

㉣ ⭕ 수익적 행정처분에 대한 취소권 등의 행사는 기득권의 침해를 정당화할 만한 중대한 공익상의 필요 또는 제3자의 이익보호의 필요가 있는 때에 한하여 허용될 수 있다는 법리는, 처분청이 수익적 행정처분을 직권으로 취소·철회하는 경우에 적용되는 법리일 뿐 **쟁송취소의 경우에는 적용되지 않는다**(대판 2019. 10. 17, 2018두104).

2021 경행특채 수익적 행정처분에 대한 취소권 등의 행사는 기득권의 침해를 정당화할 만한 중대한 공익상의 필요 또는 제3자의 이익보호의 필요가 있는 때에 한하여 허용될 수 있다는 법리는, 처분청이 수익적 행정처분을 직권으로 취소·철회하는 경우에 적용되는 법리일 뿐 쟁송취소의 경우에는 적용되지 않는다. (O)

제3회 전범위 모의고사 (소방행정법)

01 ② 02 ① 03 ④ 04 ③ 05 ① 06 ② 07 ① 08 ③ 09 ② 10 ②
11 ① 12 ④ 13 ① 14 ④ 15 ④ 16 ④ 17 ③ 18 ① 19 ① 20 ②
21 ① 22 ① 23 ② 24 ② 25 ②

01
정답 ②

② ✗ **과세처분 이후 조세 부과의 근거가 되었던 법률규정에 대하여 위헌결정이 내려진 경우, 그 조세채권의 집행을 위한 체납처분이 당연무효인지 여부(적극)** 구 헌법재판소법(2011. 4. 5. 법률 제10546호로 개정되기 전의 것) 제47조 제1항은 "법률의 위헌결정은 법원 기타 국가기관 및 지방자치단체를 기속한다."고 규정하고 있는데, 이러한 위헌결정의 기속력과 헌법을 최고규범으로 하는 법질서의 체계적 요청에 비추어 국가기관 및 지방자치단체는 위헌으로 선언된 법률규정에 근거하여 새로운 행정처분을 할 수 없음은 물론이고, 위헌결정 전에 이미 형성된 법률관계에 기한 후속처분이라도 그것이 새로운 위헌적 법률관계를 생성·확대하는 경우라면 이를 허용할 수 없다. 따라서 **조세 부과의 근거가 되었던 법률규정이 위헌으로 선언된 경우**, 비록 그에 기한 과세처분이 위헌결정 전에 이루어졌고, 과세처분에 대한 제소기간이 이미 경과하여 조세채권이 확정되었으며, 조세채권의 집행을 위한 체납처분의 근거규정 자체에 대하여는 따로 위헌결정이 내려진 바 없다고 하더라도, **위와 같은 위헌결정 이후에 조세채권의 집행을 위한 새로운 체납처분에 착수하거나 이를 속행하는 것은 더 이상 허용되지 않고**, 나아가 이러한 위헌결정의 효력에 위배하여 이루어진 체납처분은 그 사유만으로 하자가 중대하고 객관적으로 명백하여 **당연무효라고 보아야 한다**(대판 2012. 2. 16, 2010두10907 전합).

① ○ 위헌인 법률에 근거한 행정처분이 당연무효인지의 여부는 위헌결정의 소급효와는 별개의 문제로서, 위헌결정의 소급효가 인정된다고 하여 위헌인 법률에 근거한 행정처분이 당연무효가 된다고는 할 수 없고, 오히려 이미 취소소송의 제기기간을 경과하여 **확정력이 발생한 행정처분에는 위헌결정의 소급효가 미치지 않는다**고 보아야 한다(대판 1994. 10. 28, 92누9463).

③ ○ 법률에 근거하여 행정처분이 발하여진 후에 헌법재판소가 그 행정처분의 근거가 된 법률을 위헌으로 결정하였다면 결과적으로 행정처분은 법률의 근거가 없이 행하여진 것과 마찬가지가 되어 하자가 있는 것이 되나, 하자 있는 행정처분이 당연무효가 되기 위하여는 그 하자가 중대할 뿐만 아니라 명백한 것이어야 하는데, 일반적으로 법률이 헌법에 위반된다는 사정이 헌법재판소의 위헌결정이 있기 전에는 객관적으로 명백한 것이라고 할 수는 없으므로 헌법재판소의 위헌결정 전에 행정처분의 근거되는 당해 법률이 헌법에 위반된다는 사유는 특별한 사정이 없는 한 그 행정처분의 취소소송의 전제가 될 수 있을 뿐 당연무효사유는 아니라고 봄이 상당하다(대판 1994. 10. 28, 92누9463).

④ ○ 행정처분의 집행이 이미 종료되었고 그것이 번복될 경우 법적 안정성을 크게 해치게 되는 경우에는 후에 행정처분의 근거가 된 법규가 헌법재판소에서 위헌으로 선고된다고 하더라도 그 행정처분(行政處分)이 당연무효가 되지는 않음이 원칙이라고 할 것이나, **행정처분 자체의 효력이 쟁송기간 경과 후에도 존속 중인 경우**, 특히 그 처분이 위헌법률에 근거하여 내려진 것이고 그 행정처분의 목적달성을 위하여는 후행 행정처분이 필요한데 후행 행정처분은 아직 이루어지지 않은 경우와 같이 **그 행정처분을 무효로 하더라도 법적 안정성을 크게 해치지 않는 반면에, 그 하자가 중대하여 그 구제가 필요한 경우에 대하여서는 그 예외를 인정하여 이를 당연무효사유로 보아서 쟁송기간 경과 후에라도 무효확인을 구할 수 있는 것이라고 봐야 할 것이다**(헌재 1994. 6. 30, 92헌바23).

02
정답 ①

① ✗ **구내소매인과 일반소매인 사이에서는** 구내소매인의 영업소와 일반소매인의 영업소 간에 거리제한을 두지 아니할 뿐 아니라 건축물 또는 시설물의 구조·상주인원 및 이용인원 등을 고려하여 동일 시설물 내 2개소 이상의 장소에 구내소매인을 지정할 수 있으며, 이 경우 일반소매인이 지정된 장소가 구내소매인 지정대상이 된 때에는 동일 건축물 또는 시설물 안에 지정된 일반소매인은 구내소매인으로 보고, 구내소매인이 지정된 건축물 등에는 일반소매인을 지정할 수 없으며, 구내소매인은 담배진열장 및 담배소매점 표시판을 건물 또는 시설물의 외부에 설치하여서는 아니 된다고 규정하는 등 **일반소매인의 입장에서 구내소매인과의 과당경쟁으로 인한 경영의 불합리를 방지하는 것을 그 목적으로 할 수 있다고 보기 어려우므로**, 일반소매인으로 지정되어 영업을 하고 있는 기존업자의 신규 구내소매인에 대한 이익은 법률상 보호되는 이익이 아니라 단순한 사실상의 반사적 이익이라고 해석함이 상당하므로, **기존 일반소매인은 신규 구내소매인 지정처분의 취소를 구할 원고적격이 없다**(대판 2008. 4. 10, 2008두402).

─ 비교판례 ─
구 담배사업법과 그 시행령 및 시행규칙의 관계 규정에 의하면, 담배소매인을 일반소매인과 구내소매인으로 구분하여, 일반소매인 사이에서는 그 영업소 간에 군청, 읍·면사무소가 소재하는 리 또는 동지역에서는 50m, 그 외의 지역에서는 100m 이상의 거리를 유지하도록 규정하는 등 **일반소매인의 영업소 간에 일정한 거리제한을 두고 있는데**, 이는 담배유통구조의 확립을 통하여 국민의 건강과 관련되고 국가 등의 주요 세원이 되는 담배산업 전반의 건전한 발전 도모 및 국민경제에의 이바지라는 공익목적을 달성하고자 함과 동시에 **일반소매인 간의 과당경쟁으로 인한 불합리한 경영을 방지함으로써 일반소매인의 경영상 이익을 보호하는 데에도 그 목적이 있다**고 보이므로, 일반소매인으로 지정되어 영업을 하고 있는 기존업자의 신규 일반소매인에 대한 이익은 단순한 사실상의 반사적 이익이 아니라 법률상 보호되는 이익으로서 **기존 일반소매인이 신규 일반소매인 지정처분의 취소를 구할 원고적격이 있다**고 보아야 할 것이다(대판 2008. 4. 10, 2008두402).

② ○ 교육부장관이 사학분쟁조정위원회의 심의를 거쳐 갑 대학교를 설치·운영하는 을 학교법인의 이사 8인과 임시이사 1인을 선임한 데 대하여 **갑 대학교 교수협의회와 총학생회는 이사선임처분을 다툴 법률상 이익을 가지지만, 전국대학노동조합 갑 대학교지부는 이를 다툴 법률상 이익이 없다**(대판 2015. 7. 23, 2012두19496).

> 2019 세무사 대학교 총학생회는 교육부장관의 해당 대학교 학교법인의 임시이사선임처분의 취소를 구할 원고적격이 있다. (○)
> 2017 국가직 7급(하) 교육부장관이 사학분쟁조정위원회의 심의를 거쳐 학교법인의 이사와 임시이사를 선임한 데 대하여 그 대학교의 교수협의회와 총학생회는 이사선임처분 을 다툴 법률상 이익을 가지지만, 직원으로 구성된 노동조합은 법률상 이익을 가지지 않는다. (○)

③ ○ 김해시장이 소감천을 통해 낙동강에 합류하는 하천수 주변의 토지에 구 산업집적활성화 및 공장설립에 관한 법률 제13조에 따라 공장설립을 승인하는 처분을 한 사안에서, 상수원인 물금취수장이 소감천이 흘러 내려 낙동강 본류와 합류하는 지점 근처에 위치하고 있는 점, **수돗물은 수도관 등 급수시설에 의해 공급되는 것**이어서 거주지역이 물금취수장으로부터 다소 떨어진 곳이라고 하더라도 수돗물의 수질악화 등으로 주민들이 갖게 되는 환경상 이익의 침해나 그 우려는 그 수돗물을 공급하는 취수시설이 입게 되는 수질오염 등의 피해나 그 우려와 동일하게 평가될 수 있는 점 등에 비추어, 공장설립으로 수질오염 등이 발생할 우려가 있는 **물금취수장에서 취수된 물을 공급받는 부산광역시 또는 양산시에 거주하는 주민들도**

위 처분의 근거 법규 및 관련 법규에 의하여 개별적·구체적·직접적으로 보호되는 환경상 이익, 즉 법률상 보호되는 이익이 침해되거나 침해될 우려가 있는 주민으로서 **원고적격이 인정된다**고 한 사례(대판 2010. 4. 15, 2007두16127). → 환경관련 소송에서 원고적격을 인정함에 있어서 영향권의 범위 내에 거주하는 자는 원고적격이 추정되는데, 취수장으로부터 상당한 거리가 떨어진 곳에 거주하는 자라도 수도관을 통해 수돗물을 공급받는 경우 영향권 내에 있는 것으로 본 사례이다.

④ ○ [1] 일반적으로 면허나 인·허가 등의 수익적 행정처분의 근거가 되는 법률이 **해당 업자들 사이의 과당경쟁으로 인한 경영의 불합리를 방지하는 것도 그 목적으로 하고 있는 경우**, 다른 업자에 대한 면허나 인·허가 등의 수익적 행정처분에 대하여 이미 같은 종류의 면허나 인·허가 등의 수익적 행정처분을 받아 영업을 하고 있는 기존의 업자는 경업자에 대하여 이루어진 면허나 인·허가 등 행정처분의 상대방이 아니라 하더라도 당해 행정처분의 취소를 구할 원고적격이 있다. [2] 구 오수·분뇨 및 축산폐수의 처리에 관한 법률과 같은 법 시행령상 업종을 분뇨와 축산폐수 수집·운반업 및 정화조청소업으로 하여 **분뇨 등 관련 영업허가를 받아 영업을 하고 있는 기존 업자의 이익이 법률상 보호되는 이익**이라고 보아, 기존 업자에게 경업자에 대한 영업허가처분의 취소를 구할 **원고적격이 있다**고 한 사례(대판 2006. 7. 28, 2004두6716).

03   정답 ④

④ ✗ 개인정보자기결정권을 침해·제한한다고 주장되는 행위의 내용이 이미 정보주체의 의사에 따라 공개된 개인정보를 별도의 동의 없이 영리 목적으로 수집·제공하였다는 것인 경우, 정보처리 행위의 위법성 여부를 판단하는 기준 및 정보처리자에게 영리 목적이 있었다는 사정만으로 곧바로 정보처리 행위를 위법하다고 할 수 있는지 여부(소극) 개인정보자기결정권이라는 인격적 법익을 침해·제한한다고 주장되는 행위의 내용이 이미 정보주체의 의사에 따라 공개된 개인정보를 그의 **별도의 동의 없이 영리 목적으로 수집·제공하였다는 것인 경우**에는, 정보처리 행위로 침해될 수 있는 정보주체의 인격적 법익과 그 행위로 보호받을 수 있는 정보처리자 등의 법적 이익이 하나의 법률관계를 둘러싸고 충돌하게 된다. 이때는 정보주체가 공적인 존재인지, 개인정보의 공공성과 공익성, 원래 공개한 대상 범위, 개인정보 처리의 목적·절차·이용형태의 상당성과 필요성, 개인정보 처리로 침해될 수 있는 이익의 성질과 내용 등 여러 사정을 종합적으로 고려하여, 개인정보에 관한 인격권 보호에 의하여 얻을 수 있는 이익과 정보처리 행위로 얻을 수 있는 이익 즉 정보처리자의 '알 권리'와 이를 기반으로 한 정보수용자의 '알 권리' 및 표현의 자유, 정보처리자의 영업의 자유, 사회 전체의 경제적 효율성 등의 가치를 구체적으로 비교 형량하여 어느 쪽 이익이 더 우월한 것으로 평가할 수 있는지에 따라 정보처리 행위의 최종적인 위법성 여부를 판단하여야 하고, **단지 정보처리자에게 영리 목적이 있었다는 사정만으로 곧바로 정보처리 행위를 위법하다고 할 수는 없다**(대판 2016. 8. 17, 2014다235080). → 법률정보 제공 사이트를 운영하는 갑 주식회사가 공립대학교인 을 대학교 법과대학 법학과 교수로 재직 중인 병의 사진, 성명, 성별, 출생연도, 직업, 직장, 학력, 경력 등의 개인정보를 위 법학과 홈페이지 등을 통해 수집하여 위 사이트 내 '법조인' 항목에서 유료로 제공한 사안에서, 갑 회사의 행위를 병의 개인정보자기결정권을 침해하는 위법한 행위로 평가하거나, 갑 회사가 개인정보 보호법 제15조나 제17조를 위반하였다고 볼 수 없다고 한 사례

① ○ **개인의 지문정보 수집이 개인정보자기결정권을 제한하는 것인지 여부(적극)** 개인정보자기결정권은 자신에 관한 정보가 언제 누구에게 어느 범위까지 알려지고 또 이용되도록 할 것인지를 그 정보주체가 스스로 결정할 수 있는 권리, 즉 정보주체가 개인정보의 공개와 이용에 관하여 스스로 결정할 권리를 말하는바, 개인의 고유성, 동일성을 나타내는 지문은 그 정보주체를 타인으로부터 식별가능하게 하는 개인정보이므로, 시장·군수 또는 구청장이 개인의 지문정보를 수집하고, 경찰청장이 이를 보관·전산화하여 범죄수사목적에 이용하는 것은 모두 개인정보자기결정권을 제한하는 것이다(헌재 2005. 5. 26, 99헌마513 등).

② ○

> **개인정보 보호법 제39조의2(법정손해배상의 청구)** ① 제39조 제1항에도 불구하고 정보주체는 개인정보처리자의 고의 또는 과실로 인하여 개인정보가 분실·도난·유출·위조·변조 또는 훼손된 경우에는 300만원 이하의 범위에서 상당한 금액을 손해액으로 하여 배상을 청구할 수 있다. 이 경우 해당 개인정보처리자는 고의 또는 과실이 없음을 입증하지 아니하면 책임을 면할 수 없다.

③ ○

> **개인정보 보호법 제16조(개인정보의 수집 제한)** ① 개인정보처리자는 제15조 제1항 각 호의 어느 하나에 해당하여 개인정보를 수집하는 경우에는 그 목적에 필요한 최소한의 개인정보를 수집하여야 한다. 이 경우 최소한의 개인정보 수집이라는 입증책임은 개인정보처리자가 부담한다.
> ② 개인정보처리자는 정보주체의 동의를 받아 개인정보를 수집하는 경우 필요한 최소한의 정보 외의 개인정보 수집에는 동의하지 아니할 수 있다는 사실을 구체적으로 알리고 개인정보를 수집하여야 한다.
> ③ 개인정보처리자는 정보주체가 필요한 최소한의 정보 외의 개인정보 수집에 동의하지 아니한다는 이유로 정보주체에게 재화 또는 서비스의 제공을 거부하여서는 아니 된다.

04   정답 ③

③ ✗ **통상 고시 또는 공고에 의하여 행정처분을 하는 경우**에는 그 처분의 상대방이 불특정 다수인이고 그 처분의 효력이 불특정 다수인에게 일률적으로 적용되는 것이므로, 그 행정처분에 이해관계를 갖는 자가 고시 또는 공고가 있었다는 사실을 현실적으로 알았는지 여부에 관계없이 **고시가 효력을 발생하는 날 행정처분이 있음을 알았다고 보아야** 한다(대판 2007. 6. 14, 2004두619).

① ○ 행정소송법 제20조 제2항 소정의 제소기간 기산점인 "처분이 있음을 안 날"이란 통지, 공고 기타의 방법에 의하여 당해 **처분이 있었다는 사실을 현실적으로 안 날**을 의미하고 구체적으로 그 행정처분의 위법 여부를 판단한 날을 가리키는 것은 아니다(대판 1991. 6. 28, 90누6521).

② ○ 재조사결정을 통지받은 이의신청인 등은 그에 따른 후속처분의 통지를 받은 후에야 비로소 다음 단계의 쟁송절차에서 불복할 대상과 범위를 구체적으로 특정할 수 있게 된다. 재조사결정에 따른 심사청구기간이나 심판청구기간 또는 행정소송의 제소기간은 **이의신청인 등이 후속처분의 통지를 받은 날부터 기산된다**고 봄이 상당하다(대판 2010. 6. 25, 2007두12514 전합).

④ ○ 해임처분 무효확인 또는 취소소송 계속 중 임기가 만료되어 해임처분의 무효확인 또는 취소로 지위를 회복할 수는 없다고 할지라도, 그 무효확인 또는 취소로 **해임처분일부터 임기만료일까지 기간에 대한 보수 지급을 구할 수 있는 경우에는 해임처분의 무효확인 또는 취소를 구할 법률상 이익이 있다. 해임권자와 보수지급의무자가 다른 경우에도 마찬가지이다** (대판 2012. 2. 23, 2011두5001). → 감사원이 한국방송공사에 대한 감사를 실시한 결과 사장 甲에게 부실 경영 등 문책사유가 있다는 이유로 한국방송공사 이사회에 甲에 대한 해임제청을 요구하였고, 이사회가 대통령에게 甲의 사장직 해임을 제청함에 따라 대통령이 甲을 한국방송공사 사장직에서 해임한 사안.

05
정답 ①

① ✗ 그 액수가 너무 많아서 청구인에게 과중한 부담을 주는 경우에 비용을 감면할 수 있는 것이 아니라, 공개를 청구하는 정보의 사용 목적이 공공복리의 유지·증진을 위하여 필요하다고 인정되는 경우에는 비용을 감면할 수 있다.

> 공공기관의 정보공개에 관한 법률 제17조(비용 부담) ① 정보의 공개 및 우송 등에 드는 비용은 실비(實費)의 범위에서 청구인이 부담한다.
> ② 공개를 청구하는 정보의 사용 목적이 공공복리의 유지·증진을 위하여 필요하다고 인정되는 경우에는 제1항에 따른 비용을 감면할 수 있다.

② ◉

> 공공기관의 정보공개에 관한 법률 제4조(적용 범위) ① 정보의 공개에 관하여는 다른 법률에 특별한 규정이 있는 경우를 제외하고는 이 법에서 정하는 바에 따른다.
> ② 지방자치단체는 그 소관 사무에 관하여 법령의 범위에서 정보공개에 관한 조례를 정할 수 있다.

③ ◉ '한국증권업협회'는 민법 중 사단법인에 관한 규정을 준용받는 점, 그 업무가 공공성을 갖는다고 볼 수 없는 점 등에 비추어, 공공기관의 정보공개에 관한 법률 시행령 제2조 제4호의 '특별법에 의하여 설립된 특수법인'에 해당한다고 보기 어렵다(대판 2010. 4. 29, 2008두5643). → 어느 법인이 공공기관의 정보공개에 관한 법률 제2조 제3호 등에 따라 정보를 공개할 의무가 있는 '특별법에 의하여 설립된 특수법인'에 해당하는가는, 국민의 알 권리를 보장하고 국정에 대한 국민의 참여와 국정운영의 투명성을 확보하고자 하는 위 법의 입법 목적을 염두에 두고, 당해 법인에게 부여된 업무가 국가행정업무이거나, 이에 해당하지 않더라도 그 업무 수행으로써 추구하는 이익이 당해 법인 내부의 이익에 그치지 않고 공동체 전체의 이익에 해당하는 공익적 성격을 갖는지 여부를 중심으로 개별적으로 판단한다.

④ ◉ 외국인 중 학술·연구를 위하여 일시적으로 체류하는 자는 정보공개를 청구할 수 있다.

> 공공기관의 정보공개에 관한 법률 시행령 제3조(외국인의 정보공개 청구) 법 제5조 제2항에 따라 정보공개를 청구할 수 있는 외국인은 다음 각 호의 어느 하나에 해당하는 자로 한다.
> 1. 국내에 일정한 주소를 두고 거주하거나 학술·연구를 위하여 일시적으로 체류하는 사람
> 2. 국내에 사무소를 두고 있는 법인 또는 단체

06
정답 ②

② ✗ 근로복지공단이 사업종류 변경결정을 하면서 개별 사업주에 대하여 사전통지 및 의견청취, 이유제시 및 불복방법 고지가 포함된 처분서를 작성하여 교부하는 등 실질적으로 행정절차법에서 정한 처분절차를 준수함으로써 사업주에게 방어권행사 및 불복의 기회가 보장된 경우에는, 그 사업종류 변경결정은 소위 '실체법적 처분'에 해당하는 것으로, 각각의 산재보험료 부과처분에 대한 쟁송절차에서는 선행처분인 사업종류 변경결정의 위법성을 주장할 수 없다. 다만 근로복지공단이 사업종류 변경결정을 하면서 실질적으로 행정절차법에서 정한 처분절차를 준수하지 않아 사업주에게 방어권행사 및 불복의 기회가 보장되지 않은 경우에는 사업주가 사업종류 변경결정에 대해 제소기간 내에 취소소송을 제기하지 않았다고 하더라도 후행처분인 각각의 산재보험료 부과처분에 대한 쟁송절차에서 비로소 선행처분인 사업종류 변경결정의 위법성을 다투는 것이 허용되어야 한다(대판 2020. 4. 9, 2019두61137).

① ◉ 과세관청의 소득처분과 그에 따른 소득금액변동통지가 있는 경우 원천징수의무자인 법인은 소득금액변동통지서를 받은 날에 그 통지서에 기재된 소득의 귀속자에게 당해 소득금액을 지급한 것으로 의제되어 그때 원천징수하는 소득세의 납세의무가 성립함과 동시에 확정되므로 소득금액변동통지는 원천징수의무자인 법인의 납세의무에 직접 영향을 미치는 과세관청의 행위로서 항고소송의 대상이 된다. 그리고 원천징수의무자인 법인이 원천징수하는 소득세의 납세의무를 이행하지 아니함에 따라 과세관청이 하는 납세고지는 확정된 세액의 납부를 명하는 징수처분에 해당하므로 선행처분인 소득금액변동통지에 하자가 존재하더라도 당연무효사유에 해당하지 않는 한 후행처분인 징수처분에 그대로 승계되지 아니한다. 따라서 과세관청의 소득처분과 그에 따른 소득금액변동통지가 있는 경우 원천징수하는 소득세의 납세의무에 관하여는 이를 확정하는 소득금액변동통지에 대한 항고소송에서 다투어야 하고, 소득금액변동통지가 당연무효가 아닌 한 징수처분에 대한 항고소송에서 이를 다툴 수는 없다(대판 2012. 1. 26, 2009두14439).

③ ◉ 친일반민족행위진상규명위원회의 최종발표(선행처분)과 독립유공자법 적용배제자 결정(후행처분)은 별개의 처분이지만, 진상규명위원회가 甲의 친일반민족행위자 결정 사실을 통지하지 않아 乙은 후행처분이 있기 전까지 선행처분의 사실을 알지 못하였고, 후행처분인 지방보훈지청장의 독립유공자법 적용배제결정이 자신의 법률상 지위에 직접적인 영향을 미치는 행정처분이라고 생각했을 뿐, 통지를 받지도 않은 진상규명위원회의 친일반민족행위자 결정처분이 자신의 법률상 지위에 영향을 주는 독립된 행정처분이라고 생각하기는 쉽지 않았을 것으로 보여, 乙이 선행처분에 대하여 일제강점하 반민족행위 진상규명에 관한 특별법에 의한 이의신청절차를 밟거나 후행처분에 대한 것과 별개로 행정심판이나 행정소송을 제기하지 않았다고 하여 선행처분의 하자를 이유로 후행처분의 효력을 다툴 수 없게 하는 것은 乙에게 수인한도를 넘는 불이익을 주고 그 결과가 乙에게 예측가능한 것이라고 할 수 없어 선행처분의 후행처분에 대한 구속력을 인정할 수 없으므로 선행처분의 위법을 이유로 후행처분의 효력을 다툴 수 있다(대판 2013. 3. 14, 2012두6964).

④ ◉ 조세의 부과처분과 압류 등의 체납처분은 별개의 행정처분으로서 독립성을 가지므로 부과처분에 하자가 있더라도 그 부과처분이 취소되지 아니하는 한 그 부과처분에 의한 체납처분은 위법이라고 할 수는 없지만, 체납처분은 부과처분의 집행을 위한 절차에 불과하므로 그 부과처분에 중대하고도 명백한 하자가 있어 무효인 경우에는 그 부과처분의 집행을 위한 체납처분도 무효라 할 것이다(대판 1987. 9. 22, 87누383). → 판례는 조세의 부과처분과 체납처분은 별개의 행정처분으로서 독립성을 가지므로, 과세처분이 당연무효가 아닌 한, 과세처분과 체납처분 사이에는 하자가 승계되지 않는다는 입장이다.

07
정답 ①

① ✗ 음주운전으로 인한 교통사고를 방지할 공익상의 필요는 더욱 중시되어야 하고 운전면허의 취소는 일반의 수익적 행정행위의 취소와는 달리 그 취소로 인하여 입게 될 당사자의 불이익보다는 이를 방지하여야 하는 일반예방적 측면이 더욱 강조되어야 한다(대판 2019. 1. 17, 2017두59949).

> 2020 국가직 7급 음주운전으로 인해 운전면허를 취소하는 경우의 이익형량에서 음주운전으로 인한 교통사고를 방지할 공익상의 필요가 취소의 상대방이 입게 될 불이익보다 강조되어야 하는 것은 아니다. (✗)

② ◉ 경찰공무원이 그 단속의 대상이 되는 신호위반자에게 먼저 적극적으로 돈을 요구하고 다른 사람이 볼 수 없도록 돈을 접어 건네주도록 전달방법을 구체적으로 알려주었으며 동승자에게 신고시 범칙금처분을 받게 된다는 등 비위신고를 막기 위한 말까지 하고 금품을 수수한 경

우, 비록 그 받은 돈이 1만원에 불과하더라도 위 금품수수행위를 징계사유로 하여 당해 경찰공무원을 해임처분한 것은 재량권의 일탈·남용이 아니다(대판 2006. 12. 21, 2006두16274).

③ ⊙ 운전면허 취소사유에 해당하는 음주운전을 적발한 경찰관의 소속 경찰서장이 사무착오로 위반자에게 운전면허정지처분을 한 상태에서 위반자의 주소지 관할 지방경찰청장이 위반자에게 운전면허취소처분을 한 것은 <u>선행처분에 대한 당사자의 신뢰 및 법적 안정성을 저해하는 것으로서 허용될 수 없다</u>고 한 사례(대판 2000. 2. 25, 99두10520).

④ ⊙ 경찰관은 범인의 체포 또는 도주의 방지, 타인 또는 경찰관의 생명·신체에 대한 방호, 공무집행에 대한 항거의 억제를 위하여 필요한 때에는 최소한의 범위 안에서 가스총을 사용할 수 있으나, 가스총은 통상의 용법대로 사용하는 경우 사람의 생명 또는 신체에 위해를 가할 수 있는 이른바 위해성 장비로서 그 탄환은 고무마개로 막혀 있어 사람에게 근접하여 발사하는 경우에는 고무마개가 가스와 함께 발사되어 인체에 위해를 가할 가능성이 있으므로, 이를 사용하는 경찰관으로서는 인체에 대한 위해를 방지하기 위하여 상대방과 근접한 거리에서 상대방의 얼굴을 향하여 이를 발사하지 않는 등 가스총 사용시 요구되는 최소한의 안전수칙을 준수함으로써 장비 사용으로 인한 사고 발생을 미리 막아야 할 주의의무가 있다(대판 2003. 3. 14, 2002다57218). → 경찰관이 난동을 부리던 범인을 검거하면서 가스총을 근접 발사하여 가스와 함께 발사된 고무마개가 범인의 눈에 맞아 실명한 경우 국가배상책임을 인정한 사례.

08   정답 ③

③ ✖ 정지조건부 행정행위는 정지조건을 이행하여야 주된 행정행위의 효력이 발생한다. 반면 부담부 행정행위는 부담의 이행 여부를 불문하고 주된 행정행위의 효력이 발생한다.

① ⊙

> **행정기본법 제17조(부관)** ① 행정청은 처분에 재량이 있는 경우에는 부관(조건, 기한, 부담, 철회권의 유보 등을 말한다. 이하 이 조에서 같다)을 붙일 수 있다.
> ② <u>행정청은 처분에 재량이 없는 경우에는 법률에 근거가 있는 경우에 부관을 붙일 수 있다.</u>
> ③ 행정청은 부관을 붙일 수 있는 처분이 다음 각 호의 어느 하나에 해당하는 경우에는 그 처분을 한 후에도 부관을 새로 붙이거나 종전의 부관을 변경할 수 있다.
>   1. 법률에 근거가 있는 경우
>   2. 당사자의 동의가 있는 경우
>   3. 사정이 변경되어 부관을 새로 붙이거나 종전의 부관을 변경하지 아니하면 해당 처분의 목적을 달성할 수 없다고 인정되는 경우
> ④ 부관은 다음 각 호의 요건에 적합하여야 한다.
>   1. 해당 처분의 목적에 위배되지 아니할 것
>   2. 해당 처분과 실질적인 관련이 있을 것
>   3. 해당 처분의 목적을 달성하기 위하여 필요한 최소한의 범위일 것

② ⊙ 여객자동차 운수사업법(이하 '여객자동차법'이라 한다) 제85조 제1항 제38호에 의하면, 운송사업자에 대한 면허에 붙인 조건을 위반한 경우 감차 등이 따르는 사업계획변경명령(이하 '감차명령'이라 한다)을 할 수 있는데, 감차명령의 사유가 되는 '면허에 붙인 조건을 위반한 경우'에서 '조건'에는 운송사업자가 준수할 일정한 의무를 정하고 이를 위반할 경우 감차명령을 할 수 있다는 내용의 '부관'도 포함된다. 그리고 부관은 면허 발급 당시에 붙이는 것뿐만 아니라 면허 발급 이후에 붙이는 것도 법률에 명문의 규정이 있거나 변경이 미리 유보되어 있는 경우 또는 상대방의 동의가 있는 경우 등에는 특별한 사정이 없는 한 허용된다. 따라서 관할 행정청은 면허 발급 이후에도 운송사업자의 동의하에 여객자동차운송사업의 질서 확립을 위하여 운송사업자가 준수할 의무를 정하고 이를 위반할 경우 감차명령을 할 수 있다는 내용의 면허 조건을 붙일 수 있고, 운송사업자가 조건을 위반하였다면 여객자동차법 제85조 제1항 제38호에 따라 감차명령을 할 수 있으며, **감차명령은 행정소송법 제2조 제1항 제1호가 정한 처분으로서 항고소송의 대상**이 된다(대판 2016. 11. 24, 2016두45028).

④ ⊙ 판례는 부담 이회의 부관(예: 기한)만의 취소를 구하는 소송에 대하여는 각하판결을 하여야 한다고 보며, <u>부관부 행정행위 전체의 취소를 구하는 형태의 소송은 인정하고 있다</u>(대판 2001. 6. 15, 99두509). 그리고 부관이 위법한 경우 신청인이 부관의 변경을 청구하고, 행정청이 이를 거부한 경우 그 거부처분의 취소를 구하는 소송은 제기할 수 있다고 본다(대판 1990. 4. 27, 89누6808 참조).

09   정답 ②

② ✖ 행정처분에 대한 무효확인과 취소청구는 서로 양립할 수 없는 청구로서 주위적·예비적 청구로서만 병합이 가능하고 선택적 청구로서의 병합이나 단순 병합은 허용되지 아니한다(대판 1999. 8. 20, 97누6889).

① ⊙ 행정처분의 당연무효를 선언하는 의미에서 그 취소를 구하는 행정소송을 제기하는 경우에는 전치절차와 그 제소기간의 준수 등 취소소송의 제소요건을 갖추어야 한다(대판 1987. 6. 9, 87누219).

③ ⊙ 일반적으로 행정처분의 **무효확인을 구하는 소에는** 원고가 그 처분의 취소를 구하지 아니한다고 밝히지 아니한 이상, 그 처분이 만약 당연무효가 아니라면 **그 취소를 구하는 취지도 포함**되어 있는 것으로 보아야 한다(대판 1994. 12. 23, 94누477).

④ ⊙ 동일한 행정처분에 대하여 무효확인의 소를 제기하였다가 그 후 그 처분의 취소를 구하는 소를 추가적으로 병합한 경우, **주된 청구인 무효확인의 소가 적법한 제소기간 내에 제기되었다면 추가로 병합된 취소청구의 소도 적법하게 제기된 것으로 봄이 상당하다**(대판 2005. 12. 23, 2005두3554).

> 2021 국가직 9급·2021 변시 동일한 처분에 대하여 무효확인의 소를 제기하였다가 그 처분의 취소를 구하는 소를 추가적으로 병합한 경우, 주된 청구인 무효확인의 소가 적법한 제소기간 내에 제기되었다면 추가로 병합된 취소청구의 소도 적법하게 제기된 것으로 볼 수 있다. (O)

10   정답 ②

② ✖ 다른 법률에 당해 처분에 대한 행정심판의 재결을 거치지 아니하면 취소소송을 제기할 수 없다는 규정이 있는 때에도 "처분의 집행 또는 절차의 속행으로 생길 중대한 손해를 예방하여야 할 긴급한 필요가 있는 때"에는 행정심판의 재결을 거치지 아니하고 취소소송을 제기할 수 있는데(행정소송법 제18조 제2항), 이 경우 행정심판의 제기는 있어야 한다.

> **행정소송법 제18조(행정심판과의 관계)** ① 취소소송은 법령의 규정에 의하여 당해 처분에 대한 행정심판을 제기할 수 있는 경우에도 이를 거치지 아니하고 제기할 수 있다. 다만, 다른 법률에 당해 처분에 대한 행정심판의 재결을 거치지 아니하면 취소소송을 제기할 수 없다는 규정이 있는 때에는 그러하지 아니하다.
> ② 제1항 단서의 경우에도 다음 각호의 1에 해당하는 사유가 있는 때에는 행정심판의 재결을 거치지 아니하고 취소소송을 제기할 수 있다.
>   1. 행정심판청구가 있은 날로부터 60일이 지나도 재결이 없는 때

2. 처분의 집행 또는 절차의 속행으로 생길 중대한 손해를 예방하여야 할 긴급한 필요가 있는 때
3. 법령의 규정에 의한 행정심판기관이 의결 또는 재결을 하지 못할 사유가 있는 때
4. 그 밖의 정당한 사유가 있는 때

③ 제1항 단서의 경우에 다음 각호의 1에 해당하는 사유가 있는 때에는 행정심판을 제기함이 없이 취소소송을 제기할 수 있다.
1. 동종사건에 관하여 이미 행정심판의 기각재결이 있은 때
2. 서로 내용상 관련되는 처분 또는 같은 목적을 위하여 단계적으로 진행되는 처분 중 어느 하나가 이미 행정심판의 재결을 거친 때
3. 행정청이 사실심의 변론종결 후 소송의 대상인 처분을 변경하여 당해 변경된 처분에 관하여 소를 제기하는 때
4. 처분을 행한 행정청이 행정심판을 거칠 필요가 없다고 잘못 알린 때

11 정답 ①

① ✗ 비상장주식의 양도가 현저히 유리한 조건의 거래로서 부당지원행위에 해당하는지 여부에 관하여 판단함에 있어서 **공정거래위원회의 부당한 지원행위의 심사지침**(2002. 4. 24. 개정되기 전의 것)은 공정거래위원회 내부의 사무처리준칙에 불과하다(대판 2005. 6. 9, 2004두7153).

② ○ 구 청소년보호법 제49조 제1항, 제2항에 따른 **같은법시행령**(1999. 6. 30. 대통령령 제16461호로 개정되기 전의 것) **제40조 [별표 6]의 위반행위의 종별에 따른 과징금 처분기준은 법규명령**이기는 하나 모법의 위임규정의 내용과 취지 및 헌법상의 과잉금지의 원칙과 평등의 원칙 등에 비추어 같은 유형의 위반행위라 하더라도 그 규모나 기간·사회적 비난 정도·위반행위로 인하여 처벌받은 다른 법률에 의하여 처벌받은 다른 사정·행위자의 개인적 사정 및 위반행위로 얻은 불법이익의 규모 등 여러 요소를 종합적으로 고려하여 사안에 따라 적정한 과징금의 액수를 정하여야 할 것이므로 **그 수액은 정액이 아니라 최고한도액**이다(대판 2001. 3. 9, 99두5207).

③ ○ 당해 처분의 기준이 된 **주택건설촉진법시행령 제10조의3 제1항 [별표 1]**은 주택건설촉진법 제7조 제2항의 위임규정에 터잡은 **규정형식상 대통령령이므로** 그 성질이 부령인 시행규칙이나 또는 지방자치단체의 규칙과 같이 통상적으로 행정조직 내부에 있어서의 행정명령에 지나지 않는 것이 아니라 대외적으로 국민이나 법원을 구속하는 힘이 있는 **법규명령에 해당**한다(대판 1997. 12. 26, 97누15418).

④ ○ 행정기관이 소속 공무원이나 하급행정기관에 대하여 세부적인 업무처리절차나 법령의 해석·적용 기준을 정해 주는 '행정규칙'은 상위법령의 구체적 위임이 있지 않는 한 조직 내부에서만 효력을 가질 뿐 대외적으로 국민이나 법원을 구속하는 효력이 없다. 행정규칙이 이를 정한 행정기관의 재량에 속하는 사항에 관한 것인 때에는 그 규정 내용이 객관적 합리성을 결여하였다는 등의 특별한 사정이 없는 한 법원은 이를 존중하는 것이 바람직하다. 그러나 **행정규칙의 내용이 상위법령이나 법의 일반원칙에 반하는 것이라면** 법치국가원리에서 파생되는 법질서의 통일성과 모순금지 원칙에 따라 그것은 법질서상 **당연무효이고, 행정내부적 효력도 인정될 수 없다**. 이러한 경우 법원은 해당 행정규칙이 법질서상 부존재하는 것으로 취급하여 행정기관이 한 조치의 당부를 상위법령의 규정과 입법 목적 등에 따라서 판단하여야 한다(대판 2020. 5. 28, 2017두66541).

12 정답 ④

③ ○, ④ ✗ 조정에 대하여는 재결의 기속력에 관한 행정심판법 제49조가 준용된다.

행정심판법 제43조의2(조정) ① 위원회는 당사자의 권리 및 권한의 범위에서 당사자의 동의를 받아 심판청구의 신속하고 공정한 해결을 위하여 조정을 할 수 있다. 다만, 그 조정이 공공복리에 적합하지 아니하거나 해당 처분의 성질에 반하는 경우에는 그러하지 아니하다. → 2017. 10. 31. 행정심판법 개정(2018. 11. 1. 시행)을 통해, 양 당사자 간의 합의가 가능한 사건의 경우 행정심판위원회가 개입·조정하는 절차를 통하여 갈등을 조기에 해결하도록 하는 조정제도가 신설되었다.

② 위원회는 제1항의 조정을 함에 있어서 심판청구된 사건의 법적·사실적 상태와 당사자 및 이해관계자의 이익 등 모든 사정을 참작하고, 조정의 이유와 취지를 설명하여야 한다.

③ 조정은 당사자가 합의한 사항을 조정서에 기재한 후 당사자가 서명 또는 날인하고 위원회가 이를 확인함으로써 성립한다.

④ 제3항에 따른 조정에 대하여는 제48조부터 제50조까지, 제50조의2, 제51조의 규정을 준용한다. → 조정에 대하여는 재결의 기속력에 관한 행정심판법 제49조가 준용된다.

① ○, ② ○

행정심판법 제18조의2(국선대리인) ① 청구인이 경제적 능력으로 인해 대리인을 선임할 수 없는 경우에는 위원회에 국선대리인을 선임하여 줄 것을 신청할 수 있다.

② 위원회는 제1항의 신청에 따른 국선대리인 선정 여부에 대한 결정을 하고, 지체 없이 청구인에게 그 결과를 통지하여야 한다. 이 경우 위원회는 심판청구가 명백히 부적법하거나 이유 없는 경우 또는 권리의 남용이라고 인정되는 경우에는 국선대리인을 선정하지 아니할 수 있다.

③ 국선대리인 신청절차, 국선대리인 지원 요건, 국선대리인의 자격·보수 등 국선대리인 운영에 필요한 사항은 국회규칙, 대법원규칙, 헌법재판소규칙, 중앙선거관리위원회규칙 또는 대통령령으로 정한다.

13 정답 ①

① ✗ 지방국세청장 또는 세무서장이 조세범칙행위에 대하여 고발을 한 후에 동일한 조세범칙행위에 대하여 통고처분을 하였더라도, 이는 법적 권한 소멸 후에 이루어진 것으로서 특별한 사정이 없는 한 효력이 없고, 조세범칙행위자가 이러한 통고처분을 이행하였더라도 **조세범 처벌절차법에서 정한 일사부재리의 원칙이 적용될 수 없다**(대판 2016. 9. 28, 2014도10748).

> 2020 군무원 9급 지방국세청장이 조세범칙행위에 대하여 고발을 한 후에 동일한 조세범칙행위에 대하여 통고처분을 하여 조세범칙행위자가 이를 이행하였다면 고발에 따른 형사절차의 이행은 일사부재리의 원칙에 반하여 위법하다. (✗)

② ○ 서울특별시 수도조례 및 하수도사용조례에 기한 과태료의 부과 여부 및 그 당부는 최종적으로 질서위반행위규제법에 의한 절차에 의하여 판단되어야 한다고 할 것이므로, 그 과태료 부과처분은 행정청을 피고로 하는 **행정소송의 대상이 되는 행정처분이라고 볼 수 없다**(대판 2012. 10. 11, 2011두19369).

③ ○ 구 하도급거래 공정화에 관한 법률 제13조 등의 위반행위가 있었으나 위반행위의 결과가 더 이상 존재하지 않는 경우, 같은 법 제25조 제1항에 의한 시정명령을 할 수 없다고 보아야 한다(대판 2015. 12. 10, 2013두35013).

④ ○ 토지수용법 규정에 위반하여 공작물을 축조하고 물건을 부가한 자에 대하여 관리청은 이러한 위반행위에 의하여 생긴 유형적 결과의 시정을 명하는 행정처분을 하여 이에 따르지 않는 경우에는 행정대집행의

방법으로 그 의무내용을 실현할 수 있는 것이고, 이러한 행정대집행의 절차가 인정되는 경우에는 따로 민사소송의 방법으로 공작물의 철거, 수거 등을 구할 수는 없다(대판 2000. 5. 12, 99다18909).

14
정답 ④

④ ❌

개인정보 보호법 제7조의3(위원장) ① 위원장은 보호위원회를 대표하고, 보호위원회의 회의를 주재하며, 소관 사무를 총괄한다.
② 위원장이 부득이한 사유로 직무를 수행할 수 없을 때에는 부위원장이 그 직무를 대행하고, 위원장·부위원장이 모두 부득이한 사유로 직무를 수행할 수 없을 때에는 위원회가 미리 정하는 위원이 위원장의 직무를 대행한다.
③ 위원장은 국회에 출석하여 보호위원회의 소관 사무에 관하여 의견을 진술할 수 있으며, 국회에서 요구하면 출석하여 보고하거나 답변하여야 한다.
④ 위원장은 국무회의에 출석하여 발언할 수 있으며, 그 소관 사무에 관하여 국무총리에게 의안 제출을 건의할 수 있다.

① ⭕

개인정보 보호법 제7조(개인정보 보호위원회) ① 개인정보 보호에 관한 사무를 독립적으로 수행하기 위하여 **국무총리 소속**으로 개인정보 보호위원회(이하 "보호위원회"라 한다)를 둔다.
② 보호위원회는 「정부조직법」 제2조에 따른 중앙행정기관으로 본다. 다만, 다음 각 호의 사항에 대하여는 「정부조직법」 제18조를 적용하지 아니한다.
　1. 제7조의8 제3호 및 제4호의 사무
　2. 제7조의9 제1항의 심의·의결 사항 중 제1호에 해당하는 사항

② ⭕, ③ ⭕

개인정보 보호법 제7조의2(보호위원회의 구성 등) ① 보호위원회는 **상임위원 2명(위원장 1명, 부위원장 1명)을 포함한 9명의 위원**으로 구성한다.
② 보호위원회의 위원은 개인정보 보호에 관한 경력과 전문지식이 풍부한 다음 각 호의 사람 중에서 위원장과 부위원장은 국무총리의 제청으로, 그 외 위원 중 2명은 위원장의 제청으로, 2명은 대통령이 소속되거나 소속되었던 정당의 교섭단체 추천으로, 3명은 그 외의 교섭단체 추천으로 대통령이 임명 또는 위촉한다.
　1. 개인정보 보호 업무를 담당하는 3급 이상 공무원(고위공무원단에 속하는 공무원을 포함한다)의 직에 있거나 있었던 사람
　2. 판사·검사·변호사의 직에 10년 이상 있거나 있었던 사람
　3. 공공기관 또는 단체(개인정보처리자로 구성된 단체를 포함한다)에 3년 이상 임원으로 재직하였거나 이들 기관 또는 단체로부터 추천받은 사람으로서 개인정보 보호 업무를 3년 이상 담당하였던 사람
　4. 개인정보 관련 분야에 전문지식이 있고 「고등교육법」 제2조 제1호에 따른 학교에서 부교수 이상으로 5년 이상 재직하고 있거나 재직하였던 사람
③ **위원장과 부위원장은 정무직 공무원으로 임명한다.**
④ 위원장, 부위원장, 제7조의13에 따른 사무처의 장은 「정부조직법」 제10조에도 불구하고 정부위원이 된다.

15
정답 ④

④ ❌ 청구인이 **정보공개거부처분의 취소를 구하는 소송에서 공공기관이 청구정보를 증거 등으로 법원에 제출하여 법원을 통하여 그 사본을 청구인에게 교부 또는 송달되게 하여** 결과적으로 청구인에게 정보를 공개하는 셈이 되었다고 하더라도, 이러한 우회적인 방법은 정보공개법이 예정하고 있지 아니한 방법으로서 **정보공개법에 의한 공개라고 볼 수는 없으므로**, 당해 정보의 비공개결정의 취소를 구할 소의 이익은 소멸되지 않는다(대판 2016. 12. 15, 2012두11409).

① ⭕ 정보공개청구권자가 공개를 청구하는 정보와 어떤 관련성을 가질 것을 요구하거나 정보공개청구의 목적에 특별한 제한을 두고 있지 아니하므로 정보공개청구권자의 권리구제 가능성 등은 정보의 공개 여부 결정에 아무런 영향을 미치지 못한다(대판 2017. 9. 7, 2017두44558).

② ⭕ 국민의 정보공개청구권은 법률상 보호되는 구체적인 권리이므로, 공개청구의 대상이 되는 정보가 이미 다른 사람에게 공개되어 널리 알려져 있다거나 인터넷 등을 통하여 공개되어 인터넷검색 등을 통하여 쉽게 알 수 있다는 사정만으로는 소의 이익이 없다거나 비공개결정이 정당화될 수 없다(대판 2010. 12. 23, 2008두13101).

③ ⭕ 정보에 대한 공개를 요구받은 공공기관으로서는 비공개사유에 해당하지 않는 한 이를 공개하여야 할 것이고, 만일 이를 거부하는 경우라 할지라도 어느 부분이 비공개사유에 해당하는지를 주장·입증하여야만 할 것이며, 그에 이르지 아니한 채 개괄적인 사유만을 들어 공개를 거부하는 것은 허용되지 아니한다(대판 2003. 12. 11, 2001두8827). 2017 국회직 8급

16
정답 ④

④ ❌ 다수의 견해는 계획재량과 일반 행정재량이 질적으로 다른 것으로 보고 있다(질적 차이 긍정설).

> 2010 국회직 8급 계획재량과 일반행정재량 사이에는 어떠한 양적·질적 차이도 존재하지 아니한다고 보는 것이 통설적 견해이다. (✕)

① ⭕

행정절차법 제40조의4(행정계획) 행정청은 행정청이 수립하는 계획 중 국민의 권리·의무에 직접 영향을 미치는 계획을 수립하거나 변경·폐지할 때에는 관련된 여러 이익을 정당하게 형량하여야 한다.

② ⭕ 일반 행정재량의 수권규범은 행위요건과 효과부분으로 구성된 조건프로그램으로 되어 있고 일반 행정재량은 구체적인 사실과 결부되어 행정행위의 요건과 효과에 있어서 인정되는 반면에, 계획재량의 수권규범은 계획목표의 설정과 목표의 달성을 위한 수단과 절차를 규정하는 목적프로그램으로 되어 있고 계획재량은 목표의 설정과 수단의 선택에 있어서 인정된다.

③ ⭕ 다수의 학설(질적 차이 긍정설)은 형량명령을 행정계획에 특유한 독자적인 이론으로 보지만, 일반적인 재량행위와 계획재량은 양적인 점에서 차이가 있을 뿐 질적인 점에서는 차이가 없다는 견해(질적 차이 부정설)는 형량명령이 계획재량에 특유한 하자이론이라기보다는 비례의 원칙을 계획재량에 적용한 것이라고 한다.

> 2021 군무원 9급 통상적인 재량행위와 계획재량은 양적인 점에서 차이가 있을 뿐 질적인 점에서는 차이가 없다는 견해는 형량명령이 계획재량에 특유한 하자이론이라기보다는 비례의 원칙을 계획재량에 적용한 것이라고 한다. (⭕)

참고 | 계획재량과 행정재량의 비교

구분	계획재량	행정재량
규범구조	목적프로그램(목적과 수단모형), 정언명령 형식	조건프로그램(조건과 결과모형), 가언명령 형식
재량의 범위	광범위한 재량의 범위	요건과 효과규정이 명시되어 있고, 그 범위 내에서 재량인정
통제방법	절차적·사전적 통제 중심	절차적·사후적·실체적 통제

17   정답 ③

③ ❌ **여러 개의 처분사유 중 일부가 적법하지 않으나 다른 처분사유로써 처분의 정당성이 인정되는 경우, 처분이 적법한지 여부(적극)** 행정처분에 있어 수개의 처분사유 중 일부가 적법하지 않다고 하더라도 다른 처분사유로써 그 처분의 정당성이 인정되는 경우에는 그 처분을 위법하다고 할 수 없다(대판 2013. 10. 24, 2013두963).

> 2018 국가직 7급 행정처분의 이유로 제시한 수개의 처분사유 중 일부가 위법하면, 다른 처분사유로써 그 처분의 정당성이 인정되더라도 그 처분은 위법하다. (✕)

① ⭕ 행정절차법 제48조 제1항 전단은 행정지도의 원칙으로 비례의 원칙을 규정하고 있다.

> **행정절차법 제48조(행정지도의 원칙)** ① 행정지도는 그 목적 달성에 필요한 최소한도에 그쳐야 하며, 행정지도의 상대방의 의사에 반하여 부당하게 강요하여서는 아니 된다.

② ⭕ 공무수탁사인은 수탁받은 공무를 수행하는 범위 내에서 행정주체이고, 행정절차법이나 행정소송법상으로 행정청에 해당한다.

> **행정절차법 제2조(정의)** 이 법에서 사용하는 용어의 뜻은 다음과 같다.
> 1. "행정청"이란 다음 각 목의 자를 말한다.
>   가. 행정에 관한 의사를 결정하여 표시하는 국가 또는 지방자치단체의 기관
>   나. 그 밖에 법령 또는 자치법규(이하 "법령등"이라 한다)에 따라 행정권한을 가지고 있거나 위임 또는 위탁받은 공공단체 또는 그 기관이나 사인(私人)

④ ⭕ **행정절차법의 적용이 제외되는 공무원 인사관계 법령에 의한 처분에 관한 사항의 의미 및 이러한 법리가 육군3사관학교 생도에 대한 퇴학처분에도 적용되는지 여부(적극) / 생도에 대한 퇴학처분과 같이 신분을 박탈하는 징계처분이 행정절차법의 적용이 제외되는 경우인 행정절차법 시행령 제2조 제8호에 해당하는지 여부(소극)** 이러한 법리는 '공무원 인사관계 법령에 의한 처분'에 해당하는 육군3사관학교 생도에 대한 퇴학처분에도 마찬가지로 적용된다. 그리고 행정절차법 시행령 제2조 제8호는 '학교·연수원 등에서 교육·훈련의 목적을 달성하기 위하여 학생·연수생들을 대상으로 하는 사항'을 행정절차법의 적용이 제외되는 경우로 규정하고 있으나, 이는 교육과정과 내용의 구체적 결정, 과제의 부과, 성적의 평가, 공식적 징계에 이르지 아니한 질책·훈계 등과 같이 교육·훈련의 목적을 직접 달성하기 위하여 행하는 사항을 말하는 것으로 보아야 하고, **생도에 대한 퇴학처분과 같이 신분을 박탈하는 징계처분은 여기에 해당한다고 볼 수 없다**(대판 2018. 3. 13, 2016두33339).

18   정답 ①

① ❌ 각 군 참모총장은 군인 명예전역수당 지급신청을 받아 이를 심사하고 수당지급대상자를 선정하여 국방부장관에게 추천하며, 국방부장관은 각 군 참모총장으로부터 수당지급대상자의 추천을 받아 수당지급대상자를 최종적으로 심사·결정하도록 규정되어 있다. 이 규정에 따라 **각 군 참모총장이 수당지급대상자 결정절차에 대하여 수당지급대상자를 추천하거나 신청자 중 일부를 추천하지 아니하는 행위**는 행정기관 상호간의 내부적인 의사결정과정의 하나일 뿐 그 자체만으로는 직접적으로 국민의 권리·의무가 설정, 변경, 박탈되거나 그 범위가 확정되는 등 기존의 권리상태에 어떤 변동을 가져오는 것이 아니므로 **이를 항고소송의 대상이 되는 처분이라고 할 수는 없다**(대판 2009. 12. 10, 2009두14231).

> 2019 국회사무처 8급 각 군 참모총장이 군인 명예전역수당 지급대상자 결정절차에서 국방부장관에게 수당지급대상자를 추천하는 행위는 항고소송의 대상이 되는 행정처분에 해당한다. (✕)

② ⭕ **교육부장관이 대학에서 추천한 복수의 총장 후보자들 전부 또는 일부를 임용제청에서 제외하는 행위가 항고소송의 대상이 되는 처분에 해당하는지 여부(적극)** 대학의 추천을 받은 총장 후보자는 교육부장관으로부터 정당한 심사를 받을 것이라는 기대를 하게 된다. 만일 교육부장관이 자의적으로 대학에서 추천한 복수의 총장 후보자들 전부 또는 일부를 임용제청하지 않는다면 대통령으로부터 임용을 받을 기회를 박탈하는 효과가 있다. 이를 항고소송의 대상이 되는 처분으로 보지 않는다면, 침해된 권리 또는 법률상 이익을 구제받을 방법이 없다. 따라서 **교육부장관이 대학에서 추천한 복수의 총장 후보자들 전부 또는 일부를 임용제청에서 제외하는 행위**는 제외된 후보자들에 대한 불이익처분으로서 **항고소송의 대상이 되는 처분에 해당한다**고 보아야 한다. 다만 교육부장관이 특정 후보자를 임용제청에서 제외하고 다른 후보자를 임용제청함으로써 대통령이 임용제청된 다른 후보자를 총장으로 임용한 경우에는, 임용제청에서 제외된 후보자는 대통령이 자신에 대하여 총장 임용 제외처분을 한 것으로 보아 이를 다투어야 한다(대통령의 처분의 경우 소속 장관이 행정소송의 피고가 된다. 국가공무원법 제16조 제2항). 이러한 경우에는 교육부장관의 임용제청 제외처분을 별도로 다툴 소의 이익이 없어진다(대판 2018. 6. 15, 2016두57564).

③ ⭕ 지방의료원의 설립·통합·해산은 지방자치단체의 조례로 결정할 사항이므로, 도가 설치·운영하는 을 지방의료원의 폐업·해산은 도의 조례로 결정할 사항인 점 등을 종합하면, **갑 도지사의 폐업결정**은 행정청이 행하는 구체적 사실에 관한 법집행으로서의 공권력 행사로서 입원환자들과 소속 직원들의 권리·의무에 직접 영향을 미치는 것이므로 **항고소송의 대상에 해당하지만**, 폐업결정 후 을 지방의료원을 해산한다는 내용의 조례가 제정·시행되었고 조례가 무효라고 볼 사정도 없어 **을 지방의료원을 폐업 전의 상태로 되돌리는 원상회복은 불가능하므로** 법원이 폐업결정을 취소하더라도 단지 폐업결정이 위법함을 확인하는 의미밖에 없고, 갑 도지사의 폐업결정이 법적으로 권한 없는 자에 의하여 이루어진 것으로서 위법하더라도 **취소를 구할 소의 이익을 인정하기 어렵다**(대판 2016. 8. 30, 2015두60617 진주의료원 폐업처분 무효확인 등). → 갑 도지사가 도에서 설치·운영하는 을 지방의료원을 폐업하겠다는 결정을 발표하고 그에 따라 폐업을 위한 일련의 조치가 이루어진 후 을 지방의료원을 해산한다는 내용의 조례를 공포하고 을 지방의료원의 청산절차가 마쳐진 사안에서, 갑 도지사의 폐업결정은 항고소송의 대상에 해당하지만 취소를 구할 소의 이익을 인정하기 어렵다고 한 사례

④ ⭕ 교육공무원법상 승진후보자 명부에 의한 승진심사 방식으로 행해지는 승진임용에서 **승진후보자 명부에 포함되어 있던 후보자를 승진임용인사발령에서 제외하는 행위**는 **항고소송의 대상인 처분에 해당한다**(대판 2018. 3. 27, 2015두47492).

> 2019 지방직 9급 교육공무원법상 승진후보자 명부에 의한 승진심사 방식으로 행해지는 승진임용에서 승진후보자 명부에 포함되어 있던 후보자를 승진임용인사발령에서 제외하는 행위는 항고소송의 대상인 처분에 해당하지 않는다. (✕)

19
정답 ①

① ❌

> **행정기본법 제17조(부관)** ① 행정청은 처분에 재량이 있는 경우에는 부관(조건, 기한, 부담, 철회권의 유보 등을 말한다. 이하 이 조에서 같다)을 붙일 수 있다.
> ② 행정청은 처분에 재량이 없는 경우에는 법률에 근거가 있는 경우에 부관을 붙일 수 있다.
> ③ 행정청은 부관을 붙일 수 있는 처분이 다음 각 호의 어느 하나에 해당하는 경우에는 그 처분을 한 후에도 부관을 새로 붙이거나 종전의 부관을 변경할 수 있다.
>   1. 법률에 근거가 있는 경우
>   2. 당사자의 동의가 있는 경우
>   3. 사정이 변경되어 부관을 새로 붙이거나 종전의 부관을 변경하지 아니하면 해당 처분의 목적을 달성할 수 없다고 인정되는 경우
> ④ 부관은 다음 각 호의 요건에 적합하여야 한다.
>   1. 해당 처분의 목적에 위배되지 아니할 것
>   2. 해당 처분과 실질적인 관련이 있을 것
>   3. 해당 처분의 목적을 달성하기 위하여 필요한 최소한의 범위일 것

② ⭕ 행정청이 수익적 행정처분을 하면서 부가한 부담의 위법 여부는 처분 당시 법령을 기준으로 판단하여야 하고, **부담이 처분 당시 법령을 기준으로 적법하다면** 처분 후 부담의 전제가 된 주된 행정처분의 근거 법령이 개정됨으로써 행정청이 더 이상 부관을 붙일 수 없게 되었다 하더라도 곧바로 위법하게 되거나 그 효력이 소멸하게 되는 것은 아니다(대판 2009. 2. 12, 2005다65500).

③ ⭕ 지방자치단체장이 도매시장법인의 대표이사에 대하여 위 지방자치단체장이 개설한 농수산물도매시장의 도매시장법인으로 다시 지정함에 있어서 그 지정조건으로 '지정기간 중이라도 개설자가 농수산물 유통정책의 방침에 따라 도매시장법인 이전 및 지정취소 또는 폐쇄 지시에도 일체 소송이나 손실보상을 청구할 수 없다.'라는 부관을 붙였으나, 그 중 **부제소특약에 관한 부분**은 당사자가 임의로 처분할 수 없는 공법상의 권리관계를 대상으로 하여 **사인의 국가에 대한 공권인 소권을 당사자의 합의로 포기하는 것으로서 허용될 수 없다**(대판 1998. 8. 21, 98두8919).

④ ⭕ 도로점용허가의 **점용기간은 행정행위의 본질적 요소에 해당**한다고 볼 것이어서 부관인 점용기간을 정 함에 있어서 위법사유가 있다면 이로써 **도로점용허가 처분 전부가 위법**하게 된다(대판 1985. 7. 9, 84누604).

20
정답 ③

③ ❌ 일단 취소처분을 한 후에 새로운 이해관계인이 생기기 전에 취소처분을 취소하여 그 광업권의 회복을 시켰다면 모르되 피고가 본건 취소처분을 한 후에 원고가 1966. 1. 19.에 본건 광구에 대하여 선출원을 적법히 함으로써 이해관계인이 생긴 이 사건에 있어서, 피고가 1966. 8. 24.자로 1965. 12. 30.자의 취소처분을 취소하여, 소외인 명의의 광업권을 복구시키는 조처는, **원고의 선출원 권리를 침해하는 위법한 처분**이라고 하지 않을 수 없다(대판 1967. 10. 23, 67누126).

① ⭕ 행정처분을 한 처분청은 그 처분의 성립에 하자가 있는 경우 이를 취소할 별도의 법적 근거가 없다고 하더라도 직권으로 이를 취소할 수 있다(대판 2002. 5. 28, 2001두9653).

② ⭕ 과세처분에 관한 불복절차과정에서 과세관청이 그 불복사유가 옳다고 인정하고 이에 따라 필요한 처분을 하였을 경우에는, 불복제도와 이에 따른 시정방법을 인정하고 있는 구 국세기본법 제55조 제1항, 제3항 등 규정들의 취지에 비추어 동일 사항에 관하여 특별한 사유 없이 이를 번복하고 다시 종전의 처분을 되풀이할 수는 없는 것이므로, 과세처분에 관한 이의신청절차에서 과세관청이 이의신청 사유가 옳다고 인정하여 과세처분을 직권으로 취소한 이상 그 후 특별한 사유 없이 이를 번복하고 종전 처분을 되풀이하는 것은 허용되지 않는다(대판 2010. 9. 30, 2009두1020). → 과세처분에 대한 이의신청에 따라 직권취소를 한 경우, 불가변력을 인정한 사례

④ ⭕

> **행정기본법 제18조(위법 또는 부당한 처분의 취소)** ① 행정청은 위법 또는 부당한 처분의 전부나 일부를 소급하여 취소할 수 있다. 다만, 당사자의 신뢰를 보호할 가치가 있는 등 정당한 사유가 있는 경우에는 장래를 향하여 취소할 수 있다.
> ② 행정청은 제1항에 따라 당사자에게 권리나 이익을 부여하는 처분을 취소하려는 경우에는 취소로 인하여 당사자가 입게 될 불이익을 취소로 달성되는 공익과 비교·형량(衡量)하여야 한다. 다만, 다음 각 호의 어느 하나에 해당하는 경우에는 그러하지 아니하다.
>   1. 거짓이나 그 밖의 부정한 방법으로 처분을 받은 경우
>   2. 당사자가 처분의 위법성을 알고 있었거나 중대한 과실로 알지 못한 경우

21
정답 ①

① ❌ 부작위위법확인소송의 경우에도 취소판결의 기속력에 관한 규정(제30조)과 거부처분취소판결의 간접강제에 관한 규정(제34조)이 준용된다(행정소송법 제38조 제2항). 따라서 부작위위법확인판결이 확정되었음에도 불구하고 행정청이 처분을 하지 아니하는 때에는 간접강제도 허용된다.

> **행정소송법 제38조(준용규정)** ② 제9조, 제10조, 제13조 내지 제19조, 제20조, 제25조 내지 제27조, 제29조 내지 제31조, 제33조 및 제34조의 규정은 부작위위법확인소송의 경우에 준용한다.

참고 취소소송·무효등확인소송·부작위위법확인소송 비교

구분	취소소송	무효등확인소송	부작위위법확인소송
의의	행정청의 위법한 처분 등을 취소 또는 변경하는 소송	행정청의 처분 등의 효력 유무 또는 존재 여부를 확인하는 소송	행정청의 부작위가 위법하다는 것을 확인하는 소송
성질	형성소송	준항고소송 (실질적 확인소송, 형식적 항고소송)	확인소송
예외적 행정심판 전치주의	○	×	○
제소기간	○	×	• 원칙 × • 행정심판을 거친 경우 적용 ○
사정판결	○	×	×
집행정지	○	○	×
간접강제	○	×	○
공통점	• 주관적 소송에 해당한다. • 직권심리주의, 재판관할, 관련청구소송의 이송·병합, 피고의 경정, 공동소송, 소송참가, 소의 변경, 판결의 기속력·대세효 등		

② ⭕ 소제기의 전후를 통하여 판결시까지 행정청이 그 신청에 대하여 적극 또는 소극의 처분을 함으로써 **부작위상태가 해소된 때에는 소의 이익**

을 상실하게 되어 당해 소는 각하를 면할 수가 없는 것이다(대판 1990. 9. 25, 89누4758).

③ ⭕ 지방자치단체가 조례를 통하여 노동운동이 허용되는 사실상의 노무에 종사하는 공무원의 구체적 범위를 규정하지 않고 있는 것에 대하여 버스전용차로 통행위반 단속업무에 종사하는 자가 부작위위법확인의 소를 제기하였으나 상고심 계속 중에 정년퇴직한 경우, 소의 이익이 상실되었다(대판 2002. 6. 28, 2000두4750).

④ ⭕ 부작위위법확인의 소는 부작위상태가 계속되는 한 그 위법의 확인을 구할 이익이 있다고 보아야 하므로 원칙적으로 제소기간의 제한을 받지 않는다. 그러나 행정심판 등 전심절차를 거친 경우에는 행정소송법 제20조가 정한 제소기간 내에 부작위위법확인의 소를 제기하여야 한다(대판 2009. 7. 23, 2008두10560).

22
정답 ①

① ❌ 행정기관은 유사하거나 동일한 사안에 대하여는 **공동조사 등을 실시함으로써** 행정조사가 중복되지 아니하도록 하여야 한다(행정조사기본법 제4조 제3항).

② ⭕ 세무조사가 과세자료의 수집 또는 신고내용의 정확성 검증이라는 본연의 목적이 아니라 부정한 목적을 위하여 행하여진 경우, 세무조사에 의하여 수집된 과세자료를 기초로 한 과세처분이 위법한지 여부(적극) 국세기본법은 제81조의4 제1항에서 "세무공무원은 적정하고 공평한 과세를 실현하기 위하여 필요한 최소한의 범위에서 세무조사를 하여야 하며, 다른 목적 등을 위하여 조사권을 남용해서는 아니 된다."라고 규정하고 있다. 이 조항은 세무조사의 적법 요건으로 객관적 필요성, 최소성, 권한 남용의 금지 등을 규정하고 있는데, 이는 법치국가원리를 조세절차법의 영역에서도 관철하기 위한 것으로서 그 자체로서 구체적인 법규적 효력을 가진다. 따라서 세무조사가 과세자료의 수집 또는 신고내용의 정확성 검증이라는 본연의 목적이 아니라 부정한 목적을 위하여 행하여진 것이라면 이는 세무조사에 중대한 위법사유가 있는 경우에 해당하고 이러한 세무조사에 의하여 수집된 과세자료를 기초로 한 과세처분 역시 위법하다(대판 2016. 12. 15, 2016두47695).

③ ⭕ 세무조사의 성질과 효과, 중복세무조사를 금지하는 취지 등에 비추어 볼 때, 세무공무원의 조사행위가 실질적으로 납세자 등으로 하여금 질문에 대답하고 검사를 수인하도록 함으로써 납세자의 영업의 자유 등에 영향을 미치는 경우에는 국세청 훈령인 구 조사사무처리규정(2010. 3. 30. 국세청 훈령 제1838호로 개정되기 전의 것)에서 정한 '현지확인'의 절차에 따른 것이라고 하더라도 그것은 재조사가 금지되는 '세무조사'에 해당한다고 보아야 한다. 그러나 과세자료의 수집 또는 신고내용의 정확성 검증 등을 위한 과세관청의 모든 조사행위가 재조사가 금지되는 세무조사에 해당한다고 볼 경우에는 과세관청으로서는 단순한 사실관계의 확인만으로 충분한 사안에서 언제나 정식의 세무조사에 착수할 수밖에 없고 납세자 등으로서도 불필요하게 정식의 세무조사에 응하여야 하므로, 납세자 등이 대답하거나 수인할 의무가 없고 납세자의 영업의 자유 등을 침해하거나 세무조사권이 남용될 염려가 없는 조사행위까지 재조사가 금지되는 '세무조사'에 해당한다고 볼 것은 아니다(대판 2017. 3. 16, 2014두8360).

④ ⭕ 토양환경보전법상 토양오염실태조사를 실시할 권한은 시·도지사에게 있으나 감사원 소속 감사관의 주도하에 실시되었다는 사정만으로 그에 기초하여 내려진 토양정밀조사명령이 위법하다고 할 수 없다(대판 2009. 1. 30, 2006두9498). → 행정기관 및 공무원의 직무를 감찰하여 행정운영의 개선향상을 기하여야 할 감사원의 임무나 감사원이 원고 사업장 인근 주민의 환경오염 진정에 따라 충청남도에 대한 감사를 진행하던 중 현지조사차원에서 피고 소속 담당공무원과 충청남도의 담당공무원 참여 하에 이 사건 토양오염실태조사가 이루어진 경우,

토양오염실태조사는 토양정밀조사명령의 사전 절차를 이루는 사실행위로서 그 자체가 행정처분에 해당하지는 않는 점 등을 종합 고려해 보면, 이 사건 토양오염실태조사가 감사원 소속 감사관의 주도 하에 실시되었다는 사정만으로 이 사건 토양정밀조사명령에 이를 위법한 것으로서 취소해야 할 정도의 하자가 있다고 볼 수는 없다.

> 2020 국회직 8급 토양환경보전법상 토양오염실태조사를 실시할 권한은 시·도지사에게 있으나 토양오염실태조사가 감사원소속 감사관의 주도하에 실시되었다는 사정만으로 그에 기초하여 내려진 토양정밀조사명령이 위법하다고 할 수 없다. (O)

23
정답 ③

㉠ ❌ 소의 종류의 변경은 원고의 신청이 있어야 한다.

㉡ ⭕ 소의 변경은 사실심의 변론종결시까지 가능하다. 따라서 사실심인 항소심에서도 소의 종류의 변경은 가능하다.

> **행정소송법 제21조(소의 변경)** ① 법원은 취소소송을 당해 처분등에 관계되는 사무가 귀속하는 국가 또는 공공단체에 대한 당사자소송 또는 취소소송외의 항고소송으로 변경하는 것이 상당하다고 인정할 때에는 청구의 기초에 변경이 없는 한 사실심의 변론종결시까지 원고의 신청에 의하여 결정으로써 소의 변경을 허가할 수 있다.

㉢ ⭕ 소의 종류의 변경에 관한 행정소송법 제21조의 규정은 당사자소송을 항고소송으로 변경하는 경우에 준용한다(행정소송법 제42조). 따라서 법원은 사실심의 변론종결시까지 원고의 신청에 의하여 결정으로써 소의 변경을 허가할 수 있다.

㉣ ⭕ 소위 주관적, 예비적 병합은 행정소송법 제28조 제3항과 같은 예외적 규정이 있는 경우를 제외하고는 원칙적으로 허용되지 않는 것이고, 또 행정소송법상 소의 종류의 변경에 따른 당사자(피고)의 변경은 교환적 변경에 한한다고 봄이 상당하므로 예비적 청구만이 있는 피고의 추가경정신청은 허용되지 않는다(대결 1989. 10. 27, 89두1).

> 2020 국가직 9급 소의 종류의 변경에 따른 피고의 변경은 교환적 변경에 한한다고 봄이 상당하므로 예비적 청구만이 있는 피고의 추가경정신청은 예외적 규정이 있는 경우를 제외하고는 원칙적으로 허용되지 않는다. (O)

24
정답 ②

② ❌ 비록 건축주 등이 장기간 시정명령을 이행하지 아니하였더라도, 그 기간 중에는 시정명령의 이행 기회가 제공되지 아니하였다가 뒤늦게 시정명령의 이행 기회가 제공된 경우라면 시정명령의 이행 기회가 제공되지 아니한 과거의 기간에 대한 이행강제금까지 한꺼번에 부과할 수는 없다. 그리고 이를 위반하여 이루어진 이행강제금 부과처분은 법규의 중요한 부분을 위반한 것으로서, 그러한 하자는 중대할 뿐만 아니라 객관적으로도 명백하다(대판 2016. 7. 14, 2015두46598).

> 2017 지방직 9급(하) 건축주 등이 장기간 건축철거를 명하는 시정명령을 이행하지 아니하였다면, 비록 그 기간 중에 시정명령의 이행 기회가 제공되지 아니하였다가 뒤늦게 시정명령의 이행 기회가 제공된 경우라 하더라도, 행정청은 이행 기회가 제공되지 아니한 과거의 기간에 대한 이행강제금까지 한꺼번에 부과할 수 있다. (X)

① ⭕ 이행강제금은 행정법상의 부작위의무 또는 비대체적 작위의무를 이행하지 않은 경우에 '일정한 기한까지 의무를 이행하지 않을 때에는 일정한 금전적 부담을 과할 뜻'을 미리 '계고'함으로써 의무자에게 심리적 압박을 주어 장래를 향하여 의무의 이행을 확보하려는 간접적인 행정상 강제집행 수단이고, 노동위원회가 근로기준법 제33조에 따라 이행강

제금을 부과하는 경우 그 30일 전까지 하여야 하는 이행강제금 부과 예고는 이러한 '계고'에 해당한다(대판 2015. 6. 24, 2011두2170).

③ ◎ 국세징수법이 정한 바에 따라 체납세액을 납부하고 공매절차를 중지 또는 취소시켜 소유권 또는 기타의 권리를 보존할 수 있는 기회를 갖도록 함으로써 체납자 등이 감수하여야 하는 강제적인 재산권 상실에 대응한 절차적인 적법성을 확보하기 위한 것으로 보아야 하고, 따라서 **체납자 등에 대한 공매통지**는 국가의 강제력에 의하여 진행되는 공매에서 체납자 등의 권리 내지 재산상의 이익을 보호하기 위하여 법률로 규정한 **절차적 요건**이라고 보아야 하며, 공매처분을 하면서 체납자 등에게 공매통지를 하지 않았거나 공매통지를 하였더라도 그것이 적법하지 아니한 경우에는 절차상의 흠이 있어 그 공매처분이 위법하게 되는 것이지만, **공매통지 자체**가 그 상대방인 체납자 등의 법적 지위나 권리·의무에 직접적인 영향을 주는 **행정처분에 해당한다고 할 것은 아니므로** 다른 특별한 사정이 없는 한 체납자 등은 공매통지의 결여나 위법을 들어 공매처분의 취소 등을 구할 수 있는 것이지 공매통지 자체를 항고소송의 대상으로 삼아 그 취소 등을 구할 수는 없다(대판 2011. 3. 24. 2010두25527).

④ ◎ 직접강제는 행정상 강제집행수단 중에서 국민의 권리를 가장 크게 제약하는 것이기 때문에 다른 강제집행수단으로 의무이행을 확보할 수 없을 때 최후의 수단으로 인정되어야 한다.

> **참고** 행정기본법 제32조(직접강제) ① 직접강제는 행정대집행이나 이행강제금 부과의 방법으로는 행정상 의무 이행을 확보할 수 없거나 그 실현이 불가능한 경우에 실시하여야 한다.
> ② 직접강제를 실시하기 위하여 현장에 파견되는 집행책임자는 그가 집행책임자임을 표시하는 증표를 보여 주어야 한다.
> ③ 직접강제의 계고 및 통지에 관하여는 제31조 제3항 및 제4항을 준용한다.

25 　　　　　　　　　　　　　　　　　　　　　정답 ②

② ✖ 환매권의 발생기간을 제한한 것은 사업시행자의 지위나 이해관계인들의 토지이용에 관한 법률관계 안정, 토지의 사회경제적 이용 효율 제고, 사회일반에 돌아가야 할 개발이익이 원소유자에게 귀속되는 불합리 방지 등을 위한 것인데, 그 입법목적은 정당하고 이와 같은 제한은 입법목적 달성을 위한 유효적절한 방법이라 할 수 있다(헌재 2020. 11. 26. 2019헌바131).

관련판례

공익사업을 위한 토지 등의 취득 및 보상에 관한 법률 제91조 제1항 위헌소원
(헌재 2020. 11. 26. 2019헌바131)

가. 환매권의 발생기간을 제한하고 있는 '공익사업을 위한 토지 등의 취득 및 보상에 관한 법률'(이하 '토지보상법'이라 한다) 제91조 제1항 중 '토지의 협의취득일 또는 수용의 개시일(이하 이 조에서 "취득일"이라 한다)부터 10년 이내에' 부분(이하 '이 사건 법률조항'이라 한다)이 재산권을 침해하는지 여부(적극) 토지수용 등 절차를 종료하였다고 하더라도 공익사업에 해당 토지가 필요 없게 된 경우에는 토지수용 등의 헌법상 정당성이 장래를 향하여 소멸한 것이므로, 이러한 경우 종전 토지소유자가 소유권을 회복할 수 있는 권리인 환매권은 헌법이 보장하는 재산권의 내용에 포함되는 권리이다.

환매권의 발생기간을 제한한 것은 사업시행자의 지위나 이해관계인들의 토지이용에 관한 법률관계 안정, 토지의 사회경제적 이용 효율 제고, 사회일반에 돌아가야 할 개발이익이 원소유자에게 귀속되는 불합리 방지 등을 위한 것인데, 그 입법목적은 정당하고 이와 같은 제한은 입법목적 달성을 위한 유효적절한 방법이라 할 수 있다.

그러나 2000년대 이후 다양한 공익사업이 출현하면서 공익사업 간 중복·상충 사례가 발생하였고, 산업구조 변화, 비용 대비 편익에 대한 지속적 재검토, 인근 주민들의 반대 등에 직면하여 공익사업이 지연되다가 폐지되는 사례가 다수 발생하고 있다. 이와 같은 상황에서 이 사건 법률조항의 환매권 발생기간 '10년'을 예외 없이 유지하게 되면 토지수용 등의 원인이 된 공익사업의 폐지 등으로 공공필요가 소멸하였음에도 단지 10년이 경과하였다는 사정만으로 환매권이 배제되는 결과가 초래될 수 있다. 다른 나라의 입법례에 비추어 보아도 발생기간을 제한하지 않거나 더 길게 규정하면서 행사기간 제한 또는 토지에 현저한 변경이 있을 때 환매거절권을 부여하는 등 보다 덜 침해적인 방법으로 입법목적을 달성하고 있다. 이 사건 법률조항은 침해의 최소성 원칙에 어긋난다. 이 사건 법률조항으로 제한되는 사익은 헌법상 재산권인 환매권의 발생 제한이고, 이 사건 법률조항으로 환매권이 발생하지 않는 경우에는 환매권 통지의무도 발생하지 않기 때문에 환매권 상실에 따른 손해배상도 받지 못하게 되므로, 사익 제한 정도가 상당히 크다. 그런데 10년 전후로 토지가 필요 없게 되는 것은 취득한 토지가 공익목적으로 실제 사용되지 못한 경우가 대부분이고, 토지보상법은 부동산등기부상 협의취득이나 토지수용의 등기원인 기재가 있는 경우 환매권의 대항력을 인정하고 있어 공익사업에 참여하는 이해관계인들은 환매권이 발생할 수 있음을 충분히 알 수 있다. 토지보상법은 이미 환매대금증감소송을 인정하여 당해 공익사업에 따른 개발이익이 원소유자에게 귀속되는 것을 차단하고 있다. 이 사건 법률조항이 추구하고자 하는 공익은 원소유자의 사익침해 정도를 정당화할 정도로 크다고 보기 어려우므로, 법익의 균형성을 충족하지 못한다.

결국 이 사건 법률조항은 헌법 제37조 제2항에 반하여 재산권을 침해한다.

나. 헌법불합치결정을 선고하면서 적용중지를 명한 사례

> **참고** 공익사업을 위한 토지 등의 취득 및 보상에 관한 법률 제91조(환매권) ① 공익사업의 폐지·변경 또는 그 밖의 사유로 취득한 토지의 전부 또는 일부가 필요 없게 된 경우 토지의 협의취득일 또는 수용의 개시일(이하 이 조에서 "취득일"이라 한다) 당시의 토지소유자 또는 그 포괄승계인(이하 "환매권자"라 한다)은 다음 각 호의 구분에 따른 날부터 10년 이내에 그 토지에 대하여 받은 보상금에 상당하는 금액을 사업시행자에게 지급하고 그 토지를 환매할 수 있다.
> 1. 사업의 폐지·변경으로 취득한 토지의 전부 또는 일부가 필요 없게 된 경우: 관계 법률에 따라 사업이 폐지·변경된 날 또는 제24조에 따른 사업의 폐지·변경 고시가 있는 날
> 2. 그 밖의 사유로 취득한 토지의 전부 또는 일부가 필요 없게 된 경우: 사업완료일
>
> → 개정이유: 2020. 11. 26. 헌법재판소의 헌법불합치결정에 따라, 공익사업의 폐지·변경 등으로 인해 취득한 토지의 전부 또는 일부가 필요 없게 된 경우 토지소유자는 공익사업이 폐지·변경된 날 또는 사업완료일로부터 10년 이내에 환매권을 행사할 수 있도록 함.

2021 군무원 9급 환매권의 발생기간을 제한한 것은 사업시행자의 지위나 이해관계인들의 토지이용에 관한 법률관계 안정, 토지의 사회경제적 이용 효율 제고, 사회일반에 돌아가야 할 개발이익이 원소유자에게 귀속되는 불합리 방지 등을 위한 것이라 하더라도, 그 입법목적은 정당하다고 할 수 없다. (✕)
2021 군무원 9급 환매권 발생기간 '10년'을 예외 없이 유지하게 되면 토지수용 등의 원인이 된 공익사업의 폐지 등으로 공공필요가 소멸하였음에도 단지 10년

이 경과하였다는 사정만으로 환매권이 배제되는 결과가 초래될 수 있다. (O)
2021 군무원 9급 법률조항 제91조의 위헌성은 환매권의 발생기간을 제한한 것 자체에 있다기보다는 그 기간을 10년 이내로 제한한 것에 있다. 이 사건 법률조항의 위헌성을 제거하는 다양한 방안이 있을 수 있고 이는 입법재량 영역에 속한다. (O)

① ○

공익사업을 위한 토지 등의 취득 및 보상에 관한 법률 제67조(보상액의 가격시점 등) ① 보상액의 산정은 협의에 의한 경우에는 협의 성립 당시의 가격을, 재결에 의한 경우에는 수용 또는 사용의 재결 당시의 가격을 기준으로 한다.
② 보상액을 산정할 경우에 해당 공익사업으로 인하여 토지등의 가격이 변동되었을 때에는 이를 고려하지 아니한다.

③ ○

공익사업을 위한 토지 등의 취득 및 보상에 관한 법률 제46조(위험부담) 토지수용위원회의 재결이 있은 후 수용하거나 사용할 토지나 물건이 토지소유자 또는 관계인의 고의나 과실 없이 멸실되거나 훼손된 경우 그로 인한 손실은 사업시행자가 부담한다.

④ ○

공익사업을 위한 토지 등의 취득 및 보상에 관한 법률 제70조(취득하는 토지의 보상) ① 협의나 재결에 의하여 취득하는 토지에 대하여는 「부동산 가격공시에 관한 법률」에 따른 공시지가를 기준으로 하여 보상하되, 그 공시기준일부터 가격시점까지의 관계 법령에 따른 그 토지의 이용계획, 해당 공익사업으로 인한 지가의 영향을 받지 아니하는 지역의 대통령령으로 정하는 지가변동률, 생산자물가상승률(「한국은행법」 제86조에 따라 한국은행이 조사·발표하는 생산자물가지수에 따라 산정된 비율을 말한다)과 그 밖에 그 토지의 위치·형상·환경·이용상황 등을 고려하여 평가한 적정가격으로 보상하여야 한다.
② 토지에 대한 보상액은 가격시점에서의 현실적인 이용상황과 일반적인 이용방법에 의한 객관적 상황을 고려하여 산정하되, 일시적인 이용상황과 토지소유자나 관계인이 갖는 주관적 가치 및 특별한 용도에 사용할 것을 전제로 한 경우 등은 고려하지 아니한다.
③ 사업인정 전 협의에 의한 취득의 경우에 제1항에 따른 공시지가는 해당 토지의 가격시점 당시 공시된 공시지가 중 가격시점과 가장 가까운 시점에 공시된 공시지가로 한다.
④ 사업인정 후의 취득의 경우에 제1항에 따른 공시지가는 사업인정고시일 전의 시점을 공시기준일로 하는 공시지가로서, 해당 토지에 관한 협의의 성립 또는 재결 당시 공시된 공시지가 중 그 사업인정고시일과 가장 가까운 시점에 공시된 공시지가로 한다.
⑤ 제3항 및 제4항에도 불구하고 공익사업의 계획 또는 시행이 공고되거나 고시됨으로 인하여 취득하여야 할 토지의 가격이 변동되었다고 인정되는 경우에는 제1항에 따른 공시지가는 해당 공고일 또는 고시일 전의 시점을 공시기준일로 하는 공시지가로서 그 토지의 가격시점 당시 공시된 공시지가 중 그 공익사업의 공고일 또는 고시일과 가장 가까운 시점에 공시된 공시지가로 한다.
⑥ 취득하는 토지와 이에 관한 소유권 외의 권리에 대한 구체적인 보상액 산정 및 평가방법은 투자비용, 예상수익 및 거래가격 등을 고려하여 국토교통부령으로 정한다.

제4회 전범위 모의고사 (소방행정법)

01 ④ 02 ④ 03 ④ 04 ③ 05 ④ 06 ④ 07 ② 08 ④ 09 ② 10 ③
11 ④ 12 ② 13 ① 14 ② 15 ④ 16 ④ 17 ② 18 ③ 19 ② 20 ④
21 ② 22 ① 23 ① 24 ③ 25 ④

---

01 정답 ④

㉠ ✗ **국유재산 무단점유자에 대한 변상금 부과처분(공법관계)** - 국유재산의 관리청이 그 무단점유자에 대하여 하는 변상금 부과처분은 순전히 사경제주체로서 행하는 사법상의 법률행위라 할 수 없고, 이는 관리청이 공권력을 가진 우월적 지위에서 행한 것으로서 행정소송의 대상이 되는 행정처분이라고 보아야 한다(대판 1988. 2. 23, 87누1046·1047).

㉡ ○ **지방자치단체의 관할구역 내에 있는 각급 학교에서 학교회계 직원으로 근무하는 것을 내용으로 하는 근로계약(사법관계)** - 지방자치단체와 근로계약을 체결하고 각급 학교에서 학교회계직원으로 근무하기로 하는 계약은 사법상 계약이다(대판 2018. 5. 11, 2015다237748).

2021 국회직 8급 지방자치단체의 관할구역 내에 있는 각급 학교에서 학교회계 직원으로 근무하는 것을 내용으로 하는 근로계약 → 사법상 계약 ○

㉢ ✗ **지방자치단체에 근무하는 청원경찰의 근무관계(공법관계)** - 국가나 지방자치단체에 근무하는 청원경찰은 국가공무원법이나 지방공무원법상의 공무원은 아니지만, 다른 청원경찰과는 달리 그 임용권자가 행정기관의 장이고, 국가나 지방자치단체로부터 보수를 받으며, 산업재해보상보험법이나 근로기준법이 아닌 공무원연금법에 따른 재해보상과 퇴직급여를 지급받고, 직무상의 불법행위에 대하여도 민법이 아닌 국가배상법이 적용되는 등의 특질이 있으며 그외 임용자격, 직무, 복무의무 내용 등을 종합하여 볼 때, 그 근무관계를 사법상의 고용계약관계로 보기는 어려우므로 그에 대한 징계처분의 시정을 구하는 소는 행정소송의 대상이지 민사소송의 대상이 아니다(대판 1993. 7. 13, 92누47564).

㉣ ✗ **국가연구개발사업규정에 근거하여 국가 산하 중앙행정기관의 장과 참여기업인 甲 회사가 체결한 위 협약의 법률관계(공법관계)** - 국가연구개발사업규정에 근거하여 국가 산하 중앙행정기관의 장과 참여기업인 甲 회사가 체결한 위 협약의 법률관계는 공법관계에 해당하므로 이에 관한 분쟁은 행정소송으로 제기하여야 한다(대판 2017. 11. 9, 2015다215526).

㉤ ○ **공익사업을 위한 토지 등의 취득 및 보상에 관한 법률에 의한 협의취득(사법관계)** - 공익사업을 위한 토지 등의 취득 및 보상에 관한 법률상 '협의취득'의 성격은 사법상 매매계약이므로 그 이행으로 인한 사업시행자의 소유권 취득도 승계취득이다(대판 1996. 2. 13, 95다3510; 대판 2018. 12. 13, 2016두51719).

㉥ ○ **환매권의 행사(사법관계)** - 징발재산정리에 관한 특별조치법상의 환매권은 일종의 형성권으로서, 그에 의한 매매는 같은 환매권자와 국가 간의 사법상의 매매라 할 것이다(대판 1992. 4. 24, 92다4673).

㉦ ○ **서울특별시지하철공사 임직원의 근무관계(사법관계)** - 서울특별시지하철공사의 임원과 직원의 근무관계의 성질은 지방공기업법의 모든 규정을 살펴보아도 공법상의 특별권력관계라고는 볼 수 없고, 사법관계에 속할 뿐만 아니라, 위 지하철공사의 사장이 그 이사회의 결의를 거쳐 제정된 인사규정에 의거하여 소속직원에 대한 징계처분을 한 경우 이에 대한 불복절차는 민사소송에 의할 것이지 행정소송에 의할 수는 없다(대판 1989. 9. 12, 89누2103).

02

정답 ④

④ ✗ 거부처분의 처분성을 인정하기 위한 전제요건이 되는 신청권의 존부는 구체적 사건에서 신청인이 누구인가를 고려하지 않고 관계 법규의 해석에 의하여 일반 국민에게 그러한 신청권을 인정하고 있는가를 살펴 추상적으로 결정되는 것이고, 신청인이 그 신청에 따른 단순한 응답을 받을 권리를 넘어서 신청의 인용이라는 만족적 결과를 얻을 권리를 의미하는 것은 아니다. 따라서 국민이 어떤 신청을 한 경우에 그 신청의 근거가 된 조항의 해석상 행정발동에 대한 개인의 신청권을 인정하고 있다고 보여지면 그 거부행위는 항고소송의 대상이 되는 처분으로 보아야 할 것이고, 구체적으로 그 신청이 인용될 수 있는가 하는 점은 본안에서 판단하여야 할 사항인 것이다(대판 1996. 6. 11, 95누12460).

> 2021 지방직 9급 거부처분의 처분성을 인정하기 위한 전제요건이 되는 신청권은 신청인이 그 신청에 따른 단순한 응답을 받을 권리를 넘어서 신청의 인용이라는 만족적 결과를 얻을 권리를 의미한다. (✗)

① ◯ 국민의 적극적 행위신청에 대하여 행정청이 그 신청에 따른 행위를 하지 않겠다고 거부한 행위가 항고소송의 대상이 되는 행정처분에 해당하는 것이라고 하려면, 그 신청한 행위가 공권력의 행사 또는 이에 준하는 행정작용이어야 하고 그 거부행위가 신청인의 법률관계에 어떤 변동을 일으키는 것이어야 하며, 그 국민에게 그 행위발동을 요구할 법규상 또는 조리상의 신청권이 있어야만 한다(대판 1998. 7. 10, 96누14036).

② ◯ 구 환경영향평가법(1997. 3. 7. 법률 제5302호로 개정되기 전의 것) 제4조에서 환경영향평가를 실시하여야 할 사업을 정하고, 그 제16조 내지 제19조에서 대상사업에 대하여 반드시 환경영향평가를 거치도록 한 취지 등에 비추어 보면, 같은 법에서 정한 환경영향평가를 거쳐야 할 대상사업에 대하여 그러한 환경영향평가를 거치지 아니하였음에도 승인 등 처분을 하였다면 그 처분은 위법하다 할 것이나, 그러한 절차를 거쳤다면, 비록 그 환경영향평가의 내용이 다소 부실하다 하더라도, 그 부실의 정도가 환경영향평가제도를 둔 입법 취지를 달성할 수 없을 정도이어서 환경영향평가를 하지 아니한 것과 다를 바 없는 정도의 것이 아닌 이상 그 부실은 당해 승인 등 처분에 재량권 일탈·남용의 위법이 있는지 여부를 판단하는 하나의 요소로 됨에 그칠 뿐, 그 부실로 인하여 당연히 당해 승인 등 처분이 위법하게 되는 것이 아니다(대판 2001. 6. 29, 99두9902).

③ ◯ 건축허가권자가 건축불허가처분을 하면서 그 처분사유로 건축불허가 사유뿐만 아니라 구 소방법에 따른 소방서장의 건축부동의 사유를 들고 있다고 하여 그 건축불허가처분 외에 별개로 건축부동의처분이 존재하는 것이 아니므로, 그 건축불허가처분을 받은 사람은 그 건축불허가처분에 관한 쟁송에서 건축법상의 건축불허가 사유뿐만 아니라 소방서장의 부동의 사유에 관하여도 다툴 수 있다(대판 2004. 10. 15, 2003두6573).

03

정답 ④

④ ✗

> **경찰관직무집행법 제11조의2(손실보상)** ① 국가는 경찰관의 적법한 직무집행으로 인하여 다음 각 호의 어느 하나에 해당하는 손실을 입은 자에 대하여 정당한 보상을 하여야 한다.
> 1. 손실발생의 원인에 대하여 책임이 없는 자가 재산상의 손실을 입은 경우(손실발생의 원인에 대하여 책임이 없는 자가 경찰관의 직무집행에 자발적으로 협조하거나 물건을 제공하여 재산상의 손실을 입은 경우를 포함한다)
> 2. 손실발생의 원인에 대하여 책임이 있는 자가 자신의 책임에 상응하는 정도를 초과하는 재산상의 손실을 입은 경우

① ◯ 건물의 점유자가 철거의무자일 때에는 건물철거의무에 퇴거의무도 포함되어 있는 것이어서 별도로 퇴거를 명하는 집행권원이 필요하지 않다. 행정청이 행정대집행의 방법으로 건물철거의무의 이행을 실현할 수 있는 경우에는 건물철거 대집행 과정에서 부수적으로 건물의 점유자들에 대한 퇴거조치를 할 수 있고, 점유자들이 적법한 행정대집행을 위력을 행사하여 방해하는 경우 형법상 공무집행방해죄가 성립하므로, 필요한 경우에는 '경찰관 직무집행법'에 근거한 위험발생 방지조치 또는 형법상 공무집행방해죄의 범행방지 내지 현행범체포의 차원에서 경찰의 도움을 받을 수도 있다(대판 2017. 4. 28, 2016다213916).

② ◯ 범죄의 예방·진압 및 수사는 경찰관의 직무에 해당하며 그 직무행위의 구체적 내용이나 방법 등이 경찰관의 전문적 판단에 기한 합리적인 재량에 위임되어 있으므로, 경찰관이 구체적 상황하에서 그 인적·물적 능력의 범위 내에서의 적절한 조치라는 판단에 따라 범죄의 진압 및 수사에 관한 직무를 수행한 경우, 경찰관에게 그와 같은 권한을 부여한 취지와 목적, 경찰관이 다른 조치를 취하지 아니함으로 인하여 침해된 국민의 법익 또는 국민에게 발생한 손해의 심각성 내지 그 절박한 정도, 경찰관이 그와 같은 결과를 예견하여 그 결과를 회피하기 위한 조치를 취할 수 있는 가능성이 있는지 여부 등을 종합적으로 고려하여 볼 때, 그것이 객관적 정당성을 상실하여 현저하게 불합리하다고 인정되지 않는다면 그와 다른 조치를 취하지 아니한 부작위를 내세워 국가배상책임의 요건인 법령 위반에 해당한다고 할 수 없다(대판 2008. 4. 24, 2006다32132).

③ ◯ 경찰관은 필요한 때에는 최소한의 범위 안에서 가스총을 사용할 수 있으나, 최소한의 안전수칙을 준수함으로써 장비사용으로 인한 사고발생을 미리 막아야 할 주의의무가 있다(대판 2003. 3. 14, 2002다57218).

04

정답 ③

③ ✗ 일반적으로 행정처분에 효력기간이 정하여져 있는 경우에는 그 기간의 경과로 그 행정처분의 효력은 상실되며, 다만 허가에 붙은 기한이 그 허가된 사업의 성질상 부당하게 짧은 경우에는 이를 그 허가 자체의 존속기간이 아니라 그 허가조건의 존속기간으로 보아 그 기한이 도래함으로써 그 조건의 개정을 고려한다는 뜻으로 해석할 수 있지만, 이와 같이 당초에 붙은 기한을 허가 자체의 존속기간이 아니라 허가조건의 존속기간으로 보더라도 그 후 당초의 기한이 상당 기간 연장되어 연장된 기간을 포함한 존속기간 전체를 기준으로 볼 경우 더 이상 허가된 사업의 성질상 부당하게 짧은 경우에 해당하지 않게 된 때에는 관계 법령의 규정에 따라 허가 여부의 재량권을 가진 행정청으로서는 그 때에도 허가조건의 개정만을 고려하여야 하는 것은 아니고 재량권의 행사로서 더 이상의 기간연장을 불허가할 수도 있는 것이며, 이로써 허가의 효력은 상실된다(대판 2004. 3. 25. 2003두12837).

> 2021 국가직 9급 허가에 붙은 기한이 그 허가된 사업의 성질상 부당하게 짧아서 이 기한이 허가자체의 존속기간이 아니라 허가조건의 존속기간으로 해석되는 경우에는 허가 여부의 재량권을 가진 행정청은 허가조건의 개정만을 고려할 수 있고, 그 후 당초의 기한이 상당 기간 연장되어 그 기한이 부당하게 짧은 경우에 해당하지 않게 된 때라도 더 이상의 기간연장을 불허가할 수는 없다. (✗)

① ◯ **허가의 실질적 요건** 개별법령이 규정하는 허가요건의 구체적인 내용은 상이할 것이지만, 허가라는 제도가 경찰상 목적, 즉 위험방지를 주된 목적으로 하기 때문에 각종의 허가는 내용상 **무위험성**(예: 자동차운행허가는 자동차의 안전성 확보를 전제로 하고, 주유소설치허가는 화재

로부터 안전성 확보를 전제로 한다)·**신뢰성**(예: 전과의 경력이 있는 자들에게는 각종 허가에 제한이 따른다)·**전문성**(예: 자동차운전면허에 시험이 따르고, 식품위생법상 각종 영업허가에 조리사 등 전문성을 구비한 자의 확보를 요구한다)을 요건으로 한다.

② ⓞ 허가는 상대방에게 금지를 해제하여 본래의 자연적 자유를 회복시켜 주는 명령적 행위로 보는 것이 종래 통설의 입장이다. 판례도 "한의사 면허는 경찰금지를 해제하는 명령적 행위(강학상 허가)에 해당한다"고 판시함으로써(대판 1998. 3. 10, 97누4289), 허가를 명령적 행위로 본다.

참고 허가의 법적 성질

명령적 행위설(판례)	종래의 통설은 허가는 권리를 설정하여 주는 행위가 아니라 인간이 본래 가지고 있는 자연적 자유를 회복시켜 주는 것에 불과한 것이므로 명령적 행위에 해당한다고 본다.
형성적 행위설	허가는 단순히 자연적 자유를 회복시켜 주는 데 그치는 것이 아니라 적법하게 일정한 행위를 할 수 있는 법적 지위를 창설하여 주는 형성적 행위라고 본다. 오늘날 유력한 견해이다.
양면성설(병존설)	허가는 금지를 해제해 준다는 점에서는 명령적 행위이나 경영할 수 있는 법적 지위를 창설해 준다는 점에서는 형성적 행위이므로 양면성을 갖는다고 본다.

④ ⓞ 효과재량설(성질설)에 대한 옳은 설명이다.

참고 효과재량설(성질설)
- 재량은 조문의 효과부분에 있다는 견해이다.
- 기속행위 : 침익적 행정행위
- 재량행위 : 수익적 행정행위 또는 국민의 권리·의무와 관련이 없는 행위
- 비판 : 수익적 행정행위도 기속행위로 볼 수 있는 경우도 있고, 부담적 행정행위도 재량행위로 볼 수 있는 경우도 있다.

05   정답 ④

④ ✗ **도시기본계획**은 도시의 기본적인 공간구조와 장기발전방향을 제시하는 종합계획으로서 그 계획에는 토지이용계획, 환경계획, 공원녹지계획 등 장래의 도시개발의 일반적인 방향이 제시되지만, 그 계획은 도시계획입안의 지침이 되는 것에 불과하여 **일반 국민에 대한 직접적인 구속력은 없다**(대판 2002. 10. 11, 2000두8226). 그리고 **도시기본계획**은 도시의 장기적 개발방향과 미래상을 제시하는 도시계획 입안의 지침이 되는 장기적 종합적인 개발계획으로서 **행정청에 대한 직접적인 구속력은 없다**(대판 2007. 4. 12, 2005두1893).

2018 국가직 7급 「국토의 계획 및 이용에 관한 법률」에 따른 도시기본계획은 일반 국민에 대한 직접적인 구속력은 인정되지 않지만, 도시의 장기적 개발방향과 미래상을 제시하는 도시계획 입안의 지침이 되기에 행정청에 대한 직접적인 구속력은 인정된다. (✗)

① ⓞ

행정절차법 제40조의4(행정계획) 행정청은 행정청이 수립하는 계획 중 국민의 권리·의무에 직접 영향을 미치는 계획을 수립하거나 변경·폐지할 때에는 관련된 여러 이익을 정당하게 형량하여야 한다.

② ⓞ **비구속적 행정계획안**이나 행정지침이라도 국민의 기본권에 직접적으로 영향을 끼치고, 앞으로 법령의 뒷받침에 의하여 그대로 실시될 것이 틀림없을 것으로 예상될 수 있을 때에는, **공권력행위로서 예외적으로 헌법소원의 대상이 될 수 있다**(헌재 2000. 6. 1, 99헌마538).

③ ⓞ 토지구획정리사업법 제57조, 제62조 등의 규정상 **환지예정지 지정이나 환지처분**은 그에 의하여 직접 토지소유자 등의 권리의무가 변동되므로 이를 **항고소송의 대상이 되는 처분**이라고 볼 수 있으나, **환지계획은 위와 같은 환지예정지 지정이나 환지처분의 근거가 될 뿐 그 자체가 직접 토지소유자 등의 법률상의 지위를 변동시키거나 또는 환지예정지 지정이나 환지처분과는 다른 고유한 법률효과를 수반하는 것이 아니어서 이를 항고소송의 대상이 되는 처분에 해당한다고 할 수가 없다**(대판 1999. 8. 20, 97누6889).

06   정답 ④

④ ✗

행정절차법 제33조(증거조사) ① 청문 주재자는 직권으로 또는 당사자의 신청에 따라 필요한 조사를 할 수 있으며, 당사자 등이 주장하지 아니한 사실에 대하여도 조사할 수 있다.

① ⓞ

행정절차법 제39조의2(공청회의 재개최) 행정청은 공청회를 마친 후 처분을 할 때까지 새로운 사정이 발견되어 공청회를 다시 개최할 필요가 있다고 인정할 때에는 공청회를 다시 개최할 수 있다.

2021 국회직 8급 행정청은 공청회를 마친 후 처분을 할 때까지 새로운 사정이 발견되어 공청회를 다시 개최할 필요가 있다고 인정할 때에는 공청회를 다시 개최할 수 있다. (O)

② ⓞ

행정절차법 제22조(의견청취) ① 행정청이 처분을 할 때 다음 각 호의 어느 하나에 해당하는 경우에는 청문을 한다.
1. 다른 법령등에서 청문을 하도록 규정하고 있는 경우
2. 행정청이 필요하다고 인정하는 경우
3. 다음 각 목의 처분 시 제21조 제1항 제6호에 따른 의견제출기한 내에 당사자등의 신청이 있는 경우
   가. 인허가 등의 취소
   나. 신분·자격의 박탈
   다. 법인이나 조합 등의 설립허가의 취소

③ ⓞ

행정절차법 제36조(청문의 재개) 행정청은 청문을 마친 후 처분을 할 때까지 새로운 사정이 발견되어 청문을 재개(再開)할 필요가 있다고 인정할 때에는 제35조 제4항에 따라 받은 청문조서 등을 되돌려 보내고 청문의 재개를 명할 수 있다. 이 경우 제31조 제5항을 준용한다.
행정절차법 제31조(청문의 진행) ⑤ 청문을 계속할 경우에는 행정청은 당사자등에게 다음 청문의 일시 및 장소를 서면으로 통지하여야 하며, 당사자등이 동의하는 경우에는 전자문서로 통지할 수 있다. 다만, 청문에 출석한 당사자등에게는 그 청문일에 청문 주재자가 말로 통지할 수 있다.

07   정답 ②

② ✗ 공공기관의 정보공개에 관한 법률에 의한 정보공개제도는 공공기관이 보유·관리하는 정보를 그 상태대로 공개하는 제도이지만, **전자적 형태로 보유·관리되는 정보의 경우에는**, 그 정보가 청구인이 구하는 대로는 되어 있지 않다고 하더라도, 공개청구를 받은 공공기관이 공개청구대상 정보의 기초자료를 전자적 형태로 보유·관리하고 있고, 당해 기관에서

통상 사용되는 컴퓨터 하드웨어 및 소프트웨어와 기술적 전문지식을 사용하여 그 기초자료를 검색하여 청구인이 구하는 대로 편집할 수 있으며, 그러한 작업이 당해 기관의 컴퓨터 시스템 운용에 별다른 지장을 초래하지 아니한다면, **그 공공기관이 공개청구대상정보를 보유·관리하고 있는 것으로 볼 수 있고**, 이러한 경우에 기초자료를 검색·편집하는 것은 새로운 정보의 생산 또는 가공에 해당한다고 할 수 없다(대판 2010. 2. 11, 2009두6001).

> 2021 국회직 8급 정보공개제도는 공공기관이 보유·관리하는 정보를 그 상태대로 공개하는 제도이므로, 전자적 형태로 보유·관리하는 정보를 검색·편집하여야 하는 경우는 새로운 정보의 생산으로서 정보공개의 대상이 아니다. (×)

① ⭕ 공공기관의 정보공개에 관한 법률 제9조 제1항 본문은 "공공기관이 보유관리하는 정보는 공개대상이 된다"고 규정하면서 그 단서 제1호에서는 "다른 법률 또는 **법률이 위임한 명령**(국회규칙·대법원규칙·중앙선거관리위원회규칙·대통령령 및 조례에 한한다)에 의하여 비밀 또는 비공개 사항으로 규정된 정보"는 이를 공개하지 아니할 수 있다고 규정하고 있는바, 그 입법 취지는 비밀 또는 비공개 사항으로 다른 법률 등에 규정되어 있는 경우는 이를 존중함으로써 법률 간의 마찰을 피하기 위한 것이고, 여기에서 '**법률에 의한 명령**'은 정보의 공개에 관하여 법률의 구체적인 위임 아래 제정된 법규명령(위임명령)을 의미한다(대판 2010. 6. 10, 2010두2913).

③ ⭕ 국가안전보장·국방·**통일**·외교관계 등에 관한 사항으로서 공개될 경우 국가의 중대한 이익을 현저히 해칠 우려가 있다고 인정되는 정보는 비공개대상정보에 해당한다(정보공개법 제9조 제1항 제2호).

④ ⭕

> **공공기관의 정보공개에 관한 법률 제6조의2(정보공개 담당자의 의무)** 공공기관의 정보공개 담당자(정보공개 청구 대상 정보와 관련된 업무 담당자를 포함한다)는 정보공개 업무를 성실하게 수행하여야 하며, 공개 여부의 자의적인 결정, 고의적인 처리 지연 또는 위법한 공개 거부 및 회피 등 부당한 행위를 하여서는 아니 된다. [본조신설 2020. 12. 22.]

> 2021 군무원 9급 공공기관이 정보공개 담당자(정보공개 청구대상 정부와 관련된 업무 담당자를 포함한다)는 정보공개 업무를 성실하게 수행하여야 하며, 공개 여부의 자의적인 결정, 고의적인 처리 지연 또는 위법한 공개 거부 및 회피 등 부당한 행위를 하여서는 아니 된다. (O)

08   정답 ④

㉠ ❌ 행정소송법은 취소소송을 본안으로 하는 처분의 집행정지제도를 규정하고(제23조, 제24조) 이를 무효등 확인소송에도 준용하고 있다(행정소송법 제38조 제1항). 따라서 취소소송뿐만 아니라 **무효등확인소송의 경우에도 집행정지가 허용**된다.

㉡ ⭕ 행정처분의 무효확인판결은 비록 형식상은 확인판결이라 하여도 그 확인판결의 효력은 그 취소판결의 경우와 같이 소송의 당사자는 물론 제3자에게도 미친다(대판 1982. 7. 27, 82다173). → 행정소송법 제38조 제1항에서는 "처분등을 취소하는 확정판결은 제3자에 대하여도 효력이 있다"고 규정한 행정소송법 제29조 제1항을 무효등확인소송에 준용하고 있다.

> 2021 군무원 7급 행정처분의 무효확인 판결은 확인판결이라고 하여도 행정처분의 취소판결과 같이 소송당사자는 물론 제3자에게도 미치는 것이다. (O)

㉢ ⭕ 행정처분의 당연무효를 구하는 소송에 있어서 **그 무효를 구하는 사람(=원고)에게 그 행정처분에 존재하는 하자가 중대하고 명백하다는 것을 주장·입증할 책임이 있다**(대판 1984. 2. 28, 82누154).

㉣ ❌ 간접강제제도는 무효등확인소송에 준용되지 않고 있다(행정소송법 제38조 제1항). 이를 근거로 판례는 거부처분에 대한 무효확인판결이 내려진 경우에 간접강제는 허용되지 않는다고 본다(대판 1998. 12. 24, 98무37).

참고 취소소송·무효등확인소송·부작위위법확인소송 비교

구분	취소소송	무효등확인소송	부작위위법확인소송
의의	행정청의 위법한 처분등을 취소 또는 변경하는 소송	행정청의 처분 등의 효력 유무 또는 존재 여부를 확인하는 소송	행정청의 부작위가 위법하다는 것을 확인하는 소송
성질	형성소송	준항고소송 (실질적 확인소송, 형식적 항고소송)	확인소송
예외적 행정심판전치주의	O	×	O
제소기간	O	×	• 원칙 × • 행정심판을 거친 경우 적용 O
사정판결	O	×	×
집행정지	O	O	×
간접강제	O	×	O
공통점	• 주관적 소송에 해당한다. • 직권심리주의, 재판관할, 관련청구소송의 이송·병합, 피고의 경정, 공동소송, 소송참가, 소의 변경, 판결의 기속력·대세효 등		

09   정답 ②

② ❌ **과세표준과 세액을 증액하는 증액경정처분**은 당초 납세의무자가 신고하거나 과세관청이 결정한 과세표준과 세액을 그대로 둔 채 탈루된 부분만을 추가로 확정하는 처분이 아니라 당초신고나 결정에서 확정된 과세표준과 세액을 포함하여 전체로서 하나의 과세표준과 세액을 다시 결정하는 것이므로, 당초신고나 결정에 대한 불복기간의 경과 여부 등에 관계없이 **오직 증액경정처분만이 항고소송의 심판대상이 되는 점**, 증액경정처분의 취소를 구하는 항고소송에서 증액경정처분의 위법 여부는 그 세액이 정당한 세액을 초과하는지 여부에 의하여 판단하여야 하고 당초신고에 관한 과다신고사유나 과세관청의 증액경정사유는 증액경정처분의 위법성을 뒷받침하는 개개의 위법사유에 불과한 점, 경정청구나 부과처분에 대한 항고소송은 모두 정당한 과세표준과 세액의 존부를 정하고자 하는 동일한 목적을 가진 불복수단으로서 납세의무자로 하여금 과다신고사유에 대하여는 경정청구로써, 과세관청의 증액경정사유에 대하여는 항고소송으로써 각각 다투게 하는 것은 납세의무자의 권익보호나 소송경제에도 부합하지 않는 점 등에 비추어 보면, 납세의무자는 **증액경정처분의 취소를 구하는 항고소송에서 과세관청의 증액경정사유뿐만 아니라 당초신고에 관한 과다신고사유도 함께 주장하여 다툴 수 있다고 할 것이다**(대판 2013. 4. 18, 2010두11733 전합).

① ⭕ 주택건설사업계획 승인처분에 따라 **의제된 인·허가가 위법함**을 다투고자 하는 이해관계인은, 주택건설사업계획 승인처분의 취소를 구할 것이 아니라 의제된 인·허가의 취소를 구하여야 하며, **의제된 인·허가는 주택건설사업계획 승인처분과 별도로 항고소송의 대상이 되는 처분에 해당**한다(대판 2018. 11. 29, 2016두38792). → 주택건설사업계획 승인처분에 따라 의제된 지구단위계획결정에 하자가 있음을 이해관계인이 다투고자 하는 경우 그 항고소송의 대상(= 의제된 인·허가)

> 2021 국가직 9급 주택건설사업계획 승인처분에 따라 의제된 인·허가가 위법함을 다투고자 하는 이해관계인은, 주택건설사업계획 승인처분의 취소를 구해야지 의제된 인·허가의 취소를 구해서는 아니 되며, 의제된 인·허가는 주택건설사업계획 승인처분과 별도로 항고소송의 대상이 되는 처분에 해당하지 않는다. (×)

③ ⭕ **금융기관의 임원에 대한 금융감독원장의 문책경고**는 그 상대방에 대한 직업선택의 자유를 직접 제한하는 효과를 발생하게 하는 등 상대방의 권리·의무에 직접 영향을 미치는 행위로서 **항고소송의 대상이 되는 행정처분에 해당**한다(대판 2005. 2. 17, 2003두14765).

④ ⭕ 교육공무원법 제29조의2 제1항, 제13조, 제14조 제1항, 제2항, 교육공무원 승진규정 제1조, 제2조 제1항 제1호, 제40조 제1항, 교육공무원임용령 제14조 제1항, 제16조 제1항에 따르면 임용권자는 3배수의 범위 안에 들어간 후보자들을 대상으로 승진임용 여부를 심사하여야 하고, 이에 따라 승진후보자 명부에 포함된 후보자는 임용권자로부터 정당한 심사를 받게 될 것에 관한 절차적 기대를 하게 된다. 그런데 임용권자 등이 자의적인 이유로 승진후보자 명부에 포함된 후보자를 승진임용에서 제외하는 처분을 한 경우에, 이러한 승진임용제외처분을 항고소송의 대상이 되는 처분으로 보지 않는다면, 달리 이에 대하여는 불복하여 침해된 권리 또는 법률상 이익을 구제받을 방법이 없다. 따라서 교육공무원법상 승진후보자 명부에 의한 승진심사 방식으로 행해지는 승진임용에서 **승진후보자 명부에 포함되어 있던 후보자를 승진임용인사발령에서 제외하는 행위**는 불이익처분으로서 **항고소송의 대상인 처분에 해당**한다고 보아야 한다(대판 2018. 3. 27, 2015두47492).

10   정답 ③

③ ❌ [1] 국가가 본래 그의 사무의 일부를 지방자치단체의 장에게 위임하여 처리하게 하는 기관위임사무의 경우 지방자치단체는 국가기관의 일부로 볼 수 있고, **지방자치단체가 그 고유의 자치사무를 처리하는 경우** 지방자치단체는 국가기관의 일부가 아니라 **국가기관과는 별도의 독립한 공법인으로서 양벌규정에 의한 처벌대상이 되는 법인에 해당**한다. [2] 지방자치단체 소속 공무원이 지정항만순찰 등의 업무를 위해 관할관청의 승인 없이 개조한 승합차를 운행함으로써 구 자동차관리법(2007. 10. 17. 법률 제8658호로 개정되기 전의 것)을 위반한 사안에서, 지방자치법, 구 항만법(2007. 8. 3. 법률 제8628호로 개정되기 전의 것), 구 항만법 시행령(2007. 12. 31. 대통령령 20506호로 개정되기 전의 것) 등에 비추어 **위 항만순찰 등의 업무가 지방자치단체의 장이 국가로부터 위임받은 기관위임사무에 해당**하여, **해당 지방자치단체가 구 자동차관리법 제83조의 양벌규정에 따른 처벌대상이 될 수 없다**고 한 사례(대판 2009. 6. 11, 2008도6530).

① ⭕ 판례는 "행정상의 단속을 주안으로 하는 법규라 하더라도 **명문규정이 있거나 해석상 과실범도 벌할 뜻이 명확한 경우를 제외**하고는 형법의 원칙에 따라 고의가 있어야 벌할 수 있다"고 판시하여(대판 1986. 7. 22, 85도108), '명문규정이 없더라도' 해석상 과실범도 벌할 뜻이 명확한 경우에는 과실범을 처벌할 수 있다는 입장을 간접적으로 천명하였다. 이러한 판례의 입장에 대하여는 비판하는 견해가 있다.

② ⭕ **행정청의 허가가 있어야 함에도 불구하고 허가를 받지 아니하여 처벌대상의 행위를 한 경우라도**, 허가를 담당하는 공무원이 허가를 요하지 않는 것으로 잘못 알려주어 이를 믿었기 때문에 허가를 받지 아니한 것이라면 **허가를 받지 않더라도 죄가 되지 않는 것으로 착오를 일으킨 데 대하여 정당한 이유가 있는 경우**에 해당하여 처벌할 수 없다(대판 1992. 5. 22, 91도2525).

> 참고 형법 제16조(법률의 착오) 자기의 행위가 법령에 의하여 죄가 되지 아니하는 것으로 오인한 행위는 그 오인에 정당한 이유가 있는 때에 한하여 벌하지 아니한다.

④ ⭕ 종업원 등이 저지른 행위의 결과에 대한 법인의 독자적인 책임에 관하여 전혀 규정하지 않은 채, 단순히 법인이 고용한 종업원 등이 업무에 관하여 범죄행위를 하였다는 이유만으로 법인에 대하여 형사처벌을 과하고 있는바, 이는 다른 사람의 범죄에 대하여 그 책임 유무를 묻지 않고 형벌을 부과함으로써 법치국가의 원리 및 죄형법정주의로부터 도출되는 책임주의원칙에 반한다(헌재 2010. 7. 29, 2009헌가18).

11   정답 ④

④ ❌ 한국철도시설공단이 갑 주식회사에 대하여 시설공사 입찰참가 당시 허위 실적증명서를 제출하였다는 이유로 향후 2년간 공사낙찰적격심사시 종합취득점수의 10/100을 감점한다는 내용의 통보를 한 사안에서, **위 통보는 행정소송의 대상이 되는 행정처분이라고 할 수 없다**(대판 2014. 12. 24, 2010두6700). → 사법상의 효력을 가지는 통지행위

① ⭕ [1] **국유재산 등의 관리청이 하는 행정재산의 사용·수익에 대한 허가**는 순전히 사경제주체로서 행하는 사법상의 행위가 아니라 **관리청이 공권력을 가진 우월적 지위에서 행하는 행정처분**으로서 특정인에게 행정재산을 사용할 수 있는 권리를 설정하여 주는 **강학상 특허에 해당**한다. [2] 국립의료원 부설 주차장에 관한 위탁관리용역운영계약의 실질은 행정재산에 대한 국유재산법 제24조 제1항의 사용·수익 허가임을 이유로, 민사소송으로 제기된 위 계약에 따른 가산금지급채무의 부존재확인청구에 관하여 본안 판단을 한 원심판결을 파기하고, 소를 각하한 사례(대판 2006. 3. 9, 2004다31074). → 원고가 이 사건 가산금 지급채무의 부존재를 주장하여 구제를 받으려면, 적절한 행정쟁송절차를 통하여 권리관계를 다투어야 할 것이지, 이 사건과 같이 피고에 대하여 민사소송으로 위 지급의무의 부존재확인을 구할 수는 없는 것이다.

② ⭕ **국가를 당사자로 하는 계약에 관한 법률에 의하여 국가기관이 특정기업의 입찰참가자격을 제한하는 경우** 제재적 성격의 권력적 행위로서 항고소송의 대상이 되는 처분이다(대판 1999. 3. 9, 98두18565).

③ ⭕ 甲 주식회사가 조달청과 물품구매계약을 체결하고 국가종합전자조달시스템인 나라장터 종합쇼핑몰 인터넷 홈페이지를 통해 납품요구를 하는 수요기관에 제품을 납품하였는데, 피고 조달청장이 '규격서 내용을 허위로 기재하거나 과장하였다'는 등의 이유로 물품구매계약 추가특수조건 규정에 따라 甲 회사에 대하여 6개월간 나라장터 종합쇼핑몰에서의 거래를 정지한다고 통보한 사안에서, **조달청장의 위 거래정지 조치는 항고소송의 대상이 되는 행정처분에 해당**한다고 본 원심의 판단이 정당하다고 한 사례(대판 2018. 11. 29, 2017두34940).

> 참고 공법관계(=행정소송의 대상)와 사법관계의 구별

처분 ○	처분 ×
• 국가를 당사자로 하는 계약에 관한 법률에 의하여 국가기관이 특정기업의 입찰참가자격을 제한하는 경우	• 국가를 당사자로 하는 계약에 관한 법률에 따라 국가가 당사자가 되는 이른바 공공계약 → 사법상 계약
• 피고 조달청장이 원고에 대하여 한 6개월간의 나라장터 종합쇼핑몰(국가종합전자조달시스템) 거래정지 조치	• 국가를 당사자로 하는 계약에 관한 법률에 따른 계약에 있어 입찰보증금의 국고귀속조치 → 사법관계
• 공공기관 운영에 관한 법률에 따라 이루어진 한국수력원자력 주식회사의 입찰참가자격 제한(2016두33537)	• 한국전력공사가 정부투자기관회계규정에 의하여 행한 입찰참가자격을 제한하는 내용의 부정당업자제재처분
	• 한국철도시설공단의 10/100을 감점한다는 통보

12   정답 ②

② ❌ 지방보훈청장이 허혈성심장질환이 있는 甲에게 재심 서면판정 신체검사를 실시한 다음 종전과 동일하게 전(공)상군경 7급 국가유공자로 판정 하는 '고엽제후유증전환 재심신체검사 무변동처분' 통보서를 송달하자 甲이 위 처분의 취소를 구한 경우, **위 처분이 甲에게 고지되어 처분이 있다는 사실을 현실적으로 알았을 때** 행정소송법 제20조 제1항에서 정한 제소기간이 진행한다고 보아야 함에도, 甲이 통보서를 송달받기 전에 자신

의 의무기록에 관한 정보공개를 청구하여 위 처분을 하는 내용의 통보서를 비롯한 일체의 서류를 교부받은 날부터 제소기간을 기산하여 위 소는 90일이 지난 후 제기한 것으로서 부적법하다고 본 원심판결에 법리를 오해한 위법이 있다(대판 2014. 9. 25, 2014두8254).

> 2021 국가직 9급 '처분이 있음을 안 날'은 처분이 있었다는 사실을 현실적으로 안 날을 의미하므로, 처분서를 송달받기 전 정보공개 청구를 통하여 처분을 하는 내용의 일체의 서류를 교부받았다면 그 서류를 교부받은 날부터 제소기간이 기산된다. (×)

① ◎ **통상 고시 또는 공고에 의하여 행정처분을 하는 경우**에는 그 처분의 상대방이 불특정 다수인이고 그 처분의 효력이 불특정 다수인에게 일률적으로 적용되는 것이므로, 그 행정처분에 이해관계를 갖는 자가 고시 또는 공고가 있었다는 사실을 현실적으로 알았는지 여부에 관계없이 <u>고시가 효력을 발생하는 날 행정처분이 있음을 알았다고 보아야</u> 한다(대판 2007. 6. 14, 2004두619).

③ ◎ 행정청이 법정 심판청구기간보다 긴 기간으로 잘못 알린 경우에 그 잘못 알린 기간 내에 심판청구가 있으면 그 심판청구는 법정 심판청구기간 내에 제기된 것으로 본다는 취지의 <u>행정심판법 제18조 제5항의 규정은 행정심판 제기에 관하여 적용되는 규정이지, 행정소송 제기에도 당연히 적용되는 규정이라고 할 수는 없다</u>(대판 2001. 5. 8, 2000두6916).

④ ◎ **감액처분으로도 아직 취소되지 않고 남아 있는 부분이 위법하다 하여 다투고자 하는 경우**, 감액처분을 항고소송의 대상으로 할 수는 없고, **당초 징수결정 중 감액처분에 의하여 취소되지 않고 남은 부분**을 항고소송의 대상으로 할 수 있을 뿐이며, 그 결과 제소기간의 준수 여부도 감액처분이 아닌 당초 처분을 기준으로 판단해야 한다(대판 2012. 9. 27, 2011두27247).

13   정답 ①

① ✗ 국세기본법 제81조의4 제2항에 따라 금지되는 재조사에 기하여 과세처분을 하는 것은 단순히 당초 과세처분의 오류를 경정하는 경우에 불과하다는 등의 특별한 사정이 없는 한 그 자체로 위법하고, 이는 과세관청이 그러한 재조사로 얻은 과세자료를 과세처분의 근거로 삼지 않았다거나 이를 배제하고서도 동일한 과세처분이 가능한 경우라고 하여 달리 볼 것은 아니다(대판 2017. 12. 13, 2016두55421).

② ◎

> **행정조사기본법 제8조(조사대상의 선정)** ① 행정기관의 장은 행정조사의 목적, 법령준수의 실적, 자율적인 준수를 위한 노력, 규모와 업종 등을 고려하여 명백하고 객관적인 기준에 따라 행정조사의 대상을 선정하여야 한다.
> ② 조사대상자는 조사대상 선정기준에 대한 열람을 행정기관의 장에게 신청할 수 있다.
> ③ 행정기관의 장이 제2항에 따라 열람신청을 받은 때에는 다음 각 호의 어느 하나에 해당하는 경우를 제외하고 신청인이 조사대상 선정기준을 열람할 수 있도록 하여야 한다.
>   1. 행정기관이 당해 행정조사업무를 수행할 수 없을 정도로 조사활동에 지장을 초래하는 경우
>   2. 내부고발자 등 제3자에 대한 보호가 필요한 경우

③ ◎

> **행정조사기본법 제5조(행정조사의 근거)** 행정기관은 법령 등에서 행정조사를 규정하고 있는 경우에 한하여 행정조사를 실시할 수 있다. 다만, <u>조사대상자의 자발적인 협조를 얻어 실시하는 행정조사의 경우에는 그러하지 아니하다.</u>

④ ◎

> **행정조사기본법 제2조(정의)** 이 법에서 사용하는 용어의 정의는 다음과 같다.
>   2. "행정기관"이란 법령 및 조례·규칙(이하 "법령등"이라 한다)에 따라 행정권한이 있는 기관과 그 권한을 위임 또는 위탁받은 법인·단체 또는 그 기관이나 개인을 말한다.

14   정답 ②

② ✗ 우리나라와 외국 사이에 국가배상청구권의 발생요건이 현저히 균형을 상실하지 아니하고 외국에서 정한 요건이 우리나라에서 정한 그것보다 전체로서 과중하지 아니하여 중요한 점에서 실질적으로 거의 차이가 없는 정도라면 국가배상법 제7조가 정하는 상호 보증의 요건을 구비하였다고 봄이 타당하다. 그리고 상호 보증은 외국의 법령, 판례 및 관례 등에 의하여 발생요건을 비교하여 인정되면 충분하고 반드시 당사국과의 조약이 체결되어 있을 필요는 없으며, **당해 외국에서 구체적으로 우리나라 국민에게 국가배상청구를 인정한 사례가 없더라도** 실제로 인정될 것이라고 기대할 수 있는 상태이면 충분하다(대판 2015. 6. 11, 2013다208388).

① ◎ 산업기술혁신촉진법령에서 공공기관에 부과한 신제품 인증을 받은 제품구매의무는 기업에 신기술개발제품의 판로를 확보하여 줌으로써 산업기술개발을 촉진하기 위한 국가적 지원책의 하나로 국민경제의 지속적인 발전과 국민의 삶의 질 향상이라는 공공 일반의 이익을 도모하기 위한 것이고, 공공기관이 구매의무를 이행한 결과 신제품 인증을 받은 자가 재산상 이익을 얻게 되더라도 이는 반사적 이익에 불과할 뿐 위 법령이 보호하고자 하는 이익으로 보기는 어렵다. 따라서 공공기관이 위 법령에서 정한 인증신제품 구매의무를 위반하였다고 하더라도, 이를 이유로 신제품 인증을 받은 자에 대하여 국가배상법 제2조가 정한 배상책임이나 불법행위를 이유로 한 손해배상책임을 지는 것은 아니다(대판 2015. 5. 28, 2013다41431). → 반사적 이익에 불과 / 공무원의 직무상 의무가 순전히 행정기관 내부의 질서를 유지하기 위한 것이거나 전체적으로 공공 일반의 이익을 도모하기 위한 것인 경우, 그 의무를 위반하여 국민에게 가한 손해에 대하여 국가 또는 지방자치단체가 손해배상책임을 부담하지 않는다.

> 2017 변호사시험 산업기술혁신촉진법령에 따른 중앙행정기관과 지방자치단체 등의 인증신제품 구매의무는 공공 일반의 전체적인 이익을 도모하기 위한 것으로 봄이 타당하고, 신제품 인증을 받은 자의 재산상 이익은 법령이 보호하고자 하는 이익으로 보기는 어려우므로, 지방자치단체가 위 법령에서 정한 인증신제품 구매의무를 위반하였다고 하더라도, 이를 이유로 신제품 인증을 받은 자에 대하여 국가배상책임을 지는 것은 아니다. (O)

③ ◎ **헌법**에서는 국가배상책임의 주체를 **국가 또는 공공단체**로 규정(제29조)한 반면, **국가배상법에서는 국가배상책임의 주체를 국가 또는 지방자치단체로 규정**하고 있다(국가배상법 제2조 제1항). 그리고 헌법에서는 공무원의 직무상 불법행위로 인한 국가배상책임만 규정(제29조)하고 있는 반면, 국가배상법은 공무원의 직무상 불법행위로 인한 국가배상책임(제2조)뿐만 아니라 영조물의 하자로 인한 국가배상책임(제5조)까지 규정하고 있다.

④ ◎ 행정입법에 관여한 공무원이 입법 당시의 상황에서 다양한 요소를 고려하여 나름대로 합리적인 근거를 찾아 어느 하나의 견해에 따라 경과규정을 두는 등의 조치 없이 새 법령을 그대로 시행하거나 적용하였다면, 그와 같은 공무원의 판단이 나중에 대법원이 내린 판단과 같지 아니하여 결과적으로 시행령 등이 신뢰보호의 원칙 등에 위배되는 결과가 되었다고 하더라도, 이러한 경우에까지 국가배상법 제2조 제1항에서 정한 국가배상책임의 성립요건인 공무원의 과실이 있다고 할 수는 없다(대판 2013. 4. 26, 2011다14428).

15

정답 ④

④ ❌

> **행정대집행법 제7조(행정심판)** 대집행에 대하여는 행정심판을 제기할 수 있다.

2021 지방직 9급 대집행에 대하여는 행정심판을 제기할 수 있다. (O)

① ⊚ 토지에 관한 도로구역 결정이 고시된 후 구 토지수용법 제18조의2 제2항에 위반하여 공작물을 축조하고 물건을 부가한 자에 대하여 관리청은 이러한 위반행위에 의하여 생긴 유형적 결과의 시정을 명하는 행정처분을 하여 이에 따르지 않는 경우에는 행정대집행의 방법으로 그 의무내용을 실현할 수 있는 것이고, 이러한 **행정대집행의 절차가 인정되는 경우에는 따로 민사소송의 방법으로 공작물의 철거, 수거 등을 구할 수는 없다**(대판 2000. 5. 12, 99다18909).

② ⊚

> **행정대집행법 제4조(대집행의 실행 등)** ① 행정청(제2조에 따라 대집행을 실행하는 제3자를 포함한다. 이하 이 조에서 같다)은 해가 뜨기 전이나 해가 진 후에는 대집행을 하여서는 아니 된다. 다만, 다음 각호의 어느 하나에 해당하는 경우에는 그러하지 아니하다.
> 1. 의무자가 동의한 경우
> 2. 해가 지기 전에 대집행을 착수한 경우
> 3. 해가 뜬 후부터 해가 지기 전까지 대집행을 하는 경우에는 대집행의 목적 달성이 불가능한 경우

③ ⊚ 대집행을 하기 위하여는 법령에 의하여 직접 명령되거나 법령에 근거한 행정청의 명령에 의한 의무자의 대체적 작위의무 위반행위가 있어야 한다. 따라서 **단순한 부작위의무의 위반은 대집행의 대상이 될 수 없다**(대판 1996. 6. 28, 96누4374).

16

정답 ④

④ ❌ 공익사업을 위한 토지 등의 취득 및 보상에 관한 법률(이하 '토지보상법'이라 한다)은 사업시행자로 하여금 우선 협의취득 절차를 거치도록 하고, 협의가 성립되지 않거나 협의를 할 수 없을 때에 수용재결취득 절차를 밟도록 예정하고 있기는 하다. 그렇지만 일단 토지수용위원회가 수용재결을 하였더라도 사업시행자로서는 수용 또는 사용의 개시일까지 토지수용위원회가 재결한 보상금을 지급 또는 공탁하지 아니함으로써 재결의 효력을 상실시킬 수 있는 점, 토지소유자 등은 수용재결에 대하여 이의를 신청하거나 행정소송을 제기하여 보상금의 적정 여부를 다툴 수 있는데, 그 절차에서 사업시행자와 보상금액에 관하여 임의로 합의할 수 있는 점, 공익사업의 효율적인 수행을 통하여 공공복리를 증진시키고, 재산권을 적정하게 보호하려는 토지보상법의 입법 목적(제1조)에 비추어 보더라도 수용재결이 있은 후에 사법상 계약의 실질을 가지는 협의취득 절차를 금지해야 할 별다른 필요성을 찾기 어려운 점 등을 종합해 보면, **토지수용위원회의 수용재결이 있은 후라고 하더라도 토지소유자 등과 사업시행자가 다시 협의하여 토지 등의 취득이나 사용 및 그에 대한 보상에 관하여 임의로 계약을 체결할 수 있다고 보아야 한다**(대판 2017. 4. 13, 2016두64241).

① ⊚

> **공익사업을 위한 토지 등의 취득 및 보상에 관한 법률 제85조(행정소송의 제기)** ① 사업시행자, 토지소유자 또는 관계인은 제34조에 따른 재결에 불복할 때에는 재결서를 받은 날부터 90일 이내에, 이의신청을 거쳤을 때에는 이의신청에 대한 재결서를 받은 날부터 60일 이내에 각각 행정소송을 제기할 수 있다. 이 경우 사업시행자는 행정소송을 제기하기 전에 제84조에 따라 늘어난 보상금을 공탁하여야 하며, 보상금을 받을 자는 공탁된 보상금을 소송이 종결될 때까지 수령할 수 없다.

② ⊚ 공익사업을 위한 토지 등의 취득 및 보상에 관한 법률(이하 '공익사업법'이라고 한다)에 의한 보상합의는 공공기관이 사경제주체로서 행하는 사법상 계약의 실질을 가지는 것으로서, 당사자 간의 합의로 같은 법 소정의 손실보상의 기준에 의하지 아니한 손실보상금을 정할 수 있으며, 이와 같이 같은 법이 정하는 기준에 따르지 아니하고 손실보상액에 관한 합의를 하였다고 하더라도 그 합의가 착오 등을 이유로 적법하게 취소되지 않는 한 유효하다. 따라서 공익사업법에 의한 보상을 하면서 **손실보상금에 관한 당사자 간의 합의가 성립하면 그 합의 내용대로 구속력이 있고**, 손실보상금에 관한 합의 내용이 공익사업법에서 정하는 손실보상 기준에 맞지 않는다고 하더라도 합의가 적법하게 취소되는 등의 특별한 사정이 없는 한 **추가로 공익사업법상 기준에 따른 손실보상금 청구를 할 수는 없다**(대판 2013. 8. 22, 2012다3517).

③ ⊚ 공익사업법 제85조 제1항 전문의 문언 내용과 공익사업법 제83조, 제85조가 중앙토지수용위원회에 대한 이의신청을 임의적 절차로 규정하고 있는 점, 행정소송법 제19조 단서가 행정심판에 대한 재결은 재결 자체에 고유한 위법이 있음을 이유로 하는 경우에 한하여 취소소송의 대상으로 삼을 수 있도록 규정하고 있는 점 등을 종합하여 보면, 수용재결에 불복하여 취소소송을 제기하는 때에는 이의신청을 거친 경우에도 **수용재결을 한 중앙토지수용위원회 또는 지방토지수용위원회를 피고로 하여 수용재결의 취소를 구하여야** 하고, 다만 **이의신청에 대한 재결 자체에 고유한 위법이 있음을 이유로 하는** 경우에는 그 이의재결을 한 중앙토지수용위원회를 **피고로 하여 이의재결의 취소를 구할 수 있다고 보아야** 한다(대판 2010. 1. 28, 2008두1504).

17

정답 ②

② ❌ 허가대상 건축물의 양수인이 구 건축법 시행규칙에 규정되어 있는 형식적요건을 갖추어 시장·군수 등 행정관청에 적법하게 건축주의 명의변경을 신고한 경우, 행정관청이 실체적인 이유를 내세워 신고 수리를 거부할 수 있는지 여부(소극) 건축법 시행규칙 제11조의 규정은 단순히 행정관청의 사무집행의 편의를 위한 것이 아니라, 허가대상 건축물의 양수인에게 건축주의 명의변경을 신고할 수 있는 공법상의 권리를 인정함과 아울러 행정관청에게는 그 신고를 수리할 의무를 지게 한 것으로 봄이 타당하므로, 허가대상 건축물의 양수인이 구 건축법 시행규칙에 규정되어 있는 형식적 요건을 갖추어 시장·군수 등 행정관청에 적법하게 **건축주의 명의변경을 신고한 때에는 행정관청은 그 신고를 수리하여야지 실체적인 이유를 내세워 신고의 수리를 거부할 수는 없다**(대판 2014. 10. 15, 2014두37658).

① ⊚ 구 평생교육법 제22조 제1항, 제2항, 제3항, 구 평생교육법 시행령 제27조 제1항, 제2항, 제3항에 의하면, 정보통신매체를 이용하여 학습비를 받지 아니하고 원격평생교육을 실시하고자 하는 경우에는 누구든지 아무런 신고 없이 자유롭게 이를 할 수 있고, 다만 위와 같은 교육을 불특정 다수인에게 학습비를 받고 실시하는 경우에는 이를 신고하여야 하나, 법 제22조가 신고를 요하는 제2항과 신고를 요하지 않는 제1항에서 '학습비' 수수 외에 교육 대상이나 방법 등 다른 요건을 달리 규정하고 있지 않을 뿐 아니라 제2항에서도 학습비 금액이나 수령 등에 관하여 아무런 제한을 하고 있지 않은 점에 비추어 볼 때, **행정청으로서는 신고서 기재사항에 흠결이 없고 정해진 서류가 구비된 때에는 이를 수리하여야 하고**, 이러한 형식적 요건을 모두 갖추었음에도 신고대상이 된 교육이나 학습이 공익적 기

준에 적합하지 않는다는 등 실체적 사유를 들어 신고 수리를 거부할 수는 없다(대판 2011. 7. 28, 2005두11784). → 전통 민간요법인 침·뜸행위를 온라인을 통해 교육할 목적으로 인터넷 침·뜸 학습센터를 설립한 甲이 구 평생교육법 제22조 제2항 등에 따라 평생교육시설로 신고하였으나 관할 행정청이 교육 내용이 의료법에 저촉될 우려가 있다는 등의 사유로 이를 반려하는 처분을 한 사안에서, 관할 행정청은 형식적 심사범위에 속하지 않는 사항을 수리거부사유로 삼았을 뿐만 아니라 처분사유도 인정되지 않는다는 이유로, 위 처분은 위법하다고 한 사례.

③ ◎ **인·허가의제 효과를 수반하는 건축신고**는 일반적인 건축신고와는 달리, 특별한 사정이 없는 한 행정청이 그 실체적 요건에 관한 심사를 한 후 수리하여야 하는 이른바 **'수리를 요하는 신고'**로 보는 것이 옳다(대판 2011. 1. 20, 2010두14954 전합).

2017 서울시 9급 인·허가의제 효과를 수반하는 건축신고는 행정청이 그 실체적 요건에 관한 심사를 한 후 수리하여야 하기 때문에 수리를 요하는 신고이다. (O)

④ ◎ 유통산업발전법 제12조의2 제1항, 제2항, 제3항은 기존의 대규모점포의 등록된 유형 구분을 전제로 '대형마트로 등록된 대규모점포'를 일체로서 규제 대상으로 삼고자 하는 데 취지가 있는 점, **대규모점포의 개설 등록은 이른바 '수리를 요하는 신고'로서 행정처분에 해당**한다(대판 2015. 11. 19, 2015두295). → 다만, '수리를 요하는 신고'는 사인의 공법행위이므로, 신고의 '수리행위'가 행정처분에 해당한다는 의미로 이해해야 할 것이다.

18 정답 ③

③ ✗ 산업재해보상보험법상 각종 보험급여 등의 지급결정을 변경 또는 취소하는 처분과 처분에 터잡아 잘못 지급된 보험급여액에 해당하는 금액을 징수하는 처분이 적법한지를 판단하는 경우 비교·교량할 각 사정이 동일하다고는 할 수 없으므로, 지급결정을 변경 또는 취소하는 처분이 적법하다고 하여 그에 터잡은 징수처분도 반드시 적법하다고 판단해야 하는 것은 아니다(대판 2014. 7. 24, 2013두27159).

①◎, ②◎ 한 사람이 여러 종류의 자동차운전면허를 취득하는 경우뿐 아니라 이를 취소 또는 정지하는 경우에도 **서로 별개의 것으로 취급하는 것이 원칙**이고, 다만 취소사유가 특정 면허에 관한 것이 아니고 다른 면허와 공통된 것이거나 운전면허를 받은 사람에 관한 것일 경우에는 여러 면허를 전부 취소할 수도 있다(대판 2012. 5. 24, 2012두1891).

④◎ 행정처분을 한 처분청은 처분의 성립에 하자가 있는 경우 별도의 법적 근거가 없더라도 직권으로 이를 취소할 수 있다고 봄이 원칙이므로, 국민연금법이 정한 수급요건을 갖추지 못하였음에도 연금 지급결정이 이루어진 경우에는 이미 지급된 급여 부분에 대한 **환수처분과 별도로 지급결정을 취소할 수 있다**(대판 2017. 3. 30, 2015두43971).

2021 경행특채 행정처분을 한 처분청은 처분의 성립에 하자가 있는 경우 별도의 법적 근거가 없더라도 직권으로 이를 취소할 수 있다고 봄이 원칙이므로, 국민연금법이 정한 수급요건을 갖추지 못하였음에도 연금 지급결정이 이루어진 경우에는 이미 지급된 급여 부분에 대한 환수처분과 별도로 지급결정을 취소할 수 있다. (O)

19 정답 ③

③ ✗ '2014년도 건물 및 기타물건 시가표준액 조정기준'의 각 규정들은 일정한 유형의 위반 건축물에 대한 이행강제금의 산정기준이 되는 시가표준액에 관하여 행정자치부장관으로 하여금 정하도록 한 위 건축법 및 지방세법령의 위임에 따른 것으로서 **그 법령 규정의 내용을 보충하고 있으므로, 그 법령 규정과 결합하여 대외적인 구속력이 있는 법규명령으로서의 효력을 가지고**, 그중 증·개축 건물과 대수선 건물에 관한 특례를 정한 '증·개축 건물 등에 대한 시가표준액 산출요령'의 규정들도 마찬가지라고 보아야 한다(대판 2017. 5. 31, 2017두30764).

2018 서울시 9급 2014년도 건물 및 기타물건 시가표준액 조정기준은 건축법 및 지방세법령의 위임에 따른 것이지만 행정규칙의 성격을 가진다. (✗)

①◎ 헌법재판소법 제68조 제1항이 규정하고 있는 헌법소원심판의 대상으로서의 '공권력'이란 입법·사법·행정 등 모든 공권력을 말하는 것이므로 입법부에서 제정한 법률, 행정부에서 제정한 시행령이나 시행규칙 및 사법부에서 제정한 규칙(법무사법시행규칙) 등은 그것들이 별도의 집행행위를 기다리지 않고 직접 기본권을 침해하는 것일 때에는 모두 헌법소원심판의 대상이 될 수 있는 것이다(헌재 1990. 10. 15, 89헌마178). → 법무사법 시행규칙 제3조 제1항은 법원행정처장이 법무사를 보충할 필요가 없다고 인정하면 법무사시험을 실시하지 아니해도 된다는 것으로서 상위법인 법무사법 제4조 제1항에 의하여 모든 국민에게 부여된 법무사 자격취득의 기회를 하위법인 시행규칙으로 박탈한 것이어서 평등권과 직업선택의 자유를 침해한 것이다.

②◎ 구 여객자동차 운수사업법 시행규칙 제31조 제2항 제1호, 제2호, 제6호는 구 여객자동차 운수사업법 제11조 제4항의 위임에 따라 시외버스운송사업의 사업계획변경에 관한 절차, 인가기준 등을 구체적으로 규정한 것으로서, 대외적인 구속력이 있는 법규명령이라고 할 것이고, 그것을 행정청 내부의 사무처리준칙을 규정한 행정규칙에 불과하다고 할 수는 없다(대판 2006. 6. 27, 2003두4355).

④◎ 행정규칙은 법규명령과 같은 엄격한 제정 및 개정절차를 요하지 아니하므로, 재산권 등과 같은 기본권을 제한하는 작용을 하는 법률이 입법위임을 할 때에는 "대통령령", "총리령", "부령" 등 법규명령에 위임함이 바람직하고, 금융감독위원회의 고시와 같은 형식으로 입법위임을 할 때에는 적어도 행정규제기본법 제4조 제2항 단서에서 정한 바와 같이 법령이 전문적·기술적 사항이나 경미한 사항으로서 업무의 성질상 위임이 불가피한 사항에 한정된다 할 것이고, 그러한 사항이라 하더라도 포괄위임금지의 원칙상 법률의 위임은 반드시 구체적·개별적으로 한정된 사항에 대하여 행하여져야 한다(헌재 2004. 10. 28, 99헌바91).

20 정답 ④

④ ✗ 국가공무원법에 의한 처분, 기타 본인의 의사에 반한 불리한 처분이나 부작위에 관한 행정소송을 제기할 때에 **대통령의 처분 또는 부작위의 경우에는 소속 장관을 피고로 한다**(국가공무원법 제16조 제2항).

국가공무원법 제16조(행정소송과의 관계) ① 제75조에 따른 처분, 그 밖에 본인의 의사에 반한 불리한 처분이나 부작위(不作爲)에 관한 행정소송은 소청심사위원회의 심사·결정을 거치지 아니하면 제기할 수 없다.
② 제1항에 따른 행정소송을 제기할 때에는 대통령의 처분 또는 부작위의 경우에는 소속 장관(대통령령으로 정하는 기관의 장을 포함한다. 이하 같다)을, 중앙선거관리위원회위원장의 처분 또는 부작위의 경우에는 중앙선거관리위원회사무총장을 각각 피고로 한다.

①◎ 조례에 대한 무효확인소송을 제기함에 있어서 피고적격이 있는 처분 등을 행한 행정청은, 지방의회가 아니라, 지방자치단체의 집행기관으로서 조례로서의 효력을 발생시키는 공포권이 있는 **지방자치단체의 장**이다(대판 1996. 9. 20, 95누8003).

②◎ **대리권을 수여받은 행정청(甲)이 대리관계를 밝힘이 없이 자신의 명의(甲)로 행정처분을 한 경우, 그 행정처분에 대한 항고소송의 피고적격** 대리권을 수여받은 데 불과하여 그 자신의 명의로는 행정처분을 할 권한이 없는 행정청의 경우 **대리관계를 밝힘이 없이 그 자신의 명의(甲)로 행정처분을 하

였다면 그에 대하여는 **처분명의자인 당해 행정청(甲)이 항고소송의 피고가 되어야 하는 것이 원칙이지만**, 비록 대리관계를 명시적으로 밝히지는 아니하였다 하더라도 처분명의자(甲)가 피대리 행정청(乙) 산하의 행정기관으로서 실제로 피대리 행정청으로부터 대리권한을 수여받아 피대리 행정청을 대리한다는 의사로 행정처분을 하였고 처분명의자(甲)는 물론 그 상대방도 그 행정처분이 피대리 행정청(乙)을 대리하여 한 것임을 알고서 이를 받아들인 예외적인 경우에는 피대리 행정청(乙)이 피고가 되어야 한다(대결 2006. 2. 23, 2005부4).

③ ◎ 행정소송법 제39조는, "당사자소송은 국가·공공단체 그 밖의 권리주체를 피고로 한다."라고 규정하고 있다. 이것은 당사자소송의 경우 항고소송과 달리 '행정청'이 아닌 '권리주체'에게 피고적격이 있음을 규정하는 것일 뿐, 피고적격이 인정되는 권리주체를 행정주체로 한정한다는 취지가 아니므로, **이 규정을 들어 사인을 피고로 하는 당사자소송을 제기할 수 없다고 볼 것은 아니다**(대판 2019. 9. 9, 2016다262550).

21
정답 ②

② ◎ 적법한 건축물에 대한 철거명령은 그 하자가 중대하고 명백하여 당연무효라고 할 것이고, 그 후행행위인 건축물철거 대집행계고처분 역시 당연무효라고 할 것이다(대판 1999. 4. 27, 97누6780).

① ✕ 행정청은 행정소송이 계속되고 있는 때에도 직권으로 그 처분을 변경할 수 있고, 행정소송법 제22조 제1항은 이를 전제로 처분변경으로 인한 소의 변경에 관하여 규정하고 있다. 점용료 부과처분에 취소사유에 해당하는 흠이 있는 경우 도로관리청으로서는 당초 처분 자체를 취소하고 흠을 보완하여 새로운 부과처분을 하거나, 흠 있는 부분에 해당하는 점용료를 감액하는 처분을 할 수 있다. 한편 흠 있는 행정행위의 치유는 원칙적으로 허용되지 않을 뿐 아니라, 흠의 치유는 성립 당시에 적법한 요건을 갖추지 못한 흠 있는 행정행위를 그대로 존속시키면서 사후에 그 흠의 원인이 된 적법 요건을 보완하는 경우를 말한다. 그런데 앞서 본 바와 같은 **흠 있는 부분에 해당하는 점용료를 감액하는 처분은 당초 처분 자체를 일부 취소하는 변경처분에 해당하고**, 그 실질은 종래의 위법한 부분을 제거하는 것으로서 **흠의 치유와는 차이가 있다**(대판 2019. 1. 17, 2016두56721).

> 2020 경행 특채 도로관리청이 도로점용허가를 함에 있어서 특별사용의 필요가 없는 부분을 도로점용허가의 점용장소 및 점용면적으로 포함한 흠이 있고 그로 인하여 점용료 부과처분에도 흠이 있게 된 경우, 흠 있는 부분에 해당하는 점용료를 감액하는 것은 당초 처분 자체를 일부 취소하는 변경처분이 아니라 흠의 치유에 해당한다. (✕)

③ ✕ 행정행위의 하자의 치유가 주로 인정되는 것은 절차와 형식의 하자이다. 판례는 내용상 하자의 치유는 인정되지 않는다고 본다(대판 1991. 5. 28, 90누1359).

④ ✕ 제소기간이 이미 도과하여 불가쟁력이 생긴 행정처분에 대하여는 개별 법규에서 그 변경을 요구할 신청권을 규정하고 있거나 관계 법령의 해석상 그러한 신청권이 인정될 수 있는 등 특별한 사정이 없는 한, 국민에게 그 행정처분의 변경을 구할 신청권이 있다 할 수 없다(대판 2007. 4. 26, 2005두11104). → 반대해석을 하면, 개별 법규에서 그 변경을 요구할 신청권을 규정하고 있거나 관계 법령의 해석상 그러한 신청권이 인정될 수 있는 등 특별한 사정이 있다면, 제소기간이 이미 도과하여 불가쟁력이 생긴 행정처분에 대하여도 국민에게 그 행정처분 변경을 구할 신청권이 인정될 수 있다.

22
정답 ①

① ✕ 정보공개법 제9조 제1항 제5호에서의 '감사·감독·검사·시험·규제·입찰계약·기술개발·인사관리·의사결정과정 또는 내부검토과정에 있는 사항'은 비공개대상정보를 예시적으로 열거한 것이라고 할 것이므로, 의사결정과정에 제공된 회의관련자료나 의사결정과정이 기록된 회의록 등은 의사가 결정되거나 의사가 집행된 경우에는 더 이상 의사결정과정에 있는 사항 그 자체라고는 할 수 없으나, 의사결정과정에 있는 사항에 준하는 사항으로서 비공개대상정보에 포함될 수 있다(대판 2015. 2. 26, 2014두43356).

② ◎

> **공공기관의 정보공개에 관한 법률 제11조의2(반복 청구 등의 처리)** ② 공공기관은 제11조에도 불구하고 제10조 제1항 및 제2항에 따른 정보공개 청구가 다음 각 호의 어느 하나에 해당하는 경우에는 다음 각 호의 구분에 따라 안내하고, 해당 청구를 종결 처리할 수 있다.
> 1. 제7조 제1항에 따른 정보 등 공개를 목적으로 작성되어 이미 정보통신망 등을 통하여 공개된 정보를 청구하는 경우: 해당 정보의 소재(所在)를 안내
> 2. 다른 법령이나 사회통념상 청구인의 여건 등에 비추어 수령할 수 없는 방법으로 정보공개 청구를 하는 경우: 수령이 가능한 방법으로 청구하도록 안내
>
> **공공기관의 정보공개에 관한 법률 제7조(정보의 사전적 공개 등)** ① 공공기관은 다음 각 호의 어느 하나에 해당하는 정보에 대해서는 공개의 구체적 범위, 주기, 시기 및 방법 등을 미리 정하여 정보통신망 등을 통하여 알리고, 이에 따라 정기적으로 공개하여야 한다. 다만, 제9조 제1항 각 호의 어느 하나에 해당하는 정보에 대해서는 그러하지 아니하다.
> 1. 국민생활에 매우 큰 영향을 미치는 정책에 관한 정보
> 2. 국가의 시책으로 시행하는 공사(工事) 등 대규모 예산이 투입되는 사업에 관한 정보
> 3. 예산집행의 내용과 사업평가 결과 등 행정감시를 위하여 필요한 정보
> 4. 그 밖에 공공기관의 장이 정하는 정보
> ② 공공기관은 제1항에 규정된 사항 외에도 국민이 알아야 할 필요가 있는 정보를 국민에게 공개하도록 적극적으로 노력하여야 한다.

> 2021 국회직 8급 예산집행의 내용과 사업평가 결과 등 행정감시를 위하여 필요한 정보 등 공개를 목적으로 작성되고 이미 정보통신망 등을 통하여 공개된 정보는 해당 정보의 소재 안내의 방법으로 공개한다. (○)

③ ◎ 구 공공기관의 정보공개에 관한 법률 제10조 제1항 제2호는 정보의 공개를 청구하는 자는 정보공개청구서에 '공개를 청구하는 정보의 내용' 등을 기재하도록 규정하고 있다. 청구인이 이에 따라 **청구대상정보를 기재할 때에는 사회일반인의 관점에서 청구대상정보의 내용과 범위를 확정할 수 있을 정도로 특정하여야** 한다. 또한 정보비공개결정의 취소를 구하는 사건에서, 청구인이 공개를 청구한 정보의 내용 중 너무 포괄적이거나 막연하여 사회일반인의 관점에서 그 내용과 범위를 확정할 수 있을 정도로 특정되었다고 볼 수 없는 부분이 포함되어 있다면, 이를 심리하는 법원으로서는 마땅히 정보공개법 제20조 제2항의 규정에 따라 공공기관에 그가 보유·관리하고 있는 청구대상정보를 제출하도록 하여, 이를 비공개로 열람·심사하는 등의 방법으로 청구대상정보의 내용과 범위를 특정시켜야 한다(대판 2018. 4. 12, 2014두5477).

④ ◎ 국민에는 자연인은 물론 법인, 권리능력 없는 사단·재단도 포함되고, 법인, 권리능력 없는 사단·재단 등의 경우에는 설립목적을 불문하며, 한편 정보공개청구권은 법률상 보호되는 구체적인 권리이므로 **청구인이 공공기관에 대하여 정보공개를 청구하였다가 거부처분을 받은 것 자체가 법률상 이익의 침해에 해당한다**(대판 2003. 12. 12, 2003두8050).

23

정답 ①

① ✗ 병무청장이 병역법 제81조의2 제1항에 따라 병역의무 기피자의 인적사항 등을 인터넷 홈페이지에 게시하는 등의 방법으로 공개한 경우, **병무청장의 공개결정은** 병역법에 따라 특정인을 병역의무 기피자로 판단하여 그 사실을 일반 대중에게 공표함으로써 그의 명예를 훼손하고 그에게 수치심을 느끼게 하여 병역의무 이행을 간접적으로 강제하려는 조치로서 **항고소송의 대상이 되는 행정처분**이다(대판 2019. 6. 27, 2018두49130(인적사항공개처분취소청구)). → 또한 관할 지방병무청장이 위원회의 심의를 거쳐 공개 대상자를 1차로 결정하기는 하지만, 병무청장에게 최종적으로 공개 여부를 결정할 권한이 있으므로, 관할 지방병무청장의 공개 대상자 결정은 병무청장의 최종적인 결정에 앞서 이루어지는 행정기관 내부의 중간적 결정에 불과하여 항고소송의 대상인 처분으로 보아야 할 필요성은 크지 않다. 공개 대상자는 병무청장의 최종적 공개결정만을 다투는 것으로 충분하고, 관할 지방병무청장의 공개 대상자 결정을 별도로 다툴 소의 이익은 없어진다.

② ◉

> **국세징수법 제112조(사업에 관한 허가등의 제한)** ① 관할 세무서장은 납세자가 허가·인가·면허 및 등록 등(이하 이 조에서 "허가등"이라 한다)을 받은 사업과 관련된 소득세, 법인세 및 부가가치세를 체납한 경우 해당 사업의 주무관청에 그 납세자에 대하여 허가등의 갱신과 그 허가등의 근거 법률에 따른 신규 허가등을 하지 아니할 것을 요구할 수 있다. 다만, 재난, 질병 또는 사업의 현저한 손실, 그 밖에 대통령령으로 정하는 사유가 있는 경우에는 그러하지 아니하다. [시행 2021. 1. 1.]

> 2020 군무원 9급 세무서장 등은 납세자가 허가·인가·면허 및등록을 받은 사업과 관련된 소득세, 법인세 및 부가가치세를 대통령령으로 정하는 사유 없이 체납하였을 때에는 해당 사업의 주무관서에 그 납세자에 대하여 허가 등의 갱신과 그 허가 등의 근거 법률에 따른 신규 허가 등을 하지 아니할 것을 요구할 수 있다. (O)

③ ◉

> **행정대집행법 제6조(비용징수)** ① 대집행에 요한 비용은 국세징수법의 예에 의하여 징수할 수 있다

④ ◉ 도시공원시설인 매점의 관리청이 그 공동점유자 중의 1인에 대하여 소정의 기간 내에 위 매점으로부터 퇴거하고 이에 부수하여 그 판매시설물 및 상품을 반출하지 아니할 때에는 이를 대집행하겠다는 내용의 계고처분은 그 주된 목적이 매점의 원형을 보존하기 위하여 점유자가 설치한 불법 시설물을 철거하고자 하는 것이 아니라, **매점에 대한 점유자의 점유를 배제하고 그 점유이전을 받는 데 있다고 할 것인데, 이러한 의무는 그것을 강제적으로 실현함에 있어 직접적인 실력행사가 필요한 것이지 대체적 작위의무에 해당하는 것은 아니어서** 직접강제의 방법에 의하는 것은 별론으로 하고 **행정대집행법에 의한 대집행의 대상이 되는 것은 아니다**(대판 1998. 10. 23, 97누157).

24

정답 ③

㉠ ◉ 판례는 철도시설물인 대합실과 승강장(대판 1999. 6. 22, 99다7008), 보행자 신호기와 차량 신호기(대판 1999. 6. 25, 99다11120)도 국가배상법 제5조의 공공의 영조물에 포함된다고 본다.

㉡ ◉ 국가배상법 제5조 소정의 공공의 영조물이란 공유나 사유임을 불문하고 행정주체에 의하여 특정공공의 목적에 공여된 유체물 또는 물적 설비를 의미하므로 사실상 군민(郡民)의 통행에 제공되고 있던 도로 옆의 암벽으로부터 떨어진 낙석에 맞아 소외인이 사망하는 사고가 발생하였다고 하여도 동 사고지점 도로가 피고 군(郡)에 의하여 노선인정 기타 공용개시가 없었으면 이를 영조물이라 할 수 없다(대판 1981. 7. 7, 80다2478).

㉢ ✗ 국가배상법 제5조 제1항 소정의 '공공의 영조물'이라 함은 국가 또는 지방자치단체에 의하여 특정 공공의 목적에 공여된 유체물 내지 물적 설비를 말하며, 국가 또는 지방자치단체가 소유권, 임차권 그 밖의 권한에 기하여 관리하고 있는 경우뿐만 아니라 **사실상의 관리를 하고 있는 경우도 포함**된다(대판 1998. 10. 23, 98다17381).

㉣ ◉ 공사 중이며 아직 완성되지 않아 일반 공중의 이용에 제공되지 않는 옹벽은 국가배상법 제5조 제1항 소정의 영조물에 해당하지 않는다(대판 1998. 10. 23, 98다17381).

> **참고 영조물에 해당되는 경우와 해당되지 않는 경우**
>
> | 영조물 인정 | 영조물 부정 |
> |---|---|
> | • 육교, 도로, 도로의 맨홀, 지하차도, 전신주 | • 공용개시 없이 사실상 통행에 제공되는 도로 |
> | • 제방, 하천부지, 저수지, 다목적댐, 방파제 | • 완성되지 않아 일반공중의 이용에 제공되지 않은 옹벽 |
> | • 교통신호기, 철도건널목 자동경보기 | • 시 명의의 종합운동장예정부지 |
> | • 철도역대합실과 승강장 | • 한국모터스포츠연맹이 설치한 자동차경주에 필요한 방호벽 |
> | • 공중변소 | • 일반재산(구 잡종재산): 국유림(국유임야), 현금 |
> | • 경찰관의 권총 | |
> | • 경찰견 | |
> | • 도로와 일체가 되어 그 효용성을 다하게 되는 시설인 여의도광장 | |

25

정답 ④

④ ✗

> **질서위반행위규제법 제42조(과태료 재판의 집행)** ① 과태료 재판은 검사의 명령으로써 집행한다. 이 경우 그 명령은 집행력 있는 집행권원과 동일한 효력이 있다.
>
> **질서위반행위규제법 제43조(과태료 재판 집행의 위탁)** ① 검사는 과태료를 최초 부과한 행정청에 대하여 과태료 재판의 집행을 위탁할 수 있고, 위탁을 받은 행정청은 국세 또는 지방세 체납처분의 예에 따라 집행한다.
> ② 지방자치단체의 장이 제1항에 따라 집행을 위탁받은 경우에는 그 집행한 금원(金員)은 **당해 지방자치단체의 수입으로 한다**.

① ◉

> **질서위반행위규제법 제20조(이의제기)** ① 행정청의 과태료 부과에 불복하는 당사자는 제17조 제1항에 따른 과태료 부과 통지를 받은 날부터 60일 이내에 해당 행정청에 서면으로 이의제기를 할 수 있다.
> ② 제1항에 따른 이의제기가 있는 경우에는 행정청의 과태료 부과처분은 그 효력을 상실한다.
> ③ 당사자는 행정청으로부터 제21조 제3항에 따른 통지를 받기 전까지는 행정청에 대하여 서면으로 이의제기를 철회할 수 있다.

② ◉

> **질서위반행위규제법 제10조(심신장애)** ① 심신(心神)장애로 인하여 행위의 옳고 그름을 판단할 능력이 없거나 그 판단에 따른 행위를 할 능력이 없는 자의 질서위반행위는 과태료를 부과하지 아니한다.
> ② 심신장애로 인하여 제1항에 따른 능력이 미약한 자의 질서위반행위는 과태료를 감경한다.
> ③ 스스로 심신장애 상태를 일으켜 질서위반행위를 한 자에 대하여는 제1항 및 제2항을 적용하지 아니한다.

③ ⭕

> **질서위반행위규제법 제12조(다수인의 질서위반행위 가담)** ① 2인 이상이 질서위반행위에 가담한 때에는 각자가 질서위반행위를 한 것으로 본다.
> ② 신분에 의하여 성립하는 질서위반행위에 신분이 없는 자가 가담한 때에는 신분이 없는 자에 대하여도 질서위반행위가 성립한다.
> ③ 신분에 의하여 과태료를 감경 또는 가중하거나 과태료를 부과하지 아니하는 때에는 그 신분의 효과는 신분이 없는 자에게는 미치지 아니한다.

소방행정법

제5회 전범위 모의고사

01 ② 02 ③ 03 ③ 04 ③ 05 ④ 06 ④ 07 ④ 08 ② 09 ④ 10 ④
11 ② 12 ② 13 ② 14 ④ 15 ② 16 ④ 17 ② 18 ② 19 ① 20 ④
21 ② 22 ③ 23 ② 24 ④ 25 ②

01
정답 ②

② ❌ 행정소송 제도의 목적 및 기능 등에 비추어 볼 때, **행정청이 한 행위가 단지 사인 간 법률관계의 존부를 공적으로 증명하는 공증행위**에 불과하여 그 효력을 둘러싼 분쟁의 해결이 사법원리에 맡겨져 있거나 행위의 근거 법률에서 행정소송 이외의 다른 절차에 의하여 불복할 것을 예정하고 있는 경우에는 **항고소송의 대상이 될 수 없다**고 보는 것이 타당하다(대판 2012. 6. 14, 2010두19720).

① ⭕ 지방공무원법 제61조의 규정에 의하면 공무원에게 같은 법 제31조 소정의 결격사유가 있을 때에는 당연히 퇴직한다고 되어 있으므로 이러한 당연퇴직의 경우에는 결격사유가 있어 법률상 당연퇴직되는 것이지 공무원관계를 소멸시키기 위한 별도의 행정처분을 요하지 아니한다 할 것이며 위와 같은 사유의 발생으로 **당연퇴직의 인사발령**이 있었다 하여도 이는 퇴직사실을 알리는 이른바 관념의 통지에 불과하여 **행정소송의 대상이 되지 아니한다**(대판 1992. 1. 21, 91누2687).

③ ⭕ **자동차운전면허대장상 일정한 사항의 등재행위**는 운전면허행정사무집행의 편의와 사실증명의 자료로 삼기 위한 것일 뿐 그 등재행위로 인하여 당해 운전면허 취득자에게 새로이 어떠한 권리가 부여되거나 변동 또는 상실되는 효력이 발생하는 것은 아니므로 이는 **행정소송의 대상이 되는 독립한 행정처분으로 볼 수 없고**, 운전경력증명서상의 기재행위 역시 당해 운전면허 취득자에 대한 자동차운전면허대장상의 기재사항을 옮겨 적는 것에 불과할 뿐이므로 운전경력증명서에 한 등재의 말소를 구하는 소는 부적법하다 할 것이다(대판 1991. 9. 24, 91누1400).

④ ⭕ **기반시설부담금 납부의무자의 환급신청에 대하여 행정청이 전부 또는 일부 환급을 거부하는 결정**은 행정청이 공권력의 주체로서 행하는 구체적 사실에 관한 법집행으로서 납부의무자의 권리·의무에 직접 영향을 미치므로 **항고소송의 대상인 처분에 해당**한다고 보아야 한다. 행정청의 환급 거부대상이 기반시설부담금 그 자체가 아니라 그 **납부지체로 발생한 지체가산금인 경우에도 달리 볼 것은 아니다**(대판 2018. 6. 28, 2016두50990).

02
정답 ③

③ ❌ 학원의설립·운영에관한법률 제5조 제2항에 의한 **학원의 설립인가는 강학상의 이른바 허가에 해당**하는 것으로서 그 인가를 받은 자에게 특별한 권리를 부여하는 것은 아니고 **일반적인 금지를 특정한 경우에 해제하여 학원을 설립할 수 있는 자유를 회복시켜 주는 것에 불과한 것**이기는 하지만 위 법률 제5조 제2항 후단의 규정에 근거한 같은법시행령 제10조 제1항은 설립자의 변경을 변경인가사항으로 규정하고 있어 학원의 수인가자의 지위(이른바 인가권)의 양도는 허용된다(대판 1992. 4. 14, 91다39986).

> **2020 군무원 7급** 구 「학원의 설립·운영에 관한 법률」 제5조 제2에 의한 학원의 설립인가는 강학상의 이른바 인가에 해당하는 것으로서 그 인가를 받은 자에게 특별한 권리를 부여하는 것이고 일반적인 금지를 특정한 경우에 해제하여 학원을 설립할 수 있는 자유를 회복시켜 주는 것이 아니다. (✕)

① ⭕ **산림형질변경허가**는 법령상의 금지 또는 제한지역에 해당하지 않더라도 신청대상 토지의 현상과 위치 및 주위의 상황 등을 고려하여 국토 및 자연의 유지와 상수원 수질과 같은 환경의 보전 등을 위한 중대한 공익

상의 필요가 있을 경우 그 허가를 거부할 수 있으며, 이는 산림형질변경 허가기간을 연장하는 경우에도 마찬가지이다(대판 2000. 7. 7, 99두66).

② ⭕ 허가 등의 행정처분은 원칙적으로 처분시의 법령과 허가기준에 의하여 처리되어야 하고 허가신청 당시의 기준에 따라야 하는 것은 아니며, 비록 허가신청 후 허가기준이 변경되었다 하더라도 그 허가관청이 허가신청을 수리하고도 정당한 이유 없이 그 처리를 늦추어 그 사이에 허가기준이 변경된 것이 아닌 이상 변경된 허가기준에 따라서 처분을 하여야 한다(대판 1996. 8. 20, 95누10877).

> **참고** 행정기본법 제14조(법 적용의 기준) ② 당사자의 신청에 따른 처분은 법령등에 특별한 규정이 있거나 처분 당시의 법령등을 적용하기 곤란한 특별한 사정이 있는 경우를 제외하고는 <u>처분 당시의 법령등에 따른다.</u>
> ③ 법령등을 위반한 행위의 성립과 이에 대한 제재처분은 법령등에 특별한 규정이 있는 경우를 제외하고는 <u>법령등을 위반한 행위 당시의 법령등에 따른다.</u> 다만, 법령등을 위반한 행위 후 법령등의 변경에 의하여 그 행위가 법령등을 위반한 행위에 해당하지 아니하거나 제재처분 기준이 가벼워진 경우로서 해당 법령등에 특별한 규정이 없는 경우에는 변경된 법령등을 적용한다.

④ ⭕ 석유사업법 제12조 제3항, 제9조 제1항, 제12조 제4항 등을 종합하면 **석유판매업(주유소)허가는 소위 대물적 허가의 성질을 갖는 것**이어서 그 사업의 양도도 가능하고 이 경우 양수인은 양도인의 지위를 승계하게 됨에 따라 양도인의 위 허가에 따른 권리·의무가 양수인에게 이전되는 것이므로 **만약 양도인에게 그 허가를 취소할 위법사유가 있다면 허가관청은 이를 이유로 양수인에게 응분의 제재조치를 취할 수 있다** 할 것이고, 양수인이 그 양수 후 허가관청으로부터 석유판매업허가를 다시 받았다 하더라도 이는 석유판매업의 양수도를 전제로 한 것이어서 이로써 양도인의 지위승계가 부정되는 것은 아니므로 양도인의 귀책사유는 양수인에게 그 효력이 미친다(대판 1986. 7. 22, 86누203).

03

정답 ③

③ ⭕

> **행정절차법 제48조(행정지도의 원칙)** ① 행정지도는 그 목적 달성에 <u>필요한 최소한도에 그쳐야 하며,</u> 행정지도의 상대방의 의사에 반하여 부당하게 강요하여서는 아니 된다.

① ❌ 행정기본법에서는 행정지도에 대하여 규정하고 있지 않다.

② ❌ 행정지도가 단순한 행정지도로서의 한계를 넘어 규제적·구속적 성격을 상당히 강하게 갖는 것이면 헌법소원의 대상이 되는 공권력의 행사에 해당한다(헌재 2003. 6. 26, 2002헌마337).

> **관련판례** 교육인적자원부장관의 대학총장들에 대한 이 사건 학칙시정요구는 고등교육법 제6조 제2항, 동법시행령 제4조 제3항에 따른 것으로서 그 법적 성격은 대학총장의 임의적인 협력을 통하여 사실상의 효과를 발생시키는 행정지도의 일종이지만, 그에 따르지 않을 경우 일정한 불이익조치를 예정하고 있어 사실상 상대방에게 그에 따를 의무를 부과하는 것과 다를 바 없으므로 단순한 행정지도로서의 한계를 넘어 규제적·구속적 성격을 상당히 강하게 갖는 것으로서 헌법소원의 대상이 되는 공권력의 행사라고 볼 수 있다(헌재 2003. 6. 26, 2002헌마337).

④ ❌ 사인의 행위가 범법행위에 해당하는 경우, 그 사인의 행위가 위법한 행정지도에 따라 행해진 경우라고 하더라도 그 사인의 범법행위가 정당화될 수는 없다(대판 1994. 6. 14, 93도3247).

> **관련판례** 토지의 매매대금을 허위로 신고하고 계약을 체결하였다면 이는 계약 예정금액에 대하여 허위의 신고를 하고 토지 등의 거래계약을 체결한 것으로서 구 국토이용관리법(1993. 8. 5. 법률 제4572호로 개정되기 전의 것) 제33조 제4호에 해당한다고 할 것이고, 행정관청이 국토이용관리법 소정의 토지거래계약신고에 관하여 공시된 기준시가를 기준으로 매매가격을 신고하도록 행정지도를 하여 그에 따라 허위신고를 한 것이라 하더라도 이와 같은 행정지도는 법에 어긋나는 것으로서 <u>그와 같은 행정지도나 관행에 따라 허위신고행위에 이르렀다고 하여도 이것만 가지고서는 그 범법행위가 정당화될 수 없다</u>(대판 1994. 6. 14, 93도3247).

04

정답 ③

㉠ ⭕ <u>하천법에 의한 손실보상청구권은 토지가 하천구역으로 된 경우에는 당연히 발생되는 것이지, 관리청의 보상금지급결정에 의하여 비로소 발생하는 것은 아니므로,</u> 위 규정들에 의한 손실보상금의 지급을 구하거나 **손실보상청구권의 확인을 구하는 소송은 당사자소송에 의하여야** 한다(대판 2006. 5. 18, 2004다6207 전합).

㉡ ❌ 원고(을 회사)가 고용노동부의 '청년취업인턴제 시행지침' 또는 구 보조금 관리에 관한 법률 제33조의2 제1항 제1호에 따라 보조금수령자(갑 회사)에 대하여 거짓 신청이나 그 밖의 부정한 방법으로 지급받은 보조금을 반환하도록 요구하는 의사표시는 우월한 지위에서 하는 공권력의 행사로서의 '반환명령'이 아니라, 대등한 당사자의 지위에서 계약에 근거하여 하는 **의사표시라고 보아야** 하며, 또한 을 회사의 갑 회사에 대한 협약에 따른 지원금 반환청구는 협약에서 정한 의무의 위반을 이유로 채무불이행 책임을 구하는 것에 불과하므로 **민사소송의 대상이다**(대판 2019. 8. 30, 2018다242451). → 갑 회사는 30명의 인턴에 대하여 실제 약정 임금이 130만원임에도 마치 150만원을 지급한 것처럼 꾸며 을 회사(고용노동부로부터 사업에 관한 업무를 위탁받은 을 주식회사)로부터 1인당 150만원의 50%인 75만원의 청년인턴지원금을 청구하여 지급받았고, 이에 을 회사가 갑 회사를 상대로 지원금 반환을 구하는 소를 제기한 사안 / 재판부는 "보조금법상 보조사업자가 중앙관서의 장 또는 지방자치단체의 장인 경우에만 반환명령의 대상이 된 보조금을 강제징수할 수 있도록 유보하고 있다"며 "따라서 을 회사가 보조금수령자(갑 회사)를 상대로 보조금 반환을 요구하더라도 갑 회사가 이를 따르지 않을 때에는 이를 강제징수할 수는 없다" 밝혔다. / 그러나 "을 회사가 갑 회사에 보조금을 반환하라고 요구하는 것은 공권력의 행사로서의 '반환명령'이 아니라 대등한 당사자의 지위에서 계약에 근거한 의사표시"라며 "을 회사가 협약에 따라 갑 회사에 지원금 반환을 요구하는 것은 의무 위반을 이유로 채무불이행 책임을 구하는 것에 불과하므로 민사소송 대상"이라고 판시했다.

㉢ ⭕ 지방소방공무원이 소속 지방자치단체를 상대로 초과근무수당의 지급을 구하는 소송을 제기하는 경우 당사자소송에 따라야 한다(대판 2013. 3. 28, 2012다102629).

㉣ ⭕ 국방부장관의 인정에 의하여 퇴역연금을 지급받아 오던 중 법령의 개정에 따른 국방부장관의 퇴역연금액 감액조치에 대하여 이의가 있는 퇴역연금수급권자는 항고소송을 제기하는 방법으로 감액조치의 효력을 다툴 것이 아니라 직접 국가를 상대로 정당한 퇴역연금액과 결정, 통지된 퇴역연금액과의 차액의 지급을 구하는 **공법상 당사자소송을 제기하는 방법으로 다툴 수 있다**(대판 2003. 9. 5, 2002두3522).

05

정답 ④

④ ❌ 헌법재판소법 제68조 제1항이 규정하고 있는 헌법소원심판의 대상으로서의 '공권력'이란 입법·사법·행정 등 모든 공권력을 말하는 것이므로 입법부에서 제정한 법률, 행정부에서 제정한 시행령이나 시행규칙

및 사법부에서 제정한 규칙(법무사법시행규칙) 등은 그것들이 별도의 집행행위를 기다리지 않고 직접 기본권을 침해하는 것일 때에는 모두 **헌법소원심판의 대상이 될 수 있는 것**이다(헌재 1990. 10. 15, 89헌마178). → 법무사법 시행규칙 제3조 제1항은 법원행정처장이 법무사를 보충할 필요가 없다고 인정하면 법무사시험을 실시하지 아니해도 된다는 것으로서 상위법인 법무사법 제4조 제1항에 의하여 모든 국민에게 부여된 법무사 자격취득의 기회를 하위법인 시행규칙으로 박탈한 것이어서 평등권과 직업선택의 자유를 침해한 것이다.

① ◎ 판례는 제재적 처분기준을 정하는 재량준칙이 법규명령의 형식으로 제정된 경우에 당해 법규명령이 부령인 경우와 대통령령인 경우를 구별한다. 즉, ㉠ 부령의 형식(시행규칙)으로 정해진 제재적 처분의 기준은 행정청 내의 사무처리기준을 규정한 것에 불과한 행정규칙으로 보고(대판 1993. 6. 29, 93누5635), ㉡ 대통령령(시행령)의 형식으로 정해진 제재적 처분의 기준은 대외적으로 국민이나 법원을 구속하는 힘이 있는 법규명령으로 본다(대판 1997.12. 26, 97누15418).

② ◎ 제재적 행정처분이 그 처분에서 정한 제재기간의 경과로 인하여 그 효과가 소멸되었으나, 부령인 시행규칙 또는 지방자치단체의 규칙의 형식으로 정한 처분기준에서 **제재적 행정처분을 받은 것을 가중사유나 전제요건으로 삼아** 장래의 제재적 행정처분을 하도록 정하고 있는 경우, 규칙이 정한 바에 따라 선행처분을 가중사유 또는 전제요건으로 하는 후행처분을 받을 우려가 현실적으로 존재하는 경우에는, 선행처분을 받은 상대방은 비록 그 처분에서 정한 제재기간이 경과하였다 하더라도 선행처분의 취소를 구할 법률상 이익이 있다(대판 2006. 6. 22, 2003두1684 전합).

③ ◎ 공공기관의 운영에 관한 법률 제39조 제2항, 제3항에 따라 **입찰참가자격 제한기준을 정하고 있는 구 공기업·준정부기관 계약사무규칙**(2013. 11. 18. 기획재정부령 제375호로 개정되기 전의 것) [별표 2], 제3항, **국가를 당사자로 하는 계약에 관한 법률 시행규칙**은 비록 부령의 형식으로 되어 있으나 규정의 성질과 내용이 공기업·준정부기관이 행하는 입찰참가자격 제한처분에 관한 행정청 내부의 재량준칙을 정한 것에 지나지 아니하여 **대외적으로 국민이나 법원을 기속하는 효력이 없다**(대판 2014. 11. 27, 2013두18964).

06
정답 ④

④ ✗ 행정청이 당사자와 사이에 도시계획사업의 시행과 관련한 협약을 체결하면서 관계 법령 및 행정절차법에 규정된 청문의 실시 등 의견청취절차를 배제하는 조항을 두었다고 하더라도, 이러한 협약이 체결되었다고 하여 청문의 실시에 관한 규정의 적용이 배제된다거나 청문을 실시하지 않아도 되는 예외적인 경우에 해당한다고 할 수 없다(대판 2004. 7. 8, 2002두8350).

① ◎ 군인사법령에 의하여 진급예정자명단에 포함된 자에 대하여 의견제출의 기회를 부여하지 아니한 채 진급선발을 취소하는 처분을 한 것이 절차상 하자가 있어 위법하다고 한 사례 군인사법 및 그 시행령의 관계 규정에 따르면, 원고와 같이 진급예정자 명단에 포함된 자는 진급예정자명단에서 삭제되거나 진급선발이 취소되지 않는 한 진급예정자 명단 순위에 따라 진급하게 되므로, 이 사건 처분과 같이 진급선발을 취소하는 처분은 진급예정자로서 가지는 원고의 이익을 침해하는 처분이라 할 것이고, 한편 군인사법 및 그 시행령에 이 사건 처분과 같이 진급예정자 명단에 포함된 자의 진급선발을 취소하는 처분을 함에 있어 행정절차에 준하는 절차를 거치도록 하는 규정이 없을 뿐만 아니라 위 처분이 성질상 행정절차를 거치기 곤란하거나 불필요하다고 인정되는 처분이라고 보기도 어렵다고 할 것이어서 이 사건 처분이 행정절차법의 적용이 제외되는 경우에 해당한다고 할 수 없으며, 나아가 **원고가 수사과정 및 징계과정에서 자신의 비위행위에 대한 해명기회를 가졌다는 사정만으로** 이 사건 처분이 행정절차법 제21조 제4항 제3호, 제22조 제4항에 따라 **원고에게 사전통지를 하지 않거나 의견제출의 기회를 주지 아니하여도 되는 예외적인 경우에 해당한다고 할 수 없으므로,** 피고가 이 사건 처분을 함에 있어 원고에게 의견제출의 기회를 부여하지 아니한 이상, 이 사건 처분은 절차상 하자가 있어 위법하다고 할 것이다(대판 2007. 9. 21, 2006두20631).

② ◎ 여기에서 말하는 '의견청취가 현저히 곤란하거나 명백히 불필요하다고 인정될 만한 상당한 이유가 있는지 여부'는 당해 행정처분의 성질에 비추어 판단하여야 하는 것이지, **청문통지서의 반송 여부, 청문통지의 방법 등에 의하여 판단할 것은 아니며,** 또한 행정처분의 상대방이 통지된 청문일시에 불출석하였다는 이유만으로 행정청이 관계 법령상 그 실시가 요구되는 청문을 실시하지 아니한 채 침해적 행정처분을 할 수는 없을 것이므로, 행정처분의 상대방에 대한 청문통지서가 반송되었다거나, 행정처분의 상대방이 청문일시에 불출석하였다는 이유로 청문을 실시하지 아니하고 한 침해적 행정처분은 위법하다(대판 2001. 4. 13, 2000두3337).

③ ◎ 행정절차법에서는 절차상 하자 있는 행정행위의 효력에 관한 별도의 규정을 두고 있지 않다. 그리하여 절차상 하자를 독자적 위법사유로 보는 경우에도 이를 취소사유로 볼 것인지 아니면 무효사유로 볼 것인지에 관하여 견해가 대립한다. 판례는 절차의 하자를 통상 취소사유로 보고 있다.

07
정답 ④

④ ◎ 주민들의 거주지 이동에 따른 주민등록전입신고에 대하여 행정청이 이를 심사하여 그 수리를 거부할 수는 있다고 하더라도, 그러한 행위는 자칫 헌법상 보장된 국민의 거주·이전의 자유를 침해하는 결과를 가져올 수도 있으므로, 시장·군수 또는 구청장의 주민등록전입신고 수리 여부에 대한 심사는 주민등록법의 입법 목적의 범위 내에서 제한적으로 이루어져야 한다. 한편, 주민등록법의 입법 목적에 관한 제1조 및 주민등록 대상자에 관한 제6조의 규정을 고려해 보면, 전입신고를 받은 시장·군수 또는 구청장의 **심사 대상은 전입신고자가 30일 이상 생활의 근거로 거주할 목적으로 거주지를 옮기는지 여부만으로 제한된다고 보아야 한다.** 따라서 **전입신고자가 거주의 목적 이외에 다른 이해관계에 관한 의도를 가지고 있는지 여부, 무허가 건축물의 관리, 전입신고를 수리함으로써 당해 지방자치단체에 미치는 영향 등과 같은 사유는 주민등록법이 아닌 다른 법률에 의하여 규율되어야 하고, 주민등록전입신고의 수리 여부를 심사하는 단계에서는 고려 대상이 될 수 없다**(대판 2009. 6. 18, 2008두10997 전합).

① ✗ 식품위생법에 따른 식품접객업(일반음식점영업)의 영업신고의 요건을 갖춘 자라고 하더라도, 그 영업신고를 한 당해 건축물이 건축법 소정의 허가를 받지 아니한 **무허가 건물이라면 적법한 신고를 할 수 없다**(대판 2009. 4. 23, 2008도6829).

② ✗ **인·허가의제 효과를 수반하는 건축신고**는 일반적인 건축신고와는 달리, 특별한 사정이 없는 한 행정청이 그 **실체적 요건에 관한 심사**를 한 후 수리하여야 하는 이른바 '**수리를 요하는 신고**'로 보는 것이 옳다(대판 2011. 1. 20, 2010두14954 전합).

③ ✗ 부가가치세법상의 사업자등록은 단순한 사업사실의 신고로서 사업자가 소관 세무서장에서 소정의 사업자등록신청서를 제출함으로써 성립되는 것이고, 사업자등록증의 교부는 이와 같은 등록사실을 증명하는 증서의 교부행위에 불과한 것이므로 과세관청의 **사업자등록 직권말소행위는 불복의 대상이 되는 행정처분으로 볼 수 없다**(대판 2000. 12. 22, 99두6903).

08
정답 ②

② ✗ 영업의 폐지로 볼 것인지 아니면 영업의 휴업으로 볼 것인지를 구별하는 기준은 당해 영업을 그 영업소 소재지나 인접 시·군 또는 구 지역 안의 **다른 장소로 이전하는 것이 가능한지의 여부에 달려 있다** 할 것이고, 이러한 이전

가능 여부는 법령상의 이전장애사유 유무와 당해 영업의 종류와 특성, 영업시설의 규모, 인접 지역의 현황과 특성, 그 이전을 위하여 당사자가 들인 노력 등과 인근 주민들의 이전 반대 등과 같은 사실상의 이전장애사유 유무 등을 종합하여 판단함이 상당하다(대판 2001. 11. 13, 2000두1003).

① ◎ 헌법재판소는 헌법 제23조 제3항에서 규정하고 있는 '공공필요'의 의미를 "국민의 재산권을 그 의사에 반하여 강제적으로라도 취득해야 할 공익적 필요성"으로 해석하여 왔다. 즉 '공공필요'의 개념은 '공익성'과 '필요성'이라는 요소로 구성되어 있다. 오늘날 공익사업의 범위가 확대되는 경향에 대응하여 재산권의 존속보장과의 조화를 위해서는, **'공공필요'의 요건에 관하여, 공익성은 추상적인 공익 일반 또는 국가의 이익 이상의 중대한 공익을 요구하므로 기본권 일반의 제한사유인 '공공복리'보다 좁게 보는 것이 타당하다**(헌재 2014. 10. 30, 2011헌바172).

③ ◎ 잔여지에 대하여 현실적 이용상황 변경 또는 사용가치 및 교환가치의 하락 등이 발생하였더라도, 그 손실이 토지의 일부가 공익사업에 취득되거나 사용됨으로 인하여 발생하는 것이 아니라면 특별한 사정이 없는 한 토지보상법 제73조 제1항 본문에 따른 잔여지 손실보상 대상에 해당한다고 볼 수 없다(대판 2017. 7. 11, 2017두40860).

④ ◎ 토지수용으로 인한 손실보상액을 산정함에 있어서 당해 공공사업의 시행을 직접 목적으로 하는 계획의 승인·고시로 인한 가격변동은 이를 고려함이 없이 수용재결 당시의 가격을 기준으로 하여 적정가격을 정하여야 하나, 당해 공공사업과는 관계없는 다른 사업의 시행으로 인한 개발이익은 이를 배제하지 아니한 가격으로 평가하여야 한다(대판 1999. 1. 15, 98두8896).

09
정답 ④

④ ✗

> **개인정보 보호법 제7조(개인정보 보호위원회)** ① 개인정보 보호에 관한 사무를 독립적으로 수행하기 위하여 **국무총리 소속으로** 개인정보 보호위원회(이하 "보호위원회"라 한다)를 둔다.
> ② **보호위원회는** 「정부조직법」 제2조에 따른 **중앙행정기관으로 본다.** 다만, 다음 각 호의 사항에 대하여는 「정부조직법」 제18조를 적용하지 아니한다.
>   1. 제7조의8 제3호 및 제4호의 사무
>   2. 제7조의9 제1항의 심의·의결 사항 중 제1호에 해당하는 사항

2021 국회직 9급 개인정보 보호에 관한 사무를 독립적으로 수행하기 위하여 행정안전부 소속으로 개인정보 보호위원회를 둔다. (✗)

① ◎, ② ◎, ③ ◎

> **개인정보 보호법 제2조(정의)** 이 법에서 사용하는 용어의 뜻은 다음과 같다.
>   1. "개인정보"란 살아 있는 개인에 관한 정보로서 다음 각 목의 어느 하나에 해당하는 정보를 말한다.
>   가. 성명, 주민등록번호 및 영상 등을 통하여 개인을 알아볼 수 있는 정보
>   나. 해당 정보만으로는 특정 개인을 알아볼 수 없더라도 다른 정보와 쉽게 결합하여 알아볼 수 있는 정보. 이 경우 쉽게 결합할 수 있는지 여부는 다른 정보의 입수 가능성 등 개인을 알아보는 데 소요되는 시간, 비용, 기술 등을 합리적으로 고려하여야 한다.
>   다. 가목 또는 나목을 제1호의2에 따라 가명처리함으로써 원래의 상태로 복원하기 위한 추가 정보의 사용·결합 없이는 특정 개인을 알아볼 수 없는 정보(이하 "가명정보"라 한다)
>   1의2. "가명처리"란 개인정보의 일부를 삭제하거나 일부 또는 전부를 대체하는 등의 방법으로 추가 정보가 없이는 특정 개인을 알아볼 수 없도록 처리하는 것을 말한다.
>   2. "처리"란 개인정보의 수집, 생성, 연계, 연동, 기록, 저장, 보유, 가공, 편집, 검색, 출력, 정정(訂正), 복구, 이용, 제공, 공개, 파기(破棄), 그 밖에 이와 유사한 행위를 말한다.
>   3. "정보주체"란 처리되는 정보에 의하여 알아볼 수 있는 사람으로서 그 정보의 주체가 되는 사람을 말한다.
>   4. "개인정보파일"이란 개인정보를 쉽게 검색할 수 있도록 일정한 규칙에 따라 체계적으로 배열하거나 구성한 개인정보의 집합물(集合物)을 말한다.
>   5. "개인정보처리자"란 업무를 목적으로 개인정보파일을 운용하기 위하여 스스로 또는 다른 사람을 통하여 개인정보를 처리하는 공공기관, 법인, 단체 및 개인 등을 말한다.
>   6. "공공기관"이란 다음 각 목의 기관을 말한다.
>   가. 국회, 법원, 헌법재판소, 중앙선거관리위원회의 행정사무를 처리하는 기관, 중앙행정기관(대통령 소속 기관과 국무총리 소속 기관을 포함한다) 및 그 소속 기관, 지방자치단체
>   나. 그 밖의 국가기관 및 공공단체 중 대통령령으로 정하는 기관
>   7. "영상정보처리기기"란 일정한 공간에 지속적으로 설치되어 사람 또는 사물의 영상 등을 촬영하거나 이를 유·무선망을 통하여 전송하는 장치로서 대통령령으로 정하는 장치를 말한다.
>   8. "과학적 연구"란 기술의 개발과 실증, 기초연구, 응용연구 및 민간 투자 연구 등 과학적 방법을 적용하는 연구를 말한다.

10
정답 ④

④ ✗ 이사취임승인은 학교법인의 임원선임행위를 보충하여 법률상의 효력을 완성시키는 보충적 행정행위로서 기속행위에 속한다(대판 1992. 9. 22, 92누5461). → **학교법인의 이사취임승인은 기속행위**

① ◎ 재단법인의 임원취임이 사법인인 재단법인의 정관에 근거한다 할지라도 이에 대한 행정청의 승인(인가)행위는 법인에 대한 주무관청의 감독권에 연유하는 이상 그 인가행위 또는 인가거부행위는 공법상의 행정처분으로서, 그 임원취임을 인가 또는 거부할 것인지 여부는 주무관청의 권한에 속하는 사항이라고 할 것이고, 재단법인의 임원취임승인 신청에 대하여 주무관청이 이에 기속되어 이를 당연히 승인(인가)하여야 하는 것은 아니다(대판 2000. 1. 28, 98두16996). → **재단법인의 임원취임승인(인가)은 재량행위**

② ◎ 자동차관리법상 자동차관리사업자로 구성하는 사업자단체인 조합 또는 협회 설립인가 신청에 대하여 설립인가 여부를 결정할 재량을 가진다(대판 2015. 5. 29, 2013두635). → **자동차관리사업자로 구성하는 사업자단체인 조합 설립인가처분은 재량행위**

③ ◎ 출입국관리법상 **체류자격 변경허가**는 신청인에게 당초의 체류자격과 다른 체류자격에 해당하는 활동을 할 수 있는 권한을 부여하는 일종의 **설권적 처분**의 성격을 가지므로, 허가권자는 신청인이 관계 법령에서 정한 요건을 충족하였더라도, 신청인의 적격성, 체류 목적, 공익상의 영향 등을 참작하여 허가 여부를 결정할 수 있는 재량을 가진다(대판 2016. 7. 14, 2015두48846).

11
정답 ③

① ○, ② ○, ③ ✕, ④ ○

행정심판법 제50조의2(위원회의 간접강제) ① 위원회는 피청구인이 제49조 제2항(제49조 제4항에서 준용하는 경우를 포함한다) 또는 제3항에 따른 처분을 하지 아니하면 청구인의 신청에 의하여 결정으로 상당한 기간을 정하고 피청구인이 그 기간 내에 이행하지 아니하는 경우에는 그 지연기간에 따라 일정한 배상을 하도록 명하거나 즉시 배상을 할 것을 명할 수 있다.
② 위원회는 사정의 변경이 있는 경우에는 당사자의 신청에 의하여 제1항에 따른 결정의 내용을 변경할 수 있다.
③ 위원회는 제1항 또는 제2항에 따른 결정을 하기 전에 신청 상대방의 의견을 들어야 한다.
④ 청구인은 제1항 또는 제2항에 따른 결정에 불복하는 경우 그 결정에 대하여 행정소송을 제기할 수 있다.
⑤ 제1항 또는 제2항에 따른 결정의 효력은 **피청구인인 행정청이 소속된 국가·지방자치단체 또는 공공단체에 미치며, 결정서 정본**은 제4항에 따른 소송제기와 관계없이 「민사집행법」에 따른 강제집행에 관하여는 **집행권원과 같은 효력**을 가진다. 이 경우 집행문은 위원장의 명에 따라 위원회가 소속된 행정청 소속 공무원이 부여한다.
⑥ 간접강제 결정에 기초한 강제집행에 관하여 이 법에 특별한 규정이 없는 사항에 대하여는 「민사집행법」의 규정을 준용한다. 다만, 「민사집행법」 제33조(집행문부여의 소), 제34조(집행문부여 등에 관한 이의신청), 제44조(청구에 관한 이의의 소) 및 제45조(집행문부여에 대한 이의의 소)에서 관할 법원은 피청구인의 소재지를 관할하는 행정법원으로 한다.

행정심판법 제49조(재결의 기속력 등) ① 심판청구를 인용하는 재결은 피청구인과 그 밖의 관계 행정청을 기속(羈束)한다.

2021 소방간부 간접강제 결정서 정본은 간접강제 결정에 대한 행정소송의 제기와 관계없이 민사집행법에 따른 강제집행에 관하여는 집행권원과 같은 효력을 가진다. (○)
2021 국가직 7급 인용재결의 기속력은 피청구인과 그 밖의 관계 행정청에 미치고, 행정심판위원회의 간접강제 결정의 효력은 피청구인인 행정청이 소속된 국가·지방자치단체 또는 공공단체에 미친다. (○)

12
정답 ②

② ✕ 행정처분을 취소한다는 확정판결이 있으면 그 취소판결의 형성력에 의하여 당해 행정처분의 취소나 취소통지 등의 별도의 절차를 요하지 아니하고 당연히 취소의 효과가 발생한다(대판 1991. 10. 11, 90누5443).
① ○ 거부처분의 처분성을 인정하기 위한 전제요건이 되는 신청권의 존부는 구체적 사건에서 신청인이 누구인가를 고려하지 않고 관계 법규의 해석에 의하여 일반 국민에게 그러한 신청권을 인정하고 있는가를 살펴 추상적으로 결정되는 것이다(대판 2009. 9. 10, 2007두20638).
③ ○ 행정소송법 제23조에 의한 효력정지결정의 효력은 결정주문에서 정한 시기까지 존속하고 그 시기의 도래와 동시에 효력이 당연히 소멸하므로, 보조금 교부결정의 일부를 취소한 행정청의 처분에 대하여 법원이 효력정지결정을 하면서 주문에서 그 법원에 계속 중인 본안소송의 판결 선고 시까지 처분의 효력을 정지한다고 선언하였을 경우, 본안소송의 판결 선고에 의하여 정지결정의 효력은 소멸하고 이와 동시에 당초의 보조금 교부결정 취소처분의 효력이 당연히 되살아난다(대판 2017. 7. 11, 2013두25498).

④ ○ 행정처분을 위법하다고 판단하여 취소하는 판결이 확정되면 그 기속력을 받는 행정청 또는 관계행정청은 취소판결의 기속력에 따라 그 판결에서 확인된 위법사유를 배제한 상태에서 다시 처분을 하거나 그 밖에 위법한 결과를 제거하는 조치를 할 의무가 있다(대판 2021. 9. 9, 2019두53464 전합).

2021 경행특채 어떤 행정처분을 위법하다고 판단하여 취소하는 판결이 확정되면 행정청은 취소판결의 기속력에 따라 그 판결에서 확인된 위법사유를 배제한 상태에서 다시 처분을 하거나 그 밖에 위법한 결과를 제거하는 조치를 할 의무가 있다. (○)
2021 군무원 7급 행정처분의 취소판결이 확정되면 그 판결에서 확인된 위법사유를 배제한 상태에서 다시 처분을 하거나 그 밖에 위법한 결과를 제거하는 조치를 할 의무가 있다. (○)

13
정답 ②

① ○, ② ✕

행정기본법 제7조(법령등 시행일의 기간 계산) 법령등(훈령·예규·고시·지침 등을 포함한다. 이하 이 조에서 같다)의 시행일을 정하거나 계산할 때에는 다음 각 호의 기준에 따른다.
1. 법령등을 공포한 날부터 시행하는 경우에는 **공포한 날을 시행일로 한다.**
2. 법령등을 공포한 날부터 일정 기간이 경과한 날부터 시행하는 경우 법령등을 **공포한 날을 첫날에 산입하지 아니한다.**
3. 법령등을 공포한 날부터 일정 기간이 경과한 날부터 시행하는 경우 그 기간의 말일이 토요일 또는 공휴일인 때에는 그 말일로 기간이 만료한다.

③ ○ 국가에 대한 금전채권의 소멸시효는 원칙적으로 5년이므로(예산회계법 제71조 제1항), 민법의 소멸시효 규정이 그대로 적용되지 않는다.

예산회계법 제71조(금전채권과 채무의 소멸시효) ① 금전의 급부를 목적으로 하는 국가의 권리로서 시효에 관하여 타법률에 규정이 없는 것은 5년간 행하지 아니할 때에는 시효로 인하여 소멸한다.
② 국가에 대한 권리로서 금전의 급부를 목적으로 하는 것도 또한 전항과 같다.

④ ○ 행정재산은 공용이 폐지되지 않는 한 사법상의 거래의 대상이 될 수 없으므로 취득시효의 대상이 되지 않는다(대판 1994. 9. 13, 94다12579).

국유재산법 제7조(국유재산의 보호) ② 행정재산은 「민법」 제245조에도 불구하고 시효취득(時效取得)의 대상이 되지 아니한다.
공유재산 및 물품 관리법 제6조(공유재산의 보호) ② 행정재산은 「민법」 제245조에도 불구하고 시효취득(時效取得)의 대상이 되지 아니한다.

14
정답 ④

④ ○ 관리처분계획은 토지 등의 소유자에게 구체적이고 결정적인 영향을 미치는 것으로서 조합이 행한 처분에 해당하므로 항고소송의 방법으로 그 무효확인이나 취소를 구할 수 있다(대판 2002. 12. 10, 2001두6333).
① ✕ 국토해양부, 환경부, 문화체육관광부, 농림수산부, 식품부가 합동으로 2009. 6. 8. 발표한 '4대강 살리기 마스터플랜' 등은 4대강 정비사업과 주변 지역의 관련 사업을 체계적으로 추진하기 위하여 수립한 종합계획이자 '4대강 살리기 사업'의 기본방향을 제시하는 계획으로서, 행정기

관 내부에서 사업의 기본방향을 제시하는 것일 뿐, 국민의 권리·의무에 직접 영향을 미치는 것이 아니어서 **행정처분에는 해당하지 않는다**(대결 2011. 4. 21, 2010무111전합).

② ❌ 도시 및 주거환경정비법에 기초하여 **주택재개발정비사업조합이 수립한 사업시행계획**은 관할 행정청의 인가·고시가 이루어지면 이해관계인들에게 구속력이 발생하는 **독립된 행정처분에 해당**하고, 관할 행정청의 사업시행계획 인가처분은 사업시행계획의 법률상 효력을 완성시키는 보충행위에 해당한다(대판 2021. 2. 10, 2020두48031).

③ ❌ **국공립대학의 총장직선제 개선 여부를 재정지원 평가요소로 반영하고 이를 개선하지 않을 경우 다음 연도에 지원금을 삭감 또는 환수하도록 규정한 교육부장관의 2012년도와 2013년도 대학교육역량 강화사업 기본계획**은 대학교육역량강화 지원사업을 추진하기 위한 국가의 기본방침을 밝히고 국가가 제시한 일정 요건을 충족하여 높은 점수를 획득한 대학에 대하여 지원금을 배분하는 것을 내용으로 하는 행정계획일 뿐이므로 **헌법소원의 대상이 되는 공권력 행사에 해당하지 아니한다**(헌재 2016. 10. 27, 2013헌마576).

> 2017 지방직 9급 국공립대학의 총장직선제 개선 여부를 재정지원 평가요소로 반영하고 이를 개선하지 않을 경우 다음 연도에 지원금을 삭감 또는 환수하도록 규정한 교육부장관의 '대학교육역량강화사업 기본계획'은 헌법소원의 대상이 된다. (✕)

15
정답 ②

㉠ ⭕ **공정거래위원회의 '표준약관 사용권장행위'**는 그 통지를 받은 해당 사업자 등에게 표준약관과 다른 약관을 사용할 경우 표준약관과 다르게 정한 주요내용을 고객이 알기 쉽게 표시하여야 할 의무를 부과하고, 그 불이행에 대해서는 과태료에 처하도록 되어 있으므로, 이는 사업자 등의 권리·의무에 직접 영향을 미치는 **행정처분으로서 항고소송의 대상**이 된다(대판 2010. 10. 14, 2008두23184).

㉡ ❌ **구 임대주택법 제21조에 따른 분양전환승인 중 분양전환가격을 승인하는 부분이 강학상 '인가'에 해당하는지 여부(소극)** 구 임대주택법 제21조에 의한 **분양전환승인**은 '해당 임대주택이 임대의무기간 경과 등으로 분양전환 요건을 충족하는지 여부' 및 '분양전환승인신청서에 기재된 분양전환가격이 임대주택법령의 규정에 따라 적법하게 산정되었는지'를 심사하여 승인하는 **행정처분에 해당**하고, 그 중 **분양전환가격에 관한 부분**은 시장 등이 분양전환에 따른 분양계약의 매매대금 산정의 기준이 되는 분양전환가격의 적정성을 심사하여 그 분양전환가격이 적법하게 산정된 것임을 **확인하고** 임대사업자로 하여금 승인된 분양전환 가격을 기준으로 분양전환을 하도록 하는 처분이다(대판 2020. 7. 23, 2015두48129).

> 2021 경행특채 구 임대주택법상 분양전환승인 중 분양전환가격을 승인하는 부분은 분양전환에 따른 분양계약의 매매대금 산정의 기준이 되는 분양전환가격의 적정성을 심사하여 그 분양전환가격이 적법하게 산정된 것임을 확인하고 임대사업자로 하여금 승인된 분양전환 가격을 기준으로 분양전환을 하도록 하는 처분으로서 분양계약의 효력을 보충하여 그 효력을 완성시켜주는 강학상 인가에 해당한다. (✕)

㉢ ⭕ 행정행위의 부관은 부담인 경우를 제외하고는 독립하여 행정소송의 대상이 될 수 없는바, 기부채납받은 행정재산에 대한 사용·수익허가에서 **공유재산의 관리청이 정한 사용·수익허가의 기간**은 그 허가의 효력을 제한하기 위한 **행정행위의 부관**으로서 이러한 사용·수익허가의 기간에 대해서는 **독립하여 행정소송을 제기할 수 없다**(대판 2001. 6. 15, 99두509).

㉣ ❌ 토지대장에 기재된 일정한 사항을 변경하는 행위는, 그것이 지목의 변경이나 정정 등과 같이 토지소유권 행사의 전제요건으로서 토지소유자의 실체적 권리관계에 영향을 미치는 사항에 관한 것이 아닌 한 행정사무집행의 편의와 사실증명의 자료로 삼기 위한 것일 뿐이어서, 그 소유자 명의가 변경된다고 하여도 이로 인하여 당해 토지에 대한 실체상의 권리관계에 변동을 가져올 수 없고 토지 소유권이 지적공부의 기재만에 의하여 증명되는 것도 아니다. 따라서 소관청이 **토지대장상의 소유자명의변경신청을 거부한 행위**는 항고소송의 대상이 되는 행정처분이라고 할 수 없다(대판 2012. 1. 12, 2010두12354).

16
정답 ④

㉠ ⭕ 오늘날 법률유보원칙은 단순히 행정작용이 법률에 근거를 두기만 하면 충분한 것이 아니라, 국가공동체와 그 구성원에게 기본적이고도 중요한 의미를 갖는 영역, 특히 국민의 기본권실현과 관련된 영역에 있어서는 국민의 대표자인 입법자가 그 본질적 사항에 대해서 스스로 결정하여야 한다는 요구까지 내포하고 있다(의회유보원칙). 그런데 텔레비전방송수신료는 대다수 국민의 재산권 보장의 측면이나 한국방송공사에게 보장된 방송자유의 측면에서 국민의 기본권실현에 관련된 영역에 속하고, **수신료금액의 결정은 납부의무자의 범위 등과 함께 수신료에 관한 본질적인 중요한 사항이므로 국회가 스스로 행하여야 하는 사항에 속하는 것임에도 불구하고 한국방송공사법 제36조 제1항에서 국회의 결정이나 관여를 배제한 채 한국방송공사로 하여금 수신료금액을 결정해서 공보처장관의 승인을 얻도록 한 것은 법률유보원칙에 위반된다**(대판 1999. 5. 27, 98헌바70).

㉡ ⭕ 교육부장관이 관할 교육감에게, **甲 지방의회가 의결한 학생인권조례안**에 대하여 재의요구를 하도록 요청하였으나 교육감이 이를 거절하고 학생인권조례를 공포하자, 조례안 의결에 대한 효력 배제를 구하는 소를 제기한 사안에서, 위 조례안은 전체적으로 헌법과 법률의 테두리 안에서 이미 관련 법령에 의하여 인정되는 학생의 권리를 열거하여 그와 같은 권리가 학생에게 보장되는 것임을 확인하고 학교생활과 학교 교육과정에서 학생의 인권 보호가 실현될 수 있도록 내용을 구체화하고 있는 데 불과할 뿐, 법령에 의하여 인정되지 아니하였던 새로운 권리를 학생에게 부여하거나 학교운영자나 학교의 장, 교사 등에게 새로운 의무를 부과하고 있는 것이 아니고, 정규교과 시간 외 교육활동의 강요 금지, 학생인권 교육의 실시 등의 규정 역시 교육의 주체인 학교의 장이나 교사에게 학생의 인권이 학교 교육과정에서 존중되어야 함을 강조하고 그에 필요한 조치를 권고하고 있는 데 지나지 아니하여, 그 규정들이 교사나 학생의 권리를 새롭게 제한하는 것이라고 볼 수 없으므로, **국민의 기본권이나 주민의 권리 제한에서 요구되는 법률유보원칙에 위배된다고 할 수 없고**, 내용이 법령의 규정과 모순·저촉되어 법률우위원칙에 어긋난다고 볼 수 없다고 한 사례(대판 2015. 5. 14, 2013추98).

㉢ ⭕ 평등의 원칙은 본질적으로 같은 것을 자의적으로 다르게 취급함을 금지하는 것이고, 위법한 행정처분이 수차례에 걸쳐 반복적으로 행하여졌다 하더라도 그러한 처분이 위법한 것인 때에는 행정청에 대하여 자기구속력을 갖게 된다고 할 수 없다(대판 2009. 6. 25, 2008두13132).

㉣ ❌ 기본권 제한에 관한 법률유보원칙은 '법률에 의한 규율'을 요청하는 것이 아니라 **'법률에 근거한 규율'을 요청하는 것**이므로 기본권 제한에는 법률의 근거가 필요할 뿐이고 **기본권 제한의 형식이 반드시 법률의 형식일 필요는 없으므로**, 법규명령, 규칙, 조례 등 실질적 의미의 법률을 통해서도 기본권 제한이 가능하다(헌재 2013. 7. 25, 2012헌마167).

> 2021 변호사시험 기본권 제한에 관한 법률유보의 원칙은 '법률에 근거한 규율' 뿐만 아니라 '법률에 의한 규율'을 요청하는 것이므로, 기본권의 제한에는 법률의 근거가 필요할 뿐만 아니라 기본권 제한의 형식도 법률의 형식일 것을 요한다. (✕)

17
정답 ②

② ✗ 행정소송법 제10조는 처분의 취소를 구하는 취소소송에 당해 처분과 관련되는 부당이득반환소송을 관련 청구로 병합할 수 있다고 규정하고 있는바, 이 조항을 둔 취지에 비추어 보면, **취소소송에 병합할 수 있는 당해 처분과 관련되는 부당이득반환소송에는 당해 처분의 취소를 선결문제로 하는 부당이득반환청구가 포함**되고, 이러한 부당이득반환청구가 인용되기 위해서는 그 소송절차에서 판결에 의해 당해 처분이 취소되면 충분하고 **그 처분의 취소가 확정되어야 하는 것은 아니라고 보아야** 한다(대판 2009. 4. 9, 2008두23153).

① ○ 원고가 피고를 잘못 지정하였다면 **법원으로서는 당연히 석명권을 행사하여** 원고로 하여금 **피고를 경정하게 하여 소송을 진행하게 하였어야** 할 것임에도 불구하고 이러한 조치를 취하지 아니한 채 피고의 지정이 잘못되었다는 이유로 소를 각하한 것은 위법하다(대판 2004. 7. 8, 2002두7852).

③ ○ **당사자의 신청을 받아들이지 않은 거부처분이 재결에서 취소된 경우, 재결의 취소를 구할 법률상 이익이 있는지 여부(소극)** 당사자의 신청을 받아들이지 않은 거부처분이 재결에서 취소된 경우에 행정청은 종전 거부처분 또는 재결 후에 발생한 새로운 사유를 내세워 다시 거부처분을 할 수 있다. 그 재결의 취지에 따라 이전의 신청에 대하여 다시 어떠한 처분을 하여야 할지는 처분을 할 때의 법령과 사실을 기준으로 판단하여야 하기 때문이다. 또한 행정청이 재결에 따라 이전의 신청을 받아들이는 후속처분을 하였더라도 후속처분이 위법한 경우에는 재결에 대한 취소소송을 제기하지 않고도 곧바로 후속처분에 대한 항고소송을 제기하여 다툴 수 있다. 나아가 거부처분을 취소하는 재결이 있더라도 그에 따른 후속처분이 있기까지는 제3자의 권리나 이익에 변동이 있다고 볼 수 없고 후속처분 시에 비로소 제3자의 권리나 이익에 변동이 발생하며, 재결에 대한 항고소송을 제기하여 재결을 취소하는 판결이 확정되더라도 그와 별도로 후속처분이 취소되지 않는 이상 후속처분으로 인한 제3자의 권리나 이익에 대한 침해 상태는 여전히 유지된다. 이러한 점들을 종합하면, **거부처분이 재결에서 취소된 경우 재결에 따른 후속처분이 아니라 그 재결의 취소를 구하는 것은 실효적이고 직접적인 권리구제수단이 될 수 없어 분쟁해결의 유효적절한 수단이라고 할 수 없으므로 법률상 이익이 없다**(대판 2017. 10. 31, 2015두45045).

④ ○ **해임처분 무효확인 또는 취소소송 계속 중 임기가 만료되어 해임처분의 무효확인 또는 취소로 지위를 회복할 수는 없다고 할지라도, 그 무효확인 또는 취소로 해임처분일부터 임기만료일까지 기간에 대한 보수 지급을 구할 수 있는 경우에는 해임처분의 무효확인 또는 취소를 구할 법률상 이익이 있다.** 해임권자와 보수지급의무자가 다른 경우에도 마찬가지이다(대판 2012. 2. 23, 2011두5001).

18
정답 ②

② ✗ 행정청이 행정심판 청구기간 등을 고지하지 아니한 경우에는 **처분이 있었던 날부터 180일 이내에 심판청구를 할 수 있다**(행정심판법 제27조 제6항).

> **행정심판법 제27조(심판청구의 기간)** ① 행정심판은 처분이 있음을 알게 된 날부터 90일 이내에 청구하여야 한다.
> ③ 행정심판은 처분이 있었던 날부터 180일이 지나면 청구하지 못한다. 다만, 정당한 사유가 있는 경우에는 그러하지 아니하다.
> ⑤ 행정청이 심판청구 기간을 제1항에 규정된 기간보다 긴 기간으로 잘못 알린 경우 그 잘못 알린 기간에 심판청구가 있으면 그 행정심판은 제1항에 규정된 기간에 청구된 것으로 본다.
> ⑥ 행정청이 심판청구 기간을 알리지 아니한 경우에는 제3항에 규정된 기간에 심판청구를 할 수 있다.

① ○

> **행정심판법 제51조(행정심판 재청구의 금지)** 심판청구에 대한 재결이 있으면 그 재결 및 같은 처분 또는 부작위에 대하여 다시 행정심판을 청구할 수 없다.

③ ○

> **행정심판법 제49조(재결의 기속력 등)** ① 심판청구를 인용하는 재결은 피청구인과 그 밖의 관계 행정청을 기속(羈束)한다.
> ② 재결에 의하여 취소되거나 무효 또는 부존재로 확인되는 처분이 당사자의 신청을 거부하는 것을 내용으로 하는 경우에는 그 처분을 한 행정청은 재결의 취지에 따라 다시 이전의 신청에 대한 처분을 하여야 한다.

④ ○

> **행정심판법 제59조(불합리한 법령 등의 개선)** ① 중앙행정심판위원회는 심판청구를 심리·재결할 때에 처분 또는 부작위의 근거가 되는 명령 등(대통령령·총리령·부령·훈령·예규·고시·조례·규칙 등을 말한다. 이하 같다)이 법령에 근거가 없거나 상위 법령에 위배되거나 국민에게 과도한 부담을 주는 등 크게 불합리하면 관계 행정기관에 그 명령 등의 개정·폐지 등 적절한 시정조치를 요청할 수 있다. 이 경우 중앙행정심판위원회는 시정조치를 요청한 사실을 법제처장에게 통보하여야 한다.
> ② 제1항에 따른 요청을 받은 관계 행정기관은 정당한 사유가 없으면 이에 따라야 한다.

19
정답 ①

① ✗ 실제로는 해당 정보를 취득 또는 활용할 의사가 전혀 없이 정보공개제도를 이용하여 사회통념상 용인될 수 없는 부당한 이득을 얻으려 하거나, 오로지 공공기관의 담당공무원을 괴롭힐 목적으로 정보공개청구를 하는 경우처럼 권리의 남용에 해당하는 것이 명백한 경우에는 **정보공개청구권의 행사를 허용하지 아니하는 것이 옳다**(대판 2014. 12. 24, 2014두9349).

② ○ 공공기관이 공개청구의 대상이 된 정보를 공개는 하되, 청구인이 신청한 공개방법 이외의 방법으로 공개하기로 하는 결정을 하였다면, 이는 정보공개청구 중 **정보공개방법에 관한 부분에 대하여 일부 거부처분을 한 것이고, 청구인은 그에 대하여 항고소송으로 다툴 수 있다**(대판 2016. 11. 10, 2016두44674).

③ ○ 만일 공개청구자가 특정한 바와 같은 **정보를 공공기관이 보유·관리하고 있지 않은 경우라면** 특별한 사정이 없는 한 **해당 정보에 대한 공개거부처분에 대하여는 취소를 구할 법률상 이익이 없다.** 이와 관련하여 공개청구자는 그가 공개를 구하는 정보를 공공기관이 보유·관리하고 있을 상당한 개연성이 있다는 점에 대하여 입증할 책임이 있으나, 공개를 구하는 정보를 공공기관이 한때 보유·관리하였으나 후에 그 정보가 담긴 문서들이 폐기되어 존재하지 않게 된 것이라면 그 정보를 더 이상 보유·관리하고 있지 않다는 점에 대한 증명책임은 공공기관에 있다(대판 2013. 1. 24, 2010두18918).

④ ○ '모든 국민'은 정보의 공개를 청구할 권리를 가진다(제5조 제1항).

정보공개청구권이 인정되는 '국민'에는 자연인뿐만 아니라 법인, **권리능력 없는 사단·재단도 포함**되고, 법인과 권리능력 없는 사단·재단 등의 경우에 설립목적을 불문한다(대판 2003.12.12, 2003두8050). → 권리능력 없는 사단인 '충주환경운동연합'의 정보공개를 청구할 수 있는 당사자능력과 정보공개거부처분의 취소를 구할 법률상 이익을 인정한 사례

20
정답 ④

④ ✗ 그 자체로 중대한 공익상의 필요가 있는 공익사업이 시행되어 토석채취허가를 연장받지 못하게 되었다고 하더라도 토석채취허가가 연장되지 않게 됨으로 인한 손실과 공익사업 사이에 상당인과관계가 있다고 할 수 없을 뿐 아니라, 특별한 사정이 없는 한 그러한 손실이 적법한 공권력의 행사로 가하여진 재산상의 특별한 희생으로서 손실보상의 대상이 된다고 볼 수도 없다(대판 2009. 6. 23, 2009두2672).

① ○

> **공익사업을 위한 토지 등의 취득 및 보상에 관한 법률 제78조(이주대책의 수립 등)** ⑤ 주거용 건물의 거주자에 대하여는 주거 이전에 필요한 비용과 가재도구 등 동산의 운반에 필요한 비용을 산정하여 보상하여야 한다.

② ○

> **공익사업을 위한 토지 등의 취득 및 보상에 관한 법률 제86조(이의신청에 대한 재결의 효력)** ① 제85조 제1항에 따른 기간 이내에 소송이 제기되지 아니하거나 그 밖의 사유로 이의신청에 대한 재결이 확정될 때에는 민사소송법상의 확정판결이 있은 것으로 보며, 재결서 정본은 집행력 있는 판결의 정본과 동일한 효력을 가진다.

③ ○ 편입토지·물건 보상, 지장물 보상, 잔여 토지·건축물 손실보상 또는 수용청구의 경우에는 원칙적으로 개별물건별로 하나의 보상항목이 되지만, 잔여 영업시설 손실보상을 포함하는 **영업손실보상의 경우에는 '전체적으로 단일한 시설 일체로서의 영업' 자체가 보상항목이 되고**, 세부 영업시설이나 영업이익, 휴업기간 등은 영업손실보상금 산정에서 고려하는 요소에 불과하다. 그렇다면 영업의 단일성·동일성이 인정되는 범위에서 보상금 산정의 세부요소를 추가로 주장하는 것은 하나의 보상항목 내에서 허용되는 공격방법일 뿐이므로, 별도로 재결절차를 거쳐야 하는 것은 아니다(대판 2018. 7. 20, 2015두4044).

> 2021 변호사시험 편입토지·물건 보상, 지장물 보상, 잔여 토지·건축물 손실보상 또는 수용청구의 경우에는 원칙적으로 개별 물건에 따라 하나의 보상항목이 되지만, 잔여 영업시설 손실보상을 포함하는 영업손실보상의 경우에는 '전체적으로 단일한 시설 일체로서의 영업' 자체가 보상항목이 되고, 세부 영업시설이나 공사비용, 휴업기간 등은 영업손실보상금 산정에서 고려하는 요소에 불과하다. (O)

21
정답 ③

③ ✗ 공무원의 직무집행이 법령이 정한 요건과 절차에 따라 이루어진 것이라면 특별한 사정 이 없는 한 이는 법령에 적합한 것이고, 그 과정에서 개인의 권리가 침해되는 일이 생긴다고 하여 그 법령적합성이 곧바로 부정되는 것은 아니다(대판 1997. 7. 25, 94다2480).

① ○ 국가배상법 제2조 소정의 '**공무원**'이라 함은 국가공무원법이나 지방공무원법에 의하여 공무원으로서의 신분을 가진 자에 국한하지 않고, **널리 공무를 위탁받아 실질적으로 공무에 종사하고 있는 일체의 자를 가리키는 것**으로서, 공무의 위탁이 일시적이고 한정적인 사항에 관한 활동을 위한 것이어도 달리 볼 것은 아니다(대판 2001. 1. 5, 98다39060). → 지방자치단체가 '교통할아버지 봉사활동 계획'을 수립한 후 관할 동장으로 하여금 '교통할아버지'를 선정하게 하여 어린이 보호, 교통안내, 거리질서 확립 등의 공무를 위탁하여 집행하게 하던 중 '교통할아버지'로 선정된 노인이 위탁받은 업무 범위를 넘어 교차로 중앙에서 교통정리를 하다가 교통사고를 발생시킨 경우, 지방자치단체가 국가배상법 제2조 소정의 배상책임을 부담한다고 한 사례.

② ○ 가해 공무원의 과실에 대한 입증책임은 민법상 불법행위책임에서와 마찬가지로 피해자인 국민에게 있다.

④ ○ 국회의원은 입법에 관하여 원칙적으로 국민 전체에 대한 관계에서 정치적 책임을 질 뿐 국민 개개인의 권리에 대응하여 법적 의무를 지는 것은 아니므로, 국회의원의 입법행위는 그 입법 내용이 헌법의 문언에 명백히 위배됨에도 불구하고 국회가 굳이 당해 입법을 한 것과 같은 특수한 경우가 아닌 한 국가배상법 제2조 제1항 소정의 위법행위에 해당한다고 볼 수 없고 같은 맥락에서 국가가 일정한 사항에 관하여 **헌법에 의하여 부과되는 "구체적인 입법의무"를 부담하고 있음에도 불구하고** 그 입법에 필요한 상당한 기간이 경과하도록 고의 또는 과실로 이러한 입법의무를 이행하지 아니하는 등 극히 예외적인 사정이 인정되는 사안에 한정하여 국가배상법 소정의 배상책임이 인정될 수 있으며 위와 같은 "**구체적인 입법의무**" 자체가 인정되지 않는 경우에는 애당초 부작위로 인한 불법행위가 성립할 여지가 없다(대판 2008. 5. 29, 2004다33469).

> 2017 국가직 7급 헌법에 의하여 일반적으로 부과된 의무가 있음에도 불구하고 국회가 그 입법을 하지 않고 있다면 국가배상법상 배상책임이 인정된다. (×)
> 2019 사회복지직 9급 헌법에 의하여 부과되는 국가의 구체적인 입법의무 자체가 인정되지 않는 경우에는 애당초 부작위로 인한 불법행위가 성립할 여지가 없다. (○)

22
정답 ③

③ ✗

> **행정조사기본법 제12조(시료채취)** ① 조사원이 조사목적의 달성을 위하여 시료채취를 하는 경우에는 그 시료의 소유자 및 관리자의 정상적인 경제활동을 방해하지 아니하는 범위 안에서 최소한도로 하여야 한다.
> ② 행정기관의 장은 제1항에 따른 시료채취로 조사대상자에게 손실을 입힌 때에는 대통령령으로 정하는 절차와 방법에 따라 그 손실을 보상하여야 한다.

① ○

> **행정조사기본법 제2조(정의)** 이 법에서 사용하는 용어의 정의는 다음과 같다.
> 2. "행정기관"이란 법령 및 조례·규칙(이하 "법령등"이라 한다)에 따라 행정권한이 있는 기관과 그 권한을 위임 또는 위탁받은 법인·단체 또는 그 기관이나 개인을 말한다.

② ○

> **행정조사기본법 제7조(조사의 주기)** 행정조사는 법령등 또는 행정조사운영계획으로 정하는 바에 따라 정기적으로 실시함을 원칙으로 한다. 다만, 다음 각 호 중 어느 하나에 해당하는 경우에는 수시조사를 할 수 있다.
> 1. 법률에서 수시조사를 규정하고 있는 경우
> 2. 법령등의 위반에 대하여 혐의가 있는 경우

3. 다른 행정기관으로부터 법령등의 위반에 관한 혐의를 통보 또는 이첩받은 경우
4. 법령등의 위반에 대한 신고를 받거나 민원이 접수된 경우
5. 그 밖에 행정조사의 필요성이 인정되는 사항으로서 대통령령으로 정하는 경우

④ ◎

행정조사기본법 제5조(행정조사의 근거) 행정기관은 법령등에서 행정조사를 규정하고 있는 경우에 한하여 행정조사를 실시할 수 있다. 다만, 조사대상자의 자발적인 협조를 얻어 실시하는 행정조사의 경우에는 그러하지 아니하다.

23   정답 ④

④ ✗ **지방국세청장 또는 세무서장이 조세범칙행위에 대하여 고발을 한 후에 동일한 조세범칙행위에 대하여 한 통고처분의 효력(원칙적 무효)** 지방국세청장 또는 세무서장이 조세범 처벌절차법 제17조 제1항에 따라 통고처분을 거치지 아니하고 즉시 고발하였다면 이로써 조세범칙사건에 대한 조사 및 처분 절차는 종료되고 형사사건 절차로 이행되어 지방국세청장 또는 세무서장으로서는 동일한 조세범칙행위에 대하여 더 이상 통고처분을 할 권한이 없다. 따라서 지방국세청장 또는 세무서장이 조세범칙행위에 대하여 고발을 한 후에 동일한 조세범칙행위에 대하여 통고처분을 하였더라도, 이는 법적 권한 소멸 후에 이루어진 것으로서 특별한 사정이 없는 한 효력이 없고, 조세범칙행위자가 이러한 통고처분을 이행하였더라도 조세범 처벌절차법 제15조 제3항에서 정한 일사부재리의 원칙이 적용될 수 없다(대판 2016. 9. 28, 2014도10748).

2018 지방직 7급 지방국세청장이 조세범칙행위에 대하여 형사고발을 한 후에 동일한 조세범칙행위에 대하여 한 통고처분은 특별한 사정이 없는 한 위법하지만 무효는 아니다. (✗)

① ◎ 통고처분은 행정범에 대하여 형사절차에 의한 형벌을 과하기 전에 행정청(예: 세무서장)이 형벌(예: 벌금 또는 과료)을 대신하여 금전적 제재인 범칙금을 부과하고 행정범을 범한 자가 그 금액을 납부하면 형사처벌을 하지 아니하고, 만일 지정된 기간 내에 그 금액을 납부하지 않으면 형사소송절차에 따라 형벌을 과하도록 하는 절차이다. 통고처분은 현행법상 조세범, 관세법, 출입국관리사범, 교통사범 등에 대하여 인정되고 있다.

② ◎ 행정법규 위반자가 통고처분에 의해 부과된 범칙금을 납부하면 과벌절차는 종료되며 동일한 사건에 대하여 다시 처벌받지 아니한다. 통고처분에 의해 부과된 금액(범칙금)은 행정제재금이며 벌금이 아니다. 행정법규 위반자가 법정기간 내에 통고처분에 의해 부과된 금액을 납부하지 않으면 관계기관장의 즉결심판청구 또는 고발에 의해 형사소송절차로 이행한다.

③ ◎ 통고처분은 상대방의 임의의 승복을 그 발효요건으로 하기 때문에 그 자체만으로는 통고이행을 강제하거나 상대방에게 아무런 권리의무를 형성하지 않으므로 행정심판이나 행정소송의 대상으로서의 처분성을 부여할 수 없고, **통고처분에 대하여 이의가 있으면 통고내용을 이행하지 않음으로써 고발되어 형사재판절차에서 통고처분의 위법·부당함을 얼마든지 다툴 수 있기 때문에 관세법 제38조 제3항 제2호가 법관에 의한 재판받을 권리를 침해한다든가 적법절차의 원칙에 저촉된다고 볼 수 없다**(헌재 1998. 5. 28, 96헌바4).

24   정답 ④

④ ✗ **공유재산 대부계약의 해지에 따른 원상회복으로 행정대집행의 방법에 의하여 그 지상물을 철거시킬 수 있는지 여부(적극)** 지방재정법 제85조 제1항은, 공유재산을 정당한 이유 없이 점유하거나 그에 시설을 한 때에는 이를 강제로 철거하게 할 수 있다고 규정하고, 그 제2항은, 지방자치단체의 장이 제1항의 규정에 의한 강제철거를 하게 하고자 할 때에는 행정대집행법 제3조 내지 제6조의 규정을 준용한다고 규정하고 있는바, 공유재산의 점유자가 그 공유재산에 관하여 대부계약 외 달리 정당한 권원이 있다는 자료가 없는 경우 그 **대부계약이 적법하게 해지된 이상** 그 점유자의 공유재산에 대한 점유는 정당한 이유 없는 점유라 할 것이고, 따라서 지방자치단체의 장은 지방재정법 제85조에 의하여 **행정대집행의 방법으로 그 지상물을 철거시킬 수 있다**(대판 2001. 10. 12, 2001두4078).

① ◎ 토지·건물의 명도(인도)는 대집행의 대상이 될 수 없다. 토지·건물의 명도의무는 대체적 작위의무가 아니기 때문이다. 즉, 강제력에 의한 토지나 건물의 명도(인도)는 점유자의 점유를 배제하고 그 점유를 이전받는 과정에서 점유자에 대한 물리력의 행사를 수반하므로 직접강제의 대상이 될 수 있을 뿐 대집행의 대상이 될 수 없다.

② ◎ 계고서라는 명칭의 1장의 문서로서 일정기간 내에 **위법건축물의 자진철거를 명함과 동시에** 그 소정기한 내에 자진철거를 하지 아니할 때에는 **대집행할 뜻을 미리 계고한 경우**라도 건축법에 의한 철거명령과 행정대집행법에 의한 계고처분은 독립하여 있는 것으로서 각 그 요건이 충족되었다고 볼 것이다. 이 경우, 철거명령에서 주어진 일정기간이 자진철거에 필요한 상당한 기간이라면 그 기간 속에는 계고시에 필요한 '상당한 이행기간'도 포함되어 있다고 보아야 할 것이다(대판 1992. 6. 12, 91누13564).

③ ◎ 대한주택공사가 법 및 시행령에 의하여 대집행권한을 위탁받아 공무인 대집행을 실시하기 위하여 지출한 비용은 **행정대집행법의 절차에 따라 국세징수법의 예에 의하여 징수할 수 있다**고 봄이 상당하다. 행정대집행법이 대집행비용의 징수에 관하여 민사소송절차에 의한 소송이 아닌 간이하고 경제적인 특별구제절차를 마련해 놓고 있으므로 **민법 제750조에 기한 손해배상으로서 대집행비용의 상환을 구하는 원고의 이 사건 청구는 소의 이익이 없어 부적법하다**(대판 2011. 9. 8, 2010다48240). → 대한주택공사가 법령에 의하여 대집행권한을 위탁받아 공무인 대집행을 실시하기 위하여 지출한 비용을 행정대집행법 절차에 따라 징수할 수 있음에도 민사소송절차에 의하여 그 비용의 상환을 청구한 사안에서, 위 청구가 부적법하다고 본 사례.

25   정답 ③

③ ✗ 입주자나 입주예정자들은 사용검사처분을 취소하지 않고서도 민사소송 등을 통하여 분양계약에 따른 법률관계 및 하자 등을 주장·증명함으로써 사업주체 등으로부터 하자의 제거·보완 등에 관한 권리구제를 받을 수 있으므로, 사용검사처분의 취소 여부에 의하여 그 법률적인 지위가 달라진다고 할 수 없으며, 구 주택공급에 관한 규칙(2012. 3. 30. 국토해양부령 제452호로 개정되기 전의 것)에서 주택공급계약에 관하여 사용검사와 관련된 규정을 두고 있다고 하더라도 달리 볼 것은 아니다. … 이러한 사정들을 종합하여 보면, **구 주택법상 입주자나 입주예정자는 사용검사처분의 취소를 구할 법률상 이익이 없다고 할 것**이다(대판 2014. 7. 24, 2012두26593).

① ◎ 국민권익위원회가 소방청장에게 인사와 관련하여 부당한 지시를 한 사실이 인정된다며 이를 취소할 것을 요구하기로 의결하고 그 내용을 통지하자 소방청장이 국민권익위원회 조치요구의 취소를 구하는 소송을 제기한 사안에서, 처분성이 인정되는 국민권익위원회의 조치요구에 불복하고자 하는 소방청장으로서는 조치요구의 취소를 구하는 항고소송을 제기하는 것이 유효·적절한 수단으로 볼 수 있으므로 **소방청장이 예외적**

으로 당사자능력과 원고적격을 가진다고 한 사례(대판 2018. 8. 1. 2014두35379).

② ◎ 교육부장관이 사학분쟁조정위원회의 심의를 거쳐 갑 대학교를 설치·운영하는 을 학교법인의 이사 8인과 임시이사 1인을 선임한 데 대하여 갑 대학교 교수협의회와 총학생회는 이사선임처분을 다툴 법률상 이익을 가지지만, 전국대학노동조합 갑 대학교지부는 이를 다툴 법률상 이익이 없다(대판 2015. 7. 23, 2012두19496).

④ ◎ 미얀마 국적의 甲이 위명(僞名)인 '乙' 명의의 여권으로 대한민국에 입국한 뒤 乙 명의로 난민 신청을 하였으나 법무부장관이 乙 명의를 사용한 甲을 직접 면담하여 조사한 후 甲에 대하여 난민불인정 처분을 한 사안에서, **처분의 상대방은 허무인이 아니라 '乙'이라는 위명을 사용한 甲**이라는 이유로, **甲은 처분의 취소를 구할 법률상 이익이 있다**(대판 2017. 3. 9, 2013두16852).

제6회 전범위 모의고사

01 ② 02 ① 03 ② 04 ② 05 ③ 06 ① 07 ① 08 ④ 09 ② 10 ③
11 ② 12 ④ 13 ④ 14 ④ 15 ① 16 ② 17 ① 18 ④ 19 ② 20 ③
21 ① 22 ① 23 ① 24 ① 25 ③

01 정답 ②

② ✗ 과세처분에 관한 이의신청절차에서 **과세관청이 이의신청 사유가 옳다고 인정하여 과세처분을 직권으로 취소한 이상** 그 후 특별한 사유 없이 이를 **번복하고 종전 처분을 되풀이하는 것은 허용되지 않는다**(대판 2010. 9. 30, 2009두1020).

① ◎ 국민의 권리와 이익을 옹호하고 법적 안정을 도모하기 위하여 특정한 행위에 대하여는 행정청이라 하여도 이것을 자유로이 취소·변경 및 철회할 수 없다는 **행정행위의 불가변력은 당해 행정행위에 대하여서만 인정되는 것**이고 동종의 행정행위라 하더라도 그 대상을 달리할 때에는 이를 인정할 수 없다(대판 1974. 12. 10, 73누129).

③ ◎ 일반적으로 **행정처분이나 행정심판 재결이 불복기간의 경과로 확정될 경우 그 확정력**은, 처분으로 법률상 이익을 침해받은 자가 당해 처분이나 재결의 효력을 더 이상 다툴 수 없다는 의미일 뿐, 더 나아가 **판결과 같은 기판력이 인정되는 것은 아니어서** 그 처분의 기초가 된 사실관계나 법률적 판단이 확정되고 당사자들이나 법원이 이에 기속되어 모순되는 주장이나 판단을 할 수 없게 되는 것은 아니다(대판 2008. 7. 24, 2006두20808).

④ ◎ 위법한 행정대집행이 완료되면 그 처분의 무효확인 또는 취소를 구할 소의 이익은 없다 하더라도, 미리 그 행정처분의 취소판결이 있어야만, 그 행정처분의 위법임을 이유로 한 손해배상청구를 할 수 있는 것은 아니다(대판 1972. 4. 28, 72다337).

02 정답 ①

① ✗ **증액경정처분이 있는 경우 당초처분은 증액경정처분에 흡수되어 소멸하고, 소멸한 당초처분의 절차적 하자는 존속하는 증액경정처분에 승계되지 아니한다**(대판 2010. 6. 24, 2007두16493).

> 2017 국가직 7급 과세처분에 대하여 증액경정처분이 있는 경우 당초처분은 증액경정처분에 흡수되어 소멸하므로 소멸한 당초처분의 절차적 하자는 존속하는 증액경정처분에 승계된다. (✗)

┤ 비교판례 ├

구 개발이익환수에관한법률 제10조 제1항 단서에 따른 개발부담금의 감액정산은 당초 부과처분과 다른 별개의 처분이 아니라 그 감액변경처분에 해당하고, **감액정산처분 후 다시 증액경정처분이 있는 경우에는 감액정산처분에 의하여 취소되지 아니한 부분에 해당하는 당초 부과처분은 증액경정처분에 흡수되어 소멸하고 증액경정처분만이 쟁송의 대상이 되며,** 이때 증액경정처분의 위법사유뿐만 아니라 당초 부과처분 중 감액정산처분에 의하여 취소되지 아니한 부분의 위법사유도 다툴 수 있다(대판 2001. 6. 26, 99두11592).

② ◎ 국세기본법 및 국세기본법 시행령이 과세전적부심사를 거치지 않고 곧바로 과세처분을 할 수 있거나 과세전적부심사에 대한 결정이 있기 전이라도 과세처분을 할 수 있는 예외사유로 정하고 있다는 등의 특별한 사정이 없는 한, **과세예고 통지 후 과세전적부심사 청구나 그에 대한 결정이 있기도 전에 과세처분을 하는 것은** 원칙적으로 과세전적부심사 이후에 이루어져야 하는 과세처분을 그보다 앞서 함으로써 과세전적부심사 제도

자체를 형해화시킬 뿐만 아니라 과세전적부심사 결정과 과세처분 사이의 관계 및 그 불복절차를 불분명하게 할 우려가 있으므로, 그와 같은 과세처분은 납세자의 절차적 권리를 침해하는 것으로서 **그 절차상 하자가 중대하고도 명백하여 무효라고 할 것**이다(대판 2016. 12. 27, 2016두49228).

③ ◎ 과세처분에 관한 납세고지서의 송달이 국세기본법 제8조 제1항의 규정에 위배되는 부적법한 것으로서 송달의 효력이 발생하지 아니하는 이상, 그 **과세처분은 무효**이다(대판 1995. 8. 22, 95누3909).

④ ◎ 본세의 부과처분과 가산세의 부과처분은 각 별개의 과세처분인 것처럼, 같은 세목에 관하여 여러 종류의 가산세가 부과되면 그 각 가산세 부과처분도 종류별로 각각 별개의 과세처분이라고 보아야 한다. 따라서 하나의 납세고지서에 의하여 본세와 가산세를 함께 부과할 때에는 납세고지서에 본세와 가산세 각각의 세액과 산출근거 등을 구분하여 기재해야 하는 것이고, 또 여러 종류의 가산세를 함께 부과하는 경우에는 그 가산세 상호 간에도 종류별로 세액과 산출근거 등을 구분하여 기재함으로써 납세의무자가 납세고지서 자체로 각 과세처분의 내용을 알 수 있도록 하는 것이 당연한 원칙이다. 그러므로 가산세 부과처분이라고 하여 그 종류와 세액의 산출근거 등을 전혀 밝히지 않고 가산세의 합계액만을 기재한 경우에는 **그 부과처분은 위법함을 면할 수 없다**(대판 2012. 10. 18, 2010두12347 전합).

03
정답 ②

① ◎, ② ✗ 조정을 분쟁당사자가 수락하는 경우, 조정의 내용은 민법상 화해(재판 외의 화해)가 아니라 재판상 화해와 동일한 효력을 갖는다.

개인정보 보호법 제47조(분쟁의 조정) ① 분쟁조정위원회는 다음 각 호의 어느 하나의 사항을 포함하여 조정안을 작성할 수 있다.
 1. 조사 대상 침해행위의 중지
 2. 원상회복, 손해배상, 그 밖에 필요한 구제조치
 3. 같거나 비슷한 침해의 재발을 방지하기 위하여 필요한 조치
② 분쟁조정위원회는 제1항에 따라 조정안을 작성하면 지체 없이 각 당사자에게 제시하여야 한다.
③ 제1항에 따라 조정안을 제시받은 당사자가 제시받은 날부터 15일 이내에 수락 여부를 알리지 아니하면 조정을 거부한 것으로 본다.
④ 당사자가 조정내용을 수락한 경우 분쟁조정위원회는 조정서를 작성하고, 분쟁조정위원회의 위원장과 각 당사자가 기명날인하여야 한다.
⑤ 제4항에 따른 조정의 내용은 **재판상 화해와 동일한 효력**을 갖는다.

③ ◎

개인정보 보호법 제43조(조정의 신청 등) ① 개인정보와 관련한 분쟁의 조정을 원하는 자는 분쟁조정위원회에 분쟁조정을 신청할 수 있다.

④ ◎

개인정보 보호법 제39조(손해배상책임) ① 정보주체는 개인정보처리자가 이 법을 위반한 행위로 손해를 입으면 개인정보처리자에게 손해배상을 청구할 수 있다. 이 경우 그 개인정보처리자는 고의 또는 과실이 없음을 입증하지 아니하면 책임을 면할 수 없다.

04
정답 ②

② ✗ 난민인정에 대하여는 행정절차법이 적용되지 아니하므로 행정절차법 제23조(처분의 이유제시)의 적용은 배제된다.

---관련판례---

• 출입국관리법 규정은 난민인정 거부처분의 이유제시에 관한 행정절차법, 특히 심판대상 법률조항에 대한 특별규정이라 할 것이므로, 이 사건 처분의 적법성에 대한 당해 사건 재판에서 심판대상 법률조항은 적용이 배제된다(헌재결 2009. 1. 13, 2008헌바161).

• **이 사건 사증발급 거부처분이 행정절차법상의 행정절차 내지 이에 준하는 절차를 거치지 아니하여 위법한 것인지 여부(적극)** 행정절차법 관련 규정들의 내용을 행정의 공정성, 투명성, 신뢰성을 확보하고 처분상대방의 권익보호를 목적으로 하는 행정절차법의 입법목적에 비추어 보면, 행정절차법의 적용이 제외되는 '외국인의 출입국에 관한 사항'이란 해당 행정작용의 성질상 행정절차를 거치기 곤란하거나 거칠 필요가 없다고 인정되는 사항이나 행정절차에 준하는 절차를 거친 사항으로서 행정절차법 시행령으로 정하는 사항을 의미한다. 사증 발급 신청에 대한 거부처분이 그 성질상 행정절차법 제24조가 정한 '처분서 작성·교부'를 할 필요가 없거나 곤란하다고 일률적으로 단정하기 어렵다. 또한 출입국관리법령에 사증발급 거부처분서 작성에 관한 규정을 따로 두고 있지 않으므로, '행정절차에 준하는 절차'를 거친 경우로도 볼 수 없다. 그런데 피고는 2015년 9월 2일 원고의 아버지에게 전화로 처분결과를 통보하고 그 무렵 여권과 사증발급 신청서를 반환하였을 뿐이고 원고에게 처분이유를 기재한 사증발급 거부처분서를 작성해 주지는 않았다. 또한 이 사건 사증발급 거부처분이 행정절차법 제24조 제1항 단서에서 정한 문서에 의한 처분 방식의 예외가 인정되는 '신속히 처리할 필요가 있거나 사안이 경미한 경우'에 해당한다고 볼 수도 없다. 따라서 이 사건 사증발급 거부처분은 '처분서 작성·교부'에 관한 행정절차법 제24조 제1항을 위반하여 위법하다(대판 2019. 7. 11, 2017두38874).

① ◎ 신청에 따른 처분이 이루어지지 아니한 경우에는 아직 당사자에게 권익이 부과되지 아니하였으므로 특별한 사정이 없는 한 신청에 대한 거부처분이라고 하더라도 직접 당사자의 권익을 제한하는 것은 아니어서 **신청에 대한 거부처분을** 여기에서 말하는 '당사자의 권익을 제한하는 처분'에 해당한다고 할 수 없는 것이어서 **처분의 사전통지대상이 된다고 할 수 없다**(대판 2003. 11. 28, 2003두674).

③ ◎ **국적법 제5조의 귀화**는 성질상 행정절차를 거치기 곤란하거나 거칠 필요가 없다고 인정되어 **처분의 이유제시 등을 규정한 행정절차법이 적용되지 않는다**(대판 2018. 12. 13, 2016두316160).

④ ◎ **국가공무원법상 직위해제처분**은 구 행정절차법 제3조 제2항 제9호, 구 행정절차법 시행령 제2조 제3호(공무원 인사관계 법령에 의한 징계 기타 처분에 관한 사항)에 의하여 당해 행정작용의 성질상 행정절차를 거치기 곤란하거나 불필요하다고 인정되는 사항 또는 행정절차에 준하는 절차를 거친 사항에 해당하므로, **처분의 사전통지 및 의견청취 등에 관한 행정절차법의 규정이 별도로 적용되지 않는다**(대판 2014. 5. 16, 2012두26180).

05
정답 ③

③ ✗ 5급 이상의 국가정보원 직원에 대한 의원면직처분이 임면권자인 대통령이 아닌 국가정보원장에 의해 행해진 것으로 위법하더라도 그러한 하자가 중대한 것이라고 볼 수는 없으므로, 대통령의 내부 결재가 있었는지에 관계없이 **당연무효는 아니다**(대판 2007. 7. 26, 2005두15748).

① ◎ 약사의 의약품 개봉판매행위에 대하여 구 약사법령에 근거하여 **15일의 업무정지에 갈음하는 과징금(788만원) 부과처분을 한 것은 재량권의 일탈·남용에 해당한다고 보기 어렵다**(대판 2007. 9. 20, 2007두6946).

② ◎ 일반적으로 처분이 주체·내용·절차와 형식의 요건을 모두 갖추

고 외부에 표시된 경우에는 처분의 존재가 인정된다. 행정의사가 외부에 표시되어 행정청이 자유롭게 취소·철회할 수 없는 구속을 받게 되는 시점에 처분이 성립하고, 그 성립 여부는 행정청이 행정의사를 공식적인 방법으로 외부에 표시하였는지를 기준으로 판단해야 한다(대판 2019. 7. 11, 2017두38874).

> 2021 국가직 9급 행정의사가 외부에 표시되어 행정청이 자유롭게 취소·철회할 수 없는 구속을 받게 되는 시점에 처분이 성립하고, 그 성립 여부는 행정청이 행정의사를 공식적인 방법으로 외부에 표시하였는지를 기준으로 판단해야 한다. (○)
> 2021 소방직 9급 행정청의 의사가 외부에 표시되어 행정청이 자유롭게 취소·철회할 수 없는 구속을 받게 되는 시점에 행정행위가 성립하는 것은 아니며, 행정행위의 성립 여부는 행정청의 의사를 공식적인 방법으로 외부에 표시하였는지 여부를 기준으로 판단해야 한다. (×)

④ ○ 병무청장이 법무부장관에게 '가수 갑이 공연을 위하여 국외여행 허가를 받고 출국한 후 미국 시민권을 취득함으로써 사실상 병역의무를 면탈하였으므로 재외동포 자격으로 재입국하고자 하는 경우 국내에서 취업, 가수활동 등 영리활동을 할 수 없도록 하고, 불가능할 경우 입국 자체를 금지해 달라'고 요청함에 따라 법무부장관이 갑의 입국을 금지하는 결정을 하고, 그 정보를 내부전산망인 '출입국관리정보시스템'에 입력하였으나, 갑에게는 통보하지 않은 사안에서, 행정청이 행정의사를 외부에 표시하여 행정청이 자유롭게 취소·철회할 수 없는 구속을 받기 전에는 '처분'이 성립하지 않으므로 위 입국금지결정은 항고소송의 대상이 되는 '처분'에 해당하지 않는다고 한 사례(대판 2019. 7. 11, 2017두38874).

> 2020 소방간부 법무부장관의 입국금지결정이 그 의사가 공식적인 방법으로 외부에 표시된 것이 아니라 단지 그 정보를 내부 전산망인 출입국관리정보시스템에 입력하여 관리한 것에 지나지 않은 경우, 이는 항고소송의 대상에 해당되지 않는다. (○)

06
정답 ①

① ✗ 행정소송은 행정청의 위법한 처분 등을 취소·변경하거나 그 효력 유무 또는 존재 여부를 확인함으로써 국민의 권리 또는 이익의 침해를 구제하고 공법상의 권리관계 또는 법 적용에 관한 다툼을 적정하게 해결함을 목적으로 하므로, 대등한 주체 사이의 사법상 생활관계에 관한 분쟁을 심판대상으로 하는 민사소송과는 목적, 취지 및 기능 등을 달리한다. 또한 행정소송법 제4조에서는 무효확인소송을 항고소송의 일종으로 규정하고 있고, 행정소송법 제38조 제1항에서는 처분 등을 취소하는 확정판결의 기속력 및 행정청의 재처분의무에 관한 행정소송법 제30조를 무효확인소송에도 준용하고 있으므로 무효확인판결 자체만으로도 실효성을 확보할 수 있다. 그리고 무효확인소송의 보충성을 규정하고 있는 외국의 일부 입법례와는 달리 우리나라 행정소송법에는 명문의 규정이 없어 이로 인한 명시적 제한이 존재하지 않는다. 이와 같은 사정을 비롯하여 행정에 대한 사법통제, 권익구제의 확대와 같은 행정소송의 기능 등을 종합하여 보면, 행정처분의 근거법률에 의하여 보호되는 직접적이고 구체적인 이익이 있는 경우에는 행정소송법 제35조에 규정된 '무효확인을 구할 법률상 이익'이 있다고 보아야 하고, 이와 별도로 무효확인소송의 보충성이 요구되는 것은 아니므로 행정처분의 무효를 전제로 한 이행소송 등과 같은 직접적인 구제수단이 있는지 여부를 따질 필요가 없다고 해석함이 상당하다(대판 2008. 3. 20, 2007두6342 전합).

② ○ 행정소송법상 사정판결은 취소소송에서만 인정되고(행정소송법 제28조), 무효등확인소송과 부작위법확인소송에는 준용되고 있지 않다(제38조). 이와 같이 준용규정이 없음에도 불구하고 무효등확인소송에서 사정판결이 인정될 수 있는지에 관하여 견해가 대립하고 있다. 판례는 "당연무효의 행정처분을 소송목적물로 하는 행정소송에서는 존치시킬 효력이 있는 행정행위가 없기 때문에 행정소송법 제28조 소정의 사정판결을 할 수 없다"고 판시하여(대판 1996. 3. 22, 95누5509), 부정설의 입장이다.

③ ○ 절차상 또는 형식상 하자로 무효인 행정처분에 대하여 행정청이 적법한 절차 또는 형식을 갖추어 다시 동일한 행정처분을 하였다면, 종전의 무효인 행정처분에 대한 무효확인 청구는 과거의 법률관계의 효력을 다투는 것에 불과하므로 무효확인을 구할 법률상 이익이 없다(대판 2010. 4. 29, 2009두16879).

④ ○ 간접강제제도는 무효등확인소송에 준용되지 않고 있다(행정소송법 제38조 제1항). 이를 근거로 판례는 거부처분에 대한 무효확인판결이 내려진 경우에 간접강제는 허용되지 않는다고 본다(대판 1998. 12. 24, 98무37).

07
정답 ①

① ✗ 구 여객자동차운수사업법 제76조 제1항 제15호, 같은 법 시행령 제29조에는 관할관청은 개인택시운송사업 업자의 운전면허가 취소된 때에 그의 개인택시운송사업면허를 취소할 수 있도록 규정되어 있을 뿐 그에게 운전면허 취소사유가 있다는 사유만으로 개인택시운송사업면허를 취소할 수 있도록 하는 규정은 없으므로, 관할관청으로서는 비록 개인택시운송사업자에게 운전면허 취소사유가 있다 하더라도 그로 인하여 운전면허 취소처분이 이루어지지 않은 이상 개인택시운송사업면허를 취소할 수는 없다(대판 2008. 5. 15, 2007두26001). → 개인택시운송사업자가 음주운전을 하다가 사망한 경우 그 망인에 대하여 음주운전을 이유로 운전면허 취소처분을 하는 것은 불가능하고, 음주운전은 운전면허의 취소사유에 불과할 뿐 개인택시운송사업면허의 취소사유가 될 수는 없으므로, 음주운전을 이유로 한 개인택시운송사업면허의 취소처분은 위법하다고 한 사례.

② ○ 구 여객자동차 운수사업법 제14조 제4항에 의하면 개인택시운송사업을 양수한 사람은 양도인의 운송사업자로서의 지위를 승계하므로, 관할 관청은 개인택시 운송사업의 양도·양수에 대한 인가를 한 후에도 그 양도·양수 이전에 있었던 양도인에 대한 운송사업면허 취소사유를 들어 양수인의 사업면허를 취소할 수 있다(대판 2010. 11. 11, 2009두14934). → 개인택시 운송사업의 양도에서, 제재(처분)사유의 승계를 긍정한 사례.

③ ○ 신청자격에 미달하게 되어 허위의 주민등록등본을 작성, 제출하는 등 사위의 방법으로 개인택시 운수사업면허를 받은 경우, 그 후 면허 관청의 사정으로 면허신청자격을 완화하였다 하더라도 그 면허 취소사유인 하자가 치유되었다고 할 수는 없다(대판 1985. 6. 11, 84누700).

④ ○ 행정청은 일반적으로 어떤 행정처분을 함에 앞서 법령 또는 재량에 의하여 그 사전심사를 위한 심의기구를 구성하여 이를 위임할 수 있는 것이므로 피고(대구광역시장)가 개인택시를 면허함에 있어서 개인택시 면허심사회의를 구성할 때 그 심사위원 중에 공무원 아닌 사람이 포함되어 있다고 하여 특별한 규정이 없는 이상 이를 무효라고 할 이유가 없다(대판 1985. 11. 26, 85누394). → 권한을 가진 기관이 합의제 기관인 경우 명문으로 금지한 바 없다면 기관의 구성에 공무원이 아닌 자도 참여시킬 수 있다.

08
정답 ④

④ ✗ 공무원이 사직의 의사표시를 하여 의원면직처분을 하는 경우 그 사직의 의사표시는 그 법률관계의 특수성에 비추어 외부적·객관적으로 표시된 바를 존중하여야 할 것이므로, 비록 사직원제출자의 내심의 의사가 사직할 뜻이 아니었다고 하더라도 진의 아닌 의사표시에 관한 민법 제107조는 그 성질상 사직의 의사표시와 같은 사인의 공법행위에는 준용되지 아니하므로 그 의사가 외부에 표시된 이상 그 의사는 표시된 대로 효력을 발한다(대판 1997. 12. 12, 97누1396).

① ◎ 직위해제처분은 공무원에 대하여 불이익한 처분이긴 하나 징계처분과 같은 성질의 처분이라고는 볼 수 없으므로 동일한 사유에 대한 직위해제처분이 있은 후 다시 해임처분이 있었다 하여 일사부재리의 법리에 어긋난다고 할 수 없다(대판 1984. 2. 28, 83누48).

② ◎ 직위해제처분이 있은 후 면직처분이 된 경우 전자에 대하여 소청심사청구 등 불복을 함이 없고 그 처분이 당연무효인 경우도 아닌 이상, 그 후의 면직처분에 대한 불복의 행사소송에서 전자의 취소사유를 들어 위법을 주장할 수 없다(대판 1970. 1. 27, 68누10). → 직위해제처분과 면직처분 사이의 하자의 승계 부정

③ ◎ 공무원이 한 사직의 의사표시는 그에 터잡은 의원면직처분이 있을 때까지는 원칙적으로 이를 철회할 수 있는 것이지만, 다만 의원면직처분이 있기 전이라도 사직의 의사표시를 철회하는 것이 신의칙에 반한다고 인정되는 특별한 사정이 있는 경우에는 그 철회는 허용되지 아니한다(대판 1993. 7. 27, 92누16942).

09 정답 ②

② ◎ 건축불허가처분을 받은 사람은 그 건축불허가처분에 관한 쟁송에서 건축법상의 건축불허가 사유뿐만 아니라 같은 도시계획법상의 형질변경불허가 사유나 농지법상의 농지전용불허가 사유에 관하여도 다툴 수 있는 것이지, 그 건축불허가처분에 관한 쟁송과는 별개로 형질변경불허가처분이나 농지전용불허가처분에 관한 쟁송을 제기하여 이를 다투어야 하는 것은 아니다(대판 2001. 1. 16, 99두10988).

① ✕ 인·허가의제는 행정기관의 권한에 변경을 가져오므로 법률에 명시적인 근거가 있어야 하며, 인·허가가 의제되는 범위도 법률에 명시되어야 한다.

③ ✕ 구 주택법 제17조 제1항에 인허가 의제 규정을 둔 입법 취지는, 주택건설사업을 시행하는 데 필요한 각종 인허가 사항과 관련하여 주택건설사업계획 승인권자로 그 창구를 단일화하고 절차를 간소화함으로써 각종 인허가에 드는 비용과 시간을 절감하여 주택의 건설·공급을 활성화하려는 데에 있다. 이러한 인허가 의제 규정의 입법 취지를 고려하면, 주택건설사업계획 승인권자가 구 주택법 제17조 제3항에 따라 도시·군관리계획 결정권자와 협의를 거쳐 관계 주택건설사업계획을 승인하면 같은 조 제1항 제5호에 따라 도시·군관리계획결정이 이루어진 것으로 의제되고, 이러한 협의 절차와 별도로 국토의 계획 및 이용에 관한 법률 제28조 등에서 정한 도시·군관리계획 입안을 위한 주민 의견청취 절차를 거칠 필요는 없다(대판 2018. 11. 29, 2016두38792).

④ ✕ 주된 인·허가에 관한 사항을 규정하고 있는 A 법률에서 주된 인·허가가 있으면 B 법률에 의한 인·허가를 받은 것으로 의제한다는 규정을 둔 경우에는, 주된 인·허가가 있으면 B 법률에 의한 인·허가가 있는 것으로 보는데 그치는 것이고, 그에서 더 나아가 B 법률에 의하여 인·허가를 받았음을 전제로 한 B 법률의 모든 규정들까지 적용되는 것은 아니다(대판 2004. 7. 22, 2004다19715). → 구 건축법 제8조 제4항은 건축허가를 받은 경우, 구 도시계획법 제25조의 규정에 의한 도시계획사업 실시계획의 인가를 받은 것으로 본다는 인가의 제규정만을 두고 있을 뿐, 구 건축법 자체에서 새로이 설치한 공공시설의 귀속에 관한 구 도시계획법 제83조 제2항을 준용한다는 규정을 두고 있지 아니하므로, 구 건축법 제8조 제4항에 따른 건축허가를 받아 새로이 공공시설을 설치한 경우, 그 공공시설의 귀속에 관하여는 구 도시계획법 제83조 제2항이 적용되지 않는다고 한 사례.

10 정답 ③

③ ◎ 법령에서 행정처분의 요건 중 일부 사항을 부령으로 정할 것을 위임한 데 따라 시행규칙 등 부령에서 이를 정한 경우에 그 부령의 규정은 국민에 대해서도 구속력이 있는 법규명령에 해당한다고 할 것이지만, **법령의 위임이 없음에도** 법령에 규정된 처분 요건에 해당하는 사항을 부령에서 변경하여 규정한 경우에는 그 부령의 규정은 행정청 내부의 사무처리 기준 등을 정한 것으로서 행정조직 내에서 적용되는 **행정명령의 성격을 지닐 뿐 국민에 대한 대외적 구속력은 없다**고 보아야 한다(대판 2013. 9. 12, 2011두10584).

> 2019 행정사 법령의 위임이 없음에도 법령에 규정된 처분 요건에 해당하는 사항을 부령에서 변경하여 규정한 경우에 그 규정은 국민에 대한 대외적 구속력이 없다. (O)
> 2018 국회8급 법률의 위임이 없음에도 법률에 규정된 처분 요건을 부령에서 변경하여 규정한 경우에는 그 부령의 규정은 국민에 대하여 대외적 구속력은 없다. (O)
> 2019 사회복지직 9급 법령의 위임이 없음에도 법령에 규정된 처분 요건에 해당하는 사항을 부령에서 변경하여 규정한 경우에는 그 부령의 규정은 행정청 내부의 사무처리 기준 등을 정한 것으로서 행정조직 내에서 적용되는 행정명령의 성격을 지닌다. (O)

① ✕ 어떤 법규명령이 위임의 근거가 없어 무효였더라도 사후에 법 개정으로 위임의 근거가 부여되면 그 때부터는 유효한 법규명령이 된다(대판 2017. 4. 20, 2015두45700 전합). 그리고 위임에 의한 유효한 법규명령이 법 개정으로 위임의 근거가 없어지게 되면 **그 때부터 무효인 법규명령이 된다**(대판 1995. 6. 30, 93추83).

② ✕ 감사원규칙은 헌법이 아니라 감사원법에 규정되어 있다.

> 참고 감사원규칙의 법적 성질
> 감사원규칙은 헌법에는 근거가 없고 법률(감사원법 제52조)에 근거하고 있기 때문에, 그 법적 성질이 문제된다. 이에 대하여 ① 행정입법은 국회입법원칙에 대한 예외를 이루는 것이므로 헌법상 근거가 있는 경우에만 인정된다는 견해와 ② 헌법은 일정한 행정입법 형식을 인정하고 있으나 그것이 예시적인 것이라고 보아 감사원규칙을 법규명령으로 보아야 한다는 견해가 대립하고 있다.
> 헌법 제40조가 인정하고 있는 국회의 포괄적 입법권에는 법률의 구체적 사항을 행정입법에 위임할 수 있는 권한까지 포함되므로 감사원법의 위임에 근거하여 제정된 감사원규칙에서 감사원법의 내용을 보완하거나 그 구체적 사항을 규정하더라도 입법권에 대한 실질적 침해로 볼 수 없다는 점, 헌법재판소도 헌법이 인정하고 있는 위임입법(행정입법)의 형식을 예시적으로 보고 있다는 점(헌재 2004.10.28. 99헌바91 등 참조) 등을 고려할 때, 감사원규칙이 법규사항(국민의 권리·의무에 관한 사항)을 규정하고 있다면, 그 한도에서 법규명령으로서의 성질을 인정하여도 문제가 없다고 할 것이다.
> 최근 제정된 행정기본법에서도 "법령"을 "1) 법률 및 대통령령·총리령·부령, 2) 국회규칙·대법원규칙·헌법재판소규칙·중앙선거관리위원회 규칙 및 감사원규칙, 3) 1) 또는 2)의 위임을 받아 중앙행정기관의 장이 정한 훈령·예규 및 고시 등 행정규칙 중 어느 하나에 해당하는 것"으로 정의하고 있다(제2조 제1호 가목).

④ ✕ 명령·규칙이 헌법에 위반되는 여부가 재판의 전제가 된 경우에 대법원은 이를 최종적으로 심사할 수 있다(헌법 제107조 제2항).

11 정답 ②

㉠ ◎ 수산업법 제44조 소정의 어업의 신고는 행정청의 수리에 의하여 비로소 그 효과가 발생하는 이른바 '수리를 요하는 신고'라고 할 것이고, 따라서 설사 관할관청이 어업신고를 수리하면서 공유수면매립구역을 조업구역에서 제외한 것이 위법하다고 하더라도, 그 제외된 구역에 관하여 관할관청의 적법한 수리가 없었던 것이 분명한 이상 그 구역에 관하여는 같은 법 제44조 소정의 적법한 어업신고가 있는 것으로 볼 수 없다(대판 2000. 5. 26, 99다37382).

> 2019 사회복지직 9급 「수산업법」상의 어업의 신고는 행정청의 수리에 의하여 비로소 그 효과가 발생하는 이른바 '수리를 요하는 신고'에 해당한다. (O)

ⓒ ❌ 체육시설의설치·이용에관한법률 제10조, 제11조, 제22조, 같은법시행규칙 제8조 및 제25조의 각 규정에 의하면, 체육시설업은 등록체육시설업과 신고체육시설업으로 나누어지고, **당구장업과 같은 신고체육시설업**을 하고자 하는 자는 체육시설업의 종류별로 같은법시행규칙이 정하는 해당 시설을 갖추어 소정의 양식에 따라 신고서를 제출하는 방식으로 시·도지사에 신고하도록 규정하고 있으므로, 소정의 시설을 갖추지 못한 체육시설업의 신고는 부적법한 것으로 그 수리가 거부될 수밖에 없고 그러한 상태에서 신고체육시설업의 영업행위를 계속하는 것은 무신고 영업행위에 해당할 것이지만, 이에 반하여 적법한 요건을 갖춘 신고의 경우에는 **행정청의 수리처분 등 별단의 조처를 기다릴 필요 없이 그 접수시에 신고로서의 효력이 발생하는 것**이므로 그 수리가 거부되었다고 하여 무신고 영업이 되는 것은 아니다(대판 1998. 4. 24, 97도3121). → 당구장업과 같은 신고체육시설업의 신고는 자기완결적 신고

ⓒ ❌ 노동조합 및 노동관계조정법의 심사취지가 노동조합으로서의 실질적 요건을 갖추지 못한 노동조합의 난립을 방지함으로써 근로자의 자주적이고 민주적인 단결권 행사를 보장하려는 데 있는 점을 고려하면 **행정관청은 실질적으로 심사할 수 있다.** 다만, 행정관청에 광범위한 심사권한을 인정할 경우 행정관청의 심사가 자의적으로 이루어져 신고제가 사실상 허가제로 변질될 우려가 있는 점 등을 고려하면, 행정관청은 일단 제출된 설립신고서와 규약의 내용을 기준으로 심사하되, 설립신고서를 접수할 당시 그 해당 여부가 문제된다고 볼 만한 객관적인 사정이 있는 경우에 한하여 설립신고서와 규약 내용 외의 사항에 대하여 실질적인 심사를 거쳐 반려 여부를 결정할 수 있다(대판2014. 4. 10, 2011두6998). → 행정관청이 노동조합으로 설립신고를 한 단체가 노동조합 및 노동관계조정법 제2조 제4호 각 목에 해당하는지 여부를 실질적으로 심사할 수 있다고 한 사례

ⓔ ⭕ **행정청의 착공신고 반려행위가 항고소송의 대상이 되는지 여부(적극)** 건축주 등으로서는 착공신고가 반려될 경우, 당해 건축물의 착공을 개시하면 시정명령, 이행강제금, 벌금의 대상이 되거나 당해 건축물을 사용하여 행할 행위의 허가가 거부될 우려가 있어 불안정한 지위에 놓이게 된다. 따라서 착공신고 반려행위가 이루어진 단계에서 당사자로 하여금 반려행위의 적법성을 다투어 법적 불안을 해소한 다음 건축행위에 나아가도록 함으로써 장차 있을지도 모르는 위험에서 미리 벗어날 수 있도록 길을 열어 주고, 위법한 건축물의 양산과 철거를 둘러싼 분쟁을 조기에 근본적으로 해결할 수 있게 하는 것이 법치행정의 원리에 부합한다. 그러므로 **행정청의 착공신고 반려행위는 항고소송의 대상이 된다**고 보는 것이 옳다(대판 2011. 6. 10, 2010두7321).

12
정답 ④

④ ❌ **유료직업 소개사업의 허가갱신은** 허가취득자에게 종전의 지위를 계속 유지시키는 효과를 갖는 것에 불과하고갱신 후에는 갱신 전의 법위반사항을 불문에 붙이는 효과를 발생하는 것이 아니므로 일단 갱신이 있은 후에도 갱신 전의 법위반사실을 근거로 허가를 취소할 수 있다(대판 1982. 7. 27, 81누174).

① ⭕ **어업에 관한 허가 또는 신고의 경우** 그 유효기간이 경과하면 그 허가나 신고의 효력이 당연히 소멸하며, 재차 허가를 받거나 신고를 하더라도 허가나 신고의 기간만 갱신되어 종전의 어업허가나 신고의 효력 또는 성질이 계속된다고 볼 수 없고 새로운 허가 내지 신고로서의 효력이 발생한다(대판 2019. 4. 11, 2018다284400).

2012 지방직 9급 어업에 관한 허가 또는 신고의 경우에는 어업면허와 달리 유효기간연장제도가 마련되어 있지 아니하므로 그 유효기간이 경과하면 그 허가나 신고의 효력이 당연히 소멸하며, 재차 허가를 받거나 신고를 하더라도 신고의 기간만 갱신되어 종전의 어업허가나 신고의 효력 또는 성질이 계속된다고 볼 수 없고 새로운 허가 내지 신고로서의 효력이 발생한다. (O)

2021 소방간부 어업에 관한 허가 또는 신고는 어업면허와 마찬가지로 유효기간이 경과해도 그 허가나 신고의 효력이 당연히 소멸되는 것은 아니므로 재차 허가를 받거나 신고를 하면 허가나 신고의 기간이 갱신되어 종전의 어업허가나 신고의 효력 또는 성질이 계속된다고 볼 수 있다. (✕)

② ⭕ 일반적으로 행정처분에 효력기간이 정하여져 있는 경우에는 그 기간의 경과로 그 행정처분의 효력은 상실되고, 다만 **허가에 붙인 기한이 그 허가된 사업의 성질상 부당하게 짧은 경우에는** 이를 그 허가 자체의 존속기간이 아니라 그 **허가조건의 존속기간으로 보아** 그 기한이 도래함으로써 그 조건의 개정을 고려한다는 뜻으로 해석할 수는 있지만, 그와 같은 경우라 하더라도 그 허가기간이 연장되기 위하여는 그 종기가 도래하기 전에 그 허가기간의 연장에 관한 신청이 있어야 하며, 만일 그러한 연장신청이 없는 상태에서 허가기간이 만료하였다면 그 허가의 효력은 상실된다(대판 2007. 10. 11, 2005두12404).

③ ⭕ 건축허가권자는 건축허가신청이 건축법 등 관계 법규에서 정하는 어떠한 제한에 배치되지 않는 이상 당연히 같은 법조에서 정하는 건축허가를 하여야 하고, 요건을 갖춘 자에 대한 허가를 관계 법령에서 정하는 제한사유 이외의 사유를 들어 거부할 수는 없으나, 예외적으로 중대한 공익상의 필요가 있는 때에는 건축법 등 관계 법규에서 정하는 제한사유 이외의 사유로 이를 거부할 수 있다고 할 것이다(대판 2003. 4. 25, 2002두3201).

13
정답 ④

④ ❌ 검찰보존사무규칙이 검찰청법 제11조에 기하여 제정된 **법무부령이기는 하지만**, 그 중 불기소사건기록의 열람·등사의 제한을 정하고 있는 위 규칙 제22조는 법률상의 위임근거가 없는 행정기관 내부의 사무처리준칙으로서 행정규칙에 불과하므로, 위 규칙 제22조에 의한 열람·등사의 제한을 공공기관의 정보공개에 관한 법률(이하 '정보공개법'이라 한다) 제4조 제1항의 '정보의 공개에 관하여 다른 법률에 특별한 규정이 있는 경우' 또는 같은 법 제9조 제1항 제1호의 '다른 법률 또는 법률이 위임한 명령(국회규칙·대법원규칙·헌법재판소규칙·중앙선거관리위원회규칙·대통령령 및 조례에 한한다)에 의하여 비밀 또는 비공개 사항으로 규정된 경우'에 해당한다고 볼 수 없다(대판 2012. 6. 28, 2011두16735).

① ⭕ 법률에서 위임받은 사항을 전혀 규정하지 않고 재위임하는 것은 복위임금지 원칙에 반할 뿐 아니라 위임명령의 제정 형식에 관한 수권법의 내용을 변경하는 것이 되므로 허용되지 않으나 **위임받은 사항에 관하여 대강을 정하고 그 중의 특정사항을 범위를 정하여 하위법령에 다시 위임하는 경우에는 재위임이 허용**된다(대판 2015. 1. 15, 2013두14238).

② ⭕ 헌법재판소법 제68조 제1항이 규정하고 있는 헌법소원심판의 대상으로서의 "공권력"이란 입법·사법·행정 등 모든 공권력을 말하는 것이므로 **입법부에서 제정한 법률, 행정부에서 제정한 시행령이나 시행규칙 및 사법부에서 제정한 규칙 등은 그것들이 별도의 집행행위를 기다리지 않고 직접 기본권을 침해하는 것일 때에는 모두 헌법소원심판의 대상이 될 수 있는 것이다**(헌재 1990. 10. 15, 89헌마178).

③ ⭕ 법령에서 행정처분의 요건 중 일부 사항을 부령으로 정할 것을 위임한 데 따라 시행규칙 등 부령에서 이를 정한 경우에 그 부령의 규정은 국민에 대해서도 구속력이 있는 법규명령에 해당한다고 할 것이지만, **법령의 위임이 없음에도 법령에 규정된 처분 요건에 해당하는 사항을 부령에서 변경하여 규정한 경우에는 그 부령의 규정은 행정청 내부의 사무처리기준 등을 정한 것으로서 행정조직 내에서 적용되는 행정명령의 성격을 지닐 뿐 국민에 대한 대외적 구속력은 없다**고 보아야 한다(대판 2013. 9. 12, 2011두10584).

14
정답 ④

④ ✗ **진정에 대한 국가인권위원회의 각하 및 기각결정**은 피해자인 진정인의 권리행사에 중대한 지장을 초래하는 것으로서 **항고소송의 대상이 되는 행정처분에 해당**하므로, 그에 대한 다툼은 우선 행정심판이나 행정소송에 의하여야 할 것이다. 따라서 이 사건 헌법소원청구는 행정심판이나 행정소송 등의 사전 구제절차를 모두 거친 후 청구된 것이 아니므로 **보충성 요건을 충족하지 못하였다**(헌재 2015. 3. 26, 2013헌마214 등).

> 2019 국가직 9급 국가인권위원회가 진정에 대하여 각하 및 기각결정을 할 경우 피해자인 진정인은 인권침해 등에 대한 구제조치를 받을 권리를 박탈당하게 되므로, 국가인권위원회의 진정에 대한 각하 및 기각결정은 처분에 해당한다. (○)

① ○ **자동차운전면허대장상 일정한 사항의 등재행위**는 운전면허행정사무집행의 편의와 사실증명의 자료로 삼기위한 것일 뿐 그 등재행위로 인하여 당해 운전면허 취득자에게 새로이 어떠한 권리가 부여되거나 변동 또는 상실되는 효력이 발생하는 것은 아니므로 이는 행정소송의 대상이 되는 **독립한 행정처분으로 볼 수 없다**(대판 1991. 9. 24, 91누1400).

② ○ 구 자동차관리법 제13조 제3항 제4호가 사위 기타 부정한 방법으로 등록을 마친 경우 제재적 효과가 발생하는 직권말소 처분을 할 수 있도록 규정한 목적은, 자동차를 효율적으로 관리하고 자동차의 성능 및 안전을 확보함으로써 공공의 복리를 증진하기 위함이고(법 제1조), 위 규정에 따른 **직권말소 처분**은 그 규정형식 등에 비추어 볼 때 행정청에게 재량권이 부여되어 있는 **재량행위에 속한다**(대판 2013. 5. 9, 2010두28748). → 甲이 오빠 乙과 어머니 丙의 공동명의로 신규등록되어 있던 자동차에 관하여 丙이 사망함에 따라 증여를 원인으로 이전등록을 하는 과정에서 丙의 사망 후 발급받은 인감증명서를 제출하였는데, 관할 구청장이 위 자동차에 대하여 구 자동차관리법 제13조 제3항 제4호에 따라 직권으로 말소등록을 한 사안에서, 위 직권말소 처분은 위법하다고 한 사례.

15
정답 ①

① ✗ 표준지공시지가결정이 위법한 경우에는 그 자체를 행정소송의 대상이 되는 행정처분으로 보아 그 위법 여부를 다툴 수 있음은 물론, **수용보상금의 증액을 구하는 소송에서도** 선행처분으로서 그 수용대상 토지 가격 산정의 기초가 된 **비표준지공시지가결정의 위법을 독립한 사유로 주장할 수 있다**(대판 2008. 8. 21, 2007두13845).

② ○ 대집행의 계고, 대집행영장에 의한 통지, 대집행의 실행, 대집행에 요한 비용의 납부명령 등은 타인이 대신하여 행할 수 있는 행정의무의 이행을 의무자의 비용부담하에 확보하고자 하는, 동일한 행정목적을 달성하기 위하여 단계적인 일련의 절차로 연속하여 행하여지는 것으로서, 서로 결합하여 하나의 법률효과를 발생시키는 것이므로, 선행처분인 계고처분이 하자가 있는 위법한 처분이라면, 비록 그 하자가 중대하고도 명백한 것이 아니어서 당연무효의 처분이라고 볼 수 없고 행정소송으로 효력이 다투어지지도 아니하여 이미 불가쟁력이 생겼으며, 후행처분인 대집행영장발부통보처분 자체에는 아무런 하자가 없다고 하더라도, 후행처분인 대집행영장발부통보처분의 취소를 청구하는 소송에서 청구원인으로 선행처분인 계고처분이 위법한 것이기 때문에 그 계고처분을 전제로 행하여진 대집행영장발부통보처분도 위법한 것이라는 주장을 할 수 있다(대판 1996. 2. 9, 95누12507). → 대집행 계고처분과 대집행영장발부통보처분 사이의 하자의 승계 긍정

③ ○ 원고가 이 사건 토지를 매도한 이후에 그 양도소득세 산정의 기초가 되는 1993년도 개별공시지가 결정에 대하여 한 **재조사청구에 따른 조정결정을 통지받고서도 더 이상 다투지 아니한 경우까지** 선행처분인 개별공시지가 결정의 불가쟁력이나 구속력이 수인한도를 넘는 가혹한 것이거나 예측불가능하다고 볼 수 없어, 위 개별공시지가 결정의 위법을 이 사건 과세처분의 위법사유로 주장할 수 없다고 한 사례(대판 1998. 3. 13, 96누6059). → 개별공시지가 결정에 대하여 한 재조사청구에 따른 조정결정을 통지받고서도 더 이상 다투지 아니한 경우, 개별공시지가결정과 과세처분 사이의 하자의 승계 부정

④ ○ 도시·군계획시설결정과 실시계획인가는 도시·군계획시설사업을 위하여 이루어지는 단계적 행정절차에서 별도의 요건과 절차에 따라 별개의 법률효과를 발생시키는 독립적인 행정처분이다. 그러므로 **선행처분인 도시·군계획시설결정에 하자가 있더라도 그것이 당연무효가 아닌 한 원칙적으로 후행처분인 실시계획인가에 승계되지 않는다**(대판 2017. 7. 18, 2016두49938). → 도시·군계획시설결정과 실시계획인가 사이의 하자의 승계 부정

16
정답 ②

①○, ② ✗ 체납자 등에 대한 공매통지는 국가의 강제력에 의하여 진행되는 공매에서 체납자 등의 권리 내지 재산상의 이익을 보호하기 위하여 법률로 규정한 절차적 요건이라고 보아야 하며, 공매처분을 하면서 체납자 등에게 공매통지를 하지 않았거나 **공매통지를 하였더라도 그것이 적법하지 아니한 경우에는** 절차상의 흠이 있어 그 공매처분은 위법하다. 다만, 공매통지의 목적이나 취지 등에 비추어 보면, 체납자 등은 자신에 대한 공매통지의 하자만을 공매처분의 위법사유로 주장할 수 있을 뿐 다른 권리자에 대한 공매통지의 하자를 들어 공매처분의 위법사유로 주장하는 것은 허용되지 않는다(대판 2008. 11. 20, 2007두18154 전합).

③ ○ **한국자산공사가 당해 부동산을 인터넷을 통하여 재공매(입찰)하기로 한 결정** 자체는 내부적인 의사결정에 불과하여 **항고소송의 대상이 되는 행정처분이라고 볼 수 없고**, 또한 한국자산공사가 공매통지는 공매의 요건이 아니라 공매사실 자체를 체납자에게 알려주는 데 불과한 것으로서, 통지의 상대방의 법적 지위나 권리·의무에 직접 영향을 주는 것이 아니라고 할 것이므로 이것 역시 행정처분에 해당한다고 할 수 없다(대판 2007. 7. 27, 2006두8464).

④ ○ 과세관청이 체납처분의 일환으로 납세자의 재산을 압류하였으나 그 후 국세징수법 제53조 제1항 각 호가 정하는 압류해제사유가 발생한 경우 세무서장은 압류를 해제하여야 하고, 납세자 및 압류해제에 대하여 법률상 이익을 갖는 자는 압류해제사유가 있는 한 언제든지 과세관청에 대하여 압류해제를 신청할 수 있으며, 만일 과세관청이 당사자의 압류해제신청을 거부한 경우에는 그 상대방은 그 거부처분을 항고소송의 대상으로 삼을 수 있다고 할 것이고, … 택상법에 대한 헌법재판소의 위헌결정에 따라 택상법 제30조의 효력이 상실되었다는 이유를 들어 체납부담금에 기한 압류처분에 대한 압류를 해제함에 있어서 택상법 제30조에서 인정하였던 국세징수법 제53조 제1항의 규정에 의한 압류해제를 인정하지 아니한다면 위헌결정이 있기 이전의 상태보다 더 헌법질서에 반하는 결과를 초래하게 되므로, 위헌결정의 취지에 따라 체납 부담금에 대한 징수가 불가능하게 되어 압류처분을 해제함에 있어서는 압류해제에 관한 국세징수법 제53조 제1항을 유추적용하여 압류를 해제하여야 한다(대판 2002. 8. 23, 2001두2959).

17
정답 ①

① ✗ 국유재산의 무단점유자에 대한 변상금 부과는 공권력을 가진 우월적 지위에서 행하는 행정처분이고, 그 부과처분에 의한 변상금 징수권은 공법상의 권리인 반면, 민사상 부당이득반환청구권은 국유재산의 소유자로서 가지는 사법상의 채권이다. 또한 변상금은 부당이득 산정의 기초가 되는 대부료나 사용료의 120%에 상당하는 금액으로서 부당이득금과 액수가 다르고, 이와 같이 할증된 금액의 변상금을 부과·징수하는 목적은 국유재산의 사용·수익으로 인한 이익의 환수를 넘어 국유재산의

효율적인 보존·관리라는 공익을 실현하는 데 있다. 그리고 대부 또는 사용·수익허가 없이 국유재산을 점유하거나 사용·수익하였지만 변상금 부과처분은 할 수 없는 때에도 민사상 부당이득반환청구권은 성립하는 경우가 있으므로, 변상금 부과·징수의 요건과 민사상 부당이득반환청구권의 성립 요건이 일치하는 것도 아니다. 이처럼 구 국유재산법 제51조 제1항, 제4항, 제5항에 의한 변상금 부과·징수권은 민사상 부당이득반환청구권과 법적 성질을 달리하므로, **국가는 무단점유자를 상대로 변상금 부과·징수권의 행사와 별도로 국유재산의 소유자로서 민사상 부당이득반환청구의 소를 제기할 수 있다**(대판 2014. 7. 16, 2011다76402 전합).

② ◎ 지방재정법 제85조 제1항은, 공유재산을 정당한 이유 없이 점유하거나 그에 시설을 한 때에는 이를 강제로 철거하게 할 수 있다고 규정하고, 그 제2항은, 지방자치단체의 장이 제1항의 규정에 의한 강제철거를 하게 하고자 할 때에는 행정대집행법 제3조 내지 제6조의 규정을 준용한다고 규정하고 있는바, 공유재산의 점유자가 그 공유재산에 관하여 대부계약 외 달리 정당한 권원이 있다는 자료가 없는 경우 그 **대부계약이 적법하게 해지된 이상** 그 점유자의 공유재산에 대한 점유는 정당한 이유 없는 점유라 할 것이고, 따라서 지방자치단체의 장은 지방재정법 제85조에 의하여 **행정대집행의 방법으로 그 지상물을 철거시킬 수 있다**(대판 2001. 10. 12, 2001두4078). 이러한 행정대집행의 절차가 인정되는 경우에는 **민사소송의 방법으로 시설물의 철거를 구하는 것은 허용되지 아니한다**(대판 2017. 4. 13, 2013다207941).

③ ◎ 관리권자인 보령시장으로서는 행정대집행의 방법으로 이 사건 시설물을 철거할 수 있고, 이러한 행정대집행의 절차가 인정되는 경우에는 따로 민사소송의 방법으로 피고들에 대하여 이 사건 시설물의 철거를 구하는 것은 허용되지 않는다고 할 것이다. 다만, **관리권자인 보령시장이 행정대집행을 실시하지 아니하는 경우** 국가에 대하여 이 사건 토지 사용청구권을 가지는 원고로서는 위 청구권을 보전하기 위하여 국가를 대위하여 피고들을 상대로 민사소송의 방법으로 이 사건 시설물의 철거를 구하는 이외에는 이를 실현할 수 있는 다른 절차와 방법이 없어 그 보전의 필요성이 인정되므로, **원고는 국가를 대위하여 피고들을 상대로 민사소송의 방법으로 이 사건 시설물의 철거를 구할 수 있다고 보아야** 할 것이다(대판 2009. 6. 11, 2009다1122).

④ ◎ 공유 일반재산의 대부료와 연체료를 납부기한까지 내지 아니한 경우에도 공유재산 및 물품 관리법 제97조 제2항에 의하여 지방세 체납처분의 예에 따라 이를 징수할 수 있다. 이와 같이 **공유 일반재산의 대부료의 징수에 관하여도** 지방세 체납처분의 예에 따른 간이하고 경제적인 특별한 구제절차가 마련되어 있으므로, 특별한 사정이 없는 한 **민사소송으로 공유 일반재산의 대부료의 지급을 구하는 것은 허용되지 아니한다**(대판 2017. 4. 13, 2013다207941).

18   정답 ④

④ ✕ 행정처분의 당연무효를 구하는 소송에 있어서 그 **무효를 구하는 사람(원고)에게 그 행정처분에 존재하는 하자가 중대하고 명백하다는 것을 주장·입증할 책임이 있다**(대판 1984. 2. 28, 82누154).

② ◎ 무효확인과 취소청구는 서로 양립할 수 없는 청구로서 **주위적·예비적 청구로서만 병합이 가능**하고 선택적 청구로서의 병합이나 단순병합은 허용되지 아니한다(대판 1999. 8. 20, 97누6889).

> 2015 국가직 9급 행정처분에 대한 무효확인과 취소청구는 서로 양립할 수 없는 청구로서 주위적·예비적 청구로서만 병합이 가능하고, 선택적 청구로서의 병합은 허용되지 않는다. (O)

③ ◎ 행정소송법 제4조에서는 무효확인소송을 항고소송의 일종으로 규정하고 있고, 행정소송법 제38조 제1항에서는 처분 등을 취소하는 확정판결의 기속력 및 행정청의 재처분 의무에 관한 행정소송법 제30조를 무효확인소송에도 준용하고 있으므로 무효확인판결 자체만으로도 실효성을 확보할 수 있다. 그리고 무효확인소송의 보충성을 규정하고 있는 외국의 일부 입법례와는 달리 우리나라 행정소송법에는 명문의 규정이 없어 이로 인한 명시적 제한이 존재하지 않는다. 이와 같은 사정을 비롯하여 행정에 대한 사법통제, 권익구제의 확대와 같은 행정소송의 기능 등을 종합하여 보면, 행정처분의 근거 법률에 의하여 보호되는 직접적이고 구체적인 이익이 있는 경우에는 행정소송법 제35조에 규정된 '무효확인을 구할 법률상 이익'이 있다고 보아야 하고, **이와 별도로 무효확인소송의 보충성이 요구되는 것은 아니므로 행정처분의 무효를 전제로 한 이행소송 등과 같은 직접적인 구제수단이 있는지 여부를 따질 필요가 없다고 해석함이 상당하다**(대판 2008. 3. 20, 2007두6342 전합). → 종래 대법원은, 행정소송법 제35조에 규정된 '무효확인을 구할 법률상 이익', 즉 무효확인소송의 확인의 이익이 인정되려면, 판결로써 분쟁이 있는 법률관계의 유·무효를 확정하는 것이 원고의 권리 또는 법률상의 지위에 관한 불안·위험을 제거하는 데 필요하고도 적절한 경우라야 한다고 제한적으로 해석하였다. 이에 따라 행정처분의 무효를 전제로 한 이행소송 등과 같은 구제수단이 있는 경우에는 원칙적으로 소의 이익을 부정하고, 다른 구제수단에 의하여 분쟁이 해결되지 않는 경우에 한하여 무효확인소송이 보충적으로 인정된다고 하는 이른바 '무효확인소송의 보충성(補充性)'을 요구하여 왔으나, 위와 같이 판례변경을 하였다.

19   정답 ②

② ✕ **건축허가를 받아 건축공사를 완료한 경우 그 허가처분의 취소를 구할 이익이 있는지 여부(소극) 및 소제기 후 사실심 변론종결일 전에 건축공사를 완료한 경우도 마찬가지인지 여부(적극)** 건축허가에 기하여 이미 건축공사를 완료하였다면 그 건축허가처분의 취소를 구할 이익이 없다 할 것이고, 이와 같이 건축허가처분의 취소를 구할 이익이 없게 되는 것은 건축허가처분의 취소를 구하는 소를 제기하기 전에 건축공사가 완료된 경우뿐 아니라 소를 제기한 후 사실심 변론종결일 전에 건축공사가 완료된 경우에도 마찬가지 이다(대판 2007. 4. 26, 2006두18409).

① ◎ 조합설립추진위원회(이하 '추진위원회'라고 한다) 구성승인처분은 조합의 설립을 위한 수체인 추진위원회의 구성행위를 보충하여 그 효력을 부여하는 처분으로서 조합설립이라는 종국적 목적을 달성하기 위한 중간단계의 처분에 해당하지만, 그 법률요건이나 효과가 조합설립인가처분의 그것과는 다른 독립적인 처분이기 때문에, 추진위원회 구성승인처분에 대한 취소 또는 무효확인 판결의 확정만으로는 이미 조합설립인가를 받은 조합에 의한 정비사업의 진행을 저지할 수 없다. 따라서 **추진위원회 구성승인처분을 다투는 소송 계속 중에 조합설립인가처분이 이루어진 경우**에는, 추진위원회 구성승인처분에 위법이 존재하여 조합설립인가 신청행위가 무효라는 점 등을 들어 직접 조합설립인가처분을 다툼으로써 정비사업의 진행을 저지하여야 하고, **이와는 별도로 추진위원회 구성승인처분에 대하여 취소 또는 무효확인을 구할 법률상의 이익은 없다고 보아야** 한다(대판 2013. 1. 31, 2011두11112).

③ ◎ **학교법인 임원취임승인의 취소처분 후 그 임원의 임기가 만료되고 구 사립학교법 제22조 제2호 소정의 임원결격사유기간마저 경과한 경우 또는 위 취소처분에 대한 취소소송 제기 후 임시이사가 교체되어 새로운 임시이사가 선임된 경우, 위 취임승인취소처분 및 당초의 임시이사선임처분의 취소를 구할 소의 이익이 있는지 여부(적극)** 비록 취임승인이 취소된 학교법인의 정식이사들에 대하여 원래 정해져 있던 임기가 만료되고 구 사립학교법 제22조 제2호 소정의 임원결격사유기간마저 경과하였다 하더라도, 그 임원취임승인취소처분이 위법하다고 판명되고 나아가 임시이사들의 지위가 부정되어 직무권한이 상실되면, 그 정식이사들은 후임이사 선임시까지 민법 제691조의 유추적용에 의하여 직무수행에 관한 긴급처리권

을 가지게 되고 이에 터잡아 후임 정식이사들을 선임할 수 있게 되는바, 이는 감사의 경우에도 마찬가지이다. … 임시이사 선임처분에 대하여 취소를 구하는 소송의 계속중 임기만료 등의 사유로 새로운 임시이사들로 교체된 경우, 선행 임시이사 선임처분의 효과가 소멸하였다는 이유로 그 취소를 구할 법률상 이익이 없다고 보게 되면, 원래의 정식이사들로서는 계속중인 소를 취하하고 후행 임시이사 선임처분을 별개의 소로 다툴 수밖에 없게 되며, 그 별소 진행 도중 다시 임시이사가 교체되면 또 새로운 별소를 제기하여야 하는 등 무익한 처분과 소송이 반복될 가능성이 있으므로, 이러한 경우 법원이 선행 임시이사 선임처분의 취소를 구할 법률상 이익을 긍정하여 그 위법성 내지 하자의 존재를 판결로 명확히 해명하고 확인하여 준다면 위와 같은 구체적인 침해의 반복 위험을 방지할 수 있을 뿐 아니라, 후행 임시이사 선임처분의 효력을 다투는 소송에서 기판력에 의하여 최초 내지 선행 임시이사 선임처분의 위법성을 다투지 못하게 함으로써 그 선임처분을 전제로 이루어진 후행 임시이사 선임처분의 효력을 쉽게 배제할 수 있어 국민의 권리구제에 도움이 된다. 그러므로 **취임승인이 취소된 학교법인의 정식이사들로서는 그 취임승인취소처분 및 임시이사 선임처분에 대한 각 취소를 구할 법률상 이익이 있고**, 나아가 선행 임시이사 선임처분의 취소를 구하는 소송 도중에 선행 임시이사가 후행 임시이사로 교체되었다고 하더라도 여전히 선행 임시이사 선임처분의 취소를 구할 법률상 이익이 있다(대판 2007. 7. 19, 2006두19297 전합).

④ ◎ 갑 도지사가 도에서 설치·운영하는 을 지방의료원을 폐업하겠다는 결정을 발표하고 그에 따라 폐업을 위한 일련의 조치가 이루어진 후 을 지방의료원을 해산한다는 내용의 조례를 공포하고 을 지방의료원의 청산절차가 마쳐진 사안에서, 지방의료원의 설립·통합·해산은 지방자치단체의 조례로 결정할 사항이므로, 도가 설치·운영하는 을 지방의료원의 폐업·해산은 도의 조례로 결정할 사항인 점 등을 종합하면, **갑 도지사의 폐업결정은** 행정청이 행하는 구체적 사실에 관한 법집행으로서의 공권력 행사로서 입원환자들과 소속 직원들의 권리·의무에 직접 영향을 미치는 것이므로 **항고소송의 대상에 해당하지만**, 폐업결정 후 을 지방의료원을 해산한다는 내용의 조례가 제정·시행되었고 조례가 무효라고 볼 사정도 없어 을 지방의료원을 폐업 전의 상태로 되돌리는 원상회복은 불가능하므로 법원이 폐업결정을 취소하더라도 단지 폐업결정이 위법함을 확인하는 의미밖에 없고, 폐업결정의 취소로 회복할 수 있는 다른 권리나 이익이 남아있다고 보기도 어려우므로, 갑 도지사의 폐업결정이 법적으로 권한 없는 자에 의하여 이루어진 것으로서 위법하더라도 **취소를 구할 소의 이익을 인정하기 어렵다**고 한 사례(대판 2016. 8. 30, 2015두60617).

20 정답 ③

③ ✗ 과태료 재판에 대한 즉시항고는 집행정지의 효력이 있다.

질서위반행위규제법 제36조(재판) ① 과태료 재판은 이유를 붙인 결정으로써 한다.
질서위반행위규제법 제37조(결정의 고지) ① 결정은 당사자와 검사에게 고지함으로써 효력이 생긴다.
질서위반행위규제법 제38조(항고) ① 당사자와 검사는 과태료 재판에 대하여 즉시항고를 할 수 있다. 이 경우 항고는 집행정지의 효력이 있다.

① ◎

질서위반행위규제법 제8조(위법성의 착오) 자신의 행위가 위법하지 아니한 것으로 오인하고 행한 질서위반행위는 그 오인에 정당한 이유가 있는 때에 한하여 과태료를 부과하지 아니한다.

② ◎ 양벌규정에 의한 영업주의 처벌은 금지위반행위자인 종업원의 처벌에 종속하는 것이 아니라 독립하여 그 자신의 종업원에 대한 선임감독상의 과실로 인하여 처벌되는 것이므로 종업원의 범죄성립이나 처벌이 영업주 처벌의 전제조건이 될 필요는 없다(대판 2006. 2. 24, 2005도7673).

④ ◎

질서위반행위규제법 제16조(사전통지 및 의견 제출 등) ① 행정청이 질서위반행위에 대하여 과태료를 부과하고자 하는 때에는 미리 당사자(제11조 제2항에 따른 고용주등을 포함한다. 이하 같다)에게 **대통령령으로 정하는 사항을 통지하고, 10일 이상의 기간을 정하여 의견을 제출할 기회를 주어야 한다.** 이 경우 지정된 기일까지 의견 제출이 없는 경우에는 의견이 없는 것으로 본다.
질서위반행위규제법 시행령 제3조(사전통지 및 의견제출 등) ① 법 제16조 제1항에 따라 행정청이 과태료 부과에 관하여 미리 통지하는 경우에는 다음 각 호의 사항을 모두 적은 서면(당사자가 동의하는 경우에는 전자문서를 포함한다)으로 하여야 한다.
1. 당사자의 성명(법인인 경우에는 명칭과 대표자의 성명)과 주소
2. 과태료 부과의 원인이 되는 사실, 과태료 금액 및 적용 법령
3. 과태료를 부과하는 행정청의 명칭과 주소
4. 당사자가 의견을 제출할 수 있다는 사실과 그 제출기한
5. – 7. (생략)

21 정답 ①

① ✗ 헌법재판소는 헌법 제23조 제3항에서 규정하고 있는 '공공필요'의 의미를 "국민의 재산권을 그 의사에 반하여 강제적으로라도 취득해야 할 공익적 필요성"으로 해석하여 왔다. 즉 '공공필요'의 개념은 '공익성'과 '필요성'이라는 요소로 구성되어 있다. 오늘날 공익사업의 범위가 확대되는 경향에 대응하여 재산권의 존속보장과의 조화를 위해서는, '**공공필요'의 요건에 관하여, 공익성은** 추상적인 공익 일반 또는 국가의 이익 이상의 중대한 공익을 요구하므로 **기본권 일반의 제한사유인 '공공복리'보다 좁게 보는 것이 타당**하다(헌재 2014. 10. 30, 2011헌바172).

② ◎ 하천구역 편입토지에 대한 손실보상청구권은 공법상의 권리임이 분명하고, 따라서 그 손실보상을 둘러싼 쟁송은 공법상의 법률관계를 대상으로 하는 행정소송절차에 의하여야 할 것이다(대판 2006. 5. 18, 2004다6207).

③ ◎ 개발이익은 그 성질상 완전보상의 범위에 포함되는 피수용자의 손실이라고는 볼 수 없으므로, 개발이익을 배제하고 손실보상액을 산정한다 하여 정당보상의 원리에 어긋나는 것은 아니다(헌재 2011. 5. 26, 2009헌바296).

④ ◎ 공법상의 제한을 받는 토지의 수용보상액을 산정함에 있어서는 그 공법상의 제한이 당해 공공사업의 시행을 직접 목적으로 하여 가하여진 경우에는 그 제한을 받지 아니하는 상태대로 평가하여야 할 것이지만, 공법상 제한이 당해 공공사업의 시행을 직접 목적으로 하여 가하여진 경우가 아니라면 **그러한 제한을 받는 상태 그대로 평가하여야** 하고, 그와 같은 제한이 당해 공공사업의 시행 이후에 가하여진 경우라고 하여 달리 볼 것은 아니다(대판 2005. 2. 18, 2003두14222). → 문화재보호구역의 확대 지정이 당해 공공사업인 택지개발사업의 시행을 직접 목적으로 하여 가하여진 것이 아님이 명백하므로 토지의 수용보상액은 그러한 공법상 제한을 받는 상태대로 평가하여야 한다고 한 사례.

22 정답 ①

① ✗ 행정소송법 제19조는 취소소송은 행정청의 원처분을 대상으로

하되(원처분주의), 다만 "재결 자체에 고유한 위법이 있음을 이유로 하는 경우"에 한하여 행정심판의 재결도 취소소송의 대상으로 삼을 수 있도록 규정하고 있으므로, 재결취소소송의 경우 재결 자체에 고유한 위법이 있는지 여부를 심리할 것이고, 재결 자체에 고유한 위법이 없는 경우에는 원처분의 당부와는 상관없이 당해 재결취소소송은 이를 **기각하여야** 한다(대판1994. 1. 25, 93누16901).

> 2019 국가직 9급 행정심판을 청구하여 기각재결을 받은 후 재결 자체에 고유한 위법이 있음을 주장하며 그 기각재결에 대하여 취소소송을 제기한 경우, 수소법원은 심리 결과 재결 자체에 고유한 위법이 없다면 각하판결을 하여야 한다. (×)

② ⭕ 변상금 부과처분에 대한 취소소송이 진행중이라도 그 부과권자로서는 위법한 처분을 스스로 취소하고 그 하자를 보완하여 다시 적법한 부과처분을 할 수도 있는 것이어서 그 권리행사에 법률상의 장애사유가 있는 경우에 해당한다고 할 수 없으므로, **그 처분에 대한 취소소송이 진행되는 동안에도 그 부과권의 소멸시효가 진행된다**(대판 2006. 2. 10, 2003두5686).

③ ⭕ 행정처분을 취소하는 확정판결이 제3자에 대하여도 효력이 있다고 하더라도 일반적으로 판결의 효력은 주문에 포함한 것에 한하여 미치는 것이니 그 취소판결 자체의 효력으로써 그 행정처분을 기초로 하여 새로 형성된 제3자의 권리까지 당연히 그 행정처분 전의 상태로 환원되는 것이라고는 할 수 없고, 단지 취소판결의 존재와 취소판결에 의하여 형성되는 법률관계를 소송당사자가 아니었던 제3자라 할지라도 이를 용인하지 않으면 아니 된다는 것을 의미하는 것에 불과하다(대판 1986. 8. 19, 83다카2022).

> 2020 국가직 9급 취소된 행정처분을 기초로 하여 새로 형성된 제3자의 권리가 취소판결 자체의 효력에 의해 당연히 그 행정처분 전의 상태로 환원되는 것은 아니다. (O)

④ ⭕ 잘못 지급된 보상금 등에 해당하는 금액을 징수하는 처분을 해야 할 공익상 필요와 그로 인하여 당사자가 입게 될 기득권과 신뢰의 보호 및 법률생활 안정의 침해 등의 불이익을 비교·교량한 후, 공익상 필요가 당사자가 입게 될 불이익을 정당화할 만큼 강한 경우에 한하여 보상금 등을 받은 당사자로부터 잘못 지급된 보상금 등에 해당하는 금액을 환수하는 처분을 하여야 한다고 봄이 타당하다(대판 2014. 10. 27, 2012두17186).

23 정답 ①

① ❌

> **개인정보 보호법 제28조의6(가명정보 처리에 대한 과징금 부과 등)** 보호위원회는 개인정보처리자가 제28조의5 제1항을 위반하여 특정 개인을 알아보기 위한 목적으로 정보를 처리한 경우 **전체 매출액의 100분의 3 이하에 해당하는 금액**을 과징금으로 부과할 수 있다. 다만, 매출액이 없거나 매출액의 산정이 곤란한 경우로서 대통령령으로 정하는 경우에는 4억원 또는 자본금의 100분의 3 중 큰 금액 이하로 과징금을 부과할 수 있다.
>
> **개인정보 보호법 제28조의5(가명정보 처리 시 금지의무 등)** ① 누구든지 특정 개인을 알아보기 위한 목적으로 가명정보를 처리해서는 아니 된다.
> ② 개인정보처리자는 가명정보를 처리하는 과정에서 특정 개인을 알아볼 수 있는 정보가 생성된 경우에는 즉시 해당 정보의 처리를 중지하고, 지체 없이 회수·파기하여야 한다.

② ⭕ 법률정보 제공 사이트를 운영하는 甲 주식회사가 공립대학교인 乙 대학교 법과대학 법학과 교수로 재직 중인 丙의 사진, 성명, 성별, 출생연도, 직업, 직장, 학력, 경력 등의 개인정보를 위 법학과 홈페이지 등을 통해 수집하여 위 사이트 내 '법조인' 항목에서 유료로 제공한 경우, 甲 회사가 영리 목적으로 丙의 개인정보를 수집하여 제3자에게 제공하였더라도 그에 의하여 얻을 수 있는 법적 이익이 정보처리를 막음으로써 얻을 수 있는 정보주체의 인격적 법익에 비하여 우월하므로, 甲 회사의 행위를 丙의 개인정보자기결정권을 침해하는 위법한 행위로 평가할 수 없고, **甲 회사가 丙의 개인정보를 수집하여 제3자에게 제공한 행위는 丙의 동의가 있었다고 객관적으로 인정되는 범위 내이고, 甲 회사에 영리 목적이 있었다고 하여 달리 볼 수 없으므로, 甲 회사가 丙의 별도의 동의를 받지 아니하였다고 하여 개인정보 보호법 제15조나 제17조를 위반하였다고 볼 수 없다**(대판 2016. 8. 17, 2014다235080).

③ ⭕ 살아 있는 개인에 관한 정보로서, 해당 정보만으로는 특정 개인을 알아볼 수 없더라도 다른 정보와 쉽게 결합하여 알아볼 수 있는 정보도 개인정보 보호법상 "개인정보"에 해당한다.

> **개인정보 보호법 제2조(정의)** 이 법에서 사용하는 용어의 뜻은 다음과 같다.
> 1. "개인정보"란 살아 있는 개인에 관한 정보로서 다음 각 목의 어느 하나에 해당하는 정보를 말한다.
>   가. 성명, 주민등록번호 및 영상 등을 통하여 개인을 알아볼 수 있는 정보
>   나. 해당 정보만으로는 특정 개인을 알아볼 수 없더라도 다른 정보와 쉽게 결합하여 알아볼 수 있는 정보. 이 경우 쉽게 결합할 수 있는지 여부는 다른 정보의 입수 가능성 등 개인을 알아보는 데 소요되는 시간, 비용, 기술 등을 합리적으로 고려하여야 한다.
>   다. 가목 또는 나목을 제1호의2에 따라 가명처리함으로써 원래의 상태로 복원하기 위한 추가 정보의 사용·결합 없이는 특정 개인을 알아볼 수 없는 정보(이하 "가명정보"라 한다)

④ ⭕

> **개인정보 보호법 제15조(개인정보의 수집·이용)** ① 개인정보처리자는 다음 각 호의 어느 하나에 해당하는 경우에는 개인정보를 수집할 수 있으며 그 수집 목적의 범위에서 이용할 수 있다.
> 4. 정보주체와의 계약의 체결 및 이행을 위하여 불가피하게 필요한 경우

24 정답 ①

㉠ ❌ 교육인적자원부장관의 대학총장들에 대한 이 사건 학칙시정요구는 고등교육법 제6조 제2항, 동법시행령 제4조 제3항에 따른 것으로서 그 법적 성격은 대학총장의 임의적인 협력을 통하여 사실상의 효과를 발생시키는 **행정지도의 일종**이지만, 그에 따르지 않을 경우 일정한 불이익조치를 예정하고 있어 사실상 상대방에게 그에 따를 의무를 부과하는 것과 다를 바 없으므로 단순한 행정지도로서의 한계를 넘어 규제적·구속적 성격을 상당히 강하게 갖는 것으로서 **헌법소원의 대상이 되는 공권력의 행사**라고 볼 수 있다(헌재 2003. 6. 26, 2002헌마337).

㉡ ⭕

> **행정절차법 제49조(행정지도의 방식)** ① 행정지도를 하는 자는 그 상대방에게 그 행정지도의 취지 및 내용과 신분을 밝혀야 한다.
> ② 행정지도가 말로 이루어지는 경우에 상대방이 제1항의 사항을 적은 서면의 교부를 요구하면 그 행정지도를 하는 자는 직무 수행에 특별한 지장이 없으면 이를 교부하여야 한다.

ⓒ ❌ 행정관청이 토지거래계약신고에 관하여 공시된 기준지가를 기준으로 매매가격을 신고하도록 행정지도하여 왔고 그 기준가격 이상으로 매매가격을 신고한 경우에는 거래신고서를 접수하지 않고 반려하는 것이 관행화되어 있다 하더라도 이는 법에 어긋나는 관행이라 할 것이므로 그와 같은 위법한 관행에 따라 허위신고행위에 이르렀다고 하여 그 범법행위가 사회상규에 위배되지 않는 정당한 행위라고는 볼 수 없다(대판 1992. 4. 24, 91도1609).

> **참고** 위법성 조각사유로서의 정당행위
> **형법 제20조(정당행위)** 법령에 의한 행위 또는 업무로 인한 행위 기타 사회상규에 위배되지 아니하는 행위는 벌하지 아니한다.

ⓔ ⭕ 위법한 행정지도로 손해가 발생한 경우 국가배상책임의 요건을 충족하는 한 국가배상책임이 인정된다는 것이 판례 및 일반적 견해이다.

> **비교판례**
> 피고(인천광역시 강화군)가 1995. 1. 3. 이전에 원고에 대하여 행한 행정지도는 원고의 임의적 협력을 얻어 행정목적을 달성하려고 하는 비권력적 작용으로서 강제성을 띤 것이 아니지만, 1995. 1. 3. 행한 행정지도는 그에 따를 의사가 없는 원고에게 이를 부당하게 강요하는 것으로서 행정지도의 한계를 일탈한 위법한 행정지도에 해당하여 불법행위를 구성하므로, 피고는 1995. 1. 3.부터 원고가 피고로부터 "원고의 어업권은 유효하고 향후 어장시설공사를 재개할 수 있으나 어업권 및 시설에 대한 보상은 할 수 없다"는 취지의 통보를 받은 1998. 4. 30.까지 원고가 실질적으로 어업권을 행사할 수 없게 됨에 따라 입은 손해를 배상할 책임이 있다고 판단한 사례(대판 2008. 9. 25, 2006다18228).

25
정답 ③

③ ❌ 마라케쉬협정도 적법하게 체결되어 공포된 조약이므로 국내법과 같은 효력을 갖는 것이어서 그로 인하여 새로운 범죄를 구성하거나 범죄자에 대한 처벌이 가중된다고 하더라도 이것은 국내법에 의하여 형사처벌을 가중한 것과 같은 효력을 갖게 되는 것이다. 따라서 마라케쉬협정에 의하여 관세법위반자의 처벌이 가중된다고 하더라도 이를 들어 법률에 의하지 아니한 형사처벌이라거나 행위시의 법률에 의하지 아니한 형사처벌이라고 할 수 없다(헌재 1998. 11. 26, 97헌바65).

① ⭕ [1] '1994년 관세 및 무역에 관한 일반협정'(General Agreement on Tariffs and Trade 1994, 이하 'GATT'라 한다)은 1994. 12. 16. 국회의 동의를 얻어 같은 달 23. 대통령의 비준을 거쳐 같은 달 30. 공포되고 1995. 1. 1. 시행된 조약인 '세계무역기구(WTO) 설립을 위한 마라케쉬협정'(Agreement Establishing the WTO)(조약 1265호)의 부속 협정(다자간 무역협정)이고, '정부조달에 관한 협정'(Agreement on Government Procurement, 이하 'AGP'라 한다)은 1994. 12. 16. 국회의 동의를 얻어 1997. 1. 3. 공포시행된 조약(조약 1363호, 복수국가간 무역협정)으로서 각 헌법 제6조 제1항에 의하여 국내법령과 동일한 효력을 가지므로 지방자치단체가 제정한 조례가 GATT나 AGP에 위반되는 경우에는 그 효력이 없다. [2] 특정 지방자치단체의 초·중·고등학교에서 실시하는 학교급식을 위해 위 지방자치단체에서 생산되는 우수농산물을 사용하는 자에게 식재료 구입비의 일부를 지원하는 것을 내용으로 하는 조례안은 '1994년 관세 및 무역에 관한 일반협정'(General Agreement on Tariffs and Trade 1994)에 위반되어 그 효력이 없다(대판 2005. 9. 9, 2004추10).

② ⭕ 남북 사이의 화해와 불가침 및 교류협력에 관한 합의서는 남북관계가 '나라와 나라 사이의 관계가 아닌 통일을 지향하는 과정에서 잠정적으로 형성되는 특수관계'임을 전제로, 조국의 평화적 통일을 이룩해야 할 공동의 정치적 책무를 지는 남북한 당국이 특수관계인 남북관계에 관하여 채택한 합의문서로서, 남북한 당국이 각기 정치적인 책임을 지고 상호 간에 그 성의 있는 이행을 약속한 것이기는 하나 법적 구속력이 있는 것은 아니어서 이를 국가 간의 조약 또는 이에 준하는 것으로 볼 수 없고, 따라서 국내법과 동일한 효력이 인정되는 것도 아니다(대판 1999. 7. 23, 98두14525).

④ ⭕

> **행정절차법 제4조(신의성실 및 신뢰보호)** ① 행정청은 직무를 수행할 때 신의(信義)에 따라 성실히 하여야 한다.
> ② 행정청은 법령등의 해석 또는 행정청의 관행이 일반적으로 국민들에게 받아들여졌을 때에는 공익 또는 제3자의 정당한 이익을 현저히 해칠 우려가 있는 경우를 제외하고는 새로운 해석 또는 관행에 따라 소급하여 불리하게 처리하여서는 아니 된다.

소방행정법
제7회 전범위 모의고사

01 ④ 02 ④ 03 ③ 04 ② 05 ③ 06 ③ 07 ④ 08 ③ 09 ② 10 ③
11 ④ 12 ① 13 ④ 14 ② 15 ② 16 ② 17 ② 18 ④ 19 ② 20 ④
21 ③ 22 ③ 23 ④ 24 ② 25 ①

01
정답 ④

④ ✕ 법률에서 위임받은 사항을 전혀 규정하지 않고 재위임하는 것은 복위임금지 원칙에 반할 뿐 아니라 위임명령의 제정 형식에 관한 수권법의 내용을 변경하는 것이 되므로 허용되지 않으나 **위임받은 사항에 관하여 대강을 정하고 그중의 특정사항을 범위를 정하여 하위법령에 다시 위임하는 경우에는 재위임이 허용된다**(대판 2015. 1. 15, 2013두14238).

① ○

> **행정규제기본법 제4조(규제 법정주의)** ② 규제는 법률에 직접 규정하되, 규제의 세부적인 내용은 법률 또는 상위법령(上位法令)에서 구체적으로 범위를 정하여 위임한 바에 따라 대통령령·총리령·부령 또는 조례·규칙으로 정할 수 있다. 다만, 법령에서 전문적·기술적 사항이나 경미한 사항으로서 업무의 성질상 위임이 불가피한 사항에 관하여 구체적으로 범위를 정하여 위임한 경우에는 고시 등으로 정할 수 있다.

② ○ **형사처벌에 관한 위임입법이 허용되기 위한 요건** 사회현상의 복잡다기화와 국회의 전문적·기술적 능력의 한계 및 시간적 적응능력의 한계로 인하여 형사처벌에 관련된 모든 법규를 예외 없이 형식적 의미의 법률에 의하여 규정한다는 것은 사실상 불가능할 뿐만 아니라 실제에 적합하지도 아니하기 때문에, **특히 긴급한 필요가 있거나 미리 법률로써 자세히 정할 수 없는 부득이한 사정이 있는 경우에 한하여** 수권법률(위임법률)이 **구성요건의 점에서는** 처벌대상인 행위가 어떠한 것인지 이를 예측할 수 있을 정도로 구체적으로 정하고, **형벌의 점에서는** 형벌의 종류 및 그 상한과 폭을 명확히 규정하는 것을 전제로 위임입법이 허용된다(대판 2000. 10. 27, 2000도1007).

> **관련판례**
> 위임입법에 관한 헌법 제75조는 처벌법규에도 적용되는 것이지만 처벌법규의 위임은 특히 긴급한 필요가 있거나 미리 법률로써 자세히 정할 수 없는 부득이한 사정이 있는 경우에 한정되어야 하고 이 경우에도 법률에서 범죄의 구성요건은 처벌대상인 행위가 어떠한 것일 것이라고 이를 예측할 수 있을 정도로 구체적으로 정하고 형벌의 종류 및 그 상한과 폭을 명백히 규정하여야 한다(헌재 1991. 7. 8, 91헌가4).

③ ○ 공공기관의 운영에 관한 법률 제39조 제2항, 제3항에 따라 **입찰참가자격 제한기준을 정하고 있는 구 공기업·준정부기관 계약사무규칙**(2013. 11. 18. 기획재정부령 제375호로 개정되기 전의 것) [별표 2], 제3조, **국가를 당사자로 하는 계약에 관한 법률 시행규칙은 비록 부령의 형식으로 되어 있으나 규정의 성질과 내용이 공기업·준정부기관이 행하는 입찰참가자격 제한처분에 관한 행정청 내부의 재량준칙을 정한 것에 지나지 아니하여 대외적으로 국민이나 법원을 기속하는 효력이 없다**(대판 2014. 11. 27, 2013두18964).

02
정답 ④

④ ✕ 국세환급금에 관한 국세기본법 제51조 제1항, 부가가치세 환급에 관한 부가가치세법 제24조, 같은법시행령 제72조의 각 규정은 정부가 이미 부당이득으로서 그 존재와 범위가 확정되어 있는 과오납부액이나 환급세액이 있는 때에는 납세자의 환급 신청을 기다릴 것 없이 이를 즉시 반환하는 것이 정의와 공평에 합당하다는 법리를 선언하고 있는 것이므로, 이미 그 존재와 범위가 확정되어 있는 과오납부액이나 환급세액은 납세자가 **부당이득의 반환을 구하는 민사소송으로 그 환급을 청구할 수 있다**(대판 1997. 10. 10, 97다26432).

03
정답 ③

㉠ ✕ 출입국관리법상 **체류자격 변경허가**는 신청인에게 당초의 체류자격과 다른 체류자격에 해당하는 활동을 할 수 있는 권한을 부여하는 일종의 **설권적 처분**의 성격을 가지므로, 허가권자는 신청인이 관계 법령에서 정한 요건을 충족하였더라도, 신청인의 적격성, 체류 목적, 공익상의 영향 등을 참작하여 **허가 여부를 결정할 수 있는 재량을 가진다**(대판 2016. 7. 14, 2015두48846).

㉡ ○ 개발촉진지구 안에서 시행되는 **지역개발사업에 관한 지정권자의 실시계획승인처분은** 단순히 시행자가 작성한 실시계획에 대한 법률상의 효력을 완성시키는 보충행위에 불과한 것이 아니라 법령상의 요건을 갖춘 경우 법이 규정하고 있는 지역개발사업을 시행할 수 있는 지위를 시행자에게 부여하는 **일종의 설권적 처분**으로서의 성격을 가진 **독립된 행정처분**으로 보아야 한다(대판 2014. 9. 26, 2012두5602).

> 2021 소방간부·2019 서울시 9급 개발촉진지구 안에서 시행되는 지역개발사업에 관한 지정권자의 실시계획승인처분 → 강학상 특허 ○

㉢ ✕

> **행정소송법 제27조(재량처분의 취소)** 행정청의 재량에 속하는 처분이라도 재량권의 한계를 넘거나 그 남용이 있는 때에는 법원은 이를 취소할 수 있다.

㉣ ○ 야생동·식물보호법 제16조 제3항과 같은 법 시행규칙 제22조 제1항의 체제 또는 문언을 살펴보면 원칙적으로 국제적멸종위기종 및 그 가공품의 수입 또는 반입 목적 외의 용도로의 사용을 금지하면서 용도변경이 불가피한 경우로서 환경부장관의 용도변경승인을 받은 경우에 한하여 용도변경을 허용하도록 하고 있으므로, 위 법 제16조 제3항에 의한 **용도변경승인은 특정인에게만 용도 외의 사용을 허용해주는 권리나 이익을 부여하는 이른바 수익적 행정행위로서 법령에 특별한 규정이 없는 한 재량행위이다**(대판 2011. 1. 27, 2010두23033). → 곰의 웅지를 추출하여 비누, 화장품 등의 재료로 사용할 목적으로 곰의 용도를 '사육곰'에서 '식·가공품 및 약용 재료'로 변경하겠다는 내용의 국제적멸종위기종의 용도변경 승인신청에 대하여, 한강유역환경청장이 용도변경 신청을 거부한 사안

04
정답 ②

② ✕ '수리를 요하는 신고'의 수리는 강학상 '준법률행위적 행정행위'에 해당한다.

① ○ 구 대기환경보전법이나 그 시행규칙 등은 비산먼지배출사업을 단순한 신고사항으로 규정하고 있을 뿐 행정청으로 하여금 그 신고의 수리 여부를 심사, 결정할 수 있도록 규정하고 있지 않으므로, 행정청은 비산먼지배출사업 신고서가 구 대기환경보전법 제28조 제1항, 같은 법 시행규칙 제62조에서 정한 형식적 요건을 모두 갖춘 경우에는 특별한 사정이 없는 한 이를 수리하여야 한다. 그러나 다른 법령에 의하여 비산먼지배출사업을 하는 것 자체가 허용되지 않는다면 설령 비산먼지배출사업이 구 대기환경보전법 제28조 제1항, 같은 법 시행규칙 제62조에서 정한 요건을 모두 갖추고 있다고 하더라도, 비산먼지배출사업을 하고자 하는 자가 적법한 신고를 할 수 없으므로 그 수리거부가 위법하게 되는 것은 아니다(대판 2008. 12. 24, 2007두17076).

③ ⭕ 정보통신매체를 이용하여 학습비를 받고 불특정 다수인에게 원격평생교육을 실시하기 위한 신고는 **자기완결적 신고**이므로 형식적 요건을 모두 갖추어 신고한 경우, 행정청이 실체적 사유를 들어 신고수리를 거부할 수 없다(대판 2011. 7. 28, 2005두11784). → 정보통신매체를 이용하여 원격평생교육을 불특정 다수인에게 학습비를 받고 실시하기 위해 인터넷 침·뜸학습센터를 평생교육시설로 신고한 경우, 신고수리를 거부하는 행위는 항고소송의 대상이다.

④ ⭕ 숙박업을 하고자 하는 자가 법령이 정하는 시설과 설비를 갖추고 행정청에 신고를 하면, 행정청은 공중위생관리법령의 위 규정에 따라 **원칙적으로 이를 수리하여야** 한다. 행정청이 법령이 정한 요건 이외의 사유를 들어 수리를 거부하는 것은 위 법령의 목적에 비추어 이를 거부해야 할 중대한 공익상의 필요가 있다는 등 특별한 사정이 있는 경우에 한한다. 이러한 법리는 이미 다른 사람 명의로 숙박업 신고가 되어 있는 시설 등의 전부 또는 일부에서 새로 숙박업을 하고자 하는 자가 신고를 한 경우에도 마찬가지이다. 기존에 다른 사람이 숙박업 신고를 한 적이 있더라도 새로 숙박업을 하려는 자가 그 시설 등의 소유권 등 정당한 사용권한을 취득하여 법령에서 정한 요건을 갖추어 신고하였다면, 행정청으로서는 특별한 사정이 없는 한 이를 수리하여야 하고, **단지 해당 시설 등에 관한 기존의 숙박업 신고가 외관상 남아있다는 이유만으로 이를 거부할 수 없다**(대판 2017. 5. 30, 2017두34087).

┌ 관련판례 ┐

조세의 과오납이 부당이득이 되기 위하여는 납세 또는 조세의 징수가 실체법적으로나 절차법적으로 전혀 법률상의 근거가 없거나 과세처분의 하자가 중대하고 명백하여 당연무효이어야 하고, 과세처분의 하자가 단지 취소할 수 있는 정도에 불과할 때에는 과세관청이 이를 스스로 취소하거나 항고소송절차에 의하여 취소되지 않는 한 그로 인한 조세의 납부가 부당이득이 된다고 할 수 없다(대판 1994. 11. 11, 94다28000).

① ⭕ 부가가치세법상의 사업자등록은 과세관청으로 하여금 부가가치세의 납세의무자를 파악하고 그 과세자료를 확보하게 하려는 데 제도의 취지가 있는바, 이는 단순한 사업사실의 신고로서 사업자가 관할세무서장에게 소정의 사업자등록신청서를 제출함으로써 성립하는 것이고, 사업자등록증의 교부는 이와 같은 등록사실을 증명하는 증서의 교부행위에 불과한 것이다. 나아가 구 부가가치세법 제5조 제5항에 의한 **과세관청의 사업자등록 직권말소행위**도 폐업사실의 기재일 뿐 그에 의하여 사업자로서의 지위에 변동을 가져오는 것이 아니라는 점에서 항고소송의 대상이 되는 **행정처분으로 볼 수 없다**. 이러한 점에 비추어 볼 때, 과세관청이 사업자등록을 관리하는 과정에서 **위장사업자의 사업자명의를 직권으로 실사업자의 명의로 정정하는 행위** 또한 당해 사업사실 중 주체에 관한 정정기재일 뿐 그에 의하여 사업자로서의 지위에 변동을 가져오는 것이 아니므로 항고소송의 대상이 되는 **행정처분으로 볼 수 없다**(대판 2011. 1. 27, 2008두2200).

② ⭕ 국세기본법 제51조 및 제52조 국세환급금 및 국세가산금결정에 관한 규정은 이미 납세의무자의 환급청구권이 확정된 국세환급금 및 가산금에 대하여 내부적 사무처리절차로서 과세관청의 환급절차를 규정한 것에 지나지 않고 그 규정에 의한 국세환급금(가산금 포함)결정에 의하여 비로소 환급청구권이 확정되는 것은 아니므로, **국세환급금결정이나 이 결정을 구하는 신청에 대한 환급거부결정 등은** 납세의무자가 갖는 환급청구권의 존부나 범위에 구체적이고 직접적인 영향을 미치는 처분이 아니어서 **항고소송의 대상이 되는 처분이라고 볼 수 없다**(대판 1989. 6. 15, 88누6436 전합).

③ ⭕ 신고납세방식 조세에서 신고내용에 의하더라도 과세대상이 되는 법률관계나 사실관계가 전혀 없어서 납세의무 자체가 성립하지 아니하는 경우와 같이 **과세표준 등의 신고행위나 이에 기초한 과세처분이 객관적으로 타당한 법적 근거와 합리성이 없는 때에는 그 하자는 중대할 뿐

아니라 명백하여 무효**이다(대판 2017. 11. 14, 2014두47099).

05
정답 ③

③ ❌ 산림훼손행위는 국토의 유지와 환경의 보전에 직접적으로 영향을 미치는 행위이므로 법령이 규정하는 산림훼손 금지 또는 제한지역에 해당하는 경우는 물론 금지 또는 제한지역에 해당하지 않더라도 허가관청은 산림훼손허가신청 대상토지의 현상과 위치 및 주위의 상황 등을 고려하여 국토 및 자연의 유지와 환경의 보전 등 중대한 공익상 필요가 있다고 인정될 때에는 허가를 거부할 수 있고, 그 경우 법규에 명문의 근거가 없더라도 거부처분을 할 수 있다(대판 1997. 9. 12, 97누1228).

① ⭕ **조합의 사업시행인가 신청시의 토지 등 소유자의 동의요건 역시 자치법적 사항**이라 할 것이며, 따라서 2005. 3. 18. 법률 제7392호로 개정된 도시 및 주거환경정비법 제28조 제4항 본문이 사업시행인가 신청시의 동의요건을 조합의 정관에 포괄적으로 위임하고 있다고 하더라도 **헌법 제75조가 정하는 포괄위임입법금지의 원칙이 적용되지 아니하므로 이에 위배된다고 할 수 없다**(대판 2007. 10. 12, 2006두14476). → 법률이 공법적 단체 등의 정관에 자치법적 사항을 위임한 경우에는 헌법 제75조가 정하는 포괄적인 위임입법의 금지는 원칙적으로 적용되지 않는다. 다만, 그렇다 하더라도 그 사항이 국민의 권리·의무에 관련되는 것일 경우에는 적어도 국민의 권리·의무에 관한 기본적이고 본질적인 사항은 국회가 정하여야 한다.

② ⭕ 살수차는 사용방법에 따라서는 경찰장구나 무기 등 다른 위해성 경찰장비 못지않게 국민의 생명이나 신체에 중대한 위해를 가할 수 있는 장비에 해당하므로, **살수차 사용요건이나 기준은 법률에 근거를 두어야** 한다(헌재 2018. 5. 31, 2015헌마476).

> 2018 경행2차 집회나 시위 해산을 위한 살수차 사용은 집회의 자유 및 신체의 자유에 대한 중대한 제한을 초래하므로 살수차 사용요건이나 기준은 법률에 근거를 두어야 한다. (O)

④ ⭕ 지방자치단체 사이의 불문법상 해상경계가 성립하기 위해서는 ㉠ 관계 지방자치단체·주민들 사이에 **해상경계에 관한 일정한 관행이 존재하고**, ㉡ 그 해상경계에 관한 **관행이 장기간 반복**되어야 하며, ㉢ 그 해상경계에 관한 관행을 법규범이라고 인식하는 관계 지방자치단체·주민들의 **법적 확신**이 있어야 한다. **국가기본도에 표시된 해상경계선은 그 자체로 불문법상 해상경계선으로 인정되는 것은 아니나**, 관할 행정청이 국가기본도에 표시된 해상경계선을 기준으로 하여 과거부터 현재에 이르기까지 반복적으로 처분을 내리고, 지방자치단체가 허가, 면허 및 단속 등의 업무를 지속적으로 수행하여 왔다면 **국가기본도상의 해상경계선은 여전히 지방자치단체 관할 경계에 관하여 불문법으로서 그 기준이 될 수 있다**(헌재 2021. 2. 25, 2015헌라7). → 결정의 의의: 헌법재판소의 2015. 7. 30, 2010헌라2 결정은 특별한 사정이 없는 이상 1948. 8. 15.에 가장 근접한 국가기본도에 규범적 효력을 인정하여 국가기본도에 표시된 해상경계선을 그 자체로 불문법상 해상경계선으로 인정해 온 종전의 입장을 변경한 것일 뿐이고, 위 2010헌라2 결정에 따르더라도, 1948. 8. 15. 당시 존재하던 불문법상 경계는 여전히 해상경계 확정의 원천적인 기준이 되며, 비록 국토지리정보원이 발행한 국가기본도상에 표시된 해상경계가 특별한 사정이 없는 한 그 자체로 불문법상 해상경계선으로 인정될 수는 없다고 할지라도, 국가기본도에 표시된 해상경계선을 기준으로 하여 과거부터 현재에 이르기까지 관할 행정청이 반복적으로 처분을 내리고, 지방자치단체가 허가, 면허 및 단속 등의 업무를 지속적으로 수행하여 왔다면 국가기본도상의 해상경계선은 여전히 지방자치단체 관할 경계에 관하여 불문법으로서 그 기준이 될 수 있음을 확인하였다.

┌ 관련판례 ┐

국가기본도상의 해상경계선을 공유수면에 대한 불문법상 행정구역에 경계로 인정해 온 종전의 결정은 이 결정의 견해와 저촉되는 범위 내에서 이를 변경하기로 한다(헌재 2015. 7. 30, 2010헌라2).

> 2019 소방간부 헌법재판소는 현재 국가기본도상의 해상경계선을 공유수면에 대한 불문법상의 해상경계선으로 인정하고 있다. (×)

06
정답 ③

③ ✗ 법관이 이미 수령한 명예퇴직수당액이 구 법관 및 법원공무원 명예퇴직수당 등 지급규칙 제4조 [별표 1]에서 정한 정당한 수당액에 미치지 못한다고 주장하며 차액의 지급을 신청한 것에 대하여 법원행정처장이 거부하는 의사를 표시한 경우, 위 의사표시를 행정처분으로 볼 수 있는지 여부(소극) / 명예퇴직한 법관이 미지급 명예퇴직수당액의 지급을 구하는 경우, 소송 형태(=행정소송법의 당사자소송) 명예퇴직수당 지급대상자의 결정과 수당액 산정 등에 관한 구 국가공무원법 제74조의2 제1항, 제4항, 구 법관 및 법원공무원 명예퇴직수당 등 지급규칙 제3조 제1항, 제2항, 제7조, 제4조 [별표 1]의 내용과 취지 등에 비추어 보면, 명예퇴직수당은 명예퇴직수당 지급신청자 중에서 일정한 심사를 거쳐 피고가 명예퇴직수당 지급대상자로 결정한 경우에 비로소 지급될 수 있지만, 명예퇴직수당 지급대상자로 결정된 법관에 대하여 지급할 수당액은 명예퇴직수당규칙 제4조 [별표 1]에 산정 기준이 정해져 있으므로, 위 법관은 위 규정에서 정한 정당한 산정 기준에 따라 산정된 명예퇴직수당액을 수령할 구체적인 권리를 가진다. 따라서 위 법관이 이미 수령한 수당액이 위 규정에서 정한 정당한 명예퇴직수당액에 미치지 못한다고 주장하며 차액의 지급을 신청함에 대하여 법원행정처장이 거부하는 의사를 표시했더라도, **그 의사표시는 명예퇴직수당액을 형성·확정하는 행정처분이 아니라 공법상의 법률관계의 한쪽 당사자로서 지급의무의 존부 및 범위에 관하여 자신의 의견을 밝힌 것에 불과하므로 행정처분으로 볼 수 없다.** 결국 명예퇴직한 법관이 미지급 명예퇴직수당액에 대하여 가지는 권리는 명예퇴직수당 지급대상자 결정 절차를 거쳐 명예퇴직수당규칙에 의하여 확정된 공법상 법률관계에 관한 권리로서, 그 지급을 구하는 소송은 **행정소송법의 당사자소송에 해당**하며, 그 법률관계의 당사자인 국가를 상대로 제기하여야 한다(대판 2016. 5. 24, 2013두14863).

① ◎ 계약직공무원에 관한 현행 법령의 규정에 비추어 볼 때, **계약직공무원 채용계약해지의 의사표시는 일반공무원에 대한 징계처분과는 달리서 항고소송의 대상이 되는 처분 등의 성격을 가진 것으로 인정되지 아니하고**, 일정한 사유가 있을 때에 국가 또는 지방자치단체가 채용계약관계의 한쪽 당사자로서 대등한 지위에서 행하는 의사표시로 취급되는 것으로 이해되므로, 이를 징계해고 등에서와 같이 그 징계사유에 한하여 효력 유무를 판단하여야 하거나, **행정처분과 같이 행정절차법에 의하여 근거와 이유를 제시하여야 하는 것은 아니다**(대판 2002. 11. 26, 2002두5948). → 공법상 계약 및 그 계약해지의 의사표시에는 행정절차법이 적용되지 아니한다.

② ◎ 지방자치단체가 보조금 지급결정을 하면서 일정 기한 내에 보조금을 반환하도록 하는 교부조건을 부가한 사안에서, 보조사업자의 지방자치단체에 대한 보조금 반환의무는 행정처분인 위 보조금 지급결정에 부가된 부관상 의무이고, 이러한 부관상 의무는 보조사업자가 지방자치단체에 부담하는 공법상 의무이므로, **보조사업자에 대한 지방자치단체의 보조금반환청구는 공법상 권리관계의 일방 당사자를 상대로 하여 공법상 의무이행을 구하는 청구로서 행정소송법 제3조 제2호에 규정한 당사자소송의 대상**이라고 한 사례(대판 2011. 6. 9, 2011다2951).

07
정답 ④

④ ✗ 공공기관의 정보공개에 관한 법률 제18조의 이의신청은 임의적 절차이며 행정심판이 아니다. 따라서 청구인은 이의신청을 거치지 않고도 행정심판을 청구하거나 행정소송을 제기할 수 있다(서울행법 1999.2.25, 98구3692).

공공기관의 정보공개에 관한 법률 제18조(이의신청) ④ 공공기관은 이의신청을 각하(却下) 또는 기각(棄却)하는 결정을 한 경우에는 청구인에게 행정심판 또는 행정소송을 제기할 수 있다는 사실을 제3항에 따른 결과 통지와 함께 알려야 한다.

공공기관의 정보공개에 관한 법률 제19조(행정심판) ① 청구인이 정보공개와 관련한 공공기관의 결정에 대하여 불복이 있거나 정보공개 청구 후 20일이 경과하도록 정보공개 결정이 없는 때에는 「행정심판법」에서 정하는 바에 따라 행정심판을 청구할 수 있다. 이 경우 국가기관 및 지방자치단체 외의 공공기관의 결정에 대한 감독행정기관은 관계 중앙행정기관의 장 또는 지방자치단체의 장으로 한다.
② 청구인은 제18조에 따른 이의신청 절차를 거치지 아니하고 행정심판을 청구할 수 있다.

공공기관의 정보공개에 관한 법률 제20조(행정소송) ① 청구인이 정보공개와 관련한 공공기관의 결정에 대하여 불복이 있거나 정보공개 청구 후 20일이 경과하도록 정보공개 결정이 없는 때에는 「행정소송법」에서 정하는 바에 따라 행정소송을 제기할 수 있다.

① ◎

공공기관의 정보공개에 관한 법률 제13조(정보공개 여부 결정의 통지) ② 공공기관은 청구인이 사본 또는 복제물의 교부를 원하는 경우에는 이를 교부하여야 한다. 다만, 공개 대상 정보의 양이 너무 많아 정상적인 업무수행에 현저한 지장을 초래할 우려가 있는 경우에는 정보의 사본·복제물을 일정 기간별로 나누어 제공하거나 열람과 병행하여 제공할 수 있다.

| 관련판례 |

정보공개를 청구하는 자가 공공기관에 대해 정보의 사본 또는 출력물의 교부의 방법으로 공개방법을 선택하여 정보공개청구를 한 경우에 공개청구를 받은 공공기관으로서는 공공기관의 정보공개에 관한 법률 제8조 제2항에서 규정한 정보의 사본 또는 복제물의 교부를 제한할 수 있는 사유에 해당하지 않는 한 **정보공개청구자가 선택한 공개방법에 따라 정보를 공개하여야 하므로 그 공개방법을 선택할 재량권이 없다**고 해석함이 상당하다(대판 2003.12.12, 2003두8050).

② ◎

공공기관의 정보공개에 관한 법률 제18조(이의신청) ① 청구인이 정보공개와 관련한 공공기관의 비공개 결정 또는 부분 공개 결정에 대하여 불복이 있거나 정보공개 청구 후 20일이 경과하도록 정보공개 결정이 없는 때에는 공공기관으로부터 정보공개 여부의 결정 통지를 받은 날 또는 정보공개 청구 후 20일이 경과한 날부터 30일 이내에 해당 공공기관에 문서로 이의신청을 할 수 있다.

③ ◎

공공기관의 정보공개에 관한 법률 제18조(이의신청) ③ 공공기관은 이의신청을 받은 날부터 7일 이내에 그 이의신청에 대하여 결정하고 그 결과를 청구인에게 지체 없이 문서로 통지하여야 한다. 다만, 부득이한 사유로 정하여진 기간 이내에 결정할 수 없을 때에는 그 기간이 끝나는 날의 다음 날부터 기산하여 7일의 범위에서 연장할 수 있으며, 연장 사유를 청구인에게 통지하여야 한다.

08

정답 ③

③ ❌ 공정거래위원회가 부당한 공동행위를 한 사업자에게 과징금 부과처분(선행처분)을 한 뒤, 다시 자진신고 등을 이유로 과징금 감면처분(후행처분)을 한 경우, 후행처분은 자진신고 감면까지 포함하여 처분 상대방이 실제로 납부하여야 할 최종적인 과징금액을 결정하는 종국적 처분이고, **선행처분은** 이러한 종국적 처분을 예정하고 있는 **일종의 잠정적 처분으로서 후행처분이 있을 경우 선행처분은 후행처분에 흡수되어 소멸**한다. 따라서 위와 같은 경우에 선행처분의 취소를 구하는 소는 이미 효력을 잃은 처분의 취소를 구하는 것으로 부적법하다(대판 2015. 2. 12, 2013두987).

① ⭕ 국가공무원법상 직위해제처분의 무효확인 또는 취소소송 계속 중 정년을 초과하여 직위해제처분의 무효확인 또는 취소로 공무원 신분을 회복할 수는 없다고 할지라도, 그 **무효확인 또는 취소로 직위해제일부터 직권면직일까지 기간에 대한 감액된 봉급 등의 지급을 구할 수 있는 경우**에는 직위해제처분의 무효확인 또는 취소를 구할 법률상 이익이 있다(대판 2014. 5. 16, 2012두26180). → 부수적 이익 ⭕

② ⭕ 인사규정 등에서 직위해제처분에 따른 효과로 승진·승급에 제한을 가하는 등의 법률상 불이익을 규정하고 있는 경우에는 직위해제처분을 받은 근로자는 이러한 법률상 불이익을 제거하기 위하여 그 실효된 직위해제처분에 대한 구제를 신청할 이익이 있다(대판 2010. 7. 29, 2007두18406). → 부수적 이익 ⭕

④ ⭕ 공정거래위원회가 부당한 공동행위에 대한 시정명령 및 과징금 부과와 자진신고 감면 여부를 분리 심리하여 별개로 의결한 다음 **과징금 등 처분과 별도의 처분서로 감면기각처분을** 한 경우 처분의 상대방이 각 처분에 대하여 함께 또는 별도로 불복할 수 있고, 과징금 등 처분과 감면기각처분의 취소를 구하는 소를 함께 제기한 경우, 감면기각처분의 취소를 구할 소의 이익이 인정된다(대판 2017. 1. 12, 2016두35199).

09

정답 ②

㉠ ❌ 관계행정청이 등급분류를 받지 아니하거나 등급분류를 받은 게임물과 다른 내용의 게임물을 발견한 경우 관계공무원으로 하여금 이를 수거·폐기하게 할 수 있도록 한 구 음반·비디오물및게임물에관한법률 제24조 제3항 4호 중 게임물에 관한 규정 부분이 영장주의에 위배되는지 여부(소극) 영장주의가 행정상 즉시강제에도 적용되는지에 관하여는 논란이 있으나, **행정상 즉시강제는** 상대방의 임의이행을 기다릴 시간적 여유가 없을 때 하명 없이 바로 실력을 행사하는 것으로서, 그 본질상 급박성을 요건으로 하고 있어 법관의 영장을 기다려서는 그 목적을 달성할 수 없다고 할 것이므로, **원칙적으로 영장주의가 적용되지 않는다**고 보아야 할 것이다. 만일 어떤 법률조항이 영장주의를 배제할 만한 합리적인 이유가 없을 정도로 급박성이 인정되지 아니함에도 행정상 즉시강제를 인정하고 있다면, 이러한 법률조항은 이미 그 자체로 과잉금지의 원칙에 위반되는 것으로서 위헌이라고 할 것이다. 이 사건 법률조항은 앞에서 본바와 같이 급박한 상황에 대처하기 위한 것으로서 그 불가피성과 정당성이 충분히 인정되는 경우이므로, 이 사건 법률조항이 영장 없는 수거를 인정한다고 하더라도 이를 두고 **헌법상 영장주의에 위배되는 것으로는 볼 수 없다**(헌재 2002. 10. 31, 2000헌가12).

㉡ ⭕ 행정법규 위반에 대하여 가하는 제재조치(영업정지 등)는 행정목적의 달성을 위하여 행정법규 위반이라는 객관적 사실에 착안하여 가하는 제재이므로 반드시 현실적인 행위자가 아니라도 법령상 책임자로 규정된 자에게 부과되고, 특별한 사정이 없는 한 위반자에게 고의나 과실이 없다고 하더라도 부과될 수 있다(대판 2012. 5. 10, 2012두1297; 대판 2012. 6. 28, 2010두24371). 그러나 위반자의 의무 해태를 탓할 수 없는 정당한 사유가 있는 경우까지 부과할 수 있는 것은 아니다(대판 2014. 12. 24, 2010두6700).

㉢ ❌

질서위반행위규제법 제13조(수개의 질서위반행위의 처리) ① 하나의 행위가 2 이상의 질서위반행위에 해당하는 경우에는 각 질서위반행위에 대하여 정한 과태료 중 가장 중한 과태료를 부과한다.
② 제1항의 경우를 제외하고 2 이상의 질서위반행위가 경합하는 경우에는 각 질서위반행위에 대하여 정한 과태료를 각각 부과한다. 다만, 다른 법령(지방자치단체의 조례를 포함한다. 이하 같다)에 특별한 규정이 있는 경우에는 그 법령으로 정하는 바에 따른다.

㉣ ⭕

행정조사기본법 제8조(조사대상의 선정) ① 행정기관의 장은 행정조사의 목적, 법령준수의 실적, 자율적인 준수를 위한 노력, 규모와 업종 등을 고려하여 명백하고 객관적인 기준에 따라 행정조사의 대상을 선정하여야 한다.
② 조사대상자는 조사대상 선정기준에 대한 열람을 행정기관의 장에게 신청할 수 있다.
③ 행정기관의 장이 제2항에 따라 열람신청을 받은 때에는 다음 각 호의 어느 하나에 해당하는 경우를 제외하고 신청인이 조사대상 선정기준을 열람할 수 있도록 하여야 한다.
　1. 행정기관이 당해 행정조사업무를 수행할 수 없을 정도로 조사활동에 지장을 초래하는 경우
　2. 내부고발자 등 제3자에 대한 보호가 필요한 경우

10

정답 ③

③ ❌

개인정보 보호법 제51조(단체소송의 대상 등) 다음 각 호의 어느 하나에 해당하는 단체는 개인정보처리자가 제49조에 따른 집단분쟁조정을 거부하거나 집단분쟁조정의 결과를 수락하지 아니한 경우에는 법원에 **권리침해 행위의 금지·중지를 구하는 소송**(손해배상 ❌)(이하 "단체소송"이라 한다)을 제기할 수 있다.
　1. 「소비자기본법」 제29조에 따라 공정거래위원회에 등록한 소비자단체로서 다음 각 목의 요건을 모두 갖춘 단체
　　가. 정관에 따라 상시적으로 정보주체의 권익증진을 주된 목적으로 하는 단체일 것
　　나. 단체의 정회원수가 1천명 이상일 것
　　다. 「소비자기본법」 제29조에 따른 등록 후 3년이 경과하였을 것
　2. 「비영리민간단체 지원법」 제2조에 따른 비영리민간단체로서 다음 각 목의 요건을 모두 갖춘 단체
　　가. 법률상 또는 사실상 동일한 침해를 입은 100명 이상의 정보주체로부터 단체소송의 제기를 요청받을 것
　　나. 정관에 개인정보 보호를 단체의 목적으로 명시한 후 최근 3년 이상 이를 위한 활동실적이 있을 것
　　다. 단체의 상시 구성원수가 5천명 이상일 것
　　라. 중앙행정기관에 등록되어 있을 것

① ⭕

개인정보 보호법 제53조(소송대리인의 선임) 단체소송의 원고(당사자 ❌)는 변호사를 소송대리인으로 선임하여야 한다.

② ◯, ④ ◯

> **개인정보 보호법 제57조(민사소송법의 적용 등)** ① 단체소송에 관하여 이 법에 특별한 규정이 없는 경우에는 민사소송법을 적용한다.
> ③ 단체소송의 절차에 관하여 필요한 사항은 대법원규칙으로 정한다.

11
정답 ④

④ ✗ 행정청이 당사자와 사이에 도시계획사업의 시행과 관련한 협약을 체결하면서 관계 법령 및 행정절차법에 규정된 청문의 실시 등 의견청취절차를 배제하는 조항을 두었다고 하더라도, 이러한 협약이 체결되었다고 하여 청문의 실시에 관한 규정의 적용이 배제된다거나 청문을 실시하지 않아도 되는 예외적인 경우에 해당한다고 할 수 없다(대판 2004. 7. 8, 2002두8350).

① ◯ 묘지공원과 화장장의 후보지를 선정하는 과정에서 서울특별시, 비영리법인, 일반 기업 등이 공동발족한 협의체인 추모공원건립추진협의회가 후보지 주민들의 의견을 청취하기 위하여 그 명의로 개최한 공청회는 행정청이 도시계획시설결정을 하면서 개최한 공청회가 아니므로, 위 공청회의 개최에 관하여 행정절차법에서 정한 절차를 준수하여야 하는 것은 아니라고 한 사례(대판 2007. 4. 12, 2005두1893).

② ◯ 퇴직연금의 환수결정은 당사자에게 의무를 과하는 처분이기는 하나, 관련 법령에 따라 당연히 환수금액이 정하여지는 것이므로, 퇴직연금의 환수결정에 앞서 당사자에게 의견진술의 기회를 주지 아니하여도 행정절차법 제22조 제3항이나 신의칙에 어긋나지 아니한다(대판 2000. 11. 28, 99두5443).

③ ◯ 기소유예 처분에 대한 진정이 지청에서 공람종결된 경우, 이는 행정절차법 시행령 제13조 제3호 소정의 사전통지의 예외사유에 해당하지 아니한다고 한 사례(대판 2004. 3. 12, 2002두7517).

12
정답 ①

① ◯ 공무원에 대한 전보인사가 법령이 정한 기준과 원칙에 위배되거나 인사권을 다소 부적절하게 행사한 것으로 볼 여지가 있다 하더라도 그러한 사유만으로 그 전보인사가 당연히 불법행위를 구성한다고 볼 수는 없다(대판 2009. 5. 28, 2006다16215).

② ✗ 국가배상법이 정한 손해배상청구의 요건인 '공무원의 직무'에는 국가나 지방자치단체의 권력적 작용뿐만 아니라 비권력적 작용도 포함되지만 단순한 사경제의 주체로서 하는 작용은 포함되지 아니한다(대판 1999. 11. 26, 98다47245). 행정지도는 행정목적을 달성하기 위한 비권력적 사실행위이므로 행정지도는 비권력적 공행정작용이다. 따라서 행정지도 역시 국가배상법 '공무원의 직무'에 포함된다.

③ ✗ 구 식품위생법의 규정이 식품의약품안전청장 등에게 합리적인 재량에 따른 직무수행 권한을 부여한 것으로 해석되는 이상, 식품의약품안전청장 등에게 그러한 권한을 부여한 취지와 목적에 비추어 볼 때 구체적인 상황 아래에서 식품의약품안전청장 등이 그 권한을 행사하지 아니한 것이 현저하게 합리성을 잃어 사회적 타당성이 없는 경우에 한하여 직무상 의무를 위반한 것이 되어 위법하게 된다. 어린이가 미니컵 젤리를 섭취하던 중 미니컵 젤리가 목에 걸려 질식사한 두 건의 사고가 연달아 발생한 뒤 약 8개월 20일 이후 다시 어린이가 미니컵 젤리를 먹다가 질식사한 사안에서, 식품의약품안전청장 등이 미니컵 젤리의 유통을 금지하거나 물성실험 등을 통하여 미니컵 젤리의 위험성을 확인하고 기존의 규제조치보다 강화된 미니컵 젤리의 기준 및 규격 등을 마련하지 아니하였다고 하더라도, 그러한 규제권한을 행사하지 아니한 것이 현저하게 합리성을 잃어 사회적 타당성이 없다고 볼 수 있는 정도에 이른 것이라고 보기 어렵고, 그 권한 불행사에 과실이 있다고 할 수도 없다고 한 사례(대판 2010. 11. 25, 2008다67828).

④ ✗ 국회의원은 입법에 관하여 원칙적으로 국민 전체에 대한 관계에서 정치적 책임을 질 뿐 국민 개개인의 권리에 대응하여 법적 의무를 지는 것은 아니므로, 국회의원의 입법행위는 그 입법 내용이 헌법의 문언에 명백히 위배됨에도 불구하고 국회가 굳이 당해 입법을 한 것과 같은 특수한 경우가 아닌 한 국가배상법 제2조 제1항 소정의 위법행위에 해당한다고 볼 수 없고 같은 맥락에서 국가가 일정한 사항에 관하여 헌법에 의하여 부과되는 구체적인 입법의무를 부담하고 있음에도 불구하고 그 입법에 필요한 상당한 기간이 경과하도록 고의 또는 과실로 이러한 입법의무를 이행하지 아니하는 등 극히 예외적인 사정이 인정되는 사안에 한정하여 국가배상법 소정의 배상책임이 인정될 수 있으며 위와 같은 구체적인 입법의무 자체가 인정되지 않는 경우에는 애당초 부작위로 인한 불법행위가 성립할 여지가 없다(대판 2008. 5. 29, 2004다33469).

13
정답 ③

③ ✗ 행정심판의 재결은 피청구인인 행정청을 기속하는 효력을 가지므로 재결청이 취소심판의 청구가 이유 있다고 인정하여 처분청에 처분을 취소할 것을 명하면 처분청으로서는 재결의 취지에 따라 처분을 취소하여야 하지만, 나아가 재결에 판결에서와 같은 기판력이 인정되는 것은 아니어서 재결이 확정된 경우에도 처분의 기초가 된 사실관계나 법률적 판단이 확정되고 당사자들이나 법원이 이에 기속되어 모순되는 주장이나 판단을 할 수 없게 되는 것은 아니다(대판 2015. 11. 27, 2013다6759).

① ◯

> **행정심판법 제3조(행정심판의 대상)** ① 행정청의 처분 또는 부작위에 대하여는 다른 법률에 특별한 규정이 있는 경우 외에는 이 법에 따라 행정심판을 청구할 수 있다.
> ② 대통령의 처분 또는 부작위에 대하여는 다른 법률에서 행정심판을 청구할 수 있도록 정한 경우 외에는 행정심판을 청구할 수 없다.

② ◯ 취소심판에서의 인용재결에는 처분취소재결, 처분변경재결, 처분변경명령재결이 있다. 처분취소명령재결은 2010년 행정심판법 개정으로 삭제되었으므로 인정되지 않는다.

> **행정심판법 제43조(재결의 구분)** ③ 위원회는 취소심판의 청구가 이유가 있다고 인정하면 처분을 취소 또는 다른 처분으로 변경하거나 처분을 다른 처분으로 변경할 것을 피청구인에게 명한다.

④ ◯

> **행정심판법 제45조(재결 기간)** ① 재결은 제23조에 따라 피청구인 또는 위원회가 심판청구서를 받은 날부터 60일 이내에 하여야 한다. 다만, 부득이한 사정이 있는 경우에는 위원장이 직권으로 30일을 연장할 수 있다.

14
정답 ③

③ ✗ 건축주와 그로부터 건축설계를 위임받은 건축사가 상세계획지침에 의한 건축한계선의 제한이 있다는 사실을 간과한 채 건축설계를 하고 이를 토대로 건축물의 신축 및 증축허가를 받은 경우, 그 신축 및 증축허가가 정당하다고 신뢰한 데에 귀책사유가 있다. 피고(대전광역시 서구청장)가 이 사건 건축물에 대한 신축 및 증축허가를 하여 주고, 그에 따라 상당한 정도로 공사가 진척된 이 사건 건축물에 대하여 상세계획지침에 규정된 건축한계선을 침범하였다는 이유로 위반부분의 철거를 명하였다 하더라도

이 사건 처분이 **신뢰보호원칙에 반한다고 할 수 없다**(대판 2002. 11. 8, 2001두1512). → 신뢰보호의 원칙이 적용되기 위해서는, 행정청의 견해표명이 정당하다고 신뢰한 데에 대하여 그 개인에게 귀책사유가 없어야 한다. 여기서 '귀책사유'라 함은 행정청의 견해표명의 하자가 상대방 등 관계자의 사실은폐나 기타 사위의 방법에 의한 신청행위 등 부정행위에 기인한 것이거나 그러한 부정행위가 없다고 하더라도 하자가 있음을 알았거나 중대한 과실로 알지 못한 경우 등을 의미하고, 귀책사유의 유무는 상대방과 그로부터 신청행위를 위임받은 수임인 등 관계자 모두를 기준으로 판단하여야 한다.

① ◎ 실권의 법리는 신뢰보호의 원칙의 파생법리이다. 다만, 판례는 실권의 법리를 신의성실의 원칙의 파생원칙으로 본다(대판 1988. 4. 27, 87누915; 대판 2005. 8. 19, 2003두9817).

┌─ 관련판례 ─────────────────────────
실권 또는 실효의 법리는 법의 일반원리인 **신의성실의 원칙에 바탕을 둔 파생원칙**인 것이므로 공법관계 가운데 관리관계는 물론이고 권력관계에도 적용되어야 함을 배제할 수는 없다 하겠으나 그것은 본래 권리행사의 기회가 있음에도 불구하고 권리자가 장기간에 걸쳐 그의 권리를 행사하지 아니하였기 때문에 의무자인 상대방은 이미 그의 권리를 행사하지 아니할 것으로 믿을 만한 정당한 사유가 있게 되거나 행사하지 아니할 것으로 추인케 할 경우에 새삼스럽게 그 권리를 행사하는 것이 신의성실의 원칙에 반하는 결과가 될 때 그 권리행사를 허용하지 않는 것을 의미한다(대판 1994. 11. 11, 94다28000).
└──────────────────────────────

② ◎

┌──────────────────────────────
행정기본법 제12조(신뢰보호의 원칙) ① 행정청은 공익 또는 제3자의 이익을 현저히 해칠 우려가 있는 경우를 제외하고는 행정에 대한 국민의 정당하고 합리적인 신뢰를 보호하여야 한다.
② 행정청은 권한 행사의 기회가 있음에도 불구하고 장기간 권한을 행사하지 아니하여 국민이 그 권한이 행사되지 아니할 것으로 믿을 만한 정당한 사유가 있는 경우에는 그 권한을 행사해서는 아니 된다. 다만, 공익 또는 제3자의 이익을 현저히 해칠 우려가 있는 경우는 예외로 한다.
└──────────────────────────────

④ ◎ 개인의 신뢰이익에 대한 보호가치는 법령에 따른 개인의 행위가 국가에 의하여 일정방향으로 유인된 신뢰의 행사인지 아니면 단지 법률이 부여한 기회를 활용한 것으로서 원칙적으로 사적 위험부담의 범위에 속하는 것인지 여부에 따라 달라진다(헌재 2002. 11. 28, 2002헌바45).

15 　　　　　　　　　　　　　　　　　　　　정답 ②

② ✗ **교육부장관이 대학에서 추천한 복수의 총장 후보자들 전부 또는 일부를 임용제청에서 제외하는 행위가 항고소송의 대상이 되는 처분에 해당하는지 여부(적극)** 대학의 추천을 받은 총장 후보자는 교육부장관으로부터 정당한 심사를 받을 것이라는 기대를 하게 된다. 만일 교육부장관이 자의적으로 대학에서 추천한 복수의 총장 후보자들 전부 또는 일부를 임용제청하지 않는다면 대통령으로부터 임용을 받을 기회를 박탈하는 효과가 있다. 이를 항고소송의 대상이 되는 처분으로 보지 않는다면, 침해된 권리 또는 법률상 이익을 구제받을 방법이 없다. 따라서 **교육부장관이 대학에서 추천한 복수의 총장 후보자들 전부 또는 일부를 임용제청에서 제외하는 행위**는 제외된 후보자들에 대한 불이익처분으로서 **항고소송의 대상이 되는 처분에 해당한다**고 보아야 한다. 다만 교육부장관이 특정 후보자를 임용제청에서 제외하고 다른 후보자를 임용제청함으로써 대통령이 임용제청된 다른 후보자를 총장으로 임용한 경우에는, 임용제청에서 제외된 후보자는 대통령이 자신에 대하여 총장 임용 제외처분을 한 것으로 보아 이를 다투어야 한다(대통령의 처분의 경우 소속 장관이 행정소송의 피고가 된다. 국가공무원법 제16조 제2항). 이러한 경우에는 교육부장관의 임용제청 제외처분을 별도로 다툴 소의 이익이 없어진다(대판 2018. 6. 15, 2016두57564).

① ◎ 교육공무원법 제29조의2 제1항, 제13조, 제14조 제1항, 제2항, 교육공무원 승진규정 제1조, 제2조 제1항 제1호, 제40조 제1항, 교육공무원임용령 제14조 제1항, 제16조 제1항에 따르면 임용권자는 3배수의 범위 안에 들어간 후보자들을 대상으로 승진임용 여부를 심사하여야 하고, 이에 따라 승진후보자 명부에 포함된 후보자는 임용권자로부터 정당한 심사를 받게 될 것에 관한 절차적 기대를 하게 된다. 그런데 임용권자 등이 자의적인 이유로 승진후보자 명부에 포함된 후보자를 승진임용에서 제외하는 처분을 한 경우에, 이러한 승진임용제외처분을 항고소송의 대상이 되는 처분으로 보지 않는다면, 달리 이에 대하여는 불복하여 침해된 권리 또는 법률상 이익을 구제받을 방법이 없다. 따라서 **교육공무원법상 승진후보자 명부에 의한 승진심사 방식으로 행해지는 승진임용에서 승진후보자 명부에 포함되어 있던 후보자를 승진임용인사발령에서 제외하는 행위는 불이익처분으로서 항고소송의 대상인 처분에 해당한다**고 보아야 한다(대판 2018. 3. 27, 2015두47492).

③ ◎ **경찰공무원시험승진후보자명부에 등재된 자가 승진임용되기 전에 감봉 이상의 징계처분을 받은 경우, 임용권자가 당해인을 시험승진후보자명부에서 삭제한 행위가 행정처분이 되는지 여부(소극)** 구 경찰공무원법 제11조 제2항, 제13조 제1항, 제2항, 경찰공무원승진임용규정 제36조 제1항, 제2항에 의하면, 경정 이하 계급에의 승진에 있어서는 승진심사와 함께 승진시험을 병행할 수 있고, 승진시험에 합격한 자는 시험승진후보자명부에 등재하여 그 등재순위에 따라 승진하도록 되어 있으며, 같은 규정 제36조 제3항에 의하면 시험승진후보자명부에 등재된 자가 승진임용되기 전에 감봉 이상의 징계처분을 받은 경우에는 임용권자 또는 임용제청권자가 위 징계처분을 받은 자를 시험승진후보자명부에서 삭제하도록 되어 있는바, 이처럼 시험승진후보자명부에 등재되어 있던 자가 그 명부에서 삭제됨으로써 승진임용의 대상에서 제외되었다 하더라도, 그와 같은 **시험승진후보자명부에서의 삭제행위**는 결국 그 명부에 등재된 자에 대한 승진 여부를 결정하기 위한 **행정청 내부의 준비과정에 불과**하고, 그 자체가 어떠한 권리나 의무를 설정하거나 법률상 이익에 직접적인 변동을 초래하는 별도의 **행정처분이 된다고 할 수 없다**(대판 1997. 11. 14, 97누7325).

④ ◎ 상표원부에 상표권자인 법인에 대한 청산종결등기가 되었음을 이유로 상표권의 말소등록이 이루어졌다고 해도 이는 상표권이 소멸하였음을 확인하는 사실적·확인적 행위에 지나지 않으므로 상표권의 말소등록은 국민의 권리·의무에 직접적으로 영향을 미치는 행위라고 할 수 없다. 한편 상표법 제39조 제3항의 위임에 따른 특허권 등의 등록령(이하 '등록령'이라 한다) 제27조는 "말소한 등록의 회복을 신청하는 경우에 등록에 대한 이해관계가 있는 제3자가 있을 때에는 신청서에 그 승낙서나 그에 대항할 수 있는 재판의 등본을 첨부하여야 한다"고 규정하고 있는데, 상표권 설정등록이 말소된 경우에도 등록령 제27조에 따른 회복등록의 신청이 가능하고, 회복신청이 거부된 경우에는 거부처분에 대한 항고소송이 가능하다. 이러한 점들을 종합하면, 상표권자인 법인에 대한 청산종결등기가 되었음을 이유로한 **상표권의 말소등록행위는 항고소송의 대상이 될 수 없다**(대판 2015. 10. 29, 2014두2362). → 상표권 회복신청이 거부된 경우에는 거부처분에 대한 항고소송이 가능하다.

16 　　　　　　　　　　　　　　　　　　　　정답 ②

② ✗ 행정처분에 부담인 부관을 붙인 경우 부관의 무효화에 의하여 본체인 행정처분 자체의 효력에도 영향이 있게 될 수는 있지만, 그 처분을 받은 사람이 부담의 이행으로 사법상 매매 등의 법률행위를 한 경우에는 그 부관은 특별한 사정이 없는 한 법률행위를 하게 된 동기 내지 연유로

작용하였을 뿐이므로 이는 법률행위의 취소사유가 될 수 있음은 별론으로 하고 그 법률행위 자체를 당연히 무효화하는 것은 아니다(대판 2009. 6. 25, 2006다18174).

> 2019 국가직 9급 행정처분에 부담인 부관을 붙인 경우, 부관이 무효라면 부담의 이행으로 이루어진 사법상 매매행위도 당연히 무효가 된다. (×)

① ◎ 행정청이 한 공유수면매립준공인가 중 매립지 일부에 대하여 한 국가귀속처분은 공유수면매립법 제14조의 효과 일부를 배제하는 부관을 붙인 것이므로 이러한 행정행위의 부관에 대하여는 독립하여 행정소송의 대상으로 삼을 수 없다(대판 1991. 12. 13, 90누8503).

③ ◎ 행정처분의 위법 여부는 행정처분이 있을 때의 법령과 사실상태를 기준으로 하여 판단하여야 하고, 처분 후 법령의 개폐나 사실상태의 변동에 의하여 영향을 받지 않는다. 그러므로 행정청이 재량행위인 수익적 행정처분을 하면서 부가한 부담 역시 처분 당시 법령을 기준으로 위법 여부를 판단하여야 하고, **부담이 처분 당시 법령을 기준으로 적법하다면 처분 후 부담의 전제가 된 주된 행정처분의 근거 법령이 개정됨으로써 행정청이 더 이상 부관을 붙일 수 없게 되었다 하더라도 곧바로 위법하게 되거나 그 효력이 소멸하게 되는 것은 아니라고 할 것이다**(대판 2009. 2. 12, 2008다56262).

④ ◎ 공익상의 이유로 허가를 할 수 없는 영업의 종류를 지정할 권한을 부여한 구 식품위생법 제23조의3 제4호에 따라 보건사회부장관이 발한 고시인 식품영업허가기준(1985. 3. 11. 보건사회부고시 제85-17호로 개정된 것 및 1987. 7. 18. 보건사회부고시 제87-44호로 개정된 것)은 실질적으로 법의 규정내용을 보충하는 기능을 지니면서 그것과 결합하여 대외적으로 구속력이 있는 법규명령의 성질을 가진 것이므로, 위 고시에 정한 허가기준에 따라 보존음료수 제조업 허가에 붙여진 전량수출 또는 주한 외국인에 대한 판매에 한한다는 내용의 조건은 이른바 **법정부관**으로서 행정청의 의사에 기하여 붙여지는 본래의 의미에서의 행정행위의 부관은 아니다. 따라서 이와 같은 **법정부관에 대하여는 행정행위에 부관을 붙일 수 있는 한계에 관한 일반적인 원칙이 적용되지는 않지만**, 위 고시가 헌법상 보장된 기본권을 침해하는 것으로서 헌법에 위반될 때에는 그 효력이 없는 것으로 볼 수밖에 없다(대판 1995. 11. 14, 92도496).

17 정답 ②

② ◎

> 질서위반행위규제법 제3조(법 적용의 시간적 범위) ① 질서위반행위의 성립과 과태료 처분은 행위 시의 법률에 따른다.
> ② 질서위반행위 후 법률이 변경되어 그 행위가 질서위반행위에 해당하지 아니하게 되거나 과태료가 변경되기 전의 법률보다 가볍게 된 때에는 법률에 특별한 규정이 없는 한 변경된 법률을 적용한다.
> ③ 행정청의 과태료 처분이나 법원의 과태료 재판이 확정된 후 법률이 변경되어 그 행위가 질서위반행위에 해당하지 아니하게 된 때에는 변경된 법률에 특별한 규정이 없는 한 과태료의 징수 또는 집행을 면제한다.

① ✕

> 질서위반행위규제법 제2조(정의) 이 법에서 사용하는 용어의 뜻은 다음과 같다.
> 1. "질서위반행위"란 법률(지방자치단체의 조례를 포함한다. 이하 같다)상의 의무를 위반하여 과태료를 부과하는 행위를 말한다. 다만, 다음 각 목의 어느 하나에 해당하는 행위를 제외한다.
> 가. 대통령령으로 정하는 사법(私法)상·소송법상 의무를 위반하여 과태료를 부과하는 행위
> 나. 대통령령으로 정하는 법률에 따른 징계사유에 해당하여 과태료를 부과하는 행위

③ ✕

> 질서위반행위규제법 제15조(과태료의 시효) ① 과태료는 행정청의 과태료 부과처분이나 법원의 과태료 재판이 확정된 후 5년간 징수하지 아니하거나 집행하지 아니하면 시효로 인하여 소멸한다.
> ② 제1항에 따른 소멸시효의 중단·정지 등에 관하여는 「국세기본법」 제28조를 준용한다.

④ ✕ 이의제기가 있는 경우에는 행정청의 과태료 부과처분은 그 효력을 상실한다.

> 질서위반행위규제법 제20조(이의제기) ① 행정청의 과태료 부과에 불복하는 당사자는 제17조 제1항에 따른 과태료 부과 통지를 받은 날부터 60일 이내에 해당 행정청에 서면으로 이의제기를 할 수 있다.
> ② 제1항에 따른 이의제기가 있는 경우에는 행정청의 과태료 부과처분은 그 효력을 상실한다.
> ③ 당사자는 행정청으로부터 제21조 제3항에 따른 통지를 받기 전까지는 행정청에 대하여 서면으로 이의제기를 철회할 수 있다.

18 정답 ④

④ ✕ 방위사업법 제35조 제1항에서 방산업체로 지정되기 위해서는 방산물자를 생산하고자 하는 자이어야 한다고 규정하고 있고, 같은 법 시행령 제42조에서 방산업체의 시설기준에 관하여 방산물자의 생산에 필요한 일반시설 및 특수시설, 품질검사시설, 기술인력 등의 인적, 물적 시설을 갖출 것을 요건으로 하고 있는 점에 비추어, 방산물자 지정이 취소되는 경우 당해 물자에 대한 방산업체 지정도 취소될 수밖에 없다고 보아야 한다. …… 결국 **방산물자 지정취소**는 당해 방산물자에 대하여 방산업체로 지정되어 이를 생산하는 자의 권리·의무에 직접 영향을 미치는 행위로서 **항고소송의 대상이 되는 행정처분에 해당**한다(대판 2009. 12. 24, 2009두12853).

① ◎ 폐기물관리법 관계 법령의 규정에 의하면 폐기물처리업의 허가를 받기 위하여는 먼저 사업계획서를 제출하여 허가권자로부터 사업계획에 대한 적정통보를 받아야 하고, 그 적정통보를 받은 자만이 일정기간 내에 시설, 장비, 기술능력, 자본금을 갖추어 허가신청을 할 수 있으므로, 결국 **부적정통보**는 허가신청 자체를 제한하는 등 개인의 권리 내지 법률상의 이익을 개별적이고 구체적으로 규제하고 있어 **행정처분에 해당**한다(대판 1998. 4. 28, 97누21086).

② ◎ **원자로 및 관계 시설의 부지사전승인처분**은 그 자체로서 건설부지를 확정하고 사전공사를 허용하는 법률효과를 지닌 독립한 행정처분이기는 하지만, 건설허가 전에 신청자의 편의를 위하여 미리 그 건설허가의 일부 요건을 심사하여 행하는 **사전적 부분 건설허가처분의 성격**을 갖고 있는 것이어서 나중에 건설허가처분이 있게 되면 그 **건설허가처분에 흡수되어 독립된 존재가치를 상실함으로써 그 건설허가처분만이 쟁송의 대상이 되는 것이므로, 부지사전승인처분의 취소를 구하는 소는 소의 이익을 잃게 되고**, 따라서 부지사전승인처분의 위법성은 나중에 내려진 건설허가처분의 취소를 구하는 소송에서 이를 다투면 된다(대판 1998. 9. 4, 97누19588).

③ ◎ **어업권면허에 선행하는 우선순위결정**은 행정청이 우선권자로 결정된 자의 신청이 있으면 어업권면허처분을 하겠다는 것을 약속하는 행위

로서 강학상 확약에 불과하고 행정처분은 아니므로, 우선순위결정에 공정력이나 불가쟁력과 같은 효력은 인정되지 아니하며, 따라서 우선순위결정이 잘못되었다는 이유로 종전의 어업권면허처분이 취소되면 행정청은 종전의 우선순위결정을 무시하고 다시 우선순위를 결정한 다음 새로운 우선순위결정에 기하여 새로운 어업권면허를 할 수 있다(대판 1995. 1. 20, 94누6529).

19 정답 ②

② ✗ '부동산 실권리자명의 등기에 관한 법률 시행령' 제3조의2 단서의 과징금 임의적 감경사유가 있음에도 이를 전혀 고려하지 않거나 감경사유에 해당하지 않는다고 오인하여 과징금을 감경하지 않은 경우, 그 과징금 부과처분은 재량권을 일탈·남용한 위법한 처분이라고 할 수밖에 없다(대판 2010. 7. 15, 2010두7031).

① ○ 구 여객자동차 운수사업법 제88조 제1항의 과징금부과처분은 제재적 행정처분으로서 여객자동차 운수사업에 관한 질서를 확립하고 여객의 원활한 운송과 여객자동차 운수사업의 종합적인 발달을 도모하여 공공복리를 증진한다는 행정목적의 달성을 위하여 행정법규 위반이라는 객관적 사실에 착안하여 가하는 제재이므로 반드시 현실적인 행위자가 아니라도 법령상 책임자로 규정된 자에게 부과되고 원칙적으로 위반자의 고의·과실을 요하지 아니하나, 위반자의 의무 해태를 탓할 수 없는 정당한 사유가 있는 등의 특별한 사정이 있는 경우에는 이를 부과할 수 없다(대판 2014. 10. 15, 2013두5005).

③ ○ 자동차운수사업 면허조건 등에 위반한 사업자에 대하여 행정청이 행정제재수단으로서 사업정지를 명할 것인지, 과징금을 부과할 것인지, 과징금을 부과키로 하였다면 그 금액은 얼마로 할 것인지 등에 관하여 재량권이 부여되어 있다 할 것이고, 과징금 최고한도액 5,000,000원의 부과처분만으로는 적절치 않다고 여길 경우 사업정지쪽을 택할 수도 있다 할 것이므로 과징금 부과처분이 법이 정한 한도액을 초과하여 위법할 경우 법원으로서는 그 전부를 취소할 수밖에 없고, 그 한도액을 초과한 부분이나 법원이 적정하다고 인정되는 부분을 초과한 부분만을 취소할 수는 없다(대판 1993. 7. 27, 93누1077).

④ ○ 행정청이 과징금 부과처분을 한 후 부과처분의 하자를 이유로 감액처분을 한 경우, 감액처분에 의하여 감액된 부분에 대한 부과처분 취소청구는 이미 소멸하고 없는 부분에 대한 것으로서 소의 이익이 없어 부적법하다(대판 2017. 1. 12, 2015두2352). → 감액처분으로도 아직 취소되지 않고 남은 부분을 다투고자 하는 경우 항고소송의 대상과 제소기간 준수 여부의 판단기준이 되는 처분은 당초처분이다.

20 정답 ④

④ ○ 당사자의 신청을 받아들이지 않은 거부처분이 재결에서 취소된 경우, 재결의 취소를 구할 법률상 이익이 있는지 여부(소극) 당사자의 신청을 받아들이지 않은 거부처분이 재결에서 취소된 경우에 행정청은 종전 거부처분 또는 재결 후에 발생한 새로운 사유를 내세워 다시 거부처분을 할 수 있다. 그 재결의 취지에 따라 이전의 신청에 대하여 다시 어떠한 처분을 하여야 할지는 처분을 할 때의 법령과 사실을 기준으로 판단하여야 하기 때문이다. 또한 행정청이 재결에 따라 이전의 신청을 받아들이는 후속처분을 하였더라도 후속처분이 위법한 경우에는 재결에 대한 취소소송을 제기하지 않고도 곧바로 후속처분에 대한 항고소송을 제기하여 다툴 수 있다. 나아가 거부처분을 취소하는 재결이 있더라도 그에 따른 후속처분이 있기까지는 제3자의 권리나 이익에 변동이 있다고 볼 수 없고 후속처분 시에 비로소 제3자의 권리나 이익에 변동이 발생하며, 재결에 대한 항고소송을 제기하여 재결을 취소하는 판결이 확정되더라도 그와 별도로 후속처분이 취소되지 않는 이상 후속처분으로 인한 제3자의 권리나 이익에 대한 침해 상태는 여전히 유지된다. 이러한 점들을 종합하면, 거부처분이 재결에서 취소된 경우 재결에 따른 후속처분이 아니라 그 재결의 취소를 구하는 것은 실효적이고 직접적인 권리구제수단이 될 수 없어 분쟁해결의 유효적절한 수단이라고 할 수 없으므로 법률상 이익이 없다(대판 2017. 10. 31, 2015두45045).

① ✗ 심판청구기간은 취소심판청구와 거부처분에 대한 의무이행심판청구에만 적용되고, 무효등확인심판청구나 부작위에 대한 의무이행심판청구에는 적용되지 아니한다(행정심판법 제27조 제7항). 사정재결은 취소심판청구와 거부처분에 대한 의무이행심판, 부작위에 대한 의무이행심판에 적용되고, 무효등확인심판청구에만 적용되지 아니한다(행정심판법 제44조 제3항). 거부처분에 대하여는 집행정지가 인정되지 아니하고, 거부에 대한 의무이행심판의 경우 임시처분이 인정된다(행정심판법 제31조).

② ✗ 형성력이 인정되는 재결은 취소재결, 변경재결, 처분재결과 같은 형성재결이다. 변경명령재결이나 의무이행명령재결과 같은 이행재결의 경우 형성력이 인정되지 않는다.

③ ✗ 지방자치단체 상호 간의 권한쟁의는 헌법재판소의 관장사항이다(헌법재판소법 제2조 제4호).

> **행정소송법 제3조(행정소송의 종류)** 행정소송은 다음의 네가지로 구분한다.
> 4. 기관소송 : 국가 또는 공공단체의 기관상호간에 있어서의 권한의 존부 또는 그 행사에 관한 다툼이 있을 때에 이에 대하여 제기하는 소송. 다만, 헌법재판소법 제2조의 규정에 의하여 헌법재판소의 관장사항으로 되는 소송은 제외한다.

21 정답 ③

③ ✗

> **행정조사기본법 제13조(자료등의 영치)** ① 조사원이 현장조사 중에 자료·서류·물건 등(이하 이 조에서 "자료등"이라 한다)을 영치하는 때에는 조사대상자 또는 그 대리인을 입회시켜야 한다.
> ② 조사원이 제1항에 따라 자료등을 영치하는 경우에 조사대상자의 생활이나 영업이 사실상 불가능하게 될 우려가 있는 때에는 조사원은 자료등을 사진으로 촬영하거나 사본을 작성하는 등의 방법으로 영치에 갈음할 수 있다. 다만, 증거인멸의 우려가 있는 자료등을 영치하는 경우에는 그러하지 아니하다.

2018 국가직 7급 조사원이 현장조사 중에 자료·서류·물건 등을 영치하는 경우에 조사대상자의 생활이나 영업이 사실상 불가능하게 될 우려가 있는 때에는 조사원은 증거인멸의 우려가 있는 경우가 아니라면 사진촬영 등의 방법으로 영치에 갈음할 수 있다. (○)

① ○

> **행정조사기본법 제4조(행정조사의 기본원칙)** ① 행정조사는 조사목적을 달성하는데 필요한 최소한의 범위 안에서 실시하여야 하며, 다른 목적 등을 위하여 조사권을 남용하여서는 아니 된다.
> ② 행정기관은 조사목적에 적합하도록 조사대상자를 선정하여 행정조사를 실시하여야 한다.
> ③ 행정기관은 유사하거나 동일한 사안에 대하여는 공동조사 등을 실시함으로써 행정조사가 중복되지 아니하도록 하여야 한다.

② ◯

> **행정조사기본법 제12조(시료채취)** ① 조사원이 조사목적의 달성을 위하여 시료채취를 하는 경우에는 그 시료의 소유자 및 관리자의 정상적인 경제활동을 방해하지 아니하는 범위 안에서 최소한도로 하여야 한다.
> ② 행정기관의 장은 제1항에 따른 시료채취로 조사대상자에게 손실을 입힌 때에는 대통령령으로 정하는 절차와 방법에 따라 그 손실을 보상하여야 한다.

④ ◯

> **행정조사기본법 제7조(조사의 주기)** 행정조사는 법령 등 또는 행정조사운영계획으로 정하는 바에 따라 정기적으로 실시함을 원칙으로 한다. 다만, 다음 각 호 중 어느 하나에 해당하는 경우에는 수시조사를 할 수 있다.
> 1. 법률에서 수시조사를 규정하고 있는 경우
> 2. 법령 등의 위반에 대하여 혐의가 있는 경우
> 3. 다른 행정기관으로부터 법령 등의 위반에 관한 혐의를 통보 또는 이첩받은 경우
> 4. 법령 등의 위반에 대한 신고를 받거나 민원이 접수된 경우
> 5. 그 밖에 행정조사의 필요성이 인정되는 사항으로서 대통령령으로 정하는 경우

22 정답 ③

③ ✗ 과세관청이 체납처분으로서 하는 공매에 있어서 **공매재산에 대한 감정평가나 매각예정가격의 결정이 잘못되었다 하더라도**, 매수인이 공매절차에서 취득한 공매재산의 시가와 감정평가액과의 차액 상당을 **법률상의 원인 없이 부당이득한 것이라고는 볼 수 없고**, 이러한 이치는 공매재산에 부합된 물건이 있는데도 이를 간과한 채 부합된 물건의 가액을 제외하고 감정평가를 함으로써 공매재산의 매각예정가격이 낮게 결정된 경우에 있어서도 마찬가지이다(대판 1997. 4. 8, 96다52915). → 부당이득 ✗, 공매처분 무효 ✗

① ◯ 병무청 인터넷 홈페이지에 공개 대상자의 인적사항 등이 게시되는 경우 그의 명예가 훼손되므로, **공개 대상자는 자신에 대한 공개결정이 병역법령에서 정한 요건과 절차를 준수한 것인지를 다툴 법률상 이익이 있다**. 만약 병무청장의 공개결정을 항고소송의 대상이 되는 처분으로 보지 않는다면 국가배상청구 외에는 침해된 권리 또는 법률상 이익을 구제받을 적절한 방법이 없다(대판 2019. 6. 27, 2018두49130). → 다만, 대법원이 이른바 양심적 병역거부가 병역법 제88조 제1항에서 정한 병역의무 불이행의 '정당한 사유'에 해당할 수 있다는 취지로 판례를 변경하자(대법원 2018. 11. 1. 선고 2016도10912 전원합의체 판결 참조), 피고는 위 대법원 판례변경의 취지를 존중하여 이 사건 상고심 계속 중인 2018. 11. 15.경 원고들에 대한 공개결정을 직권으로 취소한 다음, 그 사실을 원고들에게 개별적으로 통보하고 병무청 인터넷 홈페이지에서 게시물을 삭제한 사실을 인정할 수 있다. 따라서 이 사건 소는 이미 소멸하고 없는 처분의 무효확인 또는 취소를 구하는 것으로서 원칙적으로 소의 이익이 소멸하였다고 보아야 한다.

② ◯ 전통적으로 행정대집행은 대체적 작위의무에 대한 강제집행수단으로, 이행강제금은 부작위의무나 비대체적 작위의무에 대한 강제집행수단으로 이해되어 왔으나, 이는 이행강제금제도의 본질에서 오는 제약은 아니며, **이행강제금은 대체적 작위의무의 위반에 대하여도 부과될 수 있다**. 현행 건축법상 위법건축물에 대한 이행강제수단으로 대집행과 이행강제금(제83조 제1항)이 인정되고 있는데, 양 제도는 각각의 장·단점이 있으므로 행정청은 개별사건에 있어서 위반내용, 위반자의 시정의지 등을 감안하여 대집행과 이행강제금을 선택적으로 활용할 수 있으며, 이처럼 그 합리적인 재량에 의해 선택하여 활용하는 이상 중첩적인 제재에 해당한다고 볼 수 없다(헌재 2004. 2. 26, 2001헌바80).

④ ◯ 이행강제금은 행정법상의 부작위의무 또는 비대체적 작위의무를 이행하지 않은 경우에 '일정한 기한까지 의무를 이행하지 않을 때에는 일정한 금전적 부담을 과할 뜻'을 미리 '계고'함으로써 의무자에게 심리적 압박을 주어 장래를 향하여 의무의 이행을 확보하려는 간접적인 행정상 강제집행 수단이고, 노동위원회가 근로기준법 제33조에 따라 이행강제금을 부과하는 경우 그 30일 전까지 하여야 하는 이행강제금 부과 예고는 이러한 '계고'에 해당한다. 따라서 **사용자가 이행하여야 할 행정법상 의무의 내용을 초과하는 것을 '불이행 내용'으로 기재한 이행강제금 부과 예고서에 의하여 이행강제금 부과 예고를 한 다음 이를 이행하지 않았다는 이유로 이행강제금을 부과하였다면**, 초과한 정도가 근소하다는 등의 특별한 사정이 없는 한 **이행강제금 부과 예고는 이행강제금 제도의 취지에 반하는 것으로서 위법하고, 이에 터 잡은 이행강제금 부과처분 역시 위법하다**(대판 2015. 6. 24, 2011두2170).

23 정답 ④

④ ✗ **중학교 의무교육의 위탁관계**는 초·중등교육법 제12조 제3항, 제4항 등 관련 법령에 의하여 정해지는 **공법적 관계**로서, 대등한 당사자 사이의 자유로운 의사를 전제로 사익 상호간의 조정을 목적으로 하는 민법 제688조의 수임인의 비용상환청구권에 관한 규정이 그대로 준용된다고 보기도 어렵다(대판 2015. 1. 29, 2012두7387).

> **비교판례**
> 사법인(私法人)인 학교법인과 학생의 재학관계는 사법상 계약에 따른 법률관계에 해당한다. 지방자치단체가 학교법인이 설립한 사립중학교에 의무교육대상자에 대한 교육을 위탁한 때에 그 학교법인과 해당 사립중학교에 재학 중인 학생의 재학관계도 기본적으로 마찬가지이다(대판 2018. 12. 28, 2016다33196).

① ◯ **행정주체인 재건축조합을 상대로 관리처분계획안에 대한 조합 총회결의의 효력 등을 다투는 소송**은 행정처분에 이르는 절차적 요건의 존부나 효력 유무에 관한 소송으로서 그 소송결과에 따라 행정처분의 위법 여부에 직접 영향을 미치는 공법상 법률관계에 관한 것이므로, 이는 **행정소송법상의 당사자소송에 해당**한다(대판 2009. 11. 26, 2008다41383).

② ◯ **국가계약법에 따라 국가가 당사자가 되는 이른바 공공계약**은 사경제의 주체로서 상대방과 대등한 위치에서 체결하는 **사법상의 계약**으로서 그 본질적인 내용은 사인 간의 계약과 다를 바 없으므로, 그에 관한 법령에 특별한 정함이 있는 경우를 제외하고는 **사적 자치와 계약자유의 원칙 등 사법의 원리가 그대로 적용된다고 할 것이다**(대결 2012. 9. 20, 2012마1097).

③ ◯ 국유재산의 무단점유자에 대한 변상금 부과는 공권력을 가진 우월적 지위에서 행하는 행정처분이고, 그 부과처분에 의한 변상금 징수권은 공법상의 권리인 반면, 민사상 부당이득반환청구권은 국유재산의 소유자로서 가지는 사법상의 채권이다. 또한 변상금은 부당이득 산정의 기초가 되는 대부료나 사용료의 120%에 상당하는 금액으로서 부당이득금과 액수가 다르고, 이와 같이 할증된 금액의 변상금을 부과·징수하는 목적은 국유재산의 사용·수익으로 인한 이익의 환수를 넘어 국유재산의 효율적인 보존·관리라는 공익을 실현하는 데 있다. 그리고 대부 또는 사용·수익허가 없이 국유재산을 점유하거나 사용·수익하였지만 변상금 부과처분은 할 수 없는 때에도 민사상 부당이득반환청구권은 성립하는 경우가 있으므로, 변상금 부과·징수의 요건과 민사상 부당이득반환청구권의 성립 요건이 일치하는 것도 아니다. 이처럼 구 국유재산법 제51조 제1항, 제4항, 제5항에 의한 변상금 부과·징수권은 민사상 부당이득반환청구권과 법적 성질을 달리하므로, **국가는 무단점유자를 상대로 변상금 부**

과·징수권의 행사와 별도로 국유재산의 소유자로서 민사상 부당이득반환청구의 소를 제기할 수 있다(대판 2014. 7. 16, 2011다76402 전합).

24

정답 ②

② ✗

> 공익사업을 위한 토지 등의 취득 및 보상에 관한 법률 제74조(잔여지 등의 매수 및 수용 청구) ① 동일한 소유자에게 속하는 일단의 토지의 일부가 협의에 의하여 매수되거나 수용됨으로 인하여 잔여지를 종래의 목적에 사용하는 것이 현저히 곤란할 때에는 해당 토지소유자는 사업시행자에게 잔여지를 매수하여 줄 것을 청구할 수 있으며, 사업인정 이후에는 관할 토지수용위원회에 수용을 청구할 수 있다. 이 경우 수용의 청구는 매수에 관한 협의가 성립되지 아니한 경우에만 할 수 있으며, 그 사업의 공사완료일까지 하여야 한다.
> ② 제1항에 따라 매수 또는 수용의 청구가 있는 잔여지 및 잔여지에 있는 물건에 관하여 권리를 가진 자는 사업시행자나 관할 토지수용위원회에 그 권리의 존속을 청구할 수 있다.

① ◯ 잔여지수용청구의 의사표시는 관할 토지수용위원회에 하여야 하는 것으로서, 관할 토지수용위원회가 사업시행자에게 잔여지수용청구의 의사표시를 수령할 권한을 부여하였다고 인정할 만한 사정이 없는 한, 사업시행자에게 한 잔여지매수청구의 의사표시를 관할 토지수용위원회에 한 잔여지수용청구의 의사표시로 볼 수는 없다(대판 2010. 8. 9, 2008두822).
③ ◯ 잔여지에 대하여 현실적 이용상황 변경 또는 사용가치 및 교환가치의 하락 등이 발생하였더라도, 그 손실이 토지의 일부가 공익사업에 취득되거나 사용됨으로 인하여 발생하는 것이 아니라면 특별한 사정이 없는 한 토지보상법 제73조 제1항 본문에 따른 잔여지 손실보상 대상에 해당한다고 볼 수 없다(대판 2017. 7. 11, 2017두40860).
④ ◯

> 공익사업을 위한 토지 등의 취득 및 보상에 관한 법률 78조(이주대책의 수립 등) ④ 이주대책의 내용에는 이주정착지(이주대책의 실시로 건설하는 주택단지를 포함한다)에 대한 도로, 급수시설, 배수시설, 그 밖의 공공시설 등 통상적인 수준의 생활기본시설이 포함되어야 하며, 이에 필요한 비용은 사업시행자가 부담한다. 다만, 행정청이 아닌 사업시행자가 이주대책을 수립·실시하는 경우에 지방자치단체는 비용의 일부를 보조할 수 있다.

25

정답 ①

① ✗ 공무원의 불법행위로 손해를 입은 피해자의 국가배상청구권의 소멸시효기간이 지났으나 국가가 소멸시효완성을 주장하는 것이 신의성실의 원칙에 반하는 권리남용으로 허용될 수 없어 배상책임을 이행한 경우에는, 소멸시효완성 주장이 권리남용에 해당하게 된 원인행위와 관련하여 공무원이 원인이 되는 행위를 적극적으로 주도하였다는 등의 특별한 사정이 없는 한, 국가가 공무원에게 구상권을 행사하는 것은 신의칙상 허용되지 않는다(대판 2016. 6. 10, 2015다217843).

> 2017 지방직 9급(하) 공무원의 직무상 불법행위로 손해를 입은 피해자의 국가배상청구권의 소멸시효기간이 지났으나 국가가 소멸시효완성을 주장하는 것이 권리남용으로 허용될 수 없어 배상책임을 이행한 경우에는, 소멸시효완성 주장이 권리남용에 해당하게 된 원인행위와 관련하여 공무원이 원인이 되는 행위를 적극적으로 주도하였다는 등의 특별한 사정이 없는 한, 국가가 공무원에게 구상권을 행사하는 것은 신의칙상 허용되지 않는다. (O)

② ◯ 국가배상법에 따른 손해배상책임을 부담시키기 위한 전제로서, 공무원이 행한 행정처분이 위법하다고 하기 위하여서는 법령을 위반하는 등으로 행정처분을 하였음이 인정되어야 하므로, 수익적 행정처분인 허가 등을 신청한 사안에서 행정처분을 통하여 달성하고자 하는 신청인의 목적 등을 자세하게 살펴 목적 달성에 필요한 안내나 배려 등을 하지 않았다는 사정만으로 직무집행에 있어 위법한 행위를 한 것이라고 보아서는 아니 된다(대판 2017. 6. 29, 2017다211726). → 처음부터 하천점용허가가 의제되는 개발행위허가신청을 하거나 하천점용허가와는 별도로 개발행위허가신청을 하고 그 결과에 따라 후속행위를 하였어야 하는데도 하천점용허가만을 받은 상태에서 개발행위허가 없이 컨테이너를 설치한 잘못이 있고, 그 때문에 하천점용허가가 취소됨으로써 컨테이너 설치비용 상당의 손해를 입게 되었으므로, 갑 회사가 입은 손해는 갑 회사 스스로의 잘못에 기인한 것이어서 을 지방자치단체 소속 담당공무원의 행위와 갑 회사의 손해발생 사이에 상당인과관계가 있다고 보기 어렵다.
③ ◯ 재판에 대하여 따로 불복절차 또는 시정절차가 마련되어 있는 경우에는 재판의 결과로 불이익 내지 손해를 입었다고 여기는 사람은 그 절차에 따라 자신의 권리 내지 이익을 회복하도록 함이 법이 예정하는 바이므로, 불복에 의한 시정을 구할 수 없었던 것 자체가 법관이나 다른 공무원의 귀책사유로 인한 것이라거나 그와 같은 시정을 구할 수 없었던 부득이한 사정이 있었다는 등의 특별한 사정이 없는 한, 스스로 그와 같은 시정을 구하지 아니한 결과 권리 내지 이익을 회복하지 못한 사람은 원칙적으로 국가배상에 의한 권리구제를 받을 수 없다고 봄이 상당하다고 하겠으나, 재판에 대하여 불복절차 내지 시정절차 자체가 없는 경우에는 부당한 재판으로 인하여 불이익 내지 손해를 입은 사람은 국가배상 이외의 방법으로는 자신의 권리 내지 이익을 회복할 방법이 없으므로, 이와 같은 경우에는 배상책임의 요건이 충족되는 한 국가배상책임을 인정하지 않을 수 없다(대판 2003. 7. 11, 99다24218).
④ ◯ 울산세관의 통관지원과에서 인사업무를 담당하면서 울산세관 공무원들의 공무원증 및 재직증명서 발급업무를 하는 공무원인 김영선이 울산세관의 다른 공무원의 공무원증 등을 위조하는 행위는 비록 그것이 실질적으로는 직무행위에 속하지 아니한다 할지라도 적어도 외관상으로는 공무원증과 재직증명서를 발급하는 행위로서 직무집행으로 보여지므로 결국 소외인의 공무원증 등 위조행위는 국가배상법 제2조 제1항 소정의 공무원이 직무를 집행함에 당하여 한 행위로 인정된다(대판 2005. 1. 14, 2004다26805).

제8회 전범위 모의고사

01 ② 02 ② 03 ③ 04 ① 05 ① 06 ② 07 ④ 08 ① 09 ③ 10 ④
11 ④ 12 ① 13 ④ 14 ① 15 ① 16 ② 17 ① 18 ① 19 ② 20 ④
21 ② 22 ④ 23 ③ 24 ② 25 ③

01
정답 ②

② ✗ 헌법상의 모든 기본권이 행정상 법률관계에 있어 개인적 공권이 되는 것은 아니다. 구체적 권리로서의 성격을 가진 기본권(예: 경쟁의 자유)은 개인적 공권으로 인정될 수 있지만, 추상적 권리(예: 환경권)로서의 성격을 가진 기본권은 원칙적으로 개인적 공권에 해당하지 않는다.

- **구체적 권리(개인적 공권 ○)**
  - 헌법재판소 : 표현의 자유(알 권리) / 경쟁의 자유(지정행위의 취소를 구할 권리)
  - 대법원 : 만나고 싶은 사람을 만날 권리(구속피고인의 접견권) / 표현의자유 (알 권리 → 개인의 정보공개청구권)
- **추상적 권리(개인적 공권 ✗)**
  - 헌법상 환경권에서 바로 구체성을 가지는 권리가 도출되지 않는다.

① ○ 인간다운 생활을 할 권리로부터는 인간의 존엄에 상응하는 생활에 필요한 "최소한의 물질적인 생활"의 유지에 필요한 급부를 요구할 수 있는 구체적인 권리가 상황에 따라서는 직접 도출될 수 있다고 할 수는 있어도, 동 기본권이 직접 그 이상의 급부를 내용으로 하는 구체적인 권리를 발생하게 한다고는 볼 수 없다고 할 것이다. 이러한 구체적 권리는 국가가 재정형편 등 여러 가지 상황들을 종합적으로 감안하여 법률을 통하여 구체화할 때에 비로소 인정되는 법률적 권리라고 할 것이다(헌재 1995. 7. 21, 93헌가14).

③ ○ 헌법 제32조 제1항이 규정하는 근로의 권리는 사회적 기본권으로서 국가에 대하여 직접 일자리를 청구하거나 일자리에 갈음하는 생계비의 지급청구권을 의미하는 것이 아니라 고용증진을 위한 사회·경제적 정책을 요구할 수 있는 권리에 그치며, 근로의 권리로부터 국가에 대한 직접적인 직장존속청구권이 도출되는 것도 아니다(헌재 2011. 7. 28, 2009헌마408).

④ ○ 장사 등에 관한 법률에서 사설납골시설 중 종교단체 및 재단법인이 설치하는 납골당에 대하여는 그와 같은 설치장소를 제한하는 규정을 명시적으로 두고 있지 않지만, 종교단체나 재단법인이 설치한 납골당이라 하여 납골당으로서 성질이 가족 또는 종중, 문중 납골당과 다르다고 할 수 없다. 따라서 납골당 설치장소에서 500m 내에 20호 이상의 인가가 밀집한 지역에 거주하는 주민들에게는 납골당이 누구에 의하여 설치되는지를 따질 필요 없이 납골당 설치에 대하여 환경이익 침해 또는 침해 우려가 있는 것으로 사실상 추정되어 원고적격이 인정된다고 보는 것이 타당하다(대판 2011. 9. 8, 2009두6766).

02
정답 ②

② ✗ 교육부장관(당시 문교부장관)의 권한을 재위임 받은 공립교육기관의 장에 의하여 공립유치원의 임용기간을 정한 전임강사로 임용된 유치원 교사의 자격이 있는 자는 임시직 공무원으로 그에 대한 해임처분의 시정 및 수령 지체된 보수의 지급을 구하는 소송은 행정소송의 대상이지 민사소송의 대상이 아니다(대판 1991. 5. 10, 90다10766).

① ○ 임용 당시 공무원임용 결격사유가 있었다면 비록 국가의 과실에 의하여 임용결격자임을 밝혀내지 못하였다 하더라도 그 임용행위는 당연무효로 보아야 한다(대판 1987. 4. 14, 86누459).

③ ○ 국가가 공무원임용결격사유가 있는 자에 대하여 결격사유가 있는 것을 알지 못하고 공무원으로 임용하였다가 사후에 결격사유가 있는 자임을 발견하고 공무원 임용행위를 취소하는 것은 당사자에게 원래의 임용행위가 당초부터 당연무효이었음을 통지하여 확인시켜 주는 행위에 지나지 아니하는 것이므로, 그러한 의미에서 당초의 임용처분을 취소함에 있어서는 신의칙 내지 신뢰의 원칙을 적용할 수 없고 또 그러한 의미의 취소권은 시효로 소멸하는 것도 아니다(대판 1987. 4. 14, 86누459).

④ ○ 공무원연금법이나 근로기준법에 의한 퇴직금은 적법한 공무원으로서의 신분취득 또는 근로고용관계가 성립되어 근무하다가 퇴직하는 경우에 지급되는 것이고, 당연무효인 임용결격자에 대한 임용행위에 의하여서는 공무원의 신분을 취득하거나 근로고용관계가 성립될 수 없는 것이므로 임용결격자가 공무원으로 임용되어 사실상 근무하여 왔다고 하더라도 그러한 피임용자는 위 법률소정의 퇴직금청구를 할 수 없다(대판 1987. 4. 14, 86누459).

03
정답 ③

㉠ ○ 정보공개법 제8조 제2항은 정보공개청구의 대상이 이미 널리 알려진 사항이라 하더라도 그 공개의 방법만을 제한할 수 있도록 규정하고 있을 뿐 공개 자체를 제한하고 있지는 아니하므로, 공개청구의 대상이 되는 정보가 이미 다른 사람에게 공개하여 널리 알려져 있다거나 인터넷이나 관보 등을 통하여 공개하여 인터넷검색이나 도서관에서의 열람 등을 통하여 쉽게 알 수 있다는 사정만으로는 소의 이익이 없다거나 비공개결정이 정당화될 수는 없다(대판 2008. 11. 27, 2005두15694).

㉡ ✗ 국회의원인 甲 등이 '각급학교 교원의 교원단체 및 교원노조 가입현황 실명자료'를 인터넷을 통하여 공개한 사안에서, 위 정보는 개인정보자기결정권의 보호대상이 되는 개인정보에 해당하므로 이를 일반 대중에게 공개하는 행위는 해당 교원들의 개인정보자기결정권과 전국교직원노동조합의 존속, 유지, 발전에 관한 권리를 침해하는 것이고, 甲 등이 위 정보를 공개한 표현행위로 인하여 얻을 수 있는 법적 이익이 이를 공개하지 않음으로써 보호받을 수 있는 해당 교원 등의 법적 이익에 비하여 우월하다고 할 수 없으므로, 甲 등의 정보 공개행위가 위법하다고 한 사례(대판 2014. 7. 24, 2012다49933).

㉢ ✗ '직무를 수행한 공무원의 성명·직위'는 공공기관의 정보공개에 관한 법률 제9조 제1항 제6호의 비공개 대상 정보에서 제외된다.

> **공공기관의 정보공개에 관한 법률 제9조(비공개 대상 정보)** ① 공공기관이 보유·관리하는 정보는 공개 대상이 된다. 다만, 다음 각 호의 어느 하나에 해당하는 정보는 공개하지 아니할 수 있다.
> 6. 해당 정보에 포함되어 있는 성명·주민등록번호 등 개인에 관한 사항으로서 공개될 경우 사생활의 비밀 또는 자유를 침해할 우려가 있다고 인정되는 정보. 다만, 다음 각 목에 열거한 개인에 관한 정보는 제외한다.
>   라. 직무를 수행한 공무원의 성명·직위
>   마. 공개하는 것이 공익을 위하여 필요한 경우로서 법령에 따라 국가 또는 지방자치단체가 업무의 일부를 위탁 또는 위촉한 개인의 성명·직업

㉣ ✗ 공공기관의 정보공개에 관한 법률상 공개청구의 대상이 되는 정보란 공공기관이 직무상 작성 또는 취득하여 현재 보유·관리하고 있는 문서에 한정되는 것이기는 하나, 그 문서가 반드시 원본일 필요는 없다(대판 2006. 5. 25, 2006두3049).

04
정답 ①

① ✗ 甲이 국민권익위원회에 부패방지 및 국민권익위원회의 설치와 운영에 관한 법률(이하 '국민권익위원회법'이라 한다)에 따른 신고와 신분보장조치를 요구하였고, 국민권익위원회가 甲의 소속기관 장인 乙 시·도 선거관리위원회 위원장에게 '甲에 대한 중징계요구를 취소하고 향후 신고로 인한 신분상 불이익처분 및 근무조건상의 차별을 하지 말 것을 요구'하는 내용의 조치요구를 한 사안에서, 국가기관 일방의 조치요구에 불응한 상대방 국가기관에 국민권익위원회법상의 제재규정과 같은 중대한 불이익을 직접적으로 규정한 다른 법령의 사례를 찾아보기 어려운 점, 그럼에도 乙(경기도선거관리위원회 위원장)이 국민권익위원회의 조치요구를 다툴 별다른 방법이 없는 점 등에 비추어 보면, 처분성이 인정되는 위 조치요구에 불복하고자 하는 乙로서는 조치요구의 취소를 구하는 항고소송을 제기하는 것이 유효·적절한 수단이므로 비록 乙(경기도선거관리위원회 위원장)이 국가기관이더라도 당사자능력 및 원고적격을 가진다고 보는 것이 타당하고, 乙이 위 조치요구 후 甲을 파면하였다고 하더라도 조치요구가 곧바로 실효된다고 할 수 없고 乙은 여전히 조치요구를 따라야 할 의무를 부담하므로 乙에게는 위 조치요구의 취소를 구할 법률상 이익도 있다고 본 원심판단을 정당하다고 한 사례(대판 2013. 7. 25, 2011두1214).

심화 이 사건과 같이 국가기관 사이에 어느 일방(피고 국민권익위원회)이 상대방(원고 경기도선거관리위원회 위원장)에 대하여 일정한 의무를 부과하는 내용의 조치요구를 한 사안에서 그 조치요구의 상대방인 국가기관이 이를 다투고자 할 경우, 이는 국가기관 내부의 권한 행사에 관한 것이어서 기관소송의 대상으로 하는 것이 적절해 보이나, 행정소송법은 제45조에서 '기관소송은 법률이 정한 경우에 법률에 정한 자에 한하여 제기할 수 있다'고 규정하여 이른바 기관소송 법정주의를 채택하고 있고, 조치요구에 관하여는 국민권익위원회법 등 법률에서 원고에게 기관소송을 허용하는 규정을 두고 있지 아니하므로, 이 사건 조치요구를 이행할 의무를 부담하고 있는 원고로서는 기관소송으로 이 사건 조치요구를 다툴 수는 없다(대판 2013.7.25. 2011두1214). 한편, 국민권익위원회가 甲의 소속기관의 장인 경기도 선거관리위원회 위원장에게 신분상의 불이익한 처분을 하지 못하도록 통지한 것은, 국민권익위원회가 경기도 선거관리위원회 위원장과 대등한 국가기관의 지위에서가 아니라 공권력의 주체로서 그 권한을 행사하여 경기도 선거관리위원회 위원장의 권리의무에 직접이고도 구체적인 영향을 미치는 행위를 한 것으로서, 항고소송의 대상인 행정처분에 해당한다(서울고법 2010.12.9. 2009누38963 참조).

관련판례
국민권익위원회가 소방청장에게 인사와 관련하여 부당한 지시를 한 사실이 인정된다며 이를 취소할 것을 요구하기로 의결하고 그 내용을 통지하자 소방청장이 국민권익위원회 조치요구의 취소를 구하는 소송을 제기한 사안에서, 처분성이 인정되는 국민권익위원회의 조치요구에 불복하고자 하는 소방청장으로서는 조치요구의 취소를 구하는 항고소송을 제기하는 것이 유효·적절한 수단으로 볼 수 있으므로 소방청장이 예외적으로 당사자능력과 원고적격을 가진다고 한 사례(대판 2018. 8. 1. 2014두35379).

2016 국가직 9급 국가기관인 시·도 선거관리위원회 위원장은 국민권익위원회가 그에게 소속 직원에 대한 중징계요구를 취소하라는 등의 조치요구를 한 것에 대해서 취소소송을 제기할 원고적격을 가진다고 볼 수 없다. (✗)
2019 국회사무처 8급 국민권익위원회가 소방청장에게 인사와 관련하여 부당한 지시를 한 사실이 인정된다며 이를 취소할 것을 요구하기로 의결하고 내용을 통지하자 그 국민권익위원회 조치요구의 취소를 구하는 사안에서의 소방청장은 행정소송의 원고적격을 가진다. (O)

② ◎ 지방자치단체장이 공장시설을 신축하는 회사에 대하여 사업승인 내지 건축허가 당시 부가하였던 조건에 따른 이행을 하고 이를 증명하는 서류를 제출할 때까지 신축공사를 중지하라는 공사중지명령에 있어서는 그 명령의 내용 자체로 또는 그 성질상으로 명령 이후에 그 원인사유가 해소되는 경우에는 잠정적으로 내린 당해 공사중지명령의 해제를 요구할 수 있는 권리를 위 명령의 상대방에게 인정하고 있다고 할 것이므로, 위 회사에게는 조리상으로 그 해제를 요구할 수 있는 권리가 인정된다고 할 것이다(대판 1997. 12. 26, 96누17745).

③ ◎ 도롱뇽은 천성산 일원에 서식하고 있는 도롱뇽목 도롱뇽과에 속하는 양서류로서 자연물인 도롱뇽 또는 그를 포함한 자연 그 자체로서는 소송을 수행할 당사자능력을 인정할 수 없다(대결 2006. 6. 2, 2004마1148·1149).

④ ◎ 국방부 민·군 복합형 관광미항(제주해군기지) 사업시행을 위한 해군본부의 요청에 따라 제주특별자치도지사가 절대보존지역이던 서귀포시 강정동 해안변지역에 관하여 절대보존지역을 변경(축소)하고 고시한 사안에서, 절대보존지역의 유지로 지역주민회와 주민들이 가지는 주거 및 생활환경상 이익은 지역의 경관 등이 보호됨으로써 반사적으로 누리는 것일 뿐 근거 법규 또는 관련 법규에 의하여 보호되는 개별적·직접적·구체적 이익이라고 할 수 없다는 이유로, 지역주민회 등은 위 처분을 다툴 원고적격이 없다고 본 원심판단을 정당하다고 한 사례(대판 2012. 7. 5, 2011두13187).

05
정답 ③

③ ✗

> **행정소송법 제23조(집행정지)** ⑤ 제2항의 규정에 의한 집행정지의 결정 또는 기각의 결정에 대하여는 즉시항고할 수 있다. 이 경우 집행정지의 결정에 대한 즉시항고에는 **결정의 집행을 정지하는 효력이 없다**.

① ◎ 행정소송법 제23조에 의한 효력정지결정의 효력은 결정주문에서 정한 시기까지 존속하고 그 시기의 도래와 동시에 효력이 당연히 소멸하므로, 보조금 교부결정의 일부를 취소한 행정청의 처분에 대하여 법원이 효력정지결정을 하면서 주문에서 그 법원에 계속 중인 본안소송의 판결 선고 시까지 처분의 효력을 정지한다고 선언하였을 경우, 본안소송의 판결 선고에 의하여 정지결정의 효력은 소멸하고 이와 동시에 당초의 보조금 교부결정 취소처분의 효력이 당연히 되살아난다(대판 2017. 7. 11, 2013두25498).

② ◎ 수도권매립지관리공사는 행정소송법에서 정한 행정청 또는 그 소속기관이거나 그로부터 제재처분의 권한을 위임받은 공공기관에 해당하지 않으므로, 수도권매립지관리공사가 한 입찰참가자격을 제한한 제재처분은 행정소송의 대상이 되는 행정처분이 아니라 단지 갑을 자신이 시행하는 입찰에 참가시키지 않겠다는 뜻의 사법상의 효력을 가지는 통지에 불과하므로, 갑이 수도권매립지관리공사를 상대로 하여 제기한 위 효력정지 신청은 부적법하다(대결 2010. 11. 26, 2010무137).

④ ◎ 신청에 대한 거부처분의 효력을 정지하더라도 거부처분이 없었던 것과 같은 상태, 즉 거부처분이 있기 전의 신청시의 상태로 되돌아가는 데에 불과하고 행정청에게 신청에 따른 처분을 하여야 할 의무가 생기는 것이 아니므로, 거부처분의 효력정지는 그 거부처분으로 인하여 신청인에게 생길 손해를 방지하는 데 아무런 보탬이 되지 아니하여 그 효력정지를 구할 이익이 없다(대결 1995. 6. 21, 95두26).

06
정답 ②

② ✗ 대법원 판례와 달리, 행정기본법에서는 사후에 부관을 변경할 수 있는 사유로 '변경이 미리 유보되어 있는 경우'는 규정하고 있지 않다.

행정기본법 제17조(부관) ① 행정청은 처분에 재량이 있는 경우에는 부관(조건, 기한, 부담, 철회권의 유보 등을 말한다. 이하 이 조에서 같다)을 붙일 수 있다.
② 행정청은 처분에 재량이 없는 경우에는 법률에 근거가 있는 경우에 부관을 붙일 수 있다.
③ 행정청은 부관을 붙일 수 있는 처분이 다음 각 호의 어느 하나에 해당하는 경우에는 **그 처분을 한 후에도 부관을 새로 붙이거나 종전의 부관을 변경할 수 있다.**
  1. 법률에 근거가 있는 경우
  2. 당사자의 동의가 있는 경우
  3. 사정이 변경되어 부관을 새로 붙이거나 종전의 부관을 변경하지 아니하면 해당 처분의 목적을 달성할 수 없다고 인정되는 경우
④ 부관은 다음 각 호의 요건에 적합하여야 한다.
  1. 해당 처분의 목적에 위배되지 아니할 것
  2. 해당 처분과 실질적인 관련이 있을 것
  3. 해당 처분의 목적을 달성하기 위하여 필요한 최소한의 범위일 것

참고 부관의 사후변경은, 법률에 명문의 규정이 있거나 그 변경이 미리 유보되어 있는 경우 또는 상대방의 동의가 있는 경우에 한하여 허용되는 것이 원칙이지만, 사정변경으로 인하여 당초에 부담을 부가한 목적을 달성할 수 없게 된 경우에도 그 목적달성에 필요한 범위 내에서 예외적으로 허용된다(대판 1997. 5. 30, 97누2627).

07 정답 ④

④ ✗ **국립묘지안장대상심의위원회 운영규정**은 국가보훈처장이 심의위원회의 운영에 관하여 구 국립묘지의 설치 및 운영에 관한 법률 및 시행령에서 위임된 사항과 그 시행에 필요한 사항을 규정함을 목적으로 하여 국가보훈처훈령으로 제정된 것으로서, 영예성 훼손 여부 등에 관한 판단의 기준을 정한 **행정청 내부의 사무처리준칙**이다(대판 2013. 12. 26, 2012두19571).

① ○ 행정입법부작위에 대해서 법원에 부작위위법확인소송을 제기할 수 있는지가 문제되는데, 대법원은 "행정소송은 구체적 사건에 대한 법률상 분쟁을 법에 의하여 해결함으로써 법적 안정을 기하자는 것이므로 부작위위법확인소송의 대상이 될 수 있는 것은 구체적 권리의무에 관한 분쟁이어야 하고, 추상적인 법령에 관하여 제정의 여부 등은 그 자체로서 국민의 구체적인 권리의무에 직접적 변동을 초래하는 것이 아니어서 행정소송의 대상이 될 수 없다"고 하여 **행정입법부작위에 대한 부작위위법확인소송을 인정하지 않는다**(대판 1992. 5. 8. 91누11261). 한편, 헌법재판소는 "행정권력의 부작위에 대한 헌법소원은 공권력의 주체에게 헌법에서 유래하는 작위의무가 특별히 구체적으로 규정되어 이에 의거하여 기본권의 주체가 행정행위를 청구할 수 있음에도 공권력의 주체가 그 의무를 해태하는 경우에 허용되고, 특히 행정명령의 제정 또는 개정의 지체가 위법으로 되어 그에 대한 법적 통제가 가능하기 위하여는 첫째, 행정청에게 시행명령을 제정(개정)할 법적 의무가 있어야 하고 둘째, 상당한 기간이 지났음에도 불구하고 셋째, 명령제정(개정)권이 행사되지 않아야 한다"고 판시하여, **행정입법부작위에 대한 헌법소원을 인정**한다(헌재 2004. 2. 26, 2001헌마718).

② ○ 구 석유 및 석유대체연료의 수입·판매부과금의 징수, 징수유예 및 환급에 관한 고시(산업자원부고시)와 구 소요량의 산정 및 관리와 심사(관세청고시)의 각 규정들은 '환급금의 환급기준 내지 환급의 대상·규모·방법 등'을 장관으로 하여금 정하여 고시하도록 규정한 구 석유사업법과 구 석유사업법 시행령의 위임에 따른 것으로서, 법령 규정의 내용을 보충하면서 그와 결합하여 대외적인 구속력이 있는 법규명령으로서의 효력을 가지는 것으로 보아야 한다(대판 2016. 10. 27, 2014두12017).

③ ○ **한국수력원자력 주식회사의 '공급자관리지침' 중 등록취소 및 그에 따른 일정 기간의 거래제한조치에 관한 규정들이 대외적 구속력이 없는 행정규칙인지 여부(적극)** 공공기관의 운영에 관한 법률(이하 '공공기관운영법'이라 한다)이나 그 하위법령은 공기업이 거래상대방 업체에 대하여 공공기관운영법 제39조 제2항 및 공기업·준정부기관 계약사무규칙 제15조에서 정한 범위를 뛰어넘어 추가적인 제재조치를 취할 수 있도록 위임한 바 없다. 따라서 한국수력원자력 주식회사가 조달하는 기자재, 용역 및 정비공사, 기기수리의 공급자에 대한 관리업무 절차를 규정함을 목적으로 제정·운용하고 있는 '**공급자관리지침' 중 등록취소 및 그에 따른 일정 기간의 거래제한조치에 관한 규정들은 공공기관으로서 행정청에 해당하는 한국수력원자력 주식회사가 상위법령의 구체적 위임 없이 정한 것이어서 대외적 구속력이 없는 행정규칙이다**(대판 2020. 5. 28, 2017두66541). → 공공기관의 운영에 관한 법률 제39조 제2항과 그 하위법령에 따른 입찰참가자격제한 조치가 행정처분에 해당하는지 여부(적극) 및 한국수력원자력 주식회사가 법령에 따라 행정처분권한을 위임받은 공공기관으로서 행정청에 해당하는지 여부(적극)

08 정답 ①

① ✗ **비관리청의 항만시설 무상사용기간의 산정 기준이 되는 총사업비를 관리청이 적법한 기준에 미달하게 산정하여 통보한 경우, 그 산정통보 자체를 항고소송으로 다툴 수 있는지 여부(소극)** 비관리청이 당해 항만시설을 무상사용하는 것은 일반인에게 허용되지 아니하는 특별한 사용으로서, 이른바 공물의 특허사용에 해당하고, 비관리청이 당해 항만시설을 무상사용할 수 있는 기간은 총사업비에 의하여 결정되므로, 관리청이 적법한 기준에 미달하게 총사업비를 산정하였다면, 그 금액과 적법한 기준에 의한 총사업비의 차액에 따른 기간만큼 무상사용기간이 단축되므로, 그 차액에 해당하는 기간에 관하여는 비관리청이 무상사용할 수 없다는 법적 불안·위험이 현존한다고 보아야 하고, 따라서 이를 제거하기 위하여 국가를 상대로 공법상의 당사자소송으로 권리범위의 확인을 구할 필요나 이익이 있으며, 이러한 방법이 가장 유효·적절한 수단이라고 할 것이나, 관리청이 총사업비를 산정하여야만 비관리청이 당해 항만시설을 무상사용할 수 있는 것이 아니므로, **관리청이 적법한 기준에 미달하게 총사업비를 산정하여 통보하였다 하더라도 그 산정통보 자체를 항고소송으로 다툴 수는 없다**(대판 2001. 8. 24, 2001두2485).

② ○ 건축물대장은 건축물의 소유권을 제대로 행사하기 위한 전제요건으로서 건축물소유자의 실체적 권리관계에 밀접하게 관련되어 있으므로, 이러한 **건축물대장을 직권말소한 행위**는 국민의 권리관계에 영향을 미치는 것으로서 항고소송의 대상이 되는 **행정처분에 해당**한다(대판 2010. 5. 27, 2008두22655).

③ ○ 국민연금법상 장해등급결정에 있어서는 등급결정시가 아니라 장해급여지급시의 법령을 적용한다. 장해급여지급청구권을 취득할 당시, 즉 그 지급사유 발생 당시의 법령에 따르는 것이 원칙이다(대판 2007. 2. 22, 2004두12957).

④ ○ 부가가치세법상의 사업자등록은 과세관청으로 하여금 부가가치세의 납세의무자를 파악하고 그 과세자료를 확보하게 하려는 데 제도의 취지가 있는바, 이는 단순한 사업사실의 신고로서 사업자가 관할세무서장에게 소정의 사업자등록신청서를 제출함으로써 성립하는 것이고, 사업자등록증의 교부는 이와 같은 등록사실을 증명하는 증서의 교부행위에 불과한 것이다. 나아가 구 부가가치세법 제5조 제5항에 의한 과세관청의 **사업자등록 직권말소행위도 폐업사실의 기재일 뿐 그에 의하여 사업자로서의 지위에 변동을 가져오는 것이 아니라는 점에서 항고소송의 대상이 되는 행정처분으로 볼 수 없다**(대판 2011. 1. 27, 2008두2200).

09
정답 ③

③ ❌ 행정청이 구 학교보건법 소정의 학교환경위생정화구역 내에서 금지행위 및 시설의 해제 여부에 관한 행정처분을 하면서 절차상 학교환경위생정화위원회의 심의를 누락한 흠이 있다면 그와 같은 흠을 가리켜 위 행정처분의 효력에 아무런 영향을 주지 않는다거나 경미한 정도에 불과하다고 볼 수는 없으므로, 특별한 사정이 없는 한 이는 행정처분을 위법하게 하는 취소사유가 된다(대판 2007. 3. 15, 2006두15806).

① ⭕ 교통영향평가는 환경영향평가와 그 취지 및 내용, 대상사업의 범위, 사전 주민의견수렴절차 생략 여부 등에 차이가 있고 그 후 교통영향평가가 교통영향분석·개선대책으로 대체된 점, 행정청은 교통영향평가를 배제한 것이 아니라 '건축허가 전까지 교통영향평가 심의필증을 교부받을 것'을 부관으로 하여 실시계획변경 및 공사시행변경 인가 처분을 한 점 등에 비추어, 행정청이 사전에 교통영향평가를 거치지 아니한 채 위와 같은 부관을 붙여서 한 위 처분에 중대하고 명백한 흠이 있다고 할 수 없으므로 이를 무효로 보기는 어렵다고 한 사례(대판 2010. 2. 25, 2009두102).

② ⭕ 환경영향평가를 거쳐야 할 대상사업에 대하여 환경영향평가를 거치지 아니하였음에도 불구하고 승인 등 처분이 이루어진다면, 사전에 환경영향평가를 함에 있어 평가대상지역 주민들의 의견을 수렴하고 그 결과를 토대로 하여 환경부장관과의 협의내용을 사업계획에 미리 반영시키는 것 자체가 원천적으로 봉쇄되는바, 이렇게 되면 환경파괴를 미연에 방지하고 쾌적한 환경을 유지·조성하기 위하여 환경영향평가제도를 둔 입법 취지를 달성할 수 없게 되는 결과를 초래할 뿐만 아니라 환경영향평가 대상지역 안의 주민들의 직접적이고 개별적인 이익을 근본적으로 침해하게 되므로, 이러한 행정처분의 하자는 법규의 중요한 부분을 위반한 중대한 것이고 객관적으로도 명백한 것이라고 하지 않을 수 없어, 이와 같은 행정처분은 당연무효이다(대판 2006.6.30. 2005두14363).

> [비교판례]
> 구 환경영향평가법(1997. 3. 7. 법률 제5302호로 개정되기 전의 것) 제4조에서 환경영향평가를 실시하여야 할 사업을 정하고, 그 제16조 내지 제19조에서 대상사업에 대하여 반드시 환경영향평가를 거치도록 한 취지 등에 비추어 보면, 같은 법에서 정한 환경영향평가를 거쳐야 할 대상사업에 대하여 그러한 환경영향평가를 거치지 아니하였음에도 승인 등 처분을 하였다면 그 처분은 위법하다 할 것이나, 그러한 절차를 거쳤다면, 비록 그 환경영향평가의 내용이 다소 부실하다 하더라도, 그 부실의 정도가 환경영향평가제도를 둔 입법 취지를 달성할 수 없을 정도이어서 환경영향평가를 하지 아니한 것과 다를 바 없는 정도의 것이 아닌 이상 그 부실은 당해 승인 등 처분에 재량권 일탈·남용의 위법이 있는지 여부를 판단하는 하나의 요소로 됨에 그칠 뿐, 그 부실로 인하여 당연히 당해 승인 등 처분이 위법하게 되는 것이 아니다(대판 2001. 6. 29, 99두9902).

④ ⭕ 국세기본법 및 국세기본법 시행령이 과세전적부심사를 거치지 않고 곧바로 과세처분을 할 수 있거나 과세전적부심사에 대한 결정이 있기 전이라도 과세처분을 할 수 있는 예외사유로 정하고 있다는 등의 특별한 사정이 없는 한, 과세예고 통지 후 과세전적부심사 청구나 그에 대한 결정이 있기도 전에 과세처분을 하는 것은 원칙적으로 과세전적부심사 이후에 이루어져야 하는 과세처분을 그보다 앞서 함으로써 과세전적부심사 제도 자체를 형해화시킬 뿐만 아니라 과세전적부심사 결정과 과세처분 사이의 관계 및 그 불복절차를 불분명하게 할 우려가 있으므로, 그와 같은 과세처분은 납세자의 절차적 권리를 침해하는 것으로서 그 절차상 하자가 중대하고도 명백하여 무효라고 할 것이다(대판 2016. 12. 27, 2016두49228).

10
정답 ④

④ ❌

> **개인정보 보호법 제49조(집단분쟁조정)** ① 국가 및 지방자치단체, 개인정보 보호단체 및 기관, 정보주체, 개인정보처리자는 정보주체의 피해 또는 권리침해가 다수의 정보주체에게 같거나 비슷한 유형으로 발생하는 경우로서 대통령령으로 정하는 사건에 대하여는 분쟁조정위원회에 일괄적인 분쟁조정(이하 "집단분쟁조정"이라 한다)을 의뢰 또는 신청할 수 있다.
> ② 제1항에 따라 집단분쟁조정을 의뢰받거나 신청받은 분쟁조정위원회는 그 의결로써 제3항부터 제7항까지의 규정에 따른 집단분쟁조정의 절차를 개시할 수 있다. 이 경우 분쟁조정위원회는 대통령령으로 정하는 기간 동안 그 절차의 개시를 공고하여야 한다.
> ③ 분쟁조정위원회는 집단분쟁조정의 당사자가 아닌 정보주체 또는 개인정보처리자로부터 그 분쟁조정의 당사자에 추가로 포함될 수 있도록 하는 신청을 받을 수 있다.
> ④ 분쟁조정위원회는 그 의결로써 제1항 및 제3항에 따른 집단분쟁조정의 당사자 중에서 공동의 이익을 대표하기에 가장 적합한 1인 또는 수인을 대표당사자로 선임할 수 있다.
> ⑤ 분쟁조정위원회는 개인정보처리자가 분쟁조정위원회의 집단분쟁조정의 내용을 수락한 경우에는 집단분쟁조정의 당사자가 아닌 자로서 피해를 입은 정보주체에 대한 보상계획서를 작성하여 분쟁조정위원회에 제출하도록 권고할 수 있다.
> ⑥ 제48조 제2항에도 불구하고 분쟁조정위원회는 집단분쟁조정의 당사자인 다수의 정보주체 중 일부의 정보주체가 법원에 소를 제기한 경우에는 그 절차를 중지하지 아니하고, 소를 제기한 일부의 정보주체를 그 절차에서 제외한다.
> ⑦ 집단분쟁조정의 기간은 제2항에 따른 공고가 종료된 날의 다음 날부터 60일 이내로 한다. 다만, 부득이한 사정이 있는 경우에는 분쟁조정위원회의 의결로 처리기간을 연장할 수 있다.
> **개인정보 보호법 제48조(조정의 거부 및 중지)** ② 분쟁조정위원회는 신청된 조정사건에 대한 처리절차를 진행하던 중에 한 쪽 당사자가 소를 제기하면 그 조정의 처리를 중지하고 이를 당사자에게 알려야 한다.

① ⭕

> **개인정보 보호법 제44조(처리기간)** ① 분쟁조정위원회는 제43조 제1항에 따른 분쟁조정 신청을 받은 날부터 60일 이내에 이를 심사하여 조정안을 작성하여야 한다. 다만, 부득이한 사정이 있는 경우에는 분쟁조정위원회의 의결로 처리기간을 연장할 수 있다.
> ② 분쟁조정위원회는 제1항 단서에 따라 처리기간을 연장한 경우에는 기간연장의 사유와 그 밖의 기간연장에 관한 사항을 신청인에게 알려야 한다.

② ⭕

> **개인정보 보호법 제46조(조정 전 합의 권고)** 분쟁조정위원회는 제43조 제1항에 따라 분쟁조정 신청을 받았을 때에는 당사자에게 그 내용을 제시하고 조정 전 합의를 권고할 수 있다.

③ ⭕

> **개인정보 보호법 제47조(분쟁의 조정)** ① 분쟁조정위원회는 다음 각 호

의 어느 하나의 사항을 포함하여 조정안을 작성할 수 있다.
1. 조사 대상 침해행위의 중지
2. 원상회복, 손해배상, 그 밖에 필요한 구제조치
3. 같거나 비슷한 침해의 재발을 방지하기 위하여 필요한 조치
② 분쟁조정위원회는 제1항에 따라 조정안을 작성하면 지체 없이 각 당사자에게 제시하여야 한다.
③ 제1항에 따라 조정안을 제시받은 당사자가 제시받은 날부터 15일 이내에 수락 여부를 알리지 아니하면 조정을 거부한 것으로 본다.
④ 당사자가 조정내용을 수락한 경우 분쟁조정위원회는 조정서를 작성하고, 분쟁조정위원회의 위원장과 각 당사자가 기명날인하여야 한다.
⑤ 제4항에 따른 조정의 내용은 재판상 화해와 동일한 효력을 갖는다.

11
정답 ④

④ ✗ 출입국관리법 관련 규정의 문언·내용 등에 비추어 보면, 비록 그 규정에서 정한 사유가 있더라도, 법무부장관은 난민인정 결정을 취소할 공익상의 필요와 취소로 당사자가 입을 불이익 등 여러 사정을 참작하여 취소 여부를 결정할 수 있는 재량이 있다. 그러나 그 취소처분이 사회통념상 현저하게 타당성을 잃거나 비례·평등의 원칙을 위반하였다면 재량권을 일탈·남용한 것으로서 위법하다(대판 2017. 3. 15, 2013두16333). → 법무부장관은 난민인정 결정의 취소 여부를 결정할 재량 ○

┌ 비교판례
· 출입국관리법, 난민의 지위에 관한 협약 제1조, 난민의 지위에 관한 의정서 제1조의 규정을 종합하여 보면, 법무부장관은 인종, 종교, 국적, 특정 사회집단의 구성원 신분 또는 정치적 의견을 이유로 박해를 받을 충분한 근거 있는 공포로 인해 국적국의 보호를 받을 수 없거나 국적국의 보호를 원하지 않는 대한민국 안에 있는 외국인에 대하여 그 신청이 있는 경우 난민 협약이 정하는 난민으로 인정하여야 한다(대판 2008. 7. 24, 2007두3930). → 중대한 기본권과 관련되어 있어 난민 인정은 설권적 행위이지만 기속행위로 본 판례이다.
· 출입국관리법 및 출입국관리법 시행령 관련규정, 난민의 지위에 관한 협약 및 난민의 지위에 관한 의정서 관련 문언, 체계와 입법 취지를 종합하면, 난민 인정에 관한 신청을 받은 행정청은 원칙적으로 법령이 정한 난민 요건에 해당하는지를 심사하여 난민 인정 여부를 결정할 수 있을 뿐이고, 이와 무관한 다른 사유만을 들어 난민 인정을 거부할 수는 없다(대판 2017. 12. 5, 2016두42913). → 난민 인정에 관한 신청을 받은 행정청이 법령이 정한 난민 요건과 무관한 다른 사유만을 들어 난민 인정을 거부할 수 있는지 여부(소극)

① ○ 국립교육대학 학생에 대한 퇴학처분은, 행정처분임이 명백하다. 한편 학생에 대한 징계권의 발동이나 징계의 양정이 징계권자의 교육적 재량에 맡겨져 있다 할지라도 법원이 심리한 결과 그 징계처분에 위법사유가 있다고 판단되는 경우에는 이를 취소할 수 있는 것이고, 징계처분이 교육적 재량행위라는 이유만으로 사법심사의 대상에서 당연히 제외되는 것은 아니다(대판 1991. 11. 22, 91누2144).

② ○ 국토의 계획 및 이용에 관한 법률상 개발행위허가는 허가기준 및 금지요건이 불확정개념으로 규정된 부분이 많아 그 요건에 해당하는지 여부는 행정청의 재량판단의 영역에 속한다. 그러므로 그에 대한 사법심사는 행정청의 공익판단에 관한 재량의 여지를 감안하여 원칙적으로 재량권의 일탈·남용이 있는지 여부만을 대상으로 하고, 사실오인과 비례·평등원칙 위반 여부 등이 판단 기준이 된다. 특히 환경의 훼손이나 오염을 발생시킬 우려가 있는 개발행위에 대한 행정청의 허가와 관련하여 재량권의 일탈·남용 여부를 심사할 때에는 해당 지역 주민들의 토지이용실태와 생활환경 등 구체적 지역 상황과 상반되는 이익을 가진 이해관계자들 사이의 권익 균형 및 환경권의 보호에 관한 각종 규정의 입법 취지 등을 종합하여 신중하게 판단하여야 한다. '환경오염 발생 우려'와 같이 장래에 발생할 불확실한 상황과 파급효과에 대한 예측이 필요한 요건에 관한 행정청의 재량적 판단은 그 내용이 현저히 합리성을 결여하였다거나 상반되는 이익이나 가치를 대비해 볼 때 형평이나 비례의 원칙에 뚜렷하게 배치되는 등의 사정이 없는 한 폭넓게 존중하여야 한다. 그리고 처분이 재량권을 일탈·남용하였다는 사정은 그 처분의 효력을 다투는 자가 주장·증명하여야 한다(대판 2021. 3. 25, 2020두51280).

③ ○ [1] 수익적 행정처분의 하자가 당사자의 사실은폐나 기타 사위의 방법에 의한 신청행위에 기인한 것이라면, 당사자는 처분에 의한 이익을 위법하게 취득하였음을 알아 취소가능성도 예상하고 있었을 것이므로, 그 자신이 처분에 관한 신뢰이익을 원용할 수 없음은 물론, 행정청이 이를 고려하지 않았다 하여도 재량권의 남용이 되지 않고, 이 경우 당사자의 사실은폐나 기타 사위의 방법에 의한 신청행위가 제3자를 통하여 소극적으로 이루어졌다고 하여 달리 볼 것이 아니다. [2] 생물학적 동등성 시험 자료 일부가 조작되었음을 이유로 해당 의약품의 회수 및 폐기를 명한 사안에서, 그 행정처분으로 제약회사가 입게 될 경제적 손실이라는 불이익과 생물학적 동등성이 사전에 제대로 확인되지 않은 의약품이 유통되어 국민건강이 침해될 수 있는 위험을 예방하기 위한 공익상의 필요를 단순 비교하기 어려운 점 등에 비추어, 위 처분이 재량권을 일탈·남용하여 위법하다고 볼 수 없다고 한 사례(대판 2008. 11. 13, 2008두8628).

12
정답 ①

① ✗ 지방공무원 임용신청 당시 잘못 기재된 호적상 출생연월일을 생년월일로 기재하고, 이에 근거한 공무원인사기록카드의 생년월일 기재에 대하여 처음 임용된 때부터 약 36년 동안 전혀 이의를 제기하지 않다가, 정년을 1년 3개월 앞두고 호적상 출생연월일을 정정한 후 그 출생연월일을 기준으로 정년의 연장을 요구하는 것이 신의성실의 원칙에 반하지 않는다고 본 사례(대판 2009. 3. 26, 2008두21300). → 지방공무원 인사기록 및 인사사무 처리규칙 제6조 제4항이 공무원의 임용권자에 대한 인사기록변경신청기간을 제한하지 않고 있는 점, 위 규칙 [별표 3]이 지방공무원의 정년퇴직시 구비서류로 가족관계기록사항에 관한 증명서 중 기본증명서 1통을 요구하고 있는 점 등을 고려하면, 위와 같은 사정만으로 원고가 임용권자에게 임용신청 당시 호적상 출생연월일을 기준으로 정년을 산정하기로 하는 신의를 공여하였다거나, 객관적으로 보아 임용권자가 위와 같은 신의를 가짐이 정당한 상태에 있다거나, 이러한 임용권자의 신의에 반하여 권리를 행사하는 것이 정의관념에 비추어 용인될 수 없는 정도의 상태에 이르렀다고 볼 수 없다.

② ○

행정절차법 제4조(신의성실 및 신뢰보호) ① 행정청은 직무를 수행할 때 신의(信義)에 따라 성실히 하여야 한다.
② 행정청은 법령등의 해석 또는 행정청의 관행이 일반적으로 국민들에게 받아들여졌을 때에는 공익 또는 제3자의 정당한 이익을 현저히 해칠 우려가 있는 경우를 제외하고는 새로운 해석 또는 관행에 따라 소급하여 불리하게 처리하여서는 아니 된다.

③ ○

행정기본법 제13조(부당결부금지의 원칙) 행정청은 행정작용을 할 때 상대방에게 해당 행정작용과 실질적인 관련이 없는 의무를 부과해서는 아니 된다.

④ ○ 국가가 '진실·화해를 위한 과거사정리 기본법'의 적용 대상인 피해자에 대하여 진실규명신청을 받아 피고 산하 '진실·화해를 위한 과거사정리위원회'에서 희생자로 확인 또는 추정하는 진실규명결정을 하였

다면, 그 결정에 기초하여 피해자나 그 유족이 상당한 기간 내에 권리를 행사할 경우에, 피고가 적어도 소멸시효의 완성을 들어 권리소멸을 주장하지 않을 것이라는 데 대한 신뢰를 가질 만한 특별한 사정이 있다고 봄이 상당하고, 이에 불구하고 국가가 피해자 등에 대하여 소멸시효의 완성을 주장하는 것은 신의성실 원칙에 반하는 권리남용에 해당하여 허용될 수 없다(대판 2013. 5. 16, 2012다202819).

13
정답 ④

④ ✗

> **질서위반행위규제법 제20조(이의제기)** ① 행정청의 과태료 부과에 불복하는 당사자는 제17조 제1항에 따른 과태료 부과 통지를 받은 날부터 60일 이내에 해당 행정청에 서면으로 이의제기를 할 수 있다.
> ② 제1항에 따른 이의제기가 있는 경우에는 행정청의 과태료 부과처분은 그 효력을 상실한다.
> ③ 당사자는 행정청으로부터 제21조 제3항에 따른 통지를 받기 전까지는 행정청에 대하여 서면으로 이의제기를 철회할 수 있다.

① ○

> **질서위반행위규제법 제16조(사전통지 및 의견 제출 등)** ① 행정청이 질서위반행위에 대하여 과태료를 부과하고자 하는 때에는 미리 당사자(제11조 제2항에 따른 고용주등을 포함한다. 이하 같다)에게 대통령령으로 정하는 사항을 통지하고, 10일 이상의 기간을 정하여 의견을 제출할 기회를 주어야 한다. 이 경우 지정된 기일까지 의견 제출이 없는 경우에는 의견이 없는 것으로 본다.

② ○

> **질서위반행위규제법 제17조의2(신용카드 등에 의한 과태료의 납부)** ① 당사자는 과태료, 제24조에 따른 가산금, 중가산금 및 체납처분비를 대통령령으로 정하는 과태료 납부대행기관을 통하여 신용카드, 직불카드 등(이하 "신용카드등"이라 한다)으로 낼 수 있다.
> ② 제1항에 따라 신용카드등으로 내는 경우에는 과태료 납부대행기관의 승인일을 납부일로 본다.
> ③ 과태료 납부대행기관은 납부자로부터 신용카드에 의한 과태료 납부대행 용역의 대가로 납부대행 수수료를 받을 수 있다.

③ ○

> **질서위반행위규제법 제24조의2(상속재산 등에 대한 집행)** ① 과태료는 당사자가 과태료 부과처분에 대하여 이의를 제기하지 아니한 채 제20조 제1항에 따른 기한이 종료한 후 사망한 경우에는 그 상속재산에 대하여 집행할 수 있다.
> ② 법인에 대한 과태료는 법인이 과태료 부과처분에 대하여 이의를 제기하지 아니한 채 제20조 제1항에 따른 기한이 종료한 후 합병에 의하여 소멸한 경우에는 합병 후 존속한 법인 또는 합병에 의하여 설립된 법인에 대하여 집행할 수 있다.

14
정답 ①

① ✗ 원고가 고의 또는 중대한 과실 없이 행정소송으로 제기하여야 할 사건을 민사소송으로 잘못 제기한 경우, 수소법원으로서는 만약 그 행정소송에 대한 관할도 동시에 가지고 있다면 이를 행정소송으로 심리·판단하여야 하고, 그 행정소송에 대한 관할을 가지고 있지 아니하다면 이를 부적법한 소라고 하여 각하할 것이 아니라 관할법원에 이송하여야 한다(대판 1997. 5. 30, 95다28960).

② ○

> **행정소송법 제9조(재판관할)** ③ 토지의 수용 기타 부동산 또는 특정의 장소에 관계되는 처분등에 대한 취소소송은 그 부동산 또는 장소의 소재지를 관할하는 행정법원에 이를 제기할 수 있다.

③ ○

> **행정소송법 제9조(재판관할)** ① 취소소송의 제1심관할법원은 피고의 소재지를 관할하는 행정법원으로 한다.
> ② 제1항에도 불구하고 다음 각 호의 어느 하나에 해당하는 피고에 대하여 취소소송을 제기하는 경우에는 대법원소재지를 관할하는 행정법원에 제기할 수 있다.
>   1. 중앙행정기관, 중앙행정기관의 부속기관과 합의제행정기관 또는 그 장
>   2. 국가의 사무를 위임 또는 위탁받은 공공단체 또는 그 장

④ ○ 행정소송법 제10조 제1항 제1호는 행정소송에 병합될 수 있는 관련청구에 관하여 '당해 처분 등과 관련되는 손해배상·부당이득반환·원상회복 등의 청구'라고 규정함으로써 그 병합요건으로 본래의 행정소송과의 관련성을 요구하고 있는바, 이는 행정소송에서 계쟁 처분의 효력을 장기간 불확정한 상태에 두는 것은 바람직하지 않다는 관점에서 병합될 수 있는 청구의 범위를 한정함으로써 사건의 심리범위가 확대·복잡화되는 것을 방지하여 그 심판의 신속을 도모하려는 취지라 할 것이므로, 손해배상청구 등의 민사소송이 행정소송에 관련청구로 병합되기 위해서는 그 청구의 내용 또는 발생원인이 행정소송의 대상인 처분 등과 법률상 또는 사실상 공통되거나, 그 처분의 효력이나 존부 유무가 선결문제로 되는 등의 관계에 있어야 함이 원칙이다(대판 2000. 10. 27, 99두561).

15
정답 ①

① ✗ 금강수계 중 상수원 수질보전을 위하여 필요한 지역의 토지 등의 소유자가 국가에 그 토지 등을 매도하기 위하여 매수신청을 하였으나 유역환경청장 등이 매수거절의 결정을 한 사안에서, 위 매수거절을 항고소송의 대상이 되는 행정처분으로 보지 않는다면 토지 등의 소유자로서는 재산권의 제한에 대하여 달리 다툴 방법이 없게 되는 점 등에 비추어, 그 매수 거부행위가 공권력의 행사 또는 이에 준하는 행정작용으로서 항고소송의 대상이 되는 행정처분에 해당한다고 한 사례(대판 2009. 9. 10, 2007두20638).

② ○ 건축주가 토지소유자로부터 토지사용승낙서를 받아 그 토지 위에 건축물을 건축하는 대물적 성질의 건축허가를 받았다가 착공에 앞서 건축주의 귀책사유로 해당 토지를 사용할 권리를 상실한 경우, 건축허가의 존재로 말미암아 토지에 대한 소유권 행사에 지장을 받을 수 있는 토지소유자로서는 건축허가의 철회를 신청할 수 있다고 보아야 한다. 따라서 토지소유자의 위와 같은 신청을 거부한 행위는 항고소송의 대상이 된다(대판 2017. 3. 15, 2014두41190).

③ ○ 중요무형문화재 보유자의 추가인정 여부는 문화재청장의 재량에 속하고, 특정 개인이 자신을 보유자로 인정해 달라고 신청할 수 있는 근거 규정을 별도로 두고 있지 아니하므로 법규상으로 개인에게 신청권이 있다고 할 수 없다. …… 원고가 전수교육 조교로서 이 사건 조사를 받았다는 사정만으로는 원고에게 중요무형문화재 보유자의 추가인정

에 관한 법규상 또는 조리상 신청권이 있다고 볼 수 없고, 피고가 원고를 경기민요 보유자로 추가인정하지 않았다고 하더라도 그로 인하여 원고의 권리나 법적 이익에 어떤 영향을 준다고 할 수 없으므로, 이 사건 통지는 항고소송의 대상이 되는 거부처분에 해당하지 아니한다(대판 2015. 12. 10, 2013두20585).

④ ◎ 업무상 재해를 당한 甲의 요양급여 신청에 대하여 근로복지공단이 요양승인 처분을 하면서 사업주를 乙 주식회사로 보아 요양승인 사실을 통지하자, 乙 회사가 甲이 자신의 근로자가 아니라고 주장하면서 사업주 변경신청을 하였으나 근로복지공단이 거부 통지를 한 사안에서, 산업재해보상보험법, 고용보험 및 산업재해보상보험의 보험료징수 등에 관한 법률 등 관련 법령은 사업주가 이미 발생한 업무상 재해와 관련하여 당시 재해근로자의 사용자가 자신이 아니라 제3자임을 근거로 사업주 변경신청을 할 수 있도록 하는 규정을 두고 있지 않으므로 법규상으로 신청권이 인정된다고 볼 수 없고, 산업재해보상보험에서 보험가입자인 사업주와 보험급여를 받을 근로자에 해당하는지는 해당 사실의 실질에 의하여 결정되는 것일 뿐이고 근로복지공단의 결정에 따라 보험가입자(당연가입자) 지위가 발생하는 것은 아닌 점 등을 종합하면, **사업주 변경신청과 같은 내용의 조리상 신청권이 인정된다고 볼 수도 없으므로**, 근로복지공단이 신청을 거부하였더라도 을 회사의 권리나 법적 이익에 어떤 영향을 미치는 것은 아니어서, **위 통지는 항고소송의 대상이 되는 행정처분이 되지 않는다**고 한 사례(대판 2016. 7. 14, 2014두47426).

16 정답 ②

② ◎ 입법부가 법률로써 행정부에게 특정한 사항을 위임했음에도 불구하고 행정부가 정당한 이유 없이 이를 이행하지 않는다면 권력분립의 원칙과 법치국가 내지 법치행정의 원칙에 위배되는 것으로써 위법함과 동시에 위헌적인 것이 되는바, 구 군법무관임용법(1967. 3. 3. 법률 제1904호로 개정되어 2000. 12. 26. 법률 제6291호로 전문 개정되기 전의 것) 제5조 제3항과 군법무관임용 등에 관한 법률(2000. 12. 26. 법률 제6291호로 개정된 것) 제6조가 군법무관의 보수를 법관 및 검사의 예에 준하도록 규정하면서 그 구체적 내용을 시행령에 위임하고 있는 이상, 위 법률의 규정들은 군법무관의 보수의 내용을 법률로써 일차적으로 형성한 것이고, 위 법률들에 의해 상당한 수준의 보수청구권이 인정되는 것이므로, 위 보수청구권은 단순한 기대이익을 넘어서는 것으로써 법률의 규정에 의해 인정된 재산권의 한 내용이 되는 것으로 봄이 상당하고, 따라서 **행정부가 정당한 이유 없이 시행령을 제정하지 않은 것은 위 보수청구권을 침해하는 불법행위에 해당한다**(대판 2007. 11. 29, 2006다3561).

① ✕ 법률이 주민의 권리의무에 관한 사항에 관하여 구체적으로 아무런 범위도 정하지 아니한 채 조례로 정하도록 포괄적으로 위임하였다고 하더라도, 행정관청의 명령과는 달리, 조례도 주민의 대표기관인 지방의회의 의결로 제정되는 지방자치단체의 자주법인 만큼, 지방자치단체가 법령에 위반되지 않는 범위 내에서 주민의 권리의무에 관한 사항을 조례로 제정할 수 있는 것이다(대판 1991. 8. 27, 90누6613).

③ ✕ 법령의 위임관계는 반드시 하위법령의 개별조항에서 위임의 근거가 되는 상위법령의 해당 조항을 구체적으로 명시하고 있어야만 하는 것은 아니다(대판 1999. 12. 24, 99두5658).

④ ✕ 위임입법에 관한 헌법 제75조는 처벌법규에도 적용되는 것이지만 처벌법규의 위임은 특히 긴급한 필요가 있거나 미리 법률로써 자세히 정할 수 없는 부득이한 사정이 있는 경우에 한정되어야 하고 이 경우에도 법률에서 범죄의 구성요건은 처벌대상인 행위가 어떠한 것일 것이라고 이를 예측할 수 있을 정도로 구체적으로 정하고 형벌의 종류 및 그 상한과 폭을 명백히 규정하여야 한다(헌재 1991. 7. 8, 91헌가4).

17 정답 ①

① ✕

> **행정기본법 제20조(자동적 처분)** 행정청은 법률로 정하는 바에 따라 완전히 자동화된 시스템(인공지능 기술을 적용한 시스템을 포함한다)으로 처분을 할 수 있다. 다만, 처분에 재량이 있는 경우는 그러하지 아니하다.

② ◎

> **행정기본법 제21조(재량행사의 기준)** 행정청은 재량이 있는 처분을 할 때에는 관련 이익을 정당하게 형량하여야 하며, 그 재량권의 범위를 넘어서는 아니 된다.

③ ◎

> **행정기본법 제22조(제재처분의 기준)** ① 제재처분의 근거가 되는 법률에는 제재처분의 주체, 사유, 유형 및 상한을 명확하게 규정하여야 한다. 이 경우 제재처분의 유형 및 상한을 정할 때에는 해당 위반행위의 특수성 및 유사한 위반행위와의 형평성 등을 종합적으로 고려하여야 한다.
> ② 행정청은 재량이 있는 제재처분을 할 때에는 다음 각 호의 사항을 고려하여야 한다.
>   1. 위반행위의 동기, 목적 및 방법
>   2. 위반행위의 결과
>   3. 위반행위의 횟수
>   4. 그 밖에 제1호부터 제3호까지에 준하는 사항으로서 대통령령으로 정하는 사항

④ ◎

> **행정기본법 제28조(과징금의 기준)** ① 행정청은 법령등에 따른 의무를 위반한 자에 대하여 법률로 정하는 바에 따라 그 위반행위에 대한 제재로서 과징금을 부과할 수 있다.
> ② 과징금의 근거가 되는 법률에는 과징금에 관한 다음 각 호의 사항을 명확하게 규정하여야 한다.
>   1. 부과·징수 주체
>   2. 부과 사유
>   3. 상한액
>   4. 가산금을 징수하려는 경우 그 사항
>   5. 과징금 또는 가산금 체납 시 강제징수를 하려는 경우 그 사항

18 정답 ①

① ✕ 행정청이 재량행위인 수익적 행정처분을 하면서 부가한 부담 역시 처분 당시 법령을 기준으로 위법 여부를 판단하여야 하고, **부담이 처분 당시 법령을 기준으로 적법하다면 처분 후 부담의 전제가 된 주된 행정처분의 근거 법령이 개정됨으로써 행정청이 더 이상 부관을 붙일 수 없게 되었다 하더라도 곧바로 위법하게 되거나 그 효력이 소멸하게 되는 것은 아니라**고 할 것이다(대판 2009. 2. 12, 2008다56262).

② ◎ 행정행위의 부관은 부담인 경우를 제외하고는 독립하여 행정소송의 대상이 될 수 없는바, 기부채납받은 행정재산에 대한 사용·수익허가에서 **공유재산의 관리청이 정한 사용·수익허가의 기간**은 그 허가의 효력을 제한하기 위한 **행정행위의 부관**으로서 이러한 사용·수익허가의 기간에 대해서는 **독립하여 행정소송을 제기할 수 없다**(대판 2001. 6. 15, 99두509). →

판례는 부담 이외의 부관(예: 기한)만의 취소를 구하는 소송에 대하여는 각하판결을 하여야 한다고 보며, 부관부 행정행위 전체의 취소를 구하는 형태의 소송은 인정하고 있다(대판 2001. 6. 15, 99두509). 그리고 부관이 위법한 경우 신청인이 부관의 변경을 청구하고, 행정청이 이를 거부한 경우 그 거부처분의 취소를 구하는 소송은 제기할 수 있다고 본다(대판 1990. 4. 27, 89누6808 참조).

③ ⓞ 토지소유자가 토지형질변경행위허가에 붙은 기부채납의 부관에 따라 토지를 국가나 지방자치단체에 기부채납(증여)한 경우, **기부채납의 부관이 당연무효이거나 취소되지 아니한 이상** 토지소유자는 위 부관으로 인하여 증여계약의 중요부분에 착오가 있음을 이유로 증여계약을 취소할 수 없다(대판 1999. 5. 25, 98다53134).

④ ⓞ 행정처분에 붙은 부담인 부관이 제소기간의 도과로 확정되어 이미 불가쟁력이 생겼다면 그 하자가 중대하고 명백하여 당연무효로 보아야 할 경우 외에는 누구나 그 효력을 부인할 수 없을 것이지만, 부담의 이행으로서 하게 된 사법상 매매 등의 법률행위는 부담을 붙인 행정처분과는 어디까지나 별개의 법률행위이므로 그 부담의 불가쟁력의 문제와는 별도로 **법률행위가 사회질서 위반이나 강행규정에 위반되는지 여부 등을 따져보아 그 법률행위의 유효 여부를 판단하여야** 한다(대판 2009. 6. 25, 2006다18174).

19   정답 ②

② ✗ 행정처분이 취소되면 그 처분은 취소로 인하여 그 효력이 상실되어 더 이상 존재하지 않는 것이고, 존재하지 않는 행정처분을 대상으로 한 취소소송은 소의 이익이 없어 부적법하다 할 것이다. 행정청이 당초의 분뇨 등 관련영업 허가신청 반려처분의 취소를 구하는 소의 계속 중, 사정변경을 이유로 위 반려처분을 직권취소함과 동시에 위 신청을 재반려하는 내용의 재처분을 한 경우, 당초의 반려처분의 취소를 구하는 소는 더 이상 소의 이익이 없게 되었다(대판 2006. 9. 28, 2004두5317). → 처분시 이후 변론종결시 사이에 새로운 사유가 생기면 행정청이 소송 계속중이라도 종전 처분을 취소하고 새로운 사유에 기한 재처분을 하는 것은 통상 허용되는 것이고, 이 경우 상대방으로서는 새로운 소송을 제기하여 재처분을 다툴 수도 있고 행정소송법 제22조에 따라 법원의 허가를 얻어 처분변경으로 인한 소변경을 하여 분쟁을 일회적으로 해결할 수도 있는 점 등을 감안하면, 설령 피고가 위 직권취소를 하게 된 동기에 이 사건 소송에서의 패소를 회피할 의도가 포함되어 있었다 하더라도 위 직권취소와 재처분이 위법하다 할 수 없고, 피고가 위 직권취소를 전제로 이 사건 소의 이익이 없다고 주장하는 것이 신의성실의 원칙에 반하여 허용될 수 없다고 할 수도 없다. 결국, 이 사건 처분이 취소됨으로 인하여 이 사건 소는 더 이상 소의 이익이 없게 되어 부적법하다 할 것이다.

① ⓞ 甲이 자신 명의로 이전등록된 자동차의 등록을 직권말소한 처분에 대한 취소소송 계속 중에 위 자동차에 관하여 종전과 다른 번호로 乙과 공동소유로 다시 신규등록을 한 사안에서, 신규등록의 내용이 종전 자동차등록번호와 다른 등록번호를 부여받고 소유자도 甲과 乙의 공동소유로 등재되는 등 甲이 주장하는 당초 소유관계와 소유권 변동내용을 반영하지 못한 채 공시하고 있고, 정당하게 이전등록을 마쳤다가 직권말소 처분에 의하여 말소된 乙 소유지분에 관하여 다시 이전등록을 마쳐야 하며 이를 위하여 별도로 취득세 및 등록세를 납부하여야 하는 불이익도 입고 있으므로, **위 직권말소 처분의 취소를 구할 소의 이익이 있다**고 본 원심판단을 정당하다고 한 사례(대판 2013. 5. 9, 2010두28748).

③ ⓞ 제재적 행정처분이 그 처분에서 정한 제재기간의 경과로 인하여 그 효과가 소멸되었으나, 부령인 시행규칙 또는 지방자치단체의 규칙의 형식으로 정한 처분기준에서 **제재적 행정처분을 받은 것을 가중사유나 전제요건으로 삼아** 장래의 제재적 행정처분을 하도록 정하고 있는 경우, 규칙이 정한 바에 따라 선행처분을 가중사유 또는 전제요건으로 하는 후행처분을 받을 우려가 현실적으로 존재하는 경우에는, 선행처분을 받은 상대방은 비록 그 처분에서 정한 제재기간이 경과하였다 하더라도 선행처분의 취소를 구할 법률상 이익이 있다(대판 2006. 6. 22, 2003두1684 전합).

④ ⓞ 고등학교졸업이 대학입학자격이나 학력인정으로서의 의미밖에 없다고 할 수 없으므로 **고등학교졸업학력검정고시에 합격하였다 하여 고등학교 학생으로서의 신분과 명예가 회복될 수 없는 것이니 퇴학처분을 받은 자로서는 퇴학처분의 위법을 주장하여 그 취소를 구할 소송상의 이익이 있다**(대판 1992. 7. 14, 91누4737).

20   정답 ④

④ ✗ 공공기관의 정보공개에 관한 법률상 공개청구의 대상이 되는 정보란 공공기관이 직무상 작성 또는 취득하여 현재 보유·관리하고 있는 **문서에 한정되는 것이기는 하나, 그 문서가 반드시 원본일 필요는 없다**(대판 2006. 5. 25, 2006두3049).

① ⓞ 공공기관의 정보공개에 관한 법률에서 말하는 국민에는 자연인은 물론 법인, 권리능력 없는 사단·재단도 포함되고, 법인, 권리능력 없는 사단·재단 등의 경우에는 설립목적을 불문하며, 한편 정보공개청구권은 법률상 보호되는 구체적인 권리이므로 청구인이 공공기관에 대하여 정보공개를 청구하였다가 거부처분을 받은 것 자체가 법률상 이익의 침해에 해당한다(대판 2003. 12. 12, 2003두8050).

② ⓞ 제3자와 관련이 있는 경우 그 정보공개여부를 결정함에 있어 공공기관이 제3자와의 관계에서 거쳐야 할 절차를 규정한 것에 불과할 뿐, 제3자의 비공개요청이 있다는 사유만으로 정보공개법상 정보의 비공개사유에 해당한다고 볼 수 없다(대판 2008. 9. 25, 2008두8680).

③ ⓞ 정보공개거부처분사유인 공공기관의 정보공개에 관한 법률 제9조 제1항 제4호 및 제6호의 사유는 새로이 추가된 같은 항 제5호의 사유와 기본적 사실관계의 동일성이 없다(대판 2003. 12. 11, 2001두8827).

21   정답 ②

② ✗ '의견청취가 현저히 곤란하거나 명백히 불필요하다고 인정될 만한 상당한 이유가 있는 경우'에 해당하는지는 해당 행정처분의 성질에 비추어 판단하여야 하며, 처분상대방이 이미 행정청에 위반 사실을 시인하였다거나 처분의 사전통지 이전에 의견을 진술할 기회가 있었다는 사정을 고려하여 판단할 것은 아니다(대판 2016. 10. 27, 2016두41811).

① ⓞ 행정절차법 시행령 제13조 제2호에서 정한 "법원의 재판 또는 준사법적 절차를 거치는 행정기관의 결정 등에 따라 처분의 전제가 되는 사실이 객관적으로 증명되어 처분에 따른 의견청취가 불필요하다고 인정되는 경우"는 법원의 재판 등에 따라 처분의 전제가 되는 사실이 객관적으로 증명되면 행정청이 반드시 일정한 처분을 해야 하는 경우 등 의견청취가 행정청의 처분 여부나 그 수위 결정에 영향을 미치지 못하는 경우를 의미한다고 보아야 한다. 처분의 전제가 되는 '일부' 사실만 증명된 경우이거나 의견청취에 따라 행정청의 처분 여부나 처분 수위가 달라질 수 있는 경우라면 위 예외사유에 해당하지 않는다(대판 2020. 7. 23, 2017두66602). → 관할 시장이 갑에게 구 폐기물관리법 제48조 제1호에 따라 토지에 장기보관 중인 폐기물을 처리할 것을 명령하는 1차, 2차 조치명령을 각각 하였고, 갑이 위 각 조치명령을 불이행하였다고 하여 구 폐기물관리법 위반죄로 유죄판결이 각각 선고·확정되었는데, 이후 관할 시장이 폐기물 방치 실태를 확인하고 별도의 사전 통지와 의견청취 절차를 밟지 않은 채 갑에게 폐기물 처리에 관한 3차 조치명령을 한 사안에서, 2차 조치명령 당시부터는 물론이고, 2차 조치명령 불이행으로 인한 유죄판결 확정 이후부터 3차 조치명령 당시까지 시간적 간격이 있고, 폐기물 처리 조치명령은 재량행위에 해당하므로, 3차 조치명령은 법원의 재판 등에 따라 처분의 전제가 되는 사실이 객관적으로 증명되면 행정청이 반드시 일정한 처분을 해야 하는 경우 등 의견청취가 행정청의 처분 여부나 그 수위 결정에 영향을 미치지 못하는 경우에 해당한다고 보기 어려워, 행정절차법 시행령 제13조 제2호에서 정한 사전통지, 의견청취의 예외사유에 해당하지 않는다고 한 사례.

③ ⓞ 영유아보육법상 보조금 반환명령 당시 사전통지 및 의견제출의 기회가 부여되었다 하더라도 그 사정만으로 이 사건 평가인증취소처분이 행정절차법 제21조 제4항 제3호에서 정하고 있는 사전 통지 등을 하지 아니하여도 되는 예외사유에 해당한다고도 볼 수 없다(대판 2016. 11. 9, 2014

두1260).

④ ⭕ 대통령이 갑을 한국방송공사 사장직에서 해임처분하는 과정에도 행정절차법이 적용되는데 갑이 처분 내용을 사전에 통지받거나 그에 대한 의견제출 기회 등을 받지 못하였으므로 취소사유에 해당한다(대판 2012. 2. 23, 2011두5001).

22   정답 ④

④ ❌ 국민건강보험 직장가입자 또는 지역가입자 자격 변동은 법령이 정하는 사유가 생기면 별도 처분 등의 개입 없이 그 사유가 발생한 날부터 그 변동의 효력이 당연히 발생하므로, '직장가입자 자격상실 및 자격변동 안내' 통보 및 '사업장 직권탈퇴에 따른 가입자 자격상실 안내' 통보는 **사실상 통지행위에 불과할 뿐 처분성이 인정되지 않는다**(대판 2019. 2. 14, 2016두41729).

> **2020 지방직 7급** 국민건강보험공단에 의한 '직장가입자 자격상실 및 자격 변동 안내' 통보 및 '사업장 직권탈퇴에 따른 가입자 자격 상실 안내' 통보는 가입자 자격이 변동되는 효력을 가져오므로 항고소송의 대상이 되는 처분에 해당한다. (❌)

① ⭕ 교육부장관이 사학분쟁조정위원회의 심의를 거쳐 갑 대학교를 설치·운영하는 을 학교법인의 이사 8인과 임시이사 1인을 선임한 데 대하여 **갑 대학교 교수협의회와 총학생회는 이사선임처분을 다툴 법률상 이익을 가지지만**, 전국대학노동조합 갑 대학교지부는 이를 다툴 법률상 이익이 없다(대판 2015. 7. 23, 2012두19496).

② ⭕ 부동산실권리자명의등기에관한법률 제5조에 의하여 부과된 과징금 채무는 대체적 급부가 가능한 의무이므로 위 과징금을 부과받은 자가 사망한 경우 그 상속인에게 포괄승계된다(대판 1999. 5. 14, 99두35).

③ ⭕ 건축건물의 준공처분을 하여서는 아니된다는 내용의 부작위를 구하는 청구는 행정소송에서 허용되지 아니하는 것이므로 부적법하다(대판 1987. 3. 24, 86누182). → 판례는 명문의 규정이 없는 예방적 금지소송(예방적 부작위청구소송)을 인정하지 않는다.

23   정답 ③

③ ❌ 행정소송에 있어서 **처분청의 처분권한 유무는 직권조사사항이 아니다**(대판1997. 6. 19, 95누8669).

① ⭕ 재조사결정을 통지받은 이의신청인 등은 그에 따른 후속처분의 통지를 받은 후에야 비로소 다음 단계의 쟁송절차에서 불복할 대상과 범위를 구체적으로 특정할 수 있게 된다. 재조사결정에 따른 심사청구기간이나 심판청구기간 또는 행정소송의 제소기간은 **이의신청인 등이 후속처분의 통지를 받은 날부터 기산된다**고 봄이 상당하다(대판 2010. 6. 25, 2007두12514 전합).

② ⭕ 참가인은 현실적으로 소송에 참가하여 소송행위를 하였는지 여부에 관계없이 참가한 소송의 판결의 효력을 받는다.

> **행정소송법 제16조(제3자의 소송참가)** ① 법원은 소송의 결과에 따라 권리 또는 이익의 침해를 받을 제3자가 있는 경우에는 당사자 또는 제3자의 신청 또는 직권에 의하여 결정으로써 그 제3자를 소송에 참가시킬 수 있다.
> ② 법원이 제1항의 규정에 의한 결정을 하고자 할 때에는 미리 당사자 및 제3자의 의견을 들어야 한다.
> ③ 제1항의 규정에 의한 신청을 한 제3자는 그 신청을 각하한 결정에 대하여 즉시항고할 수 있다.
> ④ 제1항의 규정에 의하여 소송에 참가한 제3자에 대하여는 민사소송법 제67조의 규정을 준용한다.

> **2018 지방직 9급** 행정소송의 결과에 따라 권리 또는 이익의 침해 우려가 있는 제3자는 당해 행정소송에 참가할 수 있으며, 이때 참가인인 제3자는 실제로 소송에 참가하여 소송행위를 하였는지 여부를 불문하고 판결의 효력을 받는다. (⭕)

④ ⭕ 청구취지를 교환적으로 변경하여 종전의 소가 취하되고 새로운 소가 제기된 것으로 보게 되는 경우에 새로운 소에 대한 제소기간의 준수 등은 원칙적으로 **소의 변경이 있는 때를 기준으로** 하여 판단된다(대판 2013. 7. 11, 2011두27544).

24   정답 ②

② ❌ 위헌결정 이전에 이미 부담금 부과처분과 압류처분 및 이에 기한 압류등기가 이루어지고 위의 각 처분이 확정되었다고 하여도, **위헌결정 이후에는** 별도의 행정처분인 매각처분, 분배처분 등 후속 체납 처분절차를 진행할 수 없는 것은 물론이고, 특별한 사정이 없는 한 기존의 압류등기나 교부청구만으로는 다른 사람에 의하여 개시된 경매절차에서 배당을 받을 수도 없다(대판 2002. 8. 23, 2001두2959).

> **2018 지방직 9급** 근거법률의 위헌결정 이전에 이미 부담금 부과처분과 압류처분 및 이에 기한 압류등기가 이루어지고 각 처분이 확정 된 경우에는 기존의 압류등기나 교부청구로도 다른 사람에 의하여 개시된 경매절차에서 배당을 받을 수 있다. (❌)

① ⭕ 당해 법률에 근거하여 행정처분이 발하여진 후에 헌법재판소가 그 행정처분의 근거가 된 법률을 위헌으로 결정하였다면 결과적으로 행정처분은 법률의 근거가 없이 행하여진 것과 마찬가지가 되어 하자가 있는 것이 되나, 이미 **취소소송의 제기기간을 경과하여 확정력이 발생한 행정처분의 경우에는 위헌결정의 소급효가 미치지 않는다**고 보아야 할 것이다(대판 2002. 11. 8, 2001두3181).

③ ⭕ 헌법재판소의 위헌결정의 효력은 위헌제청을 한 당해 사건, 위헌결정이 있기 전에 이와 동종의 위헌 여부에 관하여 헌법재판소에 위헌여부심판제청을 하였거나 법원에 위헌여부심판제청신청을 한 경우의 당해 사건과 따로 위헌제청신청은 아니하였지만 당해 법률 또는 법률의 조항이 재판의 전제가 되어 법원에 계속 중인 사건뿐만 아니라 **위헌결정 이후에 위와 같은 이유로 제소된 일반사건에도 미친다**(대판 1993. 1. 15, 92다12377).

> ┤ 비교판례 ├
> 헌법재판소는 "구체적 규범통제의 실효성의 보장의 견지에서 법원의 제청·헌법소원 청구 등을 통하여 헌법재판소에 법률의 위헌결정을 위한 계기를 부여한 당해 사건, 위헌결정이 있기 전에 이와 동종의 위헌 여부에 관하여 헌법재판소에 위헌제청을 하였거나 법원에 위헌제청신청을 한 경우의 당해 사건, 그리고 따로 위헌제청신청을 아니하였지만 당해 법률 또는 법률의 조항이 재판의 전제가 되어 법원에 계속 중인 사건에 대하여는 소급효(遡及效)를 인정하여야 할 것이다. 그리고 당사자의 권리구제를 위한 구체적 타당성의 요청이 현저한 반면에 소급효를 인정하여도 법적 안정성을 침해할 우려가 없고 나아가 구법에 의하여 형성된 기득권자의 이득이 해쳐질 사안이 아닌 경우로서 소급효의 부인이 오히려 정의와 평등 등 헌법적 이념에 심히 배치되는 때에도 소급효를 인정할 수 있다"고 판시하였다(헌재 1993.5.13. 92헌가10등).

④ ⭕ 과세관청이 체납처분의 일환으로 납세자의 재산을 압류하였으나 그 후 국세징수법 제53조 제1항 각 호가 정하는 압류해제사유가 발생한 경우 세무서장은 압류를 해제하여야 하고, 납세자 및 압류해제에 대하여 법률상 이익을 갖는 자는 압류해제사유가 있는 한 언제든지 과세관청에 대하여 압류해제를 신청할 수 있으며, 만일 과세관청이 당사자의 압류

해제신청을 거부한 경우에는 그 상대방은 그 거부처분을 항고소송의 대상으로 삼을 수 있다고 할 것이고,… 택상법에 대한 헌법재판소의 위헌결정에 따라 택상법 제30조의 효력이 상실되었다는 이유를 들어 체납부담금에 기한 압류처분에 대한 압류를 해제함에 있어서 택상법 제30조에서 인정하였던 국세징수법 제53조 제1항의 규정에 의한 압류해제를 인정하지 아니한다면 위헌결정이 있기 이전의 상태보다 더 헌법질서에 반하는 결과를 초래하게 되므로, 위헌결정의 취지에 따라 체납 부담금에 대한 징수가 불가능하게 되어 압류처분을 해제함에 있어서는 압류해제에 관한 국세징수법 제53조 제1항을 유추적용하여 압류를 해제하여야 한다(대판 2002. 8. 23, 2001두2959).

25
정답 ③

③ ✗ 하나의 재결에서 피보상자별로 여러가지의 토지, 물건, 권리 또는 영업(이처럼 손실보상 대상에 해당하는지, 나아가 그 보상금액이 얼마인지를 심리·판단하는 기초 단위를 이하 '보상항목'이라고 한다)의 손실에 관하여 심리·판단이 이루어졌을 때, 피보상자 또는 사업시행자가 반드시 재결 전부에 관하여 불복하여야 하는 것은 아니며, **여러 보상항목들 중 일부에 관해서만 불복하는 경우에는 그 부분에 관해서만 개별적으로 불복의 사유를 주장하여 행정소송을 제기할 수 있다**(대판 2018. 5. 15, 2017두41221).

> 2018 국가직 7급 하나의 수용재결에서 여러가지의 토지, 물건, 권리 또는 영업의 손실의 보상에 관하여 심리·판단이 이루어졌을 때, 피보상자는 재결 전부에 관하여 불복하여야 하고 여러 보상항목들 중 일부에 관해서만 개별적으로 불복할 수는 없다. (✗)

① ◎ 지장물인 건물은 통상 적법한 건축허가를 받았는지 여부에 관계없이 손실보상의 대상이 되나, 주거용 건물이 아닌 위법건축물의 경우에는 그 위법의 정도가 관계법령의 규정이나 사회통념상 용인할 수 없을 정도로 크고 객관적으로도 합법화될 가능성이 거의 없어 거래의 객체도 되지 아니하는 경우에는 예외적으로 수용보상 대상이 되지 아니한다(대판 2001. 4. 13, 2000두6411).

② ◎ 공익사업을 위한 토지 등의 취득 및 보상에 관한 법률에 의한 보상합의는 공공기관이 사경제주체로서 행하는 사법상 계약의 실질을 가지는 것으로서, 당사자 간의 합의로 같은 법 소정의 손실보상의 기준에 의하지 아니한 손실보상금을 정할 수 있으며, 이와 같이 같은 법이 정하는 기준에 따르지 아니하고 손실보상액에 관한 합의를 하였다고 하더라도 그 합의가 착오 등을 이유로 적법하게 취소되지 않는 한 유효하다. 따라서 공익사업법에 의한 보상을 하면서 손실보상금에 관한 당사자 간의 합의가 성립하면 그 합의 내용대로 구속력이 있고, **손실보상금에 관한 합의 내용이 공익사업법에서 정하는 손실보상 기준에 맞지 않는다고 하더라도** 합의가 적법하게 취소되는 등의 특별한 사정이 없는 한 **추가로 공익사업법상 기준에 따른 손실보상금 청구를 할 수는 없다**(대판 2013. 8. 22, 2012다3517).

④ ◎ 공익사업을 위한 토지 등의 취득 및 보상에 관한 법률에 의하면, 세입자는 주거이전에 필요한 비용을 보상받을 권리가 있으며, **적법하게 시행된 공익사업으로 인하여 이주하게 된 주거용 건축물 세입자의 주거이전비보상청구권은 공법상의 권리**이고, 따라서 그 보상을 둘러싼 쟁송은 민사소송이 아니라 공법상의 법률관계를 대상으로 하는 행정소송에 의하여야 한다(대판 2008. 5. 29, 2007다8129).

믿고 듣는 즐거움

전효진
소방행정법
전범위 모의고사
+실전기출

정답 및 해설

제1회 실전 기출문제

[소방공무원 9급 2023. 3. 18. 시행]

01 ① 02 ④ 03 ③ 04 ② 05 ② 06 ② 07 ③ 08 ④ 09 ④ 10 ③
11 ③ 12 ① 13 ④ 14 ③ 15 ① 16 ② 17 ② 18 ② 19 ④ 20 ①
21 ① 22 ④ 23 ③ 24 ② 25 ③

01
정답 ①

① ✗

행정기본법 제6조(행정에 관한 기간의 계산) ① 행정에 관한 기간의 계산에 관하여는 이 법 또는 다른 법령등에 특별한 규정이 있는 경우를 제외하고는 「민법」을 준용한다.

② ○

행정기본법 제14조(법 적용의 기준) ② 당사자의 신청에 따른 처분은 법령등에 특별한 규정이 있거나 처분 당시의 법령등을 적용하기 곤란한 특별한 사정이 있는 경우를 제외하고는 처분 당시의 법령등에 따른다.

③ ○

행정기본법 제4조(행정의 적극적 추진) ② 국가와 지방자치단체는 소속 공무원이 공공의 이익을 위하여 적극적으로 직무를 수행할 수 있도록 제반 여건을 조성하고, 이와 관련된 시책 및 조치를 추진하여야 한다.

④ ○

행정기본법 제27조(공법상 계약의 체결) ① 행정청은 법령등을 위반하지 아니하는 범위에서 행정목적을 달성하기 위하여 필요한 경우에는 공법상 법률관계에 관한 계약(이하 "공법상 계약"이라 한다)을 체결할 수 있다. 이 경우 계약의 목적 및 내용을 명확하게 적은 계약서를 작성하여야 한다.
② 행정청은 공법상 계약의 상대방을 선정하고 계약 내용을 정할 때 공법상 계약의 공공성과 제3자의 이해관계를 고려하여야 한다.

02
정답 ④

④ ○ 병무청 담당부서의 담당공무원에게 공적 견해의 표명을 구하는 정식의 서면질의 등을 하지 아니한 채 총무과 민원팀장에 불과한 공무원이 민원봉사차원에서 상담에 응하여 안내한 것을 신뢰한 경우, 신뢰보호원칙이 적용되지 아니한다(대판 2003. 12. 26. 2003두1875).

① ✗ 행정상의 법률관계에 있어서 행정청의 행위에 대하여 신뢰보호의 원칙이 적용되기 위한 요건의 하나인 행정청의 공적 견해 표명은 명시적으로만이 아니라 묵시적으로도 이루어질 수 있는 것이다(대판 2008. 4. 24. 2007두25060).

행정절차법 제24조(처분의 방식) ① 행정청이 처분을 할 때에는 다른 법령등에 특별한 규정이 있는 경우를 제외하고는 문서로 하여야 하며, 다음 각 호의 어느 하나에 해당하는 경우에는 전자문서로 할 수 있다.
1. 당사자등의 동의가 있는 경우
2. 당사자가 전자문서로 처분을 신청한 경우

② ✗ 일반적으로 행정상의 법률관계 있어서 행정청의 행위에 대하여 신뢰보호의 원칙이 적용되기 위하여는, ① 행정청이 개인에 대하여 신뢰의 대상이 되는 공적인 견해표명을 하여야 하고, ② 행정청의 견해표명이 정당하다고 신뢰한 데에 대하여 그 개인에게 귀책사유가 없어야 하며, ③ 그 개인이 그 견해표명을 신뢰하고 이에 어떠한 행위를 하였어야 하고, ④ 행정청이 위 견해표명에 반하는 처분을 함으로써 그 견해표명을 신뢰한 개인의 이익이 침해되는 결과가 초래되어야 하며, 어떠한 행정처분이 이러한 요건을 충족할 때에는, **공익 또는 제3자의 정당한 이익을 현저히 해할 우려가 있는 경우가 아닌 한**, 신뢰보호의 원칙에 반하는 행위로서 위법하게 된다(대판 1998. 5. 8. 98두4061).

③ ✗ 실권 또는 실효의 법리는 법의 일반원리인 신의성실의 원칙에 바탕을 둔 파생원칙인 것이므로 공법관계 가운데 관리관계는 물론이고 권력관계에도 적용되어야 함을 배제할 수는 없다 하겠으나 그것은 본래 권리행사의 기회가 있음에도 불구하고 권리자가 장기간에 걸쳐 그의 권리를 행사하지 아니하였기 때문에 의무자인 상대방은 이미 그의 권리를 행사하지 아니할 것으로 믿을 만한 정당한 사유가 있게 되거나 행사하지 아니할 것으로 추인케 할 경우에 새삼스럽게 그 권리를 행사하는 것이 신의성실의 원칙에 반하는 결과가 될 때 그 권리행사를 허용하지 않는 것을 의미한다(대판 1988. 4. 27. 87누915).

03
정답 ③

②○, ③✗ 국가를 당사자로 하는 계약에 관한 법률(이하 '국가계약법'이라 한다) 제2조는 그 적용 범위에 관하여 국가가 대한민국 국민을 계약상대자로 하여 체결하는 계약 등 국가를 당사자로 하는 계약에 대하여 위 법을 적용한다고 규정하고 있고, 제3조는 국가를 당사자로 하는 계약에 관하여는 다른 법률에 특별한 규정이 있는 경우를 제외하고는 이 법에서 정하는 바에 의한다고 규정하고 있으므로, 국가가 수익자인 수요기관을 위하여 국민을 계약상대자로 하여 체결하는 요청조달계약에는 다른 법률에 특별한 규정이 없는 한 당연히 국가계약법이 적용된다. 그러나 위 법리에 의하여 요청조달계약에 적용되는 국가계약법 조항은 국가가 사경제 주체로서 국민과 대등한 관계에 있음을 전제로 한 사법(私法)관계에 관한 규정에 한정되고, 고권적 지위에서 국민에게 침익적 효과를 발생시키는 행정처분에 관한 규정까지 당연히 적용된다고 할 수 없다(대판 2017. 12. 28. 2017두39433).

① ○ 국가를 당사자로 하는 계약에 관한 법률(이하 '국가계약법'이라 한다)에 따라 국가가 당사자가 되는 이른바 공공계약은 사경제 주체로서 상대방과 대등한 위치에서 체결하는 사법상 계약으로서 본질적인 내용은 사인 간의 계약과 다를 바가 없으므로, 그에 관한 법령에 특별한 정함이 있는 경우를 제외하고는 사적 자치와 계약자유의 원칙 등 사법의 원리가 그대로 적용된다(대판 2012. 9. 20. 2012마1097).

④ ○ 한국자산관리공사가 국유재산 중 일반재산에 관하여 그 처분을 위임받아 매도하는 것은 행정청이 공권력의 주체라는 우월적 지위에서 행하는 공법상의 행정처분이 아니라 사경제 주체로서 행하는 사법상의 법률행위에 해당하여 헌법소원심판의 대상이 되는 공권력의 행사에 해당하지 않는다(헌재 2020. 6. 23. 2020헌마785).

04
정답 ②

② ✗ 행정절차법은 자기완결적 신고(수리를 요하지 않는 신고)를 규정하고 있고 행정기본법에서는 수리를 요하는 신고를 규정하고 있다.

행정절차법 제40조(신고) ① 법령등에서 행정청에 일정한 사항을 통지함으로써 의무가 끝나는 신고를 규정하고 있는 경우 신고를 관장하는 행정청은 신고에 필요한 구비서류, 접수기관, 그 밖에 법령등에 따른 신고에 필요한 사항을 게시(인터넷 등을 통한 게시를 포함한다)하거나 이에 대한 편람을 갖추어 두고 누구나 열람할 수 있도록 하여야 한다.
행정기본법 제34조(수리 여부에 따른 신고의 효력) 법령등으로 정하는 바에 따라 행정청에 일정한 사항을 통지하여야 하는 신고로서 <u>법률에 신고의 수리가 필요하다고 명시되어 있는 경우(행정기관의 내부 업무 처리 절차로서 수리를 규정한 경우는 제외한다)에는</u> 행정청이 수리하여야 효력이 발생한다.

① ⭕

행정절차법 제40조(신고) ① <u>법령등에서 행정청에 일정한 사항을 통지함으로써 의무가 끝나는 신고를 규정하고 있는 경우</u> 신고를 관장하는 행정청은 신고에 필요한 구비서류, 접수기관, 그 밖에 법령등에 따른 신고에 필요한 사항을 게시(인터넷 등을 통한 게시를 포함한다)하거나 이에 대한 편람을 갖추어 두고 누구나 열람할 수 있도록 하여야 한다.
② 제1항에 따른 신고가 <u>다음 각 호의 요건을 갖춘 경우에는 신고서가 접수기관에 도달된 때에 신고 의무가 이행된 것으로 본다.</u>
  1. 신고서의 기재사항에 흠이 없을 것
  2. 필요한 구비서류가 첨부되어 있을 것
  3. 그 밖에 법령등에 규정된 형식상의 요건에 적합할 것

③ ⭕

행정기본법 제34조(수리 여부에 따른 신고의 효력) 법령등으로 정하는 바에 따라 행정청에 일정한 사항을 통지하여야 하는 신고로서 <u>법률에 신고의 수리가 필요하다고 명시되어 있는 경우(행정기관의 내부 업무 처리 절차로서 수리를 규정한 경우는 제외한다)에는 행정청이 수리하여야 효력이 발생</u>한다.

④ ⭕ 「유통산업발전법」상 대규모점포의 개설 등록은 이른바 '수리를 요하는 신고'로서 행정처분에 해당한다(대판 2015. 11. 19. 2015두295 전합).

05 정답 ②

② ❌ 사업자등록증에 대한 검열은 과세관청이 등록된 사업을 계속하고 있는 사업자의 신고사실을 증명하는 사실행위에 지나지 않는 것으로 그것이 납세의무자임을 확인하는 준법률행위적 행정행위로서의 확인이라고는 할 수 없는 것이다(대판 1988. 3. 8. 87누156).

① ⭕ 친일반민족행위자 재산의 국가귀속에 관한 특별법 제3조 제1항 본문, 제9조 규정들의 취지와 내용에 비추어 보면, 같은 법 제2조 제2호에 정한 친일재산은 친일반민족행위자재산조사위원회가 국가귀속결정을 하여야 비로소 국가의 소유로 되는 것이 아니라 특별법의 시행에 따라 그 취득·증여 등 원인행위시에 소급하여 당연히 국가의 소유로 되고, 위 위원회의 국가귀속결정은 당해 재산이 친일재산에 해당한다는 사실을 확인하는 이른바 준법률행위적 행정행위의 성격을 가진다(대판 2008. 11. 13. 2008두13491).

③ ⭕ 구 지적법(2001. 1. 26. 법률 제6389호로 전문 개정되기 전의 것) 제20조, 제38조 제2항의 규정은 토지소유자에게 지목변경신청권과 지목정정신청권을 부여한 것이고, 한편 지목은 토지에 대한 공법상의 규제, 개발부담금의 부과대상, 지방세의 과세대상, 공시지가의 산정, 손실보상가액의 산정 등 토지행정의 기초로서 공법상의 법률관계에 영향을 미치고, 토지소유자는 지목을 토대로 토지의 사용·수익·처분에 일정한 제한을 받게 되는 점 등을 고려하면, 지목은 토지소유권을 제대로 행사하기 위한 전제요건으로서 토지소유자의 실체적 권리관계에 밀접하게 관련되어 있으므로 지적공부 소관청의 지목변경신청 반려행위는 국민의 권리관계에 영향을 미치는 것으로서 항고소송의 대상이 되는 행정처분에 해당한다(대판 2004. 4. 22. 2003두9015 전합).

④ ⭕ 인감증명행위는 인감증명청이 적법한 신청이 있는 경우에 인감대장에 이미 신고된 인감을 기준으로 출원자의 현재 사용하는 인감을 증명하는 것으로서 구체적인 사실을 증명하는 것일 뿐, 나아가 출원자에게 어떠한 권리가 부여되거나 변동 또는 상실되는 효력을 발생하는 것이 아니고, 인감증명의 무효확인을 받아들인다 하더라도 이로써 이미 침해된 당사자의 권리가 회복되거나 또는 곧바로 이와 관련된 새로운 권리가 발생하는 것도 아니므로 <u>무효확인을 구할 법률상 이익이 없어 부적법하다</u>(대판 2001. 7. 10. 2000두2136).

06 정답 ③

③ ❌ 처분의 근거 법령이 행정청에 처분의 요건과 효과 판단에 일정한 재량을 부여하였는데도, 행정청이 자신에게 재량권이 없다고 오인한 나머지 처분으로 달성하려는 공익과 그로써 처분상대방이 입게 되는 불이익의 내용과 정도를 전혀 비교형량하지 않은 채 처분을 하였다면, 이는 재량권 불행사로서 그 자체로 재량권 일탈·남용으로 해당 처분을 취소하여야 할 위법사유가 된다(대판 2019. 7. 11. 2017두38874).

① ⭕ 행정행위가 그 재량성의 유무 및 범위와 관련하여 이른바 기속행위 내지 기속재량행위와 재량행위 내지 자유재량행위로 구분된다고 할 때, 그 구분은 당해 행위의 근거가 된 법규의 체재·형식과 그 문언, 당해 행위가 속하는 행정 분야의 주된 목적과 특성, 당해 행위 자체의 개별적 성질과 유형 등을 모두 고려하여 판단하여야 하고, 이렇게 구분되는 양자에 대한 사법심사는, 전자의 경우 그 법규에 대한 원칙적인 기속성으로 인하여 법원이 사실인정과 관련 법규의 해석·적용을 통하여 일정한 결론을 도출한 후 그 결론에 비추어 행정청이 한 판단의 적법 여부를 독자의 입장에서 판정하는 방식에 의하게 되나, 후자의 경우 행정청의 재량에 기한 공익판단의 여지를 감안하여 법원은 독자의 결론을 도출함이 없이 당해 행위에 재량권의 일탈·남용이 있는지 여부만을 심사하게 되고, 이러한 재량권의 일탈·남용 여부에 대한 심사는 사실오인, 비례·평등의 원칙 위배, 당해 행위의 목적 위반이나 동기의 부정 유무 등을 그 판단 대상으로 한다(대판 2001. 2. 9. 98두17593).

② ⭕ 행정청의 전문적인 정성적 평가 결과는 그 판단의 기초가 된 사실인정에 중대한 오류가 있거나 그 판단이 사회통념상 현저하게 타당성을 잃어 객관적으로 불합리하다는 등의 특별한 사정이 없는 한 법원이 그 당부를 심사하기에는 적절하지 않으므로 가급적 존중되어야 한다(대판 2018. 6. 15. 2016두57564).

④ ⭕ 구 사행행위규제법(1993.12.27. 법률 제4607호로 사행행위등규제및처벌특례법으로 개정되기 전의 것)은 구 복표발행현상기타사행행위단속법과는 달리 사행행위의 종류별로 허가의 요건을 달리하여, 투전기업에 대하여는 제5조 제1항 제3호, 제4호에서 외국인을 상대로 하는 오락시설로서 외화획득에 특히 필요하다고 인정되거나 관광진흥과 관광객의 유치촉진을 위하여 특히 필요하다고 인정될 것을 적극적 요건으로 규정함과 아울러, 제6조 제3호에서는 기타 다른 법령에서 사행행위영업을 할 수 없도록 규정하고 있는 경우 등에 해당할 때에는 허가를 할 수 없도록 규정하고 있으므로, 이 법에 의한 허가의 경우 허가신청이 적극적 요건에 해당하는지 여부를 판단하는 것은 재량행위라 할 수 있겠으나 허가제한사유에 해당되는 경우에는 적극적 요건에 해당하는 여부를 판단할 필요도 없이 당연히 불허가하여야 한다(대판 1994. 8. 23. 94누5410).

07 정답 ③

③ ❌ 도시 및 주거환경정비법상 주택재건축정비사업조합이 같은 법 제48조에 따라 수립한 관리처분계획에 대하여 관할 행정청의 인가·고시

까지 있게 되면 관리처분계획은 행정처분으로서 효력이 발생하게 되므로, 총회결의의 하자를 이유로 하여 행정처분의 효력을 다투는 항고소송의 방법으로 관리처분계획의 취소 또는 무효확인을 구하여야 하고, 그와 별도로 행정처분에 이르는 절차적 요건 중 하나에 불과한 총회결의 부분만을 따로 떼어내어 효력 유무를 다투는 확인의 소를 제기하는 것은 특별한 사정이 없는 한 허용되지 않는다(대판 2009. 9. 17. 2007다2428 전합).

① ◎ 행정청이 도시 및 주거환경정비법 등 관련 법령에 근거하여 행하는 조합설립인가처분은 단순히 사인들의 조합설립행위에 대한 보충행위로서의 성질을 갖는 것에 그치는 것이 아니라 법령상 요건을 갖출 경우 도시 및 주거환경정비법상 주택재건축사업을 시행할 수 있는 권한을 갖는 행정주체(공법인)로서의 지위를 부여하는 일종의 설권적 처분의 성격을 갖는다고 보아야 한다(대판 2009. 9. 24. 2008다60568).

② ◎ 기본행위인 사업시행계획이 무효인 경우 그에 대한 인가처분이 있다고 하더라도 그 기본행위인 사업시행계획이 유효한 것으로 될 수 없으며, 기본행위가 적법·유효하고 보충행위인 인가처분 자체에만 하자가 있다면 그 인가처분의 무효나 취소를 주장할 수 있다고 할 것이지만, 인가처분에 하자가 없다면 기본행위에 하자가 있다고 하더라도 따로 그 기본행위의 하자를 다투는 것은 별론으로 하고 기본행위의 무효를 내세워 바로 그에 대한 인가처분의 취소 또는 무효확인을 구할 수 없다(대판 2001. 12. 11. 2001두7541).

④ ◎ 주택재개발사업에 대한 사업시행계획에 당연무효인 하자가 있는 경우에는 재개발사업조합은 사업시행계획을 새로이 수립하여 관할 관청에게서 인가를 받은 후 다시 분양신청을 받아 관리처분계획을 수립하여야 한다. 따라서 분양신청기간 내에 분양신청을 하지 않거나 분양신청을 철회함으로 인해 구 도시정비법 제47조 및 조합 정관 규정에 의하여 조합원의 지위를 상실한 토지 등 소유자도 그때 분양신청을 함으로써 건축물 등을 분양받을 수 있으므로 사업시행계획의 무효확인 또는 취소를 구할 법률상 이익이 있다. 위 법리에 따르면, 원고들이 이 사건 사업시행인가 이후 분양신청기간 내에 분양신청을 하지 않아 조합원의 지위를 상실하였다고 하더라도 원고들에게는 이 사건 사업시행계획의 효력을 다툴 법률상 이익이 있다(대판 2014. 2. 27. 2011두25173).

08 정답 ④

④ ✗ 이미 취소소송의 제기기간을 경과하여 확정력이 발생한 행정처분의 경우에는 위헌결정의 소급효가 미치지 않는다고 보아야 할 것이고, 일반적으로 법률이 헌법에 위반된다는 사정이 헌법재판소의 위헌결정이 있기 전에는 객관적으로 명백한 것이라고 할 수는 없으므로 특별한 사정이 없는 한 이러한 하자는 행정처분의 취소사유에 해당할 뿐 당연무효사유는 아니다. 따라서 설령 이 사건 각 부과처분의 근거법률이 위헌이라고 하더라도 그 위헌성이 명백하다는 등 특별한 사정이 있다고 볼 자료가 없는 한 각 부과처분에는 취소할 수 있는 하자가 있음에 불과하고 각 부과처분에 불가쟁력이 발생하여 더 이상 다툴 수 없는 이상 각 부과처분의 하자가 각 압류처분의 효력에 아무런 영향을 미칠 수 없으므로, 각 부과처분의 근거법률의 위헌 여부에 의하여 당해사건인 압류처분취소의 소의 주문이 달라지거나 재판의 내용과 효력에 관한 법률적 의미가 달라지는 경우로 볼 수 없다(헌재 2004. 1. 29. 2002헌바73).

① ◎ 위헌인 법률에 근거한 행정처분이 당연무효인지의 여부는 위헌결정의 소급효와는 별개의 문제로서, 위헌결정의 소급효가 인정된다고 하여 위헌인 법률에 근거한 행정처분이 당연무효가 된다고는 할 수 없고, 오히려 이미 취소소송의 제기기간을 경과하여 확정력이 발생한 행정처분에는 위헌결정의 소급효가 미치지 않는다고 보아야 한다(대판 1994. 10. 28. 92누9463).

② ◎ 행정처분이 아무리 위법하다고 하여도 그 하자가 중대하고 명백하여 당연무효라고 보아야 할 사유가 있는 경우를 제외하고는 아무도 그 하자를 이유로 무단히 그 효과를 부정하지 못하는 것으로, 이러한 행정행위의 공정력은 판결의 기판력과 같은 효력은 아니지만 그 공정력의 객관적 범위에 속하는 행정행위의 하자가 취소사유에 불과한 때에는 그 처분이 취소되지 않는 한 처분의 효력을 부정하여 그로 인한 이득을 법률상 원인 없는 이득이라고 말할 수 없는 것이다(대판 1994. 11. 11. 94다28000).

③ ◎ 민사소송에 있어서 어느 행정처분의 당연무효 여부가 선결문제로 되는 때에는 이를 판단하여 당연무효임을 전제로 판결할 수 있고 반드시 행정소송 등의 절차에 의하여 그 취소나 무효확인을 받아야 하는 것은 아니다(대판 2010. 4. 8. 2009다90092).

09 정답 ④

④ ✗ 행정청이 수익적 행정처분을 하면서 부가한 부담의 위법 여부는 처분 당시 법령을 기준으로 판단하여야 하고, 부담이 처분 당시 법령을 기준으로 적법하다면 처분 후 부담의 전제가 된 주된 행정처분의 근거 법령이 개정됨으로써 행정청이 더 이상 부관을 붙일 수 없게 되었다 하더라도 곧바로 위법하게 되거나 그 효력이 소멸하게 되는 것은 아니다. 따라서 행정처분의 상대방이 수익적 행정처분을 얻기 위하여 행정청과 사이에 행정처분에 부가할 부담에 관한 협약을 체결하고 행정청이 수익적 행정처분을 하면서 협약상의 의무를 부담으로 부가하였으나 부담의 전제가 된 주된 행정처분의 근거 법령이 개정됨으로써 행정청이 더 이상 부관을 붙일 수 없게 된 경우에도 곧바로 협약의 효력이 소멸하는 것은 아니다(대판 2009. 2. 12. 2005다65500).

① ◎

> **행정기본법 제17조(부관)** ① 행정청은 처분에 재량이 있는 경우에는 부관(조건, 기한, 부담, 철회권의 유보 등을 말한다. 이하 이 조에서 같다)을 붙일 수 있다.
> ② 행정청은 처분에 재량이 없는 경우에는 법률에 근거가 있는 경우에 부관을 붙일 수 있다.

② ◎ 수산업법 제15조에 의하여 어업의 면허 또는 허가에 붙이는 부관은 그 성질상 허가된 어업의 본질적 효력을 해하지 않는 한도의 것이어야 하고 허가된 어업의 내용 또는 효력 등에 대하여는 행정청이 임의로 제한 또는 조건을 붙일 수 없다고 보아야 할 것이며 수산업법시행령 제14조의4 제3항의 규정내용은 기선선망어업에는 그 어선규모의 대소를 가리지 않고 등선과 운반선을 갖출 수 있고, 또 갖추어야 하는 것이라고 해석되므로 기선선망어업의 허가를 하면서 운반선, 등선 등 부속선을 사용할 수 없도록 제한한 부관은 그 어업허가의 목적달성을 사실상 어렵게 하여 그 본질적 효력을 해하는 것일 뿐만 아니라 위 시행령의 규정에도 어긋나는 것이며, 더욱이 어업조정이나 기타 공익상 필요하다고 인정되는 사정이 없는 이상 위법한 것이다(대판 1990. 4. 27. 89누6808).

③ ◎ 행정처분에 부담인 부관을 붙인 경우 부관의 무효화에 의하여 본체인 행정처분 자체의 효력에도 영향이 있게 될 수는 있지만, 그 처분을 받은 사람이 부담의 이행으로 사법상 매매 등의 법률행위를 한 경우에는 그 부관은 특별한 사정이 없는 한 법률행위를 하게 된 동기 내지 연유로 작용하였을 뿐이므로 이는 법률행위의 취소사유가 될 수 있음은 별론으로 하고 그 법률행위 자체를 당연히 무효화하는 것은 아니다(대판 2009. 6. 25. 2006다18174).

10 정답 ③

①◎, ③✗

> **행정기본법 제18조(위법 또는 부당한 처분의 취소)** ① 행정청은 위법 또

는 부당한 처분의 전부나 일부를 소급하여 취소할 수 있다. 다만, 당사자의 신뢰를 보호할 가치가 있는 등 정당한 사유가 있는 경우에는 장래를 향하여 취소할 수 있다.
② 행정청은 제1항에 따라 당사자에게 권리나 이익을 부여하는 처분을 취소하려는 경우에는 취소로 인하여 당사자가 입게 될 불이익을 취소로 달성되는 공익과 비교·형량(衡量)하여야 한다. 다만, 다음 각 호의 어느 하나에 해당하는 경우에는 그러하지 아니하다.
1. 거짓이나 그 밖의 부정한 방법으로 처분을 받은 경우
2. 당사자가 처분의 위법성을 알고 있었거나 중대한 과실로 알지 못한 경우

② ○

행정절차법 제22조(의견청취) ① 행정청이 처분을 할 때 다음 각 호의 어느 하나에 해당하는 경우에는 청문을 한다.
1. 다른 법령등에서 청문을 하도록 규정하고 있는 경우
2. 행정청이 필요하다고 인정하는 경우
3. 다음 각 목의 처분을 하는 경우
  가. 인허가 등의 취소
  나. 신분·자격의 박탈
  다. 법인이나 조합 등의 설립허가의 취소

④ ○

행정기본법 제19조(적법한 처분의 철회) ① 행정청은 적법한 처분이 다음 각 호의 어느 하나에 해당하는 경우에는 그 처분의 전부 또는 일부를 장래를 향하여 철회할 수 있다.
1. 법률에서 정한 철회 사유에 해당하게 된 경우
2. 법령등의 변경이나 사정변경으로 처분을 더 이상 존속시킬 필요가 없게 된 경우
3. 중대한 공익을 위하여 필요한 경우
② 행정청은 제1항에 따라 처분을 철회하려는 경우에는 철회로 인하여 당사자가 입게 될 불이익을 철회로 달성되는 공익과 비교·형량하여야 한다.

11 정답 ③

③ ✗ 상급행정기관이 소속 공무원이나 하급행정기관에 대하여 세부적인 업무처리절차나 법령의 해석·적용 기준을 정해 주는 '행정규칙'은 상위법령의 구체적 위임이 있지 않는 한 행정조직 내부에서만 효력을 가질 뿐 대외적으로 국민이나 법원을 구속하는 효력이 없다(대판 2019. 10. 31. 2013두20011).

① ○ 일반적으로 법률의 위임에 따라 효력을 갖는 법규명령의 경우에 위임의 근거가 없어 무효였더라도 나중에 법 개정으로 위임의 근거가 부여되면 그때부터는 유효한 법규명령으로 볼 수 있다(대판 2017. 4. 20. 2015두45700 전합).

② ○ 법령에서 행정처분의 요건 중 일부 사항을 부령으로 정할 것을 위임한 데 따라 시행규칙 등 부령에서 이를 정한 경우에 그 부령의 규정은 국민에 대해서도 구속력이 있는 법규명령에 해당한다고 할 것이지만, 법령의 위임이 없음에도 법령에 규정된 처분 요건에 해당하는 사항을 부령에서 변경하여 규정한 경우에는 그 부령의 규정은 행정청 내부의 사무처리 기준 등을 정한 것으로서 행정조직 내에서 적용되는 행정명령의 성격을 지닐 뿐 국민에 대한 대외적 구속력은 없다고 보아야 한다(대판 2013. 9. 12. 2011두10584).

④ ○ 이른바 행정규칙은 일반적으로 행정조직 내부에서만 효력을 가지는 것이고 대외적인 구속력을 갖는 것이 아니다. 다만, 행정규칙이 법령의 규정에 의하여 행정관청에 법령의 구체적 내용을 보충할 권한을 부여한 경우, 또는 재량권 행사의 준칙인 규칙이 그 정한 바에 따라 되풀이 시행되어 행정관행이 이룩되게 되면 평등의 원칙이나 신뢰보호의 원칙에 따라 행정기관은 그 상대방에 대한 관계에서 그 규칙에 따라야 할 자기구속을 당하게 되는 경우에는 대외적인 구속력을 가지게 된다(헌재 1990. 9. 3. 90헌마13). 명령·규칙 그 자체에 의하여 직접 기본권이 침해되었을 경우에는 그것을 대상으로 하여 헌법소원심판을 청구할 수 있고, 그 경우 제소요건으로서 당해 법령이 구체적 집행행위를 매개로 하지 않고 직접적으로 그리고 현재적으로 국민의 기본권을 침해하고 있어야 한다(헌재 1993. 5. 13. 92헌마80).

12 정답 ①

① ✗ 권력적 사실행위가 행정처분의 준비단계로서 행하여지거나 행정처분과 결합된 경우(合成的 行政行爲)에는 행정처분에 흡수·통합되어 불가분의 관계에 있다 할 것이므로 행정처분만이 취소소송의 대상이 되고, 처분과 분리하여 따로 권력적 사실행위를 다툴 실익은 없다(헌재 2003. 12. 18. 2001헌마754).

② ○, ④ ○ 행정상의 사실행위는 경고, 권고, 시사와 같은 정보제공이나 단순한 지식표시로서의 행정지도와 같이 대외적 구속력이 없는 '비권력적 사실행위'와 행정청이 우월적 지위에서 일방적으로 강제하는 '권력적 사실행위'로 나눌 수 있고, 그 중 권력적 사실행위만이 헌법소원의 대상이 되는 공권력의 행사에 해당한다. 일반적으로 어떤 행위가 헌법소원의 대상이 되는 권력적 사실행위에 해당하는지 여부는 당해 행정주체와 상대방과의 관계, 그 사실행위에 대한 상대방의 의사·관여 정도·태도, 그 사실행위의 목적·경위, 법령에 의한 명령·강제수단의 발동 가부 등 그 행위가 행하여질 당시의 구체적 사정을 종합적으로 고려하여 개별적으로 판단해야 한다(헌재 2020. 3. 10. 2020헌마209).

③ ○ 甲 도지사가 도에서 설치·운영하는 乙 지방의료원을 폐업하겠다는 결정을 발표하고 그에 따라 폐업을 위한 일련의 조치가 이루어진 후 乙 지방의료원을 해산한다는 내용의 조례를 공포하고 乙 지방의료원의 청산절차가 마쳐진 사안에서, 지방의료원의 설립·통합·해산은 지방자치단체의 조례로 결정할 사항이므로, 도가 설치·운영하는 乙 지방의료원의 폐업·해산은 도의 조례로 결정할 사항인 점 등을 종합하면, 甲 도지사의 폐업결정은 행정청이 행하는 구체적 사실에 관한 법집행으로서의 공권력 행사로서 입원환자들과 소속 직원들의 권리·의무에 직접 영향을 미치는 것이므로 항고소송의 대상에 해당하지만, 폐업결정 후 乙 지방의료원을 해산한다는 내용의 조례가 제정·시행되었고 조례가 무효라고 볼 사정도 없어 乙 지방의료원을 폐업 전의 상태로 되돌리는 원상회복은 불가능하므로 법원이 폐업결정을 취소하더라도 단지 폐업결정이 위법함을 확인하는 의미밖에 없고, 폐업결정의 취소로 회복할 수 있는 다른 권리나 이익이 남아있다고 보기도 어려우므로, 甲 도지사의 폐업결정이 법적으로 권한 없는 자에 의하여 이루어진 것으로서 위법하더라도 취소를 구할 소의 이익을 인정하기 어렵다(대판 2016. 8. 30. 2015두60617).

13 정답 ④

④ ✗ 구 환경정책기본법(2008. 3. 28. 법률 제9037호로 개정되기 전의 것, 이하 '구 환경정책기본법'이라 한다) 제25조 내지 제27조, 구 환경정책기본법 시행령(2008. 8. 26. 대통령령 제20975호로 개정되기 전의 것) 제7조 내지 제11조의 각 규정을 종합하여 보면, 구 환경정책기본법 제25조의2에 따라 사전환경성검토를 거쳐야 하는 행정계획이나 개발사업에 대하여 사전환경성검토를 거치지 아니하였는데도 행정계획을 수립하

거나 개발사업에 대하여 허가 또는 승인 등을 하였다면 그 처분은 위법하다 할 것이나, 그러한 절차를 거쳤다면, 비록 그 사전환경성검토의 내용이 다소 부실하다 하더라도 그 부실의 정도가 사전환경성검토 제도를 둔 입법 취지를 달성할 수 없을 정도이어서 사전환경성검토를 하지 아니한 것과 다를 바 없는 정도의 것이 아닌 이상, 그 부실은 당해 처분에 재량권 일탈·남용의 위법이 있는지 여부를 판단하는 하나의 요소로 됨에 그칠 뿐, 그 부실로 인하여 당연히 당해 처분이 위법하게 되는 것은 아니라고 할 것이다(대판 2014. 7. 24. 2012두4616).

① ◎ 도시계획법 제16조의2 제2항과 같은법시행령 제14조의2 제6항 내지 제8항의 규정을 종합하여 보면 도시계획의 입안에 있어 해당 도시계획안의 내용을 공고 및 공람하게 한 것은 다수 이해관계자의 이익을 합리적으로 조정하여 국민의 권리자유에 대한 부당한 침해를 방지하고 행정의 민주화와 신뢰를 확보하기 위하여 국민의 의사를 그 과정에 반영시키는데 있는 것이므로 이러한 공고 및 공람 절차에 하자가 있는 도시계획결정은 위법하다(대판 2000. 3. 23. 98두2768).

② ◎ 국토해양부, 환경부, 문화체육관광부, 농림수산부, 식품부가 합동으로 2009. 6. 8. 발표한 '4대강 살리기 마스터플랜' 등은 4대강 정비사업과 주변 지역의 관련 사업을 체계적으로 추진하기 위하여 수립한 종합계획이자 '4대강 살리기 사업'의 기본방향을 제시하는 계획으로서, 행정기관 내부에서 사업의 기본방향을 제시하는 것일 뿐, 국민의 권리·의무에 직접 영향을 미치는 것이 아니어서 행정처분에 해당하지 않는다(대판 2011. 4. 21. 2010무111 전합).

③ ◎ 구 도시 및 주거환경정비법(2007. 12. 21. 법률 제8785호로 개정되기 전의 것)에 따른 주택재건축정비사업조합은 관할 행정청의 감독 아래 위 법상 주택재건축사업을 시행하는 공법인으로서, 그 목적 범위 내에서 법령이 정하는 바에 따라 일정한 행정작용을 행하는 행정주체의 지위를 가진다 할 것인데, 재건축정비사업조합이 이러한 행정주체의 지위에서 위 법에 기초하여 수립한 사업시행계획은 인가·고시를 통해 확정되면 이해관계인에 대한 구속적 행정계획으로서 독립된 행정처분에 해당하고, 이와 같은 사업시행계획안에 대한 조합 총회결의는 그 행정처분에 이르는 절차적 요건 중 하나에 불과한 것으로서, 그 계획이 확정된 후에는 항고소송의 방법으로 계획의 취소 또는 무효확인을 구할 수 있을 뿐, 절차적 요건에 불과한 총회결의 부분만을 대상으로 그 효력 유무를 다투는 확인의 소를 제기하는 것은 허용되지 아니한다(대결 2009. 11. 2. 2009마596).

14   정답 ③

③ ✘ 구 국가를 당사자로 하는 계약에 관한 법률(2012. 12. 18. 법률 제11547호로 개정되기 전의 것, 이하 '국가계약법'이라 한다) 제11조 규정 내용과 국가가 일방당사자가 되어 체결하는 계약의 내용을 명확히 하고 국가가 사인과 계약을 체결할 때 적법한 절차에 따를 것을 담보하려는 규정의 취지 등에 비추어 보면, 국가가 사인과 계약을 체결할 때에는 **국가계약 법령에 따른 계약서를 따로 작성하는 등** 요건과 절차를 이행하여야 할 것이고, 설령 국가와 사인 사이에 계약이 체결되었더라도 이러한 법령상 요건과 절차를 거치지 아니한 계약은 효력이 없다(대판 2015. 1. 15. 2013다215133).

① ◎

> **행정기본법 제27조(공법상 계약의 체결)** ① 행정청은 법령등을 위반하지 아니하는 범위에서 행정목적을 달성하기 위하여 필요한 경우에는 공법상 법률관계에 관한 계약(이하 "공법상 계약"이라 한다)을 체결할 수 있다. 이 경우 계약의 목적 및 내용을 명확하게 적은 계약서를 작성하여야 한다.

② ◎ 국가를 당사자로 하는 계약에 관한 법률에 따라 국가가 당사자가 되는 이른바 공공계약은 사경제 주체로서 상대방과 대등한 위치에서 체결하는 사법상 계약으로서 본질적인 내용은 사인 간의 계약과 다를 바가 없으므로, 그에 관한 법령에 특별한 정함이 있는 경우를 제외하고는 사적 자치와 계약자유의 원칙 등 사법의 원리가 그대로 적용된다(대판 2020. 5. 14. 2018다298409).

④ ◎ 공공기관운영법 제39조 제2항과 그 하위법령에 따른 입찰참가자 격제한 조치는 '구체적 사실에 관한 법집행으로서의 공권력의 행사'로서 행정처분에 해당한다(대판 2020. 5. 28. 2017두66541).

15   정답 ①

① ✘ 구 행정절차법(2011. 12. 2. 법률 제11109호로 개정되기 전의 것, 이하 같다) 제22조 제3항에 따라 행정청이 의무를 부과하거나 권익을 제한하는 처분을 할 때 의견제출의 기회를 주어야 하는 '당사자'는 '행정청의 처분에 대하여 직접 그 상대가 되는 당사자'(구 행정절차법 제2조 제4호)를 의미한다. 그런데 '고시'의 방법으로 불특정 다수인을 상대로 의무를 부과하거나 권익을 제한하는 처분은 성질상 의견제출의 기회를 주어야 하는 상대방을 특정할 수 없으므로, 이와 같은 처분에 있어서까지 구 행정절차법 제22조 제3항에 의하여 그 상대방에게 의견제출의 기회를 주어야 한다고 해석할 것은 아니다(대판 2014. 10. 27. 2012두7745).

② ◎

> **행정절차법 제15조(송달의 효력 발생)** ② 제14조 제3항에 따라 정보통신망을 이용하여 전자문서로 송달하는 경우에는 송달받을 자가 지정한 컴퓨터 등에 입력된 때에 도달된 것으로 본다.

③ ◎ 세액산출근거가 누락된 납세고지서에 의한 과세처분의 하자의 치유를 허용하려면 늦어도 과세처분에 대한 불복여부의 결정 및 불복신청에 편의를 줄 수 있는 상당한 기간 내에 하여야 한다고 할 것이므로 위 과세처분에 대한 전심절차가 모두 끝나고 상고심의 계류 중에 세액산출근거의 통지가 있었다고 하여 이로써 위 과세처분의 하자가 치유되었다고는 볼 수 없다(대판 1984. 4. 10. 83누393).

④ ◎ 행정청은 처분을 하는 때에는 원칙적으로 당사자에게 근거와 이유를 제시하여야 한다(행정절차법 제23조 제1항). 당사자가 신청하는 허가 등을 거부하는 처분을 하면서 당사자가 그 근거를 알 수 있을 정도로 이유를 제시한 경우에는 처분의 근거와 이유를 구체적으로 명시하지 않았더라도 그로 말미암아 그 처분이 위법하다고 볼 수는 없다. 이때 '이유를 제시한 경우'는 처분서에 기재된 내용과 관계 법령 및 당해 처분에 이르기까지의 전체적인 과정 등을 종합적으로 고려하여, 처분 당시 당사자가 어떠한 근거와 이유로 처분이 이루어진 것인지를 충분히 알 수 있어서 그에 불복하여 행정구제절차로 나아가는 데 별다른 지장이 없었다고 인정되는 경우를 뜻한다(대판 2017. 8. 29. 2016두44186).

16   정답 ④

④ ✘ 공공기관의 정보공개에 관한 법률(이하 '정보공개법'이라 한다)의 입법 목적, 정보공개의 원칙, 비공개대상정보의 규정 형식과 취지 등을 고려하면, 법원 이외의 공공기관이 정보공개법 제9조 제1항 제4호에서 정한 '진행 중인 재판에 관련된 정보'에 해당한다는 사유로 정보공개를 거부하기 위하여는 반드시 그 정보가 진행 중인 재판의 소송기록 자체에 포함된 내용일 필요는 없다. 그러나 재판에 관련된 일체의 정보가 그에 해당하는 것은 아니고 진행 중인 재판의 심리 또는 재판결과에 구체적으로 영향을 미칠 위험이 있는 정보에 한정된다고 보는 것이 타당하다(대판 2011. 11. 24. 2009두19021).

① ⓞ 일반적인 정보공개청구권의 의미와 성질, 구 공공기관의 정보공개에 관한 법률(2013. 8. 6. 법률 제11991호로 개정되기 전의 것, 이하 '정보공개법'이라 한다) 제3조, 제5조 제1항, 제6조의 규정 내용과 입법 목적, 정보공개법이 정보공개청구권의 행사와 관련하여 정보의 사용 목적이나 정보에 접근하려는 이유에 관한 어떠한 제한을 두고 있지 아니한 점 등을 고려하면, 국민의 정보공개청구는 정보공개법 제9조에 정한 비공개 대상 정보에 해당하지 아니하는 한 원칙적으로 폭넓게 허용되어야 하지만, 실제로는 해당 정보를 취득 또는 활용할 의사가 전혀 없이 정보공개 제도를 이용하여 사회통념상 용인될 수 없는 부당한 이득을 얻으려 하거나, 오로지 공공기관의 담당공무원을 괴롭힐 목적으로 정보공개청구를 하는 경우처럼 권리의 남용에 해당하는 것이 명백한 경우에는 정보공개청구권의 행사를 허용하지 아니하는 것이 옳다(대판 2014. 12. 24. 2014두9349).

② ⓞ 공공기관의정보공개에관한법률 제6조 제1항은 "모든 국민은 정보의 공개를 청구할 권리를 가진다."고 규정하고 있는데, 여기에서 말하는 국민에는 자연인은 물론 법인, 권리능력 없는 사단·재단도 포함되고, 법인, 권리능력 없는 사단·재단 등의 경우에는 설립목적을 불문하며, 한편 정보공개청구권은 법률상 보호되는 구체적인 권리이므로 청구인이 공공기관에 대하여 정보공개를 청구하였다가 거부처분을 받은 것 자체가 법률상 이익의 침해에 해당한다(대판 2003. 12. 12. 2003두8050).

③ ⓞ 공공기관의 정보공개에 관한 법률상 공개청구의 대상이 되는 정보란 공공기관이 직무상 작성 또는 취득하여 현재 보유·관리하고 있는 문서에 한정되는 것이기는 하나, 그 문서가 반드시 원본일 필요는 없다(대판 2006. 5. 25. 2006두3049).

17
정답 ②

② ✗ 건물의 소유자에게 위법건축물을 일정기간까지 철거할 것을 명함과 아울러 불이행할 때에는 대집행한다는 내용의 철거대집행 계고처분을 고지한 후 이에 불응하자 다시 제2차, 제3차 계고서를 발송하여 일정기간까지의 자진철거를 촉구하고 불이행하면 대집행을 한다는 뜻을 고지하였다면 행정대집행법상의 건물철거의무는 제1차 철거명령 및 계고처분으로서 발생하였고 제2차, 제3차의 계고처분은 새로운 철거의무를 부과한 것이 아니고 다만 대집행기한의 연기통지에 불과하므로 행정처분이 아니다(대판 1994. 10. 28. 94누5144).

① ⓞ

행정대집행법 제2조(대집행과 그 비용징수) 법률(법률의 위임에 의한 명령, 지방자치단체의 조례를 포함한다. 이하 같다)에 의하여 직접명령되었거나 또는 법률에 의거한 행정청의 명령에 의한 행위로서 타인이 대신하여 행할 수 있는 행위를 의무자가 이행하지 아니하는 경우 다른 수단으로써 그 이행을 확보하기 곤란하고 또한 그 불이행을 방치함이 심히 공익을 해할 것으로 인정될 때에는 당해 행정청은 스스로 의무자가 하여야 할 행위를 하거나 또는 제삼자로 하여금 이를 하게 하여 그 비용을 의무자로부터 징수할 수 있다.

③ ⓞ

행정대집행법 제6조(비용징수) ① 대집행에 요한 비용은 국세징수법의 예에 의하여 징수할 수 있다.

④ ⓞ 계고서라는 명칭의 1장의 문서로서 일정기간 내에 위법건축물의 자진철거를 명함과 동시에 그 소정기한 내에 자진철거를 하지 아니할 때에는 대집행할 뜻을 미리 계고한 경우라도 건축법에 의한 철거명령과 행정대집행법에 의한 계고처분은 독립하여 있는 것으로서 각 그 요건이 충족되었다고 볼 것이다(대판 1992. 6. 12. 91누13564).

18
정답 ②

② ⓞ 과태료와 같은 행정질서벌은 행정질서유지를 위한 의무의 위반이라는 객관적 사실에 대하여 과하는 제재이므로 반드시 현실적인 행위자가 아니라도 법령상 책임자로 규정된 자에게 부과되고 원칙적으로 위반자의 고의·과실을 요하지 아니하나, 위반자가 그 의무를 알지 못하는 것이 무리가 아니었다고 할 수 있어 그것을 정당시할 수 있는 사정이 있을 때 또는 그 의무의 이행을 그 당사자에게 기대하는 것이 무리라고 하는 사정이 있을 때 등 그 의무 해태를 탓할 수 없는 정당한 사유가 있는 때에는 이를 부과할 수 없다(대판 2000. 5. 26. 98두5972).

① ✗ 행정법상의 질서벌인 과태료의 부과처분과 형사처벌은 그 성질이나 목적을 달리하는 별개의 것이므로 행정법상의 질서벌인 과태료를 납부한 후에 형사처벌을 한다고 하여 이를 일사부재리의 원칙에 반하는 것이라고 할 수는 없다(대판 1996. 4. 12. 96도158).

③ ✗

질서위반행위규제법 제8조(위법성의 착오) 자신의 행위가 위법하지 아니한 것으로 오인하고 행한 질서위반행위는 그 오인에 정당한 이유가 있는 때에 한하여 과태료를 부과하지 아니한다.

④ ✗

질서위반행위규제법 제3조(법 적용의 시간적 범위) ② 질서위반행위 후 법률이 변경되어 그 행위가 질서위반행위에 해당하지 아니하게 되거나 과태료가 변경되기 전의 법률보다 가볍게 된 때에는 법률에 특별한 규정이 없는 한 변경된 법률을 적용한다.

19
정답 ④

④ ✗ 구 헌법재판소법(2011. 4. 5. 법률 제10546호로 개정되기 전의 것) 제47조 제1항은 "법률의 위헌결정은 법원 기타 국가기관 및 지방자치단체를 기속한다."고 규정하고 있는데, 이러한 위헌결정의 기속력과 헌법을 최고규범으로 하는 법질서의 체계적 요청에 비추어 국가기관 및 지방자치단체는 위헌으로 선언된 법률규정에 근거하여 새로운 행정처분을 할 수 없음은 물론이고, 위헌결정 전에 이미 형성된 법률관계에 기한 후속처분이라도 그것이 새로운 위헌적 법률관계를 생성·확대하는 경우라면 이를 허용할 수 없다. 따라서 조세 부과의 근거가 되었던 법률규정이 위헌으로 선언된 경우, 비록 그에 기한 과세처분이 위헌결정 전에 이루어졌고, 과세처분에 대한 제소기간이 이미 경과하여 조세채권이 확정되었으며, 조세채권의 집행을 위한 체납처분의 근거규정 자체에 대하여는 따로 위헌결정이 내려진 바 없다고 하더라도, 위와 같은 위헌결정 이후에 조세채권의 집행을 위한 새로운 체납처분에 착수하거나 이를 속행하는 것은 더 이상 허용되지 않고, 나아가 이러한 위헌결정의 효력에 위배하여 이루어진 체납처분은 그 사유만으로 하자가 중대하고 객관적으로 명백하여 당연무효라고 보아야 한다(대판 2012. 2. 16. 2010두10907 전합).

① ⓞ 소방기본법상 강제처분은 의무불이행을 전제로 하지 않으므로 행정상 즉시강제에 해당한다. 이외에도 「감염병의 예방 및 관리에 관한 법률」상의 강제입원도 즉시강제에 해당하는 사례이다.

② ⓞ

건축법 제80조(이행강제금) ⑥ 허가권자는 제79조 제1항에 따라 시정명령을 받은 자가 이를 이행하면 새로운 이행강제금의 부과를 즉시 중지하되, 이미 부과된 이행강제금은 징수하여야 한다.

③ ⓞ 통고처분은 상대방의 임의의 승복을 그 발효요건으로 하기 때문에 그 자체만으로는 통고이행을 강제하거나 상대방에게 아무런 권리의

무를 형성하지 않으므로 행정심판이나 행정소송의 대상으로서의 처분성을 부여할 수 없고, 통고처분에 대하여 이의가 있으면 통고내용을 이행하지 않음으로써 고발되어 형사재판절차에서 통고처분의 위법·부당함을 얼마든지 다툴 수 있기 때문에 관세법 제38조 제3항 제2호가 법관에 의한 재판받을 권리를 침해한다든가 적법절차의 원칙에 저촉된다고 볼 수 없다(헌재 1998. 5. 28. 96헌바4).

20
정답 ③

③ ❌ 어떠한 행정처분이 후에 항고소송에서 취소되었다고 할지라도 그 기판력에 의하여 당해 행정처분이 곧바로 공무원의 고의 또는 과실로 인한 것으로서 불법행위를 구성한다고 단정할 수는 없는 것이고, 그 행정처분의 담당공무원이 보통 일반의 공무원을 표준으로 하여 볼 때 객관적 주의의무를 결하여 그 행정처분이 객관적 정당성을 상실하였다고 인정될 정도에 이른 경우에 국가배상법 제2조 소정의 국가배상책임의 요건을 충족하였다고 봄이 상당할 것이며, 이때에 객관적 정당성을 상실하였는지 여부는 피침해이익의 종류 및 성질, 침해행위가 되는 행정처분의 태양 및 그 원인, 행정처분의 발동에 대한 피해자측의 관여의 유무, 정도 및 손해의 정도 등 제반 사정을 종합하여 손해의 전보책임을 국가 또는 지방자치단체에게 부담시켜야 할 실질적인 이유가 있는지 여부에 의하여 판단하여야 한다(대판 2000. 5. 12. 99다70600).

① ⭕ 국가배상청구의 요건인 '공무원의 직무'에는 권력적 작용만이 아니라 비권력적 작용도 포함되며 단지 행정주체가 사경제주체로서 하는 활동만 제외된다(대판 2001. 1. 5. 98다39060).

② ⭕ 일반적으로 국가 또는 지방자치단체가 권한을 행사할 때에는 국민에 대한 손해를 방지하여야 하고, 국민의 안전을 배려하여야 하며, 소속 공무원이 전적으로 또는 부수적으로라도 국민 개개인의 안전과 이익을 보호하기 위하여 법령에서 정한 직무상 의무를 위반하여 국민에게 손해를 가하면 상당인과관계가 인정되는 범위 안에서 국가 또는 지방자치단체가 배상책임을 부담하는 것이지만, 공무원이 직무를 수행하면서 근거되는 법령의 규정에 따라 구체적으로 의무를 부여받았어도 그것이 국민의 이익과는 관계없이 순전히 행정기관 내부의 질서를 유지하기 위한 것이거나, 또는 국민의 이익과 관련된 것이라도 직접 국민 개개인의 이익을 위한 것이 아니라 전체적으로 공공 일반의 이익을 도모하기 위한 것이라면 그 의무를 위반하여 국민에게 손해를 가하여도 국가 또는 지방자치단체는 배상책임을 부담하지 아니한다(대판 2015. 5. 28. 2013다41431).

④ ⭕ 공무원이 직무 수행 중 불법행위로 타인에게 손해를 입힌 경우에 국가나 지방자치단체가 국가배상책임을 부담하는 외에 공무원 개인도 고의 또는 중과실이 있는 경우에는 불법행위로 인한 손해배상책임을 지고, 공무원에게 경과실이 있을 뿐인 경우에는 공무원 개인은 불법행위로 인한 손해배상책임을 부담하지 아니하는데, 여기서 공무원의 중과실이란 공무원에게 통상 요구되는 정도의 상당한 주의를 하지 않더라도 약간의 주의를 한다면 손쉽게 위법·유해한 결과를 예견할 수 있는 경우임에도 만연히 이를 간과함과 같은 거의 고의에 가까운 현저한 주의를 결여한 상태를 의미한다(대판 2011. 9. 8. 2011다34521).

21
정답 ①

① ❌ 토지가 구 소하천정비법(2016. 1. 27. 법률 제13919호로 개정되기 전의 것, 이하 같다)에 의하여 소하천구역으로 적법하게 편입된 경우 그로 인하여 그 토지의 소유자가 사용·수익에 관한 권리행사에 제한을 받아 손해를 입고 있다고 하더라도 구 소하천정비법 제24조에서 정한 절차에 따라 손실보상을 청구할 수 있음은 별론으로 하고, 관리청의 제방 부지에 대한 점유를 권원 없는 점유와 같이 보아 손해배상이나 부당이득의 반환을 청구할 수 없다(대판 2021. 12. 30. 2018다284608).

② ⭕ 구 전염병예방법에 의한 피해보상제도가 수익적 행정처분의 형식을 취하고는 있지만, 구 전염병예방법의 취지와 입법 경위 등을 고려하면 실질은 피해자의 특별한 희생에 대한 보상에 가까우므로, 보건복지가족부장관은 위와 같은 사정 등을 두루 고려하여 객관적으로 합리적인 재량권의 범위 내에서 타당한 결정을 해야 하고, 그렇지 않을 경우 인정 여부의 결정은 주어진 재량권을 남용한 것으로서 위법하게 된다(대판 2014. 5. 16. 2014두274).

③ ⭕ 법률 제2292호 하천법 개정법률 제2조 제1항 제2호 (나)목 및 (다)목, 제3조에 의하면, 제방부지 및 제외지는 법률 규정에 의하여 당연히 하천구역이 되어 국유로 되는데도, 하천편입토지 보상 등에 관한 특별조치법(이하 '특별조치법'이라 한다)이 법률 제2292호 하천법 개정법률 시행일인 1971. 7. 20.부터 법률 제3782호 하천법 중 개정법률 시행일인 1984. 12. 31. 전에 국유로 된 제방부지 및 제외지에 대하여는 명시적인 보상규정을 두고 있지 않지만, 제방부지 및 제외지가 유수지와 더불어 하천구역이 되어 국유로 되는 이상 그로 인하여 소유자가 입은 손실은 보상되어야 하고, 보상방법을 유수지에 관한 것과 달리할 아무런 합리적인 이유가 없으므로, 법률 제2292호 하천법 개정법률 시행일부터 법률 제3782호 하천법 중 개정법률 시행일 전에 국유로 된 제방부지 및 제외지에 대하여도 특별조치법 제2조를 유추적용하여 소유자에게 손실을 보상하여야 한다(대판 2011. 11. 10. 2011두16636).

④ ⭕ 도시계획시설사업은 도로·철도·항만·공항·주차장 등 교통시설, 수도·전기·가스공급설비 등 공급시설과 같은 도시계획시설을 설치·정비 또는 개량하여 공공복리를 증진시키고 국민의 삶의 질을 향상시키는 것을 목적으로 하고 있으므로, 도시계획시설사업은 그 자체로 공공필요성의 요건이 충족된다(헌재 2007. 11. 29. 2006헌바79).

22
정답 ④

④ ❌ 재결이 있게 되면 재결은 피청구인인 행정청과 그 밖의 관계행정청을 기속하므로(행정심판법 제49조 제1항) 인용재결이 있으면 피청구인인 행정청은 이에 불복할 수 없다.

① ⭕ 예외적 전치주의가 적용되는 사례가 아니므로 행정소송법 제18조 1항에 따라 심판을 거치지 않고 바로 행정소송을 제기할 수 있다.

> **행정소송법 제18조(행정심판과의 관계)** ① 취소소송은 법령의 규정에 의하여 당해 처분에 대한 행정심판을 제기할 수 있는 경우에도 이를 거치지 아니하고 제기할 수 있다. 다만, 다른 법률에 당해 처분에 대한 행정심판의 재결을 거치지 아니하면 취소소송을 제기할 수 없다는 규정이 있는 때에는 그러하지 아니하다.

② ⭕

> **행정심판법 제6조(행정심판위원회의 설치)** ③ 다음 각 호의 행정청의 처분 또는 부작위에 대한 심판청구에 대하여는 시·도지사 소속으로 두는 행정심판위원회에서 심리·재결한다.
> 1. 시·도 소속 행정청
> 2. 시·도의 관할구역에 있는 시·군·자치구의 장, 소속 행정청 또는 시·군·자치구의 의회(의장, 위원회의 위원장, 사무국장, 사무과장 등 의회 소속 모든 행정청을 포함한다)
> 3. 시·도의 관할구역에 있는 둘 이상의 지방자치단체(시·군·자치구를 말한다)·공공법인 등이 공동으로 설립한 행정청

③ ⭕

> **행정소송법 제20조(제소기간)** ① 취소소송은 처분등이 있음을 안 날

부터 90일 이내에 제기하여야 한다. 다만, 제18조 제1항 단서에 규정한 경우와 그 밖에 행정심판청구를 할 수 있는 경우 또는 행정청이 행정심판청구를 할 수 있다고 잘못 알린 경우에 행정심판청구가 있은 때의 기간은 재결서의 정본을 송달받은 날부터 기산한다.
② 취소소송은 처분등이 있은 날부터 1년(제1항 단서의 경우는 재결이 있은 날부터 1년)을 경과하면 이를 제기하지 못한다. 다만, 정당한 사유가 있는 때에는 그러하지 아니하다.

23   정답 ③

③ ✘ 지방의회 의원에 대한 제명의결 취소소송 계속중 의원의 임기가 만료된 경우 제명의결의 취소로 의원의 지위를 회복할 수는 없다 하더라도 제명의결시부터 임기만료일까지의 기간에 대한 월정수당의 지급을 구할 수 있는 등 여전히 그 제명의결의 취소를 구할 법률상 이익이 있다 (대판 2009. 1. 30. 2007두13487).

① ○ 행정처분의 무효확인 또는 취소를 구하는 소에서, 비록 행정처분의 위법을 이유로 무효확인 또는 취소 판결을 받더라도 처분에 의하여 발생한 위법상태를 원상으로 회복시키는 것이 불가능한 경우에는 원칙적으로 무효확인 또는 취소를 구할 법률상 이익이 없고, 다만 원상회복이 불가능하더라도 무효확인 또는 취소로써 회복할 수 있는 다른 권리나 이익이 남아 있는 경우 예외적으로 법률상 이익이 인정될 수 있을 뿐이다 (대판 2016. 6. 10. 2013두1638).

② ○ 행정청이 한 처분 등의 취소를 구하는 소송은 처분에 의하여 발생한 위법 상태를 배제하여 원래 상태로 회복시키고 처분으로 침해된 권리나 이익을 구제하고자 하는 것이다. 따라서 해당 처분 등의 취소를 구하는 것보다 실효적이고 직접적인 구제수단이 있음에도 처분 등의 취소를 구하는 것은 특별한 사정이 없는 한 분쟁해결의 유효적절한 수단이라고 할 수 없어 법률상 이익이 있다고 할 수 없다(대판 2017. 10. 31. 2015두45045).

④ ○ 행정처분이 취소되면 그 처분은 취소로 인하여 그 효력이 상실되어 더 이상 존재하지 않는 것이고, 존재하지 않는 행정처분을 대상으로 한 취소소송은 소의 이익이 없어 부적법하다(대판 2006. 9. 28. 2004두5317).

24   정답 ④

② ○, ④ ✘ 항고소송의 대상인 '처분'이란 '행정청이 행하는 구체적 사실에 관한 법집행으로서의 공권력의 행사 또는 그 거부와 그 밖에 이에 준하는 행정작용'을 말한다(행정소송법 제2조 제1항 제1호). 행정청의 행위가 항고소송의 대상이 될 수 있는지는 추상적·일반적으로 결정할 수 없고, 구체적인 경우에 관련 법령의 내용과 취지, 그 행위의 주체·내용·형식·절차, 그 행위와 상대방 등 이해관계인이 입는 불이익 사이의 실질적 견련성, 법치행정의 원리와 그 행위에 관련된 행정청이나 이해관계인의 태도 등을 고려하여 개별적으로 결정해야 한다. 어떠한 처분에 법령상 근거가 있는지, 행정절차법에서 정한 처분 절차를 준수하였는지는 본안에서 해당 처분이 적법한가를 판단하는 단계에서 고려할 요소이지, 소송요건 심사단계에서 고려할 요소가 아니다. 행정청의 행위가 '처분'에 해당하는지가 불분명한 경우에는 그에 대한 불복방법 선택에 중대한 이해관계를 가지는 상대방의 인식가능성과 예측가능성을 중요하게 고려해서 규범적으로 판단해야 한다. 총포·도검·화약류 등의 안전관리에 관한 법률 시행령 제78조 제1항 제3호, 제79조 및 총포·화약안전기술협회(이하 '협회'라 한다) 정관의 관련 규정의 내용을 위 법리에 비추어 살펴보면, 공법인인 협회가 자신의 공행정활동에 필요한 재원을 마련하기 위하여 회비납부의무자에 대하여 한 '회비납부통지'는 납부의무자의 구체적인 부담금액을 산정·고지하는 '부담금 부과처분'으로서 항고소송의 대상이 된다고 보아야 한다(대판 2021. 12. 30. 2018다241458).

① ○ 수도조례 및 하수도사용조례에 기한 과태료의 부과 여부 및 그 당부는 최종적으로 질서위반행위규제법에 의한 절차에 의하여 판단되어야 한다고 할 것이므로, 그 과태료 부과처분은 행정청을 피고로 하는 행정소송의 대상이 되는 행정처분이라고 볼 수 없다(대판 2012. 10. 11. 2011두19369).

③ ○ 항고소송의 대상이 되는 행정처분이라 함은 원칙적으로 행정청의 공법상 행위로서 특정 사항에 대하여 법규에 의한 권리의 설정 또는 의무의 부담을 명하거나 기타 법률상 효과를 발생하게 하는 등으로 일반 국민의 권리 의무에 직접 영향을 미치는 행위를 가리키는 것이지만, 어떠한 처분의 근거나 법적인 효과가 행정규칙에 규정되어 있다고 하더라도, 그 처분이 행정규칙의 내부적 구속력에 의하여 상대방에게 권리의 설정 또는 의무의 부담을 명하거나 기타 법적인 효과를 발생하게 하는 등으로 그 상대방의 권리 의무에 직접 영향을 미치는 행위라면, 이 경우에도 항고소송의 대상이 되는 행정처분에 해당한다(대판 2002. 7. 26. 2001두3532).

25   정답 ③

③ ✘

행정소송법 제13조(피고적격) ① 취소소송은 다른 법률에 특별한 규정이 없는 한 그 처분등을 행한 행정청을 피고로 한다. 다만, 처분등이 있은 뒤에 그 처분등에 관계되는 권한이 다른 행정청에 승계된 때에는 이를 승계한 행정청을 피고로 한다.
② 제1항의 규정에 의한 행정청이 없게 된 때에는 그 처분등에 관한 사무가 귀속되는 국가 또는 공공단체를 피고로 한다.

① ○ 항고소송은 원칙적으로 소송의 대상인 행정처분 등을 외부적으로 그의 명의로 행한 행정청을 피고로 하여야 하는 것으로서, 그 행정처분을 하게 된 연유가 상급행정청이나 타행정청의 지시나 통보에 의한 것이라 하여 다르지 않으며, 권한의 위임이나 위탁을 받아 수임행정청이 정당한 권한에 기하여 수임행정청 명의로 한 처분에 대하여는 말할 것도 없고, 내부위임이나 대리권을 수여받은 데 불과하여 원행정청 명의나 대리관계를 밝히지 아니하고는 그의 명의로 처분 등을 할 권한이 없는 행정청이 권한 없이 그의 명의로 한 처분에 대하여도 처분명의자인 행정청이 피고가 되어야 한다(대판 1994. 6. 14. 94누1197).

② ○ 행정소송법 제14조에 의한 피고경정은 사실심 변론종결에 이르기까지 허용되는 것으로 해석하여야 할 것이고, 굳이 제1심 단계에서만 허용되는 것으로 해석할 근거는 없다(대결 2006. 2. 23. 2005부4).

④ ○ 대리기관이 대리관계를 표시하고 피대리 행정청을 대리하여 행정처분을 한 때에는 피대리 행정청이 피고가 되어야 한다(대결 2006. 2. 23. 2005부4).

제2회 실전 기출문제

[소방공무원 9급 2022. 4. 8. 시행]

01 ④ 02 ③ 03 ③ 04 ③ 05 ② 06 ① 07 ③ 08 ② 09 ② 10 ②
11 ④ 12 ③ 13 ② 14 ② 15 ① 16 ④ 17 ② 18 ② 19 ④ 20 ①

01
정답 ④

④ ❌

> **행정기본법 제20조(자동적 처분)** 행정청은 법률로 정하는 바에 따라 완전히 자동화된 시스템(인공지능 기술을 적용한 시스템을 포함한다)으로 처분을 할 수 있다. 다만, 처분에 재량이 있는 경우는 그러하지 아니하다.

① ⭕

> **행정기본법 제8조(법치행정의 원칙)** 행정작용은 법률에 위반되어서는 아니 되며, 국민의 권리를 제한하거나 의무를 부과하는 경우와 그 밖에 국민생활에 중요한 영향을 미치는 경우에는 법률에 근거하여야 한다.

② ⭕

> **행정기본법 제12조(신뢰보호의 원칙)** ② 행정청은 권한 행사의 기회가 있음에도 불구하고 장기간 권한을 행사하지 아니하여 국민이 그 권한이 행사되지 아니할 것으로 믿을 만한 정당한 사유가 있는 경우에는 그 권한을 행사해서는 아니 된다. 다만, 공익 또는 제3자의 이익을 현저히 해칠 우려가 있는 경우는 예외로 한다.

③ ⭕

> **행정기본법 제33조(즉시강제)** ① 즉시강제는 다른 수단으로는 행정목적을 달성할 수 없는 경우에만 허용되며, 이 경우에도 최소한으로만 실시하여야 한다.

참고 행정상 즉시강제는 엄격한 실정법상의 근거를 필요로 할 뿐만 아니라, 그 발동에 있어서는 법규의 범위 안에서도 다시 행정상의 장해가 목전에 급박하고, 다른 수단으로는 행정목적을 달성할 수 없는 경우이어야 하며, 이러한 경우에도 그 행사는 필요 최소한도에 그쳐야 함을 내용으로 하는 조리상의 한계에 기속된다(헌재 2002. 10. 31, 2000헌가12).

02
정답 ③

③ ❌ 행정청이 구 학교보건법 소정의 학교환경위생정화구역 내에서 금지행위 및 시설의 해제 여부에 관한 행정처분을 함에 있어 학교환경위생정화위원회의 심의를 거치도록 한 취지는 그에 관한 전문가 내지 이해관계인의 의견과 주민의 의사를 행정청의 의사결정에 반영함으로써 공익에 가장 부합하는 민주적 의사를 도출하고 행정처분의 공정성과 투명성을 확보하려는 데 있고, 나아가 그 심의의 요구가 법률에 근거하고 있을 뿐 아니라 심의에 따른 의결내용도 단순히 절차의 형식에 관련된 사항에 그치지 않고 금지행위 및 시설의 해제 여부에 관한 행정처분에 영향을 미칠 수 있는 사항에 관한 것임을 종합해 보면, **금지행위 및 시설의 해제 여부에 관한 행정처분을 하면서 절차상 위와 같은 심의를 누락한 흠이 있다면** 그와 같은 흠을 가리켜 위 행정처분의 효력에 아무런 영향을 주지 않는다거나 경미한 정도에 불과하다고 볼 수는 없으므로, 특별한 사정이 없는 한 이는 **행정처분을 위법하게 하는 취소사유가 된다**(대판 2007. 3. 15, 2006두15806).

① ⭕ 국토계획법이 사인을 도시·군계획시설사업의 시행자로 지정하기 위한 요건으로 소유 요건과 동의 요건을 둔 취지는 사인이 시행하는 도시·군계획시설사업의 공공성을 보완하고 사인에 의한 일방적인 수용을 제어하기 위한 것이다. 그러므로 **만일 국토계획법령이 정한 도시계획시설사업의 대상 토지의 소유와 동의 요건을 갖추지 못하였는데도 사업시행자로 지정하였다면**, 이는 국토계획법령이 정한 법규의 중요한 부분을 위반한 것으로서 특별한 사정이 없는 한 **그 하자가 중대하다고 보아야** 한다. 그리고 국토계획법령은 소유 요건 충족 여부에 대한 판단기준에 관하여 아무런 규정을 두고 있지 않아 사업시행자 지정 요건 중 소유 요건의 기초가 되는 '소유권'은 민법상 소유권 취득 여부를 기준으로 판단할 수밖에 없다. 신청인이 사실상 소유하는 토지도 이에 포함시켜야 한다고 볼 만한 아무런 법령상 근거가 없으므로 사업시행자 지정을 위한 소유 요건에서 소유권의 의미에 관한 해석에 다툼의 여지도 없다. 따라서 이 사건에서 참가인의 신청 내용 자체에 의하더라도 참가인이 소유 요건을 갖추지 못하였음이 분명하다. 이 사건 사업시행자 지정 처분에서 소유 요건을 충족하지 못한 하자는 중대할 뿐만 아니라 객관적으로 명백하다. 원심이 같은 취지에서 이 사건 사업시행자 지정 처분의 하자가 중대·명백하여 무효라고 판단한 것은 정당하다(대판 2017. 7. 11. 2016두35144).

② ⭕ 구 헌법재판소법 제47조 제1항은 "법률의 위헌결정은 법원 기타 국가기관 및 지방자치단체를 기속한다."고 규정하고 있는데, 이러한 위헌결정의 기속력과 헌법을 최고규범으로 하는 법질서의 체계적 요청에 비추어 국가기관 및 지방자치단체는 위헌으로 선언된 법률규정에 근거하여 새로운 행정처분을 할 수 없음은 물론이고, 위헌결정 전에 이미 형성된 법률관계에 기한 후속처분이라도 그것이 새로운 위헌적 법률관계를 생성·확대하는 경우라면 이를 허용할 수 없다. 따라서 조세 부과의 근거가 되었던 법률규정이 위헌으로 선언된 경우, 비록 그에 기한 과세처분이 위헌결정 전에 이루어졌고, 과세처분에 대한 제소기간이 이미 경과하여 조세채권이 확정되었으며, 조세채권의 집행을 위한 체납처분의 근거 규정 자체에 대하여는 따로 위헌결정이 내려진 바 없다고 하더라도, **위와 같은 위헌결정 이후에 조세채권의 집행을 위한 새로운 체납처분에 착수하거나 이를 속행하는 것은 더 이상 허용되지 않고**, 나아가 이러한 **위헌결정의 효력에 위배하여 이루어진 체납처분은 그 사유만으로 하자가 중대하고 객관적으로 명백하여 당연무효라고 보아야 한다**(대판 2012. 2. 16, 2010두10907 전합).

④ ⭕ 과세관청이 납세자에 대한 체납처분으로서 제3자의 소유 물건을 압류하고 공매하더라도 그 처분으로 인하여 제3자가 소유권을 상실하는 것이 아니고, 체납처분으로서 압류의 요건을 규정하는 국세징수법 제24조 각 항의 규정을 보면 어느 경우에나 압류의 대상을 납세자의 재산에 국한하고 있으므로, **납세자가 아닌 제3자의 재산을 대상으로 한 압류처분은** 그 처분의 내용이 법률상 실현될 수 없는 것이어서 **당연무효**이다(대판 2006. 4. 13, 2005두15151).

03
정답 ③

③ ❌ 행정처분을 한 처분청은 그 처분의 성립에 하자가 있는 경우 이를 취소할 별도의 법적 근거가 없다고 하더라도 직권으로 이를 취소할 수 있다(대판 2002. 5. 28, 2001두9653; 대판 2014. 7. 10, 2013두7025).

참고 **행정기본법 제18조(위법 또는 부당한 처분의 취소)** ① 행정청은 위법 또는 부당한 처분의 전부나 일부를 소급하여 취소할 수 있다. 다만, 당사자의 신뢰를 보호할 가치가 있는 등 정당한 사유가 있는 경우에는 장래를 향하여 취소할 수 있다.

① ⭕ 국세기본법 제26조 제1호는 부과의 취소를 국세납부의무 소멸사유의 하나로 들고 있으나, 그 부과의 취소에 하자가 있는 경우의 부과의

취소의 취소에 대하여는 법률이 명문으로 그 취소요건이나 그에 대한 불복절차에 대하여 따로 규정을 둔 바도 없으므로, 설사 부과의 취소에 위법사유가 있다고 하더라도 당연무효가 아닌 한 일단 유효하게 성립하여 부과처분을 확정적으로 상실시키는 것이므로, **과세관청은 부과의 취소를 다시 취소함으로써 원부과처분을 소생시킬 수는 없고** 납세의무자에게 종전의 과세대상에 대한 납부의무를 지우려면 다시 법률에서 정한 부과절차에 좇아 동일한 내용의 새로운 처분을 하는 수밖에 없다(대판 1995. 3. 10, 94누7027).

② ◉ 영유아보육법 제30조 제5항 제3호에 따른 평가인증의 취소는 평가인증 당시에 존재하였던 하자가 아니라 그 이후에 새로이 발생한 사유로 평가인증의 효력을 소멸시키는 경우에 해당하므로, **그 법적 성격은 평가인증의 '철회'에 해당**한다. 그런데 행정청이 평가인증을 철회하면서 그 효력을 철회의 효력발생일 이전으로 소급하게 하면, 철회 이전의 기간에 평가인증을 전제로 지급한 보조금 등의 지원이 그 근거를 상실하게 되어 이를 반환하여야 하는 법적 불이익이 발생한다. 이는 장래를 향하여 효력을 소멸시키는 철회가 예정한 법적 불이익의 범위를 벗어나는 것이다. 이처럼 행정청이 평가인증이 이루어진 이후에 새로이 발생한 사유를 들어 영유아보육법 제30조 제5항에 따라 **평가인증을 철회하는 처분을 하면서도, 그 평가인증의 효력을 과거로 소급하여 상실시키기 위해서는, 특별한 사정이 없는 한** 영유아보육법 제30조 제5항과는 **별도의 법적 근거가 필요하다**고 봄이 타당하다(대판 2018. 7. 2 2015두58195).

④ ◉ 국세기본법은 제81조의4 제1항에서 "세무공무원은 적정하고 공평한 과세를 실현하기 위하여 필요한 최소한의 범위에서 세무조사를 하여야 하며, 다른 목적 등을 위하여 조사권을 남용해서는 아니 된다."라고 규정하고 있다. 이 조항은 세무조사의 적법 요건으로 객관적 필요성, 최소성, 권한 남용의 금지 등을 규정하고 있는데, 이는 법치국가원리를 조세절차법의 영역에서도 관철하기 위한 것으로서 그 자체로서 구체적인 법규적 효력을 가진다. 따라서 세무조사가 과세자료의 수집 또는 신고내용의 정확성 검증이라는 본연의 목적이 아니라 부정한 목적을 위하여 행하여진 것이라면 이는 **세무조사에 중대한 위법사유가 있는 경우에 해당하고 이러한 세무조사에 의하여 수집된 과세자료를 기초로 한 과세처분 역시 위법**하다(대판 2016. 12. 15, 2016두47659).

04
정답 ③

③ ✗ 폐기물처리업에 대하여 사전에 관할 관청으로부터 적정통보를 받고 막대한 비용을 들여 허가요건을 갖춘 다음 허가신청을 하였음에도 다수 청소업자의 난립으로 안정적이고 효율적인 청소업무의 수행에 지장이 있다는 이유로 한 (폐기물처리업 허가신청에 대한) 불허가처분은 신뢰보호의 원칙 및 비례의 원칙에 반하는 것으로서 재량권을 남용한 위법한 처분이다(대판 1998. 5. 8. 98두4061).

| 비교판례 |
폐기물관리법령에 의한 폐기물처리업 사업계획에 대한 적정통보와 국토이용관리법령에 의한 국토이용계획변경은 각기 그 제도적 취지와 결정단계에서 고려해야 할 사항들이 다르다는 이유로, **폐기물처리업 사업계획에 대하여 적정통보를 한 것만으로 그 사업부지 토지에 대한 국토이용계획변경신청을 승인하여 주겠다는 취지의 공적인 견해표명을 한 것으로 볼 수 없고**, 그럼에도 불구하고 원고가 그 승인을 받을 것으로 신뢰하였다면 원고에게 귀책사유가 있다 할 것이므로, 이 사건 처분이 신뢰보호의 원칙에 위배된다고 할 수 없다(대판 2005. 4. 28, 2004두8828).

① ◉ 일반적으로 행정상의 법률관계에 있어서 행정청의 행위에 대하여 신뢰보호의 원칙이 적용되기 위하여는, 첫째 행정청이 개인에 대하여 신뢰의 대상이 되는 공적인 견해표명을 하여야 하고, 둘째 행정청의 견해표명이 정당하다고 신뢰한 데에 대하여 그 개인에게 귀책사유가 없어야 하며, 셋째 그 개인이 그 견해표명을 신뢰하고 이에 기해 어떠한 행위를 하였어야 하고, 넷째 행정청이 위 견해표명에 반하는 처분을 함으로써 그 견해표명을 신뢰한 개인의 이익이 침해되는 결과가 초래되는 등의 요건을 필요로 하고, 어떠한 행정처분이 이러한 요건을 충족할 때에는, 공익 또는 제3자의 정당한 이익을 해할 우려가 있는 경우가 아닌 한, 신뢰보호의 원칙에 반하는 행위로서 위법하게 된다고 할 것이므로, 행정처분이 이러한 요건을 충족하는 경우라고 하더라도 행정청이 앞서 표명한 공적인 견해에 반하는 행정처분을 함으로써 달성하려는 공익이 행정청의 공적 견해표명을 신뢰한 개인이 그 행정처분으로 인하여 입게 되는 이익의 침해를 정당화할 수 있을 정도로 강한 경우에는 **신뢰보호의 원칙을 들어 그 행정처분이 위법하다고는 할 수 없다**(대판 2005. 11. 25, 2004두6822).

② ◉ 과세관청이 질의회신 등을 통하여 어떤 견해를 표명하였다고 하더라도 **그것이 중요한 사실관계와 법적인 쟁점을 제대로 드러내지 아니한 채 질의한 데 따른 것이라면** 공적인 견해표명에 의하여 정당한 기대를 가지게 할 만한 신뢰가 부여된 경우라고 볼 수 없다(대판 2013. 12. 26, 2011두5940).

④ ◉ 법원이 비송사건절차법에 따라서 하는 과태료 재판은 관할 관청이 부과한 과태료처분에 대한 당부를 심판하는 행정소송절차가 아니라 법원이 직권으로 개시·결정하는 것이므로, **원칙적으로 과태료 재판에서는 행정소송에서와 같은 신뢰보호의 원칙 위반 여부가 문제로 되지 아니하고**, 다만 위반자가 그 의무를 알지 못하는 것이 무리가 아니었다고 할 수 있어 그것을 정당시할 수 있는 사정이 있을 때 또는 그 의무의 이행을 그 당사자에게 기대하는 것이 무리라고 하는 사정이 있을 때 등 그 의무 해태를 탓할 수 없는 정당한 사유가 있는 때에는 이를 부과할 수 없다(대결 2006. 4. 28, 2003마715).

05
정답 ②

② ✗ 국가계약의 본질적인 내용은 사인 간의 계약과 다를 바가 없어 법령에 특별한 규정이 있는 경우를 제외하고는 사법의 규정 내지 법원리가 그대로 적용된다(대판 2016. 6. 10, 2014다200763). 구 국가를 당사자로 하는 계약에 관한 법률 제11조 규정 내용과 국가가 일방당사자가 되어 체결하는 계약의 내용을 명확히 하고 국가가 사인과 계약을 체결할 때 적법한 절차에 따를 것을 담보하려는 규정의 취지 등에 비추어 보면, 국가가 사인과 계약을 체결할 때에는 국가계약법령에 따른 계약서를 따로 작성하는 등 요건과 절차를 이행하여야 할 것이고, **설령 국가와 사인 사이에 계약이 체결되었더라도 이러한 법령상 요건과 절차를 거치지 아니한 계약은 효력이 없다**(대판 2015. 1. 15, 2013다215133).

① ◉ 어떠한 사안이 국회가 형식적 법률로 스스로 규정하여야 하는 본질적 사항에 해당되는지는, 구체적 사례에서 관련된 이익 내지 가치의 중요성, 규제 또는 침해의 정도와 방법 등을 고려하여 개별적으로 결정하여야 하지만, 규율대상이 국민의 기본권 및 기본적 의무와 관련한 중요성을 가질수록 그리고 그에 관한 공개적 토론의 필요성 또는 상충하는 이익 사이의 조정 필요성이 클수록, **그것이 국회의 법률에 의해 직접 규율될 필요성은 더 증대된다**(대판 2015. 8. 20, 2012두23808 전합).

③ ◉ **지방의회의원에 대하여 유급 보좌 인력을 두는 것**은 지방의회의원의 신분·지위 및 처우에 관한 현행 법령상의 제도에 중대한 변경을 초래하는 것으로서 **국회의 법률로 규정하여야 할 입법사항이다**(대판 2017. 3. 30, 2016추5087).

④ ◉ 헌법 제37조 제2항, 제38조, 제59조, 제75조에 비추어 보면, 국민에게 납세의 의무를 부과하기 위해서는 조세의 종목과 세율 등 납세의무에 관한 기본적, 본질적 사항은 국민의 대표기관인 국회가 제정한 법률로 규정하여야 하고, 법률의 위임 없이 명령 또는 규칙 등의 행정입법으로

과세요건 등 납세의무에 관한 기본적, 본질적 사항을 규정하는 것은 헌법이 정한 조세법률주의 원칙에 위배된다. 특히 **법인세, 종합소득세와 같이 납세의무자에게 조세의 납부의무뿐만 아니라 스스로 과세표준과 세액을 계산하여 신고하여야 하는 의무까지 부과하는 경우**에는 신고의무 이행에 필요한 기본적인 사항과 신고의무불이행 시 납세의무자가 입게 될 불이익 등은 납세의무를 구성하는 기본적, 본질적 내용으로서 **법률로 정하여야** 한다(대판 2015. 8. 20. 2012두23808 전합).

06 정답 ①

① ✗ 법률의 시행령이나 시행규칙은 법률에 의한 위임이 없으면 개인의 권리·의무에 관한 내용을 변경·보충하거나 법률이 규정하지 아니한 새로운 내용을 정할 수는 없지만, 법률의 시행령이나 시행규칙의 내용이 **모법의 입법 취지와 관련 조항 전체를 유기적·체계적으로 살펴보아 모법의 해석상 가능한 것을 명시한 것에 지나지 아니하거나 모법 조항의 취지에 근거하여 이를 구체화하기 위한 것인 때에는** 모법의 규율 범위를 벗어난 것으로 볼 수 없으므로, **모법에 이에 관하여 직접 위임하는 규정을 두지 아니하였다고 하더라도 이를 무효라고 볼 수는 없다**(대판 2014. 8. 20. 2012두19526).

② ◯ 입법부가 법률로써 행정부에게 특정한 사항을 위임했음에도 불구하고 행정부가 정당한 이유 없이 이를 이행하지 않는다면 권력분립의 원칙과 법치국가 내지 법치행정의 원칙에 위배되는 것으로서 위법함과 동시에 위헌적인 것이 되는바, 구 군법무관임용법 제5조 제3항과 군법무관임용 등에 관한 법률 제6조가 군법무관의 보수를 법관 및 검사의 예에 준하도록 규정하면서 그 구체적 내용을 시행령에 위임하고 있는 이상, 위 **법률의 규정들은 군법무관의 보수의 내용을 법률로써 일차적으로 형성한 것이고, 위 법률들에 의해 상당한 수준의 보수청구권이 인정되는 것이므로, 위 보수청구권은 단순한 기대이익을 넘어서는 것으로서 법률의 규정에 의해 인정된 재산권의 한 내용이 되는 것으로 봄이 상당하고, 따라서 행정부가 정당한 이유 없이 시행령을 제정하지 않은 것은 위 보수청구권을 침해하는 불법행위에 해당한다**(대판 2007. 11. 29. 2006다3561). → 행정입법 부작위로 인하여 보수청구권이 침해된 군법무관에 대한 국가배상책임을 인정한 사례

③ ◯ 일반적으로 법률의 위임에 따라 효력을 갖는 법규명령의 경우에 위임의 근거가 없어 무효였더라도 나중에 법 개정으로 위임의 근거가 부여되면 그때부터는 유효한 법규명령으로 볼 수 있다. 그러나 법규명령이 개정된 법률에 규정된 내용을 함부로 유추·확장하는 내용의 해석규정이어서 위임의 한계를 벗어난 것으로 인정될 경우에는 법규명령은 여전히 무효이다(대판 2017. 4. 20. 2015두45700 전합).

④ ◯ 행정처분이 법규성이 없는 내부지침 등의 규정에 위배된다고 하더라도 그 이유만으로 처분이 위법하게 되는 것은 아니고, 또 내부지침 등에서 정한 요건에 부합한다고 하여 반드시 그 처분이 적법한 것이라고 할 수도 없다(대판 2018. 6. 15. 2015두40248).

07 정답 ③

③ ◯

> **개인정보 보호법 제35조(개인정보의 열람)** ① 정보주체는 개인정보처리자가 처리하는 자신의 개인정보에 대한 열람을 해당 개인정보처리자에게 요구할 수 있다.
> ② 제1항에도 불구하고 정보주체가 자신의 개인정보에 대한 열람을 공공기관에 요구하고자 할 때에는 공공기관에 직접 열람을 요구하거나 대통령령으로 정하는 바에 따라 보호위원회를 통하여 열람을 요구할 수 있다.

① ✗ 살아 있는 개인에 관한 정보로서 "가명정보"도 개인정보 보호법에 따른 "개인정보"에 해당한다.

> **개인정보 보호법 제2조(정의)** 이 법에서 사용하는 용어의 뜻은 다음과 같다.
> 1. "개인정보"란 살아 있는 개인에 관한 정보로서 다음 각 목의 어느 하나에 해당하는 정보를 말한다.
>   가. 성명, 주민등록번호 및 영상 등을 통하여 개인을 알아볼 수 있는 정보
>   나. 해당 정보만으로는 특정 개인을 알아볼 수 없더라도 다른 정보와 쉽게 결합하여 알아볼 수 있는 정보. 이 경우 쉽게 결합할 수 있는지 여부는 다른 정보의 입수 가능성 등 개인을 알아보는 데 소요되는 시간, 비용, 기술 등을 합리적으로 고려하여야 한다.
>   다. 가목 또는 나목을 제1호의2에 따라 가명처리함으로써 원래의 상태로 복원하기 위한 추가 정보의 사용·결합 없이는 특정 개인을 알아볼 수 없는 정보(이하 "가명정보"라 한다)
> 1의2. "가명처리"란 개인정보의 일부를 삭제하거나 일부 또는 전부를 대체하는 등의 방법으로 추가 정보가 없이는 특정 개인을 알아볼 수 없도록 처리하는 것을 말한다.

② ✗

> **개인정보 보호법 제7조(개인정보 보호위원회)** ① 개인정보 보호에 관한 사무를 독립적으로 수행하기 위하여 **국무총리 소속**으로 개인정보 보호위원회(이하 "보호위원회"라 한다)를 둔다.

④ ✗

> **개인정보 보호법 제17조(개인정보의 제공)** ④ 개인정보처리자는 당초 수집 목적과 합리적으로 관련된 범위에서 정보주체에게 불이익이 발생하는지 여부, 암호화 등 안전성 확보에 필요한 조치를 하였는지 여부 등을 고려하여 대통령령으로 정하는 바에 따라 **정보주체의 동의 없이 개인정보를 제공할 수 있다.**

08 정답 ②

② ✗ 공공기관은 공개 청구된 공개 대상 정보의 전부 또는 일부가 제3자와 관련이 있다고 인정할 때에는 그 사실을 제3자에게 지체 없이 통지하여야 하며, 필요한 경우에는 그의 의견을 들을 수 있다(제11조 제3항). 공개청구된 사실을 통지받은 제3자는 그 통지를 받은 날부터 3일 이내에 해당 공공기관에 대하여 자신과 관련된 정보를 공개하지 아니할 것을 요청할 수 있다(제21조 제1항). 그러나 **제3자의 비공개요청이 있다는 사유만으로 정보공개법상 정보의 비공개사유에 해당하는 것은 아니다**(대판 2008. 9. 25. 2008두8680). 따라서 을(乙)의 비공개 요청이 있는 경우라도 공공기관의 정보공개에 관한 법률 제9조 제1항 단서 각호의 비공개 대상 정보에 해당하지 않은 이상, A광역시는 정보를 공개하여야 한다.

① ◯ 정보공개를 청구하는 자가 공공기관에 대해 정보의 사본 또는 출력물의 교부의 방법으로 공개방법을 선택하여 정보공개청구를 한 경우에 공개청구를 받은 공공기관으로서는 같은 법 제8조 제2항에서 규정한 정보의 사본 또는 복제물의 교부를 제한할 수 있는 사유에 해당하지 않는 한 **정보공개청구자가 선택한 공개방법에 따라 정보를 공개하여야** 하므로 그 **공개방법을 선택할 재량권이 없다**(대판 2003. 12. 12. 2003두8050). 따라서 원칙적으로 A광역시는 사본 교부가 아닌 열람의 방법으로는 공개할 수 없다.

③ ◯ '모든 국민'은 정보의 공개를 청구할 권리를 가진다(공공기관의

정보공개에 관한 법률 제5조 제1항). 정보공개청구의 목적에는 특별한 제한이 없으므로 **이해관계 유무를 묻지 않고**, 공익을 위한 정보공개청구도 인정된다. 사례의 경우, 신문기자 갑(甲)이 공개청구한 정보에 대해 개별·구체적 이익이 없더라도 정보공개청구권이 인정되고, 공공기관(A광역시)에 정보공개를 청구하였다가 거부처분을 받은 것 자체가 법률상 이익의 침해에 해당한다(대판 2003. 12. 12, 2003두8050). 따라서 갑(甲)과 을(乙) 사이에 아무런 법률상 이해관계가 없다고 할지라도 갑(甲)은 A광역시의 거부에 대하여 항고소송으로 다툴 수 있다.

④ ◎ 행정처분의 취소를 구하는 항고소송에 있어서, **처분청은 당초 처분의 근거로 삼은 사유와 기본적 사실관계가 동일성이 있다고 인정되는 한도 내에서만 다른 사유를 추가하거나 변경할 수 있고**, 여기서 기본적 사실관계의 동일성 유무는 처분사유를 법률적으로 평가하기 이전의 구체적인 사실에 착안하여 그 기초인 사회적 사실관계가 기본적인 점에서 동일한지 여부에 따라 결정되며, 이와 같이 기본적 사실관계와 동일성이 인정되지 않는 별개의 사실을 들어 처분사유로 주장하는 것이 허용되지 않는다고 해석하는 이유는 행정처분의 상대방의 방어권을 보장함으로써 실질적 법치주의를 구현하고 행정처분의 상대방에 대한 신뢰를 보호하고자 함에 그 취지가 있다(대판 2006. 1. 13. 2004두12629). → 당초의 정보공개거부 처분사유인 구 공공기관의 정보공개에 관한 법률 제7조(현행 제9조) 제1항 제2호, 제4호, 제6호의 사유와 같은 항 제1호의 사유는 기본적 사실관계의 동일성이 인정되지 않으므로, 정보비공개결정취소소송에서 같은 항 제1호의 처분사유의 추가가 허용되지 않는다고 한 사례

09   정답 ②

② ✕ 행정소송은 구체적 사건에 대한 법률상 분쟁을 법에 의하여 해결함으로써 법적 안정을 기하자는 것이므로 **부작위위법확인소송의 대상이 될 수 있는 것은 구체적 권리·의무에 관한 분쟁이어야 하고 추상적인 법령에 관하여 제정의 여부 등은 그 자체로서 국민의 구체적인 권리·의무에 직접적 변동을 초래하는 것이 아니어서 그 소송의 대상이 될 수 없다**(대판 1992. 5. 8. 91누11261). → 대법원은 행정입법부작위에 대한 부작위위법확인소송을 인정하지 않는다.

① ◎ 조례가 집행행위의 개입 없이도 그 자체로서 직접 국민의 구체적인 권리의무나 법적 이익에 영향을 미치는 등의 법률상 효과를 발생하는 **경우 그 조례는 항고소송의 대상이 되는 행정처분에 해당**하고, 이러한 조례에 대한 무효확인소송을 제기함에 있어서 행정소송법 제38조 제1항, 제13조에 의하여 피고적격이 있는 처분 등을 행한 행정청은, 행정주체인 지방자치단체 또는 지방자치단체의 내부적 의결기관으로서 지방자치단체의 의사를 외부에 표시할 권한이 없는 지방의회가 아니라, 구 지방자치법 제19조 제2항, 제92조에 의하여 지방자치단체의 집행기관으로서 조례로서의 효력을 발생시키는 공포권이 있는 지방자치단체의 장이다(대판 1996. 9. 20. 95누8003).

③ ◎ 항고소송의 대상이 되는 행정처분이라 함은 원칙적으로 행정청의 공법상 행위로서 특정 사항에 대하여 법규에 의한 권리의 설정 또는 의무의 부담을 명하거나 기타 법률상 효과를 발생하게 하는 등으로 일반 국민의 권리 의무에 직접 영향을 미치는 행위를 가리키는 것이지만, **어떠한 처분의 근거나 법적인 효과가 행정규칙에 규정되어 있다고 하더라도, 그 처분이 행정규칙의 내부적 구속력에 의하여 상대방에게 권리의 설정 또는 의무의 부담을 명하거나 기타 법적인 효과를 발생하게 하는 등으로 그 상대방의 권리 의무에 직접 영향을 미치는 행위라면, 이 경우에도 항고소송의 대상이 되는 행정처분에 해당**한다(대판 2002. 7. 26. 2001두3532).

④ ◎ 법령의 규정이 특정 행정기관에게 법령 내용의 구체적 사항을 정할 수 있는 권한을 부여하면서 권한행사의 절차나 방법을 특정하지 아니한 경우에는 수임 행정기관은 행정규칙이나 규정 형식으로 법령 내용이 될 사항을 구체적으로 정할 수 있다. 이 경우 행정규칙 등은 당해 법령의 위임한계를 벗어나지 않는 한 대외적 구속력이 있는 법규명령으로서 효력을 가지게 되지만, 이는 행정규칙이 갖는 일반적 효력이 아니라 행정기관에 법령의 구체적 내용을 보충할 권한을 부여한 법령 규정의 효력에 근거하여 예외적으로 인정되는 것이다. 따라서 **그 행정규칙이나 규정이 상위법령의 위임범위를 벗어난 경우에는 법규명령으로서 대외적 구속력을 인정할 여지는 없다**. 이는 행정규칙이나 규정 '내용'이 위임범위를 벗어난 경우뿐 아니라 상위법령의 위임규정에서 특정하여 정한 권한행사의 '절차'나 '방식'에 위배되는 경우도 마찬가지이므로, 상위법령에서 세부사항 등을 시행규칙으로 정하도록 위임하였음에도 이를 고시 등 행정규칙으로 정하였다면 그 역시 대외적 구속력을 가지는 법규명령으로서 효력이 인정될 수 없다(대판 2012. 7. 5. 2010다72076).

10   정답 ②

② ✕ **행정청이 신고를 수리하였으나 신고서 위조 등의 사유가 있어 신고행위 자체가 효력이 없는 경우, 수리행위 자체에 중대·명백한 하자가 있는지 따질 필요 없이 당연무효인지 여부**(적극) 장기요양기관의 폐업신고와 노인의료복지시설의 폐지신고는, 행정청이 관계 법령이 규정한 요건에 맞는지를 심사한 후 수리하는 이른바 '**수리를 필요로 하는 신고**'에 해당한다. 그러나 행정청이 그 신고를 수리하였다고 하더라도, **신고서 위조 등의 사유가 있어 신고행위 자체가 효력이 없다면, 그 수리행위는 유효한 대상이 없는 것으로서, 수리행위 자체에 중대·명백한 하자가 있는지를 따질 것도 없이 당연히 무효**이다(대판 2018. 6. 12, 2018두33593; 대판 2005. 12. 23. 2005두3554).

① ◎ **주민등록 신고의 효력 발생 시기**(=신고 수리시) 주민등록은 단순히 주민의 거주관계를 파악하고 인구의 동태를 명확히 하는 것 외에도 공법관계상의 여러 가지 법률효과를 발생시키는 것으로서, **주민등록의 신고는** 행정청에 도달함으로써 바로 신고로서의 효력이 발생하는 것이 아니라 **행정청이 수리한 경우에 비로소 그 효력이 발생**한다고 보아야 하고, 따라서 신고인이 전입신고서를 행정청에 제출하였다가 행정청이 이를 수리하기 전에 그 전입신고서의 내용을 수정함으로써 그 수정된 전입신고서가 행정청에 의하여 수리되었다면 수정된 사항에 따라서 그 전입신고가 이루어졌다고 봄이 타당하고, 신고인이 담당공무원의 요구에 의하여 전입신고서를 수정하였다 하더라도 마찬가지로 보아야 한다(대판 2009. 1. 30, 2006다9255).

③ ◎ **정신과의원을 개설하려는 자가 법령에 규정되어 있는 요건을 갖추어 개설신고를 한 경우, 행정청이 법령에서 정한 요건 이외의 사유를 들어 의원급 의료기관 개설신고의 수리를 거부할 수 있는지 여부**(소극) 의료법은 의료기관의 개설 주체가 의원·치과의원·한의원 또는 조산원을 개설하려고 하는 경우에는 시장·군수·구청장에게 신고하도록 규정하고 있지만(제33조 제3항), 종합병원·병원·치과병원·한방병원 또는 요양병원을 개설하려고 하는 경우에는 시·도지사의 허가를 받도록 규정하고 있다(제33조 제4항). 이와 같이 **의료법이 의료기관의 종류에 따라 허가제와 신고제를 구분하여 규정하고 있는 취지**는, 신고 대상인 의원급 의료기관 개설의 경우 행정청이 법령에서 정하고 있는 요건 이외의 사유를 들어 신고 수리를 반려하는 것을 원칙적으로 배제함으로써 개설 주체가 신속하게 해당 의료기관을 개설할 수 있도록 하기 위함이다. 앞서 본 관련 법령의 내용과 이러한 신고제의 취지를 종합하면, **정신과의원을 개설하려는 자가 법령에 규정되어 있는 요건을 갖추어 개설신고를 한 때에, 행정청은 원칙적으로 이를 수리하여 신고필증을 교부하여야** 하고, 법령에서 정한 요건 이외의 사유를 들어 의원급 의료기관 개설신고의 수리를 거부할 수는 없다(대판 2018. 10. 25, 2018두44302).

④ ◎ 가설건축물은 건축법상 '건축물'이 아니므로 건축허가나 건축신고 없이 설치할 수 있는 것이 원칙이지만 일정한 가설건축물에 대하여는

건축물에 준하여 위험을 통제하여야 할 필요가 있으므로 신고 대상으로 규율하고 있다. 이러한 신고제도의 취지에 비추어 보면, **가설건축물 존치기간을 연장하려는 건축주 등이 법령에 규정되어 있는 제반 서류와 요건을 갖추어 행정청에 연장신고를 한 때에는 행정청은 원칙적으로 이를 수리하여 신고필증을 교부하여야** 하고, 법령에서 정한 요건 이외의 사유를 들어 수리를 거부할 수는 없다. 따라서 행정청으로서는 법령에서 요구하고 있지도 아니한 '대지사용승낙서' 등의 서류가 제출되지 아니하였거나, 대지소유권자의 사용승낙이 없다는 등의 사유를 들어 가설건축물 존치기간 연장신고의 수리를 거부하여서는 아니 된다(대판 2018. 1. 25, 2015두35116).

11
정답 ④

④ ✗ 개발제한구역은 도시의 무질서한 확산을 방지하고 도시 주변의 자연환경을 보전하여 도시민의 건전한 생활환경을 확보하기 위하여 도시의 개발을 제한할 필요에 의하여 지정되는 것이어서 원칙적으로 개발제한구역에서의 개발행위는 제한되는 것이기는 하지만 위와 같은 개발제한구역의 지정목적에 위배되지 않는다면 허용될 수 있는 것인바, 도시계획시설인 묘지공원과 화장장 시설의 설치가 위와 같은 개발제한구역의 지정목적에 위배된다고 보이지 않으므로, 시장이 이미 **개발제한구역으로 지정되어 있는 부지에 묘지공원과 화장장 시설들을 설치하기로 하는 내용의 도시계획시설결정**을 하였다 하더라도 이를 두고 **위법하다고 할 수 없다**(대판 2007. 4. 12, 2005두1893).

① ◯ 행정계획이라 함은 행정에 관한 전문적·기술적 판단을 기초로 하여 도시의 건설·정비·개량 등과 같은 특정한 행정목표를 달성하기 위하여 서로 관련되는 행정수단을 종합·조정함으로써 장래의 일정한 시점에 있어서 일정한 질서를 실현하기 위한 활동기준으로 설정된 것으로서, 관계 법령에는 추상적인 행정목표와 절차만이 규정되어 있을 뿐 행정계획의 내용에 관하여는 별다른 규정을 두고 있지 아니하므로 행정주체는 **구체적인 행정계획을 입안·결정함에 있어서 비교적 광범위한 형성의 자유를 가지는 것이다**(대판 2007. 4. 12, 2005두1893).

② ◯ 행정주체가 가지는 이와 같은 형성의 자유는 무제한적인 것이 아니라 그 행정계획에 관련되는 자들의 이익을 공익과 사익 사이에서는 물론이고 공익 상호간과 사익 상호간에도 정당하게 비교교량하여야 한다는 제한이 있으므로, 행정주체가 행정계획을 입안·결정함에 있어서 **이익형량을 전혀 행하지 아니하거나** 이익형량의 고려 대상에 마땅히 포함시켜야 할 사항을 누락한 경우 또는 이익형량을 하였으나 정당성과 객관성이 결여된 경우에는 그 행정계획결정은 **형량에 하자**가 있어 **위법**하게 된다(대판 2007. 4. 12, 2005두1893).

③ ◯ 구 도시계획법(2002. 2. 4. 법률 제6655호 국토의 계획 및 이용에 관한 법률 부칙 제2조로 폐지) 제19조 제1항 및 도시계획시설결정 당시의 지방자치단체의 도시계획조례에서는, 도시계획이 도시기본계획에 부합되어야 한다고 규정하고 있으나, **도시기본계획은 도시의 장기적 개발방향과 미래상을 제시하는 도시계획 입안의 지침이 되는 장기적·종합적인 개발계획으로서 행정청에 대한 직접적인 구속력은 없다**(대판 2007. 4. 12, 2005두1893).

12
정답 ③

③ ✗ 경찰서장이 범칙행위에 대하여 통고처분을 한 이상, 범칙자의 위와 같은 절차적 지위를 보장하기 위하여 통고처분에서 정한 범칙금 납부기간까지는 원칙적으로 경찰서장은 즉결심판을 청구할 수 없고, **검사도 동일한 범칙행위에 대하여 공소를 제기할 수 없다**고 보아야 한다(대판 2020. 4. 29, 2017도13409).

① ◯ 지방자치단체가 그 **고유의 자치사무**를 처리하는 경우에는 지방자치단체는 국가기관의 일부가 아니라 국가기관과는 별도의 독립한 공법인이므로, 지방자치단체 소속 공무원이 지방자치단체 고유의 자치사무를 수행하던 중 도로법 제81조 내지 제85조의 규정에 의한 위반행위를 한 경우에는 **지방자치단체는 도로법 제86조의 양벌규정에 따라 처벌대상이 되는 법인에 해당**한다(대판 2005. 11. 10, 2004도2657).

② ◯ 지방국세청장 또는 세무서장이 조세범 처벌절차법 제17조 제1항에 따라 통고처분을 거치지 아니하고 즉시 고발하였다면 이로써 조세범칙사건에 대한 조사 및 처분 절차는 종료되고 형사사건 절차로 이행되어 지방국세청장 또는 세무서장으로서는 동일한 조세범칙행위에 대하여 더 이상 통고처분을 할 권한이 없다. 따라서 지방국세청장 또는 세무서장이 조세범칙행위에 대하여 **고발을 한 후에 동일한 조세범칙행위에 대하여 통고처분을 하였더라도**, 이는 법적 권한 소멸 후에 이루어진 것으로서 **특별한 사정이 없는 한 효력이 없고**, 조세범칙행위자가 이러한 통고처분을 이행하였더라도 조세범 처벌절차법 제15조 제3항에서 정한 **일사부재리의 원칙이 적용될 수 없다**(대판 2016. 9. 28, 2014도10748).

④ ◯

> **질서위반행위규제법 제13조(수개의 질서위반행위의 처리)** ① 하나의 행위가 2 이상의 질서위반행위에 해당하는 경우에는 각 질서위반행위에 대하여 정한 과태료 중 가장 중한 과태료를 부과한다.

13
정답 ②

② ✗ 행정심판법은 국민의 권리구제를 도모하기 위하여 불고불리의 원칙(제47조 제1항)과 **불이익변경금지의 원칙**(제47조 제2항)을 채택하고 있다.

> **행정심판법 제47조(재결의 범위)** ① 위원회는 심판청구의 대상이 되는 처분 또는 부작위 외의 사항에 대하여는 재결하지 못한다.
> ② 위원회는 심판청구의 대상이 되는 처분보다 청구인에게 불리한 재결을 하지 못한다.

① ◯

> **행정심판법 제17조(피청구인의 적격 및 경정)** ② 청구인이 피청구인을 잘못 지정한 경우에는 위원회는 **직권으로** 또는 당사자의 신청에 의하여 결정으로써 **피청구인을 경정**(更正)할 수 있다.
> ③ 위원회는 제2항에 따라 피청구인을 경정하는 결정을 하면 결정서 정본을 당사자(종전의 피청구인과 새로운 피청구인을 포함한다. 이하 제6항에서 같다)에게 송달하여야 한다.
> ④ 제2항에 따른 결정이 있으면 종전의 피청구인에 대한 심판청구는 취하되고 종전의 피청구인에 대한 행정심판이 청구된 때에 새로운 피청구인에 대한 행정심판이 청구된 것으로 본다.

③ ◯

> **행정심판법 제59조(불합리한 법령 등의 개선)** ① 중앙행정심판위원회는 심판청구를 심리·재결할 때에 처분 또는 부작위의 근거가 되는 명령 등(대통령령·총리령·부령·훈령·예규·고시·조례·규칙 등을 말한다. 이하 같다)이 법령에 근거가 없거나 상위 법령에 위배되거나 국민에게 과도한 부담을 주는 등 크게 불합리하면 **관계 행정기관에 그 명령 등의 개정·폐지 등 적절한 시정조치**를 요청할 수 있다. 이 경우 중앙행정심판위원회는 시정조치를 요청한 사실을 법제처장에게 통보하여야 한다.
> ② 제1항에 따른 요청을 받은 관계 행정기관은 정당한 사유가 없으면 이에 따라야 한다.

④ ○

> 행정심판법 제49조(재결의 기속력 등) ⑤ 법령의 규정에 따라 공고하거나 고시한 처분이 재결로써 취소되거나 변경되면 처분을 한 행정청은 지체 없이 그 처분이 취소 또는 변경되었다는 것을 공고하거나 고시하여야 한다.

14 정답 ②

② ✗ 행정청이 제재처분 양정을 하면서 공익과 사익의 형량을 전혀 하지 않았거나 이익형량의 고려대상에 마땅히 포함하여야 할 사항을 누락한 경우 또는 이익형량을 하였으나 정당성·객관성이 결여된 경우에는 제재처분은 재량권을 일탈·남용한 것이라고 보아야 한다. 처분상대방에게 법령에서 정한 임의적 감경사유가 있는 경우에, 행정청이 감경사유까지 고려하고도 감경하지 않은 채 개별처분기준에서 정한 상한으로 처분을 한 경우에는 재량권을 일탈·남용하였다고 단정할 수는 없으나, 행정청이 감경사유를 전혀 고려하지 않았거나 감경사유에 해당하지 않는다고 오인하여 개별처분기준에서 정한 상한으로 처분을 한 경우에는 마땅히 고려대상에 포함하여야 할 사항을 누락하였거나 고려대상에 관한 사실을 오인한 경우에 해당하여 재량권을 일탈·남용한 것이라고 보아야 한다(대판 202. 6. 25, 2019두52980).

① ○ 자유재량에 의한 행정처분이 그 재량권의 한계를 벗어난 것이어서 위법하다는 점은 그 행정처분의 효력을 다투는 자가 이를 주장·입증하여야 하고 처분청이 그 재량권의 행사가 정당한 것이었다는 점까지 주장·입증할 필요는 없다(대판 1987. 12. 8. 87누861). → 증명책임 분배의 일반원칙에 따라 일반적으로 항고소송에서는 처분의 적법성을 주장하는 피고 행정청에게 그 처분사유의 존재에 관한 증명책임이 있으나, 재량권 일탈·남용에 해당하는 특별한 사정은 이를 주장하는 원고가 증명하여야 한다(대판 2020. 6. 25, 2019두52980 참조).

③ ○ 허가신청 후 허가기준이 변경된 경우 변경된 허가기준에 따라 처분을 하여야 하는지 여부(한정 적극) 허가 등의 행정처분은 원칙적으로 처분시의 법령과 허가기준에 의하여 처리되어야 하고 허가신청 당시의 기준에 따라야 하는 것은 아니며, 비록 허가신청 후 허가기준이 변경되었다 하더라도 그 허가관청이 허가신청을 수리하고도 정당한 이유 없이 그 처리를 늦추어 그 사이에 허가기준이 변경된 것이 아닌 이상 변경된 허가기준에 따라서 처분을 하여야 한다(대판 2006. 8. 25, 2004두2974).

> 참고 행정기본법 제14조(법 적용의 기준) ② 당사자의 신청에 따른 처분은 법령등에 특별한 규정이 있거나 처분 당시의 법령등을 적용하기 곤란한 특별한 사정이 있는 경우를 제외하고는 처분 당시의 법령등에 따른다.

④ ○ 학교법인의 임원취임승인취소처분에 대한 취소소송에서, 교비회계자금을 법인회계로 부당전출한 위법성의 정도와 임원들의 이에 대한 가공의 정도가 가볍지 아니하고, 학교법인이 행정청의 시정 요구에 대하여 이를 시정하기 위한 노력을 하였다고는 하나 결과적으로 대부분의 시정 요구 사항이 이행되지 아니하였던 사정 등을 참작하여, 임원취임승인취소처분이 재량권을 일탈·남용하였다고 볼 수 없다고 한 사례(대판 2007. 7. 19, 2006두19297 전합).

15 정답 ①

① ○ 국토의 계획 및 이용에 관한 법률상의 개발행위허가로 의제되는 건축신고가 개발행위허가의 기준을 갖추지 못한 경우, 행정청이 수리를 거부할 수 있는지 여부(적극) 일정한 건축물에 관한 건축신고는 건축법 제14조 제2항, 제11조 제5항 제3호에 의하여 국토의 계획 및 이용에 관한 법률 제56조에 따른 개발행위허가를 받은 것으로 의제되는데, 국토의 계획 및 이용에 관한 법률 제58조 제1항 제4호에서는 개발행위허가의 기준으로 주변지역의 토지이용실태 또는 토지이용계획, 건축물의 높이, 토지의 경사도, 수목의 상태, 물의 배수, 하천·호소·습지의 배수 등 주변 환경이나 경관과 조화를 이룰 것을 규정하고 있으므로, 국토의 계획 및 이용에 관한 법률상의 개발행위허가로 의제되는 건축신고가 위와 같은 기준을 갖추지 못한 경우 행정청으로서는 이를 이유로 그 수리를 거부할 수 있다고 보아야 한다(대판 2011. 1. 20, 2010두14954 전합). → 건축법 제14조 제2항에 의한 인·허가의제 효과를 수반하는 건축신고는 행정청이 그 실체적 요건에 관한 심사를 한 후 수리하여야 하는 이른바 '수리를 요하는 신고'에 해당한다.

② ✗ 주택건설사업계획 승인처분에 따라 의제된 인허가에 하자가 있어 이해관계인이 위법함을 다투고자 하는 경우, 취소를 구할 대상(=의제된 인허가) 및 의제된 인허가가 주택건설사업계획 승인처분과 별도로 항고소송의 대상이 되는 처분에 해당하는지 여부(적극) 의제된 인허가는 통상적인 인허가와 동일한 효력을 가지므로, 적어도 '부분 인허가 의제'가 허용되는 경우에는 그 효력을 제거하기 위한 법적 수단으로 의제된 인허가의 취소나 철회가 허용될 수 있고, 이러한 직권 취소·철회가 가능한 이상 그 의제된 인허가에 대한 쟁송취소 역시 허용된다. 따라서 주택건설사업계획 승인처분에 따라 의제된 인허가가 위법함을 다투고자 하는 이해관계인은, 주택건설사업계획 승인처분의 취소를 구할 것이 아니라 의제된 인허가의 취소를 구하여야 하며, 의제된 인허가는 주택건설사업계획 승인처분과 별도로 항고소송의 대상이 되는 처분에 해당한다(대판 2018. 11. 29, 2016두38792).

③ ✗ 하천의 점용허가권은 특허에 의한 공물사용권의 일종으로서 하천의 관리주체에 대하여 일정한 특별사용을 청구할 수 있는 채권에 지나지 아니하고 대세적 효력이 있는 물권이라 할 수 없다(대판 1990. 2. 13. 89다카23022; 대판 2015. 1. 29, 2012두27404). → 하첨점용허가는 강학상 특허 ○

④ ✗ 출입국관리법상 체류자격 변경허가가 설권적 처분의 성격을 가지는지 여부(적극) 및 허가권자가 허가 여부를 결정할 재량을 가지는지 여부(적극) 출입국관리법령의 문언, 내용 및 형식, 체계 등에 비추어 보면, 체류자격 변경허가는 신청인에게 당초의 체류자격과 다른 체류자격에 해당하는 활동을 할 수 있는 권한을 부여하는 일종의 설권적 처분의 성격을 가지므로, 허가권자는 신청인이 관계 법령에서 정한 요건을 충족하였더라도, 신청인의 적격성, 체류 목적, 공익상의 영향 등을 참작하여 허가 여부를 결정할 수 있는 재량을 가진다. 다만 재량을 행사할 때 판단의 기초가 된 사실인정에 중대한 오류가 있는 경우 또는 비례·평등의 원칙을 위반하거나 사회통념상 현저하게 타당성을 잃는 등의 사유가 있다면 이는 재량권의 일탈·남용으로서 위법하다(대판 2016. 7. 14, 2015두48846).

16 정답 ④

④ ○ 행정청이 종교단체에 대하여 기본재산전환인가를 함에 있어 인가조건을 부가하고 그 불이행시 인가를 취소할 수 있도록 한 경우, 인가조건의 의미는 철회권을 유보한 것이라고 본 사례(대판 2003. 5. 30, 2003다6422). → (판결이유) 이 사건 기본재산전환인가의 인가조건으로 되어 있는 사유들은 모두 위 인가처분의 효력이 발생하여 기본재산 처분행위가 유효하게 이루어진 이후에 비로소 이행할 수 있는 것들이고, 인가처분 당시에 그 처분에 그와 같은 흠이 존재하였던 것은 아니므로, 위 사유들은 모두 인가처분의 철회사유에 해당한다고 보아야 하고, 인가처분을 함에 있어 위와 같은 철회사유를 인가조건으로 부가하면서 비록 철회권 유보라고 명시하지 아니한 채 조건불이행시 인가를 취소할 수 있다는 기재를 하였다 하더라도 위 인가조건의 전체적 의미는 인가처분에 대한 철회권을 유보한 것이라고 봄이 상당하다.

① ✗ 재량행위에는 법에 근거가 없는 경우에도 부관을 붙일 수 있다. 판례도 "재량행위에 있어서는 관계 법령에 명시적인 금지규정이 없는 한 행정목적을 달성하기 위하여 조건이나 기한, 부담 등의 부관을 붙일 수 있다"고 판시하였다(대판 2004.3.25. 2003두12837). 최근 제정된 행정 기본법에서도 기속행위와 달리 재량행위의 경우에는 (법적 근거의 유무와 관계없이)

부관을 붙일 수 있도록 규정하고 있다(제17조 제1항).

> **참고** 행정기본법 제17조(부관) ① 행정청은 **처분에 재량이 있는 경우**에는 부관(조건, 기한, 부담, 철회권의 유보 등을 말한다. 이하 이 조에서 같다)을 붙일 수 있다.
> ② 행정청은 **처분에 재량이 없는 경우**에는 **법률에 근거가 있는 경우**에 부관을 붙일 수 있다.

② ✕ **행정처분에 붙인 부담인 부관이 무효가 되면 그 부담의 이행으로 한 사법상 법률행위도 당연히 무효가 되는지 여부(소극)** 행정처분에 부담인 부관을 붙일 경우 부관의 무효화에 의하여 본체인 행정처분 자체의 효력에도 영향이 있게 될 수는 있지만, 그 처분을 받은 사람이 부담의 이행으로 사법상 매매 등의 법률행위를 한 경우에는 그 부관은 특별한 사정이 없는 한 법률행위를 하게 된 동기 내지 연유로 작용하였을 뿐이므로 이는 법률행위의 취소사유가 될 수 있음은 별론으로 하고 **그 법률행위 자체를 당연히 무효화하는 것은 아니다**(대판 2009. 6. 25, 2006다18174).

③ ✕ 행정처분에 이미 부담이 부가되어 있는 상태에서 그 의무의 범위 또는 내용 등을 변경하는 **부관의 사후변경**은, 법률에 명문의 규정이 있거나 그 변경이 미리 유보되어 있는 경우 또는 상대방의 동의가 있는 경우에 한하여 허용되는 것이 원칙이지만, **사정변경으로 인하여 당초에 부담을 부과한 목적을 달성할 수 없게 된 경우에도 그 목적달성에 필요한 범위 내에서 예외적으로 허용**된다(대판 1997. 5. 30, 97누2627).

> **참고** 행정기본법 제17조(부관) ③ 행정청은 부관을 붙일 수 있는 처분이 다음 각 호의 어느 하나에 해당하는 경우에는 그 처분을 한 후에도 부관을 새로 붙이거나 종전의 부관을 변경할 수 있다.
> 1. 법률에 근거가 있는 경우
> 2. 당사자의 동의가 있는 경우
> 3. 사정이 변경되어 부관을 새로 붙이거나 종전의 부관을 변경하지 아니하면 해당 처분의 목적을 달성할 수 없다고 인정되는 경우

17 정답 ②

② ✕ 행정청이 사전환경성검토협의를 거쳐야 할 대상사업에 관하여 법의 해석을 잘못한 나머지 세부용도지역이 지정되지 않은 개발사업 부지에 대하여 사전환경성검토협의를 할 여부를 결정하는 절차를 생략한 채 승인 등의 처분을 한 사안에서, **그 하자가 객관적으로 명백하다고 할 수 없다고 한 사례**(대판 2009. 9. 24, 2009두2825). → 하자 있는 행정처분이 당연무효가 되기 위하여는 그 하자가 법규의 중요한 부분을 위반한 중대한 것으로서 객관적으로 명백한 것이어야 한다(판례, 중대명백설).

① ○ **구 환경영향평가법상 환경영향평가를 실시하여야 할 사업에 대하여 환경영향평가를 거치지 아니하였음에도 승인 등 처분을 한 경우, 그 처분의 하자가 행정처분의 당연무효사유에 해당하는지 여부(적극)** 환경영향평가를 거쳐야 할 대상사업에 대하여 **환경영향평가를 거치지 아니하였음에도 불구하고 승인 등 처분이 이루어진다면, 사전에 환경영향평가를 함에 있어 평가대상지역 주민들의 의견을 수렴하고 그 결과를 토대로 하여 환경부장관과의 협의내용을 사업계획에 미리 반영시키는 것 자체가 원천적으로 봉쇄되는바**, 이렇게 되면 환경파괴를 미연에 방지하고 쾌적한 환경을 유지·조성하기 위하여 환경영향평가제도를 둔 입법 취지를 달성할 수 없게 되는 결과를 초래할 뿐만 아니라 환경영향평가대상지역 안의 주민들의 직접적이고 개별적인 이익을 근본적으로 침해하게 되므로, 이러한 행정처분의 하자는 법규의 중요한 부분을 위반한 중대한 것이고 객관적으로도 명백한 것이라고 하지 않을 수 없어, 이와 같은 **행정처분은 당연무효**이다(대판 2006. 6. 30, 2005두14363).

③ ○ **구 환경영향평가법에서 정한 환경영향평가 절차를 거쳤으나 그 환경영향평가의 내용이 부실한 경우, 그 부실로 인하여 환경영향평가 대상사업에 대한 승인 등 처분이 위법하게 되는지 여부(한정 소극)** 구 환경영향평가법에서 정한 환경영향평가를 거쳐야 할 대상사업에 대하여 그러한 환경영향평가를 거치지 아니하였음에도 승인 등 처분을 하였다면 그 처분은 위법하다 할 것이나, 그러한 절차를 거쳤다면, 비록 그 환경영향평가의 내용이 다소 부실하다 하더라도, 그 부실의 정도가 환경영향평가제도를 둔 입법 취지를 달성할 수 없을 정도이어서 환경영향평가를 하지 아니한 것과 다를 바 없는 정도의 것이 아닌 이상 그 부실은 당해 승인 등 처분에 재량권 일탈·남용의 위법이 있는지 여부를 판단하는 하나의 요소로 됨에 그칠 뿐, **그 부실로 인하여 당연히 당해 승인 등 처분이 위법하게 되는 것이 아니다**(대판 2001. 6. 29, 99두9902).

④ ○ **환경영향평가 대상지역 밖의 주민에게 그 원고적격이 인정되기 위한 요건** 공유수면매립과 농지개량사업시행으로 인하여 직접적이고 중대한 환경피해를 입으리라고 예상되는 환경영향평가 대상지역 안의 주민들이 전과 비교하여 수인한도를 넘는 환경침해를 받지 아니하고 쾌적한 환경에서 생활할 수 있는 개별적 이익까지도 이를 보호하려는 데에 있다고 할 것이므로, 환경영향평가 대상지역 안의 주민들이 공유수면매립면허처분 등과 관련하여 갖고 있는 위와 같은 환경상의 이익은 주민 개개인에 대하여 개별적으로 보호되는 직접적·구체적 이익으로서 그들에 대하여는 특단의 사정이 없는 한 환경상의 이익에 대한 침해 또는 침해우려가 있는 것으로 사실상 추정되어 공유수면매립면허처분 등의 무효확인을 구할 원고적격이 인정된다. 한편, 환경영향평가 대상지역 밖의 주민이라 할지라도 공유수면매립면허처분 등으로 인하여 그 처분 전과 비교하여 수인한도를 넘는 환경피해를 받거나 받을 우려가 있는 경우에는, **공유수면매립면허처분 등으로 인하여 환경상 이익에 대한 침해 또는 침해우려가 있다는 것을 입증함으로써** 그 처분 등의 무효확인을 구할 원고적격을 인정받을 수 있다(대판 2006. 3. 16, 2006두330 전합).

18 정답 ③

③ ○ 공무원에게 부과된 직무상 의무의 내용이 단순히 공공일반의 이익을 위한 것이거나 행정기관 내부의 질서를 규율하기 위한 것이 아니고, **전적으로 또는 부수적으로 사회구성원 개인의 안전과 이익을 보호하기 위하여 설정된 것이라면** 공무원이 그와 같은 직무상 의무를 위반함으로 인하여 피해자가 입은 손해에 대하여는 **상당인과관계가 인정되는 범위 내에서 국가 또는 지방자치단체가 배상책임을 지는 것이고**, 이 때 상당인과관계의 유무를 판단함에 있어서는 일반적인 결과 발생의 개연성은 물론 직무상의 의무를 부과하는 법령 기타 행동규범의 목적이나 가해행위의 태양 및 피해의 정도 등을 종합적으로 고려하여야 한다(대판 1997. 9. 9, 97다12907).

① ✕ 우리 헌법이 채택하고 있는 의회민주주의하에서 국회는 다원적 의견이나 각가지 이익을 반영시킨 토론과정을 거쳐 다수결의 원리에 따라 통일적인 국가의사를 형성하는 역할을 담당하는 국가기관으로서 그 과정에 참여한 국회의원은 입법에 관하여 원칙적으로 국민 전체에 대한 관계에서 정치적 책임을 질 뿐 국민 개개인의 권리에 대응하여 법적 의무를 지는 것은 아니므로, 국회의원의 입법행위는 그 입법 내용이 헌법의 문언에 명백히 위배됨에도 불구하고 국회가 굳이 당해 입법을 한 것과 같은 특수한 경우가 아닌 한 국가배상법 제2조 제1항 소정의 위법행위에 해당한다고 볼 수 없고 같은 맥락에서 국가가 일정한 사항에 관하여 헌법에 의하여 부과되는 구체적인 입법의무를 부담하고 있음에도 불구하고 그 **입법에 필요한 상당한 기간이 경과하도록 고의 또는 과실로 이러한 입법의무를 이행하지 아니하는 등 극히 예외적인 사정이 인정되는 사안에 한정하여 국가배상법 소정의 배상책임이 인정될 수 있으며** 위와 같은 구체적인 입법의무 자

체가 인정되지 않는 경우에는 애당초 부작위로 인한 불법행위가 성립할 여지가 없다(대판 2008. 5. 29, 2004다33469).

② ✗ 정책의 주무 부처인 중앙행정기관이 그 소관 사항에 대하여 입안한 법령안은 법제처 심사 등의 절차를 거쳐 공포함으로써 확정되므로, 법령이 확정되기 이전에는 법적 효과가 발생할 수 없다. 따라서 **입법 예고를 통해 법령안의 내용을 국민에게 예고한 적이 있다고 하더라도 그것이 법령으로 확정되지 아니한 이상 국가가 이해관계자들에게 위 법령안에 관련된 사항을 약속하였다고 볼 수 없으며, 이러한 사정만으로 어떠한 신뢰를 부여하였다고 볼 수도 없다**(대판 2008. 5. 29. 2004다33469).

④ ✗ 피고 금융감독원에 금융기관에 대한 검사·감독의무를 부과한 법령의 목적이 금융상품에 투자한 투자자 개인의 이익을 직접 보호하기 위한 것이라고 할 수 없으므로 피고 금융감독원 및 그 직원들의 위법한 직무집행과 부산저축은행의 후순위사채에 투자한 원고들이 입은 손해 사이에 상당인과관계가 있다고 보기 어렵다(대판 2015. 12. 23, 2015다210194).

는 경우라면 그 손실의 보상에 관하여 공공용지의취득및손실보상에관한 특례법시행규칙의 관련 규정 등을 유추적용할 수 있다고 해석함이 상당하다(대판 1996. 6. 11, 97누56150).

③ ⭕ 공익사업을 위한 토지 등의 취득 및 보상에 관한 법률 제85조 제1항 전문의 문언 내용과 같은 법 제83조, 제85조가 중앙토지수용위원회에 대한 이의신청을 임의적 절차로 규정하고 있는 점, 행정소송법 제19조 단서가 행정심판에 대한 재결은 재결 자체에 고유한 위법이 있음을 이유로 하는 경우에 한하여 취소소송의 대상으로 삼을 수 있도록 규정하고 있는 점 등을 종합하여 보면, ① **수용재결에 불복하여 취소소송을 제기하는 때에는** 이의신청을 거친 경우에도 '수용재결을 한 중앙토지수용위원회 또는 지방토지수용위원회'를 피고로 하여 '**수용재결**'의 취소를 구하여야 하고, 다만 ② 이의신청에 대한 재결 자체에 고유한 위법이 있음을 이유로 하는 경우에는 그 '이의재결을 한 중앙토지수용위원회'를 피고로 하여 '이의재결'의 취소를 구할 수 있다고 보아야 한다(대판 2010. 1. 28. 2008두1504).

19 　　　　　　　　　　　　　　　　　정답 ④

④ ✗ 어떤 보상항목이 공익사업을 위한 토지 등의 취득 및 보상에 관한 법령상 손실보상대상에 해당함에도 관할 토지수용위원회가 사실을 오인하거나 법리를 오해함으로써 손실보상대상에 해당하지 않는다고 잘못된 내용의 재결을 한 경우에는, 피보상자는 관할 토지수용위원회를 상대로 그 재결에 대한 취소소송을 제기할 것이 아니라, 사업시행자를 상대로 공익사업을 위한 토지 등의 취득 및 보상에 관한 법률 제85조 제2항에 따른 **보상금증감소송을 제기하여야** 한다(대판 2019. 11. 28, 2018두227).

① ⭕ 공익사업을 위한 토지 등의 취득 및 보상에 관한 법률 제79조 제2항(그 밖의 토지에 관한 비용보상 등)에 따른 손실보상과 환경정책기본법 제44조 제1항(환경오염의 피해에 대한 무과실책임)에 따른 손해배상은 근거 규정과 요건·효과를 달리하는 것으로서, **각 요건이 충족되면 성립하는 별개의 청구권이다**. 다만 손실보상청구권에는 이미 '**손해 전보**'라는 요소가 포함되어 있어 실질적으로 같은 내용의 손해에 관하여 양자의 청구권을 동시에 행사할 수 있다고 본다면 이중배상의 문제가 발생하므로, **실질적으로 같은 내용의 손해에 관하여 양자의 청구권이 동시에 성립하더라도 영업자는 어느 하나만을 선택적으로 행사할 수 있을 뿐이고, 양자의 청구권을 동시에 행사할 수는 없다**. 또한 '해당 사업의 공사완료일로부터 1년'이라는 손실보상 청구기간(토지보상법 제79조 제5항, 제73조 제2항)이 도과하여 손실보상청구권을 더 이상 행사할 수 없는 경우에도 손해배상의 요건이 충족되는 이상 여전히 손해배상청구는 가능하다(대판 2019. 11. 28, 2018두227).

② ⭕ 공공사업의 시행 결과 공공사업의 기업지 밖에서 발생한 간접손실에 관하여 그 피해자와 사업시행자 사이에 협의가 이루어지지 아니하고 **그 보상에 관한 명문의 근거 법령이 없는 경우라고 하더라도**, 헌법 제23조 제3항은 "공공필요에 의한 재산권의 수용·사용 또는 제한 및 그에 대한 보상은 법률로써 하되, 정당한 보상을 지급하여야 한다."고 규정하고 있고, 이에 따라 국민의 재산권을 침해하는 행위 그 자체는 반드시 형식적 법률에 근거하여야 하며, 토지수용법 등의 개별 법률에서 공익사업에 필요한 재산권 침해의 근거와 아울러 그로 인한 손실보상 규정을 두고 있는 점, 공공용지의취득및손실보상에관한특례법 제3조 제1항은 "공공사업을 위한 토지 등의 취득 또는 사용으로 인하여 토지 등의 소유자가 입은 손실은 사업시행자가 이를 보상하여야 한다."고 규정하고, 같은법시행규칙 제23조의2 내지 7에서 공공사업시행지구 밖에 위치한 영업과 공작물 등에 대한 간접손실에 대하여도 일정한 조건하에서 이를 보상하도록 규정하고 있는 점에 비추어, **공공사업의 시행으로 인하여 그러한 손실이 발생하리라는 것을 쉽게 예견할 수 있고 그 손실의 범위도 구체적으로 이를 특정할 수 있**

20 　　　　　　　　　　　　　　　　　정답 ①

① ✗ 병무청장이 법무부장관에게 '가수 甲이 공연을 위하여 국외여행 허가를 받고 출국한 후 미국 시민권을 취득함으로써 사실상 병역의무를 면탈하였으므로 재외동포 자격으로 재입국하고자 하는 경우 국내에서 취업, 가수활동 등 영리활동을 할 수 없도록 하고, 불가능할 경우 입국 자체를 금지해 달라'고 요청함에 따라 **법무부장관이 甲의 입국을 금지하는 결정을 하고, 그 정보를 내부전산망인 '출입국관리정보시스템'에 입력하였으나, 甲에게는 통보하지 않은 사안**에서, 행정청이 행정의사를 외부에 표시하여 행정청이 자유롭게 취소·철회할 수 없는 구속을 받기 전에는 '처분'이 성립하지 않으므로 **법무부장관이 출입국관리법 제11조 제1항 제3호 또는 제4호, 출입국관리법 시행령 제14조 제1항, 제2항에 따라 위 입국금지결정을 했다고 해서 '처분'이 성립한다고 볼 수는 없고**, 위 입국금지결정은 법무부장관의 의사가 공식적인 방법으로 외부에 표시된 것이 아니라 단지 그 정보를 내부전산망인 '출입국관리정보시스템'에 입력하여 관리한 것에 지나지 아니하므로, **위 입국금지결정은 항고소송의 대상이 될 수 있는 '처분'에 해당하지 않는데도**, 위 입국금지결정이 처분에 해당하여 공정력과 불가쟁력이 있다고 본 원심판단에 법리를 오해한 잘못이 있다고 한 사례(대판 2019. 7. 11, 2017두38874). → 다만, 제시된 지문의 내용만으로는 법무부장관의 입국금지결정을 상대방(甲)에게 통보하지 않았다는 점을 알 수 없어서 출제가 적절해 보이지는 않는다.

② ⭕ **병무청장이 병역법 제81조의2 제1항에 따라 병역의무 기피자의 인적사항 등을 인터넷 홈페이지에 게시하는 등의 방법으로 공개한 경우, 병무청장의 공개결정이 항고소송의 대상이 되는 행정처분인지 여부(적극)** 병무청장이 병역법 제81조의2 제1항에 따라 병역의무 기피자의 인적사항 등을 인터넷 홈페이지에 게시하는 등의 방법으로 공개한 경우 **병무청장의 공개결정을 항고소송의 대상이 되는 행정처분으로 보아야** 한다. 그 구체적인 이유는 다음과 같다. ① 병무청장이 하는 병역의무 기피자의 인적사항 등 공개는, 특정인을 병역의무 기피자로 판단하여 그 사실을 일반 대중에게 공표함으로써 그의 명예를 훼손하고 그에게 수치심을 느끼게 하여 병역의무 이행을 간접적으로 강제하려는 조치로서 병역법에 근거하여 이루어지는 공권력의 행사에 해당한다. ② 병무청장이 하는 병역의무 기피자의 인적사항 등 공개조치에는 특정인을 병역의무 기피자로 판단하여 그에게 불이익을 가한다는 행정결정이 전제되어 있고, 공개라는 사실행위는 행정결정의 집행행위라고 보아야 한다. 병무청장이 그러한 행정결정을 공개 대상자에게 미리 통보하지 않은 것이 적절한지는 본안에서 해당 처분이 적법한가를 판단하는 단계에서 고려할 요소이며, 병무청장이 그러한 행정결정을 공개 대상자에게 미리 통보하지 않았다거나 처분서를 작성·교부하지 않았다는 점만으로 항고소송의 대상적격을 부정하여서는

아니 된다. …… (대판 2019. 6. 27, 2018두49130).

③ ○ 甲 시장이 감사원으로부터 감사원법 제32조에 따라 乙에 대하여 징계의 종류를 정직으로 정한 징계 요구를 받게 되자 감사원에 징계 요구에 대한 재심의를 청구하였고, 감사원이 재심의청구를 기각하자 乙이 감사원의 징계 요구와 그에 대한 재심의결정의 취소를 구하고 甲 시장이 감사원의 재심의결정 취소를 구하는 소를 제기한 사안에서, 징계 요구는 징계 요구를 받은 기관의 장이 요구받은 내용대로 처분하지 않더라도 불이익을 받는 규정도 없고, 징계 요구 내용대로 효과가 발생하는 것도 아니며, 징계 요구에 의하여 행정청이 일정한 행정처분을 하였을 때 비로소 이해관계인의 권리관계에 영향을 미칠 뿐, 징계 요구 자체만으로는 징계 요구 대상 공무원의 권리·의무에 직접적인 변동을 초래하지도 아니하므로, 행정청 사이의 내부적인 의사결정의 경로로서 '징계 요구, 징계 절차 회부, 징계'로 이어지는 과정에서의 **중간처분에 불과하여, 감사원의 징계 요구와 재심의결정이 항고소송의 대상이 되는 행정처분이라고 할 수 없다**고 한 사례(대판 2016. 12. 27, 2014두5637).

④ ○ **국방전력발전업무훈령에 따른 연구개발확인서 발급 및 그 거부의 법적 성질(=행정처분)** 국방전력발전업무훈령 제113조의5 제1항에 **의한 연구개발확인서 발급**은 개발업체가 '업체투자연구개발' 방식 또는 '정부·업체공동투자연구개발' 방식으로 전력지원체계 연구개발사업을 성공적으로 수행하여 군사용 적합판정을 받고 국방규격이 제·개정된 경우에 사업관리기관이 개발업체에게 해당 품목의 양산과 관련하여 경쟁입찰에 부치지 않고 수의계약의 방식으로 국방조달계약을 체결할 수 있는 지위(경쟁입찰의 예외사유)가 있음을 인정해 주는 **'확인적 행정행위'로서 공권력의 행사인 '처분'에 해당**하고, 연구개발확인서 발급 거부는 신청에 따른 처분 발급을 거부하는 '거부처분'에 해당한다(대판 2020. 1. 16, 2019다264700).

소방행정법 [소방공무원 9급 2021. 4. 3. 시행]

제3회 실전 기출문제

01 ② 02 ① 03 ③ 04 ① 05 ④ 06 ② 07 ④ 08 ② 09 ③ 10 ①
11 ③ 12 ④ 13 ① 14 ② 15 ③ 16 ① 17 ③ 18 ④ 19 ② 20 ③

01
정답 ②

② ✗ 국가가 본래 그의 사무의 일부를 지방자치단체의 장에게 위임하여 그 사무를 처리하게 하는 기관위임사무의 경우에는 지방자치단체는 국가기관의 일부로 볼 수 있고, **지방자치단체가 그 고유의 자치사무를 처리하는 경우**에 지방자치단체는 국가기관의 일부가 아니라 국가기관과는 별도의 독립한 **공법인으로서 양벌규정에 의한 처벌대상이 되는 법인에 해당**하며, 법령상 지방자치단체의 장이 처리하도록 하고 있는 사무가 자치사무인지, 기관위임사무에 해당하는지 여부를 판단함에 있어서는 그에 관한 법령의 규정 형식과 취지를 우선 고려하여야 할 것이지만 그 외에도 그 사무의 성질이 전국적으로 통일적인 처리가 요구되는 사무인지 여부나 그에 관한 경비부담과 최종적인 책임귀속의 주체 등도 아울러 고려하여 판단하여야 한다(대판 2009. 6. 11, 2008도6530). → 지방자치단체 소속 공무원이 지정항만순찰 등의 업무를 위해 관할관청의 승인 없이 개조한 승합차를 운행함으로써 구 자동차관리법을 위반한 사안에서, 지방자치법, 구 항만법, 구 항만법 시행령 등에 비추어 위 항만순찰 등의 업무가 지방자치단체의 장이 국가로부터 위임받은 기관위임사무에 해당하여, 해당 지방자치단체가 구 자동차관리법 제83조의 양벌규정에 따른 처벌대상이 될 수 없다고 한 사례 / 형사범과 행정범을 불문하고 법인의 범죄능력을 부정하는 것이 통설의 입장이다. 판례는 배임죄(형사범)의 경우 범죄능력을 부정한 바 있다(대판 1984. 10. 10, 82도2595 전합). 한편, 법인에게는 범죄능력은 부정되지만, 형벌능력은 인정된다는 것이 다수설의 입장이다. 공법인에 해당하는 지방자치단체도 범죄능력은 부정되지만, 형벌능력은 인정된다. 판례도 지방자치단체의 형벌능력을 인정하여, 양벌규정에 의한 처벌대상이 된다고 보았다.

① ○ 죄형법정주의는 무엇이 범죄이며 그에 대한 형벌이 어떠한 것인가는 국민의 대표로 구성된 입법부가 제정한 법률로써 정하여야 한다는 원칙인데, 부동산등기특별조치법 제11조 제1항 본문 중 제2조 제1항에 관한 부분이 정하고 있는 **과태료는 행정상의 질서유지를 위한 행정질서벌에 해당할 뿐 형벌이라고 할 수 없어** 죄형법정주의의 규율대상에 해당하지 아니한다(헌재 1998. 5. 28, 96헌바83).

③ ○

> **질서위반행위규제법 제36조(재판)** ① 과태료 재판은 이유를 붙인 결정으로써 한다.
> **질서위반행위규제법 제37조(결정의 고지)** ① 결정은 당사자와 검사에게 고지함으로써 효력이 생긴다.
> **질서위반행위규제법 제38조(항고)** ① 당사자와 검사는 과태료 재판에 대하여 즉시항고를 할 수 있다. 이 경우 항고는 집행정지의 효력이 있다.

④ ○

> **질서위반행위규제법 제16조(사전통지 및 의견 제출 등)** ① 행정청이 질서위반행위에 대하여 과태료를 부과하고자 하는 때에는 미리 당사자(제11조 제2항에 따른 고용주등을 포함한다. 이하 같다)에게 <u>대통령령으로 정하는 사항을 통지하고, 10일 이상의 기간을 정하여 의견을 제출할 기회를 주어야 한다</u>. 이 경우 지정된 기일까지 의견 제출이 없는 경우에는 의견이 없는 것으로 본다.
> **질서위반행위규제법 시행령 제3조(사전통지 및 의견제출 등)** ① 법 제16조 제1항에 따라 행정청이 과태료 부과에 관하여 미리 통지하는 경우에는 다음 각 호의 사항을 모두 적은 서면(당사자가 동의하는 경우에

는 전자문서를 포함한다)으로 하여야 한다.
2. 과태료 부과의 원인이 되는 사실, 과태료 금액 및 적용 법령

02   정답 ①

① ✗ **행정대집행법상 대집행의 대상이 되는 대체적 작위의무는 공법상 의무이어야 할 것**인데, 구 공공용지의 취득 및 손실보상에 관한 특례법에 따른 토지 등의 협의취득은 공공사업에 필요한 토지 등을 그 소유자와의 협의에 의하여 취득하는 것으로서 공공기관이 사경제주체로서 행하는 사법상 매매 내지 사법상 계약의 실질을 가지는 것이므로, 그 협의취득시 건물소유자가 매매대상 건물에 대한 철거의무를 부담하겠다는 취지의 약정을 하였다고 하더라도 이러한 철거의무는 공법상의 의무가 될 수 없고, 이 경우에도 행정대집행법을 준용하여 대집행을 허용하는 별도의 규정이 없는 한 위와 같은 철거의무는 행정대집행법에 의한 대집행의 대상이 되지 않는다(대판 2006. 10. 13, 2006두7096).

② ◉ **대집행 계고처분을 함에 있어 대집행할 행위의 내용 및 범위가 반드시 대집행계고서에 의하여만 특정되어야 하는지 여부(소극)** 행정청이 행정대집행법 제3조 제1항에 의한 대집행계고를 함에 있어서는 의무자가 스스로 이행하지 아니하는 경우에 대집행할 행위의 내용 및 범위가 구체적으로 특정되어야 하지만, **그 행위의 내용 및 범위는 반드시 대집행계고서에 의하여서만 특정되어야 하는 것이 아니고** 계고처분 전후에 송달된 문서나 기타 사정을 종합하여 행위의 내용이 특정되거나 대집행 의무자가 그 이행의무의 범위를 알 수 있으면 족하다고 할 것이다(대판 1997. 2. 14, 96누15428).

③ ◉

행정대집행법 제3조(대집행의 절차) ① 전조의 규정에 의한 처분(이하 대집행이라 한다)을 하려함에 있어서는 상당한 이행기한을 정하여 그 기한까지 이행되지 아니할 때에는 대집행을 한다는 뜻을 미리 문서로써 계고하여야 한다. 이 경우 행정청은 상당한 이행기한을 정함에 있어 의무의 성질·내용 등을 고려하여 사회통념상 해당 의무를 이행하는 데 필요한 기간이 확보되도록 하여야 한다.
② 의무자가 전항의 계고를 받고 지정기한까지 그 의무를 이행하지 아니할 때에는 당해 행정청은 **대집행영장으로써** 대집행을 할 시기, 대집행을 시키기 위하여 파견하는 집행책임자의 성명과 대집행에 요하는 비용의 개산에 의한 견적액을 **의무자에게 통지하여야** 한다.
③ 비상시 또는 위험이 절박한 경우에 있어서 당해 행위의 급속한 실시를 요하여 **전2항에 규정한 수속을 취할 여유가 없을 때에는 그 수속을 거치지 아니하고 대집행을 할 수 있다.**

④ ◉ 개발제한구역 내의 건축물에 대하여 허가를 받지 않고 한 용도변경행위에 대한 형사처벌과 건축법 제83조 제1항에 의한 시정명령 위반에 대한 이행강제금의 부과는 그 처벌 내지 제재대상이 되는 기본적 사실관계로서의 행위를 달리하며, 또한 그 보호법익과 목적에서도 차이가 있으므로 이중처벌에 해당한다고 할 수 없다(대결 2005. 8. 19, 2005마30).

03   정답 ③

② ◉, ③ ✗

행정절차법 제8조(행정응원) ① 행정청은 다음 각 호의 1에 해당하는 경우에는 다른 행정청에 행정응원을 요청할 수 있다.
1. 법령등의 이유로 독자적인 직무수행이 어려운 경우
2. 인원·장비의 부족등 사실상의 이유로 독자적인 직무수행이 어려운 경우
3. 다른 행정청에 소속되어 있는 전문기관의 협조가 필요한 경우
4. 다른 행정청이 관리하고 있는 문서(전자문서를 포함한다. 이하 같다)·통계등 행정자료가 직무수행을 위하여 필요한 경우
5. 다른 행정청의 응원을 받아 처리하는 것이 보다 능률적이고 경제적인 경우

⑤ 행정응원을 위하여 파견된 직원은 응원을 요청한 행정청의 지휘·감독을 받는다. 다만, 당해 직원의 복무에 관하여 다른 법령등에 특별한 규정이 있는 경우에는 그에 의한다.
⑥ 행정응원에 소요되는 비용은 응원을 요청한 행정청이 부담하며, 그 부담금액 및 부담방법은 **응원을 요청한 행정청과 응원을 행하는 행정청이 협의하여 결정**한다.

① ◉

행정절차법 제22조(의견청취) ② 행정청이 처분을 할 때 다음 각 호의 어느 하나에 해당하는 경우에는 공청회를 개최한다.
1. 다른 법령등에서 공청회를 개최하도록 규정하고 있는 경우
2. 해당 처분의 영향이 광범위하여 널리 의견을 수렴할 필요가 있다고 행정청이 인정하는 경우
3. 국민생활에 큰 영향을 미치는 처분으로서 대통령령으로 정하는 처분에 대하여 대통령령으로 정하는 수 이상의 당사자등이 공청회 개최를 요구하는 경우

④ ◉

행정절차법 제14조(송달) ④ 다음 각 호의 어느 하나에 해당하는 경우에는 송달받을 자가 알기 쉽도록 관보, 공보, 게시판, 일간신문 중 하나 이상에 공고하고 인터넷에도 공고하여야 한다.
1. 송달받을 자의 주소등을 통상의 방법으로 확인할 수 없는 경우
2. 송달이 불가능한 경우
행정절차법 제15조(송달의 효력발생) ③ 제14조 제4항의 경우에는 다른 법령등에 특별한 규정이 있는 경우를 제외하고는 **공고일부터 14일이 지난 때에 그 효력이 발생**한다. 다만, 긴급히 시행하여야 할 특별한 사유가 있어 효력발생시기를 달리 정하여 공고한 경우에는 그에 따른다.

04   정답 ①

① ✗ 도시의 무질서한 확산을 방지하고 도시주변의 자연환경을 보전하여 도시민의 건전한 생활환경을 확보하기 위하여 지정되는 **개발제한구역 내에서는 구역 지정의 목적상 건축물의 건축이나 그 용도변경**은 원칙적으로 금지되고, 다만 구체적인 경우에 위와 같은 구역 지정의 목적에 위배되지 아니할 경우 예외적으로 허가에 의하여 그러한 행위를 할 수 있게 되어 있음이 위와 같은 관련 규정의 체재와 문언상 분명한 한편, 이러한 **건축물의 용도변경에 대한 예외적인 허가**는 그 상대방에게 수익적인 것에 틀림이 없으므로, 이는 그 법률적 성질이 **재량행위 내지 자유재량행위에 속하는 것**이라고 할 것이고, 따라서 그 위법 여부에 대한 심사는 재량권 일탈·남용의 유무를 그 대상으로 한다(대판 2001. 2. 9, 98두17593). → 구 도시계획법상의 개발제한구역 내의 건축물의 용도변경허가의 법적 성질(=재량행위 내지 자유재량행위)

② ◉ 농지처분의무통지는 단순한 관념의 통지에 불과하다고 볼 수는 없고, 상대방인 농지소유자의 의무에 직접 관계되는 독립한 행정처분으

로서 항고소송의 대상이 된다(대판 2003. 11. 14, 2001두8742).

③ ⭕ 지방세법에 의한 압류재산 매각절차에 따라 영업시설의 전부를 인수함으로써 그 영업자의 지위를 승계한 자가 관계 행정청에 이를 신고하여 행정청이 이를 수리하는 경우에는 종전의 영업자에 대한 영업허가 등은 그 효력을 잃는다 할 것인데, 위 규정들을 종합하면 위 행정청이 구 식품위생법 규정에 의하여 **영업자지위승계신고를 수리하는 처분은 종전의 영업자의 권익을 제한하는 처분**이라 할 것이고 따라서 종전의 영업자는 그 처분에 대하여 직접 그 상대가 되는 자에 해당한다고 봄이 상당하므로, 행정청으로서는 위 신고를 수리하는 처분을 함에 있어서 행정절차법 규정 소정의 당사자에 해당하는 **종전의 영업자에 대하여 위 규정 소정의 행정절차를 실시하고 처분을 하여야** 한다(대판 2003. 2. 14, 2001두7015).

④ ⭕ 수익적 행정처분에 있어서는 법령에 특별한 근거규정이 없다고 하더라도 그 부관으로서 부담을 붙일 수 있고, 그와 같은 **부담은 행정청이 행정처분을 하면서 일방적으로** 부가할 수도 있지만 부담을 부가하기 이전에 상대방과 협의하여 **부담의 내용을 협약의 형식으로 미리 정한 다음** 행정처분을 하면서 이를 부가할 수도 있다(대판 2009. 2. 12, 2005다65500).

05
정답 ④

④ ✖ 불가변력은 실체법적 효력이라고 할 수 있는데 반해 불가쟁력은 절차법적 효력에 해당한다.

① ⭕ 행정행위의 불가쟁력은 행정행위의 상대방이나 이해관계인이 행정행위의 효력을 더 이상 다투지 못하는 효력이다. 따라서 취소권을 가진 처분 행정청이 직권으로 불가쟁력이 발생한 행정행위를 취소 또는 철회하는 것은 가능하다. 반면, 행정행위의 불가변력은 행정청이 '당해 행정행위'를 취소 또는 변경할 수 없게 하는 효력을 말한다. 행정행위의 불가변력은 '당해 행정행위'에 대하여만 인정되는 것이고, '동종의 행정행위'라도 그 대상을 달리하는 경우에는 인정되지 않는다(대판 1974. 12. 10, 73누129).

② ⭕ 국가배상청구소송은 처분의 효력을 다투는 것이 아니므로 **불가쟁력이 발생한 행정행위로 손해를 입은 국민은 국가배상을 청구할 수 있다**(대판 1979.4.10. 79다262 참조).

③ ⭕ 불가변력이 있는 행정행위(예: 행정심판의 재결)가 당연히 불가쟁력을 발생시키는 것은 아니다. 따라서 제소기간 도과하기 전에는 불가변력이 있는 행정행위에 대하여 행정소송을 제기할 수 있다.

06
정답 ②

① ⭕, ② ✖, ④ ⭕

행정심판법 제8조(중앙행정심판위원회의 구성) ① 중앙행정심판위원회는 **위원장 1명을 포함하여 70명 이내의 위원으로 구성하되**, 위원 중 상임위원은 4명 이내로 한다.
② 중앙행정심판위원회의 위원장은 국민권익위원회의 부위원장 중 1명이 되며, 위원장이 없거나 부득이한 사유로 직무를 수행할 수 없거나 위원장이 필요하다고 인정하는 경우에는 상임위원(상임으로 재직한 기간이 긴 위원 순서로, 재직기간이 같은 경우에는 연장자 순서로 한다)이 위원장의 직무를 대행한다.
④ 중앙행정심판위원회의 **비상임위원**은 제7조 제4항 각 호의 어느 하나에 해당하는 사람 중에서 **중앙행정심판위원회 위원장의 제청으로 국무총리가 성별을 고려하여 위촉**한다.
⑤ 중앙행정심판위원회의 회의(제6항에 따른 소위원회 회의는 제외한다)는 위원장, 상임위원 및 위원장이 회의마다 지정하는 비상임위원을 포함하여 **총 9명으로 구성**한다.

③ ⭕

행정심판법 제10조(위원의 제척·기피·회피) ① 위원회의 위원은 다음 각 호의 어느 하나에 해당하는 경우에는 그 사건의 심리·의결에서 제척(除斥)된다. 이 경우 제척결정은 위원회의 위원장(이하 "위원장"이라 한다)이 직권으로 또는 당사자의 신청에 의하여 한다.
  1. 위원 또는 그 배우자나 배우자이었던 사람이 사건의 당사자이거나 사건에 관하여 공동 권리자 또는 의무자인 경우
  2. 위원이 사건의 당사자와 친족이거나 친족이었던 경우
  3. 위원이 사건에 관하여 증언이나 감정(鑑定)을 한 경우
  4. 위원이 당사자의 대리인으로서 사건에 관여하거나 관여하였던 경우
  5. 위원이 사건의 대상이 된 처분 또는 부작위에 관여한 경우
② 당사자는 위원에게 공정한 심리·의결을 기대하기 어려운 사정이 있으면 위원장에게 기피신청을 할 수 있다.
③ 위원에 대한 제척신청이나 기피신청은 그 사유를 소명(疏明)한 문서로 하여야 한다. 다만, 불가피한 경우에는 신청한 날부터 3일 이내에 신청 사유를 소명할 수 있는 자료를 제출하여야 한다.
④ 제척신청이나 기피신청이 제3항을 위반하였을 때에는 위원장은 결정으로 이를 각하한다.
⑥ **위원장은 제척신청이나 기피신청을 받으면 제척 또는 기피 여부에 대한 결정을 하고**, 지체 없이 신청인에게 결정서 정본(正本)을 송달하여야 한다.

07
정답 ④

④ ✖ 행정계획은 장래에 대한 것이므로 본질상 가변성을 지니므로 변경가능성과 신뢰보호의 긴장관계에 있다. 원칙적으로 행정계획에 대한 계획변경청구권은 인정되지 않지만, 예외적으로 개별법령이나 조리에 의해 행정계획의 변경을 신청할 권리가 인정될 수도 있다.

> **참고** 장래 일정한 기간 내에 관계 법령이 규정하는 시설 등을 갖추어 일정한 행정처분을 구하는 신청을 할 수 있는 법률상 지위에 있는 자의 국토이용계획변경신청을 거부하는 것이 실질적으로 당해 행정처분 자체를 거부하는 결과가 되는 경우에는 **예외적으로 그 신청인에게 국토이용계획변경을 신청할 권리가 인정된다**고 봄이 상당하므로, 이러한 신청에 대한 거부행위는 항고소송의 대상이 되는 행정처분에 해당한다고 할 것이다(대판 2003. 9. 23, 2001두10936).

① ⭕ 건설부장관이 행한 국립공원지정처분은 그 결정 및 첨부된 도면의 공고로써 그 경계가 확정되는 것이고, 시장이 행한 **경계측량 및 표지의 설치 등은** 공원관리청이 공원구역의 효율적인 보호, 관리를 위하여 이미 확정된 경계를 인식, 파악하는 **사실상의 행위로 봄이 상당**하며, 위와 같은 사실상의 행위를 가리켜 **공권력행사로서의 행정처분의 일부라고 볼 수 없고**, 이로 인하여 건설부장관이 행한 공원지정처분이나 그 경계에 변동을 가져온다고 할 수 없다(대판 1992. 10. 13, 92누2325).

② ⭕

행정절차법 제49조(행정지도의 방식) ① 행정지도를 하는 자는 그 상대방에게 그 행정지도의 취지 및 내용과 신분을 밝혀야 한다.
② 행정지도가 말로 이루어지는 경우에 상대방이 제1항의 사항을 적은 서면의 교부를 요구하면 그 행정지도를 하는 자는 직무 수행에 특별한 지장이 없으면 이를 교부하여야 한다.

③ ⭕ 조례가 **집행행위의 개입 없이도 그 자체로서** 직접 국민의 구체적인 권

리·의무나 법적 이익에 영향을 미치는 등의 법률상 효과를 발생하는 경우 그 조례는 항고소송의 대상이 되는 행정처분에 해당하고, 이러한 조례에 대한 무효확인소송을 제기함에 있어서 행정소송법 제38조 제1항, 제13조에 의하여 피고적격이 있는 처분 등을 행한 행정청은, 행정주체인 지방자치단체 또는 지방자치단체의 내부적 의결기관으로서 지방자치단체의 의사를 외부에 표시한 권한이 없는 지방의회가 아니라, 구 지방자치법 제19조 제2항, 제92조에 의하여 지방자치단체의 집행기관으로서 조례로서의 효력을 발생시키는 공포권이 있는 지방자치단체의 장이다(대판 1996. 9. 20, 95누8003).

08 정답 ②

② ✗ 지방식품의약품안전청장이 수입 녹용 중 전지 3대를 절단부위로부터 5cm까지의 부분을 절단하여 측정한 회분함량이 기준치를 0.5% 초과하였다는 이유로 수입 녹용 전부에 대하여 전량 폐기 또는 반송처리를 지시한 경우, 녹용 수입업자가 입게 될 불이익이 의약품의 안전성과 유효성을 확보함으로써 국민보건의 향상을 기하고 고가의 한약재인 녹용에 대하여 부적합한 수입품의 무분별한 유통을 방지하려는 공익상 필요보다 크다고는 할 수 없으므로 위 폐기 등 지시처분은 재량권을 일탈·남용한 경우에 해당하지 않는다(대판 2006. 4. 14, 2004두3854).

① ◯ 단지 1회 훈령에 위반하여 요정 출입을 하다가 적발된 것만으로는 공무원의 신분을 보유케 할 수 없을 정도로 공무원의 품위를 손상케 한 것이라 단정키 어려운 한편, 원고를 면직에 처함으로서만 위와 같은 훈령의 목적을 달할 수 있다고 볼 사유를 인정할 자료가 없고, 오히려 원고의 비행정도라면 이보다 가벼운 징계처분으로서도 능히 위 훈령의 목적을 달할 수 있다고 볼 수 있는 점, 징계처분 중 면직처분은 타 징계처분과 달라 공무원의 신분을 박탈하는 것이므로 그 징계사유는 적어도 공무원의 신분을 그대로 보유케 하는 것이 심히 부당하다고 볼 정도의 비행이 있는 경우에 한하는 점 등에 비추어 생각하면 이 사건 파면처분은 이른바 비례의 원칙에 어긋난 것으로서 …… 심히 그 재량권의 범위를 넘어서 한 위법한 처분이라고 아니할 수 없다(대판 1967. 5. 2, 67누24).

③ ◯ 청소년유해매체물로 결정·고시된 만화인 사실을 모르고 있던 도서대여업자가 그 고시일로부터 8일 후에 청소년에게 그 만화를 대여한 것을 사유로 그 도서대여업자에게 금 700만원의 과징금이 부과된 경우, 그 도서대여업자에게 청소년유해매체물인 만화를 청소년에게 대여하여서는 아니 된다는 금지의무의 해태를 탓하기는 가혹하므로 그 과징금부과처분은 재량권을 일탈·남용한 것으로서 위법하다(대판 2001. 7. 27, 99두9490).

④ ◯ 사법시험 제2차시험에 과락제도를 적용하고 있는 구 사법시험령 제15조 제2항은 비례의 원칙, 과잉금지의 원칙 및 평등의 원칙 등을 위반하지 않는다(대판 2007. 1. 11, 2004두10432).

09 정답 ③

③ ✗

개인정보 보호법 제51조(단체소송의 대상 등) 다음 각 호의 어느 하나에 해당하는 단체는 개인정보처리자가 제49조에 따른 집단분쟁조정을 거부하거나 집단분쟁조정의 결과를 수락하지 아니한 경우에는 법원에 권리침해 행위의 금지·중지를 구하는 소송(이하 "단체소송"이라 한다)을 제기할 수 있다.

개인정보 보호법 제55조(소송허가요건 등) ① 법원은 다음 각 호의 요건을 모두 갖춘 경우에 한하여 결정으로 단체소송을 허가한다.
1. 개인정보처리자가 분쟁조정위원회의 조정을 거부하거나 조정결과를 수락하지 아니하였을 것
2. 제54조에 따른 소송허가신청서의 기재사항에 흠결이 없을 것

① ◯

개인정보 보호법 제53조(소송대리인의 선임) 단체소송의 원고는 변호사를 소송대리인으로 선임하여야 한다.

② ◯, ④ ◯

개인정보 보호법 제57조(민사소송법의 적용 등) ① 단체소송에 관하여 이 법에 특별한 규정이 없는 경우에는 민사소송법을 적용한다.
③ 단체소송의 절차에 관하여 필요한 사항은 대법원규칙으로 정한다.

10 정답 ①

① ◯

행정소송법 제45조(소의 제기) 민중소송 및 기관소송은 법률이 정한 경우에 법률에 정한 자에 한하여 제기할 수 있다.

② ✗ 행정심판법 제4조 제3호가 의무이행심판청구를 인정하고 있고 항고소송의 제1심 관할법원이 행정청의 소재지를 관할하는 고등법원으로 되어 있다고 하더라도, 행정소송법상 행정청의 부작위에 대하여는 부작위위법확인소송만 인정되고 작위의무의 이행이나 확인을 구하는 행정소송은 허용될 수 없다(대판 1992. 11. 10, 92누1629).

③ ✗ 행정소송은 항고소송, 당사자소송, 민중소송, 기관소송 4가지로 구분되고(행정소송법 제3조), 항고소송은 취소소송, 무효등확인소송, 부작위위법확인소송 3가지로 다시 구분된다(행정소송법 제4조). 즉, 당사자소송은 항고소송에 포함되지 않는다.

행정소송법 제4조(항고소송) 항고소송은 다음과 같이 구분한다.
1. **취소소송** : 행정청의 위법한 처분등을 취소 또는 변경하는 소송
2. **무효등확인소송** : 행정청의 처분등의 효력 유무 또는 존재 여부를 확인하는 소송
3. **부작위위법확인소송** : 행정청의 부작위가 위법하다는 것을 확인하는 소송

④ ✗ 기관소송이 아니라 민중소송에 대한 설명이다.

행정소송법 제3조(행정소송의 종류) 행정소송은 다음의 네 가지로 구분한다.
1. 항고소송 : 행정청의 처분등이나 부작위에 대하여 제기하는 소송
2. 당사자소송 : 행정청의 처분등을 원인으로 하는 법률관계에 관한 소송 그 밖에 공법상의 법률관계에 관한 소송으로서 그 법률관계의 한쪽 당사자를 피고로 하는 소송
3. 민중소송 : 국가 또는 공공단체의 기관이 법률에 위반되는 행위를 한 때에 직접 자기의 법률상 이익과 관계없이 그 시정을 구하기 위하여 제기하는 소송
4. 기관소송 : 국가 또는 공공단체의 기관상호간에 있어서의 권한의 존부 또는 그 행사에 관한 다툼이 있을 때에 이에 대하여 제기하는 소송. 다만, 헌법재판소법 제2조의 규정에 의하여 헌법재판소의 관장사항으로 되는 소송은 제외한다.

11 정답 ③

③ ✗

국가배상법 제4조(양도 등 금지) 생명·신체의 침해로 인한 국가배상을 받을 권리는 양도하거나 압류하지 못한다.

① ◎ 자동차손해배상 보장법의 입법취지에 비추어 볼 때, **자동차손해배상 보장법 제3조는** 자동차의 운행이 사적인 용무를 위한 것이건 국가 등의 공무를 위한 것이건 구별하지 아니하고 **민법이나 국가배상법에 우선하여 적용된다고 보아야 한다.** 따라서 일반적으로 공무원의 공무집행상의 위법행위로 인한 공무원 개인 책임의 내용과 범위는 민법과 국가배상법의 규정과 해석에 따라 정하여 질 것이지만, 자동차의 운행으로 말미암아 다른 사람을 사망하게 하거나 부상하게 함으로써 발생한 손해에 대한 공무원의 손해배상책임의 내용과 범위는 이와는 달리 **자동차손해배상 보장법이 정하는 바에 의할 것**이므로, 공무원이 직무상 자동차를 운전하다가 사고를 일으켜 다른 사람에게 손해를 입힌 경우에는 그 사고가 자동차를 운전한 공무원의 경과실에 의한 것인지 중과실 또는 고의에 의한 것인지를 가리지 않고, 그 공무원이 자동차손해배상 보장법 제3조 소정의 '자기를 위하여 자동차를 운행하는 자'에 해당하는 한 자동차손해배상 보장법상의 손해배상책임을 부담한다(대판 1996. 3. 8, 94다23876).

② ◎ 국가배상법 제2조 제1항 단서는 헌법 제29조 제1항에 의하여 보장되는 국가배상 청구권을 헌법 내재적으로 제한하는 헌법 제29조 제2항에 직접 근거하고, 실질적으로 그 내용을 같이하는 것이므로 헌법에 위반되지 아니한다(헌재 1995. 12. 28, 95헌바3).

④ ◎ 국가배상법 제5조 제1항의 영조물의 설치·관리상의 하자로 인한 손해가 발생한 경우 같은 법 제3조 제1항 내지 제5항의 해석상 피해자의 위자료 청구권이 반드시 배제되지 아니한다(대판 1990. 11. 13, 90다카25604).

12   정답 ④

④ ✗ 지방자치단체와 그 소속 경력직 공무원인 지방소방공무원 사이의 관계, 즉 **지방소방공무원의 근무관계는** 사법상의 근로계약관계가 아닌 **공법상의 근무관계에 해당**하고, 그 근무관계의 주요한 내용 중 하나인 **지방소방공무원의 보수에 관한 법률관계는 공법상의 법률관계라고 보아야** 한다. 나아가 지방공무원법 제44조 제4항, 제45조 제1항이 지방공무원의 보수에 관하여 이른바 근무조건 법정주의를 채택하고 있고, 지방공무원 수당 등에 관한 규정 제15조 내지 제17조가 초과근무수당의 지급 대상, 시간당 지급 액수, 근무시간의 한도, 근무시간의 산정 방식에 관하여 구체적이고 직접적인 규정을 두고 있는 등 관계 법령의 내용, 형식 및 체제 등을 종합하여 보면, 지방소방공무원의 초과근무수당 지급청구권은 법령의 규정에 의하여 직접 그 존부나 범위가 정하여지고 법령에 규정된 수당의 지급 요건에 해당하는 경우에는 곧바로 발생한다고 할 것이므로, **지방소방공무원이 자신이 소속된 지방자치단체를 상대로 초과근무수당의 지급을 구하는 청구에 관한 소송은** 행정소송법 제3조 제2호에 규정된 **당사자소송의 절차에 따라야** 한다(대판 2013. 3. 28, 2012다102629).

① ◎ 행정주체인 재건축조합을 상대로 관리처분계획안에 대한 조합 총회결의의 효력 등을 다투는 소송은 행정처분에 이르는 절차적 요건의 존부나 효력 유무에 관한 소송으로서 그 소송결과에 따라 행정처분의 위법 여부에 직접 영향을 미치는 공법상 법률관계에 관한 것이므로, 이는 행정소송법상의 당사자소송에 해당한다(대판 2009. 11. 26, 2008다41383).

② ◎ **국가계약법에 따라 국가가 당사자가 되는 이른바 공공계약은** 사경제의 주체로서 상대방과 대등한 위치에서 체결하는 **사법상의 계약으로서 그 본질적인 내용은** 사인 간의 계약과 다를 바가 없으므로, 그에 관한 법령에 특별한 정함이 있는 경우를 제외하고는 **사적 자치와 계약자유의 원칙 등 사법의 원리가 그대로 적용**된다고 할 것이다. 따라서 계약 체결을 위한 입찰절차에서 입찰자 제출에 하자가 있다 하여도 그것만으로 해당 입찰이 무효가 되는 것은 아니고, 그 하자가 입찰절차의 공공성과 공정성이 현저히 침해될 정도로 중대할 뿐 아니라 상대방도 그러한 사정을 알았거나 알 수 있었을 경우 또는 그러한 하자를 묵인한 낙찰자의 결정 및 계약 체결이 선량한 풍속 기타 사회질서에 반하는 결과가 될 것임이 분명한 경우 등 이를 무효로 하지 않으면 그 절차에 관하여 규정한 국가계약법의 취지를 몰각하는 결과가 되는 특별한 사정이 있는 경우에 한하여 무효가 된다고 해석함이 타당하다(대결 2012. 9. 20, 2012마1097).

③ ◎ 국유재산의 무단점유자에 대한 변상금 부과는 공권력을 가진 우월적 지위에서 행하는 행정처분이고, 그 부과처분에 의한 변상금 징수권은 공법상의 권리인 반면, 민사상 부당이득반환청구권은 국유재산의 소유자로서 가지는 사법상의 채권이다. 또한 변상금은 부당이득 산정의 기초가 되는 대부료나 사용료의 120%에 상당하는 금액으로서 부당이득금과 액수가 다르고, 이와 같이 할증된 금액의 변상금을 부과·징수하는 목적은 국유재산의 사용·수익으로 인한 이익의 환수를 넘어 국유재산의 효율적인 보존·관리라는 공익을 실현하는 데 있다. 그리고 대부 또는 사용·수익허가 없이 국유재산을 점유하거나 사용·수익하였지만 변상금 부과처분은 할 수 없는 때에도 민사상 부당이득반환청구권은 성립하는 경우가 있으므로, 변상금 부과·징수의 요건과 민사상 부당이득반환청구권의 성립요건이 일치하는 것도 아니다. 이처럼 구 국유재산법 제51조 제1항, 제4항, 제5항에 의한 변상금 부과·징수권은 민사상 부당이득반환청구권과 법적 성질을 달리하므로, 국가는 무단점유자를 상대로 **변상금 부과·징수권의 행사와 별도로** 국유재산의 소유자로서 **민사상 부당이득반환청구의 소를 제기할 수 있다**(대판 2014. 7. 16, 2011다76402 전합).

13   정답 ①

① ◎, ② ✗ 일반적으로 처분이 주체·내용·절차와 형식의 요건을 모두 갖추고 외부에 표시된 경우에는 처분의 존재가 인정된다. 행정의사가 외부에 표시되어 행정청이 자유롭게 취소·철회할 수 없는 구속을 받게 되는 시점에 처분이 성립하고, 그 성립 여부는 행정청이 행정의사를 공식적인 방법으로 외부에 표시하였는지를 기준으로 판단해야 한다(대판 2019. 7. 11, 2017두38874).

③ ✗ 통상적인 방법으로 주소를 확인할 수 없는 경우뿐 아니라 송달이 불가능한 경우에도 공고의 방법에 의한 송달이 가능하다.

> **행정절차법 제14조(송달)** ④ 다음 각 호의 어느 하나에 해당하는 경우에는 송달받을 자가 알기 쉽도록 관보, 공보, 게시판, 일간신문 중 하나 이상에 공고하고 인터넷에도 공고하여야 한다.
> 1. 송달받을 자의 주소등을 통상적인 방법으로 확인할 수 없는 경우
> 2. 송달이 불가능한 경우

④ ✗ 상대방 있는 행정처분은 특별한 규정이 없는 한 의사표시에 관한 일반법리에 따라 상대방에게 고지되어야 효력이 발생하고, 상대방 있는 행정처분이 상대방에게 고지되지 아니한 경우에는 상대방이 다른 경로를 통해 행정처분의 내용을 알게 되었다고 하더라도 행정처분의 효력이 발생한다고 볼 수 없다(대판 2019. 8. 9, 2019두38656).

14   정답 ②

② ✗ 대집행의 요건이 충족되는 경우에 대집행을 하여야 한다는 견해도 있으나, 행정대집행법 제2조가 가능규정('…할 수 있다')으로 규정하고 있으므로, 대집행을 발동할 것인가는 행정청의 재량에 속한다고 보는 것이 타당하다. 판례도 재량으로 보고 있다(대판 1996. 10. 11, 96누8086).

> **관련판례**
> 건물 중 위법하게 구조변경을 한 건축물 부분은 제반 사정에 비추어 그 원상복구로 인한 불이익의 정도가 그로 인하여 유지하고자 하는 공익상의 필요 또는 제3자의 이익보호의 필요에 비하여 현저히 크므로, 그 건축물 부분에 대한 대집행계고처분은 재량권의 범위를 벗어난 위법한 처분이다(대판 1996. 10. 11, 96누8086).

① ◎ 행정상 대집행의 근거법으로는 대집행에 관한 일반법인 「행정대집행법」과 대집행에 관한 개별법 규정이 있다.

③ ◎ 계고는 대집행의 실시를 예고하는 통지행위이나 그 법적 효과인 대집행 수인의무는 행정청의 의사표시가 아니라 행정대집행법에 의해 부여된다는 점에서 준법률행위적 행정행위(통지)로 보아야 한다. 따라서 '계고'는 처분성이 인정되어 그 자체로 독립하여 항고소송의 대상이 된다(대판 1962. 10. 18, 62누117). 다만, '2차, 3차의 계고'는 대집행기한의 연기통지에 불과하므로 행정처분이 아니다(대판 1991. 1. 25, 90누5962; 1994. 10. 28, 94누5144).

┤관련판례├

건물의 소유자에게 위법건축물을 일정기간까지 철거할 것을 명함과 아울러 불이행할 때에는 대집행한다는 내용의 철거대집행 계고처분을 고지한 후 이에 불응하자 다시 제2차, 제3차 계고서를 발송하여 일정기간까지의 자진철거를 촉구하고 불이행하면 대집행을 한다는 뜻을 고지하였다면 행정대집행법상의 건물철거의무는 제1차 철거명령 및 계고처분으로서 발생하였고 제2차, 제3차의 계고처분은 새로운 철거의무를 부과한 것이 아니고 다만 대집행기한의 연기통지에 불과하므로 행정처분이 아니다(대판 1994. 10. 28, 94누5144).

④ ◎ 계고처분의 후속절차인 대집행에 위법이 있다고 하더라도, 그와 같은 후속절차에 위법성이 있다는 점을 들어 선행절차인 계고처분이 부적법하다는 사유로 삼을 수는 없다(대판 1997. 2. 14, 96누15428).

15 정답 ③

③ ✗ 교육인적자원부장관(현 교육부장관)의 대학총장들에 대한 이 사건 학칙시정요구는 고등교육법 제6조 제2항, 동법시행령 제4조 제3항에 따른 것으로서 그 법적 성격은 대학총장의 임의적인 협력을 통하여 사실상의 효과를 발생시키는 행정지도의 일종이지만, 그에 따르지 않을 경우 일정한 불이익조치를 예정하고 있어 사실상 상대방에게 그에 따를 의무를 부과하는 것과 다를 바 없으므로 단순한 행정지도로서의 한계를 넘어 규제적·구속적 성격을 상당히 강하게 갖는 것으로서 헌법소원의 대상이 되는 공권력의 행사라고 볼 수 있다(헌재 2003. 6. 26, 2002헌마337).

① ◎

행정절차법 제2조(정의) 이 법에서 사용하는 용어의 뜻은 다음과 같다.
3. "행정지도"란 행정기관이 그 소관 사무의 범위에서 일정한 행정목적을 실현하기 위하여 특정인에게 일정한 행위를 하거나 하지 아니하도록 지도, 권고, 조언 등을 하는 행정작용을 말한다.

① ◎ 행정지도는 비권력적 작용으로서, 행정지도에 따를 것인지의 여부가 상대방인 국민의 임의적 결정에 달려 있으므로 행정지도에는 법률의 근거가 없어도 된다는 것이 다수설 입장이다. 다만, 행정지도 중 규제적·구속적 행정지도의 경우에는 법적근거가 필요하다는 견해도 있다.

④ ◎ 행정지도가 강제성을 띠지 않은 비권력적 작용으로서 행정지도의 한계를 일탈하지 아니하였다면, 그로 인하여 상대방에게 어떤 손해가 발생하였다 하더라도 행정기관은 그에 대한 손해배상책임이 없다(대판 2008. 9. 25, 2006다18228).

16 정답 ①

㉠ ✗

행정조사기본법 제7조(조사의 주기) 행정조사는 법령등 또는 행정조사운영계획으로 정하는 바에 따라 정기적으로 실시함을 원칙으로 한다. 다만, 다음 각 호 중 어느 하나에 해당하는 경우에는 수시조사를 할 수 있다.
1. 법률에서 수시조사를 규정하고 있는 경우
2. 법령등의 위반에 대하여 혐의가 있는 경우
3. 다른 행정기관으로부터 법령등의 위반에 관한 혐의를 통보 또는 이첩받은 경우
4. 법령등의 위반에 대한 신고를 받거나 민원이 접수된 경우
5. 그 밖에 행정조사의 필요성이 인정되는 사항으로서 대통령령으로 정하는 경우

㉡ ✗ 행정절차법은 처분, 신고, 행정상 입법예고, 행정예고 및 행정지도의 절차에 대해 규정하고 있을 뿐, 행정조사절차에 대해서는 규정하고 있지 않다.

㉢ ◎ 구 국세기본법 제81조의4 제2항에 따라 금지되는 재조사에 기하여 과세처분을 하는 것이 그 자체로 위법한지 여부(원칙적 적극) 세무조사는 기본적으로 적정하고 공평한 과세의 실현을 위하여 필요한 최소한의 범위 안에서만 행하여져야 하고, 더욱이 같은 세목 및 같은 과세기간에 대한 재조사는 납세자의 영업의 자유나 법적 안정성을 심각하게 침해할 뿐만 아니라 세무조사권의 남용으로 이어질 우려가 있으므로 조세공평의 원칙에 현저히 반하는 예외적인 경우를 제외하고는 금지할 필요가 있다. 같은 취지에서 국세기본법은 재조사가 예외적으로 허용되는 경우를 엄격히 제한하고 있는바, 그와 같이 한정적으로 열거된 요건을 갖추지 못한 경우 같은 세목 및 같은 과세기간에 대한 재조사는 원칙적으로 금지되고, 나아가 이러한 중복세무조사금지의 원칙을 위반한 때에는 과세처분의 효력을 부정하는 방법으로 통제할 수밖에 없는 중대한 절차적 하자가 존재한다고 보아야 한다. 구 국세기본법(2014. 12. 23. 법률 제12848호로 개정되기 전의 것) 제81조의4 제1항, 제2항 규정의 문언과 체계, 재조사를 엄격하게 제한하는 입법 취지, 그 위반의 효과 등을 종합하여 보면, 구 국세기본법 제81조의4 제2항에 따라 금지되는 재조사에 기하여 과세처분을 하는 것은 단순히 당초 과세처분의 오류를 경정하는 경우에 불과하다는 등의 특별한 사정이 없는 한 그 자체로 위법하고, 이는 과세관청이 그러한 재조사로 얻은 과세자료를 과세처분의 근거로 삼지 않았다거나 이를 배제하고서도 동일한 과세처분이 가능한 경우라고 하여 달리 볼 것은 아니다(대판 2017.12.13. 2016두55421).

㉣ ◎ 우편물 통관검사절차에서 이루어지는 우편물의 개봉, 시료채취, 성분분석 등의 검사는 수출입물품에 대한 적정한 통관 등을 목적으로 한 행정조사의 성격을 가지는 것으로서 수사기관의 강제처분이라고 할 수 없으므로, 압수·수색영장 없이 우편물의 개봉, 시료채취, 성분분석 등 검사가 진행되었다 하더라도 특별한 사정이 없는 한 위법하다고 볼 수 없다(대판 2013. 9. 26, 2013도7718).

17 정답 ③

③ ✗ 행정심판의 심리에 있어서는 심판청구의 대상인 처분이나 부작위에 관한 적법·위법의 판단인 법률문제 및 사실문제를 심리할 수 있을 뿐만 아니라, 처분이나 부작위의 부당성(합목적성)의 문제도 심리의 대상이 된다. 그러나 행정소송에서는 처분이나 부작위의 부당성(합목적성)의 문제도 심리의 대상이 아니다.

참고 행정행위의 하자(흠): 위법과 부당
위법 또는 부당과 같이 행정행위의 효력 발생을 방해하는 사정을 행정행위의 하자(흠)라 한다. 위법이라 함은 법의 위반을 의미하며 부당이라 함은 법을 위반함이 없이 공익 또는 합목적성 판단을 잘못한 것을 말한다. 행정기관이 재량권의 한계를 넘지 않는 한계 내에서 재량권의 행사를 그르친 행정행위가 부당한

행정행위가 된다. 위법한 행정행위는 행정심판이나 행정청의 직권에 의해 취소될 수 있을 뿐만 아니라 법원에 의해서도 취소될 수 있다. 그러나 부당한 행정행위는 행정심판이나 행정청의 직권에 의해 취소될 수 있을 뿐 법원에 의해 취소될 수는 없다.

① ◎ 행정행위의 부관은 행정행위의 일반적인 효력이나 효과를 제한하기 위하여 의사표시의 주된 내용에 부가되는 종된 의사표시이지 그 자체로서 직접 법적 효과를 발생하는 독립된 처분이 아니므로 현행 행정쟁송제도 아래에서는 부관 그 자체만을 독립된 쟁송의 대상으로 할 수 없는 것이 원칙이나 행정행위의 부관 중에서도 행정행위에 부수하여 그 행정행위의 상대방에게 일정한 의무를 부과하는 행정청의 의사표시인 부담의 경우에는 다른 부관과는 달리 행정행위의 불가분적인 요소가 아니고 그 존속이 본체인 행정행위의 존재를 전제로 하는 것일 뿐이므로 부담 그 자체로서 행정쟁송의 대상이 될 수 있다(대판 1992. 1. 21, 91누1264).

② ◎ 병역법 제2조 제1항 제3호에 의하면 '입영'이란 병역의무자가 징집·소집 또는 지원에 의하여 군부대에 들어가는 것이고, 같은 법 제18조 제1항에 의하면 현역은 입영한 날부터 군부대에서 복무하도록 되어 있으므로 현역병입영통지처분에 따라 현실적으로 입영을 한 경우에는 그 처분의 집행은 종료되지만, 한편, 입영으로 그 처분의 목적이 달성되어 실효되었다는 이유로 다툴 수 없도록 한다면, 병역법상 현역입영대상자로서는 현역병입영통지처분이 위법하다 하더라도 법원에 의하여 그 처분의 집행이 정지되지 아니하는 이상 현실적으로 입영을 할 수밖에 없으므로 현역병입영통지처분에 대하여는 불복을 사실상 원천적으로 봉쇄하는 것이 되고, 또한 현역입영대상자가 입영하여 현역으로 복무하는 과정에서 현역병입영통지처분 외에는 별도의 다른 처분이 없으므로 입영한 이후에는 불복할 아무런 처분마저 없게 되는 결과가 되며, 나아가 입영하여 현역으로 복무하는 자에 대한 병적을 당해 군 참모총장이 관리한다는 것은 입영 및 복무의 근거가 된 현역병입영통지처분이 적법함을 전제로 하는 것으로서 그 처분이 위법한 경우까지를 포함하는 의미는 아니라고 할 것이므로, 현역입영대상자로서는 현실적으로 입영을 하였다고 하더라도, 입영 이후의 법률관계에 영향을 미치고 있는 현역병입영통지처분 등을 한 관할 지방병무청장을 상대로 위법을 주장하여 그 취소를 구할 소송상의 이익이 있다(대판 2003. 12. 26, 2003두1875).

④ ◎ 행정처분은 원칙으로 처분시의 법령에 준거하여 행하여져야 하는 것이므로 법령의 개정(시의 조례개정 포함)으로 허가기준이 변경된 경우에는 그 법령에 특단의 정함이 없는 한 신청시의 법령이 아닌 처분시의 개정법령에 의한 변경된 새로운 허가기준이 적용되어야 한다(대판 1984. 5. 22, 84누77).

18   정답 ④

④ ✗ 취득세 신고행위는 납세의무자와 과세관청 사이에 이루어지는 것으로서 취득세 신고행위의 존재를 신뢰하는 제3자의 보호가 특별히 문제되지 않아 그 신고행위를 당연무효로 보더라도 법적 안정성이 크게 저해되지 않는 반면, (부동산에 관한 취득세를 신고하였으나 부동산매매계약이 해제됨에 따라 소유권 취득의 요건을 갖추지 못한 경우) 과세요건 등에 관한 중대한 하자가 있고 그 법적 구제수단이 국세에 비하여 상대적으로 미비함에도 위법한 결과를 시정하지 않고 납세의무자에게 그 신고행위로 인한 불이익을 감수시키는 것이 과세행정의 안정과 그 원활한 운영의 요청을 참작하더라도 납세의무자의 권익구제 등의 측면에서 현저하게 부당하다고 볼 만한 특별한 사정이 있는 때에는 예외적으로 이와 같은 하자 있는 신고행위가 당연무효라고 함이 타당하다(대판 2009. 2. 12, 2008두11716). → 신고납부방식의 조세인 취득세 납세의무자의 신고행위가 당연무효라고 하기 위해서는 그 하자가 중대하고 명백하여야 함이 원칙이나, 특별한 사정이 있는 경우 하자가 중대하지만 명백하지는 않은 때에도 예외적으로 당연무효라고 볼 수 있다고 한 사례.

① ◎ 과세요건을 오인한 과세처분에 있어, 과세대상이 되는 법률관계나 사실관계가 있는 것으로 오인할 만한 객관적인 사정이 있고 사실관계를 정확히 조사하여야만 과세대상이 되는지 여부가 밝혀질 수 있는 경우라면, 그 하자는 외관상 명백하다고 할 수 없으므로 과세대상의 법률관계 내지 사실관계를 오인한 과세처분은 비록 그 하자가 중대하다 하더라도 당연무효로 볼 수 없다(대판 1995. 11. 21, 94다44248).

② ◎ 조례 제정권의 범위를 벗어나 국가사무를 대상으로 한 무효인 서울특별시행정권한위임조례의 규정에 근거하여 구청장이 건설업영업정지처분을 한 경우, 그 처분은 결과적으로 적법한 위임 없이 권한 없는 자에 의하여 행하여진 것과 마찬가지가 되어 그 하자가 중대하나, 지방자치단체의 사무에 관한 조례와 규칙은 조례가 보다 상위규범이라고 할 수 있고, 또한 헌법 제107조 제2항의 "규칙"에는 지방자치단체의 조례와 규칙이 모두 포함되는 등 이른바 규칙의 개념이 경우에 따라 상이하게 해석되는 점 등에 비추어 보면 위 처분의 위임 과정의 하자가 객관적으로 명백한 것이라고 할 수 없으므로 이로 인한 하자는 결국 당연무효사유는 아니라고 봄이 상당하다(대판 1995. 7. 11, 94누4615 전합).

③ ◎ 보충역편입처분 등의 병역처분은 구체적인 병역의무부과를 위한 전제로서 징병검사 결과 신체등위와 학력·연령 등 자질을 감안하여 역종을 부과하는 처분임에 반하여, 공익근무요원소집처분은 보충역편입처분을 받은 공익근무요원소집대상자에게 기초적 군사훈련과 구체적인 복무기관 및 복무분야를 정한 공익근무요원으로서의 복무를 명하는 구체적인 행정처분이므로, 위 두 처분은 후자의 처분이 전자의 처분을 전제로 하는 것이기는 하나 각각 단계적으로 별개의 법률효과를 발생하는 독립된 행정처분이라고 할 것이므로, 따라서 보충역편입처분의 기초가 되는 신체등위 판정에 잘못이 있다는 이유로 이를 다투기 위하여는 신체등위 판정을 기초로 한 보충역편입처분에 대하여 쟁송을 제기하여야 할 것이며, 그 처분을 다투지 아니하여 이미 불가쟁력이 생겨 그 효력을 다툴 수 없게 된 경우에는, 병역처분변경신청에 의하는 경우는 별론으로 하고, 보충역편입처분에 하자가 있다고 할지라도 그것이 당연무효라고 볼만한 특단의 사정이 없는 한 그 위법을 이유로 공익근무요원소집처분의 효력을 다툴 수 없다(대판 2002. 12. 10, 2001두5422).

19   정답 ②

② ✗ 울산세관의 통관지원과에서 인사업무를 담당하면서 울산세관 공무원들의 공무원증 및 재직증명서 발급업무를 하는 공무원인 김영선이 울산세관의 다른 공무원의 공무원증 등을 위조하는 행위는 비록 그것이 실질적으로는 직무행위에 속하지 아니한다 할지라도 적어도 외관상으로는 공무원증과 재직증명서를 발급하는 행위로서 직무집행으로 보여지므로 결국 소외인의 공무원증 등 위조행위는 국가배상법 제2조 제1항 소정의 공무원이 직무를 집행함에 당하여 한 행위로 인정된다(대판 2005. 1. 14, 2004다26805).

① ◎ 국가배상법에서는 공무원 개인의 피해자에 대한 배상책임을 인정하는 명시적인 규정을 두고 있지 않다.

③ ◎ 군행형법과 군행형법시행령이 군교도소나 미결수용실(이하 '교도소 등'이라 한다)에 대한 경계 감호를 위하여 관련 공무원에게 각종 직무상의 의무를 부과하고 있는 것은, 일차적으로는 그 수용자들을 격리보호하고 교정교화함으로써 공공 일반의 이익을 도모하고 교도소 등의 내부 질서를 유지하기 위한 것이라 할 것이지만, 부수적으로는 그 수용자들이 탈주한 경우에 그 도주과정에서 일어날 수 있는 2차적 범죄행위로부터 일반 국민의 인명과 재화를 보호하고자 하는 목적도 있다고 할 것이므로, 국가공무원들이 위와 같은 직무상의 의무를 위반한 결과 수용자들이

탈주함으로써 일반 국민에게 손해를 입히는 사건이 발생하였다면, 국가는 그로 인하여 피해자들이 입은 손해를 배상할 책임이 있다(대판 2003. 2. 14, 2002다62678).

④ ◎ 헌법 제29조 제2항, 국가배상법 제2조 제1항 단서의 입법 취지를 관철하기 위하여는, 국가배상법 제2조 제1항 단서가 적용되는 공무원의 직무상 불법행위로 인하여 직무집행과 관련하여 피해를 입은 군인 등에 대하여 위 불법행위에 관련된 일반국민(법인을 포함한다. 이하 '민간인'이라 한다)이 공동불법행위책임, 사용자책임, 자동차운행자책임 등에 의하여 그 손해를 자신의 귀책부분을 넘어서 배상한 경우에도, 국가 등은 피해 군인 등에 대한 국가배상책임을 면할 뿐만 아니라, 나아가 민간인에 대한 국가의 귀책비율에 따른 구상의무도 부담하지 않는다고 하여야 할 것이다. 그러나 피해 군인 등은 위 헌법 및 국가배상법 규정에 의하여 국가 등에 대한 배상청구권을 상실한 대신에 자신의 과실 유무나 그 정도와 관계없이 무자력의 위험부담이 없는 확실한 국가보상의 혜택을 받을 수 있는 지위에 있게 되는 특별한 이익을 누리고 있음에 반하여 민간인으로서는 손해 전부를 배상할 의무를 부담하면서도 국가 등에 대한 구상권을 행사할 수 없다고 한다면 부당하게 권리침해를 당하게 되는 결과가 되는 것과 같은 각 당사자의 이해관계의 실질을 고려하여, 위와 같은 경우에는 공동불법행위자 등이 부진정연대채무자로서 각자 피해자의 손해 전부를 배상할 의무를 부담하는 공동불법행위의 일반적인 경우와 달리 예외적으로 민간인은 피해 군인 등에 대하여 그 손해 중 "국가 등이 민간인에 대한 구상의무를 부담한다면 그 내부적인 관계에서 부담하여야 할 부분"을 제외한 나머지 자신의 부담부분에 한하여 손해배상의무를 부담하고, 한편 국가 등에 대하여는 그 귀책부분의 구상을 청구할 수 없다고 해석함이 상당하다 할 것이고, 이러한 해석이 손해의 공평·타당한 부담을 그 지도원리로 하는 손해배상제도의 이상에도 맞는다 할 것이다(대판 2001. 2. 15, 96다42420 전합). → 대법원은 민간인은 피해 군인 등에 대하여 '자신의 부담부분'에 한하여 손해배상의무를 부담하면 되고, 자신의 귀책부분을 넘어서 배상한 경우에도 국가 등에 대하여 구상을 청구할 수 없다고 하였다.

┌─ 비교판례 ─┐

국가배상법 제2조 제1항 단서 중 군인에 관련되는 부분을, 일반국민이 직무집행 중인 군인과의 공동불법행위로 직무집행 중인 다른 군인에게 공상을 입혀 그 피해자에게 공동의 불법행위로 인한 손해를 배상한 다음 공동불법행위자인 군인의 부담부분에 관하여 국가에 대하여 구상권을 행사하는 것을 허용하지 않는다고 해석한다면, 이는 위 단서 규정의 헌법상 근거규정인 헌법 제29조가 구상권의 행사를 배제하지 아니하는데도 이를 배제하는 것으로 해석하는 것으로서 합리적인 이유 없이 일반국민을 국가에 대하여 지나치게 차별하는 경우에 해당하므로 헌법 제11조, 제29조에 위반되며, 또한 국가에 대한 구상권은 헌법 제23조 제1항에 의하여 보장되는 재산권이고 위와 같은 해석은 그러한 재산권의 제한에 해당하며 재산권의 제한은 헌법 제37조 제2항에 의한 기본권제한의 한계 내에서만 가능한데, 위와 같은 해석은 헌법 제37조 제2항에 의하여 기본권을 제한할 때 요구되는 비례의 원칙에 위배하여 일반국민의 재산권을 과잉제한하는 경우에 해당하여 헌법 제23조 제1항 및 제37조 제2항에도 위반된다(헌재 1994. 12. 29, 93헌바21). → 대법원과 달리, 헌법재판소는 민간인이 공동불법행위자로서 손해를 전액 배상한 후에 국가에 구상권을 행사하는 것을 허용하지 않는 것은 평등원칙(헌법 제11조), 재산권 보장규정(헌법 제23조 제1항) 및 헌법 제37조 제2항 등의 헌법규정에 반한다고 하였다.

20
정답 ③

③ ✗ 가변차로에 설치된 신호등의 용도와 오작동시에 발생하는 사고의 위험성과 심각성을 감안할 때, 만일 가변차로에 설치된 두 개의 신호기에서 서로 모순되는 신호가 들어오는 고장을 예방할 방법이 없음에도 그와 같은 신호기를 설치하여 그와 같은 고장을 발생하게 한 것이라면, 그 고장이 자연재해 등 외부요인에 의한 불가항력에 기인한 것이 아닌 한 그 자체로 설치·관리자의 방호조치의무를 다하지 못한 것으로서 신호등이 그 용도에 따라 통상 갖추어야 할 안전성을 갖추지 못한 상태에 있었다고 할 것이고, 따라서 설령 적정전압보다 낮은 저전압이 원인이 되어 위와 같은 오작동이 발생하였고 그 고장은 현재의 기술수준상 부득이한 것이라고 가정하더라도 그와 같은 사정만으로 손해발생의 예견가능성이나 회피가능성이 없어 영조물의 하자를 인정할 수 없는 경우라고 단정할 수 없다(대판 2001. 7. 27, 2000다56822).

① ◎ 사고 당시 설치하고 있던 옹벽이 소외 회사가 공사를 도급받아 공사중에 있었을 뿐만 아니라 아직 완성도 되지 아니하여 일반 공중의 이용에 제공되지 않고 있었던 이상 국가배상법 제5조 제1항 소정의 영조물에 해당한다고 할 수 없다(대판 1998. 10. 23, 98다17381).

② ◎ 설령 피고가 김포공항을 설치·관리함에 있어 항공법령에 따른 항공기 소음기준 및 소음대책을 준수하려는 노력을 경주하였다고 하더라도, 김포공항이 항공기 운항이라는 공공의 목적에 이용됨에 있어 그와 관련하여 배출하는 소음 등의 침해가 인근 주민인 선정자들에게 통상의 수인한도를 넘는 피해를 발생하게 하였다면 김포공항의 설치·관리상에 하자가 있다고 보아야 할 것이고, 이 사건 김포공항 주변지역의 소음과 관련하여서는 항공법시행규칙 제271조상의 공항소음피해예상지역(제3종구역)으로 분류되는 지역 중 85 WECPNL 이상의 소음이 발생하는 경우에는 사회생활상 통상의 수인한도를 넘는 것으로서 위법성을 띠는 것으로 봄이 상당하다 할 것인데, 이 사건 선정자들의 거주지역이 이에 해당하므로 김포공항을 설치·관리하는 국가는 이에 대하여 손해를 배상할 책임이 있다(2005. 1. 27, 대판 2003다49566).

④ ◎ 영조물 설치의 '하자'라 함은 영조물의 축조에 불완전한 점이 있어 이 때문에 영조물 자체가 통상 갖추어야 할 완전성을 갖추지 못한 상태에 있음을 말한다고 할 것인바 그 '하자' 유무는 객관적 견지에서 본 안전성의 문제이고 그 설치자의 재정사정이나 영조물의 사용목적에 의한 사정은 안전성을 요구하는데 대한 정도 문제로서 참작사유에는 해당할지언정 안전성을 결정지을 절대적 요건에는 해당하지 아니한다 할 것이다(대판 1967. 2. 21, 66다1723).

제4회 실전 기출문제

[소방공무원 9급 2020. 6. 20. 시행]

01 ④ 02 ③ 03 ② 04 ③ 05 ④ 06 ① 07 ① 08 ① 09 ④ 10 ①
11 ③ 12 ④ 13 ② 14 ③ 15 ④ 16 ② 17 ③ 18 ③ 19 ② 20 ②

01
정답 ④

④ ⭕ 실권리자명의 등기의무를 위반한 명의신탁자에 대하여 부과하는 과징금의 감경에 관한 '부동산 실권리자명의 등기에 관한 법률 시행령' 제3조의2 단서는 임의적 감경규정임이 명백하므로, 그 감경사유가 존재하더라도 과징금 부과관청이 감경사유까지 고려하고도 과징금을 감경하지 않은 채 과징금 전액을 부과하는 처분을 한 경우에는 이를 위법하다고 단정할 수는 없으나, 위 감경사유가 있음에도 이를 전혀 고려하지 않았거나 감경사유에 해당하지 않는다고 오인한 나머지 과징금을 감경하지 않았다면 그 과징금 부과처분은 재량권을 일탈·남용한 위법한 처분이라고 할 수밖에 없다(대판 2010. 7. 15, 2010두7031).

① ❌ 일반적으로 기속행위나 기속적 재량행위에는 부관을 붙일 수 없고 가사 부관을 붙였다 하더라도 무효이다(대판 1995. 6. 13, 94다56883). → 대법원은 이러한 입장을 변경한 바 없다.

② ❌ 건축허가를 하면서 일정 토지를 기부채납하도록 하는 내용의 허가조건은 부관을 붙일 수 없는 기속행위 내지 기속적 재량행위인 건축허가에 붙인 부담이거나 또는 법령상 아무런 근거가 없는 부관이어서 무효이다(대판 1995. 6. 13, 94다56883).

③ ❌ 건축법 소정의 건축허가권자는 건축허가신청이 건축법, 도시계획법등 관계 법규에서 정하는 어떠한 제한에 배치되지 않는 이상 당연히 같은 법조 소정의 건축허가를 하여야 하므로, 법률상의 근거 없이 그 신청이 관계 법규에서 정한 제한에 배치되는지의 여부에 대한 심사를 거부할 수 없고, 심사 결과 그 신청이 법정요건에 합치하는 경우에는 특별한 사정이 없는 한 이를 허가하여야 하며, 공익상 필요가 없음에도 불구하고 요건을 갖춘 자에 대한 허가를 관계 법령에서 정하는 제한사유 이외의 사유를 들어 거부할 수 없다(대판 1995. 6. 13, 94다56883).

02
정답 ③

① ❌, ② ❌, ③ ⭕

행정절차법 제22조(의견청취) ① 행정청이 처분을 할 때 다음 각 호의 어느 하나에 해당하는 경우에는 **청문을 한다**(→ 할 수 있다 ×).
  1. 다른 법령등에서 청문을 하도록 규정하고 있는 경우
  2. 행정청이 필요하다고 인정하는 경우
  3. 다음 각 목의 처분시 제21조 제1항 제6호에 따른 의견제출기한 내에 당사자등의 신청이 있는 경우
     가. 인허가 등의 취소
     나. 신분·자격의 박탈
     다. 법인이나 조합 등의 설립허가의 취소
② 행정청이 처분을 할 때 다음 각 호의 어느 하나에 해당하는 경우에는 **공청회**를 개최한다(→ 개최할 수 있다 ×).
  1. 다른 법령등에서 공청회를 개최하도록 규정하고 있는 경우
  2. 해당 처분의 영향이 광범위하여 널리 의견을 수렴할 필요가 있다고 행정청이 인정하는 경우
  3. 국민생활에 큰 영향을 미치는 처분으로서 대통령령으로 정하는 처분에 대하여 대통령령으로 정하는 수 이상의 당사자등이 공청회 개최를 요구하는 경우
③ 행정청이 당사자에게 의무를 부과하거나 권익을 제한하는 처분을 할 때 제1항 또는 제2항의 경우 외에는 당사자등에게 의견제출의 기회를 주어야 한다.

④ ❌

행정절차법 제23조(처분의 이유 제시) ① 행정청은 처분을 할 때에는 다음 각 호의 어느 하나에 해당하는 경우를 제외하고는 당사자에게 그 근거와 이유를 제시하여야 한다.
  1. 신청 내용을 모두 그대로 인정하는 처분인 경우
  2. 단순·반복적인 처분 또는 경미한 처분으로서 당사자가 그 이유를 명백히 알 수 있는 경우
  3. 긴급히 처분을 할 필요가 있는 경우
② 행정청은 제1항 제2호 및 제3호의 경우에 처분 후 당사자가 요청하는 경우에는 그 근거와 이유를 제시하여야 한다.

03
정답 ②

② ⭕

행정소송법 제28조(사정판결) ① 원고의 청구가 이유있다고 인정하는 경우에도 처분등을 취소하는 것이 현저히 공공복리에 적합하지 아니하다고 인정하는 때에는 법원은 원고의 청구를 기각할 수 있다. 이 경우 법원은 그 판결의 주문에서 그 처분등이 위법함을 명시하여야 한다.
② 법원이 제1항의 규정에 의한 판결을 함에 있어서는 미리 원고가 그로 인하여 입게 될 손해의 정도와 배상방법 그 밖의 사정을 조사하여야 한다.

① ❌ 행정청의 재량에 속하는 처분이라도 재량권의 한계를 넘거나 그 남용이 있는 때에는 법원은 이를 취소할 수 있다(행정소송법 제27조). 그리고 재량권의 일탈·남용에 관하여는 **행정행위의 효력을 다투는 사람(원고)이 주장·증명하여야** 하고(대판 2017. 10. 12, 2017두48956), 처분청이 그 재량권의 행사가 정당한 것이었다는 점까지 주장·증명할 필요는 없다(대판 1987. 12. 8, 87누861).

③ ❌

행정소송법 제28조(사정판결) ① 원고의 청구가 이유있다고 인정하는 경우에도 처분등을 취소하는 것이 현저히 공공복리에 적합하지 아니하다고 인정하는 때에는 법원은 원고의 청구를 기각할 수 있다. 이 경우 법원은 그 **판결의 주문에서** 그 처분등이 위법함을 명시하여야 한다.
② 법원이 제1항의 규정에 의한 판결을 함에 있어서는 미리 원고가 그로 인하여 입게 될 손해의 정도와 배상방법 그 밖의 사정을 조사하여야 한다.

④ ❌

행정소송법 제10조(관련청구소송의 이송 및 병합) ① 취소소송과 다음 각 호의 1에 해당하는 소송(이하 "관련청구소송"이라 한다)이 각각 다른 법원에 계속되고 있는 경우에 관련청구소송이 계속된 법원이 상당하다고 인정하는 때에는 당사자의 신청 또는 직권에 의하여 이를 취소소송이 계속된 법원으로 이송할 수 있다.
  1. **당해 처분등과 관련되는 손해배상·부당이득반환·원상회복등** 청구소송

2. 당해 처분등과 관련되는 취소소송
② 취소소송에는 사실심의 변론종결시까지 관련청구소송을 병합하거나 피고 외의 자를 상대로 한 관련청구소송을 취소소송이 계속된 법원에 병합하여 제기할 수 있다.

04

정답 ③

③ ○

행정소송법 제20조(제소기간) ① 취소소송은 처분등이 있음을 안 날부터 90일 이내에 제기하여야 한다. 다만, 제18조 제1항 단서에 규정한 경우와 그 밖에 행정심판청구를 할 수 있는 경우 또는 행정청이 행정심판청구를 할 수 있다고 잘못 알린 경우에 행정심판청구가 있은 때의 기간은 재결서의 정본을 송달받은 날부터 기산한다.
② 취소소송은 처분등이 있은 날부터 1년(제1항 단서의 경우는 재결이 있은 날부터 1년)을 경과하면 이를 제기하지 못한다. 다만, 정당한 사유가 있는 때에는 그러하지 아니하다.

① ✗

행정소송법 제19조(취소소송의 대상) 취소소송은 **처분등을 대상**으로 한다. 다만, **재결취소소송의 경우**에는 재결 자체에 고유한 위법이 있음을 이유로 하는 경우에 한한다.

② ✗ 행정소송법 제23조 제2항 소정의 행정처분 등의 효력이나 집행을 정지하기 위한 요건으로서의 "**회복하기 어려운 손해**"라 함은 특별한 사정이 없는 한 금전으로 보상할 수 없는 손해로서 이는 금전보상이 불능인 경우뿐만 아니라 금전보상으로는 사회관념상 행정처분을 받은 당사자가 참고 견딜 수 없거나 또는 참고 견디기가 현저히 곤란한 경우의 유형·무형의 손해를 일컫는다(대결 1994. 9. 24, 94두42).

④ ✗

행정소송법 제23조(집행정지) ① 취소소송의 제기는 처분등의 효력이나 그 집행 또는 절차의 속행에 영향을 주지 아니한다.
② 취소소송이 제기된 경우에 처분등이나 그 집행 또는 절차의 속행으로 인하여 생길 회복하기 어려운 손해를 예방하기 위하여 긴급한 필요가 있다고 인정할 때에는 본안이 계속되고 있는 법원은 **당사자의 신청 또는 직권에 의하여 처분등의 효력이나 그 집행 또는 절차의 속행의 전부 또는 일부의 정지**(이하 "집행정지"라 한다)를 결정할 수 있다. 다만, 처분의 효력정지는 처분등의 집행 또는 절차의 속행을 정지함으로써 목적을 달성할 수 있는 경우에는 허용되지 아니한다.
③ 집행정지는 공공복리에 중대한 영향을 미칠 우려가 있을 때에는 허용되지 아니한다.
④ 제2항의 규정에 의한 집행정지의 결정을 신청함에 있어서는 **그 이유에 대한 소명**이 있어야 한다.

05

정답 ④

① ✗, ② ✗, ④ ○ 행정소송에서 행정처분의 위법 여부는 행정처분이 있을 때의 법령과 사실상태를 기준으로 하여 판단하여야 하고, **처분 후 법령의 개폐나 사실상태의 변동에 의하여 영향을 받지는 않는다**고 할 것이며, **흠이 있는 행정행위의 치유는 행정행위의 성질이나 법치주의 관점에서 볼 때 원칙적으로 허용될 수 없는 것**이고, 예외적으로 행정행위의 무용한 반복을 피하고 당사자의 법적 안정성을 위해 이를 허용하는 때에도 국민의 권리나 이익을 침해하지 않는 범위에서 구체적 사정에 따라 합목적적으로 인정하여야 할 것이다. 원심판결의 이유에 의하면, 원심은 이 사건 처분 이후 이 사건 정비구역 내 토지등소유자들로부터 추가로 조합설립동의서가 제출되었고, 기존 조합원의 지분매매 등으로 조합원 수가 일부 변경되어 그 동의율이 78.61%에 달하여 피고가 2011. 3. 4. 조합설립변경인가처분을 하였으므로 이 사건 처분의 흠은 치유되었다는 피고 및 참가인의 주장에 대하여, 구 도시정비법 제16조 제1항에서 정하는 조합설립인가처분은 설권적 처분의 성질을 가지고 있고, **흠의 치유를 인정하더라도 원고들을 비롯한 토지등소유자들에게 아무런 손해가 발생하지 않는다고 단정할 수 없다는 점 등을 이유로 이를 배척**하였다. 원심판결의 이유를 앞서 본 법리와 기록에 비추어 살펴보면, 위와 같은 원심의 판단은 정당하고, 거기에 상고이유의 주장과 같은 흠이 있는 행정행위의 치유에 대한 법리오해 등의 위법이 없다(대판 2012. 12. 13, 2011두21218).

③ ✗ 행정처분에 존재하는 하자가 중대하다고 하더라도 외형상 객관적으로 명백하지 않다면 그 처분을 당연무효라고 할 수 없는 것인바, 행정청이 어느 법률관계나 사실관계에 대하여 어느 법률의 규정을 적용하여 행정처분을 한 경우에, 그 법률관계나 사실관계에 대하여는 그 법률의 규정을 적용할 수 없다는 법리가 명백히 밝혀져 그 해석에 다툼의 여지가 없음에도 불구하고 행정청이 위 규정을 적용하여 처분을 한 때에는 그 하자가 중대하고도 명백하다고 할 것이나, **그 법률관계나 사실관계에 대하여 그 법률의 규정을 적용할 수 없다는 법리가 명백히 밝혀지지 아니하여 그 해석에 다툼의 여지가 있는 때에는 행정관청이 이를 잘못 해석하여 행정처분을 하였더라도 이는 그 처분 요건사실을 오인한 것에 불과하여 그 하자가 명백하다고 할 수 없는 것**이다(대판 1997. 5. 9, 95다46722).

06

정답 ①

① ✗

행정조사기본법 제4조(행정조사의 기본원칙) ④ 행정조사는 법령등의 위반에 대한 처벌보다는 법령등을 준수하도록 유도하는 데 중점을 두어야 한다.

② ○

행정조사기본법 제5조(행정조사의 근거) 행정기관은 법령등에서 행정조사를 규정하고 있는 경우에 한하여 행정조사를 실시할 수 있다. 다만, 조사대상자의 자발적인 협조를 얻어 실시하는 행정조사의 경우에는 그러하지 아니하다.

③ ○

행정조사기본법 제25조(자율신고제도) ① 행정기관의 장은 법령등에서 규정하고 있는 조사사항을 조사대상자로 하여금 스스로 신고하도록 하는 제도를 운영할 수 있다.

④ ○

행정조사기본법 제12조(시료채취) ① 조사원이 조사목적의 달성을 위하여 시료채취를 하는 경우에는 그 시료의 소유자 및 관리자의 정상적인 경제활동을 방해하지 아니하는 범위 안에서 최소한도로 하여야 한다.

07

정답 ①

① ○ 중소기업 정보화지원사업에 따른 지원금 출연을 위하여 중소기업

청장이 체결하는 협약은 공법상 대등한 당사자 사이의 의사표시의 합치로 성립하는 공법상 계약에 해당하는 점, 구 중소기업 기술혁신 촉진법 제32조 제1항은 제10조가 정한 기술혁신사업과 제11조가 정한 산학협력 지원사업에 관하여 출연한 사업비의 환수에 적용될 수 있을 뿐 이와 근거 규정을 달리하는 중소기업 정보화지원사업에 관하여 출연한 지원금에 대하여는 적용될 수 없고 달리 지원금 환수에 관한 구체적인 법령상 근거가 없는 점 등을 종합하면, **협약의 해지 및 그에 따른 환수통보는 공법상 계약에 따라 행정청이 대등한 당사자의 지위에서 하는 의사표시로 보아야** 하고, 이를 행정청이 우월한 지위에서 행하는 공권력의 행사로서 행정처분에 해당한다고 볼 수는 없다(대판 2015. 8. 27, 2015두41449). → 공법상 당사자소송의 대상 ○

② ❌ 계약직공무원에 관한 현행 법령의 규정에 비추어 볼 때, **계약직공무원 채용계약해지의 의사표시는 일반공무원에 대한 징계처분과는 달라서 항고소송의 대상이 되는 처분 등의 성격을 가진 것으로 인정되지 아니하고**, 일정한 사유가 있을 때에 국가 또는 지방자치단체가 채용계약 관계의 한쪽 당사자로서 대등한 지위에서 행하는 의사표시로 취급되는 것으로 이해되므로, 이를 징계해고 등에서와 같이 그 징계사유에 한하여 효력 유무를 판단하여야 하거나, 행정처분과 같이 **행정절차법에 의하여 근거와 이유를 제시하여야 하는 것은 아니다**(대판 2002. 11. 26, 2002두5948). → 공법상 계약 및 그 해지의 의사표시에는 행정절차법이 적용 ✕

③ ❌ 공법상 계약에 의한 의무불이행은 법령에 의해 직접 명령된 경우나 행정청의 명령에 의해 발생한 의무라 할 수 없어, 원칙적으로 행정대집행법이 적용되지 않는다.

> **행정대집행법 제2조(대집행과 그 비용징수)** 법률(법률의 위임에 의한 명령, 지방자치단체의 조례를 포함한다. 이하 같다)에 의하여 직접명령되었거나 또는 법률에 의거한 행정청의 명령에 의한 행위로서 타인이 대신하여 행할 수 있는 행위를 의무자가 이행하지 아니하는 경우 다른 수단으로써 그 이행을 확보하기 곤란하고 또한 그 불이행을 방치함이 심히 공익을 해할 것으로 인정될 때에는 당해 행정청은 스스로 의무자가 하여야 할 행위를 하거나 또는 제삼자로 하여금 이를 하게 하여 그 비용을 의무자로부터 징수할 수 있다.

④ ❌ 행정절차법은 공법상 계약에 관한 규정을 두고 있지 않다.

08
정답 ①

㉠ ○ 특정 고시가 위임의 한계를 준수하고 있는지를 판단할 때에는, 법률 규정의 입법 목적과 규정 내용, 규정의 체계, 다른 규정과의 관계 등을 종합적으로 살펴야 하고, 법률의 위임 규정 자체가 의미 내용을 정확하게 알 수 있는 용어를 사용하여 위임의 한계를 분명히 하고 있는데도 고시에서 문언적 의미의 한계를 벗어났다든지, 위임 규정에서 사용하고 있는 용어의 의미를 넘어 범위를 확장하거나 축소함으로써 **위임 내용을 구체화하는 단계를 벗어나 새로운 입법을 한 것으로 평가할 수 있다면, 이는 위임의 한계를 일탈한 것**으로서 허용되지 아니한다(대판 2016. 8. 17, 2015두51132).

㉡ ❌ **법률이 공법적 단체 등의 정관에 자치법적 사항을 위임한 경우에는 헌법 제75조가 정하는 포괄적인 위임입법의 금지는 원칙적으로 적용되지 않는다**고 봄이 상당하고, 그렇다 하더라도 그 사항이 국민의 권리·의무에 관련되는 것일 경우에는 적어도 국민의 권리·의무에 관한 기본적이고 본질적인 사항은 국회가 정하여야 한다(대판 2007. 10. 12, 2006두14476).

㉢ ❌ 상급행정기관이 하급행정기관에 대하여 업무처리지침이나 법령의 해석적용에 관한 기준을 정하여서 발하는 이른바 행정규칙은 일반적으로 행정조직 내부에서만 효력을 가질뿐 대외적인 구속력을 갖는 것은 아니다(대판 1987. 9. 29, 86누484).

09
정답 ④

④ ○ 행정청이 행정대집행의 방법으로 건물철거의무의 이행을 실현할 수 있는 경우에는 건물철거 대집행 과정에서 부수적으로 건물의 점유자들에 대한 퇴거조치를 할 수 있고, 점유자들이 적법한 행정대집행을 위력을 행사하여 방해하는 경우 형법상 공무집행방해죄가 성립하므로, 필요한 경우에는 '경찰관 직무집행법'에 근거한 위험발생 방지조치 또는 형법상 공무집행방해죄의 범행방지 내지 현행범포포의 차원에서 경찰의 도움을 받을 수도 있다(대판 2017. 4. 28, 2016다213916).

① ❌ **이행강제금은** 일정한 기한까지 의무를 이행하지 않을 때에는 일정한 금전적 부담을 과할 뜻을 미리 계고함으로써 의무자에게 심리적 압박을 주어 장래에 그 의무를 이행하게 하려는 행정상 간접적인 강제집행 수단의 하나로서 **과거의 일정한 법률위반 행위에 대한 제재로서의 형벌이 아니라 장래의 의무이행의 확보를 위한 강제수단일 뿐이어서 범죄에 대하여 국가가 형벌권을 실행한다고 하는 과벌에 해당하지 아니하므로 헌법 제13조 제1항이 금지하는 이중처벌금지의 원칙이 적용될 여지가 없을 뿐 아니라**, 건축법 제108조, 제110조에 의한 형사처벌의 대상이 되는 행위와 이 사건 법률조항에 따라 이행강제금이 부과되는 행위는 기초적 사실관계가 동일한 행위가 아니라 할 것이므로 이런 점에서도 이 사건 법률조항이 헌법 제13조 제1항의 이중처벌금지의 원칙에 위반되지 아니한다(헌재결 2011. 10. 25, 2009헌바140).

② ❌ 양벌규정에 의한 영업주의 처벌은 **금지위반행위자인 종업원의 처벌에 종속하는 것이 아니라 독립하여 그 자신의 종업원에 대한 선임감독상의 과실로 인하여 처벌되는 것이므로** 영업주의 위 과실책임을 묻는 경우 금지위반행위자인 종업원에게 구성요건상의 자격이 없다고 하더라도 영업주의 범죄성립에는 아무런 지장이 없다(대판 1987. 11. 10, 87도1213).

③ ❌ 도로교통법 제118조에서 규정하는 **경찰서장의 통고처분은 행정소송의 대상이 되는 행정처분이 아니므로** 그 처분의 취소를 구하는 소송은 부적법하고, 도로교통법상의 통고처분을 받은 자가 그 처분에 대하여 이의가 있는 경우에는 통고처분에 따른 범칙금의 납부를 이행하지 아니함으로써 경찰서장의 즉결심판청구에 의하여 법원의 심판을 받을 수 있게 될 뿐이다(대판 1995. 6. 29, 95누4674).

10
정답 ①

① ❌ 신뢰보호의 원칙에 반하는 행정작용은 위헌·위법한 것이 된다. 이때 행정작용이 행정행위인 경우에는 중대명백설에 따라 무효 또는 취소할 수 있는 행위가 되며, 행정입법이나 공법상 계약의 경우 무효가 된다. 판례는 신뢰보호의 원칙에 위반된반하는 행정행위에 대하여 일반적으로 취소할 수 있는 행정행위로 본다.

② ○ 부당결부금지의 원칙이란 행정주체가 행정작용을 함에 있어서 상대방에게 이와 실질적인 관련이 없는 의무를 부과하거나 그 이행을 강제하여서는 아니 된다는 원칙을 말한다(대판 2009. 2. 12, 2005다65500).

> **참고 행정기본법 제13조(부당결부금지의 원칙)** 행정청은 행정작용을 할 때 상대방에게 해당 행정작용과 실질적인 관련이 없는 의무를 부과해서는 아니 된다.

③ ○ 헌법상 적법절차의 원칙은 행정의 영역에서도 적용된다. 따라서 행정절차법상 규정이 없는 경우에도 행정권 행사가 적정한 절차에 따라 행해지지 아니하면 그 행정권 행사는 헌법상 적법절차의 원칙에 반한다.

┌ 관련판례
헌법상 적법절차의 원칙은 형사소송절차뿐만 아니라 국민에게 부담을 주는 행정작용에서도 준수되어야 하므로, 그 기본 정신은 과세처분에 대해서도 그대로 관철되어야 한다. 행정처분에 처분의 이유를 제시하도록 한 행정절차법이 과세처분에 직접 적용되지는 않지만(행정절차법 제3조 제2항 제9호, 행정절차법 시행령 제2조 제5호), 그 기본 원리가 과세처분의 장면이라고 하여 본질적으로 달라져서는 안 되는 것이고 이를 완화하여 적용할 하등의 이유도 없다(대판 2012. 10. 18, 2010두12347 전합).

④ ◎ 상급행정기관이 하급행정기관에 대하여 업무처리지침이나 법령의 해석적용에 관한 기준을 정하여 발하는 이른바 '행정규칙이나 내부지침'은 일반적으로 행정조직 내부에서만 효력을 가질 뿐 대외적인 구속력을 갖는 것은 아니므로 행정처분이 그에 위반하였다고 하여 그러한 사정만으로 곧바로 위법하게 되는 것은 아니다. 다만, 재량권 행사의 준칙인 행정규칙이 그 정한 바에 따라 되풀이 시행되어 행정관행이 이루어지게 되면 평등의 원칙이나 신뢰보호의 원칙에 따라 행정기관은 그 상대방에 대한 관계에서 그 규칙에 따라야 할 자기구속을 받게 되므로, 이러한 경우에는 특별한 사정이 없는 한 그를 위반하는 처분은 평등의 원칙이나 신뢰보호의 원칙에 위배되어 재량권을 일탈·남용한 위법한 처분이 된다(대판 2009. 12. 24, 2009두7967).

11
정답 ③

㉠ ✗ 국민권익위원회가 소방청장에게 인사와 관련하여 부당한 지시를 한 사실이 인정된다며 이를 취소할 것을 요구하기로 의결하고 그 내용을 통지하자 **소방청장이 국민권익위원회 조치요구의 취소를 구하는 소송을 제기한 사안**에서, 처분성이 인정되는 국민권익위원회의 조치요구에 불복하고자 하는 소방청장으로서는 조치요구의 취소를 구하는 항고소송을 제기하는 것이 유효·적절한 수단으로 볼 수 있으므로 **소방청장이 예외적으로 당사자능력과 원고적격을 가진다**고 한 사례(대판 2018. 8. 1. 2014두35379)

㉡ ◎ 일반적으로 기속행위나 기속적 재량행위에는 부관을 붙일 수 없고 가사 부관을 붙였다 하더라도 무효이다. 건축허가를 하면서 일정 토지를 기부채납하도록 하는 내용의 허가조건은 부관을 붙일 수 없는 기속행위 내지 기속적 재량행위인 건축허가에 붙인 부담이거나 또는 법령상 아무런 근거가 없는 부관이어서 <u>무효이다</u>(대판 1995. 6. 13, 94다56883).

㉢ ◎

행정소송법 제20조(제소기간) ① 취소소송은 처분등이 있음을 안 날부터 **90일 이내에 제기**하여야 한다. 다만, 제18조 제1항 단서에 규정한 경우와 그 밖에 행정심판청구를 할 수 있는 경우 또는 행정청이 행정심판청구를 할 수 있다고 잘못 알린 경우에 행정심판청구가 있은 때의 기간은 **재결서의 정본을 송달받은 날부터 기산**한다.

㉣ ✗ 행정벌에는 행정형벌과 행정질서벌이 있다. 행정형벌이란 형법상의 형벌을 과하는 행정벌을 말한다. 행정질서벌은 과태료가 과하여지는 행정벌이다. 행정형벌에는 형법 총칙 규정이 적용되나, 과태료는 형벌이 아니므로 형법 총칙의 규정이 적용되지는 않는다. 과태료의 부과·징수에 대하여는 질서위반행위규제법이 적용된다.

12
정답 ④

④ ✗ 개별법에서 달리 규정하고 있지 않는 한, 공법관계에서도 소멸시효의 중단·정지에 관한 민법 규정이 적용된다.

① ◎

관세법 제22조(관세징수권 등의 소멸시효) ② 납세자의 과오납금 또는 그 밖의 관세의 환급청구권은 그 권리를 행사할 수 있는 날부터 5년간 행사하지 아니하면 소멸시효가 완성된다.

② ◎ 공법상 원인에 의한 부당이득반환청구권이 공권인지 사권인지가 권리구제수단과 관련하여 다투어진다. 부당이득반환청구권을 공권(公權)으로 보면 부당이득 반환청구소송을 당사자소송으로 제기하여야 하고, 사권(私權)으로 보면 부당이득 반환청구소송을 민사소송으로 제기하여야 한다. 판례는 공법상의 원인에 의한 부당이득반환청구권을 사권(私權)으로 보고, 그에 관한 소송은 민사소송절차에 따라야 한다고 본다.

| 관련판례 |

- 조세부과처분이 당연무효임을 전제로 하여 이미 납부한 세금의 반환을 청구하는 것은 민사상의 부당이득반환청구로서 민사소송절차에 따라야 한다(대판 1995. 4. 28, 94다55019).
- 개발부담금 부과처분이 취소된 이상 그 후의 부당이득으로서의 과오납금 반환에 관한 법률관계는 단순한 민사관계에 불과한 것이고, 행정소송 절차에 따라야 하는 관계로 볼 수 없다(대판 1995. 12. 22, 94다51253).

③ ◎ 국가재정법은 국가의 국민에 대한 금전채권(국가의 권리)은 물론이고 국민의 국가에 대한 금전채권(국가에 대한 권리)의 소멸시효에 대하여도 규정하고 있다.

국가재정법 제96조(금전채권·채무의 소멸시효) ① 금전의 급부를 목적으로 하는 **국가의 권리**로서 시효에 관하여 다른 법률에 규정이 없는 것은 5년 동안 행사하지 아니하면 시효로 인하여 소멸한다.
② **국가에 대한 권리**로서 금전의 급부를 목적으로 하는 것도 또한 제1항과 같다.

13
정답 ③

③ ✗

행정절차법 제50조(의견제출) 행정지도의 상대방은 해당 행정지도의 방식·내용 등에 관하여 행정기관에 의견제출을 할 수 있다.

① ◎, ④ ◎

행정절차법 제48조(행정지도의 원칙) ① **행정지도는 그 목적 달성에 필요한 최소한도에 그쳐야 하며, 행정지도의 상대방의 의사에 반하여 부당하게 강요하여서는 아니 된다.
② 행정기관은 행정지도의 상대방이 행정지도에 따르지 아니하였다는 것을 이유로 불이익한 조치를 하여서는 아니 된다.

② ◎

행정절차법 제54조(비용의 부담) 행정절차에 드는 비용은 **행정청이 부담**한다. 다만, 당사자등이 자기를 위하여 스스로 지출한 비용은 그러하지 아니하다.

14
정답 ②

② ✗

질서위반행위규제법 제3조(법 적용의 시간적 범위) ① 질서위반행위의 성립과 과태료 처분은 행위시의 법률에 따른다.

① ◎

질서위반행위규제법 제7조(고의 또는 과실) 고의 또는 과실이 없는 질서위반행위는 과태료를 부과하지 아니한다.

③ ◎

> **질서위반행위규제법 제22조(질서위반행위의 조사)** ① 행정청은 질서위반행위가 발생하였다는 합리적 의심이 있어 그에 대한 조사가 필요하다고 인정할 때에는 대통령령으로 정하는 바에 따라 다음 각 호의 조치를 할 수 있다.

④ ◎ 행정벌에는 행정형벌과 행정질서벌이 있다. 행정형벌이란 형법상의 형벌을 과하는 행정벌을 말한다. 행정질서벌은 과태료가 과하여지는 행정벌이다. 행정형벌에는 형법 총칙 규정이 적용되나, 과태료는 형벌이 아니라 행정질서벌이므로 형법 총칙의 규정이 적용되지는 않는다. 과태료의 부과·징수에 대하여는 질서위반행위규제법이 적용된다.

15
정답 ④

④ ✗ 사립학교법 제20조 제2항에 의한 **학교법인의 임원에 대한 감독청의 취임승인**은 학교법인의 임원선임행위를 보충하여 그 **법률상의 효력을 완성케하는 보충적 행정행위**로서 성질상 기본행위를 떠나 승인처분 그 자체만으로는 법률상 아무런 효력도 발생할 수 없으므로 **기본행위인 학교법인의 임원선임행위**가 불성립 또는 무효인 경우에는 비록 그에 대한 감독청의 취임승인이 있었다 하여도 이로써 무효인 그 선임행위가 유효한 것으로 될 수는 없다(대판 1987. 8. 18, 86누152). → 사립학교 법인이사 선임행위는 기본행위(사법상 행위)에 해당하고, 그 선임행위에 대한 관할청의 임원취임승인은 강학상 인가에 해당한다.

① ◎ 국적은 국민의 자격을 결정짓는 것이고, 이를 취득한 사람은 국가의 주권자가 되는 동시에 국가의 속인적 통치권의 대상이 되므로, **귀화허가**는 외국인에게 대한민국 국적을 부여함으로써 **국민으로서의 법적 지위를 포괄적으로 설정하는 행위에 해당**한다(대판 2010.7.15, 2009두19069). → 귀화허가는 강학상 특허에 해당 ○

② ✗ 강학상 '특허'라 함은 상대방에게 직접 권리, 능력, 법적 지위, 포괄적 법률관계를 설정하는 행위를 말한다.

권리 설정행위 (협의의 특허)	특허기업의 특허(개인택시운송사업면허, 버스운송사업면허, 국제항공운송사업면허, 통신사업허가, 폐기물처리업허가 등), 광업허가, 도로점용허가, 공유수면점용·사용허가, 어업면허 등
능력 설정행위	행정주체 또는 공법인으로서의 지위를 설립하거나 부여하는 행위 (예 : 재건축·재개발 정비조합설립인가 등)
포괄적 법률관계의 설정행위	공무원 임명, 귀화허가 등

③ ◎ 자동차운수사업법에 의한 개인택시운송사업면허는 특정인에게 권리나 이익을 부여하는 행정행위로서 법령에 특별한 규정이 없는 한 재량행위이다(대판 1996. 10. 11, 96누6172). → 개인택시운송사업면허는 강학상 특허에 해당 ○

16
정답 ②

② ✗

> **행정절차법 제49조(행정지도의 방식)** ① 행정지도를 하는 자는 그 상대방에게 그 행정지도의 취지 및 내용과 신분을 밝혀야 한다.

① ◎ 행정지도는 국민의 임의적인 협력을 전제로 하는 비권력적 사실행위이다.

> 참고 **행정절차법 제2조(정의)** 이 법에서 사용하는 용어의 뜻은 다음과 같다.
> 3. "행정지도"란 행정기관이 그 소관 사무의 범위에서 일정한 행정목적을 실현하기 위하여 특정인에게 일정한 행위를 하거나 하지 아니하도록 지도, 권고, 조언 등을 하는 행정작용을 말한다.

③ ◎

> **행정절차법 제48조(행정지도의 원칙)** ① 행정지도는 그 목적 달성에 필요한 최소한도에 그쳐야 하며, 행정지도의 상대방의 의사에 반하여 부당하게 강요하여서는 아니 된다.

④ ◎ 행정지도는 비권력적 사실행위로서, 행정지도에 따를 것인지의 여부가 상대방인 국민의 임의적 결정에 달려 있으므로 행정지도에는 법률의 근거가 필요하지 않다는 것이 다수설과 판례의 태도이다.

17
정답 ③

③ ◎ 학생들의 교육환경과 인근 주민들의 주거환경 보호라는 공익이 숙박시설 건축허가신청을 반려한 처분으로 그 신청인이 잃게 되는 이익의 침해를 정당화할 수 있을 정도로 크므로, 위 반려처분은 신뢰보호의 원칙에 위배되지 않는다(대판 2005. 11. 25, 2004두6822).

① ✗ 주유소와 LPG충전소는 '위험물저장시설'이라는 점에서 공통점이 있으나, LPG는 석유보다 위험성이 훨씬 크다. LPG는 상온·상압에서 쉽게 기화되고, 인화점이 낮으며 공기보다 무거워 누출되어도 쉽게 확인되지 않아 화재 및 폭발의 위험성이 매우 크다. 이에 반하여 석유는 액체상태로 저장되고 공급되기 때문에 적은 양이 누출되는 경우에도 쉽게 확인이 가능하고 LPG에 비하여 인화점이 높으며 무엇보다도 점화원이 없이는 자체적으로 폭발의 위험성이 상존하지는 않는다. 위와 같은 점을 종합하여 보면, LPG는 석유에 비하여 화재 및 폭발의 위험성이 훨씬 커서 주택 및 근린생활시설이 들어설 지역에 LPG충전소의 설치금지는 불가피하다 할 것이고 **석유와 LPG의 위와 같은 차이를 고려하여 연구단지 내 녹지구역에 LPG충전소의 설치를 금지한 것은 위와 같은 합리적 이유에 근거한 것이므로 이 사건 시행령 규정이 평등원칙에 위배된다고 볼 수 없다**(헌재결 2004. 7. 15, 2001헌마646).

② ✗ 행정처분에 하자가 있음을 이유로 처분청이 이를 취소하는 경우에도 그 처분이 국민에게 권리나 이익을 부여하는 이른바 **수익적 행정행위인 때에는 그 처분을 취소하여야 할 공익상 필요와 그 취소로 인하여 당사자가 입게 될 기득권과 신뢰보호 및 법률생활안정의 침해 등 불이익을 비교 교량한 후 공익상 필요가 당사자가 입을 불이익을 정당화 할 만큼 강한 경우에 한하여 취소할 수 있으나**, 그 처분의 하자가 당사자의 사실은폐나 기타 사위의 방법에 의한 신청행위에 기인한 것이라면 당사자는 그 처분에 의한 이익이 위법하게 취득되었음을 알아 그 취소가능성도 예상하고 있었다고 할 것이므로 그 자신이 위 처분에 관한 신뢰의 이익을 원용할 수 없음은 물론 행정청이 이를 고려하지 아니하였다고 하여도 재량권의 남용이 되지 않는다(대판 1991. 4. 12, 90누9520).

④ ✗ 구 집시법 제6조 제1항은 평화적이고 효율적인 집회를 보장하고, 공공질서를 보호하기 위한 것으로 그 입법목적이 정당하고, 집회에 대한 사전신고를 통하여 행정관청과 주최자가 상호 정보를 교환하고 협력하는 것은 위와 같은 목적 달성을 위한 적절한 수단에 해당하며, 위 조항이 열거하고 있는 신고사항이나 신고시간 등은 지나치게 과다하거나 신고불가능하다고 볼 수 없으므로 최소침해성의 원칙에 반한다고 보기 어렵다. 나아가 **위 조항이 정하는 사전신고의무로 인하여 집회개최자가 겪어야 하는 불편함이나 번거로움 등 제한되는 사익과 신고로 인해 보호되는 공익은 법익균형성 요건도 충족하므로 위 조항 중 '옥외집회'에 관한 부분이 과잉금지원칙에 위배하여 집회의 자유를 침해한다고 볼 수 없다**(헌재 2009. 5. 28, 2007헌바22).

18
정답 ③

③ ✗ 행정행위의 부관은 부담의 경우를 제외하고는 독립하여 행정소송의 대상이 될 수 없는 것인바, 지방국토관리청장이 일부 **공유수면매립**

지에 대하여 한 국가 또는 직할시 귀속처분은 매립준공인가를 함에 있어서 매립의 면허를 받은 자의 매립지에 대한 소유권취득을 규정한 공유수면매립법 제14조의 효과 일부를 배제하는 부관을 붙인 것이고, 이러한 행정행위의 부관은 위 법리와 같이 독립하여 행정소송 대상이 될 수 없다(대판 1993. 10. 8, 93누2032). → 법률효과의 일부배제는 부관에 해당 ○

① ○ 행정처분에 이미 부담이 부가되어 있는 상태에서 그 의무의 범위 또는 내용 등을 변경하는 부관의 사후변경은, 법률에 명문의 규정이 있거나 그 변경이 미리 유보되어 있는 경우 또는 상대방의 동의가 있는 경우에 한하여 허용되는 것이 원칙이지만, 사정변경으로 인하여 당초에 부담을 부가한 목적을 달성할 수 없게 된 경우에도 그 목적달성에 필요한 범위 내에서 예외적으로 허용된다(대판 1997. 5. 30, 97누2627).

> **참고** 행정기본법 제17조(부관) ③ 행정청은 부관을 붙일 수 있는 처분이 다음 각 호의 어느 하나에 해당하는 경우에는 그 처분을 한 후에도 부관을 새로 붙이거나 종전의 부관을 변경할 수 있다.
> 1. 법률에 근거가 있는 경우
> 2. 당사자의 동의가 있는 경우
> 3. 사정이 변경되어 부관을 새로 붙이거나 종전의 부관을 변경하지 아니하면 해당 처분의 목적을 달성할 수 없다고 인정되는 경우

② ○ 조건이라 함은 행정행위의 효력의 발생 또는 소멸을 장래의 '불확실한' 사실에 의존시키는 부관을 말한다. 조건이 성취되어야 행정행위가 비로소 효력을 발생하는 조건을 '정지조건'이라 하고, 행정행위가 일단 효력을 발생하고 조건이 성취되면 행정행위가 효력을 상실하는 조건을 '해제조건'이라 한다.

④ ○ 부관의 준수가 매우 중요하여 행정행위의 효력 자체를 그 조건에 의존시키는 것이 타당하다고 인정되는 경우에는 해당 부관은 조건으로 보아야 하고, 그렇지 않은 경우에는 부담으로 볼 수 있다. 부담과 조건의 구별이 애매한 경우에는 부담으로 추정함이 바람직하다. 그 이유는 부담이 조건보다 행정행위의 상대방(국민)에게 유리하기 때문이다.

19   정답 ②

② ✗ 화재진압작업을 위해서 화재발생현장에 불법주차차량을 제거하는 것은 행정상 즉시강제에 해당하는데, 행정상 즉시강제는 엄격한 실정법상의 근거를 필요로 한다(헌재 2002. 10. 31, 2000헌가12 참조). 소방기본법은 제25조 제3항에서 그 법적 근거를 두고 있다.

> **소방기본법 제25조(강제처분 등)** ③ 소방본부장, 소방서장 또는 소방대장은 소방활동을 위하여 긴급하게 출동할 때에는 소방자동차의 통행과 소방활동에 방해가 되는 주차 또는 정차된 차량 및 물건 등을 제거하거나 이동시킬 수 있다.

① ○

> **행정조사기본법 제5조(행정조사의 근거)** 행정기관은 법령등에서 행정조사를 규정하고 있는 경우에 한하여 행정조사를 실시할 수 있다. 다만, 조사대상자의 자발적인 협조를 얻어 실시하는 행정조사의 경우에는 그러하지 아니하다.

③ ○

> **행정대집행법 제4조(대집행의 실행 등)** ① 행정청(제2조에 따라 대집행을 실행하는 제3자를 포함한다. 이하 이 조에서 같다)은 해가 뜨기 전이나 해가 진 후에는 대집행을 하여서는 아니 된다. 다만, 다음 각 호의 어느 하나에 해당하는 경우에는 그러하지 아니하다.

> 2. 해가 지기 전에 대집행을 착수한 경우

④ ○ 구 건축법 제69조의2 제6항, 지방세법 제28조, 제82조, 국세징수법 제23조의 각 규정에 의하면, 이행강제금 부과처분을 받은 자가 이행강제금을 기한 내에 납부하지 아니한 때에는 그 납부를 독촉할 수 있으며, 납부독촉에도 불구하고 이행강제금을 납부하지 않으면 체납절차에 의하여 이행강제금을 징수할 수 있고, 이때 이행강제금 납부의 최초 독촉은 징수처분으로서 항고소송의 대상이 되는 행정처분이 될 수 있다(대판 2009. 12. 24, 2009두14507).

20   정답 ②

② ✗ 음주운전으로 적발된 주취운전자가 도로 밖으로 차량을 이동하겠다며 단속경찰관으로부터 보관 중이던 차량열쇠를 반환받아 몰래 차량을 운전하여 가던 중 사고를 일으킨 경우, 국가배상책임이 인정된다(대판 1998. 5. 8, 97다54482). → 만일 그 상태로 운전을 감행한다면 자기 또는 타인의 생명이나 신체에 위해를 미칠 위험이 현저한 상황에 있었다고 할 것이므로, 이러한 사정을 합리적으로 판단할 때 단속경찰관으로서는 甲이 정상적으로 운전할 수 있는 상태에 이르기까지 주취운전을 하지 못하도록 구체적이고도 적절한 조치를 취하여야 할 의무가 있다고 해석함이 상당하고, 그러함에도 단속경찰관이 이러한 조치를 취하지 아니한 채 위 甲으로 하여금 주취 상태에서 운전을 계속할 수 있도록 보관중이던 차량열쇠를 교부한 것은 직무상 의무에 위배하여 위법하다.

① ○ 성폭력범죄의 수사를 담당하거나 수사에 관여하는 경찰관이 피해자의 인적사항 등을 공개 또는 누설함으로써 피해자가 손해를 입은 경우, 국가의 배상책임이 성립한다(대판 2008. 6. 12, 2007다64365). → 성폭력범죄의 처벌 및 피해자보호 등에 관한 법률 제21조는 성폭력범죄의 수사 또는 재판을 담당하거나 이에 관여하는 공무원에 대하여 피해자의 인적사항과 사생활의 비밀을 엄수할 직무상 의무를 부과하고 있고, 이는 주로 성폭력범죄 피해자의 명예와 사생활의 평온을 보호하기 위한 것이므로, 성폭력범죄의 수사를 담당하거나 수사에 관여하는 경찰관이 위와 같은 직무상 의무에 반하여 피해자의 인적사항 등을 공개 또는 누설하였다면 국가는 그로 인하여 피해자가 입은 손해를 배상하여야 한다.

③ ○ 지방자치단체장이 교통신호기를 설치하여 그 관리권한이 도로교통법 제71조의2 제1항의 규정에 의하여 관할 지방경찰청장에게 위임되어 지방자치단체 소속 공무원과 지방경찰청 소속 공무원이 합동근무하는 교통종합관제센터에서 그 관리업무를 담당하던 중 위 신호기가 고장난 채 방치되어 교통사고가 발생한 경우, 국가배상법 제2조 또는 제5조에 의한 배상책임을 부담하는 것은 지방경찰청장이 소속된 국가가 아니라, 그 권한을 위임한 지방자치단체장이 소속된 지방자치단체라고 할 것이나, 한편 국가배상법 제6조 제1항은 같은 법 제2조, 제3조 및 제5조의 규정에 의하여 국가 또는 지방자치단체가 손해를 배상할 책임이 있는 경우에 공무원의 선임·감독 또는 영조물의 설치·관리를 맡은 자와 공무원의 봉급·급여 기타의 비용 또는 영조물의 설치·관리의 비용을 부담하는 자가 동일하지 아니한 경우에는 그 비용을 부담하는 자도 손해를 배상하여야 한다고 규정하고 있으므로 교통신호기를 관리하는 지방경찰청장 산하 경찰관들에 대한 봉급을 부담하는 국가도 국가배상법 제6조 제1항에 의한 배상책임을 부담한다(대판 1999. 6. 25, 99다11120).

④ ○ 구 농지확대개발촉진법 제24조와 제27조에 의하여 농수산부장관 소관의 국가사무로 규정되어 있는 개간허가와 개간허가의 취소사무는 같은 법 제61조 제1항, 같은법시행령 제37조 제1항에 의하여 도지사에게 위임되고, 같은 법 제61조 제2항에 근거하여 도지사로부터 하위 지방자치단체장인 군수에게 재위임되었으므로 이른바 기관위임사무라 할 것이고, 이러한 경우 군수는 그 사무의 귀속 주체인 국가 산하 행정기관의 지위에서 그 사무를 처리하는 것에 불과하므로, 군수 또는 군수를 보조하는 공무원이 위임사무처리에 있어 고의 또는 과실로 타인에게 손해를 가하였다 하더라도 원칙적으로 지방자치단체인 군(郡)에는 국가배상책임이 없고 그 사무의 귀속 주체인 국가가 손해배상책임을 지는 것이며, 다만 국가배상법 제6조에 의하여 군(郡)이 비용을 부담한다고 볼 수 있는 경우에 한하여 국가와 함께 손해배상책임을 부담한다(대판 2000. 5. 12, 99다70600).

제5회 실전 기출문제
[소방공무원 9급 2019. 4. 8. 시행]

01 ④ 02 ② 03 정답없음 04 ③ 05 ② 06 ④ 07 ④ 08 ② 09 ① 10 ③
11 ② 12 ③ 13 ① 14 ② 15 ③ 16 ① 17 ② 18 ③ 19 ④ 20 ①

01
정답 ④

④ ❌ 사정재결은 취소심판청구와 거부처분에 대한 의무이행심판, 부작위에 대한 의무이행심판에 적용되고, 무효등확인심판청구에만 적용되지 아니한다(행정심판법 제44조 제3항).

> **행정심판법 제44조(사정재결)** ① 위원회는 심판청구가 이유가 있다고 인정하는 경우에도 이를 인용(認容)하는 것이 공공복리에 크게 위배된다고 인정하면 그 심판청구를 기각하는 재결을 할 수 있다. 이 경우 위원회는 재결의 주문(主文)에서 그 처분 또는 부작위가 위법하거나 부당하다는 것을 구체적으로 밝혀야 한다.
> ② 위원회는 제1항에 따른 재결을 할 때에는 청구인에 대하여 상당한 구제방법을 취하거나 상당한 구제방법을 취할 것을 피청구인에게 명할 수 있다.
> ③ 제1항과 제2항은 무효등확인심판에는 적용하지 아니한다.

① ⭕

> **행정심판법 제8조(중앙행정심판위원회의 구성)** ① 중앙행정심판위원회는 위원장 1명을 포함하여 70명 이내의 위원으로 구성하되, 위원 중 상임위원은 4명 이내로 한다.

② ⭕ 행정심판의 심리에 있어서는 심판청구의 대상인 처분이나 부작위에 관한 적법·위법의 판단인 법률문제 및 사실문제를 심리할 수 있을 뿐만 아니라, 처분이나 부작위의 부당성(합목적성)의 문제도 심리의 대상이 된다. 그러나 행정소송에서는 처분이나 부작위의 부당성(합목적성)의 문제도 심리의 대상이 아니다.

> **행정심판법 제1조(목적)** 이 법은 행정심판 절차를 통하여 **행정청의 위법 또는 부당한 처분(處分)이나 부작위(不作爲)로** 침해된 국민의 권리 또는 이익을 구제하고, 아울러 행정의 적정한 운영을 꾀함을 목적으로 한다.

③ ⭕ 심판청구기간은 취소심판청구와 거부처분에 대한 의무이행심판청구에만 적용되고, 무효등확인심판청구나 부작위에 대한 의무이행심판청구에는 적용되지 아니한다(행정심판법 제27조 제7항).

> **행정심판법 제27조(심판청구의 기간)** ① 행정심판은 처분이 있음을 알게 된 날부터 90일 이내에 청구하여야 한다.
> ② 청구인이 천재지변, 전쟁, 사변(事變), 그 밖의 불가항력으로 인하여 제1항에서 정한 기간에 심판청구를 할 수 없었을 때에는 그 사유가 소멸한 날부터 14일 이내에 행정심판을 청구할 수 있다. 다만, 국외에서 행정심판을 청구하는 경우에는 그 기간을 30일로 한다.
> ③ 행정심판은 처분이 있었던 날부터 180일이 지나면 청구하지 못한다. 다만, 정당한 사유가 있는 경우에는 그러하지 아니하다.
> ④ 제1항과 제2항의 기간은 불변기간(不變期間)으로 한다.
> ⑤ 행정청이 심판청구 기간을 제1항에 규정된 기간보다 긴 기간으로 잘못 알린 경우 그 잘못 알린 기간에 심판청구가 있으면 그 행정심판은 제1항에 규정된 기간에 청구된 것으로 본다.
> ⑥ 행정청이 심판청구 기간을 알리지 아니한 경우에는 제3항에 규정된 기간에 심판청구를 할 수 있다.
> ⑦ 제1항부터 제6항까지의 규정은 **무효등확인심판청구와 부작위에 대한 의무이행심판청구**에는 적용하지 아니한다.

02
정답 ②

② ❌ 국가 또는 공공단체의 기관이 법률에 위반되는 행위를 한 때에 직접 자기의 법률상 이익과 관계없이 그 시정을 구하기 위하여 제기하는 소송은 '기관소송'이 아니라 '민중소송'이다.

> **행정소송법 제3조(행정소송의 종류)** 행정소송은 다음의 네 가지로 구분한다.
> 1. 항고소송: 행정청의 처분등이나 부작위에 대하여 제기하는 소송
> 2. 당사자소송: 행정청의 처분등을 원인으로 하는 법률관계에 관한 소송 그 밖에 공법상의 법률관계에 관한 소송으로서 그 법률관계의 한쪽 당사자를 피고로 하는 소송
> 3. **민중소송**: 국가 또는 공공단체의 기관이 법률에 위반되는 행위를 한 때에 직접 자기의 법률상 이익과 관계없이 그 시정을 구하기 위하여 제기하는 소송
> 4. **기관소송**: 국가 또는 공공단체의 기관상호간에 있어서의 권한의 존부 또는 그 행사에 관한 다툼이 있을 때에 이에 대하여 제기하는 소송. 다만, 헌법재판소법 제2조의 규정에 의하여 헌법재판소의 관장사항으로 되는 소송은 제외한다.

① ⭕

> **행정소송법 제4조(항고소송)** 항고소송은 다음과 같이 구분한다.
> 1. 취소소송: 행정청의 위법한 처분등을 취소 또는 변경하는 소송
> 2. **무효등 확인소송**: 행정청의 처분등의 효력 유무 또는 존재여부를 확인하는 소송
> 3. 부작위위법확인소송: 행정청의 부작위가 위법하다는 것을 확인하는 소송

③ ⭕ 행정소송법은 행정소송사항에 관하여 개괄주의를 채택하였지만, 민중소송과 기관소송은 법률이 정한 경우에 한하여 제기할 수 있도록 함으로써 예외적으로 열기주의를 채택하였다.

> **행정소송법 제45조(소의 제기)** 민중소송 및 기관소송은 법률이 정한 경우에 법률에 정한 자에 한하여 제기할 수 있다.

④ ⭕

> **행정소송법 제41조(제소기간)** 당사자소송에 관하여 법령에 제소기간이 정하여져 있는 때에는 그 기간은 불변기간으로 한다.

03
정답 정답 없음

① ❌ 출제 당시 감사청구권이 인정되는 자는 19세 이상의 국민이었으나, 2022. 1. 4. 개정(2022. 7. 1. 시행)된 부패방지 및 국민권익위원회의 설치와 운영에 관한 법률은 감사청구권 연령을 19세 이상에서 18세 이상으로 낮췄다.

> **부패방지 및 국민권익위원회의 설치와 운영에 관한 법률 제72조(감사청구권)** ① **18세 이상의 국민**은 공공기관의 사무처리가 법령위반 또는 부패

행위로 인하여 공익을 현저히 해하는 경우 대통령령으로 정하는 일정한 수 이상의 국민의 연서로 감사원에 감사를 청구할 수 있다. 다만, 국회·법원·헌법재판소·선거관리위원회 또는 감사원의 사무에 대하여는 국회의장·대법원장·헌법재판소장·중앙선거관리위원회 위원장 또는 감사원장(이하 "당해 기관의 장"이라 한다)에게 감사를 청구하여야 한다.

② ⭕

부패방지 및 국민권익위원회의 설치와 운영에 관한 법률 제12조(기능) 위원회는 다음 각 호의 업무를 수행한다.
14. 공직자 행동강령의 시행·운영 및 그 위반행위에 대한 신고의 접수·처리 및 신고자의 보호
19. 행정심판법에 따른 중앙행정심판위원회의 운영에 관한 사항

③ ⭕

부패방지 및 국민권익위원회의 설치와 운영에 관한 법률 제55조(부패행위의 신고) 누구든지 부패행위를 알게 된 때에는 이를 위원회에 신고할 수 있다.

④ ⭕

부패방지 및 국민권익위원회의 설치와 운영에 관한 법률 제16조(직무상 독립과 신분보장) ② 위원장과 위원의 임기는 각각 3년으로 하되 1차에 한하여 연임할 수 있다.

04 정답 ③

③ ❌ 행정상 즉시강제라 함은 목전의 급박한 행정상의 장해를 제거할 필요가 있는 경우에, 미리 의무를 명할 시간적 여유가 없을 때 또는 성질상 의무를 명하여 가지고는 목적달성이 곤란할 때에, 직접 국민의 신체 또는 재산에 실력을 가하여 행정상의 필요한 상태를 실현하는 행정작용을 말한다(헌재 2002. 10. 31, 2000헌가12). 「식품위생법」상 영업소 폐쇄명령을 받은 자가 영업을 계속할 경우 강제폐쇄하는 조치는 '행정상 즉시강제'가 아니라 '직접강제'에 해당한다.

① ⭕ 소방활동에 방해가 되는 주차 또는 정차된 차량 및 물건 등을 제거하거나 이동하는 것은 행정상 즉시강제에 해당하는데, 소방기본법은 제25조 제3항에서 그 법적 근거를 두고 있다.

소방기본법 제25조(강제처분 등) ③ 소방본부장, 소방서장 또는 소방대장은 소방활동을 위하여 긴급하게 출동할 때에는 소방자동차의 통행과 소방활동에 방해가 되는 주차 또는 정차된 차량 및 물건 등을 제거하거나 이동시킬 수 있다.

② ⭕ 행정상 즉시강제의 법적 성질은 권력적 사실행위로서, 처분성이 인정되므로 행정심판이나 소송의 대상이 될 수 있다.

④ ⭕ 사전영장주의는 인신보호를 위한 헌법상의 기속원리이기 때문에 인신의 자유를 제한하는 모든 국가작용의 영역에서 존중되어야 하지만, 헌법 제12조 제3항 단서도 사전영장주의의 예외를 인정하고 있는 것처럼 사전영장주의를 고수하다가는 도저히 행정목적을 달성할 수 없는 지극히 예외적인 경우에는 형사절차에서와 같은 예외가 인정된다(대판 1997.6.13. 96다56115).

── 비교판례 ──
영장주의가 행정상 즉시강제에도 적용되는지에 관하여는 논란이 있으나, 행정상 즉시강제는 상대방의 임의이행을 기다릴 시간적 여유가 없을 때 하명 없이 바로 실력을 행사하는 것으로서, 그 본질상 급박성을 요건으로 하고 있어 법관의 영장을 기다려서는 그 목적을 달성할 수 없다고 할 것이므로, 원칙적으로 영장주의가 적용되지 않는다고 보아야 할 것이다(헌재결 2002. 10. 31, 2000헌가12).

05 정답 ②

② ❌ 개인정보 분쟁조정위원회는 집단분쟁조정의 당사자인 다수의 정보주체 중 일부의 정보주체가 법원에 소를 제기한 경우에는 그 조정절차를 중지하지 아니하고, 소를 제기한 일부의 정보주체를 그 절차에서 제외한다(개인정보 보호법 제49조 제6항).

개인정보 보호법 제49조(집단분쟁조정) ① 국가 및 지방자치단체, 개인정보 보호단체 및 기관, 정보주체, 개인정보처리자는 정보주체의 피해 또는 권리침해가 다수의 정보주체에게 같거나 비슷한 유형으로 발생하는 경우로서 대통령령으로 정하는 사건에 대하여는 분쟁조정위원회에 일괄적인 분쟁조정(이하 "집단분쟁조정"이라 한다)을 의뢰 또는 신청할 수 있다.
⑥ 제48조 제2항에도 불구하고 분쟁조정위원회는 집단분쟁조정의 당사자인 다수의 정보주체 중 일부의 정보주체가 법원에 소를 제기한 경우에는 그 절차를 중지하지 아니하고, 소를 제기한 일부의 정보주체를 그 절차에서 제외한다.
개인정보 보호법 제48조(조정의 거부 및 중지) ② 분쟁조정위원회는 신청된 조정사건에 대한 처리절차를 진행하던 중에 한 쪽 당사자가 소를 제기하면 그 조정의 처리를 중지하고 이를 당사자에게 알려야 한다.

① ⭕ 개인정보자기결정권의 보호대상이 되는 개인정보는 개인의 신체, 신념, 사회적 지위, 신분 등과 같이 인격주체성을 특징짓는 사항으로서 개인의 동일성을 식별할 수 있게 하는 일체의 정보를 의미하며, 반드시 개인의 내밀한 영역에 속하는 정보에 국한되지 않고 공적 생활에서 형성되었거나 이미 공개된 개인정보까지도 포함한다(대판 2016. 3. 10, 2012다105482).

③ ⭕

개인정보 보호법 제40조(설치 및 구성) ① 개인정보에 관한 분쟁의 조정(調停)을 위하여 개인정보 분쟁조정위원회를 둔다.
④ 위원장은 위원 중에서 공무원이 아닌 사람으로 보호위원회 위원장이 위촉한다.

④ ⭕ 개인정보 보호법 제71조 제5호 후단은 그 사정을 알면서도 영리 또는 부정한 목적으로 개인정보를 제공받은 자를 처벌하도록 규정하고 있을 뿐 개인정보를 제공하는 자가 누구인지에 관하여는 문언상 아무런 제한을 두지 않고 있는 점과 개인정보 보호법의 입법 목적 등을 고려할 때, 개인정보를 처리하거나 처리하였던 자가 업무상 알게 된 개인정보를 누설하거나 권한 없이 다른 사람이 이용하도록 제공한 것이라는 사정을 알면서도 영리 또는 부정한 목적으로 개인정보를 제공받은 자라면, 개인정보를 처리하거나 처리하였던 자로부터 직접 개인정보를 제공받지 아니하더라도 개인정보 보호법 제71조 제5호의 '개인정보를 제공받은 자'에 해당한다(대판 2018. 1. 24, 2015도16508).

06

정답 ③

③ ❌ **병역법상 신체등위판정**은 행정청이라고 볼 수 없는 군의관이 하도록 되어 있으며, 그 자체만으로 바로 병역법상의 권리·의무가 정하여지는 것이 아니라 그에 따라 지방병무청장이 병역처분을 함으로써 비로소 병역의무의 종류가 정하여지는 것이므로 **항고소송의 대상이 되는 행정처분이라 보기 어렵다**(대판 1993. 8. 27, 93누335).

① ⭕ 행정행위의 부관은 행정행위의 일반적인 효력이나 효과를 제한하기 위하여 의사표시의 주된 내용에 부가되는 종된 의사표시이지 그 자체로서 직접 법적효과를 발생하는 독립된 처분이 아니므로 **현행 행정쟁송제도 아래서는 부관 그 자체만을 독립된 쟁송의 대상으로 할 수 없는 것이 원칙이나** 행정행위의 부관 중에서도 행정행위에 부수하여 그 행정행위의 상대방에게 일정한 의무를 부과하는 행정청의 의사표시인 부담의 경우에는 다른 부관과는 달리 행정행위의 불가분적인 요소가 아니고 그 존속이 본체인 행정행위의 존재를 전제로 하는 것일 뿐이므로 **부담 그 자체로서 행정쟁송의 대상이 될 수 있다**(대판 1992. 1. 21, 91누1264).

② ⭕ **교도소장이 수형자 甲을 '접견내용 녹음·녹화 및 접견시 교도관 참여대상자'로 지정**한 사안에서, 위 지정행위는 수형자의 구체적 권리·의무에 직접적 변동을 가져오는 행정청의 공법상 행위로서 **항고소송의 대상이 되는 '처분'에 해당**한다(대판 2014. 2. 13, 2013두20899).

④ ⭕ 건축물대장의 작성은 건축물의 소유권을 제대로 행사하기 위한 전제요건으로서 건축물소유자의 실체적 권리관계에 밀접하게 관련되어 있으므로 **건축물대장 소관청의 작성신청 반려행위**는 국민의 권리관계에 영향을 미치는 것으로서 항고소송의 대상이 되는 **행정처분에 해당**한다(대판 2009. 2. 12, 2007두17359).

07

정답 ④

④ ❌ 하자 있는 행정행위에 있어서 하자의 치유는 행정행위의 성질이나 법치주의의 관점에서 원칙적으로 허용될 수 없고, 행정행위의 무용한 반복을 피하고 당사자의 법적 안정성을 보호하기 위하여 국민의 권익을 침해하지 아니하는 범위 내에서 예외적으로만 허용된다(대판 2001. 6. 26, 99두11592).

① ⭕ 행정행위가 무효 또는 부존재인 경우에는 공정력이 인정되지 않는다는 것이 일반적 견해이다. 무효인 행정행위에 대해 무효확인소송을 제기할 수 있는 제소기간의 제한이 없으므로 무효인 행정행위에는 불가쟁력이 발생하지 않는다.

② ⭕ 조세 부과의 근거가 되었던 법률규정이 위헌으로 선언된 경우, 비록 그에 기한 과세처분이 위헌결정 전에 이루어졌고, 그 과세처분에 대한 제소기간이 이미 경과하여 조세채권이 확정되었으며, 그 조세채권의 집행을 위한 체납처분의 근거규정 자체에 대하여는 따로 위헌결정이 내려진 바 없다고 하더라도, 위와 같은 위헌결정 이후에 조세채권의 집행을 위한 새로운 체납처분에 착수하거나 이를 속행하는 것은 더 이상 허용되지 않고, 나아가 이러한 **위헌결정의 효력에 위배하여 이루어진 체납처분**은 그 사유만으로 **하자가 중대하고 객관적으로 명백하여 당연무효**라고 보아야 한다(대판 2012. 2. 16. 2010두10907 전합).

③ ⭕ 적법한 건축물에 대한 철거명령은 그 하자가 중대하고 명백하여 당연무효라고 할 것이고, 그 후행행위인 건축물철거 대집행계고처분 역시 당연무효라고 할 것이다(대판 1999. 4. 27, 97누6780). → **선행행위가 무효인 경우에는 후행행위도 당연히 무효이므로 하자의 승계문제가 제기되지 않는다.**

08

정답 ②

② ⭕ (가) 민사집행법, (나) 1년, (다) 180일

행정소송법 제8조(법적용예) ② 행정소송에 관하여 이 법에 특별한 규정이 없는 사항에 대하여는 법원조직법과 민사소송법 및 **민사집행법**의 규정을 준용한다.

행정소송법 제20조(제소기간) ② 취소소송은 처분등이 있은 날부터 **1년**(제1항 단서의 경우는 의결이 있은 날부터 1년)을 경과하면 이를 제기하지 못한다. 다만, 정당한 사유가 있는 때에는 그러하지 아니하다.

행정심판법 제27조(심판청구의 기간) ③ 행정심판은 처분이 있었던 날부터 **180일**이 지나면 청구하지 못한다. 다만, 정당한 사유가 있는 경우에는 그러하지 아니하다.

09

정답 ①

① [❌ - 사법관계] 공익사업을 위한 토지 등의 취득 및 보상에 관한 법률 상 '협의취득'의 성격은 사법상 매매계약이므로 그 이행으로 인한 사업시행자의 소유권 취득도 승계취득이다(대판 2018.12.13. 2016두51719).

② [⭕ - 공법관계] 공공하수도의 이용관계는 공법관계라고 할 것이다(대판 2003. 6. 24, 2001두8865).

③ [⭕ - 공법관계] 광주광역시문화예술회관장의 단원 위촉은 광주광역시문화예술회관장이 행정청으로서 공권력을 행사하여 행하는 행정처분이 아니라 공법상의 근무관계의 설정을 목적으로 하여 광주광역시와 단원이 되고자 하는 자 사이에 대등한 지위에서 의사가 합치되어 성립하는 공법상 근로계약에 해당한다고 보아야 할 것이다(대판 2001. 12. 11, 2001두7794).

④ [⭕ - 공법관계] 공무원연금관리공단이 퇴직연금 중 일부 금액에 대하여 지급거부의 의사표시를 하였다고 하더라도 그 의사표시는 퇴직연금 청구권을 형성·확정하는 행정처분이 아니라 공법상의 법률관계의 한쪽 당사자로서 그 지급의무의 존부 및 범위에 관하여 나름대로의 사실상·법률상 의견을 밝힌 것일 뿐이어서, 이를 행정처분이라고 볼 수는 없고, 이 경우 **미지급퇴직연금에 대한 지급청구권은 공법상 권리**로서 그의 지급을 구하는 소송은 공법상의 법률관계에 관한 소송인 **공법상 당사자소송**에 해당한다(대판 2004. 7. 8, 2004두244).

10

정답 ③

③ ❌ **'학교폭력대책자치위원회 회의록'**은 공공기관의 정보공개에 관한 법률 제9조 제1항 제1호의 '다른 법률 또는 법률이 위임한 명령에 의하여 비밀 또는 비공개 사항으로 규정된 정보'에 해당한다(대판 2010. 6. 10, 2010두2913).

① ⭕

공공기관의 정보공개에 관한 법률 제12조(정보공개심의회) ③ 심의회의 위원은 소속 공무원, 임직원 또는 외부 전문가로 지명하거나 위촉하되, 그중 3분의 2는 해당 국가기관등의 업무 또는 정보공개의 업무에 관한 지식을 가진 외부 전문가로 위촉하여야 한다. 다만, **제9조 제1항 제2호 및 제4호에 해당하는 업무를 주로 하는 국가기관**은 그 국가기관의 장이 외부 전문가의 위촉 비율을 따로 정하되, **최소한 3분의 1 이상은 외부 전문가로 위촉하여야** 한다.

공공기관의 정보공개에 관한 법률 제9조(비공개대상정보) ① 공공기관이 보유·관리하는 정보는 공개 대상이 된다. 다만, 다음 각 호의 어느 하나에 해당하는 정보는 공개하지 아니할 수 있다.

2. 국가안전보장·국방·통일·외교관계 등에 관한 사항으로서 공개

될 경우 국가의 중대한 이익을 현저히 해칠 우려가 있다고 인정되는 정보

② ○

공공기관의 정보공개에 관한 법률 제9조(비공개 대상 정보) ① 공공기관이 보유·관리하는 정보는 공개 대상이 된다. 다만, 다음 각 호의 어느 하나에 해당하는 정보는 공개하지 아니할 수 있다.
8. 공개될 경우 부동산 투기, 매점매석 등으로 특정인에게 이익 또는 불이익을 줄 우려가 있다고 인정되는 정보

④ ○ 공공기관의 정보공개에 관한 법률 제18조의 이의신청은 임의적 절차이며 행정심판이 아니다. 따라서 청구인은 이의신청을 거치지 않고도 행정심판을 청구하거나 행정소송을 제기할 수 있다(서울행법 1999. 2. 25. 98구3692).

공공기관의 정보공개에 관한 법률 제19조(행정심판) ② 청구인은 제18조에 따른 이의신청 절차를 거치지 아니하고 행정심판을 청구할 수 있다.

11   정답 ②

② ✗

행정조사기본법 제12조(시료채취) ① 조사원이 조사목적의 달성을 위하여 시료채취를 하는 경우에는 그 시료의 소유자 및 관리자의 정상적인 경제활동을 방해하지 아니하는 범위 안에서 최소한도로 하여야 한다.
② 행정기관의 장은 제1항에 따른 시료채취로 조사대상자에게 손실을 입힌 때에는 대통령령으로 정하는 절차와 방법에 따라 그 손실을 보상하여야 한다.

① ○ 부과처분을 위한 과세관청의 질문조사권이 행해지는 세무조사결정이 있는 경우 납세의무자는 세무공무원의 과세자료 수집을 위한 질문에 대답하고 검사를 수인하여야 할 법적 의무를 부담하게 되는 점, 세무조사는 기본적으로 적정하고 공평한 과세의 실현을 위하여 필요한 최소한의 범위 안에서 행하여져야 하고, 더욱이 동일한 세목 및 과세기간에 대한 재조사는 납세자의 영업의 자유 등 권익을 심각하게 침해할 뿐만 아니라 과세관청에 의한 자의적인 세무조사의 위험마저 있으므로 조세공평의 원칙에 현저히 반하는 예외적인 경우를 제외하고는 금지될 필요가 있는 점, 납세의무자로 하여금 개개의 과태료 처분에 대하여 불복하거나 조사 종료 후의 과세처분에 대하여만 다툴 수 있도록 하는 것보다는 그에 앞서 세무조사결정에 대하여 다툼으로써 분쟁을 조기에 근본적으로 해결할 수 있는 점 등을 종합하면, **세무조사결정**은 납세의무자의 권리·의무에 직접 영향을 미치는 공권력의 행사에 따른 행정작용으로서 **항고소송의 대상**이 된다(대판 2011. 3. 10, 2009두23617).

③ ○ 행정절차법은 처분, 신고, 행정상 입법예고, 행정예고 및 행정지도의 절차에 대해 규정하고 있을 뿐, 행정계획절차, 공법상 계약, 행정조사절차에 대해서는 규정하고 있지 않다.

④ ○ 우편물 통관검사절차에서 이루어지는 우편물의 개봉, 시료채취, 성분분석 등의 검사는 수출입물품에 대한 적정한 통관 등을 목적으로 한 행정조사의 성격을 가지는 것으로서 수사기관의 강제처분이라고 할 수 없으므로, 압수·수색영장 없이 우편물의 개봉, 시료채취, 성분분석 등 검사가 진행되었다 하더라도 특별한 사정이 없는 한 위법하다고 볼 수 없다(대판 2013. 9. 26, 2013도7718).

12   정답 ③

③ ✗ 공유수면사용허가(C)는 특정한 권리를 설정해 주는 행위로 강학상 '특허'에 해당한다(대판 2017. 4. 28, 2017두30139). 법률관계의 존부를 확인하는 행위는 강학상 '확인'이다.

관련판례
공유수면 관리 및 매립에 관한 법률에 따른 **공유수면의 점용·사용허가**는 특정인에게 공유수면 이용권이라는 독점적 권리를 설정하여 주는 처분으로서 처분 여부 및 내용의 결정은 원칙적으로 행정청의 재량에 속하고, 이와 같은 재량처분에 있어서는 재량권 행사의 기초가 되는 사실인정에 오류가 있거나 그에 대한 법령적용에 잘못이 없는 한 처분이 위법하다고 할 수 없다(대판 2017. 4. 28, 2017두30139).

① ○ 사립학교법인 임원의 선임에 대한 승인(A)은 기본행위의 효력을 완성시켜 주는 형성적 행위로서, 강학상 '인가'에 해당한다.

관련판례
사립학교법 제20조 제2항에 의한 **학교법인의 임원에 대한 감독청의 취임승인**은 학교법인의 임원선임행위를 보충하여 그 **법률상의 효력을 완성케하는 보충적 행정행위**로 성질상 기본행위를 떠나 승인처분 그 자체만으로는 법률상 아무런 효력도 발생할 수 없으므로 기본행위인 학교법인의 임원선임행위가 불성립 또는 무효인 경우에는 비록 그에 대한 감독청의 취임승인이 있었다 하여도 이로써 무효인 그 선임행위가 유효한 것으로 될 수는 없다(대판 1987. 8. 18, 86누152). → 사립학교 법인 이사 선임행위는 기본행위(사법상 행위)에 해당하고, 그 선임행위에 대한 관할청의 임원취임승인은 강학상 인가에 해당한다.

② ○ 정비조합 정관변경에 대한 인가(B)는 기본행위의 효력을 완성시켜 주는 보충적 행위로서, 강학상 '인가'에 해당한다.

관련판례
구 도시 및 주거환경정비법 제20조 제3항은 조합이 정관을 변경하고자 하는 경우에는 총회를 개최하여 조합원 과반수 또는 3분의 2 이상의 동의를 얻어 시장·군수의 인가를 받도록 규정하고 있다. 여기서 **시장 등의 인가는** 그 대상이 되는 **기본행위를 보충하여 법률상 효력을 완성시키는 행위**로서 이러한 인가를 받지 못한 경우 변경된 정관은 효력이 없고, 시장 등이 변경된 정관을 인가하더라도 정관변경의 효력이 총회의 의결이 있었던 때로 소급하여 발생한다고 할 수 없다(대판 2014. 7. 10, 2013도11532).

④ ○ 기본행위가 무효이면 사립학교법인 임원의 선임에 대한 승인(A)도 무효가 된다. → 기본행위가 무효이면, 인가가 있어도 당해 인가는 무효

13   정답 ①

㉠ ○ **건축허가는 대물적 허가**로서 그 허가의 효과가 허가대상건축물에 대한 권리변동에 수반하여 이전된다(대판 1992. 3. 31, 91누4911).

㉡ ○ 지방경찰청장이 횡단보도를 설치하여 보행자의 통행방법 등을 규제하는 것은 행정청이 특정사항에 대하여 의무의 부담을 명하는 행위이고 이는 국민의 권리의무에 직접 관계가 있는 행위로서 행정처분이라고 보아야 할 것이다(대판 2000. 10. 27, 98두8964).

㉢ ✗ 행정절차법은 불가쟁력이 발생한 행정행위에 대한 재심사청구를 규정하고 있지 않다.

참고 불가쟁력이 발생한 처분의 재심사
불가쟁력(행정쟁송 제기기간을 경과하는 등으로 더 이상 처분의 효력을 다툴 수 없게 되는 것)이 발생한 처분이라고 하더라도 구체적 타당성의 관점에서 해당

처분을 취소 또는 철회하거나 그 내용을 변경해야 하는 경우가 존재한다. 2021. 3. 23. 제정된 행정기본법에서는 행정심판, 행정소송 및 그 밖의 쟁송을 통해 더 이상 다툴 수 없게 된 경우라도 추후에 처분의 기초가 된 사실관계 또는 법률관계가 변경되어 당초 처분의 근거가 된 사실관계와 법률관계가 사회적 관념이나 헌법질서와 충돌하는 경우 이에 대한 재심사를 허용하는 규정을 두고 있다(제37조). 다만, 행정기본법 제37조는 2023. 3. 24.부터 시행하고(부칙 제1조 단서), 시행일 이후에 하는 처분부터 적용된다(부칙 제7조).

ㄹ ✗ 철회권이 유보된 경우라도, 유보된 철회권을 행사하는 경우 이익형량의 원칙은 적용된다. 따라서 수익적 행정행위에 대한 철회는 철회함으로써 얻게 되는 이익과 행정행위의 효력을 유지함으로써 얻게 되는 이익을 비교형량하여 후자가 전자보다 더 큰 경우에만 허용된다. 다만, 철회권이 유보된 경우에 신뢰보호의 원칙은 적용되지 않는다.

14
정답 ②

② ✗ 공무원이 직무수행 중 불법행위로 타인에게 손해를 입힌 경우에 국가 등이 국가배상책임을 부담하는 외에 공무원 개인도 고의 또는 중과실이 있는 경우에는 불법행위로 인한 손해배상책임을 진다고 할 것이지만, 공무원에게 경과실뿐인 경우에는 공무원 개인은 손해배상책임을 부담하지 아니한다고 해석하는 것이 헌법 제29조 제1항 본문과 단서 및 국가배상법 제2조의 입법취지에 조화되는 올바른 해석이다(대판 1996. 2. 15, 95다38677 전합).

① ◎

국가배상법 제7조(외국인에 대한 책임) 이 법은 <u>외국인이 피해자인 경우에는 해당 국가와 상호 보증이 있을 때에만 적용한다.</u>

┌ 참고판례 ┐
우리나라와 외국 사이에 국가배상청구권의 발생요건이 현저히 균형을 상실하지 아니하고 외국에서 정한 요건이 우리나라에서 정한 그것보다 전체로서 과중하지 아니하여 중요한 점에서 실질적으로 거의 차이가 없는 정도라면 국가배상법 제7조가 정하는 상호보증의 요건을 구비하였다고 봄이 타당하다. 그리고 상호보증은 외국의 법령, 판례 및 관례 등에 의하여 발생요건을 비교하여 인정되면 충분하고 **반드시 당사국과의 조약이 체결되어 있을 필요는 없으며, 당해 외국에서 구체적으로 우리나라 국민에게 국가배상청구를 인정한 사례가 없더라도** 실제로 인정될 것이라고 기대할 수 있는 상태이면 충분하다(대판 2015.6.11. 2013다208388). → 일본인 甲이 대한민국 소속 공무원의 위법한 직무집행에 따른 피해에 대하여 국가배상청구를 한 사안에서, 일본 국가배상법 제1조 제1항, 제6조가 국가배상청구권의 발생요건 및 상호보증에 관하여 우리나라 국가배상법과 동일한 내용을 규정하고 있는 점 등에 비추어 우리나라와 일본 사이에 국가배상법 제7조가 정하는 상호보증이 있다고 한 사례.

③ ◎ 배상심의회에 대한 배상청구는 임의절차이다(제9조).

국가배상법 제9조(소송과 배상신청의 관계) 이 법에 따른 손해배상의 소송은 배상심의회(이하 "심의회"라 한다)에 배상신청을 하지 아니하고도 제기할 수 있다.

④ ◎

국가배상법 제2조(배상책임) ② 제1항 본문의 경우에 공무원에게 고의 또는 중대한 과실이 있으면 국가나 지방자치단체는 그 공무원에게 구상(求償)할 수 있다.

┌ 참고판례 ┐
국가배상법 제2조 제1항 본문 및 제2항의 입법 취지는 공무원의 직무상 위법행위로 타인에게 손해를 끼친 경우에는 변제자력이 충분한 국가 등에게 선임감독상 과실 여부에 불구하고 손해배상책임을 부담시켜 국민의 재산권을 보장하되, ① **공무원이 직무를 수행함에 있어 경과실로 타인에게 손해를 입힌 경우**에는 그 직무수행상 통상 예기할 수 있는 흠이 있는 것에 불과하므로, 이러한 공무원의 행위는 여전히 국가 등의 기관의 행위로 보아 그로 인하여 발생한 손해에 대한 배상책임도 전적으로 국가 등에만 귀속시키고 공무원 개인에게는 그로 인한 책임을 부담시키지 아니하여 공무원의 공무집행의 안정성을 확보하고, 반면에 ② **공무원의 위법행위가 고의·중과실에 기한 경우**에는 비록 그 행위가 그의 직무와 관련된 것이라고 하더라도 <u>그와 같은 행위는 그 본질에 있어서 기관행위로서의 품격을 상실하여 국가 등에게 그 책임을 귀속시킬 수 없으므로 공무원 개인에게 불법행위로 인한 손해배상책임을 부담시키되, 다만 이러한 경우에도 그 행위의 외관을 객관적으로 관찰하여 공무원의 직무집행으로 보여질 때에는 피해자인 국민을 두텁게 보호하기 위하여 국가 등이 공무원 개인과 중첩적으로 배상책임을 부담하되 국가 등이 배상책임을 지는 경우에는 공무원 개인에게 구상할 수 있도록 함으로써 궁극적으로 그 책임이 공무원 개인에게 귀속되도록 하려는 것이라고 봄이 합당하다</u>(대판 1996.2.15., 95다38677 전합).

15
정답 ③

③ ◎ [1] 항고소송의 대상이 되는 행정처분이라 함은 원칙적으로 행정청의 공법상 행위로서 특정 사항에 대하여 법규에 의한 권리의 설정 또는 의무의 부담을 명하거나 기타 법률상 효과를 발생하게 하는 등으로 일반 국민의 권리 의무에 직접 영향을 미치는 행위를 가리키는 것이지만, 어떠한 처분의 근거나 법적인 효과가 행정규칙에 규정되어 있다고 하더라도, 그 처분이 행정규칙의 내부적 구속력에 의하여 상대방에게 권리의 설정 또는 의무의 부담을 명하거나 기타 법적인 효과를 발생하게 하는 등으로 그 상대방의 권리 의무에 직접 영향을 미치는 행위라면, 이 경우에도 항고소송의 대상이 되는 행정처분에 해당한다. [2] **행정규칙에 의한 '불문경고조치'**가 비록 법률상의 징계처분은 아니지만 위 처분을 받지 아니하였다면 차후 다른 징계처분이나 경고를 받게 될 경우 징계감경사유로 사용될 수 있었던 표창공적의 사용가능성을 소멸시키는 효과와 1년 동안 인사기록카드에 등재됨으로써 그 동안은 장관표창이나 도지사표창 대상자에서 제외시키는 효과 등이 있다는 이유로 **항고소송의 대상이 되는 행정처분에 해당**한다고 한 사례(대판 2002. 7. 26, 2001두3532).

① ✗ **어업권면허에 선행하는 우선순위결정**은 행정청이 우선권자로 결정된 자의 신청이 있으면 어업권면허처분을 하겠다는 것을 약속하는 행위로서 **강학상 확약에 불과하고 행정처분은 아니므로**, 우선순위결정에 공정력이나 불가쟁력과 같은 효력은 인정되지 아니하며, 따라서 우선순위결정이 잘못되었다는 이유로 종전의 어업권면허처분이 취소되면 행정청은 종전의 우선순위결정을 무시하고 다시 우선순위를 결정한 다음 새로운 우선순위결정에 기하여 새로운 어업권면허를 할 수 있다(대판 1995. 1. 20, 94누6529).

② ✗ 계약직공무원에 관한 현행 법령의 규정에 비추어 볼 때, **계약직공무원 채용계약해지의 의사표시는 일반공무원에 대한 징계처분과는 달라서 항고소송의 대상이 되는 처분 등의 성격을 가진 것으로 인정되지 아니하고, 일정한 사유가 있을 때에 국가 또는 지방자치단체가 채용계약관계의 한쪽 당사자로서 대등한 지위에서 행하는 의사표시로 취급되는 것으로 이해되므로,**

이를 징계해고 등에서와 같이 그 징계사유에 한하여 효력 유무를 판단하여야 하거나, 행정처분과 같이 행정절차법에 의하여 근거와 이유를 제시하여야 하는 것은 아니다(대판 2002. 11. 26, 2002두5948). → **계약직공무원의 채용계약 해지는 공법상 계약의 해지에 해당 ○**

④ ✗ 국가공무원법 제69조에 의하면 공무원이 제33조 각 호의 1에 해당할 때에는 당연히 퇴직한다고 규정하고 있으므로, 국가공무원법상 당연퇴직은 결격사유가 있을 때 법률상 당연히 퇴직하는 것이지 공무원관계를 소멸시키기 위한 별도의 행정처분을 요하는 것이 아니며, **당연퇴직의 인사발령**은 법률상 당연히 발생하는 퇴직사유를 공적으로 확인하여 알려주는 이른바 **관념의 통지에 불과하고** 공무원의 신분을 상실시키는 새로운 형성적 행위가 아니므로 **행정소송의 대상이 되는 독립한 행정처분이라고 할 수 없다**(대판 1995. 11. 14, 95누2036).

16 정답 ①

① ✗ 헌법 제23조 제3항이 규정하는 **정당한 보상**이란 원칙적으로 피수용재산의 객관적인 재산가치를 완전하게 보상하는 것이어야 한다는 **완전보상(상당 보상 ✗)**을 의미한다(헌재 1995. 4. 20, 93헌바20).

② ◎ 토지수용으로 인한 손실보상액을 산정함에 있어서 당해 공공사업의 시행을 직접 목적으로 하는 계획의 승인·고시로 인한 가격변동은 이를 고려함이 없이 수용재결 당시의 가격을 기준으로 하여 적정가격을 정하여야 하나, **당해 공공사업과는 관계없는 다른 사업의 시행으로 인한 개발이익**은 이를 배제하지 아니한 가격으로 평가하여야 한다(대판 1999. 1. 15, 98두8896).

③ ◎

> **공익사업을 위한 토지 등의 취득 및 보상에 관한 법률 제74조(잔여지 등의 매수 및 수용 청구)** ① 동일한 소유자에게 속하는 일단의 토지의 일부가 협의에 의하여 매수되거나 수용됨으로 인하여 잔여지를 종래의 목적에 사용하는 것이 현저히 곤란할 때에는 해당 토지소유자는 사업시행자에게 잔여지를 매수하여 줄 것을 청구할 수 있으며, 사업인정 이후에는 관할 토지수용위원회에 수용을 청구할 수 있다. 이 경우 수용의 청구는 매수에 관한 협의가 성립되지 아니한 경우에만 할 수 있으며, 그 사업의 공사완료일까지 하여야 한다.

④ ◎ 사업시행자의 이주대책 수립·실시의무를 정하고 있는 구 공익사업을 위한 토지 등의 취득 및 보상에 관한 법률 제78조 제1항과 이주대책의 내용에 관하여 규정하고 있는 같은 조 제4항 본문은 강행법규에 해당한다(대판 2013. 6. 28, 2011다40465).

17 정답 ②

② ✗ **유기장영업허가**는 유기장 경영권을 설정하는 설권행위가 아니고 **일반적 금지를 해제하는 영업자유의 회복**이라 할 것이므로 그 영업상의 이익은 반사적 이익에 불과하고 행정행위의 본질상 금지의 해제나 그 해제를 다시 철회하는 것은 공익성과 합목적성에 따른 당해 행정청의 재량행위라 할 것이다(대판 1986. 11. 25, 84누147). → **유기장영업허가는 강학상 허가 ○**

① ◎ 출입국관리법 제10조, 제24조 제1항, 구 출입국관리법 시행령 제12조 [별표 1] 제8호, 제26호 (가)목, (라)목, 출입국관리법 시행규칙 제18조의2 [별표 1]의 문언, 내용 및 형식, 체계 등에 비추어 보면, **체류자격 변경허가**는 신청인에게 당초의 체류자격과 다른 체류자격에 해당하는 활동을 할 수 있는 권한을 부여하는 일종의 **설권적 처분의 성격**을 가지므로, 허가권자는 신청인이 관계 법령에서 정한 요건을 충족하였더라도, 신청인의 적격성, 체류 목적, 공익상의 영향 등을 참작하여 **허가 여부를 결정할 수 있는 재량**을 가진다(대판 2016. 7. 14, 2015두48846). → **체류자격 변경허가는 강학상 특허(설권적 처분)로서 재량행위 ○**

③ ◎ **한의사 면허**는 경찰금지를 해제하는 명령적 행위(강학상 허가)에 해당하고, 한약조제시험을 통하여 약사에게 한약조제권을 인정함으로써 한의사들의 영업상 이익이 감소되었다고 하더라도 이러한 이익은 사실상의 이익에 불과하고 약사법이나 의료법 등의 법률에 의하여 보호되는 이익이라고는 볼 수 없으므로, 한의사들이 한약조제시험을 통하여 한약조제권을 인정받은 약사들에 대한 합격처분의 무효확인을 구하는 당해 소는 원고적격이 없는 자들이 제기한 소로서 부적법하다(대판 1998. 3. 10, 97누4289).

④ ◎ 자동차운수사업법에 의한 **개인택시운송사업면허**는 특정인에게 권리나 이익을 부여하는 행정행위로서 법령에 특별한 규정이 없는 한 **재량행위**이고, 그 면허를 위하여 필요한 기준을 정하는 것도 역시 행정청의 재량에 속하는 것이므로, 그 설정된 기준이 객관적으로 합리적이 아니라거나 타당하지 않다고 볼 만한 다른 특별한 사정이 없는 이상 행정청의 의사는 가능한 한 존중되어야 한다(대판 1996. 10. 11, 96누6172).

18 정답 ③

③ ✗ 상대방인 국민에게 신뢰를 주는 행정청의 선행조치(공적인 견해표명)는 명시적 의사표시(적극적 언동)뿐만 아니라 묵시적 의사표시(소극적 언동)일 수도 있다.

> ─ 참고판례 ─
> 일반적으로 조세 법률관계에서 과세관청의 행위에 대하여 신의성실의 원칙이 적용되기 위하여는 과세관청이 납세자에게 신뢰의 대상이 되는 공적인 견해표명을 하여야 하고, 또한 국세기본법 제18조 제3항에서 말하는 비과세관행이 성립하려면 상당한 기간에 걸쳐 과세를 하지 아니한 객관적 사실이 존재할 뿐만 아니라 과세관청 자신이 그 사항에 관하여 과세할 수 있음을 알면서도 어떤 특별한 사정 때문에 과세하지 않는다는 의사가 있어야 하며 위와 같은 **공적 견해나 의사는 명시적 또는 묵시적으로 표시되어야 하지만**, 묵시적 표시가 있다고 하기 위하여는 단순한 과세 누락과는 달리 과세관청이 상당기간 불과세 상태에 대하여 과세하지 않겠다는 의사표시를 한 것으로 볼 수 있는 사정이 있어야 하고, 이 경우 특히 과세관청의 의사표시가 일반론적인 견해표명에 불과한 경우에는 위 원칙의 적용을 부정하여야 한다(대판 1995. 11. 14, 95누10181). → **신의성실의 원칙에 관한 판례이나 신뢰보호원칙에도 동일하게 적용할 수 있을 것이다.**

① ◎ 2021. 3. 23. 제정된 **행정기본법**은 판례·학설상 행정법의 일반원칙으로 정립된 신뢰보호의 원칙을 행정의 법 원칙으로서 명문화하였다(제12조 제1항). 한편 행정절차법 제4조 제2항과 국세기본법 제18조 제3항은 새로운 해석 또는 관행의 소급적용금지에 대하여 규정하고 있는데 이는 신뢰보호의 원칙의 구체적 내용의 하나이다.

> **행정기본법 제12조(신뢰보호의 원칙)** ① 행정청은 공익 또는 제3자의 이익을 현저히 해칠 우려가 있는 경우를 제외하고는 행정에 대한 국민의 정당하고 합리적인 신뢰를 보호하여야 한다.
> ② 행정청은 권한 행사의 기회가 있음에도 불구하고 장기간 권한을 행사하지 아니하여 국민이 그 권한이 행사되지 아니할 것으로 믿을 만한 정당한 사유가 있는 경우에는 그 권한을 행사해서는 아니 된다. 다만, 공익 또는 제3자의 이익을 현저히 해칠 우려가 있는 경우는 예외로 한다.

행정절차법 제4조(신의성실 및 신뢰보호) ② 행정청은 법령등의 해석 또는 행정청의 관행이 일반적으로 국민들에게 받아들여졌을 때에는 공익 또는 제3자의 정당한 이익을 현저히 해칠 우려가 있는 경우를 제외하고는 새로운 해석 또는 관행에 따라 소급하여 불리하게 처리하여서는 아니 된다.

국세기본법 제18조(세법 해석의 기준 및 소급과세의 금지) ③ 세법의 해석이나 국세행정의 관행이 일반적으로 납세자에게 받아들여진 후에는 그 해석이나 관행에 의한 행위 또는 계산은 정당한 것으로 보며, 새로운 해석이나 관행에 의하여 소급하여 과세되지 아니한다.

② ◎ 행정행위를 한 처분청은 그 행위에 하자가 있는 경우에는 별도의 법적 근거가 없더라도 스스로 이를 취소할 수 있고, 다만 수익적 행정처분을 취소할 때에는 이를 취소하여야 할 공익상의 필요와 그 취소로 인하여 당사자가 입게 될 기득권과 신뢰보호 및 법률생활 안정의 침해 등 불이익을 비교·교량한 후 공익상의 필요가 당사자가 입을 불이익을 정당화할 만큼 강한 경우에 한하여 취소할 수 있으며, 나아가 **수익적 행정처분의 하자가 당사자의 사실은폐나 기타 사위의 방법에 의한 신청행위에 기인한 것이라면 당사자는 처분에 의한 이익이 위법하게 취득되었음을 알아 취소가능성도 예상하고 있었다 할 것이므로, 그 자신이 처분에 관한 신뢰이익을 원용할 수 없음은 물론 행정청이 이를 고려하지 아니하였다고 하여도 재량권의 남용이 되지 않는다**(대판 2006. 5. 25, 2003두4669).

④ ◎ 행정청의 공적 견해표명이 있었는지의 여부를 판단하는 데 있어 **반드시 행정조직상의 형식적인 권한분장에 구애될 것은 아니고 담당자의 조직상의 지위와 임무, 당해 언동을 하게 된 구체적인 경위 및 그에 대한 상대방의 신뢰가능성에 비추어 실질에 의하여 판단하여야 한다.** 종교법인이 도시계획구역 내 생산녹지로 답인 토지에 대하여 종교회관 건립을 이용목적으로 하는 토지거래계약의 허가를 받으면서 담당공무원이 관련 법규상 허용된다 하여 이를 신뢰하고 건축준비를 하였으나 그 후 당해 지방자치단체장이 다른 사유를 들어 토지형질변경허가신청을 불허가 한 경우라면 신뢰보호원칙에 반한다(대판 1997. 9. 12, 96누18380).

19
정답 ④

④ ✕ 육군3사관학교 생도에 대한 퇴학처분과 같이 신분을 박탈하는 징계처분이 행정절차법의 적용이 제외되는 경우인 행정절차법 시행령 제2조 제8호에 해당하는지 여부(소극) 이러한 법리는 '공무원 인사관계 법령에 의한 처분'에 해당하는 육군3사관학교 생도에 대한 퇴학처분에도 마찬가지로 적용된다. 그리고 행정절차법 시행령 제2조 제8호는 '학교·연수원 등에서 교육·훈련의 목적을 달성하기 위하여 학생·연수생들을 대상으로 하는 사항'을 행정절차법의 적용이 제외되는 경우로 규정하고 있으나, 이는 교육과정과 내용의 구체적 결정, 과제의 부과, 성적의 평가, 공식적 징계에 이르지 아니한 질책·훈계 등과 같이 교육·훈련의 목적을 직접 달성하기 위하여 행하는 사항을 말하는 것으로 보아야 하고, **생도에 대한 퇴학처분과 같이 신분을 박탈하는 징계처분은 여기에 해당한다고 볼 수 없다**(대판 2018. 3. 13, 2016두33339). → 육군3사관학교의 사관생도에 대한 퇴학처분은 행정절차법이 적용 ○

① ◎, ② ◎, ③ ◎

행정절차법 제3조(적용 범위) ② 이 법은 다음 각 호의 어느 하나에 해당하는 사항에 대하여는 적용하지 아니한다.
1. 국회 또는 **지방의회의 의결을 거치거나 동의 또는 승인을 받아 행하는 사항**

2. 법원 또는 군사법원의 재판에 의하거나 그 집행으로 행하는 사항
3. **헌법재판소의 심판을 거쳐 행하는 사항**
4. 각급 선거관리위원회의 의결을 거쳐 행하는 사항
5. **감사원이 감사위원회의의 결정을 거쳐 행하는 사항**
6. 형사(刑事), 행형(行刑) 및 보안처분 관계 법령에 따라 행하는 사항
7. 국가안전보장·국방·외교 또는 통일에 관한 사항 중 행정절차를 거칠 경우 국가의 중대한 이익을 현저히 해칠 우려가 있는 사항
8. 심사청구, 해양안전심판, 조세심판, 특허심판, 행정심판, 그 밖의 불복절차에 따른 사항
9. 병역법에 따른 징집·소집, 외국인의 출입국·난민인정·귀화, 공무원 인사 관계 법령에 따른 징계와 그 밖의 처분, 이해 조정을 목적으로 하는 법령에 따른 알선·조정·중재(仲裁)·재정(裁定) 또는 그 밖의 처분 등 해당 행정작용의 성질상 행정절차를 거치기 곤란하거나 거칠 필요가 없다고 인정되는 사항과 행정절차에 준하는 절차를 거친 사항으로서 대통령령으로 정하는 사항

20
정답 ①

① ✕ 소방법에 의하여 시, 읍에 설치한 **의용소방대는 국가기관이라 할 수 없으니** 그 대원의 직무수행과정의 불법행위에 대하여 **국가는 그 배상책임이 없다**(대판 1966. 11. 22, 66다1501).

② ◎ 서울시 산하 구청소속의 청소차량 운전원이 지방잡급직원규정에 의하여 단순노무제공만을 행하는 기능직 잡급직원이라면 이는 지방공무원법 제2조 제2항 제7호 소정의 단순한 노무에 종사하는 **별정직 공무원임이 분명**하며, 원고 산하 구청관내의 청소를 목적으로 차량을 운행하는 것은 공권력의 행사라 할 것이다. 그러므로 원심판결이 피고 박영규가 원고 시의 업무인 청소작업을 하기 위하여 원고 소유 청소차량을 운행하다가 본건 사고를 일으킨 것을 **국가배상법 제2조 소정의 공무원의 직무수행상의 행위라고 단정하였음은 정당**하다(대판 1980. 9. 24, 80다1051).

③ ◎ 국가나 지방자치단체에서 근무하는 청원경찰은 국가공무원법이나 지방공무원법상 공무원은 아니지만 다른 청원경찰과는 달리 임용권자가 행정기관의 장이고, 국가나 지방자치단체에게서 보수를 받으며, 산업재해보상보험법이나 근로기준법이 아닌 공무원연금법에 따른 재해보상과 퇴직급여를 지급받고, **직무상 불법행위에 대하여도 민법이 아닌 국가배상법이 적용되는 등 특징이 있으며**, 그 외 임용자격, 직무, 복무의무 내용 등을 종합하여 볼 때, 그 근무관계를 사법상 고용계약관계로 보기는 어렵다. 따라서 지방자치단체장이 지방자치단체에서 근무하는 청원경찰에게 징계로서 한 해임은 행정소송 대상이 되는 처분에 해당한다(대판 1993. 7. 13, 92다47564).

④ ◎ 지방자치단체가 '교통할아버지 봉사활동 계획'을 수립한 후 관할 동장으로 하여금 '교통할아버지'를 선정하게 하여 어린이 보호, 교통안내, 거리질서 확립 등의 공무를 위탁하여 집행하게 하던 중 '**교통할아버지**'로 선정된 노인이 위탁받은 업무 범위를 넘어 교차로 중앙에서 교통정리를 하다가 교통사고를 발생시킨 경우, **지방자치단체가 국가배상법 제2조 소정의 배상책임을 부담한다**(대판 2001. 1. 5, 98다39060).

제6회 실전 기출문제 [소방공무원 9급 2018. 4. 7. 시행]

01 ④ 02 ③ 03 ③ 04 ② 05 ② 06 ④ 07 ② 08 ① 09 ① 10 ④
11 ③ 12 ② 13 ② 14 ④ 15 ③ 16 ④ 17 ③ 18 ② 19 ① 20 ④

01
정답 ④

④ ✗ 구 남녀차별금지 및 구제에 관한 법률 제28조에 의하면, 국가인권위원회의 성희롱결정과 이에 따른 시정조치의 권고는 불가분의 일체로 행하여지는 것인데 국가인권위원회의 이러한 결정과 시정조치의 권고는 성희롱 행위자로 결정된 자의 인격권에 영향을 미침과 동시에 공공기관의 장 또는 사용자에게 일정한 법률상의 의무를 부담시키는 것이므로 **국가인권위원회의 성희롱결정 및 시정조치권고는 행정소송의 대상이 되는 행정처분에 해당한다**고 보지 않을 수 없다(대판 2005. 7. 8, 2005두487).

① ○ 공무수탁사인은 행정주체이자 행정심판법과 소송법상으로는 행정청에도 해당한다(행정심판법 제2조 제4호, 행정소송법 제2조 제2항). 따라서 공무수탁사인의 공권력 행사도 처분에 해당한다.

> **행정심판법 제2조(정의)** 이 법에서 사용하는 용어의 뜻은 다음과 같다.
> 4. "행정청"이란 행정에 관한 의사를 결정하여 표시하는 국가 또는 지방자치단체의 기관, 그 밖에 법령 또는 자치법규에 따라 행정권한을 가지고 있거나 위탁을 받은 공공단체나 그 기관 또는 사인(私人)을 말한다.
>
> **행정소송법 제2조(정의)** ② 이 법을 적용함에 있어서 행정청에는 법령에 의하여 행정권한의 위임 또는 위탁을 받은 행정기관, 공공단체 및 그 기관 또는 사인이 포함된다.

② ○ [1] 어떠한 고시가 일반적·추상적 성격을 가질 때에는 법규명령 또는 행정규칙에 해당할 것이지만, 다른 집행행위의 매개 없이 그 자체로서 직접 국민의 구체적인 권리의무나 법률관계를 규율하는 성격을 가질 때에는 행정처분에 해당한다. [2] **보건복지부 고시인 약제급여·비급여목록 및 급여상한금액표**는 다른 집행행위의 매개 없이 그 자체로서 국민건강보험가입자, 국민건강보험공단, 요양기관 등의 법률관계를 직접 규율하는 성격을 가지므로 **항고소송의 대상이 되는 행정처분에 해당**한다(대판 2006. 9. 22, 2005두2506).

③ ○ 구 청소년보호법에 따른 **청소년유해매체물 결정 및 고시처분**은 당해 유해매체물의 소유자 등 특정인만을 대상으로 한 행정처분이 아니라 일반 불특정 다수인을 상대방으로 하여 일률적으로 표시의무, 포장의무, 청소년에 대한 판매·대여 등의 금지의무 등 각종 의무를 발생시키는 **행정처분**으로서, 정보통신윤리위원회가 특정 인터넷 웹사이트를 청소년유해매체물로 결정하고 청소년보호위원회가 효력발생시기를 명시하여 고시함으로써 그 명시된 시점에 효력이 발생하였다고 봄이 상당하고, 정보통신윤리위원회와 청소년보호위원회가 위 처분이 있었음을 위 웹사이트 운영자에게 제대로 통지하지 아니하였다고 하여 그 효력 자체가 발생하지 아니한 것으로 볼 수는 없다(대판 2007. 6. 14, 2004두619).

02
정답 ③

③ ✗, ④ ○

> **질서위반행위규제법 제12조(다수인의 질서위반행위 가담)** ① 2인 이상이 질서위반행위에 가담한 때에는 각자가 질서위반행위를 한 것으로 본다.
> ② 신분에 의하여 성립하는 질서위반행위에 신분이 없는 자가 가담한 때에는 **신분이 없는 자에 대하여도 질서위반행위가 성립**한다.
> ③ 신분에 의하여 과태료를 감경 또는 가중하거나 과태료를 부과하지 아니하는 때에는 **그 신분의 효과는 신분이 없는 자에게는 미치지 아니한다**.

① ○

> **질서위반행위규제법 제7조(고의 또는 과실)** 고의 또는 과실이 없는 질서위반행위는 과태료를 부과하지 아니한다.

② ○

> **질서위반행위규제법 제38조(항고)** ① **당사자와 검사는 과태료 재판에 대하여 즉시항고를 할 수 있다. 이 경우 항고는 집행정지의 효력이 있다.**

03
정답 ③

③ ✗ 국세징수법상의 독촉, 압류, 압류해제거부 및 공매처분에 대하여는 이의신청을 제기할 수 있고(국세기본법 제55조 제3항), 심사청구와 심판청구 둘 중 하나의 절차를 거친 후에 행정소송을 제기해야 한다(국세기본법 제56조 제2항). 심사청구와 심판청구를 중복하여 제기할 수는 없다(국세기본법 제56조 제2항).

> **국세기본법 제55조(불복)** ③ 제1항과 제2항에 따른 처분이 국세청장이 조사·결정 또는 처리하거나 하였어야 할 것인 경우를 제외하고는 그 처분에 대하여 심사청구 또는 심판청구에 앞서 이 장의 규정에 따른 이의신청을 할 수 있다.
> ⑨ 동일한 처분에 대해서는 **심사청구와 심판청구를 중복하여 제기할 수 없다**.
>
> **국세기본법 제56조(다른 법률과의 관계)** ② 제55조에 규정된 위법한 처분에 대한 행정소송은 「행정소송법」 제18조제1항 본문, 제2항 및 제3항에도 불구하고 이 법에 따른 **심사청구 또는 심판청구**와 그에 대한 결정을 거치지 아니하면 제기할 수 없다. 다만, 심사청구 또는 심판청구에 대한 제65조 제1항제3호 단서(제81조에서 준용하는 경우를 포함한다)의 재조사 결정에 따른 처분청의 처분에 대한 행정소송은 그러하지 아니하다.

① ○ 국세납부의무의 불이행에 대하여 국세징수법 제24조에서 강제징수를 인정하고 있다.

> **국세징수법 제24조(강제징수)** 관할 세무서장(체납기간 및 체납금액을 고려하여 대통령령으로 정하는 체납자의 경우에는 지방국세청장을 포함한다. 이하 이 장에서 같다)은 납세자가 제10조에 따른 독촉 또는 제9조 제2항에 따른 납부기한 전 징수의 고지를 받고 지정된 기한까지 국세 또는 체납액을 완납하지 아니한 경우 재산의 압류(교부청구·참가압류를 포함한다), 압류재산의 매각·추심 및 청산의 절차에 따라 강제징수를 한다.

② ○ 독촉은 이후에 행해지는 압류의 적법요건이 되고, 최고기간 동안 조세채권의 소멸시효를 중단시키는 법적 효과를 갖는다.

④ ○ **과세관청이 체납처분으로서 행하는 공매**는 우월한 공권력의 행사로서 행정소송의 대상이 되는 **공법상의 행정처분**이며 공매에 의하여 재산을 매수한 자는 그 공매처분이 취소된 경우에 그 취소처분의 위법을 주장하여 행정소송을 제기할 법률상 이익이 있다(대판 1984. 9. 25, 84누201).

04
정답 ②

② ✗ 행정절차법은 행정조사에 대한 규정을 따로 두고 있지 않다.

① ⭕

> 행정조사기본법 제12조(시료채취) ② 행정기관의 장은 제1항에 따른 시료채취로 조사대상자에게 손실을 입힌 때에는 대통령령으로 정하는 절차와 방법에 따라 그 손실을 보상하여야 한다.

③ ⭕ 우편물 통관검사절차에서 이루어지는 **우편물의 개봉, 시료채취, 성분분석 등의 검사**는 수출입물품에 대한 적정한 통관 등을 목적으로 한 **행정조사의 성격을 가지는 것**으로서 수사기관의 강제처분이라고 할 수 없으므로, 압수·수색영장 없이 우편물의 개봉, 시료채취, 성분분석 등 검사가 진행되었다 하더라도 특별한 사정이 없는 한 위법하다고 볼 수 없다(대판 2013. 9. 26, 2013도7718).

④ ⭕ **세무조사결정**은 납세의무자의 권리·의무에 직접 영향을 미치는 공권력의 행사에 따른 행정작용으로서 **항고소송의 대상**이 된다(대판 2011. 3. 10, 2009두23617,23624).

05   정답 ②

② ❌ 우리 판례는 실질적으로 공무를 수행하는 자를 국가배상법상 공무원에 해당한다고 보고 있으므로 교통할아버지라 할지라도 실질적으로 공무를 수행한다면 국가배상책임이 성립할 수 있다.

① ⭕ 공무수탁사인이 국가배상법상 공무원에 해당하는지 논란이 있었으나 2009. 10. 21. 국가배상법 개정으로 공무를 위탁받은 사인도 명시적으로 포함되었다.

> 국가배상법 제2조(배상책임) ① 국가나 지방자치단체는 **공무원 또는 공무를 위탁받은 사인**(이하 "공무원"이라 한다)이 직무를 집행하면서 고의 또는 과실로 법령을 위반하여 타인에게 손해를 입히거나, 자동차손해배상 보장법에 따라 손해배상의 책임이 있을 때에는 이 법에 따라 그 손해를 배상하여야 한다. 다만, 군인·군무원·경찰공무원 또는 예비군대원이 전투·훈련 등 직무 집행과 관련하여 전사(戰死)·순직(殉職)하거나 공상(公傷)을 입은 경우에 본인이나 그 유족이 다른 법령에 따라 재해보상금·유족연금·상이연금 등의 보상을 지급받을 수 있을 때에는 이 법 및 민법에 따른 손해배상을 청구할 수 없다.

③ ⭕ 우리 헌법이 채택하고 있는 의회민주주의하에서 국회는 다원적 의견이나 각가지 이익을 반영시킨 토론과정을 거쳐 다수결의 원리에 따라 통일적인 국가의사를 형성하는 역할을 담당하는 국가기관으로서 그 과정에 참여한 국회의원은 입법에 관하여 원칙적으로 국민 전체에 대한 관계에서 정치적 책임을 질 뿐 국민 개개인의 권리에 대응하여 법적 의무를 지는 것은 아니므로, **국회의원의 입법행위는 그 입법 내용이 헌법의 문언에 명백히 위반됨에도 불구하고 국회가 굳이 당해 입법을 한 것과 같은 특수한 경우가 아닌 한** 국가배상법 제2조 제1항 소정의 **위법행위에 해당된다고 볼 수 없다**(대판 1997. 6. 13, 96다56115). → 입법 내용이 헌법의 문언에 명백히 위반됨에도 불구하고 국회가 입법을 한 경우, 입법행위는 위법하고 국회의원의 과실도 인정할 수 있다.

④ ⭕ ㉠ **재판에 대하여 따로 불복절차 또는 시정절차가 마련되어 있는 경우**에는 재판의 결과로 불이익 내지 손해를 입었다고 여기는 사람은 그 절차에 따라 자신의 권리 내지 이익을 회복하도록 함이 법이 예정하는 바이므로, 불복에 의한 시정을 구할 수 없었던 것 자체가 법관이나 다른 공무원의 귀책사유로 인한 것이라거나 그와 같은 시정을 구할 수 없었던 부득이한 사정이 있었다는 등의 특별한 사정이 없는 한, 스스로 그와 같은 시정을 구하지 아니한 결과 권리 내지 이익을 회복하지 못한 사람은 원칙적으로 국가배상에 의한 권리구제를 받을 수 없다고 봄이 상당하다고 하겠으나, ㉡ **재판에 대하여 불복절차 내지 시정절차 자체가 없는 경우**에는 부당한 재판으로 인하여 불이익 내지 손해를 입은 사람은 국가배상 이외의 방법으로는 자신의 권리 내지 이익을 회복할 방법이 없으므로, 이와 같은 경우에는 배상책임의 요건이 충족되는 한 국가배상책임을 인정하지 않을 수 없다(대판 2003. 7. 11, 99다24218). → 헌법재판소 재판관이 청구기간 내에 제기된 헌법소원심판청구 사건에서 청구기간을 오인하여 각하결정을 한 경우, 이에 대한 불복절차 내지 시정절차가 없는 때에는 국가배상책임(위법성)을 인정할 수 있다고 한 사례. / 기판력이 발생한 경우라도 재판에 대하여 불복절차 내지 시정절차 자체가 없는 경우에는 재판행위로 인한 국가배상책임이 인정될 수 있다.

06   정답 ④

① ⭕ 행정주체가 구체적인 행정계획을 입안·결정함에 있어서 비교적 광범위한 계획재량을 갖고 있는데, 행정계획에 대한 사법적 통제와 관련하여서는 계획재량이 중요한 의미를 가진다.

② ⭕ 계획재량이 인정되는 경우에도 행정계획에 관련된 자들의 이익을 공익과 사익에서는 물론, 공익 상호 간과 사익 상호 간에도 정당하게 비교·교량하여야 한다는 법치국가적 한계가 있다(대판 1998. 4. 24, 97누1501 참조).

③ ⭕ 형량명령은 계획을 수립함에 있어 관계되는 모든 이익, 즉 공익과 사익 사이에서는 물론, 공익 상호간과 사익 상호간에도 정당하게 형량하여야 한다는 행정법의 일반원칙으로 볼 수 있다.

④ ❌ 계획재량, 형량명령 및 형량명령의 하자에 관한 이론은 이미 판례에 반영되어 있다.

> **관련판례**
> 행정주체는 구체적인 행정계획을 입안·결정함에 있어서 **비교적 광범위한 형성의 자유**를 가지는 것이지만, 행정주체가 가지는 이와 같은 형성의 자유는 무제한적인 것이 아니라 그 행정계획에 관련되는 자들의 이익을 공익과 사익 사이에서는 물론이고 공익 상호간과 사익 상호간에도 정당하게 비교교량하여야 한다는 제한이 있으므로, 행정주체가 행정계획을 입안·결정함에 있어서 이익형량을 전혀 행하지 아니하거나 이익형량의 고려 대상에 마땅히 포함시켜야 할 사항을 누락한 경우 또는 이익형량을 하였으나 정당성과 객관성이 결여된 경우에는 그 행정계획결정은 **형량에 하자가 있어 위법**하게 된다.(대판 1998. 4. 24, 97누1501).

07   정답 ②

② ❌ 행정벌에는 행정형벌과 행정질서벌이 있다. 행정형벌이란 형법상의 형벌을 과하는 행정벌을 말한다. 행정질서벌은 과태료가 과하여지는 행정벌이다. 형법 제41조에서 규정한 형벌의 종류에는 사형, 징역, 금고, 자격상실, 자격정지, 벌금, 구류, 과료, 몰수가 있다. 통고처분에 의해 부과되는 범칙금은 형벌이 아니므로 벌금이라 할 수 없다. 형벌을 과하여야 하는 행정법규 위반행위에 대하여 범칙금이 과하여지는 경우가 있다. 범칙금은 행정형벌과 행정질서벌의 중간적 성격의 행정벌이다. 예를 들면, 도로교통법 위반에 대하여 범칙금이 부과되는데 그 부과는 행정기관인 경찰서장이 통고처분에 의해 부과하고, 상대방이 이에 따르지 않는 경우에는 즉결심판에 회부하여 형사절차에 따라 형벌을 과하도록 하고 있다.

① ⭕ 현행법상 통고처분은 조세범, 관세범, 출입국관리사범, 교통사범 등에 대하여 인정되고 있다.

③ ⭕ 도로교통법 제118조에서 규정하는 **경찰서장의 통고처분은 행정소송의 대상이 되는 행정처분이 아니므로** 그 처분의 취소를 구하는 소송은 부적법하고, 도로교통법상의 통고처분을 받은 자가 그 처분에 대하여 이의가 있는 경우에는 통고처분에 따른 범칙금의 납부를 이행하지 아니함으로써 경찰서장의 즉결심판청구에 의하여 법원의 심판을 받을 수 있게 될 뿐이다(대판 1995. 6. 29, 95누4674).

④ ⭕ 도로교통법 제119조 제3항은 그 법 제118조에 의하여 범칙금 납부통고서를 받은 사람이 그 범칙금을 납부한 경우 그 범칙행위에 대하여 다시 벌받지 아니한다고 규정하고 있는바, 이는 **범칙금의 납부에 확정재판의 효력에 준하는 효력을 인정**하는 취지로 해석하여야 한다(대판 2002. 11. 22, 2001도849).

08

정답 ①

① ❌, ② ⭕, ③ ⭕, ④ ⭕

> **행정절차법 제41조(행정상 입법예고)** ① **법령등을 제정·개정 또는 폐지**(이하 "입법"이라 한다)하려는 경우에는 **해당 입법안을 마련한 행정청은 이를 예고하여야** 한다. 다만, 다음 각 호의 어느 하나에 해당하는 경우에는 예고를 하지 아니할 수 있다.
> 1. 신속한 국민의 권리 보호 또는 예측 곤란한 특별한 사정의 발생 등으로 입법이 긴급을 요하는 경우
> 2. 상위 법령등의 단순한 집행을 위한 경우
> 3. 입법내용이 국민의 권리·의무 또는 일상생활과 관련이 없는 경우
> 4. 단순한 표현·자구를 변경하는 경우 등 입법내용의 성질상 예고의 필요가 없거나 곤란하다고 판단되는 경우
> 5. 예고함이 공공의 안전 또는 복리를 현저히 해칠 우려가 있는 경우

09

정답 ①

① ❌

> **공공기관의 정보공개에 관한 법률 제11조(정보공개 여부의 결정)** ① 공공기관은 제10조에 따라 정보공개의 청구를 받으면 그 청구를 받은 날부터 **10일 이내**에 공개 여부를 결정하여야 한다.

② ⭕

> **공공기관의 정보공개에 관한 법률 제17조(비용 부담)** ① 정보의 공개 및 우송 등에 드는 비용은 **실비(實費)**의 범위에서 청구인이 부담한다.

③ ⭕

> **공공기관의 정보공개에 관한 법률 제26조(국회에의 보고)** ① 행정안전부장관은 전년도의 정보공개 운영에 관한 보고서를 매년 정기국회 개회 전까지 국회에 제출하여야 한다.

④ ⭕

> **공공기관의 정보공개에 관한 법률 제4조(적용 범위)** ② 지방자치단체는 그 소관 사무에 관하여 **법령의 범위에서 정보공개에 관한 조례를 정할 수 있다.**

10

정답 ④

④ ❌ 통치행위를 포함하여 모든 국가작용은 국민의 기본권적 가치를 실현하기 위한 수단이라는 한계를 반드시 지켜야 하는 것이고, 헌법재판소는 헌법의 수호와 국민의 기본권 보장을 사명으로 하는 국가기관이므로 비록 고도의 정치적 결단에 의하여 행해지는 국가작용이라고 할지라도 그것이 국민의 기본권 침해와 직접 관련되는 경우에는 당연히 헌법재판소의 심판대상이 된다(헌재 1996. 2. 29, 93헌마186).

① ⭕ 통치행위는 정부(대통령 또는 내각)에 의해 이루어지는 것이 일반적이나, 국회에 의해서도 이루어질 수 있다. 그러나 사법부에 의한 통치행위는 예상하기 어렵다.

② ⭕ **외국에의 국군의 파견결정과 같이 성격상 외교 및 국방에 관련된 고도의 정치적 결단이 요구되는 사안에 대한 국민의 대의기관의 결정이 사법심사의 대상이 되는지 여부(소극)** 외국에의 국군의 파견결정은 파견군인의 생명과 신체의 안전뿐만 아니라 국제사회에서의 우리나라의 지위와 역할, 동맹국과의 관계, 국가안보문제 등 궁극적으로 국민 내지 국익에 영향을 미치는 복잡하고도 중요한 문제로서 국내 및 국제정치관계 등 제반상황을 고려하여 미래를 예측하고 목표를 설정하는 등 **고도의 정치적 결단이 요구되는 사안**이다. 따라서 …… 현행 헌법이 채택하고 있는 대의민주제 통치구조 하에서 대의기관인 대통령과 국회의 그와 같은 고도의 정치적 결단은 가급적 존중되어야 한다(헌재 2004. 4. 29, 2003헌마814).

③ ⭕ **대통령의 긴급재정경제명령**은 국가긴급권의 일종으로서 고도의 정치적 결단에 의하여 발동되는 행위이고 그 결단을 존중하여야 할 필요성이 있는 행위라는 의미에서 이른바 **통치행위에 속한다**고 할 수 있다(헌재 1996. 2. 29, 93헌마186).

11

정답 ③

③ ❌ 사인의 공법행위로서의 신고에는 자기완결적 신고(=수리를 요하지 아니하는 신고)와 행위요건적 신고(=수리를 요하는 신고)가 있다. **자기완결적 신고**는 신고의 요건을 갖춘 신고만 하면 신고의무를 이행한 것이 되는 신고를 말한다. 행정절차법상 '행정청에 일정한 사항을 통지함으로써 의무가 끝나는 신고'가 바로 자기완결적 신고인데(제40조 제1항), **형식상 요건을 갖추어 신고서가 접수기관에 도달된 때 신고의무가 이행된 것으로 본다**(제40조 제2항). 따라서 사인의 공법행위 중 자기완결적 신고의 경우에는 행정청에 의한 실질적 심사가 요구되지 않는다. 반면, **행위요건적 신고(=수리를 요하는 신고)**는 행정청이 신고를 수리하여야 신고의 효과가 발생하는 신고를 말한다. 행위요건적 신고의 경우, 요건에 대한 형식적 심사만을 거친다고 보는 견해도 있지만, 다수의 견해와 판례는 행위요건적 신고에서는 행정청이 실질적 심사를 행한다고 본다. 다만, 판례는 행위요건적 신고에 해당하는 노동조합설립신고의 경우, 행정관청에 광범위한 심사권한을 인정할 경우 행정관청의 심사가 자의적으로 이루어져 신고제가 사실상 허가제로 변질될 우려가 있으므로, 행정관청이 설립신고서를 접수할 당시 실질적 요건에 관하여 문제된다고 볼 만한 객관적인 사정이 있는 경우에 한하여 설립신고서와 규약 내용 외의 사항에 대하여 실질적인 심사를 거쳐 반려 여부를 결정할 수 있다고 하여 실질적 심사범위를 제한한 바 있다(대판 2014. 4. 12, 2011두6998).

① ⭕ 적법한 사인의 공법행위가 있는 경우에 발생하는 효과는 개별법규가 정한 바에 따르며, 특히 신청 등 일정한 행위요건적 공법행위에 대하여는 행정청에게 처리기간 내에 특별한 사유가 없는 한 처리하여야 할 의무가 발생한다.

② ⭕ 자기완결적 신고(=수리를 요하지 아니하는 신고)의 경우 형식적 요건을 충족한 적법한 신고를 한 경우에 그 신고가 행정청에 도달함으로써 효력이 발생한다.

④ ⭕ 석유판매업 등록은 원칙적으로 **대물적 허가의 성격**을 갖고, 또 석유판매업자가 같은 법 제26조의 유사석유제품 판매금지를 위반함으로써 같은 법 제13조 제3항 제6호, 제1항 제11호에 따라 받게 되는 **사업정지 등의 제재처분은 사업자 개인의 자격에 대한 제재가 아니라 사업의 전부나 일부에 대한 것으로서 대물적 처분의 성격**을 갖고 있으므로, 위와 같은 **지위승계**에는 종전 석유판매업자가 유사석유제품을 판매함으로써 받게 되는 사업정지 등 제재처분의 승계가 포함되어 그 **지위를 승계한 자에 대하여 사업정지 등의 제재처분을 취할 수 있다**고 보아야 한다(대판 2003. 10. 23, 2003두8005).

관련판례

구 「공중위생관리법」상 **영업정지나 영업장폐쇄명령 모두 대물적 처분으로 보아야 할 이치**이고, 아울러 구 「공중위생관리법」 제3조 제1항에서 보건복지부장관은 공중위생영업자로 하여금 일정한 시설 및 설비를 갖추고 이를 유지하게 할 수 있으며, 제2항에서 공중위생영업자가 영업소를 개설한 후 시장 등에게 영업소개설사실을 통보하도록 규정하는 외에 공중위생영업에 대한 어떠한 제한규정도 두고 있지 아니한 것은 공중위생영업의 양도가 가능함을 전제로 한 것이라 할 것이므로, 양수인이 그 양수 후 행정청에 새로운 영업소개설통보를 하였다 하더라도, 그로 인하여 영업양도·양수로 영업소에 관한 권리의무가 양수인에게 이전하는 법률효과까지 부정되는 것은 아니라 할 것인바, 만일 어떠한 공중위생영업에 대하여 그 영업을 정지할 위법사유가 있다면, **관할 행정청은 그 영업이 양도·양수되었다 하더라도 그 업소의 양수인에 대하여 영업정지처분을 할 수 있다**(대판 2001. 6. 29. 2001두1611).

12 정답 ②

② ✘ '국가 등의 기관'은 권리능력이 없으므로 당사자능력이 없고 원칙적으로 행정소송에서 원고적격이 인정되지 않는다. 다만, 판례는 다른 기관의 처분에 의해 국가기관이 권리를 침해받거나 의무를 부과받는 등 중대한 불이익을 받았음에도 그 처분을 다툴 별다른 방법이 없고, 그 처분의 취소를 구하는 항고소송을 제기하는 것이 유효·적절한 권익구제수단인 경우에 **예외적으로 국가기관(예 : 경기도선거관리위원회 위원장, 소방청장)의 당사자능력과 원고적격을 인정**한다(대판 2013. 7. 25, 2011두1214; 대판 2018. 8. 1, 2014두35379). 그러나 판례는 "예비적 원고 충북대학교 총장의 소는, 원고 **충북대학교 총장**이 원고 대한민국이 설치한 충북대학교의 대표자일 뿐 **항고소송의 원고가 될 수 있는 당사자능력이 없어 부적법**하다"고 판시하였다(대판 2007. 9. 20, 2005두6935).

관련판례

甲이 국민권익위원회에 부패방지 및 국민권익위원회의 설치와 운영에 관한 법률(이하 '국민권익위원회법'이라 한다)에 따른 신고와 신분보장조치를 요구하였고, 국민권익위원회가 甲의 소속기관 장인 乙시·도선거관리위원회 위원장에게 '甲에 대한 중징계요구를 취소하고 향후 신고로 인한 신분상 불이익처분 및 근무조건상의 차별을 하지 말 것을 요구'하는 내용의 조치요구를 한 사안에서, **국가기관 일방의 조치요구에 불응한 상대방 국가기관**에 국민권익위원회법상의 제재규정과 같은 중대한 불이익을 직접적으로 규정한 다른 법령의 사례를 찾아보기 어려운 점, 그럼에도 乙(경기도선거관리위원회 위원장)이 국민권익위원회의 조치요구를 다툴 별다른 방법이 없는 점 등에 비추어 보면, 처분성이 인정되는 위 조치요구에 불복하고자 하는 乙로서는 조치요구의 취소를 구하는 항고소송을 제기하는 것이 유효·적절한 수단이므로 비록 **乙(경기도선거관리위원회 위원장)이 국가기관이더라도 당사자능력 및 원고적격을 가진다고 보는 것이 타당**하고, 乙이 위 조치요구 후 甲을 파면하였다고 하더라도 조치요구가 곧바로 실효된다고 할 수 없고 乙은 여전히 조치요구를 따라야 할 의무를 부담하므로 乙에게는 위 조치요구의 취소를 구할 법률상 이익도 있다고 본 원심판단을 정당하다고 한 사례(대판 2013. 7. 25, 2011두1214). → **국가기관인 경기도선거관리위원회 위원장의 당사자능력 및 원고적격 인정 ○**

① ○ 무효확인과 취소청구는 서로 양립할 수 없는 청구로서 **주위적·예비적 청구로서만 병합이 가능**하고 선택적 청구로서의 병합이나 단순병합은 허용되지 아니한다(대판 1999. 8. 20, 97누6889).

③ ○ 조례가 집행행위의 개입 없이도 그 자체로서 직접 국민의 구체적인 권리·의무나 법적 이익에 영향을 미치는 등의 법률상 효과를 발생하는 경우 그 조례는 항고소송의 대상이 되는 행정처분에 해당하고, 이러한 **조례에 대한 무효확인소송을 제기함에 있어서 행정소송법 제38조 제1항, 제13조에 의하여 피고적격이 있는 처분 등을 행한 행정청**은, 행정주체인 지방자치단체 또는 지방자치단체의 내부적 의결기관으로서 지방자치단체의 의사를 외부에 표시한 권한이 없는 지방의회가 아니라, 구 지방자치법 제19조 제2항, 제92조에 의하여 지방자치단체의 집행기관으로서 조례로서의 효력을 발생시키는 공포권이 있는 **지방자치단체의 장이다**(대판 1996. 9. 20, 95누8003).

④ ○ 어떠한 고시가 일반적·추상적 성격을 가질 때에는 법규명령 또는 행정규칙에 해당할 것이지만, 다른 집행행위의 매개 없이 그 자체로서 직접 국민의 구체적인 권리·의무나 법률관계를 규율하는 성격을 가질 때에는 행정처분에 해당한다(대판 2006. 9. 22, 2005두2506).

13 정답 ②

㉠ ✘ 원고(甲)에 대한 공중목욕장업 경영 허가는 경찰금지의 해제로 인한 영업자유의 회복이라고 볼 것이므로 이 영업의 자유는 법률이 직접 공중목욕장업 피 허가자의 이익을 보호함을 목적으로 한 경우에 해당되는 것이 아니고 법률이 공중위생이라는 공공의 복리를 보호하는 결과로서 영업의 자유가 제한되므로 인하여 간접적으로 관계자인 영업자유의 제한이 해제된 피 허가자에게 이익을 부여하게 되는 경우에 해당되는 것이고 거리의 제한과 같은 위의 시행세칙이나 도지사의 지시가 모두 무효인 이상 원고(甲)가 이 사건 허가처분에 의하여 목욕장업에 의한 이익이 사실상 감소된다하여도 **이 불이익은 본건 허가처분의 단순한 사실상의 반사적 결과에 불과하고 이로 말미암아 원고(甲)의 권리를 침해하는 것이라고는 할 수 없음으로 원고(甲)는 피고(부산시장)의 피고 보조참가인(乙)에 대한 이 사건 목욕장업허가처분에 대하여 그 취소를 소구할 수 있는 법률상 이익이 없다**(대판 1963. 8. 31, 63누101). → **乙에 대한 신규 목욕장업허가에 대하여, 기존 목욕장업자(甲)의 취소소송을 제기할 원고적격(법률상 이익)을 부정**

㉡ ✘ 乙을 서울대학교 인문대학 언어학과 부교수로 신규임용한 피고(교육부장관)의 이 사건 처분에 대하여, 원고(甲)가 같은 학과 교수로서 교수회의의 구성원이라는 사정만으로는 원고에게 그 취소를 구할 구체적인 법률상의 이익이 있다고 할 수 없다는 이유로 이 사건 소를 각하하였는바, 원심의 이러한 조치는 정당하다(대판 1995. 12. 12, 95누11856). → **국립대학 교수에게 타인을 같은 학과 부교수로 임용한 처분의 취소를 구할 원고적격(법률상 이익)이 없다고 한 사례.**

㉢ ✘ **의원으로서의 인근생활시설로 용도변경된 건물과 가까운 곳에서 치과의원을 경영하는 자가 그 용도변경처분의 취소를 구할 원고적격을 가지는지 여부(소극)** 의료법상 의료인은 신고만으로 의원이나 치과의원을 개설할 수 있고 건축법 기타 건축관계법령상 의원 상호간의 거리나 개소에 아무런 제한을 두고 있지 아니하므로 치과의원을 경영하는 원고(甲)로서는 그 치과의원과 같은 아파트단지내에서 30미터 정도의 거리에 있는 건물에 대하여 당초에 상품매도점포로서의 근린생활시설로 되어 있던 용도를 원고와 경합관계에 있는 치과의원을 개설할 수 있도록 의원으로서의 근린생활시설로 변경한 서울특별시장의 용도변경처분으로 인하여 받게 될 불이익은 간접적이거나 사실적, 경제적인 불이익에 지나지 아니하여 그것만으로는 원고(甲)에게 위 용도변경처분의 취소를 구할 소익이 있다고 할 수 없다(대판 1990. 5. 22, 90누813).

㉣ ○ **구속된 피고인이 미결수용 중인 교도소장의 접견허가거부처분의 취소를 구할 원고적격을 가지는지 여부(적극)** 행정처분의 상대방이 아닌 제3자도 그 행정처분의 취소에 관하여 법률상 구체적 이익이 있으면 행정소송

법 제12조에 의하여 그 처분의 취소를 구하는 행정소송을 제기할 수 있는바, 구속된 피고인은 형사소송법 제89조의 규정에 따라 타인과 접견할 권리를 가지며 행형법 제62조, 제18조 제1항의 규정에 의하면 교도소에 미결수용된 자는 소장의 허가를 받아 타인과 접견할 수 있으므로(이와 같은 접견권은 헌법상 기본권의 범주에 속하는 것이다) 구속된 피고인이 사전에 접견신청한 자와의 접견을 원하지 않는다는 의사표시를 하였다는 등의 특별한 사정이 없는 한 **구속된 피고인은 교도소장의 접견허가거부처분으로 인하여 자신의 접견권이 침해되었음을 주장하여 위 거부처분의 취소를 구할 원고적격을 가진다**(대판 1992. 5. 8, 91누7552).

14
정답 ④

④ ✗ 이 사건 법률조항에서 규정하고 있는 **이행강제금**은 일정한 기한까지 의무를 이행하지 않을 때에는 일정한 금전적 부담을 과할 뜻을 미리 계고함으로써 의무자에게 심리적 압박을 주어 장래에 그 의무를 이행하게 하려는 행정상 간접적인 강제집행 수단의 하나로서 과거의 일정한 법률위반 행위에 대한 제재로서 **형벌이 아니라** 장래의 의무이행의 확보를 위한 강제수단일 뿐이어서 범죄에 대하여 국가가 형벌권을 실행한다고 하는 과벌에 해당하지 아니하므로 헌법 제13조 제1항이 금지하는 **이중처벌금지의 원칙이 적용될 여지가 없을 뿐 아니라**, 건축법 제108조, 제110조에 의한 형사처벌의 대상이 되는 행위와 이 사건 법률조항에 따라 이행강제금이 부과되는 행위는 기초적 사실관계가 동일한 행위가 아니라 할 것이므로 이런 점에서도 이 사건 법률조항이 헌법 제13조 제1항의 이중처벌금지의 원칙에 위반되지 아니한다(헌재 2011. 10. 25, 2009헌바40). → **이행강제금은 형벌과 병과할 수 있다.**

① ○ 대집행의 대상은 원칙적으로 대체적 작위의무에 한정된다. 토지·건물의 명도(인도)는 대집행의 대상이 될 수 없다. 토지·건물의 명도의무는 대체적 작위의무가 아니기 때문이다. 즉, 강제력에 의한 토지나 건물의 명도(인도)는 점유자의 점유를 배제하고 그 점유를 이전받는 과정에서 점유자에 대한 물리력의 행사를 수반하므로 직접강제의 대상이 될 수 있을 뿐 대집행의 대상이 될 수 없다.

② ○ 건물의 소유자에게 위법건축물을 일정기간까지 철거할 것을 명함과 아울러 불이행할 때에는 대집행한다는 내용의 철거대집행 계고처분을 고지한 후 이에 불응하자 다시 제2차, 제3차 계고서를 발송하여 일정기간까지의 자진철거를 촉구하고 불이행하면 대집행을 한다는 뜻을 고지하였다면 행정대집행법상의 건물철거의무는 제1차 철거명령 및 계고처분으로서 발생하였고 **제2차, 제3차의 계고처분은** 새로운 철거의무를 부과한 것이 아니고 **다만 대집행기한의 연기통지에 불과하므로 행정처분이 아니다**(대판 1994. 10. 28, 94누5144).

③ ○ 전통적으로 행정대집행은 대체적 작위의무에 대한 강제집행수단으로, 이행강제금은 부작위의무나 비대체적 작위의무에 대한 강제집행수단으로 이해되어 왔으나, 이는 이행강제금제도의 본질에서 오는 제약은 아니며, **이행강제금은 대체적 작위의무의 위반에 대하여도 부과될 수 있다**. 현행 건축법상 위법건축물에 대한 이행강제수단으로 대집행과 이행강제금(제83조 제1항)이 인정되고 있는데, 양 제도는 각각의 장·단점이 있으므로 행정청은 개별사건에 있어서 위반내용, 위반자의 시정의지 등을 감안하여 대집행과 이행강제금을 선택적으로 활용할 수 있으며, 이처럼 그 합리적인 재량에 의해 선택하여 활용하는 이상 중첩적인 제재에 해당한다고 볼 수 없다(헌재 2004. 2. 26, 2001헌바80).

15
정답 ③

③ ✗ 불가변력은 처분청이나 상급감독청에 대한 구속력이고 불가쟁력은 행정행위의 상대방이나 이해관계인에 대한 구속력이다.

① ○ 불가쟁력이란 하자 있는 행정행위라 할지라도 그에 대한 불복기간이 경과하거나 쟁송절차가 종료된 경우에는 더 이상 그 행정행위의 효력을 다툴 수 없게 하는 효력을 말한다. **행정행위의 불가쟁력은 형식적 존속력**이라고도 한다.

② ○ 불가변력이라 함은 행정행위의 성질상 인정되는 행정청이 '당해 행정행위'를 취소 또는 변경할 수 없게 하는 효력을 말한다. 불가변력을 실질적 확정력이라고도 부른다. 불가변력은 법령에 명문의 규정이 없는 경우에도 행정행위의 성질에 비추어 인정되는 효력이다. **준사법적(準司法的) 행정행위(예 : 행정심판의 재결)에 불가변력을 인정**하는 것이 일반적 견해이다(대판 1965. 4. 22, 63누200 全). 판례는 과세처분에 관한 이의신청 절차도 불복절차라는 점 등을 근거로 이의신청에 따른 직권취소에도 특별한 사정이 없는 한 번복할 수 없는 효력(불가변력)을 인정하고 있다(대판 2014. 7. 24, 2011두14227). 그러나 과세처분에 대한 쟁송이 진행 중에 과세처분을 직권취소하는 것은 불가변력에 저촉되는 것은 아니다(대판 2005. 11. 25, 2004두3656).

④ ○ 행정행위의 불가쟁력은 행정행위의 상대방이나 이해관계인이 행정행위의 효력을 더 이상 다투지 못하는 효력이다. 따라서 취소권을 가진 행정청(처분행정청 또는 상급감독청)이 **직권으로 불가쟁력이 발생한 행정행위를 취소 또는 철회하는 것은 가능**하다. 또한 국가배상청구소송은 처분의 효력을 다투는 것이 아니므로 불가쟁력이 발생한 행정행위로 손해를 입은 국민은 국가배상을 청구할 수 있다(대판 1979. 4. 10, 79다262 참조).

+ 불가쟁력과 불가변력 비교

구분	불가쟁력	불가변력
성질	절차적 효력(형식적 확정력)	실체적 효력(실질적 존속력)
대상	상대방과 이해관계인	처분청과 상급감독기관 등의 행정기관
행정행위의 범위	모든 행정행위	특정의 행정행위 (예: 행정심판의 재결)
목적	행정의 능률성, 법적 안정성	법적 안정성
한계	무효인 행정행위에는 인정 ×	
양자의 관계	• 독립·무관(별개의 효력) • 불가쟁력이 발생했다고 불가변력이 발생하는 것 아님 → 직권취소 가능 • 불가변력이 발생했다고 불가쟁력이 발생하는 것 아님 → 쟁송제기 가능	

16
정답 ④

④ ✗ 신뢰보호의 원칙에서, 상대방인 국민에게 신뢰를 주는 행정청의 공적인 견해표명은 명시적 의사표시(적극적 언동)뿐만 아니라 묵시적 의사표시(소극적 언동)일 수도 있다.

참고판례

일반적으로 조세 법률관계에서 과세관청의 행위에 대하여 신의성실의 원칙이 적용되기 위하여는 과세관청이 납세자에게 신뢰의 대상이 되는 공적인 견해표명을 하여야 하고, 또한 국세기본법 제18조 제3항에서 말하는 비과세관행이 성립하려면 상당한 기간에 걸쳐 과세를 하지 아니한 객관적 사실이 존재할 뿐만 아니라 과세관청 자신이 그 사항에 관하여 과세할 수 있음을 알면서도 어떤 특별한 사정 때문에 과세하지 않는다는 의사가 있어야 하며 위와 같은 **공적 견해나 의사는 명시적 또는 묵시적으로 표시되어야 하지만**, 묵시적 표시가 있다고 하기 위하여는 단순한 과세 누락과는 달리 과세관청이 상당기간 불과세 상태에 대하여 과세하지 않겠다는 의사표시를 한 것으로 볼 수 있는 사정이 있어야 하고, 이 경우 특히 과세관청의 의사표시가 일반론적인 견해표명에 불과한 경우에는 위 원칙의 적용을 부정하여야 한다(대판 1995. 11. 14, 95누10181). → 신의성실의 원칙에 관한 판례이나 신뢰보호원칙에도 동일하게 적용할 수 있을 것이다.

① ◎ 원고가 단지 1회 훈령에 위반하여 요정 출입을 하다가 적발된 것만으로는 공무원의 신분을 보유케 할 수 없을 정도로 공무원의 품위를 손상케 한 것이라 단정키 어려운 한편, 원고를 면직에 처함으로서만 위와 같은 훈령의 목적을 달할 수 있다고 볼 사유를 인정할 자료가 없고, 오히려 원고의 비행정도라면 이보다 가벼운 징계처분으로서도 능히 위 훈령의 목적을 달할 수 있다고 볼 수 있는 점, 징계처분중 면직 처분은 타 징계처분과 달라 공무원의 신분을 박탈하는 것이므로 그 징계사유는 적어도 공무원의 신분을 그대로 보유케 하는 것이 심히 부당하다고 볼 정도의 비행이 있는 경우에 한하는 점 등에 비추어 생각하면 이 사건 파면처분은 이른바 비례의 원칙에 어긋난 것으로서 …… 심히 그 재량권의 범위를 넘어서 한 위법한 처분이라고 아니할 수 없다(대판 1967. 5. 2, 67누24).

② ◎ 행정의 자기구속의 원칙은 평등원칙 및 신뢰보호의 원칙과 밀접한 관련을 지니고 있다. 대법원과 헌법재판소는 평등의 원칙과 신뢰보호의 원칙을 행정의 자기구속의 원칙의 근거로 보고 있다(대판 2009. 12. 24, 2009두7967; 헌재 1990. 9. 3, 90헌마13).

┌ 관련판례 ┐
재량권 행사의 준칙인 행정규칙이 그 정한 바에 따라 되풀이 시행되어 행정관행이 이루어지게 되면 **평등의 원칙이나 신뢰보호의 원칙에 따라** 행정기관은 그 상대방에 대한 관계에서 그 규칙에 따라야 할 자기구속을 받게 되므로, 이러한 경우에는 특별한 사정이 없는 한 그를 위반하는 처분은 평등의 원칙이나 신뢰보호의 원칙에 위배되어 재량권을 일탈·남용한 위법한 처분이 된다(대판 2009. 12. 24, 2009두7967).

③ ◎ 부당결부금지의 원칙이라 함은 행정기관이 행정권을 행사함에 있어서 그것과 실질적인 관련이 없는 반대급부(의무부과나 그 이행 강제 등)를 결부시켜서는 안 된다는 원칙을 말한다(대판 2009. 2. 12, 2005다65500). 부당결부금지의 원칙은 판례와 학설에 따라 확립된 행정법의 일반원칙이었으나, 최근 제정된 행정기본법에서 이를 명문화하였다(제13조). 부당결부금지의 원칙은 처분뿐만 아니라 공법상 계약, 부관 등 '모든 행정작용'에 적용된다.

행정기본법 제13조(부당결부금지의 원칙) 행정청은 행정작용을 할 때 상대방에게 해당 행정작용과 실질적인 관련이 없는 의무를 부과해서는 아니 된다.

17　　　　　　　　　　　　　　　　　　　　　　　정답 ③

③ ◎ 민원사무처리규정 제11조 제1항 소정의 보완 또는 보정의 대상이 되는 흠결은 보완 또는 보정할 수 있는 경우이어야 함은 물론이고, 그 내용 또한 형식적, 절차적인 요건에 한하고 실질적인 요건에 대하여까지 보완 또는 보정요구를 하여야 한다고 볼 수 없으며, 또한 **흠결된 서류의 보완 또는 보정을 하면 이미 접수된 주요서류의 대부분을 새로 작성함이 불가피하게 되어 사실상 새로운 신청으로 보아야 할 경우에는 그 흠결서류의 접수를 거부하거나 그것을 반려할 정당한 사유가 있는 경우에 해당하여 이의 접수를 거부하거나 반려하여도 위법이 되지 않는다**(대판 1991. 6. 11, 90누8862).

① ✗

행정절차법 제17조(처분의 신청) ① 행정청에 **처분을 구하는 신청은 문서**로 하여야 한다. 다만, 다른 법령등에 특별한 규정이 있는 경우와 행정청이 미리 다른 방법을 정하여 공시한 경우에는 그러하지 아니하다.
민원 처리에 관한 법률 제8조(민원의 신청) 민원의 신청은 문서(전자정부법 제2조 제7호에 따른 **전자문서를 포함**한다. 이하 같다)로 하여야 한다. 다만, **기타민원**은 구술(口述) 또는 전화로 할 수 있다.

> 참고 **민원 처리에 관한 법률 제2조(정의)** 이 법에서 사용하는 용어의 뜻은 다음과 같다.
> 1. "민원"이란 민원인이 행정기관에 대하여 처분 등 특정한 행위를 요구하는 것을 말하며, 그 종류는 다음 각 목과 같다.
>   가. 일반민원
>   1) 법정민원: 법령·훈령·예규·고시·자치법규 등(이하 "관계법령등"이라 한다)에서 정한 일정 요건에 따라 인가·허가·승인·특허·면허 등을 신청하거나 장부·대장 등에 등록·등재를 신청 또는 신고하거나 특정한 사실 또는 법률관계에 관한 확인 또는 증명을 신청하는 민원
>   2) 질의민원: 법령·제도·절차 등 행정업무에 관하여 행정기관의 설명이나 해석을 요구하는 민원
>   3) 건의민원: 행정제도 및 운영의 개선을 요구하는 민원
>   4) 기타민원: 법정민원, 질의민원, 건의민원 및 고충민원 외에 행정기관에 단순한 행정절차 또는 형식요건 등에 대한 상담·설명을 요구하거나 일상생활에서 발생하는 불편사항에 대하여 알리는 등 행정기관에 특정한 행위를 요구하는 민원
>   나. **고충민원**: 「부패방지 및 국민권익위원회의 설치와 운영에 관한 법률」 제2조제5호에 따른 고충민원

② ✗

행정절차법 제17조(처분의 신청) ⑤ 행정청은 신청에 구비서류의 미비 등 흠이 있는 경우에는 보완에 필요한 상당한 기간을 정하여 지체 없이 신청인에게 보완을 요구하여야 한다. → 바로 접수거부 ✗

④ ✗

행정절차법 제17조(처분의 신청) ⑧ 신청인은 처분이 있기 전에는 그 신청의 내용을 보완·변경하거나 취하(取下)할 수 있다. 다만, 다른 법령등에 특별한 규정이 있거나 그 신청의 성질상 보완·변경하거나 취하할 수 없는 경우에는 그러하지 아니하다.

18　　　　　　　　　　　　　　　　　　　　　　　정답 ②

② ✗ '신고의 내용이 현저히 공익을 해친다고 판단되는 경우'는 신고의 보완요구 대상에 포함되지 않는다.

행정절차법 제40조(신고) ① 법령등에서 행정청에 일정한 사항을 통지함으로써 의무가 끝나는 신고를 규정하고 있는 경우 신고를 관장하는 행정청은 신고에 필요한 구비서류, 접수기관, 그 밖에 법령등에 따른 신고에 필요한 사항을 게시(인터넷 등을 통한 게시를 포함한다)하거나 이에 대한 편람을 갖추어 두고 누구나 열람할 수 있도록 하여야 한다.
② 제1항에 따른 신고가 다음 각 호의 요건을 갖춘 경우에는 신고서가 접수기관에 도달된 때에 신고 의무가 이행된 것으로 본다.
　1. 신고서의 기재사항에 흠이 없을 것
　2. 필요한 구비서류가 첨부되어 있을 것
　3. 그 밖에 법령등에 규정된 형식상의 요건에 적합할 것
③ 행정청은 제2항 각 호의 요건을 갖추지 못한 신고서가 제출된 경우

에는 지체 없이 상당한 기간을 정하여 신고인에게 보완을 요구하여야 한다.
④ 행정청은 신고인이 제3항에 따른 기간 내에 보완을 하지 아니하였을 때에는 **그 이유를 구체적으로 밝혀 해당 신고서를 되돌려 보내야** 한다.

19
정답 ①

① ✗ **감사원규칙은 헌법이 아니라 감사원법에 규정**되어 있다.

> **감사원법 제52조(감사원규칙)** 감사원은 감사에 관한 절차, 감사원의 내부 규율과 감사사무 처리에 관한 규칙을 제정할 수 있다.

② ○

> **헌법 제114조** ⑥ 중앙선거관리위원회는 법령의 범위 안에서 선거관리·국민투표관리 또는 정당사무에 관한 **규칙**을 제정할 수 있으며, 법률에 저촉되지 아니하는 범위 안에서 내부규율에 관한 규칙을 제정할 수 있다.

③ ○

> **헌법 제117조** ① **지방자치단체는** 주민의 복리에 관한 사무를 처리하고 재산을 관리하며, 법령의 범위 안에서 **자치에 관한 규정**을 제정할 수 있다.

④ ○

> **헌법 제75조** 대통령은 법률에서 구체적으로 범위를 정하여 위임받은 사항과 법률을 집행하기 위하여 필요한 사항에 관하여 **대통령령**을 발할 수 있다.
>
> **헌법 제95조** 국무총리 또는 행정각부의 장은 소관사무에 관하여 법률이나 대통령령의 위임 또는 직권으로 **총리령** 또는 **부령**을 발할 수 있다.

20
정답 ④

④ ✗ 하자 있는 행정처분이 당연무효로 되려면 그 하자가 법규의 중요한 부분을 위반한 중대한 것이어야 할 뿐 아니라 객관적으로 명백한 것이어야 하고, 행정청이 위헌이거나 위법하여 무효인 시행령을 적용하여 한 행정처분이 당연무효로 되려면 그 규정이 행정처분의 중요한 부분에 관한 것이어서 결과적으로 그에 따른 행정처분의 중요한 부분에 하자가 있는 것으로 귀착되고, 또한 그 규정의 위헌성 또는 위법성이 객관적으로 명백하여 그에 따른 행정처분의 하자가 객관적으로 명백한 것으로 귀착되어야 하는바, 일반적으로 시행령이 헌법이나 법률에 위반된다는 사정은 그 시행령의 규정을 위헌 또는 위법하여 무효라고 선언한 대법원의 판결이 선고되지 아니한 상태에서는 그 시행령 규정의 위헌 내지 위법 여부가 해석상 다툼의 여지가 없을 정도로 명백하였다고 인정되지 아니하는 이상 객관적으로 명백한 것이라 할 수 없으므로, **이러한 시행령에 근거한 행정처분의 하자는 취소사유에 해당할 뿐 무효사유가 되지 아니한다**(대판 2007. 6. 14, 2004두619).

① ○

> **헌법 제107조** ② 명령·규칙 또는 처분이 헌법이나 법률에 위반되는 여부가 재판의 전제가 된 경우에는 **대법원은 이를 최종적으로 심사할 권한**을 가진다.

② ○ 헌법 제107조 제1항, 제111조 제1항 제1호의 규정에 의하면, 헌법재판소에 의한 위헌심사의 대상이 되는 '법률'이란 '국회의 의결을 거친 이른바 형식적 의미의 법률'을 의미하고, 위헌심사의 대상이 되는 규범이 형식적 의미의 법률이 아닌 때에는 그와 동일한 효력을 갖는 데에 국회의 승인이나 동의를 요하는 등 국회의 입법권 행사라고 평가할 수 있는 실질을 갖춘 것이어야 한다. 구 대한민국헌법(1980. 10. 27. 헌법 제9호로 전부개정되기 전의 것, 이하 '유신헌법'이라 한다) 제53조 제3항은 대통령이 긴급조치를 한 때에는 지체 없이 국회에 통고하여야 한다고 규정하고 있을 뿐, 사전적으로는 물론이거니와 사후적으로도 긴급조치가 그 효력을 발생 또는 유지하는 데 국회의 동의 내지 승인 등을 얻도록 하는 규정을 두고 있지 아니하고, 실제로 국회에서 긴급조치를 승인하는 등의 조치가 취하여진 바도 없다. 따라서 **유신헌법에 근거한 긴급조치는 국회의 입법권 행사라는 실질을 전혀 가지지 못한 것으로서, 헌법재판소의 위헌심판대상이 되는 '법률'에 해당한다고 할 수 없고, 긴급조치의 위헌 여부에 대한 심사권은 최종적으로 대법원에 속한다**(대판 2010. 12. 16, 2010도5986 전합). → **대법원은 유신헌법상 긴급조치가 법률이 아니므로 대법원이 심사권을 가진다고 판시하였다.**

> ┌ 비교판례 ┐
>
> 헌법 제107조 제1항, 제2항은 법원의 재판에 적용되는 규범의 위헌 여부를 심사할 때, '법률'의 위헌 여부는 헌법재판소가, 법률의 하위규범인 '명령·규칙 또는 처분' 등의 위헌 또는 위법 여부는 대법원이 그 심사권한을 갖는 것으로 권한을 분배하고 있다. 이 조항에 규정된 '법률'인지 여부는 그 제정 형식이나 명칭이 아니라 규범의 효력을 기준으로 판단하여야 하고, '법률'에는 국회의 의결을 거친 이른바 형식적 의미의 법률은 물론이고 그 밖에 조약 등 '형식적 의미의 법률과 동일한 효력'을 갖는 규범들도 모두 포함된다. 따라서 **최소한 법률과 동일한 효력을 가지는 이 사건 긴급조치들의 위헌 여부 심사권한도 헌법재판소에 전속한다**(헌재 2013. 3. 21, 2010헌바132 등). → **대법원과 달리, 헌법재판소는 유신헌법상 긴급조치는 최소한 법률과 동일한 효력을 가지므로 헌법재판소가 위헌심사권을 가진다고 판시하였다.**

③ ○ 헌법재판소의 위헌법률심판과 달리 명령 등이 헌법이나 법률에 위반된다고 법원이 무효라고 선언하는 경우에는 당해 사건에만 그 적용이 배제될 뿐이다 판례도 **명령 등이 위법하다는 대법원의 판결이 있는 경우에 당해 사건에서만 적용이 배제되는 것으로 보고 있다**(대결 1994. 4. 26, 93부32 참조). 다만, 행정소송법은 행정소송에 대한 대법원판결에 의하여 명령·규칙이 헌법 또는 법률에 위반된다는 것이 확정된 경우에는 대법원은 지체 없이 그 사유를 행정안전부장관에게 통보하여야 하고, 통보를 받은 행정안전부장관은 지체 없이 이를 관보에 게재하도록 하고 있다(제6조 제1항 및 제2항).

소방행정법

[소방간부 2023. 1. 14. 시행]

제7회 실전 기출문제

01 ⑤ 02 ③ 03 ⑤ 04 ② 05 ③ 06 ⑤ 07 ② 08 ② 09 ① 10 ①
11 ① 12 ③ 13 ⑤ 14 ② 15 ① 16 ① 17 ① 18 ④ 19 ③ 20 ②
21 ③ 22 ③ 23 ① 24 ④ 25 ③

01
정답 ⑤

⑤ ✗ 담당 소방공무원이 행정처분인 위 명령을 구술로 고지한 것은 행정절차법 제24조를 위반한 것으로 하자가 중대하고 명백하여 당연 무효에 해당한다(대판 2011. 11. 10. 2011도11109).

① ○, ② ○

> 행정기본법 제8조(법치행정의 원칙) 행정작용은 법률에 위반되어서는 아니 되며, 국민의 권리를 제한하거나 의무를 부과하는 경우와 그 밖에 국민생활에 중요한 영향을 미치는 경우에는 법률에 근거하여야 한다.

③ ○ 일반적으로 처분이 주체·내용·절차와 형식의 요건을 모두 갖추고 외부에 표시된 경우에는 처분의 존재가 인정된다. 행정의사가 외부에 표시되어 행정청이 자유롭게 취소·철회할 수 없는 구속을 받게 되는 시점에 처분이 성립하고, 그 성립 여부는 행정청이 행정의사를 공식적인 방법으로 외부에 표시하였는지를 기준으로 판단해야 한다(대판 2019. 7. 11. 2017두38874).

④ ○

> 행정절차법 제24조(처분의 방식) ① 행정청이 처분을 할 때에는 다른 법령등에 특별한 규정이 있는 경우를 제외하고는 문서로 하여야 하며, 전자문서로 하는 경우에는 당사자등의 동의가 있어야 한다. 다만, 신속히 처리할 필요가 있거나 사안이 경미한 경우에는 말 또는 그 밖의 방법으로 할 수 있다. 이 경우 당사자가 요청하면 지체 없이 처분에 관한 문서를 주어야 한다.

02
정답 ③

① ○, ② ○, ③ ✗

> 행정기본법 제6조(행정에 관한 기간의 계산) ① 행정에 관한 기간의 계산에 관하여는 이 법 또는 다른 법령등에 특별한 규정이 있는 경우를 제외하고는 「민법」을 준용한다.
> ② 법령등 또는 처분에서 국민의 권익을 제한하거나 의무를 부과하는 경우 권익이 제한되거나 의무가 지속되는 기간의 계산은 다음 각 호의 기준에 따른다. 다만, 다음 각 호의 기준에 따르는 것이 국민에게 불리한 경우에는 그러하지 아니하다.
> 1. 기간을 일, 주, 월 또는 연으로 정한 경우에는 기간의 첫날을 산입한다.
> 2. 기간의 말일이 토요일 또는 공휴일인 경우에도 기간은 그 날로 만료한다.

④ ○, ⑤ ○

> 행정기본법 제7조(법령등 시행일의 기간 계산) 법령등(훈령·예규·고시·지침 등을 포함한다. 이하 이 조에서 같다)의 시행일을 정하거나 계산할 때에는 다음 각 호의 기준에 따른다.
> 1. 법령등을 공포한 날부터 시행하는 경우에는 공포한 날을 시행일로 한다.
> 2. 법령등을 공포한 날부터 일정 기간이 경과한 날부터 시행하는 경우 법령등을 공포한 날을 첫날에 산입하지 아니한다.
> 3. 법령등을 공포한 날부터 일정 기간이 경과한 날부터 시행하는 경우 그 기간의 말일이 토요일 또는 공휴일인 때에는 그 말일로 기간이 만료한다.

03
정답 ⑤

① ○, ② ○, ③ ○, ④ ○, ⑤ ✗

> 행정기본법 제38조(행정의 입법활동) ① 국가나 지방자치단체가 법령 등을 제정·개정·폐지하고자 하거나 그와 관련된 활동(법률안의 국회 제출과 조례안의 지방의회 제출을 포함하며, 이하 이 장에서 "행정의 입법활동"이라 한다)을 할 때에는 헌법과 상위 법령을 위반해서는 아니 되며, 헌법과 법령등에서 정한 절차를 준수하여야 한다.
> ② 행정의 입법활동은 다음 각 호의 기준에 따라야 한다.
> 1. 일반 국민 및 이해관계자로부터 의견을 수렴하고 관계 기관과 충분한 협의를 거쳐 책임 있게 추진되어야 한다.
> 2. 법령등의 내용과 규정은 다른 법령등과 조화를 이루어야 하고, 법령등 상호 간에 중복되거나 상충되지 아니하여야 한다.
> 3. 법령등은 일반 국민이 그 내용을 쉽고 명확하게 이해할 수 있도록 알기 쉽게 만들어져야 한다.
> ③ 정부는 매년 해당 연도에 추진할 법령안 입법계획(이하 "정부입법계획"이라 한다)을 수립하여야 한다.
> ④ 행정의 입법활동의 절차 및 정부입법계획의 수립에 관하여 필요한 사항은 정부의 법제업무에 관한 사항을 규율하는 대통령령으로 정한다.

04
정답 ②

② ○ 건축법에서 인·허가의제 제도를 둔 취지는, 인·허가의제사항과 관련하여 건축허가 또는 건축신고의 관할 행정청으로 그 창구를 단일화하고 절차를 간소화하며 비용과 시간을 절감함으로써 국민의 권익을 보호하려는 것이지, 인·허가의제사항 관련 법률에 따른 각각의 인·허가 요건에 관한 일체의 심사를 배제하려는 것으로 보기는 어렵다. 왜냐하면, 건축법과 인·허가의제사항 관련 법률은 각기 고유한 목적이 있고, 건축신고와 인·허가의제사항도 각각 별개의 제도적 취지가 있으며 그 요건 또한 달리하기 때문이다. 나아가 인·허가의제사항 관련 법률에 규정된 요건 중 상당수는 공익에 관한 것으로서 행정청의 전문적이고 종합적인 심사가 요구되는데, 만약 건축신고만으로 인·허가의제사항에 관한 일체의 요건 심사가 배제된다고 한다면, 중대한 공익상의 침해나 이해관계인의 피해를 야기하고 관련 법률에서 인·허가 제도를 통하여 사인의 행위를 사전에 감독하고자 하는 규율체계 전반을 무너뜨릴 우려가 있다. 또한 무엇보다도 건축신고를 하려는 자는 인·허가의제사항 관련 법령에서 제출하도록 의무화하고 있는 신청서와 구비서류를 제출하여야 하는데, 이는 건축신고를 수리하는 행정청으로 하여금 인·허가의제사항 관련 법률에 규정된 요건에 관하여도 심사를 하도록 하기 위한 것으로 볼 수밖에 없다. 따라서 인·허가의제 효과를 수반하는 건축신고는 일반적인 건축신고와는 달리, 특별한 사정이 없는 한 행정청이 그 실체적 요건에 관한 심사를 한 후 수리하여야 하는 이른바 '수리를 요하는 신고'로 보는 것이 옳다(대판 2011. 1. 20. 2010두14954 전합).

① ✗ 체육시설의설치·이용에관한법률 제10조, 제11조, 제22조, 같은법 시행규칙 제8조 및 제25조의 각 규정에 의하면, 체육시설업은 등록체육

시설업과 신고체육시설업으로 나누어지고, 당구장업과 같은 신고체육시설업을 하고자 하는 자는 체육시설업의 종류별로 같은법시행규칙이 정하는 해당 시설을 갖추어 소정의 양식에 따라 신고서를 제출하는 방식으로 시·도지사에 신고하도록 규정하고 있으므로, 소정의 시설을 갖추지 못한 체육시설업의 신고는 부적법한 것으로 그 수리가 거부될 수밖에 없고 그러한 상태에서 신고체육시설업의 영업행위를 계속하는 것은 무신고 영업행위에 해당할 것이지만, 이에 반하여 적법한 요건을 갖춘 신고의 경우에는 행정청의 수리처분 등 별단의 조치를 기다릴 필요 없이 그 접수시에 신고로서의 효력이 발생하는 것이므로 그 수리가 거부되었다고 하여 무신고 영업이 되는 것은 아니다(대판 1998. 4. 24. 97도3121).

③ ✖ 구 장사 등에 관한 법률(2007. 5. 25. 법률 제8489호로 전부 개정되기 전의 것, 이하 '구 장사법'이라 한다) 제14조 제1항, 구 장사 등에 관한 법률 시행규칙(2008. 5. 26. 보건복지가족부령 제15호로 전부 개정되기 전의 것) 제7조 제1항 [별지 제7호 서식]을 종합하면, 납골당설치 신고는 이른바 '수리를 요하는 신고'라 할 것이므로, 납골당설치 신고가 구 장사법 관련 규정의 모든 요건에 맞는 신고라 하더라도 신고인은 곧바로 납골당을 설치할 수는 없고, 이에 대한 행정청의 수리처분이 있어야만 신고한 대로 납골당을 설치할 수 있다. 한편 수리란 신고를 유효한 것으로 판단하고 법령에 의하여 처리할 의사로 이를 수령하는 수동적 행위이므로 수리행위에 신고필증 교부 등 행위가 꼭 필요한 것은 아니다(대판 2011. 9. 8. 2009두6766).

④ ✖ 사업양도·양수에 따른 허가관청의 지위승계신고의 수리는 적법한 사업의 양도·양수가 있었음을 전제로 하는 것이므로 그 수리대상인 사업양도·양수가 존재하지 아니하거나 무효인 때에는 수리를 하였다 하더라도 그 수리는 유효한 대상이 없는 것으로서 당연히 무효라 할 것이고, 사업의 양도행위가 무효라고 주장하는 양도자는 민사쟁송으로 양도·양수행위의 무효를 구함이 없이 막바로 허가관청을 상대로 하여 행정소송으로 위 신고수리처분의 무효확인을 구할 법률상 이익이 있다(대판 2005. 12. 23. 2005두3554).

⑤ ✖ 어업의 신고에 관하여 유효기간을 설정하면서 그 기산점을 '수리한 날'로 규정하고, 나아가 필요한 경우에는 그 유효기간을 단축할 수 있도록까지 하고 있는 수산업법 제44조 제2항의 규정 취지 및 어업의 신고를 한 자가 공익상 필요에 의하여 한 행정청의 조치에 위반한 경우에 어업의 신고를 수리한 때에 교부한 어업신고필증을 회수하도록 하고 있는 구 수산업법시행령(1996. 12. 31. 대통령령 제15241호로 개정되기 전의 것) 제33조 제1항의 규정 취지에 비추어 보면, 수산업법 제44조 소정의 어업의 신고는 행정청의 수리에 의하여 비로소 그 효과가 발생하는 이른바 '수리를 요하는 신고'라고 할 것이고, 따라서 설사 관할관청이 어업신고를 수리하면서 공유수면매립구역을 조업구역에서 제외한 것이 위법하다고 하더라도, 그 제외된 구역에 관하여 관할관청의 적법한 수리가 없었던 것이 분명한 이상 그 구역에 관하여는 같은 법 제44조 소정의 적법한 어업신고가 있는 것으로 볼 수 없다(대판 2000. 5. 26. 99다37382).

05 정답 ③

③ ✖ 허가 등의 행정처분은 원칙적으로 처분시의 법령과 허가기준에 의하여 처리되어야 하고 허가신청 당시의 기준에 따라야 하는 것은 아니며, 비록 허가신청 후 허가기준이 변경되었다 하더라도 그 허가관청이 허가신청을 수리하고도 정당한 이유 없이 그 처리를 늦추어 그 사이에 허가기준이 변경된 것이 아닌 이상 변경된 허가기준에 따라서 처분을 하여야 한다(대판 2006. 8. 25. 2004두2974).

① ◉

행정기본법 제5조(다른 법률과의 관계) ① 행정에 관하여 다른 법률에 특별한 규정이 있는 경우를 제외하고는 이 법에서 정하는 바에 따른다.

② ◉, ⑤ ◉

행정기본법 제14조(법 적용의 기준) ① 새로운 법령등은 법령등에 특별한 규정이 있는 경우를 제외하고는 그 법령등의 효력 발생 전에 완성되거나 종결된 사실관계 또는 법률관계에 대해서는 적용되지 아니한다.
③ 법령등을 위반한 행위의 성립과 이에 대한 제재처분은 법령등에 특별한 규정이 있는 경우를 제외하고는 법령등을 위반한 행위 당시의 법령등에 따른다. 다만, 법령등을 위반한 행위 후 법령등의 변경에 의하여 그 행위가 법령등을 위반한 행위에 해당하지 아니하거나 제재처분 기준이 가벼워진 경우로서 해당 법령등에 특별한 규정이 없는 경우에는 변경된 법령등을 적용한다.

④ ◉ 행정처분은 그 근거 법령이 개정된 경우에도 경과 규정에서 달리 정함이 없는 한 처분 당시 시행되는 개정 법령과 그에서 정한 기준에 의하는 것이 원칙이고, 그 개정 법령이 기존의 사실 또는 법률관계를 적용대상으로 하면서 국민의 재산권과 관련하여 종전보다 불리한 법률효과를 규정하고 있는 경우에도 그러한 사실 또는 법률관계가 개정 법률이 시행되기 이전에 이미 완성 또는 종결된 것이 아니라면 이를 헌법상 금지되는 소급입법에 의한 재산권 침해라고 할 수는 없으며, 그러한 개정 법률의 적용과 관련하여서는 개정 전 법령의 존속에 대한 국민의 신뢰가 개정 법령의 적용에 관한 공익상의 요구보다 더 보호가치가 있다고 인정되는 경우에 그러한 국민의 신뢰보호를 보호하기 위하여 그 적용이 제한될 수 있는 여지가 있을 따름이다(대판 2000. 3. 10. 97누13818).

06 정답 ⑤

⑤ ✖ 甲 등이 국토해양부, 환경부, 문화체육관광부, 농림수산식품부가 합동으로 2009. 6. 8. 발표한 '4대강 살리기 마스터플랜'에 따른 '4대강 살리기 사업' 중 한강 부분에 관한 각 하천공사시행계획 및 각 실시계획승인처분(이하 '각 처분'이라 한다)에 보의 설치와 준설 등에 대한 구 국가재정법(2010. 5. 17. 법률 제10288호로 개정되기 전의 것, 이하 같다) 제38조 및 구 국가재정법 시행령(2011. 12. 30. 대통령령 제23433호로 개정되기 전의 것, 이하 같다) 제13조에서 정한 예비타당성조사를 하지 않은 절차상 하자가 있다는 이유로 각 처분의 취소를 구한 사안에서, 구 하천법(2012. 1. 17. 법률 제11194호로 개정되기 전의 것) 제27조 제1항, 제3항, 구 국가재정법 제38조 및 구 국가재정법 시행령 제13조의 내용과 형식, 입법 취지와 아울러, 예산은 1회계연도에 대한 국가의 향후 재원 마련 및 지출 예정 내역에 관하여 정한 계획으로 매년 국회의 심의·의결을 거쳐 확정되는 것으로서, 각 처분과 비교할 때 수립절차, 효과, 목적이 서로 다른 점 등을 종합하면, 구 국가재정법 제38조 및 구 국가재정법 시행령 제13조에 규정된 예비타당성조사는 각 처분과 형식상 전혀 별개의 행정계획인 예산의 편성을 위한 절차일 뿐 각 처분에 앞서 거쳐야 하거나 근거 법규 자체에서 규정한 절차가 아니므로, 예비타당성조사를 실시하지 아니한 하자는 원칙적으로 예산 자체의 하자일 뿐, 그로써 곧바로 각 처분의 하자가 된다고 할 수 없어, 예산이 각 처분 등으로써 이루어지는 '4대강 살리기 사업' 중 한강 부분을 위한 재정 지출을 내용으로 하고 있고 예산의 편성에 절차상 하자가 있다는 사정만으로 각 처분에 취소사유에 이를 정도의 하자가 존재한다고 보기 어렵다고 한 사례(대판 2015. 12. 10. 2011두32515).

① ◉ 행정처분에 있어 수개의 처분사유 중 일부가 적법하지 않다고 하더라도 다른 처분사유로써 그 처분의 정당성이 인정되는 경우에는 그 처분을 위법하다고 할 수 없을 것이므로, 구 법 제206조의11에 따라 과징금을 부과함에 있어 여러 개의 처분사유에 기하여 하나의 과징금 부과처분을 하였으나 그 처분사유들 중 일부에 위법이 있다고 하더라도 위법한 부분이 그 과징금 부과처분에 영향을 미치지 아니하였다면 그 부과처분을

위법하다고 볼 것은 아니다(대판 2010. 12. 9. 2010두15674).

② ⭕ 운전면허에 대한 정지처분권한은 경찰청장으로부터 경찰서장에게 권한위임된 것이므로 음주운전자를 적발한 단속 경찰관으로서는 관할 경찰서장의 명의로 운전면허정지처분을 대행처리할 수 있을지는 몰라도 자신의 명의로 이를 할 수는 없다 할 것이므로, 단속 경찰관이 자신의 명의로 운전면허행정처분통지서를 작성·교부하여 행한 운전면허정지처분은 비록 그 처분의 내용·사유·근거"등이 기재된 서면을 교부하는 방식으로 행하여졌다고 하더라도 권한 없는 자에 의하여 행하여진 점에서 무효의 처분에 해당한다(대판 1997. 5. 16. 97누2313).

③ ⭕ 행정청이 구 학교보건법(2005.12. 7. 법률 제7700호로 개정되기 전의 것) 소정의 학교환경위생정화구역 내에서 금지행위 및 시설의 해제 여부에 관한 행정처분을 함에 있어 학교환경위생정화위원회의 심의를 거치도록 한 취지는 그에 관한 전문가 내지 이해관계인의 의견과 주민의 의사를 행정청의 의사결정에 반영함으로써 공익에 가장 부합하는 민주적 의사를 도출하고 행정처분의 공정성과 투명성을 확보하려는 데 있고, 나아가 그 심의의 요구가 법률에 근거하고 있을 뿐 아니라 심의에 따른 의결내용도 단순히 절차의 형식에 관련된 사항에 그치지 않고 금지행위 및 시설의 해제 여부에 관한 행정처분에 영향을 미칠 수 있는 사항에 관한 것임을 종합해 보면, 금지행위 및 시설의 해제 여부에 관한 행정처분을 하면서 절차상 위와 같은 심의를 누락한 흠이 있다면 그와 같은 흠을 가리켜 위 행정처분의 효력에 아무런 영향을 주지 않는다거나 경미한 정도에 불과하다고 볼 수는 없으므로, 특별한 사정이 없는 한 이는 행정처분을 위법하게 하는 취소사유가 된다(대판 2007. 3. 15. 2006두15806).

④ ⭕ 하자 있는 행정처분이 당연무효로 되려면 그 하자가 법규의 중요한 부분을 위반한 중대한 것이어야 할 뿐 아니라 객관적으로 명백한 것이어야 하고, 하자가 중대하고 명백한 것인지 여부를 판별함에 있어서는 그 법규의 목적·의미·기능 등을 목적론적으로 고찰함과 동시에 구체적 사안 자체의 특수성에 관하여도 합리적으로 고찰함을 요한다(대판 1997. 5. 28. 95다15735).

07
정답 ②

② ❌ 행정행위(과세처분)의 취소처분의 위법이 중대하고 명백하여 당연무효이거나, 그 취소처분에 대하여 소원 또는 행정소송으로 다툴 수 있는 명문규정이 있는 경우는 별론, 행정행위의 취소처분의 취소에 의하여 이미 효력을 상실한 행정행위를 소생시킬 수 없고, 그러기 위하여는 원 행정행위와 동일내용의 행정행위를 다시 행할 수밖에 없다(대판 1979. 5. 8. 77누61).

① ⭕

> **행정기본법 제18조(위법 또는 부당한 처분의 취소)** ① 행정청은 위법 또는 부당한 처분의 전부나 일부를 소급하여 취소할 수 있다. 다만, 당사자의 신뢰를 보호할 가치가 있는 등 정당한 사유가 있는 경우에는 장래를 향하여 취소할 수 있다.

③ ⭕ 행정행위의 '취소'는 일단 유효하게 성립한 행정행위를 그 행위에 위법한 하자가 있음을 이유로 소급하여 효력을 소멸시키는 별도의 행정처분을 의미함이 원칙이다. 반면, 행정행위의 '철회'는 적법요건을 구비하여 완전히 효력을 발하고 있는 행정행위를 사후적으로 효력의 전부 또는 일부를 장래에 향해 소멸시키는 별개의 행정처분이다. 그리고 행정행위의 '취소 사유'는 원칙적으로 행정행위의 성립 당시에 존재하였던 하자를 말하고, '철회 사유'는 행정행위가 성립된 이후에 새로이 발생한 것으로서 행정행위의 효력을 존속시킬 수 없는 사유를 말한다(대판 2018. 6. 28. 2015두58195).

④ ⭕ 행정청이 종교단체에 대하여 기본재산전환인가를 함에 있어 인가조건을 부가하고 그 불이행시 인가를 취소할 수 있도록 한 경우, 인가조건의 의미는 철회권을 유보한 것이다(대판 2003. 5. 30. 2003다6422).

⑤ ⭕ 수익적 행정처분에 대한 취소권 등의 행사는 기득권의 침해를 정당화할 만한 중대한 공익상의 필요 또는 제3자의 이익보호의 필요가 있는 때에 한하여 허용될 수 있다는 법리는, 처분청이 수익적 행정처분을 직권으로 취소·철회하는 경우에 적용되는 법리일 뿐 쟁송취소의 경우에는 적용되지 않는다(대판 2019. 10. 17. 2018두104).

08
정답 ②

② ❌ [1] 조세의 과오납이 부당이득이 되기 위하여는 납세 또는 조세의 징수가 실체법적으로나 절차법적으로 전혀 법률상의 근거가 없거나 과세처분의 하자가 중대하고 명백하여 당연무효이어야 하고, 과세처분의 하자가 단지 취소할 수 있는 정도에 불과할 때에는 과세관청이 이를 스스로 취소하거나 항고소송절차에 의하여 취소되지 않는 한 그로 인한 조세의 납부가 부당이득이 된다고 할 수 없다.

[2] 행정처분이 아무리 위법하다고 하여도 그 하자가 중대하고 명백하여 당연무효라고 보아야 할 사유가 있는 경우를 제외하고는 아무도 그 하자를 이유로 무단히 그 효과를 부정하지 못하는 것으로, 이러한 행정행위의 공정력은 판결의 기판력과 같은 효력은 아니지만 그 공정력의 객관적 범위에 속하는 행정행위의 하자가 취소사유에 불과한 때에는 그 처분이 취소되지 않는 한 처분의 효력을 부정하여 그로 인한 이득을 법률상 원인 없는 이득이라고 말할 수 없는 것이다(대판 1994. 11. 11. 94다28000).

① ⭕ 민사소송에 있어서 어느 행정처분의 당연무효 여부가 선결문제로 되는 때에는 이를 판단하여 당연무효임을 전제로 판결할 수 있고 반드시 행정소송 등의 절차에 의하여 그 취소나 무효확인을 받아야 하는 것은 아니다(대판 2010. 4. 8. 2009다90092).

③ ⭕ 국토의 계획 및 이용에 관한 법률(이하 '법'이라 한다) 제133조 제1항에 정한 처분이나 조치명령을 받은 자가 이에 위반한 경우 이로 인하여 법 제142조에 정한 처벌을 하기 위하여는 그 처분이나 조치명령이 적법한 것이라야 하고, 그 처분이 당연무효가 아니라 하더라도 그것이 위법한 처분으로 인정되는 한 법 제142조 위반죄가 성립될 수 없다고 할 것이고, 한편 법 제133조 제1항 제1호, 제54조의 각 규정을 종합하면 지구단위계획에 적합하지 않은 건축물을 건축하거나 용도변경한 경우 행정청은 그 건축물을 건축한 자나 용도변경한 자에 대하여서만 법 제133조 제1항에 의하여 처분이나 원상회복 등의 조치명령을 할 수 있고, 명문의 규정이 없는 한 이러한 건축물을 양수한 자에 대하여는 이를 할 수 없다고 할 것이다. 이 사건 공소사실에 의하면, 법 제54조 및 시하지구 도시설계 지침 규정에 의하여 1필지당 3층 이하 및 3가구 이하로 거주할 수 있도록 규정된 이 사건 토지상의 건물의 세대 간 경계벽을 수선하여 가구수를 9가구로 불법 증가시킨 자는 피고인이 아니라 전 소유자인 공소외 1인데, 공소외 1로부터 이 사건 토지 및 건물을 매수한 피고인에 대하여 판시 원상복구 명령이 발하여 졌다는 것이므로 위 원상복구의 시정명령은 위법하다고 할 것이다. 따라서 피고인이 이러한 시정명령을 따르지 않았다고 하여 피고인을 법 제142조에 정한 조치명령 등 위반죄로 처벌할 수 없다고 할 것임에도 원심은 이 사건 공소사실을 유죄로 인정한 제1심을 유지하고 있으니 거기에는 법 제142조의 조치명령 등 위반죄에 관한 법리를 오해하여 판결에 영향을 미친 위법이 있다고 할 것이다(대판 2007. 2. 23. 2006도6845).

④ ⭕ 연령미달의 결격자인 피고인이 소외인의 이름으로 운전면허시험에 응시, 합격하여 교부받은 운전면허는 당연무효가 아니고 도로교통법 제65조 제3호의 사유에 해당함에 불과하여 취소되지 않는 한 유효하므로 피고인의 운전행위는 무면허운전에 해당하지 아니한다(대판 1982. 6. 8. 80도2646).

⑤ ◯ 공유재산 및 물품 관리법은 제81조 제1항에서 공유재산 등의 관리청은 사용·수익허가나 대부계약 없이 공유재산 등을 무단으로 사용·수익·점유한 자 또는 사용·수익허가나 대부계약의 기간이 끝난 후 다시 사용·수익허가를 받거나 대부계약을 체결하지 아니한 채 공유재산 등을 계속하여 사용·수익·점유한 자에 대하여 대통령령이 정하는 바에 따라 공유재산 등의 사용료 또는 대부료의 100분의 120에 해당하는 변상금을 징수할 수 있다고 규정하고 있는데, 이러한 변상금의 부과는 관리청이 공유재산 중 일반재산과 관련하여 사경제 주체로서 상대방과 대등한 위치에서 사법상 계약인 대부계약을 체결한 후 그 이행을 구하는 것과 달리 관리청이 공권력의 주체로서 상대방의 의사를 묻지 않고 일방적으로 행하는 행정처분에 해당한다. 그러므로 만일 무단으로 공유재산 등을 사용·수익·점유하는 자가 관리청의 변상금부과처분에 따라 그에 해당하는 돈을 납부한 경우라면 위 변상금부과처분이 당연 무효이거나 행정소송을 통해 먼저 취소되기 전에는 사법상 부당이득반환청구로써 위 납부액의 반환을 구할 수 없다(대판 2013. 1. 24. 2012다79828).

09 정답 ①

① ◯ 수익적 행정처분에 있어서는 법령에 특별한 근거규정이 없다고 하더라도 그 부관으로서 부담을 붙일 수 있고, 그와 같은 부담은 행정청이 행정처분을 하면서 일방적으로 부가할 수도 있지만 부담을 부가하기 이전에 상대방과 협의하여 부담의 내용을 협약의 형식으로 미리 정한 다음 행정처분을 하면서 이를 부가할 수도 있다(대판 2009. 2. 12. 2005다65500).

② ✕ 행정청이 수익적 행정처분을 하면서 부가한 부담의 위법 여부는 처분 당시 법령을 기준으로 판단하여야 하고, 부담이 처분 당시 법령을 기준으로 적법하다면 처분 후 부담의 전제가 된 주된 행정처분의 근거 법령이 개정됨으로써 행정청이 더 이상 부관을 붙일 수 없게 되었다 하더라도 곧바로 위법하게 되거나 그 효력이 소멸하게 되는 것은 아니다(대판 2009. 2. 12. 2005다65500).

③ ✕ 재량행위에 있어서는 법령상의 근거가 없다고 하더라도 부관을 붙일 수 있는데, 그 부관의 내용은 적법하고 이행가능하여야 하며 비례의 원칙 및 평등의 원칙에 적합하고 행정처분의 본질적 효력을 해하지 아니하는 한도의 것이어야 한다(대판 1997. 3. 14. 96누16698).

④ ✕ 행정행위의 부관은 행정행위의 일반적인 효력이나 효과를 제한하기 위하여 의사표시의 주된 내용에 부가되는 종된 의사표시이지 그 자체로서 직접 법적 효과를 발생하는 독립된 처분이 아니므로 현행 행정쟁송제도 아래서는 부관 그 자체만을 독립된 쟁송의 대상으로 할 수 없는 것이 원칙이나 행정행위의 부관 중에서도 행정행위에 부수하여 그 행정행위의 상대방에게 일정한 의무를 부과하는 행정청의 의사표시인 부담의 경우에는 다른 부관과는 달리 행정행위의 불가분적인 요소가 아니고 그 존속이 본체인 행정행위의 존재를 전제로 하는 것일 뿐이므로 부담 그 자체로서 행정쟁송의 대상이 될 수 있다(대판 1992. 1. 21. 91누1264).

⑤ ✕ 주택재건축사업시행의 인가는 상대방에게 권리나 이익을 부여하는 효과를 가진 이른바 수익적 행정처분으로서 법령에 행정처분의 요건에 관하여 일의적으로 규정되어 있지 아니한 이상 행정청의 재량행위에 속하므로, 처분청으로서는 법령상의 제한에 근거한 것이 아니라 하더라도 공익상 필요 등에 의하여 필요한 범위 내에서 여러 조건(부담)을 부과할 수 있다(대판 2007. 7. 12. 2007두6663).

10 정답 ①

① ✕ 토지구획정리사업법 제57조, 제62조 등의 규정상 환지예정지 지정이나 환지처분은 그에 의하여 직접 토지소유자 등의 권리의무가 변동되므로 이를 항고소송의 대상이 되는 처분이라고 볼 수 있으나, 환지계획은 위와 같은 환지예정지 지정이나 환지처분의 근거가 될 뿐 그 자체가 직접 토지소유자 등의 법률상의 지위를 변동시키거나 또는 환지예정지 지정이나 환지처분과는 다른 고유한 법률효과를 수반하는 것이 아니어서 이를 항고소송의 대상이 되는 처분에 해당한다고 할 수가 없다(대판 1999. 8. 20. 97누6889).

② ◯ 도시계획법 제16조의2 제2항 및 동시행령 제14조의2 제6항, 제7항, 제8항의 규정을 종합하여 보면 공람공고절차를 위배한 도시계획변경결정신청은 위법하다고 아니할 수 없고 행정처분에 위와 같은 법률이 보장한 절차의 흠결이 있는 위법사유가 존재하는 이상 그 내용에 있어 재량권의 범위내이고 변경될 가능성이 없다 하더라도 그 행정처분은 위법하다(대판 1988. 5. 24. 87누388).

③ ◯ 구 국토이용관리법(2002. 2. 4. 법률 제6655호 국토의계획및이용에관한법률 부칙 제2조로 폐지)상 주민이 국토이용계획의 변경에 대하여 신청을 할 수 있다는 규정이 없을 뿐만 아니라, 국토건설종합계획의 효율적인 추진과 국토이용질서를 확립하기 위한 국토이용계획은 장기성, 종합성이 요구되는 행정계획이어서 원칙적으로는 그 계획이 일단 확정된 후에 어떤 사정의 변동이 있다고 하여 그러한 사유만으로는 지역주민이나 일반 이해관계인에게 일일이 그 계획의 변경을 신청할 권리를 인정하여 줄 수는 없을 것이지만, 장래 일정한 기간 내에 관계 법령이 규정하는 시설 등을 갖추어 일정한 행정처분을 구하는 신청을 할 수 있는 법률상 지위에 있는 자의 국토이용계획변경신청을 거부하는 것이 실질적으로 당해 행정처분 자체를 거부하는 결과가 되는 경우에는 예외적으로 그 신청인에게 국토이용계획변경을 신청할 권리가 인정된다고 봄이 상당하므로, 이러한 신청에 대한 거부행위는 항고소송의 대상이 되는 행정처분에 해당한다(대판 2003. 9. 23. 2001두10936).

④ ◯ 구 도시계획법(2002. 2. 4. 법률 제6655호 국토의계획및이용에관한법률 부칙 제2조로 폐지)은 도시계획의 수립 및 집행에 관하여 필요한 사항을 규정함으로써 공공의 안녕질서를 보장하고 공공복리를 증진하며 주민의 삶의 질을 향상하게 함을 목적으로 하면서도 도시계획시설결정으로 인한 개인의 재산권행사의 제한을 줄이기 위하여, 도시계획시설부지의 매수청구권, 도시계획시설결정의 실효에 관한 규정과 아울러 도시계획 입안권자인 특별시장·광역시장·시장 또는 군수로 하여금 5년마다 관할 도시계획구역 안의 도시계획에 대하여 그 타당성 여부를 전반적으로 재검토하여 정비하여야 할 의무를 지우고, 도시계획입안제안과 관련하여서는 주민이 입안권자에게 '1. 도시계획시설의 설치·정비 또는 개량에 관한 사항 2. 지구단위계획구역의 지정 및 변경과 지구단위계획의 수립 및 변경에 관한 사항'에 관하여 '도시계획도서와 계획설명서를 첨부'하여 도시계획의 입안을 제안할 수 있고, 위 입안제안을 받은 입안권자는 그 처리결과를 제안자에게 통보하도록 규정하고 있는 점 등과 헌법상 개인의 재산권 보장의 취지에 비추어 보면, 도시계획구역 내 토지 등을 소유하고 있는 주민으로서는 입안권자에게 도시계획입안을 요구할 수 있는 법규상 또는 조리상의 신청권이 있다고 할 것이고, 이러한 신청에 대한 거부행위는 항고소송의 대상이 되는 행정처분에 해당한다(대판 2004. 4. 28. 2003두1806).

⑤ ◯ 행정계획이라 함은 행정에 관한 전문적·기술적 판단을 기초로 하여 도시의 건설·정비·개량 등과 같은 특정한 행정목표를 달성하기 위하여 서로 관련되는 행정수단을 종합·조정함으로써 장래의 일정한 시점에 있어서 일정한 질서를 실현하기 위한 활동기준으로 설정된 것으로서, 구 도시계획법(2000. 1. 28. 법률 제6243호로 전문 개정되기 전의 것) 등 관계 법령에는 추상적인 행정목표와 절차만이 규정되어 있을 뿐 행정계획의 내용에 관하여는 별다른 규정을 두고 있지 아니하므로 행정주체는 구체적인 행정계획을 입안·결정함에 있어서 비교적 광범위한 형성의 자유를 가지는 것이지만, 행정주체가 가지는 이와 같은 형성의 자유는 무제한

적인 것이 아니라 그 행정계획에 관련되는 자들의 이익을 공익과 사익 사이에서는 물론이고 공익 상호간과 사익 상호간에도 정당하게 비교교량하여야 한다는 제한이 있으므로, 행정주체가 행정계획을 입안·결정함에 있어서 이익형량을 전혀 행하지 아니하거나 이익형량의 고려 대상에 마땅히 포함시켜야 할 사항을 누락한 경우 또는 이익형량을 하였으나 정당성과 객관성이 결여된 경우에는 위법하다(대판 2006. 9. 8. 2003두5426).

11
정답 ①

① ⭕ 지방계약직공무원인 이 사건 옴부즈만 채용행위는 공법상 대등한 당사자 사이의 의사표시의 합치로 성립하는 공법상 계약에 해당한다(대판 2014. 4. 24. 2013두6244).

② ❌ 국가를 당사자로 하는 계약이나 공공기관의 운영에 관한 법률의 적용 대상인 공기업이 일방 당사자가 되는 계약(이하 편의상 '공공계약'이라 한다)은 국가 또는 공기업(이하 '국가 등'이라 한다)이 사경제의 주체로서 상대방과 대등한 지위에서 체결하는 사법(私法)상의 계약으로서 본질적인 내용은 사인 간의 계약과 다를 바가 없으므로, 법령에 특별한 정함이 있는 경우를 제외하고는 서로 대등한 입장에서 당사자의 합의에 따라 계약을 체결하여야 하고 당사자는 계약의 내용을 신의성실의 원칙에 따라 이행하여야 하는 등[구 국가를 당사자로 하는 계약에 관한 법률(2012. 12. 18. 법률 제11547호로 개정되기 전의 것, 이하 '국가계약법'이라 한다) 제5조 제1항] 사적 자치와 계약자유의 원칙을 비롯한 사법의 원리가 원칙적으로 적용된다(대판 2017. 12. 21. 2012다74076 전합).

③ ❌ 기부채납은 기부자가 그의 소유재산을 지방자치단체의 공유재산으로 증여하는 의사표시를 하고 지방자치단체는 이를 승낙하는 채납의 의사표시를 함으로써 성립하는 증여계약이고, 증여계약의 주된 내용은 기부자가 그의 소유재산에 대하여 가지고 있는 소유권 즉 사용·수익권 및 처분권을 무상으로 지방자치단체에게 양도하는 것이므로, 증여계약이 해제된다면 특별한 사정이 없는 한 기부자는 그의 소유재산에 처분권뿐만 아니라 사용·수익권까지 포함한 완전한 소유권을 회복한다(대판 1996. 11. 8. 96다20581).

④ ❌ 토지보상법상 수용은 일정한 요건하에 그 소유권을 사업시행자에게 귀속시키는 행정처분으로서 이로 인한 효과는 소유자가 누구인지와 무관하게 사업시행자가 그 소유권을 취득하게 하는 원시취득이다. 반면, 토지보상법상 '협의취득'의 성격은 사법상 매매계약이므로 그 이행으로 인한 사업시행자의 소유권 취득도 승계취득이다(대판 2018. 12. 13. 2016두51719).

⑤ ❌ 국책사업인 '한국형 헬기 개발사업'(Korean Helicopter Program, 이하 'KHP사업'이라 한다)에 개발주관사업자 중 하나로 참여하여 국가 산하 중앙행정기관인 방위사업청과 '한국형헬기 민군겸용 핵심구성품 개발협약'을 체결한 甲 주식회사가 협약을 이행하는 과정에서 환율변동 및 물가상승 등 외부적 요인 때문에 협약금액을 초과하는 비용이 발생하였다고 주장하면서 국가를 상대로 초과비용의 지급을 구하는 민사소송을 제기한 사안에서, 과학기술기본법 제11조, 구 국가연구개발사업의 관리 등에 관한 규정(2010. 8. 11. 대통령령 제22328호로 전부 개정되기 전의 것, 이하 '국가연구개발사업규정'이라 한다) 제2조 제1호, 제7호, 제7조 제1항, 제10조, 제15조, 제20조, 항공우주산업개발 촉진법 제4조 제1항 제2호, 제2항, 제3항 등의 입법 취지와 규정 내용, 위 협약에서 국가는 甲 회사에 '대가'를 지급한다고 규정하고 있으나 이는 국가연구개발사업규정에 근거하여 국가가 甲 회사에 연구경비로 지급하는 출연금을 지칭하는 데 다름 아닌 점, 위 협약에 정한 협약금액은 정부의 연구개발비 출연금과 참여기업의 투자금 등으로 구성되는데 위 협약 특수조건에 의하여 참여기업이 물가상승 등을 이유로 국가에 협약금액의 증액을 내용으로 하는 협약변경을 구하는 것은 실질적으로는 KHP사업에 대한 정부출연금의 증액을 요구하는 것으로 이에 대하여는 국가의 승인을 얻도록 되어 있는 점, 위 협약은 정부와 민간이 공동으로 한국형헬기 민·군 겸용 핵심구성품을 개발하여 기술에 대한 권리는 방위사업이라는 점을 감안하여 국가에 귀속시키되 장차 기술사용권을 甲 회사에 이전하여 군용 헬기를 제작·납품하게 하거나 또는 민간 헬기의 독자적 생산기반을 확보하려는 데 있는 점, KHP사업의 참여기업인 甲 회사로서도 민·군 겸용 핵심구성품 개발사업에 참여하여 기술력을 확보함으로써 향후 군용 헬기 양산 또는 민간 헬기 생산에서 유리한 지위를 확보할 수 있게 된다는 점 등을 종합하면, 국가연구개발사업규정에 근거하여 국가 산하 중앙행정기관의 장과 참여기업인 甲 회사가 체결한 위 협약의 법률관계는 공법관계에 해당하므로 이에 관한 분쟁은 행정소송으로 제기하여야 한다고 한 사례(대판 2017. 11. 9. 2015다215526).

12
정답 ②

② ❌ 행정절차법 제21조 제1항은 행정청은 당사자에게 의무를 과하거나 권익을 제한하는 처분을 하는 경우에는 미리 처분의 제목, 당사자의 성명 또는 명칭과 주소, 처분하고자 하는 원인이 되는 사실과 처분의 내용 및 법적 근거, 그에 대하여 의견을 제출할 수 있다는 뜻과 의견을 제출하지 아니하는 경우의 처리방법, 의견제출기관의 명칭과 주소, 의견제출기한 등을 당사자 등에게 통지하도록 하고 있는바, 신청에 따른 처분이 이루어지지 아니한 경우에는 아직 당사자에게 권익이 부과되지 아니하였으므로 특별한 사정이 없는 한 신청에 대한 거부처분이라고 하더라도 직접 당사자의 권익을 제한하는 것은 아니어서 신청에 대한 거부처분을 여기에서 말하는 '당사자의 권익을 제한하는 처분'에 해당한다고 할 수 없는 것이어서 처분의 사전통지대상이 된다고 할 수 없다(대판 2003. 11. 28. 2003두674).

① ⭕ 국가공무원법상 직위해제처분은 구 행정절차법(2012. 10. 22. 법률 제11498호로 개정되기 전의 것) 제3조 제2항 제9호, 구 행정절차법 시행령(2011. 12. 21. 대통령령 제23383호로 개정되기 전의 것) 제2조 제3호에 의하여 당해 행정작용의 성질상 행정절차를 거치기 곤란하거나 불필요하다고 인정되는 사항 또는 행정절차에 준하는 절차를 거친 사항에 해당하므로, 처분의 사전통지 및 의견청취 등에 관한 행정절차법의 규정이 별도로 적용되지 않는다(대판 2014. 5. 16. 2012두26180).

③ ⭕ 행정절차법 제21조 제1항, 제22조 제3항 및 제2조 제4호의 각 규정에 의하면, 행정청이 당사자에게 의무를 과하거나 권익을 제한하는 처분을 함에 있어서는 당사자 등에게 처분의 사전통지를 하고 의견제출의 기회를 주어야 하며, 여기서 당사자라 함은 행정청의 처분에 대하여 직접 그 상대가 되는 자를 의미한다 할 것이고, 한편 구 식품위생법(2002. 1. 26. 법률 제6627호로 개정되기 전의 것) 제25조 제2항, 제3항의 각 규정에 의하면, 지방세법에 의한 압류재산 매각절차에 따라 영업시설의 전부를 인수함으로써 그 영업자의 지위를 승계한 자가 관계 행정청에 이를 신고하여 행정청이 이를 수리하는 경우에는 종전의 영업자에 대한 영업허가 등은 그 효력을 잃는다 할 것인데, 위 규정들을 종합하면 위 행정청이 구 식품위생법 규정에 의하여 영업자지위승계신고를 수리하는 처분은 종전의 영업자의 권익을 제한하는 처분이라 할 것이고 따라서 종전의 영업자는 그 처분에 대하여 직접 그 상대가 되는 자에 해당한다고 봄이 상당하므로, 행정청으로서는 위 신고를 수리하는 처분을 함에 있어서 행정절차법 규정 소정의 당사자에 해당하는 종전의 영업자에 대하여 위 규정 소정의 행정절차를 실시하고 처분을 하여야 한다(대판 2003. 2. 14. 2001두7015).

④ ⭕ 행정절차법 제21조 제1항, 제3항, 제4항, 제22조에 의하면, 행정청이 당사자에게 의무를 부과하거나 권익을 제한하는 처분을 하는 경우에는 미리 '처분의 제목', '처분하려는 원인이 되는 사실과 처분의 내용 및 법적 근거', '이에 대하여 의견을 제출할 수 있다는 뜻과 의견을 제출하지 아

니하는 경우의 처리방법', '의견제출기관의 명칭과 주소', '의견제출기한' 등의 사항을 당사자 등에게 통지하여야 하고, 의견제출기한은 의견제출에 필요한 상당한 기간을 고려하여 정하여야 하며, 다른 법령 등에서 필수적으로 청문을 하거나 공청회를 개최하도록 규정하고 있지 아니한 경우에도 당사자 등에게 의견제출의 기회를 주어야 하며, 다만 '해당 처분의 성질상 의견청취가 현저히 곤란하거나 명백히 불필요하다고 인정될 만한 상당한 이유가 있는 경우' 등에 한하여 처분의 사전통지나 의견청취를 하지 아니할 수 있다. 따라서 행정청이 침해적 행정처분을 하면서 당사자에게 사전통지를 하거나 의견제출의 기회를 주지 아니하였다면, 사전통지나 의견제출의 예외적인 경우에 해당하지 아니하는 한, 처분은 위법하여 취소를 면할 수 없다(대판 2016. 10. 27. 2016두41811).

⑤ ○ 행정청이 당사자와 사이에 도시계획사업의 시행과 관련한 협약을 체결하면서 관계 법령 및 행정절차법에 규정된 청문의 실시 등 의견청취절차를 배제하는 조항을 두었다고 하더라도, 국민의 행정참여를 도모함으로써 행정의 공정성·투명성 및 신뢰성을 확보하고 국민의 권익을 보호한다는 행정절차법의 목적 및 청문제도의 취지 등에 비추어 볼 때, 위와 같은 협약의 체결로 청문의 실시에 관한 규정의 적용을 배제할 수 있다고 볼 만한 법령상의 규정이 없는 한, 이러한 협약이 체결되었다고 하여 청문의 실시에 관한 규정의 적용이 배제된다거나 청문을 실시하지 않아도 되는 예외적인 경우에 해당한다고 할 수 없다(대판 2004. 7. 8. 2002두8350).

13   정답 ③

③ ○ 공공기관의 정보공개에 관한 법률 제9조 제1항 제5호에서 규정하고 있는 '공개될 경우 업무의 공정한 수행에 현저한 지장을 초래한다고 인정할 만한 상당한 이유가 있는 경우'란 같은 법 제1조의 정보공개제도의 목적 및 같은 법 제9조 제1항 제5호의 규정에 의한 비공개대상정보의 입법 취지에 비추어 볼 때 공개될 경우 업무의 공정한 수행이 객관적으로 현저하게 지장을 받을 것이라는 고도의 개연성이 존재하는 경우를 의미한다. 여기에 해당하는지 여부는 비공개에 의하여 보호되는 업무수행의 공정성 등의 이익과 공개에 의하여 보호되는 국민의 알권리의 보장과 국정에 대한 국민의 참여 및 국정운영의 투명성 확보 등의 이익을 비교·교량하여 구체적인 사안에 따라 신중하게 판단되어야 한다(대판 2014. 7. 24. 2013두20301).

① ✕ 공공기관의 정보공개에 관한 법률(이하 '정보공개법'이라 한다)의 입법 목적, 정보공개의 원칙, 비공개대상정보의 규정 형식과 취지 등을 고려하면, 법원 이외의 공공기관이 정보공개법 제9조 제1항 제4호에서 정한 '진행 중인 재판에 관련된 정보'에 해당한다는 사유로 정보공개를 거부하기 위하여는 반드시 그 정보가 진행 중인 재판의 소송기록 자체에 포함된 내용일 필요는 없다. 그러나 재판에 관련된 일체의 정보가 그에 해당하는 것은 아니고 진행 중인 재판의 심리 또는 재판결과에 구체적으로 영향을 미칠 위험이 있는 정보에 한정된다고 보는 것이 타당하다(대판 2011. 11. 24. 2009두19021).

② ✕ 공공기관의 정보공개에 관한 법률 제9조 제1항 제6호 본문은 "해당 정보에 포함되어 있는 성명·주민등록번호 등 개인에 관한 사항으로서 공개될 경우 사생활의 비밀 또는 자유를 침해할 우려가 있다고 인정되는 정보"를 비공개대상정보의 하나로 규정하고 있다. 여기에서 말하는 비공개대상정보에는 성명·주민등록번호 등 '개인식별정보'뿐만 아니라 그 외에 정보의 내용에 따라 '개인에 관한 사항의 공개로 인하여 개인의 내밀한 내용의 비밀 등이 알려지게 되고, 그 결과 인격적·정신적 내면생활에 지장을 초래하거나 자유로운 사생활을 영위할 수 없게 될 위험성이 있는 정보'도 포함된다. 따라서 불기소처분 기록이나 내사기록 중 피의자신문조서 등 조서에 기재된 피의자 등의 인적사항 이외의 진술내용 역시 개인의 사생활의 비밀 또는 자유를 침해할 우려가 인정되는 경우에는 위 비공개대상정보에 해당한다(대판 2017. 9. 7. 2017두44558).

④ ✕ 개를 청구할 권리를 가진다'고 규정하고 있는데, 여기에서 말하는 국민에는 자연인은 물론 법인, 권리능력 없는 사단·재단도 포함되고, 한편 정보공개청구권은 법률상 보호되는 구체적인 권리이므로 청구인이 공공기관에 대하여 정보공개를 청구하였다가 거부처분을 받은 것 자체가 법률상 이익의 침해에 해당한다(대판 2003. 3. 11. 2001두6425).

⑤ ✕ 정보공개법 제1조, 제3조, 제8조, 제9조 제1항 등의 관계규정에 의하면, 국민으로부터 보유·관리하는 정보에 대한 공개를 요구받은 공공기관으로서는 위 제9조 제1항 각 호에서 정하고 있는 비공개사유에 해당하지 않는 한 이를 공개하여야 하고, 이를 거부하는 경우라 할지라도 대상이 된 정보의 내용을 구체적으로 확인·검토하여 어느 부분이 어떠한 법익 또는 기본권과 충돌되어 제9조 제1항 몇 호에서 정하고 있는 비공개사유에 해당하는지를 주장·입증하여야만 하며, 그에 이르지 아니한 채 개괄적인 사유만을 들어 공개를 거부하는 것은 허용되지 아니한다(대판 2007. 2. 8. 2006두4899).

14   정답 ②

② ✕ 행정대집행법 제2조는 대집행의 대상이 되는 의무를 "법률(법률의 위임에 의한 명령, 지방자치단체의 조례를 포함한다. 이하 같다)에 의하여 직접 명령되었거나 또는 법률에 의거한 행정청의 명령에 의한 행위로서 타인이 대신하여 행할 수 있는 행위"라고 규정하고 있으므로, 대집행계고처분을 하기 위하여는 법령에 의하여 직접 명령되거나 법령에 근거한 행정청의 명령에 의한 의무자의 대체적 작위의무 위반행위가 있어야 한다. 따라서 단순한 부작위의무의 위반, 즉 관계 법령에 정하고 있는 절대적 금지나 허가를 유보한 상대적 금지를 위반한 경우에는 당해 법령에서 그 위반자에 대하여 위반에 의하여 생긴 유형적 결과의 시정을 명하는 행정처분의 권한을 인정하는 규정(예컨대, 건축법 제69조, 도로법 제74조, 하천법 제67조, 도시공원법 제20조, 옥외광고물등관리법 제10조 등)을 두고 있지 아니한 이상, 법치주의의 원리에 비추어 볼 때 위와 같은 부작위의무로부터 그 의무를 위반함으로써 생긴 결과를 시정하기 위한 작위의무를 당연히 끌어낼 수는 없으며, 또 위 금지규정(특히 허가를 유보한 상대적 금지규정)으로부터 작위의무, 즉 위반결과의 시정을 명하는 권한이 당연히 추론(推論)되는 것도 아니다(대판 1996. 6. 28. 96누4374).

① ○ 행정청이 행정대집행법의 규정에 의하여 이행을 확보할 수 있는 행정상의 의무는 '타인이 대신하여 행할 수 있는 의무' 즉 대체적 작위의무에 한정되는 것이고, 작위의무라고 하더라도 건물의 명도 또는 퇴거와 같은 비대체적인 것은 대집행의 대상이 될 수 없으며, 존치물건의 반출은 건물의 명도 또는 퇴거의무의 이행에 수반하는 필연적인 행위이고 그것 자체가 독립하여 의무 내용을 이루는 것이 아니므로 건물의 명도 또는 퇴거에 대한 대집행이 허용되지 아니하는 이상 그것만이 독립하여 대집행의 대상이 될 수 없다(대판 1996. 10. 11. 95누10020).

③ ○ 대집행의 계고·대집행영장에 의한 통지·대집행의·실행·대집행에 요한 비용의 납부명령 등은, 타인이 대신하여 행할 수 있는 행정의무의 이행을 의무자의 비용부담하에 확보하고자 하는, 동일한 행정목적을 달성하기 위하여 단계적인 일련의 절차로 연속하여 행하여지는 것으로서, 서로 결합하여 하나의 법률효과를 발생시키는 것이므로, 선행처분인 계고처분이 하자가 있는 위법한 처분이라면, 비록 하자가 중대하고도 명백한 것이 아니어서 당연무효의 처분이라고 볼 수 없고 대집행의 실행이 이미 사실행위로서 완료되어 계고처분의 취소를 구할 법률상 이익이 없게 되었으며, 또 대집행비용납부명령 자체에는 아무런 하자가 없다 하더라도, 후행처분인 대집행비용납부명령의 취소를 청구하는 소송에서 청구원인으로 선행처분인 계고처분이 위법한 것이기 때문에 그 계고처분을 전제로 행하여진 대집행비용납부명령도 위법한 것이라는 주장을 할

수 있다(대판 1993. 11. 9. 93누14271).

④ ⭕ 행정청이 행정대집행법 제3조 제1항에 의한 대집행계고를 함에 있어서는 의무자가 스스로 이행하지 아니하는 경우에 대집행할 행위의 내용 및 범위가 구체적으로 특정되어야 하지만, 그 행위의 내용 및 범위는 반드시 대집행계고서에 의하여서만 특정되어야 하는 것이 아니고 계고처분 전후에 송달된 문서나 기타 사정을 종합하여 행위의 내용이 특정되거나 대집행 의무자가 그 이행의무의 범위를 알 수 있으면 족하다(대판 1997. 2. 14. 96누15428).

⑤ ⭕ 행정대집행법상 대집행의 대상이 되는 대체적 작위의무는 공법상 의무이어야 할 것인데, 구 공공용지의 취득 및 손실보상에 관한 특례법(2002. 2. 4. 법률 제6656호 공익사업을 위한 토지 등의 취득 및 보상에 관한 법률 부칙 제2조로 폐지)에 따른 토지 등의 협의취득은 공공사업에 필요한 토지 등을 그 소유자와의 협의에 의하여 취득하는 것으로서 공공기관이 사경제주체로서 행하는 사법상 매매 내지 사법상 계약의 실질을 가지는 것이므로, 그 협의취득시 건물소유자가 매매대상 건물에 대한 철거의무를 부담하겠다는 취지의 약정을 하였다고 하더라도 이러한 철거의무는 공법상의 의무가 될 수 없고, 이 경우에도 행정대집행법을 준용하여 대집행을 허용하는 별도의 규정이 없는 한 위와 같은 철거의무는 행정대집행법에 의한 대집행의 대상이 되지 않는다(대판 2006. 10. 13. 2006두7096).

15   정답 ③

③ ❌ 부동산 실권리자명의 등기에 관한 법률 제3조 제1항, 제5조 제1항, 같은 법 시행령 제3조 제1항의 규정을 종합하면, 명의신탁자에 대하여 과징금을 부과할 것인지 여부는 기속행위에 해당하므로, 명의신탁이 조세를 포탈하거나 법령에 의한 제한을 회피할 목적이 아닌 경우에 한하여 그 과징금을 일정한 범위 내에서 감경할 수 있을 뿐이지 그에 대하여 과징금 부과처분을 하지 않거나 과징금을 전액 감면할 수 있는 것은 아니다(대판 2007. 7. 12. 2005두1728).

② ⭕

> **행정기본법 제29조(과징금의 납부기한 연기 및 분할 납부)** 과징금은 한꺼번에 납부하는 것을 원칙으로 한다. 다만, 행정청은 과징금을 부과받은 자가 다음 각 호의 어느 하나에 해당하는 사유로 과징금 전액을 한꺼번에 내기 어렵다고 인정될 때에는 그 납부기한을 연기하거나 분할 납부하게 할 수 있으며, 이 경우 필요하다고 인정하면 담보를 제공하게 할 수 있다.
> 1. 재해 등으로 재산에 현저한 손실을 입은 경우
> 2. 사업 여건의 악화로 사업이 중대한 위기에 처한 경우
> 3. 과징금을 한꺼번에 내면 자금 사정에 현저한 어려움이 예상되는 경우
> 4. 그 밖에 제1호부터 제3호까지에 준하는 경우로서 대통령령으로 정하는 사유가 있는 경우

④ ⭕ 과징금은 원칙적으로 행정법상의 의무를 위반한 자에 대하여 당해 위반행위로 얻게 된 경제적 이익을 박탈하기 위한 목적으로 부과하는 금전적인 제재이므로, 법이 규정한 범위 내에서 그 부과처분 당시까지 부과관청이 확인한 사실을 기초로 일의적으로 확정되어야 할 것이지, 추후에 부과금 산정기준이 되는 새로운 자료가 나왔다고 하여 새로운 부과처분을 할 수 있는 것은 아니다(대판 2002. 5. 28. 2000두6121).

⑤ ⭕ 구 독점규제및공정거래에관한법률(1999. 2. 5. 법률 제5813호로 개정되기 전의 것) 제23조 제1항 제7호, 같은 법 제24조의2 소정의 부당지원행위를 한 지원주체에 대한 과징금은 그 취지와 기능, 부과의 주체와 절차 등을 종합할 때 부당지원행위의 억지(抑止)라는 행정목적을 실현하기 위한 입법자의 정책적 판단에 기하여 그 위반행위에 대하여 제재를 가하는 행정상의 제재금으로서의 기본적 성격에 부당이득환수적 요소도 부가되어 있는 것이라고 할 것이어서 그것이 헌법 제13조 제1항에서 금지하는 국가형벌권 행사로서의 처벌에 해당한다고 할 수 없으므로 구 독점규제및공정거래에관한법률에서 형사처벌과 아울러 과징금의 부과처분을 할 수 있도록 규정하고 있다 하더라도 이중처벌금지원칙이나 무죄추정원칙에 위반된다거나 사법권이나 재판청구권을 침해한다고 볼 수 없고, 또한 같은 법 제55조의3 제1항에 정한 각 사유를 참작하여 부당지원행위의 불법의 정도에 비례하여 상당한 금액의 범위 내에서만 과징금을 부과할 수 있도록 하고 있음에 비추어 비례원칙에 반한다고 할 수도 없다(대판 2004. 4. 9. 2001두6197).

16   정답 ①

① ❌ 지방의회에서의 사무감사·조사를 위한 증인의 동행명령장제도도 증인의 신체의 자유를 억압하여 일정 장소로 인치하는 것으로서 헌법 제12조 제3항의 "체포 또는 구속"에 준하는 사태로 보아야 하고, 거기에 현행범 체포와 같이 사후에 영장을 발부받지 아니하면 목적을 달성할 수 없는 긴박성이 있다고 인정할 수는 없으므로, 헌법 제12조 제3항에 의하여 법관이 발부한 영장의제시가 있어야 함에도 불구하고 동행명령장을 법관이 아닌 지방의회 의장이 발부하고 이에 기하여 증인의 신체의 자유를 침해하여 증인을 일정 장소에 인치하도록 규정된 조례안은 영장주의 원칙을 규정한 헌법 제12조 제3항에 위반된 것이다(대판 1995. 6. 30. 93추83).

②⭕, ⑤⭕ 행정강제는 행정상 강제집행을 원칙으로 하며, 법치국가적 요청인 예측가능성과 법적 안정성에 반하고, 기본권 침해의 소지가 큰 권력작용인 행정상 즉시강제는 어디까지나 예외적인 강제수단이라고 할 것이다. 이러한 행정상 즉시강제는 엄격한 실정법상의 근거를 필요로 할 뿐만 아니라, 그 발동에 있어서는 법규의 범위 안에서도 다시 행정상의 장해가 목전에 급박하고, 다른 수단으로는 행정목적을 달성할 수 없는 경우이어야 하며, 이러한 경우에도 그 행사는 필요 최소한도에 그쳐야 함을 내용으로 하는 조리상의 한계에 기속된다(헌재 2002. 10. 31. 2000헌가12).

③ ⭕ 영장주의가 행정상 즉시강제에도 적용되는지에 관하여는 논란이 있으나, 행정상 즉시강제는 상대방의 임의이행을 기다릴 시간적 여유가 없을 때 하명 없이 바로 실력을 행사하는 것으로서, 그 본질상 급박성을 요건으로 하고 있어 법관의 영장을 기다려서는 그 목적을 달성할 수 없다고 할 것이므로, 원칙적으로 영장주의가 적용되지 않는다고 보아야 할 것이다(헌재 2002. 10. 31. 2000헌가12).

④ ⭕ 경찰관직무집행법 제4조 제1항 제1호(이하 '이 사건 조항'이라 한다)에서 규정하는 술에 취한 상태로 인하여 자기 또는 타인의 생명·신체와 재산에 위해를 미칠 우려가 있는 피구호자에 대한 보호조치는 경찰 행정상 즉시강제에 해당하므로, 그 조치가 불가피한 최소한도 내에서만 행사되도록 그 발동·행사 요건을 신중하고 엄격하게 해석하여야 한다(대판 2008. 11. 13. 2007도9794).

17   정답 ④

④ ❌

> **행정조사기본법 제17조(조사의 사전통지)** ① 행정조사를 실시하고자 하는 행정기관의 장은 제9조에 따른 출석요구서, 제10조에 따른 보고요구서·자료제출요구서 및 제11조에 따른 현장출입조사서(이하 "출

석요구서등"이라 한다)를 조사개시 7일 전까지 조사대상자에게 서면으로 통지하여야 한다. 다만, 다음 각 호의 어느 하나에 해당하는 경우에는 행정조사의 개시와 동시에 출석요구서등을 조사대상자에게 제시하거나 행정조사의 목적 등을 조사대상자에게 구두로 통지할 수 있다.
1. 행정조사를 실시하기 전에 관련 사항을 미리 통지하는 때에는 증거인멸 등으로 행정조사의 목적을 달성할 수 없다고 판단되는 경우
2. 「통계법」 제3조제2호에 따른 지정통계의 작성을 위하여 조사하는 경우
3. 제5조 단서에 따라 조사대상자의 자발적인 협조를 얻어 실시하는 행정조사의 경우

① ⭕

행정조사기본법 제4조(행정조사의 기본원칙) ① 행정조사는 조사목적을 달성하는데 필요한 최소한의 범위 안에서 실시하여야 하며, 다른 목적 등을 위하여 조사권을 남용하여서는 아니 된다.

② ⭕ 조사대상자의 자발적인 협조를 전제할 뿐 조사 거부에 대한 어떠한 제재도 없는 임의적 행정조사라면 법령상 명확한 위임 근거가 없다고 하더라도 가능하다(대판 2017. 11. 9. 2015두56748).

③ ⭕ 부과처분을 위한 과세관청의 질문조사권이 행하여지는 세무조사의 경우 납세자 또는 그 납세자와 거래가 있다고 인정되는 자 등(이하 '납세자 등'이라 한다)은 세무공무원의 과세자료 수집을 위한 질문에 대답하고 검사를 수인하여야 할 법적 의무를 부담한다(대판 2017. 10. 26. 2017두42255).

⑤ ⭕ 음주운전 여부에 관한 조사방법 중 혈액 채취(이하 '채혈'이라고 한다)는 상대방의 신체에 대한 직접적인 침해를 수반하는 방법으로서, 이에 관하여 도로교통법은 호흡조사와 달리 운전자에게 조사에 응할 의무를 부과하는 규정을 두지 아니할 뿐만 아니라, 측정에 앞서 운전자의 동의를 받도록 규정하고 있으므로(제44조 제3항), 운전자의 동의 없이 임의로 채혈조사를 하는 것은 허용되지 아니한다. 그리고 수사기관이 범죄 증거를 수집할 목적으로 운전자의 동의 없이 혈액을 취득·보관하는 행위는 형사소송법상 '감정에 필요한 처분' 또는 '압수'로서 법원의 감정처분허가장이나 압수영장이 있어야 가능하고, 다만 음주운전 중 교통사고를 야기한 후 운전자가 의식불명 상태에 빠져 있는 등으로 호흡조사에 의한 음주측정이 불가능하고 채혈에 대한 동의를 받을 수도 없으며 법원으로부터 감정처분허가장이나 사전 압수영장을 발부받을 시간적 여유도 없는 긴급한 상황이 발생한 경우에는 수사기관은 예외적인 요건하에 음주운전 범죄의 증거 수집을 위하여 운전자의 동의나 사전 영장 없이 혈액을 채취하여 압수할 수 있으나 이 경우에도 형사소송법에 따라 사후에 지체 없이 법원으로부터 압수영장을 받아야 한다. 따라서 음주운전 여부에 대한 조사 과정에서 운전자 본인의 동의를 받지 아니하고 또한 법원의 영장도 없이 채혈조사를 한 결과를 근거로 한 운전면허 정지·취소 처분은 도로교통법 제44조 제3항을 위반한 것으로서 특별한 사정이 없는 한 위법한 처분으로 볼 수밖에 없다(대판 2016. 12. 27. 2014두46850).

18 [정답 ④]

④ ⭕ 이미 공개된 개인정보를 정보주체의 동의가 있었다고 객관적으로 인정되는 범위 내에서 수집·이용·제공 등 처리를 할 때는 정보주체의 별도의 동의는 불필요하다고 보아야 할 것이고, 그러한 별도의 동의를 받지 아니하였다고 하여 개인정보 보호법 제15조나 제17조를 위반한 것으로 볼 수 없다(대판 2016. 8. 17. 2014다235080).

① ❌

개인정보 보호법 제39조(손해배상책임) ① 정보주체는 개인정보처리자가 이 법을 위반한 행위로 손해를 입으면 개인정보처리자에게 손해배상을 청구할 수 있다. 이 경우 그 개인정보처리자는 고의 또는 과실이 없음을 입증하지 아니하면 책임을 면할 수 없다.

② ❌

개인정보 보호법 제3조(개인정보 보호 원칙) ③ 개인정보처리자는 개인정보의 처리 목적에 필요한 범위에서 개인정보의 정확성, 완전성 및 최신성이 보장되도록 하여야 한다.

③ ❌

개인정보 보호법 제49조(집단분쟁조정) ① 국가 및 지방자치단체, 개인정보 보호단체 및 기관, 정보주체, 개인정보처리자는 정보주체의 피해 또는 권리침해가 다수의 정보주체에게 같거나 비슷한 유형으로 발생하는 경우로서 대통령령으로 정하는 사건에 대하여는 분쟁조정위원회에 일괄적인 분쟁조정(이하 "집단분쟁조정"이라 한다)을 의뢰 또는 신청할 수 있다.
② 제1항에 따라 집단분쟁조정을 의뢰받거나 신청받은 분쟁조정위원회는 그 의결로써 제3항부터 제7항까지의 규정에 따른 집단분쟁조정의 절차를 개시할 수 있다. 이 경우 분쟁조정위원회는 대통령령으로 정하는 기간 동안 그 절차의 개시를 공고하여야 한다.
⑦ 집단분쟁조정의 기간은 제2항에 따른 공고가 종료된 날의 다음 날부터 60일 이내로 한다. 다만, 부득이한 사정이 있는 경우에는 분쟁조정위원회의 의결로 처리기간을 연장할 수 있다.

⑤ ❌

개인정보 보호법 제2조(정의) 이 법에서 사용하는 용어의 뜻은 다음과 같다.
5. "개인정보처리자"란 업무를 목적으로 개인정보파일을 운용하기 위하여 스스로 또는 다른 사람을 통하여 개인정보를 처리하는 공공기관, 법인, 단체 및 개인 등을 말한다.

19 [정답 ③]

③ ❌

국가배상법 제5조(공공시설 등의 하자로 인한 책임) ① 도로·하천, 그 밖의 공공의 영조물(營造物)의 설치나 관리에 하자(瑕疵)가 있기 때문에 타인에게 손해를 발생하게 하였을 때에는 국가나 지방자치단체는 그 손해를 배상하여야 한다. 이 경우 제2조제1항 단서, 제3조 및 제3조의2를 준용한다.

① ⭕ 국가배상법 제5조상의 영조물은 인공공물뿐만 아니라 하천 등 자연공물을 포함하고, 동산 및 동물도 포함된다는 것이 통설, 판례이다.
② ⭕ 영조물 설치의 『하자』라 함은 영조물의 축조에 불완전한 점이 있어 이 때문에 영조물 자체가 통상 갖추어야 할 완전성을 갖추지 못한 상태에 있음을 말한다고 할 것인바 그 『하자』 유무는 객관적 견지에서 본 안전성의 문제이고 그 설치자의 재정사정이나 영조물의 사용목적에 의한 사정은 안전성을 요구하는데 대한 정도 문제로서 참작사유에는 해당

할지언정 안전성을 결정지을 절대적 요건에는 해당하지 아니한다 할 것이다(대판 1967. 2. 21. 66다1723).

④ ⭕ 자연영조물로서의 하천은 원래 이를 설치할 것인지 여부에 대한 선택의 여지가 없고, 위험을 내포한 상태에서 자연적으로 존재하고 있으며, 간단한 방법으로 위험상태를 제거할 수 없는 경우가 많고, 유수라고 하는 자연현상을 대상으로 하면서도 그 유수의 원천인 강우의 규모, 범위, 발생시기 등의 예측이나 홍수의 발생 작용 등의 예측이 곤란하고, 실제로 홍수가 어떤 작용을 하는지는 실험에 의한 파악이 거의 불가능하고 실제 홍수에 의하여 파악할 수밖에 없어 결국 과거의 홍수 경험을 토대로 하천관리를 할 수밖에 없는 특질이 있고, 또 국가나 하천관리청이 목표로 하는 하천의 개수작업을 완성함에 있어서는 막대한 예산을 필요로 하고, 대규모 공사가 되어 이를 완공하는 데 장기간이 소요되며, 치수의 수단은 강우의 특성과 하천 유역의 특성에 의하여 정해지는 것이므로 그 특성에 맞는 방법을 찾아내는 것은 오랜 경험이 필요하고 또 기상의 변화에 따라 최신의 과학기술에 의한 방법이 효용이 없을 수도 있는 등 그 관리상의 특수성도 있으므로 이와 같은 관리상의 특질과 특수성을 감안한다면, 하천의 관리청이 관계 규정에 따라 설정한 계획홍수위를 변경시켜야 할 사정이 생기는 등 특별한 사정이 없는 한, 이미 존재하는 하천의 제방이 계획홍수위를 넘고 있다면 그 하천은 용도에 따라 통상 갖추어야 할 안전성을 갖추고 있다고 보아야 하고, 그와 같은 하천이 그 후 새로운 하천시설을 설치할 때 기준으로 삼기 위하여 제정한 '하천시설기준'이 정한 여유고를 확보하지 못하고 있다는 사정만으로 바로 안전성이 결여된 하자가 있다고 볼 수는 없다(대판 2003. 10. 23. 2001다48057).

⑤ ⭕ 국가배상법 제5조에서 말하는 영조물의 설치·관리의 하자란 영조물이 그 용도에 따라 통상 갖추어야 할 안전성을 갖추지 못한 상태에 있음을 말하는 것으로서, 이와 같은 안전성의 구비 여부는 당해 영조물의 구조, 본래의 용법, 장소적 환경 및 이용 상황 등의 여러 사정을 종합적으로 고려하여 구체적·개별적으로 판단하여야 한다(대판 2000. 1. 14. 99다24201).

20

정답 ②

② ❌ 사업인정고시는 수용재결절차로 나아가 강제적인 방식으로 토지소유자나 관계인의 권리를 취득·보상하기 위한 절차적 요건에 지나지 않고 영업손실보상의 요건이 아니다. 토지보상법령도 반드시 사업인정이나 수용이 전제되어야 영업손실 보상의무가 발생한다고 규정하고 있지 않다. 따라서 피고가 시행하는 사업이 토지보상법상 공익사업에 해당하고 원고들의 영업이 해당 공익사업으로 폐업하거나 휴업하게 된 것이어서 토지보상법령에서 정한 영업손실 보상대상에 해당하면, 사업인정고시가 없더라도 피고는 원고들에게 영업손실을 보상할 의무가 있다(대판 2021. 11. 11. 2018다204022).

① ⭕ 구 공유수면매립법(1999. 2. 8. 법률 제5911호로 전부 개정되기 전의 것) 제17조가 "매립의 면허를 받은 자는 제16조 제1항의 규정에 의한 보상이나 시설을 한 후가 아니면 그 보상을 받을 권리를 가진 자에게 손실을 미칠 공사에 착수할 수 없다. 다만, 그 권리를 가진 자의 동의를 받았을 때에는 예외로 한다."고 규정하고 있으나, 손실보상은 공공필요에 의한 행정작용에 의하여 사인에게 발생한 특별한 희생에 대한 전보라는 점에서 그 사인에게 특별한 희생이 발생하여야 하는 것은 당연히 요구되는 것이고, 공유수면 매립면허의 고시가 있다고 하여 반드시 그 사업이 시행되고 그로 인하여 손실이 발생한다고 할 수 없으므로, 매립면허 고시 이후 매립공사가 실행되어 관행어업권자에게 실질적이고 현실적인 피해가 발생한 경우에만 공유수면매립법에서 정하는 손실보상청구권이 발생하였다고 할 것이다(대판 2010. 12. 9. 2007두6571).

③ ⭕

경찰관 직무집행법 제11조의2(손실보상) ① 국가는 경찰관의 적법한 직무집행으로 인하여 다음 각 호의 어느 하나에 해당하는 손실을 입은 자에 대하여 정당한 보상을 하여야 한다.
1. 손실발생의 원인에 대하여 책임이 없는 자가 생명·신체 또는 재산상의 손실을 입은 경우(손실발생의 원인에 대하여 책임이 없는 자가 경찰관의 직무집행에 자발적으로 협조하거나 물건을 제공하여 생명·신체 또는 재산상의 손실을 입은 경우를 포함한다)
2. 손실발생의 원인에 대하여 책임이 있는 자가 자신의 책임에 상응하는 정도를 초과하는 생명·신체 또는 재산상의 손실을 입은 경우

④ ⭕

공익사업을 위한 토지 등의 취득 및 보상에 관한 법률 제67조(보상액의 가격시점 등) ① 보상액의 산정은 협의에 의한 경우에는 협의 성립 당시의 가격을, 재결에 의한 경우에는 수용 또는 사용의 재결 당시의 가격을 기준으로 한다.
② 보상액을 산정할 경우에 해당 공익사업으로 인하여 토지등의 가격이 변동되었을 때에는 이를 고려하지 아니한다.

⑤ ⭕ 국립공원구역지정 후 토지를 종래의 목적으로 사용할 수 있는 원칙적인 경우의 토지소유자에게 부과하는 현상태의 유지의무나 변경금지의무는, 토지재산권의 제한을 통하여 실현하고자 하는 공익의 비중과 토지재산권의 침해의 정도를 비교해 볼 때, 토지소유자가 자신의 토지를 원칙적으로 종래 용도대로 사용할 수 있는 한 재산권의 내용과 한계를 비례의 원칙에 부합하게 합헌적으로 규율한 규정이라고 보아야 한다. 그러나 입법자가, 국립공원구역지정 후 토지를 종래의 목적으로도 사용할 수 없거나 토지를 사적으로 사용할 수 있는 방법이 없이 공원구역내 일부 토지소유자에 대하여 가혹한 부담을 부과하면서 아무런 보상규정을 두지 않은 경우에는 비례의 원칙에 위반되어 당해 토지소유자의 재산권을 과도하게 침해하는 것이라고 할 수 있다(헌재 2003. 4. 24. 99헌바110).

21

정답 ③

③ ❌ 행정심판의 재결은 피청구인인 행정청을 기속하는 효력을 가지므로 재결청이 취소심판의 청구가 이유 있다고 인정하여 처분청에 처분을 취소할 것을 명하면 처분청으로서는 재결의 취지에 따라 처분을 취소하여야 하지만, 나아가 재결에 판결에서와 같은 기판력이 인정되는 것은 아니어서 재결이 확정된 경우에도 처분의 기초가 된 사실관계나 법률적 판단이 확정되고 당사자들이나 법원이 이에 기속되어 모순되는 주장이나 판단을 할 수 없게 되는 것은 아니다(대판 2015. 11. 27. 2013다6759).

① ⭕

행정심판법 제5조(행정심판의 종류) 행정심판의 종류는 다음 각 호와 같다.
1. 취소심판: 행정청의 위법 또는 부당한 처분을 취소하거나 변경하는 행정심판
2. 무효등확인심판: 행정청의 처분의 효력 유무 또는 존재 여부를 확인하는 행정심판
3. 의무이행심판: 당사자의 신청에 대한 행정청의 위법 또는 부당한 거부처분이나 부작위에 대하여 일정한 처분을 하도록 하는 행정심판

② ◎

> **행정심판법 제31조(임시처분)** ① 위원회는 처분 또는 부작위가 위법·부당하다고 상당히 의심되는 경우로서 처분 또는 부작위 때문에 당사자가 받을 우려가 있는 중대한 불이익이나 당사자에게 생길 급박한 위험을 막기 위하여 임시지위를 정하여야 할 필요가 있는 경우에는 직권으로 또는 당사자의 신청에 의하여 임시처분을 결정할 수 있다.
> ② 제1항에 따른 임시처분에 관하여는 제30조제3항부터 제7항까지를 준용한다. 이 경우 같은 조 제6항 전단 중 "중대한 손해가 생길 우려"는 "중대한 불이익이나 급박한 위험이 생길 우려"로 본다.
> ③ 제1항에 따른 임시처분은 제30조제2항에 따른 집행정지로 목적을 달성할 수 있는 경우에는 허용되지 아니한다.

④ ◎ 재결의 기속력은 재결의 주문 및 그 전제가 된 요건사실의 인정과 판단, 즉 처분 등의 구체적 위법사유에 관한 판단에 대하여만 미치고, 종전 처분이 재결에 의하여 취소되었더라도 종전 처분 시와는 다른 사유를 들어 처분을 하는 것은 기속력에 저촉되지 아니한다(대판 2015. 11. 27. 2013다6759).

⑤ ◎ 행정처분의 취소를 구하는 항고소송에 있어서 처분청은 당초 처분의 근거로 삼은 사유와 기본적 사실관계가 동일성이 있다고 인정되는 한도 내에서만 다른 사유를 추가하거나 변경할 수 있을 뿐, 기본적 사실관계와 동일성이 인정되지 않는 별개의 사실을 들어 처분사유로서 주장함은 허용되지 아니한다(대판 1992. 2. 14. 91누3895).

22

정답 ②

② ✕ 행정청이 식품위생법령에 따라 영업자에게 행정제재처분을 한 후 그 처분을 영업자에게 유리하게 변경하는 처분을 한 경우, 변경처분에 의하여 당초 처분은 소멸하는 것이 아니고 당초부터 유리하게 변경된 내용의 처분으로 존재하는 것이므로, 변경처분에 의하여 유리하게 변경된 내용의 행정제재가 위법하다 하여 그 취소를 구하는 경우 그 취소소송의 대상은 변경된 내용의 당초 처분이지 변경처분은 아니고, 제소기간의 준수 여부도 변경처분이 아닌 변경된 내용의 당초 처분을 기준으로 판단하여야 한다(대판 2007. 4. 27. 2004두9302).

① ◎ 행정처분을 다툴 소의 이익은 개별·구체적 사정을 고려하여 판단하여야 한다. 행정처분의 무효확인 또는 취소를 구하는 소가 제소 당시에는 소의 이익이 있어 적법하였더라도, 소송 계속 중 처분청이 다툼의 대상이 되는 행정처분을 직권으로 취소하면 그 처분은 효력을 상실하여 더 이상 존재하지 않는 것이므로, 존재하지 않는 처분을 대상으로 한 항고소송은 원칙적으로 소의 이익이 소멸하여 부적법하다고 보아야 한다. 다만 처분청의 직권취소에도 완전한 원상회복이 이루어지지 않아 무효확인 또는 취소로써 회복할 수 있는 다른 권리나 이익이 남아 있거나 또는 동일한 소송 당사자 사이에서 그 행정처분과 동일한 사유로 위법한 처분이 반복될 위험성이 있어 행정처분의 위법성 확인 내지 불분명한 법률문제에 대한 해명이 필요한 경우 행정의 적법성 확보와 그에 대한 사법통제, 국민의 권리구제의 확대 등의 측면에서 예외적으로 그 처분의 취소를 구할 소의 이익을 인정할 수 있다(대판 2020. 4. 9. 2019두49953).

③ ◎ 일반적으로 행정처분의 무효확인을 구하는 소에는 원고가 그 처분의 취소는 구하지 아니 한다고 밝히고 있지 아니하는 이상 그 처분이 만약 당연무효가 아니라면 그 취소를 구하는 취지도 포함되어 있는 것으로 볼 것이나 행정심판절차를 거치지 아니한 까닭에 행정처분 취소의 소를 무효확인의 소로 변경한 경우에는 무효확인을 구하는 취지속에 그 처분이 당연무효가 아니라면 그 취소를 구하는 취지까지 포함된 것으로 볼 여지가 전혀 없다고 할 것이므로 법원으로서는 그 처분이 당연무효인가 여부만 심리판단하면 족하다고 할 것이다(대판 1987. 4. 28. 86누887).

④ ◎ 처분을 할 것인지 여부와 처분의 정도에 관하여 재량이 인정되는 과징금 납부명령에 대하여 그 명령이 재량권을 일탈하였을 경우 법원으로서는 재량권의 일탈 여부만 판단할 수 있을 뿐이지 재량권의 범위 내에서 어느 정도가 적정한 것인지에 관하여는 판단할 수 없어 그 전부를 취소할 수밖에 없고, 법원이 적정하다고 인정되는 부분을 초과한 부분만 취소할 수는 없다(대판 2009. 6. 23. 2007두18062).

⑤ ◎ 당사자의 신청에 대한 행정청의 거부처분이 있는 경우에는 행정청이 당사자의 신청에 대하여 상당한 기간 내에 일정한 처분을 하여야 할 법률상의 응답의무를 이행하지 아니함으로써 야기된 부작위라는 위법상태를 제거하기 위하여 제기하는 부작위위법확인소송은 허용되지 아니한다(대판 1991. 11. 8. 90누9391).

23

정답 ①

① ◎ 병역법'상 지방병무청장의 병역처분(대판 1983. 8. 27. 93누3356), '공기업·준정부기관 회계사무규칙'에 의한 한국전력공사의 부정당업자제재처분(대판 2014. 11. 27. 2013두18964), 주택건설사업계획승인처분(대판 2018. 11. 29. 2016두38792)은 모두 항고소송의 대상이 된다.

② ✕ 상수원보호구역 설정의 근거가 되는 수도법 제5조 제1항 및 동 시행령 제7조 제1항이 보호하고자 하는 것은 상수원의 확보와 수질보전일 뿐이고, 그 상수원에서 급수를 받고 있는 지역주민들이 가지는 상수원의 오염을 막아 양질의 급수를 받을 이익은 직접적이고 구체적으로는 보호하고 있지 않음이 명백하여 위 지역주민들이 가지는 이익은 상수원의 확보와 수질보호라는 공공의 이익이 달성됨에 따라 반사적으로 얻게 되는 이익에 불과하므로 지역주민들에 불과한 원고들에게는 위 상수원보호구역변경처분의 취소를 구할 법률상의 이익이 없다(대판 1995. 9. 26. 94누14544).

③ ✕ 행정소송법 제12조에서 말하는 '법률상 이익'이란 당해 행정처분의 근거 법률에 의하여 보호되는 직접적이고 구체적인 이익을 말하고, 당해 행정처분과 관련하여 간접적이거나 사실적·경제적 이해관계를 가지는 데 불과한 경우는 여기에 포함되지 않으나, 행정처분의 직접 상대방이 아닌 제3자라고 하더라도 당해 행정처분으로 인하여 법률상 보호되는 이익을 침해당한 경우에는 취소소송을 제기하여 그 당부의 판단을 받을 자격이 있다(대판 2010. 5. 13. 2009두19168).

④ ✕ 거부처분의 처분성을 인정하기 위한 전제요건이 되는 신청권의 존부는 구체적 사건에서 신청인이 누구인가를 고려하지 않고 관계 법규의 해석에 의하여 일반 국민에게 그러한 신청권을 인정하고 있는가를 살펴 추상적으로 결정되는 것이고, 신청인이 그 신청에 따른 단순한 응답을 받을 권리를 넘어서 신청의 인용이라는 만족적 결과를 얻을 권리를 의미하는 것은 아니다(대판 1996. 6. 11. 95누12460).

⑤ ✕ 건물의 사용검사처분은 건축허가를 받아 건축된 건물이 건축허가 사항대로 건축행정 목적에 적합한지 여부를 확인하고 사용검사필증을 교부하여 줌으로써 허가받은 사람으로 하여금 건축한 건물을 사용·수익할 수 있게 하는 법률효과를 발생시키는 것이다. 이러한 사용검사처분은 건축물을 사용·수익할 수 있게 하는 데 그치므로 건축물에 대하여 사용검사처분이 이루어졌다고 하더라도 그 사정만으로는 건축물에 있는 하자나 건축법 등 관계 법령에 위배되는 사실이 정당화되지는 아니하며, 또한 건축물에 대한 사용검사처분의 무효확인을 받거나 처분이 취소된다고 하더라도 사용검사 전의 상태로 돌아가 건축물을 사용할 수 없게 되는 것에 그칠 뿐 곧바로 건축물의 하자 상태 등이 제거되거나 보완되는 것도 아니다. 그리고 입주자나 입주예정자들은 사용검사처분의 무효확인을 받거나 처분을 취소하지 않고도 민사소송 등을 통하여 분양계약에

따른 법률관계 및 하자 등을 주장·증명함으로써 사업주체 등으로부터 하자의 제거·보완 등에 관한 권리구제를 받을 수 있으므로, 사용검사처분의 무효확인 또는 취소 여부에 의하여 법률적인 지위가 달라진다고 할 수 없으며, 구 주택공급에 관한 규칙(2012. 3. 30. 국토해양부령 제452호로 개정되기 전의 것)에서 주택공급계약에 관하여 사용검사와 관련된 규정을 두고 있다고 하더라도 달리 볼 것은 아니다. 오히려 주택에 대한 사용검사처분이 있으면, 그에 따라 입주예정자들이 주택에 입주하여 이를 사용할 수 있게 되므로 일반적으로 입주예정자들에게 이익이 되고, 다수의 입주자들이 사용검사권자의 사용검사처분을 신뢰하여 입주를 마치고 제3자에게 주택을 매매 내지 임대하거나 담보로 제공하는 등 사용검사처분을 기초로 다수의 법률관계가 형성되는데, 일부 입주자나 입주예정자가 사업주체와의 개별적 분쟁 등을 이유로 사용검사처분의 무효확인 또는 취소를 구하게 되면, 처분을 신뢰한 다수의 이익에 반하게 되는 상황이 발생할 수 있다. 위와 같은 사정들을 종합하여 볼 때, 구 주택법(2012. 1. 26. 법률 제11243호로 개정되기 전의 것)상 입주자나 입주예정자는 사용검사처분의 무효확인 또는 취소를 구할 법률상 이익이 없다(대판 2015. 1. 29. 2013두24976).

24 정답 ④

④ ✗ 구 경찰공무원법(1996. 8. 8. 법률 제5153호로 개정되기 전의 것) 제11조 제2항, 제13조 제1항, 제2항, 경찰공무원승진임용규정 제36조 제1항, 제2항에 의하면, 경정 이하 계급에의 승진에 있어서는 승진심사와 함께 승진시험을 병행할 수 있고, 승진시험에 합격한 자는 시험승진후보자명부에 등재하여 그 등재순위에 따라 승진하도록 되어 있으며, 같은 규정 제36조 제3항에 의하면 시험승진후보자명부에 등재된 자가 승진임용되기 전에 감봉 이상의 징계처분을 받은 경우에는 임용권자 또는 임용제청권자가 위 징계처분을 받은 자를 시험승진후보자명부에서 삭제하도록 되어 있는바, 이처럼 시험승진후보자명부에 등재되어 있던 자가 그 명부에서 삭제됨으로써 승진임용의 대상에서 제외되었다 하더라도, 그와 같은 시험승진후보자명부에서의 삭제행위는 결국 그 명부에 등재된 자에 대한 승진 여부를 결정하기 위한 행정청 내부의 준비과정에 불과하고, 그 자체가 어떠한 권리나 의무를 설정하거나 법률상 이익에 직접적인 변동을 초래하는 별도의 행정처분이 된다고 할 수 없다(대판 1997. 11. 14. 97누7325).

① ◎ 임용당시 공무원임용결격사유가 있었다면 비록 국가의 과실에 의하여 임용결격자임을 밝혀내지 못하였다 하더라도 그 임용행위는 당연무효로 보아야 한다(대판 1987. 4. 14. 86누459).

② ◎ 임용행위가 구 국가공무원법에 위배되어 당연무효임에도 계속 근무하여 온 경우, 임용시부터 퇴직시까지의 근로는 법률상 원인 없이 제공된 부당이득이므로 임금을 목적으로 계속하여 근로를 제공하여 온 퇴직자에 대하여 퇴직급여 중 적어도 근로기준법상 퇴직금에 상당하는 금액은 그가 재직기간 중 제공한 근로에 대한 대가로서 지급되어야 한다(대판 2004. 7. 22. 2004다10350).

③ ◎ 국가공무원법 제73조의3 제1항에서 정한 직위해제는 당해 공무원이 장래에 계속 직무를 담당하게 될 경우 예상되는 업무상의 장애 등을 예방하기 위하여 일시적으로 당해 공무원에게 직위를 부여하지 아니함으로써 직무에 종사하지 못하도록 하는 잠정적인 조치로서, 임용권자가 일방적으로 보직을 박탈시키는 것을 의미한다. 이러한 직위해제는 공무원의 비위행위에 대한 징벌적 제재인 징계와 법적성질이 다르다(대판 2003. 10. 10. 2003두5945).

⑤ ◎ 재직 중 장애를 입은 지방공무원이 장애로 지방공무원법 제62조 제1항 제2호에서 정한 '직무를 감당할 수 없을 때'에 해당하는지는, 장애의 유형과 정도에 비추어, 장애를 입을 당시 담당하고 있던 기존 업무를 감당할 수 있는지만을 기준으로 판단할 것이 아니라, 그 공무원이 수행할 수 있는 다른 업무가 존재하는지 및 소속 공무원의 수와 업무 분장에 비추어 다른 업무로의 조정이 용이한지 등을 포함한 제반 사정을 종합적으로 고려하여 합리적으로 판단하여야 한다(대판 2016. 4. 12. 2015두45113).

25 정답 ③

③ ✗ 도로법 제40조, 제43조, 제80조의2에 규정된 도로의 점용이라 함은, 일반공중의 교통에 공용되는 도로에 대하여 이러한 일반사용과는 별도로 도로의 특정부분을 유형적, 고정적으로 사용하는 이른바 특별사용을 뜻하는 것이고, 그와 같은 도로의 특별사용은 반드시 독점적, 배타적인 것이 아니라 그 사용목적에 따라서는 도로의 일반사용과 병존이 가능한 경우도 있고, 이러한 경우에는 도로점용부분이 동시에 일반공중의 교통에 공용되고 있다고 하여 도로점용이 아니라고 말할 수 없는 것이며, 한편 당해 도로의 점용을 위와 같은 특별사용으로 볼 것인지 아니면 일반사용으로 볼 것인지는 그 도로점용의 주된 용도와 기능이 무엇인지에 따라 가려져야 한다(대판 1995. 2. 14. 94누5830).

① ◎ 재래시장 내 점포의 소유자에게 점포 앞의 도로에 대하여 일반사용을 넘어 특별한 이해관계를 인정할 만한 사용을 하고 있었다는 사정을 인정할 수 없으므로 위 소유자는 도로에 좌판을 설치·이용할 수 있는 권리가 없다(대판 2006. 12. 22. 2004다68311).

② ◎ 관행어업권은 일정한 공유수면에 대한 공동어업권 설정 이전부터 어업의 면허 없이 그 공유수면에서 오랫동안 계속 수산동식물을 포획 또는 채취하여 옴으로써 그것이 대다수 사람들에게 일반적으로 시인될 정도에 이른 경우에 인정되는 권리로서 이는 어디까지나 수산동식물이 서식하는 공유수면에 대하여 성립하고, 이 사건과 같은 허가어업에 필요한 어선의 정박 또는 어구의 수리·보관을 위한 육상의 장소에는 성립할 여지가 없으므로, 어선어업자들의 백사장 등에 대한 사용은 공공용물의 일반사용에 의한 것일 뿐 관행어업권에 기한 것으로 볼 수 없다. 또한, 어선어업자들에 대한 이 사건 어업허가는 그 허가에서 정한 바에 따라 어선을 이용하여 인근 해수면에서 수산동식물을 채포하는 것을 허용함에 불과한 것으로, 거기에 당연히 어업에 필요한 어선의 정박이나 어구의 수리·보관 등을 위하여 주거지 인근의 공유수면 또는 다른 공공용지를 배타적으로 사용할 권한까지 포함된 것으로 볼 수 없다. 그렇다면 어선어업자들의 경우 1차 지구 개발사업으로 인한 주거이전이나 백사장 사용 곤란으로 불편을 입는다 하더라도 이는 손실보상의 대상이 될 수 없어 이에 대한 사전 보상 없이 위 개발사업을 시행하였다 하더라도 불법행위가 성립할 수 없다고 할 것이다(대판 2002. 2. 26. 99다35300).

④ ◎ 국유재산의 관리청이 행정재산의 사용·수익을 허가한 다음 그 사용·수익하는 자에 대하여 하는 사용료 부과는 순전히 사경제주체로서 행하는 사법상의 이행청구라 할 수 없고, 이는 관리청이 공권력을 가진 우월적 지위에서 행한 것으로서 항고소송의 대상이 되는 행정처분이라 할 것이다(대판 1996. 2. 13. 95누11023).

⑤ ◎ 하천의 점용허가권은 특허에 의한 공물사용권의 일종으로서 하천의 관리주체에 대하여 일정한 특별사용을 청구할 수 있는 채권에 지나지 아니하고 대세적 효력이 있는 물권이라 할 수 없다(대판 2015. 1. 29. 2012두27404).

제8회 실전 기출문제

[소방간부 2022. 1. 15. 시행]

01 ⑤ 02 ① 03 ⑤ 04 ① 05 ① 06 ④ 07 ② 08 ③ 09 ③ 10 ②
11 ④ 12 ② 13 ④ 14 ③ 15 ④ 16 ② 17 ⑤ 18 ① 19 ③ 20 ③
21 ③ 22 ⑤ 23 ④ 24 ② 25 ④

01
정답 ⑤

⑤ ○ 이 사건 토석채취허가가 법적으로 가능할 것이라는 취지의 피고의 언동을 신뢰하고 이 사건 토석채취허가신청 및 그 준비에 적지 않은 비용과 노력을 투자하였다가 이 사건 불허가처분으로 인하여 상당한 불이익을 입게 되었다고 할 것이다. 그러나 근래 날로 심해지고 있는 각종 환경오염과 자연파괴로 인한 국민건강 및 환경상의 위해를 예방하여 모든 국민이 건강하고 보다 쾌적한 환경에서 생활할 수 있게 하는 것은 국가나 지방자치단체의 의무인 동시에 모든 국민의 당연한 권리이자 의무이며, 또한 한번 파괴된 환경은 그 회복에 막대한 시간과 비용이 소요되는 점을 감안하여 보면, 이 사건 불허가처분에 의하여 피고가 달성하려는 주변의 환경·풍치·미관 등의 보존·유지라는 공익은 이 사건 불허가처분으로 인하여 원고가 입게 되는 불이익을 정당화할 만큼 강한 경우에 해당한다고 보아야 할 것이고, 따라서 피고의 이 사건 불허가처분이 재량권을 남용하였다거나 신뢰보호의 원칙에 반하여 위법하다고는 할 수 없다고 할 것이다(대판 1998. 11. 13. 98두7343). → 한려해상국립공원지구 인근의 자연녹지지역에서의 토석채취허가가 법적으로 가능할 것이라는 행정청의 언동을 신뢰한 개인이 많은 비용과 노력을 투자하였다가 불허가처분으로 상당한 불이익을 입게 된 경우, 위 불허가처분에 의하여 행정청이 달성하려는 주변의 환경·풍치·미관 등의 공익이 그로 인하여 개인이 입게 되는 불이익을 정당화할 만큼 강하다는 이유로 불허가처분이 재량권의 남용 또는 신뢰보호의 원칙에 반하여 위법하다고 할 수 없다고 한 사례.

① ✕ 신의성실의 원칙이나 소급과세금지의 원칙이 적용되기 위한 요건의 하나인 "과세관청이 납세자에게 신뢰의 대상이 되는 공적인 견해를 표명하였다"는 사실은, 납세자가 주장·입증하여야 한다고 보는 것이 상당하다(대판 1992. 3. 31. 91누9824). → 조세법률관계에서의 신의성실의 원칙에 관한 판례이지만, 신뢰보호의 원칙에도 그대로 적용된다고 할 것이다.

② ✕ 일반적으로 조세법률관계에서 과세관청의 행위에 대하여 신의성실의 원칙이 적용되기 위하여는 과세관청이 납세자에게 신뢰의 대상이 되는 공적인 견해표명을 하여야 하고, 또한 국세기본법 제18조 제3항에서 말하는 비과세관행이 성립하려면 상당한 기간에 걸쳐 과세를 하지 아니한 객관적 사실이 존재할 뿐만 아니라 과세관청 자신이 그 사항에 관하여 과세할 수 있음을 알면서도 어떤 특별한 사정 때문에 과세하지 않는다는 의사가 있어야 하며 위와 같은 공적 견해나 의사는 명시적 또는 묵시적으로 표시되어야 하지만 묵시적 표시가 있다고 하기 위하여는 단순한 과세누락과는 달리 과세관청이 상당 기간의 불과세상태에 대하여 과세하지 않겠다는 의사표시를 한 것으로 볼 수 있는 사정이 있어야 한다(대판 1991. 5. 28. 90누8947). → 조세법률관계에서의 신의성실의 원칙에 관한 판례이지만, 신뢰보호의 원칙에도 그대로 적용된다고 할 것이다.

③ ✕ 폐기물관리법령에 의한 폐기물처리업 사업계획에 대한 적정통보와 국토이용관리법령에 의한 국토이용계획변경은 각기 그 제도적 취지와 결정단계에서 고려해야 할 사항들이 다르므로, 폐기물처리업 사업계획에 대하여 적정통보를 한 것만으로 그 사업부지 토지에 대한 국토이용계획변경신청을 승인하여 주겠다는 취지의 공적인 견해표명을 한 것으로 볼 수 없다(대판 2005. 4. 28. 2004두8828).

④ ✕ 원고도 적법하게 국적이탈을 한 것으로 착각하여 원고의 주민등록을 말소하였다가 후에 위 주민등록말소가 행정상 착오에 의한 것임을 알고 이를 정정한 것으로 보이는데, 행정청이 대외적으로 공신력 있는 주민등록표상 국적이탈을 이유로 원고의 주민등록을 말소한 행위는 원고에게 간접적으로 국적이탈이 법령에 따라 이미 처리되었다는 견해를 표명한 것이라고 보아야 하고, 나아가 행정청의 주민등록말소는 주민등록표등·초본에 공시되어 대내·외적으로 행정행위의 적법한 존재를 추단하는 중요한 근거가 되는 점에 비추어 원고가 위와 같은 주민등록말소를 통하여 자신의 국적이탈이 적법하게 처리된 것으로 신뢰한 것에 대하여 귀책사유가 있다고 할 수 없는바, 따라서 원고는 위와 같은 신뢰를 바탕으로 만 18세가 되기까지 별도로 국적이탈신고 절차를 취하지 아니하였던 것이므로, 피고가 원고의 이러한 신뢰에 반하여 원고의 국적이탈신고를 반려한 이 사건 처분은 신뢰보호의 원칙에 반하여 원고가 만 18세 이전에 국적이탈신고를 할 수 있었던 기회를 박탈한 것으로서 위법하다(대판 2008. 1. 17. 2006두10931).

02
정답 ①

① ✕ 소멸시효는 객관적으로 권리가 발생하여 그 권리를 행사할 수 있는 때로부터 진행하고 그 권리를 행사할 수 없는 동안만은 진행하지 아니하는데, 여기서 권리를 행사할 수 없는 경우라 함은 그 권리행사에 법률상의 장애사유가 있는 경우를 말하는데, 변상금 부과처분에 대한 취소소송이 진행중이라도 그 부과권자로서는 위법한 처분을 스스로 취소하고 그 하자를 보완하여 다시 적법한 부과처분을 할 수도 있는 것이어서 그 권리행사에 법률상의 장애사유가 있는 경우에 해당한다고 할 수 없으므로, 그 처분에 대한 취소소송이 진행되는 동안에도 그 부과권의 소멸시효가 진행된다(대판 2006. 2. 10. 2003두5686).

② ○

국가재정법 제96조(금전채권·채무의 소멸시효) ③ 금전의 급부를 목적으로 하는 국가의 권리의 경우 소멸시효의 중단·정지 그 밖의 사항에 관하여 다른 법률의 규정이 없는 때에는 「민법」의 규정을 적용한다. 국가에 대한 권리로서 금전의 급부를 목적으로 하는 것도 또한 같다.

③ ○ 조세에 관한 소멸시효가 완성되면 국가의 조세부과권과 납세의무자의 납세의무는 당연히 소멸한다 할 것이므로 소멸시효 완성 후에 부과된 부과처분은 납세의무 없는 자에 대하여 부과처분을 한 것으로서 그와 같은 하자는 중대하고 명백하여 그 처분의 효력은 당연무효이다(대판 1985. 5. 14. 83누655).

④ ○ 특별시장등이 거짓이나 부정한 방법으로 화물자동차 유가보조금을 교부받은 운송사업자등으로부터 부정수급액을 반환받을 권리에 대해서는 지방재정법 제82조 제1항에서 정한 5년의 소멸시효가 적용된다(대판 2019. 10. 17. 2019두33897).

참고 지방재정법 제82조(금전채권과 채무의 소멸시효) ① 금전의 지급을 목적으로 하는 지방자치단체의 권리는 시효에 관하여 다른 법률에 특별한 규정이 있는 경우를 제외하고는 5년간 행사하지 아니하면 소멸시효가 완성한다. ② 금전의 지급을 목적으로 하는 지방자치단체에 대한 권리도 제1항과 같다.

⑤ ○ 국세징수법 시행령 제74조 제1항은 제3자가 국세징수법 제71조 제1항에 따라 체납자의 체납액을 납부할 때에는 체납자의 명의로만 하도록 규정하고 있고, 국세징수법 시행령 제74조 제2항은 제3자가 체납자의 명의로 납부를 한 경우에 국가에 대하여 그 반환을 청구할 수 없도록 규정하고 있다. 이와 같이 제3자가 체납자가 납부하여야 할 체납액을 체납자의 명의로 납부한 경우에는 원칙적으로 체납자의 조세채무에 대한 유효한 이행이 되고, 이로 인하여 국가의 조세채권은 만족을 얻어 소멸하므로, 국가가 체납액을 납부받은 것에 법률상 원인이 없다고 할 수 없고, 제3자는 국가에 대하여 부당이득반환을 청구할 수 없다. 이는 세무서장 등이 체납액을 징수하기 위하여 실시한 체납처분압류가 무효인 경우에도 다르지 아니하다(대판 2015. 11. 12. 2013다215263).

03   정답 ⑤

① ⭕ 사인의 공법행위에 관한 일반법은 존재하지 않고, 다만 행정절차법은 처분의 신청절차, 신고절차에 대한 일반적 규정을 두고 있다. 사인의 공법행위는 성질에 반하지 않는 범위에서 민법의 법률행위에 관한 규정이 적용될 수 있다.

② ⭕ 행정법관계의 안정성의 요구에 비추어 사인의 공법행위에는 부관(附款)을 붙일 수 없다.

③ ⭕ 공무원이 한 사직 의사표시의 철회나 취소는 그에 터잡은 의원면직처분이 있을 때까지 할 수 있는 것이고, 일단 면직처분이 있고 난 이후에는 철회나 취소할 여지가 없다(대판 2001. 8. 24. 99두9971).

④ ⭕ 장기요양기관의 폐업신고와 노인의료복지시설의 폐지신고는, 행정청이 관계 법령이 규정한 요건에 맞는지를 심사한 후 수리하는 이른바 '수리를 필요로 하는 신고'에 해당한다. 그러나 행정청이 그 신고를 수리하였다고 하더라도, 신고서 위조 등의 사유가 있어 신고행위 자체가 효력이 없다면, 그 수리행위는 유효한 대상이 없는 것으로서, 수리행위 자체에 중대·명백한 하자가 있는지를 따질 것도 없이 당연히 무효이다(대판 2018. 6. 12. 2018두33593).

⑤ ❌ 사업양도·양수에 따른 허가관청의 지위승계신고의 수리는 적법한 사업의 양도·양수가 있었음을 전제로 하는 것이므로 그 수리대상인 사업양도·양수가 존재하지 아니하거나 무효인 때에는 수리를 하였다 하더라도 그 수리는 유효한 대상이 없는 것으로서 당연히 무효라 할 것이고, 사업의 양도행위가 무효라고 주장하는 양도자는 민사쟁송으로 양도·양수행위의 무효를 구함이 없이 막바로 허가관청을 상대로 하여 행정소송으로 위 신고수리처분의 무효확인을 구할 법률상 이익이 있다(대판 2005. 12. 23. 2005두3554).

04   정답 ①

① ❌ 구 도시 및 주거환경정비법상 사업시행자에게 사업시행계획의 작성권이 있고 행정청은 단지 이에 대한 인가권만을 가지고 있으므로 사업시행자인 조합의 사업시행계획 작성은 자치법적 요소를 가지고 있는 사항이라 할 것이고, 이와 같이 사업시행계획의 작성이 자치법적 요소를 가지고 있는 이상, 조합의 사업시행인가 신청시의 토지 등 소유자의 동의요건 역시 자치법적 사항이라 할 것이며, 따라서 2005. 3. 18. 법률 제7392호로 개정된 도시 및 주거환경정비법 제28조 제4항 본문이 사업시행인가 신청시의 동의요건을 조합의 정관에 포괄적으로 위임하고 있다고 하더라도 헌법 제75조가 정하는 포괄위임입법금지의 원칙이 적용되지 아니하므로 이에 위배된다고 할 수 없다(대판 2007. 10. 12. 2006두14476).

② ⭕ 일반적으로 법률의 위임에 따라 효력을 갖는 법규명령의 경우에 위임의 근거가 없어 무효였더라도 나중에 법 개정으로 위임의 근거가 부여되면 그때부터는 유효한 법규명령으로 볼 수 있다. 그러나 법규명령이 개정된 법률에 규정된 내용을 함부로 유추·확장하는 내용의 해석규정이어서 위임의 한계를 벗어난 것으로 인정될 경우에는 법규명령은 여전히 무효이다(대판 2017. 4. 20. 2015두45700 전합).

③ ⭕ 상급행정기관이 소속 공무원이나 하급행정기관에 대하여 세부적인 업무처리절차나 법령의 해석·적용 기준을 정해 주는 '행정규칙'은 상위법령의 구체적 위임이 있지 않는 한 행정조직 내부에서만 효력을 가질 뿐 대외적으로 국민이나 법원을 구속하는 효력이 없다. 다만 행정규칙이 이를 정한 행정기관의 재량에 속하는 사항에 관한 것인 때에는 그 규정 내용이 객관적 합리성을 결여하였다는 등의 특별한 사정이 없는 한 법원은 이를 존중하는 것이 바람직하다. 그러나 행정규칙의 내용이 상위법령에 반하는 것이라면 법치국가원리에서 파생되는 법질서의 통일성과 모순금지 원칙에 따라 그것은 법질서상 당연무효이고, 행정내부적 효력도 인정될 수 없다. 이러한 경우 법원은 해당 행정규칙이 법질서상 부존재하는 것으로 취급하여 행정기관이 한 조치의 당부를 상위법령의 규정과 입법 목적 등에 따라서 판단하여야 한다(대판 2019. 10. 31. 2013두20011).

④ ⭕ 법령의 전부 개정은 기존 법령을 폐지하고 새로운 법령을 제정하는 것과 마찬가지여서 특별한 사정이 없는 한 새로운 법령이 효력을 발생한 이후의 행위에 대하여는 기존 법령의 본칙은 물론 부칙의 경과규정도 모두 실효되어 더는 적용할 수 없지만, 법령이 일부 개정된 경우에는 기존 법령 부칙의 경과규정을 개정 또는 삭제하거나 이를 대체하는 별도의 규정을 두는 등의 특별한 조치가 없는 한 개정 법령에 다시 경과규정을 두지 않았다고 하여 기존 법령 부칙의 경과규정이 당연히 실효되는 것은 아니다(대판 2014. 4. 30. 2011두18229).

⑤ ⭕ 행정소송은 구체적 사건에 대한 법률상 분쟁을 법에 의하여 해결함으로써 법적 안정을 기하자는 것이므로 부작위위법확인소송의 대상이 될 수 있는 것은 구체적 권리의무에 관한 분쟁이어야 하고 추상적인 법령에 관하여 제정의 여부 등은 그 자체로서 국민의 구체적인 권리의무에 직접적 변동을 초래하는 것이 아니어서 부작위위법확인소송의 대상이 될 수 없다(대판 1992. 5. 8. 91누11261).

05   정답 ①

① ❌ 과세처분이 당연무효라고 볼 수 없는 한 과세처분에 취소할 수 있는 위법사유가 있다 하더라도 그 과세처분은 행정행위의 공정력 또는 집행력에 의하여 그것이 적법하게 취소되기 전까지는 유효하다 할 것이므로, 민사소송절차에서 위 과세처분의 효력을 부인할 수 없다 할 것이다. 원심이 확정한 바와 같이, 이 사건 부동산은 실질적으로 신탁자의 소유인데 수탁자에게 명의신탁된 것이라면 수탁자에 대한 위 양도소득세 부과처분은 위법하지만 그 하자가 중대·명백하다고 할 수 없어 무효라고는 볼 수 없고 단지 취소할 수 있음에 불과하다 할 것인데, 위 과세처분이 위와 같이 단지 취소할 수 있음에 불과한 경우에는 민사소송절차에서 그 처분의 효력을 부인하여 위 양도소득세 채권이 존재하지 아니하는 것으로 인정할 수는 없다 할 것이고, 비록 위 양도소득세 부과처분의 취소를 구하는 행정소송의 제1심에서 소외 1의 승소판결이 선고되었다 하더라도, 그 소송이 원고의 항소로 항소심 계속 중이라면 아직 그 과세처분이 적법하게 취소·확정된 것이 아니므로, 그 처분의 효력을 달리 볼 것은 아니라 할 것이다(대판 1999. 8. 20. 99다20179).

② ⭕ 집합건물 중 일부 구분건물의 소유자인 피고인이 관할 소방서장으로부터 소방시설 불량사항에 관한 시정보완명령을 받고도 따르지 아니하였다는 내용으로 기소된 사안에서, 담당 소방공무원이 행정처분인 위 명령을 구술로 고지한 것은 행정절차법 제24조를 위반한 것으로 하자가 중대하고 명백하여 당연 무효이고, 무효인 명령에 따른 의무위반이 생기지 아니하는 이상 피고인에게 명령 위반을 이유로 소방시설 설치유지 및 안전관리에 관한 법률 제48조의2 제1호에 따른 행정형벌을 부과할 수 없는데도, 이와 달리 위 명령이 유효함을 전제로 유죄를 인정한 원심판결에는 행정처분의 무효와 행정형벌의 부과에 관한 법리오해의 위법이 있다고 한 사례(대판 2011. 11. 10. 2011도11109).

③ ⭕ 소하천정비법 제14조 제5항, 제17조 제5호에 의하여 행정청으로부터 시정명령을 받은 사람이 이를 위반한 경우, 그로 인하여 같은 법 제27조 제4호에 정한 처벌을 하기 위해서는 그 시정명령이 적법해야 한다. 따라서 시정명령이 당연무효가 아니더라도 위법하다고 인정되는 한 같은 법 제27조 제4호의 위반죄가 성립될 수 없고, 시정명령이 절차적 하자로 인하여 위법한 경우에도 마찬가지이다(대판 2020. 5. 14. 2020도2564).

④ ⭕ 군형법 제1조 제1항, 제2항에 의하면, 군형법은 같은 법에 규정된 죄를 범한 대한민국 군인에게 적용되고 여기에서 군인이라 함은 현역에 복무하는 병 등을 말한다고 규정되어 있으며, 병역법 제5조 제1항 제1호에 의하면, 현역은 징집 등에 의하여 입영한 병 등을 말하는 것으로, 같은 법 제2조 제1항 제1호, 제3호에 의하면, 징집이라 함은 국가가 병역의무자

에 대하여 현역에 복무할 의무를 부과하는 것, 입영이라 함은 병역의무자가 징집 등에 의하여 군부대에 들어가는 것을 말하는 것으로 각 규정되어 있는바, **병역의무자가 소정의 절차에 따라 현역병입영대상자로 병역처분을 받고 징집되어 군부대에 들어갔다면, 설령 그 병역처분에 흠이 있다고 하더라도 그 흠이 당연무효에 해당하는 것이 아닌 이상, 그 사람은 입영한 때부터 현역의 군인으로서 군형법의 적용대상이 되는 것**으로 보아야 한다(대판 2002. 4. 26. 2002도740).

⑤ ◎ 어떠한 행정처분이 위법하다고 할지라도 그 자체만으로 곧바로 그 행정처분이 공무원의 고의 또는 과실로 인한 불법행위를 구성한다고 단정할 수는 없고, 공무원의 고의 또는 과실의 유무에 대하여는 별도의 판단을 요한다고 할 것인바, 그 이유는 행정청이 관계 법령의 해석이 확립되기 전에 어느 한 설을 취하여 업무를 처리한 것이 결과적으로 위법하게 되어 그 법령의 부당집행이라는 결과를 빚었다고 하더라도 처분 당시 그와 같은 처리방법 이상의 것을 성실한 평균적 공무원에게 기대하기 어려웠던 경우라면 특별한 사정이 없는 한 이를 두고 공무원의 과실로 인한 것이라고 볼 수는 없기 때문이다(대판 2004. 6. 11. 2002다31018).

06   정답 ④

④ ✕ 행정처분에 부담인 부관을 붙인 경우 부관의 무효화에 의하여 본체인 행정처분 자체의 효력에도 영향이 있게 될 수는 있지만, 그 처분을 받은 사람이 부담의 이행으로 사법상 매매 등의 법률행위를 한 경우에는 그 부관은 특별한 사정이 없는 한 법률행위를 하게 된 동기 내지 연유로 작용하였을 뿐이므로 이는 법률행위의 취소사유가 될 수 있음은 별론으로 하고 그 법률행위 자체를 당연히 무효화하는 것은 아니다. 또한, **행정처분에 붙은 부담인 부관이 제소기간의 도과로 확정되어 이미 불가쟁력이 생겼다면 그 하자가 중대하고 명백하여 당연 무효로 보아야 할 경우 외에는 누구나 그 효력을 부인할 수 없을 것이지만, 부담의 이행으로서 하게 된 사법상 매매 등의 법률행위는 부담을 붙인 행정처분과는 어디까지나 별개의 법률행위이므로 그 부담의 불가쟁력의 문제와는 별도로 법률행위가 사회질서 위반이나 강행규정에 위반되는지 여부 등을 따져보아 그 법률행위의 유효 여부를 판단하여야** 한다(대판 2009. 6. 25. 2006다18174).

① ◎ 행정청이 종교단체에 대하여 기본재산전환인가를 함에 있어 인가조건을 부가하고 그 불이행시 인가를 취소할 수 있도록 한 경우, **인가조건의 의미는 철회권을 유보한 것에 해당한다**(대판 2003. 5. 30. 2003다6422).

② ◎ 행정행위의 부관은 부담의 경우를 제외하고는 독립하여 행정소송의 대상이 될 수 없는 것인바, 지방국토관리청장이 일부 공유수면매립지에 대하여 한 국가 또는 직할시 귀속처분은 매립준공인가를 함에 있어서 매립의 면허를 받은 자의 매립지에 대한 소유권취득을 규정한 **공유수면매립법 제14조의 효과 일부를 배제하는 부관을 붙인 것이고, 이러한 행정행위의 부관은 위 법리와 같이 독립하여 행정소송 대상이 될 수 없다**(대판 1993. 10. 8. 93누2032).

③ ◎ 어업면허처분을 함에 있어 그 면허의 유효기간을 1년으로 정한 경우, 위 면허의 유효기간은 행정청이 위 어업면허처분의 효력을 제한하기 위한 행정행위의 부관이라 할 것이고 이러한 행정행위의 부관은 독립하여 행정소송의 대상이 될 수 없는 것이므로 **위 어업면허처분 중 그 면허유효기간만의 취소를 구하는 청구는 허용될 수 없다**(대판 1986. 8. 19. 86누202).

⑤ ◎ 토지소유자가 토지형질변경행위허가에 붙은 기부채납의 부관에 따라 토지를 국가나 지방자치단체에 기부채납(증여)한 경우, 기부채납의 부관이 당연무효이거나 취소되지 아니한 이상 토지소유자는 위 부관으로 인하여 증여계약의 중요부분에 착오가 있음을 이유로 증여계약을 취소할 수 없다(대판 1999. 5. 25. 98다53134).

07   정답 ②

① ◎ 처분청이 처분 후에 원래의 처분을 그대로 존속시킬 필요가 없게 된 사정변경이 생겼거나 중대한 공익상의 필요가 발생한 경우에는 별도의 법적 근거가 없어도 별개의 행정행위로 이를 철회·변경할 수 있지만, **이는 그러한 철회·변경의 권한을 처분청에게 부여하는 데 그치는 것일 뿐 상대방 등에게 그 철회·변경을 요구할 신청권까지를 부여하는 것은 아니라 할 것이다**(대판 1997. 9. 12. 96누6219).

② ✕ 행정행위를 한 처분청은 비록 그 처분 당시에 별다른 하자가 없었고, 또 그 처분 후에 이를 **철회할 별도의 법적 근거가 없다 하더라도** 원래의 처분을 존속시킬 필요가 없게 된 사정변경이 생겼거나 또는 중대한 공익상의 필요가 발생한 경우에는 그 효력을 상실케 하는 별개의 행정행위로 이를 철회할 수 있다(대판 2004. 7. 22. 2003두7606). → 판례는 수익적 행정행위의 철회라고 하더라도 법적 근거가 필요 없다고 본다.

③ ◎ **행정행위의 '취소'**는 일단 유효하게 성립한 행정행위를 그 행위에 위법한 하자가 있음을 이유로 **소급하여 효력을 소멸시키는** 별도의 행정처분을 의미함이 원칙이다. 반면, **행정행위의 '철회'**는 적법요건을 구비하여 완전히 효력을 발하고 있는 행정행위를 사후적으로 효력의 전부 또는 일부를 **장래에 향해 소멸시키는** 별개의 행정처분이다. 그리고 행정행위의 '취소 사유'는 원칙적으로 행정행위의 성립 당시에 존재하였던 하자를 말하고, '철회 사유'는 행정행위가 성립된 이후에 새로이 발생한 것으로서 행정행위의 효력을 존속시킬 수 없는 사유를 말한다(대판 2018. 6. 28. 2015두58195).

④ ◎ 면허의 취소처분에는 그 근거가 되는 법령이나 취소권 유보의 부관 등을 명시하여야 함은 물론 처분을 받은 자가 어떠한 위반사실에 대하여 당해 처분이 있었는지를 알 수 있을 정도로 사실을 적시할 것을 요하며, 이와 같은 **취소처분의 근거와 위반사실의 적시를 빠뜨린 하자**는 피처분자가 처분 당시 그 취지를 알고 있었다거나 그후 알게 되었다 하여도 치유될 수 없다고 할 것이다(대판 1990. 9. 11. 90누1786).

⑤ ◎ 한 사람이 여러 종류의 자동차운전면허를 취득하는 경우뿐 아니라 이를 취소 또는 정지함에 있어서도 서로 별개의 것으로 취급하는 것이 원칙이기는 하지만, 자동차운전면허는 그 성질이 대인적 면허일 뿐만 아니라 도로교통법시행규칙 제26조 [별표 14]에 의하면, 제1종 보통면허 소지자는 승용자동차만이 아니라 원동기장치자전거까지 운전할 수 있도록 규정하고 있어 **제1종 보통면허의 취소에는 원동기장치자전거의 운전까지 금지하는 취지가 포함된 것이어서** 이들 차량의 운전면허는 서로 관련된 것이라고 할 것이므로, **제1종 보통면허로 운전할 수 있는 차량을 운전면허정지기간 중에 운전한 경우에는 이와 관련된 원동기장치자전거면허까지 취소할 수 있다**(대판 1997. 5. 16. 97누2313).

08   정답 ③

① ◎ 이미 고시된 실시계획에 포함된 상세계획으로 관리되는 토지 위의 건물의 용도를 상세계획 승인권자의 변경승인 없이 임의로 판매시설에서 상세계획에 반하는 일반목욕장으로 변경한 경우, 그 영업신고를 수리하지 않고 영업소를 폐쇄한 처분은 적법하다(대판 2008. 3. 27. 2006두3742).

② ◎ **비구속적 행정계획안**이나 행정지침이라도 국민의 기본권에 직접적으로 영향을 끼치고, 앞으로 법령의 뒷받침에 의하여 그대로 실시될 것이 틀림없을 것으로 예상될 수 있을 때에는, **공권력행위로서 예외적으로 헌법소원의 대상이 될 수 있다**(헌재 2000. 6. 1. 99헌마538).

③ ✕ 도시계획시설의 지정으로 말미암아 당해 토지의 이용가능성이 배제되거나 또는 토지소유자가 토지를 종래 허용된 용도대로도 사용할 수 없기 때문에 이로 말미암아 현저한 재산적 손실이 발생하는 경우에는,

원칙적으로 사회적 제약의 범위를 넘는 수용적 효과를 인정하여 국가나 지방자치단체는 이에 대한 보상을 해야 한다(헌재 1999. 10. 21. 97헌바26).

④ ⓞ 행정계획이라 함은 행정에 관한 전문적·기술적 판단을 기초로 하여 도시의 건설·정비·개량 등과 같은 특정한 행정목표를 달성하기 위하여 서로 관련되는 행정수단을 종합·조정함으로써 장래의 일정한 시점에 있어서 일정한 질서를 실현하기 위한 활동기준으로 설정된 것으로서, 도시계획법 등 관계 법령에는 추상적인 행정목표와 절차만이 규정되어 있을 뿐 행정계획의 내용에 대하여는 별다른 규정을 두고 있지 아니하므로 행정주체는 구체적인 행정계획을 입안·결정함에 있어서 비교적 광범위한 형성의 자유를 가진다고 할 것이지만, 행정주체가 가지는 이와 같은 형성의 자유는 무제한적인 것이 아니라 그 행정계획에 관련되는 자들의 이익을 공익과 사익 사이에서는 물론이고 공익 상호간과 사익 상호간에도 정당하게 비교교량하여야 한다는 제한이 있는 것이고, 따라서 행정주체가 행정계획을 입안·결정함에 있어서 이익형량을 전혀 행하지 아니하거나 이익형량의 고려 대상에 마땅히 포함시켜야 할 사항을 누락한 경우 또는 이익형량을 하였으나 정당성·객관성이 결여된 경우에는 그 행정계획결정은 재량권을 일탈·남용한 것으로서 위법하다(대판 1996. 11. 29. 96누8567).

⑤ ⓞ 구 국토이용관리법상 주민이 국토이용계획의 변경에 대하여 신청을 할 수 있다는 규정이 없을 뿐만 아니라, 국토건설종합계획의 효율적인 추진과 국토이용질서를 확립하기 위한 국토이용계획은 장기성, 종합성이 요구되는 행정계획이어서 원칙적으로는 그 계획이 일단 확정된 후에 어떤 사정의 변동이 있다고 하여 그러한 사유만으로는 지역주민이나 일반 이해관계인에게 일일이 그 계획의 변경을 신청할 권리를 인정하여 줄 수는 없을 것이지만, 장래 일정한 기간 내에 관계 법령이 규정하는 시설 등을 갖추어 일정한 행정처분을 구하는 신청을 할 수 있는 법률상 지위에 있는 자의 국토이용계획변경신청을 거부하는 것이 실질적으로 당해 행정처분 자체를 거부하는 결과가 되는 경우에는 예외적으로 그 신청인에게 국토이용계획변경을 신청할 권리가 인정된다고 봄이 상당하므로, 이러한 신청에 대한 거부행위는 항고소송의 대상이 되는 행정처분에 해당한다(대판 2003. 9. 23. 2001두10936). → 폐기물처리사업계획의 적정통보를 받은 자는 장래 일정한 기간 내에 관계 법령이 규정하는 시설 등을 갖추어 폐기물처리업허가신청을 할 수 있는 법률상 지위에 있다고 할 것인바, 피고(진안군수)로부터 폐기물처리사업계획의 적정통보를 받은 원고가 폐기물처리업허가를 받기 위하여는 이 사건 부동산에 대한 용도지역을 '농림지역 또는 준농림지역'에서 '준도시지역(시설용지지구)'으로 변경하는 국토이용계획변경이 선행되어야 하고, 원고의 위 계획변경신청을 피고가 거부한다면 이는 실질적으로 원고에 대한 폐기물처리업허가신청을 불허하는 결과가 되므로, 원고는 위 국토이용계획변경의 입안 및 결정권자인 피고에 대하여 그 계획변경을 신청할 법규상 또는 조리상 권리를 가진다고 본 사례.

09 정답 ③

① ✕ 구 행정절차법 제22조 제3항에 따라 행정청이 의무를 부과하거나 권익을 제한하는 처분을 할 때 의견제출의 기회를 주어야 하는 '당사자'는 '행정청의 처분에 대하여 직접 그 상대가 되는 당사자'를 의미한다. 그런데 '고시'의 방법으로 불특정 다수인을 상대로 의무를 부과하거나 권익을 제한하는 처분은 성질상 의견제출의 기회를 주어야 하는 상대방을 특정할 수 없으므로, 이와 같은 처분에 있어서까지 구 행정절차법 제22조 제3항에 의하여 그 상대방에게 의견제출의 기회를 주어야 한다고 해석할 것은 아니다(대판 2014. 10. 27. 2012두7745).

② ✕ 행정절차법 제2조 제4호가 행정절차법의 당사자를 행정청의 처분에 대하여 직접 그 상대가 되는 당사자로 규정하고, 도로법 제25조 제3항이 도로구역을 결정하거나 변경할 경우 이를 고시에 의하도록 하면서, 그 도면을 일반인이 열람할 수 있도록 한 점 등을 종합하여 보면, 도로구역을 변경한 이 사건 처분은 행정절차법 제21조 제1항의 사전통지나 제22조 제3항의 의견청취의 대상이 되는 처분은 아니라고 할 것이다(대판 2008. 6. 12. 2007두1767).

③ ⓞ 이 사건 시정지시는 보건복지부, 서울특별시, 피고가 합동으로 원고 등에 대하여 특별감사를 실시한 후 이루어진 것으로 감사결과의 통보 및 감사기관의 의견표명의 성질도 지니고 있는데, 특별감사를 받은 원고 등은 감사과정을 거치면서 감사결과 및 그에 따른 감사기관의 의견표명이 있으리라는 점을 충분히 예상할 수 있어 별도로 사전에 통지를 한다거나 의견진술의 기회를 부여할 필요가 있다고 보기 어려운 점, 이 사건 시정지시를 이행하지 않을 경우에 이루어지게 될 구 「사회복지사업법」상의 시정명령 및 설립허가 취소 등의 후행 처분을 위해서는 사전통지 및 의견진술의 기회 부여 등 「행정절차법」이 정한 절차를 거쳐야 하고, 실제로 피고가 원고에게 이 사건 시정지시를 하면서 그와 동시에 원고가 시정지시를 받은 사항에 대하여 의견진술과 이의를 제기할 기회를 준 점 등에 비추어 보면, 이 사건 시정지시에 대하여는 그 성질상 당사자의 사전 의견청취가 불필요하다고 볼 상당한 이유가 있는 것으로 명백히 인정되는 경우에 해당한다고 할 것이다(대판 2009. 2. 12. 2008두14999).

④ ✕ 퇴직연금의 환수결정은 당사자에게 의무를 과하는 처분이기는 하나, 관련 법령에 따라 당연히 환수금액이 정하여지는 것이므로, 퇴직연금의 환수결정에 앞서 당사자에게 의견진술의 기회를 주지 아니하여도 행정절차법 제22조 제3항이나 신의칙에 어긋나지 아니한다(대판 2000. 11. 28. 99두5443).

⑤ ✕ 행정청이 온천지구임을 간과하여 지하수개발·이용신고를 수리하였다가 행정절차법상의 사전통지를 하거나 의견제출의 기회를 주지 아니한 채 그 신고수리처분을 취소하고 원상복구명령의 처분을 한 경우, 행정지도방식에 의한 사전고지나 그에 따른 당사자의 자진 폐공의 약속 등의 사유만으로는 사전통지 등을 하지 않아도 되는 행정절차법 소정의 예외의 경우에 해당한다고 볼 수 없으므로 그 처분은 위법하다(대판 2000. 11. 14. 99두5870).

10 정답 ②

② ⓞ, ① ✕, ③ ✕, ④ ✕, ⑤ ✕

> 행정절차법 제46조(행정예고) ① 행정청은 정책, 제도 및 계획(이하 "정책등"이라 한다)을 수립·시행하거나 변경하려는 경우에는 이를 예고하여야 한다. 다만, 다음 각 호의 어느 하나에 해당하는 경우에는 예고를 하지 아니할 수 있다.
> 1. 신속하게 국민의 권리를 보호하여야 하거나 예측이 어려운 특별한 사정이 발생하는 등 긴급한 사유로 예고가 현저히 곤란한 경우
> 2. 법령등의 단순한 집행을 위한 경우
> 3. 정책등의 내용이 국민의 권리·의무 또는 일상생활과 관련이 없는 경우
> 4. 정책등의 예고가 공공의 안전 또는 복리를 현저히 해칠 우려가 상당한 경우

11 정답 ④

④ ✕ 정보공개 의무기관을 정하는 것은 입법자의 입법형성권에 속하고, 이에 따라 입법자는 구 공공기관의 정보공개에 관한 법률 제2조 제3호에서 정보공개 의무기관을 공공기관으로 정하였는바, 공공기관은 국가기관에 한정되는 것이 아니라 지방자치단체, 정부투자기관, 그 밖에 공동체 전체의 이익에 중요한 역할이나 기능을 수행하는 기관도 포함되는 것으로 해석되고, 여기에 정보공개의 목적, 교육의 공공성 및 공·사립학교의 동질성, 사립대학교에 대한 국가의 재정지원 및 보조 등 여러 사정을 고려해 보면, 사립대학교에 대한 국비 지원이 한정적·일시적·국부적이라는 점을 고려하더라도, 같은 법 시행령 제2조 제1호가 정보공개의

무를 지는 공공기관의 하나로 사립대학교를 들고 있는 것이 모법인 구 공공기관의 정보공개에 관한 법률의 위임 범위를 벗어났다거나 **사립대학교가 국비의 지원을 받는 범위 내에서만 공공기관의 성격을 가진다고 볼 수 없다**(대판 2006. 8. 24. 2004두2783).

① ◎ **국민의 '알권리'**, 즉 정보에의 접근·수집·처리의 자유는 **자유권적 성질과 청구권적 성질을 공유하는 것**으로서 헌법 제21조에 의하여 직접 보장되는 권리이고, 그 구체적 실현을 위하여 제정된 공공기관의 정보공개에 관한 법률도 제3조에서 공공기관이 보유·관리하는 정보를 원칙적으로 공개하도록 하여 정보공개의 원칙을 천명하고 있고, 위 법 제9조가 예외적인 비공개사유를 열거하고 있는 점에 비추어 보면, 국민으로부터 보유·관리하는 정보에 대한 공개를 요구받은 공공기관으로서는 위 법 제9조 제1항 각 호에서 정하고 있는 비공개사유에 해당하지 않는 한 이를 공개하여야 하고, 이를 거부하는 경우라 할지라도 대상이 된 정보의 내용을 구체적으로 확인·검토하여 어느 부분이 어떠한 법익 또는 기본권과 충돌되어 위 각 호의 어디에 해당하는지를 주장·증명하여야만 하며, 여기에 해당하는지 여부는 비공개에 의하여 보호되는 업무수행의 공정성 등의 이익과 공개에 의하여 보호되는 국민의 알권리의 보장과 국정에 대한 국민의 참여 및 국정운영의 투명성 확보 등의 이익을 비교·교량하여 구체적인 사안에 따라 개별적으로 판단하여야 한다(대판 2009. 12. 10. 2009두12785).

② ◎ 구 공공기관의 정보공개에 관한 법률 제4조 제1항은 "정보의 공개에 관하여는 다른 법률에 특별한 규정이 있는 경우를 제외하고는 이 법이 정하는 바에 의한다."라고 규정하고 있다. 여기서 **'정보공개에 관하여 다른 법률에 특별한 규정이 있는 경우'**에 해당한다고 하여 정보공개법의 적용을 배제하기 위해서는, **특별한 규정이 '법률'이어야** 하고, 나아가 내용이 정보공개의 대상 및 범위, 정보공개의 절차, 비공개대상정보 등에 관하여 **정보공개법과 달리 규정하고 있는 것이어야** 한다(대판 2016. 12. 15. 2013두20882).

③ ◎ 정보공개법에서 말하는 공개대상 정보는 '정보' 그 자체가 아닌 정보공개법 제2조 제1호에서 예시하고 있는 '매체 등에 기록된 사항'을 의미한다(대판 2013. 1. 24. 2010두18918).

⑤ ◎ 법원이 행정기관의 정보공개거부처분의 위법 여부를 심리한 결과 공개를 거부한 정보에 비공개사유에 해당하는 부분과 그렇지 않은 부분이 혼합되어 있고, 공개청구의 취지에 어긋나지 않는 범위 안에서 두 부분을 분리할 수 있음을 인정할 수 있을 때에는 공개가 가능한 정보에 국한하여 일부취소를 명할 수 있다. 이러한 **정보의 부분 공개가 허용되는 경우**란 그 정보의 공개방법 및 절차에 비추어 당해 정보에서 비공개대상정보에 관련된 기술 등을 제외 혹은 삭제하고 나머지 정보만을 공개하는 것이 가능하고 나머지 부분의 정보만으로도 공개의 가치가 있는 경우를 의미한다(대판 2009. 12. 10. 2009두12785).

12 정답 ②

② ✗ 관세법 제246조 제1항, 제2항, 제257조, '국제우편물 수입통관 사무처리' 제1-2조 제2항, 제1-3조, 제3-6조, 구 '수출입물품 등의 분석사무처리에 관한 시행세칙' 등과 관세법이 관세의 부과·징수와 아울러 수출입물품의 통관을 적정하게 함을 목적으로 한다는 점(관세법 제1조)에 비추어 보면, **우편물 통관검사절차에서 이루어지는 우편물의 개봉, 시료채취, 성분분석 등의 검사**는 수출입물품에 대한 적정한 통관 등을 목적으로 한 **행정조사의 성격을 가지는 것으로서 수사기관의 강제처분이라고 할 수 없으므로,** 압수·수색영장 없이 우편물의 개봉, 시료채취, 성분분석 등 검사가 진행되었다 하더라도 특별한 사정이 없는 한 위법하다고 볼 수 없다(대판 2013. 9. 26. 2013도7718).

① ◎ 국세기본법은 제7장의2에서 '납세자의 권리'라는 제목 아래 세무공무원의 세무조사 권한 행사에 관한 방법, 절차, 한계 등을 규정하고 있는데, 제81조의2 제2항 제1호는 '세무조사'의 개념에 관하여 '국세의 과세표준과 세액을 결정 또는 경정하기 위하여 질문을 하거나 해당 장부·서류 또는 그 밖의 물건을 검사·조사하거나 그 제출을 명하는 경우'로 규정하고 있고, 구 소득세법 제170조에서도 같은 취지의 질문·조사 권한을 담당 공무원에게 부여하고 있다. 위와 같은 세무조사는 국가의 과세권을 실현하기 위한 행정조사의 일종으로서 국세의 과세표준과 세액을 결정 또는 경정하기 위하여 질문을 하고 장부·서류 그 밖의 물건을 검사·조사하거나 그 제출을 명하는 일체의 행위를 말하며, **부과처분을 위한 과세관청의 질문조사권이 행하여지는 세무조사의 경우** 납세자 또는 그 납세자와 거래가 있다고 인정되는 자 등(이하 '납세자 등'이라 한다)은 **세무공무원의 과세자료 수집을 위한 질문에 대답하고 검사를 수인하여야 할 법적 의무를 부담한다.** 그렇지만 납세자 등이 대답하거나 수인할 의무가 없고 납세자의 영업의 자유 등을 침해하거나 세무조사권이 남용될 염려가 없는 조사행위는 원칙적으로 국세기본법 제7장의2 내의 각 규정이 적용되는 '세무조사'에 해당한다고 볼 것은 아니다(대판 2017. 10. 26. 2017두42255).

③ ◎ 국세기본법은 제81조의4 제1항에서 "세무공무원은 적정하고 공평한 과세를 실현하기 위하여 필요한 최소한의 범위에서 세무조사를 하여야 하며, 다른 목적 등을 위하여 조사권을 남용해서는 아니 된다."라고 규정하고 있다. 이 조항은 세무조사의 적법 요건으로 객관적 필요성, 최소성, 권한 남용의 금지 등을 규정하고 있는데, 이는 법치국가원리를 조세절차법의 영역에서도 관철하기 위한 것으로서 그 자체로서 구체적인 법규적 효력을 가진다. 따라서 **세무조사가 과세자료의 수집 또는 신고내용의 정확성 검증이라는 본연의 목적이 아니라 부정한 목적을 위하여 행하여진 것이라면 이는 세무조사에 중대한 위법사유가 있는 경우에 해당하고 이러한 세무조사에 의하여 수집된 과세자료를 기초로 한 과세처분 역시 위법**하다(대판 2016. 12. 15. 2016두47659).

④ ◎ 세관공무원이 통관검사를 위하여 직무상 소지하거나 보관하는 물품을 수사기관에 임의로 제출한 경우에는 비록 소유자의 동의를 받지 않았더라도 수사기관이 강제로 점유를 취득하지 않은 이상 해당 물품을 압수하였다고 할 수 없다. 그러나 **마약류 불법거래 방지에 관한 특례법 제4조 제1항에 따른 조치의 일환으로 특정한 수출입물품을 개봉하여 검사하고 그 내용물의 점유를 취득한 행위**는 위에서 본 수출입물품에 대한 적정한 통관 등을 목적으로 조사를 하는 경우와는 달리, **범죄수사인 압수 또는 수색에 해당하여 사전 또는 사후에 영장을 받아야** 한다(대판 2017. 7. 18. 2014도8719).

⑤ ◎ 음주운전 여부에 대한 조사 과정에서 **운전자 본인의 동의를 받지 아니하고 또한 법원의 영장도 없이 채혈조사를 한 결과를 근거로 한 운전면허 정지·취소 처분은 도로교통법 제44조 제3항을 위반한 것으로서 특별한 사정이 없는 한 위법한 처분**으로 볼 수밖에 없다(대판 2016. 12. 27. 2014두46850).

13 정답 ④

④ ✗ 원고는 피고 산하의 국립의료원 부설주차장에 관한 이 사건 위탁관리용역운영계약에 대하여 관리청이 순전히 사경제주체로서 행한 사법상 계약임을 전제로, 가산금에 관한 별도의 약정이 없는 이상 원고에게 가산금을 지급할 의무가 없다고 주장하여 그 부존재의 확인을 구한다는 것이다. 그러나 기록에 의하면, **위 운영계약의 실질은 행정재산인 위 부설주차장에 대한 국유재산법 제24조 제1항에 의한 사용·수익 허가로서 이루어진 것**임을 알 수 있으므로, 이는 위 국립의료원이 원고의 신청에 의하여 공권력을 가진 우월적 지위에서 행한 **행정처분**으로서 특정인에게 행정재산을 사용할 수 있는 권리를 설정하여 주는 **강학상 특허에 해당**한다 할 것이고

순전히 사경제주체로서 원고와 대등한 위치에서 행한 사법상의 계약으로 보기 어렵다고 할 것이다(대판 2006. 3. 9. 2004다31074). → **국립의료원 부설 주차장에 관한 위탁관리용역운영계약의 실질은 행정재산에 대한 국유재산법 제24조 제1항의 사용·수익 허가로서, 행정처분(강학상 특허)에 해당 ○**

① ◎ 지방자치단체와 채용계약에 의하여 채용된 계약직공무원이 그 계약기간 만료 이전에 채용계약 해지 등의 불이익을 받은 후 그 계약기간이 만료된 때에는 그 채용계약 해지의 의사표시가 무효라고 하더라도, 지방공무원법이나 지방계약직공무원규정 등에서 계약기간이 만료되는 계약직공무원에 대한 재계약의무를 부여하는 근거규정이 없으므로 계약기간의 만료로 당연히 계약직공무원의 신분을 상실하고 계약직공무원의 신분을 회복할 수 없는 것이므로, **그 해지의사표시의 무효확인청구는 과거의 법률관계의 확인청구에 지나지 않는다 할 것**이고, 한편 과거의 법률관계라 할지라도 현재의 권리 또는 법률상 지위에 영향을 미치고 있고 현재의 권리 또는 법률상 지위에 대한 위험이나 불안을 제거하기 위하여 그 법률관계에 관한 확인판결을 받는 것이 유효 적절한 수단이라고 인정될 때에는 **그 법률관계의 확인소송은 즉시확정의 이익이 있다**고 보아야 할 것이나, 계약직공무원에 대한 채용계약이 해지된 경우에는 공무원 등으로 임용되는 데에 있어서 법령상의 아무런 제약사유가 되지 않을 뿐만 아니라, 계약기간 만료 전에 채용계약이 해지된 전력이 있는 사람이 공무원 등으로 임용되는 데에 있어서 그러한 전력이 없는 사람보다 사실상 불이익한 장애사유로 작용한다고 하더라도 그것만으로는 법률상의 이익이 침해되었다고 볼 수 없으므로 그 무효확인을 구할 이익이 없다(대판 2002. 11. 26. 2002두1496). → 채용계약 해지의 의사표시의 무효확인을 구하는데 즉시확정의 이익이 필요하다고 본 사례

② ◎ 지방자치법 제9조 제2항 제5호 (라)목 및 (마)목 등의 규정에 의하면, 서울특별시립무용단원의 공연 등 활동은 지방문화 및 예술을 진흥시키고자 하는 서울특별시의 공공적 업무수행의 일환으로 이루어진다고 해석될 뿐 아니라, 단원으로 위촉되기 위하여는 일정한 능력요건과 자격요건을 요하고, 계속적인 재위촉이 사실상 보장되며, 공무원연금법에 따른 연금을 지급받고, 단원의 복무규율이 정해져 있으며, 정년제가 인정되고, 일정한 해촉사유가 있는 경우에만 해촉되는 등 서울특별시립무용단원이 가지는 지위가 공무원과 유사한 것이라면, 서울특별시립무용단원의 위촉은 공법상의 계약이라고 할 것이고, 따라서 그 단원의 해촉에 대하여는 공법상의 당사자소송으로 그 무효확인을 청구할 수 있다(대판 1995. 12. 22. 95누4636).

③ ◎ 근로기준법 등의 입법 취지, 지방공무원법과 지방공무원징계및소청규정의 여러 규정에 비추어 볼 때, 채용계약상 특별한 약정이 없는 한, 지방계약직공무원에 대하여 지방공무원법, 지방공무원징계및소청규정에 정한 징계절차에 의하지 않고서는 보수를 삭감할 수 없다고 봄이 상당하다(대판 2008. 6. 12. 2006두16328).

⑤ ◎ 계약직공무원에 관한 현행 법령의 규정에 비추어 볼 때, **계약직공무원 채용계약해지의 의사표시는 일반공무원에 대한 징계처분과는 달라서 항고소송의 대상이 되는 처분 등의 성격을 가진 것으로 인정되지 아니하고, 일정한 사유가 있을 때에 국가 또는 지방자치단체가 채용계약 관계의 한쪽 당사자로서 대등한 지위에서 행하는 의사표시로 취급되는 것으로 이해되므로, 이를 징계해고 등에서와 같이 그 징계사유에 한하여 효력 유무를 판단하여야 하거나, 행정처분과 같이 행정절차법에 의하여 근거와 이유를 제시하여야 하는 것은 아니다**(대판 2002. 11. 26. 2002두5948). → 계약직공무원 채용계약해지의 의사표시는 공법상 계약의 해지에 해당하고, 공법상 계약 및 그 해지에는 행정절차법이 적용되지 않는다.

14   정답 ③

③ ◎ 공정거래위원회가 위반행위에 대한 과징금을 부과하면서 여러 개의 위반행위에 대하여 외형상 하나의 과징금 납부명령을 하였으나 **여러 개의 위반행위 중 일부의 위반행위에 대한 과징금 부과만이 위법하고 소송상 그 일부의 위반행위를 기초로 한 과징금액을 산정할 수 있는 자료가 있는 경우에는, 하나의 과징금 납부명령일지라도 그 일부의 위반행위에 대한 과징금액에 해당하는 부분만을 취소하여야** 한다(대판 2019. 1. 31. 2013두14726).

① ✗ 행정법규 위반에 대하여 가하는 제재조치는 행정목적의 달성을 위하여 행정법규 위반이라는 객관적 사실에 착안하여 가하는 제재이므로 반드시 현실적인 행위자가 아니라도 법령상 책임자로 규정된 자에게 부과되고 특별한 사정이 없는 한 **위반자에게 고의나 과실이 없더라도 부과할 수 있다**(대판 2012. 5. 10. 2012두1297). 그러나 위반자의 의무 해태를 탓할 수 없는 정당한 사유가 있는 경우까지 부과할 수 있는 것은 아니다(대판 2014. 12. 24. 2010두6700).

② ✗ 자동차운수사업 면허조건 등에 위반한 사업자에 대하여 행정청이 행정제재수단으로서 사업정지를 명할 것인지, 과징금을 부과할 것인지, 과징금을 부과키로 하였다면 그 금액은 얼마로 할 것인지 등에 관하여 재량권이 부여되어 있다 할 것이고, 과징금 최고한도액 5,000,000원의 부과처분만으로는 적절치 않다고 여길 경우 사업정지쪽을 택할 수도 있다 할 것이므로 과징금 부과처분이 법이 정한 한도액을 초과하여 위법할 경우 **법원으로서는 그 전부를 취소할 수밖에 없고, 그 한도액을 초과한 부분이나 법원이 적정하다고 인정되는 부분을 초과한 부분만을 취소할 수는 없다**(대판 1993. 7. 27. 93누1077).

④ ✗ 세법상 가산세는 과세권의 행사 및 조세채권의 실현을 용이하게 하기 위하여 납세자가 정당한 이유 없이 법에 규정된 신고, 납세 등 각종 의무를 위반한 경우에 개별세법이 정하는 바에 따라 부과되는 행정상의 제재로서 **납세자의 고의, 과실은 고려되지 않는 반면**, 이와 같은 제재는 납세의무자가 그 의무를 알지 못한 것이 무리가 아니었다고 할 수 있어서 그를 정당시할 수 있는 사정이 있거나 그 의무의 이행을 당사자에게 기대하는 것이 무리라고 하는 사정이 있을 때 등 **그 의무해태를 탓할 수 없는 정당한 사유가 있는 경우에는 이를 과할 수 없다**(대판 1993. 11. 23. 93누15939).

⑤ ✗ 국가기관이 행정목적달성을 위하여 언론에 보도자료를 제공하는 등 이른바 행정상 공표의 방법으로 실명을 공개함으로써 타인의 명예를 훼손한 경우, 그 공표된 사람에 관하여 적시된 사실의 내용이 진실이라는 증명이 없더라도 **국가기관이 공표 당시 이를 진실이라고 믿었고 또 그렇게 믿을 만한 상당한 이유가 있다면 위법성이 없는 것**이고, 이 점은 언론을 포함한 사인에 의한 명예훼손의 경우에서와 마찬가지이다. 상당한 이유의 존부의 판단에 있어서는, 실명공표 자체가 매우 신중하게 이루어져야 한다는 요청에서 비롯되는 무거운 주의의무와 공권력의 광범한 사실조사 능력, 공표된 사실이 진실하리라는 점에 대한 국민의 강한 기대와 신뢰, 공무원의 비밀엄수의무와 법령준수의무 등에 비추어, 사인의 행위에 의한 경우보다는 훨씬 더 엄격한 기준이 요구된다 할 것이므로, 그 사실이 의심의 여지 없이 확실히 진실이라고 믿을 만한 객관적이고도 타당한 확증과 근거가 있는 경우가 아니라면 그러한 상당한 이유가 있다고 할 수 없다(대판 1993. 11. 26. 93다18389).

15   정답 ④

④ ◎

> **질서위반행위규제법 제20조(이의제기)** ① 행정청의 과태료 부과에 불복하는 당사자는 제17조제1항에 따른 과태료 부과 통지를 받은 날부터 60일 이내에 해당 행정청에 서면으로 이의제기를 할 수 있다.
> ② 제1항에 따른 이의제기가 있는 경우에는 행정청의 과태료 부과처분은 그 효력을 상실한다.

① ❌ [1] 국가가 본래 그의 사무의 일부를 지방자치단체의 장에게 위임하여 처리하게 하는 기관위임사무의 경우 지방자치단체는 국가기관의 일부로 볼 수 있고, **지방자치단체가 그 고유의 자치사무를 처리하는 경우** 지방자치단체는 국가기관의 일부가 아니라 **국가기관과는 별도의 독립한 공법인으로서 양벌규정에 의한 처벌대상이 되는 법인에 해당한다.** [2] 지방자치단체 소속 공무원이 지정항만순찰 등의 업무를 위해 관할관청의 승인 없이 개조한 승합차를 운행함으로써 구 자동차관리법을 위반한 사안에서, 지방자치법, 구 항만법, 구 항만법 시행령 등에 비추어 위 **항만순찰 등의 업무가 지방자치단체의 장이 국가로부터 위임받은 기관위임사무에 해당하여, 해당 지방자치단체가 구 자동차관리법 제83조의 양벌규정에 따른 처벌대상이 될 수 없다**고 한 사례(대판 2009. 6. 11, 2008도6530).

② ❌ 경찰서장이 범칙행위에 대하여 통고처분을 한 이상, 범칙자의 위와 같은 절차적 지위를 보장하기 위하여 통고처분에서 정한 범칙금 납부기간까지는 원칙적으로 경찰서장은 즉결심판을 청구할 수 없고, **검사도 동일한 범칙행위에 대하여 공소를 제기할 수 없다**(대판 2021. 4. 1. 2020도15194).

③ ❌ 도로교통법 제118조에서 규정하는 경찰서장의 통고처분은 행정소송의 대상이 되는 행정처분이 아니므로 그 처분의 취소를 구하는 소송은 부적법하고, 도로교통법상의 통고처분을 받은 자가 그 처분에 대하여 이의가 있는 경우에는 **통고처분에 따른 범칙금의 납부를 이행하지 아니함으로써 경찰서장의 즉결심판청구에 의하여 법원의 심판을 받을 수 있게 될 뿐이다**(대판 1995. 6. 29. 95누4674).

⑤ ❌ 수도조례 및 하수도사용조례에 기한 과태료의 부과 여부 및 그 당부는 최종적으로 질서위반행위규제법에 의한 절차에 의하여 판단되어야 한다고 할 것이므로, 그 과태료 부과처분은 행정청을 피고로 하는 행정소송의 대상이 되는 행정처분이라고 볼 수 없다(대판 2012. 10. 11. 2011두19369).

16

정답 ②

② ⭕ 계고서라는 명칭의 1장의 문서로서 일정기간 내에 **위법건축물의 자진철거를 명함과 동시에** 그 소정기한 내에 자진철거를 하지 아니할 때에는 **대집행할 뜻을 미리 계고한 경우라도 건축법에 의한 철거명령과 행정대집행법에 의한 계고처분은 독립하여 있는 것으로서 각 그 요건이 충족되었다고 볼 것이다**(대판 1992. 6. 12. 91누13564).

① ❌ 행정대집행법상 대집행의 대상이 되는 대체적 작위의무는 공법상 의무이어야 할 것인데, 구 공공용지의 취득 및 손실보상에 관한 특례법에 따른 토지 등의 협의취득은 공공사업에 필요한 토지 등을 그 소유자와의 협의에 의하여 취득하는 것으로서 공공기관이 사경제주체로서 행하는 **사법상 매매 내지 사법상 계약의 실질을 가지는 것이므로,** 그 협의취득시 건물소유자가 매매대상 건물에 대한 철거의무를 부담하겠다는 취지의 약정을 하였다고 하더라도 **이러한 철거의무는 공법상의 의무가 될 수 없고, 이 경우에도 행정대집행법을 준용하여 대집행을 허용하는 별도의 규정이 없는 한 위와 같은 철거의무는 행정대집행법에 의한 대집행의 대상이 되지 않는다**(대판 2006. 10. 13. 2006두7096). → **대집행의 대상은 공법상 대체적 작위의무의 불이행에 해당하여야 함**

③ ❌ 건축법에 위반하여 건축한 것이어서 철거의무가 있는 건물이라 하더라도 그 철거의무를 대집행하기 위한 계고처분을 하려면 **다른 방법으로는 이행의 확보가 어렵고 불이행을 방치함이 심히 공익을 해하는 것으로 인정될 때에 한하여 허용되고 이러한 요건의 주장입증책임은 처분 행정청에 있다**(대판 1993. 9. 14. 92누16690).

④ ❌ 행정대집행법 제2조는 대집행의 대상이 되는 의무를 "법률(법률의 위임에 의한 명령, 지방자치단체의 조례를 포함한다. 이하 같다)에 의하여 직접 명령되었거나 또는 법률에 의거한 행정청의 명령에 의한 행위로서 타인이 대신하여 행할 수 있는 행위"라고 규정하고 있으므로, 대집행계고처분을 하기 위하여는 법령에 의하여 직접 명령되거나 법령에 근거한 행정청의 명령에 의한 의무자의 대체적 작위의무 위반행위가 있어야 한다. 따라서 단순한 부작위의무의 위반, 즉 관계 법령에 정하고 있는 절대적 금지나 허가를 유보한 상대적 금지를 위반한 경우에는 **당해 법령에서 그 위반자에 대하여 위반에 의하여 생긴 유형적 결과의 시정을 명하는 행정처분의 권한을 인정하는 규정**(예컨대, 건축법 제69조, 도로법 제74조, 하천법 제67조, 도시공원법 제20조, 옥외광고물등관리법 제10조 등)을 두고 있지 아니한 이상, 법치주의의 원리에 비추어 볼 때 위와 같은 부작위의무로부터 그 의무를 위반함으로써 생긴 결과를 시정하기 위한 작위의무를 당연히 끌어낼 수는 없으며, 또 위 금지규정(특히 허가를 유보한 상대적 금지규정)으로부터 작위의무, 즉 위반결과의 시정을 명하는 권한이 당연히 추론(推論)되는 것도 아니다(대판 1996. 6. 28. 96누4374).

⑤ ❌ **대집행의 계고·대집행영장에 의한 통지·대집행의 실행·대집행에 요한 비용의 납부명령 등은,** 타인이 대신하여 행할 수 있는 행정의무의 이행을 의무자의 비용부담하에 확보하고자 하는, 동일한 행정목적을 달성하기 위하여 단계적인 일련의 절차로 연속하여 행하여지는 것으로서, **서로 결합하여 하나의 법률효과를 발생시키는 것이므로, 선행처분인 계고처분이 하자가 있는 위법한 처분이라면,** 비록 하자가 중대하고도 명백한 것이 아니어서 당연무효의 처분이라고 볼 수 없고 대집행의 실행이 이미 사실행위로서 완료되어 계고처분의 취소를 구할 법률상 이익이 없게 되었으며, 또 대집행비용납부명령 자체에는 아무런 하자가 없다 하더라도, **후행처분인 대집행비용납부명령의 취소를 청구하는 소송에서 청구원인으로 선행처분인 계고처분이 위법한 것이기 때문에 그 계고처분을 전제로 행하여진 대집행비용납부명령도 위법한 것이라는 주장을 할 수 있다**(대판 1993. 11. 9. 93누14271).

17

정답 ⑤

⑤ ❌ 헌법 제29조 제2항, 국가배상법 제2조 제1항 단서의 입법 취지를 관철하기 위하여는, 국가배상법 제2조 제1항 단서가 적용되는 공무원의 직무상 불법행위로 인하여 직무집행과 관련하여 피해를 입은 군인 등에 대하여 위 불법행위에 관련된 일반국민(법인을 포함한다. 이하 '민간인'이라 한다)이 공동불법행위책임, 사용자책임, 자동차운행자책임 등에 의하여 그 손해를 자신의 귀책부분을 넘어서 배상한 경우에도, 국가 등은 피해 군인 등에 대한 국가배상책임을 면할 뿐만 아니라, 나아가 민간인에 대한 국가의 귀책비율에 따른 구상의무도 부담하지 않는다고 하여야 할 것이다. 그러나 위와 같은 경우, 민간인은 여전히 공동불법행위자 등이라는 이유로 피해 군인 등의 손해 전부를 배상할 책임을 부담하도록 하면서 국가 등에 대하여는 귀책비율에 따른 구상을 청구할 수 없도록 한다면, 공무원의 직무활동으로 빚어지는 이익의 귀속주체인 국가 등과 민간인과의 관계에서 원래는 국가 등이 부담하여야 할 손해까지 민간인이 부담하는 부당한 결과가 될 것이고(가해 공무원에게 경과실이 있는 경우에는 그 공무원은 손해배상책임을 부담하지 아니하므로 민간인으로서는 자신이 손해발생에 기여한 귀책부분을 넘는 손해까지 종국적으로 부담하는 불이익을 받게 될 것이고, 가해 공무원에게 고의 또는 중과실이 있는 경우에도 그 무자력 위험을 사용관계에 있는 국가 등이 부담하는 것이 아니라 오히려 민간인이 감수하게 되는 결과가 된다.), 이는 위 헌법과 국가배상법의 규정에 의하여도 정당화될 수 없다고 할 것이다. 이러한 부당한 결과를 방지하면서 위 헌법 및 국가배상법 규정의 입법 취지를 관철하기 위하여는, 피해 군인 등은 위 헌법 및 국가배상법 규정에 의하여 국가 등에 대한 배상청구권을 상실한 대신에 자신의 과실 유무나 그 정도와 관계 없이 무자력의 위험부담이 없는 확실한 국가보상의 혜택을 받을 수 있는 지위에 있게 되는 특별한 이익을 누리고 있음에 반하여 민간인으로서

는 손해 전부를 배상할 의무를 부담하면서도 국가 등에 대한 구상권을 행사할 수 없다고 한다면 부당하게 권리침해를 당하게 되는 결과가 되는 것과 같은 각 당사자의 이해관계의 실질을 고려하여, 위와 같은 경우에는 공동불법행위자 등이 부진정연대채무자로서 각자 피해자의 손해 전부를 배상할 의무를 부담하는 공동불법행위의 일반적인 경우와 달리 **예외적으로 민간인은 피해 군인 등에 대하여 그 손해 중 국가 등이 민간인에 대한 구상의무를 부담한다면 그 내부적인 관계에서 부담하여야 할 부분을 제외한 나머지 자신의 부담부분에 한하여 손해배상의무를 부담하고, 한편 국가 등에 대하여는 그 귀책부분의 구상을 청구할 수 없다**고 해석함이 상당하다 할 것이고, 이러한 해석이 손해의 공평·타당한 부담을 그 지도원리로 하는 손해배상제도의 이상에도 맞는다 할 것이다(대판 2001. 2. 15. 96다42420 전합).

① ◯ [1] 헌법재판소 재판관이 청구기간 내에 제기된 헌법소원심판청구 사건에서 청구기간을 오인하여 각하결정을 한 경우, 이에 대한 불복절차 내지 시정절차가 없는 때에는 국가배상책임(위법성)을 인정할 수 있다고 한 사례. [2] 헌법소원심판을 청구한 자로서는 헌법재판소 재판관이 일자 계산을 정확하게 하여 본안판단을 할 것으로 기대하는 것이 당연하고, 따라서 헌법재판소 재판관의 위법한 직무집행의 결과 잘못된 각하결정을 함으로써 청구인으로 하여금 본안판단을 받을 기회를 상실하게 한 이상, (설령 본안판단을 하였더라도 어차피 청구가 기각되었을 것이라는 사정이 있다고 하더라도) 잘못된 판단으로 인하여 헌법소원심판 청구인의 위와 같은 합리적인 기대를 침해한 것이고 이러한 기대는 인격적 이익으로서 보호할 가치가 있다고 할 것이므로 그 침해로 인한 **정신상 고통에 대하여는 위자료를 지급할 의무가 있다**(대판 2003. 7. 11. 99다24218).

② ◯ 행정청의 준공검사의무가 법령상 일의적으로 결정되어 있으므로, 준공검사업무를 담당하는 공무원이 준공검사를 현저히 지연시켰고 그러한 지연이 직무에 충실한 보통 일반의 공무원을 표준으로 할 때 객관적 정당성을 상실하였다고 인정될 정도에 이른 경우에는 국가배상법 제2조에서 말하는 위법의 요건을 충족하였다고 봄이 상당하다(대판 1999. 3. 23. 98다30285).

③ ◯ [1] 헌법 제29조 제2항 및 이를 근거로 한 국가배상법 제2조 제1항 단서 규정의 입법 취지는, …… **군인, 군무원 등 이 법률 규정에 열거된 자가 전투, 훈련 기타 직무집행과 관련하는 등으로 공상을 입은 데 대하여 재해보상금, 유족연금, 상이연금 등 별도의 보상제도가 마련되어 있는 경우에는 이중배상의 금지를 위하여 이들의 국가에 대한 국가배상법 또는 민법상의 손해배상청구권 자체를 절대적으로 배제하는 규정이므로, 이들은 국가에 대하여 손해배상청구권을 행사할 수 없는 것인바, 따라서 국가배상법 제2조 제1항 단서 규정은 다른 법령에 보상제도가 규정되어 있고, 그 법령에 규정된 상이등급 또는 장애등급 등의 요건에 해당되어 그 권리가 발생한 이상, 실제로 그 권리를 행사하였는지 또는 그 권리를 행사하고 있는지 여부에 관계없이 적용된다고 보아야 하고, 그 각 법률에 의한 보상금청구권이 시효로 소멸되었다 하여 적용되지 않는다고 할 수는 없다.** [2] 공상을 입은 군인이 국가배상법에 의한 손해배상청구 소송 도중에 국가유공자등예우및지원에관한법률에 의한 국가유공자 등록신청을 하였다가 인과관계가 없어 공상군경 요건에 해당되지 않는다는 이유로 비해당결정 통보를 받고 이에 불복하지 아니한 후 위 법률에 의한 보상금청구권과 군인연금법에 의한 재해보상금청구권이 모두 시효완성된 경우, 국가배상법 제2조 제1항 단서 소정의 '다른 법령에 의하여 보상을 받을 수 있는 경우'라 하여 국가배상청구를 할 수 없다고 한 사례(대판 2002. 5. 10. 2000다39735). → **국가배상법 제2조 제1항 단서 소정의 이중배상금지원칙이 적용되는 다른 법령에 의하여 보상을 받을 수 있는 경우라면, 다른 법령상 보상청구권이 시효완성된 경우라도 국가배상청구를 할 수 없다는 취지의 판례이다. 반대해석을 하면, "이중배상금지가 적용되지 않는" 다른 법률에 의한 보상청구가 가능한 경우라면, 다른 법률상 보상청구권이 시효완성된 경우에도 국가배상을 청구할 수 있을 것이다.**

④ ◯ 국가배상법 제2조 제1항 본문 및 제2항의 입법 취지는 공무원의 직무상 위법행위로 타인에게 손해를 끼친 경우에는 변제자력이 충분한 국가 등에게 선임감독상 과실 여부에 불구하고 손해배상책임을 부담시켜 국민의 재산권을 보장하되, **공무원이 직무를 수행함에 있어 경과실로 타인에게 손해를 입힌 경우**에는 그 직무수행상 통상 예기할 수 있는 흠이 있는 것에 불과하므로, 이러한 공무원의 행위는 여전히 국가 등의 기관의 행위로 보아 그로 인하여 발생한 손해에 대한 배상책임도 전적으로 국가 등에만 귀속시키고 공무원 개인에게는 그로 인한 책임을 부담시키지 아니하여 공무원의 공무집행의 안정성을 확보하고, 반면에 **공무원의 위법행위가 고의·중과실에 기한 경우**에는 비록 그 행위가 그의 직무와 관련된 것이라고 하더라도 그와 같은 행위는 그 본질에 있어서 기관행위로서의 품격을 상실하여 국가 등에게 그 책임을 귀속시킬 수 없으므로 **공무원 개인에게 불법행위로 인한 손해배상책임을 부담시키되, 다만 이러한 경우에도 그 행위의 외관을 객관적으로 관찰하여 공무원의 직무집행으로 보여질 때에는 피해자인 국민을 두텁게 보호하기 위하여 국가 등이 공무원 개인과 중첩적으로 배상책임을 부담하되 국가 등이 배상책임을 지는 경우에는 공무원 개인에게 구상할 수 있도록 함으로써** 궁극적으로 그 책임이 공무원 개인에게 귀속되도록 하려는 것이라고 봄이 합당하다(대판 1996. 2. 15. 95다38677 전합).

18
정답 ①

① ✗ 국가가 토지를 20년간 점유하여 취득시효가 완성된 경우, 토지의 소유자는 국가에 이를 원인으로 하여 소유권이전등기절차를 이행하여 줄 의무를 부담하므로 국가에 대하여 소유권에 따른 권리를 행사할 지위에 있다고 보기는 어려우나, 한편 법률 제3782호 하천법 중 개정법률 부칙 제2조가 하천구역으로 편입되어 보상 없이 국유로 된 사유지에 대하여 보상을 받을 수 있는 법적 근거를 마련하였고, 나아가 하천편입토지 보상 등에 관한 특별조치법(이하 '하천편입토지보상법'이라 한다)은 하천법에 따른 손실보상청구권의 소멸시효가 완성된 경우에도 손실보상청구를 허용하고 있는데, 이러한 관계 법령의 취지는 시간의 경과에도 불구하고 하천구역 편입으로 아무런 보상 없이 토지 소유권을 상실한 개인의 재산권을 두텁게 보장하기 위한 것인 점, 국가가 소유자를 상대로 취득시효 완성을 원인으로 한 소유권이전등기청구를 함으로써 토지의 소유권을 취득할 수 있는 지위에 있었는데도 권리를 제때 행사하지 않고 있던 중에 토지가 하천구역에 편입되어 국유로 되고 소유자에게 손실보상청구권이 발생하자 비로소 취득시효 완성 주장을 하는 경우까지 그 주장을 받아들여 원래 소유자의 손실보상청구를 배척하는 것은 헌법상 재산권 보장의 이념과 하천편입토지보상법의 취지에 부합한다고 보기 어려운 점 등을 종합하면, 점유취득시효가 완성되어 국가에 소유권이전등기청구권이 발생하였다는 사정은 토지 소유자가 국가를 상대로 소유권에 기초한 물권적 청구권을 행사하는 것을 저지할 수 있는 사유는 될 수 있으나, 나아가 **토지 소유자가 소유권의 상실을 전제로 하천편입토지보상법에 따른 손실보상청구권을 행사하는 것을 저지하는 사유가 될 수는 없다**(대판 2016. 6. 28. 2016두35243).

② ◯ 특수임무와 관련하여 국가를 위하여 특별한 희생을 한 특수임무수행자와 그 유족에 대하여 필요한 보상을 함으로써 특수임무수행자와 그 유족의 생활안정을 도모하고 국민화합에 이바지함을 목적으로 제정된 구 특수임무수행자 보상에 관한 법률 및 구 시행령의 각 규정 취지와 내용에 비추어 보면, 같은 법 제2조, 같은 법 시행령 제2조, 제3조, 제4조 등의 규정들만으로는 바로 법상의 보상금 등의 지급대상자가 확정된다고 볼 수 없고, **특수임무수행자보상심의위원회의 심의·의결을 거쳐 특수임무수행자로 인정되어야만 비로소 보상금 등의 지급대상자로 확정될 수 있다**(대판 2008. 12. 11. 2008두6554).

③ ◯ 어느 수용대상 토지에 관하여 특정 시점에서 용도지역·지구·구역을 지정 또는 변경하지 않은 것이 특정 공익사업의 시행을 위한 것일 경우 이는 해당 공익사업의 시행을 직접 목적으로 하는 제한이라고 보아 **용도지역 등의 지정 또는 변경이 이루어진 상태를 상정하여 토지가격을 평가하여야** 한다(대판 2018. 1. 25. 2017두61799).

④ ◯ 공익사업을 위한 토지 등의 취득 및 보상에 관한 법률 제85조 제1항 전문의 문언 내용과 같은 법 제83조, 제85조가 중앙토지수용위원회에 대한 이의신청을 임의적 절차로 규정하고 있는 점, 행정소송법 제19조 단서가 행정심판에 대한 재결은 재결 자체에 고유한 위법이 있음을 이유로 하는 경우에 한하여 취소소송의 대상으로 삼을 수 있도록 규정하고 있는 점 등을 종합하여 보면, **수용재결에 불복하여 취소소송을 제기하는 때에는 이의신청을 거친 경우에도 수용재결을 한 중앙토지수용위원회 또는 지방토지수용위원회를 피고로 하여 수용재결의 취소를 구하여야** 하고, 다만 이의신청에 대한 **재결 자체에 고유한 위법이 있음을 이유로 하는** 경우에는 그 이의재결을 한 중앙토지수용위원회를 피고로 하여 **이의재결의 취소를 구할 수 있다고 보아야 한다**(대판 2010. 1. 28. 2008두1504).

⑤ ◯ 개발제한구역의 지정으로 인한 개발가능성의 소멸과 그에 따른 지가의 하락이나 지가상승률의 상대적 감소는 토지소유자가 감수해야 하는 사회적 제약의 범주에 속하는 것으로 보아야 한다(헌재 1998. 12. 2. 89헌마214).

19 정답 ③

③ ✗, ②◯, ④◯, ⑤◯

행정심판법 제50조의2(위원회의 간접강제) ① 위원회는 피청구인이 제49조 제2항(제49조 제4항에서 준용하는 경우를 포함한다) 또는 제3항에 따른 처분을 하지 아니하면 **청구인의 신청에 의하여** 결정으로 상당한 기간을 정하고 피청구인이 그 기간 내에 이행하지 아니하는 경우에는 그 지연기간에 따라 일정한 배상을 하도록 명하거나 즉시 배상을 할 것을 명할 수 있다.
② 위원회는 사정의 변경이 있는 경우에는 당사자의 신청에 의하여 제1항에 따른 결정의 내용을 변경할 수 있다.
③ 위원회는 제1항 또는 제2항에 따른 결정을 하기 전에 신청 상대방의 의견을 들어야 한다.
④ **청구인은 제1항 또는 제2항에 따른 결정에 불복하는 경우 그 결정에 대하여 행정소송을 제기할 수 있다.**
⑤ 제1항 또는 제2항에 따른 결정의 효력은 **피청구인인 행정청이 소속된 국가·지방자치단체 또는 공공단체에 미치며, 결정서 정본은** 제4항에 따른 소송제기와 관계없이 「민사집행법」에 따른 강제집행에 관하여는 **집행권원과 같은 효력을 가진다.** 이 경우 집행문은 위원장의 명에 따라 위원회가 소속된 행정청 소속 공무원이 부여한다.
⑥ 간접강제 결정에 기초한 강제집행에 관하여 이 법에 특별한 규정이 없는 사항에 대하여는 「민사집행법」의 규정을 준용한다. 다만, 「민사집행법」 제33조(집행문부여의 소), 제34조(집행문부여 등에 관한 이의신청), 제44조(청구에 관한 이의의 소) 및 제45조(집행문부여에 대한 이의의 소)에서 관할 법원은 피청구인의 소재지를 관할하는 행정법원으로 한다.

행정심판법 제49조(재결의 기속력 등) ② 재결에 의하여 취소되거나 무효 또는 부존재로 확인되는 처분이 당사자의 신청을 거부하는 것을 내용으로 하는 경우에는 그 처분을 한 행정청은 재결의 취지에 따라 다시 이전의 신청에 대한 처분을 하여야 한다.

③ 당사자의 신청을 거부하거나 부작위로 방치한 처분의 이행을 명하는 재결이 있으면 행정청은 지체 없이 이전의 신청에 대하여 재결의 취지에 따라 처분을 하여야 한다.
④ 신청에 따른 처분이 절차의 위법 또는 부당을 이유로 재결로써 취소된 경우에는 제2항을 준용한다.

① ◯ 행정심판법상 간접강제제도라 함은 행정심판의 인용재결의 기속력에 따라 행정청의 (재)처분의무가 인정됨에도 불구하고 행정청이 인용재결에 따른 처분을 하지 아니하는 경우, 행정심판위원회가 당사자의 신청에 의하여 결정으로 상당한 기간을 정하고, 행정청이 그 기간 내에 이행하지 아니하는 경우에 지연기간에 따라 일정한 배상을 하도록 명하거나 즉시 배상을 할 것을 명하는 제도를 말한다(제50조의2). 간접강제제도는 행정소송법에서만 인정되었으나, 행정심판위원회의 인용재결의 실효성을 높이기 위하여 2017. 4. 18. 개정 행정심판법(2017. 10. 19. 시행)에서 간접강제 제도가 신설되었다.

20 정답 ③

㉠ ◯ 교육공무원법 제29조의2 제1항, 제13조, 제14조 제1항, 제2항, 교육공무원 승진규정 제1조, 제2조 제1항 제1호, 제40조 제1항, 교육공무원 임용령 제14조 제1항, 제16조 제1항에 따르면 임용권자는 3배수의 범위 안에 들어간 후보자들을 대상으로 승진임용 여부를 심사하여야 하고, 이에 따라 승진후보자 명부에 포함된 후보자는 임용권자로부터 정당한 심사를 받게 될 것에 관한 절차적 기대를 하게 된다. 그런데 임용권자 등이 자의적인 이유로 승진후보자 명부에 포함된 후보자를 승진임용에서 제외하는 처분을 한 경우에, 이러한 승진임용제외처분을 항고소송의 대상이 되는 처분으로 보지 않는다면, 달리 이에 대하여는 불복하여 침해된 권리 또는 법률상 이익을 구제받을 방법이 없다. 따라서 **교육공무원법상 승진후보자 명부에 의한 승진심사 방식으로 행해지는 승진임용에서 승진후보자 명부에 포함되어 있던 후보자를 승진임용인사발령에서 제외하는 행위는 불이익처분으로서 항고소송의 대상인 처분에 해당**한다고 보아야 한다(대판 2018. 3. 27. 2015두47492).

㉡ ✗ **병역법상 신체등위판정은 행정청이라고 볼 수 없는 군의관이 하도록 되어 있으며, 그 자체만으로 바로 병역법상의 권리의무가 정하여지는 것이 아니라 그에 따라 지방병무청장이 병역처분을 함으로써 비로소 병역의무의 종류가 정하여지는 것이므로 항고소송의 대상이 되는 행정처분이라 보기 어렵다**(대판 1993. 8. 27. 93누3356).

㉢ ✗ 한국토지주택공사가 택지개발사업의 시행자로서 택지개발예정지구 공람공고일 이전부터 영업 등을 행한 자 등 일정 기준을 충족하는 손실보상대상자들에 대하여 생활대책을 수립·시행하였는데, 직권으로 甲 등이 생활대책대상자에 해당하지 않는다는 결정(이하 '부적격통보'라고 한다)을 하고, 甲 등의 이의신청에 대하여 재심사 결과로도 생활대책대상자로 선정되지 않았다는 통보(이하 '재심사통보'라고 한다)를 한 경우, 부적격통보가 심사대상자에 대하여 한국토지주택공사가 생활대책대상자 선정 신청을 받지 아니한 상태에서 자체적으로 가지고 있던 자료를 기초로 일정 기준을 적용한 결과를 일괄 통보한 것이고, 각 당사자의 개별·구체적 사정은 이의신청을 통하여 추가로 심사하여 고려하겠다는 취지를 포함하고 있다면, 甲 등은 이의신청을 통하여 비로소 생활대책대상자 선정에 관한 의견서 제출 등의 기회를 부여받게 되었고 한국토지주택공사도 그에 따른 재심사과정에서 당사자들이 제출한 자료 등을 함께 고려하여 생활대책대상자 선정기준의 충족 여부를 심사하여 재심사통보를 한 것이라고 볼 수 있는 점 등을 종합하면, **비록 재심사통보가 부적격통보와 결론이 같더라도,** 단순히 한국토지주택공사의 업무처리의 적정

및 甲 등의 편의를 위한 조치에 불과한 것이 아니라 **별도의 의사결정 과정과 절차를 거쳐 이루어진 독립한 행정처분으로서 항고소송의 대상이 된다**(대판 2016. 7. 14. 2015두58645).

ⓔ ⭕ 구 국민건강보험법 제42조 제1항, 제7항, 제43조 제5항, 제56조 제1항, 제2항, 구 국민건강보험법 시행령 제24조 제1항, 제2항, 구 국민건강보험법 시행규칙 제11조, 제21조 제1항, 제3항 등 관계 법령과 요양급여의 적정성평가 및 요양급여비용의 가감지급 기준 제12조, 건강보험 행위 급여·비급여 목록표 및 급여 상대가치 점수 개정 제3편 라항, 마항, 사항, 아항 등의 내용에 비추어 볼 때, **요양급여의 적정성 평가 결과 전체 하위 20% 이하에 해당하는 요양기관이 평가결과와 함께 그로 인한 입원료 가산 및 별도 보상 제외 통보를 받게 되면,** 해당 요양기관은 평가결과 발표 직후 2분기 동안 요양급여비용 청구 시 입원료 가산 및 별도 보상 규정을 적용받지 못하게 되므로, 결국 위 통보는 해당 요양기관의 권리 또는 법률상 이익에 직접적인 영향을 미치는 공권력의 행사이고, 해당 요양기관으로 하여금 개개의 요양급여비용 감액 처분에 대하여만 다툴 수 있도록 하는 것보다는 그에 앞서 직접 위 통보의 적법성을 다툴 수 있도록 함으로써 분쟁을 조기에 근본적으로 해결하도록 하는 것이 법치행정의 원리에도 부합한다. 따라서 **위 통보는 항고소송의 대상이 되는 처분으로 보는 것이 타당하다**(대판 2013. 11. 14. 2013두13631).

ⓜ ❌ **구 표시·광고의 공정화에 관한 법률 위반을 이유로 한 공정거래위원회의 경고의결**은 당해 표시·광고의 위법을 확인하되 구체적인 조치까지는 명하지 않는 것으로 사업자가 장래 다시 표시·광고의 공정화에 관한 법률 위반행위를 할 경우 과징금 부과 여부나 그 정도에 영향을 주는 고려사항이 되어 사업자의 자유와 권리를 제한하는 **행정처분에 해당**한다(대판 2013. 12. 26. 2011두4930).

ⓑ ⭕ 진실·화해를 위한 과거사정리 기본법(이하 '법'이라 한다)과 구 과거사 관련 권고사항 처리에 관한 규정의 목적, 내용 및 취지를 바탕으로, 피해자 등에게 명문으로 진실규명 신청권, 진실규명결정 통지 수령권 및 진실규명결정에 대한 이의신청권 등이 부여된 점, 진실규명결정이 이루어지면 그 결정에서 규명된 진실에 따라 국가가 피해자 등에 대하여 피해 및 명예회복 조치를 취할 법률상 의무를 부담하게 되는 점, 진실·화해를 위한 과거사정리위원회가 위와 같은 법률상 의무를 부담하는 국가에 대하여 피해자 등의 피해 및 명예 회복을 위한 조치로 권고한 사항에 대한 이행의 실효성이 법적·제도적으로 확보되고 있는 점 등 여러 사정을 종합하여 보면, **법이 규정하는 진실규명결정**은 국민의 권리의무에 직접적으로 영향을 미치는 행위로서 **항고소송의 대상이 되는 행정처분이라고 보는 것이 타당하다**(대판 2013. 1. 16. 2010두22856).

21 [정답 ③]

③ ❌ 구 산업집적활성화 및 공장설립에 관한 법률 제13조 제1항, 제13조의2 제1항 제16호, 제14조, 제50조, 제13조의5 제4호의 규정을 종합하면, 공장설립승인처분이 있고 난 뒤에 또는 그와 동시에 공장건축허가처분을 하는 것이 허용되므로, 공장설립승인처분이 취소된 경우에는 그 승인처분을 기초로 한 공장건축허가처분 역시 취소되어야 하고, 공장설립승인처분에 근거하여 토지의 형질변경이 이루어진 경우에는 원상회복을 해야 함이 원칙이다. 따라서 **개발제한구역 안에서의 공장설립을 승인한 처분이 위법하다는 이유로 쟁송취소되었다고 하더라도 그 승인처분에 기초한 공장건축허가처분이 잔존하는 이상, 공장설립승인처분이 취소되었다는 사정만으로 인근 주민들의 환경상 이익이 침해되는 상태나 침해될 위험이 종료되었다거나 이를 시정할 수 있는 단계가 지나버렸다고 단정할 수는 없고, 인근 주민들은 여전히 공장건축허가처분의 취소를 구할 법률상 이익이 있다고 보아야** 한다(대판 2018. 7. 12. 2015두3485).

① ⭕ 인·허가 등의 수익적 행정처분을 신청한 수인이 서로 경쟁관계에 있어서 일방에 대한 허가 등의 처분이 타방에 대한 불허가 등으로 귀결될 수밖에 없을 때 허가 등의 처분을 받지 못한 자는 **비록 경원자에 대하여 이루어진 허가 등 처분의 상대방이 아니라 하더라도 당해 처분의 취소를 구할 원고적격이 있다**고 할 것이고, 다만 명백한 법적 장애로 인하여 원고 자신의 신청이 인용될 가능성이 처음부터 배제되어 있는 경우에는 당해 처분의 취소를 구할 정당한 이익이 없다고 할 것이다. 원고를 포함하여 법학전문대학원 설치인가 신청을 한 41개 대학들은 2,000명이라는 총 입학정원을 두고 그 설치인가 여부 및 개별 입학정원의 배정에 관하여 서로 경쟁관계에 있고 이 사건 각 처분이 취소될 경우 원고의 신청이 인용될 가능성도 배제할 수 없으므로, **원고가 이 사건 각 처분의 상대방이 아니라도 그 처분의 취소 등을 구할 당사자적격이 있다**(대판 2009. 12. 10. 2009두8359).

② ⭕ 공장의 설립을 위한 입지지정승인의 근거가 되는 법률인 공업배치및공장설립에관한법률 및 같은 법 제18조에 의하여 입지지정승인의 기준 등으로 적용되는 산업입지및개발에관한법률의 관계 규정들은 산업입지의 원활한 공급과 공업의 합리적 배치를 유도하고, 공장의 원활한 설립을 지원하며, 공업입지 및 공업단지의 체계적 관리를 실현함으로써 지속적인 공업발전 및 균형 있는 지역발전을 통하여 국민경제의 건전한 발전에 이바지함을 목적으로 하고있어, 그 내용에 비추어 볼 때 콘크리트제조업종의 공장입지지정승인처분이 취소됨으로 인하여 그 공장설립예정지에 인접한 마을과 주위 토지 및 그 지상의 묘소가 분진, 소음, 수질오염 등의 해를 입을 우려에서 벗어나는 것과 같은 이익은 그 입지지정승인처분의 근거법률에 의하여 보호되는 직접적이고 구체적인 이익이라고 할 수 없고, 그 공장입지지정승인처분이 건축된 공장의 가동으로 인하여 발생할 공해의 발생까지 정당화하는 것은 아니며 이는 별도의법률의 규제를 받게 되므로, 서울에 거주하며 그 공장설립예정지에 인접한 곳에 2필지의 토지를 공유하여 그 지상에 선대의 묘 4기를 두고 있는 자나 공장설립 예정지로부터 약 500m 떨어진 곳에서 살고 있는 주민 등은 그 지정승인 **처분의 취소를 구할 원고적격이 없다고 한 사례**(대판 1995. 2. 28. 94누3964).

④ ⭕ 시내버스운송사업과 시외버스운송사업은 다 같이 운행계통을 정하고 여객을 운송하는 노선여객자동차운송사업에 속하므로, 위 두 운송사업이 면허기준, 준수하여야 할 사항, 중간경유지, 기점과 종점, 운행방법, 이용요금 등에서 달리 규율된다는 사정만으로 본질적인 차이가 있다고 할 수는 없으며, 시외버스운송사업계획변경인가처분으로 인하여 기존의 시내버스운송사업자의 노선 및 운행계통과 시외버스운송사업자들의 그것들이 일부 중복되게 되고 기존업자의 수익감소가 예상된다면, 기존의 시내버스운송사업자와 시외버스운송사업자들은 경업관계에 있는 것으로 봄이 상당하다 할 것이어서 **기존의 시내버스운송사업자에게 시외버스운송사업계획변경인가처분의 취소를 구할 법률상의 이익이 있다**(대판 2002. 10. 25. 2001두4450).

⑤ ⭕ 구 산림법 및 그 시행령, 시행규칙들의 규정 취지는 산림의 보호·육성, 임업생산력의 향상 및 산림의 공익기능의 증진을 도모함으로써 그와 관련된 공익을 보호하려는 데에 그치는 것이 아니라 그로 인하여 직접적이고 중대한 생활환경의 피해를 입으리라고 예상되는 토사채취 허가 등 인근 지역의 주민들이 주거·생활환경을 유지할 수 있는 개별적 이익까지도 보호하고 있다고 할 것이므로, 인근 주민들이 토사채취허가와 관련하여 가지게 되는 이익은 위와 같은 추상적, 평균적, 일반적인 이익에 그치는 것이 아니라 처분의 근거법규 등에 의하여 보호되는 직접적·구체적인 법률상 이익이라고 할 것이다(대판 2007. 6. 15. 2005두9736).

22 [정답 ⑤]

⑤ ❌ 행정소송법 제23조에 의한 효력정지결정의 효력은 결정주문에서 정한 시기까지 존속하고 그 시기의 도래와 동시에 효력이 당연히 소멸

하므로, 보조금 교부결정의 일부를 취소한 행정청의 처분에 대하여 법원이 효력정지결정을 하면서 주문에서 그 법원에 계속 중인 본안소송의 판결 선고 시까지 처분의 효력을 정지한다고 선언하였을 경우, **본안소송의 판결 선고에 의하여 정지결정의 효력은 소멸하고 이와 동시에 당초의 보조금 교부결정 취소처분의 효력이 당연히 되살아난다**. 따라서 효력정지결정의 효력이 소멸하여 보조금 교부결정 취소처분의 효력이 되살아난 경우, 특별한 사정이 없는 한 행정청으로서는 보조금법 제31조 제1항에 따라 취소처분에 의하여 취소된 부분의 보조사업에 대하여 효력정지기간 동안 교부된 보조금의 반환을 명하여야 한다(대판 2017. 7. 11. 2013두25498).

① ⊙ 사업여건의 악화 및 막대한 부채비율로 인하여 외부자금의 신규차입이 사실상 중단된 상황에서 285억 원 규모의 과징금을 납부하기 위하여 무리하게 외부자금을 신규차입하게 되면 주거래은행과의 재무구조개선약정을 지키지 못하게 되어 **사업자가 중대한 경영상의 위기를 맞게 될 것으로 보이는 경우**, 그 과징금납부명령의 처분으로 인한 손해는 효력정지 내지 집행정지의 적극적 요건인 '**회복하기 어려운 손해**' **해당**한다(대결 2001. 10. 10., 자, 2001무29).

② ⊙ 행정처분의 효력정지나 집행정지를 구하는 신청사건에서는 행정처분 자체의 적법 여부를 판단할 것이 아니고 행정처분의 효력이나 집행 등을 정지시킬 필요가 있는지 여부, 즉 행정소송법 제23조 제2항에서 정한 요건의 존부만이 판단대상이 된다. 나아가 '**처분 등이나 그 집행 또는 절차의 속행으로 인한 손해발생의 우려**' 등 적극적 요건에 관한 주장·소명 책임은 원칙적으로 신청인 측에 있으며, 이러한 요건을 결여하였다는 이유로 효력정지 신청을 기각한 결정에 대하여 행정처분 자체의 적법 여부를 가지고 불복사유로 삼을 수 없다(대결 2011. 4. 21. 2010무111 전합).
행정소송법 제23조 제3항에서 집행정지의 요건으로 규정하고 있는 '**공공복리에 중대한 영향을 미칠 우려가 없을 것**'이라고 할 때의 '공공복리'는 그 처분의 집행과 관련된 구체적이고도 개별적인 공익을 말하는 것으로서 이러한 **집행정지의 소극적 요건에 대한 주장·소명책임은 행정청에게 있다**(대결 1999. 12. 20., 자, 99무42).

③ ⊙ 행정처분의 집행정지는 행정처분집행 부정지의 원칙에 대한 예외로서 인정되는 임시적인 응급처분이라 할 것이므로 집행정지결정을 하려면 이에 대한 본안소송이 법원에 제기되어 계속중임을 요건으로 하는 것이므로 집행정지결정을 한 후에라도 본안소송이 취하되어 소송이 계속하지 아니한 것으로 되면 집행정지결정은 당연히 그 효력이 소멸되는 것이고 별도의 취소조치를 필요로 하는 것이 아니다(대결 2007. 6. 28., 자, 2005무75).

④ ⊙ 항고소송의 대상이 되는 행정처분의 효력이나 집행 혹은 절차속행 등의 정지를 구하는 신청은 행정소송법상 집행정지신청의 방법으로서만 가능할 뿐 민사소송법상 가처분의 방법으로는 허용될 수 없다(대결 2009. 11. 2. 2009마596).

23
정답 ④

④ ✗ 행정소송법 제2조 제1항 제2호는 부작위의 성립요건으로 '일정한 처분을 하여야 할 법률상 의무가 있을 것'을 요구하고 있고, 이 처분의무에 대응하는 것이 법규상 또는 조리상의 신청권이다. 즉, 부작위의 요소인 처분의무는 **신청에 대한 응답의무**이며, '신청에 따라 특정한 내용의 처분을 할 의무'는 아니다. 따라서 신청에 대하여 처분을 하여야 할 법률상 의무란 처분요건이 충족된 경우에 상대방의 신청에 따라 처분을 하여야만 하는 기속행위뿐만 아니라, 처분의 가부, 선택 여부가 행정청의 재량에 달려있는 재량행위의 경우에도 인정된다.

① ⊙ 지방자치단체가 조례를 통하여 노동운동이 허용되는 사실상의 노무에 종사하는 공무원의 구체적 범위를 규정하지 않고 있는 것에 대하여 버스전용차로 통행위반 단속업무에 종사하는 자가 **부작위위법확인의 소를 제기하였으나 상고심 계속중에 정년퇴직한 경우**, 위 조례를 제정하지 아니한 부작위는 위법하다는 확인을 구할 소의 이익이 상실되었다(대판 2002. 6. 28. 2000두4750).

② ⊙ 부작위위법확인소송은 처분의 신청을 한 자로서 부작위의 위법 확인을 구할 법률상 이익이 있는 자만이 제기할 수 있다 할 것이며 이를 통하여 구하는 행정청의 응답행위는 행정소송법 제2조 제1항 제1호 소정의 처분에 관한 것이라야 하므로 당사자가 행정청에 대하여 어떠한 행정행위를 하여 줄 것을 신청하지 아니하였거나 신청을 하였더라도 당사자가 행정청에 대하여 그러한 행정행위를 하여 줄 것을 요구할 수 있는 법규상 또는 조리상 권리를 갖고 있지 아니하든지 또는 **행정청이 당사자의 신청에 대하여 거부처분을 한 경우**에는 원고적격이 없거나 항고소송의 대상인 위법한 부작위가 있다고 볼 수 없어 **그 부작위위법확인의 소는 부적법하다**(대판 1993. 4. 23. 92누17099).

③ ⊙ 부작위위법확인소송에 대해서도 행정심판과 취소소송의 관계를 준용하여 임의적 전치가 원칙이며, 다른 법률이 정한 경우에만 예외적으로 행정심판전치주의가 적용된다.

> **행정소송법 제38조(준용규정)** ② 제9조, 제10조, 제13조 내지 제19조, 제20조, 제25조 내지 제27조, 제29조 내지 제31조, 제33조 및 제34조의 규정은 부작위위법확인소송의 경우에 준용한다.
> **행정심판법 제18조(행정심판과의 관계)** ① 취소소송은 법령의 규정에 의하여 당해 처분에 대한 행정심판을 제기할 수 있는 경우에도 이를 거치지 아니하고 제기할 수 있다. 다만, 다른 법률에 당해 처분에 대한 행정심판의 재결을 거치지 아니하면 취소소송을 제기할 수 없다는 규정이 있는 때에는 그러하지 아니하다.

⑤ ⊙ 외무공무원의 정년 등을 규정한 외무공무원법상 일반 국민이나 국회의원 등이 외무공무원의 임면권자에 대하여 특임공관장의 임면과정이나 지위 변경 등에 관하여 어떠한 신청을 할 수 있다는 규정이 없을 뿐 아니라, 나아가 국회의원은 헌법이 부여한 권한에 따라 국정감사·조사권, 국무위원 등의 국회출석요구권·질문권, 국무위원 등의 해임건의권 등의 다양한 권한행사를 통하여 행정부의 위법·부당한 행위를 통제할 수 있고, 또한 국회법상 국회통일외교통상위원회는 외무공무원의 인사에 관한 사항 등 외교통상부 소관에 속하는 의안과 청원의 심사 등의 직무를 행하도록 규정되어 있기는 하지만, 이러한 규정들에 의하여 국회의원이 국무위원인 외교통상부장관에 대하여 정치적인 책임을 물을 수 있음은 별론으로 하고 국회의원 개개인에게 특임공관장의 인사사항에 관한 구체적인 신청권을 부여한 것이라고 할 수 없어서, 국회의원에게는 대통령 및 외교통상부장관의 특임공관장에 대한 인사권 행사 등과 관련하여 대사의 직을 계속 보유하게 하여서는 아니된다는 요구를 할 수 있는 법규상 신청권이 있다고 할 수 없고, 그 밖에 조리상으로도 그와 같은 신청권이 있다고 보여지지 아니한다(대판 2000. 2. 25. 99두11455).

24
정답 ②

② ✗ **행정권한의 위임**은 행정관청이 법률에 따라 특정한 권한을 다른 행정관청에 이전하여 수임관청의 권한으로 행사하도록 하는 것이어서 **권한의 법적인 귀속을 변경하는 것이므로 법률이 위임을 허용하고 있는 경우에 한하여 인정**된다 할 것이고, 이에 반하여 **행정권한의 내부위임**은 **법률이 위임을 허용하고 있지 아니한 경우에도** 행정관청의 내부적인 사무처리의 편의를 도모하기 위하여 그의 **보조기관 또는 하급행정관청으로 하여금 그의 권한을 사실상 행사하게 하는 것**이므로, 권한위임의 경우에는 수임관청이 자기의 이름으로 그 권한행사를 할 수 있지만 내부위임의 경우에는 수임관청

은 위임관청의 이름으로만 그 권한을 행사할 수 있을 뿐 자기의 이름으로는 그 권한을 행사할 수 없다(대판 1995. 11. 28. 94누6475).

① ◎ 항고소송은 다른 법률에 특별한 규정이 없는 한 원칙적으로 소송의 대상인 행정처분을 외부적으로 행한 행정청을 피고로 하여야 하고(행정소송법 제13조 제1항 본문), 다만 대리기관이 대리관계를 표시하고 피대리 행정청을 대리하여 행정처분을 한 때에는 피대리 행정청이 피고로 되어야 한다(대판 2018. 10. 25. 2018두43095).

③ ◎ 정부조직법 제5조 제1항의 규정은 법문상 행정권한의 위임 및 재위임의 근거규정임이 명백하고 정부조직법이 국가행정기관의 설치, 조직과 직무범위의 대강을 정하는 데 목적이 있다고 하여 그 이유만으로 같은 법의 권한위임 및 재위임에 관한 규정마저 권한 위임 및 재위임 등에 관한 대강을 정한 것에 불과할 뿐 권한위임 및 재위임의 근거규정이 아니라고 할 수 없다고 할 것이므로, 도지사 등은 정부조직법 제5조 제1항에 기하여 제정된 행정권한의위임및위탁에관한규정에 정한 바에 의하여 위임기관의 장의 승인이 있으면 그 규칙이 정하는 바에 의하여 그 수임된 권한을 시장, 군수 등 소속기관의 장에게 다시 위임할 수 있다(대판 1990. 6. 26. 88누12158).

④ ◎ 행정사무의 처리와 관련하여 등기, 소송 등에 관한 사무처리를 위탁하는 촉탁은 행정청의 권한의 이전을 수반하지 않는다는 점에서 권한의 위임과 구별된다.

⑤ ◎ 항고소송은 원칙적으로 소송의 대상인 행정처분 등을 외부적으로 그의 명의로 행한 행정청을 피고로 하여야 하는 것으로서, 그 행정처분을 하게된 연유가 상급행정청이나 타행정청의 지시나 통보에 의한 것이라 하여 다르지 않으며, 권한의 위임이나 위탁을 받아 수임행정청이 정당한 권한에 기하여 수임행정청 명의로 한 처분에 대하여는 말할 것도 없고, 내부위임이나 대리권을 수여받은 데 불과하여 원행정청 명의나 대리관계를 밝히지 아니하고는 그의 명의로 처분 등을 할 권한이 없는 행정청이 권한 없이 그의 명의로 한 처분에 대하여도 처분명의자인 행정청이 피고가 되어야 한다(대판 1994. 6. 14. 94누1197).

> **참고** 권한의 위임(또는 내부위임)이 있는 경우, 항고소송의 피고적격
> ① 권한의 위임이 있는 경우에는 수임기관은 자신의 이름으로 처분을 하며 이 경우에 수임 행정기관이 피고가 된다.
> ② 내부위임의 경우에는 처분권한이 이전되지는 않는다. 따라서 내부위임의 경우에 처분은 위임청의 이름으로 행해져야 한다. 이 경우에 항고소송의 피고는 처분청인 위임청이 된다.
> ③ 내부위임의 경우에 위임청의 명의로 처분을 해야 함에도 불구하고 수임기관이 자신의 명의로 처분을 행하는 경우가 있다. 항고소송의 대상이 되는 처분청이라 함은 대외적으로 그의 명의로 처분을 한 행정청을 말하므로, 이러한 경우에도 자신의 명의로 실제로 그 처분을 한 수임기관(하급행정청)을 피고로 하여야한다. 물론 그 처분은 권한 없는 자가 한 위법한 처분이 될 것이지만, 이는 본안에서 판단할 사항일 뿐 피고적격을 판단함에 있어서는 고려할 사항이 아니다.

25

정답 ④

④ ✗ 일반 공중의 이용에 제공되는 공공용물에 대하여 특허 또는 허가를 받지 않고 하는 일반사용은 다른 개인의 자유이용과 국가 또는 지방자치단체 등의 공공목적을 위한 개발 또는 관리·보존행위를 방해하지 않는 범위 내에서만 허용된다 할 것이므로, 공공용물에 관하여 적법한 개발행위 등이 이루어짐으로 말미암아 이에 대한 일정범위의 사람들의 일반사용이 종전에 비하여 제한받게 되었다 하더라도 특별한 사정이 없는 한 그로 인한 불이익은 손실보상의 대상이 되는 특별한 손실에 해당한다고 할 수 없다. 피고의 1차 지구 개발사업 시행으로 대천해수욕장의 백사장을 통과하는 해안도로 및 해변도로가 개설되고 녹지공간이 조성됨으로써 어선어업자들이 대천해수욕장의 백사장 등에서 어선을 양육·정박시키거나 어구의 수리·보관 등을 하는 것이 쉽지 않게 되었다 하더라도 이러한 불편은 결국 공공용물인 대천해수욕장의 백사장 등에 대한 위 선정자들의 일반사용이 적법한 개발사업의 시행으로 제한됨에 따른 것에 불과하고, 여기에 피고가 어선의 정박 등을 위하여 마련한 앞에서 인정한 바와 같은 각종 보완대책을 고려하면 그러한 불편도 손실보상의 대상이 될 수 없다(대판 2002. 2. 26. 99다35300).

① ◎ 행정재산은 국가가 공용, 공공용, 또는 기업용 재산으로 사용하거나 1년 이내에 사용하기로 결정한 재산을 말하는바(국유재산법 제4조 제2항 및 같은법시행령 제2조 제1항), 도로와 같은 인공적 공공용 재산은 법령에 의하여 지정되거나 행정처분으로 공공용으로 사용하기로 결정한 경우, 또는 행정재산으로 실제 사용하는 경우의 어느 하나에 해당하여야 행정재산이 되는데, 도로는 도로로서의 형태를 갖추어야 하고, 도로법에 따른 노선의 지정 또는 인정의 공고 및 도로구역의 결정, 고시가 있는 때부터 또는 도시계획법 소정의 절차를 거쳐 도로를 설치하였을 때부터 공공용물로서 공용개시행위가 있는 것이므로, 토지에 대하여 도로로서의 도시계획시설결정 및 지적승인만 있었을 뿐 그 도시계획사업이 실시되었거나 그 토지가 자연공로로 이용된 적이 없는 경우에는 도시계획결정 및 지적승인의 고시만으로는 아직 공용개시행위가 있었다고 할 수 없으므로 그 토지가 행정재산이 되었다고 할 수 없다(대판 1997. 8. 22. 96다10737).

② ◎ 공유수면인 갯벌은 자연의 상태 그대로 공공용에 제공될 수 있는 실체를 갖추고 있는 이른바 자연공물로서 간척에 의하여 사실상 갯벌로서의 성질을 상실하였더라도 당시 시행되던 국유재산법령에 의한 용도폐지를 하지 않은 이상 당연히 잡종재산(일반재산)으로 된다고는 할 수 없다(대판 1995. 11. 14. 94다42877).

③ ◎ 원래 잡종재산(일반재산)이던 것이 행정재산으로 된 경우 잡종재산(일반재산)일 당시에 취득시효가 완성되었다고 하더라도 행정재산으로 된 이상 이를 원인으로 하는 소유권이전등기를 청구할 수 없다(대판 1997. 11. 14. 96다10782).

⑤ ◎ 이 사건 임야의 매각 당시 그 처분권한이 없었던 해남세무서장이 이 사건 임야를 잡종재산으로서 입찰공고를 거쳐 매각하였다고 하더라도 위와 같은 국유임야 처분행위를 보존재산에 대한 묵시적 공용폐지의 의사표시라고 볼 수는 없다고 할 것이고, 그 밖에 피고가 이 사건 임야를 점유하여 온 사실상태가 장기간 이 사건 임야의 관리주체에 의하여 방치되었다는 사정만으로 이 사건 임야에 대하여 묵시적 공용폐지가 있었다고 볼 수도 없다(대판 2009. 12. 10. 2006다19528).

제9회 실전 기출문제
[소방간부 2021. 1. 16. 시행]

01 ④ 02 ③ 03 ② 04 ⑤ 05 ⑤ 06 ① 07 ① 08 ③ 09 ④ 10 ③
11 ② 12 ① 13 ⑤ 14 ① 15 ⑤ 16 ② 17 ③ 18 ⑤ 19 ④ 20 ④
21 ① 22 ④ 23 ② 24 ④ 25 ④

01
정답 ④

④ ✗ 조합의 사업시행인가 신청시의 토지 등 소유자의 동의요건이 비록 토지 등 소유자의 재산상 권리·의무에 영향을 미치는 사업시행계획에 관한 것이라고 하더라도, 그 동의요건은 사업시행인가 신청에 대한 토지 등 소유자의 사전 통제를 위한 절차적 요건에 불과하고 토지 등 소유자의 재산상 권리·의무에 관한 기본적이고 본질적인 사항이라고 볼 수 없으므로 법률유보 내지 의회유보의 원칙이 반드시 지켜져야 하는 영역이라고 할 수 없고, 따라서 개정된 도시 및 주거환경정비법 제28조 제4항 본문이 법률유보 내지 의회유보의 원칙에 위배된다고 할 수 없다(대판 2007.10.12. 2006두14476).

비교판례
토지 등 소유자가 도시환경정비사업을 시행하는 경우, 사업시행인가 신청시 필요한 토지등소유자의 동의는, 개발사업의 주체 및 정비구역 내 토지등소유자를 상대로 수용권을 행사하고 각종 행정처분을 발할 수 있는 행정주체로서의 지위를 가지는 사업시행자를 지정하는 문제로서, 그 동의요건을 정하는 것은 국민의 권리와 의무의 형성에 관한 기본적이고 본질적인 사항이므로 국회가 스스로 행하여야 하는 사항에 속하는 것임에도 불구하고, 사업시행인가 신청에 필요한 동의정족수를 토지등소유자가 자치적으로 정하여 운영하는 규약에 정하도록 한 것은 법률유보원칙에 위반된다(헌재 2012.4.24, 2010헌바1).

① ◯ 기본권 제한에 관한 법률유보원칙은 '법률에 근거한 규율'을 요청하는 것이므로, 그 형식이 반드시 법률일 필요는 없다 하더라도 법률상의 근거는 있어야 한다 할 것이다(헌재 2006. 5. 25, 2003헌마715).

관련판례
기본권 제한에 관한 법률유보원칙은 '법률에 의한 규율'을 요청하는 것이 아니라 '법률에 근거한 규율'을 요청하는 것이므로 기본권 제한에는 법률의 근거가 필요할 뿐이고 기본권 제한의 형식이 반드시 법률의 형식일 필요는 없으므로, 법규명령, 규칙, 조례 등 실질적 의미의 법률을 통해서도 기본권 제한이 가능하다(헌재 2013. 7. 25, 2012헌마167).

② ◯ 어떠한 사안이 국회가 형식적 법률로 스스로 규정하여야 하는 본질적 사항에 해당되는지는, 구체적 사례에서 관련된 이익 내지 가치의 중요성, 규제 또는 침해의 정도와 방법 등을 고려하여 개별적으로 결정하여야 하지만, 규율대상이 국민의 기본권과 관련한 중요성을 가질수록 그리고 그에 관한 공개적 토론의 필요성 또는 상충하는 이익 사이의 조정 필요성이 클수록, 그것이 국회의 법률에 의하여 직접 규율될 필요성은 더 증대된다(대판 2020. 9. 3, 2016두32992 전합).

③ ◯ 지방의회에서 근로자를 두어 의정활동을 지원하는 것은 실질적으로 유급보좌인력을 두는 것과 마찬가지여서 개별 지방의회에서 정할 사항이 아니라 국회의 법률로 규정하여야 할 입법사항에 해당한다(대판 2013. 1. 16, 2012추84).

⑤ ◯ 오늘날 법률유보원칙은 단순히 행정작용이 법률에 근거를 두기만 하면 충분한 것이 아니라, 국가공동체와 그 구성원에게 기본적이고도 중요한 의미를 갖는 영역, 특히 국민의 기본권실현과 관련된 영역에 있어서는 국민의 대표자인 입법자가 그 본질적 사항에 대해서 스스로 결정하여야 한다는 요구까지 내포하고 있다(의회유보원칙). 그런데 텔레비전방송수신료는 대다수 국민의 재산권보장의 측면이나 한국방송공사에게 보장된 방송자유의 측면에서 국민의 기본권실현에 관련된 영역에 속하고, 수신료 금액의 결정은 납부의무자의 범위 등과 함께 수신료에 관한 본질적인 중요한 사항이므로 국회가 스스로 행하여야 하는 사항에 속하는 것임에도 불구하고 한국방송공사법 제36조 제1항에서 국회의 결정이나 관여를 배제한 채 한국방송공사로 하여금 수신료금액을 결정해서 문화관광부장관의 승인을 얻도록 한 것은 법률유보원칙에 위반된다(헌재 1999. 5. 27, 98헌바70).

02
정답 ③

③ ✗ 손실보상은 공공필요에 의한 행정작용에 의하여 사인에게 발생한 특별한 희생에 대한 전보라는 점에서 그 사인에게 특별한 희생이 발생하여야 하는 것은 당연히 요구되는 것이고, 공유수면 매립면허의 고시가 있다고 하여 반드시 그 사업이 시행되고 그로 인하여 손실이 발생한다고 할 수 없으므로, 매립면허 고시 이후 매립공사가 실행되어 관행어업권자에게 실질적이고 현실적인 피해가 발생한 경우에만 공유수면매립법에서 정하는 손실보상청구권이 발생하였다고 할 것이다(대판 2010. 12. 9, 2007두6571).

① ◯ 도시계획시설사업은 도로·철도·항만·공항·주차장 등 교통시설, 수도·전기·가스공급설비 등 공급시설과 같은 도시계획시설을 설치·정비 또는 개량하여 공공복리를 증진시키고 국민의 삶의 질을 향상시키는 것을 목적으로 하고 있으므로, 도시계획시설사업은 그 자체로 공공필요성의 요건이 충족된다(헌재 2007. 11. 29, 2006헌바79).

② ◯ 우리 헌법이 보장하고 있는 재산권은 경제적 가치가 있는 모든 공법상·사법상의 권리를 뜻하는데, 이러한 재산권의 범위에는 동산·부동산에 대한 모든 종류의 물권은 물론, 재산가치 있는 모든 사법상의 채권과 특별법상의 권리 및 재산가치 있는 공법상의 권리 등이 포함되나, 단순한 기대이익·반사적 이익 또는 경제적인 기회 등은 속하지 않는다(헌재결 1998. 7. 16, 96헌마246).

④ ◯ 보상합의는 공공기관이 사경제주체로서 행하는 사법상 계약의 실질을 가지는 것으로서, 당사자 간의 합의로 토지보상법이 정한 손실보상 기준에 의하지 아니한 손실보상금을 정할 수 있고, 이처럼 법이 정하는 기준에 따르지 아니하고 손실보상액에 관한 합의를 하였다고 하더라도 그 합의가 착오 등을 이유로 적법하게 취소되지 않는 한 유효하므로, 사업시행자는 그 합의에서 정한 바에 따라 토지 등을 취득 또는 사용할 수 있다(대판 2017. 4. 13, 2016두64241).

⑤ ◯ 공익사업으로 인하여 영업을 폐지하거나 휴업하는 자가 사업시행자에게서 구 공익사업법 제77조 제1항에 따라 영업손실에 대한 보상을 받기 위해서는 구 공익사업법 제34조, 제50조 등에 규정된 재결절차를 거친 다음 재결에 대하여 불복이 있는 때에 비로소 구 공익사업법 제83조 내지 제85조에 따라 권리구제를 받을 수 있을 뿐, 이러한 재결절차를 거치지 않은 채 곧바로 사업시행자를 상대로 손실보상을 청구하는 것은 허용되지 않는다고 보는 것이 타당하다(대판 2011. 9. 29, 2009두10963).

03
정답 ②

(가)는 강학상 '특허', (나)는 강학상 '인가'이다.

㉠ [특허] 체류자격 변경허가는 신청인에게 당초의 체류자격과 다른 체류자격에 해당하는 활동을 할 수 있는 권한을 부여하는 일종의 설권적 처분의 성격을 가진다(대판 2016. 7. 14, 2015두48846).

㉡ [인가] 사립학교법 제20조 제2항에 의한 학교법인의 임원에 대한 감독청의 취임승인은 학교법인의 임원선임행위를 보충하여 그 법률상의 효력을 완성케 하는 보충적 행정행위이므로 기본행위인 학교법인의 임원선임행

위가 불성립 또는 무효인 경우에는 비록 그에 대한 감독청의 취임승인이 있었다 하여도 이로써 무효인 그 선임행위가 유효한 것으로 될 수는 없는 것이다(대판 1987. 8. 18, 86누152).

ⓒ [특허] 국적법 제4조 제1항은 "외국인은 법무부장관의 귀화허가를 받아 대한민국의 국적을 취득할 수 있다."라고 규정하고, 그 제2항은 "법무부장관은 귀화 요건을 갖추었는지를 심사한 후 그 요건을 갖춘 자에게만 귀화를 허가한다."라고 정하고 있다. 국적은 국민의 자격을 결정짓는 것이고, 이를 취득한 사람은 국가의 주권자가 되는 동시에 국가의 속인적 통치권의 대상이 되므로, **귀화허가는 외국인에게 대한민국 국적을 부여함으로써 국민으로서의 법적 지위를 포괄적으로 설정하는 행위**에 해당한다(대판 2010. 10. 28, 2010두6496).

ⓓ [특허] 개발촉진지구 안에서 시행되는 **지역개발사업에 관한 지정권자의 실시계획승인처분은** 단순히 시행자가 작성한 실시계획에 대한 법률상의 효력을 완성시키는 보충행위에 불과한 것이 아니라 법령상의 요건을 갖춘 경우 법이 규정하고 있는 지역개발사업을 시행할 수 있는 지위를 시행자에게 부여하는 **일종의 설권적 처분**으로서의 성격을 가진 **독립된 행정처분**으로 보아야 한다(대판 2014. 9. 26, 2012두5602).

ⓔ [인가] 민법 제45조와 제46조에서 말하는 **재단법인의 정관변경 "허가"**는 법률상의 표현이 허가로 되어 있기는 하나, 그 성질에 있어 법률행위의 효력을 보충해 주는 것이지 일반적 금지를 해제하는 것이 아니므로, 그 **법적 성격은 인가**라고 보아야 한다(대판 1996. 5. 16, 95누4810 전합).

04
정답 ⑤

⑤ ✖ 법령불소급의 원칙은 법령의 효력발생 전에 완성된 요건 사실에 대하여 당해 법령을 적용할 수 없다는 의미일 뿐, 계속 중인 사실이나 그 이후에 발생한 요건 사실에 대한 법령적용까지를 제한하는 것은 아니다(대판 2014. 4. 24, 2013두26552). → 개정 법령이 기존의 사실 또는 법률관계를 적용대상으로 하면서 국민의 재산권과 관련하여 종전보다 불리한 법률효과를 규정하고 있는 경우에도 그러한 사실 또는 법률관계가 개정 법령이 시행되기 이전에 이미 완성 또는 종결된 것이 아니라면 개정 법령을 적용하는 것이 헌법상 금지되는 소급입법에 의한 재산권 침해라고 할 수는 없다. 다만 개정 전 법령의 존속에 대한 국민의 신뢰가 개정 법령의 적용에 관한 공익상의 요구보다 더 보호가치가 있다고 인정되는 경우에 그러한 국민의 신뢰를 보호하기 위하여 적용이 제한될 수 있는 여지가 있을 따름이다.

① ◯

행정소송법 제6조(명령·규칙의 위헌판결등 공고) ① 행정소송에 대한 대법원판결에 의하여 명령·규칙이 헌법 또는 법률에 위반된다는 것이 확정된 경우에는 대법원은 지체 없이 그 사유를 행정안전부장관에게 통보하여야 한다.

② ◯ 일반적으로 법률의 위임에 의하여 효력을 갖는 법규명령의 경우, **구법에 위임의 근거가 없어 무효였더라도 사후에 법개정으로 위임의 근거가 부여되면 그때부터는 유효한 법규명령이 되나,** 반대로 구법의 위임에 의한 유효한 법규명령이 법개정으로 위임의 근거가 없어지게 되면 그때부터 무효인 법규명령이 되므로, 어떤 법령의 위임 근거 유무에 따른 유효 여부를 심사하려면 법개정의 전·후에 걸쳐 모두 심사하여야만 그 법규명령의 시기에 따른 유효·무효를 판단할 수 있다(대판 1995. 6. 30, 93추83).

③ ◯ 명령·규칙 그 자체에 의하여 직접 기본권이 침해되었을 경우에는 그것을 대상으로 하여 헌법소원심판을 청구할 수 있고, 그 경우 제소요건으로서 당해 법령이 구체적 집행행위를 매개로 하지 아니하고 직접적으로 그리고 현재적으로 국민의 기본권을 침해하고 있어야 한다(헌재결 1993. 5. 13, 92헌마80).

④ ◯ 국가의 법체계는 그 자체로 통일체를 이루고 있으므로 상·하규범 사이의 충돌은 최대한 배제하여야 하고, 또한 규범이 무효라고 선언될 경우에 생길 수 있는 법적 혼란과 불안정 및 새로운 규범이 제정될 때까지의 법적 공백 등으로 인한 폐해를 피하여야 할 필요성에 비추어 보면, **하위법령의 규정이 상위법령의 규정에 저촉되는지 여부가 명백하지 않은 경우에, 관련 법령의 내용과 입법 취지 및 연혁 등을 종합적으로 살펴 하위법령의 의미를 상위법령에 합치되는 것으로 해석하는 것이 가능한 경우라면, 하위법령이 상위법령에 위반된다는 이유로 쉽게 무효를 선언할 것은 아니다**(대판 2019. 7. 10, 2016두61051). → 상위법령 합치적 해석

05
정답 ⑤

⑤ ◯ 지방의회의 의결을 거쳐서 하는 사무는 행정규제기본법이 적용될 수 있다.

행정규제기본법 제3조(적용 범위) ① 규제에 관하여 다른 법률에 특별한 규정이 있는 경우를 제외하고는 이 법에서 정하는 바에 따른다.
② 다음 각 호의 어느 하나에 해당하는 사항에 대하여는 이 법을 적용하지 아니한다.
 1. 국회, 법원, 헌법재판소, 선거관리위원회 및 감사원이 하는 사무
 2. 형사(刑事), 행형(行刑) 및 보안처분에 관한 사무
 2의2. 과징금, 과태료의 부과 및 징수에 관한 사항
 3. 국가정보원법에 따른 정보·보안 업무에 관한 사항
 4. 병역법, 통합방위법, 예비군법, 민방위기본법, 비상대비자원 관리법 및 재난 및 안전관리기본법에 규정된 징집·소집·동원·훈련에 관한 사항
 5. 군사시설, 군사기밀 보호 및 방위사업에 관한 사항
 6. 조세(租稅)의 종목·세율·부과 및 징수에 관한 사항

06
정답 ①

㉠ ◯ 제재적 행정처분이 그 처분에서 정한 제재기간의 경과로 인하여 그 효과가 소멸되었으나, 부령인 시행규칙 또는 지방자치단체의 규칙의 형식으로 정한 처분기준에서 **제재적 행정처분을 받은 것을 가중사유나 전제요건으로 삼아** 장래의 제재적 행정처분을 하도록 정하고 있는 경우, 규칙이 정한 바에 따라 선행처분을 가중사유 또는 전제요건으로 하는 후행처분을 받을 우려가 현실적으로 존재하는 경우에는, **선행처분을 받은 상대방은 비록 그 처분에서 정한 제재기간이 경과하였다 하더라도 선행처분의 취소를 구할 법률상 이익이 있다**(대판 2006. 6. 22, 2003두1684 전합).

㉡ ◯ 제소 당시에는 권리보호의 이익을 갖추었는데 제소 후 취소 대상 행정처분이 기간의 경과 등으로 그 효과가 소멸한 때, **동일한 소송 당사자 사이에서 동일한 사유로 위법한 처분이 반복될 위험성이 있어 행정처분의 위법성 확인 내지 불분명한 법률문제에 대한 해명이 필요하다고 판단되는 경우**, 그리고 선행처분과 후행처분이 단계적인 일련의 절차로 연속하여 행하여져 후행처분이 선행처분의 적법함을 전제로 이루어짐에 따라 선행처분의 하자가 후행처분에 승계된다고 볼 수 있어 이미 소를 제기하여 다투고 있는 선행처분의 위법성을 확인하여 줄 필요가 있는 경우 등에는 행정의 적법성 확보와 그에 대한 사법통제, 국민의 권리구제의 확대 등의 측면에서 **여전히 그 처분의 취소를 구할 법률상 이익이 있다**(대판 2007. 7. 19, 2006두19297 전합).

㉢ ✖ 지방의회 의원에 대한 제명의결 취소소송 계속 중 의원의 임기가 만료된 경우 제명의결의 취소로 의원의 지위를 회복할 수는 없다 하더라도 **제명의결시부터 임기만료일까지의 기간에 대한 월정수당의 지급을 구할 수 있는 등 여전히 그 제명의결의 취소를 구할 법률상 이익이 있다**(대판 2009.

1. 30, 2007두13487).

㉣ ◯ 행정처분을 다툴 소의 이익은 개별·구체적 사정을 고려하여 판단하여야 한다. 행정처분의 무효확인 또는 취소를 구하는 소가 제소 당시에는 소의 이익이 있어 적법하였더라도, <u>소송 계속 중 처분청이 다툼의 대상이 되는 행정처분을 직권으로 취소하면 그 처분은 효력을 상실하여 더 이상 존재하지 않는 것이므로, 존재하지 않는 처분을 대상으로 한 항고소송은 원칙적으로 소의 이익이 소멸하여 부적법하다고 보아야</u> 한다(대판 2020. 4. 9, 2019두49953).

㉤ ✗ <u>처분청의 직권취소에도 완전한 원상회복이 이루어지지 않아 무효확인 또는 취소로써 회복할 수 있는 다른 권리나 이익이 남아 있거나</u> 또는 동일한 소송 당사자 사이에서 그 행정처분과 동일한 사유로 위법한 처분이 반복될 위험성이 있어 행정처분의 위법성 확인 내지 불분명한 법률문제에 대한 해명이 필요한 경우 행정의 적법성 확보와 그에 대한 사법통제, 국민의 권리구제의 확대 등의 측면에서 <u>예외적으로 그 처분의 취소를 구할 소의 이익을 인정할 수 있다</u>(대판 2020. 4. 9, 2019두49953).

07   정답 ①

① ✗ 어업에 관한 허가 또는 신고의 경우에는 어업면허와 달리 유효기간 연장제도가 마련되어 있지 아니하므로 <u>그 유효기간이 경과하면 그 허가나 신고의 효력이 당연히 소멸</u>하며, 재차 허가를 받거나 신고를 하더라도 허가나 신고의 기간만 갱신되어 종전의 어업허가나 신고의 효력 또는 성질이 계속된다고 볼 수 없고 새로운 허가 내지 신고로서의 효력이 발생한다고 할 것이다(대판 2011. 7. 28, 2011두5728).

② ◯ 건축허가를 하면서 일정 토지를 기부채납하도록 하는 내용의 허가조건은 <u>부관을 붙일 수 없는 기속행위 내지 기속적 재량행위인 건축허가에 붙인 부담</u>이거나 또는 법령상 아무런 근거가 없는 부관이어서 무효이다(대판 1995. 6. 13, 94다56883).

③ ◯ 수익적 행정처분에 있어서는 법령에 특별한 근거규정이 없다고 하더라도 그 부관으로서 부담을 붙일 수 있고, 그와 같은 부담은 행정청이 행정처분을 하면서 일방적으로 부가할 수도 있지만 부담을 부가하기 이전에 <u>상대방과 협의하여 부담의 내용을 협약의 형식으로 미리 정한 다음</u> 행정처분을 하면서 이를 부가할 수도 있다(대판 2009. 2. 12, 2005다65500).

④ ◯ 토지분할 조건(해제조건)부 건축허가는, 건축허가 신청에 앞서 토지분할절차를 완료하도록 하는 대신, 건축허가 신청인의 편의를 위해 건축허가에 따라 우선 건축공사를 완료한 후 사용승인을 신청할 때까지 토지분할절차를 완료할 것을 허용하는 취지이다. <u>행정청이 객관적으로 처분상대방이 이행할 가능성이 없는 조건을 붙여 행정처분을 하는 것은 법치행정의 원칙상 허용될 수 없으므로</u>, 건축행정청은 신청인의 건축계획상 하나의 대지로 삼으려고 하는 '하나 이상의 필지의 일부'가 관계법령상 토지분할이 가능한 경우인지를 심사하여 <u>토지분할이 관계법령상 제한에 해당되어 명백히 불가능하다고 판단되는 경우에는 토지분할 조건부 건축허가를 거부하여야</u> 한다(대판 2018. 6. 28, 2015두47737).

⑤ ◯ 행정행위의 부관은 행정행위의 일반적인 효력이나 효과를 제한하기 위하여 의사표시의 주된 내용에 부가되는 종된 의사표시이지 그 자체로서 직접 법적 효과를 발생하는 독립된 처분이 아니므로 <u>현행 행정쟁송제도 아래서는 부관 그 자체만을 독립된 쟁송의 대상으로 할 수 없는 것이 원칙</u>이나 행정행위의 부관 중에서도 행정행위에 부수하여 그 행정행위의 상대방에게 일정한 의무를 부과하는 행정청의 의사표시인 부담의 경우에는 다른 부관과는 달리 행정행위의 불가분적인 요소가 아니고 그 존속이 본체인 행정행위의 존재를 전제로 하는 것일 뿐이므로 <u>부담 그 자체로서 행정쟁송의 대상이 될 수 있다</u>(대판 1992. 1. 21, 91누1264).

08   정답 ③

③ ✗ 경찰관이 농민들의 시위를 진압하고 시위과정에 도로 상에 방치된 트랙터 1대에 대하여 이를 도로 밖으로 옮기거나 후방에 안전표지판을 설치하는 것과 같은 위험발생방지조치를 취하지 아니한 채 그대로 방치하고 철수하여 버린 결과, 야간에 그 도로를 진행하던 운전자가 위 방치된 트랙터를 피하려다가 다른 트랙터에 부딪혀 상해를 입었다면 국가배상책임이 인정된다(대판 1998. 8. 25, 98다16890). → 도로의 질서 및 교통을 회복하는 조치를 취하던 경찰관들로서는 도로교통의 안전을 위하여 나머지 트랙터 1대도 도로 밖으로 옮기거나 그것이 어려우면 야간에 다른 차량에 의한 추돌사고를 방지하기 위하여 트랙터 후방에 안전표지판을 설치하는 등 경찰관직무집행법 제5조가 규정하는 위험발생방지의 조치를 취하여야 할 의무가 있는데도 위 트랙터가 무거워 옮기지 못한다는 등의 이유로 아무런 사고예방조치도 취하지 아니한 채 그대로 방치하고 철수하여 버린 것은 직무상의 의무를 위반한 것으로 위법하다.

① ◯ [1] 「경찰관 직무집행법」 제6조 중 경찰관의 제지에 관한 부분은 범죄 예방을 위한 경찰 행정상 즉시강제, 즉 눈앞의 급박한 경찰상 장해를 제거할 필요가 있고 의무를 명할 시간적 여유가 없거나 의무를 명하는 방법으로는 그 목적을 달성하기 어려운 상황에서 의무불이행을 전제로 하지 않고 경찰이 직접 실력을 행사하여 경찰상 필요한 상태를 실현하는 권력적 사실행위에 관한 근거조항이다. [2] 주거지에서 음악 소리를 크게 내거나 큰 소리로 떠들어 이웃을 시끄럽게 하는 행위는 「경범죄 처벌법」 제3조 제1항 제21호에서 경범죄로 정한 '인근소란 등'에 해당한다. <u>경찰관은 경찰관 직무집행법에 따라 경범죄에 해당하는 행위를 예방·진압·수사하고, 필요한 경우 제지할 수 있다.</u> [3] 피고인이 자정에 가까운 한밤중에 음악을 크게 켜놓거나 소리를 지른 것은 경범죄 처벌법 제3조 제1항 제21호에서 금지하는 인근소란행위에 해당하고, 그로 인하여 인근 주민들이 잠을 이루지 못하게 될 수 있으며, 경찰관 甲과 乙이 112신고를 받고 출동하여 눈앞에서 벌어지고 있는 범죄행위를 막고 주민들의 피해를 예방하기 위해 피고인을 만나려 하였으나 피고인은 문조차 열어주지 않고 소란행위를 멈추지 않았던 상황이라면 피고인의 행위를 제지하고 수사하는 것은 경찰관의 직무상 권한이자 의무라고 볼 수 있으므로, 위와 같은 상황에서 경찰관 甲과 乙이 피고인의 집으로 통하는 전기를 일시적으로 차단한 것은 <u>피고인을 집 밖으로 나오도록 유도한 것으로서, 피고인의 범죄행위를 진압·예방하고 수사하기 위해 필요하고도 적절한 조치로 보이고</u>, 경찰관 직무집행법 제1조의 목적에 맞게 제2조의 직무 범위 내에서 제6조에서 정한 즉시강제의 요건을 충족한 적법한 직무집행으로 볼 여지가 있다(대판 2018. 12. 13, 2016도19417).

② ◯ 경찰관이 음주운전 단속시 운전자의 요구에 따라 곧바로 채혈을 실시하지 않은 채 호흡측정기에 의한 음주측정을 하고 1시간 12분이 경과한 후에야 채혈을 하였다는 사정만으로는 위 행위가 법령에 위배된다거나 객관적 정당성을 상실하여 운전자가 음주운전 단속과정에서 받을 수 있는 권익이 현저하게 침해되었다고 단정하기 어렵다(대판 2008. 4. 24, 2006다32132).

④ ◯ 경찰관의 주취운전자에 대한 권한 행사가 관계 법률의 규정 형식상 경찰관의 재량에 맡겨져 있다고 하더라도, 그러한 권한을 행사하지 아니한 것이 구체적인 상황하에서 현저하게 합리성을 잃어 사회적 타당성이 없는 경우에는 경찰관의 직무상 의무를 위배한 것으로서 위법하게 된다(대판 1998. 5. 8, 97다54482).

⑤ ◯ 음주운전으로 적발된 주취운전자가 도로 밖으로 차량을 이동하겠다며 단속경찰관으로부터 보관 중이던 차량열쇠를 반환받아 몰래 차량을 운전하여 가던 중 사고를 일으킨 경우, 국가배상책임이 인정된다(대판 1998. 5. 8, 97다54482). → 만일 그 상태로 운전을 감행한다면 자기 또는 타인의 생명이나 신체에 위해를 미칠 위험이 현저한 상황에 있었다고 할 것이므로, 이러한 사정을 합리적으로 판단할 때 단속경찰관으로서는 甲이 정상적으로 운전할 수 있는 상태에 이

르기까지 주취운전을 하지 못하도록 구체적이고 적절한 조치를 취하여야 할 의무가 있다고 해석함이 상당하고, 그럼에도 단속경찰관이 이러한 조치를 취하지 아니한 채 위 甲으로 하여금 주취 상태에서 운전을 계속할 수 있도록 보관중이던 차량열쇠를 교부한 것은 직무상 의무에 위배하여 위법하다.

09　　　　　　　　　　　　　　　　　　　정답 ④

④ ✖ 조세 부과의 근거가 되었던 법률규정이 위헌으로 선언된 경우, 비록 그에 기한 과세처분이 위헌결정 전에 이루어졌고, 그 과세처분에 대한 제소기간이 이미 경과하여 조세채권이 확정되었으며, 그 조세채권의 집행을 위한 체납처분의 근거규정 자체에 대하여는 따로 위헌결정이 내려진 바 없다고 하더라도, 위와 같은 위헌결정 이후에 조세채권의 집행을 위한 새로운 체납처분에 착수하거나 이를 속행하는 것은 더 이상 허용되지 않고, 나아가 이러한 **위헌결정의 효력에 위배하여 이루어진 체납처분은 그 사유만으로 하자가 중대하고 객관적으로 명백하여 당연무효라고 보아야 한다**(대판 2012. 2. 16, 2010두10907 전합).

① ◯ 법률에 근거하여 행정처분이 발하여진 후에 헌법재판소가 그 행정처분의 근거가 된 법률을 위헌으로 결정하였다면 결과적으로 행정처분은 법률의 근거가 없이 행하여진 것과 마찬가지가 되어 하자가 있는 것이 되나, 하자 있는 행정처분이 당연무효가 되기 위하여는 그 하자가 중대할 뿐만 아니라 명백한 것이어야 하는데, 일반적으로 법률이 헌법에 위반된다는 사정이 헌법재판소의 위헌결정이 있기 전에는 객관적으로 명백한 것이라고 할 수는 없으므로 헌법재판소의 위헌결정 전에 행정처분의 근거되는 당해 법률이 헌법에 위반된다는 사유는 특별한 사정이 없는 한 그 **행정처분의 취소소송의 전제가 될 수 있을 뿐 당연무효사유는 아니라고 봄이 상당하다**(대판 1994. 10. 28, 92누9463).

② ◯ 위헌인 법률에 근거한 행정처분이 당연무효인지의 여부는 위헌결정의 소급효와는 별개의 문제로서, 위헌결정의 소급효가 인정된다고 하여 위헌인 법률에 근거한 행정처분이 당연무효가 된다고는 할 수 없고, **오히려 이미 취소소송의 제기기간을 경과하여 확정력이 발생한 행정처분에는 위헌결정의 소급효가 미치지 않는다**고 보아야 한다(대판 1994. 10. 28, 92누9463).

③ ◯ 행정처분이 당연무효라고 하기 위해서는 처분에 위법사유가 있다는 것만으로는 부족하고 그 하자가 법규의 중요한 부분을 위반한 중대한 것으로서 객관적으로 명백한 것이어야 한다. 특히 **법령 규정의 문언만으로는 처분 요건의 의미가 분명하지 아니하여 그 해석에 다툼의 여지가 있었더라도 해당 법령 규정의 위헌 여부 및 그 범위, 법령이 정한 처분 요건의 구체적 의미 등에 관하여 법원이나 헌법재판소의 분명한 판단이 있고, 행정청이 그러한 판단 내용에 따라 법령 규정을 해석·적용하는 데에 아무런 법률상 장애가 없는데도 합리적 근거 없이 사법적 판단과 어긋나게 행정처분을 하였다면 그 하자는 객관적으로 명백하다고 봄이 타당하다**(대판 2017. 12. 28, 2017두30122).

⑤ ◯ 과세처분이 당연무효라고 하기 위하여는 그 처분에 위법사유가 있다는 것만으로는 부족하고 그 하자가 법규의 중요한 부분을 위반한 중대한 것으로서 객관적으로 명백한 것이어야 하며, 하자가 중대하고 명백한지를 판별할 때에는 과세처분의 근거가 되는 법규의 목적·의미·기능 등을 목적론적으로 고찰함과 동시에 구체적 사안 자체의 특수성에 관하여도 합리적으로 고찰하여야 한다. 그리고 어느 법률관계나 사실관계에 대하여 어느 법령의 규정을 적용하여 과세처분을 한 경우에 그 법률관계나 사실관계에 대하여는 그 법령의 규정을 적용할 수 없다는 법리가 명백히 밝혀져서 해석에 다툼의 여지가 없음에도 과세관청이 그 법령의 규정을 적용하여 과세처분을 하였다면 그 하자는 중대하고도 명백하다고 할 것이나, 그 법률관계나 사실관계에 대하여 그 법령의 규정을 적용할 수 없다는 법리가 명백히 밝혀지지 아니하여 해석에 다툼의 여지가 있는 때에는 과세관청이 이를 잘못 해석하여 과세처분을 하였더라도 이는 과세요건사실을 오인한 것에 불과하여 그 하자가 명백하다고 할 수 없다(대판 2019. 4. 23, 2018다287287).

10　　　　　　　　　　　　　　　　　　　정답 ③

㉠ [✖ – **사법상 계약**] 국가를 당사자로 하는 계약이나 공공기관의 운영에 관한 법률의 적용 대상인 공기업이 일방 당사자가 되는 계약은 국가 또는 공기업이 사경제의 주체로서 상대방과 대등한 지위에서 체결하는 **사법(私法)상의 계약**으로서 본질적인 내용은 사인 간의 계약과 다를 바가 없으므로, 법령에 특별한 정함이 있는 경우를 제외하고는 서로 대등한 입장에서 당사자의 합의에 따라 계약을 체결하여야 하고 당사자는 계약의 내용을 신의성실의 원칙에 따라 이행하여야 하는 등[구 국가를 당사자로 하는 계약에 관한 법률 제5조 제1항] 사적 자치와 계약자유의 원칙을 비롯한 사법의 원리가 원칙적으로 적용된다(대판 2017. 12. 21, 2012다74076 전합).

㉡ [✖ – **사법상 계약**] 갑 지방자치단체가 을 주식회사 등 4개 회사로 구성된 공동수급체를 자원회수시설과 부대시설의 운영·유지관리 등을 위탁할 민간사업자로 선정하고 을 회사 등의 공동수급체와 위 시설에 관한 위·수탁 운영협약을 체결하였는데, 위 협약은 갑 지방자치단체가 사인인 을 회사 등에 위 시설의 운영을 위탁하고 그 위탁운영비용을 지급하는 것을 내용으로 하는 용역계약으로서 상호 대등한 입장에서 당사자의 합의에 따라 체결한 **사법상 계약에 해당**한다(대판 2019. 10. 17, 2018두60588).

㉢ [◯ – **공법상 계약**] 갑 광역자치단체와 터널 민간투자사업 실시협약을 체결한 당사자(을 유한회사)는 **공법상 당사자소송**에 의하여 그 실시협약에 따른 재정지원금의 지급을 구하여야 한다(대판 2019. 1. 31, 2017두46455). → 터널 민간투자사업 실시협약을 공법상 계약으로 본 사안

㉣ [◯ – **공법상 계약**] 지방자치법 제9조 제2항 제5호 (라)목 및 (마)목 등의 규정에 의하면, 서울특별시립무용단원의 공연 등 활동은 지방문화 및 예술을 진흥시키고자 하는 서울특별시의 공공적 업무수행의 일환으로 이루어진다고 해석될 뿐 아니라, 단원으로 위촉되기 위하여는 일정한 능력요건과 자격요건을 요하고, 계속적인 재위촉이 사실상 보장되며, 공무원연금법에 따른 연금을 지급받고, 단원의 복무규율이 정해져 있으며, 정년제가 인정되고, 일정한 해촉사유가 있는 경우에만 해촉되는 등 서울특별시립무용단원이 가지는 지위가 공무원과 유사한 것이라면, **서울특별시립무용단 단원의 위촉은 공법상의 계약이라고 할 것이고, 따라서 그 단원의 해촉에 대하여는 공법상의 당사자소송으로 그 무효확인을 청구할 수 있다**(대판 1995. 12. 22, 95누4636).

11　　　　　　　　　　　　　　　　　　　정답 ②

② ✖ 피수용자 등이 기업자에 대하여 부담하는 수용대상 토지의 인도 의무에 관한 구 토지수용법 제63조, 제64조, 제77조 규정에서의 '인도'에는 명도도 포함되는 것으로 보아야 하고, 이러한 **명도의무는 그것을 강제적으로 실현하면서 직접적인 실력행사가 필요한 것이지 대체적 작위의무라고 볼 수 없으므로 특별한 사정이 없는 한 행정대집행법에 의한 대집행의 대상이 될 수 있는 것이 아니다**(대판 2005. 8. 19, 2004다2809).

① ◯ 관계 법령상 행정대집행의 절차가 인정되어 행정청이 행정대집행의 방법으로 건물의 철거 등 대체적 작위의무의 이행을 실현할 수 있는 경우에는 따로 민사소송의 방법으로 그 의무의 이행을 구할 수 없다. 한편 건물의 점유자가 철거의무자일 때에는 **건물철거의무에 퇴거의무도 포함되어 있는 것이어서 별도로 퇴거를 명하는 집행권원이 필요하지 않다**(대판 2017. 4. 28, 2016다213916).

③ ⭕ 행정대집행법 제3조 제1항은 행정청이 의무자에게 대집행영장으로써 대집행할 시기 등을 통지하기 위하여는 그 전제로서 대집행계고처분을 함에 있어서 의무이행을 할 수 있는 상당한 기간을 부여할 것을 요구하고 있으므로, 행정청인 피고가 의무이행기한이 1988. 5. 24.까지로 된 이 사건 대집행계고서를 5. 19. 원고에게 발송하여 원고가 그 이행종기인 5. 24. 이를 수령하였다면, 설사 피고가 대집행영장으로써 대집행의 시기를 1988. 5. 27. 15:00으로 늦추었더라도 위 대집행계고처분은 **상당한 이행기한을 정하여 한 것이 아니어서 대집행의 적법절차에 위배한 것으로 위법한 처분이라고 할 것이다**(대판 1990. 9. 14, 90누2048).

④ ⭕ 대집행권한을 위탁받아 공무인 대집행을 실시하기 위하여 지출한 비용을 행정대집행법 절차에 따라 국세징수법의 예에 의하여 징수할 수 있음에도 민사소송절차에 의하여 그 비용의 상환을 청구한 경우 행정대집행법이 대집행비용의 징수에 관하여 민사소송절차에 의한 소송이 아닌 간이하고 경제적인 특별구제절차를 마련해 놓고 있으므로, 위 청구는 **소의 이익이 없어 부적법하다**(대판 2011. 9. 8, 2010다48240).

⑤ ⭕ **대집행의 계고·대집행영장에 의한 통지·대집행의 실행·대집행에 요한 비용의 납부명령 등은**, 타인이 대신하여 행할 수 있는 행정의무의 이행을 의무자의 비용부담하에 확보하고자 하는, 동일한 행정목적을 달성하기 위하여 단계적인 일련의 절차로 연속하여 행하여지는 것으로서, **서로 결합하여 하나의 법률효과를 발생시키는 것이므로**, 선행처분인 계고처분이 하자가 있는 위법한 처분이라면, 비록 하자가 중대하고도 명백한 것이 아니어서 당연무효의 처분이라고 볼 수 없고 대집행의 실행이 이미 사실행위로서 완료되어 계고처분의 취소를 구할 법률상 이익이 없게 되었으며, 또 대집행비용납부명령 자체에는 아무런 하자가 없다 하더라도, 후행처분인 대집행비용납부명령의 취소를 청구하는 소송에서 청구원인으로 선행처분인 계고처분이 위법한 것이기 때문에 그 계고처분을 전제로 행하여진 대집행비용납부명령도 위법한 것이라는 주장을 할 수 있다(대판 1993. 11. 9, 93누14271).

12

정답 ①

① ❌ 울산세관의 통관지원과에서 인사업무를 담당하면서 울산세관 공무원들의 공무원증 및 재직증명서 발급업무를 하는 공무원인 김영선이 울산세관의 다른 공무원의 공무원증 등을 위조하는 행위는 비록 그것이 실질적으로는 직무행위에 속하지 아니한다 할지라도 적어도 **외관상으로는 공무원증과 재직증명서를 발급하는 행위로서 직무집행으로 보여지므로 결국 소외인의 공무원증 등 위조행위는 국가배상법 제2조 제1항 소정의 공무원이 직무를 집행함에 당하여 한 행위로 인정**된다(대판 2005. 1. 14, 2004다26805).

② ⭕ 국가배상법이 정한 손해배상청구의 요건인 '공무원의 직무'에는 국가나 지방자치단체의 권력적 작용뿐만 아니라 비권력적 작용도 포함되지만 **단순한 사경제의 주체로서 하는 작용은 포함되지 않는다**(대판 2004. 4. 9, 2002다10691).

③ ⭕ 공무원의 행위를 원인으로 한 국가배상책임을 인정하기 위하여는 '공무원이 직무를 집행하면서 고의 또는 과실로 법령을 위반하여 타인에게 손해를 입힌 때'라고 하는 국가배상법 제2조 제1항의 요건이 충족되어야 한다. 여기서 '법령을 위반하여'라고 함은 엄격하게 형식적 의미의 법령에 명시적으로 공무원의 행위의무가 정하여져 있음에도 이를 위반하는 경우만을 의미하는 것은 아니고, 인권존중·권력남용금지·신의성실과 같이 공무원으로서 마땅히 지켜야 할 준칙이나 규범을 지키지 아니하고 위반한 경우를 비롯하여 널리 그 행위가 객관적인 정당성을 결여하고 있는 경우도 포함한다(대판 2015. 8. 27, 2012다204587).

④ ⭕ **국가배상법 제3조 제1항과 제3항의 손해배상의 기준**은 배상심의회의 배상금지급기준을 정함에 있어서의 하나의 기준을 정한 것에 지나지 아니하는 것이고 이로써 **배상액의 상한을 제한한 것으로 볼 수 없다** 할 것이며 따라서 법원이 국가배상법에 의한 손해배상액을 산정함에 있어서 그 기준에 구애되는 것이 아니라 할 것이니 이 규정은 국가 또는 공공단체에 대한 손해배상청구권을 규정한 구 헌법 제26조에 위반된다고 볼 수 없다(대판 1970. 1. 29, 69다1203 전합).

⑤ ⭕ **공무원이 직무수행 중 불법행위로 타인에게 손해를 입힌 경우, 피해자에게 손해를 직접 배상한 경과실이 있는 공무원이 국가에 대하여 구상권을 취득하는지 여부**(원칙적 적극) 공무원이 직무수행 중 불법행위로 타인에게 손해를 입힌 경우에 국가 등이 국가배상책임을 부담하는 외에 공무원 개인도 고의 또는 중과실이 있는 경우에는 불법행위로 인한 손해배상책임을 지고, 공무원에게 경과실이 있을 뿐인 경우에는 공무원 개인은 손해배상책임을 부담하지 아니한다. 이처럼 **경과실이 있는 공무원**이 피해자에 대하여 손해배상책임을 부담하지 아니함에도 피해자에게 손해를 배상하였다면 그것은 채무자 아닌 사람이 타인의 채무를 변제한 경우에 해당하고, 이는 민법 제469조의 '제3자의 변제' 또는 민법 제744조의 '도의관념에 적합한 비채변제'에 해당하여 피해자는 공무원에 대하여 이를 반환할 의무가 없고, 그에 따라 피해자의 국가에 대한 손해배상청구권이 소멸하여 국가는 자신의 출연 없이 채무를 면하게 되므로, **피해자에게 손해를 직접 배상한 경과실이 있는 공무원**은 특별한 사정이 없는 한 국가에 대하여 국가의 피해자에 대한 손해배상책임의 범위 내에서 공무원이 변제한 금액에 관하여 **구상권을 취득**한다고 봄이 타당하다(대판 2014. 8. 20, 2012다54478).

13

정답 ⑤

⑤ ❌ 청구인이 정보공개거부처분의 취소를 구하는 소송에서 공공기관이 청구정보를 증거 등으로 법원에 제출하여 법원을 통하여 그 사본을 청구인에게 ~~교부 또는 송달되게~~ 하여 결과적으로 청구인에게 정보를 공개하는 셈이 되었다고 하더라도, 이러한 **우회적인 방법**은 정보공개법이 예정하고 있지 아니한 방법으로서 **정보공개법에 의한 공개라고 볼 수는 없으므로**, 당해 정보의 비공개결정의 취소를 구할 소의 이익은 소멸되지 않는다(대판 2016. 12. 15, 2012두11409).

① ⭕ 공공기관의 정보공개에 관한 법률상 공개청구의 대상이 되는 정보란 공공기관이 직무상 작성 또는 취득하여 현재 보유·관리하고 있는 문서에 한정되는 것이기는 하나, **그 문서가 반드시 원본일 필요는 없다**(대판 2006. 5. 25, 2006두3049).

② ⭕

> **공공기관의 정보공개에 관한 법률 제19조(행정심판)** ① 청구인이 정보공개와 관련한 공공기관의 결정에 대하여 불복이 있거나 정보공개 청구 후 20일이 경과하도록 정보공개 결정이 없는 때에는 **행정심판법에서 정하는 바에 따라 행정심판을 청구할 수 있다**. 이 경우 국가기관 및 지방자치단체 외의 공공기관의 결정에 대한 감독행정기관은 관계 중앙행정기관의 장 또는 지방자치단체의 장으로 한다.

③ ⭕ 국민으로부터 보유·관리하는 정보에 대한 공개를 요구받은 **공공기관으로서는**, 정보공개법 제9조 제1항 각호에서 정하고 있는 비공개사유에 해당하지 않는 한 이를 공개하여야 한다. 이를 거부하는 경우라 할지라도, 대상이 된 정보의 내용을 구체적으로 확인·검토하여, 어느 부분이 어떠한 법익 또는 기본권과 충돌되어 정보공개법 제9조 제1항 몇 호에서

정하고 있는 비공개사유에 해당하는지를 주장·증명하여야만 하고, 그에 이르지 아니한 채 개괄적인 사유만을 들어 공개를 거부하는 것은 허용되지 아니한다(대판 2018. 4. 12, 2014두5477).

④ ◎ 정보공개청구권은 법률상 보호되는 구체적인 권리이므로 청구인이 공공기관에 대하여 정보공개를 청구하였다가 거부처분을 받은 것 자체가 법률상 이익의 침해에 해당한다(대판 2003. 12. 12, 2003두8050).

14 정답 ①

① ✗ 살아 있는 개인에 관한 정보로서, '가명정보'도 개인정보 보호법상 "개인정보"에 해당한다.

> **개인정보 보호법 제2조(정의)** 이 법에서 사용하는 용어의 뜻은 다음과 같다.
> 1. "개인정보"란 살아 있는 개인에 관한 정보로서 다음 각 목의 어느 하나에 해당하는 정보를 말한다.
>   가. 성명, 주민등록번호 및 영상 등을 통하여 개인을 알아볼 수 있는 정보
>   나. 해당 정보만으로는 특정 개인을 알아볼 수 없더라도 다른 정보와 쉽게 결합하여 알아볼 수 있는 정보. 이 경우 쉽게 결합할 수 있는지 여부는 다른 정보의 입수 가능성 등 개인을 알아보는 데 소요되는 시간, 비용, 기술 등을 합리적으로 고려하여야 한다.
>   다. 가목 또는 나목을 제1호의2에 따라 가명처리함으로써 원래의 상태로 복원하기 위한 추가 정보의 사용·결합 없이는 특정 개인을 알아볼 수 없는 정보(이하 "**가명정보**"라 한다)
> 1의2. "가명처리"란 개인정보의 일부를 삭제하거나 일부 또는 전부를 대체하는 등의 방법으로 추가 정보가 없이는 특정 개인을 알아볼 수 없도록 처리하는 것을 말한다.

② ◎ 법률정보 제공 사이트를 운영하는 甲 주식회사가 공립대학교인 乙 대학교 법과대학 법학과 교수로 재직 중인 丙의 사진, 성명, 성별, 출생연도, 직업, 직장, 학력, 경력 등의 개인정보를 위 학과 홈페이지 등을 통해 수집하여 위 사이트 내 '법조인' 항목에서 유료로 제공한 경우, 甲 회사가 영리 목적으로 丙의 개인정보를 수집하여 제3자에게 제공하였더라도 그에 의하여 얻을 수 있는 법적 이익이 정보처리를 막음으로써 얻을 수 있는 정보주체의 인격적 법익에 비하여 우월하므로, 甲 회사의 행위를 丙의 개인정보자기결정권을 침해하는 위법한 행위로 평가할 수 없고, **甲 회사가 丙의 개인정보를 수집하여 제3자에게 제공한 행위는 丙의 동의가 있었다고 객관적으로 인정되는 범위 내이고**, 甲 회사에 영리 목적이 있었다고 하여 달리 볼 수 없으므로, **甲 회사가 丙의 별도의 동의를 받지 아니하였다고 하여 개인정보 보호법 제15조나 제17조를 위반하였다고 볼 수 없다**(대판 2016. 8. 17, 2014다235080).

③ ◎ 검사 또는 수사관서의 장이 수사를 위하여 구 전기통신사업법 제54조 제3항, 제4항에 의하여 전기통신사업자에게 통신자료의 제공을 요청하고, 이에 전기통신사업자가 위 규정에서 정한 형식적·절차적 요건을 심사하여 검사 또는 수사관서의 장에게 이용자의 통신자료를 제공하였다면, 검사 또는 수사관서의 장이 통신자료의 제공 요청 권한을 남용하여 정보주체 또는 제3자의 이익을 부당하게 침해하는 것임이 객관적으로 명백한 경우와 같은 특별한 사정이 없는 한, **이로 인하여 이용자의 개인정보자기결정권이나 익명표현의 자유 등이 위법하게 침해된 것이라고 볼 수 없다**(대판 2016. 3. 10, 2012다105482).

---| 관련판례 |---

수사기관 등이 전기통신사업자에게 이용자의 성명 등 통신자료의 열람이나 제출을 요청할 수 있도록 한 전기통신사업법 제83조 제3항 중 '검사 또는 수사관서의 장(군 수사기관의 장을 포함한다), 정보수사기관의 장의 수사, 형의 집행 또는 국가안전보장에 대한 위해 방지를 위한 정보수집을 위한 통신자료 제공요청'에 관한 부분(이하 '이 사건 법률조항'이라 한다)이 적법절차원칙에 위배되는지 여부(적극) 이 사건 법률조항에 의한 통신자료 제공요청이 있는 경우 통신자료의 정보주체인 이용자에게는 통신자료 제공요청이 있었다는 점이 사전에 고지되지 아니하며, 전기통신사업자가 수사기관 등에게 통신자료를 제공한 경우에도 이러한 사실이 이용자에게 별도로 통지되지 않는다. 그런데 당사자에 대한 통지는 당사자가 기본권 제한 사실을 확인하고 그 정당성 여부를 다툴 수 있는 전제조건이 된다는 점에서 매우 중요하다. 효율적인 수사와 정보수집의 신속성, 밀행성 등의 필요성을 고려하여 사전에 정보주체인 이용자에게 그 내역을 통지하도록 하는 것이 적절하지 않다면 수사기관 등이 통신자료를 취득한 이후에 수사 등 정보수집의 목적에 방해가 되지 않는 범위 내에서 통신자료의 취득사실을 이용자에게 통지하는 것이 얼마든지 가능하다. 그럼에도 이 사건 법률조항은 통신자료 취득에 대한 사후통지절차를 두지 않아 적법절차원칙에 위배된다(헌재 2022. 7. 21. 2016헌마388등). → 이 사건 법률조항이 개인정보자기결정권을 제한하는지 여부(적극) 이 사건 법률조항이 영장주의의 적용을 받는지 여부(소극) / 이 사건 법률조항이 명확성원칙에 위배되는지 여부(소극) / 이 사건 법률조항이 과잉금지원칙에 위배되는지 여부(소극)

④ ◎

> **개인정보 보호법 제15조(개인정보의 수집·이용)** ① 개인정보처리자는 다음 각 호의 어느 하나에 해당하는 경우에는 개인정보를 수집할 수 있으며 그 수집 목적의 범위에서 이용할 수 있다.
> 1. 정보주체의 동의를 받은 경우
> 2. 법률에 특별한 규정이 있거나 법령상 의무를 준수하기 위하여 불가피한 경우
> 3. 공공기관이 법령 등에서 정하는 소관 업무의 수행을 위하여 불가피한 경우
> 4. 정보주체와 체결한 계약을 이행하거나 계약을 체결하는 과정에서 정보주체의 요청에 따른 조치를 이행하기 위하여 필요한 경우
> 5. 명백히 정보주체 또는 제3자의 급박한 생명, 신체, 재산의 이익을 위하여 필요하다고 인정되는 경우
> 6. 개인정보처리자의 정당한 이익을 달성하기 위하여 필요한 경우로서 명백하게 정보주체의 권리보다 우선하는 경우. 이 경우 개인정보처리자의 정당한 이익과 상당한 관련이 있고 합리적인 범위를 초과하지 아니하는 경우에 한한다.
> 7. 공중위생 등 공공의 안전과 안녕을 위하여 긴급히 필요한 경우
>
> **개인정보 보호법 제17조(개인정보의 제공)** ① 개인정보처리자는 다음 각 호의 어느 하나에 해당되는 경우에는 정보주체의 개인정보를 제3자에게 제공(공유를 포함한다. 이하 같다)할 수 있다.
> 1. 정보주체의 동의를 받은 경우
> 2. 제15조 제1항 제2호, 제3호 및 제5호부터 제7호까지에 따라 개인정보를 수집한 목적 범위에서 개인정보를 제공하는 경우

⑤ ◎

> **개인정보 보호법 제25조(영상정보처리기기의 설치·운영 제한)** ① 누구든지 다음 각 호의 경우를 제외하고는 공개된 장소에 영상정보처리기기를 설치·운영하여서는 아니 된다.
> 3. 시설안전 및 화재 예방을 위하여 필요한 경우

15
정답 ⑤

⑤ ✗ 상수원보호구역 설정의 근거가 되는 **수도법 제5조 제1항 및 동 시행령 제7조 제1항이 보호하고자 하는 것은 상수원의 확보와 수질보전일 뿐이고**, 그 상수원에서 급수를 받고 있는 지역주민들이 가지는 상수원의 오염을 막아 양질의 급수를 받을 이익은 직접적이고 구체적으로는 보호하고 있지 않음이 명백하여 위 지역주민들이 가지는 이익은 상수원의 확보와 수질보호라는 공공의 이익이 달성됨에 따라 반사적으로 얻게 되는 이익에 불과하므로 지역주민들에 불과한 원고들에게는 위 상수원보호구역변경처분의 **취소를 구할 법률상의 이익이 없다**(대판 1995. 9. 26, 94누14544).

① ◎ 시내버스운송사업과 시외버스운송사업은 다 같이 운행계통을 정하고 여객을 운송하는 노선여객자동차운송사업에 속하므로, 위 두 운송사업이 면허기준, 준수하여야 할 사항, 중간경유지, 기점과 종점, 운행방법, 이용요금 등에서 달리 규율된다는 사정만으로 본질적인 차이가 있다고 할 수는 없으며, 시외버스운송사업계획변경인가처분으로 인하여 기존의 시내버스운송사업자의 노선 및 운행계통과 시외버스운송사업자들의 그것들이 일부 중복되게 되고 기존업자의 수익감소가 예상된다면, 기존의 시내버스운송사업자와 시외버스운송사업자들은 경업관계에 있는 것으로 봄이 상당하다 할 것이어서 **기존의 시내버스운송사업자에게 시외버스운송사업계획변경인가처분의 취소를 구할 법률상의 이익이 있다**(대판 2002. 10. 25, 2001두4450).

② ◎ 인가·허가 등 수익적 행정처분을 신청한 여러 사람이 서로 경원관계에 있는 경우, 허가 등 처분을 받지 못한 사람이 자신에 대한 거부처분의 취소를 구할 원고적격과 소의 이익이 있는지 여부(원칙적 적극) 인가·허가 등 수익적 행정처분을 신청한 여러 사람이 서로 경원관계에 있어서 한 사람에 대한 허가 등 처분이 다른 사람에 대한 불허가 등으로 귀결될 수밖에 없을 때 허가 등 처분을 받지 못한 사람은 신청에 대한 거부처분의 직접 상대방으로서 원칙적으로 자신에 대한 거부처분의 취소를 구할 **원고적격이 있고**, 취소판결이 확정되는 경우 판결의 직접적인 효과로 경원자에 대한 허가 등 처분이 취소되거나 효력이 소멸되는 것은 아니더라도 행정청은 취소판결의 기속력에 따라 판결에서 확인된 위법사유를 배제한 상태에서 취소판결의 원고와 경원자의 각 신청에 관하여 처분요건의 구비 여부와 우열을 다시 심사하여야 할 의무가 있으며, 재심사 결과 경원자에 대한 수익적 처분이 직권취소되고 취소판결의 원고에게 수익적 처분이 이루어질 가능성을 완전히 배제할 수는 없으므로, 특별한 사정이 없는 한 경원관계에서 허가 등 처분을 받지 못한 사람은 자신에 대한 거부처분의 취소를 구할 **소의 이익이 있다**(대판 2015. 10. 29, 2013두27517).

③ ◎ 행정처분의 근거 법규 또는 관련 법규에 그 처분으로써 이루어지는 행위 등 사업으로 인하여 환경상 침해를 받으리라고 예상되는 영향권의 범위가 구체적으로 규정되어 있는 경우에는, 그 영향권 내의 주민들에 대하여는 당해 처분으로 인하여 직접적이고 중대한 환경피해를 입으리라고 예상할 수 있고, 이와 같은 환경상의 이익은 주민 개개인에 대하여 개별적으로 보호되는 직접적·구체적 이익으로서 그들에 대하여는 특단의 사정이 없는 한 환경상 이익에 대한 침해 또는 침해 우려가 있는 것으로 사실상 추정되어 법률상 보호되는 이익으로 인정됨으로써 원고적격이 인정되며, **그 영향권 밖의 주민들은** 당해 처분으로 인하여 그 처분 전과 비교하여 수인한도를 넘는 환경피해를 받거나 받을 우려가 있다는 **자신의 환경상 이익에 대한 침해 또는 침해 우려가 있음을 증명하여야만 법률상 보호되는 이익으로 인정되어 원고적격이 인정**된다(대판 2010. 4. 15, 2007두16127).

④ ◎ 김해시장이 소감천을 통해 낙동강에 합류하는 하천수 주변의 토지에 구 산업집적활성화 및 공장설립에 관한 법률 제13조에 따라 공장설립을 승인하는 처분을 한 사안에서, 상수원인 물금취수장이 소감천이 흘러 내려 낙동강 본류와 합류하는 지점 근처에 위치하고 있는 점, **수돗물은 수도관 등 급수시설에 의해 공급되는 것이어서 거주지역이 물금취수장으로부터 다소 떨어진 곳이라고 하더라도 수돗물의 수질악화 등으로 주민들이 갖게 되는 환경상 이익의 침해나 그 우려는 그 수돗물을 공급하는 취수시설이 입게 되는 수질오염 등의 피해나 그 우려와 동일하게 평가될 수 있는 점 등에 비추어, 공장설립으로 수질오염 등이 발생할 우려가 있는 물금취수장에서 취수된 물을 공급받는 부산광역시 또는 양산시에 거주하는 주민들도 위 처분의 근거 법규 및 관련 법규에 의하여 개별적·구체적·직접적으로 보호되는 환경상 이익, 즉 법률상 보호되는 이익이 침해되거나 침해될 우려가 있는 주민으로서 **원고적격이 인정된다**고 한 사례(대판 2010. 4. 15, 2007두16127). → 환경관련 소송에서 원고적격을 인정함에 있어서 영향권의 범위 내에 거주하는 자는 원고적격이 추정되는데, 취수장으로부터 상당한 거리가 떨어진 곳에 거주하는 자라도 수도관을 통해 수돗물을 공급받는 경우 영향권 내에 있는 것으로 본 사례이다.

16
정답 ②

② ✗ 공정거래위원회가 부당한 공동행위를 행한 사업자로서 구 독점규제 및 공정거래에 관한 법률 제22조의2에서 정한 자진신고자나 조사협조자에 대하여 과징금 부과처분을 한 뒤, 독점규제 및 공정거래에 관한 법률 시행령 제35조 제3항에 따라 다시 자진신고자 등에 대한 사건을 분리하여 자진신고 등을 이유로 한 과징금 감면처분을 하였다면, **후행처분은 자진신고 감면까지 포함하여 처분 상대방이 실제로 납부하여야 할 최종적인 과징금액을 결정하는 종국적 처분이고, 선행처분은 이러한 종국적 처분을 예정하고 있는 일종의 잠정적 처분으로서 후행처분이 있을 경우 선행처분은 후행처분에 흡수되어 소멸한다. 따라서 위와 같은 경우에 선행처분의 취소를 구하는 소는 이미 효력을 잃은 처분의 취소를 구하는 것으로 부적법**하다(대판 2015. 2. 12, 2013두987).

① ◎ 폐기물관리법 관계 법령의 규정에 의하면 폐기물처리업의 허가를 받기 위하여는 먼저 사업계획서를 제출하여 허가권자로부터 사업계획에 대한 적정통보를 받아야 하고, 그 적정통보를 받은 자만이 일정기간 내에 시설, 장비, 기술능력, 자본금을 갖추어 허가신청을 할 수 있으므로, 결국 **부적정통보는 허가신청 자체를 제한하는 등 개인의 권리 내지 법률상의 이익을 개별적이고 구체적으로 규제하고 있어 행정처분에 해당**한다(대판 1998. 4. 28, 97누21086).

③ ◎ **어업권면허에 선행하는 우선순위결정은** 행정청이 우선권자로 결정된 자의 신청이 있으면 어업권면허처분을 하겠다는 것을 약속하는 행위로서 **강학상 확약에 불과하고 행정처분은 아니므로**, 우선순위결정에 공정력이나 불가쟁력과 같은 효력은 인정되지 아니하며, 따라서 우선순위결정이 잘못되었다는 이유로 종전의 어업권면허처분이 취소되면 행정청은 종전의 우선순위결정을 무시하고 다시 우선순위를 결정한 다음 새로운 우선순위결정에 기하여 새로운 어업권면허를 할 수 있다(대판 1995. 1. 20, 94누6529).

④ ◎ 자동차운송사업양도양수계약에 기한 양도양수인가신청에 대하여 피고 시장이 내인가를 한 후 위 내인가에 기한 본인가신청이 있었으나 자동차운송사업 양도양수인가신청서가 합의에 의한 정당한 신청서라고 할 수 없다는 이유로 위 내인가를 취소한 경우, 위 내인가의 법적 성질이 행정행위의 일종으로 볼 수 있든 아니든 그것이 행정청의 상대방에 대한 의사표시임이 분명하고, 피고가 위 내인가를 취소함으로써 다시 본인가에 대하여 따로이 인가 여부의 처분을 한다는 사정이 보이지 않는다면 **위 내인가취소를 인가신청을 거부하는 처분으로 보아야 할 것**이다(대판 1991. 6. 28, 90누4402).

⑤ ◎ **원자로 및 관계 시설의 부지사전승인처분은** 그 자체로서 건설부지를 확정하고 사전공사를 허용하는 법률효과를 지닌 독립한 행정처분이기는 하지만, 건설허가 전에 신청자의 편의를 위하여 미리 그 건설허가의 일부 요건을 심사하여 행하는 **사전적 부분 건설허가처분의 성격을 갖고 있**

는 것이어서 **나중에 건설허가처분이 있게 되면** 그 건설허가처분에 흡수되어 독립된 존재가치를 상실함으로써 그 건설허가처분만이 쟁송의 대상이 되는 것이므로, **부지사전승인처분의 취소를 구하는 소는 소의 이익을 잃게 되고,** 따라서 부지사전승인처분의 위법성은 나중에 내려진 건설허가처분의 취소를 구하는 소송에서 이를 다투면 된다(대판 1998. 9. 4, 97누19588).

17 정답 ③

③ ✗ 차량이 통행하는 도로에서 유입되는 소음 때문에 인근 주택의 거주자에게 사회통념상 일반적으로 수인할 정도를 넘어서는 침해가 있는지 여부는, **주택법 등에서 제시하는 주택건설기준보다는 환경정책기본법 등에서 설정하고 있는 환경기준을 우선적으로 고려하여 판단하여야 한다**(대판 2008. 8. 21, 2008다9358).

① ○ 구 하천법 제28조 제1항에 따라 국토해양부장관이 하천공사를 대행하더라도 이는 국토해양부장관이 하천관리에 관한 일부 권한을 일시적으로 행사하는 것으로 볼 수 있을 뿐 하천관리청이 국토해양부장관으로 변경되는 것은 아니므로, 국토해양부장관이 하천공사를 대행하던 중 지방하천의 관리상 하자로 인하여 손해가 발생하였다면 **하천관리청이 속한 지방자치단체는 국가와 함께 국가배상법 제5조 제1항에 따라 지방하천의 관리자로서 손해배상책임을 부담**한다(대판 2014. 6. 26, 2011다85413).

② ○ 소음 등을 포함한 공해 등의 위험지역으로 이주하여 들어가 거주하는 경우와 같이 **위험의 존재를 인식하거나 과실로 인식하지 못하고 이주한 경우에는 손해배상액의 산정에 있어 형평의 원칙상 과실상계에 준하여 감경 또는 면제사유로 고려하여야** 한다(대판 2010. 11. 11, 2008다57975).

④ ○ 보행자 신호기가 고장난 횡단보도 상에서 교통사고가 발생한 사안에서, 적색등의 전구가 단선되어 있었던 위 보행자 신호기는 그 용도에 따라 통상 갖추어야 할 안전성을 갖추지 못한 관리상의 하자가 있어 지방자치단체의 배상책임이 인정된다(대판 2007. 10. 26, 2005다51235).

⑤ ○ [1] 국가배상법 제5조 제1항에 정하여진 '영조물의 설치 또는 관리의 하자'라 함은 공공의 목적에 공여된 영조물이 그 용도에 따라 갖추어야 할 안전성을 갖추지 못한 상태에 있음을 말하고, 안전성을 갖추지 못한 상태, 즉 타인에게 위해를 끼칠 위험성이 있는 상태라 함은 당해 영조물을 구성하는 물적 시설 그 자체에 있는 물리적·외형적 흠결이나 불비로 인하여 그 이용자에게 위해를 끼칠 위험성이 있는 경우뿐만 아니라, 그 영조물이 공공의 목적에 이용됨에 있어 그 이용상태 및 정도가 일정한 한도를 초과하여 제3자에게 사회통념상 수인할 것이 기대되는 한도를 넘는 피해를 입히는 경우까지 포함된다고 보아야 한다. [2] 김포공항에서 발생하는 소음 등으로 인근 주민들이 입은 피해는 사회통념상 수인한도를 넘는 것으로서 김포공항의 설치·관리에 하자가 있다고 본 사례(대판 2005. 1. 27, 2003다49566).

18 정답 ③

③ ✗ 행정처분이 취소되면 그 소급효에 의하여 처음부터 그 처분이 없었던 것과 같은 효과를 발생하게 되는바, **행정청이 의료법인의 이사에 대한 이사취임승인취소처분(제1처분)을 직권으로 취소(제2처분)한 경우**에는 그로 인하여 이사가 소급하여 이사로서의 지위를 회복하게 되고, 그 결과 **위 제1처분과 제2처분 사이에 법원에 의하여 선임결정된 임시이사들의 지위는 법원의 해임결정이 없더라도 당연히 소멸**된다(대판 1997. 1. 21, 96누3401).

① ○ 상대방 있는 행정처분은 특별한 규정이 없는 한 의사표시에 관한 일반법리에 따라 상대방에게 고지되어야 효력이 발생하고, **상대방 있는 행정처분이 상대방에게 고지되지 아니한 경우에는 상대방이 다른 경로를 통해 행정처분의 내용을 알게 되었다고 하더라도 행정처분의 효력이 발생한다고 볼 수 없다**(대판 2019. 8. 9, 2019두38656).

② ○ 수익적 행정행위 신청에 대한 거부처분은 당사자의 신청에 대하여 관할 행정청이 거절하는 의사를 대외적으로 명백히 표시함으로써 성립되고, **거부처분이 있은 후 당사자가 다시 신청을 한 경우에는 신청의 제목 여하에 불구하고 그 내용이 새로운 신청을 하는 취지라면 관할 행정청이 이를 다시 거절하는 것은 새로운 거부처분으로 봄이 원칙**이다(대판 2019. 4. 3, 2017두52764).

④ ○ 국민의 권리와 이익을 옹호하고 법적안정을 도모하기 위하여 특정한 행위에 대하여는 행정청이라 하여도 이것을 자유로이 취소, 변경 및 철회할 수 없다는 **행정행위의 불가변력은 당해 행정행위에 대하여서만 인정되는 것이고, 동종의 행정행위라 하더라도 그 대상을 달리 할 때에는 이를 인정할 수 없다**(대판 1974. 12. 10, 73누129).

⑤ ○ **민사소송에 있어서 어느 행정처분의 당연무효 여부가 선결문제로 되는 때**에는 이를 판단하여 당연무효임을 전제로 판결할 수 있고 반드시 행정소송 등의 절차에 의하여 그 취소나 무효확인을 받아야 하는 것은 아니다(대판 2010. 4. 8, 2009다90092).

19 정답 ④

㉠ ✗

> **행정소송법 제22조(처분변경으로 인한 소의 변경)** ① 법원은 행정청이 소송의 대상인 처분을 소가 제기된 후 변경한 때에는 **원고의 신청에** 의하여 결정으로써 청구의 취지 또는 원인의 변경을 허가할 수 있다.

㉡ ○

> **행정소송법 제10조(관련청구소송의 이송 및 병합)** ① 취소소송과 다음 각 호의 1에 해당하는 소송(이하 "관련청구소송"이라 한다)이 각각 다른 법원에 계속되고 있는 경우에 관련청구소송이 계속된 법원이 상당하다고 인정하는 때에는 당사자의 신청 또는 **직권**에 의하여 이를 취소소송이 계속된 법원으로 이송할 수 있다.
> 1. 당해 처분등과 관련되는 손해배상·부당이득반환·원상회복등 청구소송
> 2. 당해 처분등과 관련되는 취소소송

㉢ ○

> **행정소송법 제17조(행정청의 소송참가)** ① 법원은 다른 행정청을 소송에 참가시킬 필요가 있다고 인정할 때에는 당사자 또는 당해 행정청의 신청 또는 **직권**에 의하여 결정으로써 그 행정청을 소송에 참가시킬 수 있다.

㉣ ○

> **행정소송법 제23조(집행정지)** ① 취소소송의 제기는 처분등의 효력이나 그 집행 또는 절차의 속행에 영향을 주지 아니한다.
> ② 취소소송이 제기된 경우에 처분등이나 그 집행 또는 절차의 속행으로 인하여 생길 회복하기 어려운 손해를 예방하기 위하여 긴급한 필요가 있다고 인정할 때에는 본안이 계속되고 있는 법원은 당사자의 신청 또는 **직권**에 의하여 처분등의 효력이나 그 집행 또는 절차의 속행의 전부 또는 일부의 정지(이하 "집행정지"라 한다)를 결정할 수 있다. 다만, 처분의 효력정지는 처분등의 집행 또는 절차의 속행을 정지함으로써 목적을 달성할 수 있는 경우에는 허용되지 아니한다.

ⓜ ◎

> **행정소송법 제14조(피고경정)** ① 원고가 피고를 잘못 지정한 때에는 법원은 원고의 신청에 의하여 결정으로써 피고의 경정을 허가할 수 있다.
> ② 법원은 제1항의 규정에 의한 결정의 정본을 새로운 피고에게 송달하여야 한다.
> ③ 제1항의 규정에 의한 신청을 각하하는 결정에 대하여는 즉시항고할 수 있다.
> ④ 제1항의 규정에 의한 결정이 있은 때에는 새로운 피고에 대한 소송은 처음에 소를 제기한 때에 제기된 것으로 본다.
> ⑤ 제1항의 규정에 의한 결정이 있은 때에는 종전의 피고에 대한 소송은 취하된 것으로 본다.
> ⑥ 취소소송이 제기된 후에 제13조 제1항 단서 또는 제13조 제2항에 해당하는 사유가 생긴 때에는 법원은 당사자의 신청 또는 **직권**에 의하여 피고를 경정한다. 이 경우에는 제4항 및 제5항의 규정을 준용한다.
> **행정소송법 제13조(피고적격)** ① 취소소송은 다른 법률에 특별한 규정이 없는 한 그 처분등을 행한 행정청을 피고로 한다. 다만, 처분등이 있은 뒤에 그 처분등에 관계되는 권한이 다른 행정청에 **승계된** 때에는 이를 승계한 행정청을 피고로 한다.
> ② 제1항의 규정에 의한 행정청이 없게 된 때에는 그 처분등에 관한 사무가 귀속되는 국가 또는 공공단체를 피고로 한다.

20 [정답 ④]

㉠ ✗ **항고소송은 원칙적으로 당해 처분을 대상**으로 하나, 당해 처분에 대한 재결 자체에 고유한 주체, 절차, 형식 또는 내용상의 위법이 있는 경우에 한하여 그 재결을 대상으로 할 수 있다고 해석되므로, 징계혐의자에 대한 감봉 1월의 징계처분을 견책으로 변경한 소청결정 중 그를 견책에 처한 조치는 재량권의 남용 또는 일탈로서 위법하다는 사유는 소청결정 자체에 고유한 위법을 주장하는 것으로 볼 수 없어 소청결정의 취소사유가 될 수 없다(대판 1993. 8. 24, 93누5673). → 소청결정 자체에 고유한 하자가 있는 경우가 아니라면 소청결정 자체는 항고소송의 대상이 될 수 없다. 따라서 징계혐의자에 대한 감봉 1월의 징계처분을 견책으로 변경한 소청심사위원회의 결정이 있는 경우, 항고소송의 대상은 원칙적으로 '견책으로 변경된 당초처분'(감봉 1월의 징계처분)이고, 항고소송의 피고는 소청심사위원회가 아니라 징계처분을 한 처분청이 된다.

㉡ ◎ 직위해제란 공무원에 있어서 그 직위를 계속 유지시킬 수 없는 사유가 있어 그 직위를 부여하지 아니하는 처분으로서 공무원이 직위해제처분을 받았다가 얼마 후에 다른 직위를 다시 부여받았다면 그 직위는 이미 회복되었다고 볼 것이므로 **그 직위해제처분에 어떤 하자가 있음을 이유로 그 무효확인을 구할 소송상의 이익은 없다**(대판 1987. 9. 8, 87누560).

㉢ ✗ 지방공무원법 제61조의 규정에 의하면 공무원에게 같은 법 제31조 소정의 결격사유가 있을 때에는 당연히 퇴직한다고 되어 있으므로 이러한 당연퇴직의 경우에는 결격사유가 있어 법률상 당연퇴직되는 것이지 공무원관계를 소멸시키기 위한 별도의 행정처분을 요하지 아니한다 할 것이며 위와 같은 사유의 발생으로 **당연퇴직의 인사발령**이 있었다 하여도 이는 퇴직사실을 알리는 **이른바 관념의 통지에 불과하여 행정소송의 대상이 되지 아니한다**(대판 1992. 1. 21, 91누2687).

㉣ ✗ 구 소년법은 20세 미만인 자를 대상으로 하여(제2조), 소년으로 범한 죄에 의하여 형의 선고를 받은 자가 집행을 종료하거나 집행의 면제를 받은 때에는 자격에 관한 법령의 적용에서는 장래에 향하여 형의 선고를 받지 않은 것으로 본다고 정하고 있었다(제60조). 그런데 구 소년법이 1988. 12. 31. 법률 제4057호로 전부 개정되면서 제60조가 그 내용을 그대로 유지한 채 제67조로 이전되었고, 헌법재판소는 2018. 1. 25. 구 소년법 제67조에 대하여 집행유예를 선고받은 경우에 대해서는 이와 같은 특례조항을 두지 않은 것이 평등원칙에 위반된다는 이유로 헌법불합치 결정을 하였다. 2018. 9. 18. 법률 제15757호로 개정된 소년법은 제67조 제1항 제2호로 '소년이었을 때 범한 죄에 의하여 형의 선고유예나 집행유예를 선고받은 경우, 자격에 관한 법령을 적용할 때 장래에 향하여 형의 선고를 받지 않은 것으로 본다.'는 규정을 신설하였다. 아울러 소년법 부칙 제2조는 "제67조의 개정규정은 이 법 시행 전 소년이었을 때 범한 죄에 의하여 형의 집행유예나 선고유예를 받은 사람에게도 적용한다."라고 정하여 개정된 소년법 제67조 제1항 제2호를 소급하여 적용하도록 하고 있다. 따라서 **과거 소년이었을 때 죄를 범하여 형의 집행유예를 선고받은 사람이 장교·준사관 또는 하사관으로 임용된 경우에는, 구 군인사법 제10조 제2항 제5호에도 불구하고 소년법 제67조 제1항 제2호와 부칙 제2조에 따라 그 임용이 유효하게 된다**(대판 2019. 2. 14. 2017두62587).

ⓜ ◎ 구 경찰공무원법 제50조 제1항에 의한 **직위해제처분**과 같은 제3항에 의한 **면직처분**은 후자가 전자의 처분을 전제로 한 것이기는 하나 각각 단계적으로 별개의 법률효과를 발생하는 행정처분이어서 **선행직위해제처분의 위법 사유가 면직처분에는 승계되지 아니한다 할 것**이므로 선행된 직위해제처분의 위법사유를 들어 면직처분의 효력을 다툴 수는 없다(대판 1984. 9. 11. 84누191).

21 [정답 ①]

① ✗ 구 행정절차법 제17조 제3항 본문은 "행정청은 신청이 있는 때에는 다른 법령 등에 특별한 규정이 있는 경우를 제외하고는 그 접수를 보류 또는 거부하거나 부당하게 되돌려 보내서는 아니 되며, 신청을 접수한 경우에는 신청인에게 접수증을 교부하여야 한다."고 규정하고 있는바, 여기에서의 신청인의 행정청에 대한 신청의 의사표시는 명시적이고 확정적인 것이어야 한다고 할 것이므로 **신청인이 신청에 앞서 행정청의 허가업무 담당자에게 신청서의 내용에 대한 검토를 요청한 것만으로는** 다른 특별한 사정이 없는 한 **명시적이고 확정적인 신청의 의사표시가 있었다고 하기 어렵다**(대판 2004. 9. 24, 2003두13236). → 따라서 행정절차법상 '신청'에 대한 절차가 적용되지 아니한다.

② ◎ 세액산출근거가 기재되지 아니한 납세고지서에 의한 부과처분은 강행법규에 위반하여 취소대상이 된다 할 것이므로 이와 같은 하자는 납세의무자가 전심절차에서 이를 주장하지 아니하였거나, 그 후 부과된 세금을 자진납부하였다거나, 또는 조세채권의 소멸시효기간이 만료되었다 하여 치유되는 것이라고는 할 수 없다(대판 1985. 4. 9, 84누431).

③ ◎ 신청에 따른 처분이 이루어지지 아니한 경우에는 아직 당사자에게 권익이 부과되지 아니하였으므로 특별한 사정이 없는 한 신청에 대한 거부처분이라고 하더라도 직접 당사자의 권익을 제한하는 것은 아니어서 **신청에 대한 거부처분**을 여기에서 말하는 '당사자의 권익을 제한하는 처분'에 해당한다고 할 수 없는 것이어서 **처분의 사전통지대상이 된다고 할 수 없다**(대판 2003. 11. 28, 2003두674).

④ ◎ 퇴직연금의 환수결정은 당사자에게 의무를 과하는 처분이기는 하나, 관련 법령에 따라 당연히 환수금액이 정하여지는 것이므로, 퇴직연금의 환수결정에 앞서 당사자에게 의견진술의 기회를 주지 아니하여도 행정절차법 제22조 제3항이나 신의칙에 어긋나지 아니한다(대판 2000. 11. 28, 99두5443).

⑤ ◎ 행정절차법 제21조 제4항 제3호는 침해적 행정처분을 할 경우 청문을 실시하지 않을 수 있는 사유로서 "당해 처분의 성질상 의견청취가 현저히 곤란하거나 명백히 불필요하다고 인정될 만한 상당한 이유가 있는 경우"를 규정하고 있으나, 여기에서 말하는 '의견청취가 현저히 곤란

하거나 명백히 불필요하다고 인정될 만한 상당한 이유가 있는지 여부'는 당해 행정처분의 성질에 비추어 판단하여야 하는 것이지, 청문통지서의 반송 여부, 청문통지의 방법 등에 의하여 판단할 것은 아니며, 또한 행정처분의 상대방이 통지된 청문일시에 불출석하였다는 이유만으로 행정청이 관계 법령상 그 실시가 요구되는 청문을 실시하지 아니한 채 침해적 행정처분을 할 수는 없을 것이므로, **행정처분의 상대방에 대한 청문통지서가 반송되었다거나, 행정처분의 상대방이 청문일시에 불출석하였다는 이유로 청문을 실시하지 아니하고 한 침해적 행정처분은 위법하다**(대판 2001. 4. 13, 2000두 3337).

22
정답 ④

④ ✗ 원고의 대리인이 입찰금액을 60,780,000원으로 기재한다는 것이 착오로 금 6,078,000원으로 잘못 기재한 것은 시설공사 입찰유의서 제10조 제10호 소정의 입찰서에 기재한 중요부분의 착오가 있는 경우에 해당되어 이를 이유로 즉시 입찰취소의 의사표시를 한 이상 피고(조달청장)는 본건 입찰을 무효로 선언함이 마땅하므로 원고가 이 사건 공사계약체결에 불응하였음에는 정당한 이유가 있다고 할 것이니 **원고를 부정당업자로서 6월간 입찰참가자격을 정지한 피고의 처분은 재량권을 일탈하여 위법하다**(대판 1983. 12. 27, 81누366). → 입찰자격정지처분은 항고소송의 대상이 되는 행정처분 ○ / cf. 입찰보증금의 국고귀속조치는 사법상의 행위로서 민사소송의 대상 ○

> 참고 예산회계법 제70조의 4, 제70조의 18, 동법시행령 제88조, 제89조의 각 규정에 비추어 볼 때 **예산회계법상의 입찰참가자격제한조치는 오히려 공권력작용과 일체성을 갖는 것으로 봄이 상당**하다(서울고법 1982. 6. 8, 81구610).

① ◎ [1] **국유재산 등의 관리청이 하는 행정재산의 사용·수익에 대한 허가**는 순전히 사경제주체로서 행하는 사법상의 행위가 아니라 **관리청이 공권력을 가진 우월적 지위에서 행하는 행정처분**으로서 특정인에게 행정재산을 사용할 수 있는 권리를 설정하여 주는 **강학상 특허에 해당**한다. [2] 국립의료원 부설 주차장에 관한 위탁관리용역운영계약의 실질은 행정재산에 대한 국유재산법 제24조 제1항의 사용·수익 허가임을 이유로, 민사소송으로 제기된 위 계약에 따른 가산금지급채무의 부존재확인청구에 관하여 본안 판단을 한 원심판결을 파기하고, 소를 각하한 사례(대판 2006. 3. 9, 2004다31074). → 원고가 이 사건 가산금 지급채무의 부존재를 주장하여 구제를 받으려면, 적절한 행정쟁송절차를 통하여 권리관계를 다투어야 할 것이지, 이 사건과 같이 피고에 대하여 민사소송으로 위 지급의무의 부존재확인을 구할 수는 없는 것이다.

② ◎ 산림청장이나 그로부터 권한을 위임받은 행정청이 산림법 등이 정하는 바에 따라 **국유임야를 대부하거나 매각하는 행위**는 사경제적 주체로서 상대방과 대등한 입장에서 하는 **사법상 계약**이지 행정청이 공권력의 주체로서 상대방의 의사 여하에 불구하고 일방적으로 행하는 행정처분이라고 볼 수 없으며 이 대부계약에 의한 대부료부과 조치 역시 사법상 채무이행을 구하는 것으로 보아야지 이를 행정처분이라고 할 수 없다(대판 1993. 12. 7, 91누11612).

③ ◎ 도시 및 주거환경정비법에 따른 주택재건축정비사업조합은 관할 행정청의 감독 아래 위 법상의 주택재건축사업을 시행하는 공법인(위 법 제18조)으로서, 그 목적 범위 내에서 법령이 정하는 바에 따라 일정한 행정작용을 행하는 행정주체의 지위를 갖는다. 따라서 **행정주체인 재건축조합을 상대로 관리처분계획안에 대한 조합 총회결의의 효력 등을 다투는 소송**은 행정처분에 이르는 절차적 요건의 존부나 효력 유무에 관한 소송으로서 그 소송결과에 따라 행정처분의 위법 여부에 직접 영향을 미치는 공법상 법률관계에 관한 것이므로, 이는 **행정소송법상의 당사자소송에 해당**하고, 재건축조합을 상대로 사업시행계획안에 대한 조합 총회결의의 효력 등을 다투는 소송 또한 행정소송법상의 당사자소송에 해당한다(대판 2009. 10. 15, 2008다93001).

⑤ ◎ **한국마사회가 조교사 또는 기수의 면허를 부여하거나 취소하는 것은** 경마를 독점적으로 개최할 수 있는 지위에서 우수한 능력을 갖추었다고 인정되는 사람에게 경마에서의 일정한 기능과 역할을 수행할 수 있는 자격을 부여하거나 이를 박탈하는 것에 지나지 아니하므로, 이는 국가 기타 행정기관으로부터 위탁받은 행정권한의 행사가 아니라 **일반 사법상의 법률관계에서 이루어지는 단체 내부에서의 징계 내지 제재처분이다**(대판 2008. 1. 31, 2005두8269).

23
정답 ③

③ ✗ '부작위'는 취소재결의 대상이 되지 아니한다.

> **행정심판법 제49조(재결의 기속력 등)** ① 심판청구를 인용하는 재결은 피청구인과 그 밖의 관계 행정청을 기속(羈束)한다.
> ② 재결에 의하여 취소되거나 무효 또는 부존재로 확인되는 **처분이 당사자의 신청을 거부하는 것을 내용으로 하는 경우**에는 그 처분을 한 행정청은 재결의 취지에 따라 다시 이전의 신청에 대한 처분을 하여야 한다.
> ③ 당사자의 신청을 거부하거나 **부작위로 방치한 처분의 이행을 명하는 재결이 있으면** 행정청은 지체 없이 이전의 신청에 대하여 재결의 취지에 따라 처분을 하여야 한다.

① ◎ 임시처분은 집행정지와의 관계에서 보충적 구제수단이다.

> **행정심판법 제31조(임시처분)** ① 위원회는 처분 또는 부작위가 위법·부당하다고 상당히 의심되는 경우로서 처분 또는 부작위 때문에 당사자가 받을 우려가 있는 중대한 불이익이나 당사자에게 생길 급박한 위험을 막기 위하여 임시지위를 정하여야 할 필요가 있는 경우에는 직권으로 또는 당사자의 신청에 의하여 임시처분을 결정할 수 있다.
> ③ 제1항에 따른 임시처분은 제30조 제2항에 따른 집행정지로 목적을 달성할 수 있는 경우에는 허용되지 아니한다.

② ◎ 행정심판법은 국민의 권리구제를 도모하기 위하여 불고불리의 원칙(제47조 제1항)과 불이익변경금지의 원칙(제47조 제2항)을 채택하고 있다.

> **행정심판법 제47조(재결의 범위)** ① 위원회는 심판청구의 대상이 되는 처분 또는 부작위 외의 사항에 대하여는 재결하지 못한다.
> ② 위원회는 심판청구의 대상이 되는 처분보다 청구인에게 불리한 재결을 하지 못한다.

④ ◎

> **행정심판법 제50조의2(위원회의 간접강제)** ⑤ 제1항 또는 제2항에 따른 결정의 효력은 피청구인인 행정청이 소속된 국가·지방자치단체 또는 공공단체에 미치며, 결정서 정본은 제4항에 따른 소송제기와 관계없이 민사집행법에 따른 강제집행에 관하여는 집행권원과 같은 효력을 가진다. 이 경우 집행문은 위원장의 명에 따라 위원회가 소속된 행정청 소속 공무원이 부여한다.

⑤ ◎ 행정심판법은 원칙적으로 한 번의 행정심판청구만을 인정하고 있다. 따라서 시·도행정심판위원회의 재결에 불복하여 중앙행정심판위원회에 재심판청구를 할 수 없다.

> **행정심판법 제51조(행정심판 재청구의 금지)** 심판청구에 대한 재결이 있으면 그 재결 및 같은 처분 또는 부작위에 대하여 다시 행정심판을 청구할 수 없다.

24
정답 ④

④ ✗ 지방의회가 조례로써 법령에 규정이 없는 지방자치단체의 장에 대한 새로운 견제장치를 만드는 것은 집행기관(지방자치단체의 장)의 고유권한을 침해하는 것이 되어 허용할 수 없다(대판 2012. 11. 29, 2011추87).

① ◎ 지방자치단체가 자치조례를 제정할 수 있는 것은 원칙적으로 이러한 자치사무와 단체위임사무에 한하므로, **국가사무가 지방자치단체의 장에게 위임된 기관위임사무**와 같이 지방자치단체의 장이 국가기관의 지위에서 수행하는 사무일 뿐 지방자치단체 자체의 사무라고 할 수 없는 것은 **원칙적으로 자치조례의 제정범위에 속하지 않는다**(대판 1999. 9. 17, 99추30).

② ◎ 영유아보육법이 보육시설 종사자의 정년에 관한 규정을 두거나 이를 지방자치단체의 조례에 위임한다는 규정을 두고 있지 않음에도 보육시설 종사자의 정년을 규정한 '**서울특별시 중구 영유아 보육조례 일부개정조례안**' 제17조 제3항은, 법률의 위임 없이 헌법이 보장하는 직업을 선택하여 수행할 권리의 제한에 관한 사항을 정한 것이어서 그 효력을 인정할 수 없으므로, **위 조례안에 대한 재의결은 무효**이다(대판 2009. 5. 28, 2007추134).

③ ◎ 헌법 제117조 제1항은 지방자치단체에 포괄적인 자치권을 보장하고 있다. 따라서 조례에 대한 법률의 위임은 법규명령에 대한 법률의 위임과 같이 반드시 구체적으로 범위를 정하여 할 필요가 없다. 법률이 주민의 권리·의무에 관한 사항에 관하여 구체적으로 범위를 정하지 않은 채 조례로 정하도록 포괄적으로 위임한 경우에도 지방자치단체는 법령에 위반되지 않는 범위 내에서 주민의 권리·의무에 관한 사항을 조례로 제정할 수 있다(대판 2017. 12. 5, 2016추5162). → 조례에는 포괄위임금지의 원칙 적용 ✗

⑤ ◎ 지방자치단체의 장은 합의제 행정기관을 설치할 고유의 권한을 가지며 이러한 고유권한에는 그 설치를 위한 조례안의 제안권이 포함된다고 봄이 상당하므로, 지방의회가 합의제 행정기관의 설치에 관한 조례안을 발의하여 이를 그대로 의결, 재의결하는 것은 지방자치단체장의 고유권한에 속하는 사항의 행사에 관하여 지방의회가 사전에 적극적으로 개입하는 것으로서 관련 법령에 위반되어 허용되지 않는다(대판 2009. 9. 24, 2009추53).

25
정답 ④

④ ✗ 지방자치법 제169조 제2항은 '시·군 및 자치구의 자치사무에 관한 지방자치단체의 장의 명령이나 처분에 대하여 시·도지사가 행한 취소 또는 정지'에 대하여 해당 지방자치단체의 장이 대법원에 소를 제기할 수 있다고 규정하고 있을 뿐 '시·도지사가 지방자치법 제169조 제1항에 따라 시·군 및 자치구에 대하여 행한 시정명령'에 대하여도 대법원에 소를 제기할 수 있다고 규정하고 있지 않으므로, 이러한 **시정명령의 취소를 구하는 소송은 허용되지 않는다**(대판 2017. 10. 12, 2016추5148).

① ◎, ② ◎ 지방자치법 제157조 제1항 전문 및 후문에서 규정하고 있는 지방자치단체의 사무에 관한 그 장의 명령이나 처분이 **법령에 위반되는 경우라 함은** 명령이나 처분이 현저히 부당하여 공익을 해하는 경우, 즉 합목적성을 현저히 결하는 경우와 대비되는 개념으로, 시·군·구의 장의 사무의 집행이 명시적인 법령의 규정을 구체적으로 위반한 경우뿐만 아니라 그러한 **사무의 집행이 재량권을 일탈·남용하여 위법하게 되는 경우를 포함**한다고 할 것이므로, 시·군·구의 장의 **자치사무의 일종인 당해 지방자치단체 소속 공무원에 대한 승진처분**이 재량권을 일탈·남용하여 위법하게 된 경우 시·도지사는 지방자치법 제157조 제1항 후문에 따라 그에 대한 **시정명령이나 취소 또는 정지를 할 수 있다**(대판 2007. 3. 22, 2005추62 전합).

③ ◎ 행정소송법상 항고소송은 행정청이 행하는 구체적 사실에 관한 법집행으로서의 공권력의 행사 또는 거부와 그 밖에 이에 준하는 행정작용을 대상으로 하여 위법상태를 배제함으로써 국민의 권익을 구제함을 목적으로 하는 것과 달리, 지방자치법 제169조 제1항은 지방자치단체의 자치행정 사무처리가 법령 및 공익의 범위 내에서 행해지도록 감독하기 위한 규정이므로 적용대상을 항고소송의 대상이 되는 행정처분으로 제한할 이유가 없다(대판 2017. 3. 30, 2016추5087).

⑤ ◎

> **구법** 지방자치법 제169조(위법·부당한 명령·처분의 시정) ① 지방자치단체의 사무에 관한 그 장의 명령이나 처분이 법령에 위반되거나 현저히 부당하여 공익을 해친다고 인정되면 시·도에 대하여는 주무부장관이, 시·군 및 자치구에 대하여는 시·도지사가 기간을 정하여 서면으로 시정할 것을 명하고, 그 기간에 이행하지 아니하면 이를 취소하거나 정지할 수 있다. 이 경우 자치사무에 관한 명령이나 처분에 대하여는 법령을 위반하는 것에 한한다.
> ② 지방자치단체의 장은 제1항에 따른 자치사무에 관한 명령이나 처분의 취소 또는 정지에 대하여 이의가 있으면 그 취소처분 또는 정지처분을 통보받은 날부터 15일 이내에 대법원에 소(訴)를 제기할 수 있다.

> **개정** 지방자치법 제188조(위법·부당한 명령이나 처분의 시정) ① 지방자치단체의 사무에 관한 지방자치단체의 장(제103조제2항에 따른 사무의 경우에는 지방의회의 의장을 말한다. 이하 이 조에서 같다)의 명령이나 처분이 법령에 위반되거나 현저히 부당하여 공익을 해친다고 인정되면 시·도에 대해서는 주무부장관이, 시·군 및 자치구에 대해서는 시·도지사가 기간을 정하여 서면으로 시정할 것을 명하고, 그 기간에 이행하지 아니하면 이를 취소하거나 정지할 수 있다.
> ② 주무부장관은 지방자치단체의 사무에 관한 시장·군수 및 자치구의 구청장의 명령이나 처분이 법령에 위반되거나 현저히 부당하여 공익을 해침에도 불구하고 시·도지사가 제1항에 따른 시정명령을 하지 아니하면 시·도지사에게 기간을 정하여 시정명령을 하도록 명할 수 있다.
> ③ 주무부장관은 시·도지사가 제2항에 따른 기간에 시정명령을 하지 아니하면 제2항에 따른 기간이 지난 날부터 7일 이내에 직접 시장·군수 및 자치구의 구청장에게 기간을 정하여 서면으로 시정할 것을 명하고, 그 기간에 이행하지 아니하면 주무부장관이 시장·군수 및 자치구의 구청장의 명령이나 처분을 취소하거나 정지할 수 있다.
> ④ 주무부장관은 시·도지사가 시장·군수 및 자치구의 구청장에게 제1항에 따라 시정명령을 하였으나 이를 이행하지 아니한 데 따른 취소·정지를 하지 아니하는 경우에는 시·도지사에게 기간을 정하여 시장·군수 및 자치구의 구청장의 명령이나 처분을 취소하거나 정지할 것을 명하고, 그 기간에 이행하지 아니하면 주무부장관이 이를 직접 취소하거나 정지할 수 있다.
> ⑤ 제1항부터 제4항까지의 규정에 따른 자치사무에 관한 명령이나 처분에 대한 주무부장관 또는 시·도지사의 시정명령, 취소 또는 정지는 법령을 위반한 것에 한정한다.
> ⑥ 지방자치단체의 장은 제1항, 제3항 또는 제4항에 따른 자치사무에 관한 명령이나 처분의 취소 또는 정지에 대하여 이의가 있으면 그 취소처분 또는 정지처분을 통보받은 날부터 15일 이내에 대법원에 소를 제기할 수 있다.

제10회 실전 기출문제

[소방간부 2020. 1. 18. 시행]

01 ③ 02 ⑤ 03 ③ 04 ④ 05 ④ 06 ⑤ 07 ⑤ 08 ② 09 ① 10 ⑤
11 ② 12 ④ 13 ⑤ 14 ③ 15 ④ 16 ① 17 ⑤ 18 ⑤ 19 ② 20 ①
21 ④ 22 ④ 23 ② 24 ④ 25 ③

01
정답 ③

③ ✗ **읍·면장의 이장에 대한 직권면직행위**는 행정청으로서 공권력을 행사하여 행하는 행정처분이 아니라 서로 대등한 지위에서 이루어진 **공법상 계약에 따라 그 계약을 해지하는 의사표시**로 봄이 상당하다(대판 2012. 10. 25, 2010두18963).

① ◯ 도시계획사업의 시행자가 그 사업에 필요한 토지를 **협의취득하는 행위**는 사경제주체로서 행하는 **사법상의 법률행위**에 지나지 않으며 공권력의 주체로서 우월한 지위에서 행하는 공법상의 행정처분이 아니므로 행정소송의 대상이 되지 않는다(대판 1992. 10. 27, 91누3871).

② ◯ 사업시행자는 그 시행지에 포함된 토지에 대하여 시행계획의 승인이나 그 변경승인에서 정한 사업시행기간 내에 이를 매수하거나 수용재결의 신청을 하여야 하고, 그 시행기간 내에 그중 일부 토지에 대한 취득이 이루어지지 아니하면 그 일부 토지에 대한 시행계획의 승인이나 그 **변경승인은 장래에 향하여 그 효력을 상실한다** 할 것이고, 이는 강학상의 이른바 '실효'에 해당하는 것이다(대판 2001. 11. 13, 2000두1706).

④ ◯ 행정행위를 한 처분청은 비록 그 처분 당시에 별다른 하자가 없었고, 또 그 처분 후에 이를 철회할 별도의 법적 근거가 없다 하더라도 원래의 처분을 존속시킬 필요가 없게 된 사정변경이 생겼거나 또는 중대한 공익상의 필요가 발생한 경우에는 그 효력을 상실케 하는 별개의 행정행위로 이를 철회할 수 있다고 할 것이나, 수익적 행정처분을 취소 또는 철회하는 경우에는 이미 부여된 그 국민의 기득권을 침해하는 것이 되므로, 비록 취소 등의 사유가 있다고 하더라도 그 취소권 등의 행사는 기득권의 침해를 정당화할 만한 중대한 공익상의 필요 또는 제3자의 이익보호의 필요가 있는 때에 한하여 상대방이 받는 불이익과 비교·교량하여 결정하여야 하고, 그 처분으로 인하여 공익상의 필요보다 상대방이 받게 되는 불이익 등이 막대한 경우에는 재량권의 한계를 일탈한 것으로서 그 자체가 위법하다(대판 2004. 11. 26, 2003두10251).

⑤ ◯ 현행 실정법이 지방전문직공무원 채용계약 해지의 의사표시를 일반공무원에 대한 징계처분과는 달리 항고소송의 대상이 되는 처분 등의 성격을 가진 것으로 인정하지 아니하고, 지방전문직공무원규정 제7조 각호의1에 해당하는 사유가 있을 때 지방자치단체가 채용계약관계의 한쪽 당사자로서 대등한 지위에서 행하는 의사표시로 취급하고 있는 것으로 이해되므로, **지방전문직공무원 채용계약 해지의 의사표시**에 대하여는 대등한 당사자 간의 소송형식인 **공법상 당사자소송으로 그 의사표시의 무효확인을 청구**할 수 있다(대판 1993. 9. 14, 92누4611).

02
정답 ⑤

⑤ ◯ 행정지도가 강제성을 띠지 않은 **비권력적 작용으로서 행정지도의 한계를 일탈하지 아니하였다면**, 그로 인하여 상대방에게 어떤 손해가 발생하였다 하더라도 행정기관은 그에 대한 손해배상책임이 없다(대판 2008. 9. 25, 2006다18228).

① ✗ 행정지도란 일정한 행정목적을 달성하기 위하여 상대방인 국민에게 임의적인 협력을 요청하는 비권력적 사실행위로써 당해 행정기관의 소관사무의 범위 내에서 이루어진다.

② ✗

> **행정절차법 제50조(의견제출)** 행정지도의 상대방은 해당 행정지도의 방식·내용 등에 관하여 행정기관에 의견제출을 할 수 있다.

③ ✗ 부실기업의 해체 지시라는 재무부장관의 주거래은행에 대한 공권력의 행사가 비록 위헌적 행정지도라고 하더라도, 당시 주거래은행으로서도 막대한 자금을 부도 직전의 부실기업에 대출하고 있던 주채권자로서 그 방안도 선택 가능한 방안이었으므로, 이를 받아들여 부실기업의 대표이사와 제3자에게 이를 권유하였고 부실기업의 대표이사와 제3자가 그 제안을 받아들여 기업 인수를 위한 주식 매매계약이 성립된 경우에는, 그와 같은 위헌적인 공권력 행사가 법률행위의 성립에 영향을 미쳤다고 보아 그 의사표시에 하자가 있다고 함은 몰라도, **그 법률행위의 목적이나 표시된 동기가 불법이었다고 볼 수는 없다**고 한 사례. → 재무부장관의 주거래은행에 대한 행정지도가 위헌이더라도, 이를 받아들인 주거래은행의 권유에 따라 성립된 주식 매매계약 자체는 반사회질서 행위(무효)가 아니라고 한 사례.

④ ✗ 행정지도는 행정주체가 일정한 행정목적을 실현하기 위하여 사인 등 상대방에 대하여 권고·조언 등의 방법으로 일정한 행위를 하거나 하지 않도록 유도하는 비권력적 사실행위로서, 그 자체로 일정한 법적 효과의 발생을 목적으로 하지 않고, 다만 상대방의 임의적인 협력을 통하여 사실상의 효과를 발생시키는 것에 불과하므로, 원칙적으로 헌법소원의 대상으로서의 공권력행사성이 인정되지 않는다. 그러나 행정지도라고 하더라도 일정한 불이익조치를 예정하고 있는 경우에는 사실상 상대방에게 그에 따를 의무를 부과하는 것과 다를 바 없어, **행정지도로서의 한계를 넘어 규제적·구속적 성격을 상당히 강하게 가지게 되므로, 헌법소원의 대상이 되는 공권력의 행사라고 봄이 타당하다**(헌재 2013. 6. 18, 2013헌마370).

03
정답 ③

㉠ ✗ 공무원이 한 사직의 의사표시는 그에 터잡은 의원면직처분이 있을 때까지는 원칙적으로 이를 철회할 수 있다(대판 2001. 8. 24, 99두9971).

㉡ ◯ **납골당설치 신고는 이른바 '수리를 요하는 신고'라 할 것**이므로, 납골당설치 신고가 구 장사법 관련 규정의 모든 요건에 맞는 신고라 하더라도 신고인은 곧바로 납골당을 설치할 수는 없고, 이에 대한 행정청의 수리처분이 있어야만 신고한 대로 납골당을 설치할 수 있다. 한편 수리란 신고를 유효한 것으로 판단하고 법령에 의하여 처리할 의사로 이를 수령하는 수동적 행위이므로 **수리행위에 신고필증 교부 등 행위가 꼭 필요한 것은 아니다**(대판 2011. 9. 8, 2009두6766).

㉢ ◯ 주민들의 거주지 이동에 따른 주민등록전입신고에 대하여 행정청이 이를 심사하여 그 수리를 거부할 수는 있다고 하더라도, 그러한 행위는 자칫 헌법상 보장된 국민의 거주·이전의 자유를 침해하는 결과를 가져올 수도 있으므로, 시장·군수 또는 구청장의 주민등록 전입신고 수리 여부에 대한 심사는 주민등록법의 입법 목적의 범위 내에서 제한적으로 이루어져야 한다. 한편, 주민등록법의 입법 목적에 관한 제1조 및 주민등록 대상자에 관한 제6조의 규정을 고려해 보면, 전입신고를 받은 시장·군수 또는 구청장의 심사 대상은 전입신고자가 30일 이상 생활의 근거로 거주할 목적으로 거주지를 옮기는지 여부만으로 제한된다고 보아야 한다(대판 2009. 6. 18, 2008두10997 전합).

㉣ ✗ 건축주명의변경신고에 관한 건축법 시행규칙 제3조의2의 규정은 단순히 행정관청의 사무집행의 편의를 위한 것에 지나지 않는 것이 아니라, 허가대상건축물의 양수인에게 건축주의 명의변경을 신고할 수 있는 공법상의 권리를 인정함과 아울러 행정관청에게는 그 신고를 수리할 의무를 지게 한 것으로 봄이 상당하므로, 허가대상건축물의 양수인이 위 규칙에 규정되어 있는 **형식적요건을 갖추어 시장, 군수에게 적법하게 건축주**

의 명의변경을 신고한 때에는 시장, 군수는 그 신고를 수리하여야 **실체적인 이유를 내세워 그 신고의 수리를 거부할 수는 없다**(대판 1992. 3. 31, 91누4911).

ⓒ ◎ 행정청에 대한 신고는 일정한 법률사실 또는 법률관계에 관하여 관계행정청에 일방적으로 통고를 하는 것을 뜻하는 것으로서 법에 별도의 규정이 있거나 다른 특별한 사정이 없는 한 행정청에 대한 통고로서 그치는 것이고 그에 대한 행정청의 반사적 결정을 기다릴 필요가 없는 것이므로, 체육시설의설치·이용에관한법률 제18조에 의한 변경신고서(체육시설의 이용료변경신고서)는 그 신고 자체가 위법하거나 그 신고에 무효사유가 없는 한 이것이 도지사에게 제출하여 접수된 때에 신고가 있었다고 볼 것이고, **도지사의 수리행위가 있어야만 신고가 있었다고 볼 것은 아니다**(대결 1993. 7. 6, 93마635). → 체육시설의 이용료 또는 관람료 변경신고는 자기완결적 신고 (=수리를 요하지 않는 신고) ◯

04
정답 ④

④ ✗ 조사대상자의 자발적인 협조를 얻어 실시하는 행정조사인 경우 행정조사기본법 제17조 제1항 **단서**에 따른 사전통지를 한다.

> **행정조사기본법 제17조 (조사의 사전통지)** ① 행정조사를 실시하고자 하는 행정기관의 장은 제9조에 따른 출석요구서, 제10조에 따른 보고요구서·자료제출요구서 및 제11조에 따른 현장출입조사서(이하 "출석요구서 등"이라 한다)를 조사개시 7일 전까지 조사대상자에게 서면으로 통지하여야 한다. 다만, 다음 각 호의 어느 하나에 해당하는 경우에는 행정조사의 개시와 동시에 출석요구서등을 조사대상자에게 제시하거나 행정조사의 목적 등을 조사대상자에게 구두로 통지할 수 있다.
> 3. 제5조 단서에 따라 조사대상자의 자발적인 협조를 얻어 실시하는 행정조사의 경우

① ◎

> **행정조사기본법 제4조(행정조사의 기본원칙)** ② 행정기관은 조사목적에 적합하도록 조사대상자를 선정하여 행정조사를 실시하여야 한다.
> **행정조사기본법 제19조(제3자에 대한 보충조사)** ① 행정기관의 장은 조사대상자에 대한 조사만으로는 당해 행정조사의 목적을 달성할 수 없거나 조사대상이 되는 행위에 대한 사실 여부 등을 입증하는 데 과도한 비용 등이 소요되는 경우로서 다음 각 호의 어느 하나에 해당하는 경우에는 제3자에 대하여 보충조사를 할 수 있다.
> 1. 다른 법률에서 제3자에 대한 조사를 허용하고 있는 경우
> 2. 제3자의 동의가 있는 경우

② ◎

> **행정조사기본법 제15조(중복조사의 제한)** ① 제7조에 따라 정기조사 또는 수시조사를 실시한 행정기관의 장은 동일한 사안에 대하여 동일한 조사대상자를 재조사하여서는 아니 된다. 다만, 당해 행정기관이 이미 조사를 받은 조사대상자에 대하여 **위법행위가 의심되는 새로운 증거를 확보한 경우**에는 그러하지 아니하다.

③ ◎

> **행정조사기본법 제7조(조사의 주기)** 행정조사는 법령등 또는 행정조사운영계획으로 정하는 바에 따라 정기적으로 실시함을 원칙으로 한다. 다만, 다음 각 호 중 어느 하나에 해당하는 경우에는 **수시조사**를 할 수 있다.
> 5. 그 밖에 행정조사의 필요성이 인정되는 사항으로서 대통령령으로 정하는 경우
>
> **행정조사기본법 시행령 제3조(수시조사)** 법 제7조 제5호에서 "대통령령이 정하는 경우"란 행정기관이 조사대상자의 법령위반행위의 예방 또는 확인을 위하여 긴급하게 실시하는 것으로서 일정한 주기 또는 시기를 정하여 정기적으로 실시하여서는 그 목적을 달성하기 어려운 경우를 말한다.

⑤ ◎ 부과처분을 위한 과세관청의 질문조사권이 행해지는 세무조사결정이 있는 경우 납세의무자는 세무공무원의 과세자료 수집을 위한 질문에 대답하고 검사를 수인하여야 할 법적 의무를 부담하게 되는 점, 세무조사는 기본적으로 적정하고 공평한 과세의 실현을 위하여 필요한 최소한의 범위 안에서 행하여져야 하고, 더욱이 동일한 세목 및 과세기간에 대한 재조사는 납세자의 영업의 자유 등 권익을 심각하게 침해할 뿐만 아니라 과세관청에 의한 자의적인 세무조사의 위험마저 있으므로 조세공평의 원칙에 현저히 반하는 예외적인 경우를 제외하고는 금지될 필요가 있는 점, 납세의무자로 하여금 개개의 과태료 처분에 대하여 불복하거나 조사 종료 후의 과세처분에 대하여만 다툴 수 있도록 하는 것보다는 그에 앞서 세무조사결정에 대하여 다툼으로써 분쟁을 조기에 근본적으로 해결할 수 있는 점 등을 종합하면, **세무조사결정**은 납세의무자의 권리·의무에 직접 영향을 미치는 공권력의 행사에 따른 행정작용으로서 **항고소송의 대상**이 된다(대판 2011. 3. 10, 2009두23617).

05
정답 ⑤

⑤ ✗ 위법한 행정대집행이 완료되면 그 처분의 무효확인 또는 취소를 구할 소의 이익은 없다 하더라도, 미리 그 행정처분의 취소판결이 있어야만, 그 행정처분의 위법임을 이유로 한 손해배상 청구를 할 수 있는 것은 아니다(대판 1972. 4. 28, 72다337). → 국가배상청구소송(민사소송)의 수소법원이 행정행위의 위법성을 확인하는 것은 행정행위의 구성요건적 효력(또는 공정력)에 반하지 않는다.

① ◎ **행정법규 위반에 대하여 가하는 제재조치**는 행정목적의 달성을 위하여 행정법규 위반이라는 객관적 사실에 착안하여 가하는 제재이므로 반드시 현실적인 행위자가 아니라도 **법령상 책임자로 규정된 자에게 부과되고 특별한 사정이 없는 한 위반자에게 고의나 과실이 없더라도 부과할 수 있다**(대판 2012. 5. 10, 2012두1297). 그러나 위반자의 의무 해태를 탓할 수 없는 정당한 사유가 있는 경우까지 부과할 수 있는 것은 아니다(대판 2014. 12. 24, 2010두6700).

② ◎ 아무런 권원 없이 국유재산에 설치한 시설물에 대하여 행정청이 행정대집행을 할 수 있음에도 민사소송의 방법으로 그 시설물의 철거를 구하는 것은 허용되지 않는다(대판 2009. 6. 11, 2009다1122).

③ ◎ 행정대집행법상 **대집행의 대상이 되는 대체적 작위의무는 공법상 의무이어야** 할 것인데, 구 공공용지의 취득 및 손실보상에 관한 특례법에 따른 토지 등의 **협의취득**은 공공사업에 필요한 토지 등을 그 소유자와의 협의에 의하여 취득하는 것으로서 공공기관이 사경제주체로서 행하는 **사법상 매매 내지 사법상 계약의 실질**을 가지는 것이므로, 그 협의취득시 건물소유자가 매매대상 건물에 대한 철거의무를 부담하겠다는 취지의 약정을 하였다고 하더라도 **이러한 철거의무는 공법상의 의무가 될 수 없고**, 이 경우에도 행정대집행법을 준용하여 대집행을 허용하는 별도의 규정이 없는 한 **위와 같은 철거의무는 행정대집행법에 의한 대집행의 대상이 되지 않는다**(대판 2006. 10. 13, 2006두7096).

④ ◎ 제1차로 창고건물의 철거 및 하천부지에 대한 원상복구명령을 하였음에도 이에 불응하므로 대집행계고를 하면서 다시 자진철거 및 토사를 반출하여 하천부지를 원상복구할 것을 명한 경우, 행정대집행법상의

철거 및 원상복구의무는 제1차 철거 및 원상복구명령에 의하여 이미 발생하였다 할 것이어서, 대집행계고서에 기재된 자진철거 및 원상복구명령은 새로운 의무를 부과하는 것이라고 볼 수 없으며, 단지 종전의 철거 및 원상복구를 독촉하는 통지에 불과하므로 취소소송의 대상이 되는 독립한 행정처분이라고 할 수 없고, 대집행계고서에 기재된 철거 및 원상복구의무의 이행기한은 행정대집행법 제3조 제1항에 따른 이행기한을 정한 것에 불과하다고 할 것이다(대판 2004. 6. 10, 2002두12618).

06　　　　　　　　　　　　　　　　　　　정답 ⑤

⑤ ✗

행정절차법 제53조(전자적 정책토론) ① 행정청은 국민에게 영향을 미치는 주요 정책 등에 대하여 국민의 다양하고 창의적인 의견을 널리 수렴하기 위하여 정보통신망을 이용한 정책토론(이하 이 조에서 "전자적 정책토론"이라 한다)을 실시할 수 있다(실시해야 한다✗).

① ◎

행정절차법 제3조(적용 범위) ① 처분, 신고, 확약, 위반사실 등의 공표, 행정계획, 행정상 입법예고, 행정예고 및 행정지도의 절차(이하 "행정절차"라 한다)에 관하여 다른 법률에 특별한 규정이 있는 경우를 제외하고는 이 법에서 정하는 바에 따른다.

② ◎

행정절차법 제6조(관할) ② 행정청의 관할이 분명하지 아니한 경우에는 해당 행정청을 공통으로 감독하는 상급 행정청이 그 관할을 결정하며, 공통으로 감독하는 상급 행정청이 없는 경우에는 각 상급 행정청이 협의하여 그 관할을 결정한다.

③ ◎

행정절차법 제12조(대리인) ① 당사자등은 다음 각 호의 어느 하나에 해당하는 자를 대리인으로 선임할 수 있다.
1. 당사자등의 배우자, 직계존속·비속 또는 형제자매
2. 당사자등이 법인등인 경우 그 임원 또는 직원
3. 변호사
4. 행정청 또는 청문 주재자(청문의 경우에 한한다)의 허가를 받은 자
5. 법령등에 따라 해당 사안에 대하여 대리인이 될 수 있는 자

④ ◎

행정절차법 제14조(송달) ④ 다음 각 호의 1에 해당하는 경우에는 송달받을 자가 알기 쉽도록 관보·공보·게시판·일간신문 중 하나 이상에 공고하고 인터넷에도 공고하여야 한다.
1. 송달받을 자의 주소등을 통상의 방법으로 확인할 수 없는 경우
2. 송달이 불가능한 경우

행정절차법 제15조(송달의 효력발생) ③ 제14조 제4항의 경우에는 다른 법령등에 특별한 규정이 있는 경우를 제외하고는 공고일부터 14일이 경과한 때에 그 효력이 발생한다. 다만, 긴급히 시행하여야 할 특별한 사유가 있어 효력발생시기를 달리 정하여 공고한 경우에는 그에 의한다.

07　　　　　　　　　　　　　　　　　　　정답 ⑤

⑤ ✗ 제재적 행정처분이 그 처분에서 정한 제재기간의 경과로 인하여 그 효과가 소멸되었으나, 부령인 시행규칙 또는 지방자치단체의 규칙의 형식으로 정한 처분기준에서 제재적 행정처분을 받은 것을 가중사유나 전제요건으로 삼아 장래의 제재적 행정처분을 하도록 정하고 있는 경우, 규칙이 정한 바에 따라 선행처분을 가중사유 또는 전제요건으로 하는 후행처분을 받을 우려가 현실적으로 존재하는 경우에는, 선행처분을 받은 상대방은 비록 그 처분에서 정한 제재기간이 경과하였다 하더라도 선행처분의 취소를 구할 법률상 이익이 있다(대판 2006. 6. 22, 2003두1684 전합).

① ◎ 국회법은 대통령령 등의 제출을 요구함으로써 행정입법의 간접적 통제를 인정하고 있다.

국회법 제98조의2(대통령령 등의 제출 등) ① 중앙행정기관의 장은 법률에서 위임한 사항이나 법률을 집행하기 위하여 필요한 사항을 규정한 대통령령·총리령·부령·훈령·예규·고시 등이 제정·개정 또는 폐지되었을 때에는 10일 이내에 이를 국회 소관 상임위원회에 제출하여야 한다. 다만, 대통령령의 경우에는 입법예고를 할 때(입법예고를 생략하는 경우에는 법제처장에게 심사를 요청할 때를 말한다)에도 그 입법예고안을 10일 이내에 제출하여야 한다.
② 중앙행정기관의 장은 제1항의 기간 이내에 제출하지 못한 경우에는 그 이유를 소관 상임위원회에 통지하여야 한다.
③ 상임위원회는 위원회 또는 상설소위원회를 정기적으로 개회하여 그 소관 중앙행정기관이 제출한 대통령령·총리령 및 부령(이하 이 조에서 "대통령령등"이라 한다)의 법률 위반 여부 등을 검토하여야 한다.
④ 상임위원회는 제3항에 따른 검토 결과 대통령령 또는 총리령이 법률의 취지 또는 내용에 합치되지 아니한다고 판단되는 경우에는 검토의 경과와 처리 의견 등을 기재한 검토결과보고서를 의장에게 제출하여야 한다.
⑤ 의장은 제4항에 따라 제출된 검토결과보고서를 본회의에 보고하고, 국회는 본회의의 의결로 이를 처리하고 정부에 송부한다.
⑥ 정부는 제5항에 따라 송부받은 검토결과에 대한 처리 여부를 검토하고 그 처리결과(송부받은 검토결과에 따르지 못하는 경우 그 사유를 포함한다)를 국회에 제출하여야 한다.
⑦ 상임위원회는 제3항에 따른 검토 결과 부령이 법률의 취지 또는 내용에 합치되지 아니한다고 판단되는 경우에는 소관 중앙행정기관의 장에게 그 내용을 통보할 수 있다.
⑧ 제7항에 따라 검토내용을 통보받은 중앙행정기관의 장은 통보받은 내용에 대한 처리 계획과 그 결과를 지체 없이 소관 상임위원회에 보고하여야 한다.
⑨ 전문위원은 제3항에 따른 대통령령등을 검토하여 그 결과를 해당 위원회 위원에게 제공한다.

② ◎ 고시 또는 공고의 법적 성질은 일률적으로 판단될 것이 아니라 고시에 담겨진 내용에 따라 구체적인 경우마다 달리 결정된다고 보아야 한다. 즉, 고시가 일반·추상적 성격을 가질 때는 법규명령 또는 행정규칙에 해당하지만, 고시가 구체적인 규율의 성격을 갖는다면 행정처분에 해당한다(헌재 1998. 4. 30, 97헌마141).

③ ◎ 법령에서 행정처분의 요건 중 일부 사항을 부령으로 정할 것을 위임한 데 따라 시행규칙 등 부령에서 이를 정한 경우에 그 부령의 규정은 국민에 대해서도 구속력이 있는 법규명령에 해당한다고 할 것이지만, 법령의 위임이 없음에도 법령에 규정된 처분 요건에 해당하는 사항을 부령에서 변경하여 규정한 경우에는 그 부령의 규정은 행정청 내부의 사무처리기준 등을 정한 것으로서 행정조직 내에서 적용되는 행정명령의 성격을 지닐

뿐 국민에 대한 대외적 구속력은 없다고 보아야 한다(대판 2013. 9. 12, 2011두10584).

④ ⭕ 입법부가 법률로써 행정부에게 특정한 사항을 위임했음에도 불구하고 행정부가 정당한 이유 없이 이를 이행하지 않는다면 권력분립의 원칙과 법치국가 내지 법치행정의 원칙에 위배되는 것으로서 위법함과 동시에 위헌적인 것이 되는바, …… **행정부가 정당한 이유 없이 시행령을 제정하지 않은 것은 위 보수청구권을 침해하는 불법행위에 해당한다**(대판 2007. 11. 29, 2006다3561).

08 　　　　　　　　　　　　　　　　　정답 ②

㉠ ❌ 구 도시계획법 제19조 제1항 및 도시계획시설결정 당시의 지방자치단체의 도시계획조례에서는, 도시계획이 도시기본계획에 부합되어야 한다고 규정하고 있으나, **도시기본계획은 도시의 장기적 개발방향과 미래상을 제시하는 도시계획 입안의 지침이 되는 장기적·종합적인 개발계획으로서 행정청에 대한 직접적인 구속력은 없다**(대판 2007. 4. 12, 2005두1893).

㉡ ⭕ 행정주체가 행정계획을 입안·결정함에 있어서 이익형량을 전혀 행하지 아니하거나 이익형량의 고려대상에 마땅히 포함시켜야 할 사항을 누락한 경우 또는 이익형량을 하였으나 정당성과 객관성이 결여된 경우에는 그 행정계획결정은 형량에 하자가 있어 위법하게 된다(대판 1996. 11. 29, 96누8567).

㉢ ⭕ 도시계획의 결정·변경 등에 관한 권한을 가진 행정청은 이미 도시계획이 결정·고시된 지역에 대하여도 다른 내용의 도시계획을 결정·고시할 수 있고, 이때에 후행 도시계획에 선행 도시계획과 서로 양립할 수 없는 내용이 포함되어 있다면, 특별한 사정이 없는 한 선행 도시계획은 후행 도시계획과 같은 내용으로 변경되는 것이나, **후행 도시계획의 결정을 하는 행정청이 선행 도시계획의 결정·변경 등에 관한 권한을 가지고 있지 아니한 경우**에 선행 도시계획과 서로 양립할 수 없는 내용이 포함된 후행 도시계획결정을 하는 것은 아무런 권한 없이 선행 도시계획결정을 폐지하고, 양립할 수 없는 새로운 내용이 포함된 후행 도시계획결정을 하는 것으로서, **선행 도시계획결정의 폐지 부분은 권한 없는 자에 의하여 행해진 것으로서 무효**이고, 같은 대상지역에 대하여 선행 도시계획결정이 적법하게 폐지되지 아니한 상태에서 그 위에 다시 한 **후행 도시계획결정 역시 위법**하고, **그 하자는 중대하고도 명백하여 다른 특별한 사정이 없는 한 무효**라고 보아야 한다(대판 2000. 9. 8, 99두11257).

㉣ ❌ 토지구획정리사업법 제57조, 제62조 등의 규정상 **환지예정지 지정이나 환지처분**은 그에 의하여 직접 토지소유자 등의 권리·의무가 변동되므로 이를 **항고소송의 대상이 되는 처분**이라고 볼 수 있으나, **환지계획**은 위와 같은 환지예정지 지정이나 환지처분의 근거가 될 뿐 그 자체가 직접 토지소유자 등의 법률상의 지위를 변동시키거나 또는 환지예정지 지정이나 환지처분과는 다른 고유한 법률효과를 수반하는 것이 아니어서 이를 **항고소송의 대상이 되는 처분에 해당한다고 할 수가 없다**(대판 1999. 8. 20, 97누6889).

㉤ ❌ **채광계획인가의 법적 성질(=기속재량행위), 공유수면 점용허가의 법적 성질(=자유재량행위) 및 채광계획인가로 공유수면 점용허가가 의제될 경우, 공유수면 점용불허사유로써 채광계획을 인가하지 아니할 수 있는지 여부(적극)** 채광계획이 중대한 공익에 배치된다고 할 때에는 인가를 거부할 수 있고, 채광계획을 불인가 하는 경우에는 정당한 사유가 제시되어야 하며 자의적으로 불인가를 하여서는 아니 될 것이므로 채광계획인가는 기속재량행위에 속하는 것으로 보아야 할 것이나, 구 광업법 제47조의2 제5호에 의하여 **채광계획인가를 받으면 공유수면 점용허가를 받은 것으로 의제**되고, 이 공유수면 점용허가는 공유수면 관리청이 공공 위해의 예방 경감과 공공 복리의 증진에 기여함에 적당하다고 인정하는 경우에 그 자유재량에 의하여 허가의 여부를 결정하여야 할 것이므로, 공유수면 점용허가를 필요로 하는 채광계획 인가신청에 대하여도, 공유수면 관리청이 재량적 판단에 의하여 공유수면 점용을 허가 여부를 결정할 수 있고, 그 결과 **공유수면 점용을 허용하지 않기로 결정하였다면, 채광계획 인가관청은 이를 사유로 하여 채광계획을 인가하지 아니할 수 있는 것**이다(대판 2002. 10. 11, 2001두151).

09 　　　　　　　　　　　　　　　　　정답 ①

① ❌ 행정행위의 부관은 부담의 경우를 제외하고는 독립하여 행정소송의 대상이 될 수 없는 것인바, 지방국토관리청장이 일부 **공유수면매립지에 대하여 한 국가 또는 직할시 귀속처분**은 매립준공인가를 함에 있어서 매립의 면허를 받은 자의 매립지에 대한 소유권취득을 규정한 **공유수면매립법 제14조의 효과 일부를 배제하는 부관을 붙인 것**이고, 이러한 행정행위의 부관은 위 법리와 같이 **독립하여 행정소송 대상이 될 수 없다**(대판 1993. 10. 8, 93누2032).
→ 법률효과의 일부배제는 부관에 해당 ⭕

② ⭕ 65세대의 공동주택을 건설하려는 사업주체(지역주택조합)에게 주택건설촉진법 제33조에 의한 주택건설사업계획의 승인처분을 함에 있어 그 주택단지의 진입도로 부지의 소유권을 확보하여 진입도로 등 간선시설을 설치하고 그 부지 소유권 등을 기부채납하며 그 주택건설사업 시행에 따라 폐쇄되는 인근 주민들의 기존 통행로를 대체하는 통행로를 설치하고 그 부지 일부를 기부채납하도록 조건을 붙인 경우, 주택건설촉진법과 같은법시행령 및 주택건설기준등에관한규정 등 관련 법령의 관계 규정에 의하면 그와 같은 조건을 붙였다 하여도 다른 특별한 사정이 없는 한 필요한 범위를 넘어 과중한 부담을 지우는 것으로서 형평의 원칙 등에 위배되는 **위법한 부관이라 할 수 없다**(대판 1997. 3. 14, 96누16698).

③ ⭕ 부관은 면허 발급 당시에 붙이는 것뿐만 아니라 면허 발급 이후에 붙이는 것도 **법률에 명문의 규정이 있거나 변경이 미리 유보되어 있는 경우 또는 상대방의 동의가 있는 경우** 등에는 특별한 사정이 없는 한 허용된다(대판 2016. 11. 24, 2016두45028).

> **참고** 행정기본법 제17조(부관) ③ 행정청은 부관을 붙일 수 있는 처분이 다음 각 호의 어느 하나에 해당하는 경우에는 그 처분을 한 후에도 부관을 새로 붙이거나 종전의 부관을 변경할 수 있다.
> 1. 법률에 근거가 있는 경우
> 2. 당사자의 동의가 있는 경우
> 3. 사정이 변경되어 부관을 새로 붙이거나 종전의 부관을 변경하지 아니하면 해당 처분의 목적을 달성할 수 없다고 인정되는 경우

④ ⭕ 해제조건은 조건의 성취에 의하여 당연히 행정행위의 효력이 소멸되지만, 부담부 행정행위의 경우 부담에 의해 부과된 의무의 불이행으로 당연히 행정행위의 효력을 잃는 것이 아니라 주된 행정행위를 철회사유가 될 뿐이다.

⑤ ⭕ 수익적 행정처분에 있어서는 법령에 특별한 근거규정이 없다고 하더라도 그 부관으로서 부담을 붙일 수 있고, 그와 같은 부담은 행정청이 행정처분을 하면서 일방적으로 부가할 수도 있지만 **부담을 부가하기 이전에 상대방과 협의하여 부담의 내용을 협약의 형식으로 미리 정한 다음** 행정처분을 하면서 이를 부가할 수도 있다(대판 2009. 2. 12, 2005다65500).

10 　　　　　　　　　　　　　　　　　정답 ⑤

⑤ ❌ 설치승인권한을 환경관리청장에게 위임할 수 있는 근거도 없으므로, 환경관리청장의 폐기물처리시설 설치승인처분은 **권한 없는 기관에 의한 행정처분으로서 그 하자가 중대하고 명백하여 당연무효**에 해당한다(대

판 2004. 7. 22, 2002두10704).

① ⭕ 판례에 의하면, 무효인 처분에 대해 무효선언을 구하는 취소소송을 제기하는 것도 허용되며(대판 1995. 6. 9, 94누15271), 처분의 무효를 전제로 민사소송을 제기할 수도 있다.

② ⭕ 하자 있는 행정처분이 당연무효가 되기 위해서는 그 하자가 법규의 중요한 부분을 위반한 중대한 것으로서 객관적으로 명백한 것이어야 하며, 하자가 중대하고 명백한지 여부를 판별함에 있어서는 그 법규의 목적, 의미, 기능 등을 목적론적으로 고찰함과 동시에 구체적 사안 자체의 특수성에 관하여도 합리적으로 고찰함을 요한다(대판 2007. 5. 10, 2005다31828).

③ ⭕ 선행처분과 후행처분이 서로 독립하여 별개의 법률효과를 목적으로 하는 때에는 **선행처분의 하자가 중대하고 명백하여 당연무효인 경우를 제외하고는** 선행처분의 하자를 이유로 후행처분의 효력을 다툴 수 없다고 할 것이다(대판 1996. 3. 22, 95누10075). → 선행처분이 당연무효에 해당하면 선행처분의 하자를 이유로 후행처분의 효력을 다툴 수 있다.

④ ⭕ 과세처분시 납세고지서에 과세표준, 세율, 세액의 산출근거 등이 누락된 경우에는 늦어도 과세처분에 대한 불복 여부의 결정 및 불복신청에 편의를 줄 수 있는 상당한 기간 내에 보정행위를 하여야 **그 하자가 치유된다** 할 것이다(대판 1983. 7. 26, 82누420).

11
정답 ②

② ❌ 기본권 제한에 관한 법률유보원칙은 '법률에 의한 규율'을 요청하는 것이 아니라 '**법률에 근거한 규율**'을 요청하는 것이므로 기본권 제한에는 법률의 근거가 필요할 뿐이고 **기본권 제한의 형식이 반드시 법률의 형식일 필요는 없으므로**, 법규명령, 규칙, 조례 등 실질적 의미의 법률을 통해서도 기본권 제한이 가능하다(헌재 2013. 7. 25, 2012헌마167).

① ⭕ 오늘날 법률유보원칙은 단순히 행정작용이 법률에 근거를 두기만 하면 충분한 것이 아니라, 국가공동체와 그 구성원에게 기본적이고 중요한 의미를 갖는 영역, 특히 국민의 기본권 실현과 관련된 영역에 있어서는 국민의 대표자인 입법자가 그 본질적 사항에 대해서 스스로 결정하여야 한다는 요구까지 내포하고 있다(의회유보원칙)(헌재 1999. 5. 27, 98헌바70).

③ ⭕ 관할관청은 개인택시운송사업자의 운전면허가 취소된 때에 그의 개인택시운송사업면허를 취소할 수 있도록 규정되어 있을 뿐 그에게 운전면허 취소사유가 있다는 사유만으로 개인택시운송사업면허를 취소할 수 있도록 하는 규정은 없으므로, 관할관청으로서는 비록 개인택시운송사업자에게 운전면허 취소사유가 있다 하더라도 그로 인하여 운전면허취소처분이 이루어지지 않은 이상 개인택시운송사업면허를 취소할 수는 없다(대판 2008. 5. 15, 2007두26001).

④ ⭕ 산림훼손은 국토 및 자연의 유지와 수질 등 환경의 보전에 직접적으로 영향을 미치는 행위이므로, 법령이 규정하는 산림훼손 금지 또는 제한 지역에 해당하는 경우는 물론 금지 또는 제한 지역에 해당하지 않더라도 허가관청은 산림훼손허가신청 대상토지의 현상과 위치 및 주위의 상황 등을 고려하여 국토 및 자연의 유지와 환경의 보전 등 중대한 공익상 필요가 있다고 인정될 때에는 허가를 거부할 수 있고, **그 경우 법규에 명문의 근거가 없더라도 거부처분을 할 수 있다**(대판 1995. 9. 15, 95누6113).

⑤ ⭕ **토지 등 소유자가 도시환경정비사업을 시행하는 경우**, 사업시행인가 신청시 필요한 토지등소유자의 동의는, 개발사업의 주체 및 정비구역 내 토지등소유자를 상대로 수용권을 행사하고 각종 행정처분을 발할 수 있는 행정주체로서의 지위를 가지는 사업시행자를 지정하는 문제로서, 그 동의요건을 정하는 것은 국민의 권리와 의무의 형성에 관한 기본적이고 본질적인 사항이므로 국회가 스스로 행하여야 하는 사항에 속하는 것임에도 불구하고, 사업시행인가 신청에 필요한 동의정족수를 '토지등소유자가 자치적으로 정하여 운영하는 규약'에 정하도록 한 것은 법률유보원칙에 위반된다(헌재 2012. 4. 24. 2010헌바1).

— 비교판례 —

조합의 사업시행인가가 신청시의 토지 등 소유자의 동의요건이 비록 토지 등 소유자의 재산상 권리·의무에 영향을 미치는 사업시행계획에 관한 것이라고 하더라도, 그 동의요건은 사업시행인가 신청에 대한 토지 등 소유자의 사전 통제를 위한 절차적 요건에 불과하고 토지 등 소유자의 재산상 권리·의무에 관한 기본적이고 본질적인 사항이라고 볼 수 없으므로 법률유보 내지 의회유보의 원칙이 반드시 지켜져야 하는 영역이라고 할 수 없고, 따라서 개정된 도시 및 주거환경정비법 제28조 제4항 본문이 법률유보 내지 의회유보의 원칙에 위배된다고 할 수 없다(대판 2007. 10. 12. 2006두14476).

12
정답 ④

㉠ ⭕ **한미연합 군사훈련**은 1978. 한미연합사령부의 창설 및 1979. 2. 15. 한미연합연습 양해각서의 체결 이후 연례적으로 실시되어 왔고, 특히 이 사건 연습은 대표적인 한미연합 군사훈련으로서, 피청구인(대통령)이 2007. 3.경에 한 **이 사건 연습결정**이 새삼 국방에 관련되는 고도의 정치적 결단에 해당하여 사법심사를 자제하여야 하는 **통치행위에 해당된다고 보기 어렵다**(헌재 2009. 5. 28, 2007헌마369).

㉡ ⭕ 이 사건과 같은 파견결정이 헌법에 위반되는지의 여부에 대한 판단은 대의기관인 대통령과 국회의 몫이고, 성질상 한정된 자료만을 가지고 있는 우리 재판소가 판단하는 것은 바람직하지 않다고 할 것이며 … **외국에의 국군의 파견결정은 고도의 정치적 결단이 요구되는 사안**이다. 이 사건 파견결정은 그 성격상 국방 및 외교에 관련된 고도의 정치적 결단을 요하는 문제로서, 헌법과 법률이 정한 절차를 지켜 이루어진 것임이 명백하므로, 대통령과 국회의 판단은 존중되어야 하고 **우리 재판소가 사법적 기준만으로 이를 심판하는 것은 자제되어야** 한다(헌재 2004. 4. 29, 2003헌마814).

㉢ ❌ **남북정상회담의 개최**는 고도의 정치적 성격을 지니고 있는 행위라 할 것이므로 특별한 사정이 없는 한 그 당부를 심판하는 것은 사법권의 내재적·본질적 한계를 넘어서는 것이 되어 적절하지 못하지만, 남북정상회담의 개최과정에서 재정경제부장관에게 신고하지 아니하거나 통일부장관의 협력사업 승인을 얻지 아니한 채 **북한측에 사업권의 대가 명목으로 송금한 행위 자체는** 헌법상 법치국가의 원리와 법 앞에 평등원칙 등에 비추어 볼 때 **사법심사의 대상이 된다**(대판 2004. 3. 26, 2003도7878).

㉣ ⭕ 서훈취소는 서훈수여의 경우와는 달리 이미 발생된 서훈대상자 등의 권리 등에 영향을 미치는 행위로서 관련 당사자에게 미치는 불이익의 내용과 정도 등을 고려하면 사법심사의 필요성이 크다. 따라서 기본권의 보장 및 법치주의의 이념에 비추어 보면, 비록 **서훈취소가** 대통령이 국가원수로서 행하는 행위라고 하더라도 **법원이 사법심사를 자제하여야 할 고도의 정치성을 띤 행위라고 볼 수는 없다**(대판 2015. 4. 23, 2012두26920).

㉤ ❌ 통치행위를 포함하여 모든 국가작용은 국민의 기본권적 가치를 실현하기 위한 수단이라는 한계를 반드시 지켜야 하는 것이고, 헌법재판소는 헌법의 수호와 국민의 기본권 보장을 사명으로 하는 국가기관이므로 비록 고도의 정치적 결단에 의하여 행해지는 국가작용이라고 할지라도 그것이 국민의 기본권 침해와 직접 관련되는 경우에는 당연히 헌법재판소의 심판대상이 될 수 있는 것일 뿐만 아니라, 긴급재정경제명령은 법률의 효력을 갖는 것이므로 마땅히 헌법에 기속되어야 할 것이다(헌재결 1996. 2. 29, 93헌마186).

13
정답 ⑤

㉠ ⭕ 개발제한구역 내에서는 구역지정의 목적상 건축물의 건축 및 공작물의 설치 등 개발행위가 원칙적으로 금지되고, 다만 구체적인 경우에 이러한 구역지정의 목적에 위배되지 아니할 경우 예외적으로 허가에 의하여 그러한 행위를 할 수 있게 되어 있음이 그 규정의 체제와 문언상 분명하고, 이러한 예외적인 개발행위의 허가는 상대방에게 수익적인 것이 틀림이 없으므로 그 법률적 성질은 **재량행위 내지 자유재량행위에 속하는 것**이다(대판 2004. 7. 22, 2003두7606). → 개발제한구역 내에서의 개발행위허가(=예외적 허가)는 재량행위 ○

㉡ ❌ 허가 등의 행정처분은 원칙적으로 **처분시의 법령과 허가기준에 의하여** 처리되어야 하고 허가신청 당시의 기준에 따라야 하는 것은 아니며, 비록 허가신청 후 허가기준이 변경되었다 하더라도 그 허가관청이 허가신청을 수리하고도 정당한 이유 없이 그 처리를 늦추어 그 사이에 허가기준이 변경된 것이 아닌 이상 **변경된 허가기준에 따라서 처분을 하여야** 한다(대판 2006. 8. 25, 2004두2974). → 신청시 기준이 아니라 허가처분시 기준에 의하여야 한다.

㉢ ❌ 자동차운수사업법에 의한 **개인택시운송사업 면허**는 특정인에게 권리나 이익을 부여하는 행정행위로서 법령에 특별한 규정이 없는 한 **재량행위**이다(대판 1998. 3. 13, 98두1321).

㉣ ⭕ 식품위생법상 **일반음식점영업허가**는 성질상 **일반적 금지의 해제**에 불과하므로 허가권자는 허가신청이 법에서 정한 요건을 구비한 때에는 허가하여야 하고 관계 법령에서 정하는 제한사유 외에 공공복리 등의 사유를 들어 허가신청을 거부할 수는 없고, 이러한 법리는 일반음식점 허가사항의 변경허가에 관하여도 마찬가지이다(대판 2000. 3. 24, 97누12532).

㉤ ❌ 국토의 계획 및 이용에 관한 법률에 의하여 지정된 도시지역 안에서 토지의 형질변경행위를 수반하는 건축허가는 **재량행위**에 해당한다(대판 2010. 2. 25, 2009두19960).

14
정답 ③

③ ❌ 대법원에 따르면, "관습법이란 사회의 거듭된 관행으로 생성한 사회생활규범이 사회의 법적 확신과 인식에 의하여 법적 규범으로 승인·강행되기에 이른 것을 말하고, …… 사회의 거듭된 관행으로 생성한 어떤 사회생활규범이 법적 규범으로 승인되기에 이르렀다고 하기 위하여는 그 사회생활규범은 헌법을 최상위 규범으로 하는 전체 법질서에 반하지 아니하는 것으로서 정당성과 합리성이 있다고 인정될 수 있는 것이어야 한다."고 판시함으로써 '합헌성 요건'을 관습법의 성립요건으로 보고 있다(대판 2003.7.24. 2001다48781). 이러한 대법원의 판례에 의하면, **사회생활규범이 전체 법질서에 반하면 그것이 거듭된 관행으로 생성된 것이라고 할지라도 이를 법적 규범으로 삼아 관습법으로서의 효력을 인정할 수 없다**. 따라서 무효인 규정은 행정관습법이 될 수 없다.

> 참고판례
> 관습법의 성립요건에 대한 통설인 법적 확신설에 의할 때, **행정관습법이 성립하기 위해서는 특정한 행위를 통한 행정관행이 존재하고, 이러한 행정관행이 오랜 기간 동안 반복하여 존재하며, 이러한 행정관행에 대한 행정기관과 일반국민들의 법적 확신이 존재해야** 한다(헌재 2004. 9. 23, 2000헌라2).

① ⭕ 조약은 '국가·국제기구 등 국제법 주체 사이에 권리·의무관계를 창출하기 위하여 서면형식으로 체결되고 국제법에 의하여 규율되는 합의'인데, 대통령의 위임을 받은 구 외교통상부장관(현 외교부장관)이 미합중국 국무장관과 발표한 '**동맹 동반자 관계를 위한 전략대회 출범에 관한 공동성명**'은 한국과 미합중국이 상대방의 입장을 존중한다는 내용만 담고 있을 뿐, 구체적인 법적 권리·의무를 창설하는 내용을 전혀 포함하고 있지 아니하므로, **조약에 해당된다고 볼 수 없으므로** 그 내용이 헌법 제60조 제1항의 조약에 해당하는지 여부를 따질 필요도 없이 이 사건 공동성명에 대하여 국회가 동의권을 가진다거나 국회의원인 청구인이 심의표결권을 가진다고 볼 수 없다(헌재결 2008. 3. 27, 2006헌라4).

② ⭕ 개발제한구역에서의 행위 제한에 관하여 구 개발제한구역의 지정 및 관리에 관한 특별조치법은 구 국토의 계획 및 이용에 관한 법률에 대하여 **특별법의 관계**에 있다(대판 2014. 5. 16, 2013두4590).

④ ⭕ 헌법 제12조의 적법절차원리는 형사절차상의 영역에 한정되지 않고 입법, 행정 등 국가의 모든 공권력의 작용에 적용된다(헌재 1992. 12. 24, 92헌마78).

⑤ ⭕ 행정처분의 하자가 당사자의 사실은폐나 기타 사위의 방법에 의한 신청행위에 기인한 것이라면 당사자는 그 처분에 의한 이익이 위법하게 취득되었음을 알아 그 취소가능성도 예상하고 있었다고 할 것이므로 **그 자신이 위 처분에 관한 신뢰이익을 원용할 수 없음은 물론 행정청이 이를 고려하지 아니하였다고 하여도 재량권의 남용이 되지 않는다**(대판 2002. 2. 5, 2001두5286).

15
정답 ④

④ ❌ 입법자에게 상당한 범위의 입법재량이 인정되는 소멸시효기간을 정함에 있어서, 이 사건 법률조항(현행 지방재정법 제82조 제2항)이 **지방자치단체에 대한 금전채권을 공법상의 원인에 기한 것과 사법상의 원인에 기한 것으로 구분하지 아니하고, 사법상의 채권에 대하여 공법상 채권과 마찬가지로 5년의 소멸시효를 규정한 것은 합리적인 이유가 있어 평등권**을 침해하지 않는다(헌재 2004. 4. 29, 2002헌바58).

> 참고 지방재정법 제82조(금전채권과 채무의 소멸시효) ① 금전의 지급을 목적으로 하는 지방자치단체의 권리는 시효에 관하여 다른 법률에 특별한 규정이 있는 경우를 제외하고는 5년간 행사하지 아니하면 소멸시효가 완성한다.
> ② 금전의 지급을 목적으로 하는 지방자치단체에 대한 권리도 제1항과 같다.

① ⭕ 행정처분은 근거 법령이 개정된 경우에도 경과규정에서 달리 정함이 없는 한 처분 당시 시행되는 법령과 그에 정한 기준에 의하는 것이 원칙이다(대판 2014. 4. 24, 2013두26552). → 처분시법 적용의 원칙

> 참고 행정기본법 제14조(법 적용의 기준) ② 당사자의 신청에 따른 처분은 법령등에 특별한 규정이 있거나 처분 당시의 법령등을 적용하기 곤란한 특별한 사정이 있는 경우를 제외하고는 처분 당시의 법령등에 따른다.

② ⭕ 소급입법은 새로운 입법으로 이미 종료된 사실관계 또는 법률관계에 작용케 하는 진정소급입법과 현재 진행 중인 사실관계 또는 법률관계에 작용케 하는 부진정소급입법으로 나눌 수 있는바, 부진정소급입법은 원칙적으로 허용되지만 소급효를 요구하는 공익상의 사유와 신뢰보호의 요청 사이의 교량과정에서 신뢰보호의 관점이 입법자의 형성권에 제한을 가하게 되는데 반하여, 기존의 법에 의하여 형성되어 이미 굳어진 개인의 법적 지위를 사후입법을 통하여 박탈하는 것 등을 내용으로 하는 **진정소급입법**은 개인의 신뢰보호와 법적 안정성을 내용으로 하는 법치국가원리에 의하여 **특단의 사정이 없는 한 헌법적으로 허용되지 아니하는 것이 원칙**이고, 다만 일반적으로 국민이 소급입법을 예상할 수 있었거나 법적 상태가 불확실하고 혼란스러워 보호할 만한 신뢰이익이 적은 경우와 소급입법에 의한 당사자의 손실이 없거나 아주 경미한 경우 그리고 신뢰보호의 요청에 우선하는 심히 중대한 공익상의 사유가 소급입법을 정당화하는 경우 등에는 **예외적으로 진정소급입법이 허용된다**(헌재 1999. 7. 22, 97헌바76).

③ ⭕ 지방소방공무원의 초과근무수당 지급청구권은 법령의 규정에 의하여 직접 그 존부나 범위가 정하여지고 법령에 규정된 수당의 지급요

건에 해당하는 경우에는 곧바로 발생한다고 할 것이므로, 지방소방공무원이 자신이 소속된 지방자치단체를 상대로 초과근무수당의 지급을 구하는 청구에 관한 소송은 행정소송법 제3조 제2호에 규정된 당사자소송의 절차에 따라야 한다(대판 2013. 3. 28, 2012다102629).

⑤ ⭕ 석탄산업법 시행령 제41조 제4항 제5호 소정의 재해위로금 청구권은 개인의 공권으로서 그 공익적 성격에 비추어 당사자의 합의에 의하여 이를 미리 포기할 수 없다(대판 1998. 12. 23, 97누5046).

16 정답 ①

① ❌ 문화재보호법 시행규칙 제18조의2 제2항 제2호 (다)목의 규정의 취지는 국가지정문화재의 보존에 영향을 미치는 행위에 대하여는 어디까지나 문화재청장이 그 허가권을 가지되 국가지정문화재의 보존에 관한 사항이 지역적으로 일률적이라고는 할 수 없으므로 지역적 특성을 고려하여 그 지역의 특성에 정통한 시·도지사와 협의하여 문화재청장의 판단에 따라 지역적 차이를 둘 수 있는 여지를 부여하였다고 봄이 상당하고, 따라서 위 규칙에서 말하는 **시·도지사와의 '협의'는 궁극적으로 문화재청장의 동의를 말한다**(대판 2006. 3. 10, 2004추119).

② ⭕ 구 하천법 제28조 제1항에 따라 국토해양부장관이 하천공사를 대행하더라도 이는 국토해양부장관이 하천관리에 관한 일부 권한을 일시적으로 행사하는 것으로 볼 수 있을 뿐 하천관리청이 국토해양부장관으로 변경되는 것은 아니므로, 국토해양부장관이 하천공사를 대행하던 중 지방하천의 관리상 하자로 인하여 손해가 발생하였다면 **하천관리청이 속한 지방자치단체는 국가와 함께 국가배상법 제5조 제1항에 따라 지방하천의 관리자로서 손해배상책임을 부담한다**(대판 2014. 6. 26, 2011다85413).

③ ⭕ 행정청은 독립된 법인격을 갖지 않고 행정주체를 대표하는 기관이므로 행정청의 대외적인 권한행사의 법적 효과는 행정청 자신이 아니라 행정주체에 귀속된다.

④ ⭕ 행정관청 내부의 사무처리규정에 불과한 **전결규정에 위반하여** 원래의 전결권자 아닌 보조기관 등이 처분권자인 행정관청의 이름으로 행정처분을 하였다고 하더라도 그 처분이 **권한 없는 자에 의하여 행하여진 무효의 처분이라고는 할 수 없다**(대판 1998. 2. 27, 97누1105).

⑤ ⭕ 대리는 행정청이 자신의 권한을 다른 기관으로 하여금 행사하게 하는 것으로 대리청은 원칙적으로 피대리청을 위한 것임을 표시하며 직무를 수행한다. 따라서 **대리행위에 대한 항고소송은 원칙적으로 피대리청을 피고로 한다**(대판 2018.10.25, 2018두43095).

┌─ 참고판례
항고소송은 다른 법률에 특별한 규정이 없는 한 원칙적으로 소송의 대상인 행정처분을 외부적으로 행한 행정청을 피고로 하여야 하고(행정소송법 제13조 제1항 본문), 다만 대리기관이 대리관계를 표시하고 피대리 행정청을 대리하여 행정처분을 한 때에는 **피대리 행정청이 피고로 되어야** 한다. 피고 한국농어촌공사가 '피고 농림축산식품부장관의 대행자' 지위에서 위와 같은 납부통지를 하였음을 분명하게 밝힌 이상, 피고 농림축산식품부장관이 이 사건 농지보전부담금 부과처분을 외부적으로 자신의 명의로 행한 행정청으로서 항고소송의 피고가 되어야 하고, 단순한 대행자에 불과한 피고 한국농어촌공사를 피고로 삼을 수는 없다(대판 2018. 10.25, 2018두43095).

17 정답 ⑤

⑤ ❌ 청원경찰법 제3조, 경찰관 직무집행법 제2조 규정에 비추어 보면 군 도시과 단속계 요원으로 근무하고 있는 청원경찰관이 허가없이 창고를 주택으로 개축하는 것을 단속하는 것은 그의 정당한 공무집행에 속한다고 할 것이므로 이를 폭력으로 방해하는 소위는 공무집행방해죄에 해당된다(대판 1986. 1. 28, 85도2448).

① ⭕ 국가나 지방자치단체에 근무하는 청원경찰은 국가공무원법이나 지방공무원법상의 공무원은 아니지만, 다른 청원경찰과는 달리 그 임용권자가 행정기관의 장이고, 국가나 지방자치단체로부터 보수를 받으며, 산업재해보상보험법이나 근로기준법이 아닌 공무원연금법에 따른 재해보상과 퇴직급여를 지급받고, 직무상의 불법행위에 대하여도 민법이 아닌 국가배상법이 적용되는 등의 특질이 있으며 그외 임용자격, 직무, 복무의무 내용 등을 종합하여 볼 때, 그 근무관계를 사법상의 고용계약관계로 보기는 어려우므로 **그에 대한 징계처분의 시정을 구하는 소는 행정소송의 대상이지 민사소송의 대상이 아니다**(대판 1993. 7. 13, 92다47564).

② ⭕

> **경찰관 직무집행법 제3조(불심검문)** ④ 경찰관은 제1항이나 제2항에 따라 질문을 하거나 동행을 요구할 경우 자신의 신분을 표시하는 증표를 제시하면서 소속과 성명을 밝히고 질문이나 동행의 목적과 이유를 설명하여야 하며, 동행을 요구하는 경우에는 동행 장소를 밝혀야 한다.

③ ⭕ 경찰관직무집행법 제4조 제1항 제1호(이하 '이 사건 조항'이라 한다)에서 규정하는 술에 취한 상태로 인하여 자기 또는 타인의 생명·신체와 재산에 위해를 미칠 우려가 있는 피구호자에 대한 보호조치는 경찰 행정상 즉시강제에 해당하므로, 그 조치가 불가피한 최소한도 내에서만 행사되도록 발동·행사 요건을 신중하고 엄격하게 해석하여야 한다. 따라서 이 사건 조항의 '술에 취한 상태'란 피구호자가 술에 만취하여 정상적인 판단능력이나 의사능력을 상실할 정도에 이른 것을 말하고, 이 사건 조항에 따른 보호조치를 필요로 하는 피구호자에 해당하는지는 **구체적인 상황을 고려하여 경찰관 평균인을 기준으로 판단**하되, 그 판단은 보호조치의 취지와 목적에 비추어 현저하게 불합리하여서는 아니 되며, **피구호자의 가족 등에게 피구호자를 인계할 수 있다면 특별한 사정이 없는 한 경찰관서에서 피구호자를 보호하는 것은 허용되지 않는다**(대판 2012. 12. 13, 2012도11162).

④ ⭕ 화물차 운전자인 피고인이 경찰의 음주단속에 불응하고 도주하였다가 다른 차량에 막혀 더 이상 진행하지 못하게 되자 운전석에서 내려 다시 도주하려다 경찰관에게 검거되어 지구대로 보호조치된 후 음주측정요구를 거부한 경우, 제반 사정을 종합할 때 피고인을 지구대로 데려간 행위를 적법한 보호조치라고 할 수 없고, 그와 같이 위법한 체포 상태에서 이루어진 음주측정요구에 불응하였다고 하여 이를 음주측정거부에 관한 도로교통법 위반죄로 처벌할 수는 없다(대판 2012. 12. 13, 2012도11162). → 당시 피고인이 술에 취한 상태이기는 하였으나 술에 만취하여 정상적인 판단능력이나 의사능력을 상실할 정도에 있었다고 보기 어려운 점, 당시 상황에 비추어 평균적인 경찰관으로서는 피고인이 경찰관직무집행법 제4조 제1항 제1호의 보호조치를 필요로 하는 상태에 있었다고 판단하지 않았을 것으로 보이는 점, 경찰관이 피고인에 대하여 이 사건 조항에 따른 보호조치를 하고자 하였다면, 당시 옆에 있었던 피고인 처에게 피고인을 인계하였어야 하는데도, 피고인 처의 의사에 반하여 지구대로 데려간 점 등 제반 사정을 종합할 때, 경찰관이 피고인과 피고인 처의 의사에 반하여 피고인을 지구대로 데려간 행위를 적법한 보호조치라고 할 수 없고, 나아가 달리 적법 요건을 갖추었다고 볼 자료가 없는 이상 경찰관이 피고인을 지구대로 데려간 행위는 위법한 체포에 해당한다.

18 정답 ⑤

⑤ ⭕

> **국가공무원법 제68조(의사에 반한 신분 조치)** 공무원은 형의 선고, 징계처분 또는 이 법에서 정하는 사유에 따르지 아니하고는 본인의 의사에 반하여 휴직·강임 또는 면직을 당하지 아니한다. 다만, 1급 공무원과 제23

조에 따라 배정된 직무등급이 가장 높은 등급의 직위에 임용된 고위공무원단에 속하는 공무원은 그러하지 아니하다.

① ✗ 국가공무원법상 공무원의 성실의무는 경우에 따라 근무시간 외에 근무지 밖에까지 미칠 수도 있다(대판 1997. 2. 11, 96누2125).

② ✗

> **국가공무원법 제73조의3(직위해제)** ① 임용권자는 다음 각 호의 어느 하나에 해당하는 자에게는 직위를 부여하지 아니할 수 있다.
> 1. 삭제
> 2. 직무수행 능력이 부족하거나 근무성적이 극히 나쁜 자
> 3. 파면·해임·강등 또는 정직에 해당하는 징계 의결이 요구 중인 자
> 4. 형사 사건으로 기소된 자(약식명령이 청구된 자는 제외한다)
> 5. 고위공무원단에 속하는 일반직공무원으로서 제70조의2 제1항 제2호부터 제5호까지의 사유로 적격심사를 요구받은 자
> 6. 금품비위, 성범죄 등 대통령령으로 정하는 비위행위로 인하여 감사원 및 검찰·경찰 등 수사기관에서 조사나 수사 중인 자로서 비위의 정도가 중대하고 이로 인하여 정상적인 업무수행을 기대하기 현저히 어려운 자

③ ✗

> **국가공무원법 제58조(직장 이탈 금지)** ② 수사기관이 공무원을 구속하려면 그 소속 기관의 장에게 미리 통보하여야 한다. 다만, **현행범**은 그러하지 아니하다.

④ ✗

> **국가공무원법 제65조(정치 운동의 금지)** ② 공무원은 선거에서 특정 정당 또는 특정인을 지지 또는 반대하기 위한 다음의 행위를 하여서는 아니 된다.
> 1. 투표를 하거나 하지 아니하도록 권유 운동을 하는 것
> 2. 서명 운동을 기도(企圖)·주재(主宰)하거나 권유하는 것
> 3. 문서나 도서를 공공시설 등에 게시하거나 게시하게 하는 것

19   정답 ②

② ✗

> **지방자치법 제5조(구역을 변경하거나 폐치·분합할 때의 사무와 재산의 승계)** ① 지방자치단체의 구역을 변경하거나 지방자치단체를 폐지하거나 설치하거나 나누거나 합칠 때에는 새로 그 지역을 관할하게 된 지방자치단체가 그 사무와 재산을 승계한다.
> **지방자치법 제142조(재산과 기금의 설치)** ① 지방자치단체는 행정목적을 달성하기 위한 경우나 공익상 필요한 경우에는 재산을 보유하거나 특정한 자금을 운용하기 위한 기금을 설치할 수 있다.
> ② 제1항의 재산의 보유, 기금의 설치·운용에 관하여 필요한 사항은 조례로 정한다.
> ③ 제1항에서 "재산"이란 현금 외의 모든 재산적 가치가 있는 물건과 권리(채무✗)를 말한다.

① ◯ 교육공무원 징계사무의 성격, 그 권한의 위임에 관한 교육공무원법령의 규정 형식과 내용 등에 비추어 보면, 국가공무원인 교사에 대한 징계는 국가사무이고, 그 일부인 징계의결요구 역시 국가사무에 해당한다고 보는 것이 타당하다. 따라서 **교육감이 담당 교육청 소속 국가공무원인 교사에 대하여 하는 징계의결요구 사무는 국가위임사무라고 보아야 한다**. 사립학교 교원의 복무나 징계 등은 국·공립학교 교원과 같이 전국적으로 통일하여 규율되어야 한다. 이를 고려할 때, 구 사립학교법(2012. 1. 26. 법률 제11216호로 개정되기 전의 것) 제54조 제3항이 **사립 초등·중·고등학교 교사의 징계에 관하여 규정한 교육감의 징계요구 권한**은 위 사립학교 교사의 자질과 복무태도 등을 국·공립학교 교사와 같이 일정 수준 이상 유지하기 위한 것으로서 국·공립학교 교사에 대한 징계와 균형 있게 처리되어야 할 국가사무로서 **시·도 교육감에 위임된 사무라고 보아야 한다**(대판 2013. 6. 27, 2009추206).

③ ◯ 법령상 지방자치단체의 장이 처리하도록 규정하고 있는 사무가 자치사무인지 기관위임사무에 해당하는지 여부를 판단함에 있어서는 그에 관한 법령의 규정 형식과 취지를 우선 고려하여야 할 것이지만 그 외에도 그 사무의 성질이 전국적으로 통일적인 처리가 요구되는 사무인지 여부나 그에 관한 경비부담과 최종적인 책임귀속의 주체 등도 아울러 고려하여 판단하여야 한다(대판 2001. 11. 27, 2001추57).

④ ◯ 학교의 장이 행하는 학교생활기록의 작성에 관한 사무의 성질 및 **교육감의 학교생활기록부 작성에 관한 지도·감독사무가 국가사무로서 교육감에게 위임된 기관위임사무에 해당하며**(대판 2014. 2. 27, 2012추190), 구 교원 등의 연수에 관한 규정 제18조에 따른 **교원능력개발평가도 국가사무로서 각 시·도 교육감에게 위임된 기관위임사무에 해당한다**(대판 2013. 5. 23, 2011추56).

⑤ ◯ 기본권의 보장에 관한 각 헌법규정의 해석상 국민(또는 국민과 유사한 지위에 있는 외국인과 사법인)만이 기본권의 주체라 할 것이고, 국가나 국가기관 또는 국가조직의 일부나 공법인은 기본권의 '수범자'이지 기본권의 주체로서 그 '소지자'가 아니고 오히려 국민의 기본권을 보호 내지 실현해야 할 책임과 의무를 지니고 있는 지위에 있을 뿐이므로, **공법인인 지방자치단체의 의결기관인 청구인 의회는 기본권의 주체가 될 수 없고 따라서 헌법소원을 제기할 수 있는 적격이 없다**(헌재 1998. 3. 26, 96헌마345).

20   정답 ①

① ✗ 정보공개거부처분의 취소를 구하는 소송에서 공공기관이 청구정보를 증거 등으로 법원에 제출하여 법원을 통하여 그 사본을 청구인에게 교부 또는 송달되게 하여 결과적으로 청구인에게 정보를 공개하는 셈이 되었다고 하더라도, 이러한 우회적인 방법은 정보공개법이 예정하고 있지 아니한 방법으로서 정보공개법에 의한 공개라고 볼 수는 없으므로, 당해 정보의 비공개결정의 취소를 구할 소의 이익은 소멸되지 않는다(대판 2016. 12. 15, 2012두11409).

② ◯ 공공기관이 공개청구의 대상이 된 정보를 공개는 하되, 청구인이 신청한 공개방법 이외의 방법으로 공개하기로 하는 결정을 하였다면, 이는 정보공개청구 중 **정보공개방법에 관한 부분에 대하여 일부 거부처분을 한 것**이고, 청구인은 그에 대하여 항고소송으로 다툴 수 있다(대판 2016. 11. 10, 2016두44674).

③ ◯ 공공기관의 정보공개에 관한 법률 제14조는 공개청구한 정보가 제9조 제1항 각 호에 정한 비공개대상정보에 해당하는 부분과 공개가 가능한 부분이 혼합되어 있는 경우로서 공개청구의 취지에 어긋나지 아니하는 범위 안에서 두 부분을 분리할 수 있는 때에는 비공개대상정보에 해당하는 부분을 제외하고 공개하여야 한다고 규정하고 있는바, 법원이 정보공개거부처분의 위법 여부를 심리한 결과, 공개가 거부된 정보에 비공개대상정보에 해당하는 부분과 공개가 가능한 부분이 혼합되어 있으며, 공개청구의 취지에 어긋나지 아니하는 범위 안에서 두 부분을 분리할 수

있다고 인정할 수 있을 때에는, 공개가 거부된 정보 중 공개가 가능한 부분을 특정하고, 판결의 주문에 정보공개거부처분 중 공개가 가능한 정보에 관한 부분만을 취소한다고 표시하여야 한다(대판 2010. 2. 11, 2009두6001).

④ ⊙

> **공공기관의 정보공개에 관한 법률 제7조(행정정보의 공표 등)** ① 공공기관은 다음 각 호의 어느 하나에 해당하는 정보에 대해서는 공개의 구체적 범위와 공개의 주기·시기 및 방법 등을 미리 정하여 공표하고, 이에 따라 정기적으로 공개하여야 한다. 다만, 제9조 제1항 각 호의 어느 하나에 해당하는 정보에 대해서는 그러하지 아니하다.
>   1. 국민생활에 매우 큰 영향을 미치는 정책에 관한 정보
>
> **공공기관의 정보공개에 관한 법률 시행령 제14조(정보공개 방법)** ① 정보는 다음 각 호의 구분에 따른 방법으로 공개한다.
>   5. 법 제7조 제1항에 따른 정보 등 공개를 목적으로 작성되고 이미 정보통신망 등을 통하여 공개된 정보: 해당 정보의 소재(所在) 안내

⑤ ⊙ 정보비공개결정의 취소를 구하는 사건에 있어서, 만일 공개를 청구한 정보의 내용 중 너무 포괄적이거나 막연하여서 사회일반인의 관점에서 그 내용과 범위를 확정할 수 있을 정도로 특정되었다고 볼 수 없는 부분이 포함되어 있다면, 이를 심리하는 법원으로서는 마땅히 공공기관의 정보공개에 관한 법률 제20조 제2항의 규정에 따라 공공기관에게 그가 보유·관리하고 있는 공개청구정보를 제출하도록 하여 이를 **비공개로 열람·심사하는 등의 방법**으로 공개청구정보의 내용과 범위를 특정시켜야 한다(대판 2007. 6. 1, 2007두2555).

21   정답 ④

④ ✖ 시청 소속 공무원이 시장을 부패방지위원회에 부패혐의자로 신고한 후 동사무소로 하향 전보된 경우, 그 전보인사 조치는 해당 공무원에 대한 다면평가 결과, 원활한 업무 수행의 필요성 등을 고려하여 이루어진 것으로 볼 여지도 있으므로, 사회통념상 용인될 수 없을 정도로 객관적 상당성을 결여하였다고 단정할 수 없어 불법행위를 구성하지 않는다(대판 2009. 5. 28, 2006다16215).

① ⊙ **한국토지공사**는 이러한 법령의 위탁에 의하여 대집행을 수권받은 자로서 공무인 대집행을 실시함에 따르는 권리·의무 및 책임이 귀속되는 **행정주체의 지위에 있다고 볼 것**이지 지방자치단체 등의 기관으로서 국가배상법 제2조 소정의 공무원에 해당한다고 볼 것은 아니다(대판 2010. 1. 28, 2007다82950, 82967).

② ⊙ 구 수산청장으로부터 뱀장어에 대한 수출추천 업무를 위탁받은 수산업협동조합이 수출제한조치를 취할 당시 국내 뱀장어 양식용 종묘의 부족으로 종묘확보에 지장을 초래할 우려가 있다고 판단하여 추천업무를 행하지 않은 것은 **공무원으로서 타인에게 손해를 가한 때에 해당**한다(대판 2003. 11. 14, 2002다55304).

③ ⊙ 수사과정에서 여자 경찰관이 실시한 여성 피의자에 대한 신체검사가 그 방식 등에 비추어 피의자에게 큰 수치심을 느끼게 하였을 것으로 보였다면 피의자의 신체의 자유를 침해하였다고 볼 수 있다(대판 2009. 12. 24, 2009다70180).

⑤ ⊙ 소방공무원의 행정권한 행사가 관계 법률의 규정 형식상 소방공무원의 재량에 맡겨져 있더라도 소방공무원에게 그러한 권한을 부여한 취지와 목적에 비추어 볼 때 구체적인 상황 아래에서 소방공무원이 권한을 행사하지 아니한 것이 현저하게 합리성을 잃어 사회적 타당성이 없는 경우에는 소방공무원의 직무상 의무를 위반한 것으로서 위법하게 된다(대판 2016. 8. 25, 2014다225083).

22   정답 ④

④ ✖ 지장물인 건물은 그 건물이 적법한 건축허가를 받아 건축된 것인지 여부에 관계없이 토지수용법상의 사업인정의 고시 이전에 건축된 건물이기만 하면 손실보상의 대상이 됨이 명백하다(대판 2000. 3. 10, 99두10896).

① ⊙ 개발제한구역 지정으로 인하여 토지를 종래의 목적으로도 사용할 수 없거나 또는 더 이상 법적으로 허용된 토지이용의 방법이 없기 때문에 실질적으로 토지의 사용·수익의 길이 없는 경우에는 토지소유자가 수인해야 하는 사회적 제약의 한계를 넘는 것으로 보아야 한다(헌재결 1998. 12. 24, 89헌마214).

② ⊙ 도로구역 결정고시 전에 공장을 운영하다가 고시 후에 시로부터 3년 내에 공장을 이전할 것을 조건으로 공장설립허가를 받았더라도 그 공장부지가 수용되었다면 휴업보상의 대상이 된다(대판 2001. 4. 27, 2000다50237).

③ ⊙ 토지수용법 제51조가 정한 토지를 수용함으로 인하여 받은 손실이란 객관적으로 보아 보통의 사정이라면 토지의 수용의 결과 토지소유자 등이 당연히 입을 것으로 예상되는 재산상 손실로서 토지의 수용과 손실의 발생 사이에 상당인과관계가 있어야 한다(대판 2000. 10. 6, 98두19414).

⑤ ⊙ 일반 공중의 이용에 제공되는 공공용물에 대하여 특허 또는 허가를 받지 않고 하는 일반사용은 다른 개인의 자유이용과 국가 또는 지방자치단체 등의 공공목적을 위한 개발 또는 관리·보존행위를 방해하지 않는 범위 내에서만 허용된다 할 것이므로, **공공용물에 관하여 적법한 개발행위 등이 이루어짐으로 말미암아** 이에 대한 일정범위의 사람들의 일반사용이 종전에 비하여 제한받게 되었다 하더라도 특별한 사정이 없는 한 그로 인한 불이익은 손실보상의 대상이 되는 **특별한 손실에 해당한다고 할 수 없다**(대판 2002. 2. 26, 99다35300).

23   정답 ②

② ✖ 운전면허취소처분에 대한 행정소송의 경우, 행정심판전치주의가 적용된다(도로교통법 제142조).

> **도로교통법 제142조(행정소송과의 관계)** 이 법에 따른 처분으로서 해당 처분에 대한 행정소송은 행정심판의 재결(裁決)을 거치지 아니하면 제기할 수 없다.

① ⊙ **도로교통법 시행규칙 제53조 제1항이 정한 [별표 16]의 운전면허행정처분기준**은 관할 행정청이 운전면허의 취소 및 운전면허의 효력정지 등의 사무처리를 함에 있어서 처리기준과 방법 등의 세부사항을 규정한 행정기관 내부의 처리지침에 불과한 것으로서 대외적으로 국민이나 법원을 기속하는 효력이 없으므로, 자동차운전면허취소처분의 적법 여부는 위 운전면허행정처분기준만에 의하여 판단할 것이 아니라 도로교통법의 규정 내용과 취지에 따라 판단되어야 하며, 위 운전면허행정처분기준의 하나로 삼고 있는 벌점이란 자동차운전면허의 취소·정지처분의 기초자료로 활용하기 위하여 법규 위반 또는 사고야기에 대하여 그 위반의 경중, 피해의 정도 등에 따라 배점되는 점수를 말하는 것으로서, 이러한 벌점의 누산에 따른 처분기준 역시 행정청 내의 사무처리에 관한 재량준칙에 지나지 아니할 뿐 법규적 효력을 가지는 것은 아니다(대판 1998. 3. 27, 97누20236). → 이 사건 취소처분으로 인하여 원고가 상당한 재산의 손해를 입게 된다 하더라도 그러한 원고의 사익과 이 사건 취소처분으로 달성하려는 공익상의 필요를 비교·교량할 때 이 사건 취소처분은 적절하고 거기에 재량권의 범위를 일탈하거나 남용한 위법이 없다.

③ ⊙ 국가공무원에 대한 징계처분을 대상으로 한 행정소송은 소청전치주의(행정심판전치주의)가 적용된다.

국가공무원법 제16조(행정소송과의 관계) ① 제75조에 따른 처분, 그 밖에 본인의 의사에 반한 불리한 처분이나 부작위(不作為)에 관한 행정소송은 소청심사위원회의 심사·결정을 거치지 아니하면 제기할 수 없다.

④ ◯ 행정소송에 있어서 형사판결이 그대로 확정된 이상 위 형사판결의 사실판단을 채용하기 어렵다고 볼 특별한 사정이 없는 한 이와 배치되는 사실을 인정할 수 없다(대판 1999. 11. 26, 98두10424).

참고판례
원래 민사재판에 있어서는 형사재판의 사실인정에 구속을 받는 것이 아니라고 하더라도 동일한 사실관계에 관하여 이미 확정된 형사판결이 유죄로 인정한 사실은 유력한 증거자료가 되므로 민사재판에서 제출된 다른 증거들에 비추어 형사재판의 사실판단을 채용하기 어렵다고 인정되는 특별한 사정이 없는 한 이와 반대되는 사실을 인정할 수 없다(대판 1995. 1. 12, 94다39215).

⑤ ◯ 헌법 제13조 제1항은 "모든 국민은 …… 동일한 범죄에 대하여 거듭 처벌받지 아니한다"고 하여 이른바 '이중처벌금지원칙'을 규정하고 있는바, 이 원칙은 한 번 판결이 확정되면 동일한 사건에 대해서는 다시 심판할 수 없다는 '일사부재리원칙'이 국가형벌권의 기속 원리로 헌법상 선언된 것으로서, 동일한 범죄행위에 대하여 국가가 형벌권을 거듭 행사할 수 없도록 하여 국민의 기본권, 특히 신체의 자유를 보장하기 위한 것이다. 이러한 점에서 헌법 제13조 제1항에서 말하는 '**처벌**'은 원칙적으로 **범죄에 대한 국가의 형벌권 실행으로서의 과벌**을 의미하는 것이고, 국가가 행하는 일체의 제재나 불이익처분을 모두 그 '처벌'에 포함시킬 수는 없는 것이다. 행정법은 의무를 명하거나 금지를 설정함으로써 일정한 행정목적을 달성하려고 하는데, 그 실효성을 확보하기 위해서는 의무의 위반이 있을 때에 **행정형벌, 과태료, 영업허가의 취소·정지, 과징금** 등과 같은 불이익을 가함으로써 의무위반 당사자나 다른 의무자로 하여금 더 이상 위반을 하지 않도록 유도하는 것이 필요하다. 이와 같이 '제재를 통한 억지'는 행정규제의 본원적인 기능이라 볼 수 있는 것이고, 따라서 어떤 행정제재의 기능이 오로지 제재와 억지에 있다고 하여 이들 **헌법 제13조 제1항에서 말하는 '처벌'에 해당한다고 할 수 없다**(헌재 2015. 2. 26, 2012헌바435). → 제재처분과 징계, 그리고 형벌의 병과에는 일사부재리원칙이 적용되지 않는다.

24
정답 ④

④ ✗ 교육공무원법 제29조의2 제1항, 제13조, 제14조 제1항, 제2항, 교육공무원 승진규정 제1조, 제2조 제1항 제1호, 제40조 제1항, 교육공무원임용령 제14조 제1항, 제16조 제1항에 따르면 임용권자는 3배수의 범위 안에 들어간 후보자들을 대상으로 승진임용 여부를 심사하여야 하고, 이에 따라 승진후보자 명부에 포함된 후보자는 임용권자로부터 정당한 심사를 받게 될 것에 관한 절차적 기대를 하게 된다. 그런데 임용권자 등이 자의적인 이유로 승진후보자 명부에 포함된 후보자를 승진임용에서 제외하는 처분을 한 경우에, 이러한 승진임용제외처분을 항고소송의 대상이 되는 처분으로 보지 않는다면, 달리 이에 대하여는 불복하여 침해된 권리 또는 법률상 이익을 구제받을 방법이 없다. 따라서 **교육공무원법상 승진후보자 명부에 의한 승진심사 방식으로 행해지는 승진임용에서 승진후보자 명부에 포함되어 있던 후보자를 승진임용인사발령에서 제외하는 행위**는 불이익처분으로서 **항고소송의 대상인 처분에 해당**한다고 보아야 한다(대판 2018. 3. 27, 2015두47492).

① ◯ 법무부장관이 출입국관리법 제11조 제1항 제3호 또는 제4호, 출입국관리법 시행령 제14조 제1항, 제2항에 따라 위 입국금지결정을 했다고 해서 '처분'이 성립한다고 볼 수는 없고, 위 입국금지결정은 법무부장관의 의사가 공식적인 방법으로 외부에 표시된 것이 아니라 **단지 그 정보를 내부전산망인 '출입국관리정보시스템'에 입력하여 관리한 것에 지나지 않으므로, 위 입국금지결정은 항고소송의 대상이 될 수 있는 '처분'에 해당하지 않는다**(대판 2019. 7. 11, 2017두38874).

② ◯ 예산회계법에 따라 체결되는 계약은 사법상의 계약이라고 할 것이고 동법 제70조의5의 입찰보증금은 낙찰자의 계약체결의무이행의 확보를 목적으로 하여 그 불이행시에 이를 국고에 귀속시켜 국가의 손해를 전보하는 사법상의 손해배상 예정으로서의 성질을 갖는 것이라고 할 것이므로 **입찰보증금의 국고귀속조치는** 국가가 사법상의 재산권의 주체로서 행위하는 것이지 공권력을 행사하는 것이거나 공권력작용과 일체성을 가진 것이 아니라 할 것이므로 이에 관한 분쟁은 행정소송이 아닌 **민사소송의 대상**이 될 수밖에 없다고 할 것이다(대판 1983. 12. 27, 81누366).

③ ◯ 어떠한 처분의 근거가 **행정규칙**에 규정되어 있다고 하더라도, 그 처분이 상대방에게 권리의 설정 또는 의무의 부담을 명하거나 기타 법적인 효과를 발생하게 하는 등으로 그 상대방의 권리·의무에 직접 영향을 미치는 행위라면, 이 경우에도 **항고소송의 대상이 되는 행정처분에 해당**한다(대판 2004. 11. 26, 2003두10251).

⑤ ◯ **교육부장관이 대학에서 추천한 복수의 총장 후보자들 전부 또는 일부를 임용제청에서 제외하는 행위**는 제외된 후보자들에 대한 불이익처분으로서 **항고소송의 대상이 되는 처분에 해당**한다고 보아야 한다(대판 2018. 6. 15, 2016두57564).

25
정답 ③

③ ✗ **행정처분에 대한 행정심판의 재결에 이유모순의 위법이 있다는 사유는 재결처분 자체에 고유한 하자로서 재결처분의 취소를 구하는 소송에서는 그 위법사유로서 주장할 수 있으나, 원처분의 취소를 구하는 소송에서는 그 취소를 구할 위법사유로서 주장할 수 없다**(대판 1996. 2. 13, 95누8027).

①◯, ⑤ ◯ 행정소송법 제19조에 의하면 행정심판에 대한 재결에 대하여도 그 재결 자체에 고유한 위법이 있음을 이유로 하는 경우에는 항고소송을 제기하여 그 취소를 구할 수 있고, 여기에서 말하는 '재결 자체에 고유한 위법'이란 그 재결자체에 주체, 절차, 형식 또는 내용상의 위법이 있는 경우를 의미하는데, **행정심판청구가 부적법하지 않음에도 각하한 재결은 심판청구인의 실체심리를 받을 권리를 박탈한 것으로서 원처분에 없는 고유한 하자가 있는 경우에 해당하고, 따라서 위 재결은 취소소송의 대상이 된다**(대판 2001. 7. 27, 99두2970).

② ◯ **인용재결의 취소를 구하는 당해 소송**은 그 인용재결의 당부를 그 심판대상으로 하고 있고, 그 점을 가리기 위하여는 행정심판청구인들의 심판청구원인 사유에 대한 재결청의 판단에 관하여도 그 당부를 심리·판단하여야 할 것이므로, 원심으로서는 재결청이 원처분의 취소 근거로 내세운 판단사유의 당부뿐만 아니라 재결청이 심판청구인의 심판청구원인 사유를 배척한 판단 부분이 정당한가도 심리·판단하여야 한다(대판 1997. 12. 23, 96누10911).

④ ◯ 행정청이 골프장 사업계획승인을 얻은 자의 사업시설 착공계획서를 수리한 것에 대하여 인근 주민들이 그 수리처분의 취소를 구하는 행정심판을 청구하자 재결청이 그 청구를 인용하여 수리처분을 취소하는 형성적 재결을 한 경우, 그 수리처분 취소심판청구는 행정심판의 대상이 되지 아니하여 부적법 각하하여야 함에도 위 재결은 그 청구를 인용하여 수리처분을 취소하였으므로 **재결 자체에 고유한 하자가 있다고 볼 수 있다**(대판 2001. 5. 29, 99두10292).

제11회 실전 기출문제

[소방간부 2019. 1. 19. 시행]

01 ④ 02 ③ 03 ⑤ 04 ③ 05 ① 06 ③ 07 ② 08 ③ 09 ① 10 ④
11 ③ 12 ⑤ 13 ③ 14 ③ 15 ① 16 ② 17 ① 18 ② 19 ⑤ 20 ①
21 ② 22 ④ 23 ② 24 ③ 25 ②

01
정답 ④

④ ✗ 구 건축법(2005년 11월 8일 개정되기 전의 것)은 이행강제금에 대한 불복이 있는 자는 이의를 제기할 수 있고, 이행강제금을 부과받은 자가 이의를 제기한 경우 비송사건절차법에 의한 과태료 재판에 의하도록 규정하고 있었다(제83조 제6항에서 제82조 제3항 내지 제5항의 규정을 준용). 그리하여 판례는 "건축법 제83조의 규정에 의하여 부과된 이행강제금 부과처분은 행정소송의 대상이 되는 행정처분이라고 볼 수 없다"고 판시하였다(대판 2000.9.22. 2000두5722). 그러나 2005년 11월 8일 건축법 개정시 구 건축법 제83조 제6항은 삭제되었으므로, **현행 건축법상 이행강제금은 항고소송의 대상이 되는 처분이라는 것이 통설의 입장**이다. 판례도 이행강제금의 처분성을 긍정하는 전제 하에서 이행강제금 부과처분의 위법 여부를 본안에서 판단하고 있다(대판 2012. 3. 29. 2011두27919).

① ○ 이행강제금의 부과는 행정청이 우월한 지위에서 일방적으로 국민에게 금전납부의무를 부과하는 권력적·침해적 행위이므로 법적 근거가 필요하다(헌법 제37조 제2항). 현재 이행강제금의 부과에 관한 일반법은 없고, 건축법 제80조, 농지법 제62조, 「부동산 실권리자명의 등기에 관한 법률」 제6조, 「독점규제 및 공정거래에 관한 법률」 제17조의3, 「국토의 계획 및 이용에 관한 법률」 제124조의2 등 개별법에서 인정되고 있다. (다만, 2023. 3. 24.부터 시행되는 행정기본법 제31조에서는 이행강제금의 부과에 관한 일반적 규정을 두고 있다.)

② ○ 현행법상 위법건축물에 대한 이행강제수단으로 인정되는 대집행과 이행강제금을 비교하면, 대집행은 위반 행위자가 위법상태를 치유하지 않아 그 이행의 확보가 곤란하고 또한 이를 방치함이 심히 공익을 해할 것으로 인정될 때에 행정청 또는 제3자가 이를 치유하는 것인 반면, 이행강제금은 위반행위자 스스로가 이를 시정할 수 있는 기회를 부여하여 불필요한 행정력의 낭비를 억제하고 위반행위로 인한 경제적 이익을 환수하기 위한 제도로서 양 제도의 각각의 장·단점이 있다. 따라서 개별사건에 있어서 위반내용, 위반자의 시정의지 등을 감안하여 **행정청은 대집행과 이행강제금을 선택적으로 활용할 수 있다고 할 것**이며, 이처럼 그 합리적인 재량에 의해 선택하여 활용하는 이상 중첩적인 제재에 해당한다고 볼 수 없다(헌재결 2004. 2. 26, 2001헌바80).

③ ○ 이행강제금이 실효성을 가지기 위해서는 적정한 금액이어야 한다. 즉 이행강제금은 의무를 불이행한 자에게 심리적 압박에 의해 본인 스스로가 의무를 이행하도록 하는 제도인바, 이행강제금의 금액이 적정하다고 하기 위해서는 부과된 이행강제금을 비용에 산입하여 조업·영업 등을 계속하는 것을 단념하도록 심리적 압박을 가하여 의무를 이행하게 할 정도의 금액일 필요가 있다. 그리고 행정벌은 일사부재리의 원칙을 적용받게 되어 동일한 의무위반사항에 대해 반복 부과될 수 없지만 **이행강제금은 이 원리가 적용되지 않아 동일한 의무위반사항에 대해 의무이행이 있을 때까지 반복·증액하여 부과할 수 있다**(헌재 2011. 10. 25, 2009헌바140).

⑤ ○ 이행강제금은 행정법상의 부작위의무 또는 비대체적 작위의무를 이행하지 않은 경우에 '일정한 기한까지 의무를 이행하지 않을 때에는 일정한 금전적 부담을 과할 뜻'을 미리 '계고'함으로써 의무자에게 심리적 압박을 주어 장래를 향하여 의무의 이행을 확보하려는 간접적인 행정상 강제집행 수단이고, 노동위원회가 근로기준법 제33조에 따라 이행강제금을 부과하는 경우 그 30일 전까지 하여야 하는 이행강제금 부과 예고는 이러한 '계고'에 해당한다. 따라서 **사용자가 이행하여야 할 행정법상 의무의 내용을 초과하는 것을 '불이행 내용'으로 기재한 이행강제금 부과 예고서에 의하여 이행강제금 부과 예고를 한 다음 이를 이행하지 않았다는 이유로 이행강제금을 부과하였다면, 초과한 정도가 근소하다는 등의 특별한 사정이 없는 한 이행강제금 부과 예고는 이행강제금 제도의 취지에 반하는 것으로서 위법하고, 이에 터잡은 이행강제금 부과처분 역시 위법하다**(대판 2015. 6. 24, 2011두2170).

02
정답 ③

③ ○ 지방재정법 제85조 제1항은, 공유재산을 정당한 이유 없이 점유하거나 그에 시설을 한 때에는 이를 강제로 철거하게 할 수 있다고 규정하고, 그 제2항은, 지방자치단체의 장이 제1항의 규정에 의한 강제철거를 하게 하고자 할 때에는 행정대집행법 제3조 내지 제6조의 규정을 준용한다고 규정하고 있는바, 공유재산의 점유자가 그 공유재산에 관하여 대부계약 외 달리 정당한 권원이 있다는 자료가 없는 경우 그 대부계약이 적법하게 해지된 이상 그 점유자의 공유재산에 대한 점유는 정당한 이유 없는 점유라 할 것이고, 따라서 **지방자치단체의 장은 지방재정법 제85조에 의하여 행정대집행의 방법으로 그 지상물을 철거시킬 수 있다**(대판 2001. 10. 12, 2001두4078).

① ✗ 관계 법령에 위반하여 장례식장 영업을 하고 있는 자의 **장례식장 사용중지의무**는 행정대집행법 제2조의 규정에 의한 대집행의 대상이 아니다(대판 2005. 9. 28, 2005두7464). → 장례식장 사용중지 의무는 원고 이외의 타인이 대신할 수도 없고, 타인이 대신하여 행할 수 있는 행위라고도 할 수 없는 비대체적 부작위 의무이므로, 이 사건 대집행계고처분은 그 자체로 위법함이 명백하다.

② ✗ 피수용자 등이 기업자에 대하여 부담하는 수용대상 토지의 인도의무에 관한 구 토지수용법 제63조, 제64조, 제77조 규정에서의 '**인도**'에는 명도도 포함되는 것으로 보아야 하고, 이러한 **명도의무**는 그것을 강제적으로 실현하면서 직접적인 실력행사가 필요한 것이지 대체적 작위의무라고 볼 수 없으므로 특별한 사정이 없는 한 행정대집행법에 의한 **대집행의 대상이 될 수 있는 것이 아니다**(대판 2005. 8. 19, 2004다2809).

④ ✗ 도시공원시설인 매점의 관리청이 그 공동점유자 중의 1인에 대하여 소정의 기간 내에 위 매점으로부터 퇴거하고 이에 부수하여 그 판매시설물 및 상품을 반출하지 아니할 때에는 이를 대집행하겠다는 내용의 계고처분은 그 주된 목적이 매점의 원형을 보존하기 위하여 점유자가 설치한 불법 시설물을 철거하고자 하는 것이 아니라, **매점에 대한 점유자의 점유를 배제하고 그 점유이전을 받는 데 있다고 할 것인데, 이러한 의무는 그것을 강제적으로 실현함에 있어 직접적인 실력행사가 필요한 것이지 대체적 작위의무에 해당하는 것은 아니어서 직접강제의 방법에 의하는 것은 별론으로 하고 행정대집행법에 의한 대집행의 대상이 되는 것은 아니다**(대판 1998. 10. 23, 97누157).

⑤ ✗ 행정대집행법상 대집행의 대상이 되는 대체적 작위의무는 공법상 의무이어야 할 것인데, 구 공공용지의 취득 및 손실보상에 관한 특례법에 따른 토지 등의 **협의취득**은 공공사업에 필요한 토지 등을 그 소유자와의 협의에 의하여 취득하는 것으로서 공공기관이 사경제주체로서 행하는 **사법상 매매 내지 사법상 계약의 실질**을 가지는 것이므로, 그 협의취득시 건물소유자가 매매대상 건물에 대한 철거의무를 부담하겠다는 취지의 약정을 하였다고 하더라도 **이러한 철거의무는 공법상의 의무가 될 수 없고**, 이 경우에도 행정대집행법을 준용하여 대집행을 허용하는 별도의 규정이 없는 한 **위와 같은 철거의무는 행정대집행법에 의한 대집행의 대상이 되지 않는다**(대판 2006. 10. 13, 2006두7096).

03

정답 ⑤

⑤ ❌

> **질서위반행위규제법 제24조(가산금 징수 및 체납처분 등)** ① 행정청은 당사자가 납부기한까지 과태료를 납부하지 아니한 때에는 납부기한을 경과한 날부터 체납된 과태료에 대하여 <u>100분의 3에 상당하는 가산금</u>을 징수한다.

① ⭕

> **질서위반행위규제법 제2조(정의)** 이 법에서 사용하는 용어의 뜻은 다음과 같다.
> 1. "<u>질서위반행위</u>"란 법률(지방자치단체의 조례를 포함한다. 이하 같다)상의 의무를 위반하여 <u>과태료를 부과하는 행위</u>를 말한다. 다만, 다음 각 목의 어느 하나에 해당하는 행위를 제외한다.
>   가. 대통령령으로 정하는 사법(私法)상·소송법상 의무를 위반하여 과태료를 부과하는 행위
>   나. 대통령령으로 정하는 법률에 따른 징계사유에 해당하여 과태료를 부과하는 행위

② ⭕

> **질서위반행위규제법 제9조(책임연령)** <u>14세가 되지 아니한 자</u>의 질서위반행위는 과태료를 부과하지 아니한다. 다만, 다른 법률에 특별한 규정이 있는 경우에는 그러하지 아니하다.

③ ⭕

> **질서위반행위규제법 제12조(다수인의 질서위반행위 가담)** ② <u>신분에 의하여 성립하는 질서위반행위에 신분이 없는 자가 가담한 때에는 신분이 없는 자에 대하여도 질서위반행위가 성립</u>한다.

④ ⭕

> **질서위반행위규제법 제15조(과태료의 시효)** ① 과태료는 행정청의 과태료 부과처분이나 법원의 과태료 재판이 확정된 후 <u>5년간</u> 징수하지 아니하거나 집행하지 아니하면 시효로 인하여 소멸한다.

04

정답 ③

③ ❌ 구 식품위생법의 규정이 식품의약품안전청장 등에게 합리적인 재량에 따른 직무수행 권한을 부여한 것으로 해석되는 이상, 식품의약품안전청장 등에게 그러한 권한을 부여한 취지와 목적에 비추어 볼 때 구체적인 상황 아래에서 식품의약품안전청장 등이 그 권한을 행사하지 아니한 것이 현저하게 합리성을 잃어 사회적 타당성이 없는 경우에 한하여 직무상 의무를 위반한 것이 되어 위법하게 된다. <u>어린이가 미니컵 젤리를 섭취하던 중 미니컵 젤리가 목에 걸려 질식사한 두 건의 사고가 연달아 발생한 뒤 약 8개월 20일 이후 다시 어린이가 미니컵 젤리를 먹다가 질식사한 사안</u>에서, 식품의약품안전청장 등이 미니컵 젤리의 유통을 금지하거나 물성실험 등을 통하여 미니컵 젤리의 위험성을 확인하고 기존의 규제조치보다 강화된 미니컵 젤리의 기준 및 규격 등을 마련하지 아니하였다고 하더라도, 그러한 규제권한을 행사하지 아니한 것이 현저하게 합리성을 잃어 사회적 타당성이 없다고 볼 수 있는 정도에 이른 것이라고 보기 어렵고, 그 권한 불행사에 과실이 있다고 할 수도 없다고 한 사례(대판 2010. 11. 25, 2008다67828). → 국가는 손해배상책임 부담 ✕

② ⭕ 지방자치단체가 '교통할아버지 봉사활동 계획'을 수립한 후 관할 동장으로 하여금 '교통할아버지'를 선정하게 하여 어린이 보호, 교통안내, 거리질서 확립 등의 공무를 위탁하여 집행하게 하던 중 '<u>교통할아버지</u>'로 선정된 노인이 위탁받은 업무 범위를 넘어 교차로 중앙에서 교통정리를 하다가 교통사고를 발생시킨 경우, <u>지방자치단체가 국가배상법 제2조 소정의 배상책임을 부담</u>한다(대판 2001. 1. 5, 98다39060). → 국가배상법 제2조 소정의 '공무원'이라 함은 국가공무원법이나 지방공무원법에 의하여 공무원으로서의 신분을 가진 자에 한정하지 않고, 널리 공무를 위탁받아 실질적으로 공무에 종사하고 있는 일체의 자를 가리키는 것으로서, 공무의 위탁이 일시적이고 한정적인 사항에 관한 활동을 위한 것이어도 달리 볼 것은 아니다.

④ ⭕ 공무원에 대한 전보인사가 법령이 정한 기준과 원칙에 위배되거나 인사권을 다소 부적절하게 행사한 것으로 볼 여지가 있다 하더라도 그러한 사유만으로 그 전보인사가 당연히 불법행위를 구성한다고 볼 수는 없다(대판 2009. 5. 28, 2006다16215).

⑤ ⭕ 국가배상책임의 성립요건인 '손해'는 민법상 불법행위책임에서의 손해와 동일하다. 적극적 손해뿐만 아니라 소극적 손해를 포함하고, 재산적 손해는물론 생명, 신체, 정신적 고통으로 인한 손해(위자료)도 포함된다. 판례는 헌법재판소 재판관의 위법한 직무집행의 결과 잘못된 각하결정을 함으로써 청구인으로 하여금 본안판단을 받을 기회를 상실하게 한 경우, 정신적 고통에 대한 위자료가 인정된다고 보았다(대판 2003. 7. 11, 99다24218).

05

정답 ①

① ❌ 국가배상법 제5조 제1항 소정의 "공공의 영조물"이라 함은 국가 또는 지방자치단체에 의하여 특정 공공의 목적에 공여된 유체물 내지 물적 설비를 지칭하며, 특정 공공의 목적에 공여된 물이라 함은 일반공중의 자유로운 사용에 직접적으로 제공되는 공공용물에 한하지 아니하고, 행정주체 자신의 사용에 제공되는 공용물도 포함하며 국가 또는 지방자치단체가 소유권, 임차권 그 밖의 권한에 기하여 관리하고 있는 경우뿐만 아니라 <u>사실상의 관리를 하고 있는 경우도 포함</u>한다(대판 1995. 1. 24, 94다45302).

② ⭕ 영조물 설치의 '하자'라 함은 영조물의 축조에 불완전한 점이 있어 이 때문에 영조물 자체가 통상 갖추어야 할 완전성을 갖추지 못한 상태에 있음을 말한다고 할 것인바 그 '하자' 유무는 객관적 견지에서 본 안전성의 문제이고 그 설치자의 재정사정이나 영조물의 사용목적에 의한 사정은 안전성을 요구하는데 대한 정도 문제로서 참작사유에는 해당할지언정 안전성을 결정지을 절대적 요건에는 해당하지 아니한다 할 것이다(대판 1967. 2. 21, 66다1723).

③ ⭕ 국가배상법 제5조 제1항에 정하여진 '영조물의 설치 또는 관리의 하자'라 함은 공공의 목적에 공여된 영조물이 그 용도에 따라 갖추어야 할 안전성을 갖추지 못한 상태에 있음을 말하고, 여기서 안전성을 갖추지 못한 상태, 즉 타인에게 위해를 끼칠 위험성이 있는 상태라 함은 ㉠ <u>당해 영조물을 구성하는 물적 시설 그 자체에 있는 물리적·외형적 흠결이나 불비로 인하여 그 이용자에게 위해를 끼칠 위험성이 있는 경우(물적 하자)</u>뿐만 아니라 ㉡ 그 영조물이 공공의 목적에 이용됨에 있어 그 이용상태 및 정도가 일정한 한도를 초과하여 제3자에게 사회통념상 참을 수 없는 피해를 입히는 경우(이용상 하자)까지 포함된다고 보아야 할 것이다(대판 2004. 3. 12, 2002다14242). → 매향리 사격장에서 발생하는 소음 등으로 지역 주민들이 입은 피해는 사회통념상 참을 수 있는 정도를 넘는 것으로서 사격장의 설치 또는 관리에 하자가 있었다고 본 사례.

④ ⭕, ⑤ ⭕ 국가배상법 제5조 제1항에서 규정하고 있는 '영조물의 설치 또는 관리의 하자'라 함은 공공의 목적에 공여된 영조물이 그 용도에 따라 갖추어야 할 안전성을 갖추지 못한 상태에 있음을 말하고, 여기서 안전성을 갖추지 못한 상태, 즉 타인에게 위해를 끼칠 위험성이 있는 상

태라 함은 ㉠ 당해 영조물을 구성하는 물적 시설 그 자체에 있는 물리적·외형적 흠결이나 불비로 인하여 그 이용자에게 위해를 끼칠 위험성이 있는 경우(물적 하자)뿐만 아니라, ㉡ 그 영조물이 공공의 목적에 이용됨에 있어 그 이용 상태 및 정도가 일정한 한도를 초과하여 제3자에게 사회통념상 수인할 것이 기대되는 한도를 넘는 피해를 입히는 경우(이용상 하자)까지 포함된다(대판 2010. 11. 25, 2007다74560).

06 정답 ③

③ ❌ 행정소송법상 제소기간과 달리, ① 이의신청 없이 바로 취소소송을 제기하는 경우에는 재결서를 받은 날부터 90일 이내에, ② 이의신청을 거친 때에는 이의신청에 대한 재결서를 받은 날부터 60일 이내에 제기하여야 한다(공익사업을 위한 토지 등의 취득 및 보상에 관한 법률 제85조 제1항).

> **공익사업을 위한 토지 등의 취득 및 보상에 관한 법률 제85조(행정소송의 제기)** ① 사업시행자, 토지소유자 또는 관계인은 제34조에 따른 재결에 불복할 때에는 재결서를 받은 날부터 90일 이내에, 이의신청을 거쳤을 때에는 이의신청에 대한 재결서를 받은 날부터 60일 이내에 각각 행정소송을 제기할 수 있다. 이 경우 사업시행자는 행정소송을 제기하기 전에 제84조에 따라 늘어난 보상금을 공탁하여야 하며, 보상금을 받을 자는 공탁된 보상금을 소송이 종결될 때까지 수령할 수 없다.

> **참고 행정소송법 제20조(제소기간)** ① 취소소송은 처분등이 있음을 안 날부터 90일 이내에 제기하여야 한다. 다만, 제18조제1항 단서에 규정한 경우와 그 밖에 행정심판청구를 할 수 있는 경우 또는 행정청이 행정심판청구를 할 수 있다고 잘못 알린 경우에 행정심판청구가 있은 때의 기간은 재결서의 정본을 송달받은 날부터 기산한다.
> ② 취소소송은 처분등이 있은 날부터 1년(제1항 단서의 경우는 재결이 있은 날부터 1년)을 경과하면 이를 제기하지 못한다. 다만, 정당한 사유가 있는 때에는 그러하지 아니하다.
> ③ 제1항의 규정에 의한 기간은 불변기간으로 한다.

① ⭕ **사업인정**이란 특정한 사업이 토지수용을 할 수 있는 공익사업에 해당함을 인정하여 사업시행자에게 일정한 절차를 거칠 것을 조건으로 특정한 재산권의 수용권을 설정하는 행정행위, 즉 공익사업을 토지 등을 수용 또는 사용할 사업으로 결정하는 행위를 말한다(헌재결 2011. 11. 24, 2010헌바231).

④ ⭕

> **공익사업을 위한 토지등의 취득 및 보상에 관한 법률 제88조(처분효력의 부정지)** 제83조에 따른 이의의 신청이나 제85조에 따른 행정소송의 제기는 사업의 진행 및 토지의 수용 또는 사용을 정지시키지 아니한다.

⑤ ⭕ 보상금증감청구소송은 '토지소유자' 또는 '관계인'이 소를 제기하는 경우에는 사업시행자를 피고로 하고, '사업시행자'가 소를 제기하는 경우에는 토지소유자 또는 관계인을 피고로 한다(제85조 제2항). 토지수용위원회는 보상금증감청구소송의 피고적격이 없으므로, 토지수용위원회를 피고로 한 보상금증감청구소송은 부적법하다.

> **공익사업을 위한 토지등의 취득 및 보상에 관한 법률 제85조(행정소송의 제기)** ② 제1항에 따라 제기하려는 행정소송이 보상금의 증감(增減)에 관한 소송인 경우 그 소송을 제기하는 자가 토지소유자 또는 관계인일 때에는 **사업시행자를**, 사업시행자일 때에는 **토지소유자 또는 관계인을 각각 피고로 한다.**

07 정답 ②

② ❌ 재결에는 불가변력이 인정되므로 행정심판위원회는 자유로이 이를 취소하거나 변경 또는 철회할 수 없다.

① ⭕ 행정소송과 달리, 위법한 처분뿐만 아니라 부당한 처분에 대해서도 행정심판을 제기할 수 있다.

> **행정심판법 제1조(목적)** 이 법은 행정심판절차를 통하여 행정청의 **위법 또는 부당한** 처분(處分)이나 부작위(不作爲)로 침해된 국민의 권리 또는 이익을 구제하고, 아울러 행정의 적정한 운영을 꾀함을 목적으로 한다.

> **행정심판법 제5조(행정심판의 종류)** 행정심판의 종류는 다음 각 호와 같다.
> 1. 취소심판: 행정청의 **위법 또는 부당한** 처분을 취소하거나 변경하는 행정심판
> 2. 무효등확인심판: 행정청의 처분의 효력 유무 또는 존재 여부를 확인하는 행정심판
> 3. 의무이행심판: 당사자의 신청에 대한 행정청의 **위법 또는 부당한** 거부처분이나 부작위에 대하여 일정한 처분을 하도록 하는 행정심판

③ ⭕

> **행정심판법 제43조(재결의 구분)** ⑤ 위원회는 의무이행심판의 청구가 이유가 있다고 인정하면 지체 없이 신청에 따른 처분을 하거나 처분을 할 것을 피청구인에게 명한다.

④ ⭕

> **행정심판법 제51조(행정심판 재청구의 금지)** 심판청구에 대한 재결이 있으면 그 재결 및 같은 처분 또는 부작위에 대하여 다시 행정심판을 청구할 수 없다.

⑤ ⭕ 행정청이 심판청구 기간을 알리지 아니한 경우에는 처분이 있었던 날부터 180일 심판청구를 할 수 있다.

> **행정심판법 제27조(심판청구의 기간)** ③ 행정심판은 **처분이 있었던 날부터 180일**이 지나면 청구하지 못한다. 다만, 정당한 사유가 있는 경우에는 그러하지 아니하다.
> ⑥ 행정청이 심판청구 기간을 알리지 아니한 경우에는 **제3항에 규정된 기간에** 심판청구를 할 수 있다.

08 정답 ③

③ ❌ 당사자소송의 수소법원이 단순위법의 하자가 있는 행정행위의 효력을 부인하는 것은 행정행위의 구성요건적 효력(또는 공정력)에 반한다. 따라서 당사자소송의 수소법원은 단순위법의 하자가 있는 행정행위의 효력을 부인할 수 없다.

① ⭕ 행정소송법상 행정청이 일정한 처분을 하지 못하도록 그 부작위를 구하는 청구는 허용되지 않는 부적법한 소송이다(대판 2006. 5. 25, 2003두11988). → 예방적 금지소송(예방적 부작위청구소송)은 인정 ✕

② ⭕ 행정처분에 대한 무효확인과 취소청구는 서로 양립할 수 없는 청구로서 **주위적·예비적 청구로서만 병합이 가능**하고 선택적 청구로서의 병합이나 단순 병합은 허용되지 아니한다(대판 1999. 8. 20, 97누6889).

④ ⭕ 입주자나 입주예정자들은 사용검사처분을 취소하지 않고서도

민사소송 등을 통하여 분양계약에 따른 법률관계 및 하자 등을 주장·증명함으로써 사업주체 등으로부터 하자의 제거·보완 등에 관한 권리구제를 받을 수 있으므로, 사용검사처분의 취소 여부에 의하여 그 법률적인 지위가 달라진다고 할 수 없으며, 구 주택공급에 관한 규칙(2012. 3. 30. 국토해양부령 제452호로 개정되기 전의 것)에서 주택공급계약에 관하여 사용검사와 관련된 규정을 두고 있다고 하더라도 달리 볼 것은 아니다. … 이러한 사정들을 종합하여 보면, **구 주택법상 입주자나 입주예정자는 사용검사처분의 취소를 구할 법률상 이익이 없다고 할 것**이다(대판 2014. 7. 24, 2012두26593).

⑤ ⭕ 변상금 부과처분의 효력 유무를 확인하는 것이 부당이득반환청구소송의 선결문제에 해당하는 경우, 변상금 부과처분이 무효에 해당하는 경우라면 민사법원은 이를 판단할 수 있다.

─ 관련판례 ─
- 민사소송에 있어서 어느 행정처분의 당연무효 여부가 선결문제로 되는 때에는 이를 판단하여 당연무효임을 전제로 판결할 수 있고 반드시 행정소송 등의 절차에 의하여 그 취소나 무효확인을 받아야 하는 것은 아니다(대판 2010. 4. 8, 2009다90092).
- 만일 무단으로 공유재산 등을 사용·수익·점유하는 자가 관리청의 변상금부과처분에 따라 그에 해당하는 돈을 납부한 경우라면 **위 변상금부과처분이 당연 무효이거나** 행정소송을 통해 먼저 취소되기 전에는 사법상 부당이득반환청구로써 위 납부액의 반환을 구할 수 없다(대판 2013. 1. 24, 2012다79828).

09
정답 ①

㉠ ⭕ **건축협의 취소**는 상대방이 다른 지방자치단체 등 행정주체라 하더라도 '행정청이 행하는 구체적 사실에 관한 법집행으로서의 공권력 행사'로서 처분에 해당한다고 볼 수 있고, 지방자치단체인 원고가 이를 다툴 실효적 해결 수단이 없는 이상, 원고는 건축물 소재지 관할 허가권자인 지방자치단체의 장을 상대로 **항고소송을 통해 건축협의 취소의 취소를 구할 수 있다**(대판 2014. 2. 27, 2012두22980).

㉡ ❌ 개별토지가격합동조사지침(1991. 3. 29. 국무총리훈령 제248호로 개정된 것) 제12조의3은 행정청이 개별토지가격결정에 위산·오기 등 명백한 오류가 있음을 발견한 경우 직권으로 이를 경정하도록 한 규정으로서 토지소유자 등 이해관계인이 그 경정결정을 신청할 수 있는 권리를 인정하고 있지 아니하므로, 토지소유자 등의 토지에 대한 개별공시지가 조정신청을 재조사청구가 아닌 경정결정신청으로 본다고 할지라도, 이는 행정청에 대하여 직권발동을 촉구하는 의미밖에 없으므로, **행정청이 위 조정신청에 대하여 정정불가 결정 통지를 한 것**은 이른바 관념의 통지에 불과할 뿐 항고소송의 대상이 되는 처분이 아니다(대판 2002. 2. 5, 2000두5043).

㉢ ⭕ 대법원은 "피고가 2007. 10. 16.자로 한 **국립공주대학교 학칙 [별표 2] 모집단위별 입학정원에 대한 개정행위 중 원심 별지 도표 2의 2008학년도 입학정원 부분은 위법하다**"고 판시한 바 있다(대판 2009. 1. 30, 2008두19550).

─ 관련판례 ─
국립대학교는 국가가 설립·운영하는 공법상의 영조물이므로 공권력행사의 주체가 될 수 있고, 국립대학교의 학칙이 그 자체로 구성원의 구체적인 권리·의무에 직접적인 변동을 가져오는 것이 아닌 일반적·추상적인 학교 운영에 관한 원칙과 계획 또는 구성원들에 대한 규율을 규정한 것에 불과한 경우라면 이는 행정처분이라고 볼 수 없지만, 그 학칙에 기초한 별도의 집행행위의 개입 없이도 그 자체로 구성원의 구체적인 권리나 법적 이익에 영향을 미치는 등 법률상 효과

를 발생시키는 경우라면 이는 항고소송의 대상이 되는 행정처분에 해당한다(대전지법 2008. 3. 26, 2007구합4683).

㉣ ❌ 국세징수법 제21조, 제22조가 규정하는 가산금 또는 중가산금은 국세를 납부기한까지 납부하지 아니하면 과세청의 확정절차 없이도 법률 규정에 의하여 당연히 발생하는 것이므로 **가산금 또는 중가산금의 고지가 항고소송의 대상이 되는 처분이라고 볼 수 없다**(대판 2005. 6. 10, 2005다15482).

㉤ ❌ 한국철도시설공단이 甲 주식회사에 대하여 시설공사 입찰참가 당시 허위 실적증명서를 제출하였다는 이유로 **향후 2년간 공사낙찰적격심사시 종합취득점수의 10/100을 감점한다는 내용의 통보**를 한 사안에서, 위 통보는 **행정소송의 대상이 되는 행정처분이라고 할 수 없다**(대판 2014. 12. 24, 2010두6700). → 피고(한국철도시설공단)가 원고에 대하여 한 이 사건 감점조치는 행정청이나 그 소속 기관 또는 그 위임을 받은 공공단체의 공법상의 행위가 아니라 장차 그 대상자인 원고가 피고가 시행하는 입찰에 참가하는 경우에 그 낙찰적격자 심사 등 계약 사무를 처리함에 있어 피고 내부규정인 이 사건 세부기준에 의하여 종합취득점수의 10/100을 감점하게 된다는 뜻의 사법상의 효력을 가지는 통지행위에 불과하다.

10
정답 ④

㉠ ⭕ 납세의무자에 대한 국가의 부가가치세 환급세액 지급의무는 그 납세의무자로부터 어느 과세기간에 과다하게 거래징수된 세액 상당을 국가가 실제로 납부받았는지와 관계없이 부가가치세법령의 규정에 의하여 직접 발생하는 것으로서, 그 법적 성질은 정의와 공평의 관념에서 수익자와 손실자 사이의 재산상태 조정을 위해 인정되는 부당이득반환의무가 아니라 부가가치세법령에 의하여 그 존부나 범위가 구체적으로 확정되고 조세 정책적 관점에서 특별히 인정되는 공법상 의무라고 봄이 타당하다. 그렇다면 납세의무자에 대한 국가의 부가가치세 환급세액 지급의무에 대응하는 **국가에 대한 납세의무자의 부가가치세 환급세액 지급청구는 민사소송이 아니라 행정소송법 제3조 제2호에 규정된 당사자소송의 절차에 따라야 한다**(대판 2013. 3. 21, 2011다95564 전합).

㉡ ⭕ 지방자치단체가 보조금 지급결정을 하면서 일정 기한 내에 보조금을 반환하도록 하는 교부조건을 부가한 사안에서, 보조사업자의 지방자치단체에 대한 보조금 반환의무는 **행정처분인 위 보조금 지급결정에 부가된 부관상 의무**이고, 이러한 부관상 의무는 보조사업자가 지방자치단체에 부담하는 **공법상 의무**이므로, 보조사업자에 대한 지방자치단체의 보조금 반환청구는 공법상 권리관계의 일방 당사자를 상대로 하여 공법상 의무 이행을 구하는 청구로서 행정소송법 제3조 제2호에 규정한 **당사자소송의 대상이 된다**(대판 2011. 6. 9, 2011다2951).

㉢ ❌ '민주화운동관련자 명예회복 및 보상 심의위원회'의 보상금 등의 지급 대상자에 관한 결정은 행정처분에 해당하므로 '민주화운동관련자 명예회복 및 보상 등에 관한 법률'에 따른 보상금 등의 지급을 구하는 소송은 취소소송에 해당한다(대판 2008. 4. 17, 2005두16185 전합).

㉣ ⭕ 구 공무원연금법(2000. 12. 30. 법률 제6328호로 개정되기 전의 것) 소정의 퇴직연금 등의 급여는 급여를 받을 권리를 가진 자가 당해 공무원이 소속하였던 기관장의 확인을 얻어 신청하는 바에 따라 공무원연금관리공단이 그 지급결정을 함으로써 그 구체적인 권리가 발생하는 것이므로, 공무원연금관리공단의 급여에 관한 결정은 국민의 권리에 직접 영향을 미치는 것이어서 행정처분에 해당할 것이지만, 공무원연금관리공단의 인정에 의하여 퇴직연금을 지급받아 오던 중 구 공무원연금법령의 개정 등으로 퇴직연금 중 일부 금액의 지급이 정지된 경우에는 당연히 개정된 법령에 따라 퇴직연금이 확정되는 것이지 같은 법 제26조 제1항에 정해진 공무원연금관리공단의 퇴직연금 결정과 통지에 의하여 비로

소 그 금액이 확정되는 것이 아니므로, 공무원연금관리공단이 퇴직연금 중 일부 금액에 대하여 지급거부의 의사표시를 하였다고 하더라도 그 의사표시는 퇴직연금 청구권을 형성·확정하는 행정처분이 아니라 공법상의 법률관계의 한쪽 당사자로서 그 지급의무의 존부 및 범위에 관하여 나름대로의 사실상·법률상 의견을 밝힌 것일 뿐이어서, 이를 행정처분이라고 볼 수는 없고, 이 경우 미지급퇴직연금에 대한 지급청구권은 공법상 권리로서 그의 지급을 구하는 소송은 공법상의 법률관계에 관한 소송인 공법상 당사자소송에 해당한다(대판 2004. 7. 8, 2004두244).

11 정답 ③

③ ⭕ 과세관청의 공적 견해표명이 있었는지의 여부를 판단하는 데 있어 반드시 행정조직상의 형식적인 권한분장에 구애될 것은 아니고 담당자의 조직상의 지위와 임무, 당해 언동을 하게 된 구체적인 경위 및 그에 대한 납세자의 신뢰가능성에 비추어 실질에 의하여 판단하여야 한다(대판 1996. 1. 23, 95누13746).

① ❌ 행정의 자기구속의 원칙의 근거를 평등의 원칙에서 구하는 것이 다수의 견해이나, 대법원과 헌법재판소 판례는 행정의 자기구속의 원칙의 근거를 신뢰보호의 원칙 및 평등원칙에서 구하고 있다(대판 2009. 12. 24, 2009두7967; 헌재 1990. 9. 3, 90헌마13).

| 관련판례 |

재량권 행사의 준칙인 행정규칙이 그 정한 바에 따라 되풀이 시행되어 행정관행이 이루어지게 되면 평등의 원칙이나 신뢰보호의 원칙에 따라 행정기관은 그 상대방에 대한 관계에서 그 규칙에 따라야 할 자기구속을 받게 되므로, 이러한 경우에는 특별한 사정이 없는 한 그를 위반하는 처분은 평등의 원칙이나 신뢰보호의 원칙에 위배되어 재량권을 일탈·남용한 위법한 처분이 된다(대판 2009. 12. 24, 2009두7967).

② ❌ 2021. 3. 23. 제정된 행정기본법은 판례·학설상 행정법의 일반원칙으로 정립된 신뢰보호의 원칙을 행정의 법 원칙으로서 명문화하였다(제12조). 한편, 행정절차법 제4조 제2항과 국세기본법 제18조 제3항은 새로운 해석 또는 관행의 소급적용금지에 대하여 규정하고 있는데 이는 신뢰보호의 원칙의 구체적 내용의 하나이다.

행정기본법 제12조(신뢰보호의 원칙) ① 행정청은 공익 또는 제3자의 이익을 현저히 해칠 우려가 있는 경우를 제외하고는 행정에 대한 국민의 정당하고 합리적인 신뢰를 보호하여야 한다.
② 행정청은 권한 행사의 기회가 있음에도 불구하고 장기간 권한을 행사하지 아니하여 국민이 그 권한이 행사되지 아니할 것으로 믿을 만한 정당한 사유가 있는 경우에는 그 권한을 행사해서는 아니 된다. 다만, 공익 또는 제3자의 이익을 현저히 해칠 우려가 있는 경우는 예외로 한다.

국세기본법 제18조(세법 해석의 기준 및 소급과세의 금지) ③ 세법의 해석이나 국세행정의 관행이 일반적으로 납세자에게 받아들여진 후에는 그 해석이나 관행에 의한 행위 또는 계산은 정당한 것으로 보며, 새로운 해석이나 관행에 의하여 소급하여 과세되지 아니한다.

행정절차법 제4조(신의성실 및 신뢰보호) ② 행정청은 법령등의 해석 또는 행정청의 관행이 일반적으로 국민들에게 받아들여졌을 때에는 공익 또는 제3자의 정당한 이익을 현저히 해칠 우려가 있는 경우를 제외하고는 새로운 해석 또는 관행에 따라 소급하여 불리하게 처리하여서는 아니 된다.

④ ❌ 행정절차법 제4조는 신뢰보호에 관해 규정하고 있지만, 신뢰보호와 관련하여 취소나 철회의 제한을 규정하고 있지는 않다.

⑤ ❌ 지방식품의약품안전청장이 수입 녹용 중 전지 3대를 절단부위로부터 5cm까지의 부분을 절단하여 측정한 회분함량이 기준치를 0.5% 초과하였다는 이유로 수입 녹용 전부에 대하여 전량 폐기 또는 반송처리를 지시한 경우, 녹용 수입업자가 입게 될 불이익이 의약품의 안전성과 유효성을 확보함으로써 국민보건의 향상을 기하고 고가의 한약재인 녹용에 대하여 부적합한 수입품의 무분별한 유통을 방지하려는 공익상 필요보다 크다고는 할 수 없으므로 위 폐기 등 지시처분은 재량권을 일탈·남용한 경우에 해당하지 않는다(대판 2006. 4. 14, 2004두3854).

12 정답 ⑤

⑤ ❌ 전입신고자가 거주의 목적 이외에 다른 이해관계에 관한 의도를 가지고 있는지 여부, 무허가건축물의 관리, 전입신고를 수리함으로써 당해 지방자치단체에 미치는 영향 등과 같은 사유는 주민등록법이 아닌 다른 법률에 의하여 규율되어야 하며, 주민등록전입신고의 수리 여부를 심사하는 단계에서는 고려대상이 될 수 없다(대판 2009. 7. 9, 2008두19048).

① ⭕ 사인의 공법행위라 함은 행정법 관계에서 사인(私人)의 행위로서, 공법적 효과를 발생시키는(또는 공법적 효과의 발생을 목적으로 하는) 일체의 행위를 말한다.

② ⭕ 사법관계에 있어서는 의사표시가 상대방에게 도달한 경우에는 원칙적으로 그것을 철회할 수 없다. 그러나 사인의 공법상 행위는 명문으로 금지되거나 성질상 불가능한 경우가 아닌 한 그에 따른 행정행위가 행하여질 때까지 자유로이 철회하거나 보정할 수 있다(대판 2014. 7. 10, 2013두7025).

③ ⭕ 사인의 공법행위는 어디까지나 '사인'의 행위이므로 행정행위가 갖고 있는 구속력, 공정력, 존속력, 집행력 등의 우월적 효력은 없다.

④ ⭕ 예외적으로 조건부 사인의 공법행위도 유효하다고 본 판례가 있으나 법적 안정성을 고려하여 사인의 공법행위에는 부관을 붙일 수 없는 것이 원칙이다.

| 관련판례 |

군인사정책상 필요에 의하여 복무연장지원서와 전역(여군의 경우 면역임)지원서를 동시에 제출하게 한 방침에 따라 위 양 지원서를 함께 제출한 이상, 그 취지는 복무연장지원의 의사표시를 우선으로 하되, 그것이 받아들여지지 아니하는 경우에 대비하여 원에 의하여 전역하겠다는 조건부 의사표시를 한 것이므로 그 전역지원의 의사표시도 유효한 것으로 보아야 한다(대판 1994. 1. 11, 93누10057).

13 정답 ③

③ ❌ 학원의 설립·운영에 관한 법률 시행령 제18조에서 수강료의 기준에 관하여 조례 등에 위임한 바 없으므로, 제주도 학원의 설립·운영에 관한 조례나 그에 근거한 제주도 학원 업무처리지침의 관계 규정이 법령의 위임에 따라 법령의 구체적인 내용을 보충하는 기능을 가진 것이라고 보기 어려우므로 법규명령이라고는 볼 수 없고, 행정기관 내부의 업무처리지침에 불과하다(대판 1995. 5. 23, 94도2502).

① ⭕ 소득세법 제23조 제4항, 제45조 제1항 제1호에서 양도소득세의 양도차익을 계산함에 있어 실지거래가액이 적용될 경우를 대통령령에 위임함으로써 동법시행령 제170조 제4항 제2호가 위 위임규정에 따라 양도소득세의 실지거래가액이 적용될 경우의 하나로서 국세청장으로 하여금 양도소득세의 실지거래가액이 적용될 부동산투기억제를 위하

여 필요하다고 인정되는 거래를 지정하게 하면서 그 지정의 절차나 방법에 관하여 아무런 제한을 두고 있지 아니하고 있어 이에 따라 국세청장이 재산제세사무처리규정 제72조 제3항에서 양도소득세의 실지거래가액이 적용될 부동산투기억제를 위하여 필요하다고 인정되는 거래의 유형을 열거하고 있으므로, 이는 **비록 위 재산제세사무처리규정이 국세청장의 훈령형식으로 되어 있다 하더라도 이에 의한 거래지정은 소득세법시행령의 위임에 따라 그 규정의 내용을 보충하는 기능을 가지면서 그와 결합하여 대외적 효력을 발생하게 된다** 할 것이므로 그 보충규정의 내용이 위 법령의 위임한 계를 벗어났다는 등 특별한 사정이 없는 한 양도소득세의 실지거래가액에 의한 과세의 법령상의 근거가 된다(대판 1987. 9. 29, 86누484).

② ⭕ 일반적으로 행정각부의 장이 정하는 고시라 하더라도 그것이 특히 법령의 규정에서 특정 행정기관에게 법령 내용의 구체적 사항을 정할 수 있는 권한을 부여함으로써 그 법령 내용을 보충하는 기능을 가질 경우에는 그 형식과 상관없이 근거 법령 규정과 결합하여 대외적으로 구속력이 있는 **법규명령으로서의 효력을 가진다**(대판 1999. 11. 26, 97누13474).

④ ⭕ 상급행정기관이 하급행정기관에 대하여 업무처리지침이나 법령의 해석적용에 관한 기준을 정하여서 발하는 이른바 행정규칙은 일반적으로 행정조직 내부에서만 효력을 가질뿐 대외적인 구속력을 갖는 것은 아니다(대판 1987. 9. 29, 86누484).

⑤ ⭕ 일반적으로 행정규칙은 행정조직 내부에서만 효력을 가지는 것이고 대외적인 구속력을 가지는 것이 아니어서 원칙적으로 헌법소원의 대상이 되는 '공권력의 행사'에 해당하지 아니한다. 그러나 행정규칙이 법령의 규정에 의하여 행정관청에 법령의 구체적 내용을 보충할 권한을 부여한 경우나, **재량권 행사의 준칙인 규칙이 그 정한 바에 따라 되풀이 시행되어 행정관행이 이룩되게 되면 평등의 원칙이나 신뢰보호의 원칙에 따라 행정기관은 그 상대방에 대한 관계에서 그 규칙에 따라야 할 자기구속을 당하게 되는 경우에는 대외적 구속력을 가지게 되는바, 이러한 경우에는 헌법소원의 대상이 될 수도 있다**(헌재 2002. 7. 18, 2001헌마605).

14 정답 ③

③ ❌ 국토해양부, 환경부, 문화체육관광부, 농림수산부, 식품부가 합동으로 2009. 6. 8. 발표한 '4대강 살리기 마스터플랜' 등은 4대강 정비사업과 주변 지역의 관련 사업을 체계적으로 추진하기 위하여 수립한 종합계획이자 '4대강 살리기 사업'의 기본방향을 제시하는 계획으로서, 행정기관 내부에서 사업의 기본방향을 제시하는 것일 뿐, 국민의 권리·의무에 직접 영향을 미치는 것이 아니어서 **행정처분에는 해당하지 않는다**(대결 2011. 4. 21, 2010무111 전합).

① ⭕

> **현행 행정절차법 제46조(행정예고)** ① 행정청은 정책, 제도 및 계획(이하 "정책등"이라 한다)을 수립·시행하거나 변경하려는 경우에는 이를 예고하여야 한다. 다만, 다음 각 호의 어느 하나에 해당하는 경우에는 예고를 하지 아니할 수 있다.
> 1. 신속하게 국민의 권리를 보호하여야 하거나 예측이 어려운 특별한 사정이 발생하는 등 긴급한 사유로 예고가 현저히 곤란한 경우
> 2. 법령등의 단순한 집행을 위한 경우
> 3. 정책등의 내용이 국민의 권리·의무 또는 일상생활과 관련이 없는 경우
> 4. 정책등의 예고가 공공의 안전 또는 복리를 현저히 해칠 우려가 상당한 경우

> **참고** 구 행정절차법 제46조(행정예고) ① 행정청은 다음 각 호의 어느 하나에 해당하는 사항에 대한 정책, 제도 및 계획을 수립·시행하거나 변경하려는 경우에는 이를 예고하여야 한다. 다만, 예고로 인하여 공공의 안전 또는 복리를 현저히 해칠 우려가 있거나 그 밖에 예고하기 곤란한 특별한 사유가 있는 경우에는 예고하지 아니할 수 있다.
> 3. 많은 국민에게 불편이나 부담을 주는 사항

② ⭕ **문화재보호구역 내에 있는 토지소유자 등**으로서는 위 보호구역의 지정해제를 요구할 수 있는 법규상 또는 조리상의 신청권이 있다고 할 것이고, 이러한 신청에 대한 거부행위는 항고소송의 대상이 되는 행정처분에 해당한다(대판 2004. 4. 27, 2003두8821).

④ ⭕ 구 하수도법 제5조의2에 의하여 기존의 하수도정비기본계획을 변경하여 광역하수종말처리시설을 설치하는 등의 내용으로 수립한 **하수도정비기본계획은 항고소송의 대상이 되는 행정처분에 해당하지 아니한다**(대판 2002. 5. 17, 2001두10578).

⑤ ⭕ 건축법에서 인허가의제 제도를 둔 취지는, 인허가의제사항과 관련하여 건축허가의 관할 행정청으로 창구를 단일화하고 절차를 간소화하며 비용과 시간을 절감함으로써 국민의 권익을 보호하려는 것이지, 인허가의제사항 관련 법률에 따른 각각의 인허가 요건에 관한 일체의 심사를 배제하려는 것으로 보기는 어려우므로, **도시계획시설인 주차장에 대한 건축허가신청을 받은 행정청으로서는 건축법상 허가 요건뿐 아니라 국토의 계획 및 이용에 관한 법령이 정한 도시계획시설사업에 관한 실시계획인가 요건도 충족하는 경우에 한하여** 이를 허가해야 한다(대판 2015. 7. 9, 2015두39590).

15 정답 ①

① ❌ 상가의 관리운영을 목적으로 막대한 공사비를 투입하여 그 시설물을 축조한 다음 이를 행정청에 기부채납하고 그 사용을 위하여 얻은 도로점용허가에 있어서는 부관인 점용기간은 행정행위의 본질적인 요소에 해당한다고 볼 것이어서 **부관인 점용기간을 정함에 위법사유가 있다면 이로써 도로점용허가처분 전부가 위법하게 된다**(대판 1984. 8. 9, 83구122).

② ⭕ 일반적으로 기속행위나 기속적 재량행위에는 부관을 붙일 수 없고 가사 부관을 붙였다 하더라도 무효이다. 건축허가를 하면서 일정 토지를 기부채납하도록 하는 내용의 허가조건은 **부관을 붙일 수 없는 기속행위 내지 기속적 재량행위인 건축허가에 붙인 부담이거나 또는 법령상 아무런 근거가 없는 부관이어서 무효이다**(대판 1995. 6. 13, 94다56883).

③ ⭕ 행정청이 종교단체에 대하여 기본재산전환인가를 함에 있어 인가조건을 부가하고 그 불이행시 인가를 취소할 수 있도록 한 경우, **인가조건의 의미는 철회권을 유보한 것**으로 보아야 한다(대판 2003. 5. 30, 2003다6422).

④ ⭕ 관리처분계획 및 그에 대한 인가처분의 의의와 성질, 그 근거가 되는 도시정비법과 그 시행령상의 위와 같은 규정들에 비추어 보면, 행정청이 관리처분계획에 대한 인가 여부를 결정할 때에는 그 관리처분계획에 도시정비법 제48조 및 그 시행령 제50조에 규정된 사항이 포함되어 있는지, 그 계획의 내용이 도시정비법 제48조 제2항의 기준에 부합하는지 여부 등을 심사·확인하여 그 인가 여부를 결정할 수 있을 뿐 **기부채납과 같은 다른 조건을 붙일 수는 없다**고 할 것이다(대판 2012. 8. 30, 2010두24951).

⑤ ⭕ 행정행위의 부관은 부담인 경우를 제외하고는 독립하여 행정소송의 대상이 될 수 없는바, 기부채납받은 행정재산에 대한 사용·수익허가에서 **공유재산의 관리청이 정한 사용·수익허가의 기간은 그 허가의 효력을 제한하기 위한 행정행위의 부관**으로서 이러한 사용·수익허가의 기간에 대해서는 **독립하여 행정소송을 제기할 수 없다**(대판 2001. 6. 15, 99두509).

16 정답 ②

② ✗ 양수인이 그 양수 후 행정청에 새로운 영업소개설통보를 하였다 하더라도, 그로 인하여 영업양도·양수로 영업소에 관한 권리·의무가 양수인에게 이전하는 법률효과까지 부정되는 것은 아니라 할 것인바, 만일 어떠한 공중위생영업에 대하여 그 영업을 정지할 위법사유가 있다면, 관할 행정청은 그 영업이 양도·양수되었다 하더라도 그 업소의 양수인에 대하여 영업정지처분을 할 수 있다고 봄이 상당하다(대판 2001. 6. 29, 2001두1611).

① ○ 구 여객자동차 운수사업법 제14조 제4항에 의하면 개인택시운송사업을 양수한 사람은 양도인의 운송사업자로서의 지위를 승계하므로, 관할 관청은 개인택시운송사업의 양도·양수에 대한 인가를 한 후에도 그 양도·양수 이전에 있었던 양도인에 대한 운송사업면허 취소사유를 들어 양수인의 사업면허를 취소할 수 있다(대판 2010. 11. 11, 2009두14934).

③ ○ 사실상 영업이 양도·양수되었지만 아직 승계신고 및 그 수리처분이 있기 이전에는 여전히 종전의 영업자인 양도인이 영업허가자이고, 양수인은 영업허가자가 되지 못한다 할 것이어서 행정제재처분의 사유가 있는지 여부 및 그 사유가 있다고 하여 행하는 행정제재처분은 영업허가자인 양도인을 기준으로 판단하여 그 양도인에 대하여 행하여야 할 것이고, 한편 양도인이 그의 의사에 따라 양수인에게 영업을 양도하면서 양수인으로 하여금 영업을 하도록 허락하였다면 그 양수인의 영업 중 발생한 위반행위에 대한 행정적인 책임은 영업허가자인 양도인에게 귀속된다고 보아야 할 것이다(대판 1995. 2. 24, 94누9146).

④ ○ 산림법 제90조의2 제1항, 제118조 제1항, 같은법시행규칙 제95조의2 등 산림법령이 수허가자의 명의변경제도를 두고 있는 취지는, 채석허가가 일반적·상대적 금지를 해제하여 줌으로써 채석행위를 자유롭게 할 수 있는 자유를 회복시켜 주는 것일 뿐 권리를 설정하는 것이 아니어서 관할 행정청과의 관계에서 수허가자의 지위의 승계를 직접 주장할 수는 없다 하더라도, 채석허가가 대물적 허가의 성질을 아울러 가지고 있고 수허가자의 지위가 사실상 양도·양수되는 점을 고려하여 수허가자의 지위를 사실상 양수한 양수인의 이익을 보호하고자 하는 데 있는 것으로 해석되므로, 수허가자의 지위를 양수받아 명의변경신고를 할 수 있는 양수인의 지위는 단순한 반사적 이익이나 사실상의 이익이 아니라 산림법령에 의하여 보호되는 직접적이고 구체적인 이익으로서 법률상 이익이라고 할 것이고, 채석허가가 유효하게 존속하고 있다는 것이 양수인의 명의변경신고의 전제가 된다는 의미에서 관할 행정청이 양도인에 대하여 채석허가를 취소하는 처분을 하였다면 이는 양수인의 지위에 대한 직접적 침해가 된다고 할 것이므로 양수인은 채석허가를 취소하는 처분의 취소를 구할 법률상 이익을 가진다(대판 2003. 7. 11, 2001두6289).

⑤ ○ 사업양도·양수에 따른 허가관청의 지위승계신고의 수리는 적법한 사업의 양도·양수가 있었음을 전제로 하는 것이므로 그 수리대상인 사업양도·양수가 존재하지 아니하거나 무효인 때에는 수리를 하였다 하더라도 그 수리는 유효한 대상이 없는 것으로서 당연히 무효라 할 것이고, 사업의 양도행위가 무효라고 주장하는 양도자는 민사쟁송으로 양도·양수행위의 무효를 구함이 없이 막바로 허가관청을 상대로 하여 행정소송으로 위 신고수리처분의 무효확인을 구할 법률상 이익이 있다(대판 2005. 12. 23, 2005두3554).

17 정답 ①

① ○ 행정행위를 한 처분청은 그 행위에 하자가 있는 경우에 별도의 법적 근거가 없더라도 스스로 이를 취소할 수 있는 것이며, 다만 그 행위가 국민에게 권리나 이익을 부여하는 이른바 수익적 행정행위인 때에는 그 행위를 취소하여야 할 공익상 필요와 그 취소로 인하여 당사자가 입을 기득권과 신뢰보호 및 법률생활 안정의 침해등 불이익을 비교교량한 후 공익상 필요가 당사자의 기득권침해등 불이익을 정당화할 수 있을 만큼 강한 경우에 한하여 취소할 수 있다(대판 1986. 2. 25, 85누664).

② ✗ 국유잡종재산에 관한 관리 처분의 권한을 위임받은 기관이 국유잡종재산을 대부하는 행위는 국가가 사경제 주체로서 상대방과 대등한 위치에서 행하는 사법상의 계약이므로(대판 2000. 2. 11, 99다61676), 국유 일반재산 대부계약(임대계약)의 취소는 강학상 행정행위의 철회가 아니라 사법상의 의사표시에 해당한다.

③ ✗ 부정한 수단으로 운전면허를 취득한 자에 대한 운전면허취소는 강학상 행정행위의 취소에 해당한다.

┌ 관련판례 ┐
행정행위의 '취소'는 일단 유효하게 성립한 행정행위를 그 행위에 위법한 하자가 있음을 이유로 소급하여 효력을 소멸시키는 별도의 행정처분을 의미함이 원칙이다. 반면, 행정행위의 '철회'는 적법요건을 구비하여 완전히 효력을 발하고 있는 행정행위를 사후적으로 효력의 전부 또는 일부를 장래에 향해 소멸시키는 별개의 행정처분이다. 그리고 행정행위의 '취소 사유'는 원칙적으로 행정행위의 성립 당시에 존재하였던 하자를 말하고, '철회 사유'는 행정행위가 성립된 이후에 새로이 발생한 것으로서 행정행위의 효력을 존속시킬 수 없는 사유를 말한다(대판 2018. 6. 28. 2015두58195).

④ ✗ 행정행위(과세처분)의 취소처분의 위법이 중대하고 명백하여 당연무효이거나, 그 취소처분에 대하여 소원 또는 행정소송으로 다툴 수 있는 명문규정이 있는 경우는 별론, 행정행위의 취소처분의 취소에 의하여 이미 효력을 상실한 행정행위를 소생시킬 수 없고, 그러기 위하여는 원 행정행위와 동일내용의 행정행위를 다시 행할 수밖에 없다(대판 1979. 5. 8, 77누61).

⑤ ✗ 영업의 금지를 명한 영업허가취소처분 자체가 나중에 행정쟁송절차에 의하여 취소되었다면 그 영업허가취소처분은 그 처분시에 소급하여 효력을 잃게 되며, 그 영업허가취소처분에 복종할 의무가 원래부터 없었음이 확정되었다고 봄이 타당하고, 영업허가취소처분이 장래에 향하여서만 효력을 잃게 된다고 볼 것은 아니므로 그 영업허가취소처분 이후의 영업행위를 무허가영업이라고 볼 수는 없다(대판 1993. 6. 25, 93도277).

18 정답 ②

② ○ 공무원의 주민등록번호와 공무원이 직무와 관련 없이 개인적인 자격으로 간담회·연찬회 등 행사에 참석하고 금품을 수령한 정보는 공공기관의 정보공개에 관한 법률 제7조 제1항 제6호 단서 (다)목에서 정한 '공개하는 것은 공익을 위하여 필요하다고 인정되는 정보'에 해당하지 않는다(대판 2004. 8. 20, 2003두8302). → 공무원이 직무와 관련 없이 개인적인 자격으로 간담회·연찬회 등 행사에 참석하고 금품을 수령한 정보는 비공개대상정보에 해당 ○

① ✗ 정보공개법 제2조 제1호, 제3조에 의하면, 공공기관이 직무상 작성하여 관리하고 있는 정보는 정보공개법이 정하는 바에 따라 공개하여야 하는 것인바, 이 사건 정보는 피고가 주택건설사업과 분양업무라는 직무와 관련하여 작성하고 관리하는 정보임이 기록상 분명하므로, 정보공개법의 적용대상인 정보에 해당한다고 할 것이다. 따라서 이 사건 정보는 피고가 사경제의 주체라는 지위에서 행한 사업과 관련된 정보이니 정보공개법이 적용될 여지가 없다는 피고의 상고이유의 주장은 이유 없다(대판 2007. 6. 1, 2006두20587).

③ ✗ 국민의 정보공개청구권은 법률상 보호되는 구체적인 권리이므로, 공공기관에 대하여 정보의 공개를 청구하였다가 공개거부처분을 받은 청구인은 행정소송을 통하여 그 공개거부처분의 취소를 구할 법률상의 이익이 있고, 공개청구의 대상이 되는 정보가 이미 다른 사람에게 공

개되어 널리 알려져 있다거나 인터넷 등을 통하여 공개되어 인터넷검색 등을 통하여 쉽게 알 수 있다는 사정만으로는 소의 이익이 없다거나 비공개결정이 정당화될 수 없다(대판 2010. 12. 23, 2008두13101).

④ ❌ 재소자가 교도관의 가혹행위를 이유로 형사고소 및 민사소송을 제기하면서 그 증명자료 확보를 위해 '근무보고서'와 '징벌위원회 회의록' 등의 정보공개를 요청하였으나 교도소장이 이를 거부한 사안에서, **근무보고서는 비공개대상정보에 해당한다고 볼 수 없고, 징벌위원회 회의록 중 비공개 심사·의결 부분은 비공개사유에 해당하지만 징벌절차 진행 부분은 비공개사유에 해당하지 않는다고 보아 분리 공개가 허용된다**고 한 사례(대판 2009. 12. 10, 2009두12785).

⑤ ❌ 공공기관의 정보공개에 관한 법률 제1조, 제3조, 헌법 제37조의 각 취지와 행정입법으로는 법률이 구체적으로 범위를 정하여 위임한 범위 안에서만 국민의 자유와 권리에 관련된 규율을 정할 수 있는 점 등을 고려할 때, 공공기관의 정보공개에 관한 법률 제7조 제1항 제1호 소정의 '법률에 의한 명령'은 법률의 위임규정에 의하여 제정된 대통령령, 총리령, 부령 전부를 의미한다기보다는 **정보의 공개에 관하여 법률의 구체적인 위임 아래 제정된 법규명령(위임명령)을 의미한다**(대판 2003. 12. 11, 2003두8395). 다만, 국회규칙·대법원규칙·헌법재판소규칙·중앙선거관리위원회규칙·대통령령 및 조례에 한정된다(공공기관의 정보공개에 관한 법률 제9조 제1항 제1호). 따라서 총리령이나 부령, 행정규칙은 이에 해당하지 않는다.

19
정답 ⑤

⑤ ❌ 절차상 또는 형식상 하자로 무효인 행정처분에 대하여 행정청이 적법한 절차 또는 형식을 갖추어 다시 동일한 행정처분을 하였다면, 종전의 무효인 행정처분에 대한 무효확인 청구는 과거의 법률관계의 효력을 다투는 것에 불과하므로 무효확인을 구할 법률상 이익이 없다(대판 2010. 4. 29, 2009두16879).

① ⭕ 행정과정에 대한 국민의 참여와 행정의 공정성, 투명성 및 신뢰성을 확보하고 국민의 권익을 보호함을 목적으로 하는 행정절차법의 입법목적과 행정절차법 제3조 제2항 제9호의 규정 내용 등에 비추어 보면, **공무원 인사관계 법령에 의한 처분에 관한 사항 전부에 대하여 행정절차법의 적용이 배제되는 것이 아니라 성질상 행정절차를 거치기 곤란하거나 불필요하다고 인정되는 처분이나 행정절차에 준하는 절차를 거치도록 하고 있는 처분의 경우에만 행정절차법의 적용이 배제된다**(대판 2007. 9. 21, 2006두20631).

② ⭕ 행정절차법 제2조 제4호가 행정절차법의 당사자를 행정청의 처분에 대하여 직접 그 상대가 되는 당사자로 규정하고, 도로법 제25조 제3항이 도로구역을 결정하거나 변경할 경우 이를 고시에 의하도록 하면서, 그 도면을 일반인이 열람할 수 있도록 한 점 등을 종합하여 보면, **도로구역을 변경한 이 사건 처분은 행정절차법 제21조 제1항의 사전통지나 제22조 제3항의 의견청취의 대상이 되는 처분이 아니라고 할 것**이다(대판 2008. 6. 12. 2007두1767).

③ ⭕ 군인사법 및 그 시행령에 이 사건 처분과 같이 진급예정자 명단에 포함된 자의 진급선발을 취소하는 처분을 함에 있어 행정절차에 준하는 절차를 거치도록 하는 규정이 없을 뿐만 아니라 위 처분이 성질상 행정절차를 거치기 곤란하거나 불필요하다고 인정되는 처분이라고 보기도 어렵다고 할 것이어서 이 사건 처분이 행정절차법의 적용이 제외되는 경우에 해당한다고 할 수 없으며, 나아가 **원고가 수사과정 및 징계과정에서 자신의 비위행위에 대한 해명기회를 가졌다는 사정만으로 이 사건 처분이 행정절차법 제21조 제4항 제3호, 제22조 제4항에 따라 원고에게 사전통지를 하지 않거나 의견제출의 기회를 주지 아니하여도 되는 예외적인 경우에 해당한다고 할 수 없으므로, 피고가 이 사건 처분을 함에 있어 원고에게 의견제출의 기회를 부여하지 아니한 이상, 이 사건 처분은 절차상 하자가 있어 위법하다고 할 것**이다(대판 2007. 9. 21, 2006두20631).

④ ⭕ 행정절차법 제23조 제1항은 '행정청은 처분을 하는 때에는 당사자에게 그 근거와 이유를 제시하여야 한다.'고 규정하고 있는바, 일반적으로 당사자가 근거규정 등을 명시하여 신청하는 **인·허가 등을 거부하는 처분을 함에 있어 당사자가 그 근거를 알 수 있을 정도로 상당한 이유를 제시한 경우에는 당해 처분의 근거 및 이유를 구체적 조항 및 내용까지 명시하지 않았더라도 그로 말미암아 그 처분이 위법한 것이 된다고 할 수 없다**(대판 2002. 5. 17, 2000두8912).

20
정답 ③

③ ❌

> **건축법 제79조(위반 건축물 등에 대한 조치 등)** ② 허가권자는 제1항에 따라 허가나 승인이 취소된 건축물 또는 제1항에 따른 시정명령을 받고 이행하지 아니한 건축물에 대하여는 다른 법령에 따른 영업이나 그 밖의 행위를 허가·면허·인가·등록·지정 등을 하지 아니하도록 요청할 수 있다. 다만, 허가권자가 기간을 정하여 그 사용 또는 영업, 그 밖의 행위를 허용한 주택과 대통령령으로 정하는 경우에는 그러하지 아니하다.
> ③ 제2항에 따른 요청을 받은 자는 특별한 이유가 없으면 요청에 따라야 한다.

① ⭕ 명단의 공표(위반사실의 공표)란 행정법상의 의무 위반 또는 의무불이행이 있는 경우에 그 위반자의 성명, 위반사실 등을 일반에게 공개하여 명예 또는 신용에 침해를 가함으로써 심리적인 압박을 가하여 행정법상의 의무이행을 확보하는 간접강제수단을 말한다. 행정법상의 의무위반자의 명단을 공표하는 것은 그의 명예, 신용 또는 프라이버시에 대한 침해를 초래하므로 법에 근거가 있는 경우에 한하여 가능하다.

② ⭕ 시정명령의 속성상 시정명령의 내용은 과거의 위반행위에 대한 중지는 물론 가까운 장래에 반복될 우려가 있는 동일한 유형의 행위에 대한 반복금지까지 명할 수 있는 것으로 해석함이 상당하다(대판 2003. 2. 20, 2001두5347 전합).

④ ⭕ 수도의 공급거부 자체는 권력적 사실행위로서 처분성이 긍정된다. 판례도 "단수처분은 항고소송의 대상이 되는 행정처분에 해당한다"고 판시하였다(대판 1979. 12. 28, 79누218).

⑤ ⭕ 영업정지처분에 갈음하여 과징금을 부과할 수 있는 것으로 규정하고 있는 경우가 적지 않는데, 이와 같이 영업정지에 갈음하여 부과되는 과징금을 변형된 과징금이라 한다. 영업정지처분에 갈음하는 과징금이 규정되어 있는 경우 **과징금을 부과할 것인지 영업정지처분을 내릴 것인지는 통상 행정청의 재량에 속한다**(대판 1998.4.10. 98두2270).

21
정답 ②

② ❌ 행정처분의 취소 또는 무효확인을 구하는 행정소송은 다른 법률에 특별한 규정이 없는 한 그 처분을 행한 행정청을 피고로 하여야 하며, **행정처분을 행할 적법한 권한있는 상급행정청으로부터 내부위임을 받은데 불과한 하급행정청이 권한 없이 행정처분을 한 경우에도 실제로 그 처분을 행한 하급행정청을 피고로 할 것이지 그 상급행정청을 피고로 할 것은 아니다**(대판 1989. 11. 14, 89누4765).

참고 권한의 위임(또는 내부위임)이 있는 경우, 항고소송의 피고적격
① 권한의 위임이 있는 경우에는 수임기관은 자신의 이름으로 처분을 하며 이 경우에 수임 행정기관이 피고가 된다.
② 내부위임의 경우에는 처분권한이 이전되지는 않는다. 따라서 내부위임의 경우에 처분은 위임청의 이름으로 행해져야 한다. 이 경우에 항고소송의 피고는 처분청인 위임청이 된다.
③ 내부위임의 경우에 위임청의 명의로 처분을 해야 함에도 불구하고 수임기관이 자신의 명의로 처분을 행하는 경우가 있다. 항고소송의 대상이 되는 처분청이라 함은 대외적으로 그의 명의로 처분을 한 행정청을 말하므로, 이러한 경우에도 자신의 명의로 실제로 그 처분을 한 수임기관(하급행정청)을 피고로 하여야 한다. 물론 그 처분은 권한 없는 자가 한 위법한 처분이 될 것이지만, 이는 본안에서 판단할 사항일 뿐 피고적격을 판단함에 있어서는 고려할 사항이 아니다.

① ◎ **행정권한의 위임**은 행정관청이 법률에 따라 특정한 권한을 다른 행정관청에 이전하여 수임관청의 권한으로 행사하도록 하는 것이어서 **권한의 법적인 귀속을 변경하는 것이므로 법률의 위임을 허용하고 있는 경우에 한하여 인정된다** 할 것이고, 이에 반하여 행정권한의 내부위임은 법률이 위임을 허용하고 있지 아니한 경우에도 행정관청의 내부적인 사무처리의 편의를 도모하기 위하여 그의 보조기관 또는 하급행정관청으로 하여금 그의 권한을 사실상 행사하게 하는 것이므로, 권한위임의 경우에는 수임관청이 자기의 이름으로 그 권한행사를 할 수 있지만 내부위임의 경우에는 수임관청은 위임관청의 이름으로만 그 권한을 행사할 수 있을 뿐 자기의 이름으로는 그 권한을 행사할 수 없는 것이다(대판 1992. 4. 24, 91누5792).
③ ◎ **전결과 같은 행정권한의 내부위임**은 법령상 처분권자인 행정관청이 내부적인 사무처리의 편의를 도모하기 위하여 그의 보조기관 또는 하급행정관청으로 하여금 그의 권한을 사실상 행사하게 하는 것으로서 **법률이 위임을 허용하지 않는 경우에도 인정**된다(대판 1998. 2. 27, 97누1105).
④ ◎ 도로의 유지·관리에 관한 상위 지방자치단체장의 행정권한이 행정권한위임조례에 의하여 하위 지방자치단체장에게 위임되었다면 사무귀속의 주체는 상위 지방자치단체장이라 하더라도 권한을 위임받은 하위 지방자치단체장이 도로의 관리청이 되고 **위임관청은 사무처리의 권한을 잃는다**(대판 1999. 4. 23. 98다61562).
⑤ ◎

행정 효율과 협업 촉진에 관한 규정 제10조(문서의 결재) ① 문서는 해당 행정기관의 장의 결재를 받아야 한다. 다만, 보조기관 또는 보좌기관의 명의로 발신하는 문서는 그 보조기관 또는 보좌기관의 결재를 받아야 한다.
② 행정기관의 장은 업무의 내용에 따라 보조기관 또는 보좌기관이나 해당 업무를 담당하는 공무원으로 하여금 위임전결하게 할 수 있으며, 그 위임전결 사항은 해당 기관의 장이 훈령이나 지방자치단체의 규칙으로 정한다.
③ 제1항이나 제2항에 따라 결재할 수 있는 사람이 휴가, 출장, 그 밖의 사유로 결재할 수 없을 때에는 그 직무를 대리하는 사람이 대결하고 내용이 중요한 문서는 사후에 보고하여야 한다.

22 정답 ④

④ ✗ 공무원이 사직의 의사표시를 하여 의원면직처분을 하는 경우 그 사직의 의사표시는 그 법률관계의 특수성에 비추어 외부적·객관적으로 표시된 바를 존중하여야 할 것이므로, 비록 사직원제출자의 내심의 의사가 사직할 뜻이 아니었다고 하더라도 **진의 아닌 의사표시에 관한 민법 제107조는 그 성질상 사직의 의사표시와 같은 사인의 공법행위에는 준용되지 아니하므로 그 의사가 외부에 표시된 이상 그 의사는 표시된 대로 효력을 발한다**(대판 1997. 12. 12, 97누1396).

① ◎ 직위해제처분은 공무원에 대하여 불이익한 처분이긴 하나 징계처분과 같은 성질의 처분이라고는 볼 수 없으므로 동일한 사유에 대한 직위해제처분이 있은 후 다시 해임처분이 있었다 하여 일사부재리의 법리에 어긋난다고 할 수 없다(대판 1984. 2. 28, 83누48).
② ◎ 직위해제처분이 있은 후 면직처분이 된 경우 전자에 대하여 소청심사청구 등 불복을 함이 없고 그 처분이 당연무효인 경우도 아닌 이상 그 후의 면직처분에 대한 불복의 행사소송에서 전자(직위해제처분)의 취소사유를 들어 위법을 주장할 수 없다(대판 1970. 1. 27, 68누1).
③ ◎ 공무원이 한 사직의 의사표시는 그에 터잡은 의원면직처분이 있을 때까지는 원칙적으로 이를 철회할 수 있는 것이지만, 다만 의원면직처분이 있기 전이라도 사직의 의사표시를 철회하는 것이 신의칙에 반한다고 인정되는 특별한 사정이 있는 경우에는 그 철회는 허용되지 아니한다(대판 1993. 7. 27, 92누16942).
⑤ ◎ **징계면직**이란 공무원이 공무원법상 요구되는 의무를 위반한 때, 그에 대하여 가해지는 제재로서의 징계처분에 의한 파면과 해임을 의미한다. 파면과 해임은 모두 공무원의 신분을 박탈하는 징계처분인 점에서는 동일하지만, 공직에의 취임제한(파면은 5년간, 해임은 3년간), 퇴직급여 및 퇴직수당급여의 제한(파면은 2분의1 감액, 해임은 전액 지급) 등 그 부수적인 효과가 다르다. **직권면직**은 그 처분의 사유와 효과 면에서 징계면직처분(파면, 해임)과 구별되지만 공무원 본인의 의사와는 관계없이 임용권자(징계처분권자)의 일방적인 의사에 의하여 신분관계를 소멸시킨다는 점에서는 파면·해임과 같은 효과가 있다.

23 정답 ②

② ✗ **국가기본도상의 해상경계선**은 국토지리정보원이 국가기본도상 도서 등의 소속을 명시할 필요가 있는 경우 해당 행정구역과 관련하여 표시한 선으로서, 여러 도서 사이의 적당한 위치에 각 소속이 인지될 수 있도록 실지측량 없이 표시한 것에 불과하므로, 이 해상경계선을 공유수면에 대한 불문법상 행정구역에 경계로 인정해 온 종전의 결정은 이 결정의 견해와 저촉되는 범위 내에서 이를 변경하기로 한다(헌재 2015. 7. 30, 2010헌라2).

보충 지방자치단체 사이의 불문법상 해상경계가 성립하기 위해서는 ① 관계 지방자치단체·주민들 사이에 해상경계에 관한 일정한 관행이 존재하고, ② 그 해상경계에 관한 관행이 장기간 반복되어야 하며, ③ 그 해상경계에 관한 관행을 법규범이라고 인식하는 관계 지방자치단체·주민들의 법적 확신이 있어야 한다. **국가기본도에 표시된 해상경계선은 그 자체로 불문법상 해상경계선으로 인정되는 것은 아니나**, 관할 행정청이 국가기본도에 표시된 해상경계선을 기준으로 하여 과거부터 현재에 이르기까지 반복적으로 처분을 내리고, 지방자치단체가 허가, 면허 및 단속 등의 업무를 지속적으로 수행하여 왔다면 국가기본도상의 해상경계선은 여전히 지방자치단체 관할 경계에 관하여 불문법으로서 그 기준이 될 수 있다(헌재 2021.02.25. 2015헌라7) → 결정의 의의: 헌법재판소는 위 2010헌라2 결정은 특별한 사정이 없는 이상 1948. 8. 15.에 가장 근접한 국가기본도에 규범적 효력을 인정하여 국가기본도에 표시된 해상경계선을 그 자체로 불문법상 해상경계선으로 인정해 온 종전의 입장을 변경한 것일 뿐이고, 위 2010헌라2 결정에 따르더라도, 1948. 8. 15. 당시 존재하던 불문법상 경계는 여전히 해상경계 획정의 원천적인 기준이 되며, 비록 국토지리정보원이 발행한 국가기본도상에 표시된 해상경계가 특별한 사정이 없는 한 그 자체로 불문법상 해상경계선으로 인정될 수는 없다고 할지라도, 국가기본도에 표시된 해상경계선을 기준으로 하여 과거부터 현재에 이르기까지 관할 행정청이 반복적으로 처분을 내리고, 지방자치단체가 허가, 면허 및 단속 등의 업무를 지속적으로 수행하여 왔다면 국가기본도상의 해상경계선은 여전히 지방자치단체 관할 경계에 관하여 불문법으로서 그 기준이 될 수 있음을 확인하였다.

① ○

지방자치법 제5조(지방자치단체의 명칭과 구역) ④ 제1항 및 제2항에도 불구하고 다음 각 호의 지역이 속할 지방자치단체는 제5항부터 제8항까지의 규정에 따라 **행정안전부장관이 결정**한다.
1. 「공유수면 관리 및 매립에 관한 법률」에 따른 매립지
2. 「공간정보의 구축 및 관리 등에 관한 법률」 제2조제19호의 지적공부(이하 "지적공부"라 한다)에 등록이 누락된 토지

③ ○

지방자치법 제5조(지방자치단체의 명칭과 구역) ① 지방자치단체의 명칭과 구역은 종전과 같이 하고, **명칭과 구역을 바꾸거나** 지방자치단체를 폐지하거나 설치하거나 나누거나 합칠 때에는 **법률로 정한다**.
② 제1항에도 불구하고 지방자치단체의 구역변경 중 **관할 구역 경계변경**(이하 "경계변경"이라 한다)과 지방자치단체의 한자 명칭의 변경은 **대통령령으로 정한다**. 이 경우 경계변경의 절차는 제6조에서 정한 절차에 따른다.

④ ○

지방자치법 제5조(지방자치단체의 명칭과 구역) ③ 다음 각 호의 어느 하나에 해당할 때에는 관계 지방의회의 의견을 들어야 한다. 다만, 「주민투표법」 제8조에 따라 주민투표를 한 경우에는 그러하지 아니하다.
1. 지방자치단체를 폐지하거나 설치하거나 나누거나 합칠 때
2. 지방자치단체의 구역을 변경할 때(경계변경을 할 때는 제외한다)
3. 지방자치단체의 명칭을 변경할 때(한자 명칭을 변경할 때를 포함한다)

⑤ ○

지방자치법 제31조(지방자치단체를 신설하거나 격을 변경할 때의 조례·규칙 시행) 지방자치단체를 나누거나 합하여 새로운 지방자치단체가 설치되거나 지방자치단체의 격이 변경되면 그 지방자치단체의 장은 필요한 사항에 관하여 새로운 조례나 규칙이 제정·시행될 때까지 종래 그 지역에 시행되던 조례나 규칙을 계속 시행할 수 있다.

24 정답 ③

③ ✗

주민투표법 제25조(주민투표소송 등) ① 주민투표의 효력에 관하여 이의가 있는 주민투표권자는 주민투표권자 총수의 100분의 1 이상의 서명으로 제24조 제3항의 규정에 의하여 주민투표결과가 공표된 날부터 14일 이내에 관할선거관리위원회 위원장을 피소청인으로 하여 시·군 및 자치구에 있어서는 특별시·광역시·도 선거관리위원회에, 특별시·광역시 및 도에 있어서는 중앙선거관리위원회에 **소청**할 수 있다.
② 제1항의 소청에 대한 결정에 관하여 불복이 있는 소청인은 관할 선거관리위원회위원장을 피고로 하여 그 결정서를 받은 날(결정서를 받지 못한 때에는 결정기간이 종료된 날을 말한다)부터 10일 이내에 특별시·광역시 및 도에 있어서는 **대법원**에, 시·군 및 자치구에 있어서는 **관할 고등법원에 소**를 제기할 수 있다.

① ○ 주민투표권은 법률이 보장하는 권리일 뿐이지 헌법이 보장하는 기본권 또는 헌법상 제도적으로 보장되는 주관적 공권으로 볼 수 없다(헌재 2007. 6. 28, 2004헌마643).

② ○

지방자치법 제14조(주민투표) ① 지방자치단체의 장은 주민에게 과도한 부담을 주거나 중대한 영향을 미치는 지방자치단체의 주요 결정사항 등에 대하여 주민투표에 부칠 수 있다.
주민투표법 제7조(주민투표의 대상) ① 주민에게 과도한 부담을 주거나 중대한 영향을 미치는 지방자치단체의 주요결정사항으로서 그 지방자치단체의 조례로 정하는 사항은 주민투표에 부칠 수 있다.
② 제1항의 규정에 불구하고 다음 각 호의 사항은 이를 주민투표에 부칠 수 없다.
1. 법령에 위반되거나 재판중인 사항
2. 국가 또는 다른 지방자치단체의 권한 또는 사무에 속하는 사항
3. 지방자치단체의 예산·회계·계약 및 재산관리에 관한 사항과 지방세·사용료·수수료·분담금 등 각종 공과금의 부과 또는 감면에 관한 사항
4. 행정기구의 설치·변경에 관한 사항과 공무원의 인사·정원 등 신분과 보수에 관한 사항
5. 다른 법률에 의하여 주민대표가 직접 의사결정주체로서 참여할 수 있는 공공시설의 설치에 관한 사항. 다만, 제9조 제5항의 규정에 의하여 지방의회가 주민투표의 실시를 청구하는 경우에는 그러하지 아니하다.
6. 동일한 사항(그 사항과 취지가 동일한 경우를 포함한다)에 대하여 주민투표가 실시된 후 2년이 경과되지 아니한 사항

④ ○

주민투표법 제3조(주민투표사무의 관리) ① 주민투표사무는 이 법에 특별한 규정이 있는 경우를 제외하고는 특별시·광역시 또는 도에 있어서는 특별시·광역시·도 선거관리위원회가, 자치구·시 또는 군에 있어서는 구·시·군 선거관리위원회가 관리한다.

⑤ ○

주민투표법 제5조(주민투표권) ① **19세 이상의 주민** 중 제6조 제1항에 따른 투표인명부 작성기준일 현재 다음 각 호의 어느 하나에 해당하는 사람에게는 주민투표권이 있다. 다만, 공직선거법 제18조에 따라 선거권이 없는 사람에게는 주민투표권이 없다.
1. 그 지방자치단체의 관할 구역에 주민등록이 되어 있는 사람
2. 출입국관리 관계 법령에 따라 대한민국에 계속 거주할 수 있는 자격(체류자격변경허가 또는 체류기간연장허가를 통하여 계속 거주할 수 있는 경우를 포함한다)을 갖춘 **외국인으로서 지방자치단체의 조례로 정한 사람**

25 정답 ②

② ✗

경찰관 직무집행법 제11조의2(손실보상) ① 국가는 경찰관의 적법한 직무집행으로 인하여 다음 각 호의 어느 하나에 해당하는 손실을 입은 자에 대하여 정당한 보상을 하여야 한다.
1. 손실발생의 원인에 대하여 책임이 없는 자가 생명·신체 또는 재산상의 손실을 입은 경우(손실발생의 원인에 대하여 책임이 없는 자가 경찰관의 직무집행에 자발적으로 협조하거나 물건을 제공하여 생명·신체 또는 재산상의 손실을 입은 경우를 포함한다)

② 제1항에 따른 보상을 청구할 수 있는 권리는 **손실이 있음을 안 날부터 3년, 손실이 발생한 날부터 5년간** 행사하지 아니하면 시효의 완성으로 소멸한다.

① ⭕ 경찰상 행위책임은 민사책임이나 형사책임과 달리 행위자의 의사능력, 행위능력(또는 불법행위능력) 및 고의·과실 여부를 묻지 않고 인정되는 책임이다. 따라서 경찰책임의 경우 행위자나 감독자의 고의 또는 과실은 원칙적으로 그 요건이 아니다.

③ ⭕ 행위책임과 상태책임이 경합하는 경우에는 우선적으로 행위책임자에 대하여 경찰권이 발동되어야 하고, 동일인이 복합적인 책임을 지는 경우에는 하나의 책임을 지는 자보다는 복합적 책임을 지는 자가 우선적으로 경찰권 발동의 대상이 되어야 한다.

④ ⭕ 경찰권은 원칙적으로 경찰책임자에게 발동되어야 하지만, 경찰책임이 없는 제3자(비책임자)에 대하여서도 긴급성이 있고, 법률의 근거가 있는 경우에 한하여, 비례의 원칙에 따라 경찰권을 발동할 수 있을 것이다.

⑤ ⭕ 휴대폰 가게 내의 TV에서 방영되는 월드컵 축구시합을 보려고 모여든 군중이 도로의 통행을 방해한 경우, 경찰상의 위해를 직접 야기한 행위자는 모여든 군중이므로 모인 군중에게 경찰책임(행위책임)이 귀속된다.

소방행정법 [소방간부 2018. 1. 20. 시행]

제12회 실전 기출문제

01 ⑤ 02 ① 03 ③ 04 ③ 05 ③ 06 ④ 07 ① 08 ⑤ 09 ③,④ 10 ⑤
11 ⑤ 12 ① 13 ④ 14 ① 15 ② 16 ② 17 ④ 18 ③,④,⑤ 19 ② 20 ⑤
21 ④ 22 정답없음 23 ③ 24 ② 25 ①

01
정답 ⑤

⑤ ❌ 공유수면매립법시행령 제11조에 면허관청은 매립을 면허하는 경우에 공익상 또는 이해관계인의 보호에 관하여 필요하다고 인정하는 조건을 붙일 수 있다는 규정이 있다하여 부관상의 이해관계를 갖는 자를 곧바로 법률상의 이해관계를 갖는 자라고는 볼 수 없다(대판 1982. 12. 28. 80다731).

① ⭕ 수익적 행정행위에 있어서는 법령에 특별한 근거규정이 없다고 하더라도 그 부관으로서 부담을 붙일 수 있으나, 그러한 부담은 비례의 원칙, 부당결부금지의 원칙에 위반되지 않아야만 적법하다(대판 1997. 3. 11. 96다49650).

② ⭕ 행정행위의 부관인 부담에 정해진 바에 따라 당해 행정청이 아닌 다른 행정청이 그 부담상의 의무이행을 요구하는 의사표시를 하였을 경우, 이러한 행위가 당연히 또는 무조건으로 행정소송법상 항고소송의 대상이 되는 처분에 해당한다고 할 수는 없다(대판 1992. 1. 21. 91누1264).

③ ⭕ 행정행위의 부관으로 취소권이 유보되어 있는 경우, 당해 행정행위를 한 행정청은 그 취소사유가 법령에 규정되어 있는 경우뿐만 아니라 의무위반이 있는 경우, 사정변경이 있는 경우, 좁은 의미의 취소권이 유보된 경우, 또는 중대한 공익상의 필요가 발생한 경우 등에도 그 행정처분을 취소할 수 있는 것이다(대판 1984. 11. 13. 84누269).

④ ⭕ 행정청이 수익적 행정처분을 하면서 부가한 부담의 위법 여부는 처분 당시 법령을 기준으로 판단하여야 하고, 부담이 처분 당시 법령을 기준으로 적법하다면 처분 후 부담의 전제가 된 주된 행정처분의 근거 법령이 개정됨으로써 행정청이 더 이상 부관을 붙일 수 없게 되었다 하더라도 곧바로 위법하게 되거나 그 효력이 소멸하게 되는 것은 아니다. 따라서 행정처분의 상대방이 수익적 행정처분을 얻기 위하여 행정청과 사이에 행정처분에 부가할 부담에 관한 협약을 체결하고 행정청이 수익적 행정처분을 하면서 협약상의 의무를 부담으로 부가하였으나 부담의 전제가 된 주된 행정처분의 근거 법령이 개정됨으로써 행정청이 더 이상 부관을 붙일 수 없게 된 경우에도 곧바로 협약의 효력이 소멸하는 것은 아니다(대판 2009. 2. 12. 2005다65500).

02
정답 ①

① ❌ 과세관청이 증여세과세처분 당시 납세자의 주소지나 거소지를 관할하는 세무서는 아니지만, 증여세 결정전통지서가 송달될 당시에는 납세자의 주소지를 관할하고 있었고, 과세처분 납세고지서가 납세자에게 송달되어 납세자가 증여세를 그 납부기한 안에 납부하였으며, 과세처분 당시 3개월마다 갱신되는 전산자료를 행정자치부로부터 받아 납세자의 주소지를 확인하고 있던 과세당국으로서는 과세처분 납세고지서가 납세자에게 송달될 때 납세자의 주민등록 변경사항을 전산자료를 통하여 확인할 수 없었던 점 등에 비추어 보면, 납세자의 주소지를 관할하지 아니하는 세무서장이 한 증여세부과처분이 위법하나 그 흠이 객관적으로 명백하여 당연무효라고 볼 수는 없다(대판 2003. 1. 10. 2002다61897).

② ⭕ 행정처분이 당연무효라고 하기 위하여는 처분에 위법사유가 있다는 것만으로는 부족하고 그 하자가 법규의 중요한 부분을 위반한 중대한 것으로서 객관적으로 명백한 것이어야 하며, 하자가 중대하고 명백한

것인지 여부를 판별함에 있어서는 그 법규의 목적, 의미, 기능 등을 목적론적으로 고찰함과 동시에 구체적 사안 자체의 특수성에 관하여도 합리적으로 고찰함을 요한다(대판 2007. 11. 15. 2005다24646).

③ ◎ 집합건물 중 일부 구분건물의 소유자인 피고인이 관할 소방서장으로부터 소방시설 불량사항에 관한 시정보완명령을 받고도 따르지 아니한 경우, 담당 소방공무원이 행정처분인 위 명령을 구술로 고지한 것은 행정절차법 제24조를 위반한 것으로 하자가 중대하고 명백하여 당연 무효이고, 무효인 명령에 따른 의무위반이 생기지 아니하는 이상 피고인에게 명령 위반을 이유로 소방시설 설치유지 및 안전관리에 관한 법률 제48조의2 제1호에 따른 행정형벌을 부과할 수 없다(대판 2011. 11. 10. 2011도11109).

④ ◎ 행정처분에 대한 무효확인과 취소청구는 서로 양립할 수 없는 청구로서 주위적·예비적 청구로서만 병합이 가능하고 선택적 청구로서의 병합이나 단순 병합은 허용되지 아니한다(대판 1999. 8. 20. 97누6889).

⑤ ◎ 하자 있는 행정처분을 놓고 이를 무효로 볼 것인지 아니면 단순히 취소할 수 있는 처분으로 볼 것인지는 동일한 사실관계를 토대로 한 법률적 평가의 문제에 불과하고, 행정처분의 무효확인을 구하는 소에는 특단의 사정이 없는 한 그 취소를 구하는 취지도 포함되어 있다고 보아야 하는 점 등에 비추어 볼 때, 동일한 행정처분에 대하여 무효확인의 소를 제기하였다가 그 후 그 처분의 취소를 구하는 소를 추가적으로 병합한 경우, 주된 청구인 무효확인의 소가 적법한 제소기간 내에 제기되었다면 추가로 병합된 취소청구의 소도 적법하게 제기된 것으로 봄이 상당하다(대판 2005. 12. 23. 2005두3554).

03
정답 ③

③ ✕ 세액산출근거가 기재되지 아니한 납세고지서에 의한 부과처분은 강행법규에 위반하여 취소대상이 된다 할 것이므로 이와 같은 하자는 납세의무자가 전심절차에서 이를 주장하지 아니하였거나, 그 후 부과된 세금을 자진납부하였다거나, 또는 조세채권의 소멸시효기간이 만료되었다 하여 치유되는 것이라고는 할 수 없다(대판 1985. 4. 9. 84누431).

① ◎ 면허의 취소처분에는 그 근거가 되는 법령이나 취소권 유보의 부관 등을 명시하여야 함은 물론 처분을 받은 자가 어떠한 위반사실에 대하여 당해 처분이 있었는지를 알 수 있을 정도로 사실을 적시할 것을 요하며, 이와 같은 취소처분의 근거와 위반사실의 적시를 빠뜨린 하자는 피처분자가 처분 당시 그 취지를 알고 있었다거나 그후 알게 되었다 하여도 치유될 수 없다(대판 1990. 9. 11. 90누1786).

② ◎ 하나의 납세고지서에 의하여 복수의 과세처분을 함께 하는 경우에는 과세처분별로 그 세액과 산출근거 등을 구분하여 기재함으로써 납세의무자가 각 과세처분의 내용을 알 수 있도록 해야 하는 것 역시 당연하다고 할 것이다(대판 2012. 10. 18. 2010두12347 전합).

④ ◎ 행정절차법 제21조 제1항은 행정청은 당사자에게 의무를 과하거나 권익을 제한하는 처분을 하는 경우에는 미리 처분의 제목, 당사자의 성명 또는 명칭과 주소, 처분하고자 하는 원인이 되는 사실과 처분의 내용 및 법적 근거, 그에 대하여 의견을 제출할 수 있다는 뜻과 의견을 제출하지 아니하는 경우의 처리방법, 의견제출기관의 명칭과 주소, 의견제출기한 등을 당사자 등에게 통지하도록 하고 있는바, 신청에 따른 처분이 이루어지지 아니한 경우에는 아직 당사자에게 권익이 부과되지 아니하였으므로 특별한 사정이 없는 한 신청에 대한 거부처분이라고 하더라도 직접 당사자의 권익을 제한하는 것은 아니어서 신청에 대한 거부처분을 여기에서 말하는 '당사자의 권익을 제한하는 처분'에 해당한다고 할 수 없는 것이어서 처분의 사전통지대상이 된다고 할 수 없다(대판 2003. 11. 28. 2003두674).

⑤ ◎ 이 사건 대규모점포 중 개설자가 직영하지 않는 임대매장이 존재하더라도 대규모점포에 대한 영업시간 제한 등 처분의 상대방은 오로지 대규모점포 개설자인 원고들이다. 따라서 위와 같은 절차도 원고들을 상대로 거치면 충분하고, 그 밖에 임차인들을 상대로 별도의 사전통지 등 절차를 거칠 필요가 없다(대판 2015. 11. 19. 2015두295 전합).

04
정답 ③

③ ✕ '한국증권업협회'는 증권회사 상호간의 업무질서를 유지하고 유가증권의 공정한 매매거래 및 투자자보호를 위하여 일정 규모 이상인 증권회사 등으로 구성된 회원조직으로서, 증권거래법 또는 그 법에 의한 명령에 대하여 특별한 규정이 있는 것을 제외하고는 민법 중 사단법인에 관한 규정을 준용 받는 점, 그 업무가 국가기관 등에 준할 정도로 공동체 전체의 이익에 중요한 역할이나 기능에 해당하는 공공성을 갖는다고 볼 수 없는 점 등에 비추어, 공공기관의 정보공개에 관한 법률 시행령 제2조 제4호의 '특별법에 의하여 설립된 특수법인'에 해당한다고 보기 어렵다(대판 2010. 4. 29. 2008두5643).

① ◎ 정보공개법 제9조 제1항 제5호에서 규정하고 있는 '공개될 경우 업무의 공정한 수행에 현저한 지장을 초래한다고 인정할 만한 상당한 이유가 있는 경우'라 함은 정보공개법 제1조의 정보공개제도의 목적 및 정보공개법 제9조 제1항 제5호의 규정에 의한 비공개대상정보의 입법 취지에 비추어 볼 때, 공개될 경우 업무의 공정한 수행이 객관적으로 현저하게 지장을 받을 것이라는 고도의 개연성이 존재하는 경우를 의미한다고 할 것이고, 여기에 해당하는지 여부는 비공개에 의하여 보호되는 업무수행의 공정성 등의 이익과 공개에 의하여 보호되는 국민의 알 권리의 보장과 국정에 대한 국민의 참여 및 국정운영의 투명성 확보 등의 이익을 비교·교량하여 구체적인 사안에 따라 신중하게 판단되어야 할 것이다(대판 2012. 2. 9. 2010두14268).

② ◎ 공개청구자는 그가 공개를 구하는 정보를 공공기관이 보유·관리하고 있을 상당한 개연성이 있다는 점에 대하여 입증할 책임이 있으나, 공개를 구하는 정보를 공공기관이 한때 보유·관리하였으나 후에 그 정보가 담긴 문서들이 폐기되어 존재하지 않게 된 것이라면 그 정보를 더 이상 보유·관리하고 있지 않다는 점에 대한 증명책임은 공공기관에 있다(대판 2013. 1. 24. 2010두18918).

④ ◎ '업무의 공정한 수행'이나 '연구·개발에 현저한 지장'이라고 하는 개념이 다소 추상적이긴 하지만, 공공기관이 주관하는 시험의 종류가 700여건에 이르고, 각 시험마다 시험의 목적, 응시자격 등이 다양한 특성을 고려하여 시험정보의 공개범위 등에 관하여 추상적 기준만을 설정하고, 그 구체적인 범위는 개별 시험 주관기관의 전문적·자율적 판단에 맡기는 것이 바람직하다고 할 것이며, 이 사건 법률조항의 입법취지, 당해 시험 및 시험관리 업무의 특성 등을 감안하면 그 의미의 대강을 예측할 수 있으므로 이 사건 법률조항이 기본권 제한에 관한 명확성의 원칙에 위반될 정도로 불명확한 개념이라고 보기는 어렵다(헌재결 2011. 3. 31. 2010헌바291).

⑤ ◎ 피청구인이 청구인에 대한 형사재판이 확정된 후 그 중 제1심 공판정심리의 녹음물을 폐기한 행위는 법원행정상의 구체적인 사실행위에 불과할 뿐 이를 헌법소원심판의 대상이 되는 공권력의 행사로 볼 수 없다(헌재결 2012. 3. 29. 2010헌마599).

05
정답 ③

③ ◎ 운전면허 취소사유에 해당하는 음주운전을 적발한 경찰관의 소속 경찰서장이 사무착오로 위반자에게 운전면허정지처분을 한 상태에서 위반자의 주소지 관할 지방경찰청장이 위반자에게 운전면허취소처분을 한 것은 선행처분에 대한 당사자의 신뢰 및 법적 안정성을 저해하는 것으로서 허용될 수 없다(대판 2000. 2. 25. 99두10520).

① ✗ 행정절차법과 행정기본법은 신뢰보호원칙에 대해 규정하고 있다.

> **행정절차법 제4조(신의성실 및 신뢰보호)** ① 행정청은 직무를 수행할 때 신의(信義)에 따라 성실히 하여야 한다.
> ② 행정청은 법령등의 해석 또는 행정청의 관행이 일반적으로 국민들에게 받아들여졌을 때에는 공익 또는 제3자의 정당한 이익을 현저히 해칠 우려가 있는 경우를 제외하고는 새로운 해석 또는 관행에 따라 소급하여 불리하게 처리하여서는 아니 된다.
>
> **행정기본법 제12조(신뢰보호의 원칙)** ① 행정청은 공익 또는 제3자의 이익을 현저히 해칠 우려가 있는 경우를 제외하고는 행정에 대한 국민의 정당하고 합리적인 신뢰를 보호하여야 한다.
> ② 행정청은 권한 행사의 기회가 있음에도 불구하고 장기간 권한을 행사하지 아니하여 국민이 그 권한이 행사되지 아니할 것으로 믿을 만한 정당한 사유가 있는 경우에는 그 권한을 행사해서는 아니 된다. 다만, 공익 또는 제3자의 이익을 현저히 해칠 우려가 있는 경우는 예외로 한다.

② ✗ 상대방의 신뢰이익은 언제나 공익이나 제3자의 이익보다 우선하는 것은 아니며 각 이익을 비교형량하여 신뢰이익이 공익이나 제3자의 이익보다 우월한 경우에 신뢰보호원칙이 적용될 수 있다.

④ ✗ 병무청 담당부서의 담당공무원에게 공적 견해의 표명을 구하는 정식의 서면질의 등을 하지 아니한 채 총무과 민원팀장에 불과한 공무원이 민원봉사차원에서 상담에 응하여 안내한 것을 신뢰한 경우, 신뢰보호원칙이 적용되지 아니한다(대판 2003. 12. 26. 2003두1875).

⑤ ✗ 지방공무원 임용신청 당시 잘못 기재된 호적상 출생연월일을 생년월일로 기재하고, 이에 근거한 공무원인사기록카드의 생년월일 기재에 대하여 처음 임용된 때부터 약 36년 동안 전혀 이의를 제기하지 않다가, 정년을 1년 3개월 앞두고 호적상 출생연월일을 정정한 후 그 출생연월일을 기준으로 정년의 연장을 요구하는 것은 신의성실의 원칙에 반하지 않는다(대판 2009. 3. 26. 2008두21300).

06 　　　　　　　정답 ④

④ ✗

> **질서위반행위규제법 제19조(과태료 부과의 제척기간)** ① 행정청은 질서위반행위가 종료된 날(다수인이 질서위반행위에 가담한 경우에는 최종행위가 종료된 날을 말한다)부터 5년이 경과한 경우에는 해당 질서위반행위에 대하여 과태료를 부과할 수 없다.

① ◯

> **질서위반행위규제법 제7조(고의 또는 과실)** 고의 또는 과실이 없는 질서위반행위는 과태료를 부과하지 아니한다.

② ◯

> **질서위반행위규제법 제8조(위법성의 착오)** 자신의 행위가 위법하지 아니한 것으로 오인하고 행한 질서위반행위는 그 오인에 정당한 이유가 있는 때에 한하여 과태료를 부과하지 아니한다.

③ ◯

> **질서위반행위규제법 제15조(과태료의 시효)** ① 과태료는 행정청의 과태료 부과처분이나 법원의 과태료 재판이 확정된 후 5년간 징수하지 아니하거나 집행하지 아니하면 시효로 인하여 소멸한다.

⑤ ◯

> **질서위반행위규제법 제13조(수개의 질서위반행위의 처리)** ① 하나의 행위가 2 이상의 질서위반행위에 해당하는 경우에는 각 질서위반행위에 대하여 정한 과태료 중 가장 중한 과태료를 부과한다.

07 　　　　　　　정답 ①

① ✗, ④ ◯

> **행정절차법 제27조(의견제출)** ① 당사자등은 처분 전에 그 처분의 관할 행정청에 서면이나 말로 또는 정보통신망을 이용하여 의견제출을 할 수 있다.
> ④ 당사자등이 정당한 이유 없이 의견제출기한까지 의견제출을 하지 아니한 경우에는 의견이 없는 것으로 본다.

② ◯, ③ ◯

> **행정절차법 제22조(의견청취)** 행정절차법 ⑤ 행정청은 청문·공청회 또는 의견제출을 거쳤을 때에는 신속히 처분하여 해당 처분이 지연되지 아니하도록 하여야 한다.
> ⑥ 행정청은 처분 후 1년 이내에 당사자등이 요청하는 경우에는 청문·공청회 또는 의견제출을 위하여 제출받은 서류나 그 밖의 물건을 반환하여야 한다.

⑤ ◯

> **행정절차법 제27조의2(제출 의견의 반영 등)** ① 행정청은 처분을 할 때에 당사자등이 제출한 의견이 상당한 이유가 있다고 인정하는 경우에는 이를 반영하여야 한다.

08 　　　　　　　정답 ⑤

⑤ ✗ 공장등록이 취소된 후 그 공장시설물이 철거되었다 하더라도 대도시 안의 공장을 지방으로 이전할 경우 조세특례제한법상의 세액공제 및 소득세 등의 감면혜택이 있고, 공업배치및공장설립에관한법률상의 간이한 이전절차 및 우선 입주의 혜택이 있는 경우라면 그 공장등록취소처분의 취소를 구할 법률상의 이익이 있다(대판 2002. 1. 11. 2000두3306).

① ◯ 행정청이 행정대집행의 방법으로 건물철거의무의 이행을 실현할 수 있는 경우에는 건물철거 대집행 과정에서 부수적으로 건물의 점유자들에 대한 퇴거 조치를 할 수 있고, 점유자들이 적법한 행정대집행을 위력을 행사하여 방해하는 경우 형법상 공무집행방해죄가 성립하므로, 필요한 경우에는 '경찰관 직무집행법'에 근거한 위험발생 방지조치 또는 형법상 공무집행방해죄의 범행방지 내지 현행범체포의 차원에서 경찰의 도움을 받을 수도 있다(대판 2017. 4. 28. 2016다213916).

② ◯ 공유 일반재산의 대부료와 연체료를 납부기한까지 내지 아니한 경우에도 공유재산 및 물품 관리법 제97조 제2항에 의하여 지방세 체납처분의 예에 따라 이를 징수할 수 있다. 이와 같이 공유 일반재산의 대부료의 징수에 관하여도 지방세 체납처분의 예에 따른 간이하고 경제적인 특별한 구제절차가 마련되어 있으므로, 특별한 사정이 없는 한 민사소송으로 공유 일반재산의 대부료의 지급을 구하는 것은 허용되지 아니한다(대판 2017. 4. 13. 2013다207941).

③ ◯ 행정대집행법 제2조는 대집행의 대상이 되는 의무를 "법률(법률의 위임에 의한 명령, 지방자치단체의 조례를 포함한다. 이하 같다)에 의하여 직접 명령되었거나 또는 법률에 의거한 행정청의 명령에 의한 행위

로서 타인이 대신하여 행할 수 있는 행위"라고 규정하고 있으므로, 대집행계고처분을 하기 위하여는 법령에 의하여 직접 명령되거나 법령에 근거한 행정청의 명령에 의한 의무자의 대체적 작위의무 위반행위가 있어야 한다(대판 1996. 6. 28. 96누4374).

④ ⭕ 산림을 무단형질변경한 자가 사망한 경우 당해 토지의 소유권 또는 점유권을 승계한 상속인은 그 복구의무를 부담한다고 봄이 상당하고, 따라서 관할 행정청은 그 상속인에 대하여 복구명령을 할 수 있다고 보아야 한다(대판 2005. 8. 19. 2003두9817).

09 정답 ③, ④

③ ❌

> **구 소방기본법 제13조(화재경계지구의 지정 등)** ① 시·도지사는 다음 각 호의 어느 하나에 해당하는 지역 중 화재가 발생할 우려가 높거나 화재가 발생하는 경우 그로 인하여 피해가 클 것으로 예상되는 지역을 화재경계지구(火災警戒地區)로 지정할 수 있다.
> 2. 공장·창고가 밀집한 지역 → 현재 삭제됨

④ ❌

> **구 소방기본법 제14조(화재에 관한 위험경보)** 소방본부장이나 소방서장은 「기상법」 제13조제1항에 따른 이상기상(異常氣象)의 예보 또는 특보가 있을 때에는 화재에 관한 경보를 발령하고 그에 따른 조치를 할 수 있다. → 현재 삭제됨

① ⭕

> **소방기본법 제8조(소방력의 기준 등)** ① 소방기관이 소방업무를 수행하는 데에 필요한 인력과 장비 등[이하 "소방력"(消防力)이라 한다]에 관한 기준은 행정안전부령으로 정한다

② ⭕

> **소방기본법 제10조(소방용수시설의 설치 및 관리 등)** ① 시·도지사는 소방활동에 필요한 소화전(消火栓)·급수탑(給水塔)·저수조(貯水槽) (이하 "소방용수시설"이라 한다)를 설치하고 유지·관리하여야 한다. 다만, 「수도법」 제45조에 따라 소화전을 설치하는 일반수도사업자는 관할 소방서장과 사전협의를 거친 후 소화전을 설치하여야 하며, 설치 사실을 관할 소방서장에게 통지하고, 그 소화전을 유지·관리하여야 한다.

⑤ ⭕

> **소방기본법 제25조(강제처분 등)** ③ 소방본부장, 소방서장 또는 소방대장은 소방활동을 위하여 긴급하게 출동할 때에는 소방자동차의 통행과 소방활동에 방해가 되는 주차 또는 정차된 차량 및 물건 등을 제거하거나 이동시킬 수 있다.

10 정답 ⑤

⑤ ❌ 병역법상 신체등위판정은 행정청이라고 볼 수 없는 군의관이 하도록 되어 있으며, 그 자체만으로 바로 병역법상의 권리의무가 정하여지는 것이 아니라 그에 따라 지방병무청장이 병역처분을 함으로써 비로소 병역의무의 종류가 정하여지는 것이므로 항고소송의 대상이 되는 행정처분이라 보기 어렵다(대판 1993. 8. 27. 93누3356).

② ⭕ 과세처분의 근거가 된 확인서, 명세서, 자술서, 각서 등이 과세관청 내지 그 상급관청이나 수사기관의 일방적이고 억압적인 강요로 작성자의 자유로운 의사에 반하여 별다른 합리적이고 타당한 근거도 없이 작성된 것이라면 이러한 자료들은 그 작성경위에 비추어 내용이 진정한 과세자료라고 볼 수 없으므로, 이러한 과세자료에 터잡은 과세처분의 하자는 중대한 하자임은 물론 위와 같은 과세자료의 성립과정에 직접 관여하여 그 경위를 잘 아는 과세관청에 대한 관계에 있어서 객관적으로 명백한 하자라고 할 것이다(대판 1992. 3. 31. 91다32053 전합).

③ ⭕ 행정소송법상 거부처분 취소소송의 대상인 '거부처분'이란 '행정청이 행하는 구체적 사실에 관한 법집행으로서의 공권력의 행사 또는 이에 준하는 행정작용', 즉 적극적 처분의 발급을 구하는 신청에 대하여 그에 따른 행위를 하지 않았다고 거부하는 행위를 말하고, 부작위위법확인소송의 대상인 '부작위'란 '행정청이 당사자의 신청에 대하여 상당한 기간 내에 일정한 처분을 하여야 할 법률상 의무가 있음에도 불구하고 이를 하지 아니하는 것'을 말한다(제2조 제1항 제1호, 제2호). 여기에서 '처분'이란 행정소송법상 항고소송의 대상이 되는 처분을 의미하는 것으로서, 행정소송법 제2조의 처분의 개념 정의에는 해당한다고 하더라도 그 처분의 근거 법률에서 행정소송 이외의 다른 절차에 의하여 불복할 것을 예정하고 있는 처분은 항고소송의 대상이 될 수 없다(대판 2018. 9. 28. 2017두47465).

④ ⭕ 거부처분은 관할 행정청이 국민의 처분신청에 대하여 거절의 의사표시를 함으로써 성립되고, 그 이후 동일한 내용의 새로운 신청에 대하여 다시 거절의 의사표시를 한 경우에는 새로운 거부처분이 있는 것으로 보아야 한다(대판 1998. 3. 13. 96누15251).

11 정답 ⑤

⑤ ❌

> **행정조사기본법 제24조(조사결과의 통지)** 행정기관의 장은 법령등에 특별한 규정이 있는 경우를 제외하고는 행정조사의 결과를 확정한 날부터 7일 이내에 그 결과를 조사대상자에게 통지하여야 한다.

① ⭕

> **행정조사기본법 제17조(조사의 사전통지)** ① 행정조사를 실시하고자 하는 행정기관의 장은 제9조에 따른 출석요구서, 제10조에 따른 보고요구서·자료제출요구서 및 제11조에 따른 현장출입조사서(이하 "출석요구서등"이라 한다)를 조사개시 7일 전까지 조사대상자에게 서면으로 통지하여야 한다. 다만, 다음 각 호의 어느 하나에 해당하는 경우에는 행정조사의 개시와 동시에 출석요구서등을 조사대상자에게 제시하거나 행정조사의 목적 등을 조사대상자에게 구두로 통지할 수 있다.
> 1. 행정조사를 실시하기 전에 관련 사항을 미리 통지하는 때에는 증거인멸 등으로 행정조사의 목적을 달성할 수 없다고 판단되는 경우
> 2. 「통계법」 제3조제2호에 따른 지정통계의 작성을 위하여 조사하는 경우
> 3. 제5조 단서에 따라 조사대상자의 자발적인 협조를 얻어 실시하는 행정조사의 경우

② ⭕, ③ ⭕

> **행정조사기본법 제23조(조사권 행사의 제한)** ① 조사원은 제9조부터 제11조까지에 따라 사전에 발송된 사항에 한하여 조사대상자를 조사하되, 사전통지한 사항과 관련된 추가적인 행정조사가 필요할 경우에는 조사대상자에게 추가조사의 필요성과 조사내용 등에 관한 사항을

서면이나 구두로 통보한 후 추가조사를 실시할 수 있다.
② 조사대상자는 법률·회계 등에 대하여 전문지식이 있는 관계 전문가로 하여금 행정조사를 받는 과정에 입회하게 하거나 의견을 진술하게 할 수 있다.
③ 조사대상자와 조사원은 조사과정을 방해하지 아니하는 범위 안에서 행정조사의 과정을 녹음하거나 녹화할 수 있다. 이 경우 녹음·녹화의 범위 등은 상호 협의하여 정하여야 한다.

12 정답 ①

① ✗ 행정지도는 대외적 구속력이 없는 '비권력적 사실행위'에 불과하다(헌재결 2020. 1. 14. 2019헌마1421). 따라서 행정지도는 특별한 사정이 없는 한 법적인 근거가 필요하지 않지만 행정절차법에서 행정지도에 대해 규정하고 있다.

행정절차법 제2조(정의) 이 법에서 사용하는 용어의 뜻은 다음과 같다.
3. "행정지도"란 행정기관이 그 소관 사무의 범위에서 일정한 행정목적을 실현하기 위하여 특정인에게 일정한 행위를 하거나 하지 아니하도록 지도, 권고, 조언 등을 하는 행정작용을 말한다.

② ◎ 건축법 제69조 제2항, 제3항의 규정에 비추어 보면, 행정청이 위법 건축물에 대한 시정명령을 하고 나서 위반자가 이를 이행하지 아니하여 전기·전화의 공급자에게 그 위법 건축물에 대한 전기·전화공급을 하지 말아 줄 것을 요청한 행위는 권고적 성격의 행위에 불과한 것으로서 전기·전화공급자나 특정인의 법률상 지위에 직접적인 변동을 가져오는 것은 아니므로 이를 항고소송의 대상이 되는 행정처분이라고 볼 수 없다(대판 1996. 3. 22. 96누433).

③ ◎ 교육인적자원부장관의 대학총장들에 대한 이 사건 학칙시정요구는 고등교육법 제6조 제2항, 동법시행령 제4조 제3항에 따른 것으로서 그 법적 성격은 대학총장의 임의적인 협력을 통하여 사실상의 효과를 발생시키는 행정지도의 일종이지만, 그에 따르지 않을 경우 일정한 불이익조치를 예정하고 있어 사실상 상대방에게 그에 따를 의무를 부과하는 것과 다를 바 없으므로 단순한 행정지도로서의 한계를 넘어 규제적·구속적 성격을 상당히 강하게 갖는 것으로서 헌법소원의 대상이 되는 공권력의 행사라고 볼 수 있다(헌재결 2003. 6. 26. 2002헌마337).

④ ◎ 교육감이 학교법인에 대한 감사 실시 후 처리지시를 하고 그와 함께 그 시정조치에 대한 결과를 증빙서를 첨부한 문서로 보고하도록 한 것은, 의무의 부담을 명하거나 기타 법률상 효과를 발생하게 하는 것으로서 항고소송의 대상이 되는 행정처분에 해당한다(대판 2008. 9. 11. 2006두18362).

⑤ ◎ 행정지도가 강제성을 띠지 않은 비권력적 작용으로서 행정지도의 한계를 일탈하지 아니하였다면, 그로 인하여 상대방에게 어떤 손해가 발생하였다 하더라도 행정기관은 그에 대한 손해배상책임이 없으므로(대판 2008. 9. 25. 2006다18228 참조), 위법한 행정지도로 인해 손해배상책임이 인정되려면 행정지도가 한계를 넘어 위법해야 하고 손해와 위법한 행정지도간 인과관계가 인정되어야 한다.

13 정답 ④

④ ✗ 어떠한 행정처분이 후에 항고소송에서 취소되었다고 할지라도 그 기판력에 의하여 당해 행정처분이 곧바로 공무원의 고의 또는 과실로 인한 것으로서 불법행위를 구성한다고 단정할 수는 없는 것이고, 그 행정처분의 담당공무원이 보통 일반의 공무원을 표준으로 하여 볼 때 객관적 주의의무를 결여하여 그 행정처분이 객관적 정당성을 상실하였다고 인정될 정도에 이른 경우에 국가배상법 제2조 소정의 국가배상책임의 요건을 충족하였다고 봄이 상당할 것이다(대판 2000. 5. 12. 99다70600).

① ◎ 국회의원의 입법행위는 그 입법 내용이 헌법의 문언에 명백히 위배됨에도 불구하고 국회가 굳이 당해 입법을 한 것과 같은 특수한 경우가 아닌 한 국가배상법 제2조 제1항 소정의 위법행위에 해당한다고 볼 수 없고, 같은 맥락에서 국가가 일정한 사항에 관하여 헌법에 의하여 부과되는 구체적인 입법의무를 부담하고 있음에도 불구하고 그 입법에 필요한 상당한 기간이 경과하도록 고의 또는 과실로 이러한 입법의무를 이행하지 아니하는 등 극히 예외적인 사정이 인정되는 사안에 한정하여 국가배상법 소정의 배상책임이 인정될 수 있으며, 위와 같은 구체적인 입법의무 자체가 인정되지 않는 경우에는 애당초 부작위로 인한 불법행위가 성립할 여지가 없다(대판 2008. 5. 29. 2004다33469).

② ◎ 강도강간의 피해자가 제출한 팬티에 대한 국립과학수사연구소의 유전자검사결과 그 팬티에서 범인으로 지목되어 기소된 원고나 피해자의 남편과 다른 남자의 유전자형이 검출되었다는 감정결과를 검사가 공판과정에서 입수한 경우 그 감정서는 원고의 무죄를 입증할 수 있는 결정적인 증거에 해당하는데도 검사가 그 감정서를 법원에 제출하지 아니하고 은폐하였다면 검사의 그와 같은 행위는 위법하므로 국가배상책임이 인정될 수 있다(대판 2002. 2. 22. 2001다23447).

③ ◎ 국가배상책임이 인정되기 위해서는 공무원의 고의나 과실이 인정되어야 하며 공무원의 직무집행이 위법하다고 해도 고의나 과실이 인정되지 않을 경우 배상책임은 인정되지 않는다.

국가배상법 제2조(배상책임) ① 국가나 지방자치단체는 공무원 또는 공무를 위탁받은 사인(이하 "공무원"이라 한다)이 직무를 집행하면서 고의 또는 과실로 법령을 위반하여 타인에게 손해를 입히거나, 「자동차손해배상 보장법」에 따라 손해배상의 책임이 있을 때에는 이 법에 따라 그 손해를 배상하여야 한다. 다만, 군인·군무원·경찰공무원 또는 예비군대원이 전투·훈련 등 직무 집행과 관련하여 전사(戰死)·순직(殉職)하거나 공상(公傷)을 입은 경우에 본인이나 그 유족이 다른 법령에 따라 재해보상금·유족연금·상이연금 등의 보상을 지급받을 수 있을 때에는 이 법 및 「민법」에 따른 손해배상을 청구할 수 없다.

⑤ ◎ 공무원의 부작위로 인한 국가배상책임을 인정하기 위하여는 공무원의 작위로 인한 국가배상책임을 인정하는 경우와 마찬가지로 "공무원이 그 직무를 집행함에 당하여 고의 또는 과실로 법령에 위반하여 타인에게 손해를 가한 때"라고 하는 국가배상법 제2조 제1항의 요건이 충족되어야 할 것이다. 여기서 '법령에 위반하여'라고 함은 엄격하게 형식적 의미의 법령에 명시적으로 공무원의 작위의무가 정하여져 있음에도 이를 위반하는 경우만을 의미하는 것은 아니고, 인권존중·권력남용금지·신의성실과 같이 공무원으로서 마땅히 지켜야 할 준칙이나 규범을 지키지 아니하고 위반한 경우를 포함하여 널리 그 행위가 객관적인 정당성을 결여하고 있는 경우도 포함한다(대판 2012. 7. 26. 2010다95666).

14 정답 ①

① ◎ 적법한 요건을 갖춘 자기완결적 신고에 대해서는 신고서의 수리를 거부하거나 되돌려 보낼 수 없다.

행정절차법 제40조(신고) ② 제1항에 따른 신고가 다음 각 호의 요건을 갖춘 경우에는 신고서가 접수기관에 도달된 때에 신고 의무가 이행된 것으로 본다.
1. 신고서의 기재사항에 흠이 없을 것
2. 필요한 구비서류가 첨부되어 있을 것

3. 그 밖에 법령등에 규정된 형식상의 요건에 적합할 것
③ 행정청은 제2항 각 호의 요건을 갖추지 못한 신고서가 제출된 경우에는 지체 없이 상당한 기간을 정하여 신고인에게 보완을 요구하여야 한다.
④ 행정청은 신고인이 제3항에 따른 기간 내에 보완을 하지 아니하였을 때에는 그 이유를 구체적으로 밝혀 해당 신고서를 되돌려 보내야 한다.

② ✗ 건축신고 반려행위는 항고소송의 대상이 된다고 보는 것이 옳다(대판 2010. 11. 18. 2008두167 전합).

③ ✗ 납골당설치 신고는 이른바 '수리를 요하는 신고'라 할 것이므로, 납골당설치 신고가 구 장사법 관련 규정의 모든 요건에 맞는 신고라 하더라도 신고인은 곧바로 납골당을 설치할 수는 없고, 이에 대한 행정청의 수리처분이 있어야만 신고한 대로 납골당을 설치할 수 있다. 한편 수리란 신고를 유효한 것으로 판단하고 법령에 의하여 처리할 의사로 이를 수령하는 수동적 행위이므로 수리행위에 신고필증 교부 등 행위가 꼭 필요한 것은 아니다(대판 2011. 9. 8. 2009두6766).

④ ✗ 체육시설의설치·이용에관한법률이 시행되기 전부터 볼링장을 경영한 자로서는 같은 법 부칙 제3조 제3항에 따라 시행일로부터 6월 이내에 같은 법 제5조 소정의 시설, 설비기준 중 안전관리 및 위생기준만을 갖추어 체육시설업으로 신고하였으면 그 신고는 적법하고, 위 볼링장이 위치한 건물이 무허가건물이 아니어야 한다는 것은 위 안전관리 및 위생기준과는 직접적인 관계가 없으므로, 행정청이 위 건물이 무허가건물이어서 건축법에 위반된다는 이유로 위 신고를 수리하지 아니하고 신고서를 반려하였다고 하더라도, 위 신고는 행정청의 수리처분 등 별도의 조치를 기다릴 것 없이 같은 법 제8조와 부칙 제3조 제3항에 의한 신고로서 유효하다(대판 1992. 9. 22. 92도1839).

⑤ ✗ 파주시장이 종교단체 납골당설치 신고를 한 甲 교회에, '구 장사 등에 관한 법률(2007. 5. 25. 법률 제8489호로 전부 개정되기 전의 것, 이하 '구 장사법'이라 한다) 등에 따라 필요한 시설을 설치하고 유골을 안전하게 보관할 수 있는 설비를 갖추어야 하며 관계 법령에 따른 허가 및 준수사항을 이행하여야 한다'는 내용의 납골당설치 신고사항 이행통지를 한 사안에서, 이행통지는 납골당설치 신고에 대하여 파주시장이 납골당설치 요건을 구비하였음을 확인하고 구 장사법상 납골당설치 기준, 관계 법령상 허가 또는 신고 내용을 고지하면서 신고한 대로 납골당 시설을 설치하도록 한 것이므로, 파주시장이 甲 교회에 이행통지를 함으로써 납골당설치 신고수리를 하였다고 보는 것이 타당하고, 이행통지가 새로이 甲 교회 또는 관계자들의 법률상 지위에 변동을 일으키지는 않으므로 이를 수리처분과 별도로 항고소송 대상이 되는 다른 처분으로 볼 수 없다고 한 사례(대판 2011. 9. 8. 2009두6766).

15
정답 ②

② ○ 헌법 제38조, 제59조에서 채택하고 있는 조세법률주의의 원칙은 과세요건과 징수절차 등 조세권행사의 요건과 절차는 국민의 대표기관인 국회가 제정한 법률로써 규정하여야 한다는 것이나, 과세요건과 징수절차에 관한 사항을 명령·규칙 등 하위법령에 위임하여 규정하게 할 수 없는 것은 아니고, 이러한 사항을 하위법령에 위임하여 규정하게 하는 경우 구체적·개별적 위임만이 허용되며 포괄적·백지적 위임은 허용되지 아니하고(과세요건법정주의), 이러한 법률 또는 그 위임에 따른 명령·규칙의 규정은 일의적이고 명확하여야 한다(과세요건명확주의)는 것이다(대결 1994. 9. 30. 94부18).

① ✗ 위임명령은 법률이나 상위명령에서 구체적으로 범위를 정한 개별적인 위임이 있을 때에 가능하고, 여기에서 구체적인 위임의 범위는 규제하고자 하는 대상의 종류와 성격에 따라 달라지는 것이어서 일률적 기준을 정할 수는 없지만, 적어도 위임명령에 규정될 내용 및 범위의 기본사항이 구체적으로 규정되어 있어서 누구라도 당해 법률이나 상위명령으로부터 위임명령에 규정될 내용의 대강을 예측할 수 있어야 하나, 이 경우 그 예측가능성의 유무는 당해 위임조항 하나만을 가지고 판단할 것이 아니라 그 위임조항이 속한 법률이나 상위명령의 전반적인 체계와 취지 목적, 당해 위임조항의 규정형식과 내용 및 관련 법규를 유기적 체계적으로 종합 판단하여야 하고, 나아가 각 규제 대상의 성질에 따라 구체적 개별적으로 검토함을 요한다(대판 2006. 4. 14. 2004두14793).

③ ✗ 사법시험령 제15조 제2항은 사법시험의 제2차시험의 합격결정에 있어서는 매과목 4할 이상 득점한 자 중에서 합격자를 결정한다는 취지의 과락제도를 규정하고 있는바, 이는 그 규정내용에서 알 수 있다시피 사법시험 제2차시험의 합격자를 결정하는 방법을 규정하고 있을 뿐이어서 사법시험의 실시를 집행하기 위한 시행과 절차에 관한 것이지, 새로운 법률사항을 정한 것이라고 보기 어렵다. 따라서 사법시험령 제15조 제2항에서 규정하고 있는 사항이 국민의 기본권을 제한하는 것임에도 불구하고, 모법의 수권 없이 규정하였다거나 새로운 법률사항에 해당하는 것을 규정하여 집행명령의 한계를 일탈하였다고 볼 수 없으므로, 헌법 제37조 제2항, 제75조, 행정규제기본법 제4조 등을 위반하여 무효라 할 수 없다(대판 2007. 1. 11. 2004두10432).

④ ✗ 처벌법규의 위임을 하기 위하여는 첫째, 특히 긴급한 필요가 있거나 미리 법률로써 자세히 정할 수 없는 부득이한 사정이 있는 경우에 한정되어야 하며, 둘째, 이러한 경우에도 법률에서 범죄의 구성요건은 처벌대상행위가 어떠한 것일 것이라고 예측할 수 있을 정도로 구체적으로 정하고, 셋째, 형벌의 종류 및 그 상한과 폭을 명백히 규정하여야 하되, 위임입법의 위와 같은 예측가능성의 유무를 판단함에 있어서는 당해 특정조항 하나만을 가지고 판단할 것이 아니고 관련 법조항 전체를 유기적·체계적으로 종합하여 판단하여야 한다(헌재결 1997. 5. 29. 94헌바22).

⑤ ✗ 법률이 공법적 단체 등의 정관에 자치법적 사항을 위임한 경우에는 헌법 제75조가 정하는 포괄적인 위임입법의 금지는 원칙적으로 적용되지 않는다고 봄이 상당하고, 그렇다 하더라도 그 사항이 국민의 권리·의무에 관련되는 것일 경우에는 적어도 국민의 권리·의무에 관한 기본적이고 본질적인 사항은 국회가 정하여야 한다(대판 2007. 10. 12. 2006두14476).

16
정답 ②

② ✗ 국유 하천부지는 자연의 상태 그대로 공공용에 제공될 수 있는 실체를 갖추고 있는 이른바 자연공물로서 별도의 공용개시행위가 없더라도 행정재산이 되고 그 후 본래의 용도에 공여되지 않는 상태에 놓여 있더라도 국유재산법령에 의한 용도폐지를 하지 않은 이상 당연히 잡종재산으로 된다고는 할 수 없으며, 농로나 구거와 같은 이른바 인공적 공공용 재산은 법령에 의하여 지정되거나 행정처분으로 공공용으로 사용하기로 결정한 경우, 또는 행정재산으로 실제 사용하는 경우의 어느 하나에 해당하면 행정재산이 된다(대판 2007. 6. 1. 2005도7523).

① ○

국유재산법 제6조(국유재산의 구분과 종류) ① 국유재산은 그 용도에 따라 행정재산과 일반재산으로 구분한다.

③ ○, ④ ○, ⑤ ○

국유재산법 제6조(국유재산의 구분과 종류) ① 국유재산은 그 용도에 따라 행정재산과 일반재산으로 구분한다.

② 행정재산의 종류는 다음 각 호와 같다.
  1. 공용재산: 국가가 직접 사무용·사업용 또는 공무원의 주거용(직무 수행을 위하여 필요한 경우로서 대통령령으로 정하는 경우로 한정한다)으로 사용하거나 대통령령으로 정하는 기한까지 사용하기로 결정한 재산
  2. 공공용재산: 국가가 직접 공공용으로 사용하거나 대통령령으로 정하는 기한까지 사용하기로 결정한 재산
  4. 보존용재산: 법령이나 그 밖의 필요에 따라 국가가 보존하는 재산

17   정답 ④

④ ⭕ 행정권한의 위임은 행정관청이 법률에 따라 특정한 권한을 다른 행정관청에 이전하여 수임관청의 권한으로 행사하도록 하는 것이어서 권한의 법적인 귀속을 변경하는 것이므로 법률이 위임을 허용하고 있는 경우에 한하여 인정된다 할 것이고, 이에 반하여 행정권한의 내부위임은 법률이 위임을 허용하고 있지 아니한 경우에도 행정관청의 내부적인 사무처리의 편의를 도모하기 위하여 그의 보조기관 또는 하급행정관청으로 하여금 그의 권한을 사실상 행사하게 하는 것이므로, 권한위임의 경우에는 수임관청이 자기의 이름으로 그 권한행사를 할 수 있지만 내부위임의 경우에는 수임관청은 위임관청의 이름으로만 그 권한을 행사할 수 있을 뿐 자기의 이름으로는 그 권한을 행사할 수 없다(대판 1995. 11. 28. 94누6475).

① ❌ 유원지에 대한 도시계획시설의 설치, 정비, 개량에 관한 계획의 결정 및 변경결정에 관한 권한은 건설부장관으로부터 시, 도지사에게 위임된 것이고, 이와 같이 권한의 위임이 행하여진 때에는 위임관청은 그 사무를 처리할 권한을 잃는다 할 것이므로, 피고인 건설부장관은 이 사건 도시계획시설결정 당시 기존의 도시계획시설(유원지)결정을 취소, 폐지 또는 변경할 권한이 없었다 할 것이다(대판 1992. 9. 22. 91누11292).

② ❌ 권한 위임은 행정청 권한의 일부에 대해서만 인정된다 권한의 전부 또는 중요부분의 위임은 사실상 위임기관의 권한의 폐지를 의미하므로 인정되지 않는다.

③ ❌ 전결과 같은 행정권한의 내부위임은 법령상 처분권자인 행정관청이 내부적인 사무처리의 편의를 도모하기 위하여 그의 보조기관 또는 하급 행정관청으로 하여금 그의 권한을 사실상 행사하게 하는 것으로서 법률이 위임을 허용하지 않는 경우에도 인정되는 것이므로, 설사 행정관청 내부의 사무처리규정에 불과한 전결규정에 위반하여 원래의 전결권자 아닌 보조기관 등이 처분권자인 행정관청의 이름으로 행정처분을 하였다고 하더라도 그 처분이 권한 없는 자에 의하여 행하여진 무효의 처분이라고는 할 수 없다(대판 1998. 2. 27. 97누1105).

⑤ ❌

행정권한의 위임 및 위탁에 관한 규정 제6조(지휘·감독) 위임 및 위탁기관은 수임 및 수탁기관의 수임 및 수탁사무 처리에 대하여 지휘·감독하고, 그 처리가 위법하거나 부당하다고 인정될 때에는 이를 취소하거나 정지시킬 수 있다.

18   정답 ③, ④, ⑤

③ ❌

정부조직법 제35조(국가보훈부) 국가보훈부장관은 국가유공자 및 그 유족에 대한 보훈, 제대군인의 보상·보호, 보훈선양에 관한 사무를 관장한다.

④ ❌

정부조직법 제22조의3(인사혁신처) ① 공무원의 인사·윤리·복무 및 연금에 관한 사무를 관장하기 위하여 국무총리 소속으로 인사혁신처를 둔다.

⑤ ❌

정부조직법 제13조(국무회의의 출석권 및 의안제출) ① 국무조정실장·인사혁신처장·법제처장·식품의약품안전처장 그 밖에 법률로 정하는 공무원은 필요한 경우 국무회의에 출석하여 발언할 수 있다.

① ⭕

정부조직법 제11조(대통령의 행정감독권) ① 대통령은 정부의 수반으로서 법령에 따라 모든 중앙행정기관의 장을 지휘·감독한다.
② 대통령은 국무총리와 중앙행정기관의 장의 명령이나 처분이 위법 또는 부당하다고 인정하면 이를 중지 또는 취소할 수 있다.

② ⭕

정부조직법 제18조(국무총리의 행정감독권) ① 국무총리는 대통령의 명을 받아 각 중앙행정기관의 장을 지휘·감독한다.
② 국무총리는 중앙행정기관의 장의 명령이나 처분이 위법 또는 부당하다고 인정될 경우에는 대통령의 승인을 받아 이를 중지 또는 취소할 수 있다.

19   정답 ②

② ❌ 이미 시장건물의 부지로 제공되어 있는 대지 위에 근린생활시설을 위한 임시적인 가설건축물을 축조할 수는 없는 것이므로, 위 대지 위에 근린생활시설을 축조하려고 건축법 제47조 제2항에 따라 한 가설건축물축조신고를 반려한 처분은 적법하다(대판 1991. 12. 24. 91누1974).

① ⭕ 토지구획정리사업법에 따른 환지처분은 사업시행자가 환지계획 구역의 전부 또는 그 구역 내의 일부 공구에 대하여 공사를 완료한 후 환지계획에 따라 환지교부 등을 하는 처분으로서 일단 공고되어 효력을 발생하게 된 이후에는 환지 전체의 절차를 처음부터 다시 밟지 않는 한 그 일부만을 따로 떼어 환지처분을 변경할 수는 없다(대판 1993. 5. 27. 92다14878).

③ ⭕ 공무원면직처분무효확인의 소의 원고들이 상고심 심리종결일 현재 이미 공무원법상의 정년을 초과하였거나 사망하여 면직된 경우에는 원고들은 면직처분이 무효확인된다 하더라도 공무원으로서의 신분을 다시 회복할 수 없고, 면직으로 인한 퇴직기간을 재직기간으로 인정받지 못함으로써 받게된 퇴직급여 등에 있어서의 과거의 불이익은 면직처분으로 인한 급료, 명예침해 등의 민사상 손해배상청구소송에서 그 전제로서 면직처분의 무효를 주장하여 구제받을 수 있는 것이므로 독립한 소로써 면직처분의 무효확인을 받는 것이 원고들의 권리 또는 법률상의 지위에 현존하는 불안, 위험을 제거하는데 필요하고도 적절한 것이라고 할 수 없어, 원고들의 위 무효확인의 소는 확인의 이익이 없다(대판 1991. 6. 28. 90누9346).

④ ⭕ 무효임을 주장하는 과세처분에 따라 그 부과세액을 납부하여 이미 그 처분의 집행이 종료된 것과 같이 되어 버렸다면 그 과세처분이 존재하고 있는 것과 같은 외관이 남아 있음으로써 장차 이해관계인에게 다가올 법률상의 불안이나 위험은 전혀 없다 할 것이고, 다만 남아 있는 것은 이미 이루어져 있는 위법상태의 제거 즉 납부효과가 발생한 세금의 반환을 구하는 문제뿐이라고 할 것인바, 이와 같은 위법상태의 제거방법으

로서 그 위법상태를 이룬 원인에 관한 처분의 무효확인을 구하는 방법은 과세관청이 그 무효확인판결의 구속력을 존중하여 납부한 세금의 환급을 하여 줄 것을 기대하는 간접적인 방법이라 할 것이므로, 민사소송에 의한 부당이득반환청구의 소로써 직접 그 위법상태의 제거를 구할 수 있는 길이 열려 있는 이상 위와 같은 과세처분의 무효확인의 소는 분쟁해결에 직접적이고도 유효적절한 해결방법이라 할 수 없어 확인을 구할 법률상 이익이 없다(대판 1991. 9. 10. 91누3840).

⑤ ◎ 택지개발사업으로 조성된 택지에 그 개발계획에서 정해진 규모 및 용도에 따라 건축물이 건축된 경우 수도법령에 따른 상수도원인자부담금 납부의무는 택지개발사업의 사업시행자가 부담하는 것이 원칙이고, 해당 건축물이 원래 택지개발사업에서 예정된 범위를 초과하는 등의 특별한 사정이 없는 한 택지를 분양받아 건축물의 건축행위를 한 자는 별도로 상수도원인자부담금 납부의무를 부담하지 않는다고 보아야 한다(대판 2020. 7. 29. 2019두30140).

20
정답 ⑤

⑤ ✕ 유흥주점에 감금된 채 윤락을 강요받으며 생활하던 여종업원들이 유흥주점에 화재가 났을 때 미처 피신하지 못하고 유독가스에 질식해 사망한 사안에서, 지방자치단체의 담당 공무원이 위 유흥주점의 용도변경, 무허가 영업 및 시설기준에 위배된 개축에 대하여 시정명령 등 식품위생법상 취하여야 할 조치를 게을리 한 직무상 의무위반행위와 위 종업원들의 사망 사이에 상당인과관계가 존재하지 않는다고 한 사례(대판 2008. 4. 10. 2005다48994).

① ◎ 윤락녀들이 윤락업소에 감금된 채로 윤락을 강요받으면서 생활하고 있음을 쉽게 알 수 있는 상황이었음에도, 경찰관이 이러한 감금 및 윤락강요행위를 제지하거나 윤락업주들을 체포·수사하는 등 필요한 조치를 취하지 아니하고 오히려 업주들로부터 뇌물을 수수하며 그와 같은 행위를 방치한 것은 경찰관의 직무상 의무에 위반하여 위법하므로 국가는 이로 인한 정신적 고통에 대하여 위자료를 지급할 의무가 있다(대판 2004. 9. 23. 2003다49009).

② ◎ 경매법원 공무원의 위 공유자통지 등에 관한 절차상의 과오는 경락인의 손해 발생과 사이에 상당인과관계가 있다(대판 2007. 12. 27. 2005다62747).

③ ◎ 무장공비색출체포를 위한 대간첩작전을 수행하기 위하여 파출소 소장, 순경 및 육군장교 수명 등이 파출소에서 합동대기하고 있던 중 그로부터 불과 60~70미터 거리에서 약 15분간에 걸쳐 주민들이 무장간첩과 격투하던 중 주민 1인이 무장간첩의 발사권총탄에 맞아 사망하였다면 위 군경공무원들의 직무유기행위와 위 망인의 사망과의 사이에 인과관계가 있다고 봄이 상당하다(대판 1974. 4. 6. 71다124).

④ ◎ 경찰서 대용감방에 배치된 경찰관 등으로서는 감방 내의 상황을 잘 살펴 수감자들 사이에서 폭력행위 등이 일어나지 않도록 예방하고 나아가 폭력행위 등이 일어난 경우에는 이를 제지하여야 할 의무가 있음에도 불구하고 이러한 주의의무를 게을리 하였다면 국가는 감방 내의 폭력행위로 인한 손해를 배상할 책임이 있다(대판 1993. 9. 28. 93다17546).

21
정답 ④

④ ✕ 조례에서 과세면제를 받고자 하는 자는 그 사실을 증명할 수 있는 서류를 갖추어 관할관청에 신청하여야 한다고 규정하고 있더라도 위의 면제신청에 관한 규정은 면제처리의 편의를 위한 사무처리절차를 규정한 것에 불과한 것일 뿐 그 신청이 면제의 요건이라고 볼 수는 없다(대판 2003. 6. 27. 2001두10639).

① ◎ 지방자치법 제22조, 행정규제기본법 제4조 제3항에 따르면 지방자치단체가 조례를 제정할 때 내용이 주민의 권리 제한 또는 의무 부과에 관한 사항이나 벌칙인 경우에는 법률의 위임이 있어야 한다. 법률의 위임 없이 주민의 권리를 제한하거나 의무를 부과하는 사항을 정한 조례는 효력이 없다(대판 2017. 12. 5. 2016추5162).

② ◎ 법령에 의한 위임사무를 제외하고는 지방자치단체는 널리 지방주민의 공공의 이익을 위한 사무를 그 고유사무로서 행할 수 있으므로 기업체의 생산실적사실증명에 관한 사무는 달리 법령상의 위임근거를 찾아볼 수 없으므로 이는 지방자치단체가 그 주민의 복지를 위한 고유사무처리에 수반하여 하는 사실증명업무라 할 것이다(대판 1973. 10. 23. 73다1212).

③ ◎ 지방자치단체의 자치권은 헌법상 보장을 받고 있으므로 비록 법령에 의하여 이를 제한하는 것이 가능하다고 하더라도 그 제한이 불합리하여 자치권의 본질을 훼손하는 정도에 이른다면 이는 헌법에 위반된다(헌재결 2008. 5. 29. 2005헌라3).

⑤ ◎ 지방자치단체의 장으로 하여금 지방자치단체가 설립한 지방공기업 등의 대표에 대한 임명권의 행사에 앞서 지방의회의 인사청문회를 거치도록 한 조례안은 지방자치단체의 장의 임명권에 대한 견제나 제약에 해당한다는 이유로 법령에 위반된다(대판 2004. 7. 22. 2003추44).

22
정답 정답 없음

① ◎

> **행정절차법 제40조의3(위반사실 등의 공표)** ① 행정청은 법령에 따른 의무를 위반한 자의 성명·법인명, 위반사실, 의무 위반을 이유로 한 처분사실 등(이하 "위반사실등"이라 한다)을 법률로 정하는 바에 따라 일반에게 공표할 수 있다.
> ③ 행정청은 위반사실등의 공표를 할 때에는 미리 당사자에게 그 사실을 통지하고 의견제출의 기회를 주어야 한다. 다만, 다음 각 호의 어느 하나에 해당하는 경우에는 그러하지 아니하다.
> 1. 공공의 안전 또는 복리를 위하여 긴급히 공표를 할 필요가 있는 경우
> 2. 해당 공표의 성질상 의견청취가 현저히 곤란하거나 명백히 불필요하다고 인정될 만한 타당한 이유가 있는 경우
> 3. 당사자가 의견진술의 기회를 포기한다는 뜻을 명백히 밝힌 경우

② ◎ 행정절차법은 법 위반사실의 공표제도에 대해 규정하고 있지만 절차법에 따라 공표를 하는 경우에도 비례원칙 등 법의 일반원칙에 위반되지 않아야 하며 무죄추정의 원칙에도 위반되어서는 안된다.

③ ◎ 민주주의 국가에서는 여론의 자유로운 형성과 전달에 의하여 다수의견을 집약시켜 민주적 정치질서를 생성·유지시켜 나가는 것이므로 표현의 자유, 특히 공익사항에 대한 표현의 자유는 중요한 헌법상의 권리로서 최대한 보장을 받아야 하지만, 그에 못지않게 개인의 명예나 사생활의 자유와 비밀 등 사적 법익도 보호되어야 할 것이므로, 인격권으로서의 개인의 명예의 보호와 표현의 자유의 보장이라는 두 법익이 충돌하였을 때 그 조정을 어떻게 할 것인지는 구체적인 경우에 사회적인 여러 가지 이익을 비교하여 표현의 자유로 얻어지는 이익, 가치와 인격권의 보호에 의하여 달성되는 가치를 형량하여 그 규제의 폭과 방법을 정하여야 한다(대판 1998. 7. 14. 96다17257).

④ ◎ 청소년 성매수자의 일반적 인격권과 사생활의 비밀의 자유가 제한되는 정도가 청소년 성보호라는 공익적 요청에 비해 크다고 할 수 없으므로 결국 법 제20조 제2항 제1호의 신상공개는 해당 범죄인들의 일반적 인격권, 사생활의 비밀의 자유를 과잉금지의 원칙에 위배하여 침해한 것이라 할 수 없다(헌재결 2003. 6. 26. 2002헌가14).

⑤ ⭕ 병무청장이 병역법 제81조의2 제1항에 따라 병역의무 기피자의 인적사항 등을 인터넷 홈페이지에 게시하는 등의 방법으로 공개한 경우 병무청장의 공개결정을 항고소송의 대상이 되는 행정처분으로 보아야 한다(대판 2019. 6. 27. 2018두49130).

23
정답 ③

② ⭕, ③ ❌, ⑤ ⭕

> **행정심판법 제49조(재결의 기속력 등)** ① 심판청구를 인용하는 재결은 피청구인과 그 밖의 관계 행정청을 기속(羈束)한다.
> ② 재결에 의하여 취소되거나 무효 또는 부존재로 확인되는 처분이 당사자의 신청을 거부하는 것을 내용으로 하는 경우에는 그 처분을 한 행정청은 재결의 취지에 따라 다시 이전의 신청에 대한 처분을 하여야 한다.
> ④ 신청에 따른 처분이 절차의 위법 또는 부당을 이유로 재결로써 취소된 경우에는 제2항을 준용한다.

① ⭕ 변경재결은 형성재결로 변경재결이 있게되면 행정청의 별다른 변경행위가 없어도 재결의 내용에 따라 원처분은 변경된다.

④ ⭕ 행정심판법 제37조에서 정하고 있는 행정심판청구에 대한 재결이 행정청과 그 밖의 관계 행정청을 기속하는 효력은 당해 처분에 관하여 재결주문 및 그 전제가 된 요건사실의 인정과 판단에만 미치고 이와 직접 관계가 없는 다른 처분에 대하여는 미치지 아니한다(대판 1998. 2. 27. 96누13972).

24
정답 ②

② ❌ 동사무소 직원이 행정상 착오로 국적이탈을 사유로 주민등록을 말소한 것을 신뢰하여 만 18세가 될 때까지 별도로 국적이탈신고를 하지 않았던 사람이, 만 18세가 넘은 후 동사무소의 주민등록 직권 재등록 사실을 알고 국적이탈신고를 하자 '병역을 필하였거나 면제받았다는 증명서가 첨부되지 않았다'는 이유로 이를 반려한 처분은 신뢰보호의 원칙에 반하여 위법하다(대판 2008. 1. 17. 2006두10931).

① ⭕ 개정 게임법 부칙 제2조 제2항은 개정 게임법이 일반게임제공업의 경우 허가제를 도입하면서 기존의 영업자에 대하여 적절한 유예기간을 부여함으로써 일반게임제공업자인 청구인들의 신뢰이익을 충분히 고려하고 있으므로, 위 조항이 과잉금지의 원칙에 위반하여 청구인들의 기본권을 침해하는 것이라고 볼 수 없다(헌재결 2009. 4. 30. 2007헌마103).

③ ⭕ 시의 도시계획과장과 도시계획국장이 도시계획사업의 준공과 동시에 사업부지에 편입된 토지에 대한 완충녹지 지정을 해제함과 아울러 당초의 토지소유자들에게 환매하겠다는 약속을 했음에도, 이를 믿고 토지를 협의매매한 토지소유자의 완충녹지지정해제신청을 거부한 것은, 행정상 신뢰보호의 원칙을 위반하거나 재량권을 일탈·남용한 위법한 처분이다(대판 2008. 10. 9. 2008두6127).

④ ⭕ 국유재산을 무단 점유·사용하는 자에 대하여 국가나 국가로부터 국유재산의 관리·처분에 관한 사무를 위탁받은 자가 국유재산의 점유·사용을 장기간 방치한 후에 변상금을 부과하더라도 변상금부과처분이 절차적 정의와 신뢰의 원칙에 반하게 된다거나 점유자의 사용·수익 권원이 인정될 수는 없다(대판 2008. 5. 15. 2005두11463).

⑤ ⭕ 행정청이 약제에 대한 요양급여대상 삭제 처분의 근거 법령으로 삼은 구 국민건강보험 요양급여의 기준에 관한 규칙(2007. 7. 25. 보건복지부령 제408호로 개정되기 전의 것) 제13조 제4항 제6호는 헌법상 금지되는 소급입법에 해당한다고 볼 수 없고, 개정 전 법령의 존속에 대한 제약회사의 신뢰가 공익상의 요구와 비교·형량하여 더 보호가치 있는 신뢰라고 할 수 없어 경과규정을 두지 않았다고 하여 신뢰보호의 원칙에 위배된다고 볼 수도 없다(대판 2009. 4. 23. 2008두8918).

25
정답 ①

① ❌ 구 집회 및 시위에 관한 법률(2007. 5. 11. 법률 제8424호로 개정되기 전의 것)에 의하여 금지되어 그 주최 또는 참가행위가 형사처벌의 대상이 되는 위법한 집회·시위가 장차 특정지역에서 개최될 것이 예상된다고 하더라도, 이와 시간적·장소적으로 근접하지 않은 다른 지역에서 그 집회·시위에 참가하기 위하여 출발 또는 이동하는 행위를 함부로 제지하는 것은 경찰관직무집행법 제6조 제1항의 행정상 즉시강제인 경찰관의 제지의 범위를 명백히 넘어 허용될 수 없다. 따라서 이러한 제지 행위는 공무집행방해죄의 보호대상이 되는 공무원의 적법한 직무집행이 아니다(대판 2008. 11. 13. 2007도9794).

② ⭕ 경찰관직무집행법 제4조 제1항 제1호(이하 '이 사건 조항'이라 한다)에서 규정하는 술에 취한 상태로 인하여 자기 또는 타인의 생명·신체와 재산에 위해를 미칠 우려가 있는 피구호자에 대한 보호조치는 경찰 행정상 즉시강제에 해당하므로, 그 조치가 불가피한 최소한도 내에서만 행사되도록 그 발동·행사 요건을 신중하고 엄격하게 해석하여야 한다(대판 2012. 12. 13. 2012도11162).

③ ⭕ 경찰관직무집행법 제6조 제1항에 따른 경찰관의 제지 조치가 적법한 직무집행으로 평가될 수 있기 위해서는, 형사처벌의 대상이 되는 행위가 눈앞에서 막 이루어지려고 하는 것이 객관적으로 인정될 수 있는 상황이고, 그 행위를 당장 제지하지 않으면 곧 인명·신체에 위해를 미치거나 재산에 중대한 손해를 끼칠 우려가 있는 상황이어서, 직접 제지하는 방법 외에는 위와 같은 결과를 막을 수 없는 절박한 사태이어야 한다. 다만, 경찰관의 제지 조치가 적법한지 여부는 제지 조치 당시의 구체적 상황을 기초로 판단하여야 하고 사후적으로 순수한 객관적 기준에서 판단할 것은 아니다(대판 2013. 6. 13. 2012도9937).

④ ⭕ 경찰관직무집행법 제4조 제1항 제1호(이하 '이 사건 조항'이라 한다)의 보호조치 요건이 갖추어지지 않았음에도, 경찰관이 실제로는 범죄수사를 목적으로 피의자에 해당하는 사람을 이 사건 조항의 피구호자로 삼아 그의 의사에 반하여 경찰관서에 데려간 행위는, 달리 현행범체포나 임의동행 등의 적법 요건을 갖추었다고 볼 사정이 없다면, 위법한 체포에 해당한다고 보아야 한다(대판 2012. 12. 13. 2012도11162).

⑤ ⭕ 경찰관은 불심검문 대상자에게 질문을 하기 위하여 범행의 경중, 범행과의 관련성, 상황의 긴박성, 혐의의 정도, 질문의 필요성 등에 비추어 목적 달성에 필요한 최소한의 범위 내에서 사회통념상 용인될 수 있는 상당한 방법으로 대상자를 정지시킬 수 있고 질문에 수반하여 흉기의 소지 여부도 조사할 수 있다(대판 2014. 2. 27. 2011도13999).